방송저작권

손 경 한 편저

法 文 社

표지 디자인: 손 원 찬

서 문

마샬 맥루한(Mashall Macruhan)은 "미디어는 메시지(The medium is the message)"라고 하였다. 21세기 미디어는 우리에게 새로운 메시지를 전하고 있음에 주목할 필요가 있다. 주지하는 바와 같이 21세기에 접어들면서 방송시장은 혁명적인 변화를 맞고 있다. 라디오 방송에서 시작하여 TV방송으로 그 극성기를 구가하던 방송이 이제 위기를 맞고 있다. 최근의 조사에 의하면 우리나라 지상파방송의 직접수신율이 6.7%에 불과하다고 한다. 또한 최근 IPTV에서 지방파방송의 재송신이 중단되었음에도 불구하고 IPTV가입자가 감소하지 않아 이 또한 충격으로 받아들여지고 있다. 이는 방송의 중심이 전파에서 인터넷으로 이동하고 있으며 특히 방송의 시청이 TV에서 모바일로 이동하고 있음을 실증하고 있다. SK텔레콤의 CJ 헬로비전 인수는 방송산업이 통신산업 중심으로 재편되고 있음을 보여주고 있다.

미국에서 온라인 스트리밍 서비스의 총아로 등장한 넷플릭스(Netflix)는 2015. 10. 현재 6500만명 이상의 가입자를 확보하여 일찍이 미국의 대표적인 케이블TV인 HBO가입자 수를 초과하였으며 세계 50개국 이상에서 서비스되고 있다. 인터넷서비스제공자들의 다중채널네트워크(MCN)방송도 인기를 더해 가고 있으며 유튜브(YouTube)를 통한 동영상서비스와 SNS를 이용한 동영상제공과 이른바 소셜TV가 일상화하고 있다. 이러한 새로운 현상은 대용량영상전송기술을 비롯한 방송관련기술의 급격한 진보에 기인한 것이다. 이러한 기술의 진보는 클라우드 개별녹화 PVR(Personal Video Recorder)서비스 등 새로운 서비스를 가능하게 하였으며 Aereo사건 등에서 저작권 침해여부가 크게 다투어졌다.

이러한 방송시장의 변화는 방송사업자에게도 새로운 방식에 의한 서비스를 시도하게 하고 있다. 영국의 BBC는 YouView 서비스를 시작하였고 우리나라의 KBS도 OSP서비스를 시도하고 있다. 또한 MBC의 마리텔과 같은 방송과 전송의 결합도 시도되고 있다. 방송의 디지털화는 방송콘텐츠의 유통시장을 활성화시켰다. 디지털화로 인하여 미디어의 종류가 다양화되고 채널수가 급격히 늘어났다. 한국

방송콘텐츠의 국제적 경쟁력은 방송콘텐츠의 수출로 이어지고 있다. 이러한 유통시장의 확대는 콘텐츠부족 현상을 빚고 있으며 저작권분쟁을 유발하고 있다.

위와 같은 방송시장의 변화에 따라 저작권분야에 있어서도 새로운 접근이 필요하게 되었다. 방송물제작방식의 변화에 따른 방송저작권의 귀속 문제, 방송실연자와 방송사업자의 저작인접권 보호의 필요성 증대, 방송물의 국내외적 유통에 있어서의 저작권 문제, 저작권의 국제적 침해와 유통의 증가에 따른 새로운 국제방송저작권제도의 필요성, 방송저작권관련 국제분쟁의 증가에 따른 분쟁해결제도 정립의 필요성 등 새로운 방송저작권문제가 대두되었다.

본서는 이러한 시대적 요구에 부응하기 위하여 저술되었다. 먼저 본서는 위에서 본 바와 같은 방송시장의 변화에 따른 저작권문제를 종래의 단편적인 지적을 넘어 새로운 시각에서 체계적으로 접근하고자 하였다. 이를 위하여 방송저작권이라는 개념을 최초로 정립하여 방송저작권의 특성을 규명하고자 하였으며 모바일TV, 스마트TV, 소셜TV 등 방송의 최첨단 문제를 진단하고 그와 관련한 저작권 문제에 대한 해답을 제시하려고 노력하였다. 아울러 그동안 미해결로 남겨진 방송법과 저작권법 간의 충돌을 해소하는 방안을 제시하고자 하였다.

그리고 방송영상저작물의 권리처리에 관한 비교법적 연구를 통하여 바람직한 해결방안을 검토하였으며 그 중 한 가지 문제인 외주제작 저작물의 권리처리에 관하여도 비교법적 연구를 통하여 외주제작사와 방송사간의 이해를 조정하는 방안을 제시하고자 하였다. 또한 방송물의 유통 증대에 따른 저작권 문제를 분석하고 특히 방송업계의 뜨거운 감자인 지상파방송의 케이블 방송 및 IPTV 등에 의한 동시재전송 문제에 대한 명쾌한 답을 제시하였다. 나아가 IPTV법이 방송법에 통합되는 시점에서 IPTV 등 인터넷방송이 초래하고 있는 새로운 저작권문제도 천착하여 보았다. 마지막으로 그동안 소홀히 다루어져 왔던 국제방송권 규범과 국제 방송저작권분쟁 등 국제 방송저작권문제를 정면으로 다루어 한류의 세계화에 부응하고자 하였다. 또한 방송저작권에 관한 중요판례는 따로 정리하여 법률전공자가 아닌 사람들도 쉽게 사안을 이해할 수 있도록 하였다. 이는 편저자가 임의로 추가한 것임을 밝힌다. 다만 공저자에 따라서 약간씩 견해가 다를 수 있는 부분이 있음을 부언한다.

본서는 국내 최고의 저작권법 전문가들이 모여 방송과 저작권에 관한 전반적이고 실제적인 문제를 다루는 최초의 전문서이다. 오승종 현 저작권위원회 위원장을 비롯하여 박성호 한양대 교수, 이해완 성균관대 교수, 박준석 서울대 교수, 박진아 동아대 교수 등 국내 최고의 저작권 전문가들이 집필에 참여하였다. 또한 본서의 집필에는 한국 저작권계의 원로이신 허희성 박사님의 조언이 있었음을 밝히고자 한다. 집필자와 조언자분들은 물론 본 연구를 할 수 있는 기회를 주신 한국방송협회에 깊은 감사를 드린다. 마지막으로 본 연구를 뒷받침하고 편집과 교정에 수고한 성균관대학교 박사과정생 이홍기 조교에게도 고마움을 전하고자 한다.

21세기 미디어가 우리에게 전하는 메시지는 "정보의 공유와 정당한 보상(Information Sharing & Fair Compensation)"임을 상기하면서.

2016년 원단

한범헌에서

편저자 손 경 한

차 례

서 문 ·· 1

제1장 방송과 저작권 총론 ·· 3

[부록] 방송저작권 침해의 요건 ·· 66

제2장 방송영상저작물의 저작권 ·· 87

제3장 외주제작과 방송저작권 ·· 139

제4장 방송과 저작인접권 ·· 199

제5장 방송물의 유통과 저작권 ·· 283

제6장 인터넷과 방송저작권 ·· 393

제7장 국제방송저작권법 ·· 461

제8장 국제 방송저작물 거래와 분쟁 해결 ·· 507

제9장 결 론 ·· 583

참고문헌 ·· 599

부 록 ·· 617

판례색인 ·· 761

사항색인 ·· 765

상세 차례 / 중요 판례 차례

제1장 방송과 저작권 총론

Ⅰ. 서 론 ········ 3

Ⅱ. 방송산업의 현황 ········ 4

Ⅲ. 방송의 개념과 특징 ········ 5

1. 방송의 개념 ········ 5
2. 방송의 특징 ········ 9
   가. 방송의 공공성 / 9
   나. 방송의 정보제공성 / 9
   다. 방송의 엔터테인먼트성 / 9
   라. 방송의 상업성 / 9
   마. 방송의 현장성 / 10
   바. 방송과 창작성 / 10
   사. 방송의 타인 저작물 이용의 필요성 / 10
3. 방송의 현재와 미래 ········ 17
   가. 방송의 기능변화 – 쌍방향성(interactiveness) / 17
   나. 방송소비자의 방송제작에의 참여 / 17
   다. 방송관련 기술의 발전 / 18
   라. 방송사업의 변화 / 20
   마. 방송의 미래 / 22

Ⅳ. 방송저작권의 개념과 특징 ········ 23

1. 저작권 일반 ········ 23
   가. 저작권의 개념 / 23
   나. 저작권의 보호대상 / 23
   다. 저작물의 이용과 저작권 / 24
   라. 저작권 침해에 대한 구제 / 25
2. 방송저작권의 개념 ········ 26
   가. 방송저작권 개념의 정립 / 26
   나. 방송저작권의 내용 / 27
   다. 방송저작인접권 / 28
   라. 기타 방송물에 대한 보호 / 31
3. 방송저작권의 분류 ········ 33
   가. 저작물의 성격에 의한 분류 / 33
   나. 방송사업자에 의한 분류 / 33
   다. 플랫폼에 의한 분류 / 34
   라. 저작권의 내용에 의한 분류 / 34
   마. 복합적인 분류 / 34

4. 방송저작물의 법적 성격과 특징 ······ 34
가. 방송저작물의 법적 성격 / 34
나. 방송저작물의 특징 / 35
5. 방송저작물의 관련 당사자 ······ 35
가. 방송사업자의 개념 / 35
나. 방송사업의 관련 당사자 / 37

Ⅴ. 방송저작권의 주요 쟁점 ······ 37

1. 방송작가, 뉴스, 사진 및 광고의 저작권 ······ 37
가. 방송작가의 저작권 / 37
나. 뉴스의 저작권 / 42
다. 방송사진의 저작권 / 44
라. 광고의 저작권 / 47
2. 피디(PD)의 저작권 ······ 50
가. 일반 / 50
나. 방송대본의 저작권 / 50
다. 방송물의 저작권 / 51
3. 리얼리티 쇼의 저작권 ······ 53
4. 스포츠 중계방송의 저작권 ······ 55
가. 스포츠 게임과 저작권: 바둑, 장기의 기보, 컴퓨터 게임로그 등의 저작권 / 55
나. 스포츠 중계방송의 저작물 여부 / 56
다. 스포츠 중계방송의 저작자 / 57
5. 방송포맷의 저작권 ······ 58
6. 기타: 대담(對談) 방송의 저작권귀속 ······ 60
7. 소 결 ······ 61

Ⅵ. 방송의 변화가 저작권에 미치는 영향 ······ 62

1. 서 ······ 62
2. 공중송신권 개념의 필요성 ······ 62
3. 대규모 제작과 저작권귀속 ······ 63
4. 방송물의 유통과 저작권 ······ 63
5. 인터넷과 방송저작권 ······ 64
6. 방송저작권의 국제적 보호 ······ 64

Ⅶ. 결 론 ······ 64

[부록] 방송저작권 침해의 요건 66

제 2 장 방송영상저작물의 저작권

Ⅰ. 서 론 87

Ⅱ. 방송영상저작물의 개념과 법적 성질 89

1. 방송영상저작물의 개념 89
가. 방송저작물의 개념 / 89
나. 방송영상저작물의 개념 / 91
2. 방송영상저작물의 유형 92
가. 객체에 따른 분류 / 92
나. 제작주체에 따른 분류 / 93
3. 방송영상저작물의 특성 93
가. 저작권관계의 복잡성 / 93
나. 제작자금의 거액성과 회수의 필요성 / 94
다. 수익배분 / 94
4. 방송영상저작물의 법적 성질 95
가. 종합저작물(어문·미술·음악) / 95
나. 영상저작물 / 95
다. 2차적 저작물 / 95
라. 공동저작물 / 95
5. 소 결 95

Ⅲ. 방송영상저작물의 저작권에 관한 제외국의 입법례 96

1. 일 반 96
가. 방송(물)의 저작물성에 관한 입법례 / 96
나. 영상저작물의 저작권귀속에 있어서 입법례의 다양성 / 96
다. 영상저작물에 관한 규정의 방송영상저작물에의 적용 가부 / 97
2. 베른협약상 영상저작물 저작권의 귀속 97
3. 영상저작물의 저작권귀속에 관한 외국 입법례 98
가. 미국 / 98
나. 유럽(독일, 프랑스, 영국) / 99
다. 일본 / 106
라. 중국 / 109
4. 소 결 111

Ⅳ. 우리나라 저작권법상 방송영상저작물의 저작권보호 …… 112

1. 일 반 …… 112
2. 저작권귀속의 일반원칙 …… 113
3. 위탁저작물의 저작권귀속 …… 115
4. 우리나라 저작권법상 영상저작물의 특례규정의 해석 …… 115
   가. 저작물의 영상화 / 115
   나. 영상저작물에 대한 권리 / 118
   다. 영상제작자의 권리 / 125
   라. 영상제작자의 권리와 방송사업자의 권리간의 관계 / 125
5. 영상저작물의 특례규정의 재검토 …… 126
   가. 방송영상저작물의 저작권 처리규정의 문제점 / 126
   나. 방송영상저작물의 저작권귀속에 관한 새로운 고찰 / 131

Ⅴ. 결 론 …… 135

제 3 장 외주제작과 방송저작권

Ⅰ. 서 론 …… 139

Ⅱ. 방송프로그램의 외주제작 …… 140

1. 외주제작제도 – 독립제작자의 정의와 그 기원 …… 140
2. 방송프로그램의 법적 보호 유형 …… 143
   가. 서 / 143
   나. 저작물로서의 방송프로그램의 보호 / 143
   다. 저작인접물로서의 방송프로그램의 보호 / 150
3. 소 결 …… 151

Ⅲ. 외주제작 방송프로그램의 저작권귀속 …… 152

1. 외주제작의 유형 …… 152
2. 외주제작을 둘러싼 우리나라의 문제 상황 …… 154

3. 외주제작 방송프로그램의 저작자를 결정하는 법적 구조 157
가. 원칙 - 창작자원칙 / 157
나. 드라마가 법인 등 사용자의 업무상 저작물에 해당하는 경우 / 158
다. 방송사업자 또는 독립제작사가 드라마의 저작자로 의제되는 요건 / 159
라. 소결 / 161

4. 방송사업자와 독립제작자 간의 권리귀속 162
가. 외주제작의 유형에 따른 사례별 권리귀속 방안 / 162
나. 방송사업자와 독립제작사 간 권리귀속 분쟁에 대한 공정거래위원회 결정 / 163

5. 이른바 '창구권' 문제 165

Ⅳ. 위탁저작물의 저작권귀속에 관한 외국 입법례와 그 시사점 166

1. 위탁저작물의 정의 166
가. 개념 / 166
나. 창작자원칙에 따른 저작권의 원시적 귀속 / 167

2. 위탁저작물의 저작권귀속에 관한 외국 입법례 168
가. 문제의 소재 / 168
나. 미국 / 169
다. 영국 / 171
라. 독일 / 174
마. 프랑스 / 176
바. 일본 / 178
사. 중국 / 180
아. 소결 / 181

3. 우리 저작권법에 있어서 업무상 저작물과 위탁저작물 182
가. 의의 / 182
나. 재판례 / 184
다. 소결 / 187

4. 외국 입법례의 고찰에 따른 시사점 191
가. 논의의 관점 / 191
나. 입법론 내지 해석론의 전개 방향 / 192
다. 검토 / 195

Ⅴ. 결　　론 195

제 4 장 방송과 저작인접권

Ⅰ. 서 론 ········· 199

1. 저작인접권의 의의 ········· 199
2. 저작인접권과 방송 ········· 200

Ⅱ. 실연자의 권리와 방송 ········· 200

1. 서 설 ········· 200
    가. 실연 및 실연자의 의의 / 200
    나. 청각실연과 시청각실연의 구분 / 204
2. 청각실연자의 권리와 방송 ········· 204
    가. 현행법상 청각실연자의 권리와 방송 / 204
    나. 향후의 과제 / 231
3. 시청각실연자의 권리와 방송 ········· 242
    가. 시청각실연자의 복제권, 배포권, 방송권 및 전송권과 영상저작물 특례규정 / 242
    나. 시청각실연자의 기타의 재산적 권리와 방송 / 246
    다. 시청각실연자의 인격권과 방송 / 247

Ⅲ. 음반제작자의 권리와 방송 ········· 250

1. 서 설 ········· 250
    가. 음반 및 음반제작자의 의의 / 250
    나. 음반제작자 권리의 추정 / 253
    다. 저작권법이 보호하는 음반 / 253
    라. 음반제작자의 권리 개관 / 254
2. 음반제작자의 방송사업자에 대한 보상청구권 ········· 255
3. 음반제작자의 디지털음성송신사업자에 대한 보상청구권 ········· 256
4. 음반제작자의 기타 권리와 방송 ········· 257
    가. 음반제작자의 복제권과 방송 / 257
    나. 음반제작자의 배포권과 방송 / 260
    다. 음반제작자의 대여권과 방송 / 261

라. 음반제작자의 전송권과 방송 / 262
마. 판매용 음반의 공연에 대한 보상청구권과 방송 / 263
5. 향후의 과제 264

Ⅳ. 방송사업자의 권리 264
1. 방송사업자의 의의 264
2. 방송사업자의 저작인접권 266
가. 서 설 / 266
나. 복제권 / 267
다. 동시중계방송권 / 269
라. 공연권 / 274
3. 방송사업자의 저작인접권의 제한 274
4. 향후의 과제 276
가. 방송권에 대한 문제 / 276
나. 전송권의 신설 / 277

제 5 장 방송물의 유통과 저작권

Ⅰ. 개 설 283
Ⅱ. 케이블방송, 위성방송의 저작권: 동시재송신과 관련하여 284
1. 서론 – 문제의 제기 284
2. 방송사업자의 유형과 그 성격 285
가. 지상파방송사업자 / 285
나. 케이블방송사업자 / 287
다. 위성방송과 IPTV / 291
3. 방송사업자의 권리와 의무재송신 293
가. 서 / 293
나. 저작권법상 방송사업자의 권리 / 293
다. 지상파방송의 의무재송신 / 295
라. 의무재송신과 방송프로그램의 저작권 / 295
4. 동시재송신과 관련된 해외 입법례 298
가. 미국 / 298
나. 일본 / 303
다. 유럽연합 / 306
5. 동시재송신과 저작권 306

가. 해석론 / 306 나. 입법적 해결 모색 / 312

Ⅲ. 방송저작물의 유통에 관련한 법적 문제 ······ 314

1. 방송저작물 유통 환경의 변화 ······ 314

2. 방송저작물 유통에 있어서 저작권의 역할 ······ 316

3. 방송저작물 유통의 유형 ······ 319

가. 당사자의 유형에 따른 분류 / 319 나. 거래유형에 따른 분류 / 326

4. 방송저작물의 2차 시장에서의 라이선스 계약 ······ 344

가. 방송저작물 이용허락계약의 해석 / 344

나. 2차 시장에서의 라이선스 계약의 해석 / 348

5. 방송저작권의 집중관리 ······ 358

가. 저작권 집중관리 제도의 의의와 효용 / 358

나. 저작권위탁관리의 종류 / 360

다. 각국의 저작권집중관리 제도 / 361

라. 확대된 저작권집중관리 제도 / 362

마. 저작권 통합관리 체계의 구축 / 363

바. 디지털저작권거래소 / 365

사. 저작권 인증제도 / 365

Ⅳ. 방송저작물의 2차적 저작물 작성 ······ 366

1. 방송저작물의 2차적 저작물의 개념 및 유형 ······ 366

2. 2차적 저작물의 유형별 저작권 문제 ······ 368

가. 더빙 및 자막처리 / 368 나. 리메이크 / 368

다. 라디오방송물의 TV방송물화 / 369

라. 라디오방송물의 효과음 등에 대한 2차적 활용 / 370

마. 방송저작물의 게임화 / 371

바. 중계방송물의 편집, 요약, 슬로 모션 추가 등 / 371

3. 방송저작물의 2차적 저작물 작성과 저작권 침해 ······ 377

가. 방송드라마 스토리의 보호 / 377

나. 방송드라마에 사용된 소품에 대한 보호 / 387

Ⅴ. 결 론 ······ 389

제 6 장 인터넷과 방송저작권

Ⅰ. 서 론 ········· 393

1. 본 장의 논의범위 및 논의전개의 방식 ········· 393
2. 인터넷이 방송저작권에 미친 영향을 둘러싼 시기별 쟁점 도출 ········· 395
   가. 제1단계 시기 / 395 나. 제2단계 시기 / 396
   다. 제3단계 시기 / 398

Ⅱ. 저작권 관련 국제조약 및 제외국의 입법에서 인터넷과 방송에 대한 취급 ········· 399

1. 국제조약에서의 취급 ········· 399
   가. 베른협약과 로마협약 / 399
   나. WIPO 저작권 조약 및 실연음반조약 / 402
   다. 그 이후 새로운 국제조약 성립을 위한 노력 등 / 405
2. 제외국에서의 취급 ········· 407
   가. 미국 / 407 나. 유럽연합 / 410
   다. 일본 등 / 412

Ⅲ. 한국 저작권법상의 인터넷과 방송에 대한 규정의 변천과 그 문제점 ········· 414

1. 한국 저작권법상의 관련 규정과 판례 변천 ········· 414
   가. 서 / 414
   나. 저작권법상 방송 개념만이 존재하던 시기 / 415
   다. 인터넷 등장을 뒤늦게 반영하여 저작권법에 전송 개념이 등장한 시기 / 417
2. 2006년 개정 저작권법상 관련 규정들의 문제점 분석 등 ········· 420
   가. 저작권법 관련 규정들의 당시 개정 취지 / 420
   나. 개정 저작권법 관련 규정들의 긍정적 측면 / 422
   다. '디지털음성송신'을 '방송'과 구별한 개념 설계의 문제점 / 423
   라. 여타 쟁점-기존 방송·전송권 관련 규정과의 조화로운 해석 문제 / 435

Ⅳ. 인터넷과 방송에 대한 저작권 관련 여타 쟁점들 ········· 438

1. 인터넷 녹화서비스의 개념과 관련 저작권 문제들 ……… 438
가. 배경설명 / 438
나. 인터넷 녹화서비스를 둘러싼 각국의 분쟁 사례 / 441
2. IPTV의 저작권 관련 세부쟁점 ……… 449
가. 서 설 / 449
나. IPTV의 개념과 구별할 유사개념 등 / 450
다. IPTV 서비스이용자에 의한 저작권침해의 잠재적 가능성 등 / 452
라. IPTV사업자의 각 서비스와 저작권법 조항의 관련성 / 453
3. 인터넷 링크와 방송저작권 ……… 455

Ⅴ. 결론 – 인터넷 방송과 저작권법이 나아갈 길 ……… 457

제 7장 국제방송저작권법

Ⅰ. 서 론 ……… 461

Ⅱ. 방송저작권 관련 국제 규범의 발전 ……… 462

1. 방송저작권의 개념과 국제규범 ……… 462
가. 방송저작권의 개념 / 462
나. 방송저작권에 관한 국제규범과 방송저작권의 개념 / 463
2. 전통적 저작권 및 저작인접권 보호조약상의 규정 ……… 464
가. 베른협약 / 464
나. 로마협약 / 464
다. 브뤼셀위성협약 / 465
3. 무역관련지적재산권협정상의 규정 ……… 466
가. 일반 / 466
나. 내국민대우의 원칙 / 466
다. 베른협약과의 관계 / 466
라. 방송사업자의 권리에 관한 규정 / 466
4. 1996년 WIPO조약 상 방송저작권 규정 ……… 467
가. 1996년 WIPO저작권조약 상 방송저작권 규정 / 467
나. 1996년 WIPO실연·음반조약 상 방송저작권 규정 / 467

5. 방송저작권에 관련한 유럽연합 규범의 발전 ········ 468
가. 1989년 국경 없는 TV 지침 / 468
나. 1992년 대여권 지침 / 468
다. 1993년 위성 및 케이블 방송저작권 지침 / 469
라. 2001년 정보사회저작권 지침 / 470
마. 2007년 시청각미디어서비스 지침 / 470
바. 2010년 유럽저작권법전 / 472
사. 2011년 시청각저작물 온라인배포 녹서 / 473
아. 2014년 저작권집중관리 지침 / 474
6. 21세기의 방송저작권 관련 조약 ········ 474
가. 일 반 / 474
나. 베이징시청각실연조약 / 475
다. 방송사업자보호조약(안) / 476
7. 자유무역협정과 방송저작권 보호 ········ 477
가. 한미자유무역협정상 방송저작권 보호 / 477
나. 한·EU자유무역협정상 방송저작권 보호 / 479

Ⅲ. 국제규범 상 방송의 개념 ········ 480
1. 일 반 ········ 480
2. 전통적 방송의 개념 ········ 480
가. 베른협약과 로마협약상 방송의 개념 / 480
나. WIPO 저작권조약 및 WIPO 실연 및 음반조약 상 방송의 개념 / 481
다. 유럽연합 정보사회저작권 지침 상의 방송의 개념 / 481
라. 자유무역협정상 방송의 개념 / 482
마. 베이징시청각실연조약상 방송의 개념 / 483
바. 소결 / 483
3. 방송개념의 변화 ········ 483
가. 일반 / 483
나. 방송사업자 보호조약(안) 상 방송의 개념에 관한 논의 / 484
다. 소결 / 485

Ⅳ. 21세기 국제 방송저작권 규범의 변화 ········ 486
1. 서 ········ 486
2. 저작권 보호의 확대 ········ 486

가. 보호되는 저작물 / 486 나. 방송포맷의 국제적 보호 / 487
다. 저작 지분권의 보호 강화 / 487

3. 방송사업자의 권리의 확대 ······ 489
가. 일반 / 489
나. 국제규범상 방송사업자의 권리의 확대 / 489
다. 방송사업자의 권리에 대한 보호기간의 연장 논의 / 491

4. 실연자 및 음반제작자의 권리의 확대 ······ 491
가. 일반 / 491
나. 실연자의 저작인격권 보호 / 492
다. 생실연의 보호-고정요건의 철폐 / 492
라. 실연자의 권리의 확대 / 493
마. 음반제작자의 권리 보호의 강화 / 494
바. 저작인접권 보호기간의 연장 / 494
사. 기술적 조치의 광범한 보호 / 494
아. 실연자 권리의 영상제작자에의 이전 문제 / 495

5. 공익을 위한 저작권 보호의 제한 ······ 495
가. 서 / 495
나. 사회적 약자를 위한 이용 허용 / 496
다. 영상저작물의 공공 이용 확대 / 496

6. 저작물의 유통 촉진과 이용료 확보 ······ 497
가. 서 / 497
나. 영상저작물의 전송서비스를 위한 권리처리시스템 도입 / 497
다. 영상저작물의 전송 이용 대가의 확보 / 498

Ⅴ. 국제 방송저작권 규범에의 대응 ······ 499

1. 공중송신권 개념의 재정립 ······ 499
2. 방송제작자와 방송사업자 권리의 보호 ······ 500
3. 방송저작물 유통 법제의 정립 ······ 501
4. 브뤼셀위성협약 가입 후의 후속 조치 및 직접위성방송의 보호 ······ 501
5. 자유무역협정을 통한 방송저작권 보호 ······ 502

Ⅵ. 결 론 ······ 503

제8장 국제 방송저작물 거래와 분쟁 해결

Ⅰ. 서 론 ………… 507

Ⅱ. 방송저작물의 국제적 거래 ………… 508

1. 일 반 ………… 508
2. 국제 방송저작물 거래의 유형 ………… 509
3. 국제 방송저작물제작거래상의 권리의무 ………… 510
   가. 개 설 / 510
   나. 국제 방송물제작계약 / 511
   마. 국제 공동제작계약 / 516
   바. 국제 외주제작계약 / 517
   사. 국제 방송제작투자계약 / 518
   아. 국제 방송제작금융계약 / 519
   자. 국제 방송제작지원계약 – PPL계약과 저작권 / 521
4. 국제 방송물실용허락거래상의 권리의무 ………… 523
   가. 일반 / 523
   나. 방송물 실용허락과 디지털파일등의 제공 / 524
   다. 방송저작물 개변권의 제한 / 525
   라. 지식재산권의 보호 / 525
   마. 기술적 보호조치의 침해금지와 보안의 유지 / 526
   바. 실용료의 지급 / 527
   사. 방송저작물의 광고 / 527
   아. 이용자 정보의 제공 / 528
   자. 소결 / 528
5. 방송저작물거래에 대한 국제적 과세 ………… 529
   가. 개설 / 529
   나. 실용료 소득에 대한 과세 / 529
   다. 배당소득에 대한 과세 / 531

Ⅲ. 국제 방송저작권소송의 국제재판관할 ………… 531

1. 개 설 ………… 531

가. 방송저작권분쟁과 국제재판관할의 개념 / 531
나. 저작권의 속지주의와 국제재판관할 / 532
다. 각국의 저작권분쟁에 관한 국제재판관할의 일반 원칙 / 534
다. 지식재산권분쟁의 국제재판관할에 관한 제 원칙 / 535
라. 방송저작권 분쟁에 관한 재판관할합의 / 535

2. 방송저작물 권리귀속과 유효성사건의 국제재판관할 537
가. 방송저작권의 귀속·유효성 분쟁의 개념 / 537
나. 방송저작권의 귀속·유효성 분쟁의 전속관할 여부 / 538
다. 방송저작권 등록분쟁의 국제재판관할 / 539
라. 방송저작권의 귀속·유효성 분쟁의 국제재판관할 / 540

3. 방송저작물 거래사건의 국제재판관할 540
가. 당사자 간의 국제재판관할합의가 있는 경우 / 540
나. 당사자 간의 국제재판관할합의가 없는 경우 / 540

4. 방송저작권 침해사건의 국제재판관할 541
가. 개설 / 541
나. 미국법상 저작권 침해사건의 국제재판관할 / 541
다. 유럽법상 저작권침해사건의 국제재판관할 / 542
라. 일본법상 저작권침해사건의 국제재판관할 / 543
마. 한국법상 저작권침해사건의 국제재판관할 / 544

5. 방송저작권에 관한 외국 판결의 승인과 집행 545

Ⅳ. 방송저작권의 준거법 546

1. 개 설 546
가. 보호국법주의와 본원국법주의 / 546
나. 준거법에 관한 베른협약의 해석 / 546
다. 저작권의 준거법에 관한 각국의 일반원칙 / 548
라. 방송저작권에 관한 준거법합의 / 549

2. 방송저작물 권리귀속과 유효성의 준거법 551
가. 방송저작물 권리귀속의 준거법 / 551
나. 방송저작권의 유효성 및 등록의 준거법 / 553

3. 방송저작물 거래의 준거법 553
가. 문제의 소재 / 553
나. 저작권의 양도가능성 – 보호국법주의 / 553
다. 저작권계약 당사자의 법률관계의 준거법 – 계약준거법주의 / 554

4. 방송저작권 침해의 준거법 ········ 555
가. 개설 / 555
나. 보호국법주의 / 555
다. 금지청구와 손해배상청구의 준거법 구별 / 556
라. 본원국법주의 / 557
마. 저작권침해의 준거법에 관한 한국의 판례 / 557
바. 다수국에서의 저작권 침해와 준거법 / 560

Ⅴ. 방송저작권의 국제사법적 쟁점의 해결 ········ 562

1. 개　설 ········ 562
2. 송신국법주의 ········ 562
가. 송신지국주의를 취한 입법례 / 562
나. 송신지국주의를 취한 판례 / 564
다. 국제사법상의 송신국주의 / 565
3. 수신지국주의 ········ 566
가. 개설 / 566
나. 각국의 판례와 입법례 / 566
4. 중첩적용주의 ········ 567
5. 소　결 ········ 567
가. 각 견해에 대한 비판적 검토 / 567
나. 사견 / 568
다. 오버더톱(OTT)을 이용한 국제적 방송 수신에의 적용 / 569

Ⅵ. 국제 방송저작권분쟁의 ADR에 의한 해결 ········ 570

1. ADR에 의한 분쟁해결 방법 ········ 570
2. 조정에 의한 국제방송저작권분쟁의 해결 ········ 570
가. 국제조정제도 / 570
나. 국제조정절차 / 572
다. 조정의 효력 / 573
3. 중재에 의한 국제방송저작권분쟁의 해결 ········ 573
가. 국제중재제도 / 573
나. 국제중재신청 / 574
다. 국제중재절차 / 575
라. 중재판정의 효력 / 576
4. 저작권에 관한 외국 중재판정의 승인과 집행 ········ 576
가. 개설 / 576

나. 외국중재판정 승인의 요건 / 577
다. 외국중재판정의 승인·집행 절차 / 578

Ⅶ. 결 론 ······ 579

제9장 결 론

1. 방송저작권의 특징 ······ 583
2. 방송저작물의 권리귀속 ······ 584
3. 외주제작의 권리 관계 ······ 587
4. 방송과 관련한 저작인접권 ······ 589
5. 일시적 녹음 · 녹화물의 보존과 이용 ······ 591
6. 지상파방송의 동시재송신 허락의 필요성 ······ 592
7. 클라우드 PVR 방송 서비스와 저작권 침해 여부 ······ 594
8. 방송의 미래와 저작권 ······ 596
9. 국제 방송저작물 거래와 분쟁해결 ······ 597

참고문헌 ······ 599
부 록 ······ 617
판례색인 ······ 761
사항색인 ······ 765

중요 판례 차례

'두근두근체인지' 사건 ··· 381
'두만강 700리' 사건 – 공동저작자가 되기 위한 요건 ··· 119
'러브레터' 사건 ··· 15
'모기와의 전쟁' 뉴스 사건 ··· 43
'빛은 내 가슴에' 저작인격권 침해사건 ··· 122
'여우와 솜사탕' 사건 ··· 384
'중민화의 길' 강연 편집방송 사건 ··· 249
"만날 때까지" 영상물 양도담보사건 ··· 342
"살아 있는 동안 꼭 해야 할 49가지" 서적 사건 ··· 558
MBC 시사매거진 2580 신입생 환영회 영상보도사건 ··· 54
Netibee 캐릭터 사건 – 공동저작물의 저작재산권행사의 합의 ··· 117
SNL 코리아의 '짝'의 SBS의 '짝' 포맷 침해 여부 ··· 59
뉴스의 저작물성 ··· 12
드라마 '까레이스키' 사건 ··· 379
드라마 '더 이상은 못 참아'의 사망 인물을 부활시켜 제작 방송한 책임 ··· 38
드라마 선덕여왕 대본의 뮤지컬 대본 저작권 침해여부 ··· 385
드라마의 연주장면 촬영사건 ··· 32
마이클 케나 솔섬 사진저작물 사건 ··· 46
마이티비 사건 ··· 447
방송사용보상금 산정의 취지와 기준 ··· 213
방송작가의 저작권과 방송사업자의 방송 외 이용 ··· 39
방송채널사용사업자의 범위 ··· 289
베른협약 및 TRIPs협정 가입국 방송 보호 사건 ··· 29
사랑비 사건: 스토리의 보호 ··· 381
수술 등 의료용 사진의 사진저작물성 ··· 45
엔탈 사건 ··· 445

영화방영권 무단 양수 후 케이블방송 사건 ········ 357
영화장면 LD음반제작 사건 – 영상제작자에게 양도된 것으로 보는 실연자의 권리의 범위 ········ 124
오락프로그램에서의 영화장면 방영사건 ········ 16
인터넷 링크의 저작권침해 여부 ········ 456
인터넷 음악 스트리밍 서비스의 방송해당성 ········ 8
인터넷방송의 구 저작권법상 방송해당성 ········ 7
저작권침해에 대한 방송사의 책임–하얀나라 까만나라 사건 ········ 25
종합유선방송사업자의 지상파재송신 사건 I ········ 296
종합유선방송사업자의 지상파재송신 사건 II ········ 297
캐릭터의 저작권 침해 부정 사례 ········ 388
태왕사신기 사건 ········ 382
판매용 음반 방송의 보상금 ········ 212

제 1 장

방송과 저작권 총론

Ⅰ. 서　　론
Ⅱ. 방송산업의 현황
Ⅲ. 방송의 개념과 특징
Ⅳ. 방송저작권의 개념과 특징
Ⅴ. 방송저작권의 주요 쟁점
Ⅵ. 방송의 변화가 저작권에 미치는 영향
Ⅶ. 결　　론

제 1 장

방송과 저작권 총론

필자 : 손경한

I 서 론

사회, 경제, 문화적인 영역에서 세계화가 진전되면서 미디어 산업에서도 국가 간의 경계가 희미해지고 전 세계 이용자를 대상으로 한 콘텐츠 제작이 활발해지고 있으며, 대표적 미디어로서 방송의 경우도 예외 없이 국제화, 세계화, 글로벌화가 이루어지고 있다. 더욱이 최근 들어 방송・통신기술혁신의 가속화로 다매체・다채널 시대가 도래하고 유비쿼터스화가 진전되고 있으며, 이용자 요구가 다양화됨과 아울러 개인에 의한 콘텐츠 창작 및 송신 등이 가능해지는 등 방송산업을 둘러싼 환경이 극적으로 변화하고 있다.

이와 같이 방송의 제작과 유통 환경이 급격하게 변화하는 시대에 있어서 방송의 제작 및 유통에 관한 저작권 문제가 특히 문제된다. 즉 방송물의 저작권귀속과 2차적 이용을 둘러싼 권리관계에 대한 자세한 검토가 필요하다. 이에 본장에서는 제2장 이하에서 자세하게 다룰 방송영상저작물의 저작권귀속, 방송저작물의 외주제작, 방송저작인접권, 방송저작물의 유통, 인터넷이 방송저작권에 미친 영향 및 국제방송저작권, 국제방송저작물거래와 분쟁해결의 문제를 고찰하기에 앞서 우선 방송물의 다양한 활용을 위한 전제로서 방송물의 저작물성이 다투어지는 경우와 그 저작권귀속이 문제되는 경우로서 제2장 이하에서 별도로 다루지 않는 부분을 주로 살펴보기로 한다.

본장의 논의는 새로운 시대의 방송과 저작권 문제의 총론으로서 먼저 방송산업의 현황(Ⅱ), 방송저작권의 개념과 특징(Ⅲ)을 살펴본 후, 이어 방송저작권의 주요 쟁점(Ⅳ)으로서 방송저작물의 저작권이 문제되는 경우인 방송작가, 뉴스, 방송사진, 광고의 저작권 문제를 살펴본 후, 피디(PD)의 저작권, 리얼리티쇼의 저작권, 스포츠중계방송의 저작권 문제, 방송포맷의 저작권과 기타 저작물성이 문제되는 경우를 그 순서에 따라 검토한다. 이에 덧붙여서 방송의 변화가 저작권에 미치는 영향(V)도 간략하게 검토하고자 한다.

Ⅱ 방송산업의 현황

종래 방송은 동시적 수신(simultaneous reception)을 기본적 특징으로 하였으나 이제 그 동시성이 위협받고 있다. 방송과 통신의 결합으로 방송 소비자가 원하는 시기에 원하는 장소에서 그 방송을 시청할 수 있게 되었으며 방송사업자들도 다시보기 서비스 등을 통하여 이러한 시청자들의 욕구에 대응하고 있다. IPTV는 그러한 현상을 가속화하고 있으며 인터넷방송이라는 이름으로 웹캐스팅까지 방송임을 자칭하게 되었다. 이제 전통적인 방송의 개념은 중대한 위협에 직면하였다.

방송산업을 둘러싼 무엇보다도 큰 변화는 방송통신기술의 발전으로 방송의 미디어로서의 공적 성격이 흔들리고 있다는 것이다. 기존의 입장은 방송이 희소한 자원인 주파수를 사용하여 공중에게 제공되는 공공재로서의 성격을 가진다고 보아 보편적 접근권을 강조해왔으나 이제 다채널화 등으로 방송의 희소성이 들어맞지 않는 시대가 되었는바 과거 방송의 희소성을 사용하여 정리한 논리들이 무력화되게 되었고 이제 새로운 관점에서 접근을 요구하고 있다고 할 것이다. 또한 방송과 통신의 융합으로 통신이 방송을 점령하는 상황으로까지 발전하고 있어 방송 개념이 확장되고, 더 나아가 방송 개념이 공중전달에 포섭되어 글로벌화하는 상황으로 나아가고 있다는 것 역시 중요한 변화이다.

방송통신기술이 급속하게 변화하는 시대에 대응하여 방송저작물도 기존 방송에 국한되지 않고 방송과 통신이 융합된 새로운 공중전달방식에 의하여 전달될 수밖에 없는바, 방송사업자는 방송저작물의 2차적 이용의 활성화를 위하여 방송제작자의 권리 강화와 권리처리시스템 도입과 방송저작물의 저작권자와 저작인접권자에 대한 적절한 보상을 보장하는 방향으로 나아가고 있다.

Ⅲ 방송의 개념과 특징

1. 방송의 개념

방송은 라디오나 텔레비전을 통하여 널리 듣고 볼 수 있도록 음성이나 영상을 전파로 내보내는 것으로서 특정 지역을 대상으로 유선으로 하는 것을 포함한다.[1] 종래 방송은 일정 장소에서 불특정 다수에게 전달하는 행위로 broad(넓다)와 던지다(cast)의 합성어로서 넓은 곳에 뭔가를 던진다는 의미로서 메시지를 대중에게 전달한다는 의미를 가져 왔다.[2]

미국 통신법은 방송을 직접 또는 중계국의 중계를 통해 공중이 수신하는 무선 통신의 전달이라 정의하고 있다.[3] 영국의 경우, 1988년의 저작권, 디자인, 특허법에서 방송(broadcast)을 일반인이 합법적으로 수신할 수 있도록 또는 일반인에게 제공될 것을 목적으로 한 시각적 영상, 음성 그 밖의 정보의 무선 통신의 송출로 정의한다.[4] 따라서 이에는 라디오, 텔레비전, 전신, 전화가 포함된다. 일본의 경우 공중에 의해 직접 수신되는 것을 목적으로 하는 통신으로 정의한다.[5]

우리나라 현행 저작권법에서는 방송을 "공중송신 중 공중이 동시에 수신하게 할 목적으로 음·영상 또는 음과 영상 등을 송신하는 것을 말한다"고 정의하고 있다(동법 제2조 제8호 참조). 즉 현행 저작권법 상 방송은 동시성과 일방향성을 그 개념의 요소로 하고 있다.

그러나 이러한 동시성과 일방향성이 반드시 방송의 본질적 요소인지는 검토를 요한다. 방송법상 방송은 방송프로그램을 기획·편성 또는 제작하여 이를 공중(개별계약에 의한 수신자를 포함한다)에게 전기통신설비에 의하여 송신하는 것이라고 정의하여 동시성을 방송의 개념요소로 하고 있지 않으며(동법 제2조 제1호) 구 저작권법도 동시성이나 일방향성을 방송 개념의 요소로 하지 않았다.[6] 이러한

---

1) 네이버 사전 참조.
2) 브리태니커 백과사전 참조.
3) 47 U.S.C. 153 SEC. 3(6) The term "broadcasting" means the dissemination of radio-communications intended to be received by the public, directly or by the intermediary of relay stations.
4) Copyright, Designs and Patents Act 1988, 1988 CHAPTER 48 6(1).
5) 일본저작권법 제2조 제8호.
6) 구 저작권법(2000. 1. 12. 법률 제6134호로 개정되기 전의 것) 제2조 제8호에서는 방송을 "일반 공

방송개념 하에서는 인터넷방송도 방송의 하나로 이해되었다.[7] 그러다가 2007년 저작권법은 방송의 상위 개념으로 "공중송신" 개념을 창설하였다. 즉 방송, 전송(傳送)[8] 및 디지털음성송신[9]을 포함하는 "공중송신"[10]의 개념을 도입하면서 방송에 동시성의 요건이 추가되어 그 범위가 협소하게 되었다.[11] 그러나 국제 규범은 오히려 방송의 개념을 확장하는 추세에 있다고 할 수 있다.[12]

오늘날 방송의 개념에 관한 논란의 중심에 있는 것은 웹캐스팅(webcasting)이라 할 수 있다. 웹캐스팅이란 인터넷을 통하여 음이나 영상을 스트리밍 기술 등에 의하여 일대다 방식으로 송신하는 것을 가리킨다. 웹캐스팅의 개념을 넓게 이해하면 실시간 서비스 방식, 주문형(on demand)서비스 방식 및 다운로드 방식의 서비스와 나아가 IPTV(Internet Protocol Television, 인터넷 멀티미디어 방송)[13]까지 포섭할 수 있다.[14] 이 웹캐스팅을 어느 범위에서 방송으로 볼 것인지

중으로 하여금 수신하게 할 목적으로 무선 또는 유선통신의 방법에 의하여 음성・음향 또는 영상 등을 송신하는 것을 말한다"고 정의하였다. 이 방송의 개념에는 차단되지 아니한 동일구역 안에서 단순히 음을 증폭송신하는 것은 제외되었다.

7) 대법원 2003. 3. 25. 선고 2002다66946 판결은 구 저작권법상 방송에는 일반 공중으로 하여금 동시에 수신하게 할 목적으로 무선 또는 유선통신의 방법에 의하여 음성 등을 송신하는 것뿐만 아니라 그와 달리 방송이 서버(Server)까지만 송신이 되고 일반 공중이 개별적으로 선택한 시간과 장소에서 인터넷을 통하여 그에 접속하여 비로소 서버로부터 개인용 단말기까지 송신이 이루어지는 인터넷방송과 같은 전송도 포함된다고 판시한바 있다.

8) 전송은 "공중송신 중 공중의 구성원이 개별적으로 선택한 시간과 장소에서 접근할 수 있도록 저작물 등을 이용에 제공하는 것을 말하며, 그에 따라 이루어지는 송신을 포함한다"고 정의되었다.

9) 디지털음성송신은 "공중송신 중 공중으로 하여금 동시에 수신하게 할 목적으로 공중의 구성원의 요청에 의하여 개시되는 디지털 방식의 음의 송신을 말하며, 전송을 제외한다"고 정의되었다. 디지털음성송신은 방송과 마찬가지로 동시성을 요건으로 하면서도 한편으로 송신이 '공중의 구성원의 요청에 의하여 개시'됨을 방송과의 차이점으로 삼고 있다. 전통적 방송은 동시에 동일한 내용을 송수신하는 것을 그 본질적 요소로 하고 있으므로 디지털음성송신은 본질적으로 방송에 해당한다고 할 수 있다. 송신자가 수신자들을 향하여 동시에 전파를 송신하느냐 아니면 수신자의 요청에 의하여 송신을 개시하느냐는 방송에 해당하는지 여부를 가리는 결정적인 기준은 될 수 없다고 할 것이다.

10) 공중송신은 "저작물, 실연・음반・방송 또는 데이터베이스를 공중이 수신하거나 접근하게 할 목적으로 무선 또는 유선통신의 방법에 의하여 송신하거나 이용에 제공하는 것을 말한다"고 정의되었다.

11) 이 개정 저작권법은 법률 제8101호로 2006.12.28. 전부 개정되어 2007.6.29. 시행되었다.

12) 예컨대 WIPO 방송사업자보호조약(안)은 "공중에 의하여 수신되는 것을 목적으로 하는 무선에 의한 음 및 영상(음 또는 영상을 포함한다) 또는 이것을 표현하는 것의 송신을 말하며 위성에 의한 이러한 송신과 암호화된 신호의 무선송신은 암호해제의 수단이 방송사업자에 의하여 또는 그 동의를 얻어 공중에 제공되는 경우를 포함한다. Ref. Alternative B(a) for Article 5 of the Draft Treaty on The Protection of Broadcasting Organizations. 그러나 컴퓨터 네트워크상의 송신은 방송에 포함되지 않는다고 하고 있다.

13) 이는 광대역 접속을 포함한 인터넷 네트워크 인프라 하에서 인터넷 프로토콜을 사용하여 디지털 TV 서비스가 전달되는 시스템으로 인터넷 멀티미디어 방송사업법 제2조는 이를 '방송'에 포함시키고 있다.

14) 웹캐스팅에 관한 자세한 논의는 제6장 참조.

에 관한 논란에 대하여는 후술한다.

인터넷방송의 구 저작권법상 방송해당성

대법원 2003. 3. 25. 선고 2002다66946 판결[15)]

● 사실의 개요

피고는 원고의 허락 없이 이 사건 뮤지컬 전체(1시간 30분 분량)를 녹화한 후, 이를 14개의 부분으로 정리하여(모두 합하여 40분 내지 50분 분량) 피고의 인터넷 홈페이지에 올려놓음으로써, 그 홈페이지에 접속한 사람들이 원하는 시간에 이 사건 뮤지컬을 표시하는 부분을 클릭하여 위 14개 부분 중 원하는 부분을 시청할 수 있도록 하는 vod(video on demand)방식으로 이 사건 뮤지컬의 녹화물을 방송하였다. 이에 원고는 저작재산권 침해소송을 제기했다.

● 판시사항

구 저작권법 제2조 제8호의 방송에 인터넷 방송이 포함되는지 여부: 방송에는 일반 공중으로 하여금 동시에 수신하게 할 목적으로 무선 또는 유선통신의 방법에 의하여 음성 등을 송신하는 것(저작권법 제2조 제8호 참조)뿐만 아니라 그와 달리 방송이 서버(Server)까지만 송신이 되고 일반 공중이 개별적으로 선택한 시간과 장소에서 인터넷을 통하여 그에 접속하여 비로소 서버로부터 개인용 단말기까지 송신이 이루어지는 인터넷방송과 같은 전송(저작권법 제2조 제9호의2 참조)도 포함된다고 해석함이 상당하다. 따라서 인터넷 홈페이지에 접속한 사람들이 원하는 시간에 이 사건 뮤지컬을 나타내는 부분을 클릭하여 시청할 수 있도록 하는 행위 역시 방송에 해당한다.

● 평석

구 저작권법상 방송의 개념을 인터넷방송까지 포함하는 것으로 넓게 보았다. 그러나 2007년 저작권법 개정으로 방송의 상위 개념으로 "공중송신" 개념을 창설하면서 방송에 동시성의 요건이 추가되어 그 범위가 협소하게 되었다. 따라서 현행 저작권법상으로는 인터넷방송은 "공중송신"에는 해당하나 방송에는 해당하지 않는다. 그러나 입법에 따라서는 인터넷방송도 방송의 개념에 포함될 수 있음을 보여주는 사례라 할 것이다.

---

15) 【원심판결】 서울지방법원 2001. 11. 30. 선고 2000가합89551 판결/서울고등법원 2002. 10. 15. 선고 2002나986 판결.

인터넷 음악 스트리밍 서비스의 방송해당성

서울지방법원 2003. 9. 30. 자 2003카합2114 결정

● 사실의 개요

피신청인은 인터넷 음악 사이트를 운영하면서 150,000개의 음반을 ASF, OGG 등의 컴퓨터압축파일형태로 변환하여 서버의 보조기억장치에 저장, 사이트에 접속한 인터넷 이용자들에게 무료로 컴퓨터압축파일을 스트리밍 방식에 의하여 전송함으로써 이용자들이 실시간으로 음악을 청취할 수 있도록 하는 서비스를 제공하였다. 피신청인은 스트리밍 방식으로 음악청취 서비스를 제공하는 다른 업체들과 달리 신청인의 유료화 요구를 거부한 채 사이트를 통하여 계속 무료로 이 사건 음악청취 서비스를 제공하였고, 이에 신청인은 피신청인에 대해 별지 목록 기재 각 곡의 음원을 컴퓨터압축파일의 형태로 배포하여서는 아니된다는 결정을 구하였다.

● 판시사항

개별적인 이용자들이 같은 시간에 동일한 내용의 음악청취 서비스를 받을 가능성이 있는 경우 방송에 해당하는지 여부: 전송을 업으로 하는 자에게 함부로 방송사업자의 지위를 인정할 수 없다. 개별적인 이용자들이 서로 다른 시간에 동일한 내용의 음악청취 서비스를 이용할 수 있음을 특징으로 하는 음악청취 사이트의 음악청취 서비스는 설령 다수의 이용자가 같은 시간에 동일한 내용의 음악청취 서비스를 받을 가능성이 있다 하더라도 그 이유만으로 저작권법 제2조 제8호의 동시성의 요건을 충족하지는 못하여 방송에 해당한다고 볼 수 없다. 또한 피고가 음반제작자들의 반대에도 불구하고 이 사건 음악청취 서비스를 무료로 제공하여 온 점 등에 비추어 볼 때 피고가 방송사업자라고 믿은 신뢰에 정당한 이유가 있다고 보이지도 않는다.

● 평석

이 판결은 위 대법원 2003. 3. 25. 선고 2002다66946 판결과는 달리 개별적인 이용자들이 같은 시간에 동일한 내용의 음악청취 서비스를 받을 가능성이 있어 방송의 동시성 요건을 충족시키면 방송에 해당한다고 할 수 있는지가 쟁점이 아니라 전송으로 음악청취서비스를 업으로 하는 자를 방송사업자로 보아 방송사업자로서의 권리를 향유하게 할 수 없다는 취지로 해석된다.

2. 방송의 특징

가. 방송의 공공성

산업으로서 방송은 희소한 자원인 주파수를 사용하여 공중에게 제공되는 공공재로서의 성격을 가진다. 이와 같이 제한적인 자원인 전파를 이용함으로써 운용된다는 점 외에도 일반국민이 방송에 접하는 시간이 생활의 일부가 되어가고 있고 사회문화적 성격을 가지는 방송의 내용은 필연적으로 공공성에 부합하여야 한다는 제한도 따른다. 이러한 방송의 미디어로서의 공적 성격으로 인하여 타인의 저작물을 비교적 자유롭게 쓸 수 있는 한편 자사의 방송도 타 방송사업자가 이용하는 것을 용인하여야 하기도 한다. 방송은 시사보도를 위하여 타인의 저작물을 이용하거나, 종합저작물을 위하여 타인의 다양한 저작물을 이용할 필요가 큰바, 방송의 경우 저작물이용에 대한 예외와 제한의 범위가 넓다.

나. 방송의 정보제공성

방송은 원래 정보제공, 특히 정부의 국민에 대한 정보 전달을 위하여 시작되었다고 할 수 있다. 오늘날 교육방송에서 보는 바와 같이 방송의 정보제공기능은 일반 교육기관을 능가하는 정도이다. 방송사업자는 다양하고 방대한 정보적 메시지를 방송통신기기를 통하여 다수의 집단에게 대규모적으로 제공하므로 이러한 정보제공의 목적 상 방송저작물에 대하여는 저작권 보호가 제한되는 속성이 있다.

다. 방송의 엔터테인먼트성

오늘날 방송은 정보제공 기능을 넘어 시청자들에게 다양한 엔터테인먼트를 제공한다. 드라마, 쇼 프로그램, 애니메이션, 방송 게임 등 방송의 많은 프로그램은 오락적 성격을 가지는바 방송은 대중문화의 창조자이자 전파자 기능을 하고 있다. 엔터테인먼트성이 높은 방송저작물일수록 저작권 침해의 위험이 커진다.

라. 방송의 상업성

일부 공영방송을 제외하고는 방송은 상업성을 가진다. 방송사와 시청자 간의 시장과 함께 방송사와 광고주의 시장이 이중적으로 존재하는 특징이 있다. 상업방송에 있어 광고의 유치 여부는 기업의 사활이 걸린 문제이다. 상업방송은 시청률을 올리기 위하여 선정적이고, 폭력적이며 자극적인 내용을 담기 쉽다. 방송에서 하는 광고 역시 시청자의 소비욕을 부추기고 있으며 홈쇼핑 채널 등은 방송의 상업성의 극치를 보여주고 있다. 광고도 저작물이기는 하나 그 지나친 상업성으로 인하여 광고의 저작물성에 의문을 제기하게 한다. 오늘날 이 문제는 간접광고가 포함된 방송저작물의 저작물성에까지 영향을 미치고 있다.

마. 방송의 현장성

방송은 많은 경우 녹화해 둔 것을 방송하기 보다는 생방송으로 진행되는 경우가 많으며 중요한 사건 보도의 경우도 현장취재보도를 행하는 경우가 많다. 중계방송은 물론 다큐멘터리나 리얼리티 쇼도 현장을 중심으로 전개된다. 이러한 방송의 현장성은 방송저작물의 창작성과 고정성에 의문을 갖게 한다. 즉 현장중계 등은 창작성 부존재로 저작물로 인정되기 어렵고 녹음 · 녹화를 남기지 않는 경우 고정성을 요건으로 하는 영상저작물로서 보호받을 수 있는지의 문제가 생길 수 있다.

바. 방송과 창작성

방송의 창작성은 양극단을 보인다. 드라마, 만화 등과 같이 창작성이 높은 경우도 있지만 사실보도, 스포츠중계와 같이 창작성이 미약한 방송저작물도 존재한다. 따라서 방송저작물을 일률적으로 저작물로서 보호하여야 하는지의 문제가 발생한다. 일반적으로 방송에 있어서는 미약한 창작성에도 불구하고 이를 보호할 필요성이 크며 아울러 이를 널리 활용할 필요성도 크다.

사. 방송의 타인 저작물 이용의 필요성

방송저작물 작성에 있어서는 타인의 저작물을 이용할 필요성이 큰데, 시사보도를 위하여 이용하거나 종합저작물을 위하여 이용하는 경우 등이 있다. 방송저작물 작성에 있어서 타인의 저작물을 이용할 수 있는 경우는 다음과 같다.

(1) 국가기관(에서)의 저작물

(가) 법령 등

(i) 헌법 · 법률 · 조약 · 명령 · 조례 및 규칙, (ii) 국가 또는 지방자치단체의

고시 · 공고 · 훈령 그 밖에 이와 유사한 것, (iii) 법원의 판결 · 결정 · 명령 및 심판이나 행정심판절차 그 밖에 이와 유사한 절차에 의한 의결 · 결정 등, (iv) 국가 또는 지방자치단체가 작성한 것으로서 법령, 판결과 이에 유사한 공적 저작물의 편집물 또는 번역물은 저작권법의 보호를 받지 못하므로[16] 방송사업자가 마음대로 방송에 이용할 수 있다.

(나) 법정 등에서의 공개 진술

법정에서 공개적으로 한 진술, 국회에서 공개적으로 한 진술, 지방의회에서 공개적으로 한 진술과 공개적으로 행한 정치적 연설은 방송사업자가 마음대로 방송에 이용할 수 있다. 다만, 동일한 저작자의 연설이나 진술을 편집하여 이용하는 경우에는 저작권자의 허락을 받아야 한다.[17]

(다) 공공저작물

국가 또는 지방자치단체가 업무상 작성하여 공표한 저작물은 방송사업자가 자유로이 이용할 수 있다. 또한 국가 또는 지방자치단체가 직접 작성한 저작물이 아니더라도 계약에 따라 저작재산권의 전부를 보유한 저작물은 방송사업자가 자유로이 이용할 수 있다.[18]

그러나 (i) 국가안전보장에 관련되는 정보를 포함하는 경우, (ii) 개인의 사생활 또는 사업상 비밀에 해당하는 경우, (iii) 다른 법률에 따라 공개가 제한되는 정보를 포함하는 경우 및 (iv) 국 · 공유재산으로 관리되는 경우[19]에는 저작권자의 이용허락을 받아야 한다.[20] 국 · 공유재산이라도 일정한 경우에는 자유이용의 예외가 인정된다.[21]

---

16) 저작권법 제7조.

17) 저작권법 제24조.

18) 저작권법 제24조의2 제1항([본조신설 2013.12.30, 시행일: 2014.7.1]. 국가는 공공기관의 운영에 관한 법률 제4조에 따른 공공기관이 업무상 작성하여 공표한 저작물이나 계약에 따라 저작재산권의 전부를 보유한 저작물의 이용을 활성화하기 위하여 대통령령으로 정하는 바에 따라 공공저작물 이용활성화 시책을 수립 · 시행할 수 있다(제24조의2 제2항).

19) 한국저작권위원회에 등록된 저작물로서 국유재산법에 따른 국유재산 또는 공유재산 및 물품 관리법에 따른 공유재산으로 관리되는 경우를 말한다.

20) 저작권법 제24조의2 제1항 제1호 내지 제4호.

21) 국가 또는 지방자치단체는 제1항 제4호의 공공저작물 중 자유로운 이용을 위하여 필요하다고 인정하는 경우 국유재산법 또는 공유재산 및 물품 관리법에도 불구하고 대통령령으로 정하는 바에 따라 사용하게 할 수 있다(제24조의2 제3항).

(2) 다른 언론기관의 저작물

다른 언론기관의 사실의 전달에 불과한 시사보도는 보호받지 못하는 저작물이므로,[22] 방송사업자는 자유로이 이용할 수 있다. 사실의 전달에 불과한 시사보도라면 언론기관이 아닌 자의 저작물도 마찬가지이다. 신문(인터넷신문을 포함한다)[23]이나 뉴스통신[24]에 게재된 시사적인 기사나 논설은 방송사업자가 자유로이 방송, 복제 또는 배포할 수 있다.[25] 다만, 신문이나 뉴스통신의 기사나 논설에 이용을 금지하는 표시가 있는 경우에는 이용허락을 받아야 한다.

뉴스의 저작물성

대법원 2009. 5. 28. 선고 2007다354 판결[26]

● **사실의 개요**

원고와 피고 모두 소속 기자가 취재, 작성한 기사를 신문사나 다른 웹사이트 등에 제공하고, 자신의 웹사이트를 통하여 일반 독자들에게 제공해왔다. 원고는 피고가 2003. 10.부터 2004. 11.까지 사이에 작성하여 송고한 이 사건 피고 기사가 원고의 기사를 그대로 베끼거나, 문장의 일부를 발췌하거나, 원고기사에 사용된 단어를 유사한 단어로 변경하는 등의 방법으로 작성된 것으로, 이 사건 피고 기사는 이 사건 원고 기사에 대한 원고의 저작권을 침해하여 작성된 것이므로 피고는 그 침해행위를 정지하고, 원고에게 그로 인한 손해 배상을 구하는 소를 제기했다.

● **판시사항**

'사실의 전달에 불과한 시사보도'를 저작권법의 보호 대상에서 제외한 취지: 시사보도는 여러 가지 정보를 정확하고 신속하게 전달하기 위하여 간결하고 정형적인 표현을 사용하는 것이 보통이어서 창작적인 요소가 개입될 여지가 적다는 점 등을 고려하여, 독창적이고 개성 있는 표현 수준에 이르지 않고 단순히 '사실의 전달에 불과한 시사보도'의 정도에 그친 것은 저작권법에 의한 보호대상에서 제외된다(대법원 2006. 9. 14. 선고 2004도5350 판결 등 참조).

이 사건 원고 기사 중 이 사건 저작권인정 기사를 제외한 나머지 기사들은 스포츠

---

22) 저작권법 제7조 제5호.
23) 신문 등의 진흥에 관한 법률 제2조 참조.
24) 뉴스통신진흥에 관한 법률 제2조 참조.
25) 저작권법 제27조.
26) 【원심판결】 서울고법 2006. 11. 29. 선고 2006나2355 판결.

소식을 비롯하여 각종 사건이나 사고, 수사나 재판 상황, 판결 내용 등 여러 가지 사실이나 정보들을 언론매체의 정형적이고 간결한 문체와 표현 형식을 통하여 있는 그대로 전달하는 정도에 그치는 것임을 알 수 있어, 저작권법에 의하여 보호되는 저작물이라고 할 수 없다.

저작권의 보호 대상 및 두 저작물 사이의 실질적 유사성 유무의 판단 기준: 저작권의 침해 여부를 가리기 위하여 두 저작물 사이에 실질적인 유사성이 있는가의 여부를 판단함에 있어서도 창작적인 표현형식에 해당하는 것만을 가지고 대비하여야 한다(대법원 2000. 10. 24. 선고 99다10813 판결 등 참조). 피고의 이 사건 침해기사들은 일부 문장의 배열 순서 및 그 구체적인 표현 등에 있어 다소의 수정·증감이나 변경이 가하여진 것이라 하더라도, 그에 대응하는 원고의 기사 중 핵심적인 표현부분을 그대로 전재하고 있을 뿐만 아니라, 전체적인 기사의 구성과 논조 등에 있어서 원고 기사의 창작적 특성이 감지되므로, 양 기사 사이에 실질적인 유사성이 있다.

● **평석**

위 판결은 다른 언론 기관의 사실의 전달에 불과한 시사보도는 보호받지 못하는 저작물이므로, 방송사업자가 자유로이 이용할 수 있다는 것을 확인해 준 의미를 가진다. 또한 신문기사의 실질적 유사성 기준과 관련하여 침해기사가 보호받는 저작물에 해당하는 경우 침해기사들이 원고의 기사 중 핵심적인 표현부분을 그대로 전재하고 있을 뿐만 아니라, 전체적인 기사의 구성과 논조 등에 있어서 원고 기사의 창작적 특성이 감지된다면 양 기사 사이에 실질적인 유사성이 있다고 판단기준을 구체화하였다.

(3) 시사보도를 위한 저작물의 이용

방송사업자는 시사보도를 하는 경우에 그 과정에서 보이거나 들리는 저작물은 보도를 위한 정당한 범위 안에서 복제·배포·공연 또는 공중송신할 수 있다.[27] 시사보도 과정에서 보인 저작물이라 함은 예컨대 회화전시회의 개최 상황을 보도하거나 명화 도난사건을 보도함에 있어 보도화면에 전시되어 보이는 회화를 말하며 심지어는 사건현장을 촬영한 보도용 사진 자체도 사건보도의 과정에서 보이는 저작물에는 해당하지 않는다. 즉 보도를 위한 정당한 범위 안에 있을 것과 보도과정에서 어쩔 수 없이 보이는 정도의 것이라는 요건을 충족하여야 허락 없이 이용할 수 있다.

27) 저작권법 第26조.

(4) 방송사업자의 일시적 녹음 · 녹화

저작물을 방송할 권한을 가지는 방송사업자는 자신의 방송을 위하여 자체의 수단으로 저작물을 일시적으로 녹음하거나 녹화할 수 있다.[28] 이때 만들어진 녹음물 또는 녹화물은 녹음일 또는 녹화일로부터 1년을 초과하여 보존할 수 없다. 다만, 그 녹음물 또는 녹화물이 기록의 자료로서 (i) 기록의 보존을 목적으로 국가나 지방자치단체가 설치 · 운영하는 시설이나 (ii) 방송용으로 제공된 녹음물이나 녹화물을 기록 자료로 수집 · 보존하기 위하여 방송법 제2조 제3호에 따른 방송사업자가 운영하거나 그의 위탁을 받아 녹음물 등을 보존하는 시설[29]에 보존되는 경우에는 1년을 초과하여 보존할 수 있다.

(5) 정당하고 공정한 인용

방송사업자는 보도[30]를 위하여 공표된 저작물을 정당한 범위 안에서 공정한 관행에 합치되게 이를 인용할 수 있다.[31]

(6) 영리를 목적으로 하지 않는 방송

방송사업자는 영리를 목적으로 하지 아니하고 청중이나 관중 또는 제3자로부터 어떤 명목으로든지 반대급부를 받지 아니하는 경우에는 공표된 저작물을 방송할 수 있다. 다만, 실연자에게 통상의 보수를 지급하는 경우에는 저작권자의 허락없이 방송할 수 없다.[32] 그러나 일반적으로 방송사업자는 영리를 목적으로 하는 주식회사이고 프로그램을 방송하면서 광고를 곁들여 광고주로부터 광고비 명목의 반대급부를 받고 있으므로 타인의 저작물의 방송이 영리를 목적으로 하지 아니하며 동시에 제3자로부터 반대급부를 받지 아니하는 경우에 해당할 수 없는 경우가 대부분일 것이다.

(7) 저작물 이용을 위한 일시적 컴퓨터 복제

컴퓨터에서 저작물을 이용하는 경우에는 원활하고 효율적인 정보처리를 위하

28) 저작권법 제34조 제1항.
29) 저작권법 시행령 제16조.
30) 비평 · 교육 · 연구 등을 위한 경우도 포함한다.
31) 저작권법 제28조.
32) 저작권법 제29조 제1항.

여 필요하다고 인정되는 범위 안에서 그 저작물을 그 컴퓨터에 일시적으로 복제할 수 있다.[33] 그러나 그 저작물의 이용 자체가 저작권을 침해하는 경우에는 복제가 허용되지 않는다.

(8) 기타 공정한 이용

방송사업자는 저작물의 통상적인 이용 방법과 충돌하지 아니하고 저작자의 정당한 이익을 부당하게 해치지 아니하는 경우에는 보도(비평·교육·연구 등을 포함한다)를 위하여 저작물을 이용할 수 있다.[34] 방송사업자의 저작물 이용 행위가 저작자의 정당한 이익을 부당하게 해치지 아니하는 경우에 해당하는지를 판단할 때에는 (i) 영리성 또는 비영리성 등 이용의 목적 및 성격, (ii) 저작물의 종류 및 용도, (iii) 이용된 부분이 저작물 전체에서 차지하는 비중과 그 중요성, (iv) 저작물의 이용이 그 저작물의 현재 시장 또는 가치나 잠재적인 시장 또는 가치에 미치는 영향 등을 고려하여야 한다.

'러브레터' 사건

서울중앙지방법원 2004. 3. 18. 자 2004카합344 결정

● 사실의 개요

신청인은 영화 '러브레터'의 저작권자이고, 피신청인은 영화 '해피 에로 크리스마스'를 제작, 배급하였다. 피신청인은 자신의 영화에 무단으로 '러브레터'의 주요 장면 중 일부를 삽입하여 상영하였고, 이를 비디오, DVD로 제작, 판매하였다. 이에 신청인은 피신청인의 영화의 상영·복제·배포·전송·판매 등을 금하는 가처분을 구하였다.

● 판시사항

저작권자의 허락을 받지 아니하고 기존 저작물을 이용하는 경우, 무조건 저작권 침해가 되는 것은 아니다. 저작권법의 입법 목적을 감안하여 다툼의 대상이 되는 저작물의 특성, 이용한 분량, 내용, 새로운 저작물의 창작성의 정도 등 여러 사정을 종합적으로 고려하여 구체적 사안에 따라 저작권 침해 여부를 결정하여야 한다.

위 사건의 경우 인용 부분은 수정이나 개작을 거치지 아니한 원작 그대로로서 원

33) 저작권법 제35조의2.
34) 저작권법 제35조의3.

작에 대한 훼손이 전혀 없어 인용 부분이 원고의 저작물이라는 점을 따로 밝히지 아니하더라도 일반적으로 누구라도 쉽게 알 수 있는 점, 총 영화시간에 비해 극히 일부인 인용 부분의 분량, 청중들의 인지도, 장르 및 예술적 완성도의 차이로 인해 피인용 영화의 상업적 가치가 떨어진다거나 예술적 가치가 폄하될 것으로 보이지는 않는 점 등 제반 사정을 모두 모아 보면, 인용부분으로 인해 원고의 저작권을 침해하였다고 단정하기 어렵다. 또한 혹여, 저작권이 침해된다고 하더라도 이는 본안소송에서의 구체적인 주장・입증을 통하여 손해배상 등의 구제를 받는 것은 별론으로 하고, 현 단계에서 즉시 신청취지와 같은 가처분을 발령할만한 시급한 보전의 필요성을 인정하기도 어렵다.

● **평석**

방송사업자가 허락없이 자신의 방송물에 타인의 저작물을 삽입하는 경우에도 무조건 저작권 침해가 되는 것이 아니라 다툼의 대상이 되는 저작물의 특성, 이용한 분량, 내용, 새로운 저작물의 창작성의 정도 등 여러 사정을 종합적으로 고려하여 구체적 사안에 따라 저작권 침해 여부를 결정하여야 한다고 판단하였다. 손해배상청구와는 달리 저작권침해금지가처분에 있어서 저작권침해인정에는 엄격한 소명이 필요하다고 할 것이다. 이 결정은 저작권침해금지가처분에 관한 것이나 본안소송에서 저작권침해금지를 구하였을 경우에도 손해배상청구를 인용하는 외에 침해금지처분까지 내려야 하는지에 의문을 던지는 사건이다.

오락프로그램에서의 영화장면 방영사건

서울남부지방법원 2008. 6. 5. 선고 2007가합18479 판결

● **사실의 개요**

피고들은 오락프로그램에서 저작권자 원고의 허락 없이 영화 일부 장면을 3분 정도 방영하였다. 피고는 인터넷 홈페이지를 통하여 유료로 이 사건 프로그램을 방송하다가, 원고의 항의를 받고 중단하였다. 이에 원고는 피고에 대해 손해배상의 소를 제기하였고, 피고는 공정이용에 해당한다며 항변했다.

● **판시사항**

공정이용의 판단: 정당한 범위 안에서 공정한 관행에 합치되게 인용한 것인가의 여부는 인용의 목적, 저작물의 성질, 인용된 내용과 분량, 피인용저작물을 수록한 방법과 형태, 독자의 일반적 관념, 원저작물에 대한 수요를 대체하는지 여부 등을 종합적으로 고려하여 판단한다. 이 경우 반드시 비영리적인 목적을 위한 이용만이 인정될 수 있는 것은 아니지만, 영리적인 목적을 위한 이용은 비영리적 목적을 위한 이용의

경우에 비하여 자유이용이 허용되는 범위가 상당히 좁아진다(대법원 1997. 11. 25. 선고 97도2227 판결 등 참조). 위 사건의 경우, 프로그램에서 영화를 일부 인용한 것이 시청자들에게 정보와 재미를 주기 위한 목적이었다고 하더라도 그 이용의 성격은 상업적·영리적인 점, 피고가 자신의 인터넷 홈페이지를 통하여 유료로 프로그램을 방송한 점, 피고들이 원고로부터 영화의 인용에 대한 동의를 받는 것이 어렵지 아니하였던 점 등을 고려하여 볼 때, 피고의 행위가 공정이용에 해당한다고 할 수 없다.

● **평석**

오락프로그램에서 저작권자의 허락없이 영화장면을 일부 인용하고 이를 인터넷 홈페이지에서 유료로 방송한 경우 그 이용의 성격이 상업적이고 영리적이라고 하여 공정이용 해당성이 인정되지 않았다. 현실적으로 영화장면의 일부를 이용할 필요성이 있으므로 이용자가 일정한 절차를 거쳐 상당한 대가를 지급하고 이를 이용할 수 있도록 할 필요가 있을 것이다.

(9) 출처표시의무

위에서 설명한 경우로서 저작권자의 허락없이 저작물을 이용하는 방송사업자는 그 출처를 명시하여야 한다. 출처의 명시는 저작물의 이용 상황에 따라 합리적이라고 인정되는 방법으로 하여야 하며, 저작자의 실명 또는 이명이 표시된 저작물인 경우에는 그 실명 또는 이명을 명시하여야 한다. 다만, 시사보도를 위한 이용, 영리를 목적으로 하지 아니하는 방송, 방송사업자의 일시적 녹음·녹화 및 저작물 이용을 위한 일시적 컴퓨터 복제의 경우에는 출처표시의무가 없다.[35]

3. 방송의 현재와 미래

가. 방송의 기능변화 – 쌍방향성(interactiveness)

정보통신기술의 발전에 따라 방송과 통신이 융합하면서 방송에도 쌍방향적 기능이 가능해지면서 방송이 진화하고 있다. 이제 일방성이 방송의 필수 요소라는 주장은 그 근거를 잃어가고 있다.

나. 방송소비자의 방송제작에의 참여

기존의 방송에서 수동적으로 시청자에 머물렀던 방송소비자가 이제 능동적으

35) 저작권법 제37조.

로 (i) 방송소비자의 ARS나 모바일 투표, 방송소비자에 의한 프로그램 내용의 선택,[36] (ii) 방송소비자의 인터뷰, (iii) 방송소비자의 출연(노래자랑, 오디션 등), (iv) 방송프로그램의 진행에 있어 방청석의 역할 증대 등 방송소비자의 관여를 통하여 방송제작에 능동적으로 참여하게 되었다.

다. 방송관련 기술의 발전

(1) 멀티 플랫폼 방송

전통적인 지상파방송, 케이블 SO, 위성방송 외에 IPTV라는 플랫폼이 2008년 이래 등장하였으며 인터넷방송이 새로운 플랫폼으로 부상하고 있다.

(2) 모바일TV의 성장

핸드폰 등 휴대단말기를 통하여도 TV를 이용하는 것이 가능하게 되는 등 방송 프로그램이 거래되는 플랫폼에 있어서 많은 변화가 일어나고 있다. 핸드폰, PMA 등 휴대용기기(handheld device)는 전화, 문자통신, 디지털사진 또는 데이터저장 기능이 기기의 주된 목적이지만 들고 다니면서 방송 프로그램을 보는 기능을 포함시킨 모바일통신장치인바 이 단말기는 오늘날 인터넷과 연결됨으로써 그 활용범위가 더욱 확장되고 있다.

(3) 스마트TV의 보급

스마트TV란 TV에 인터넷 접속 기능을 결합, 각종 앱을 설치해 웹 서핑 및 VOD시청, 소셜 네트워크 서비스, 게임 등의 다양한 기능을 활용할 수 있는 다기능 TV를 말한다. 이와 같이 기존TV에 운영체제와 인터넷기능이 추가되고 각 운영체제에 맞는 소프트웨어개발키트(SDK)와 어플리케이션 마켓이 공개되어 누구나 자유롭게 TV용 응용프로그램 및 서비스를 개발하고 유통시킬 수 있는 기기 및 시스템이 광범위하게 공급되고 있다.[37]

(4) 다채널화

종합편성채널 허용, IPTV의 인터넷망을 통한 무제한 채널 개설, 지상파방송

---

36) 예컨대 visual novel은 시청자의 선택에 따라 극 내용의 전개가 바뀌는 것을 말한다.

37) 김광호(2012), 259면(박선규 집필). 예컨대 LG전자가 스마트TV에 인터넷 회선을 연결하면 스트리밍 방식으로 50개 채널을 무료로 볼 수 있는 '채널 플러스' 서비스를 한다.

의 MMS방송[38] 등 정보통신기술이 발전해 가면서 방송의 기하급수적인 다채널화로 인하여 기존의 방송의 희소성에 의하여 체계화된 논리가 들어맞지 않는 상황이 전개되어 나가고 있다.

(5) N-스크린 서비스

사용자가 자유로이 원하는 방송통신 서비스 및 개별 콘텐츠를 실시간으로 선택 및 해지함으로써 자유로운 콘텐츠의 이용을 가능하도록 하는 N-스크린 서비스도 나타나고 있는데, 이는 서비스사업자가 갖고 있던 서비스 주도권이 사용자에게로 넘어가는 방송통신 발전의 전환기적인 성격의 서비스이다.[39] 국내에서 N-스크린 서비스를 하는 기업으로는 티빙(tving)[40], 푹(Pooq)[41], 에브리온TV[42], 곰TV[43] 등이 있다.

(6) 매체간의 통합

매체 융합 현상으로 고전적 TV에서만 프로그램을 시청하던 시대에서 이제 컴퓨터와 스마트폰 등 다양한 매체에서 프로그램을 시청할 수 있게 되었다. 프로그램 시청은 더 이상 고정형의 TV뿐 아니라 다양한 이동형으로 변화하고 있다. IPTV도 스마트TV화하고 있는데, 개방형 IPTV나 D-CATV에 앱 스토어 또는 자체 앱마켓을 구축하면 서비스의 형태에 있어 스마트TV와 다를 바가 없게 되기도 한다.[44] 그러나 여전히 스마트TV는 개방형 IPTV나 D-CATV보다 다양한 스트리밍 서비스와 주문형 방송, 어플리케이션 활용도에 있어 우위에 있다.[45]

---

38) 지상파 다채널방송은 기존에 HD 채널 1개를 제공하던 주파수 대역(6MHz)을 분할해 다수의 채널을 송출하는 것을 의미하는 바 2014. 1.부터 시험방송을 재개하였다.

39) 위키백과 참조.

40) 티빙(tving)은 CJ그룹 산하의 CJ헬로비전이 제공하는 N-스크린 서비스로서 200여 개의 라이브 채널 및 5만 여편의 VOD를 PC와 스마트폰, 태블릿 PC 등의 모바일 스마트 기기 및 스마트 TV에서 HD급 고화질로 시청할 수 있는 동영상 서비스를 제공하고 있다.

41) 푹(Pooq)은 KBS, MBC, SBS, EBS 등 4대 지상파방송사의 프로그램 및 콘텐츠를 전문적으로 판매하는 지상파 N-스크린 서비스 플랫폼이다.

42) 에브리온 TV는 현대HCN과 판도라TV가 합작 설립한 실시간 N-스크린 TV 서비스로서 210개 이상의 채널의 실시간 보기 서비스를 제공하고 있으며 2014. 2. USB형 OTT(Over the top)인 '에브리온TV 캐스트'를 출시하였다.

43) 곰TV는 그래텍에서 제공하는 인터넷 방송으로 컴퓨터게임 중계방송이 유명하다.

44) 예컨대 2014. 1. LG유플러스는 방송채널을 제공하는 HDTV를 비롯해 전화 서비스, 드라마 및 영화의 VOD서비스, 엠넷(Mnet) 음원 320만곡 제공, 이북(eBook) 1만권, 영어·한글 동화 2000여편 제공 등의 서비스를 한다고 발표하였다.

45) 김광호(2012), 261면(박선규 집필).

라. 방송사업의 변화

(1) 서

방송사업의 영역에 있어서 2차 시장의 성장과 세계화가 가져오는 변화들, 그리고 방송사업자의 융합서비스제공자로의 변신 및 방송산업에 있어서 상업성의 강화 등 새로운 변화 경향을 이하에서 살펴보기로 한다.

(2) 2차 시장의 성장

방송영상저작물의 디지털화는 일품다용(一品多用: One Source Multi Use, OSMU)을 가능하게 하여 콘텐츠의 부가시장이 커지는 현상을 일으키고 있다. 예컨대 베스트셀러 소설이 지상파 텔레비전 드라마로 만들어지면 케이블 텔레비전, 인터넷 텔레비전 등에서 유통되고, DVD로 제작되며 나아가 게임으로 개발되고 캐릭터의 상품화로 이어지는 것과 같이 2, 3차 시장으로 확산되는 현상을 가속화 시킴으로써 그 부가가치를 기하급수적으로 증식시키고 있다. 이와 같이 방송영상저작물의 디지털화는 온라인 유통시장을 포함하여 방송영상저작물이 유통되는 부가시장을 확대시키고 있는 점에 주목할 필요가 있다.[46] 또한 각 시장의 실정과 규제법령 등에 맞추어 방송영상저작물을 수정, 가공하여야 하는 등으로 복제권, 개작권, 2차적 저작물 작성권 등에 있어 새로운 해석이 요구되는 등 법적 문제가 생겨나고 있다.

또한 2차 시장이 커지면서 방송산업의 타 엔터테인먼트산업과의 수직계열화가 이루어지고 있다. 즉 방송물의 일품다용이 일반화되면서, 지상파 텔레비전 프로그램이 VOD, 인터넷 텔레비전, 모바일전송, DVD로 이용되는 것이 가능해지고 이러한 부가시장 내지 2차 시장의 증대는 필연적으로 기획, 제작, 유통, 서비스(제공)를 일관되게 수행하여 이익을 극대화하려는 방송산업의 수직계열화 내지 수직적 통합(Vertical Integration)을 가져오고 있다.

(3) 세계화

방송프로그램에 있어서도 오늘날 초국경(transnational)거래가 일반화되어 가고 있다. 그 거래가 국경을 넘어서 이루어진다는 의미뿐 아니라 국경을 넘나드는,

---

46) 이에 대하여 Mark G. Tratos, 208-210; Paul Ang.

국적을 알기 어려운 또는 다국적 내지 다문화의 콘텐츠가 제작, 공급, 수용되고 있다는 의미도 포함하고 있다. 세계화의 진전으로 인한 인적, 물적 자원의 교류, 컴퓨터기술의 발전, 그리고 인터넷으로 등장한 사이버스페이스의 무국경성으로 인하여 콘텐츠가 장소의 제약 없이 세계 어디에나 실시간으로 제공될 수 있게 되었다. 그러나 방송프로그램 거래의 초국경성은 콘텐츠의 형태에 따라 그 정도에 차이를 보여 주고 있다. 학문, 문학, 코메디 등 특정 언어와 문자로 표현되는 콘텐츠의 거래는 그 언어나 문자를 이해할 수 있는 사람들 간에서만 거래될 수 있으므로 자연스럽게 거래지역이 한정되어 초국경거래는 용이하지 아니한 측면이 있다. 그러나 번역 소프트웨어의 정교화와 번역산업의 성장으로 외국의 콘텐츠를 비교적 용이하게 번역할 수 있게 되었을 뿐 아니라 방송에 있어 실시간 외국어 자막 서비스도 가능해져[47] 오늘날은 언어, 문자를 포함하는 콘텐츠의 초국경거래도 급격히 늘고 있는 추세이다.[48] 언어, 문자로 표현되는 콘텐츠를 제외한 음악, 퍼포먼스, 영상 등 언어나 문자가 필요 없거나 언어나 문자가 그 콘텐츠에 일부 포함되어 있다 하더라도 크게 그 구득여부에 영향을 미치지 아니하는 콘텐츠의 경우에는 전 세계의 이용자가 그 제공 서비스를 이용하고 있다.

(4) 융합서비스제공자로의 변신

방송사업자가 영상뿐 아니라 음악, 전자책, 게임 등을 제공함으로써 융합서비스제공자로 변신하고 있는데 이와 같이 방송, 영화, 음악, 게임, 인터넷, 출판 등의 장르가 통합됨에 따라 장르간의 수평적 통합(horizontal integration) 또한 일어나고 있다. 나아가 방송사업자가 대화형 TV 등을 활용하여 전자상거래까지 하게 될 전망이다.

(5) 상업성의 강화

방송의 상업성은 두 가지 측면에서 강화 일로에 있다. 첫째, 광고의 유치이다.

---

47) 2013.11.부터 '통합플레이어 K'는 세계 최초로 KBS 1TV를 한국어, 영어, 중국어, 일본어 등 4개 국어로 실시간 자막 방송을 제공하는 서비스를 개시하였다.

48) 해리포터 시리즈는 제1편 <해리 포터와 마법사의 돌>부터 제6권 <해리 포터와 혼혈왕자>까지 64개 언어로 번역됐고, 전 세계적으로 3억2500만권이 팔렸다. 해리 포터 시리즈는 1997년 1편이 나온 이래 10년 동안 세계에서 3억2000만여 부가 나간 슈퍼 베스트셀러다. 블룸즈버리 출판사는 "팔린 책을 일렬로 세우면 지구를 1.6바퀴 돌 수 있다"고 밝힌 바 있다. 국내에서는 6편까지 번역본만 1100만 부가 나갔다. 경향신문(2007. 8. 2).

인기있는 방송저작물을 제작하여 시청율을 제고시키는 것은 광고주를 확보하는 첩경으로 이해되고 있어 광고 유치경쟁이 날로 격화되고 있다. 이는 미디어랩의 출현으로 더욱 강화되고 있다. 둘째, 방송 2차 시장의 성장이다. 방송사 스스로 다시보기 서비스 등의 2차 시장을 개척하고 있을 뿐 아니라 다양한 플랫폼을 통하여 2차 시장이 커가고 있다. 또한 방송프로그램의 해외 판매 또한 괄목하게 성장하고 있다. 이처럼 광고 유치와 2차 시장 확보를 위하여 방송은 점점 더 상업화되고 있다.[49] 또 하나의 상업적 성격의 강화는 방송의 외주제작으로 인한 제작비용 유치의 필요성에 기인하고 있다. 이는 필연적으로 방송제작투자유치나 방송제작융자가 필요하며 그로 인하여 그러한 투융자로 제작된 방송물은 광고유치 등에서 수익성이 높지 않으면 안되게 된다.

(6) 인터넷서비스사업자와의 경쟁

인터넷서비스사업자들이 방송과 경쟁적인 서비스를 제공하고 있다. 예컨대 애플의 아이튠즈(iTunes)는 음악을 들려줄 뿐 아니라 비디오와 영화도 보여주고 있으며, 시네마나우(Cinemanow), 넷플릭스(Netflix) 및 소니가 영화 다운로드서비스를 하고 있는 것이 이러한 현상의 한 예가 된다. 특히 최근의 에어리오(Areo)의 인터넷 녹화서비스(PVR)와 같은 신종 서비스는 방송에 큰 위협이 되고 있다.

마. 방송의 미래

이상 살펴본 바와 같이 정보통신기술의 급격한 발전으로 이제 방송은 통신과 융합하게 되었고, 이를 넘어 통신에 의한 방송의 점령 현상이 두드러지고 있다.[50] 방송의 대중 미디어로서의 공적 성격이 흔들리면서 방송의 희소성에 근거한 논리들이 잘 들어맞지 않게 되었는바 이에 대한 대응과 방송과 통신이 융합된 새로운 공중전달방식에 대한 개념 정립 등이 과제가 되고 있다. 종래 방송이 누려오던 대중 미디어로서의 특권은 사라지고 있으며 통신과의 무한 경쟁에서 생존할 수 있는 방안의 모색에 힘을 기울이고 있으나 그 전망 또한 밝지 않다.

---

49) 이러한 방송의 상업화에 대한 대안으로 공영방송의 강화와 이를 위한 수신료 인상이 논의되고 있으나 무료서비스에 익숙해진 국민들로부터 호응을 얻는 데 실패하고 있다.

50) 이를 가리켜 "방통신(broad communication)"이라 부르기도 한다. 통신이 종래의 1대1 통신에서 다수를 상대로 하는 1대다(多) 통신으로 진화하여 방송과의 영역이 허물어지고 있음을 나타내는 용어이다.

이하에서는 이러한 방송의 현실에 대한 인식을 전제로 방송에 관련한 저작권 문제에 접근해 보기로 한다.

Ⅳ 방송저작권의 개념과 특징

1. 저작권 일반

가. 저작권의 개념

주지하는 바와 같이 저작권은 시, 소설, 음악, 미술, 영화, 연극, 컴퓨터프로그램 등과 같은 '저작물'에 대하여 창작을 한 저작자(著作者)가 가지는 권리를 말한다.[51] 저작권은 크게 저작재산권과 저작인격권으로 나누어진다. 저작재산권에는 복제권, 배포권, 방송권, 전송권, 전시권, 공연권, 2차적 저작물 작성권 등이 있고[52] 저작인격권에는 공표권, 성명표시권, 동일성유지권, 추급권, 철회권 등의 권리가 있다.[53] 저작인접권(著作隣接權)은 저작자는 아니지만 저작물의 전달에 중요한 역할을 하는 실연자, 음반제작자, 방송사업자 등에 인정된 권리이다.[54] 실연자에게는 실연의 고정, 방송과 통신에 대한 권리가 인정되고, 음반제작자에게는 음반에 대한 복제, 상업대여, 배포, 공중이용제공에 관한 권리가 인정되며 방송사업자에게는 방송고정, 고정물의 복제, 무선 재방송과 그것의 텔레비전 방송을 통한 공중전달에 대한 권리가 인정된다.[55]

나. 저작권의 보호대상

저작권은 인간의 사상 또는 감정을 표현한 창작물 즉 저작물에 부여된 권리이

---

51) Paul Goldstein & P. Bernt Hugenholtz(2013) at 4.
52) Paul Goldstein & P. Bernt Hugenholtz(2013) at 304~336. 우리 저작권법은 저작재산권에 대하여 제16조 내지 제22조에서 규정한다.
53) Paul Goldstein & P. Bernt Hugenholtz(2013) at 358~367. ; Paul Goldstein(2008) at 336-346; Gerald Dworkin(1981); Gerald Dworkin(1994), at 5-36; Adolf Dietz(1995). 우리저작권법은 제11조 내지 제13조에서 저작인격권으로 공표권, 성명표시권, 동일성유지권만을 규정하고 추급권과 철회권은 인정하지 않는다.
54) 예를 들어 음악의 경우 작사가나 작곡가가 저작자인 반면, 가수, 연주가, 레코드 회사, 라디오방송국 등에 저작인접권이 인정된다.
55) Paul Goldstein & P. Bernt Hugenholtz(2013) at 348~353; 우리 저작권법에서는 방송사업자에게 자기 방송에 대한 복제권, 동시중계 방송권, 공연권만을 인정한다.

며 그 주체는 저작자 즉 저작물을 창작한 자가 된다(저작권법 제2조 제1호 및 제2호). 저작권 보호에 관한 국제조약인 베른협약에서는 "문학 · 학술 및 예술의 범위에 속하는 모든 저작물"이 보호대상이 됨을 천명하고 그 보호유형을 열거하고 있는 바(제2조 제1항), 문학 · 학술 및 예술의 범위는 그 열거된 것에 한정되는 것은 아니라고 해석된다. 각국 입법에서는 구체적으로 보호되는 저작물의 요건인 저작물성에 대해서는 독창성(originality), 창작성(creativity), 개성(Eigentümlichkeit) 등의 기준을 요구하고 있다.

방송저작물이 저작권 보호를 받기 위하여는 저작물로서의 요건을 갖추어야 한다. 즉 창작성 있는 사상과 감정의 표현이어야 한다. 생방송의 경우에도 여러 각도에서 촬영하여 이를 편집하여 방송하는 과정에서 창작성이 가미되므로 저작물로서의 요건을 갖춘다고 할 것이다. 방송저작물이 영상저작물인 경우에는 영상저작물로서의 요건을 갖추어야 한다. 영미 저작권법과는 달리 우리 저작권법 하에서 일반 저작물은 '고정(fixation)'될 필요가 없으나 영상저작물의 경우에는 그 저작물이 수록되어야 하고 재생될 수 있어야 하므로(저작권법 제2조 제13호 참조)[56] '고정'되어야 한다는 요건이 필요하다고 보는 것이 다수설이다.[57] 그런 입장에 따르면 생방송은 '고정'의 요건을 충족하지 못하므로 영상저작물로서 보호받을 수 없다고 해야 할 것이다. 그러나 오늘날 모든 방송프로그램은 디지털로 녹화되어 수록되지 않거나 재생할 수 없는 방송저작물은 없다고 하여도 과언이 아니므로 이는 이론상의 논의에 불과하고 실제로는 모든 방송저작물은 고정의 요건을 갖춘다 할 것이어서 고정되지 아니하여 저작권 보호를 받지 못하는 경우란 없을 것이다.[58]

다. 저작물의 이용과 저작권

저작물의 이용을 위하여는 저작권자 등의 승낙 기타 정당한 권한이 있어야 한다. 즉 저작물의 합법적인 이용을 위하여는 저작권자로부터 이용허락을 받거나 저작권법상 저작권의 제한 규정(저작권법 제23조~제36조)에 해당하거나 저작물 이용의 법정허락에 의하여야 한다.

---

56) 저작권법 제2조 제13호는 "영상저작물"은 연속적인 영상(음의 수반여부는 가리지 아니한다)이 수록된 창작물로서 그 영상을 기계 또는 전자장치에 의하여 재생하여 볼 수 있거나 보고 들을 수 있는 것을 말한다고 규정한다.

57) 오승종(2013), 68면 등 참조.

58) 일본 판례 중에는 생방송 프로그램이라 하더라도 그 영상이 송신과 동시에 녹화된 경우에는 '고정'의 요건을 충족한다고 본 것이 있다. 東京地裁 平成6年 3月 30日 昭和62(行ウ)111.

저작권 제도는 저작자의 권리를 보호하는 데 그치는 것이 아니라 저작물의 이용 확산을 통하여 문화를 창달하고 관련 산업을 향상, 발전시키는 데에 기여하여야 한다. 이러한 이유로 저작권의 보호기간은 제한되며[59] 저작권의 보호에도 일정한 제약이 따르고 있다. 이 점은 방송과 관련한 저작권에 있어 더욱 현저하다. 따라서 저작물의 공정한 이용 보장은 방송저작권제도의 운용에 있어 항상 유의하여야 할 과제이다.

라. 저작권 침해에 대한 구제

저작권의 침해란 저작권자 등의 승낙 기타 정당한 권한 없이 저작물, 2차적 저작물 등과 저작인접권의 대상을 이용해서 타인의 권리를 해하는 것이다. 민사상 구제로는 저작권침해행위 금지제도와 손해배상제도이다. 형사상의 제도로서 저작권법이 규정하는 특정사항에 관한 의무위반에 대하여는 벌칙규정이 있으며 저작권범죄는 원칙적으로 친고죄이나 비친고죄의 예외가 존재한다.

저작권침해에 대한 방송사의 책임 – 하얀나라 까만나라 사건

대법원 1996. 6. 11. 선고 95다49639 판결[60]

● 사실의 개요

원고 윤모 변호사는 30대의 젊은 주인공이 검사 및 변호사인 전문직업인으로서 살아가는 일상을 다룬 국내 최초의 법조 소설 '하얀나라 까만나라'의 저작권자이다. 최모 작가는 주말연속극 "연인"의 방송대본집필을 피고 KBS제작단으로부터 의뢰받고 검사, 변호사, 일간스포츠기자, 서양화가 등 2, 30대 연령층의 전문직업인들의 일과 사랑을 현대적 감각으로 표현·구성하는 내용으로 50회분의 대본을 집필하였다. 최작가는 13회분에 걸쳐 원고의 소설에 나오는 사건과 동일한 사건 및 표현을 그대로 또는 다소의 변경을 가하여 사용하였다. 이에 원고는 최작가와 KBS 및 KBS제작단을 상대로 1억원의 손해배상 및 부당이득반환 청구를 하였다.

● 판시사항

서울고등법원은 최작가의 저작권침해를 인정하여 500만원의 손해배상을 명하였으

---

59) 현행 저작권법상 저작권은 저작자의 생존기간과 사망한 후 70년간 보호된다(저작권법 제39조 제1항).

60) 【원심판결】 서울고등법원 1995. 10. 19. 선고 95나18736 판결.

나 KBS 및 KBS제작단에 대한 청구를 기각하였고(동원 1995. 10. 19. 선고 95나 18736 판결) 대법원은 이를 그대로 수용하여 상고를 기각하였다. 고등법원은 프로그램제작사는 연속극 작가와 대본집필계약을 체결함에 있어 제3자의 저작권을 침해하지 않도록 명기하고, 방송사는 통상 작가의 드라마 이야기 줄거리를 승인하고 완성된 대본의 내용이 방송에 적합한지 여부만을 심의하므로 방송사 및 프로그램제작사와 작가 사이에 사용자 및 피용자의 관계가 존재하지 아니하는 이상 작가의 저작권침해 여부에 대하여 방송사 및 프로그램제작사가 특별한 주의, 감독을 하여야 할 의무가 있다고 할 수 없으며 저작권 침해자로부터 그 침해 사실을 모르고 저작물 작성권을 취득한 자는 침해한 새로운 저작물 자체에 대한 2차적 저작물 작성권을 취득한 것이 되어 원저작자에 대한 관계에서 법률상 원인 없이 이익을 얻고, 이로 인하여 원저작자에게 손해를 가한 것이 된다고 볼 수는 없으므로 KBS 및 KBS 제작단은 원고에 대하여 부당이득이 성립되지 아니한다고 판시하였다.

● **평석**

저작권 침해에 대한 방송사업자의 책임은 자체제작과 외주제작으로 나누어 보아야 할 것이다. 자체제작의 경우에는 방송사업자는 방송프로그램의 제작 등을 업으로 하는 자로서 자신이 제작, 방송하는 드라마 등이 타인의 저작권을 침해하지 않도록 할 주의의무가 있다 할 것이다(이러한 관점에서 드라마 선덕여왕사건에 관한 서울고등법원 2012. 12. 20. 선고 2012나17150 판결은 MBC가 드라마작가와 함께 드라마를 제작·방송함에 있어 대본의 저작권 침해 여부에 관한 주의의무를 위반하였음을 인정하였다). 나아가 외주제작에 있어서도 저작권의 전부 또는 일부를 양수하는 방송사업자는 외주제작사와 지휘감독관계가 없더라도 그 대상 저작물이 타인의 저작권을 침해하는 저작물인지 여부에 관하여 최소한의 조사를 할 주의의무를 진다고 할 것이므로 저작권침해책임을 질 여지가 있다 할 것이다.

2. 방송저작권의 개념

가. 방송저작권 개념의 정립

방송저작권은 방송저작물(broadcast works)에 인정되는 저작권이라 할 수 있다. 베른협약은 방송저작물의 개념을 정의하고 있지는 않으나 방송저작물의 개념을 사용하고 있다.[61] 방송저작물은 어문저작물이나 영상저작물처럼 저작물의 물리적 성격에 따른 개념이 아니고 방송사업자가 방송신호라는 저작물의 전달 수단에 의한다는 데 착안한 개념이다. 따라서 어문저작물, 미술저작물, 음악저작물

61) 동 협약 제10조의2 제1항 등.

또는 영상저작물을 가리지 아니하고 방송사업자가 이를 방송저작물로서 방송신호에 실으면 방송저작물이 될 수 있다 할 것이다.[62] 저작권법상 저작인접권은 앞서 본바와 같이 저작권과 별개의 권리이나 편의상 방송사업자에게 인정된 저작인접권도 포함하여 광의에 있어서 방송저작권이라 부르기로 한다. 무엇보다도 기존에 방송사업자의 저작권에 관한 논의는 저작인접권으로서의 방송사업자의 권리에 한정되었으나 본고에서는 방송저작권의 개념을 방송저작물에 인정되는 저작권으로 넓게 설정하여 방송저작물에 대한 방송사업자의 저작권과 저작인접권 모두를 그 범위에 포섭하였다는 데 의미가 있다. 넓은 의미의 방송저작권에는 좁은 의미의 방송저작권과 방송저작인접권이 포함되므로 이를 나누어 살펴 볼 필요가 있다.

방송사업자는 자신이 제작한 방송저작물에 대하여 저작권을 가지며 이 권리에는 앞서 본 바와 같은 저작재산권과 저작인격권 양자가 모두 포함된다. 우리 법은 방송을 별도의 저작물로서 정하고 있지 않기 때문에, 저작물로서 보호받기 위해서는 녹화, 녹음되어야 하고 그 녹화, 녹음물에 창작성이 있어야 한다. 방송의 공공성, 정보전달성, 현장성 등의 특징으로 인하여 방송저작물의 저작물성 판단의 기준이 되는 창작성은 다른 저작물에 비하여 낮을 수 있음은 앞에서 언급한 바와 같다. 타인의 저작물을 이용하여 2차적 저작물인 방송저작물을 작성한 경우에도 같은 기준이 적용될 것이다.

나. 방송저작권의 내용

(1) 서

방송저작권도 크게 저작재산권과 저작인격권으로 나누어진다고 할 것인바 저작재산권에는 복제권, 방송권,[63] 2차적 저작물 작성권 등이 있고 저작인격권에는 공표권, 성명표시권, 동일성유지권의 권리가 있다.[64]

저작권은 기술의 발전에 따라 그 보호의 대상과 태양이 확대되어 왔다. 무선통신에서 유선통신과 위성통신으로, 라디오에서 텔레비전으로, 컴퓨터와 네트워크

---

62) 방송에 이용된다는 것 때문에 방송저작물이 된다는 것에 회의적인 입장도 있으나, 앞서 본 방송의 특수성을 고려하여 방송저작권의 개념의 특수성과 유용성을 인정할 수 있을 것이다.

63) 방송권 등 공중송신권에 대하여 Paul Goldstein & P. Bernt Hugenholtz(2013) at 324-336.

64) Paul Goldstein & P. Bernt Hugenholtz(2013) at 358~367; Paul Goldstein(2008) at 336-346; Gerald Dworkin(1981); Gerald Dworkin(1994) at 5-36; Adolf Dietz(1995). 우리 저작권법은 제11조 내지 제13조에서 저작인격권으로 공표권, 성명표시권, 동일성유지권만을 규정하고 추급권과 철회권은 인정하지 않는다.

의 발전에 따라 그 보호대상에 컴퓨터 프로그램이 추가되고 보호의 태양에 있어서도 단순한 복제·배포권 내지 공연권의 보호에서 방송권, 공중전달권, 전송권 등 새로운 보호의 태양에 따른 권리가 계속해서 저작권에 추가되어 왔다. 이 점은 방송과 관련한 저작권에 있어 더욱 현저하다.

(2) 복제권

방송저작물을 배타적으로 인쇄·사진촬영·복사·녹음·녹화 그 밖의 방법에 의하여 일시적 또는 영구적으로 유형물에 고정하거나 유형물로 다시 제작할 수 있는 권리를 말하는바, 즉 방송되고 있는 음 또는 영상을 유형물에 고정하는 것을 말한다.65)

(3) 방송권

방송저작물을 공중이 동시에 수신하게 할 목적으로 음·영상 또는 음과 영상 등을 송신할 권리를 말한다.66)

(4) 2차적 저작물 작성권

방송저작물을 원저작물로 하는 2차적 저작물을 작성하여 이용할 권리를 가진다.67)

다. 방송저작인접권

(1) 서

방송사업자에게는 자신이 하는 방송에 대한 복제권, 동시중계방송권 및 공연권의 3가지 저작인접권이 인정된다. 그러나 실연자나 음반제작자에게 인정되는 배포권, 대여권, 방송권, 전송권 등의 권리는 방송사업자에게는 인정되지 않는다. 한국 저작권법상 저작인접권의 보호를 받는 방송은 (i) 대한민국 국민인 방송사업자의 방송, (ii) 대한민국 내에 있는 방송설비로부터 행하여지는 방송(예컨대 주한미군의 AFN Korea), (iii) 대한민국이 가입 또는 체결한 조약에 따라 보호되는 방송으로서 체약국의 국민인 방송사업자가 당해 체약국 내에 있는 방송설비로부

65) 저작권법 제2조 제22호, 제16조.
66) 저작권법 제2조 제7호, 제8호, 제18조.
67) 저작권법 제22조.

터 행하는 방송 등이다.[68] 방송사업자에게 인정되는 저작인접권의 내용을 살펴보면 아래와 같다.

베른협약 및 TRIPs협정 가입국 방송 보호 사건

대법원 2009. 10. 29. 선고 2007도10735 판결[69]

- **사실의 개요**

본 사건 피고인은 중동과 유럽 지역의 유료방송을 무단 시청할 수 있는 수신기를 제조 판매한 자들이다. 이들은 해커들이 인터넷에 올려놓은 방송국의 암호화 알고리즘을 다운받아 패치프로그램을 만들어 셋탑박스에 적용하였다. 방송사가 암호체계를 바꾸자 피고인이 직접 유료회원이 되어 합법적으로 스마트카드를 통해 해독된 알고리즘을 추출하여 기존 사용자들에게 실시간으로 전송해 주었다. 검사는 저작권법 제92조 등 위반으로 기소하였다.

- **판시사항**

저작권법 보호대상의 범위: 우리나라 저작권법 제3조 제1항에서는 우리나라가 가입한 체약국의 저작권을 보호대상으로 하고, 제61조 제3호 (다)목에서는 체약국에서 송신하는 방송을 보호대상으로 구체적으로 규정하고 있다. 이에 베른 협약 및 TRIPs 협정의 체약국에 있는 이 사건 위성방송사업자들이 체약국 내에 있는 방송설비로부터 행하는 방송은 우리나라 저작권법의 보호대상에 해당한다.

저작권법 제92조에 정한 기술적 보호조치의 무력화 행위: 패치프로그램의 제공 없이는 위성방송서비스업체들이 영상 신호인 오디오・비디오 패킷과 함께 송신하는 암호화된 컨트롤워드가 해독될 수 없어 위성방송 시청이 불가능한 점 등에 비추어 볼 때, 피고인들이 이 사건 위성수신제한시스템의 스마트카드에 들어있는 컨트롤워드 해독용 프로그램 소스파일로 위 패치프로그램을 개발하여 피고인 등에 의해 제작된 위성방송수신기에 장착한 행위와 추출한 컨트롤워드를 위성 인터넷을 통해 국내에 있는 서버로 실시간으로 수신한 후, 다시 위성방송수신기들로 실시간 전송하는 피고인들의 행위는 불법적인 저작물의 복제나 전송, 방송, 이용 등의 행위를 가능하게 할 수 있는 행위로서 「저작권법」 제92조 제2항에 정한 기술적 보호조치의 무력화 행위에 해당한다.

- **평석**

베른협약 및 TRIPs협정의 체약국에 있는 위성방송사업자들이 체약국 내에 있는

---

68) 저작권법 제64조 제1항 제3호 참조.

69) 【원심판결】 서울중앙지법 2007. 11. 22. 선고 2007노73 판결.

방송설비로부터 행하는 방송은 우리나라 저작권법의 보호대상에 해당하므로 이의 기술적 보호조치의 무력화행위는 우리나라 저작권법 위반에 해당할 수 있다. 그러나 외국인의 국외범은 원칙적으로 대한민국 또는 대한민국 국민에 대하여 죄를 범한 경우에만 처벌하므로 피고인이 외국인이라면 한국저작권법을 적용할 수 없을 것이다.

(2) 복제권

방송사업자는 그의 방송을 복제할 권리를 가진다.[70] 즉 방송사업자는 배타적으로 그의 방송을 인쇄・사진촬영・복사・녹음・녹화 그 밖의 방법에 의하여 유형물에 고정하거나 유형물로 다시 제작할 수 있는 복제권을 가진다. 방송되고 있는 음 또는 영상을 유형물에 고정하는 것이 방송의 복제이며 이러한 복제는 그 방송을 송출한 방송사업자의 배타적인 권리에 속하게 되므로 누구든지 이 복제행위를 할 때에는 방송사업자의 허락을 받아야 한다.

최근 유행하는 UCC(User Created Contents)의 경우 실제로는 이용자가 스스로 작성한 콘텐츠가 아니라 방송내용 중 일부를 동영상 파일로 만드는 경우가 많은데, 특별한 사정이 없는 한 방송사업자의 복제권이 미치게 된다. 또한 송출된 영상을 인터넷상의 다시보기를 통하여 한 프레임을 캡쳐하여 저장하는 것도 방송사업자의 복제권이 미치게 된다. 따라서 이러한 방송물을 방송사업자의 허락 없이 무단으로 이용할 경우 방송사업자의 복제권을 침해하게 된다.

(3) 동시중계방송권

방송사업자는 그의 방송을 동시중계방송할 권리를 가진다.[71] 동시중계방송이란 다른 방송사업자의 방송을 수신과 동시에 재방송하는 하는 것을 말한다. 따라서 타인의 방송을 무단으로 그 방송의 공급영역 외의 수신인에게 광역케이블로 재송신하는 것도 본조의 침해가 된다. 동시중계방송권은 방송사업자의 노력으로 제작되는 방송에 대한 다른 방송사업자의 무임승차를 막으려는 것으로서 이시의 중계방송의 경우 일단은 방송의 녹화로 인한 복제가 일어나므로 복제권으로 보호가능하나 동시중계방송의 경우 이러한 보호가 어려울 수 있는바 특별히 방송사업자에게 복제권과 별도로 동시중계방송권을 인정하고 있는 것이다. 동 권리에

70) 저작권법 제84조 참조.
71) 저작권법 제85조 참조.

의하여 방송신호 재송신과정의 복제 여부와 상관없이 정규방송과 같은 시간대에 방송을 중계하는 행위를 금지하는 것이 가능해진다.

저작권법에서 인정하는 방송사업자의 동시중계방송권에는 방송법에 의한 재송신 의무규정에 의한 동시재송신의 제한이 있다. 즉 방송법은 종합유선방송사업자·위성방송사업자 및 중계유선방송사업자에게 한국방송공사 및 한국교육방송공사법에 의한 한국교육방송공사가 행하는 지상파방송을 수신하여 그 방송프로그램에 변경을 가하지 않은 채 그대로 동시에 재송신할 의무를 인정하는바[72] 이 경우에는 동시중계방송권을 침해하는 것이 아니다(방송법 제78조).

(4) 공연권

방송사업자는 공중의 접근이 가능한 장소에서 방송의 시청과 관련하여 입장료를 받는 경우에 그 방송을 공연할 권리를 가진다.[73] 즉 방송사업자는 자신의 방송을 상연·연주·가창·구연·낭독·상영·재생 그 밖의 방법으로 공중에게 공개할 공연권을 가진다.[74] 다만, 방송사업자에게 인정되는 공연권은 일반적인 공연권과 달리 공중의 접근이 가능한 장소에서 방송의 시청과 관련하여 입장료를 받는 경우로 한정된다.

라. 기타 방송물에 대한 보호

(1) 서

방송이 저작권 또는 저작인접권에 의한 보호를 받지 못한다고 하여 모든 법적 보호로부터 배제되는 것은 아님을 유의할 필요가 있다. 방송이 저작권법의 보호를 받지 못한다 하더라도 불법행위나 부정경쟁행위의 법리에 따라 보호를 받을 수 있는 경우가 있다. 이하에서는 이에 대하여 간략하게 검토해 본다.

(2) 방송물 침해로 인한 불법행위

고의 또는 과실로 인한 위법행위로 타인에게 손해를 입히는 경우 불법행위책

---

72) 지상파방송사업자가 수개의 지상파방송 채널을 운용하는 경우, 동시재송신하여야 하는 지상파방송은 미래창조과학부장관이 지상파방송사업자별로 방송편성 내용 등을 고려하여 지정·고시하는 1개의 지상파방송 채널에 한한다(방송법 제78조 제2항).

73) 저작권법 제85조의2 참조.

74) 방송사업자의 공연권은 한·EU간 자유무역협정에 따라 새롭게 추가된 방송사업자의 저작인접권이다.

임을 질 수 있다(민법 제750조). 방송물 침해에 있어서도 설사 저작권법에 의한 보호를 받기 힘든 경우라도 가해자에게 고의, 과실이 있고, 가해자에게 책임능력이 있으며, 가해행위에 위법성이 있고 손해가 발생하였으며 가해행위와 손해 발생과의 사이에 상당인과관계가 있는 경우에는 불법행위책임을 져야 한다.[75] 이러한 불법행위에 대한 구제는 원칙적으로 손해배상이나 예외적으로 금지청구가 허용된다.[76]

드라마의 연주장면 촬영사건

서울중앙지법 2006. 11. 29. 선고 2006가합36290 판결

● 사실의 개요

드라마 제작 및 방영을 하는 피고들은 원고들에게 얼굴을 식별할 수 없도록 연주장면을 촬영하겠다고 약속하고 연주회 장면을 촬영했다. 원고들의 연주회 장면은 약 7초 정도의 짧은 분량이지만, 원고들의 주위 사람들이라면 위 장면에 등장한 연주자들이 원고들임을 충분히 식별할 수 있을 정도로 방영되었다. 이에 원고들은 연주장면의 촬영 및 방영으로 인해 초상권이 침해되었다며 손해배상의 소를 제기하였다.

● 판시사항

언론매체에 대하여 자신의 초상에 관한 방송을 동의한 경우에도 당시 예정한 방법과 달리 방송된 경우에는 초상권이 침해되었다고 볼 수 있다. 따라서 원고들은 얼굴을 식별할 수 없도록 촬영할 것을 조건으로 이 사건 연주장면에 대한 촬영을 승낙한 것인바, 피고는 이 사건 연주장면을 촬영하면서 카메라 앵글을 조절하는 등의 방법으로 원고들의 얼굴을 알아 볼 수 없도록 했어야 함에도 불구하고, 이 사건 방송을 시청한 원고들의 주위 사람들이 쉽게 원고들을 알아 볼 수 있도록 이 사건 연주장면을 촬영하였고, 위와 같이 촬영된 장면이 삽입된 드라마를 방영함으로써 원고들의 초상권을 침해하였다.

---

75) 대법원 2010. 8. 25. 선고 2008마1541 판결 및 대법원 2012. 3. 29. 선고 2010다20044 판결. 특히 후자의 판결에서 대법원은 "겨울연가", "황진이", "대장금", "주몽" 등 제호 하에 이 드라마가 연상되는 의상, 소품, 모습, 배경 등으로 꾸민 "HELLO KITTY" 제품을 제조·판매한 행위는 민법상 불법행위에 해당한다고 판시하였다. 또한 서울고등법원 2012. 12. 20. 선고 2012나17150 판결은 문화방송 드라마 선덕여왕의 시나리오 모방사건에 관하여 문화방송과 방송작가의 불법행위책임을 인정하였다(상세는 본 장 부록 참조).

76) 대법원 2010. 8. 25. 선고 2008마1541 판결은 무단이용의 불법행위가 계속되어 금전배상을 명하는 것만으로는 피해자 구제의 실효성을 기대하기 어렵고 무단이용의 금지로 인하여 보호되는 피해자의 이익과 그로 인한 가해자의 불이익을 비교·교량할 때 피해자의 이익이 더 큰 경우에는 그 행위의 금지 또는 예방을 청구할 수 있다고 판시하였다.

● **평석**

본 판결은 방송에서의 초상권 보호에 관한 판결로서, 언론매체에 대하여 자신의 초상이 담긴 장면의 방송에 동의하면서도 얼굴을 식별할 수 없도록 촬영할 것을 조건으로 동의한 사안에서 얼굴이 식별가능하게 방송하였다면 초상권 침해를 인정한 사례이나 일반적으로 피촬영자의 초상권 보호에 확장될 수 있는 사례라 할 것이다. 초상권에 대한 국민들의 인식이 높아졌으므로 방송사업자는 촬영과 방송시 초상권 침해 여부에 유의하여야 하며 초상권 보유자로부터 명시적인 허락을 받아 두어야 할 것이다.

(3) 방송물 관련 부정경쟁행위

부정경쟁방지법은 상품주체혼동행위, 영업주체혼동행위 등 부정경쟁행위를 한정적으로 열거하여 그 특정 유형의 부정경쟁행위의 금지를 청구할 권리를 인정하고 있다(부정경쟁방지법 제2조 제1호). 방송물의 경우도 부정경쟁행위로 보호받을 수 있는지가 문제되는데, 후술하는 바와 같이 리얼리티쇼 등 타인의 방송물의 포맷을 모방하여 방송물을 제작, 방송할 경우 부정경쟁행위에 해당할 수 있다. 이 점과 관련하여 부정경쟁방지법은 “타인의 상당한 투자나 노력으로 만들어진 성과 등을 공정한 상거래 관행이나 경쟁질서에 반하는 방법으로 자신의 영업을 위하여 무단으로 사용함으로써 타인의 경제적 이익을 침해하는 행위”를 부정경쟁행위의 하나로 열거하고 있다.[77]

3. 방송저작권의 분류

가. 저작물의 성격에 의한 분류

방송저작물은 그 객체에 따라 드라마, 뉴스, 리얼리티 쇼, 오락물, 대담, 만화 등으로 구분하거나 TV저작물과 라디오저작물로 구분할 수 있는데, 후자의 경우 저작물의 유형에 따라 문제되는 저작권이 달라질 수 있다.

나. 방송사업자에 의한 분류

방송사업자가 방송저작물 제작에 있어서 그 전체를 기획하고 책임을 지고 자

---

77) 동법 제2조 제1호 차목. 동 개정법은 2014.1.31.부터 시행되고 있다.

체 제작하는 경우와 방송사업자가 방송저작물의 제작을 독립제작사에 위탁하는 경우, 방송사업자와 독립제작사가 공동으로 방송저작물을 제작하는 경우로 구분해 볼 수 있는바, 각 경우에 따라 방송저작권의 귀속관계가 달라진다.

다. 플랫폼에 의한 분류

방송저작물이 유통되는 플랫폼에 따라 방송저작권은 방송권, 전송권, 디지털음성송신권, 공중송신권으로 구분될 수 있다.

라. 저작권의 내용에 의한 분류

방송저작권도 크게 저작재산권과 저작인격권으로, 다시 저작재산권에는 복제권, 방송권, 2차적 저작물 작성권 등이 있고 저작인격권에는 공표권, 성명표시권, 동일성유지권의 권리가 있다.

마. 복합적인 분류

방송저작권의 분류에 있어서는 저작물의 성격별, 방송사업자별, 플랫폼별, 저작권의 내용별 분류 등이 복합되는 경우가 있을 수 있다. 예컨대, 저작권 내용과 플랫폼에 의한 분류는 경우에 따라 겹쳐지는 경우가 있을 수 있다.

4. 방송저작물의 법적 성격과 특징

가. 방송저작물의 법적 성격

방송저작물은 영상저작물, 2차적 저작물, 종합저작물, 공동저작물적 성격을 가진다고 할 것이다. 방송저작물 중 영상저작물성을 가지는 것에는 텔레비전 방송만 해당하고 라디오방송은 제외되나 최근에는 보이는 라디오용 방송콘텐츠도 늘어나고 있어 사실상 라디오의 영역까지 영상 저작물의 범위가 늘어나고 있다. 방송저작물은 대부분 2차적 저작물이 되는데, 대본이나 원작을 PD의 연출과 실연자들의 연기로 만들어 내고 원저작물을 각색하거나 하지 아니하고 영상제작 및 그 밖의 방법으로 작성하기 때문이다. 이와 같이 방송저작물은 대본이 있고 배경음악이 들어가며, 아나운서나 성우의 내레이션이 추가되기도 하고, 또 연기자들의 연기나 가수들의 노래가 포함되기도 하고, 텔레비전 방송의 경우 여기에 배경이 되는 세트도 포함하게 되는바, 이러한 다양한 저작물들이 종합적으로 방송저작물에 녹아들어서 재생이 가능토록 한 종합저작물이라 할 것이다.[78] 이상과 같이 방송저작물은 감독, 탤런트, 촬영기사, 조명기사, 세트디자이너, 소품 요원 등 다수의 사람들이 공동으로 제작하게 되는바, 공동저작물에 해당하게 된다.[79]

나. 방송저작물의 특징

과거의 방송프로그램이 대체로 1차적 이용을 목적으로 제작되었고 광고 등의 유치로 그러한 일회성 방송만으로도 수익을 맞출 수 있는 구조였지만 이제는 사업자간의 경쟁이 치열해지고 방송의 디지털화, 프로그램의 대규모화 등에 따른 제작비용의 상승 등 외적요인으로 말미암아 광고수익에만 의존하던 모델에서 벗어나 프로그램자체의 재활용을 통한 새로운 수익원 창출이 절대적으로 요구되고 있다.[80]

특히 디지털화로 인한 2차적 사용 기회가 증대하고 그에 따른 수익이 증대하고 있다. 방송저작물의 디지털화는 일품다용(一品多用, OSMU)을 가능하게 하여 콘텐츠의 부가시장이 커지는 현상을 가져오고 있다.[81] 이에 방송과 관련한 각 시장의 실정과 규제법령 등에 맞추어 방송저작물을 수정, 가공하여야 하는 등으로 복제권, 개작권, 2차적 저작물 작성권 등에 있어 새로운 해석이 요구되는 등 법적 문제가 생겨나고 있다.

5. 방송저작물의 관련 당사자

가. 방송사업자의 개념

방송사업자란 방송을 업으로 하는 자를 말한다.[82] 방송사업자는 방송법상 지상파방송사업자, 종합유선방송사업자, 위성방송사업자, 방송채널사용사업자, 공동체라디오방송사업자로 구분할 수 있다(방송법 제2조 제3호 가목 내지 마목). 여기서 ⅰ) 지상파방송사업자란 방송을 목적으로 하는 지상의 무선국을 관리 운영하며

78) 류종현(2013), 94면; 서울고등법원 1984. 11. 28. 선고 83나4449 판결.
79) 저작권법 제2조 제21호는 "공동저작물"을 2인 이상이 공동으로 창작한 저작물로서 각자의 이바지한 부분을 분리하여 이용할 수 없는 것을 말한다고 정의한다. 공동저작물에 대한 권리의 행사에 관하여는 저작권법 제15조 및 제48조 참조.
80) 방석호(2012), 102면.
81) 이에 대하여 Mark G. Tratos, 208-210; Paul Ang.
82) 저작권법 제2조 제9호 참조.

이를 이용하여 방송을 운영하여 방송을 행하는 사업자를 말한다(방송법 제2조 제2호 가목, 제3호 가목). ⅱ) 종합유선방송사업자란 종합유선방송사(다채널방송을 행하기 위한 유성방송 설비와 그 종사자의 총체)를 관리, 운영하며 전송선로설비를 이용하여 방송을 행하는 사업자를 말한다(방송법 제2조 제2호 나목, 제3호 나목). ⅲ) 위성방송사업자란 인공위성의 무선설비를 소유 또는 임차하여 무선국을 관리·운영하며 이를 이용하여 방송을 행하는 사업자를 말한다(방송법 제2조 제2호 다목, 제3호 다목). ⅳ) 방송채널사용사업자는 지상파방송사업자나 종합유선방송사업자 또는 위성방송사업자의 특정채널의 전부 또는 일부 시간에 대한 전용사용계약을 체결하여 그 채널을 사용하는 사업자를 말한다(방송법 제2조 제2호 라목, 제3호 라목). ⅴ) 공동체라디오방송사업자는 공중선전력 10와트 이하로 공익목적으로 특정지역에 한정하여 라디오방송을 제공하는 사업자를 말한다(방송법 제2조 제3호 마목).

한편 방송유관사업자는 중계유선방송사업자, 음악유선방송사업자, 전광판방송사업자, 전송망사업사업자로 구분된다. 여기서 ⅰ) 중계유선방송사업자는 지상파방송과 공영방송지상파사업자가 운영하는 위성방송이나 대통령령이 정하는 방송을 수신하여 중계송신(방송편성을 변경하지 아니하는 녹음·녹화를 포함한다)하는 사업자를 말한다(방송법 제2조 제6호). ⅱ) 음악유선방송사업자는 음악산업진흥에 관한 법률에 의하여 판매·배포되는 음반에 수록된 음악을 송신하는 사업자를 말한다(방송법 제2조 제9호). ⅲ) 전광판방송사업자는 상시 또는 일정기간 계속하여 전광판에 보도를 포함하는 방송프로그램을 표출하는 사업 및 사업자를 말하며, 흔히 거리에서 쉽게 볼 수 있는 전광판을 이용하여 방송프로그램을 제공하는 사업자를 말한다(방송법 제2조 제12호). ⅳ) 전송망사업자는 방송프로그램을 종합유선방송국으로부터 시청자에게 전송하기 위하여 유·무선 전송·선로설비를 설치·운영하는 사업자를 말한다(방송법 제2조 제14호).

나아가 인터넷 멀티미디어방송사업자는 인터넷 멀티미디어 방송 제공사업자와 인터넷 멀티미디어 방송 콘텐츠사업자로 구분되는바 인터넷 멀티미디어 방송 제공사업자는 인터넷 멀티미디어 방송에 제공하기 위하여 공급받은 콘텐츠를 이용자에게 제공하는 사업자를 말하고 인터넷 멀티미디어 방송 콘텐츠사업자는 인터넷 멀티미디어 방송 제공사업자에게 인터넷 멀티미디어 콘텐츠를 공급하는 사업자를 말한다.

나. 방송사업의 관련 당사자

방송사업자나 방송사업자의 외주에 의하여 방송저작물을 제작함에 있어서는 여러 당사자가 관련된다. 즉 대본작가나 음악가, 세트 디자이너 등 원저작물의 저작권자, 실제 연기나 연주를 통해 원저작물을 구현해 내는 탤런트나 코미디언, 가수 등 저작인접권자, 이를 촬영하는 촬영자, 촬영과정 전체를 기획하고 관리하며 촬영물을 편집하는 PD나 연출자 등의 해당 방송저작물의 제작에 창작적 기여를 하는 방송저작물의 저작권자와 방송제작자가 관여하며 이를 이용하는 이용자 등이 방송사업의 관련 당사자가 된다.

V 방송저작권의 주요 쟁점

1. 방송작가, 뉴스, 사진 및 광고의 저작권

가. 방송작가의 저작권

(1) 일반

방송작가의 저작권과 관련해서는 방송작가가 작성한 방송대본 자체의 저작권과 대본에 기초한 방송물에 대한 저작권의 귀속 문제로 나누어 볼 수 있다. 방송대본 자체의 저작권과 관련해서도 이에 기초한 해당 방송물이 드라마류인지 오락프로그램인지도 영향을 미친다.

(2) 방송대본의 저작권

방송작가의 저작권과 관련해서는, 먼저 드라마의 경우를 살펴본다. 해당 대본이 TV방송 드라마로 제작되는지와 라디오 방송 드라마로 제작되는지에 따라, 또한 TV방송 드라마인 경우 미리 방송작가에 의하여 작성되어진 대본이 방송드라마화한 것인지, 아니면 드라마 제작에 있어서 PD가 의뢰하고 대본작성에 깊이 관여하면서 작성된 대본인지에 따라 그 저작권귀속을 달리 볼 수 있을 것이다.

먼저 해당 대본이 TV방송 드라마로 제작되는 경우로서 미리 방송작가가 작성한 대본을 드라마화하는 경우라면 대본은 어문저작물로서 보호되며, 대본작가에게는 어문저작물인 대본의 저작자로서 대본에 대하여 저작인격권 외에 복제권,

방송권, 2차적 저작물 작성권 등의 저작재산권이 부여된다. 이를 TV방송드라마로 제작하는 것은 대본을 영상제작의 방법으로 작성한 창작물로서 2차적 저작물에 해당하는바,[83] 방송사업자나 영상 제작자 등은 대본저작물의 이용자로서 방송작가와 저작물이용계약을 체결하여 2차적 저작물작성에 관한 승낙이나 권리양도를 받고 그 대가인 이용료를 지급하게 된다. 이와 같이 1차적으로 작가와 직접 협의에 의해 원고료 등 주요 계약내용이 결정되며 방송작가들이 회원으로 가입하고 있는 방송작가협회는 원고료 등급의 인상율, 재방송, 복제, 배포 등 추가적 이용에 대하여만 관여하고 있다.

드라마 '더 이상은 못 참아'의 사망 인물을 부활시켜 제작 방송한 책임

서울중앙지방법원 2015. 1. 16. 선고 2013가합85566 판결: 확정

● 사실의 개요

JTBC 드라마 '더 이상은 못 참아'의 방송 작가 원고 갑은 피고 제작사 A와 드라마극본집필계약을 체결하고 노부부가 티격태격 다투며 살아가다가 부인이 먼저 사망한 후, 남편과 부인이 이승과 저승으로 나뉘어 천천히 화해해 가는 시놉시스의 줄거리에 따라 32회분 극본을 제작사A에 인도하였다. 종편 채널임에도 이 드라마가 2% 가까운 평균시청률을 기록하며 25회까지 방송됐을 무렵 제작사 A는 갑이 극본을 늦게 제출한다는 이유로 계약을 일방적으로 해지하고 다른 작가를 섭외하여 갑의 극본의 마지막 부분에서 죽은 부인이 하관 직전에 관 속에서 살아나는 내용으로 변경해서 총 111회분의 드라마를 제작 방송하였다. 한편 피고 JTBC는 자신의 홈페이지에 갑의 저작물이 아닌 33회부터의 극본에 대하여도 그 저작자가 갑인 것처럼 표시하였다. 이에 갑은 금 52억원의 손해배상청구소송을 제기하였다.

● 판시사항

동일성유지권 침해: 먼저 제작사 A가 극본 내용을 위와 같이 변경한 것은 갑의 저작물의 본질을 해하는 정도의 중대한 내용 변경에 해당하는 것으로서 갑의 동일성유지권을 침해하였다고 판단하고 금 500만원의 배상을 명하였다.

성명표시권 침해: 방송사 JTBC가 33회 이후의 극본에 대하여도 그 저작자를 갑으로 표시한 것이 갑의 성명표시권 침해라는 주장에 대하여는 "성명표시권은 자신의 저작물에 대하여 성명을 표시할 권리"이므로 성명표시권이 침해는 아니라고 판시하였다. 다만 이러한 성명 표시로 인하여 갑이 작성하지 않은 극본을 갑이 작성한 것처

83) 저작권법 제5조 제1항.

럼 오해가 발생하여 갑의 명예가 훼손되었다며 명예훼손으로 인한 손해 금 500만원의 배상책임을 인정하였다.

집필계약 해지책임: 제작사 A의 계약 해지로 갑은 극본 33회부터 111회까지의 원고료 상당의 재산적 손해를 입었음을 인정하여 위자료를 합쳐 금 2억 8,100만원의 손해배상을 명하였다.

● **평석**

본 판결은 동일성유지권 침해와 성명표시권 침해의 기준을 제시하였다는 점에서 의의가 있다. 또한 성명을 잘못 표시하면 명예훼손이 될 수 있음을 인정하였다는 점도 특기할 만하다. 본 판결은 이미 체결한 방송극본집필계약을 존중하여야 하고 정당한 이유 없이 계약을 해지하게 되면 미집필 극본 전체에 대한 원고료상당의 손해를 배상하여야 하는 무거운 책임을 져야 한다는 경종을 울리고 있다.

방송작가의 저작권과 방송사업자의 방송 외 이용

대법원 1985. 5. 28. 자 84다카2514 결정[84]

● **사실의 개요**

원고들(정하연 외)은 모두 방송극작가로서 텔레비전 드라마의 극본을 써달라는 의뢰를 받고 극본을 집필하여 피고 KBS에게 제공하였고, 피고는 극본을 토대로 텔레비전 드라마를 제작하여 방영한 후 위 녹화작품을 복사·판매하였다. 복사·판매함에 있어 원고들로부터 사전에 동의를 받거나 그 극본저작권의 사용료를 별도로 지급하지 않았다. 이에 원고들은 피고들이 극본 저작자인 원고들의 동의 없이 원고들의 저작물인 극본을 토대로 제작한 녹화작품을 복사·판매함으로써 원고들의 극본 저작권을 침해하였다고 주장, 손해배상청구의 소를 제기했다.

● **판시사항**

원고의 저작권 취득여부: 원고들이 피고의 주문에 의하여 극본을 저작하였거나 또는 피고가 방송 승인을 얻은 원작을 개작의 방법으로 극본화 하였더라도 극본저작자인 원고들은 그들이 저작한 극본에 대하여 저작권법의 규정에 따라 원시적으로 저작권을 취득한다. 한편 원고들이 피고로부터 댓가를 받고 위와 같이 저작한 극본을 피고에게 제공하였다 하더라도 다른 특별한 사정이 없는 한 이는 저작권자인 원고들이 피고 공사에게 저작물인 위 극본의 이용권을 설정해 준 데 불과할 뿐 이로써 원고들의 극본저작권을 상실시키기로 한 것이라고 볼 수는 없다. 따라서 극본저작자인 원고들은 극본에 대하여 저작권법에 따른 저작권을 그대로 보유한다.

---

84) 【원심판결】 서울고등법원 1984. 11. 28. 선고 83나4449 판결; 서울지방법원 남부지원 1983. 10. 21. 선고 83가합7 판결.

제2차적 저작물 이용 승낙의 범위: 원고들이 방송사업자인 피고의 주문에 의하여 방송극본을 저작하여 댓가를 받고 극본을 피고공사에 공급하기로 한 위 극본공급계약은 원고들이 피고공사로 하여금 동 극본을 토대로 제2차적 저작물인 텔레비전드라마 녹화작품을 제작하여 텔레비전방송을 통하여 방영하는 것(즉 개작 및 방송)을 승낙하는 의사가 당연히 포함되어 있다 할 것이나, 그렇다고 하여 위 극본공급계약으로써 원고들이 피고에게 원고들의 별도의 동의 없이 위 극본을 토대로 제작된 녹화작품을 텔레비전 방송이 아닌 다른 방법으로 이용하는 행위까지 승낙하였다고는 볼 수 없다. 따라서 피고들이 위 녹화작품을 텔레비전 방송이 아닌 브이·티·알 테이프(V.T.R TAPE)에 복사하여 판매한 것은 원고들의 극본사용 승낙의 범위를 넘는 제2차적 저작물 이용으로서 원고들의 극본저작권을 침해한 것이다.

● **평석**

본 판결은 방송작가의 극본을 2차적으로 이용함에는 명시적인 허락이 필요함을 분명히 하였다. 방송사업자가 방송 외에 방송물을 DVD 등으로 복제 판매하거나 온라인으로 전송하고자 한다면 계약상 명시적으로 복제, 배포권 또는 전송권(공중송신권의 한 내용)을 부여 받아야 할 것이며 방송작자는 그에 대한 대가를 따로 받을 수 있을 것이다.

반면 방송작가의 해당 대본이 TV방송 드라마 제작에 있어서 PD가 의뢰하고 대본작성에 깊이 관여하면서 작성된 대본이라면 작가와 PD의 공동저작물로 되는 경우도 있을 것이다. 공동저작물이 되기 위해서는 창작행위의 시기는 동시성을 요건으로 하는지가 문제된다. 일본판례에서는 갑이 방송대본의 원안을 방송사의 을에게 구전하고 방송사는 대본작가 병을 선정하여 갑의 원안에 의거 방송프로그램이 작성되었다면 원안 자체만으로는 저작물이 될 수 없고 또한 갑은 병의 대본 창작에 공동으로 관여하였다는 입증이 없으므로 갑은 병의 대본의 공동저작자가 아니라고 하였다.[85] 따라서 공동저작물이 되기 위해서는 창작행위 자체에 공동으로 관여해야 하나 관여하는 시기는 동시일 필요는 없다. 다만 공동저작의 의사까지 있어야 하는지 여부에 관하여는 공동저작의 의사를 요구하는 필요설과 이를 필요로 하지 않는다는 불요설로 나뉜다.

이에 따르면 방송대본의 작성에 PD가 실질적인 정정보완 등의 관여를 하였다면 그 방송대본은 방송작가와 PD의 공동저작물로 된다. 따라서 저작권행사도 공동

85) 東京地裁 1975(昭和49)年 3月 31日 昭和49(ワ) 第237号 判決; 허희성(1996) 80-81면 참조.

으로 해야 한다. 그러나 PD는 대체로 방송사의 소속직원이므로 업무상 저작물에 관한 규정에 의하여 PD 대신 방송사가 방송작가와 함께 공동저작자가 될 것이다.

우리 저작권법은 업무상 저작물을 법인·단체 그 밖의 사용자의 기획 하에 법인 등의 업무에 종사하는 자가 업무상 작성하는 저작물로 규정하고,[86] 법인 명의로 공표되는 업무상 저작물의 경우 저작자는 계약 또는 근무규칙 등에 다른 정함이 없는 경우 그 법인이 된다고 규정하고 있다.[87] 업무상 저작물의 경우 법인 등을 저작자로 봄으로써 저작재산권뿐 아니라 저작인격권까지 법인 등에 귀속시키고 있다.

다음, 해당 대본이 라디오 방송 드라마로 제작되는 경우라면 저작권법상 방송작가의 대본으로 성우가 실연한 것을 녹음하는 것은 2차적 저작물로 보아야 할지 복제로 보아야 할지 견해가 나뉠 수 있다. 어느 쪽이든 방송사업자나 영상 제작자 등은 대본저작물의 이용자로서 방송작가와 저작물이용계약을 체결하여 2차적 저작물 작성 또는 복제에 관한 승낙이나 권리양도를 받고 그 대가인 이용료를 지급하여야 한다.

드라마 외에 오락프로그램의 경우에도 방송작가는 오락프로그램의 전체에 대한 구성에 대하여 어문저작물의 저작자로서 저작권을 가진다. 방송작가의 구성각본에 따라 출연자들을 지휘 또는 감독하는 연출자인 PD가 있고 많은 출연자가 있으며 노래에 대한 작사자 및 작곡가가 있고 촬영자 또는 제작자가 각각 있을 수 있을 것인데, 방송작가는 드라마의 경우보다 오락방송프로그램의 전체 구성에 있어서 PD와 공동작업을 할 경우가 많으므로 방송저작물에 대하여 PD와 공동저작자가 되는 경우가 많을 것이다. 물론 이 경우에도 업무상 저작물에 관한 규정이 적용된다면 PD 대신 방송사가 방송작가와 함께 공동저작자가 될 것이다.

---

86) 저작권법 제2조 제31호.

87) 저작권법 제9조. 판례는 저작권법 제9조는 법인, 단체, 그 밖의 사용자의 기획 하에 법인 등의 업무에 종사하는 자가 업무상 작성하는 저작물로서 법인 등의 명의로 공표된 것의 저작자는 계약 또는 근무규칙 등에 다른 정함이 없는 때에는 그 법인 등이 된다고 규정하고 있는 바 위 규정에 따라 법인이 저작권을 취득하기 위해서는 법인이 저작물을 창작함에 있어서 주도권을 가지고 제작을 총괄적으로 기획하는 역할을 하여야 하고 법인과 업무종사자 사이에 사용관계의 존재, 즉 업무종사자가 법인으로부터 실질적인 지휘·감독을 받는 지위에서 업무상 작성한 것이어야 하며 나아가 저작물의 공표 명의가 법인이어야 한다. 따라서 이러한 요건을 충족하여 영상저작물이 만들어질 경우 그 저작물은 법인이 곧바로 저작자가 될 것이지만, 위 요건을 충족하지 못한다면 법인의 기관이나 수족으로 창작행위를 한 피용자의 저작물이라 하더라도 저작자를 법인으로 볼 수 없고, 현행법상 그 저작권은 창작행위에 관여한 자연인에게 귀속될 수밖에 없다고 판단하였다. 서울고등법원 2000. 9. 26. 자 99라319 결정.

(3) 방송물의 저작권

방송대본에 기초해서 만들어진 드라마나 오락프로그램 등은 영상저작물에 의하여 보호될 수 있을 것이다. 영상저작물이 되려면 연속적인 영상으로 구성되고, 녹화테이프 등 일정한 매체에 수록되어 있으며, 기계 또는 전자장치에 의하여 재생할 수 있는 것으로서 창작성 요건을 갖출 것이 요구된다.

그런데 이러한 영상저작물로서의 방송물에 대하여 방송작가가 저작권을 가지는지 여부가 문제된다. 이와 관련해서는 국내의 학설은 나뉜다. 근대적 저작자에게만 영상저작물에 대한 저작권이 귀속된다는 입장에 의하면 방송작가에게는 방송작가의 방송대본에 기초해서 제작된 드라마나 오락프로그램 등에 대한 저작권이 귀속되지 않는다. 영상저작물의 제작에 창작적으로 기여한 모든 자에게 저작권을 귀속시키는 입장에 의하면 방송작가도 해당 드라마나 오락프로그램의 공동저작자가 될 수 있다.

나. 뉴스의 저작권

(1) 뉴스방송의 저작물성 여부

원칙적으로 TV나 라디오 등 방송에 의한 보도는 영상저작물이나 어문저작물로서 보호가 가능하다. TV 뉴스보도의 경우 TV화면은 연속적인 영상이 수록된 창작물로서 그 영상을 기계 또는 전자장치에 의하여 재생하여 볼 수 있거나 보고 들을 수 있는 것으로서, 카메라의 앵글이나 접근방법, 클로즈업 등의 방식에 따라서 창의적인 영상을 만들 수 있기 때문에 거의 모두를 영상저작물로 보아야 한다. 한편, 앵커나 리포터 또는 아나운서의 말은 어문저작물로서 보호될 수 있다.

그러나 앞서 살핀 바와 같이 사실의 전달에 불과한 시사보도는 저작권법의 보호대상에서 제외되고, 이에는 뉴스방송도 포함한다고 할 것이다.[88] 그러나 TV 뉴스의 경우 앵커나 기자의 주관이나 통찰력, 센스, 판단, 문장력 등에 의하여 개성 있는 표현이 이루어진 것이라면 '단순한 사실보도'라고 볼 수는 없을 뿐만 아니라 화면 전환에 대한 구성 등 편집에 있어서 창작성이 인정되는 한 저작물

88) 구 저작권법 제3조는 시사보도와 신문 또는 잡지에 게재된 잡보 등을 "저작물로 보지 않는다"고 하여 저작권의 보호대상에서 뉴스방송을 제외하고 있었으나, 그후 법개정을 통하여 이를 저작물에 포함하게 되었다.

로서 보호된다.[89)]

'모기와의 전쟁' 뉴스 사건

서울고등법원 2012. 6. 13. 선고 2011나52200 판결

● **사실의 개요**

원고 MBC는 '모기와의 전쟁'이라는 제목의 뉴스 동영상을 제작·방송하였는데, 해충 퇴치기 판매업을 하는 피고는 제품의 홍보를 위하여 '모기 퇴치 코리아'라는 인터넷 홈페이지를 개설·운영하면서 자사의 제품이 취재 대상이 된 이 뉴스의 동영상을 복사하여 저장한 후 위 홈페이지에 게시했다.

● **판시사항**

영상저작물의 경우 그 보도된 표현과 별도로 소재의 선택과 배열, 카메라의 구도의 선택, 필름 편집, 그 밖의 제작기술로 표현되는 창작성이 존재하면 저작물로 인정된다. 위 뉴스 동영상은 단순한 사실의 전달에 불과한 시사 보도에 불과한 것이 아니라 고유한 표현으로 재구성된 사실과 기자의 평가가 담긴 보도문을 효과적으로 전달하기 위하여 전문적인 기술로써 연속적인 영상으로 촬영하고 재구성하여 편집한 영상저작물이다.

아나운서는 이 뉴스에 출연하여 방송되는 것은 승낙하였으나, 이 뉴스에 나타난 자신의 초상의 상업적 용도 사용은 승낙하지 않았으므로 영리 목적으로 이 뉴스와 사진을 홈페이지에 게시, 사용한 것은 아나운서의 초상권을 침해하는 것이다.

● **평석**

본 판결은 TV뉴스 동영상의 상업적 사용과 관련되는데, TV뉴스 동영상에 영상저작물성을 인정하였다는 점과 TV뉴스를 상업적으로 이용한 데 대하여 TV뉴스에 출연한 아나운서의 초상권 침해를 인정한 점에 의미를 가진다. 그러나 사실의 전달에 불과한 시사보도는 보호받지 못하는 저작물에 해당하고 오늘날 시사보도는 대부분 동영상으로 행하여진다는 점을 고려하면 TV뉴스 동영상에 대한 저작권 보호는 적절히 제한되어야 할 것이다.

(2) 뉴스방송의 저작권귀속

TV나 라디오 방송의 뉴스나 논평 등은 일반적으로 방송국에 소속되어 있는

---

89) 한승헌(1992), 61면 이하.

피용자에 의하여 작성 또는 제작되므로 업무상 저작물에 해당하는 것이 일반이다.

앞서 살펴본 업무상 저작물의 요건을 뉴스방송의 경우에 대입해 보면, 우선 해당 뉴스방송이 사용자의 기획에 의하여 작성되어야 한다. 둘째, 방송사의 피용자는 그가 소속된 방송사의 업무에 종사하는 자로서 해당 피용자가 수행하는 보도, 해설 방송 역시 업무상 작성하는 저작물이다. 법인 등의 업무에 종사하는 자가 직무상 작성하는 것이어야 하므로 방송사가 외부사람에게 의뢰하여 작성한 것이나 피용자가 직무와 무관하게 개인적으로 작성한 것은 여기에 해당하지 않는다. 셋째, 방송사의 명의로 공표되는 저작물이어야 한다. 따라서 그 업무수행 내용으로서의 보도, 해설 등은 방송사에 그 저작권이 귀속한다.

다. 방송사진의 저작권

대부분 TV방송에 사용되는 방송물은 영상저작물이나 사진은 영상저작물이 아니라 사진저작물로 분류된다. 영상저작물은 연속적인 영상이 수록된 창작물을 말하는데 반하여(제2조 제13호) 사진저작물은 사진 및 이와 유사한 방법으로 제작된 일정한 영상의 형태로 표현한 저작물을 말하기 때문이다(제4조 제6호). 즉 사진도 영상이기는 하나 연속적이 아니고 일정한 정지 영상이기 때문에 연속적인 영상저작물과 구별된다. 사진저작물의 경우에도 저작물에 해당하기 위해서는 문학·학술 또는 예술의 범위에 속하는 창작물이어야 하고 그 요건으로서 창작성이 요구되므로 피사체의 선정, 구도의 설정, 빛의 방향과 양의 조절, 카메라 각도의 설정, 셔터의 속도, 셔터찬스의 포착, 기타 촬영방법, 현상 및 인화 등의 과정에서 촬영자의 개성과 창조성이 인정되어야 사진저작물에 해당한다.[90] 따라서 촬영자의 개성과 창조성이 없는 사진은 저작권의 보호를 받지 못하므로 이를 자유로이 방송에 이용할 수 있다.[91]

---

90) 광고용사진에 관하여 대법원 2010. 12. 23. 선고 2008다44542 판결(고주파수술기를 이용한 수술 장면사진 등) 및 대법원 2001. 5. 8. 선고 98다43366 판결(광고용 햄제품사진)은 그 창작성을 부인하였으나, 대법원 2006. 12. 8. 선고 2005도3130 판결(찜질방 사진)은 창작성을 인정하였다. 하급심판결로는 서울중앙지방법원 2014. 3. 27. 선고 2013가합527718 판결이 이른바 솔섬사진사건에서 사진저작물의 경우 피사체의 선정, 구도의 설정, 빛의 방향과 양의 조절, 카메라 각도의 설정, 셔터의 속도, 셔터찬스의 포착, 기타촬영방법, 현상과 인화 등의 과정에서 촬영자의 개성과 창조성이 인정되어야만 저작권을 인정받을 수 있다고 판시하며서 솔섬사진의 저작물성을 부인하였다.

91) 광고용 카탈로그의 제작을 위하여 제품 자체만을 충실하게 표현한 사진에 대하여는 창작성이 부인된다. 대법원 2001. 5. 8. 선고 98다43366 판결.

수술 등 의료용 사진의 사진저작물성

대법원 2010. 12. 23. 선고 2008다44542 판결

● 사실의 개요

원고는 고주파를 이용해 환부를 절제하고 지혈하는 고주파수술기를 비롯한 의료용구를 생산, 판매하는 오네스트메디칼 주식회사와 원고 회사의 제품을 이용한 고주파치료술을 개발해 온 의사들이다. 원고 의사들은 고주파수술기를 이용한 시술 장면 또는 시술 전후의 환부의 모습이 담긴 사진들이 게재된 논문을 발표한 뒤, 오네스트메디칼에 독점적으로 이용할 수 있도록 하였고, 오네스트메디칼은 해당사진과 고주파수술기의 작동 원리에 관한 그림 및 설명이 담긴 팸플릿을 제작하여 영업에 이용하여 왔다. 그런데 피고가 원고의 고주파수술기와 외관은 물론 회로 면에서도 부품의 규격·사양, 배치, 동작원리 등이 모두 동일한 제품을 개발한 후, 피고 회사 제품의 팸플릿과 인터넷 홈페이지에 원고 회사의 팸플릿 및 원고 의사들의 발표 논문, 강연자료에 있는 설명들을 거의 그대로 옮겨 실어 제품 홍보에 활용하자 원고들이 촬영한 사진의 저작권 침해 금지와 이로 인한 손해배상 등을 청구하였다.

● 판시사항

구 저작권법에 의하여 보호되는 저작물에 해당하기 위해서는 문학 · 학술 또는 예술의 범위에 속하는 창작물이어야 하고 그 요건으로서 창작성이 요구된다. 사진저작물의 경우 피사체의 선정, 구도의 설정, 빛의 방향과 양의 조절, 카메라 각도의 설정, 셔터의 속도, 셔터찬스의 포착, 기타 촬영방법, 현상 및 인화 등의 과정에서 촬영자의 개성과 창조성이 인정되어야 그러한 저작물에 해당한다고 볼 수가 있다. 따라서 고주파수술기를 이용한 수술 장면 및 환자의 환부 모습과 치료 경과 등을 충실하게 표현하여 정확하고 명확한 정보를 전달한다는 실용적 목적을 위하여 촬영된 사진들은 구 저작권법(2006. 12. 28. 법률 제8101호로 전부 개정되기 전의 것)상의 사진저작물로서 보호될 정도로 촬영자의 개성과 창조성이 인정되는 '저작물'에 해당한다고 보기는 어렵다.

● 평석

본 판결은 사진저작물로서 보호받기 위한 요건을 명확히 한 데 의미를 가진다. 실용적 목적을 위하여 촬영된 사진은 사진저작물에 해당하지 않을 수 있음에 유의하여 실용적인 목적으로 촬영하는 경우에도 촬영자의 개성과 창조성을 가미하여 저작물로써 보호를 받을 수 있도록 하여야 할 것이다. 광고용 책자에 실린 사진 중 찜질방 내부 전경사진은 촬영자의 개성과 창조성이 인정된다는 대법원 2006. 12. 8. 선고 2005도3130 판결 참조.

마이클 케나 솔섬 사진저작물 사건

서울중앙지방법원 2014. 3. 27. 선고 2013가합527718 판결

● 사실의 개요

사진작가 마이클 케나는 솔섬을 촬영한 후 이를 발표하였으며, 원고는 이 사건 사진저작물을 포함하여 마이클 케나 작품의 국내 판매 및 전시 대리권을 가지고 있었다. 피고 대한항공은 제17회 대한항공 여행사진 공모전에서 입선으로 당선된 아마추어 사진작가의 작품을 자신들의 광고에 사용하였다. 아마추어 사진작가의 작품 또한 솔섬을 배경으로 촬영된 것이었다. 원고는 아마추어 사진작가의 사진이 케나가 당시 발표한 사진을 모방한 것이라며 대한항공을 상대로 손해배상을 청구하였다.

● 판시사항

저작권의 침해 여부를 가리기 위하여 두 저작물 사이에 실질적인 유사성이 있는가의 여부를 판단할 때에는 창작적인 표현형식에 해당하는 것만을 가지고 대비하여야 한다. 사진저작물의 경우 피사체의 선정, 구도의 설정, 빛의 방향과 양의 조절, 카메라 각도의 설정, 셔터의 속도, 셔터찬스의 포착, 기타 촬영 방법, 현상과 인화 등의 과정에서 아이디어의 영역을 넘어서 저작권으로 보호가 되는 구체적으로 표현된 창작적인 표현 형식 등을 복제하거나 이용하여 실질적인 유사성이 있는 저작물에 해당하는지 살펴보아야 한다.

위 사건과 같이 동일한 피사체를 촬영하는 경우 이미 존재하고 있는 자연물이나 풍경을 어느 계절의 어느 시간에 어느 장소에서 어떠한 앵글로 촬영하느냐의 선택은 일종의 아이디어로서 저작권의 보호대상이 될 수 없다. 또한 두 사진저작물의 전체적인 콘셉트, 느낌이 유사하다 하더라도 그 자체만으로는 저작권의 보호대상이 된다고 보기 어렵다. 자연 경관의 경우, 전체적인 콘셉트나 느낌에 의하여 저작물로서의 창작성을 인정하는 것은 다른 저작자나 예술가의 창작의 기회 및 자유를 심하게 박탈하는 결과를 초래할 것이기 때문이다. 이 밖에도 두 저작물이 빛의 방향이나 양의 조절, 촬영방법을 통해 표현하고자 하는 바가 상이한 것을 볼 때 실질적으로 유사하다고 볼 수 없다.

● 평석

본 판결은 자연물이나 풍경을 촬영하는 사진저작물의 창작성과 실질적 유사성을 판단하는 기준을 제시하였다는 점에서 의의를 가질 수 있으나 사진저작물의 창작성을 지나치게 좁게 인정하였다는 점에서 비판의 여지가 있다.

사진저작물의 저작권은 그 사진을 촬영한 자에게 귀속한다. 부탁을 받아 촬영한 인물 사진의 저작권귀속에 관하여는 입법례가 나누어지나[92] 현행 저작권법은 사진을 창작한 자 즉 촬영한 자에게 저작권이 귀속하는 것으로 하되 위탁에 의한 인물사진저작물(초상화도 포함한다)[93]의 경우에는 위탁자의 동의가 없는 때에는 이를 이용할 수 없다고 하여 그 저작권의 행사를 제한하고 있다.[94] 방송기자가 방송을 위하여 촬영한 사진도 기자의 개성과 창조성이 인정되면 저작권의 보호대상이 될 것이나 그 사진은 업무상 저작물로서 그에 대한 저작권은 방송사업자에게 귀속할 것이다. 방송사업자는 이를 방송하거나 제3자에게 이용허락을 할 수 있을 것이나 피촬영자의 부탁을 받아 찍은 인물 사진을 방송에 이용하고자 할 때에는 그 피촬영자의 사전 허락을 받아야 한다. 이는 피촬영자의 초상권 침해의 문제도 되는 것인바 이에 관하여는 뒤에서 다시 살펴본다.

라. 광고의 저작권

(1) 일반

방송과 관련한 광고저작권문제는 텔레비전 방송광고와 라디오방송광고를 생각할 수 있으나, 일반적으로 텔레비전용 광고 제작이 일반이고 라디오를 통하여 광고하더라도 텔레비전용 광고를 라디오를 통하여 내보내는 것이 보편적이라 할 것인바 이하의 검토에 있어서는 텔레비전 방송광고의 저작물성과 저작권귀속문제를 중심으로 살펴보고자 한다.

(2) 방송광고의 저작물성

텔레비전 광고가 가지는 상업성 때문에 저작물성을 둘러싼 논란이 있을 수 있으나, 저작물의 요건은 저작물의 내용에 의해 결정되는 것이 아니라 인간의 사상과 감정이 창작적으로 표현되는 데 있는바 이러한 저작물의 요건을 갖추는 경우 광고저작물로서 보호된다. 텔레비전 방송광고의 경우 방송을 위해 사전 녹화한 것은 영상저작물의 요건을 충족시키므로 영상저작물에 해당한다. 또한 텔레비

---

92) 우리나라의 제정 저작권법 제13조는 촉탁저작물이라는 표제하에 "타인의 촉탁에 의하여 저작된 사진, 초상의 저작권은 그 촉탁자에 속한다"라고 규정하여 피촬영자에게 저작권을 귀속시켰고 영국 저작권법은 아직도 피촬영자에게 저작권을 귀속시키고 있다. Copyright, Designs and Patents Act 1988, 1988 CHAPTER 48 85(1).

93) 이 인물사진에는 단순한 얼굴사진 뿐 아니라 신체부위의 일부라 할지라도 특정인으로 인식할 수 있는 사진도 포함된다.

94) 저작권법 제35조 제4항 참조.

전 방송광고는 스토리 보드와 배경음악이 들어가며, 여기에 배경이 되는 세트도 포함하며 아나운서나 성우의 내레이션이 추가되기도 하고, 또 배우, 모델의 연기나 가수들의 노래가 포함되기도 한다.[95] 이러한 다양한 저작물들이 종합적으로 광고저작물에 녹아들어서 재생이 가능하도록 한 종합저작물이라 할 것이다.

이와 같이 광고는 그 안에 미술, 어문, 음악, 영상적 요소를 포함하고 있으므로 각각의 어문저작물, 미술저작물, 음악저작물, 영상저작물 등이 관련된다. 이 중 광고카피는 어문저작물의 일종인데, 광고카피의 일부인 슬로건이 독립적인 저작물로 인정될 수 있는지와 관련하여 저작물의 요건인 광고물의 창작성 유무는 개별적으로 판단해야 할 것이지만 광고카피에 해당하는 캐치프레이즈나 슬로건은 아직 저작권 인정을 받지 못하고 있다. 이에 반해 광고사진 등은 저작권을 인정받는다. 기존 음악을 광고에 사용한 경우가 아닌 광고를 위해 작사 작곡한 광고음악인 CM송의 경우는 물론 음악저작물로서 보호된다.

그러나 텔레비전 광고의 경우 사람들의 이목을 사로잡기 위해 짧고 강한 표현을 사용하므로 그러한 표현이 아이디어와 구별하기 쉽지 않아 저작권 침해기준을 적용하기 어려운 경우가 많다.[96]

텔레비전방송광고와 관련한 판례로서 호텔 라운지에 전시된 미술저작물을 저작권자의 허락을 받지않고 텔레비전 방송광고에 사용한 광고회사와 광고주의 책임이 문제된 사건이 있다.[97] 동 사건은 한쪽 벽면에 제작된 평원을 질주하는 말의 군상을 형상화한 설치작품이 설치되어 있는 호텔 1층 라운지에서 텔레비전 광고작품을 촬영하였던바, 완성된 광고작품의 처음부분 10초간 동 설치작품이 광고출연자의 뒷부분 배경화면으로 나오며, 동 작품에 대한 저작자의 표시가 되어 있지는 않은 광고작품을 텔레비전을 통하여 방영하고, 인터넷 홈페이지의 서버에 올려서 저작권침해가 문제된 사안이다. 광고의 배경으로 나오는 작품이 미술저작물에 해당하는지 여부와 이를 그대로 동영상광고의 배경으로 사용함으로써 원고의 저작권을 침해하는지 여부를 고려하지 않고, 해당 미술저작물을 단순히 벽면에 설치된 인테리어라고 단정하고 이를 배경으로 하여 동영상 광고를 제작하여 방송 내지 전송한 행위에 대하여 광고주와 광고회사에게는 주의의무를 다하지

95) 류종현(2013), 252-253면 참조; 志村潔著, 北村行夫監修(2008) 참조.
96) 류종현(2013), 254면 참조.
97) 서울중앙지방법원 2007. 5. 17. 선고 2006가합104292 판결.

않은 과실이 있는바, 공동으로 원고의 미술저작물에 대한 복제권을 침해하였으며, 동영상광고를 일반 공중으로 하여금 동시에 수신하게 할 목적으로 텔레비전을 통하여 송신하였으므로 원고의 미술저작물에 대한 방송권을 침해하고, 일반공중이 선택한 시간과 장소에서 이용할 수 있도록 인터넷 홈페이지에 그 동영상을 올려 이용에 제공함으로써 원고의 미술저작물에 대한 전송권을 침해하였다고 판단하였다.

간접광고가 포함된 방송저작물의 저작물성도 문제된다. 여기서 간접광고는 일정한 대가를 받고 의도적으로 광고주의 제품이나 브랜드명을 영화나 드라마 속의 세트나 주인공이 사용할 수 있는 의류, 악세사리, 도구 등에 자연스럽게 등장시켜 소비자들에게 간접적으로 광고를 하는 것을 의미하며 PPL(product placement)이라고도 한다.[98] 이러한 간접광고가 포함된 방송저작물의 저작물성과 관련해서는 간접광고가 포함되더라도 해당 방송저작물 전체에 창작성이 인정된다면 저작물성을 인정하는 데 별다른 어려움이 없을 것이다.

(3) 광고저작물의 저작권귀속

광고저작물의 제작과정에서 제작자, 감독, 프로듀서, 스토리 보드작성자, 소품담당자, 의상담당자, 편집자 등 다양한 분야의 수많은 사람들이 참여하므로 광고저작물의 저작권귀속이 문제된다.

일반적으로 텔레비전 광고 프로그램 제작과정에는 카피라이터, 애니메이터(그림이나 문자 콘티를 작성하는 CM 플래너 포함) 등의 고전적 저작자가 관여하고 제작단계에서는 제작자, 촬영감독, 연출, 조명, 미술감독 등 방송 광고의 완성에 창작적으로 참여한 근대적 저작자를 포함하여 배우, 모델, 연주가, 가수 등의 실연자가 참여하며 이 모든 과정을 주도하고 책임지는 광고제작자가 함께 참여한다.[99]

고전적 저작자는 기존 저작물을 광고로 제작하기 위해 영상화를 허락한 경우에 특약이 없는 때에는 (i) 영상저작물을 제작하기 위하여 저작물을 각색하는 것, (ii) 공개상영을 목적으로 한 영상저작물을 공개상영하는 것, (iii) 방송을 목적으

98) PPL의 유형을 세트배치와 창작적 배치로 구분하기도 하는데, 전자는 자연스러운 환경에서 영화세트에 제품이 위치하게 되며 주인공에 의하여 언급되거나 사용되기도 하는 등 두드러지게 보여지는 경우를 말하며 후자는 영화에서 옥외광고의 실제 상표가 우연히 비춰지거나 배경으로 사용된 TV 광고에 특정 상표가 등장하는 식으로 보여지는 경우를 말한다. 이에 대하여는 손경한(2008a), 290면 이하 참조.

99) 류종현(2013), 256면 참조.

로 한 영상저작물을 방송하는 것, (iv) 전송을 목적으로 한 영상저작물을 전송하는 것, (v) 영상저작물을 그 본래의 목적으로 복제·배포하는 것, (vi) 영상저작물의 번역물을 그 영상저작물과 같은 방법으로 이용하는 것을 포함하여 허락한 것으로 추정된다.[100] 근대적 저작자의 권리는 영상저작물에 관한 특례규정에 따라 감독 등 영상저작물의 저작자 내지 저작권자가 영상제작자와 영상저작물의 제작에 협력할 것을 약정하였으면 그 영상저작물의 이용을 위하여 필요한 권리는 영상제작자가 양도받은 것으로 추정된다.[101] 텔레비전 광고의 제작에 협력할 것을 약정한 실연자는 저작권법상 자신의 실연이 수록된 영상저작물의 이용에 관하여 광고제작자에게 양도된 것으로 추정되기 때문에 특약이 없는 한 저작인접권의 행사가 사실상 불가능하다.

광고 제작자가 행사할 수 있는 이용권으로서의 저작재산권은 복제권, 배포권, 방송권 등에만 제한되고 이용권 외의 저작재산권은 텔레비전 광고물의 제작자가 아닌 저작권자에게 귀속되는 것으로 해석된다.

2. 피디(PD)의 저작권

가. 일반

피디(PD)가 제작하는 방송저작물의 저작권과 관련해서도 업무상 저작물의 저작권귀속법리가 적용되게 된다. 업무상 저작물에 해당하지 않을 경우 TV방송물일 경우 영상저작물의 특례에 따라 권리귀속관계가 정해지게 된다. 이하에서는 이에 대하여 살펴본다.

나. 방송대본의 저작권

앞에서 살펴본 바와 같이 피디가 방송작가의 대본작성을 수정하는 등 깊이 관여하는 경우에는 방송작가와 함께 방송대본의 공동저작자가 되는 경우가 있을 것이다. 이에 해당하는 경우는 드라마 대본보다는 오락프로그램의 구성대본의 경우가 많을 것이다.

---

100) 저작권법 제99조 제1항.
101) 저작권법 제100조 제1항.

다. 방송물의 저작권

(1) 방송물의 저작물성

우리 저작권법은 영상저작물을 저작물의 하나로 예시하고 있으나,[102] 방송에 대하여 명시적으로 저작물의 한 유형으로 분류하고 있지는 않다. 따라서 방송자체는 저작인접권으로 보호될 뿐이며, 녹음・녹화된 방송이 저작물성을 갖추는 경우 음악저작물이나 영상저작물로서 보호될 수 있게 된다.

(2) 방송물의 저작권귀속

방송저작물과 관련하여 제작하는 방송저작물의 저작자도 창작자원칙에 의하여 결정되어야 하나, TV방송물이 녹화된 경우, 연속적인 영상으로 구성되고, 녹화테이프 등 일정한 매체에 수록되어 있으며, 기계 또는 전자장치에 의하여 재생할 수 있으므로 영상저작물에 해당하여 영상저작물의 특례규정이 적용된다.

영상저작물의 권리귀속과 관련해서는 영상저작물의 작성의 참여자들을 저작권법의 관점에서 크게 고전적 저작자, 근대적 저작자, 실연자로 구분 가능하다. 고전적 저작자는 영상저작물의 작성에 기존의 자기의 저작물을 이용하는 자로서, 소설가, 방송작가, 시나리오작가, 미술저작물의 저작자, 음악저작물의 저작자 등이 해당된다. 근대적 저작자란 영상저작물의 작성에 저작자로서의 활동을 한 자로 감독, 연출, 촬영, 미술 등을 담당하는 자가 해당된다. 실연자란 배우나 가수 등으로 저작자는 아니나 저작인접권자로서 자기의 실연에 대하여 일정한 권리를 갖는다. 근대적 저작자만을 저작자로 보는 입장을 취하든, 고전적 저작자도 포함시키는 입장을 취하든 TV방송물의 제작에 창작적으로 기여한 피디가 TV방송물에 대한 최초 권리귀속자가 되는 것은 분명하다. 그러나 우리나라는 법제도와 실무 양면에서 영상저작물의 이용과 관련하여 저작권 등의 권리를 영상제작자에게 집중하는 방안이 채택되고 있다. 특히, 우리나라 저작권법상 영상 저작물에 관한 특례에서 영상저작물에 대해 감독, 실연자, 원저작자 등과 영상제작자와의 관계에 관하여 특별한 규정을 두고 있다. 영상저작물의 특례규정은 저작물의 영상화[103], 영상저작물에 대한 권리[104] 및 영상제작자의 권리[105]를 규정하고 있다. 피디의

---

102) 저작권법 제4조 제1항 제7호.
103) 저작권법 제99조.

경우에 해당 TV방송 프로그램의 전체적 형성에 창작적 기여를 한 경우 단순한 실연자가 아니라 '저작자'로 인정되나 저작권법 제100조 제1항의 적용을 받아 특약이 없는 한 영상저작물의 이용에 필요한 저작재산권은 영상제작자에게 양도한 것으로 추정된다.

그러나 피디가 방송사업자의 직원으로서 업무상 제작에 참여하고 방송국의 명의로 공표됨으로써 그 드라마가 업무상 저작물로 되는 경우에는 저작권이 방송사업자에 귀속될 것이므로 이때에는 피디에게 저작인격권도 인정되지 않는다. 방송저작물이 업무상 저작물에 해당하는 경우에는 창작자원칙의 예외가 인정되기 때문이다. 즉 우리나라 저작권법은 "저작자는 저작물을 창작한 자를 말한다[106]"고 정의하여 창작자주의원칙에 서 있으나, 업무상 저작물의 경우 법인 등을 저작자로 봄으로써 저작재산권뿐 아니라 저작인격권까지 법인 등에 귀속시키고 있다. 따라서 영상저작물에 관한 권리의 특칙(제100조 제1항)이 적용되는 경우란 영상저작물이 업무상 저작물에 해당하지 않는 경우이다. 동조는 업무상 저작물에 해당하지 않는 영상저작물의 유통을 원활히 하고 그 권리관계를 명확히 하기 위하여 적용되는 것이다. 판례에서도 법인이 총괄적 기획 및 지휘·감독을 하여 창작된 영상저작물에 관하여 영상제작자에 대한 특칙과 관계없이 바로 업무상 저작물로서 법인에 저작권이 귀속하는 것으로 판단하였다.[107]

미완성 TV방송물에 대한 저작권의 귀속관계도 문제될 수 있는데, 1996년 10월 14일에 일본최고재판소 판결이 참조가 된다. 일명 三沢市勢映画事件의 사실관계는 다음과 같다.[108] 三沢市의 의뢰에 의한 영화를 당초 "역사·문화편"과 "시세편"의 2작품으로 제작할 예정으로 촬영하고 있었는데, "시세편"만으로 제작중단이 되어 버렸다. 이에 감독이 남은 미편집 필름에 의해 다른 영화를 만들고 싶다고 희망하였으나, 제작자가 거부하여 감독이 제소하였다. 동 사건의 법원은 영화 제작자가 저작권 소유자이기 위하여는 저작물이라고 인정될 만한 완성된

104) 저작권법 제100조.

105) 저작권법 제101조.

106) 저작권법 제2조 제2호.

107) 서울고등법원 2000. 9. 26. 선고 99라319 판결에서 법원은 "이 사건 영상시연물은 신청인회사의 직원이던 피신청인들이 신청인의 총괄적 기획 및 지휘·감독 하에 창작한 작품으로서 신청인 명의로 외부에 공표되었으므로 그 저작권은 영상제작자에 대한 특칙과 관계없이 바로 법인인 신청인에게 귀속된다고 하여야 할 것이다"고 하였다.

108) 平成8年 10月 14日 最高裁判決.

영화가 필요하며, 저작자의 참여약속만으로 제작자가 미완성영화의 저작권을 얻을 수는 없기 때문에 촬영 후 편집되지 않은 필름의 저작권은 감독에게 여전히 귀속한다고 판단하여, 원고인 감독에게 승소 판단을 내렸다. 일본저작권법 제29조를 해설한 종래의 일본학설은 저작자가 영화제작 참여계약을 체결하는 시점부터 저작권은 영화제작자에게 귀속하는 것으로 보고 있었으나, 동 판결은 이와 달리 영화의 저작권은 영화의 저작자가 제작에 참여하는 것을 약속할 때에 제작자에게 귀속되는 것이 아니라 저작물이라고 인정될 만한 완성된 영화가 존재했을 때에 귀속한다고 판단하였다는 점에서 획기적이다.[109]

제작 도중에 중단된 영화의 기존 촬영 소재를 다른 제작자가 사용하려고 하거나 제작자가 촬영 도중에 저작권을 양도하여 새로운 제작자가 기존 촬영 소재를 사용하여 영화를 완성시키려면 저작자의 허락을 얻어야 한다.[110] 저작자가 이미 촬영 소재의 이용을 거부하면 전부 재촬영해야 하고, 영화 완성 후 미사용 필름, 테이프, 사운드의 폐기는 감독의 허락이 필요하며, 나중에 사용할 수 있는 미사용 필름, 테이프를 라이브러리로 저장할 때에 감독에게 보고해야 하고, 라이브러리를 이용할 때에도 감독의 허락이 필요한바, NG 모음 같은 프로그램을 만들 때에도 감독의 허락이 필요하다.[111] 그런데 영화의 완성 이전에는 저작권자는 감독이지만, 제작자를 무시하고 편집되지 않은 필름의 이용을 타인에게 허락하거나 제3자에게 판매할 수 없으므로 실효성은 없다고 할 것이다.[112]

3. 리얼리티 쇼의 저작권

리얼리티 쇼(reality shows)는 아마추어 출연자들이 직면하는 어려움과 경험을 이야기처럼 즐길 수 있는 방송 프로그램으로 시청자가 참여할 수 있는 경우가 많다. 리얼리티 쇼에서는 포맷을 기초로 출연자와 진행자가 중심이 되어 프로그램을 이끌어가는 것이므로 포맷에 저작물성이 인정되지 않고 출연자와 진행자의 실연만 있을 뿐이므로 그 프로그램 자체에 창작성이 있다고 보기 어려워 저작물로서 보호받을 수 없다는 문제가 있다. 리얼리티 쇼가 그 전체로서는 촬영과 편집의

---

109) 이에 대하여 日本映畫監督協會(1998) 참조.
110) 상동.
111) 상동.
112) 상동.

창작성이 인정되어 영상저작물로 인정될 수는 있을 것이다. 리얼리티 쇼의 출연자는 실연자(performer)로서 법적 보호를 받을 수 있을 것이다. 리얼리티 쇼에 출연할 것으로 승낙하지 않았거나 출연 이외의 목적으로 방송물이 사용된 경우 그 출연자의 권리 보호는 초상권 등 인격권 보호의 문제로 된다고 할 것이다.

MBC 시사매거진 2580 신입생 환영회 영상보도사건

서울지방법원 남부지원 1997. 8. 7. 선고 97가합8022 판결

● 사실의 개요

피고 방송사는 원고들의 신입생 환영회를 취재하는 과정에서 사전에 약속했던 촬영 내용과는 다른 내용의 장면을 촬영했고, 특정 연출을 요구하기도 하였다. 이 과정에서 피고는 학생들에게 불이익이 가지 않게 하겠으며 부정적인 내용은 방송하지 않을 것을 약속하기도 하였다. 피고 방송사는 텔레비전 프로그램인 '시사매거진 2580' 프로그램에서 '공포의 통과의례'라는 제목으로 원고들의 신입생 환영회 촬영영상을 부정적인 내용으로 편집, 방송하였다. 이에 원고들은 피고 방송사를 상대로 당초의 약속과 달리 부정적인 내용으로 방송하고 본인의 동의 없이 대화 장면을 방송한 행위로 인해 사생활의 자유 및 초상권을 침해당하였다며 소를 제기하였다.

● 판시사항

초상권: 초상권에 대하여 현행 법령상 명문의 규정은 없으나, 헌법 제10조, 민법 제750조 제1항 규정들이 초상권 인정의 근거가 될 수 있다. 초상권은 첫째, 얼굴 기타 사회 통념상 특정인임을 알 수 있는 신체적 특징이 함부로 촬영 또는 작성되지 아니할 권리(촬영 · 작성 거절권), 둘째, 촬영된 사진 또는 작성된 초상이 함부로 공표 · 복제되지 아니할 권리(공표거절권), 셋째, 초상이 함부로 영리목적에 이용되지 아니할 권리(초상영리권)를 포함한다. 따라서 승낙에 의하여 촬영된 사진이라도 이를 함부로 공표하는 행위, 일단 공표된 사진이라도 다른 목적에 사용하는 행위는 모두 초상권의 침해에 해당한다.

뉴스 리얼리티: 원고들은 피고의 방송 프로그램에서 신입생 환영회 장면이 방송되는 것을 승낙하기는 하였으나 신세대 대학생들의 생기발랄하고, 재미있고, 즐겁게 노는 신입생 환영회의 모습을 긍정적으로 방송하겠다는 조건을 붙여 승낙한 것이고 피고도 이를 약속하였음에도 불구하고 신입생 환영회와 관련된 다른 부정적인 내용들과 함께 취재 장면을 편집하여 '공포의 통과의례'라는 제목으로 방송함으로써 이를 시청한 일반 사람들로 하여금 원고들을 포함한 연대 성악과 학생들이 마치 퇴폐적인 유흥에 물든 신입생 환영회를 하는 것처럼 인식하게 하였다. 또한 원고들의 대화장면을 동의 없이 촬영하고 원고들의 모습 및 음성을 그대로 방송함으로써 이 사건 방송

을 시청한 원고들의 주위 사람들이 쉽게 원고들을 알아볼 수 있게 한 과실을 볼 때, 피고는 원고들의 사생활의 자유와 비밀 및 초상권을 침해하였다고 볼 수 있다.

● **평석**

본 판결은 촬영에 동의한 경우에도 초상권 등이 인정될 수 있는 기준을 분명히 한 점에 그 의의가 있다. 피촬영자가 촬영에 동의했다고 하더라도 촬영조건에 반하는 내용으로 방송하고 대화 장면을 동의 없이 촬영하고 피촬영자의 모습 및 음성을 그대로 방송하면 그 피촬영자의 사생활의 자유와 비밀 및 초상권 등 인격권 침해에 해당할 수 있으므로 방송기자로서는 사전에 명시적인 승낙을 받거나 모자이크 처리 등을 하여 피촬영자를 식별할 수 없게 하는 조치를 취하였어야 하였다.

4. 스포츠 중계방송의 저작권

가. 스포츠 게임과 저작권: 바둑, 장기의 기보, 컴퓨터 게임로그 등의 저작권

현재 케이블 TV나 위성방송의 바둑 프로그램, 인터넷 등의 매체를 통하여 기보를 이용한 서비스의 상업적 이용이 증가하고 있으나 기보 이용에 관한 저작권 문제는 명확하지 않다.

바둑이나 장기 기보는 대국의 기록물을 말한다. 바둑이나 장기 기보의 저작물성에 관하여는 학설의 입장이 나뉜다. 긍정설은 우리 저작권법상 저작물의 유형이 예시규정이므로 창작성이 인정되는 한 저작물성을 인정하여야 할 것이고 사실 기보는 대국자의 사상과 감정이 창작적으로 표현된 저작물에 해당하고, 프로기사의 기보는 가치 있는 저작물이라고 한다.[113] 반면 부정설은 기보가 대국자의 우발적 착수를 기록한 것에 불과하여 인간의 사상 또는 감정이 반영된 것이 아니라거나 창작성을 갖추지 못하였다는 이유로 이를 부정한다. 2007. 3. 26. 김기춘의원이 대표발의한 저작권법 개정법안은 기보의 저작물성여부에 대한 논란을 잠식시키고 프로기사 등의 바둑 기보에 관한 저작자의 권리를 보호하기 위하여 저작물의 예시 조항에 바둑 기보를 명시적으로 포함시키는 내용을 제안하였다.[114][115]

컴퓨터게임기록파일은 게임플레이어가 게임을 진행한 것을 컴퓨터기록으로 남

---

113) 박성호(2014), 39면; 이상정, 기보와 저작권법, 스포츠와 법 제10권 3호 43면 이하.
114) 2007. 3. 26. 김기춘의원이 대표발의한 저작권법 개정법안 제4조 제1항 제8호.
115) 이에 관한 상세한 논의는 본서 제5장 IV. 방송저작물의 2차적 저작물 작성 중 관련 부분 참조.

겨둔 파일을 말한다. 컴퓨터게임기록파일의 저작물성이 문제되는데, 이를 저작물로서 보호할 수 있을지에 대하여 기보의 경우와 마찬가지로 찬반양론이 가능하다. 긍정설의 입장에서는 게임플레이어가 게임을 진행한 일체의 방법이나 운용전략 등이 고스란히 담겨있기 때문에 개별 게임플레이어의 개성이 포함되어 있는바 게임플레이어의 게임기록에 관한 권리를 인정할 수 있을 것이라고 한다. 부정설에서는 인간의 사상 또는 감정을 담고 있지 못하다거나 창작성을 갖추고 있지 못하다는 이유로 이를 부정한다.

컴퓨터게임기록파일에 대하여 보호를 인정한다고 할 때 어떠한 권리를 인정할 수 있을지도 문제된다. 실연으로서 보호여부에 대하여는 실연이 저작물을 연기, 무용, 연주, 가창, 연술 그 밖의 기능적 방법으로 표현하는 것을 말하고 저작물이 아닌 것을 이와 유사한 방법으로 표현하는 것을 포함한다고 규정하고 있으므로 게임사용자의 게임기록이 실연에 의한 저작인접권의 대상이 된다고 보기 어렵다. 입법론으로서 게임기록파일에 창작성이 있으므로 게임자의 개성이 포함된 게임기록파일을 저작물이나 실연과 같은 저작인접권으로 인정하는 것을 고려할 수 있을 것이다.[116]

나. 스포츠 중계방송의 저작물 여부

앞에서 살펴본 바와 같이 우리 저작권법은 방송을 명시적으로 저작물의 한 유형으로 분류하고 있지는 않고 방송자체는 저작인접권으로 보호될 뿐이다. 따라서 스포츠 중계방송의 저작물성 여부는 녹음·녹화된 방송이 영상저작물로서 보호요건을 갖추는 경우 영상저작물로서 보호될 수 있는지의 문제로 보아야 한다.

우리 저작권법에서는 영상저작물을 '연속적인 영상(음의 수반여부는 묻지 아니한다)이 수록된 창작물로서 그 영상을 기계 또는 전자장치에 의하여 재생하여 볼 수 있거나 보고 들을 수 있는 것'으로 정의하는바,[117] 스포츠 중계방송이 영상저작물성을 인정받기 위하여는 (i) 연속적인 영상으로서, (ii) 녹화테이프 등 일정한 매체에 수록되어 있으며, (iii) 기계 또는 전자장치에 의하여 재생할 수 있고, (iv) 창작성을 가져야 할 것이다.

중계방송의 녹화물의 영상저작물성 여부에 대하여는 창작성 요건의 충족 여

116) 손경한 외(2006), 99면.
117) 저작권법 제2조 제13호.

부가 주로 문제되는바, 이를 긍정하는 긍정설과 부정하는 부정설로 나뉜다. 긍정설은 스포츠 중계방송을 통하여 시청자에게 전달하고자 하는 정보는 경기 실황이라는 객관적인 사실관계라는 점에서 여타 영상저작물과 구별되는 것은 사실이나 스포츠 중계방송도 다른 방송물과 마찬가지로 창작자의 지적, 정신적 활동이 표현된 결과물인바 영상저작물성을 인정할 수 있다고 한다. 즉 스포츠 중계방송은 촬영 대상의 선정, 화면구도 · 배치 · 분할, 리플레이 등 기술적인 카메라 동작에 기반하여 실시간으로 구성과 편집이 이루어지고, 이러한 구성과 편집은 단순한 기술적 동작을 넘어 표현의 영역에 해당하며, 해설자의 경기 진행 상황에 관한 평가, 분석, 전망이 덧붙여짐으로써 단순한 사실관계 전달 이상의 의미를 가지게 된다고 한다.[118] 스포츠 중계방송에 저작물성을 인정한 판례로서 미국연방항소법원의 Baltimore Orioles, Inc. v. Major League Baseball Players Ass'n 사건[119]이나 National Basketball Ass' v. Motorola, Inc. 사건[120]의 판결들이 있다.

반면 부정설에서는 스포츠 중계방송의 창작성을 부정하여 저작물성을 인정하지 않는데, 독일이 이러한 입장을 취하고 있다.[121]

다. 스포츠 중계방송의 저작자

스포츠 중계방송은 영상저작물에 해당하므로 스포츠 중계방송의 저작자를 정하는 문제도 영상저작물의 저작권귀속문제와 마찬가지이다. 영상저작물의 저작자는 저작권법상의 창작자원칙에 따라 영상저작물을 창작한 자를 그 저작자로 보아야 하는바(동법 제2조 제2호), 제작에 참여한 총괄감독, 촬영감독, 미술감독, 해설자, 영상제작자 중 영상저작물의 제작에 창작적으로 기여한 자가 저작자가 된다. 그런데 스포츠 중계방송은 방송사업자가 자체제작하는 경우가 대다수인 바, 스포츠 중계방송의 저작자는 앞에서 살펴본 업무상 저작물의 법리에 따라 당해 방송사업자가 되게 될 것이다.

---

118) 이상현(2011), 86면 참조.

119) Baltimore Orioles, Inc. v. Major League Baseball Players Ass', 805 F.2d 663 (C.A.7 (Ill.),1986).

120) National Basketball Ass' v. Motorola, Inc., 105 F.3d 841 (C.A.2 (N.Y.), 1997.

121) 스포츠 중계에 현실 전달을 지향하고, 카메라 조작 등은 표현이라기보다는 기술의 영역에 속하며, 생중계 과정에서 정신적 표현을 위한 시간이 부족하다는 점을 근거로 한다. 이봉림(2009), 458면.

5. 방송포맷의 저작권

방송포맷이란 시리즈로 제작되는 프로그램에서 각각의 에피소드를 관통하여 시리즈물 내내 변화하지 않고 유지되는 요소들의 집합을 가리키는 개념이다. 프로그램의 기획, 기본 틀, 컨셉 및 제작 노하우(스튜디오 및 게임/경기 등의 도면/데이터, 촬영방법, 편집기법 등)로서 이를 기반으로 프로그램의 개별 에피소드가 제작되게 된다. 방송포맷은 프로그램의 기획, 기본 틀, 컨셉 및 제작 노하우와 같이 프로그램의 완성을 위하여 프로그램의 제작 이전 단계에서 발생하는 제반 상황에 대한 것이 많아 표현물의 형태를 띠기보다 아이디어나 컨셉에 해당되는 경우가 많고, 그 보호범위가 명확하지 않기 때문에 저작권보호 여부가 분명하지 않은 한편, 아이디어적 요소가 강한 포맷을 저작권처럼 이미 표현물로 완성된 저작물에 대한 보호논리를 적용하는 것이 적절한지도 문제된다.

미국과 독일은 TV 포맷에 대한 저작권 보호에 대하여는 일반적으로 부정적 입장을 취하고 있는 반면 브라질, 스페인, 네델란드 등에서는 긍정적이다. 최근 우리나라의 방송프로그램 중 1박 2일 , 불후의 명곡, 나는 가수다, 아빠! 어디가?, 진짜 사나이, K-POP STAR, 런닝맨, 기적의 오디션, 슈퍼스타K, 꽃보다 할배, 히든싱어 등의 프로그램 포맷이 중국 또는 미국으로 수출되었다. 이는 방송포맷이 중요한 지식재산으로서 보호의 가치가 있음을 웅변하고 있다. 이러한 포맷에 대한 보호의 필요성을 고려하여 저작물의 요건인 "표현"의 해석을 통하여 포맷에 대한 저작물성을 인정하거나 궁극적으로는 입법을 통하여 그 저작물성을 인정하는 것이 타당할 것이다. 현 단계에서 포맷을 저작권으로 보호하지 못한다면 적어도 부정경쟁법리에 의하여 보호하는 방안을 강구하여야 할 것이다.[122]

---

122) 우리 부정경쟁방지법 제2조 제1호 차목이 규정하는 "그 밖에 타인의 상당한 투자나 노력으로 만들어진 성과 등을 공정한 상거래 관행이나 경쟁질서에 반하는 방법으로 자신의 영업을 위하여 무단으로 사용함으로써 타인의 경제적 이익을 침해하는 행위"에 해당여부를 적극적으로 검토할 수 있을 것이다.

SNL 코리아의 '짝'의 SBS의 '짝' 포맷 침해 여부

서울고등법원 2014. 7. 3. 선고 2013나54972 판결: 상고

● 사실의 개요

SBS는 청춘 남녀간의 짝짓기 리얼리티 쇼 프로그램인 <짝>을 인기리에 방송하였다. CJ E&M이 운영하는 케이블방송 tvN은 2012. 6. <짝> 프로그램을 기초로 그 제목의 서체와 출연자 등장방식, 등장인물 표현방식, 내레이션을 통한 사건 전개 등을 유사하게 제작한 SNL 코리아의 '짝 재소자 특집'을 방송하였다. '짝 재소자 특집'은 예컨대 불법 도박을 하다 검거된 승려 신동엽은 목탁을 두드리며 법문 대신 "자고 싶다"고 연신 읊조리고 여성 재소자와 묘한 분위기를 풍기며 동성애 코드를 넣기도 하고 호스트로 출연한 이현우가 뭘 해도 발기가 되지 않는 발기부전 환자인 남자2호로 분하여 이현우에게 반한 여자2호가 농염한 태도를 보이며 유혹하지만 그와 짝을 맺는 데에는 실패하는 에피소드 등으로 구성하였다. SBS는 '짝 재소자 특집'은 짝의 저작권을 침해하고 재소자의 성범죄를 희화화해 성의식을 선정적으로 왜곡함으로써 '짝'에 대한 시청자의 인식에도 해를 끼쳤다며 CJ E&M을 상대로 1억 5천만 원의 손해배상청구소송을 제기하였다.

● 판시 내용

서울중앙지방법원에 이어 서울고등법원도 원고의 청구를 전부 기각하면서 다음과 같이 판시하였다.

저작권 침해: 피고 영상물은 원고 영상물을 기초로 하여 기획되었으나, 원고 영상물의 내용은 저작권법의 보호 대상이 아닌 아이디어의 영역에 포함되는 것에 불과하거나 이미 다른 영상물에서 사용되고 있었던 장면으로 창작성을 인정하기 어려우므로 실질적인 유사성이 있는지를 판단할 때 고려할 수 없는 부분이다. 원고 영상물과 피고 영상물에 일부 유사해 보이는 장면과 내레이션이 있다고 하더라도 피고 영상물에서 그 부분이 차지하는 질적·양적 비중이 미미하여 원고 영상물의 저작권법 보호 대상이 되는 창작적 특성이 피고 영상물에 나타난다고 보기 어렵고, 피고 영상물은 출연자 사이의 구체적 사건을 원고 영상물과 다르게 표현함으로써 그 표현형식에 상당한 차이가 있으므로 원고 영상물과 피고 영상물이 실질적으로 유사하다거나 종속관계에 있다고 보기 어렵다.

부정경쟁행위: (i) 원고 영상물 자체가 널리 시청자들 사이에 알려졌음을 추인할 수 있을 뿐이고 '짝'이라는 한 글자로 된 보통명사가 원고 영상물의 영업 표지로서 수요자 사이에 현저하게 인식되어 주지성을 취득하였다고 인정할 수 없고 (ii) 원고 영상물의 장면들은 영상물의 내용에 불과할 뿐이어서 그 자체로 상품 표지나 영업 표지로서 기능을 가진다고 하기 어렵고 달리 원고 영상물의 각 장면이 원고 영상물의 상품 표지나 영업 표지로서 수요자 사이에 현저하게 인식되어 주지성을 취득하지 못

하였으며 (iii) 원고 영상물의 제목과 그 영상물에 포함된 장면들이 원고의 상품 등이나 영업 표지로서 주지의 정도를 넘어서 저명한 정도에 이르렀다고 인정할 수 없다.

일반 불법행위책임: (i) 원고 영상물이 원고가 상당한 노력과 투자로 구축한 성과물에 해당하지만 원고 영상물의 표현과 구성 등은 기존의 영상물에서 널리 사용되던 것을 기초로 하여 만들어 낸 방송 프로그램 진행 방식에 관한 아이디어에 불과하다. (ii) 피고는 원고 영상물의 소재와 장면 등의 요소와 원고 영상물의 제목을 패러디 한 명칭을 사용하여 방송함으로써 원고와 같은 방송 사업자로서 경쟁 관계에 있는 피고가 원고 영상물의 인기에 일부 편승한 부분이 있다고 하더라도 그 밖에는 피고의 독자적인 아이디어를 바탕으로 피고 자신의 비용과 노력을 들여 원고 영상물에 존재하지 않는 다양한 창작적 요소를 가진 피고 영상물을 제작한 것이므로 피고의 이러한 창작 행위는 원고의 저작권 등을 침해하지 않는 한도에서는 원칙적으로 허용되는 행위로서 그것이 상도덕이나 공정한 경쟁 질서에 반하여 명백한 불공정한 행위에 해당하지 않는다. (iii) 리얼리티 방송에 속하는 원고 영상물과 달리 피고 영상물은 성인 대상 코미디 또는 게임 광고 프로그램으로서 피고가 방송하거나 전송하는 영상물을 통하여 올리는 피고의 영업이익이 원고의 법률상 보호할 가치가 있는 이익을 침해하는지 분명하지 않고, 피고 영상물의 방송이나 전송 행위로 피고와 경쟁 관계에 있는 방송 사업자인 원고에게 실제적인 영업상 손해 발생의 증거도 없다.

● **평석**

이 사건은 방송포맷을 어디까지 보호할 것인가와 패러디를 어디까지 허용할 것인가의 문제이다. 방송포맷의 대부분의 구성요소를 차용하여 패러디를 만든다거나 패러디를 통하여 원 프로그램의 품위를 손상하는 등의 행위는 방송포맷의 지식재산성을 허유화할 위험이 있고 패러디라고 하여 원 프로그램의 품위를 손상하는 것이 무제한 허용되는 것은 아니라 할 것이므로 저작권침해나 부정경쟁행위의 성부를 넘어 지식재산 및 인격권 보호의 관점에서도 접근할 필요가 있다고 할 것이다.

6. 기타: 대담(對談) 방송의 저작권귀속

인터뷰, 좌담회 등 대담 방송의 저작권귀속문제는 인터뷰 또는 대화한 내용의 저작권자와 방송물에 대한 저작권자로 구분하여야 할 것이다. 여기에는 영상화 허락의 법리가 적용 또는 유추적용될 수 있다. 전자의 경우 화자가 원 어문저작물의 저작자로서 그 내용에 대한 저작권자가 되는 반면 후자의 경우 방송제작자가 영상저작물의 저작자 또는 음성저작물의 저작자로서 그 저작권자가 된다. 즉 인터뷰 등 대담이 녹음되면 별도의 저작권이 대화의 내용과 녹음(recording), 녹화 자체에 각각 존재한다. 물론 화자는 최초에 녹음·녹화 여부에 대한 결정권을 가진다. 방송제작자는 대담 방송의 목적을 분명히 하고 인터뷰 등 대담을 하여야 하며 대담 내용을 화자의 동의 없이 다른 목적으로 사용하는 것은 화자의 어문저작물에 관한 저작권 침해가 된다.

7. 소 결

이상에서는 방송물의 저작권이 문제되는 경우와 방송물의 저작권귀속과 관련하여 PD의 저작권, 스포츠 중계방송의 저작권, 방송포맷의 저작권 등을 둘러싼 법적 문제를 살펴보았다. 그 내용을 정리하면 다음과 같다. 방송작가의 저작권에 있어서 방송대본 외에도 대본을 기초로 한 방송물에 대한 저작권을 인정하는 입장에 의하면 PD가 공동저작자가 되는 경우도 있으나 PD가 방송사업자의 피용자로서 제작되는 방송물의 경우에는 업무상 저작물의 법리에 따라 방송사업자가 저작자로서 저작권을 보유하게 된다. 뉴스방송의 경우도 단순한 사실보도에 머무르는 경우가 아니라면 저작물성이 인정되고 뉴스방송의 저작권은 방송사업자에게 귀속되는 경우가 대부분이다. 방송사진에도 사진저작물성이 인정되므로 업무상 저작물로서 방송사업자에 권리가 귀속된다. 방송광고의 경우에는 원칙적으로 저작물성을 인정할 수 있을 것이며 저작권은 광고제작자에게 귀속되는 것으로 볼 수 있다. 스포츠 중계방송의 경우 방송되는 스포츠경기 자체에는 저작물성이 인정되지 않는 경우에도 방송물로서는 영상저작물성이 인정될 수 있다고 할 것이고, 스포츠 중계방송도 대부분 업무상 저작물로서 방송사업자가 저작권자가 된다고 할 것이다. 또한 아이디어적 요소가 강한 방송포맷의 경우에도 앞에서 살펴본 바와 같이 브라질, 스페인, 네덜란드와 같은 대륙법계 국가들에서는 저작물을 구성하는 개별 요소의 선택과 배열에 창작성이 인정되면 저작물성을 인정하는 판례들이 나오고 있으므로 좁은 범위이지만 저작권법의 보호가 가능할 수 있으며, 또한 우리 개정 부정경쟁방지법 제2호 제1호 차목이 규정하는 타인의 성과참용행위에 해당할 여지가 있으므로 부정경쟁방지법상의 보호도 고려될 수 있을 것이다.

Ⅵ 방송의 변화가 저작권에 미치는 영향

1. 서

방송 개념이 확장되고, 더 나아가 방송 개념이 공중전달에 포섭되어 글로벌화하는 상황으로 나아가고 있는바, 저작권제도도 이에 상응하는 변화가 필요한 시기이다.

방송저작물이 기존 방송에 국한되지 않고 방송과 통신이 융합된 새로운 공중전달방식에 의하여 전달될 수밖에 없는 시대에는 공중송신권의 개념을 재정립할 필요가 있으며, 대규모 방송물 제작에 대한 방송사업자의 권리를 강화하여 방송저작물의 2차적 이용이 용이하도록 할 필요가 있으며, 방송물의 유통 활성화를 위한 권리처리시스템 도입과 방송저작물의 저작권자와 저작인접권자에 대한 적절한 보상을 보장하는 것이 필요하다. 또한 인터넷상의 쌍방향 공중전달도 공중전달의 개념에 포함시키는 새로운 방송의 개념을 정립할 필요가 있다. 이하에서는 이러한 내용에 대하여 살펴보도록 하겠다.

2. 공중송신권 개념의 필요성

먼저 방송제작자의 권리 보호를 강화할 필요가 있다. 방송제작자에게 저작권을 인정하는 방안의 검토가 필요하다. 이것이 어렵다면 저작인접권의 형태로 보호를 강화하는 방안으로서 방송사업자에게 전송권을 포함하는 공중송신권을 보장하도록 하여야 할 것이다. 즉 현행 저작권법에 도입된 공중송신권의 개념을 재정립하여 방송을 공중전달로 그 개념을 확장할 뿐 아니라 쌍방향 공중전달 즉 수신자의 요청에 의하여 전달되는 것도 공중전달의 개념에 포함시켜야 할 것이다. 이러한 관점에서 검토할 때 우리 저작권법상 공중송신권은 저작권자에게는 전면적인 공중송신권을 부여하면서도(제18조) 방송사업자에게는 이를 인정하지 않고, 실연자에게는 방송권과 전송권만을, 음반제작자에게는 전송권만을 각 인정하고 있는 문제점이 있는바, 방송사업자를 포함한 저작인접권자 전부에게도 공중송신권을 전면적으로 인정하도록 하고 반면 공중전달자들은 그 이용에 대한 대가를 지급하고 실연, 음반 및 방송을 자유로이 이용할 수 있도록 하고 또한 공익을 위한 저작인접권 보호의 예외는 인정하는 방향으로 나아가야 할 것이다.

3. 대규모 제작과 저작권귀속

방송영상저작물은 일반적으로 다수의 저작물이 이용되고 다수가 관여하여 대규모로 제작되며 다액의 자금이 투여되므로, 방송영상저작물의 제작자가 해당 방송영상저작물을 원활하게 유통하여 제작투자자금을 회수하는 것이 중요하다. 이에 수익의 원천인 다양한 이용을 편리하게 할 수 있도록 방송영상저작물의 권리처리를 간편하게 하고 방송영상제작자의 권리를 강화하며 방송영상저작물 제작에의 참여자에 대한 적절한 보상을 하는 것이 필요하다.

4. 방송물의 유통과 저작권

정보사회의 진전으로 방송물의 일품다용(one source multi use, OSMU)을 가능하게 하는 환경이 조성되고 있고 다른 한편으로는 실연자 및 음반제작자의 권리가 강화되고 있다. 이에 방송사업자가 중심이 되어 양질의 경쟁력 있는 방송저작물을 제작, 방송하고 나아가 인터넷 공간 등에서 폭넓게 이용할 수 있게 하고 또 방송사업자가 적절한 대가를 지급하고 타인의 실연 및 음반을 손쉽게 이용할 수 있도록 하는 것이 중요하다고 할 것인데, 방송물을 포함한 저작권과 저작인접권의 집중관리기구의 역할이 증대하고 있다.

국경이 의미가 없는 인터넷시대에 있어서 방송저작물의 원활한 유통을 보장하기 위하여는 국가적 레벨에서의 유통 시스템을 확립하는 차원에서 권리처리시스템 도입과 방송저작물의 저작권자와 저작인접권자에 대한 적절한 보상을 보장하는 것이 필요함과 아울러 이러한 차원을 넘어 국제적인 레벨의 유통 시스템의 정립이 필요한 바, 장기적으로는 다국간 이용허락을 할 수 있는 저작권집중관리기구를 육성하여야 할 것이다.[123)]

---

123) 이런 관점에서 유럽의회가 2014. 2. 4. 저작권집중관리지침을 제정한 것은 우리에게 시사하는 바가 크다. Directive of the European Parliament and of the Council on collective management of copyright and related rights and multi-territorial licensing of rights in musical works for online uses in the internal market(COM(2012)0372 - C7-0183/2012 - 2012/0180(COD)).

5. 인터넷과 방송저작권

인터넷 등장으로 방송영상저작물 등도 종전과 달리 인터넷 서비스를 통하여 공유됨으로써 침해가 폭증하고, 이에 대한 조치로서 저작권법상의 기술적 보호조치를 강구하거나 또는 '온라인서비스제공자의 책임제한조항' 등을 통하여 인터넷 서비스제공자의 침해예방 및 저지 활동을 가능하게 하는 등의 저작권법상의 대응이 있어 왔다. 특히 동영상 전송기술 등 인터넷 기술이 더욱 발달하여 통신과 방송이 융합하는 시기에 들어와서는 동영상에 관해서도 실시간 스트리밍이 가능한 수준에 이르렀기에 '웹캐스팅' 및 'IPTV' 등의 경우처럼 실질적으로 종전의 방송과 구별하기 어려운 역할을 수행하게 되어 방송행위를 하는 주체에게 큰 영향을 미치게 되었다.

6. 방송저작권의 국제적 보호

방송의 국제화, 세계화로 방송저작권에 관한 국제적 보호의 중요성이 커지고 있다. 특히 우리나라는 한류의 확산에 따른 방송저작물을 해외에서 보호받을 필요성이 증대하고 있는 바 방송저작물 보호에 관한 국제조약의 체결이나 협상에 적극적으로 참여하여 우리의 권익을 국제적으로 확보하여야 하며 자유무역협정과 같은 양자 조약에 있어서도 방송저작권에 관한 규정을 삽입하여 나가야 할 것이다.

Ⅶ 결 론

위에서 살펴본 바와 같이 2차적 저작물이자 종합저작물인 방송저작물은 일품다용(OSMU)의 이용자이자 또한 일품다용의 원천이므로 이러한 이용을 위한 전제로서 방송물의 저작물성이 다투어지는 경우와 그 저작권귀속이 문제되는 경우로서 이하의 장에서 별도로 다루어지지 않는 경우를 모아 그 쟁점을 정리해 보았다. 즉 방송저작물의 저작권이 문제되는 경우로서, 방송작가, 뉴스방송, 방송사진, 광고방송의 저작권을 살펴보고, PD의 저작권, 스포츠중계방송, 기타 저작물성이 문제되는 경우로서 방송포맷의 저작권 등을 중심으로 쟁점을 정리하였다.

방송 · 통신기술의 계속적인 혁신과 방송의 글로벌화가 진행되면서 방송산업을 둘러싼 환경이 극적으로 변화하는 이 시점에서 방통융합시대의 방송과 저작권의 문제를 심층적으로 검토하는 것은 매우 의미있는 일이라 생각한다. 본 장에서는 방송통신기술의 발전으로 방송의 대중미디어로서의 공적 성격이 흔들리고 있는바, 과거 방송자원의 희소성에 의거한 논리들이 들어맞지 않게 되어 이제 새로운 관점에서 접근을 요구하고 있다는 점, 방송저작물도 기존 방송에 국한되지 않고 방송과 통신이 융합된 새로운 공중전달방식에 의하여 전달될 수밖에 없는바, 방송 개념이 확장되고, 더 나아가 방송 개념이 공중전달에 포섭되어 글로벌화하는 변화를 반영하여 새로운 방송권 즉 공중송신권의 개념을 정립해야 하는 점, 저작권집중관리기구의 육성이 필요한 점, 방송저작권의 국제적 보호를 위한 노력을 기울이고 방송의 저작권자로서의 지위를 강화하도록 하는 점 등이 앞으로의 방송저작권의 과제임을 총론적으로 언급하였다.

무엇보다도 종래 방송은 방송의 공공성과 방송자원의 희소성으로 인하여 저작권법상 특수한 지위를 향유하여 왔으나 경쟁 매체의 폭발적인 증가와 상업성의 강화로 그 특수한 지위는 크게 위협을 받고 있다. 그러나 이러한 위협은 방송에 또 다른 기회를 제공하고 있다고 할 수 있다. 방송은 자신의 특권적인 지위를 내려 놓음과 동시에 저작권자로서의 지위를 강화하여 방송저작물이 더 많이 이용됨으로써 그에 따른 보상을 늘리는 방향으로 나아가야 할 것이다.

[부록]

방송저작권 침해의 요건

[선덕여왕 드라마 사건]
[대법원 2014. 7. 24. 선고 2013다8984 판결]

I 방송저작권 침해의 요건 일반

일반적으로 저작권침해가 인정되기 위하여는 (i) 주관적 요건으로서 후행 저작물이 선행 저작물에 의거하였을 것과 (ii) 객관적 요건으로서 두 저작물 사이에 실질적 유사성이 있을 것의 두 가지 요건을 갖추어야 한다.[1] 2차적 저작물 작성권 침해의 요건으로는 실질적 유사성에 갈음하는 종속성을 갖추어야 한다는 견해도 있다.

1. 의거관계

먼저 저작권법이 보호하는 복제권이나 2차적 저작물 작성권의 침해가 성립되기 위하여는 후행 저작물이 침해되었다고 주장하는 선행 저작물에 의거하여 작성되었다는 점이 인정되어야 한다. 타인의 저작물을 직접 보고 베낀 경우는 물론 그 복제물이나 2차적 저작물을 보고 베낀 이른바 간접적 의거에 의하여도 의거관계가 성립한다.[2] 의거의 대상이 표현이기만 하면 그 저작물의 성격을 불문하고 의거관계가 인정될 수 있다. 예컨대 음성저작물을 듣고 글이나 악보로 옮긴 경우 소설을 읽어주는 것을 듣고 이를 문자저작물 작성에 참고한 경우도 의거에 해당할 수 있다. 나아가 타인의 저작물에 의거한다는 의식이 없이 무의식적으로 타인의 저작물에 의거하더라도 의거관계는 성립할 수 있다.[3] 이와 같은 의거관

1) 이해완(2015), 1007면 이하, 박성호(2014), 635면 이하 각 참조.
2) 일본 오사카지방재판소 平成11年 7月 8日 判時 171号 116頁(이른바 판시몬도리무사건) 참조.

계는 선행 저작물에 대한 접근가능성(access)과 대상 저작물과 기존의 저작물 사이의 유사성이 인정되면 추정할 수 있다.[4] 여기서 접근가능성이라 함은 실제로 선행 저작물을 보았거나 그 내용을 알았을 필요까지는 없고 보거나 접할 상당한 기회를 가졌다는 것을 말한다.[5]

그리고 두 저작물 사이에 의거관계가 인정되는지 여부와 실질적 유사성이 있는지 여부는 서로 별개의 판단으로서, 전자의 판단에는 후자의 판단과 달리 저작권법에 의하여 보호받는 표현뿐만 아니라 저작권법에 의하여 보호받지 못하는 표현 등이 유사한지 여부도 함께 참작될 수 있다.[6] 이를 실질적 유사성 개념과 구별하기 위하여 "증명적 유사성(probative similarity)"이라 부른다. 즉 의거관계가 추정되기 위하여는 접근가능성과 증명적 유사성을 입증하는 것이 필요하다. 다만 예외적으로 후행 저작물과 선행 저작물이 독립적으로 작성되어 같은 결과에 이르렀을 가능성을 배제할 수 있을 정도의 "현저한 유사성(striking similarity)"이 인정되는 경우에는 그러한 사정만으로도 의거관계를 추정할 수 있다. 바꾸어 말하면 접근가능성의 입증이 어려우므로 현저한 유사성이 있으면 접근가능성에 대한 입증이 없어도 되는 것으로 이해되고 있다.[7] "현저한 유사성"의 존재는 접근가능성의 입증을 면하게 하는 예외적인 경우이므로 원칙적인 경우로서 접근가능성과 증명적 유사성의 존부를 함께 검토하여 의거가 추정되는지 여부를 판단하여야 한다. 왜냐하면 현저한 유사성이 없더라도 접근가능성과 증명적 유사성이 있으면 의거관계는 성립될 수 있기 때문이다.

2. 실질적 유사성

가. 실질적 유사성의 개념

실질적 유사성(substantial similarity)이라 함은 두 저작물이 동일하거나 동일

3) 이해완(2015), 1010면.
4) 대법원 2007. 12. 13. 선고 2005다35707 판결 등 참조.
5) 오승종(2013), 1090면. Proof of access requires only "an opportunity to view or to copy plaintiff's work." Sid & Marty Krofft Television v. McDonald's Corp., 562 F.2d 1157, 1172 (9th Cir. 1977). 그 외 접근가능성에 관한 미국의 판례에 관하여는 이해완(2015), 1036면 이하 참조.
6) 이점은 대법원 2014. 7. 24. 선고 2013다8984 판결 등 일반적으로 학설 판례에 의하여 인정되고 있다.
7) 오승종(2013), 1090-1096면.

하지는 않더라도 실질적으로 유사한 경우도 포함한다. 실질적 유사성에는 작품 속의 특정한 행이나 절 또는 기타 세부적인 부분이 복제됨으로써 양 저작물 사이에 문장 대 문장으로 대칭되는 유사성이 인정되는 경우(부분적·문자적 유사성: fragmented literal similarity)와 작품 속의 근본적인 본질 또는 구조를 복제함으로써 전체로서 포괄적인 유사성이 인정되는 경우(포괄적·비문언적 유사성: comprehensive nonliteral similarity)가 있는데, 이 두 가지 중 어느 하나만 있는 경우에도 실질적 유사성 요건이 충족된다. 저작권의 보호대상은 표현이고 표현되어 있는 내용 즉 아이디어나 이론 등의 사상 및 감정 그 자체는 설사 그것이 독창성이 있다 하더라도 저작권의 보호 대상이 되지 않으므로 두 저작물 간의 실질적 유사성 유무를 판단할 때에도 창작적인 표현형식에 해당하는 것만을 가지고 대비하여야 한다.[8]

나. 방송저작물 중 극적 저작물간의 실질적 유사여부를 판단함에 있어 고려할 요소

방송저작물은 어문저작물과 영상저작물로서의 성격을 가지고 그중 TV드라마는 이른바 극적 저작물(劇的 著作物, dramatic works)의 성격을 가진다. TV드라마의 극본이나 시나리오와 같은 극적 저작물은 등장인물과 작품의 전개과정(sequence)이 결합된 것이고, 작품의 전개과정은 아이디어(idea), 주제(theme), 줄거리(plot), 사건(incident), 대화와 어투(dialogue and language) 등을 요소로 하는데, 그 중 저작물에 특이한 사건, 대화, 어투 등은 두 극적 저작물간의 실질적 유사 여부를 판단함에 있어서 중요한 역할을 한다.[9]

또한, 극적 저작물의 경우 등장인물이 일정한 배경 하에서 만들어 내는 구체적인 사건이 연속하여 일어나고, 그 연속적인 사건은 일정한 패턴의 전개과정을 거쳐 구체적인 줄거리를 형성하여 인물들의 갈등과 그 해결과정을 내용으로 하고 있으며, 인물들간의 갈등과 해결과정은 인물들 성격의 상호관계와 그 대응구도에 의하여 구체화된다. 이를 극적 구성(劇的 構成, dramatic composition)이라 부르기로 한다.[10] 이 극적 구성은 그 자체로 이미 단순한 아이디어를 넘어 표현

---

8) 대법원 1999. 11. 26. 선고 98다46259 판결 등 참조.
9) 서울고등법원 1995. 10. 19. 선고 95나18736 판결 등 참조.
10) 이는 소프트웨어의 실질적 유사성판단요소인 sequence, structure, organization에 대응하는 것이라 할 수 있다.

에 해당한다고 볼 수 있다. 따라서 두 극적 저작물간에 극적 구성이 유사하다면, 두 저작물간의 포괄적 · 비문언적 유사성이 인정될 수 있다. 특히 극적 구성 중 사건의 전개과정이나 갈등의 해결과정에서 보여 주는 구체적인 삽화(episode)까지 같을 경우에는 그 유사성을 더욱 용이하게 인정될 수 있다. 다만 극적 구성이 주제 등을 다루는 데 있어 전형적으로 수반되는 사건이나 배경 등 이른바 필수장면에 해당하는 경우에는 아이디어에 머무르거나 창작적 표현에 해당하지 않을 수 있을 것이다(이를 Scenes a Faire이론이라 부른다).[11]

3. 2차적 저작물의 종속성

통상 뮤지컬 대본은 2시간 분량의 공연을 위하여 창작되고 드라마 대본을 바탕으로 제작 · 방송되는 TV드라마는 약 60분간 수십 회 분량을 TV로 방송하기 위하여 창작되는 것이므로, 양자는 문예장르가 다르고 그 극적 구성을 구체적으로 표현하는 분량에 있어서도 큰 차이가 있어 TV드라마에는 뮤지컬 대본과는 다른 창작성이 가미될 수밖에 없다. 따라서 드라마 대본 내지 드라마 방송은 선행저작물인 뮤지컬 대본의 2차적 저작물이 되는지 여부가 문제될 수 있다. 따라서 뮤지컬 대본과 드라마 대본 내지 드라마 방송 간에 저작권 침해가 문제된다면 이는 복제권 침해도 문제될 수 있으나 주로 2차적 저작물 작성권 침해가 문제로 될 것이다. 즉 원 저작물과 2차적 저작물의 사이에 부분적 · 문언적 유사성이 중요한 부분의 상당 범위에 걸쳐 인정되는 경우에는 원 저작물에 대한 복제권의 침해가 성립될 수 있고, 양자 사이에 부분적 · 문언적 유사성이 없다 하더라도 극적 구성에 있어 포괄적 · 비문언적 유사성이 인정되는 경우에는 2차적 저작물 작성권의 침해가 성립될 수 있다. 2차적 저작물 작성권의 침해의 요건으로는 의거관계 외에 실질적 유사성 내지 종속성이 인정되어야 한다. 즉 후행 저작물로부터 원 저작물의 본질적인 특징 자체를 직접 감득할 수 있는 경우에는 종속성의 요건을 충족한다. 2차적 저작물 작성권의 침해의 요건인 2차적 저작물의 원저작물에의 종속성이 두 저작물간의 실질적 유사성과 같은 개념인가에 관하여는 견해의 대립이 있으나[12] 우리 판례는 같은 개념으로 사용하고 있다.[13]

---

11) 대법원 2000. 10. 24. 선고 99다10813 판결 등 참조.

12) 같은 개념으로 이해하는 견해로는 이해완(2015), 1011면, 박성호(2014), 651면. 종속성 요건은 후행 저작물로부터 원 저작물의 본질적인 특징 자체를 직접 감득할 수 있는 경우이면 족하고 반드시 두

Ⅱ 사실의 개요

1. 문화방송의 드라마 선덕여왕의 인기리 방송

피고 (주) 문화방송('문화방송')은 2007. 3.경부터 '선덕여왕'이라는 제목의 드라마('본건 드라마')를 기획하여 피고 김영현, 박상연('피고 작가')으로 하여금 본건 드라마의 대본을 완성하게 한 다음, 본건 드라마를 제작하여 2009. 5. 25.부터 2010. 12. 22.까지 주 2회(월, 화)씩 총 62회를 방송하였다. 본건 드라마는 초반 15%대의 시청률로 시작하여 49회(2009. 11. 4. 방송분)에는 43.6%의 시청률을 기록하는 등 시청자들에게 높은 인기리에 방송되어 문화방송이 본건 드라마의 방송으로 얻은 프로그램광고료 수익은 43,338,512,000원, 토막광고료 수익은 2,091,410,000원이었다.

본건 드라마의 대성공으로 문화방송은 피고 작가에게 기본 극본료 총 203,177,120원[= 2인 × 1인 당 101,588,560원(= 70분씩 24부 × 1,506,610원 + 80분씩 38부 × 1,721,840원)]외에 특별원고료(전속금)로 김영현에게 791,480,000원[= 50회에 대한 671,480,000원 + (최소 회당 1,000만 원 × 12회)]을, 박상연에게 434,000,000원(= 회당 700만원 × 62회)을 각 지급하였다.

2. 원고의 본건 뮤지컬 대본의 작성과 뮤지컬 공연 준비

그런데 원고 김지영은 1990년대 말 선덕여왕에 관한 뮤지컬을 제작하고 이어 출판, 전시, 애니메이션, 영화, 드라마, 패션 등 콘텐츠를 제작하는 '로즈오브샤론(Rose of Sharon) 프로젝트'를 구상하고, 10여 년의 기간 동안 5억 원 상당의 비용을 들여 프로젝트의 실현을 준비하였다. 김지영은 선덕여왕에 관한 뮤지컬 대본을 작성하기 위해, 중국 시안과 당태종의 묘, 이집트 시나이산과 알렉산드리아, 두바이, 이탈리아, 일본, 타클라마칸 사막 등 본건 뮤지컬 대본에서 중요한 배경이 되고 있는 지역을 직접 탐방하면서 본건 뮤지컬 대본의 줄거리를 구체화하였다. 원고는 2005년경 뮤지컬 제작을 위한 대본인 'The Rose of Sharon, 무궁화

저작물이 동일하거나 실질적으로 유사하여야 하는 것은 아니라는 점에서 차이를 인정할 수 있다. 독일에서는 2차적 저작물을 종속저작물(abhaengige Nachschoefung)이라 부른다.

13) 대법원 2004. 7. 8. 선고 2004다18736 판결 등.

의 여왕 선덕'('본건 뮤지컬 대본')을 창작하였으나 이에 대한 저작권 등록은 하지 않았다.

김지영은 본건 뮤지컬 대본으로 뮤지컬을 공연하는 데 필요한 자금을 투자받기 위하여 2005. 6.경 IMM INVESTMENT('IMM')와 투자교섭을 하였고, 투자 유치에 필요한 심사를 받기 위해 본건 뮤지컬 대본을 IMM이 운영하는 IMM 문화컨텐츠전문투자조합과 주식회사 IHQ('IHQ')의 심사담당관에게 제공하였다. IMM에서 관련 업무를 담당한 정모는 한국컨텐츠진흥원의 전신인 한국문화컨텐츠진흥원 심사팀에게 투자심사를 위해 본건 뮤지컬 대본을 전달하였고, 동 컨텐츠진흥원은 본건 대본을 관계자들에게 제공하여 6개월 이상 투자를 위한 심사가 진행되었으며 IMM 문화컨텐츠전문투자조합은 뮤지컬, 오페라, 영화, 드라마 등의 제작에 투자하여 그 수익을 취하는데 제작비용을 부담하는 투자자와 방송사 등으로 하여금 특정 작품을 심사하여 투자 여부를 결정하게 하였다. 김지영은 2005. 11.경 주식회사 IHQ와 제작비 75억 원 규모의 뮤지컬 공연에 관한 투자 계약을 체결하였다.

김지영은 위와 같은 프로젝트를 수행하던 2007. 12. 5. 선덕여왕을 주제로 한 로즈오브샤론 프로젝트의 준비과정, 선덕여왕의 5가지 리더십에 관해 그동안 진행한 연구내용을 직접 정리한 책 '크레이추얼파워'를 출판하였다. 김지영은 선덕여왕에 관한 전시사업의 일환으로 2008. 2.경부터 2008. 12.경까지 제주도 하얏트 호텔에서 '로즈오브샤론' 전시를 진행하였고, 2009년 말경에서 2010년 초경 사이에 서울 신세계백화점에서 '선덕여왕과 무궁화-무궁화의 여왕, 선덕'에 관한 기획전시를 하기 위하여 논의를 진행하였다. 그리고 김지영은 로즈오브샤론 프로젝트를 진행하기 위해 위 기간 동안 영화제작업, 뮤지컬 제작업 등을 지정서비스업으로 하여 '선덕' 표장 및 금관도형과 'the ROSE of SHARON'을 결합한 표장에 대한 상표 및 서비스표를 출원하여 등록하였다.

3. 피고 작가의 본건 드라마 대본 작성

한편 문화방송은 2007. 3.경 선덕여왕을 주제로 한 드라마를 기획하고, 2007. 6.경 피고 작가와 본건 드라마와 관련한 논의를 본격적으로 하였는데, 당시 문화방송의 드라마 주제는 천명, 덕만, 선화 등 세 자매를 중심으로 한 이야기였다.

피고 작가는 2008. 3.경 본건 드라마의 시놉시스(synopsis, 개요)를 작성하여 2008. 5. 23. 저작권 등록(등록번호 c-2008-003402)을 하였다.

문화방송의 드라마 담당PD 조중현은 2007. 3.경 선덕여왕을 주제로 한 드라마를 기획하였다. 그는 2003. 9.경부터 2004. 3.경까지 문화방송에서 인기리에 방송된 드라마 '대장금'의 기획을 담당한 바 있었는데, 당시 대장금의 대본을 집필하였던 피고 작가와 2007. 6.경 본건 드라마와 관련한 논의를 본격적으로 하였다.

4. 원고와 피고들 간의 접촉

김지영은 2007. 12. 말경 조중현을 만나 뮤지컬 등 선덕여왕과 관련된 여러 프로젝트를 설명하고, 그에게 '크레이추얼 파워' 책을 교부하는 등 조중현과 선덕여왕에 관한 드라마를 공동으로 진행하는 문제를 논의하였으나 결렬되었다. 문화방송의 100% 자회사인 피고 (주) MBC&I('MBC&I') 소속(출판팀) 직원 김기태는 2008. 10. 7.경 김지영에게 'MBC&I에서는 선덕여왕이 왕이 되기까지의 사연을 통해 오늘날 여성들이 어떻게 처세를 하고 어떤 리더십을 발휘해야 하며 어떤 철학을 가져야 하는지에 대한 소개를 하는 내용의 책을 함께 발간하자'는 내용의 이메일을 발송하였다.

피고 작가는 본건 드라마 대본의 시놉시스를 만드는 과정에서 선덕여왕과 관련된 이전의 저작물을 모두 찾아내 읽어 보았다는 표명을 한 바 있고 김영현은 2009. 12. 16.자 언론과의 인터뷰에서 '신라사에 대해서는 학계에서도 입장이 엇갈리고 정답이 없다. 가급적 역사적 근거에 충실하면서 작가적 상상력을 더했다. 물론 덕만과 천명은 쌍둥이가 아니다. 비담 또한 미실의 아들이 아니다. 그러나 그게 사실인가 아닌가 보다 어느 면이 더 리얼한가, 정치적 상황으로서 리얼리티가 있는가를 우선시했다. 정적을 악마로 묘사해서 역사를 지나치게 판타지로 풀어가는 게 더 문제이고, 역사의식이 없는 거라고 생각한다.'라고 말하였다.

5. 피고들의 2차 시장 판매

문화방송은 본건 드라마가 종영될 무렵 이를 일본(株式會社 비에스후지 등)에 수출하는 등 본건 드라마를 대만, 베트남, 브루나이 등의 국가에 판매함으로써 총 9,196,264,416원의 매출액을 기록하였다. 케이블방송사에도 방송을 허락하여 케이블티이비에서 방송되었으며, (주) 아이문화방송에게 그 인터넷 웹 사이트(http://www.imbc.com)에서 다시보기로 제공하는 것을 허락하여 인터넷을 통하여 방영되었다. 한편 피고 문화방송의 100% 자회사인 피고 MBC&I는 2009. 5. 25.경 본건 드라마의 시놉시스를 바탕으로 소설화한 소설을 발행하고, 2009. 9.경부터는 본건 드라마 DVD제품 세트를 제작하여 판매하였던바 문화방송과 MBC&I는 2012. 7. 30.까지 소설 선덕여왕의 판매를 통해 6,802,689원, 2012. 6. 30.까지 DVD제품 판매를 통하여 84,376,914원의 수익을 얻었다.

6. 원고의 제소와 본건의 쟁점

김지영은 본건 드라마의 방송으로 본건 뮤지컬 대본이 오히려 본건 드라마를 모방한 것으로 오인되어 로즈오브샤론 프로젝트를 더 이상 진행할 수 없게 되었고 이로 인하여 동 프로젝트에 들인 비용과 동 프로젝트의 진행으로 얻을 수 있었던 뮤지컬 공연으로 인한 수익 및 소설의 저작권료 상당의 손해를 입었다고 주장하였다. 김지영은 문화방송과 피고 작가에 대하여 선택적으로 저작권침해와 민법상 불법행위를 이유로 원고의 정신적 손해에 대한 위자료로 2억 원의 지급을 청구하였다. 저작권 침해에 관하여는 피고 작가의 본건 뮤지컬 대본에 대한 접근가능성 및 본건 뮤지컬 대본과 본건 드라마 사이의 실질적 유사성이 있으므로 본건 뮤지컬 대본과 본건 드라마 대본 사이에는 의거관계가 추정되고 또 두 대본 간에는 실질적 유사성이 있어 피고들은 원고의 본건 뮤지컬 대본에 관한 복제권, 2차적 저작물 작성권, 공중송신권 등의 저작권을 침해함을 주장하였다. 또한 피고들이 원고의 아이디어를 도용하여 본건 드라마를 제작·방송하는 등의 행위는 민법상 불법행위를 구성함을 주장하였다. 결국 이사건의 쟁점은 본건 드라마 대본이 본건 뮤지컬 대본에 의거한 것이 추정되는가, 바꾸어 말하면 피고 작가들이 본건 뮤지컬대본에 대한 접근가능성이 있고 본건 뮤지컬 대본과 본건 드라마 사이에 증명적 유사성이 있는가 하는 점과 나아가 본건 뮤지컬 대본과 본건 드라마 간에 실질적 유사성이 있는가 하는 점이었다.

Ⅲ 이 사건의 쟁점에 대한 원심의 판단

1. 피고들의 접근가능성과 그에 대한 원심판단

의거관계는, 대상 저작물이 기존의 저작물에 의거하여 작성되었다는 사실이 직접 인정되지 않더라도 기존의 저작물에 대한 접근 가능성, 대상 저작물과 기존 저작물 사이의 유사성 등의 간접사실이 인정되면 대상 저작물이 기존의 저작물에 의거하여 작성되었다는 점은 사실상 추정된다(대법원 2007. 12. 13. 선고 2005다35707 판결).

본건 뮤지컬 대본이 투자회사인 IMM과 IHQ를 거쳐 컨텐츠진흥원에 전달되어 관계자와 전문가로부터 심사를 받은 점, IMM의 관계자에는 방송사인 문화방송이, 본건 뮤지컬 대본의 심사를 위한 전문가에는 피고 작가가 포함되었을 가능성을 배제할 수 없는 점, 본건 뮤지컬 대본에 따른 뮤지컬 중 일부가 유명 호텔에서 이미 공연되었고 그 사실이 언론에 보도된 점, 문화방송과 MBC&I의 본건 드라마 관계자들이 본건 드라마를 제작하기 전에, 원고가 본건 뮤지컬 대본을 작성하고 선덕여왕에 관한 로즈오브샤론 프로젝트를 진행하고 있다는 점을 알고 있으면서 본건 드라마의 제작과 관련 책의 발간과 관련하여 원고와 접촉한 것으로 보이는 점, 본건 뮤지컬 대본이 출판된 적은 없으나 본건 뮤지컬 대본을 기초로 한 뮤지컬을 비롯하여 로즈오브샤론 프로젝트에 관한 내용이 담긴 '크레이추얼 파워'라는 책이 출판되었고 문화방송의 조중현에게도 전달된 점, 피고 작가는 본건 드라마 대본의 집필 전에 선덕여왕과 관련된 이전의 저작물을 모두 검토한 것으로 보이고, 더욱이 이 사건 소가 제기되기 전에는 본건 뮤지컬 대본을 본 적이 없다고 주장하고 있는 피고 김영현이 '정적을 악마화하여 역사를 지나치게 판타지로 풀어가는 것이 더 문제'라는 등 본건 뮤지컬 대본을 보지 않고는 하기 어려운 발언을 한 점, 문화방송이 2007. 6.경 예정하였던 본건 드라마의 주제는 천명, 덕만, 선화 등 세 자매를 중심으로 한 이야기였는데, 조중현이 2007. 12. 말경 원고를 만난 이후 2008. 3.경 완성된 시놉시스가 본건 뮤지컬 대본과 유사하게 미실과 선덕여왕의 대결을 중심으로 한 이야기로 변경된 점 등 제반 사정들을 종합하면, 비록 본건 뮤지컬 대본이 출판되지 않았고 피고들에게 직접 교부되지 않았다 하더라도 피고들의 본건 뮤지컬 대본에 대한 접근가능성을 배제할 수는 없다.

2. 두 대본간의 증명적 유사성과 그에 대한 원심판단

본건 뮤지컬 대본과 본건 드라마는 아래에서 살펴보는 바와 같이, '덕만공주의 서역 사막에서의 고난, 금관의 꽃 또는 동로마 등 서역의 문화와 사상의 습득, 덕만공주와 미실의 정치적 대립구도, 덕만공주와 김유신의 사랑관계, 미실 세력으로 인한 진평왕의 무력함'이라는 역사적 오류를 비롯하여 주제, 줄거리, 구성에서 유사성을 가진다. 본건 뮤지컬 대본과 본건 드라마간의 공통의역사적 오류를 좀더 자세히 살펴보면 아래와 같다.[14)]

(i) 덕만공주의 서역 사막에서의 고난, 금관의 꽃/동로마 문화와 서역 문화와 사상의 습득

본건 뮤지컬 대본과 본건 드라마에는 모두 덕만공주가 신라를 떠나 서역의 사막이라는 동일한 공간에서 모래 폭풍과 생사의 고난을 겪고, 나중에 미실을 이기고 신라의 왕이 되어 삼국통일의 초석을 마련하는 데에 필요한 서역의 사상과 문화를 익히는 내용이 나온다. 그러나 신라의 왕자나 공주가 신라 밖의 다른 나라 특히 타클라마칸 사막을 다녀온 후 왕위에 오른 적이 있다거나, 동로마 문화를 포함한 아라비아나 서역의 문화나 사상을 익혀 왕위에 오른 후 이를 통치사상에 반영하였다는 역사적 근거는 없다. 또한, 현재까지 신라를 소재로 한 논문이나 문학작품에서 이와 같은 내용 또는 유사한 내용을 다루었다는 점을 인정할 증거가 없다. 6세기경의 신라 고분에서 동로마의 문물이 출토되었다는 사정만으로는 신라의 공주가 동로마 문화를 포함한 아라비아나 서역의 문화나 사상을 직접 익혀 돌아온다는 사실을 쉽게 유추할 수는 없다.

(ii) 덕만공주와 미실의 대립구도

본건 뮤지컬 대본과 본건 드라마에는 모두 덕만공주와 미실이 대립구도를 형성하고 서로 제사 또는 천문으로 대결하다가 미실이 반역을 일으키나, 서역의 꽃

---

14) 이 부분은 원심판결의 해당 부분을 그대로 인용한다.

(서역의 사상 또는 문화)을 얻은 덕만공주가 미실을 이기고 미실은 이를 승복하며 자살하는 내용이 나온다. 그러나 미실은 삼국사기나 삼국유사에는 전혀 나타나지 않는 인물이고, 그 진위 여부가 문제되고 있는 화랑세기에서도 미실은 이름만 등장하며 606년에서 619년 사이에 사망한 것으로 추정하는 것으로 기록되어 있는바, 선덕여왕이 632년에 왕위에 등극했다는 점을 감안하면 역사적으로 덕만공주와 미실이 권력이나 왕권을 두고 대립하는 것은 불가능하고 이를 유추할 수 있는 기록도 없으며, 미실이 반역을 일으켰다는 역사적 기록도 찾아볼 수 없다.

(iii) 덕만공주와 김유신의 애정관계

본건 뮤지컬 대본과 본건 드라마에는 모두 김유신이 덕만에게 사랑의 감정을 느끼나 신라의 왕으로서 길을 가고자 하는 덕만공주의 태도에 사랑의 감정을 절제하며 군신관계에서 충절의 감정으로 승화시키는 인물로 묘사된다. 그러나 역사서의 기록에 의하면, 선덕여왕이 즉위할 무렵 김유신은 37세이었고 선덕여왕은 60세 전후로 김유신보다 약 20여 살이나 나이가 많았으며 김유신이 신라에 망한 가야 출신이라는 점에서, 덕만공주와 김유신의 애정관계는 역사적 사실로부터 쉽게 유추하기 어렵다.

(iv) 진평왕의 무력함

본건 뮤지컬 대본에서 진평왕은, 미실과 비담 세력을 제압하지 못하고, 덕만공주를 후대 왕으로 지정한 후 마야부인과 함께 덕만공주의 앞날을 걱정하다 살해되는 등 무력한 왕으로 묘사되어 있고, 본건 드라마에서 진평왕은, 사실상 미실에 의해 왕위에 오르고, 이후 인사권과 병권 등을 실질적으로 행사하지 못한 채 미실에게 휘둘리는 무능한 왕으로 묘사된다. 그러나 역사서에 나타나는 진평왕은 즉위 직후 군사권과 인사권을 장악하여 강력한 왕권을 구축하였을 뿐만 아니라 체제 정비를 통하여 50년이 넘게 재위하며 칠숙과 석품의 반란을 진압하고 덕만공주가 왕이 되는 데 장애가 되는 세력을 모두 제거하는 등 강력한 왕권을 행사하였다.

원심은 이와 같은 사정을 종합하여 피고들의 본건 뮤지컬 대본에 대한 접근가능성이 인정되고, 본건 뮤지컬 대본과 본건 드라마는 모두 역사적 사실로부터는 유추하기 매우 어려운 원고의 독창적인 창작의 산물이라 할 수 있는 역사적 오류를 포함할 뿐만 아니라, 뒤에서 살펴보는 바와 같이 주제, 인물의 성격과 역할, 인물 사이의 관계, 줄거리, 구성 등에서 실질적인 유사성이 인정된다고 판시하였다. 여기에서 원심은 "증명적 유사성"이라는 용어를 사용하지는 않았으나 저작권침해의 성립요건으로서의 실질적 유사성 판단을 위한 자료에는 저작권의 보호 대상이 아닌 '아이디어'나 '주제'가 포함될 수 없으나, 의거관계를 인정하는 데 필요한 실질적 유사성 판단을 위한 자료에는 '아이디어'나 '주제'가 포함될 수 있다고 판시하여 의거관계에서의 실질적 유사성은 저작권침해의 성립요건으로서의 실질적 유사성과 다름을 설시하였다. 결론적으로 원심은 본건 드라마는 본건 뮤지컬 대본에 의거하여 이를 이용하여 제작·방송된 것으로 봄이 상당하다고 판시하였다.

3. 실질적 유사성에 관한 판단

원심은 본건 뮤지컬 대본과 본건 드라마 대본은 모두 극적 저작물로서 앞서 본 극적 저작물의 실질적 유사성 판단기준에 따라 양자 간에는 포괄적·비문언적 유사성이 있다고 판시하였다. 본건 뮤지컬 대본은 2시간 분량의 뮤지컬 공연을 위하여 작성된 것이나, 본건 드라마 대본을 바탕으로 제작·방송된 본건 드라마는 약 60분 또는 70분짜리 62회 분량의 TV 방송을 위한 것이므로, 본건 뮤지컬 대본과는 저작물의 형식(문예장르)에 차이가 있고 그 분량에 있어서도 매우 큰 차이가 있다. 따라서 양자 사이에 의거관계와 실질적 유사성이 인정되어 본건 드라마로부터 본건 뮤지컬 대본의 본질적인 특징 자체를 직접 감득할 수 있는 경우에는, 본건 드라마는 본건 뮤지컬 대본에 수정·개변을 가하여 작성된 새로운 저작물인 '2차적 저작물'로 보아야 하는바 2차적 저작물의 경우, 원 저작물과의 사이에 부분적·문언적 유사성이 중요한 부분의 상당 범위에 걸쳐 인정되는 경우에는 원 저작물에 대한 복제권의 침해가 성립될 수 있고, 이러한 부분적·문자적 유사성이 인정되지 않는다 하더라도, 주제, 소재, 구성 등의 포괄적·비문언적 유사성이 인정되는 경우에는 2차적 저작물 작성권의 침해가 성립될 수 있다고 판시하였다.

4. 불법행위 성립여부에 관한 원심 판단

원심은 나아가 다음과 같은 사정들을 종합하여 피고들의 본건 드라마 대본 작성 등의 행위는 원고의 보호할 가치 있는 이익을 침해하는 것으로서 민법상 불법행위를 구성한다고 판시하였다.15)

(1) 본건 대본의 기본 줄거리 또는 핵심 구성은 원고의 상당한 노력에 의해 만들어졌고, 고도의 참신성과 구체성을 가지며, 단순히 아이디어 상태로 머문 것이 아니라 원고가 진행하고 있던 로즈오브샤론 프로젝트 사업의 근간으로 활용되고 있거나 될 예정이었으며, 그 전반적 내용이 일반에게 공개되지 않은 상태여서 원고는 선덕여왕 관련 문화사업을 진행할 경우 상당한 기득권(최초 프리미엄)을 향유할 수 있는 상태에 있었던 점 등 사정에 비추어 보면, 원고가 본건 뮤지컬 대본의 기본 줄거리 또는 핵심 구성을 기초로 하여 전개하고 있거나 전개할 사업에서 얻을 이익은 법률상 보호할 가치 있는 이익에 해당한다고 보인다.

(2) 원고는 단순히 본건 뮤지컬 대본을 작성하는 데 그치지 않고, 뮤지컬과 드라마 등을 기획하는 문화 사업가로서 피고들과 경쟁관계 또는 잠재적 경쟁관계에 있었으며, 로즈오브샤론 프로젝트 중 뮤지컬 제작, 도서 출간, 전시를 위한 계획을 진행하는 등 실제 사업을 추진하던 중에 있었다.

(3) 원고는 IHQ의 투자를 받을 때 IHQ에게 본건 뮤지컬 대본 등에 관한 비밀유지의무를 지도록 하였고(갑 제28호증 제14조), 피고 문화방송의 조중현과 접촉하는 과정에서도 상호 협의가 되지 않으면 원고가 제공한 정보를 사용하지 않기로 하는 전제로 만났으며, 실제 합의가 이루어지지 않고 헤어지면서 조중현에게 비밀유지를 당부하기까지 하였다.

(4) 그럼에도 불구하고 피고들은 이를 위반하여 스스로의 이익을 꾀하고 경쟁자인 원고에게 손해를 입힐 목적으로 원고가 본건 뮤지컬 대본을 바탕으로 뮤지컬을 한창 준비하고 있을 무렵에 일반에 부분적으로만 공개되었을 뿐 그 핵심 구성이 공개된 적인 없는 본건 뮤지컬 대본에 의거하여 그 핵심 구성을 그대로 이용한 본건 드라마 대본을 작성한 후 이를 본건 드라마로 제작하여 방영하였다.

(5) 이로써 원고는 본건 뮤지컬 대본의 기본줄거리 또는 핵심 구성에 관한

15) 이 부분도 원심판결의 해당부분을 그대로 인용한다.

최초의 창작자 및 선덕여왕 관련 문화사업의 선두주자로서 마땅히 향유하여야 할 기득권을 얻기는커녕 본건 드라마의 아류를 생산하는 사람으로 오해를 받게 되는 상태에 놓이게 되었고, 지금까지 진행되었던 뮤지컬이며 도서 출판은 투자자와 출판사들의 외면으로 더 이상 진행하지 못하게 되었으며, 진행 준비 중이던 애니메이션, 영화 등은 아예 진행조차 하지 못하게 되었다.

Ⅳ 대법원 판결의 요지

1. 대법원의 원심 파기 이유

대법원은 위와 같은 원심판결이 의거관계 및 민법상 불법행위 성립에 관한 법리를 오해하였다는 이유로 이를 파기하였다. 그 요지는 다음과 같다. 피고들의 본건 뮤지컬 대본에 대한 접근가능성이 인정되지 아니할 뿐만 아니라, 본건 드라마와 본건 뮤지컬 대본이 독립적으로 작성되어 같은 결과에 이르렀을 가능성을 배제할 수 있을 정도의 현저한 유사성이 인정되지도 아니하므로, 두 저작물 사이에 의거관계가 있다고 할 수 없다. 그럼에도 본건 드라마의 극본이 본건 뮤지컬 대본에 의거하여 작성되었다고 판단하고 이러한 판단을 전제로 하여, 본건 드라마가 본건 뮤지컬 대본에 관한 원고의 저작권을 침해하였다거나, 피고들의 본건 드라마 극본 작성, 드라마 제작, 방송 및 판매, 본건 드라마의 DVD 제품과 관련 소설의 제작 및 판매와 같은 행위가 본건 뮤지컬 대본에 관한 원고의 보호할 가치 있는 이익을 침해하는 것으로서 민법상 불법행위를 구성한다고 본 원심판결에는 저작권 침해 요건으로서의 의거관계 및 민법상 불법행위 성립에 관한 법리를 오해한 것이다.

Ⅴ 대법원 판결에 대한 평석

1. 의거관계 판단 요건 제시의 실패

대법원은 종래의 판례인 대법원 2014. 5. 16. 선고 2012다55068 판결 등을 인용하면서 저작권법이 보호하는 복제권이나 2차적 저작물 작성권의 침해가 성립되기 위하여는 후행 저작물이 침해되었다고 주장하는 선행 저작물에 의거하여 작성되었다는 점이 인정되어야 하는바 이와 같은 의거관계는 선행 저작물에 대한 접근가능성, 대상 저작물과 기존의 저작물 사이의 유사성이 인정되면 추정할 수 있고, 특히 후행 저작물과 선행 저작물이 독립적으로 작성되어 같은 결과에 이르렀을 가능성을 배제할 수 있을 정도의 현저한 유사성이 인정되는 경우에는 그러한 사정만으로도 의거관계를 추정할 수 있다고 판시하였다.[16)]

종래의 판례가 확립한 이 법리 자체는 나무랄 데 없다. 다만 의거관계에 관한 법리를 발전시켜 종래의 판례를 좀 더 명확하게 한 다음 본건에 적용하였어야 할 것이다. 즉 대법원은 의거관계가 추정되는 요건으로서 (i) 접근가능성과 (ii) 증명적 유사성의 두 요건이 필요함을 명확히 하였어야 하였다. 앞서 본바와 같이 "현저한 유사성"의 존재는 접근가능성의 입증을 면하게 하는 예외적인 경우에 불과하기 때문이다. 그럼에도 불구하고 대법원은 (i) 접근가능성과 (ii) 현저한 유사성의 두 요건을 갖추었는지 여부만을 검토하고 (i) 접근가능성 외에 (ii) 증명적 유사성 여부의 판단을 하지 못하였다.

2. 접근가능성을 넘어 "접근"에 대한 입증의 요구

앞서 본 바와 같이 접근가능성은 후행 저작물의 저작자가 선행저작물에 직접 접근한 경우 뿐 아니라 접근할 수 있는 기회가 있었던 것으로 족하다고 이해되고 있다. 후행 저작물의 저작관여자의 일부가 선행 저작물에 의거한 사실이 인정되면 후행 저작물의 저작자에게도 의거관계가 성립한다고 보고 있다.[17)] 즉 피고가 기존 저작물에 접근하여 이를 참고할 기회가 있었음에 대한 간접사실의 입증되면 접근가능성이 추정되고 이 추정을 뒤집기 위하여는 피고가 기존의 저작물과 무관하게 독립적으로 창작되었음을 주장 입증하여야 하는 것이다.[18)] 따라서

16) 나아가 대법원은 두 저작물 사이에 의거관계가 인정되는지 여부와 실질적 유사성이 있는지 여부는 서로 별개의 판단으로서, 전자의 판단에는 후자의 판단과 달리 저작권법에 의하여 보호받는 표현뿐만 아니라 저작권법에 의하여 보호받지 못하는 표현 등이 유사한지 여부도 함께 참작될 수 있다고 판시하였는바 이는 앞서 본바와 같이 실질적 유사성과 별개의 증명적 유사성 요건을 설시한 것이다.

17) 원, 피고 모두의 작품을 제조하는 제3자가 원고의 저작물을 소지하고 있었던 경우(Kamar v. Kamar International, Inc. v. Russ Berrie and Company, Inc. 657 F.2d 1059(9th Cir. 1981), 752 F.2d 1326 (9th Cir. 1984)), 원고의 대리인과 피고가 피고의 작품에 관한 논의를 한 경우(De Acosta v. Brown, 146 F.2d 408 (2d Cir. 1944))나 원고의 저작물이 피고 저작물제작 편집인에게 제출된 경우(Smith v Little). 오승종(2013), 1090면, 1091면, 박성호(2014), 643면 참조, 中山信弘, 저작권법(윤선희 편역), 409면. 일본 동경고등재판소 1996(平成8年) 4月 16日 판결 등 참조.

의거의 주관성으로 인하여 의거관계는 그 발행의 선후, 접근에의 가능성 등을 고려하여 널리 인정되어야 하고 오히려 저작권 침해여부는 두 저작물의 실질적 유사성에 의하여 판가름 나도록 하는 것이 타당할 것이다. 이러한 관점에서 의거요건은 대체로 관대하게 다루어지고 있는 것이 현재의 추세이다.

본건에서 대법원은 어떤 경우에 접근가능성이 인정되는지 그 기준을 제시하지 못함은 물론 접근가능성과 접근을 혼동하는 오류를 범하였다. 즉 대법원은 원심이 인정한 접근가능성을 보여주는 간접 사실이 피고들이 본건 뮤지컬대본에 "접근하였음을 보여주는 정황"이 된다고 하기 어렵다고 판시함으로써 피고들이 본건 뮤지컬 대본에의 접근가능성을 넘어 실제 접근하였음을 입증할 것을 원고에게 요구하는 결과가 되었다.

3. 증명적 유사성에 관한 판단 유탈

원심은 앞서 본바와 같이 의거관계의 요건으로 접근가능성과 실질적 유사성(실제로는 증명적 유사성을 의미하였다)의 두 가지가 필요함을 명백히 하고 각각 그 요건의 충족여부를 판단하였다. 원심의 설시 목차를 보면 원심은 피고들의 본건 뮤지컬 대본에의 접근가능성과 그 증명적 유사성 여부를 판단한 것임이 명백하고 현저한 유사성을 판단한 것이 아님은 삼척동자도 알 수 있다. 그럼에도 불구하고 대법원은 원심이 지엽말단적으로 언급한 "우연의 일치나 공통의 소재만으로는 설명되기 어렵고 오직 이 사건 드라마가 이 사건 대본에 의거한 것에 의해서만 설명될 수 있을 정도의 유사성"이라는 설시만에 집착하면서 증명적 유사성에 관한 판단을 유탈한 채 현저한 유사성 여부만을 판단하였다. 이점은 대법원이 원심을 의도적으로 오독하였다고 밖에는 볼 수 없는 부분이다.

4. 간접사실로부터 주요사실을 추정하는 방법에 관한 오류

또한 주요사실이 주관적인 것이어서 간접사실만에 의거하여 주요사실을 입증할 수밖에 없는 경우에는 간접사실 하나하나가 주요사실을 추정하게 할 필요는 없고 인정된 간접사실을 모두 고려하여 주요사실이 추정되면 족하다 할 것이다.[19] 그럼에도 불구하고 대법원은 간접사실 하나하나가 피고들이 본건 뮤지컬

---

18) 동지, 박성호(2014), 645면.

대본에 접근하였음을 보여주는 정황이 아니라고 판시하면서 피고들의 접근가능성을 부정하였다. 또한 현저한 유사성 판단에 있어서도 두 저작물간 개개의 유사성을 종합하여 보면 그 유사성이 현저함을 인정할 수 있는 가능성이 있음에도 이를 도외시하였다.

5. 의거여부의 사실판단성

민사소송법 제432조는 '사실심의 전권(專權)'이라는 표제 아래 "원심 판결이 적법하게 확정한 사실은 상고법원을 기속한다"고 규정하고 있고 제423조는 "상고는 판결에 영향을 미친 헌법·법률·명령 또는 규칙의 위반이 있다는 것을 이유로 드는 때에만 할 수 있다"고 규정하여 상고이유를 제한하고 있으므로 대법원은 사실심리를 할 수 없고 사실오인을 이유로 항소심 판결을 파기할 수 없다. 증거의 채택과 사실의 인정 등 '사실판단'에 관한 문제는 하급심이 전적으로 맡고, 대법원은 법률심으로서 하급심이 인정한 사실 위에서 법규의 해석·적용이 올바른지 여부에 관한 '법률판단'만을 한다는 것이다.[20] 더욱이 대법원은 법률판단에 위법이 있더라도 헌법위반 등 중대한 법령 위반이 아니면 상고사건의 심리를 속행하지 않고 기각하게 되어 있다.[21]

저작권 침해의 요건으로서 의거여부는 접근가능 여부과 증명적 유사 여부 판단으로 이루어지는 것으로 이는 사실판단에 해당하고 법률판단이라고 볼 수는 없다. 의거 여부가 사실판단이라면 이는 사실심의 전권사항이고 법률심인 대법원이 이에 관여하여 그 결론을 뒤집어서는 안된다 할 것이다. 본건은 대법원이 사실판단에 관여함으로써 상고사건을 폭주하게 만들고 정책법원으로의 이행을 스스로 거부하는 자업자득의 결과를 초래하는 또 하나의 예에 불과하다.

---

19) 판례도 간접사실들에 의한 주요사실의 추정과 관련하여 예컨대 의사의 주의의무위반으로 환자가 수술 도중에 사망의 원인이 된 증상이 발생한 경우에는 그 증상 발생에 관하여 의료상의 주의의무 위반행위를 제외한 다른 원인이 있다고 보기 어려운 여러 간접사실들을 입증함으로써 그와 같은 증상이 의료상의 주의의무 위반행위에 기한 것이라고 주요사실을 추정할 수 있다고 보았다. 대법원 2000. 7. 7. 선고 99다66328 판결, 대법원 2004. 10. 28. 선고 2002다45185 판결 등 참조.

20) 그 유일한 예외로 중한 사형, 무기 또는 10년 이상의 징역이나 금고가 선고된 형사사건에 있어 중대한 사실의 오인이 있는 때 상고를 허용하고 있을 뿐이다(형사소송법 제383조).

21) 상고심절차에 관한 특례법 제4조 제1항 참조.

6. 서울고등법법원 지식재산전담부의 전문성

각 지방법원에는 지적재산권, 국제거래 등 전문재판부가 설치되어 그 전문재판부에 배속된 판사들은 그 재판부가 담당하는 사건에 전문성을 함양할 수 있고 특히 지재사건의 경우 특허법원이 별도로 설치되어 있어 그 전문성은 더욱 강화되고 있다. 본건의 항소심을 담당한 서울고등법법원 지식재산전담부 법관들은 모두 지재권분야에 오래 종사하였고 모두 특허법원에서 근무한 경력이 있는 등 지재권 분야에서는 국내 최고 수준의 전문성을 가진 법관이라 할 것이다. 그들이 1심 판결을 뒤집고 저작권 침해를 인정하였을 때에는 그만한 이유가 있을 것이며 대법원으로서도 항소심 판결에 중대한 법령위반이 없는 한 항소심의 판단, 특히 사실판단은 존중하는 것이 마땅하였다 할 것이다.

Ⅵ 결　론

이제 우리나라는 산업사회를 지나 지식정보사회에 진입하고 있으며 선진국을 모방하는 것을 넘어 우리 자신의 것을 창조하여야 하는 시점에 이르렀다. 이에 우리는 국민들의 창의적 활동을 적극적으로 장려하고 그 창의적 활동을 해치는 어떠한 행위도 금하여야 할 상황에 놓여있다. 그런 관점에서 대법원이 2010년 지식재산권에 의하여 보호되지 아니하는 타인의 노력과 투자에 따른 성과를 부당하게 이용하는 행위를 불법행위로 인정하고 금지청구권까지 인정한 것은 위와 같은 시대적 요구에 부응한 획기적인 판결이었다.[22] 그럼에도 불구하고 본건을 비롯한 일련의 지식재산 보호사건에서 독창적인 저작물을 창작하고 새로운 아이디어를 제시한 사람보다는 그 저작물과 아이디어를 부당하게 이용한 사람을 보호하는 판결을 지속적으로 하고 있음은[23] 국가 정책적으로 대단히 불행한 일이

---

22) 대법원 2010. 8. 25. 자 2008마1541 결정은 경쟁자가 상당한 노력과 투자에 의하여 구축한 성과물을 상도덕이나 공정한 경쟁질서에 반하여 자신의 영업을 위하여 무단으로 이용함으로써 경쟁자의 노력과 투자에 편승하여 부당하게 이익을 얻고 경쟁자의 법률상 보호할 가치가 있는 이익을 침해하는 행위가 부정한 경쟁행위로서 민법상 불법행위에 해당할 수 있으며 그와 같은 불법행위의 금지 또는 예방을 청구할 수 있다고 판시하였다.

23) 예컨대 대법원 2015. 8. 13. 선고 2013다14828 판결(이른바 박진영의 썸데이 사건)은 1, 2심을 일관하여 지식재산권전담부 법관들이 저작권 침해를 인정한 사안에서 원고 저작물의 창작성을 부인하는 사실판단을 감행함으로써 원고의 저작권 보호를 거부하였다.

다. 본건에 있어서도 위에서 살펴본 바와 같이 원심이 본건 뮤지컬 대본의 독창성과 두 작품간의 유사성을 누누이 논증하였음에도 불구하고 대법원은 원심판결을 오독하면서까지 본건 뮤지컬 대본에 대한 저작권 보호를 거부한 것은 정책법원을 지향한다는 대법원이 취할 방향은 아니었다고 믿는다. 아울러 대법원은 자신을 보호하기 위하여도 사실판단에 간여하는 것을 자제하여야 할 것이며 그 실행을 강제하기 위한 입법적 조치가 있어야 할 것이다.

제 2 장

방송영상저작물의 저작권

Ⅰ. 서　　론
Ⅱ. 방송영상저작물의 개념과 법적 성질
Ⅲ. 방송영상저작물의 저작권에 관한 제외국의 입법례
Ⅳ. 우리나라 저작권법상 방송영상저작물의 저작권 보호
Ⅴ. 결　　론

제 2 장

방송영상저작물의 저작권

필자 : 손경한 · 박진아

I 서　론

세계 문화산업의 흐름을 주도하는 힘은 '콘텐츠'에서 나온다고 해도 과언이 아니다. 이에 세계 선진국들은 각 주체별로 콘텐츠에 대한 투자와 그 활용방법으로서 일품다용(一品多用, One Source Multi Use)을 집중적으로 연구하고 있다.

콘텐츠 제작주체 중 방송사업자는 주요 방송저작물의 생산 기지 역할을 하고 있다고 할 것이다. 그런데 우리나라의 방송사업자는 재원 부족과 방송저작물 제작 환경의 위축으로 어려움을 호소하고 있으며, 일각에서는 이것이 국내 방송저작물 산업의 경쟁력 저하로 연결될 것을 우려하고 있는 실정이다. 특히 지상파방송은 공익성 책무에 따라 관련 산업과 연관없는 상업적 사업 전략을 수립하기 어려우므로 자사의 방송저작물을 활용하여 부족한 재원을 마련하고 이를 다시 방송저작물 제작에 투자하는 선순환 구조가 되도록 하는 것이 우리나라가 콘텐츠대국으로 발돋움하는 데 있어서 중요한 과제가 되고 있다고 할 것이다. 아울러 디지털 기술의 발달과 정부의 플랫폼 확대 정책에 따라 다매체 다채널 시대가 구현되었는바, 일품다용 방법의 연구도 중요한 과제가 되고 있다.[1)2)]

---

1) 일본에서는 방송영상제작회사가 단독으로 이러한 자금위험을 피하기 위해 제작 현장에서는 제작위원회 방식 등으로 출자 및 수익을 여러 회사에 분산시키는 것이 일반적이다. 그리고 작품의 상품화는 이른바 멀티윈도우방식이라는 방법에 의해 최초 상품화(TV방영이나 극장공개) 후에도 단계별 수익을 얻을 수 있는 체제를 취하고 있다. 이 때는 일반적으로 조금씩 시기를 늦추어 상품화를 행한다. 각 상업화가 충돌하는 것을 피하고, 개별 상품화 수익을 높이기 위해서이다. 멀티윈도우방식 중에도 첫 방영(공개) 이외에 특히 중시되는 상품화는 레이저디스크, DVD 등의 판매이다. 비디오 테이프가 주류였던 시대는 가격이 고액인 경우도 있고, 소프트의 판매량은 극소수였으나 현재 주류의 광디스크는 대량생산이 용이하므로 가격도 적절하고 다량의 판매를 기대할 수 있을 뿐만 아니라 수익률도 높다는 특징이 있다. 또한 최근에는 TV, 라디오, 인터넷, 휴대전화, 게임, 만화, 무대, 음악 및 기타 분야에서 관련 작품을 동시 공개하여 이용함으로써 핵심이 되는 작품의 인기를 다방면에서 고조시키

이를 위하여 방송저작물(그 개념에 관하여는 후술한다) 제작 및 유통법제의 정비가 필요한데, 그 중심에 있는 것이 방송저작물 제작에 있어서 저작권귀속에 관한 법제 정비라고 할 것이다. 방송저작물은 우리 저작권법상 별도의 방송저작물로 보호되고 있지는 않고 영상저작물의 요건을 갖추는 경우 영상저작물로서 저작권 보호가 가능하다. 우리나라 영상저작물의 특례규정에서 영상저작물의 저작자를 명시하지 아니하고, 영상제작에 참여를 약속한 자가 저작권을 취득하는 경우 영상제작자에게 영상저작물의 이용에 관한 권리를 양도한 것으로 추정하는 규정을 두고 있을 뿐이어서 영상저작물의 저작자가 누구인지와 영상저작물의 저작자가 영상제작자에게 양도하는 영상저작물의 이용에 관한 권리의 법적 성격이 무엇인지를 해석론에 맡기고 있어 학설이 난립하는 문제가 있다. 또한 영상저작물의 제작에 협력할 것을 약정한 저작자나 실연자의 보호도 미흡한 실정이다. 이는 영상저작물의 제작에 있어 일반적으로 발생하는 문제이지만 방송영상저작물에 있어서는 그 권리귀속을 일원화하고 관련당사자의 이해를 조정할 필요가 더욱 크다.

이하에서는 이러한 관점 하에 먼저 방송영상저작물의 개념과 법적 성질을 개관하고, 방송영상저작물의 저작권귀속의 문제에 관하여 외국의 입법례와 우리 저작권법상의 관련 규정을 살펴보면서 우리 입법의 문제점과 개선방안을 외국입법례에서 얻은 시사점을 반영하여 제시하고자 한다.

는 미디어믹스 기법이 널리 이용되고 있다. 이 방법은 각각의 분야에서 직접 경쟁하는 일이 적고, 프로모션 시기를 늦출 필요도 없기 때문에 단기간 집중적으로 다양한 분야에서 관련 작품을 전개・노출시킬 수 있어, 그 시너지 효과로서 핵심이 되는 작품의 인기를 북돋울 수 있다. 이에 대하여는 中川裕幸・粕川敏夫・菅野好章・花村太・佐川慎悟・松波祥文・野田薫央・山口康明・木村達矢・關昌充(2008), pp.36～37 참조.

2) 판례는 영화의 저작권 존속기간 중에 지상파방송은 5회, 케이블방송은 10회 정도 방송될 수 있다고 보아 그에 대한 손해배상을 명하면서도 영화관 재상영, 해외수출, HDTV 방송, 비디오테이프 재출시, 레이저디스크나 비디오CD, DVD의 출시, 주문형 비디오 서비스 등으로 인한 수입의 상실은 증거부족을 이유로 인정하지 않았다. 서울고등법원 1998. 7. 15. 선고 95나32756 판결 및 그 하급심인 서울지방법원 1995. 7. 14. 선고 93가합52650 판결.

Ⅱ 방송영상저작물의 개념과 법적 성질

1. 방송영상저작물의 개념

가. 방송저작물의 개념

방송저작물이란 방송사업자 등이 방송에 사용할 것을 목적으로 하여 제작한 저작물이라고 정의할 수 있다.[3] 여기서 방송이란 사전적 의미로 라디오나 텔레비전을 통하여 널리 듣고 볼 수 있도록 음성이나 영상을 전파로 내보내는 일을 말하며, 특정 지역을 대상으로 유선으로 행하는 것을 포함한다. 저작권법에서는 방송을 공중송신 중 공중이 동시에 수신하게 할 목적으로 음·영상 또는 음과 영상 등을 송신하는 것을 말한다고 정의하고 있으며(저작권법 제2조 제8호), 방송법에서는 방송프로그램을 기획·편성 또는 제작하여 이를 공중에게 전기통신설비에 의하여 송신하는 것으로서 TV방송[4], 데이터방송[5], 라디오방송, 이동멀티미디어방송[6]을 말한다고 규정하고 있다(방송법 제2조 제1호).

방송저작물에 관한 규정은 우리 저작권법에는 없으나 제외국의 입법례에서는 발견할 수 있다. 방송저작물의 개념을 가지고 있는 대표적 입법례로는 영국이 있다.[7]

즉 영국 저작권법은 방송(broadcasts)을 별도의 저작물의 한 유형으로 인정하고 있다(영국 저작권법 제1조(1)(b)).[8] 여기서 방송이라 함은 시각적 이미지, 음성

3) 류종현(2013), 81면에서는 방송 프로그램 중 저작물의 요건을 갖춘 것을 방송저작물이라 하기도 한다.
4) TV방송이란 정지 또는 이동하는 사물의 순간적 영상과 이에 따르는 음성·음향 등으로 이루어진 방송프로그램을 송신하는 방송을 말한다(방송법 제2조 제1호 가목).
5) 데이터방송이란 방송사업자의 채널을 이용하여 데이터(문자·숫자·도형·도표·이미지 그 밖의 정보체계를 말한다)를 위주로 하여 이에 따르는 영상·음성·음향 및 이들의 조합으로 이루어진 방송프로그램을 송신하는 방송(인터넷 등 통신망을 통하여 제공하거나 매개하는 경우를 제외한다. 이하 같다)을 말한다(방송법 제2조 제1호 나목).
6) 이동멀티미디어방송이란 이동 중 수신을 주목적으로 다채널을 이용하여 텔레비전방송·라디오방송 및 데이터방송을 복합적으로 송신하는 방송을 말한다(방송법 제2조 제1호 라목).
7) Part I, Copyright, Chapter I Subsistence, ownership and duration of copyright, Introductory, Copyright, Designs and Patents Act 1988, 1988 CHAPTER 48; 영국 저작권법은 방송물(broadcasts) 외에도 sound recordings, films 및 [cable programmes]를 동렬의 저작물로 열거하고 있다. Id.
8) 동조는 "Copyright is a property right which subsists in --- (b)sound recordings, films or broadcasts"라고 규정한다.

기타 정보의 전자적 송신(an electronic transmission of visual images, sounds or other information)을 말하며[9] 방송에 포함된 내용을 방송프로그램(a programme, in the context of broadcasting, are to any item included in a broadcast)이라 한다.[10] 영국 저작권법은 방송을 시각 영상, 소리 또는 기타 정보의 전자적 송신으로서 (a) 공중의 구성원이 동시에 수신하도록 송신되고, 합법적으로 수신될 수 있거나 또는 (b) 공중의 구성원에의 제공을 위해 송신하는 자에 의해서만 정하여진 시간에 송신되는 것으로 정의한다.[11]

미국 저작권법상 방송프로그램의 정의도 참조가 되는데, 이를 연속적으로 그리고 한 단위로서 오직 공중에게 송신하기 위한 목적으로 제작된 하나의 총체로서의 일단의 소재로서 정의하고 있다.[12] 또한 실연이나 전시를 '송신'하는 것을, 영상이나 음이 송출되는 장소를 넘어서서 이를 수신할 수 있도록 어떠한 장치나 공정에 의하여 그 실연이나 전시를 전달하는 행위로서 정의하고 있다.[13]

프랑스법상 라디오/TV저작물(oeuvre radiophonique)의 개념은 TV방송과 라디오방송 모두에 사용되는 저작물을 포함하는 개념이다.[14] 프랑스 저작권법은

---

9) 방송을 정의하는 동법 제6조(1)의 규정은 아래와 같다. 일정한 인터넷송신을 포함하는데 특징이 있다.
In this Part a "broadcast" means an electronic transmission of visual images, sounds or other information which—
(a) is transmitted for simultaneous reception by members of the public and is capable of being lawfully received by them, or
(b) is transmitted at a time determined solely by the person making the transmission for presentation to members of the public, and which is not excepted by subsection (1A); and references to broadcasting shall be construed accordingly.
(1A) Excepted from the definition of "broadcast" is any internet transmission unless it is—
(a) a transmission taking place simultaneously on the internet and by other means,
(b) a concurrent transmission of a live event, or
(c) a transmission of recorded moving images or sounds forming part of a programme service offered by the person responsible for making the transmission, being a service in which programmes are transmitted at scheduled times determined by that person.

10) 동법 제6조(3).

11) Copyright, Designs and Patents Act 1988, 1988 CHAPTER 48 6(1).
개정 전의 조문은 다음과 같다. 6(1) In this Part a "broadcast" means a transmission by wireless telegraphy of visual images, sounds or other information which—
(a) is capable of being lawfully received by members of the public, or
(b) is transmitted for presentation to members of the public;

12) 17 U.S.C. §101. A "transmission program" is a body of material that, as an aggregate, has been produced for the sole purpose of transmission to the public in sequence and as a unit.

13) 17 U.S.C. §101. To "transmit" a performance or display is to communicate it by any device or process whereby images or sounds are received beyond the place from which they are sent.

라디오/TV저작물을 별도로 정의하지는 않고 라디오/TV저작물의 저작권의 권리귀속에 대하여 특별한 규정을 두고 있다.

방송저작물은 대본, 연출, 실연자의 연기 등 다양한 요소들이 모여서 라디오 또는 영상 등에 한 번 더 담아내는 것으로, 고정된 텔레비전 프로그램은 영상저작물로서, 고정된 라디오 프로그램은 음성 저작물로서 보호받는다. 방송저작물은 대체적으로 대본이 있고 배경음악이 들어가며, 배경이 되는 세트, 연기자들의 연기나 가수들의 노래가 포함되기도 한다. 이러한 어문저작물, 음악저작물, 미술저작물과 같은 다양한 저작물들이 종합적으로 방송저작물에 녹아들어서 재생이 가능토록 한 저작물이 바로 방송저작물이다. 요컨대, 영상이 음을 수반하거나 수반하지 않고서 공중에게 송신하는 자에 의하여 결정된 시간에 송신되는 저작권법상의 보호를 받는 저작물을 말한다. 방송저작권은 이러한 방송프로그램 자체에 부여되는 저작권으로서 방송프로그램을 방송하는 방송사업자에게 부여된 저작인접권과는 다른 개념이다.

나. 방송영상저작물의 개념

방송영상저작물이란 용어는 우리 저작권법에서 직접적으로 사용하는 용어는 아닌데, 방송저작물 중 영상저작물, 즉 방송저작물 중 음성저작물, 문자 등 데이터 저작물(데이터방송에 쓰이는 저작물 포함)을 제외한 정지영상 또는 동영상 저작물(음성 또는 문자를 포함할 수 있음)을 의미한다.

우리 저작권법상 영상저작물은 음의 수반여부를 가리지 않고 연속적인 영상이 수록된 창작물로서 그 영상을 기계 또는 전자장치에 의하여 재생하여 볼 수 있거나 보고 들을 수 있는 것을 의미한다(제2조 제13호). 따라서 우리나라 법상 방송영상저작물이란 영상이 음을 수반하거나 수반하지 않고서 방송되는 저작권법상의 보호를 받는 방송프로그램을 말한다고 정의할 수 있다. 영상저작물의 경우 저작권귀속에 관해 특례를 인정하는 경우가 많으므로 방송영상저작물을 다른 방송저작물과 별도로 고찰할 필요와 가치가 있다.

---

14) Article L113-8.

2. 방송영상저작물의 유형

가. 객체에 따른 분류

방송영상저작물은 그 객체에 따라 드라마, 뉴스, 리얼리티 쇼, 오락물, 대담, 만화 등으로 구분할 수 있다. 방송사업자가 방송영상저작물을 외주제작에 의하는 경우 드라마, 만화의 경우에는 제작업무가 거의 독립적으로 외주 독립제작사에 의할 수 있지만, 그 외의 경우에는 방송사업자가 PD를 파견하여 감독하기 때문에 외주제작이라고 하더라도 방송사업자의 제작참여 정도가 높다고 할 것이다. 이러한 구분은 나중에 방송사업자와 독립제작사 간의 저작권귀속관계를 정하는 데 도움이 될 것이다.

미국저작권법은 영상저작물의 유형에 관하여 시청각저작물(audiovisual works)을 영화저작물(motion pictures)과 기타 시청각저작물(other audiovisual works)로 규정한다.[15] 미국 저작권법은 시청각저작물을 정의하기를 그 저작물이 체화되어 있는 필름이나 테이프와 같은 대상물의 속성과 관계없이, 근본적으로 영사기, 뷰어, 또는 전자기기와 같은 기계 또는 장치를 사용하여, 수반된 음이 있을 경우 그와 함께 보이도록 의도된, 일련의 관련영상으로 구성된 저작물을 말한다고 하고,[16] 영화(motion picture)는 음이 수반되는 경우에는 그와 함께, 연속적으로 보일 때 움직이는 모습을 나타내는 일련의 관련 영상으로 구성된 시청각저작물을 말한다[17]고 하여 시청각저작물 안에 영화가 포함되는 것으로 규정하고 있다.[18] 요컨대, 미국 저작권법에서는 영상저작물을 영화저작물과 기타 영상저작물로 구분하고 있다고 할 것이다. 이는 저작권법 규정에서 특별히 영화저작물에 적용되는 규정이 있어 영화도 영상저작물에 포함되나 이를 구분하고 있는 것이라 할

15) 17 U.S.C. §102 subject matter of copyright (6) 참조. 동조 (7)은 sound recordings를 별개의 저작물로 열거하고 있다.

16) 17 U.S.C. § 101 “Audiovisual works” are works that consist of a series of related images which are intrinsically intended to be shown by the use of machines, or devices such as projectors, viewers, or electronic equipment, together with accompanying sounds, if any, regardless of the nature of the material objects, such as films or tapes, in which the works are embodied.

17) 17 U.S.C. § 101 “Motion pictures” are audiovisual works consisting of a series of related images which, when shown in succession, impart an impression of motion, together with accompanying sounds, if any.

18) 시청각저작물은 우리 법상 영상저작물과 그 개념이 일치한다고 보여지므로 이하에서는 용어의 통일을 위하여 영상저작물이라는 용어를 쓰기로 한다.

것이며, 그 외의 구별의 실익은 크게 없어 보인다. 이러한 분류에 따르면 방송영상저작물도 방송영화저작물과 기타 방송영상저작물로 나눌 수 있다.

나. 제작주체에 따른 분류

(1) 자체제작저작물

영상저작물의 제작에 있어 방송사업자가 그 전체를 기획하고 책임을 지는 영상제작자[19]로서 스스로 영상저작물을 제작하는 경우이다.

(2) 위탁제작저작물

방송사업자가 영상저작물의 제작을 독립제작사에 위탁하는 경우이다. 이 경우 방송사업자는 영상제작자가 될 수도 있고 되지 않을 수도 있다.

(3) 공동제작저작물

영상제작자가 되는 방송사업자와 독립제작사가 공동으로 영상저작물을 제작하는 경우이다.

이상 살펴본 바와 같이 제작주체에 따라 제작에는 자체제작, 외주제작, 공동제작 등의 형태가 있으나 본 장에서는 자체제작을 중심으로 하되 필요한 범위 내에서 제작위탁이나 공동제작을 고찰하기로 한다.

3. 방송영상저작물의 특성

가. 저작권관계의 복잡성

방송영상저작물의 제작에는 어문저작물, 미술저작물, 음악저작물 등 다양한 저작물이 이용되고, 감독, 텔런트, 촬영기사, 조명기사, 세트디자이너, 소품 요원 등 다양한 사람들이 참여한다. 이처럼 다수의 저작물이 이용되고 다수가 관여하는 방송프로그램의 특성상 저작자를 정하는 것은 어려운 문제가 된다.

상설하면 방송영상저작물의 제작에 있어서는 대본작가나 음악가, 세트디자이너 등 원저작자, 실제 연기나 연주를 통해 원저작물을 구현해 내는 탤런트나 코

---

19) 한국 저작권법상 영상제작자의 정의에 관하여는 동법 제2조 제14호 참조.

미디언, 가수 등 실연자, 이를 촬영하는 촬영자, 촬영과정 전체를 기획하고 관리하며 촬영물을 편집하는 PD나 연출자 등이 해당 방송저작물의 제작에 창작적 기여를 함으로써 방송영상저작물이 만들어지게 된다. 이러한 방송영상저작물의 창작에 관여하는 사람들은 일반 영상저작물의 경우와 같이 일반적으로 고전적 저작자(classical author), 근대적 저작자(modern author), 실연자(performer)의 세 그룹으로 분류된다.

고전적 저작자란 그의 저작물이 영상저작물의 소재로 이용되는 자를 말하는데 위의 원저작자가 해당한다. 근대적 저작자란 영상저작물의 창작 자체에 창작적으로 기여하는 자를 말하며 위의 촬영자와 연출자 등이 여기에 해당한다. 실연자란 영상저작물의 창작을 위해 원저작물을 연기, 가창 등의 방법으로 실연을 하는 자로서 위의 탤런트, 코미디언, 가수 등을 말하는데 이들은 창작행위를 하지 않으므로 저작자는 아니나 저작인접권자로서 일정한 권리를 부여받고 있다.

나. 제작자금의 거액성과 회수의 필요성

방송저작물에 있어서는 대부분의 경우 방송제작자[20]는 방송사업자가 되는데, 방송저작물은 방송사업자의 주도하에 방송사업자의 기획과 자금으로 방송사업자의 스튜디오나 기타 장소에서 작가, PD, 촬영감독, 편집자, 실연자 기타 보조자가 참여하여 제작하게 된다.

방송영상저작물의 제작에는 다액의 자금이 투여되는 것이 보통이다. 방송영상저작물의 제작에 들어간 거액의 자금을 회수해야 할 필요성 때문에 수익의 원천인 다양한 이용을 편리하게 할 수 있도록 권리관계를 간소화할 필요가 있다.

다. 수익배분

복잡한 권리관계를 자금회수와 광범위한 활용의 필요성 때문에 간략화하여 정책적으로 1인에게 권리를 집중시키더라도 활용을 통한 수익은 관여자에게 적절하게 배분해 줄 필요성이 있다.

---

20) 영국법상 방송제작자의 개념에 관하여는 후술한다.

4. 방송영상저작물의 법적 성질

가. 종합저작물(어문 · 미술 · 음악)

방송영상저작물은 대본이 있고 배경음악이 들어가며, 여기에 배경이 되는 세트도 포함하며, 아나운서나 성우의 내레이션이 추가되기도 하고, 또 연기자들의 연기나 가수들의 노래가 포함되기도 한다. 이러한 다양한 저작물들이 종합적으로 방송저작물에 녹아들어서 재생이 가능토록 한 종합저작물이라 할 것이다.[21)]

나. 영상저작물

방송저작물 중 영상저작물성을 가지는 것에는 라디오방송은 제외되나 최근에는 보이는 라디오식의 방송콘텐츠도 늘어나고 있어 사실상 라디오의 영역까지 영상 저작물의 범위가 늘어나고 있다.

다. 2차적 저작물

방송저작물은 대본이나 원작을 PD의 연출과 실연자들의 연기로 만들어 낸 2차적 저작물이 대부분이다. 여기서 2차적 저작물이란, 원저작물을 각색하거나 하지 아니하고 영상제작 및 그 밖의 방법으로 작성한 창작물이다.

라. 공동저작물

방송저작물은 감독, 탤런트, 촬영기사, 조명기사, 세트디자이너, 소품 요원 등 다수의 사람들이 공동으로 제작하는 공동저작물이 대부분이다. 여기서 공동저작물이라 함은 2인 이상이 공동으로 창작한 저작물로서 각자의 이바지한 부분을 분리하여 이용할 수 없는 것을 말한다.[22)]

5. 소 결

방송영상저작물은 영상저작물로서 종합저작물에 해당하고 대부분의 경우 특정

21) 류종현(2013), 94면; 서울고법 1984. 11. 28. 선고 83나4449 판결.
22) 저작권법 제2조 제21호. 이론상으로는 공동저작자 간에 공동저작의 의사와 행위가 있으면 각자의 이바지한 부분을 분리하여 이용할 수 있는 경우에도 이를 공동저작물로 보아야 한다는 견해가 있다. 원세환(2014) 참조.

원저작물의 2차적 저작물이라는 특성을 가진다.

여러 저작물들이 이용되고 그 저작물의 저작권자는 물론 저작인접권자들의 권리가 복합적으로 얽히고 설켜서 '저작권과 저작인접권의 다발'로 이루어져 있다. 그러한 까닭에 방송프로그램의 제작과 이용 단계에서 관련된 저작권자나 저작인접권자들의 권리 처리 문제가 중요하다.

Ⅲ 방송영상저작물의 저작권에 관한 제외국의 입법례

1. 일 반

가. 방송(물)의 저작물성에 관한 입법례

방송물의 저작물성을 인정하는지 여부에 따라 방송물을 독립된 저작물로 인정하고 방송물의 저작자에 관한 특칙을 두는 경우와 방송물을 독립된 저작물로 인정하지 않으나 방송사업자의 저작인접권은 인정하는 경우, 방송물을 독립된 저작물로 인정하지 않고 방송사업자의 저작인접권도 인정하지 않는 경우가 있다. 첫 번째 입법례로는 영국이 있고, 두 번째 입법례로는 대륙법계 국가 대부분이 속하여 저작인접권을 인정하고 있으나 영미법계 국가들은 저작인접권을 인정하지 않고 있다. 세 번째 입법례로는 미국이 있는데, 저작권법상 저작인접권을 인정하지 않아 방송사업자의 저작인접권이 인정되지 않고, 방송을 독립된 저작물의 유형으로 열거하고 있지는 않으나 송신과 동시에 고정되는 경우 방송도 저작권보호를 받는다.[23)]

나. 영상저작물의 저작권귀속에 있어서 입법례의 다양성

아래에서 살펴보는 바와 같이 베른협약이 영상저작물의 저작권귀속에 관하여 통일적인 규정을 두고 있지 않으므로 각국의 이에 관한 입법은 아래에서 살펴보는 바와 같이 매우 다양하다. 대체로 영국, 프랑스, 일본과 같이 영화저작물의 저작자에 관한 특칙을 두는 입법례가 있는 반면 중국이나 일본과 같이 영상저작물의 저작권귀속에 관한 특별규정을 두는 입법례와 독일, 한국과 같이 영상저작물

23) Paul Goldstein & P. Bernt Hugenholtz(2013) at 240.

의 저작자에 관한 특별규정을 두지 않으나 영상제작자의 권리를 별도로 규정하는 특칙을 두는 입법례가 있다. 또한 미국과 같이 영상저작물에 관한 특칙을 두지 않으나 업무상 저작물 개념을 확장하여 별도의 취급을 하는 입법례가 있다.

다. 영상저작물에 관한 규정의 방송영상저작물에의 적용 가부

방송저작물 내지 방송영상저작물의 저작자 또는 저작권의 귀속에 관하여 특칙을 두지 않는 입법례의 경우 영상저작물에 관한 특칙이 방송영상저작물에도 그대로 적용되는지가 문제된다. 방송영상저작물도 영상저작물의 일종이라 할 수 있으므로 방송영상저작물의 저작권에 관하여 특별 규정이 없다면 영상저작물에 관한 규정이 원칙적으로 적용될 것이다. 그러나 방송영상저작물의 특성을 고려하여 영상저작물에 관한 규정을 바로 적용하지 않고 유추적용하여야 한다는 견해도 있을 수 있다. 이러한 관점에서 일본은 방송사업자가 제작하는 영화저작물에 대하여 특칙을 두고 있다.

이하에서는 이러한 영상저작물과 관련한 각 유형의 입법례에 대하여 상세히 살펴보기로 한다.

2. 베른협약상 영상저작물 저작권의 귀속

베른협약에서는 '문학·예술 저작물'이란 그 표현의 형태나 방식이 어떠하든 간에 문학·학술 및 예술의 범위에 속하는 모든 제작물을 말한다고 하면서 구체적으로 적시하고 있는 저작물의 유형 중에는 영화저작물이 있는바 영화저작물이라 함은 영화와 유사한 과정에 의하여 표현된 저작물을 포함한다(베른협약 제2조 제1항). 따라서 영화저작물은 베른협약에 가입한 모든 동맹국에서 보호를 받고 있다(베른협약 제2조 제6항).

또한 영화저작물의 최초권리귀속에 관하여는 각국의 입법이 다양하였으므로 통일적인 규범을 제시하지 못하고 영화저작물의 저작권자의 결정은 보호가 주장되는 국가의 입법에 맡기는 것으로 규정하면서(제14조의2(2)(a)) 다만 영화저작물의 유통의 편의를 꾀하는 특별 규정을 두었다. 즉 입법으로 영화저작물의 제작에 기여한 저작자를 그 저작물의 저작권자 중에 포함시키는 국가에 있어서, 그러한 저작자는 그러한 기여를 할 것을 약정한 경우에, 다른 규정이나 특별한 규정이 없는 한, 그 저작물을 복제·배포 또는 공개 실연하거나 유선에 의하여 공중에 전달하거나, 방송하거나 또는 기타 다른 방법으로 공중에 전달하거나, 또는 그 본문에 자막을 넣거나 더빙하는 것에 이의를 제기할 수 없다고 규정하였다(제14조의2(2)(b)). 이 규정은 영화저작물의 제작을 위하여 창작된 각본, 대사 및 음악저작물의 저작자 또는 영화저작물의 총감독(principal director)에게 적용되지 아니하나 동맹국은 국내법으로 이와 다르게 규정할 수 있다(제14조의2(3)). 한편 최근에 성립된 베이징 시청각실연협약에서도 실연자의 권리를 영화제작자에게 이전할 것인지 여부에 관하여 합의하지 못하고 이를 체약국에 맡기도록 함으로써 통일적인 국제규범의 정립에는 실패하였다.

3. 영상저작물의 저작권귀속에 관한 외국 입법례

가. 미국

대부분의 입법례에서는 영상저작물에 관하여 저작자에 관한 특별한 규정을 두거나 저작권 또는 그 이용권의 귀속에 관한 특칙을 두는 형식을 취하고 있으나 이와 달리 영상저작물의 저작자나 저작권귀속에 관한 특별한 규정을 두지 않으면서 업무상 저작물 개념을 통하여 별도의 취급을 하는 입법례로서 미국의 경우를 살펴본다.

미국은 업무상 저작물(work made for hire)의 개념을 통하여 영상저작물(audiovisual work)의 저작자에 관한 특칙을 두고 있다.[24] 미국 저작권법은 저작물의 귀속에 대하여 창작자 원칙을 취하고 있으나[25] 업무상 저작물의 경우 예외적으로 사용자주의를 취한다. 즉 업무상 저작물의 경우에는 사용자 또는 그 자를 위하여 저작물을 작성하게 한 다른 자를 저작자로 보며, 당사자 사이에 서명한 문서에 의하여 명시적으로 달리 합의하지 아니하는 한, 그가 그 저작권을 구성하는 모든 권리를 보유한다(동법 제201조(b)항)고 규정하여 창작자주의의 예외를 인

24) 이에 대하여 John L. Schwab(2012); F. Jay Dougherty(2001), 228; Judith Beth Prowda, 672; Mark H. Jaffe(2006), 188; Rochelle Cooper Dreyfuss(1987), 600; Marjut Salokannel(1997); Jane C. Ginsburg(2003), 1090.

25) 저작권법에서 저작자에 대하여 명문으로 규정을 두고 있지는 않지만 “이 법에 의하여 보호되는 저작물의 저작권은 그 저작물의 저작자 또는 저작자들에게 최초로 귀속된다. 공동저작물의 저작자들은 그 저작물의 공동저작권자가 된다.”고 하여 최초귀속에 대하여 창작자주의를 취하고 있다(17 U.S.C. §201(a)).

정하고 있다. 미국저작권법의 특이한 점은 업무상 저작물에는 피용자가 그의 고용의 범위 내에서 작성한 저작물 외에도 당사자들이 그 저작물을 업무상 저작물로 간주한다고 문서에 의하여 명시적으로 합의하는 경우에, 집합저작물에의 기여분, 영화 그 밖의 시청각저작물의 일부, 녹음물, 번역, 보조적 저작물, 편집물, 교과서, 시험, 시험의 해답자료 또는 지도책으로 사용되도록 특별히 주문이나 위탁을 받은 저작물도 포함하는 것으로 규정하고 있다(동법 제101조)[26].

따라서 방송영상저작물의 경우는 영상저작물에 해당하므로 방송영상제작자와 방송영화저작자 간에 문서에 의하여 명시적으로 합의하는 경우 업무상 저작물에 해당하므로 방송영상제작자에게 저작권이 귀속되게 되며, 고전적 저작자와 근대적 저작자를 구별하지 않고 방송영상저작물 제작에 있어서 창작적 기여자 모두를 동등한 피용자로 취급하기 때문에 양자를 구별할 사실상 실익이 없다.

나. 유럽(독일, 프랑스, 영국)

(1) 유럽연합

유럽연합 1993년 저작권지침[27]은 원칙적으로 영상의 총감독(principal director)을 영상저작물의 저작자로 하고 있다.[28] 이는 영상저작물의 저작에 다수의 사람이 관여하므로 그들 모두를 저작자로 하여 저작권을 인정하게 되면 영상저작물의 저작권 처리에 많은 어려움이 생기기 때문이다. 이러한 원칙은 2006년 저작권지침(Directive 2006/116/EC of the European Parliament and of the Council of 12 December 2006 on the term of protection of copyright and certain related rights)[29]에서도 그대로 유지되고 있다. 영상저작물의 저작자에 관한 유럽 제국의 태도가 다르기 때문에 지침은 각국이 총감독 외에 다른 공동저작자를 인정하는 것은 허용하고 있다.

유럽연합 2001년 저작권지침(Directive 2001/29/EC of the European Parliament and of the Council of 22 May 2001 on the harmonisation of certain

26) 17 U.S.C. §101.
27) Official Journal L 290, 24.11.1993, pp. 9 - 13.
28) 동 지침 제2조 제1항은 "The principal director of a cinematographic or audiovisual work shall be considered as its author or one of its authors. Member States shall be free to designate other co-authors."라고 규정한다.
29) 동 지침 제2조 제1항. Official Journal L 372, 27.12.2006, pp. 12 - 18.

aspects of copyright and related rights in the information society)[30)]은 영화 제작자(producer)에게 영화의 저작자인지 여부를 불문하고 최초로 고정한 영화(원본 및 복제본)의 독점적인 복제권(Reproduction right)과 공중전달권(Right of communication to the public)을 부여할 의무를 회원국들에게 지운다.[31)] 이는 영화제작자에게 일종의 저작인접권을 부여하는 것과 같은 결과로 된다.

(2) 독일

입법례 중에는 영상저작물의 저작자가 누구인지에 대하여는 침묵을 지키면서 영상저작물의 제작자가 해당 영상저작물을 원활하게 유통하여 제작투자자금을 회수할 수 있도록 영상제작자에게 저작인접권을 부여하거나 그 저작물을 이용할 권리를 부여하는 특칙을 두는 것이 있다. 영상저작물에 대한 저작권의 귀속은 창작자원칙에 따라 결정하도록 하고 영상제작자에게는 단지 영상저작물을 이용할 권리만을 부여하는 경우인데 독일이 그 대표적인 예이다. 이하에서는 독일의 영상저작물의 저작권에 관한 특칙을 상세히 살펴보기로 한다.

독일 저작권법상 보호받는 저작물의 유형에 영상저작물이 포함되는데, 영상저작물의 개념에는 영상저작물과 유사하게 만들어지는 저작물을 포함한다(동법 제2조 제1항 6호).[32)] 독일저작권법은 저작권귀속에 있어서 창작자원칙에 서 있고, 이는 영상저작물의 경우에도 마찬가지로 적용된다고 해석되나 구체적으로 영상저작물의 저작자가 누구인지에 대한 규정을 두고 있지는 않다. 1954년 독일 구저작권법 개정초안에서 영상제작자를 영상저작물의 저작자로 의제하려는 시도가 있었으나 포기하였다고 한다.[33)] 그러나 영상저작물의 저작자를 결정하는데 참고가 되는 규정은 있다. 즉 영상저작권의 보호기간을 계산할 때는 감독, 대본작가, 대사작가, 관계된 영상저작물을 위해 지어진 음악의 작곡가 중 최후 생존한 자의 사후 70년을 규정하고 있다(동법 제65조 제2항).[34)] 또한 영상저작물의 저작과 관련

---

30) Official Journal L 167, 22/06/2001 pp. 10-19.

31) 동 지침 제2조(d) 및 제3조(d) 참조.

32) §2 Geschützte Werke (1) Zu den geschützten Werken der Literatur, Wissenschaft und Kunst gehören insbesondere: 6. Filmwerke einschließlich der Werke, die ähnlich wie Filmwerke geschaffen werden.

33) 최현호(1992), 263면.

34) §65 Miturheber, Filmwerke (2) Bei Filmwerken und Werken. die ähnlich wie Filmwerke hergestellt werden, erlischt das Urheberrecht siebzig Jahre nach dem Tod des Längstlebenden der folgenden Personen: Hauptregisseur, Urheber des Drehbuchs, Urheber

한 자에 대한 영상저작물의 왜곡으로부터의 보호를 규정하면서 (i) 영상저작물의 저작자 (ii) 그 제작을 위하여 이용된 저작물의 저작자, (iii) 저작인접권자로서 영상저작물의 제작에 협력하는 자, (iv) 자신의 급부가 영상저작물의 제작에 이용된 자에게 해당 영상저작물과 관련하여 그들의 저작물 혹은 급부가 중대하게 왜곡되거나 기타 중대하게 침해되는 것을 금지할 수 있는 권리를 인정하고 있는데(동법 제93조 제1항),[35] 동조항은 영상저작물의 저작자가 누구인지를 가리는데 도움이 된다. 영상저작물의 저작자와 그 제작을 위하여 이용된 저작물의 저작자는 일부 중복되게 되는데, 영상저작물의 원저작물이 되는 소설을 제외하고는 고전적 저작자 중 각본가, 대사작가, 작곡・작사가는 고전적 저작자인 동시에 근대적 저작자이기도 하므로 이들과 총감독이 영상저작물의 저작자가 되는 것으로 해석할 수 있다.

독일에서는 영상화의 권리와 영상저작물의 권리로 구분하여 규정하고 있는데, 우리 저작권법은 이러한 독일법의 규정방식을 도입한 것으로 보인다. 영상화의 권리에 대하여는 저작자가 자신의 저작물의 영상화를 타인에게 허락한 경우에, 그 허락의 범위에는 그 저작물을 영상저작물로 제작하기 위하여 그대로 또는 수정 내지 변형을 가하여 이용하고, 당해 영상저작물 및 번역물과 기타 영상적인 개작물을 알려진 모든 이용방식으로 이용하는 배타적인 권리의 부여를 포함한다(동법 제88조 제1항).[36] 여기에 저작물을 재영상화하는 권리는 포함되지 아니하며 원저작물의 저작자는 계약체결 후 10년이 경과된 후에는 자신의 저작물을 별도

---

der Dialoge, Komponist der für das betreffende Filmwerk komponierten Musik.

35) §93 Schutz gegen Entstellung; Namensnennung Die Urheber des Filmwerkes und der zu seiner Herstellung benutzten Werke sowie die Inhaber verwandterSchutzrechte. die bei der Herstellung des Filmwerkes mitwirken oder deren Leistungen zur Herstellung des Filmwerkes benutzt werden. können nach den §§ 14 und 75 hinsichtlich der Herstellung und Verwertung des Filmwerkes nur gröbliche Entstellungen oder andere gröbliche Beeinträchtigungen ihrer Werke oder Leistungen verbieten. Sie haben hierbei aufeinander und auf den Filmhersteller angemessene Rücksicht zu nehmen.

36) §88 Recht zur Verfilmung (1) Gestattet der Urheber einem anderen. sein Werk zu verfilmen, so liegt darin im Zweifel die Einräumung desausschließlichen Rechts, das Werk unverändert oder unter Bearbeitung oder Umgestaltung zur Herstellung eines Filmwerkes zu benutzen und das Filmwerk sowie Übersetzungen und andere filmische Bearbeitungen auf alle Nutzungsarten zu nutzen. § 31a Abs. 1 Satz 3 und 4 und Abs. 2 bis 4 findet keine Anwendung.
(2) Die in Absatz 1 bezeichneten Befugnisse berechtigen im Zweifel nicht zu einer Wiederverfilmung des Werkes. Der Urheber ist im Zweifel berechtigt, sein Werk nach Ablauf von zehn Jahren nach Vertragsabschluß anderweit filmisch zu verwerten.

의 영상적인 방법으로 이용할 권한을 가진다(동법 제88조 제2항).[37]

영상저작물의 권리에 관한 규정에서는 영상물의 제작에 있어서 협력할 의무를 부담하는 자가 당해 영상저작물에 관한 저작권을 취득하는 경우에 원칙적으로 영상저작물 및 번역물, 기타 영상 개작물 혹은 변형물을 이미 알려진 모든 이용방법으로서 이용하는 배타적 권리를 영상제작자에게 부여한 것으로 한다(동법 제89조 제1항).[38] 여기서 영상제작자에게 부여된 권리의 성격을 둘러싸고 동조가 저작인접권의 제2장 다음 제3장에 위치하고 있어 영상제작자에 대한 저작인접권 유사의 성격의 권리로 이해되기도 한다. 또한, 소설, 각본 및 영상음악과 같이 영상저작물의 제작을 위하여 이용된 저작물에 관한 저작권은 영상제작자의 권리로 인하여 영향을 받지 아니한다(동법 제89조 제3항).[39]

영상제작자의 보호에 관한 규정을 두고 있는데, 영상제작자에게 영상저작물에 수록되어 있는 녹화물 또는 녹음·녹화물을 복제, 배포, 공개상영, 방송 또는 공중전달을 위하여 이용하는 것에 관한 배타적 권리를 부여하고 있으며, 영상제작자에게 그 녹화물 또는 녹음·녹화물에 관하여 가지는 영상제작자의 정당한 이익을 해칠 위험이 있는 녹화물 또는 녹음·녹화물의 각 왜곡 또는 축약행위를 금지할 권리를 부여한다(동법 제94조 제1항).[40]

(3) 프랑스

프랑스는 영상저작물의 원저작물의 저작자와 아울러 영상제작에 창작적으로

---

37) §88(2) Die in Absatz 1 bezeichneten Befugnisse berechtigen im Zweifel nicht zu einer Wiederverfilmung des Werkes. Der Urheber ist im Zweifel berechtigt, sein Werk nach Ablauf von zehn Jahren nach Vertragsabschluß anderweit filmisch zu verwerten.

38) §89 Rechte am Filmwerk (1) Wer sich zur Mitwirkung bei der Herstellung eines Filmes verpflichtet. räumt damit für den Fall, daß er ein Urheberrecht am Filmwerk erwirbt, dem Filmhersteller im Zweifel das ausschließliche Recht ein, das Filmwerk sowie Übersetzungen und andere filmische Bearbeitungen oder Umgestaltungen des Filmwerkes auf alle Nutzungsartenzu nutzen. §31a Abs. 1 Satz 3 und 4 und Abs. 2 bis 4 findet keine Anwendung.

39) §89 (3) Die Urheberrechte an den zur Herstellung des Filmwerkes benutzten Werken, wie Roman, Drehbuch und Filmmusik, bleiben unberührt.

40) §94 Schutz des Filmherstellers (1) Der Filmhersteller hat das ausschließliche Recht, den Bildträger oder Bild- und Tonträger, auf den das Filmwerk aufgenommen ist, zu vervielfältigen, zu verbreiten und zur öffentlichen Vorführung, Funksendung oder öffentlichen Zugänglichmachung zu benutzen. Der Filmhersteller hat ferner das Recht, jede Entstellung oder Krzüng des Bildträgers oder Bild- und Tonträgers zu verbieten, die geeignet ist, seine berechtigten Interessen an diesem zu gefährden.

참여한 자들을 모두 공동저작자로 보고 있다.[41] 즉 근대적 저작자와 아울러 고전적 저작자도 영상물의 공동저작자로 인정하므로 원저작물의 저작자는 영상물로 벌어들인 총수입에 대하여 일정한 지분권이 인정되기 때문에 원저작물의 저작자에게 영상저작물의 저작자 자격을 인정하지 않는 입법례에서보다 경제적으로 더 유리할 수도 있다.

프랑스 저작권법에서 영화저작물(oeuvres cinéatographiques)과 음이 있거나 없는 일련의 영상으로 구성된 그 밖의 저작물을 모두 시청각저작물(oeuvres audiovisuelles)이라 하여 정신적 창작물로서 저작권으로 보호받는 저작물의 한 유형으로 규정하고 있다(제112조의2 제6호).[42]

시청각저작물의 저작자의 지위는 그 저작물을 정신적으로 창작한 자연인 개인 또는 복수의 개인에게 귀속한다(제113조의7 제1항).[43] 공동으로 창작한 시청각저작물의 공동저작자에는 각본가, 각색자, 대사작가, 시청각저작물을 위하여 특별히 작성한 가사가 있거나 없는 음악의 작곡자, 감독이 포함되는 것으로 추정하며(제113조의7 제2항),[44] 보호받는 선행의 어느 저작물 또는 각본으로 시청각저작물을 제작한 경우에는 그 원저작물의 저작자는 그 새로운 시청각저작물의 저작자와 동일한 보호를 받는다(제113조의7 제3항).[45] 시청각저작물을 다른 방법으로 이용하기 위하여 다른 형식의 매체에 전사하는 경우에는 언제나 감독과 사전협의를 거치도록 하여[46], 감독에게 대표저작자로서의 지위를 인정하고 있다.

---

41) 프랑스 외에도 스페인, 이탈리아의 저작권법 등이 같은 입법례에 속한다.

42) Article L112-2 Sont considérés notamment comme oeuvres de l'esprit au sens du présent code: ...
6° Les oeuvres cinéatographiques et autres oeuvres consistant dans des séuences animées d'images, sonorisées ou non, déommées ensemble oeuvres audiovisuelles.

43) Article L113-7(1) Ont la qualité d'auteur d'une oeuvre audiovisuelle la ou les personnes physiques qui réalisent la création intellectuelle de cette oeuvre.

44) Article L113-7(2) Sont présumés, sauf preuve contraire, coauteurs d'une oeuvre audiovisuelle réalisée en collaboration:
1° L'auteur du scénario ;
2° L'auteur de l'adaptation ;
3° L'auteur du texte parlé ;
4° L'auteur des compositions musicales avec ou sans paroles spécialement réalisées pour l'oeuvre ;
5° Le réalisateur.

45) Article L113-7(3) Lorsque l'oeuvre audiovisuelle est tirée d'une oeuvre ou d'un scénario préexistants encore protégés, les auteurs de l'oeuvre originaire sont assimilés aux auteurs de l'oeuvre nouvelle.

46) Article L121-5(4) Tout transfert de l'oeuvre audiovisuelle sur un autre type de support en

프랑스 저작권법에서는 특별히 라디오/TV저작물(oeuvre radiophonique)의 저작자의 지위에 대하여 규정하고 있는데, 라디오/TV저작물의 저작권은 라디오/TV저작물을 정신적으로 창작한 자연인 또는 복수인에게 귀속하며(제113조의8 제1항),[47] 공동으로 창작한 라디오/TV저작물의 저작자에 각본가, 각색자, 대사작가, 라디오/TV저작물을 위하여 특별히 작성한 가사가 있거나 없는 음악의 작곡자, 감독이 포함되는 것으로 추정한다(제113조의8 제2항에 의한 제113조의 7의 제2항의 적용).[48]

(4) 영국

영국 저작권법은 녹음, 영화 외에 방송을 별도의 저작물의 한 유형으로 규정하면서 방송제작자를 방송저작물의 저작자로 보고 있다. 영국 저작권법상 저작자는 "저작물을 창작한 자"이나(제9조(1)),[49] 방송의 경우에는 방송에 대한 창작적 기여를 따지지 않고 방송을 제작하는 자(the person making the broadcast)를 저작자라고 규정하고 있다.[50]

여기서 방송제작자는 (i) 방송프로그램의 내용에 책임을 지는 방송프로그램 송신자(the person transmitting the programme, if he has responsibility to any extent for its contents) 및 (ii) 방송프로그램 송신자와 함께 송신에 필요한 조치를 하는 방송프로그램 제공자(any person providing the programme who makes with the person transmitting it the arrangements necessary for its transmission)를 말한다.[51] 결국 방송제작자는 방송국이 자체 제작하는 경우에는 방송국이 단독으로, 위탁을 하는 경우 방송국과 방송수탁제작자가 공동으로 저작자가 된다고 할 것이다.

---

vue d'un autre mode d'exploitation doit être précédé de la consultation du réalisateur.

47) Article L113-8(1) Ont la qualité d'auteur d'une oeuvre radiophonique la ou les personnes physiques qui assurent la création intellectuelle de cette oeuvre.

48) Article L113-8(2) Les dispositions du dernier alinéa de l'article L. 113-7 et celles de l'article L. 121-6 sont applicables aux oeuvres radiophoniques.

49) 1988 CHAPTER 48 9(1) In this Part "author", in relation to a work, means the person who creates it.

50) 동법 제9조(2)(b). 다른 방송을 중계 방송하는 경우에는 그 중계방송을 제작하는 자(in the case of a broadcast which relays another broadcast by reception and immediate re-transmission, the person making that other broadcast)가 저작자로 된다.

(b) in the case of a broadcast, the person making the broadcast (see section 6(3)) or, ;

(c) ....

(d) in the case of the typographical arrangement of a published edition, the publisher.

51) 1988 CHAPTER 48 9(3).

영국의 경우 방송을 저작인접권이 아니라 저작권으로 바로 보호하기 때문에 방송의 저작자에 대한 별도의 명문의 규정을 두고 있으며, 방송의 경우 저작권 및 저작인접권의 보호기간의 조화를 위한 유럽연합 지침(Council Directive 93/98/EEC of 29 October 1993 harmonizing the term of protection of copyright and certain related rights, 이하 1993년 저작권지침이라 한다) 제2조 제1항의 적용을 받지 않기 때문에 별문제 없이 방송의 저작자를 방송제작자로 규정하고 있는 것으로 보인다. 저작권지침 제2조 제1항에서는 영화 또는 시청각저작물의 총감독은 해당 저작물의 저작자 또는 저작자들 중 하나로 간주되어야 하고 회원국은 다른 공동저작자를 지정하는 것은 자유라고 규정하고 있다(The principal director of a cinematographic or audiovisual work shall be considered as its author or one of its authors. Member States shall be free to designate other co-authors).

영국 저작권법은 방송의 경우와 달리 영화의 경우에는 영화제작자와 총감독이 공동저작자가 된다고 한다(동법 제9조(2)(ab)).[52] 영국의 구 저작권법은 영화저작물의 경우에도 사용자에게 저작권이 최초 귀속되도록 하고 있어 영화제작자를 저작자로 보았으나, 앞서 본 유럽연합 저작권지침과의 충돌 문제를 해결하기 위해 영화의 경우 제작자와 총감독을 저작자로 본다고 개정하고 제작자와 총감독이 동일인물이 아닌 경우 공동저작물로 취급되도록 규정하고 있다(동법 제10조 제1항(A)).[53][54]

영국 저작권법은 종업원의 직무 과정 중에 창작된 어문, 연극, 음악, 미술 저작물 또는 영화의 경우 다른 약정이 없는 한 사용자에게 해당 저작물에 대한 저작권의 최초 귀속을 인정하고 있어 창작자주의에 대한 예외로 인정하고 있다.[55] 영국의 업무상 저작에 관한 규정은 저작권의 최초귀속을 사용자에게 인정하고 있지만, 우리나라와 같이 사용자를 저작자로 의제하지는 않기 때문에 저작자는

---

52) 1988 CHAPTER 48 9(2)(ab) That person shall be taken to be－
in the case of a film, the producer and the principal director.

53) 1988 CHAPTER 48 10(1)(A) A film shall be treated as a work of joint authorship unless the producer and the principal director are the same person.

54) 박성호(2006) 61면; 영국의 영화저작권은 저작자 겸 저작인접권자라는 혼합된 개념(admixed, author-cum-neighbor, copyright for films)을 창출함으로써 저작권자와 저작인접권자의 이분법을 배제한 하이브리드한 입법형태를 보인다. W. Cornish, D. Llewelyn, T. Aplin(2013) p.448.

55) 1988 CHAPTER 48 11(2) Where a literary, dramatic, musical or artistic work [or a film] is made by an employee in the course of his employment, his employer is the first owner of any copyright in the work subject to any agreement to the contrary.

여전히 피용자이다. 따라서 해당 저작물의 보호기간은 피용자의 사망시점에 따라 결정되고, 피용자는 저작자로서 저작인격권인 저작자 또는 감독으로 표시될 권리(동법 제77조)[56]와 저작물의 훼손적 취급에 대한 항의권(동법 제80조)[57]을 보유한다. 다만, 업무상 저작물에 대해 저작인격권이 제한되는 경우가 있다(동법 제79조, 제81조 및 제82조 참조).

따라서 영화의 총감독이 영화사나 방송사에 고용되어 있는 경우 직무저작규정에 의하여 저작인격권만 보유한다. 방송의 경우에도 생방송이 아닌 녹음・녹화 후에는 영화저작물에 관한 규정이 적용될 것이다.

다. 일본

일본 저작권법은 영상저작물의 저작자에 관한 특칙, 영상저작물의 저작권귀속에 관한 특칙과 아울러 방송영상저작물의 저작권의 귀속에 관한 특칙을 규정하고 있다. 방송저작물 일반에 저작자를 지정하는 경우는 몰라도 영상저작물의 저

---

56) 1988 CHAPTER 48 77 Right to be identified as author or director
(1) The author of a copyright literary, dramatic, musical or artistic work, and the director of a copyright film, has the right to be identified as the author or director of the work in the circumstances mentioned in this section; but the right is not infringed unless it has been asserted in accordance with section 78. ...
(6) The director of a film has the right to be identified whenever the film is shown in public [or communicated to the public] or copies of the film are issued to the public.
(7) The right of the author or director under this section is－
(a) in the case of commercial publication or the issue to the public of copies of a film or sound recording, to be identified in or on each copy or, if that is not appropriate, in some other manner likely to bring his identity to the notice of a person acquiring a copy,

57) 1988 CHAPTER 48 80 Right to object to derogatory treatment of work
(1) The author of a copyright literary, dramatic, musical or artistic work, and the director of a copyright film, has the right in the circumstances mentioned in this section not to have his work subjected to derogatory treatment.
(2) For the purposes of this section－
(a) "treatment" of a work means any addition to, deletion from or alteration to or adaptation of the work, other than－
(i) a translation of a literary or dramatic work, or
(ii) an arrangement or transcription of a musical work involving no more than a change of key or register; and
(b) the treatment of a work is derogatory if it amounts to distortion or mutilation of the work or is otherwise prejudicial to the honour or reputation of the author or director; and in the following provisions of this section references to a derogatory treatment of a work shall be construed accordingly. ....
(6) In the case of a film, the right is infringed by a person who－
(a) shows in public [or communicates to the public] a derogatory treatment of the film; or
(b) issues to the public copies of a derogatory treatment of the film,

작자나 저작권자에 관한 특별규정을 두는 외에 방송영상저작물의 저작권귀속에 관하여 특별한 규정을 두는 입법례는 희귀한데, 일본은 이러한 희귀한 입법례에 속하는 국가이다.

일본 저작권법은 영화저작물을 저작권법의 보호대상으로 명시하고 있으며(동법 제10조 제7호) '영화저작물'의 개념에 영화저작물 외에 영화의 효과와 유사하게 시각적 또는 시청각적 효과를 발생시키는 방법으로 표현되고 또한 유형물에 고정되는 저작물을 포함시키고 있다(동법 제2조 제3항). 나아가 저작물의 저작자는 저작물 자체에 창작적 기여를 한 자이므로(제2조 제1항 제2호),[58] 영화저작물의 저작자는 영화의 저작물에 창작적으로 기여한 근대적 저작자가 된다. 즉 영화저작물에서 제작, 감독, 연출, 촬영, 미술 등을 담당하여 그 영화저작물의 전체적 형성에 창작적으로 기여한 자를 영화저작물의 저작자라고 정의하고 영화저작물에서 번안되거나 복제된 소설, 각본, 음악, 기타 저작물의 저작자 등의 고전적 저작자를 제외하고 있다.[59]

한편, 직무저작의 저작자를 법인으로 하여 창작자주의의 예외를 인정하고 있는데, 즉 법인 등의 발의에 따라 그 법인 등의 업무에 종사하는 자가 직무상 작성한 저작물로 그 법인 등이 자신을 저작자로 공표하는 저작물의 저작자는 (저작물 작성시의 계약 또는 근무규칙 등에 특별히 정함이 없는 한) 그 법인 등이 된다(제15조 제1항).[60] 따라서 영화저작물의 저작자가 영화제작자의 업무에 종사하는 경우에는 직무저작 규정이 적용되어 영화제작자가 영화저작물의 저작자가 되며 영상저작물의 저작권귀속에 관한 규정이 적용될 여지가 없다.[61]

일본 저작권법상 영화저작물의 경우 영화저작물의 저작자가 영화제작에 참여하기로 약속한 경우에는 그 영화저작물의 저작권은 영화제작자에게 귀속한다(동

---

58) 日本著作權法 第二條 この法律において、次の各号に掲げる用語の意義は、当該各号に定めるところによる。

....

二　著作者 著作物を創作する者をいう。

59) 일본 저작권법 제16조 본문 참조. 이에 관한 상세는 小倉秀夫/金井重彦(2013) pp. 365-370 참조.

60) 日本著作權法 第十五條　法人その他使用者(以下この條において「法人等」という。)の發意に基づきその法人等の業務に従事する者が職務上作成する著作物(プログラムの著作物を除く。)で、その法人等が自己の著作の名義の下に公表するものの著作者は、その作成の時における契約、勤務規則その他に別段の定めがない限り、その法人等とする。: 이와 관련하여 潮海久雄(2005); 中山信弘(2007); 半田正夫(2005); 作花文雄(2007) 등 참조.

61) 일본 저작권법 제16조 단서 참조.

법 제29조 제1항).[62] 일반적으로는 저작물의 저작권귀속과 관련하여 '저작물을 창작한 자'를 저작자로 하는 창작자주의에 서 있기 때문에(동법 제2조 제1항 제2호) 영화저작물의 경우에도 영화저작물을 창작한 자에게 저작권이 귀속하는 것이 원칙일 것이나 이 원칙에 대한 예외를 인정하고 있다. 여기서 영화제작자란 영화저작물의 제작에 발의와 책임을 가지는 자를 말한다(동법 제2조 제1항 제10호).[63] 영화저작물의 저작자가 영화제작에 참여하기로 약속하지 않은 경우는 상정하기 쉽지 않으나 앞서 본바와 같이 영화저작물의 저작자라 함은 영화저작물에서 감독, 연출, 촬영, 미술 등을 담당하여 그 영화저작물의 전체적 형성에 창작적으로 기여한 자를 말하므로(동법 제16조 본문)[64] [65] 영화의 저작자인 근대적 저작자는 저작인격권만을 보유하고[66] 저작재산권은 영화제작자에게 귀속하는 결과가 된다.

일본 저작권법은 방송사업자가 제작한 영화저작물의 저작권귀속에 관하여 특칙을 두고 있다. 방송사업자가 제작하는 영화저작물의 저작권 중 그 저작물을 방송하는 권리 및 방송되는 그 저작물에 대하여 유선방송, 자동공중송신을 행하거나 또는 수신장치를 이용하여 공개적으로 전달하는 권리와 그 저작물을 복제하거나 또는 그 복제물에 의해 방송사업자에게 배포하는 권리는 영화제작자로서의 당해 방송사업자에게 귀속한다(제29조 제2항).[67] 즉 영화저작물 일반의 경우에는

---

62) 日本著作權法 第二十九條 映畵の著作物(第十五條第一項、次項又は第三項の規定の適用を受けるものを除く。)の著作權は、その著作者が映畵製作者に對し当該映畵の著作物の製作に參加することを約束しているときは、当該映畵製作者に歸屬する。이에 관한 참고문헌으로는 作花文雄, (2010); 作花文雄(2010); 日本映畵監督協會(1998); 日本映畵監督協會; 映像コンテンツ大國を實現するための檢討委員會(2007); 著作權情報センター附屬著作權硏究所(2009); 經濟産業省(2010) 등 참조.

63) 日本著作權法 第二條 十 映畵製作者 映畵の著作物の製作に發意と責任を有する者をいう。

64) 小倉秀夫/金井重彦(2013), pp.365-370.; 그러나 일본 저작권법은 2차적 저작물에 있어 원저작물의 저작자는 2차적 저작물의 이용에 관한 것으로서 복제권, 상연권, 연주권, 상영권, 공중송신권, 구술권, 전시권, 반포권, 양도권, 대여권 등 2차적 저작물의 저작자가 보유하는 것과 동일한 권리를 가진다고 명시하고 있으므로(일본 저작권법 제28조), 영화가 소설 등의 원저작물과의 관계에서 2차적 저작물에 해당하는 경우 원저작자는 저작권법 제28조 규정에 근거하여 영화제작자가 보유하는 각종의 저작권법상의 권리를 함께 누릴 수 있다.

65) 日本著作權法 第十六條 映畵の著作物の著作者は、その映畵の著作物において翻案され、又は複製された小說、脚本、音樂その他の著作物の著作者を除き、制作、監督、演出、撮影、美術等を担当してその映畵の著作物の全体的形成に創作的に寄与した者とする。....

66) 저작인격권 중 성명표시권과 동일성유지권만 근대적 저작자에게 유보되고 공표권은 영화저작물의 공개상영에 동의한 것으로 추정되므로(일본 저작권법 제18조 제2항 제3호 참조) 주장할 수 없다고 할 것이다. 久保利英明・內田晴康(1999), p.293 참조.

67) 日本著作權法 第二十九條
2. 專ら放送事業者が放送のための技術的手段として製作する映畵の著作物(第十五條第一項の規定の適用を受けるものを除く。)の著作權のうち次に掲げる權利は、映畵製作者としての当該放

영화저작물의 저작자가 영화제작에 참여하기로 약속한 경우에만 영화제작자에게 저작권이 귀속하나 방송영상저작물의 경우에는 그 저작자가 제작에 참여하기로 약속하였는지를 불문하고 방송사업자에게 일정한 권리가 바로 귀속한다는 점에서 차이가 있다. 이 경우 방송사업자는 방송을 위한 기술적 수단만으로써 영화제작물을 제작하여야 한다. 방송사업자에게 권리의 일부가 귀속하더라도 방송사업자 이외의 저작자는 방송사업자에게 귀속된 일부 권리 외의 모든 저작권을 행사할 수 있으므로 방송 등 이외의 수단에 의하여 영상저작물 제작의 대가의 회수를 할 수 있다.[68]

방송사업자가 방송프로그램은 방송국 또는 방송 시간을 구매하는 광고대행사가 프로그램제작회사에 프로그램의 제작을 외주하는 경우는 물론 방송사업자가 영화사나 하청업체와 공동으로 드라마, 만화 등의 방송프로그램을 제작하는 경우에도[69] 방송사업자에게 위 권리가 귀속하지 않는다. 왜냐하면 이 경우는 "독점적으로 방송사업자(또는 유선 방송 사업자)가 제작하는 영화저작물"에 해당하지 않기 때문이다.

영화제작 참여자에게 직무저작규정이 적용되는 경우에는 방송사업자가 바로 저작자로 되므로 방송사업자에의 저작권귀속의 특례가 적용될 여지가 없다.

라. 중국

영상저작물의 저작자에 관하여는 명시적인 규정을 두지 않으나 그 저작권의 귀속에 관하여는 특칙을 두는 입법례이다. 그 대표적인 예가 중국과 일본이며 저

送事業者に歸屬する。

一 その著作物を放送する權利及び放送されるその著作物について、有線放送し、自動公衆送信(送信可能化のうち、公衆の用に供されている電氣通信回線に接續している自動公衆送信裝置に情報を入力することによるものを含む。)を行い、又は受信裝置を用いて公に伝達する權利

二 その著作物を複製し、又はその複製物により放送事業者に頒布する權利

3. 専ら有線放送事業者が有線放送のための技術的手段として製作する映畵の著作物(第十五條第一　項の規定の適用を受けるものを除く。)の著作權のうち次に掲げる權利は、映畵製作者としての当該 有線放送事業者に歸屬する。

一 その著作物を有線放送する權利及び有線放送されるその著作物を受信裝置を用いて公に伝達する權利

二 その著作物を複製し、又はその複製物により有線放送事業者に頒布する權利

이에 관한 상세는 小倉秀夫/金井重彦(2013), pp.539-544 참조.

68) 田村善之(2001), p.393.

69) 小倉秀夫/金井重彦(2013), p.540.

작권 처리의 간명화를 위하여 영상제작자에게 저작권이 단독으로 귀속하도록 하고 있다. 중국의 경우 영상저작물의 제작을 위하여 각색, 연출, 촬영, 작사, 작곡 등을 한 자는 영상제작자에게 보상을 청구할 수 있도록 하고 있다는 점이 특색이다. 이를 상설하면 아래와 같다.

중국 저작권법은 영상방송저작물과 관련하여 영화저작물 및 영화제작과 유사한 방식으로 창작한 저작물(이하 영상저작물이라 약칭한다)을 저작물의 일 유형으로 보호하고 있다(동법 제3조 제6호).[70] 중국의 경우도 저작권귀속에 관하여 창작자주의를 원칙으로 하나(동법 제11조 제1항),[71] 고용이나 위탁관계에서 발생할 수 있는 저작물의 권리귀속과 관련해서는 법인저작물과 직무저작물 및 위탁저작물로 구분하여 권리귀속관계를 달리 보는 독특한 입법례를 취하고 있다.

먼저 중국 저작권법은 영상저작물의 저작권귀속에 관하여 별도의 규정을 두어, 제작자(制片者)가 저작권을 향유하도록 하고 있다. 여기서 제작자라 함은 영상제작자(灵像制作者)[72]와는 구별되는 개념으로 영상저작물을 제작함에 있어 전체적인 기획을 하고 영상저작물의 흥행 여부에 따른 경제적인 책임을 지는 자를 말한다고 이해되고 있다.[73] 따라서 각색, 연출, 촬영, 작사, 작곡 등을 한 저작자는 저작권을 향유하지 못하며 성명표시권과 제작자와 체결한 계약에 따라 보수를 받을 권리만을 가지도록 하고 있다(동법 제15조 제1항).[74] 다만 영상저작물 중의 대본, 음악 등 단독으로 사용할 수 있는 저작물의 저작자는 그 저작권을 단독으로 행사할 수 있도록 하고 있다(동법 제15조 제2항).[75]

그리고 법인저작물에 대해서는 창작자주의의 예외를 인정하여 "법인 또는 기타 조직이 주관하고 법인 또는 기타 조직의 의지를 대표하여 창작되거나 아울러 법인 또는 기타 조직이 책임을 지는 저작물은 법인 또는 기타 조직이 저작권자가 된다."고 규정하고 있다(동법 제11조 제3항).[76] 이와는 달리 직무저작물에 관하

70) 第三條 本法所称的作品, 包括以下列形式創作的文學, 藝術和自然科學, 社會科學, 工程技術等作品： ..... (六) 電影作品和以類似攝制電影的方法創作的作品；
71) 第十一條 著作权屬于作者，本法另有规定的除外。
72) 연속적인 영상을 맨 처음 영상제품에 고정한 자를 말한다. 김정헌・한매화(2008), 136면 참조.
73) 김정헌・한매화(2008), 136면 참조.
74) 第十五條 電影作品和以類似攝制電影的方法創作的作品的著作權由制片者享有，但編劇, 導演, 攝影, 作詞, 作曲等作者享有署名權，并有權按照与制片者簽訂的合同獲得報酬。
75) 第十五條 電影作品和以類似攝制電影的方法創作的作品中的劇本, 音樂等可以單獨使用的作品的作者有權單獨行使其著作權。
76) 第十一條 由法人或者其他組織主持，代表法人或者其他組織意志創作，并由法人或者其他組織承

여는 창작자주의를 관철시키면서 사용자에게는 우선이용권을 허용하고 있다(동법 제16조 제1항)[77]. 이 때, 우선이용권은 무상의 이용권으로 저작물을 완성한 후 2년 동안만 보장되고, 사용자에 의한 직접 이용은 물론 제3자에게 저작물 이용을 허락할 수 있는 권한을 포함한다.[78]

한편, 직무저작물에 대한 예외로 법인 등의 물질적, 기술적 조건을 이용하여 창작하고, 법인 또는 기타 조직이 책임을 지는 공사설계도, 제품설계도, 지도, 컴퓨터소프트웨어 등의 직무저작물이나 법률, 행정법규의 규정 또는 계약상 저작권을 법인 또는 기타 조직이 향유한다고 약정한 직무저작물 중의 하나에 해당할 경우에는 저작자는 직무저작물에 대한 성명표시권만 보유하고, 저작권의 기타 권리는 법인 또는 기타 조직이 향유도록 하고 있다.[79] 저작자가 제3자에게 이용허락을 하여 보상을 받은 때에는 저작자와 소속 법인은 양정비율에 따라 그 보상금을 배분하여야 한다.[80] 또한 위탁을 받아 창작한 저작물의 저작권귀속은 위탁인과 수탁인 간의 계약 내용에 따라 결정되며, 계약에 명시되어 있지 아니하거나 계약이 체결되지 아니한 경우, 저작권은 수탁인에게 귀속하도록 규정하고 있다.[81]

4. 소 결

이상에서 살펴본 바와 같이 방송영상저작물의 저작권귀속에 관하여는 다양한 입법형태가 있다. 가장 극단적인 입법례는 방송을 독립된 저작물로 보고 방송제작자를 저작자로 보아 저작권을 부여하는 형태로 영국이 그러한 입법례이다. 미국의 경우에도 일정한 요건을 충족하는 영상저작물은 그 저작을 위탁한 자를 저작자로 보아 저작권을 부여하고 있다. 영상저작물의 저작자에 관하여는 근대적

担 責任的作品，法人或者其他組織視爲作者。

77) 第十六條 公民爲完成法人或者其他組織工作任務所創作的作品是職務作品，除本條第二款的規定以外，著作權由作者享有，但法人或者其他組織有權在其業務范圍內优先使用。作品完成兩年內，未經單位同意，作者不得許可第三人以与單位使用的相同方式使用該作品。

78) 김정헌・한매화(2008), 129~130면.

79) 第十六條 有下列情形之一的職務作品，作者享有署名權，著作權的其他權利由法人或者其他組織享有，法人或者其他組織可以給予作者獎勵：(一)主要是利用法人或者其他組織的物質技術條件創作，并由法人或者其他組織承担責任的工程設計圖，產品設計圖，地圖，計算机軟件等職務作品；(二)法律，行政法規規定或者合同約定著作權由法人或者其他組織享有的職務作品。

80) 저작권법실시조례(版權條例) 第12條 第1款

81) 第十七條 受委托創作的作品，著作權的歸屬由委托人和受托人通過合同約定。合同未作明确約定或者沒有訂立合同的，著作權屬于受托人。

저작자만 저작자로 보는 입법례와 고전적 저작자도 저작자로 보는 입법례, 영상총감독을 단일 저작자로 보는 입법례, 그리고 영화제작자와 총감독을 공동 저작자로 보는 입법례가 있다.[82] 저작권의 귀속에 관한 특칙을 두는 입법례로서는 영상제작자가 영상저작물에 대한 저작권을 가지도록 하는 중국과 일본(영상저작물의 저작자가 영상제작에 참여하기로 약속한 경우에 한한다)이 있으며 일본의 경우에는 나아가 방송사업자가 영상제작자인 경우 영상저작물에 대한 저작권 중 방송사업자에게 필요한 것은 방송사업자에게 귀속한 것으로 보고 있다. 독일의 경우에는 저작권의 귀속에 있어 창작자주의를 일관하면서 영상제작자에게 영상저작물을 이용할 배타적인 권리만을 부여하는 방법을 취하고 있다.

어떻든 영국, 미국, 중국, 일본 등 다수의 입법례가 방송제작자나 영상제작자를 저작물의 저작자로 보거나 그들에게 저작권의 전부 또는 일부를 귀속시키고 있는 점을 알 수 있다. 저작권이 영상제작자에게 귀속한 경우 각색·연출·촬영·작사·작곡 등을 한 저작자에게 영상제작자와 체결한 계약에 따라 보상받을 권리를 가지도록 하고 있는 중국의 입법례는 시사하는 바가 크다.

Ⅳ 우리나라 저작권법상 방송영상저작물의 저작권보호

1. 일 반

영상저작물과 관련하여 우리나라 저작권법에서는 그 저작자나 저작권자에 관한 직접적인 규정을 두고 있지는 않으며 영상제작자에게 완성된 영상저작물을 보다 용이하게 이용할 수 있도록 특례규정을 두고 있을 뿐이다. 방송영상저작물에 관한 특칙도 없으므로 영상저작물에 관한 특례규정이 그대로 적용된다.[83]

방송프로그램의 제작에는 어문저작물, 미술저작물, 음악저작물 등 다양한 저

82) 영상저작물의 저작자에 관하여 특칙을 규정하는 입법례 중에는 프랑스와 같이 고전적 저작자와 근대적 저작자 모두를 영상저작물의 공동저작자로 보는 경우와 영국이나 일본처럼 근대적 저작자만을 영상저작물의 저작자로 보는 경우가 있다. 후자의 경우에 근대적 저작자에 영상제작자를 포함시키는 입법례에 있어서도 일본과 같이 영상제작자에게 창작적 기여를 요구하는 것과 영국처럼 요구하지 않는 것이 있다.

83) 과거에는 방송영상저작물이 영상저작물의 압도적인 다수를 차지하였으나 오늘날에는 영화 외에도 뮤직비디오, DVD 등 방송영상저작물 이외의 영상저작물이 많이 생겨났고 특히 인터넷이 발달로 인터넷방송이나 UCC에 의한 영상저작물이 폭발적으로 증가하고 있다.

작물이 이용되고, 감독, 텔런트, 촬영기사, 조명기사, 세트디자이너, 소품 요원 등 다양한 사람들이 참여한다. 또한 영상저작물의 제작에는 거액의 자금이 들어가는 것이 보통이다. 이처럼 다수의 저작물이 이용되고 다수가 관여하며 거액의 자금이 투여되는 영상저작물은 종합저작물이자 2차적 저작물이면서 공동저작물이므로 그 권리관계는 아주 복잡하며, 영상저작물의 저작자 나아가 저작권자를 누구로 하느냐 하는 것은 그 관여자들에게는 매우 중요한 문제이며 여러 가지 정책적 고려를 필요로 한다.

이하에서는 저작권귀속의 일반원칙과 직무저작의 경우의 예외를 포함하여 영상저작물의 특례 규정의 내용과 그 문제점 및 방송영상저작물의 권리귀속에 관한 개선방안을 검토한다.

2. 저작권귀속의 일반원칙

우리나라 저작권법은 창작자원칙에 서 있다. 즉 저작권법은 "저작자는 저작물을 창작한 자를 말한다(제2조 제2호)"고 정의하고, 저작자에게 저작인격권과 저작재산권을 부여하여(제10조 제1항), 저작물의 창작자를 저작재산권과 저작인격권을 아우르는 저작권 향유의 주체로 규정하고 있다.

저작권법상 업무상 저작물은 법인·단체 그 밖의 사용자의 기획 하에 법인 등의 업무에 종사하는 자가 업무상 작성하는 저작물을 말한다(저작권법 제2조). 법인 명의로 공표되는 업무상 저작물의 경우 저작자는 계약 또는 근무규칙 등에 다른 정함이 없는 경우 그 법인이 된다(제9조).[84] 업무상 저작물의 경우 법인 등을 저작자로 봄으로써 저작재산권뿐 아니라 저작인격권까지 법인 등에 귀속시키고 있다.

영상저작물에도 업무상 저작물에 관한 규정이 당연히 적용된다. 영상저작물의 저작자도 창작자원칙에 의하여 결정되어야 하나, 영상저작물이 업무상 저작물에

84) 판례는 저작권법 제9조는 법인, 단체, 그 밖의 사용자의 기획 하에 법인 등의 업무에 종사하는 자가 업무상 작성하는 저작물로서 법인 등의 명의로 공표된 것의 저작자는 계약 또는 근무규칙 등에 다른 정함이 없는 때에는 그 법인 등이 된다고 규정하고 있는 바 위 규정에 따라 법인이 저작권을 취득하기 위해서는 법인이 저작물을 창작함에 있어서 주도권을 가지고 제작을 총괄적으로 기획하는 역할을 하여야 하고 법인과 업무종사자 사이에 사용관계의 존재, 즉 업무종사자가 법인으로부터 실질적인 지휘·감독을 받는 지위에서 업무상 작성한 것이어야 하며 나아가 저작물의 공표 명의가 법인이어야 한다. 따라서 이러한 요건을 충족하여 영상저작물이 만들어질 경우 그 저작물은 법인이 곧바로 저작자가 될 것이지만, 위 요건을 충족하지 못한다면 법인의 기관이나 수족으로 창작행위를 한 피용자의 저작물이라 하더라도 저작자를 법인으로 볼 수 없고, 현행법상 그 저작권은 창작행위에 관여한 자연인에게 귀속될 수밖에 없다고 판단하였다. 서울고법 2000. 9. 26. 자 99라319 결정.

해당하는 경우에는 창작자원칙의 예외가 인정된다. 따라서 영상저작물에 관한 권리의 특칙(제100조 제1항)이 적용되는 경우란 영상저작물이 업무상 저작물에 해당하지 않는 경우이다. 동조는 업무상 저작물에 해당하지 않는 영상저작물의 유통을 원활히 하고 그 권리관계를 명확히 하기 위하여 적용되는 것이다. 판례에서도 법인이 총괄적 기획 및 지휘·감독을 하여 창작된 영상저작물에 관하여 영상제작자에 대한 특칙과 관계없이 바로 업무상 저작물로서 법인에 저작권이 귀속하는 것으로 판단하였다.85)

방송영상저작물과 관련하여 연출가(PD)가 방송사업자의 직원으로서 업무상 제작에 참여하고 방송국의 명의로 공표됨으로써 그 드라마가 업무상 저작물로 되는 경우에는 저작권이 방송사업자에 귀속될 것이므로 이때에는 연출가에게 저작인격권도 인정되지 않는다. 한편 영상제작물에 등장하는 크레딧86)에 대하여는 업무분담표시에 불과한 것으로 업무상 저작물의 요건으로서 기명성에는 해당하지 않는다고 할 것이다.87)

우리 저작권법은 영상저작물을 저작물의 하나로 예시하고 있으나(제4조 제1항 제7호), 방송에 대하여 명시적으로 저작물의 한 유형으로 분류하고 있지는 않다. 따라서 방송자체는 저작인접권으로 보호될 뿐이며, 녹음·녹화된 방송이 저작물성을 갖추는 경우 음악저작물이나 영상저작물로서 보호될 수 있게 된다.

따라서 방송영상저작물의 권리귀속과 관련해서도 영상저작물의 경우의 법규정이 적용된다. 앞에서 살펴본 바와 같이 영상저작물의 권리귀속과 관련해서는 영상저작물의 작성에는 많은 사람들이 참여하게 되는데, 저작권법의 관점에서 크게 고전적 저작자, 근대적 저작자, 실연자로 구분가능하다. 고전적 저작자는 영상저작물의 작성에 기존의 자기의 저작물을 이용하는 자로서, 소설가, 방송작가, 시나리오작가, 미술저작물의 저작자, 음악저작물의 저작자 등이 해당된다. 근대적 저작자란 영상저작물의 작성에 저작자로서의 활동을 한 자로 감독, 연출, 촬영, 미술 등을 담당하는 자가 해당된다. 실연자란 배우나 가수 등으로 저작자는 아니나

---

85) 서울고등법원 2000. 9. 26. 자 99라319 결정에서 법원은 "이 사건 영상시연물은 신청인회사의 직원이던 피신청인들이 신청인의 총괄적 기획 및 지휘·감독하에 창작한 작품으로서 신청인 명의로 외부에 공표되었으므로 그 저작권은 영상제작자에 대한 특칙과 관계없이 바로 법인인 신청인에게 귀속된다고 하여야 할 것이다"고 하였다.

86) 크레딧은 (방송)영상저작물 제작에 기여한 자의 이름을 그의 역할과 함께 열거하는 것을 말한다.

87) 정상조(2007), [홍승기 작성부분] 944면도 같은 견해이다.

저작인접권자로서 자기의 실연에 대하여 일정한 권리를 갖는다.

이와 같이 우리나라 법은 영상저작물의 저작자에 대하여 명문의 규정을 두고 있지 않으므로 저작자의 생존 여부가 보호기간을 정하는데 기준이 되는 일반원칙이 적용되게 되면 영상저작물의 보호기간이 확정되지 않는 문제점 때문에 보호기간의 특칙을 두어, 공표일 또는 창작일이 기준이 되도록 하고 있다(제42조).[88]

우리나라는 법제도와 실무 양면에서 영상저작물의 이용과 관련하여 저작권 등의 권리를 영상제작자에게 집중하는 방안이 채택되고 있다. 특히, 우리나라 저작권법상 영상저작물에 관한 특례에서 영상저작물에 대해 감독, 실연자, 원저작자 등과 영상제작자인 영상제작자와의 관계에 특별한 규정을 두고 있다. 영상저작물의 특례규정은 저작물의 영상화(법 제99조), 영상저작물에 대한 권리(법 제100조) 및 영상제작자의 권리(법 제101조)를 규정하고 있는데 이와 관련해서는 이하에서 상세히 살펴보기로 한다.[89]

3. 위탁저작물의 저작권귀속

방송저작물이 위탁저작물인 경우에 방송사업자 또는 독립제작사가 드라마의 저작자로 의제되기 위하여는 법인·단체 그 밖의 사용자가 저작물의 작성에 관하여 기획할 것, 저작물이 법인 등의 업무에 종사하는 자에 의하여 작성될 것, 업무상 작성하는 저작물일 것, 저작물이 법인 등 사용자의 명의로 공표될 것, 계약 또는 근무규칙 등에 다른 정함이 없을 것의 요건을 갖추어야 한다. 이러한 요건을 갖추지 못하는 경우 창작자 원칙에 의하여 위탁저작물의 저작권귀속이 결정될 것이다. 이에 대한 상세한 내용은 제3장 관련 절에서 살펴보기로 한다.

4. 우리나라 저작권법상 영상저작물의 특례규정의 해석

가. 저작물의 영상화

먼저 우리 저작권법은 저작물의 영상화에 관한 규정을 두고 있는데 여기에서

---

88) 제42조(영상저작물의 보호기간) 영상저작물의 저작재산권은 제39조 및 제40조에도 불구하고 공표한 때부터 70년간 존속한다. 다만, 창작한 때부터 50년 이내에 공표되지 아니한 경우에는 창작한 때부터 70년간 존속한다.

89) 이에 대한 국내논문으로는 이해완(2011); 방석호(2004); 홍준규(2002); 김경제(1997); 문남숙(1996); 김상중(1995); 최현호(1992); 박성호(1992); 박성호(1991); 김수일(1989) 등이 있다.

영상화되는 저작물은 소설, 만화와 같은 어문저작물에 한정되지 아니하고 음악저작물, 미술저작물 등이 포함된다고 할 것이다.[90] 따라서 영상화권이라고 하면 어문저작물 등의 2차적 저작물인 영상저작물을 작성할 2차적 저작물 작성권을 말하나 그에 한정되지 아니하고 음악저작물이나 미술저작물을 변형없이 영상화에 이용하는 경우를 포함한다.[91] 영상제작자는 원저작물의 저작권자가 가지는 영상화권을 양수하거나 영상화 허락을 받아 영상저작물을 제작하게 된다. 우리 저작권법은 저작권자가 저작물의 영상화를 허락한 경우에 특약이 없는 때에는 (i) 영상저작물을 제작하기 위하여 저작물을 각색하는 것, (ii) 공개상영을 목적으로 한 영상저작물을 공개상영하는 것[92], (iii) 방송을 목적으로 한 영상저작물을 방송하는 것[93], (iv) 전송을 목적으로 한 영상저작물을 전송하는 것[94], (v) 영상저작물을 그 본래의 목적으로 복제·배포하는 것, (vi) 영상저작물의 번역물을 그 영상저작물과 같은 방법으로 이용하는 것을 포함하여 허락한 것으로 추정하고 있다(제99조 제1항). 따라서 원저작물의 저작권자는 위에서 언급한 이용 허락 유형에 해당하지 않는 경우나 그러한 허락을 한 사실이 없음을 입증하여 영상제작자의 그러한 영상저작물 이용행위를 금지할 수 있다.[95]

따라서 방송영상제작자가 원저작자 등으로부터 받는 방송을 위한 영상화허락을 받은 경우에는 방송영상저작물 제작을 위한 각색을 하고(동조 제1호), 방송영상저작물을 방송하거나(동조 제3호)[96], 방송영상저작물을 복제·배포하고(동조 제5호), 방송영상저작물을 번역하여 방송 목적으로 해외에 판매하거나(동조 6호), 또는 그러한 판매를 위한 복제를 하는 것은 무방하다. 그러나 방송을 목적으로 영상화 허락을 받아 제작한 방송영상저작물을 인터넷 등으로 전송하거나(동조 제4호) 공개상영할 수는 없다(동조 제2호). 따라서 방송영상저작물과 관련하여 방송프

90) 동지 최현호(1992), 254면; 장인숙(1996), 14면; 이해완(2012), 734면.
91) 동지 이해완(2012), 734면.
92) 따라서 방송을 목적으로 영상화 허락을 받고 제작한 영상저작물을 공개상영할 권리는 없다.
93) 따라서 공개상영을 목적으로 영상화 허락을 받고 제작한 영상저작물을 방송할 권리는 없다.
94) 따라서 전송을 목적으로 영상화 허락을 받고 제작한 영상저작물을 방송할 권리는 없다.
95) 구저작권법 제74조 제1항[2003.5.27. 법률 제6881호로 개정되기 전 법률]은 저작권자가 영상화를 허락하면 달리 특약이 없는 한 위에서 언급한 이용행위를 할 수 있는 권리를 포함하여 허락한 것으로 본다고 규정하여 추정규정이 아니라 간주규정을 두었으므로 저작권자가 반증을 들어 이용허락 사실이 없음을 부인할 수 없었다. 원저작권자의 보호를 위한 개정이라고 할 수 있다.
96) 재방송을 함에 있어서도 별도의 허락이 필요한 것은 아니다. 다만 1회의 방송에 한한다는 특약을 한 경우에는 재방송을 할 수 없다. 동지 최현호(1992), 262면, 이해완(2012), 735면. 다만 후술하는 바와 같이 재방송의 경우 별도의 대가를 지급하는 특약을 맺는 관행이 있다.

로그램의 제작자가 방송영상저작물을 영화관 등에서 공개상영하거나 인터넷 등을 통하여 전송하고자 할 때에는 소설가 등 원저작물의 저작권자로부터 영상화에 대해 허락을 얻을 당시 특약으로 그러한 권리를 확보하여야 함을 유의하여야 한다. 영상화 허락을 받은 경우 영상제작자는 몇 차례고 재영상화를 할 수 있는지가 문제되나 우리 법상 독일과 같이 재영상화 허락은 포함되지 않는다는 명문의 규정이 없다 하더라도 재영상화할 수 있다는 특약이 없는 한 별도의 허락을 받아야 한다고 해석하여야 할 것이다.

또한 원저작물의 저작권자가 한번 영상화를 허락하면 5년 이내에는 제3자에게 다시 영상화를 허락할 수 없다(저작권법 제99조 제2항). 영상제작자가 제작한 영상저작물을 이용하여 제작비 등을 회수할 최소한의 기간을 부여할 필요가 있기 때문이다. 영상제작자가 자신이 제작한 영상저작물에 대하여 장기의 독점권을 누리고 싶은 때에는 원저작물의 저작권자와 별도의 특약을 하여 아예 영상화권을 양도받거나 독점적 이용허락기간을 5년 이상으로 하여 제3자에 대한 영상화 허락을 금지할 수 있다.

Netibee 캐릭터 사건 – 공동저작물의 저작재산권행사의 합의

부산지방법원 2005. 4. 12. 고지 2005카합77 결정

● 사실의 개요

신청인인 주식회사 썸엔터미디어는 두 중국법인과 Netibee 캐릭터를 이용한 애니메이션의 공동제작계약을 체결하면서 '중국 내 모든 판권은 중국법인이 갖는다'고 약정하였다. 이에 중국법인은 중국 내에서 판매할 2차적 저작물로서 다양한 형태의 온라인 콘텐츠의 개발・제작 작업을 진행하였고 국제행사에서 Netibee 온라인 게임과 다양한 콘텐츠를 개발하는 프로젝트, 캐릭터 북 등을 홍보하였다. 이에 대하여 원고는 2차적 저작물의 작성권은 저작권자 전원의 합의에 의하지 않으면 행사할 수 없음이 법리상 명백한데, 신청인은 그에 관해 아무런 동의 내지는 합의를 해 준 적이 없으므로 피신청인은 신청인의 저작권을 침해하는 것이라는 등을 이유로 소를 제기했다.

● 판시사항

이 사건 원저작물은 공동저작물에 해당되므로 중국법인이 이를 이용한 2차적 저작물을 작성하기 위해서는 원고를 포함한 저작재산권자 전원의 동의를 얻어야 함이 원칙이라고 할 것이나, 양측이 체결한 계약서를 살펴보면, Netibee에 대한 중국 내 모든 판권은 중국법인에게 귀속된다고 규정되어 있는데, 이는 원저작물뿐만 아니라 2차적 저작물도 포함되는 것으로 보인다. 따라서 Netibee 중국 내 모든 판권의 귀속에 관한 위 합의는 공동저작물의 저작재산권의 행사방법으로서의 합의에 해당된다고 할 것이므로, 중국 내에서 판매할 2차적 저작물을 제작하는 것은 그에 관한 신청인의 직접적인 동의가 없더라도 적법하다고 할 것이다.

● **평석**

공동저작물의 경우 장래 분쟁을 피하기 위해서는 그 저작권행사에 관한 사전 합의가 필요함을 보여 주는 사례이다. 본건의 경우 공동저작물의 저작권귀속에 관한 합의를 공동저작물의 저작재산권의 행사방법에 관한 합의로 본 것에 특징이 있다. 중국 내 모든 판권이 귀속되면 2차적 저작물을 작성할 권리도 행사할 수 있는 것으로 본 것이다.

나. 영상저작물에 대한 권리

(1) 영상저작물의 저작자

우리 저작권법은 영상저작물 자체의 저작자가 누구인지에 대하여 명문의 규정을 두고 있지 않으므로 일반 원칙에 따라 영상저작물을 창작한 자가 저작자로 될 것이다. 구체적으로는 저작권법이 영상저작물에 대한 권리를 규정하면서 영상저작물의 제작에 협력할 것을 약정한 자가 그 영상저작물에 대하여 저작권을 취득할 수 있음을 전제하고 있으므로(제100조 제1항)[97] 영상저작물의 제작에 협력할 것을 약정한 자가 영상저작물의 저작자 내지 저작권자가 될 수 있다 할 것인바 실연자는 저작인접권자로서 보호되므로 실연자를 제외한다면 영상저작물에 수록되는 소설, 각본, 음악, 미술 등 원저작물의 저작자 즉 고전적 저작자와 영상저작물의 제작, 감독, 연출, 촬영, 미술, 녹음, 편집 등을 담당하여 영상저작물의 전체적 형성에 창작적으로 기여한 근대적 저작자가 관련된다. 영상제작자도 영상저작물의 전체적 형성에 창작적으로 기여하는 한 저작자가 될 수 있다.[98] 영상저작물의 저작자가 누구인가에 관하여는 견해가 나뉘고 있다. 다만 어느 견해를 취하든 영상저작물의 저작자가 그 저작권자로 된다고 하는 점에서는 차이가 없다.

97) 앞서 본 영상화권에 관한 규정과 마찬가지로 구 저작권법 제75조 제1항은 영상저작물의 저작자의 이용권이 영상제작자에게 양도된 것으로 본다는 간주규정을 두고 있었다.
98) 앞서 본바와 같이 일본 저작권법 제16조는 이를 명문으로 인정하고 있다.

첫째, 근대적 저작자만 영상저작물의 저작자가 된다는 견해이다. 영상저작물에 수록되는 소설, 각본, 음악, 미술 등 원저작물의 저작권자는 저작물의 영상화를 허락하는 자에 해당하고 실연자에 관하여는 따로 규정이 있으므로(제100조 제3항) 영상저작물의 제작에 협력하여 저작자가 되는 자는 영상저작물의 제작, 감독, 연출, 촬영, 미술, 녹음, 편집 등을 담당하여 영상저작물의 전체적 형성에 창작적으로 기여한 근대적 저작자를 의미한다고 본다. 결국 영상저작물은 이들 근대적 저작자의 공동저작물이 된다고 한다.[99]

영상저작물이 근대적 저작자의 공동저작물이 된다는 견해를 취하면서도 우리 저작권법은 실연감독을 실연자로 보고 있으므로(법 제2조 제4호) 실연감독은 저작자와 실연자로서의 지위를 함께 가진다는 견해가 있고, 오히려 실연자의 정의에 감독을 포함하는 것에 의문을 제기하면서 실연자를 포함하는 저작인접권자와 저작자 내지 저작권자의 구별기준이 창작성에 있으므로 그의 저작물에 창작성이 없는 감독은 실연자가 된다고 해석하는 견해가 있다.[100]

우리 판례 중에도 방송드라마를 방송극본의 2차적 저작물로 보거나 영화감독을 영화제작에 참여한 각 분야 전문가들과 함께 근대적 저작자 중 1인으로서 공동저작자로 본 예가 있는데, 이는 근대적 저작자를 영상저작물의 저작자로 보는 입장이라고 할 것이다.[101]

'두만강 700리' 사건 – 공동저작자가 되기 위한 요건

서울남부지방법원 2004. 5. 21. 선고, 2003가합8504 판결

● **사실의 개요**

피고 MBC는 두만강 일대의 조선족들의 역사와 문화유산, 생활풍속 등을 주된 내용으로 하는 '두만강 700리'(가제)라는 TV 영상물을 제작하기 위해 중국 연변백두산

---

99) 오승종(2013), 977면; 이해완(2012), 730면; 박성호(1991), 21-22면; 최현호(1992), 266면; 정상조(2007) [홍승기 작성부분] 946-947면.

100) 최현호(1992), 265면.

101) 서울고등법원 1984. 11. 28. 선고 83나4449 판결은 방송극작가들인 원고들이 저작한 방송극본을 토대로 TV드라마 녹화작품을 제작하는 것을 방송극본의 2차적 저작물을 작성하는 것으로 보았다. 또한 신상옥감독이 북한에서 제작한 영화의 저작자에 관하여 서울고등법원 1999. 10. 12. 고지 99라130 결정은 "영화의 감독은 영화제작에 참여한 각 분야 전문가들과 함께 근대적 저작자 중 1인으로서 공동저작자"가 된다고 판시하였다.

티브이 예술센터를 운영하던 원고 박시욱과 협의서를 작성하였다. 이에 원고는 피고 측 취재인원들의 중국 입국 및 체류와 현장취재, 촬영장비의 중국반입을 책임지기로 약정하였다. 이후 피고는 두만강 일대를 촬영하여 영상물을 제작, 텔레비전을 통해 방영하였다. 원고는 이 사건 영상물의 제작기획, 감독, 카메라촬영, 제작편집 등에 직접 참여함으로써 이 사건 영상물의 제작에 창작적으로 기여하였다고 주장하며, 피고에 대하여 원고도 이 사건 영상물에 대한 공동저작자임에 대한 확인의 소를 제기하였다.

● **판시사항**

공동저작자가 되기 위해서는 저작물의 창작에 관여하여야 한다. 이 사건 영상물의 제작을 위한 촬영을 함에 있어, 원고가 피고 측 취재인원들에게 숙박시설, 방한복, 식사 등을 제공하고 현지 안내를 해 준 사실, 중국 도문의 변경지역은 북한과의 경계지역인 관계로 경계가 삼엄하여 피고측 취재인원이 접근할 수 없자, 피고 측 취재인원이 동행하던 원고 측 안내인에게 부탁하여 그로 하여금 피고 측의 카메라를 가지고 10분 정도 촬영하도록 한 사실은 인정되나, 이를 가지고 이 사건 영상물의 창작에 관여하였다고 볼 수는 없다.

● **평석**

본 판결은 공동저작자의 성립요건으로서 저작물에 창작적 기여를 하여야 함을 분명히 한 점에 의의가 있다. 단순히 저작을 위한 편의를 제공하고 10분 정도 촬영한 것만으로는 창작적 기여에 해당하지 않음을 보여 주었다. 영상저작물의 촬영에 관여한 자가 저작권을 주장할 가능성이 있으므로 저작권의 귀속에 관한 명시적인 사전합의를 해 두어야 함을 보여 주는 사례이다.

둘째, 근대적 저작자와 고전적 저작자의 일부를 포괄한다는 견해이다. 영상저작물의 전체적 형성에 창작적으로 기여한 근대적 저작자뿐 아니라 소설을 제외하고 직접적으로 영상저작물에 들어가는 각본, 음악, 미술 등 원저작물의 저작권자도 포함한다고 보는 입장이다.[102] 저작권법이 영상저작물의 제작에 사용되는 소설·각본·미술저작물 또는 음악저작물 등의 저작재산권은 영상저작물에 관한 권리 양도 규정으로 인하여 영향을 받지 아니한다고 규정(동법 제100조 제2항)하는 것도 우리법이 영상저작물의 저작자를 근대적 저작자로 한정하고 있지는 않다는 근거가 된다고 본다.

우리 판례 중 두 번째 견해를 취하고 있는 것으로 보이는 것이 있는데, 영상

102) 송영식 외(2013), 707면 각주 254.

저작물의 저작자와 관련하여 영상저작물의 전체적 형성에 창작적으로 기여한 자, 즉 시나리오작가, 감독, 프로듀서, 미술감독, 촬영감독 등 독립한 분야의 감독, 필름편집자 등을 공동저작자로 보고, 영화의 시나리오 작가 겸 연출 감독은 주된 저작자로 보았다.[103)]

생각건대 먼저 특히 문제가 되는 것은 영상저작물 저작에 이미 존재하는 소설, 각본, 음악, 그림, 사진 등의 저작물이 이용되는 경우에는 그 저작물의 저작권자의 이용허락을 받아 이용하는 것이고 그 저작권자가 영상저작물의 저작자가 되지 않는 것은 명확하다 할 것이다. 저작권법이 영상저작물의 제작에 사용되는 소설·각본·미술저작물 또는 음악저작물 등의 저작재산권은 영상저작물에 관한 권리 양도 규정으로 인하여 영향을 받지 아니한다고 규정하는 것[104)]은 이 취지를 천명한 것이라 할 것이다. 그러나 영상저작물의 저작과정에서 각색자, 음악가, 미술가 등이 참여하는 경우는 별도로 고찰하여야 할 것이다. 영상저작물은 다수의 저작자가 공동으로 참여하는 공동저작물이므로 공동저작물의 저작자로서의 요건을 갖추고 있는 자가 영상저작물의 저작자가 되고 그렇지 못한 자는 영상저작물의 저작자가 아니라고 보아야 할 것이다. 공동저작물은 2인 이상이 공동으로 창작한 저작물로서 각자의 이바지한 부분을 분리하여 이용할 수 없는 것을 말하므로(법 제2조 제21호), 영상저작물의 제작, 감독, 연출, 촬영, 미술, 녹음, 편집 등을 담당하여 영상저작물의 전체적 형성에 공동하여 창작적으로 기여하였고 그 기여한 부분을 분리하여 이용할 수 없는 경우에 영상저작물의 저작자가 된다고 보아야 할 것이다. 따라서 시나리오 작가, 음악, 미술 담당자 등은 영상저작물의 창작에 공동으로 기여하였다 하더라도 그 기여한 부분을 분리하여 이용할 수 있으므로 영상저작물의 저작자로는 되지 아니한다 할 것이다.[105)] 다만 그들이 자신

103) 영화 '배니싱 트윈(Vanishing Twin) 사건에 관한 서울지방법원 2002. 7. 9. 선고 2001가단1247 판결에서도 "영상저작물의 경우 그 전체적 형성에 창작적으로 기여한 자, 즉 시나리오작가, 감독, 프로듀서, 미술감독, 촬영감독 등 독립한 분야의 감독, 필름편집자 등이 공동저작자라고 해석되므로 이 사건 영화의 시나리오 작가 겸 연출 감독은 주된 저작자로 판단된다"라고 판시하였다.

104) 저작권법 제100조 제2항 참조.

105) 시나리오 작가, 작곡자, 작사자, 독립된 미술품을 저작한 미술가 등은 특약이 없는 한 자신의 저작물을 따로 이용하거나 제3자에게 이용허락하여 창작의 대가를 회수할 수 있으므로 이들을 영상저작물의 저작자로 하여야 할 현실적인 이유가 없다. 드라마의 주제가나 배경음악 등의 OST가 별도의 이용허락의 대상이 되고 또 그러한 이용허락으로 막대한 수입을 올리는 사례가 적지 않다. 위에서 본바와 같이 저작권법 제100조 제2항이 영상저작물의 제작에 사용되는 소설·각본·미술저작물 또는 음악저작물 등의 저작재산권은 영상저작물에 관한 권리 양도 규정으로 인하여 영향을 받지 아니한다고 규정하는 것도 이러한 취지를 밝히고 있는 것이다.

이 기여한 부분의 분리이용을 포기하는 약정을 한 때에는 영상저작물의 저작자에 준하여 취급하여야 할 것이다.

'빛은 내 가슴에' 저작인격권 침해사건

서울고등법원 2001. 10. 11. 선고 2000나36738 판결[106)]

● 사실의 개요

원고 이기원 감독은 한국인 최초의 맹인 박사인 강영우 박사의 수기를 영화화한 '빛은 내 가슴에'라는 제목의 극영화 작품(본 극영화라 함)을 제작하여 피고 삼성물산에게 그 저작권을 양도하였다. 피고 KBS 영상사업단은 성탄절특집방송을 위하여 삼성물산과 본 극영화에 대한 공중파TV방영권계약을 체결하고 본 극영화의 분량(약 107분 50초)이 방영시간(약 90분)을 초과한다는 이유로 이기원의 동의를 얻지 않은 채 일부를 삭제·편집하였다. 그 과정에서 영화 내용 중 일부 장면, 처음과 마지막의 서브타이틀 장면, 한글번역 자막이 삭제되어 방송되었다. 이에 원고는 피고들에게 저작인격권 침해로 인한 손해배상을 청구하였다.[107)]

● 판시사항

TV방영판권 양수인인 KBS 영상사업단이 영화제작자(영화감독)의 동의 없이 극영화의 장면 중 일부를 삭제하거나 극영화에 포함되어 있던 한글 자막 없이 TV로 방송되도록 하였다면 이는 TV방송의 기술적 제약으로 불가피한 것으로 인정되지 않는 한 동일성유지권 등의 저작인격권을 침해하는 것이다.

● 평석

본 판결은 극영화가 TV로 방송되면서 편집이 허용될 수 있는 기준을 명확히 한 데 의의가 있다. 방영시간 제한으로 인한 영화의 삭제·편집은 TV방송의 기술적 한계로 불가피한 경우에 해당하지 않으므로 방송사업자가 저작권자의 동일성유지권을 침해하지 않기 위해서는 사전에 방영시간을 고려한 삭제·편집권을 부여받아야 할 것이다.

---

106) 【원심판결】 서울지법 2000. 6. 13. 선고 98가합86092 판결.
【대법원판결】 대법원 2002. 3. 15. 선고 2001다72272 판결.

107) 실제 사례에서는 저작인격권 침해뿐 아니라, TV 조기 방영으로 인한 손해배상청구도 하였으나 해당 부분은 기각되었다.

(2) 영상제작자의 저작물에 관한 권리 양수의 추정

앞서 본바와 같이 감독 등 영상저작물의 저작자 내지 저작권자가 영상제작자와 영상저작물의 제작에 협력할 것을 약정하였으면 그 영상저작물의 이용을 위하여 필요한 권리는 영상제작자가 양도받은 것으로 추정된다(저작권법 제100조 제1항). 여기서 영상제작자에게 양도되는 권리의 범위에 대하여 판례는 그 영상저작물을 본래의 창작물로서 이용하는 데 필요한 권리에 한정되고[108] 그 영상저작물과 별개의 새로운 영상저작물을 제작할 권리까지 포함하는 것은 아니라고 한다.[109] 당해 영상저작물을 이용하기 위한 목적이라면 예고편의 제작 또는 방송용 편집을 하거나 다른 매체에 수록하는 것은 무방하다고 새겨야 할 것이다. 따라서 뮤직비디오 등 새로운 영상저작물로 제작하려는 영상제작자는 영상저작물의 저작권자와 별도의 특약을 하여야 한다.

(3) 영상저작물의 원저작물에 대한 권리

영상제작자가 영상저작물의 이용을 위하여 필요한 권리를 영상저작물의 저작자로부터 양도받았다 하더라도 영상저작물의 제작에 사용되는 소설·각본·미술저작물 또는 음악저작물 등 원저작물의 저작권은 이에 영향을 받지 않고 원저작물의 저작자에게 귀속한다(저작권법 제100조 제2항). 원저작물이 이용된 영상저작물과 별개로 원저작물 자체의 저작권은 원저작물의 저작자에게 남는다는 당연한 법리를 저작권법이 주의적으로 확인한 것이다.

---

108) 대법원 1997. 6. 10. 선고 96도2856 판결.

109) 실연자의 권리양도에 관하여 위 대법원 판례에 앞서 서울지방법원 1996. 10. 9. 선고 96노2800 판결은 같은 취지로 판시한바 있다. 동 판결은 구 저작권법 제2조가 영상저작물의 이용형태에 관하여 복제(제14호), 배포(제15호), 발행(제16호), 공표(제17호) 등 영상저작물을 전체로서 이용하는 형태만을 규정하고 있을 뿐 영화의 일부 장면을 분절·편집하여 광고, 음반 또는 LD 등을 제작하는 형태에 관하여는 따로 규정하고 있지 아니한 점, 저작권법 제4장에서 저작인접권을 저작재산권과 구별되는 독립적인 권리로 규정하고 있는 점, 기타 저작권법의 입법취지 등에 비추어 볼때 저작권법 제75조 제3항에 의하여 영상물의 실연자가 영상제작자에게 양도한 것으로 간주되는 "영상저작물의 이용을 위하여 필요한 권리" 또는 "영상저작물의 이용에 관한 녹음·녹화권, 실연방송권"이라 함은 영상제작물을 전체로서 이용하는 권리, 예컨대 영화의 경우 영화필름을 복제하거나 상영할 권리, 텔레비전에 방영할 권리, 비디오테이프로 제작·판매할 권리 따위에 국한되고 이 사건과 같이 영화의 일부 장면만을 분절·편집하여 LD를 제작하고 이를 판매할 권리까지 포함된 것이라고는 할 수 없다고 판시하였다.

(4) 실연자의 권리 양수의 추정

영상실연에 관하여 영화제작자와 영상저작물의 제작에 협력할 것을 약정한 실연자의 경우 실연자가 가지는 그 영상저작물의 이용에 관한 복제권, 배포권, 방송권 및 전송권은 특약이 없는 한 영상제작자가 이를 양도받는 것으로 추정된다(저작권법 제100조 제3항). 영상제작자에게 양도되는 권리는 영상저작물을 본래의 창작물로서 이용하는 권리 즉 그 전체로서 이용하는 권리에 한정됨은 영상저작물의 저작권자의 권리 양도와 같다.[110]

영화장면 LD음반제작 사건 – 영상제작자에게 양도된 것으로 보는 실연자의 권리의 범위

대법원 1997. 6. 10. 선고 96도2856 판결[111]

- **사실의 개요**

피고 신세계음향공업주식회사 대표이사는 각 영화 장면의 사용을 위해 영화의 제작사들로부터 각 영화 장면의 사용승낙을 받았지만 실연자로부터 당해 영화 장면에 대한 사용승낙을 받지 않고, 엘디(LD)음반을 제작・판매했다. 원고는 영화배우로 자신의 출연 영화장면이 편집되어 가라오케용 엘디로 이용되고 있음에 저작인접권 침해를 주장하였고, 피고는 영화제작사의 허락을 받은 후 이용하였으며, 영화제작사는 영상저작물의 관한 특례에 따라 실연자의 권리를 모두 양도받은 것으로 추정되므로 위법하지 않다고 항변하였다.

- **판시사항**

구 저작권법(1994. 1. 7. 법률 제4717호로 개정되기 전의 것) 제75조 제3항(실연자의 권리가 영상제작자에게 양도된 것으로 본다는 특례규정)에 의하여 영상제작자에게 양도된 것으로 간주되는 '그 영상저작물의 이용에 관한 실연자의 녹음・녹화권'이란 그 영상저작물을 본래의 창작물로서 이용하는 데 필요한 녹음・녹화권을 말한다. 위 사건의 경우 그 영상제작물을 본래의 창작물로서 이용하는 것이 아니라 별개의 새로운 영상저작물을 제작하는 데 이용하는 것에 해당하므로, 영화배우들의 실연을 이와 같은 방법으로 엘디음반에 녹화하는 권리는 제75조 제3항에 의하여 영상제작자에게 양도되는 권리의 범위에 속하지 아니한다.

---

110) 앞서 본 대법원 1997. 6. 10. 선고 96도2856 판결 및 서울지방법원 1996. 10. 9. 선고 96노2800 판결 참조.

111) 【원심판결】 서울지방법원 1996. 10. 9. 선고 96노2800 판결.

● **평석**

본 판결은 영상제작자에게 양도된 것으로 간주되는 실연자의 권리의 범위에 대한 판단기준을 제시한 점에 의의가 있다. 본 판결에서 영화배우들의 실연을 엘디음반에 녹화하는 권리는 본래의 창작물로 이용하는 것이 아니므로 영상제작자에게 양도되는 권리의 범위에 속하지 않는다고 판시하였으므로 DVD 등을 제작하려는 자는 영상제작자가 실연자들로부터 영상저작물의 2차적 이용에 대한 사전 허락을 받았는지 여부를 확인 한 후 계약을 체결하여야 할 것이다. 그렇지 않으면 법적 분쟁에 휘말릴 소지가 있다.

다. 영상제작자의 권리

영상제작자가 영상제작물의 제작에 협력할 것을 약정한 자로부터 양도받는 영상저작물의 이용을 위하여 필요한 권리의 구체적 내용은 영상저작물을 복제·배포·공개상영·방송·전송 그 밖의 방법으로 이용할 권리이다(저작권법 제101조 제1항).[112] 영상제작자가 양도받는 "영상저작물의 이용을 위하여 필요한 권리"의 의미에 관하여 그 영상저작물의 이용에 관한 일체의 저작재산권으로 해석하는 것이 일의적인 권리처리를 위하여 타당할 것이다. 저작권법은 영상저작물 이용에 관한 권리가 영상제작자에게 있음을 다시 한번 확인하면서 이용의 형태를 한정하고 영상제작자의 투하자본회수를 위하여 영상제작자의 권리를 양도하거나 담보제공 할 수 있음을 명확히 하고 있다. 영상제작자가 영상저작물의 저작권자로부터 양도받는 권리의 법적 성격이 무엇인가에 관하여는 견해의 대립이 있으므로 뒤에서 상세히 살펴보기로 한다.

라. 영상제작자의 권리와 방송사업자의 권리간의 관계

(1) 서

방송사업자가 영상제작자로서 영상저작물을 이용할 권리와 방송사업자로서 가

112) '그 밖의 방법으로 이용할 권리'에 2차적 저작물 작성권이 포함되는지가 문제되는데, 영상제작자가 양도 받는 권리는 영상저작물을 본래의 창작물로서 이용하는 데 필요한 권리에 한정되므로 영상저작물의 2차적 저작물 작성권은 포함되지 않는다는 입장을 오승종(2013), 991면; 이해완(2012), 738면이 취하고 있다. 이러한 논의는 2013년 개정전 구 저작권법 제76조에서 영상제작자에게 양도되는 것으로 간주되는 권리를 복제·배포·공개상영 또는 방송에 이용하는 권리에 한정하다가 2003년 저작권법개정에서 영상저작물을 복제·배포·공개상영·방송·전송 그 밖의 방법으로 이용할 권리로 개정하면서 생긴 문제이다.

지는 저작인접권 간의 관계에 관하여는 다음과 같이 학설이 나누어질 수 있다.

(2) 병존설

방송사업자가 영상제작자로서 영상저작물을 이용할 권리를 취득하더라도 방송사업자로서 가지는 저작인접권이 불필요하게 되지 않고 양 권리가 병존한다는 견해이다.113)

(3) 방송사업자의 권리 불요설

방송사업자가 영상제작자로서 영상저작물을 이용할 권리를 취득하면 방송사업자로서 가지는 저작인접권은 불필요하다는 견해이다. 영상제작자의 권리를 저작인접권으로 이해하면서 같은 저작인접권인 방송사업자의 권리보다 훨씬 범위가 넓은 권리를 취득하기 때문이라고 한다.114)

(4) 소결

방송사업자의 저작인접권과 영상제작자로서 저작물을 이용할 수 있는 권리는 그 대상과 범위를 달리하는 것이라 할 것이다. 방송사업자의 저작인접권은 방송프로그램뿐 아니라 방송신호에도 미치고 그 권리의 범위는 복제권, 중계방송권, 공연권에 한정되는 반면 영상제작자의 저작물 이용권은 방송영상프로그램만을 대상으로 하는 것이고 그 권리의 범위는 영상저작물을 복제·배포·공개상영·방송·전송 그 밖의 방법으로 이용할 권리 전반에 미친다고 해석되므로 양자는 별개로 존재하여야 할 필요가 있다. 따라서 방송사업자가 영상제작자로서 영상저작물을 이용할 권리를 취득하더라도 방송사업자로서 가지는 저작인접권은 소멸하거나 불필요해 지지 않고 양 권리는 병존한다는 견해가 타당하다 할 것이다.

5. 영상저작물의 특례규정의 재검토

가. 방송영상저작물의 저작권 처리규정의 문제점

방송영상저작물의 저작권에 관하여 우리 저작권법상 영상저작물의 특례규정

113) 대다수의 학자들이 이러한 견해를 취함을 밝히지 않는 것은 당연한 것으로 전제하고 있기 때문일 것이다.

114) 방석호(2012), 120면은 이러한 취지를 기술하고 있다.

상의 저작권자 특정의 문제와 영상저작물을 이용할 권리의 개념의 불명확성 등 관련 문제점에 대하여 이하에서 살펴보기로 한다.

(1) 저작권자 특정의 문제

먼저 우리 저작권법은 방송영상저작물의 저작자나 방송영상저작물의 저작권귀속과 관한 명확한 규정을 두고 있지 않다. 이를 좀더 자세히 살펴보면 아래와 같다.

첫째, 영국법, 프랑스법, 유럽연합지침, 일본법 등과는 달리 우리 저작권법에는 방송영상저작물은 물론 영상저작물 일반에 관하여도 저작자가 누구인지에 관한 명문의 규정이 없다. 그러한 불명확성으로 인하여 앞서 본바와 같은 저작자성에 관한 학설 대립을 초래하고 있다.

둘째, 영상저작물의 저작자에 관한 명문 규정을 두지 않더라도 권리관계를 명확히 하는 저작권의 귀속에 관한 규정은 둘 수 있었을 것인데 그에 관한 규정도 없다. 앞서 본 바와 같이 중국법이나 일본법은 저작권의 귀속에 관한 일원적인 명문 규정을 두어 저작권 처리를 간명하게 할 수 있도록 하고 있다.

셋째, 우리 저작권법의 실연자의 정의에는 감독이 포함되는데, 저작자에 감독이 포함되면 감독은 저작자인 동시에 저작인접권자가 되는 문제가 있다. 해석론으로서 실연자의 정의에 포함되는 감독은 창작적 기여를 하지 않는 감독만을 의미하고, 감독도 영상저작물의 제작에 창작적 기여를 하는 경우 저작자로서 보호받게 된다고 하나, 그런 의미라면 정의에 이를 분명히 규정하여야 할 것이다.

(2) 영상제작자가 가지는 권리의 취약성

우리 저작권법상 영상저작물의 특례규정상으로는 영상제작자가 영상저작물에 대하여 가지는 권리가 취약하다.

첫째, 영국법이나 일본법처럼 영상제작자를 저작자로 규정하거나 영상제작자에게 저작권을 귀속시키는 규정을 두지 않고 영상제작자에게 영상저작물의 이용에 관한 권리만을 부여하여 그 권리의 범위와 성격에 관하여 아래에서 보는 바와 같이 심각한 견해의 대립을 가져오게 하고 있다. 영상제작에 참여를 약속한 자가 저작권을 취득하는 경우 양도한 것으로 추정하는 규정만을 두고 있어, 상대적으로 약한 법적 지위에 있다고 할 것이다.

둘째, 영상제작자에게 영상저작물의 이용에 관한 권리만을 부여하더라도 독일

법처럼 영상제작자에게 영상저작물의 이용에 관한 권리를 원시적으로 귀속시킨다면 많은 분쟁을 예방할 수 있다. 그러나 우리 저작권법은 영상저작물의 저작권자나 실연자가 가지는 권리를 양도받는 형식을 취하고 있어 양도대상인 권리의 내용이나 양도의 효력에 관하여 많은 의문을 제기시키고 있다.

셋째, 영상저작물의 이용에 관한 권리가 구 저작권법처럼 영상제작자에게 확정적으로 양도되는 것이 아니라 양도된 것으로 추정될 뿐이다. 우리 저작권법상으로는 영상제작자가 영상저작물의 제작에 협력할 것을 약정한 저작권자와 실연자로부터 그 영상저작물의 이용을 위하여 필요한 권리를 양도 받은 것으로 추정하여 영상저작물의 저작권자나 실연자를 두텁게 보호하고자 하는 취지이나 영상저작물의 저작권자나 실연자는 양도되지 않았음을 입증하여 양도추정을 번복하려는 노력을 하게 되어 많은 분쟁이 발생하고 있다.

(3) 영상저작물을 이용할 권리의 개념의 불명확성

(가) 서

앞서 본 바와 같이 우리 저작권법상 영상저작물의 특례규정에서는 영상저작물의 저작권자가 영상제작자에게 영상저작물의 이용에 관한 권리를 양도한 것으로 추정하는 규정을 두고 있으나, 영상저작물의 저작자가 영상제작자에게 양도하는 영상저작물의 이용에 관한 권리의 범위와 법적 성격에 관하여 해석론에 맡기고 있어 다양한 견해의 대립을 초래하고 있다. 아래에서는 영상제작자가 영상저작물의 제작에 협력할 것을 약정한 자로부터 양도받은 것으로 추정하는 '그 영상저작물의 이용을 위하여 필요한 권리'가 무엇인지를 둘러싼 학설을 살펴보기로 한다.

(나) 견해의 대립

① 법정이용권설

영상제작자가 양도 받는 '영상저작물의 이용을 위하여 필요한 권리'는 저작권법이 창설한 저작물 이용권이므로 일종의 법정이용권으로 보아야 한다고 하는 견해이다.[115]

---

115) 허희성(2000), 184면.

② 용익물권설

영상제작자가 가지는 권리는 저작인접권보다는 저작재산권에 가까우나 영상제작자의 권리는 저작재산권 그 자체는 아니고 저작재산권에 설정되어 영상저작물의 존속기간 동안 존속하는 용익물권에 상당하는 권리로 해석된다는 견해이다.[116)]

③ 저작인접권설

영상저작물의 녹화물이 저작인접물이라고 주장하면서 영상제작자의 권리를 영상제작자의 급부를 보호하기 위한 것으로 저작인접권이라고 하는 견해이다.[117)] 즉 영상제작자에게 저작권을 양도한다는 계약이 없더라도 저작권과 유사한 인접권자로서의 권리를 특별히 구체화하기 위해서 영상제작자인 방송사업자에 대한 저작인접권에 대한 특례적 성격으로 영상저작물 규정이 만들어 졌다고 본다.[118)]

④ 저작재산권설

영상제작자가 저작권자나 실연자로부터 양도받은 저작재산권이라거나,[119)] 영상저작물의 저작재산권이 영상제작자에게 있음을 명확히 함과 동시에 영상제작자에게 양도되는 저작재산권을 복제권, 배포권, 공개상영권, 방송권, 전송권으로 한정하여 그 이외의 저작재산권 즉 공연권, 전시권, 2차적 저작물 작성권을 제외한 것이라는 견해이다.[120)]

⑤ 저작권설

영상저작물에 관한 특례는 영상저작물의 이용의 편의를 위하여 설치된 제도로서 영상제작자의 저작자성을 부인한다 해서 영상물의 이용에 특별한 도움이 될 리도 없으며 도리어 편집물의 총체적 체계 위에 저작권을 인정해 주듯이 영상제작을 총체적으로 기획하고 책임을 가진 자에게 저작인격권을 포함한 저작권을 인정해 줄 충분한 이유가 있고, 저작권법은 영상저작물을 저작물의 일종으로 명시하는 반면에 영화감독 등을 실연자로 정의하는 데에만 그치고 저작자임을

---

116) 이에 대하여는 용익물권이라는 권리의 내용이 명확하지 아니하다는 비판이 있다. 정상조(2007), [홍승기 작성부분] 955-956면.
117) 최현호(1992), 275-276면. 방석호(1999), 10면.
118) 방석호(2012), 117면.
119) 송영식 외(2013), 710면 참조.
120) 윤경(2005), 607면.

밝혀주는 명시적인 규정을 두지 않았으므로 영상제작자의 총체적 저작자로서의 지위를 부인하는 경우에는 해석에 따라 또는 상황에 따라 저작물은 있으되 저작권자가 없다는 기묘한 결과가 생길 수밖에 없으므로 결국 일반론으로 돌아가 영상제작자도 저작자의 지위에 설수 있다고 해석하여 위 규정은 단지 영상제작자의 이용권을 확인하는 정도의 규정으로 보는 것이 순리라는 견해이다.[121)]

(다) 소결

먼저 영상제작자의 권리를 법정이용권이나 용익물권 또는 저작인접권이라고 해석하는 것은 영상제작자가 원시적으로 영상저작물의 이용권을 취득하는 독일과 같은 법제에서는 가능할지 몰라도 영상저작물의 저작권자가 가지는 권리를 영상제작자가 양도 받는 형식을 취하는 우리 저작권법상으로는 불가능한 해석론이라 할 것이다.[122)] 이러한 해석론이 타당하려면 영상저작물의 저작권자가 영상제작자에게 양도할 법정이용권, 용익물권 또는 저작인접권을 가지고 있어야 할 터인데 저작권자는 저작권만 가질뿐 그와 별도의 법정이용권, 용익물권 또는 저작인접권을 가지는 것은 아니다. 저작권자가 양도할 수 있는 권리는 저작권이므로 영상제작자가 가지는 권리는 저작권자가 가졌던 권리의 전부 또는 그 일부라 할 것이다. 물론 저작권자는 자신의 저작권에 기초하여 용익물권을 설정할 수는 있을 것이나 자신이 가지지 않은 용익물권을 양도할 수는 없다 할 것이다.

영상제작자는 실연자의 그 영상저작물의 이용에 관한 복제권, 배포권, 방송권 및 전송권을 양도 받은 것으로 추정되고(저작권법 제100조 제3항), 실연자로부터 영상제작자가 양도 받는 권리는 그 영상저작물을 복제·배포·방송 또는 전송할 권리이므로(동법 제101조 제2항) 결국 실연자로부터 영상제작자에게 양도된 권리는 실연자가 가지고 있던 영상저작물에 관한 복제권, 배포권, 방송권 및 전송권 중에서 그 영상저작물의 이용에 관한 권리가 됨은 의문의 여지가 없다 할 것이다. 즉 실연자가 가지는 당해 영상저작물의 복제권, 배포권, 방송권 및 전송권 전부가 영상제작자에게 양도되는 것이 아니라 실연자의 영상저작물을 본래의 창작물로서 이용하는 권리 즉 그 영상저작물 전체의 이용을 위한 복제권, 배포권, 방송

121) 장인숙(1996), 225-227면. 이 견해에 대하여는 저작인격권의 일신전속성을 고려할 때 해석론의 한계를 벗어난다는 비판이 있다. 정상조(2007), [홍승기 작성부분] 955-956면.

122) 동지 정상조(2007), [홍승기 작성부분] 955-956면. 동 견해는 영상제작자의 권리를 저작인접권으로 해석하는 견해는 독일의 해석론을 그대로 받아들인 것으로서 영상저작물 자체를 복제·배포·공개상연 등을 할 수 있는 권리를 입법적 근거없이 저작인접권으로 이해할 수는 없다고 비판한다.

권 및 전송권만 영상제작자에게 양도된다고 보아야 할 것이다.123)

나아가 영상제작자가 영상저작물의 제작에 협력할 것을 약정한 영상저작물의 저작권자로부터 양도받은 권리도 마찬가지로 해석할 수 있을 것이다. 영상저작물의 저작권자로부터 영상제작자에게 양도된 권리는 저작권자가 가지고 있던 영상저작물에 관한 복제권, 배포권, 공개상영권, 방송권, 전송권 및 기타 저작권 중 영상저작물을 본래의 창작물로서 이용하는 권리 즉 그 영상저작물 전체의 이용을 위하여 필요한 제 권리만 양도된다고 할 것이다.

(4) 방송영상저작물에 관한 특칙의 부존재

앞서 본 바와 같이 방송저작물 특히 방송영상저작물은 저작권관계의 복잡성, 방송제작자의 존재의 중요성, 제작자금의 거액성과 회수의 필요성, 활용을 통한 수익의 적절한 배분의 필요성, 일품다용(一品多用, OSMU)의 증가, 창작성이 미약한 방송저작물의 존재, 저작과 제작의 동시성 등 다른 영상저작물과 구별되는 특성을 가지고 있으므로 영상저작물에 관한 특례를 바로 방송영상저작물에도 적용하기 보다는 영국, 중국 또는 일본과 같이 방송영상저작물에 적용될 특칙을 따로 마련할 필요가 있다 할 것이나 우리 저작권법에는 그러한 특칙이 존재하지 않는다.

나. 방송영상저작물의 저작권귀속에 관한 새로운 고찰

(1) 서

영상저작물의 특례규정의 개선방안을 마련함에 있어서는 무엇보다도 방송영상저작물의 제작의 목적·형태 측면의 고려가 필요하다. 즉 방송콘텐츠의 주요 공급자로서의 방송사가 공익적 성격을 가지는 점도 무시할 수는 없으나 방송제작에 거액의 제작비를 투입하여 기업 활동으로 방송콘텐츠를 제작하고 공표한다는 점이나 한류의 세계화라는 차원에서도 우리나라의 장래가 달려있는 유망한 산업 분야라는 점을 고려하여야 할 것이다. 한편 저작자의 지위에 서 있는 다수의 참여자가 존재하며 그러한 모든 저작권 행사를 인정하면 영상저작물의 원활한 시장 유통을 저해하게 되는 점 등의 이유에서 특히 방송영상저작물과 극장용 영화

123) 따라서 앞서 본 바와 같이 영상저작물의 일부 장면을 분절, 편집하여 광고, 뮤직비디오, DVD, 가라오케용 음반 등을 제작할 권리까지 영상제작자에게 양도되는 것은 아니다.

에 대하여는 영상저작물의 제작자에게 저작권귀속을 일원화시킬 필요성이 큰 특수한 성격의 저작물이라는 점도 고려에 넣어야 할 것이다. 또한 현재에서 영상저작물의 이용에 관해서는 영화제작자와 저작자 사이의 계약에 따라 영화 제작자에게 권리행사가 맡겨져 있는 실태에 있는 점도 고려해야 할 것이다.

방송영상저작물의 권리 처리를 간편하게 하고 방송영상제작자의 권리를 강화하며 방송영상저작물 제작에의 참여자에 대한 적절한 보상을 하기 위하여 다음과 같은 입법론적 개선방안을 제시하고자 한다.

(2) 방송영상저작물의 저작자에 대한 특례를 인정하는 방안

앞서 본 바와 같이 우리 영상저작물의 특례규정에서는 영상저작물의 저작자에 대하여는 침묵하고 있는바 영상저작물의 저작자를 명시할 필요가 있다. 누구를 저작자로 할 것인가에 관하여는 영상제작자를 저작자로 하는 방안, 총감독을 저작자로 하는 방안, 영상제작자와 총감독 양자를 저작자로 하는 방안이 있을 수 있다. 어느 경우에나 고전적 저작자는 영상저작물의 저작자에서 배제하고 입법으로 이를 분명히 해야 할 것이다. 영상제작자를 저작자로 하는 방안에 있어서도 영상제작자 일반을 저작자로 하는 방안과 방송영상제작자에 한하여 저작자로 하는 방안의 두 가지가 있을 수 있다. 영국의 경우 직접적으로 영상제작자를 영상저작물의 저작자로 보고 있고 독일의 경우에도 구 저작권법 시절 영상저작물의 제작자를 저작자로 하는 조항을 신설하려는 시도가 있었다는 점에서 시사점을 얻을 수 있다.

(3) 방송영상저작물의 저작권귀속에 특례를 인정하는 방안

방송영상저작물의 저작자에 대해서가 아니라 저작권귀속에 특례를 인정하여 특정 단일인에게 저작권을 귀속시키는 방안이다. 여기에도 영상제작자에게 저작권을 귀속시키는 방안, 총감독을 저작권자로 하는 방안, 영상제작자와 총감독 양자를 저작권자로 하는 방안이 있을 수 있다. 영상제작자에게 저작권을 귀속시키는 경우에도 영상제작자 일반에게 저작권을 귀속시키는 방안과 방송영상제작자에 한하여 저작권을 귀속시키는 방안, 그리고 저작권의 전부를 귀속시키는 방안과 일부만을 귀속시키는 방안으로 나누어 볼 수 있다. 저작권을 통일적으로 귀속시키는 경우에도 저작재산권에 한할 수도 있고 저작인격권까지 포함시킬 수도 있다. 중국, 일본 저작권법의 경우 영상저작물의 저작권을 영상저작물의 제작자에게 귀속시키고 있다는 점에서 시사점을 얻을 수 있다.

(4) 영상저작물 저작권 양도의 추정에서 간주로 전환하는 방안

영상제작자가 영상저작물의 제작에 협력할 것을 약정한 저작권자와 실연자로부터 그 영상저작물의 이용을 위하여 필요한 권리를 양도 받은 것으로 추정하는 저작권법(제100조 제1항과 제3항)상의 "추정"이라는 문구를 "간주"로 변경하는 방안이다. 그러나 이 점은 논란의 여지가 있으므로 차라리 앞서 본 저작권귀속에 관한 통일적 규정을 두는 방안이 나을 것이다.

(5) 영상저작물의 저작자의 보호 방안

방송영상저작물의 제작에 참여하여 영상저작물의 저작자로 되었으나 영상저작물의 이용에 관한 권리를 영상제작자에게 양도한 것으로 되어 저작권자로서의 실질적인 혜택을 누리지 못하는 저작자 내지 저작권자들을 보호할 필요가 있다. 물론 영상저작물의 저작자들은 그 제작에 참여하면서 계약을 통하여 자신의 권익을 보호할 조치를 강구할 수 있을 것이나 그럴 기회를 가지지 못하는 경우가 많고 그러한 권익 보호 조치가 사회경제적으로 바람직하지 않을 수도 있다. 따라서 제작자와의 별도의 계약을 통하여 자신의 권익을 보호할 조치를 강구하지 않은 영상저작물의 저작자들이 개별적으로 제3자의 영상저작물의 이용을 저지하는 수단을 행사하도록 하기 보다는 저작권을 보유하게 된 영상제작자를 상대로 수익분배청구권 내지 보상청구권을 행사할 수 있도록 하는 방안이 타당할 것이다.[124] 이 점은 영상저작물에 대한 저작권을 총감독에게 귀속시키는 입법에 있어 저작권을 상실한 참여자들에게 총감독을 상대로 하는 수익분배청구나 보상청구를 허용하는 것과 그 궤를 같이 하는 것이다.

(6) 저작인접권자 보호 방안

영상저작물의 저작권자에 대한 보상청구권 인정문제는 영상저작물의 실연자나 음반제작자에게도 그대로 타당하다 할 것이다. 저작권법에 따르면 영상저작물의

---

124) 앞서 본 바와 같이 중국 저작권법은 영상제작자에게 저작권을 귀속시키되 각색, 연출, 촬영, 작사, 작곡 등을 한 저작자는 영상제작자와 체결한 계약에 따라 보수를 받을 권리를 인정하고 있다(동법 제15조 제1항).

제작에 참여한 실연자도 자신의 권리를 영상제작자에게 양도한 것으로 추정되는 바 실연자가 출연계약에 따라 받는 보수에 실연자의 권리 양도 대가가 포함되어 있다고 인정할 수 없는 경우에는 영상저작물의 방송 기타 2차적 이용으로 영상제작자가 얻는 수익에 대해 보상청구권을 행사할 수 있도록 하여야 할 것이다.

음반제작자에게도 실연자에 준하는 보상청구권을 인정할 것인지는 논의를 요하는 문제이다. 방송사업자가 판매용 음반을 사용하여 방송하는 경우에는 방송사업자는 음반제작자에 대한 보상을 하게 되어 있으나(저작권법 제82조 제2항 참조) 음반을 사용하여 영상저작물을 제작한 경우의 권리처리에 관하여는 규정이 없다. 음반을 영상저작물의 제작에 사용하는 것은 판매용 음반의 방송사용과 이의 전제인 (부수적) 복제 사용(소위 씽크권 등)이 결합된 것으로 기존 저작권법의 복제권 조항에 의해 해결될 수 있으며 방송사와 음악저작권단체는 협약에 이를 반영하여 해결하고 있다. 음악실연자단체 협약의 경우도 이의 연장선상에서 기존 협약에 포함된 것으로 볼 수 있다.

한미FTA협정 체결로 미국 영상저작물의 실연자가 우리나라 법 하에서 보호받을 수 있는지가 문제되는데, 미국 저작권법이 실연자의 권리를 저작인접권으로 보호하고 있지 않으므로 우리나라에서도 마찬가지로 보호받기 어렵고, 아울러 우리나라 실연자들도 미국에서의 저작권보호를 기대하기 어렵다고 할 것이다.

(7) 업무상 저작물의 저작에 관여한 업무종사자의 보호

업무상 저작물도 근무규칙이나 계약에 특칙이 없는 한 사용자가 그 저작자로 되므로 업무종사자는 고용계약(예외적인 경우 도급 또는 위임계약)에 따른 보수만 받을 수 있을 뿐이므로 계약에 따라 받는 보수에 업무종사자의 저작권 상실의 대가가 포함되어 있다고 인정할 수 없는 경우에는 영상저작물의 방송 기타 2차적 이용으로 영상제작자가 얻는 수익에 대해 보상청구권을 행사할 수 있도록 하여야 할 것이다. 이 점은 업무상 저작물에 해당하는 방송영상저작물에 한정한 것이 아니고 방송영상저작물 외의 업무상 저작물 일반에 관한 입법에도 타당하다 할 것이다.

V 결 론

본 장에서는 콘텐츠대국을 향한 방송영상저작물의 제작 및 유통법제 정비의 일환으로서 방송영상저작물의 저작권귀속과 관련하여 외국의 입법례와 우리 저작권법상의 관련 규정을 살펴보면서 우리 입법의 문제점과 그에 대한 개선방안을 방송저작물 산업의 발전을 위한 정책적 고려와 외국 입법례에서 얻은 시사점을 반영하여 제시하였다.

무엇보다도 방송저작물 시장의 활성화를 위하여는 양질의 경쟁력 있는 방송저작물이 다수 제작되고 폭넓게 이용될 수 있는 법제도적 기반이 마련되는 것이 중요하며 이에는 방송저작물의 제작과 이용에 관한 업계의 실무 관행에 대한 철저한 조사와 검토를 거쳐 여러 관련당사자들의 입장을 고려하는 것이 필요하다. 방송저작물산업 발전이라는 측면에서는 주요 방송저작물 제작주체인 방송사업자에게 저작권을 귀속시키면서 방송저작물 제작에 참여하는 자들은 방송사업자에게 수익의 배분을 청구할 수 있도록 하는 방향으로 나아가야 할 것이다. 이를 위하여는 방송저작물 제작에 참여하는 자들의 저작권과 저작인접권을 관리해 줄 단체의 역할이 크다고 할 것이다.

우리 저작권법이 영상저작물의 권리귀속과 수익배분에 관한 명시적인 합의 없이 영상저작물 제작에 협력할 것을 약속한 자가 저작권을 취득하는 경우 영상제작자에게 영상저작물의 이용에 관한 권리를 양도한 것으로 추정하는 규정만을 두고 있어 그동안 수많은 학설과 분쟁의 씨앗이 되어왔던 바 이 영상저작물의 특례규정의 문제점이 입법을 통하여 하루 빨리 해소되어야 할 것이다. 특히 방송영상저작물의 권리처리에는 방송의 특수성을 고려하여 특별한 검토가 있어야 할 것이다.

제 3 장

외주제작과 방송저작권

Ⅰ. 서　　론
Ⅱ. 방송프로그램의 외주제작
Ⅲ. 외주제작 방송프로그램의 저작권귀속
Ⅳ. 위탁저작물의 저작권귀속에 관한 외국 입법례와 그 시사점
Ⅴ. 결　　론

제 3 장

외주제작과 방송저작권

필자 : 박성호

I 서 론

2000년대 중반부터 지상파방송사업자가 당연히 양도 받는 것처럼 여겨지던 외주제작 텔레비전 드라마(영상저작물)의 저작권이 독립제작사에게 유보되는 경우가 종종 발생하여 관련 당사자들이나 전문가들의 주목을 받은 적이 있다. 이에 대해 전문가들은 독립제작사들의 사업규모가 커지면서 독립제작사들이 방송사업자가 아닌 외부 자본을 유치하여 명실상부하게 '사전제작' 방식으로 외주제작 드라마를 제작하여 방송사업자에게 공급하는 사례가 생겨나면서 이러한 현상이 나타난 것으로 분석한다. 이와 같이 외주제작된 텔레비전 드라마의 저작권을 독립제작사가 보유하게 됨에 따라 드라마 방송 이후 파생되는 부가가치를 독립제작사가 관리하여 수익할 수 있는 선진적 제작환경이 마련되었다고 평가하기도 한다.[1]

그러나 이러한 평가에 반대하는 입장에서는 우리나라 외주제작산업의 실태에서는 외주제작 드라마의 제작·유통 시장에서 지상파방송사업자가 사회경제적으로 큰 영향력을 행사하고 있고 이러한 영향력은 방송사업자와 독립제작사 간의 위탁제작계약 체결 과정에도 반영되고 있으며, 그 결과 상당수의 외주제작 드라마의 저작권은 지상파방송사업자에게 귀속되고 있다고 한다. 외주제작 드라마의 저작권귀속과 관련하여 독립제작사에게 귀속하는 일부 현상을 보고 일각에서는

1) 독립제작사가 드라마에 대한 저작권을 보유한 첫 사례는 2005년 문화방송에서 방영한 <슬픈 연가>(김종학프로덕션 제작)를 꼽을 수 있는데 당시만 해도 이는 매우 이례적인 사례로 여겨졌다. 하지만 2006년 이후부터는 그동안 지상파방송사업자에게만 전적으로 귀속되던 드라마에 대한 저작권이 방영 지역을 국내외, 나라별로 분리하여 방송사업자와 독립제작사 간에 이른바 'split right approach'로 보유하거나 아니면 방송사업자는 국내 방송에 대한 이용허락만 받고 저작권은 그대로 독립제작사가 보유하는 경우가 자주 나타나게 되었다. 그러나 외주제작업계 전체 차원에서 보면 이 또한 예외적인 상황에 불과한 것이라고 판단된다.

지상파방송사업자가 외주제작 방송프로그램의 이른바 '플랫폼'으로 전락하는 것은 아닌가 하는 우려를 하기도 한다. 어떻든 방송산업의 성장과 콘텐츠산업의 발전을 고려할 때에 어느 일방 당사자에게 저작권의 귀속이 편중되는 현상은 바람직한 것이 아니다. 창작물에 대한 권리귀속은 창작 과정에 실질적으로 기여한 자에게 귀속되어야 하는 것이 원칙이며 그 권리를 양도하는 경우에는 합리적인 대가가 지급되어야 한다. 이하에서는, 지상파방송사업자와 독립제작사의 어느 한쪽 입장에 치우지지 않고 균형적인 시각에서 '외주제작과 방송저작권' 문제에 대하여 '방송프로그램의 외주제작'(Ⅱ), '외주제작 방송프로그램의 저작권귀속'(Ⅲ), '위탁저작물의 저작권귀속에 관한 외국 입법례와 그 시사점'(Ⅳ)의 순서로 살펴보고자 한다.

Ⅱ 방송프로그램의 외주제작

1. 외주제작제도 - 독립제작자의 정의와 그 기원

독립제작사(Independent Production)는 영상산업의 하위시장인 영상제작산업을 구성하는 경제주체로서 영상물을 제작하는 업무와 관련된 가치창출과정에 참여하는 회사를 말한다. 오늘날 현상적으로는 방송프로그램의 배급수단 또는 그 통로를 보유하는 방송사업자의 이른바 인 하우스 프로덕션(in-house production)이라 불리는 내부 제작부문과 구별된다는 점에서, 그 외부에서 방송프로그램의 제작만을 전문으로 하는 회사를 일컫는다.[2] 요컨대, 독립제작사란 방송프로그램을 제작하여 방송사업자에게 공급하는 업체를 말한다.[3] 독립제작사 대신에 외주제작사라는 용어를 사용하기도 한다.

독립제작사의 기원은 미국 영화산업에서 찾아볼 수 있다. 미국은 1939년 텔레비전 방송을 시작한 이후 1950년대에는 이미 텔레비전 드라마의 황금시대를 맞이하였다. 텔레비전 방송의 시작에 관하여 프랑스와 독일은 1935년에, 영국은 1936년에, 미국은 1939년에 정규방송을 개시하였다. 이와 같이 선진 각국에서 텔레비전 방송이 처음 시작된 것은 1930년대이지만, 텔레비전 방송이 대중매체로서

---

2) 김우룡 · 김영석(1992), 136~137면; 최양수 · 조항제(1994), 7면; 나낙균 편저(2010), 73면 각 참조.
3) 홍승기(2004) 참조.

상업적인 도약을 한 시기는 1940년대 후반부터이다. 제2차 세계대전으로 중단되었다가 그 직후인 1945년에 프랑스와 미국이, 1946년에 영국이 텔레비전 방송을 재개하였다. 미국의 경우 1947년 14,000대에 불과하던 텔레비전 수상기는 1950년대에는 400만대로 늘었고 다시 1950년대 말에는 5,200만대로 늘었다. 이 시기 미국 가정의 텔레비전 보급률은 87%에 이르게 되었다.[4] 1950년대 말에 이르면 텔레비전은 영화(영화관)를 밀어내고 대중 오락산업의 중심 매체로 자리 잡았다. 그래서 당시 미국의 메이저 영화사들과 이들 메이저에 영화배급망을 의존하던 독립제작사들은 텔레비전의 등장과 함께 불황과 침체에 빠지게 된다. 그래서 많은 영화사들은 불황을 타개하기 위해 영화제작과 동시에 텔레비전 드라마의 제작에 참여하기 시작하였다. 아울러 전통적인 할리우드 시스템으로부터 자유로운 젊은 감독들이 1960년대 중반 수많은 독립제작사들을 새롭게 설립하였다. 그러므로 미국에서의 독립제작사는 기존의 영화산업을 기반으로 성장해왔을 뿐만 아니라 지상파 텔레비전 채널에 영화를 판매할 목적으로 새롭게 세워지기도 하였다. 1980년대에 이르러서는 미국의 3대 네트워크의 주 시청시간대(prime time)에 방송되는 프로그램의 90퍼센트 이상이 외부에서 제작되었다.[5]

우리나라에서는 최초의 텔레비전 방송이자 상업방송인 HLKZ-TV가 1956년 5월 12일에 발족하였다. 가시청(可視聽) 지역은 서울을 중심으로 16~24km에 불과하였지만, 개국 초에는 시내 주요 상점에서 가두 텔레비전으로 미국 제품인 RCA 21인치 수상기를 설치하여 많은 사람들의 관심과 이목을 집중시켰다. HLKZ-TV는 1957년 5월 6일 DBC(대한방송주식회사)로 개편하여 방송을 계속하였지만, 1959년 2월 발생한 화재로 HLKZ-TV 시설이 전소되어 결국 DBC는 1961년 문을 닫았다. 그 뒤를 이은 것이 1961년 12월 31일 개국한 국영방송인 KBS-TV(서울텔레비전방송국)이다. 그리고 1964년 12월 7일 민간상업방송인 TBC-TV(동양텔레비전방송주식회사)의 개국과 1969년 8월 8일 MBC-TV(한국문화방송주식회사)의 개국으로, 우리나라 텔레비전 방송은 다양성을 갖추는 한편으로 치열한 경쟁시대로 접어들었다. 그런데 방송의 공공·공익성을 제고한다는 취지에서 1972년 12월 31일 '한국방송공사법'[6]이 제정되면서 1973년 KBS는 국영에

4) 이재희 · 이미혜(1998), 316면.

5) 김우룡 · 김영석(1992), 32~33면; 강현두 · 원용진 · 전규찬(1998), 189면; Daniel Royot(1992), 58~59면, 161면 각 참조.

6) 2000. 1. 12. 법률 제6139호로 종래 방송법을 전면 폐지함과 동시에 신(新)방송법(이른바 '통합방송

서 공영으로 전환되었다. 한편, 1980년 12월 전두환 군사정권에 의한 언론통폐합 조치로 방송사 간에 통폐합이 단행되면서 텔레비전 방송은 KBS-TV와 MBC-TV의 이원 체제로 바뀌었다. 일부 프로그램에 국한되었지만 컬러 텔레비전 방송이 시작된 것도 1980년 12월부터이다. 그 중 KBS-TV는 제1TV(통폐합 전의 KBS)와 제2TV(통폐합 전의 TBC-TV), 교육방송인 신설 제3TV(1990년 12월 EBS로 독립)의 3개 채널을 갖추게 되었다. 그리고 MBC-TV도 전국을 연결하는 네트워크를 갖추어 지역방송이 가능하게 되었다. 1991년에는 서울방송(SBS)이 개국하였으며, 1995년에는 부산・대구・대전・광주・인천 등 5대 광역시에 지역 민간방송이 개설되어 운영되고 있다.7)

우리나라 독립제작사는 1984년 초 쌍룡그룹의 지원을 받아 설립된 시네텔 서울을 원조로 하며8) 우리 방송사상 외주에 의한 첫 작품은 같은 해 시네텔 서울이 발주한 ≪나의 전쟁고백≫이다.9) 우리나라 방송법은 1990년부터 방송사 외부에서 제작한 프로그램을 일정 비율 이상을 의무적으로 편성하도록 하는 정책을 도입하여 시행하고 있다.10) 외주제작 프로그램의 의무편성 제도를 도입한 배경 중의 하나는 국내 방송환경의 급속한 변화에 대한 대응과 방송제작시장의 지상파 독점 상황에 대한 경쟁체제를 마련하기 위해서이다. 아울러 방송사업자가 독립제작사의 프로그램을 방송함으로써 독립제작사에게 적정이윤을 보장하게 하고 문화콘텐츠 창작집단을 육성함으로써 수용자 집단인 시청자에게 봉사한다는 것이다.11) 이와 관련하여 현행 방송법시행령은 “국내에서 당해 방송사업자가 아닌 자가 제작한 텔레비전방송프로그램(영화를 제외하며, 이하 ‘외주제작 방송프로그램’이라 한다)을 당해 채널의 매반기 전체 텔레비전방송시간의 100분의 40 이내에서 방송

법’)을 제정하면서 기존의 ‘한국방송공사법’을 폐지하였고 새로 제정된 방송법 제4장에 ‘한국방송공사’에 관한 부분을 신설하였다.

7) <네이버 백과사전>의 ‘텔레비전방송의 역사’ 부분을 인용하여 수정・보완한 것이다.

8) 김우룡・김영석(1992), 137면, 144면 각 참조.

9) 위 같은 회사가 1985년 제작한 ≪웃음소리≫를 첫 작품으로 보기도 한다{김우룡・김영석(1992), 147면}.

10) 1990년 당시 개정된 방송법(1990. 8. 1. 법률 제4263호로 일부 개정) 제31조 제3항은 “방송국은… 국내에서 당해 방송국이 아닌 자가 제작하는 방송순서가 전체 방송순서에서 차지하는 비율이 대통령령이 정하는 비율 이상이 되도록 편성하여야 한다”고 규정하였다. 현행 방송법 제72조 제1항도 “방송사업자는 당해 채널의 전체 프로그램 중 국내에서 당해 방송사업자가 아닌 자가 제작한 방송프로그램(이하 ‘외주제작 방송프로그램’이라 한다)을 대통령령이 정하는 바에 따라 일정한 비율 이상 편성하여야 한다”고 규정하고 있다.

11) 나낙균 편저(2010), 13~14면.

통신위원회가 고시하는 비율 이상 편성하여야 한다"고 규정하고 있다.[12)]

우리나라의 경우 텔레비전 방송 산업 환경은 1980년대 말부터 1990년대까지 비디오와 케이블 텔레비전이 등장하면서 여러 각도에서 변화가 일어났고, 그 이후 케이블 텔레비전의 유료채널 방송도 대폭 늘어났고 위성방송도 이루어지고 있다. 최근에는 미디어 융합이 가속화됨으로써 방송 패러다임 자체가 변화하고 있다. 그러한 변화의 중심에 있는 것이 IPTV(Internet Protocol Television)이다. IPTV는 IP 네트워크를 통해 TV프로그램이나 영화 등의 영상을 송신하는 서비스이다. IPTV는 방송의 디지털화 및 방송과 통신을 연계하는 핵심적인 서비스이며, 새로운 산업혁명이라고 부를 정도로 파급효과가 엄청나다. 또한 종합편성채널의 출범으로 인한 방송산업의 다각화 양상도 변화를 가속화시키고 있다. 이와 같이 종합편성채널의 출범과 IPTV 서비스의 본격화로 특징지어지는 우리나라 방송환경의 변화 양상은 필연적으로 방송프로그램의 수요 증가로 이어질 것이다. 그 결과 방송프로그램의 제작과 공급을 주요업무로 하는 독립제작사의 활동 영역은 더욱 넓어지는 추세에 있다고 할 수 있다.

2. 방송프로그램의 법적 보호 유형

가. 서

방송프로그램은 법적으로 어떻게 보호되는가 하는 문제에 관해 살펴보고자 한다. 순서상 방송프로그램의 법적 보호 문제를 살펴보기 위해서는 방송프로그램은 저작권법상 저작물로 보호될 수 있는가, 저작물로 보호되기 위해서는 어떤 요건을 갖추어야 하는가, 나아가 저작물로서 성립되는 것이라면 어떤 저작물에 해당하는가 등을 따져 보아야 한다. 만일 저작물에 해당하지 않는다면 저작인접물로서는 보호될 수 있는가 하는 문제 등에 관하여 검토해 보아야 할 것이다.

나. 저작물로서의 방송프로그램의 보호

(1) 방송프로그램의 저작물로서의 성립요건

(가) 저작물 일반

방송프로그램이 저작물로서 보호되기 위해서는 우리 저작권법 제2조 제1호가

---

12) 방송법시행령 제58조 제1항.

규정하는 저작물인 "인간의 사상 또는 감정을 표현한 창작물"에 해당하여야 한다. 즉, ① 인간의 사상 또는 감정, ② 창작성, ③ 외부적 표현이라는 세 가지 요건을 갖추지 않으면 안 된다.

그런데 방송프로그램이 저작물로서 보호되는 경우에는 만일 그 저작물이 라디오 방송에서 이용되는 경우처럼 음성이나 음향으로 구성되는 저작물인 경우에는 어문저작물이나 음악저작물로서 보호될 수 있을 것이고 이러한 경우 그 저작물이 위 세 가지 요건을 갖추면 저작물로서 보호된다. 문제는 세 번째 요건인 '외부적 표현'과 관련하여 고정(fixation)까지 요구되는지 하는 점이다. 저작물로서 저작권법의 보호를 받기 위해서는 그 저작물이 언어, 문자, 음, 색채 등의 형식을 이용하여 '외부적으로 표현'되어야 한다. 저작자의 내심의 영역에 머물러 있는 한 저작물로서 보호를 받을 수 없다. 일반적으로 저작물을 내심의 영역으로부터 분리시켜 '외부적으로 표현'하는 수단으로는 원고용지, 화포(畵布), 레코드, 카세트 테이프 등 '유형물로 고정'하는 방법이 이용된다. 그리고 '고정'이란 하나의 저작물이 계속성을 갖기 위해 어떤 매체에 수록되어 있어야 하는 것을 말한다.

대륙법계 국가의 저작권법은 '유형물에의 고정'을 저작물 성립의 일반적 요건으로 요구하고 있지 않다. 가령, 프랑스에서는 에펠탑을 비추는 조명에 창작성이 인정되는 한 그 조명의 전시(display of lights)가 유형물에 고정되어 있지 않더라도 그 조명의 전시는 저작권법에 의해 보호된다. 따라서 만일 저작권자인 조명 디자이너의 허락 없이 사진 촬영을 하거나 영상 촬영을 하는 경우 저작권 침해에 해당된다.[13] 독일의 경우에는 "포장된 국회의사당"(Wrapped Reichstag) 사건에서[14] 비록 고정되기에 충분한 기간 그 설치미술이 존재하지 않고 일시적으로(temporarily) 전시된 경우라 하더라도 설치미술가의 허락 없이 사진 촬영한 것은 저작권 침해에 해당한다고 하였다.[15] 대륙법계 전통을 따르는 우리 저작권법도 마찬가지이다. 따라서 원고 없이 하는 강연이나 연설은 소송상 입증의 곤란은

---

13) "Eiffel Tower", Cass. 1 civ., March 3, 1992.

14) "Wrapped Reichstag I", KG, Jan. 30, 1996 (1997) G.R.U.R. 128; "Wrapped Reichstag II", KG, May 31, 1996 (1997) G.R.U.R. 129.

15) "Wrapped Reichstag I" 사건에서 피고는 독일 저작권법 제24조의 '자유이용'(fee use)의 항변을 하였으나 피고가 원고의 저작물을 차용하여 전적으로 새로운 저작물을 창작한 경우에 해당하지 않는다고 보아 위 항변을 배척하였다.
"Wrapped Reichstag II" 사건에서는 피고가 독일 저작권법 제59조에 의해 공공장소에 상설 전시(permanent display)되는 저작물을 사진 등의 방법으로 공개재현하는 것은 허용된다는 취지의 항변을 하였으나 이 또한 받아들여지지 않았다. J.A.L. Sterling(2003), pp.228~229 참조.

있을지언정, 저작권법상 저작물로 성립하는 데 아무런 지장도 없다. 왜냐하면 이러한 유형물 위에 저작자의 사상 또는 감정의 표현이 고정되었다 하더라도, 그러한 사상 또는 감정의 표현 자체가 저작물이 되는 것이고, 그 표현수단에 불과한 그 유형물이 저작물이 아니기 때문이다.16) 이와 같이 우리 저작권법상 저작물의 성립요건은 '일정한 형식으로 객관화'(외부적 표현)가 요구되는 데 그칠 뿐이지, '유형물에의 고정'까지를 요구하고 있는 것이 아니다.

이에 반하여 영미법계에서는 '유형물에의 고정'을 저작물의 성립요건으로 요구하고 있다. 예컨대, 미국 저작권법은 "현재 알려져 있거나, 장래에 개발될 유형적인 표현매체로서, 직접으로 또는 기계나 장치에 의하여 저작물을 지각, 복제 또는 기타 전달할 수 있는 것에 고정된 저작자의 독창적인 저작물은 본법에 따라 저작권 보호를 받는다"17)고 규정하여 '유형적인 표현매체로서 고정된 것'(fixed in any tangible medium of expression)을 명문으로 요구하고 있다. 또한 영국 저작권법은 "문서 또는 그 밖의 방법으로 기록되지(recorded, in writing or otherwise) 않는 한, 어문, 연극 또는 음악저작물에 저작권은 존속하지 않는다. 또한 이 편에서 그러한 저작물이 창작된 시기는 저작물이 그와 같이 기록된 때를 말한다"18)고 규정하고 있다. 뿐만 아니라 건축저작물과 사진저작물을 포함하는 미술저작물의 경우에도 유형적 형태(a material form)로 존재할 것을 요구하고 있다.19)

(나) 영상저작물의 경우

문제는 방송프로그램이 영상저작물로서 보호되는 경우이다. 저작물 성립의 일반적 요건으로서 유형물에의 고정을 요하지 않는 우리 저작권법 아래에서도 영상저작물에 대해서만은 예외적으로 '고정'을 요하는 것으로 해석되고 있다. 다만 'TV 생방송'을 영상저작물로 인정할 것인가에 대해서는 해석상 견해가 갈리고 있다.

즉, 우리 저작권법은 영상저작물은 '영상의 수록'과 '기계 또는 전자장치에 의한 재생'을 요구한다고 규정20)함으로써 예외적으로 영상저작물의 경우에는 유형물에 고정될 것을 성립요건으로 요구하고 있는 것으로 해석된다. 다시 말해 여기

16) 박성호(1990), 150면 참조.
17) 미국 저작권법 제102조(a).
18) 영국 저작권법 제3조 제2항.
19) 영국 저작권법 제4조.
20) 우리나라 저작권법 제2조 제13호.

서 말하는 영상의 '수록'이란 바로 연속적인 영상이 유형물에 '고정'된다는 의미이고 '재생'이란 이러한 고정을 전제로 영상물이 제공되는 것을 뜻하는 것으로 이해된다. 한편, 영상저작물이 '고정'되는 유형물에는 제한이 없으며, 형상을 광학적으로나 전자적으로 고정하는 어떠한 물체라도 이에 해당할 수 있다. 예컨대, 전통적으로 사용되던 셀룰로이드판이나 비디오테이프 또는 광디스크나 어떠한 유형물에의 고정을 전제로 한 디지털 파일[21] 등이라도 관계가 없다.[22] 요컨대, 광학적으로 고정된 것이든 자기테이프에 의해 녹화된 전자기적 고정이든 아니면 디지털 파일로 저장되는 DVD 등에 의한 고정이든 묻지 않는다.[23] 과학기술의 발전에 따라 영상저작물이 고정되는 유형물의 종류는 더욱 늘어날 전망이다.

이와 같이 우리 저작권법의 보호대상인 영상저작물은 그 영상의 형태가 어떤 '유형물에 고정'되어야 하는 것이므로, 필름이나 비디오테이프 등에 수록되어야 비로소 영상저작물로서 보호될 수 있는 것이라고 이해되어야 한다. 국내 학설 중에는 유형물에의 수록을 전제로 하지 않는 'TV 생방송'의 경우도 영상저작물로서 보호되어야 한다거나,[24] 'TV 생방송'이라 하더라도 영상이 나가는 것과 동시에 비디오테이프 등에 고정되는 경우에는 영상저작물로서 보호된다는 해석론이 존재하나,[25] 실무상 TV 생방송도 촬영과 동시에 저장이 이루어진 후 송신소로 송출되게 되므로 고정이 전제되지 않은 TV 생방송의 저작물성을 논의할 실익은 적다고 할 것이다.

(2) 저작물로서의 방송프로그램의 저작자

(가) 문제의 제기

방송프로그램이 저작물로서 보호된다는 것의 구체적 의미는, 방송프로그램을 구성하는 개개의 표현정보가 개개의 저작물로서 보호된다는 것을 뜻한다. 이러한

---

21) 디지털 파일 자체는 유형물이 아니지만, 디지털 파일은 CD나 DVD 등에 수록되어 있다가 재생되는 것은 물론이고, 서버컴퓨터의 하드디스크에 저장되어 있다가 '스트리밍' 방식에 의하여 재생되는 것이므로, 디지털 파일 또한 유형물에의 '수록'(='고정')을 전제로 하는 것이라고 이해되어야 한다.

22) 前註의 해석과는 달리 국내 학설 중에는 영상저작물 정의 규정에서의 '재생' 요건을 '고정'을 의미하는 것이라고 이해한 다음 아날로그 시대에는 재생이 고정된 형태를 뜻하는 것이었지만 디지털 영상저작물의 경우에는 '스트리밍' 기술에 힘입어 '재생' 요건이 충분히 충족되고 있으므로 디지털 영상저작물에 대해서는 고정성 요건이 불필요하다는 취지로 이해하는 견해{방석호(2004), 4면}가 있다.

23) 서달주(2007), 179면 참조.

24) 김경제(1997), 355면.

25) 같은 취지, 황적인 · 정순희 · 최현호(1988), 197면.

경우 핵심 문제는 방송프로그램을 구성하는 개개의 저작물의 저작자가 누구인가 하는 점이다. 만일 방송프로그램을 구성하는 개개의 저작물의 저작자가 방송사업자 자신이라면, 방송사업자는 누구의 허락도 받을 필요 없이 해당 방송프로그램을 일반 공중을 대상으로 그대로 송신할 수 있다.

그러나 반대로 방송프로그램을 구성하는 개개의 저작물의 저작자가 방송사업자 이외의 제3자(가령, 외국 방송사업자 또는 외주제작자)라면, 권리처리절차를 거치지 않으면 안 된다. 구체적으로는 제3자로부터 방송에 대한 이용허락을 얻거나 방송할 수 있는 권능을 포함하는 저작재산권을 양도받지 않으면 안 된다.

(나) 영상저작물인 방송프로그램의 저작자

우리 저작권법 제2조 제2호는 "저작물을 창작한 자"를 저작자라고 규정하고 있다. 따라서 방송프로그램을 구성하는 개개의 저작물의 저작자는 그 저작물을 실제로 창작한 자가 된다. 가령, 라디오방송이나 TV방송에서 소설을 낭독하거나 음악을 연주하는 경우 방송프로그램을 구성하는 개개의 소설작품이나 음악작품의 저작자는 소설가 또는 작곡가가 된다. 따라서 방송사업자는 소설의 저작자인 소설가로부터 낭독에 대해 이용허락을 얻거나 음악작품의 저작자인 작곡가로부터 연주에 대해 이용허락을 얻으면 된다.

문제는 영상저작물이 방송프로그램을 구성하는 경우이다. 영상저작물의 저작자가 누구인가에 관해서는 우리나라 1957년 저작권법은 물론 1986년 저작권법 이래 현행 저작권법 아래에서도 마찬가지로 명문의 규정을 두고 있지 않다. 다만, 현행 저작권법 제100조 제1항은 "영상제작자와 영상저작물의 제작에 협력할 것을 약정한 자가 그 영상저작물에 대하여 저작권을 취득한 경우 특약이 없는 한 그 영상저작물의 이용을 위하여 필요한 권리는 영상제작자가 이를 양도받은 것으로 추정한다"[26]고 규정하고 있을 뿐이다. 즉, 위 제100조 제1항 전단(前段)의 "영상저작물의 제작에 협력할 것을 약정한 자가 그 영상저작물에 대하여 저작권을 취득한 경우"라는 법문(法文)은 영상저작물의 제작에 협력할 것을 약정한 자가 저작자가 될 수 있음을 간접적으로 시사하고 있다.[27]

---

26) 우리 구 저작권법(2003. 5. 27. 법률 제6881호로 개정되기 전의 것) 제75조 제1항은 "…양도된 것으로 본다"는 양도'간주' 규정으로 되어 있었으나 이를 양도'추정' 규정으로 개정하여 현행법 제100조 제1항에 이른 것이다.

27) 황적인 · 정순희 · 최현호(1988), 377면.

여기서 "협력할 것을 약정한다"는 것은, 영상저작물의 제작, 감독, 연출, 촬영, 미술 등을 담당하는 자, 그 밖의 제작 스태프 및 실연자로서의 배우 등 수 많은 이해관계인과 영상제작자간에 체결되는 '영상제작계약'을 말한다.[28] 그러나 영상저작물의 제작에 협력할 것을 약정한 이해관계인 모두가 영상저작물의 저작자가 된다는 의미가 아니며, 저작권법의 일반원칙인 '창작자원칙'(Schöpferprinzip)에 입각하여 위 이해관계인들 중에서 영상저작물을 실제로 창작한 자가 누구인지를 결정하여야 한다. 요컨대, 이해관계인들 중에서 누가 저작권법 제2조 제2호에서 말하는 영상저작물의 창작자인가 하는 해석상의 문제로 귀착하게 된다.[29]

일반적으로 영상저작물의 제작, 감독, 연출, 촬영, 미술 등을 담당하여 영상저작물의 전체적 형성에 창작적으로 기여한 자, 다시 말해 '현대적 저작자'(modern authors)인 프로듀서, 감독, 디렉터, 촬영감독, 미술감독, 녹음감독, 필름편집자 등이 영상저작물의 공동저작자가 된다고 해석된다. 이에 반하여 조감독이나 보조카메라맨 등의 보조자는 공동저작자가 될 수 없으며, 원저작물의 저작자와 같은 '고전적 저작자'(classical authors)도 영상저작물의 저작자에 해당한다고 보기는 어려울 것이다.[30] 영상제작자라도 영화감독과 함께 주요배우의 캐스팅에서부터 편집작업에 이르기까지 깊이 관여하여 실질적으로 창작적 기여를 하는 경우가 있을 수 있는데, 이러한 경우에는 영상제작자도 영상저작물의 공동저작자 중의 1인이 된다고 할 것이다.[31]

---

28) 우리나라 저작권법 제100조 제1항의 "협력할 것을 약정한다"라 함은 '현대적 저작자'(modern authors)와 영상제작자 간에 체결되는 계약이라고 보는 견해가 있다{허희성(2007), 470면}. 이 견해는 일본 저작권법 제16조의 "영화저작물의 저작자는… 제작, 감독, 연출, 촬영, 미술 등을 담당하여 그 영화저작물의 전체적 형성에 창작적으로 기여한 자로 한다"는 규정과, 제29조 제1항의 "영화저작물의 저작권은 그 저작자가 영화제작자에 대하여 당해 영화저작물의 제작에 참가할 것을 약속하고 있는 경우에는 당해 영화제작자에게 귀속한다"는 규정에 관한 해석론을 그대로 옮긴 것으로 짐작된다. 그런데 우리나라 저작권법에는 영상저작물의 저작자에 대한 명문의 규정이 없을 뿐 아니라 저작권법 제100조 제1항과 일본 저작권법 제29조 제1항은 그 규정 내용이 다르므로 "협력할 것을 약정한 자"를 '현대적 저작자'에 국한하여 해석할 필요는 없다. 따라서 "협력할 것을 약정한 자"라 함은 영상제작에 참여하는 모든 이해관계인이라고 이해하는 것이 타당할 것이다.

29) 박성호(1992), 56면.

30) 황적인・정순희・최현호(1988), 377면.

31) 이해완(2007), 613면. 이해완 교수는, 예외적인 경우이기 하지만 주연배우가 영화의 구체적 내용에 창작적으로 관여하는 경우에는 실연자로서의 지위와는 별도로 영상저작물의 공동저작자가 될 수 있고, 시나리오 작가 등도 그러한 점에서 다르지 않다고 주장한다{이해완(2007), 613~614면}. 이 견해는 일본법의 해석론에 의거한 것이긴 하지만, '창작자원칙'에 따라 영상저작물을 실제로 창작한 자가 누구인지를 결정하는 문제는 결국 사실인정 문제에 귀착되는 것이므로, 예외적인 사례를 들어 이 점을 강조한 것이 아닌가 생각된다. 국내 학설 중에는 영상제작자에 의한 영상저작물의 '제작'을 저작권법 제2조 제2호의 '창작'과 같은 개념으로 이해하여 우리 저작권법의 해석상 영상저작물의 저

여기서 유의할 것은, 방송사업자(또는 독립제작사)가 방송프로그램을 구성하는 개개의 영상저작물을 제작함에 있어서 그 전체를 기획하고 책임을 지는 위치에 있다면, 방송사업자(또는 독립제작사)가 바로 위에서 언급한 "영상저작물의 이용을 위하여 필요한 권리"를 양도받게 되는 영상제작자에 해당한다는 점이다.[32]

(다) 영상저작물인 방송프로그램에 저작권법 제9조의 적용 가능성

한편, 전술한 것처럼 영상저작물의 저작자를 결정하는 데에는 창작자원칙에 따라 저작권법 제2조 제2호가 적용되어야 할 것이지만, 문제는 제2조 제2호의 예외 규정인 영상저작물이 업무상 작성한 저작물에 해당하는 경우이다.[33] 이러한 경우 저작권법 제9조가 적용되는 결과 법인 등 사용자가 영상저작물의 저작자가 될 수 있을지가 문제된다. 이에 관한 우리나라 학설을 소개하면 다음과 같다.[34]

제1설은 영상저작물에도 저작권법 제9조가 적용될 것이지만 영상저작물에는 제작자, 감독, 출연자 등 여러 사람의 명의가 나오는데 누구의 명의가 중요한 것인가는 여전히 해결할 수 없는 문제이므로 저작명의요건과 관련하여 볼 때 저작권법 제9조는 사실상 영상저작물에는 적용될 여지가 거의 없고, 예외적으로 문화영화나 뉴스영화 등에 적용될 뿐이라고 한다.[35] 제2설은 영상저작물의 저작자를 정하려면 창작자원칙을 규정한 저작권법 제2조 2호가 적용되어야 할 것이고, 또한 영상저작물이 업무상 작성한 저작물에 해당하는 경우에는 제9조가 적용되어야 할 것이라는 견해이다. 이에 따르면 영상저작물에 관한 특례규정(제5장의 제99조 내지 제101조)은 제9조가 적용되지 않는 경우에 적용되는 것으로 해석된다고 한다.[36]

생각건대, 영상저작물에도 저작권법 제9조가 당연히 적용된다고 할 것이다. 오늘날 영상저작물의 제작 실태에 비추어 보면, 상당수의 영상저작물은 업무상 작성한 저작물에 해당한다고 말할 수 있을 것이다. 방송사업자가 제작하는 TV

작자는 영상제작자라고 보아야 한다는 견해가 있다. 장인숙(1996), 225~227면.

32) 우리나라 저작권법 제2조 제14호 참조.

33) 참고로 우리 저작권법 제2조 제31호(업무상 저작물)와 제9조(업무상 저작물의 저작자)를 결합하여 이를 요건별로 분석하면, 법인 등 단체가 저작물의 저작자로 의제되기 위해서는, ① 법인 등 사용자가 저작물의 작성에 관하여 기획할 것, ② 저작물이 법인 등의 업무에 종사하는 자에 의하여 작성될 것, ③ 업무상 작성하는 저작물일 것, ④ 저작물이 법인 등의 명의로 공표될 것, ⑤ 저작물의 작성 당시 계약 또는 근무규칙 등에 다른 정함이 없을 것 등의 각 요건을 갖추어야 한다.

34) 정상조 편(2007b), 174~175면(박성호 집필부분) 참조.

35) 황적인 · 최현호(1990), 62~63면.

36) 장인숙(1996), 224면, 226면.

드라마는 그 전형적인 예이다. 특례조항 중 저작권법 제100조 제1항은 영상저작물의 저작자가 누구인가를 결정하는 규정이 아니라 영상제작자에게 저작재산권이 양도 추정된다는 것을 정한 조항일 뿐이다. 방송국이나 영화사를 명기하는 '○○○기획·제작' 또는 '△△△제작·저작'이라는 표시만이 저작권법 제9조의 저작명의요건에 해당한다고 할 것이고, 감독, 출연자 등의 표시는[37] 업무 분담 표시에 불과한 것으로 보아야 할 것이므로 제2설이 타당하다고 할 것이다. 우리나라 하급심 재판례도 제2설의 입장을 취하고 있다.[38]

(라) 소결 – 저작권법 제9조와 저작권법 제100조 제1항의 조화로운 해석

그러므로 영상저작물에 관한 특례 규정인 저작권법 제100조 제1항은 영상저작물이 업무상 작성한 저작물에 관한 저작권법 제9조의 요건에 해당하지 않는 경우에 그 유통을 원활히 하고 그 권리관계를 명확히 하기 위하여 적용되는 규정이라고 보아야 한다. 따라서 영상저작물이 저작권법 제9조의 요건을 갖추어 법인 등 사용자인 방송사업자(또는 독립제작사)가 영상저작물의 저작자가 되는 경우에는, 당해 영상저작물을 이용하는 데에 필요한 복제권이나 배포권 등은 당연히 그 저작자인 방송사업자(또는 독립제작사), 즉 영상제작자에게 귀속되므로,[39] 제100조 제1항은 적용될 여지가 없게 된다.

다. 저작인접물로서의 방송프로그램의 보호

저작인접물로서의 '방송' 그 자체 혹은 '방송물'이란 음·영상 또는 음과 영상 등의 정보로서 창작성이 인정되지 않는 것을 말한다고 할 것이다. 우리나라 저작권법 제2조 제9호는 "방송을 업으로 하는 자"를 방송사업자라고 정의한다. 또한 저작권법은 방송사업자의 방송이 저작인접권에 의해 보호받기 위해서는 "대한민국 국민인 방송사업자의 방송"이거나 "대한민국 내에 있는 방송설비로부터 행하여지는 방송" 또는 "대한민국이 가입 또는 체결한 조약에 따라 보호되는 방송으로서 체약국의 국민인 방송사업자가 당해 체약국 내에 있는 방송설비로부터 행

37) 이것을 엔터테인먼트 업계에서는 크레딧(credit)이라고 부르는데, 크레딧이란 영화의 스크린이나 포스터, 예고편, 그 밖의 선전 매체에 아티스트가 영화제작에 기여한 바를 나타내는 표시이다. 크레딧은 아티스트를 영화작품과 관련짓게 하고 동시에 각각의 기여 형태를 나타낸다{福井健策 編著(2003), 205면}.

38) 서울고법 2000. 9. 26.자 99라319 결정; 서울지법 2003. 7. 11. 선고 2001가합40881 판결.

39) 박성호(2006), 147~148면; 같은 취지, 정상조 편(2007a), 943~945면(홍승기 집필부분).

하는 방송"이어야 한다고 규정한다.[40]

또한 저작권법 제2조 제8호는 방송이라 함은 "공중송신 중 공중이 동시에 수신하게 할 목적으로 음·영상 또는 음과 영상 등을 송신하는 것을 말한다"고 정의하고 있는데, 위 같은 조 제7호는 공중송신을 "저작물, 실연·음반·방송 또는 데이터베이스를 공중이 수신하거나 접근하게 할 목적으로 무선 또는 유선통신의 방법에 의하여 송신하거나 이용에 제공하는 것을 말한다"고 정의한다. 이러한 정의에 따라 저작권법상의 방송에는 무선통신에 의한 것은 물론이고 유선통신에 의한 송신도 일괄하여 방송으로 취급된다. 따라서 저작권법상의 방송에는 공중파 방송, 위성방송, 유선방송이 모두 해당된다.

방송사업자는 수많은 방송프로그램을 일반 공중에게 송신하기 때문에 자신의 방송프로그램을 보호하기 위해서는 방송프로그램을 구성하는 개개의 저작물을 저작권으로 보호받는 것보다는 저작인접물인 '방송' 그 자체를 보호받는 것이 더 간편할 수 있다. 그 이유는 '방송' 그 자체를 이루는 음·영상 또는 음과 영상 등의 정보에 창작성이 인정되지 않더라도 저작인접권에 의한 보호가 가능하기 때문이다. 방송사업자에게 저작인접권이 인정되면, 방송사업자는 그의 방송을 복제할 권리를 갖게 되고,[41] 또한 그의 방송을 동시중계방송할 권리를 갖게 된다.[42]

3. 소 결

방송프로그램, 그 중에서도 텔레비전 방송프로그램은 창작적 표현으로 이루어져 있고, 또한 사전에 그 영상의 형태가 어떤 '유형물에 고정'되어 있다면 저작권법상 영상저작물로서 보호를 받게 될 것이다. 독립제작사가 제작하여 방송사업자에게 공급하는 통상의 외주제작 방송프로그램도 그 대부분은 저작권법상 영상저작물에 해당한다. 외주제작 방송프로그램을 영상저작물로 볼 경우에는 저작권법 제5장에서 규정하는 '영상저작물에 관한 특례' 조항들의 적용을 받게 될 것이다. 또한 영상저작물이 독립제작사라는 법인 등의 기업 구조 아래에서 만들어질 때에는 저작권법 제9조의 '업무상 저작물의 저작자' 규정이 적용되는 경우도 있을 것이다.

---

40) 우리나라 저작권법 제64조 제3호 참조.
41) 우리나라 저작권법 제84조.
42) 우리나라 저작권법 제85조.

Ⅲ 외주제작 방송프로그램의 저작권귀속

1. 외주제작의 유형

전술한 바와 같이 변화하는 방송환경을 반영하여[43] 방송사업자가 순수하게 내부에서 제작하는 방송프로그램보다는 외부의 독립제작사가 미리 제작·완료한 프로그램을 방송사업자가 시사회 등을 통해 구입을 결정하는 경우, 또는 독립제작사와 방송사업자가 공동으로 프로그램을 제작하거나, 독립제작사에게 제작 전부를 위탁하는 사례가 늘어나고 있다. 즉, ①'완전외주형', ②'공동제작형', ③'위탁제작형'으로 대별할 수 있다.[44] 이 가운데 ①'완전외주형'은 독립제작사가 기획·구성·대본은 물론 제작비 투자까지 마치고 사전 제작을 완료한 형태라는 점에서 외주제작의 이념형(Ideal Type)에 해당하는 것이며, 우리 방송법이 외주제작 프로그램의 의무편성 제도를 도입한 배경이나 그 기본취지에 가장 부합하는 형태라고 할 수 있다.[45] ②'공동제작형'은 방송사업자와 독립제작사가 공동으로 방송프로그램을 제작하는 경우를 말하는데, 그 구체적 행위 유형에 따라서는 ③'위탁제작형'의 하위범주와 관련된다.

③'위탁제작형'은 다시 독립제작사의 구체적 행위 유형에 따라 다음과 같이 ⓐⓑⓒ 세 가지 하위 범주의 사례로 나누어 볼 수 있다. ⓐ 방송사업자가 모든 기획을 세우고 독립제작사는 그 지시에 따라 하도급 제작을 하는 것에 불과한 경우이다.[46] ⓑ 방송사업자와 독립제작사가 공동으로 제작을 진행하는 경우이다. ⓒ 독립제작사가 자주적으로 제작하는 경우이다. 이와 같이 위탁제작형의 하위범주에는 여러 가지 사례가 존재할 수 있는데, 이 중 ⓒ 독립제작사가 자주적으로 제작하는 경우를 '완전외주형'이라 부르기도 한다.[47] 이러한 자주적 제작은 위탁

43) 전술한 'II. 방송프로그램의 외주제작'의 '1. 외주제작제도 — 독립제작자의 정의와 그 기원' 참조.
44) 정윤경(2005), 118면; 방석호(2007), 133~134면; 나낙균 편저(2010), 83면 등.
45) 정윤경(2005), 118면.
46) 하도급 제작은 흔히 '하청' 제작이라고 속칭되기도 하는데, 이는 일본식 용어의 잔재이다.
47) 본문에서 살펴본 것처럼 외주제작은 ① 완전외주형, ② 공동제작형, ③ 위탁제작형으로 대별할 수도 있을 것이다{가령, 정윤경(2005), 118면; 방석호(2007), 133~134면; 나낙균 편저(2010), 83면 등}, 그러나 완전외주형과 위탁제작형이 전혀 아무런 관계가 없는 별개 유형인 것처럼 구별하는 것은 우리 외주제작을 법적으로 왜곡하여 이해하게 만들 수도 있다고 본다. 여기서 말하는 완전외주형이란 미국·일본 드라마의 외주제작에서 보듯이 이것은 말 그대로 '사전제작'을 의미하는 것이기

제작형의 이상적인 형태로서 위탁제작형의 이념형(Ideal Type)이라 할 수 있다. 이들 사례 중에서 ⓑ 방송사업자와 독립제작사가 공동으로 제작을 진행하는 경우라 함은 위에서 대별한 ② '공동제작형'에 해당하는 경우도 있으나 그렇지 않은 경우도 있을 수 있다. 즉, ② 공동제작형과 ⓒ 자주적 제작이 혼합된 절충형, 또는 ③ '위탁제작형'의 하위범주로서 독립제작사가 외면상으로는 공동제작의 형식을 띠고 있으나 내용은 방송사업자의 업무를 보조하는 것으로서 그 실질은 ⓑ 하도급 제작에 가까운 경우 등을 들 수 있다. 이상에서 살펴본 ≪외주제작의 유형≫을 이해의 편의를 위해 도식화하면 다음과 같다.

≪외주제작의 유형≫

① 완전외주형

② 공동제작형

③ 위탁제작형: 독립제작사의 구체적 행위 유형에 따른 하위범주로서 ⓐⓑⓒ

ⓐ 하도급 제작

ⓑ 공동제작 = ② 공동제작형에 해당

공동제작(절충형) = ② 공동제작형과 ⓒ 자주적 제작이 혼합된 형태

형식상 공동제작이지만 실질은 하도급 제작 = ⓐ 하도급 제작에 해당

ⓒ 자주적 제작 = 이념형(Ideal Type)으로서의 ③ 위탁제작형

한편, 위탁제작되어 완성된 방송프로그램의 저작권귀속도 그 외주제작의 유형에 따라서 방송사업자에게 귀속하는 경우, 독립제작사와 방송사업자에게 공동으로 귀속하는 경우, 공동으로 제작하였지만 계약에 의해 방송사업자에게 귀속하는 경우, 순전히 독립제작사에게만 귀속하는 경우 등으로 나누어 볼 수 있다.[48)]

때문이다. 우리의 드라마 제작 현실에서 '사전제작'이란 거의 전무하다시피하다는 점을 고려한다면, 사견으로는 오히려 위탁제작형 중에서 그 하위 범주의 하나로 완전외주형이 포함되는 것으로 이해하는 것이 타당하다고 본다. 첫째, '외주'(外注)라는 것은 방송사업자가 독립제작사에게 방송프로그램의 제작을 '주문'(注文)하는 것을 전제로 하는 개념이고, 둘째 '위탁'에는 수급인(또는 수임인)인 독립제작사의 자유재량을 전제로 하는 도급(또는 위임)계약 등이 포함되는 개념이라는 점에서 그러하다. 박성호(2012), 171면.

48) 방석호(2007), 122~123면; 정윤경(2005), 118면; 한승헌(1992), 192~193면; 清水幸雄 編(1992), 9-26면(谷井精之助 집필부분) 각 참조.

2. 외주제작을 둘러싼 우리나라의 문제 상황

① '완전외주형'의 경우는 독립제작사가 드라마의 기획·구성·대본은 물론 제작비 투자까지 마치고 사전 제작을 완료한 형태라는 점에서 방송사업자와의 사이에 저작권귀속과 관련하여 불리한 계약관계가 체결될 가능성이 매우 낮다. 완전외주형에서는 방송사업자가 독립제작자로부터 국내 방송권에 관한 채권적인 이용허락을 받는 경우가 대부분이다.[49] 이에 반해 방송사업자가 텔레비전 드라마의 제작을 독립제작사에게 ③ '위탁제작형'으로 외주(外注, outsourcing)한 경우에, 독립제작사와 방송사업자 간의 당해 드라마의 저작권귀속과 관련한 계약관계가 문제될 여지가 있다.

우선 전술한 ≪외주제작의 유형≫ 중 ③ '위탁제작형'의 하위범주인 ⓐ '하도급 제작'의 경우는 완성된 드라마의 저작권이 방송사업자에게 귀속한다는 내용의 계약을 체결하거나, 나아가 그러한 취지로 해석하더라도 별 다른 문제가 발생하지 않는다. 그러나 방송사업자와 독립제작사가 공동으로 드라마의 제작을 진행하는 ② '공동제작형'의 경우에는 그렇지 않다. 완성된 드라마의 저작권이 방송사업자에게 귀속하는 것으로 계약 체결이 되는 경우 당사자 간에 저작권귀속을 둘러싼 갈등이 발생할 여지가 많다. 드물기는 하지만 전술한 ≪외주제작의 유형≫ 중 ③ '위탁제작형'의 하위범주인 ⓒ '자주적 제작'으로 드라마가 제작된 경우에 있어서도 방송사업자가 독립제작사로부터 그 드라마에 관한 저작재산권을 양도받는 형태로 계약 체결이 되는 경우가 있다.

과거 독립제작사들은 방송사업자들과의 불리한 계약관계 때문에 "비디오 판권, CATV방영권, 해외 판매권 등 모든 권리의 양도를 요구"받고 있으며 "물건을 팔기 위해선 그러한 관행에 따를 수밖에 없다"고 불만을 토로하였다.[50] 이러한 불공정한 거래관행으로 말미암아 독립제작사들의 경영이 악화되어 대기업 계열사로 인수·합병되는 상황이 초래된다는 비판도 일부에서는 제기된 적이 있었다.[51] 이에 독립제작사들은 2008년 방송사업자들이 거래상 지위를 남용하여 드

49) 우리나라 외주제작 실태에서는 매우 예외적인 사례이지만 '사전제작'에 근접한 형태라고 평가받는 '태왕사신기'의 경우에 방송사업자는 국내 방송권에 대한 이용허락을 받는 데에 그쳤고, 이른바 '해외 판권'을 포함한 그 밖에 모든 저작권은 독립제작사가 그대로 보유하였다고 한다.

50) 최성민(1993), 12면.

51) 백승권(1997), 7면.

라마에 대한 모든 저작권을 포괄적으로 양도받는 불공정한 계약관행을 강요하고 있다는 이유로 지상파방송 3사를 공정거래위원회에 신고하였으나[52] 공정거래위원회는 무혐의 결정을 내렸다.

문제는 전술한 ≪외주제작의 유형≫ 중 ② '공동제작형'의 경우로서 드라마의 기획에서 제작까지 방송사업자와 독립제작사 간에 공동 작업이 이루어지고 그 제작비용의 상당 부분을 방송사업자가 제공한 경우와 ③ '위탁제작형'의 하위범주인 ⓒ '자주적 제작'으로 드라마 제작이 진행되었지만 방송사업자가 그 제작비용의 상당 부분을 제공한 경우이다.

이와 관련하여 실제 우리 방송사업자가 방송물을 외주구매하거나 제작하는 실무에서 사용되는 계약서 중 저작재산권 귀속과 이용에 관한 조문을 검토할 필요가 있다. 먼저 방송사업자가 외주구매나 제작에서 사용하는 계약서 중 저작재산권 귀속에 관한 조문을 검토할 필요가 있다. [방송사 - 드라마 외주구매계약서][53] 제8조 제1항에서는 "프로그램에 대한 저작권법상 저작재산권은 방송사와 제작사의 각각의 제작 기여도에 따라 인정되며, 프로그램의 원활한 유통활성화를 위해 어느 일방에 이용허락 창구를 단일화할 수 있다"고 규정하고 동조 제2항에서 "방송사와 제작사는 제1항과 관련하여 기여도에 따라 필요한 경우 권리의 처리 또는 이용허락에 관한 사항을 별도로 정할 수 있다"고 규정한다. [방송사 - 드라마 외주제작계약서][54] 제9조 제1항에서는 "프로그램에 대한 저작권법상 저작재산권은 방송사와 제작사의 각각의 제작 기여도에 따라 인정되며, 프로그램의 원활한 유통활성화를 위해 어느 일방에 이용허락 창구를 단일화할 수 있다"고 규정한다. [방송사 - 비드라마 외주제작계약서][55] 제11조 제1항에서는 프로그램에 대한 저작재산권 귀속 및 방송사와 제작사 간 권리 · 수익 배분의 범위 · 기간 등은 <별첨 2>와 같다. 다만, 프로그램의 원활한 유통활성화를 위해 어느 일방에 이용허락 창구를 단일화할 수 있다. 이러한 세 가지 계약서 양식 상의 저작재산권 귀속 관련 조항에 따르면 저작재산권은 제작 기여도에 따라 인정하도록 하고 있는데, 문언상 제작 기여도의 의미가 중요하다. 일본 방송사업자가 사용하는 외주제작계약서에서도 동일한 문언이 사용되고 있는데, 일본에서는 '제작'(製作)과

52) 권경성(2008) 참조.
53) A방송사 버전.
54) A방송사 버전.
55) A방송사 버전.

'제작'(制作)을 구별하여 전자는 일본 저작권법 제2조 제1항 제10호에서 '영화제작자'를 정의할 때의 '제작'으로, 후자는 같은 법 제16조에서 영화저작물의 창작적 기여에 해당하는 행위 유형 중 하나를 가리킬 때의 '제작'으로 각 사용하고 있다. 따라서 문언상 제작 기여도의 의미가 제작에 있어서 후자의 창작적 기여도를 의미하는 것이 아니라 전자인 제작비용에 있어서 기여를 의미하는 것으로 이해되는 것이라면, 저작권법상의 창작자원칙에 반하게 된다. 다만 이용허락창구만을 유통의 필요성 때문에 단일화하도록 한 것은 저작권법과 저촉 우려가 없다고 보여진다.

다음 방송사업자가 외주구매나 제작에서 사용하는 계약서 중 저작재산권의 이용에 관한 조문을 검토할 필요가 있다. [방송사 - 드라마 외주구매계약서] 제8조 제3항에서는 동조 "제2항에 따라 별도의 계약을 하는 경우 프로그램의 유통 · 이용으로부터 발생하는 수입은 수수료와 해외원천세, 저작권사용료 등의 필요비용을 차감한 후 분배한다. 수입의 배분과정은 투명해야 하며 그와 관련된 자료를 상호 요구할 수 있다"고 규정하고 제4항에서는 "제2항에 따라 별도의 계약을 하는 경우 작가 및 실연자 등에 대한 저작권사용료는 수익배분의 편의를 위하여 프로그램을 유통 · 이용하는 자가 지급하는 것으로 한다"고 규정한다. [방송사 - 드라마 외주제작계약서] 제9조 제2항에서는 "방송사와 제작사는 제1항과 관련하여 <별지 1>과 같이 기여도에 따라 권리배분 계약을 체결하거나, 권리를 귀속하고 그에 대한 수익배분 계약 또는 적절한 대가 지급계약을 체결한다"고 규정하고, 제10조 제1항에서는 "방송사와 제작사 간 권리 · 수익 배분의 범위 · 기간 등은 <별지 1>을 사용하여 정하는 것을 원칙으로 하되 상호 합의를 통해 수정 변경하여 정할 수 있다"고 하고, 제2항에서는 "프로그램의 유통 · 이용으로부터 발생하는 수입은 수수료와 해외원천세, 저작권사용료 등의 필요비용을 차감한 후 <별지 1>에 따라 분배한다. 수입의 배분과정은 투명해야 하며 그와 관련된 자료를 상호 요구할 수 있다"고 규정한다. 제3항에서는 "프로그램을 재방송, 판매 등의 방법으로 추가로 이용 또는 유통하는 과정에서 발생하는 작가, 출연자 등에 대한 저작권 사용료는 프로그램을 유통 또는 이용하는 자가 지급한다."고 규정한다. [방송사 - 비드라마 외주제작계약서] 제11조 제2항에서는 "프로그램의 유통 · 이용으로부터 발생하는 수입은 수수료와 해외원천세, 저작권사용료 등의 필요비용을 차감한 후 <별첨 2>에 따라 분배한다. 수입의 배분과정은 투명해야 하며 그와 관련된 자료를 상호 요구할 수 있다."고 규정하고 제3항에서 "작가 및 출연자 등에 대한 저작권사용료는 수익배분의 편의를 위하여 프로그램을 유통·이용하는 자가 지급하는 것으로 한다."고 규정하고 있다. 이러한 세 가지 계약서 양식상의 저작재산권의 이용 관련 조항에 따르면 유통창구를 단일화하더라도 유통으로 발생한 수입은 상대방이 배분받을 수 있고, 원저작자와 실연자에 대한 저작권사용료도 유통하는 자가 지급토록 하고 있는 바, 이는 거래의 편의차원에서 권리귀속이 아니라 유통창구만을 하나로 통일하고 있는 것이라 할 수 있어 저작권법에 저촉할 우려는 없어 보인다.

방송사업자와 독립제작사간의 저작권귀속과 관련하여, 교양프로그램과 드라마 프로그램을 달리 볼 수 있을 것이다. 먼저 교양프로그램 등 기획에 있어 방송사업자가 관여하고 제작비의 전액을 제공하는 경우에는 방송사업자에게 영상제작자의 지위를 인정할 수 있고 나아가 당사자 간의 약정에 의하여 당해 프로그램에 대한 저작권을 방송사업자에게 귀속시키거나 방송사업자에게 양도하는 것을 인정할 수 있을 것이다. 한편 드라마 등 외주제작자가 기획하고 방송사업자로부터 제작비의 일부를 지원받는 경우에 있어서는 방송사업자와 독립제작사가 드라마의 모든 저작권을 공유하거나, 아니면 그 저작권을 지분권(支分權)[56]별로 분리하여 보유할 수 있도록 하는[57] 등 구체적인 해결방안을 모색하는 것이 바람직할 것이다. 아니면 지분권보다 약한 이른바 '창구권'만을 방송사업자가 보유하는 방안도 적극 고려해 보아야 할 것이다.[58]

3. 외주제작 방송프로그램의 저작자를 결정하는 법적 구조

가. 원칙 - 창작자원칙

소설이나 그림은 그 소설을 쓴 소설가나 그림을 그린 화가가 저작자라는 데에 별다른 의문이 생기지 않는다. 그러면 방송사업자(또는 독립제작사)가 제작한 텔레비전 드라마의 저작자는 누구인가? 방송사업자(또는 독립제작사)인가, 피디(PD)인가, 아니면 방송대본 작가인가? 텔레비전 드라마를 비롯한 영상저작물의

56) 저작권은 '권리의 다발'(bundle of rights)로 이루어졌으므로 그 다발을 구성하는 복제권, 공중송신권 등과 같은 권리를 지분권이라 부른다.
57) 저작권을 지분권 별로 나누어 가지는 해결방안을 흔히 'split right approach'라 부른다.
58) 이에 관해서는 후술하는 'III. 외주제작 방송프로그램의 저작권귀속'의 '5. 이른바 창구권 문제' 참조.

저작자를 결정하는 방법에 관한 입법례 중에서 우리나라는 대륙법계와 영미법계의 모델이 병존하는 특이한 국가에 속한다고 말할 수 있다.

우리나라 저작권법 제2조 제2호는 저작자란 "저작물을 창작한 자를 말한다."고 정의하고 제10조 제2항은 "저작권은 저작물을 창작한 때로부터 발생하며 어떠한 절차나 형식의 이행을 필요로 하지 아니한다."고 규정한다. 이와 같이 저작자는 저작물을 창작한 자이고 저작자에게는 저작권이 원시적으로 취득되는 것을 이른바 '창작자원칙'(Schöpferprinzip)이라고 한다.[59] 이러한 '창작자원칙'에 따르면, 예컨대 어느 만화작가가 플래시 애니메이션을 손수 창작한 경우 그 만화작가는 영상저작물인 플래시 애니메이션의 저작자로서 저작재산권과 저작인격권을 행사하게 되는 것은 당연한 일이다. 문제는 텔레비전 드라마의 구체적인 창작 실태를 살펴볼 때, 누가 창작행위자인지를 결정하는 것이 쉬운 일이 아니라는 데에 있다. 게다가 문제를 더욱 복잡하게 만드는 것은 '창작자원칙'의 예외에 해당하는 저작권법 제9조의 '업무상 저작물의 저작자' 규정이 텔레비전 드라마와 같은 영상저작물에도 적용 가능하다는 점이다.[60]

나. 드라마가 법인 등 사용자의 업무상 저작물에 해당하는 경우

텔레비전 드라마가 방송사업자(또는 독립제작사)와 같은 법인 등 단체에 의해 업무상 작성되는 경우에 그 드라마의 저작자는 누구인가? 구체적인 사실관계에 따라 달라지겠지만, 예컨대 어느 드라마의 제작에 창작적으로 관여한 감독이나 피디가 방송사업자(또는 독립제작사)의 직원으로 고용되어 근무하면서 드라마를 제작한 경우를 생각해 보자. 이러한 경우 저작권법 제2조 제31호의 '업무상 저작물'이 제9조의 '업무상 저작물의 저작자' 규정 요건에 해당하게 되어 법인·단체 그 밖의 사용자(방송사업자 또는 독립제작사)가 업무상 저작물(드라마)의 저작자로서의 지위를 부여받게 된다.[61] 즉, 이러한 경우에는 실제로 창작행위를 하지

59) '창작자원칙'이란 창작행위는 자연인만(nur natürliche Personen)이 할 수 있으며 당해 저작물을 실제로 창작한 자연인만이 저작권을 원시적으로 취득한다는 저작권법상의 일반원리를 말한다. Helmut Haberstumpf(1996), S.68 f.

60) 이에 관해서는 전술한 'II. 방송프로그램의 외주제작'의 '2. 방송프로그램의 법적 보호 유형, 나. 저작물로서의 방송프로그램의 보호, (2) 저작물로서의 방송프로그램의 저작자, ㈐ 영상저작물인 방송프로그램에 저작권법 제9조의 적용 가능성' 참조.

61) 법인 등 사용자에게 저작자로서의 지위를 부여하는 우리나라 저작권법 제9조의 규정은 전술한 '창작자원칙'에 하나의 예외를 인정하는 것이므로 저작권법 제9조의 입법취지와 실제로 저작물을 창작한 자가 저작자라고 하는 일반원칙 등을 고려하여 가능한 한 제한적으로 해석되어야 할 것이다. 같

않은 법인 등 단체(방송사업자 또는 독립제작사)에 당해 저작물(드라마)의 저작권이 원시적으로 귀속되는데, 이러한 경우를 요건에 따라 구체적으로 살펴보면 아래와 같다.

저작권법 제2조 제31호와 제9조를 결합하여 이를 요건별로 분석하면, 법인 등 단체가 저작물의 저작자로 의제되기 위해서는, ① 법인 등 사용자(使用者, 방송사업자 또는 독립제작사)가 저작물의 작성에 관하여 기획할 것, ② 저작물이 법인 등의 업무에 종사하는 자(피디, 감독 등)에 의하여 작성될 것, ③ 업무상 작성하는 저작물일 것, ④ 저작물이 법인 등(방송사업자 또는 독립제작사)의 명의로 공표될 것, ⑤ 저작물의 작성 당시 계약 또는 근무규칙 등에 다른 정함이 없을 것 등의 각 요건을 갖추어야 한다.[62]

다. 방송사업자 또는 독립제작사가 드라마의 저작자로 의제되는 요건[63]

(1) 법인·단체 그 밖의 사용자가 저작물의 작성에 관하여 기획할 것

여기서 말하는 사용자에는 개인으로서의 사용자도 포함되므로 법인이 아닌 개인회사의 경우에는 사업자등록증에 대표자로 기재된 자가 드라마의 저작자로 될 수 있다. 방송사업자의 경우는 법인인 경우가 많겠지만, 독립제작사의 경우는 법인이 아니라 대표자 개인 명의의 회사인 경우도 있을 것이다.

한편, 여기서 말하는 기획이란 법인 등 사용자가 아이디어를 제시해 방침을 세울 뿐만 아니라 저작물 작성행위 전체를 지휘·감독하는 것을 말한다. 즉, 저작물 작성에 관한 피용자 등의 능력에 비추어 법인 등이 저작물 작성의 방법과 수단을 통제할 수 있는 지위에 있고, 현실적으로 그러한 통제가 이루어진 것을 의미하며, 필요에 따라서는 저작물 작성과정에 수정이나 보완 등을 요구하는 경우에 성립될 것이다. 따라서 기획이란 저작물을 작성하고자 할 때에 저작물 작성의 전 단계(前段階)에 나타나 있을 필요가 있다. 사용자가 법인인 경우에는 피용자에 대해 지휘·감독의 권한을 가지는 상사(上司, 담당부서의 책임자)의 기획이 있었을 때에 법인의 기획이 있었다고 볼 것이다.

은 취지 대법원 1992. 12. 24. 선고 92다31309 판결.

62) 이러한 요건은 저작권법 제2조 제31호 및 제9조를 결합하여 이를 몇 가지 요건으로 분류한 것이다.

63) 이 부분은, 정상조 편(2007b), 281면 이하(박성호 집필부분)를 정리한 것이다.

(2) 저작물이 법인 등의 업무에 종사하는 자에 의하여 작성될 것

법인 등 사용자와 업무에 종사하는 자와의 사이에는 고용관계 내지 실질적인 지휘·감독 관계가 존재하지 않으면 안 된다. 법률적으로 고용관계 내지 실질적인 지휘·감독 관계는 민법상의 고용계약[64]이나 노동관계법상의 근로계약 또는 공법상의 근무계약 등에 기하여 발생하게 된다. 나아가 반드시 고용계약이 체결되지 않았다 하더라도 실질적으로 지휘·감독을 받는 지위에 놓여있다면 저작권법 제9조에서 말하는 '업무에 종사하는 자'라고 할 수 있을 것이다.[65]

(3) 업무상 작성하는 저작물일 것

이 요건과 관련해서는 업무종사자가 해당 저작물을 작성하는 것이 업무범위에 속하는 것이어야 한다. 여기서 말하는 '업무'란 직접 명령받은 것뿐만 아니라 '업무종사의 과정'에서 통상적으로 업무로서 기대되는 것을 포함한다. 예컨대, 상품 광고를 담당하는 카피라이터(copywriter)가 광고 문안을 작성하는 것은 자기의 업무이며, 드라마 연출을 위해 방송사업자나 독립제작사에 근무하는 피디나 감독이 드라마를 제작하는 것도 자기의 업무에 속하는 것이다.

또한, 업무의 범위에 속하는가 속하지 않는가 하는 것도 근무 시간이나 근무 공간에 좌우되는 문제가 아니다. 예컨대, 저작물의 작성이 근무 시간 외에 또는 근무 장소 밖에서 이루어진 경우에도 그 작성이 저작물의 성질·내용 등에 비추어 업무범위에 속하는 경우가 있을 것이다. 이에 반하여, 저작물의 성질과 내용 여하에 따라서는 근무 시간 중에 근무 장소 안에서 작성된 것이라도 업무상 저작물이 아닐 수도 있을 것이다. 예컨대, 방송국에 근무하더라도 회계업무 담당자로서 근무하는 사람이 사무실에서 근무하는 중에 우연한 기회에 사건 전개가 탁월한 드라마 대본을 창작하였더라도 이것은 업무범위에 속하지 않는다고 할 것이고, 따라서 업무상 작성한 저작물에는 해당하지 않을 수 있다고 할 것이다.

---

64) 우리나라 민법 제655조.

65) 이와 같이 저작권법 제9조에서 말하는 '업무에 종사하는 자'의 개념에 널리 사용자와의 실질적인 지휘감독관계가 있는 자를 포함시키는 견해를 취하게 되면, 파견근로자의 파견처에 대한 관계는 물론이고 도급이나 위임에 의한 자도 도급인이나 위임인의 지휘감독을 받는 관계에 있으면 이에 포함되는 것으로 해석할 수 있다. 정상조 편(2007b), 300~301면(박성호 집필부분) 참조.

(4) 저작물이 법인 등 사용자의 명의로 공표될 것

이 요건은 제작된 텔레비전 드라마가 방송사업자의 명의로 공표되는 것을 뜻한다. 또는 독립제작사가 제작한 드라마의 경우에는 독립제작사 명의로 공표되는 것을 말한다.

(5) 계약 또는 근무규칙 등에 다른 정함이 없을 것

전술한 모든 요건들을 모두 갖춘 업무상 저작물(드라마)에 대해서도 계약이나 근무규칙 등에서 업무종사자(피디나 감독 등)를 저작자로 한다는 취지의 정함이 있는 경우에는 저작권법 제9조의 적용은 없게 된다. 여기서 '계약'이라 함은 일반적인 고용계약이나 혹은 저작물의 작성에 따른 노무공급계약 등을 말하는 것이며, '근무규칙'이란 법인 등 단체 내부의 취업 규정이나 근무 규정 등을 말하는 것이다. '다른 정함'이라 함은 일반적으로 업무종사자를 업무상 작성한 저작물의 저작자라고 명시하는 경우를 말한다. 그러나 이와 같이 적극적으로 명시하지 않더라도 법인 등 사용자의 저작물이 아니라는 취지를 정하고 있다면, 원칙으로 돌아가 당해 저작물을 실제로 창작한 업무종사자가 저작자가 되므로, 여기서 말하는 '다른 정함'에 해당된다.

라. 소결

이상에서 개관한 저작권법 제9조가 규정하는 업무상 저작물의 저작자로 의제되기 위한 요건들을 모두 갖추게 되면, 방송사업자(또는 독립제작사)는 완성된 영상저작물(텔레비전 드라마)에 대해 저작자로 인정되어 영상저작물에 대한 저작권을 원시적으로 취득하게 된다. 그러므로 저작권법 제5장이 규정한 '영상저작물에 관한 특례' 조항 중 하나인 저작권법 제100조 제1항은 영상저작물이 업무상 저작물에 관한 저작권법 제9조의 요건에 해당하지 않는 경우에 그 유통을 원활히 하고 그 권리관계를 명확히 하기 위하여 적용되는 규정이라고 보아야 한다.[66]

---

66) 영상저작물의 저작자를 결정하는 방법에 관한 입법례 중에서 우리나라는 대륙법계와 영미법계의 모델이 병존하는 특이한 국가에 속한다고 말할 수 있는 이유가 바로 대륙법계 모델 조항(제100조 제1항)과 영미법계 모델 조항(제9조)이 병존한다는 점에 있다. 이에 관한 상세는, 박성호(2014), 497~498면 참조.

4. 방송사업자와 독립제작자 간의 권리귀속

가. 외주제작의 유형에 따른 사례별 권리귀속 방안

오늘날 우리나라에서 이루어지는 텔레비전 드라마의 제작 실태에 비추어 보면 대부분의 드라마는 저작권법 제2조 제31호 및 제9조의 각 요건을 갖춘 업무상 저작물에 해당한다고 말할 수 있다. 특히 방송사업자가 제작하는 드라마 등이 전형적인 예이다. 만일 방송사업자가 텔레비전 드라마를 자체 제작하지 않고 독립제작사에게 외주하는 경우 ≪외주제작의 유형≫별로 나누어 살펴볼 필요가 있다. 우선 ①'완전외주형'의 경우는 독립제작사가 기획·구성·대본은 물론 제작비 투자까지 마친 후 시사회 등을 통해 방송사업자가 구입을 결정하는 '선제작, 후구매' 방식을 가리킨다. 말 그대로의 '사전 제작'이 완료된 후에 방송사업자에 의한 구매가 이루어지는 완전외주형에서는 전술한 것처럼 국내 방송권에 대한 이용허락이 이루어지는 것이 일반적이므로 저작권귀속에 관한 논란이 발생할 여지가 거의 없을 것이다. 그런데 방송사업자가 드라마의 기획을 비롯한 실질적인 제작 업무를 지휘·감독하고, 독립제작사는 단지 엑스트라들의 배치와 관리, 야외촬영 장비의 섭외 등 단순한 노무 하도급만을 제공한 경우라면, 드라마는 방송사업자의 '업무상 저작물'에 해당하여 방송사업자가 드라마의 저작자가 될 것이다. 이것은 전술한 ≪외주제작의 유형≫ 중 ③'위탁제작형'의 하위범주인 ⓐ'하도급제작'에 해당하는 경우이다. 그러나 만일 독립제작사가 드라마를 기획하고 그 제작을 지휘·감독한 경우라면 드라마는 독립제작사의 '업무상 저작물'에 해당하여 독립제작사가 드라마의 저작자가 될 것이다. 이것은 전술한 ≪외주제작의 유형≫ 중 ③'위탁제작형'의 하위범주인 ⓒ'자주적 제작'에 해당하는 경우이다.

좀 더 구체적 사안들을 살펴보기로 한다. 예컨대, 어느 독립제작사가 방송사업자의 드라마 제작기획서 공모에 응모하여 제작기획서 및 대본을 제출하였다고 가정하자. 방송사업자는 일정한 내부절차를 거쳐 해당 독립제작사를 외주제작 업체로 선정하고 양자 간에 드라마 제작계약을 체결하였다. 독립제작사는 자사에 고용된 피디 등 관련 스태프를 동원하여 드라마를 제작한 다음 그 드라마를 방송사업자에게 납품하고 방송사업자는 제작비를 지급하였다. 이와 같이 독립제작사가 기획구성, 대본 및 제작까지 마치고 이를 방송사업자에 납품한 경우라면,

해당 드라마는 독립제작사의 '업무상 저작물'에 해당하므로 독립제작자가 그 드라마의 저작자가 될 것이다.

구체적 사안에 따라서는 양자의 관계가 애매모호할 수도 있다. 예컨대, 어느 독립제작사가 방송사업자와의 사이에 장차 제작하고자 하는 드라마 기획구성안, 대본 등에 대하여 기본적인 합의를 한 후에 방송사업자가 파견한 피디와 독립제작사 소속의 피디 등 스태프들이 공동으로 작업하여 드라마의 제작을 완료한 경우를 상정해 보자. 이 경우에는 누가 드라마의 제작에 관한 기획을 주도하였고, 또 누가 그 제작과정에 창작적 기여를 하였는지를 결정하는 것이 관건이다. 만일 방송사업자가 기획 및 창작적 기여를 주도하였고 독립제작사는 업무 보조를 한 것에 그쳤다면 방송사업자가 '업무상 저작물'인 드라마의 저작자로 인정될 것이다. 이것은 전술한 ≪외주제작의 유형≫ 중 ③'위탁제작형'의 하위범주인 ⓑ'형식상 공동제작'에 해당하는 경우이다. 만일 그 반대의 경우라면 독립제작사가 드라마의 저작자로 인정될 것이다. 물론 현실적으로는 양쪽 모두의 기획과 창작적 기여가 인정되어 방송사업자와 독립제작사가 드라마의 공동저작자로 인정되는 사례가 대부분일 것이다. 이것은 전술한 ≪외주제작의 유형≫ 중 ②'공동제작형'에 해당하는 경우일 것이다.

나. 방송사업자와 독립제작사 간 권리귀속 분쟁에 대한 공정거래위원회 결정

앞서 언급한 바와 같이 사단법인 한국드라마제작사협회와 그 소속 25개 독립제작사는 2008. 2. 12. 공정거래위원회에 저작권법상의 방송사업자인 KBS, MBC, SBS 지상파방송 3사를 '독점규제 및 공정거래에 관한 법률'(이하 '공정거래법'이라 한다) 위반에 따른 불공정거래행위로 신고하였다. 독립제작사들은 방송사업자들이 거래상 지위를 남용하여 독립제작사들이 제작한 드라마에 대한 모든 저작권을 포괄적으로 양도 받는 불공정한 계약관행을 강요하고 있다고 주장하였다. 이에 대해 공정거래위원회는 방송사업자들이 독립제작사가 제작한 드라마의 저작권을 양수하는 것의 부당성 여부 등에 관하여 조사권을 발동하여 본 조사를 실시한 결과 공정거래법 위반으로 보기 어렵다고 판단하여 '무혐의' 결정을 내렸다.[67)]

공정거래위원회의 결정 요지를 소개하면 다음과 같다. 즉 "방송사업자들에게

---

67) 공정거래위원회 2008. 8. 21.자 결정.

거래상 지위 남용이 인정되기 위해서는, 방송사업자들이 드라마에 대한 저작권을 양도 받는 것 자체가 부당하거나 양도 받음으로써 독립제작사들에게 불이익이 발생하여야 할 뿐 아니라 그 불이익을 산정하는 것이 가능하고 또 그 불이익 산정 기준 등이 존재하는 등 여러 요건들이 충족되어야 할 것이다. 그런데 실제로 독립제작사들이 제작한 드라마별로 구체적 사정이 달라 이를 일률적으로 규율하기 어렵다. 더구나 독립제작사들이 제작한 드라마의 저작권 원시적 귀속과 관련해서는 누가 드라마의 제작에 창작적으로 기여하였는지 여부를 기준으로 판단해야 할 것인데, 방송사업자와 독립제작사 간에 드라마별로 기획·극본·연출 등을 다양한 형태로 분담하고 있어서 어느 한 쪽에 일방적으로 저작권이 귀속된다고 보기도 어렵다. 나아가 드라마에 대한 저작권의 포괄적 양도와 관련하여 독립제작사에게 발생한 불이익을 산정하는 경우에도 드라마별로 제작비용의 차이가 매우 클 뿐만 아니라 실제 투입된 금액 역시 명확하지 않아 그 규모의 측정도 용이하지 않다. 뿐만 아니라 방송사업자가 드라마의 저작권을 포괄적으로 양도 받는 경우와 방송권만을 양도 받는 경우를 살펴볼 때 방송사업자가 독립제작사에게 지급하는 대가에 상당한 차이(포괄적 양도시 총 제작비의 70~90퍼센트, 방송권만의 양도시 10~30퍼센트 수준)가 있어서 이를 포괄적 양도에 대한 적정한 대가로 볼 여지도 있다."는 것이다.

위 공정위 결정의 요지는 드라마별로 방송사업자와 독립제작사 간에 기획·극본·연출에 대한 그 창작적 기여에 차이가 있어서 누가 주도적으로 창작활동을 수행하였는지 일률적으로 판단하기 어려울 뿐만 아니라, 또한 방송사업자가 드라마의 저작권을 포괄적으로 양도 받는 것에 대해서도 적정한 대가가 지급되었다고 볼 여지도 있어서 불공정거래행위라고 보기 어렵다는 취지이다. 이에 대하여는 찬반 양 입장이 존재한다.[68] 방송사업자와 독립제작사 양자 모두가 창작

68) 비판적인 입장에서는 총 제작비의 70~90퍼센트를 적정한 양도대가라고 할 수 있을지는 의문이라고 하고, 미국의 방송사업자는 제작비의 70~80퍼센트만을 독립제작사에게 지불하고 드라마에 대한 방송권을 구입하는 계약이 일반화되어 있다는 점을 주목해야 한다는 주장도 있다. 정윤경(2005), 91면. 반면 찬성하는 입장에서는 드라마 부분의 경우 독립제작사가 꼭 약자에 입장에 있다고 보기 어렵고 통상 방송사업자와 독립제작사 양측이 철저한 손익분석과 협상을 거쳐 외주계약을 체결하고 있으므로 불공정하다고 보기 어려운 일면이 있다고 한다. 한편 영국의 경우 프로그램위탁제작계약의 일유형인 이용계약방식(licensed commission)의 위탁제작 방식에서 방송사는 독립제작사에게 제작비의 약 40% 정도의 액수를 지급하고 제한된 기간의 정해진 횟수의 방영권만을 사며, 후속 시장 및 프로그램에서의 기타 권한은 제작사에 속하게 되는 방식이 있는데 드라마 외주제작에 있어서 참고할 만하다. 조준상 외(2012), 26면 참조. 영국은 방송법에 의거 방송국에 25% 이상 독립제작프로덕션에서 제작한 방송콘텐츠를 사용해야 할 의무를 지우는데, 과거에는 계약에 의하여 방송국이

적 기여를 한 것으로 인정되는 사례에서는 방송사업자에 의한 총 제작비의 지급 수준을 반영하여 양자 간의 공유 지분 비율을 조정하는 것이 올바른 해결책일 것이다.69)

5. 이른바 '창구권' 문제

이른바 '창구권'이란 말은 법률상의 용어가 아니라 일본 텔레비전 방송업계에서 사용되는 특유한 용어이다.70) 텔레비전 방송프로그램의 위탁제작계약에서는 '창구권'이라는 용어를 종종 발견할 수 있는데, 이것은 외주제작된 방송프로그램 저작물의 저작권이 독립제작자에게 유보되는 것을 인정한 다음에, 방송사업자 측이 특정한 권리에 대하여 일정 기간에 걸쳐 독점적으로 이용 및 이용허락을 하는 권한을 보유한다는 것을 의미한다. 다시 말해 방송사업자가 외주제작된 드라마에 대한 저작권을 양도하도록 요구하는 대신에 이른바 '독점적 창구권'이라는 채권적 성격의 권리를 취득하여 이 창구권을 가지고 외주제작된 드라마를 관리·통제하는 방안이 선호되고 있다는 것이다 이것은 외주제작된 드라마에 대한 독립제작자 측의 저작권 보유 주장에 대하여 방송사업자 측이 이루어낸 타협의 산물이라고 한다.71)

또한 일본에서는 드라마가 아닌 영화를 제작하는 경우에도 방송사업자는 텔레비전 방영권이라는 창구권을 취득하게 된다. 즉, 영화의 자금조달에 관한 계약으로 민법상의 임의조합을 조성하는 방식인 '제작위원회 방식'에 의거하는 경우 제작위원회 계약이라는 이름의 영화제작을 사업목적으로 하는 조합계약이 체결된다. 이때 배급회사, 방송사업자, 출판사, 광고회사 등이 계약 당사자로 자금을 제

저작권이나 2차 이용권을 획득하고 2차 이용에 의한 수익의 15%를 외주제작사에 환원하였다. 그러나 2003년 방송통신법의 Ofcom Guideline에 의거 저작권과 2차 이용에 관한 권리를 제작프로덕션이 보유하고 방송국은 1차 이용이 아닌 2차 이용에 대하여는 수익의 15%를 수취할 권리와 인터넷상의 VOD 송신인 catch up TV의 30일간 권리만 부여받게 되었다. 著作權情報センター附屬著作權研究所(2009), 144면 참조.

69) 방송사업자와 독립제작사 간 호혜적 협력과 상회 신뢰에 기반을 둔 이익공유(revenue sharing)라는 것은 양자 간의 저작권 공유를 토대로 할 때만이 그 내실을 기할 수 있을 것이다. 그렇지 않고 드라마의 저작권 전부를 방송사업자에게 양도하는 것으로 계약 내용을 관행화하는 것은 방송사업자의 거래상 우월적 지위를 관철한 전형적인 예라고 말할 수밖에 없다는 견해가 있다. 박성호(2012), 180면.

70) 內藤篤(2004), 228면.

71) 內藤篤(2004), 271면.

공하여 참여하게 되는데, 제작된 영화에 대해 배급회사는 극장배급권을, 방송사업자는 텔레비전 방영권을, 출판사는 영화 대본을 소설화하여 출판할 권리를, 광고회사는 광고로 제작할 권리(이른바 CM화권) 등을 각각 창구권으로 취득하게 된다고 한다.[72)]

이처럼 일본에서 관행으로 정착한 창구권제도는 앞서 본 국내 지상파방송사가 외주구매에 사용하는 3개의 계약서 양식 모두가 도입하고 있다고 보여 진다. 즉 동 계약서는 방송프로그램의 원활한 유통활성화를 위해 어느 일방에 이용허락 창구를 단일화 할 수 있다고 하고 유통창구를 단일화 하더라도 유통으로 발생한 수입은 상대방이 배분받을 수 있고, 원저작자와 실연자에 대한 저작권사용료도 유통하는 자가 지급토록 하고 있어 그 합리성을 인정할 수 있다.

Ⅳ 위탁저작물의 저작권귀속에 관한 외국 입법례와 그 시사점

1. 위탁저작물의 정의

가. 개념

오늘날 저작물의 창작은 개인 혼자서 또는 하나의 기업이 그 전부를 행하는 것이 아니라 그 창작과정을 기업 간에 분업하는 등 외부에 위탁하는 경우가 증가하고 있다. 특히 대표적인 사례가 소프트웨어업계, 광고업계, 텔레비전방송업계 등에서 발생하고 있다. 이와 같이 저작물 창작의 전부나 일부를 외부에 위임을 하거나 도급을 주는 등 그 창작을 위탁함으로써 작성된 저작물을 위탁저작물(commissioned work)이라 부른다.[73)] 1958년 당시 위탁저작물에 관한 미국의 사례는 사진이나 초상(portrait)과 미술 등에 지나지 않았다. 1977년 영국의 Whitford 보고서에서는 컴퓨터프로그램의 경우 외에 출판자가 백과사전을 제작할 때에 일러스트레이션이나 텍스트를 별개로 위탁하는 경우나 광고·영화저작물과 같이 복수의 주체에게 저작물의 작성을 위탁하는 경우를 사례로 들고 있다.[74)] 문제는 우리 저작권법상 위탁관계에서 창작된 저작물의 저작자나 그 저작

72) 道垣内正人・森下哲郎 編著(2011), 58면.
73) 저작권심의조정위원회(1988), 268면; 정상조(1996), 464면 이하 각 참조.
74) 潮海久雄(2005), 183면.

권의 원시적 귀속주체에 대해서는 아무런 규정을 두고 있지 않다는 점이다. 따라서 이 문제는 "저작자는 저작물을 창작한 자를 말한다"는 창작자원칙을 천명한 저작권법 제2조 제2호에 의해 해결할 수밖에 없을 것이다. 또한 저작권법 제2조 제2호는 당사자 사이의 약정에 의하여 변경할 수 없는 강행규정이기 때문에[75] 계약으로 저작자를 실제 창작자가 아닌 법인이나 위탁자로 변경할 수 없고 다만 앞서 본 업무상 저작물의 법리가 적용되는 한도 내에서 법인 등 위탁자가 저작자로 될 수 있을 뿐이다.

나. 창작자원칙에 따른 저작권의 원시적 귀속

저작권법 제2조 제2호는 "저작자는 저작물을 창작한 자를 말한다"고 규정하고 있으므로, 위탁관계에서 창작된 저작물의 저작자는 그 창작을 위탁한 자가 아니다. 따라서 가령 그림의 주문자, 건축주 등 제작기회의 제공자는 저작자라고 할 수 없다.[76] 즉, 위임이나 도급계약에 있어서 수임인이나 수급인은 각각 위임인·도급인에 대하여 독립적인 지위에 놓여 있고 자기재량(自己裁量)에 의하여 활동하는 것이 원칙이므로 위임이나 도급계약에 의해 저작물이 작성된 경우 그 저작물의 저작자는 실제로 창작행위를 한 수탁자이고, 저작권은 저작자인 수탁자에게 원시적으로 귀속된다.[77]

이와 같이 위탁저작물의 저작권은 일반적으로 실제 창작한 자에게 원시적으로 귀속하기 때문에, 위탁을 한 자(위임인이나 도급인)는 그 저작물을 이용할 수 있는 범위라든가 혹은 저작권이 위탁자에게 양도되는가의 여부를 미리 계약으로 명백하게 정해둘 필요가 있다. 가령 회사의 사가(社歌)를 현상모집 또는 위탁하여 만들었을 경우 회사의 창립기념일 등의 행사장에서 연주하는 것은 당초 취지에 맞는 이용이라 할 수 있겠으나, 사가의 저작자는 실제로 작사·작곡을 한 자이므로 음반 등에 수록판매하기 위해서는 모집요강이나 계약사항에 포함되어 있지 않는 한 저작자의 허락이 필요하다. 또 모집요강이나 계약에 의해 저작권이 모집자나 위탁자에게 이전되더라도 저작인격권은 원저작자에게 남아 있기 때문에 무단으로 저작물에 수정을 가하거나 원저작자의 이름을 바꾸는 것은 저작인격권

75) 대법원 1992. 12. 24. 선고 92다31309 판결; 대법원 2009. 12. 10. 선고 2007도7181 판결.
76) 半田正夫(2003), 56면; 송영식·이상정(2003), 103면; 오승종·이해완(2005), 202면.
77) 박성호(1998b), 14면,

을 침해하는 행위가 된다.78)

이와 관련하여 일본 하급심 판결은 어느 화가가 주문자로부터 자료를 제공받고 지시사항에 따라 저작물을 창작한 이른바 '고속도로 파노라마 지도' 사건에서 "소외인은 원고로부터 제공받은 각 자료와 답사결과에 따라 원고의 지시, 주문한 바를 가능한 한 화면에 도입하여 그 의도에 맞도록 노력하면서도, 이를 도형·도안으로 구체적으로 표현함에 있어서는 화가로서의 예술적인 감각과 기술을 구사하여 스스로의 창의와 수법에 의해 원고의 지도의 원화(原畵)를 제작한 것이다. 따라서 원고의 지도는 소외인의 창작에 따른 정신적 작품이라는 것을 알 수 있다"고 하여 수급인인 화가가 저작자라고 판시하였다.79)

다만, 위탁자가 구체적이고 상세한 지시를 하고 수탁자는 단순히 위탁자의 수족(手足)으로 기계적으로 작업을 한 것에 지나지 않는 경우에는 위탁자가 저작자로 평가되는 경우도 있을 수 있다. 일본 하급심 판결 중에는 발주자가 지엽말단에 이르기까지 상세하게 구체적인 지시를 하고 또한 정형적(定型的)인 사항에 이르기까지 모두 직접 교정을 보는 등 최종 마무리를 한 점, 한편 수탁자 측이 직업적으로 궁리하고 노력한 점은 인정되지만 창작적인 요소는 인정되지 않는다고 하여 발주자를 창작자로 인정한 사례가 있다.80)

2. 위탁저작물의 저작권귀속에 관한 외국 입법례

가. 문제의 소재

우리 저작권법은 위탁관계에서 창작된 저작물의 저작자나 그 저작권의 원시적 귀속주체에 대해서는 아무런 규정을 두고 있지 않으므로, 전술한 것처럼 창작자원칙에 입각하여 저작자를 결정해야 하는 것이 원칙일 것이다. 그런데 최근 위탁관계에서 창작되는 저작물의 저작자가 누구인지 하는 문제는 실무상 저작물의 창작을 위해 자본을 투하할지 여부를 판단함에 있어서 중요한 의의를 가질 수 있으므로 이 문제에 대해서는 업무상 저작물 규정을 적용 내지 유추적용할 것인지를 검토해 볼 필요가 있다는 주장이 제기되고 있다.81) 그러면 다른 국가에서는

---

78) 문화공보부(1989), 86면.
79) 東京地裁 1964(昭和39)年 12月 26日 昭和39(ワ) 第1089号 判決.
80) 東京地裁 1979(昭和54)年 3月 30日 昭和47(ワ) 第3400号 判決.
81) 潮海久雄(2005), 183면; 김경숙(2009), 578～579면.

보통 영화제작에 있어서 재정 및 경영을 책임지고 있는 영화제작자(film's producer)를 가리키는 것으로 해석되었다.[96] 따라서 영화제작자가 영화를 창작하였는지 여부를 불문하고 저작자로서 저작권을 보유하였었다. 그런데 1994년 7월 1일 이후 제작된 영화에 대해서, 저작권의 보호기간에 관한 유럽지침 제2조 제1항은 영화의 주 감독(the principal director)을 영화의 저작자로 할 것을 요구하였기 때문에 영국 저작권법이 영화제작자를 영화의 저작자로 본다는 제9조 제2항(a)과의 조화가 문제가 되었다. 이에 따라 영국은 1996년 저작권법을 개정하였는데 제9조 제2항(ab)은 "영화의 경우에는 제작자와 주요한 감독"을 "저작자로 본다"고 규정함으로써 개정 전 영화저작물의 저작자로 보던 '영화제작자'에 '주요한 감독'을 추가하는 형식을 취하였다. 이와 같이 유럽지침을 입법에 반영함으로써 영국 저작권법은 창작자원칙을 관철하여 저작자의 권리(authors' rights)를 강조하는 대륙법계 유럽 국가들의 저작권법과의 중요한 갈등을 해소하였다. 또한 제10조 제1항(A)를 신설하여 "영화는 제작자와 주요한 감독이 동일 인물이 아니라면 공동저작물로 취급되어야 한다"고 규정하고, 제11조 제2항의 '업무상 저작' 및 그 저작자에 관한 규정에는 영화를 포함하도록 개정하였다. 이에 따라 위 조항은 "어문, 연극, 음악이나 미술저작물, 또는 영화가 피용자의 업무 과정 중에 작성된 경우에 다른 약정이 없는 한 사용자는 그 저작물에 대한 저작권을 원시적으로 보유한다"고 규정되었다.[97]

따라서 영화가 '업무상 저작', 즉 피용자가 법인 등 사용자의 업무로서 작성한 저작물에 해당하면 사용자, 다시 말해 영화의 제작을 위하여 필요한 작업을 수행하는 영화제작자[98]가 저작권을 원시적으로 보유하게 된다. 즉 창작자원칙의 예외가 적용되어 주요한 감독이 영화의 저작자로 인정되지 않으므로, 이 경우에는 제10조 제1항(A)의 반대 해석상 영화제작자만이 영화의 저작자로 간주된다. 이에 반해 영화가 업무상 저작물에 해당하지 않으면 창작자원칙으로 돌아가 피용자가 저작자가 되는데, 이때에는 결국 주요한 감독이 저작자가 되어 제10조 제1항(A)에 따라 영화는 영화제작자와 주요한 감독의 공동저작물이 된다.[99] 영화를 영화제작자와 주요한 감독의 공동저작물로 보는 이러한 규정은 저작자 겸 저작인접

96) W.R. Cornish(1996), p.341.
97) W.R. Cornish · D. Llewelyn(2003), pp.399~400.
98) 영국 저작권법 제178조.
99) W.R. Cornish · D. Llewelyn(2003), p.400 참조.

권자(author-cum-neighbour)라는 혼합된 개념을 창출함으로써 저작권자와 저작인접권자의 이분법(authors' right-neighbouring rights dichotomy)을 배제한 하이브리드한 입법 형태를 보여준 것으로 평가된다.[100)]

라. 독일

독일의 1965년 저작권법은 "저작자란 저작물의 창작자이다"(제7조)고, 또한 "이 법에서 저작물이란 인간의 정신적 창작물에 한한다"(제2조 제2항)고 각 규정하고 있다. 곧 저작자란 '인간의 정신적 창작물(persönliche geistige Schöpfungen)'을 창작한 자를 지칭한다. 아울러 독일 저작권법은 저작인격권과 저작재산권의 밀접한 관계를 중시하여 저작권이란 재산적 요소와 인격적 요소가 유기적으로 결합한 단일의 권리라는 일원적 구성을 취하고 있다(제11조). 그러므로 독일 저작권법에 따르면 창작행위는 자연인만이 할 수 있고, 언제나 당해 저작물을 실제로 창작한 자연인만이 저작권을 원시적으로 취득한다. 이를 '창작자원칙(Schöpferprinzip)'이라 하는데, 이 원칙은 피고용 저작자(angestellten Urheber)의 경우에도 그대로 적용된다.[101)] 그러므로 저작권의 일원적 구성을 취하여 저작인격권을 중시하는 독일 저작권법에서는 그 당연한 귀결로서 표현의 창작행위에 대하여 누가 얼마만큼 창작적 기여를 하였는가 하는 관점에서 인간의 정신적 창작행위를 직접 수행한 위탁계약의 수탁자에게 저작자의 지위가 인정된다.

또한, 사법상의 근로관계 또는 공법상의 고용관계에서 저작물이 창작된 경우 직접 창작한 자에게 저작권이 발생한다.[102)] 그러므로 사용자와 고용주는 피용자나 공무원에 의하여 창작된 저작물에 대하여 계약상의 방법을 통하여 필요한 저작권법상의 용익권을 부여받아 해당 저작물을 이용할 수밖에 없다.[103)] 이와 관련하여 독일 저작권법 제43조은 "본 절의 조항들은 저작자가 근로 또는 고용관계에서 발생하는 의무의 이행으로 저작물을 작성하는 경우 근로 또는 고용관계의 내용 또는 본질에서 달리 정하지 않는 한 적용된다"고 규정하는데, 여기서 말하는 "본 절의 조항들"이란 제31조 내지 제44조에서 규정하는 저작권의 상속·양도 및 용익권의 부여 등에 관한 규정들이다. 따라서 전술한 것처럼 사용자가 업

---

100) 박성호(2006), 61면.
101) K. Fromm · W. Nordemann(1994), S.120f., 344.
102) BGH GRUR 1952, 257; BAG GRUR 1961, 491.
103) M. Rehbinder(1996), S.120.

무상 창작된 저작물을 이용하려면 피용자와 계약을 체결하여 용익권의 부여(Einräumung von Nutzungsrechten)를 받아야 한다. 그런데 용익권의 부여에 대한 명시적인 합의가 없는 경우에도 근로 또는 고용관계의 내용이나 본질에 비추어 사용자가 저작물에 대하여 용익권을 부여받은 것으로 묵시적 합의가 추론될 수 있다.

그런데 독일 저작권법에도 창작자원칙에 대한 예외적 성격의 조항이 마련되어 있는데, 바로 컴퓨터프로그램의 작성과 관련한 것이다. 저작권법 제69조의b는 "피용자가 그의 임무를 이행하기 위하여 또는 사용자의 지시에 따라 컴퓨터프로그램을 작성한 경우 당사자 간에 다른 약정이 없는 한 사용자는 해당 프로그램에 대한 모든 재산권적 권한을 배타적으로 행사할 수 있다"(제1항), "이는 고용관계에 준용된다"(제2항)고 규정하고 있다. 컴퓨터프로그램을 제외한 그 밖의 다른 저작물을 피용자가 업무상 작성한 경우에는, 사용자는 독일 저작권법 제43조에 따라 항상 피용자로부터 적어도 묵시적인 용익권을 부여받아야 해당 저작물을 이용할 수 있었다. 그러나 컴퓨터프로그램에 관한 사용자는 명시적이든 묵시적이든, 사전적이든 사후적이든 원칙적으로 아무런 용익권을 부여받지 않아도 그 프로그램을 경제적으로 이용할 수 있게 된다. 요컨대, 이것은 법률행위를 통해서가 아닌 '법률에 의한(kraft Gesetzes)' 용익권의 부여라고 할 수 있다. 이것은 컴퓨터프로그램의 법적 보호에 관한 유럽공동체 지침을 반영하여 독일 저작권법을 일부 개정한 결과이다.104)

한편, 독일 저작권법 제89조는 영화저작물(Filmwerk) 대해서는 "영화의 제작에 있어서 협력할 의무를 부담하는 자가 당해 영화저작물에 관한 저작권을 취득하는 경우에도 의심스러운 때에는 영화저작물 및 번역물 그 밖의 영화적 개작물 혹은 변형물을 이미 알려진 모든 용익방법으로서 용익하는 배타적 권리를 영화제작자(Filmhersteller)에게 부여한 것으로 한다"(제1항)고 규정한다. 영화저작물의 제작에 창작적으로 협력한 자가 영화저작물의 저작자이므로, 그 제작에 막대한 자본을 투자한 영화제작자로서는 영화작물의 저작자 또는 공동저작자가 아닌 한 영화를 이용하려면 그때마다 저작자로부터 용익권을 부여받지 않으면 안 된다. 이러한 불편을 피하기 위해 저작권법은 "의심스러울 때(im Zweifel)"에는 "배타

---

104) 박성호(1998a), 41면.

적 권리를… 영화제작자에게 부여한 것으로 한다"고 규정함으로써 권리부여에 대한 추정(Vermutungen über Rechtseinräumungen) 조항을 둔 것으로 해석된다.[105)]

마. 프랑스

프랑스 저작권법 제111조의1은 "정신적 저작물의 저작자는 저작물을 창작하였다는 단순한 사실만으로 그 저작물에 대하여 모든 사람에게 대항할 수 있는 배타적인 무형의 소유권을 가진다"(제1항)고, "정신적 저작물의 저작자에 의하여 체결되거나 존재하는 고용 또는 노무계약은 어떤 식으로든 제1항에서 인정한 권리의 향유에 영향을 미치지 아니한다"(제3항)고 각 규정하고 있다. 동 조항들은 자연인만이 저작자로서 고려될 수 있다는 기본원칙을 규정한 것으로서 특히 제1항은 창작자원칙을 명문화한 것으로 해석된다. 그러나 집합저작물(oeuvre collective)에 대해서는 그 예외가 인정된다.[106)]

프랑스 저작권법 제113조의2 제3항은 "자연인 또는 법인의 발의로 창작되고 그의 지시 및 명의로 편집되고 발행되어 공표된 저작물로서 그것의 작성에 참여한 여러 저작자의 개인적 기여가 전체 저작물에 흡수되고 각 저작자에게 창작된 저작물상의 여러 권리를 귀속시킬 수 없는" 것을 집합저작물로 정의하고 제113조의5 제1항은 "반증이 없는 한 집합저작물은 그것을 공표한 명의의 자연인 또는 법인의 저작물로 한다"고 규정하고 있다. 입법자가 의도한 집합저작물의 전형적인 예로서는 사서(辭書)·백과사전 등이고, 그 영역을 확대 적용할 수 있는 것은 신문 등과 같은 정기간행물이라고 한다.[107)]

집합저작물이 완성되어 그 일체성이 인정되는 경우 그 집합저작물 전체에 대하여 저작인격권을 행사할 수 있는 것은 이를 기획·주도한 법문상의 "자연인 또는 법인"(이하, 기획·주도자로 줄임)이다. 또한 이 기획·주도자는 "작성에 참여한 여러 저작자"(이하, 제작참여자로 줄임)로부터 권리를 양도받을 필요 없이 집합저작물 전체에 관한 재산권을 부여받는다. 요컨대, 동 조항에 의해 저작권상의 모든 권리가 제작참여자를 거치지 않고 기획·주도자에게 직접 발생하는 것이다.

105) M. Rehbinder(1996), S.130~131.
106) 박성호(1998a), 42~43면.
107) 宮澤溥明(1990), 91면.

그래서 동 조항은 실제의 창작자가 아닌 기획·주도자를 저작자로 인정하는 법적 의제 규정으로 해석되고 있다.[108)]

그러나 기획·주도자가 집합저작물의 일부인 개개의 저작물에 대해서도 저작권을 갖게 되는 것은 아니다. 집합저작물의 각 부분에 관해서는 제작참여자가 저작인격권을 계속해서 향유할 수 있다. 다만, 여기에도 일정한 제한은 있어서, 가령 집합저작물 전체를 조화시키기 위한 변경은 받아들이지 않으면 안 된다. 집합저작물의 각 부분에 대한 저작재산권도 제작참여자가 보유한다. 이에 따라 제작참여자에게는 각각의 기여에 대하여 보수가 지급된다.[109)] 재이용에 대해서는 다툼이 있는데, 판례는 집합저작물을 제작할 때 체결된 계약에 반대 조항이 없는 한 기획·주도자는 집합저작물에 수록된 개개의 기여부분을 제작참여자에게 추가 보수를 지급하지 않고서도 자유롭게 재이용할 수 있다고 한다.[110)]

한편, 집합저작물의 요건에는 제작참여자와 기획·주도자 간에 고용관계가 있는 경우를 포함하고 있지 않다. 그러나 사용자들은 고용관계 아래에서 작성된 저작물에 대한 저작권을 직접 손에 넣기 위하여 집합저작물을 주장하는 경우가 많다고 한다. 즉, 프랑스 저작권법에는 우리 저작권법 제9조와 같은 업무상 저작물에 관한 특별규정은 없지만, 집합저작물 규정이 그 대체적 역할을 하고 있는 것이다. 이에 따라 집합저작물의 적용범위는 입법 당초 상정한 백과사전, 사서(辭書) 등 문학적 저작물의 범위를 넘어서서 조형예술이나 패션창작도 포함하는 모든 분야의 저작물로 확대되는 경향이 있다.[111)]

소프트웨어에 대해서는 "특약이 없는 한 1인 또는 그 이상의 피용자가 업무상 창작한 소프트웨어는 저작자에게 부여되는 모든 권리와 함께 사용자에게 귀속된다"(제113조의9 제1항)고 하여 저작권이 사용자에게 자동적으로 귀속된다는 취지로 규정하고 있다. 여기서 주의할 것은 사용자는 소프트웨어 저작물의 저작자가 아니라 권리귀속자에 지나지 않는다는 점이다.[112)] 다만 소프트웨어의 원활한 상업화를 위하여 저작자의 저작인격권은 법에 의하여 일정하게 제한된다.[113)]

---

108) 長塚眞琴(1995), 56~57면 참조.

109) 長塚眞琴(1995), 57~58면.

110) 프랑스 파기원 1976년 5월 24일 제1민사부 판결. 長塚眞琴(1995), 58면에서 인용.

111) 長塚眞琴(1995), 52면, 59면 각 참조. 이 모든 분야의 저작물에 시청각 저작물도 포함되는지는 명백하지 않다.

112) 宮澤溥明(1990), 76면 참조.

113) 즉 프랑스 저작권법 제121조의7은 "특약이 없는 한 저작자는 권리의 범위 내에서 그가 양도한 소

시청각 저작물에 대해서도 그 저작자는 저작물의 지적 창작을 실행한 1인 또는 그 이상의 자연인(제113조의7 제1항)이라고 규정함으로써 창작자원칙에 입각하고 있다. 다만, 시청각 저작물의 이용관계의 편의를 도모하여 저작자에게 귀속되는 배타적 이용권(제122조의1) 등은 별도의 약정이 없는 한 시청각 저작물의 제작자에게 양도된 것으로 추정한다(제132조의24 제1항)는 특칙을 두고 있다.

바. 일본

일본 저작권법은 "저작물을 창작한 자"를 저작자로 정의함으로써(제2조 제1항 제2호) 사실행위로서의 창작은 자연인이 행하는 것을 원칙으로 하고 있다. 이러한 창작자원칙의 예외로서 일본 저작권법 제15조는 '직무상 작성하는 저작물의 저작자'라는 표제 아래 일정한 요건을 갖춘 경우 창작자 아닌 법인 등을 저작자로 본다는 규정을 두고 있다. 즉, "법인 그 밖의 사용자(이하 본조에서 '법인 등'이라 한다)의 발의에 의하여 그 법인 등의 업무에 종사하는 자가 직무상 작성하는 저작물(프로그램저작물은 제외한다)로서 그 법인 등이 자기의 저작 명의로 공표하는 것의 저작자는 그 작성시에 계약, 근무규칙, 그 밖에 별도로 정하지 아니하는 한 그 법인 등으로 한다"(제1항)고 하고, "법인 등의 발의에 따라 그 법인 등의 업무에 종사하는 자가 직무상 작성하는 프로그램 저작물의 저작자는 그 작성시의 계약, 근무규칙, 그 밖에 별도로 정하지 아니하는 한 그 법인 등으로 한다"(제2항)고 각 규정하고 있다.

일본 저작권법 제15조의 해석과 관련하여 고용관계에 한정되는 것인지 여부를 둘러싸고 다음과 같이 한정설(限定說)과 비한정설(非限定說)로 견해가 나뉜다.[114] 한정설은 고용관계가 있는자만이 '법인 등의 업무에 종사하는 자'에 해당된다는 견해이다.[115] 비한정설은 반드시 고용관계가 있는 경우에 한정되지 않는다는 것으로서 다음의 여러 견해가 이에 해당한다. 즉, 널리 사용자와의 사이에 실질적인 지휘감독관계가 있는 경우까지 포함한다는 견해,[116] 형식적으로는 위임이나 도급과 같은 형태를 채택하고 있어도 실태(實態)에 있어서 법인 등의 내부에서 종업자로 종사하는 자라고 인정되는 경우이면 충분하다는 견해,[117] 고용관

프트웨어의 개작을 반대할 수 없고, 또는 취소권이나 철회권을 행사할 수 없다"고 규정한다.

114) 島並良 외 2인(2009), 88~89면.

115) 斉藤博(2007), 127면

116) 半田正夫(2007), 64~65면.

계에서 발생하는 것과 유사한 지휘명령·감독관계가 있고 사용자에게 저작권을 원시적으로 귀속시키는 것을 전제로 하는 관계가 있다면 법인 등의 업무에 종사하는 자에 해당한다고 인정할 수 있다면서 파견근로자도 대부분은 여기에 해당한다고 보는 견해[118] 등이다. 이와 관련하여 일본 최고재판소는 '법인 등의 업무에 종사하는 자'에 대해 다음과 같은 판단기준을 제시하였다. 즉, ① 법인 등의 지휘감독관계 아래에서 노무를 제공한다고 하는 실태(實態)에 있을 것, ② 법인 등이 그 자에 대하여 지급하는 금전이 노무제공의 대가라고 평가할 수 있을 것의 두 가지 요소를 들고 있는 점이 주목된다.[119]

위탁저작물의 권리귀속과 관련해 위탁창작한 지도의 저작자를 누구로 볼 것인가에 대해 두 건의 하급심 판결은 그 판단기준을 보여 주고 있다. 동경지방재판소는 위탁자로부터 제공받은 자료와 답사결과에 따라 지시 및 주문한 바를 도형·도안으로 구체적으로 표현함에 있어 화가로서의 예술적 감각과 기술을 구사한 경우 수탁자인 화가를 저작자로 본 판결[120]을 내린 바 있다. 하지만, 이와는 달리 위탁자가 상세하게 구체적인 지시를 하고, 형식적 사항에 이르기까지 직접 교정을 보는 등 최종적인 마무리를 한 경우 수탁자가 직업적으로 궁리하고 노력한 점은 인정되지만, 창작적인 요소는 인정되지 않는다고 하여 위탁자를 창작자로 인정한 판결[121]을 내리면서 이를 모사를 업으로 하는 사람이 한없이 원화에 가까운 모사화를 얻기 위해 투여하는 기술상의 궁리 또는 노력과 유사한 것이라고 비유하면서 그것 또한 그 나름의 가치를 가지고 있지만, 사상 또는 감정의 표현행위라고 말할 수는 없다고 하였다.

영화저작물에 대해서는 "영화저작물의 저작자는… 제작(制作), 감독, 연출, 촬영, 미술 등을 담당하여 그 영화저작물의 전체적 형성에 창작적으로 기여한 자로 한다"(제16조 본문)고 규정하되 "다만 전조의 규정의 적용이 있는 경우에는 그러하지 아니하다"(제16조 단서)고 규정하고 있다. 요컨대, 일본 저작권법 제16조 본문은 제2조 제1항 제2호의 창작자원칙을 구체화한 것으로서 "제작, 감독, 연출

117) 田村善之(2004), 381면.
118) 中山信弘(2014), 214면.
119) 最高裁 2003(平成15)年 4月 11日 平成13(受) 第216号 判決. 최고재 판결에 관한 상세는, 후술하는 3. 다. (2) '관련문제 - 타인의 노무를 이용하는 계약의 다양성' 참조.
120) 東京地裁 1964(昭和39)年 12月 26日 昭和39(ワ) 第1089号 判決.
121) 東京地裁 1979(昭和54)年 3月 30日 昭和47(ワ) 第3400号 判決.

등을 담당하여 그 영화저작물의 전체적 형성에 창작적으로 기여한 자"들, 즉 이른바 '현대적 저작자(modern authors)'들이 영화저작물의 공동저작자가 된다는 것을 밝히고 있다. 다만, 영화저작물이 제15조가 규정하는 '직무상 저작물'의 요건을 갖춘 때에는 법인 등이 저작자가 된다는 것이다.

한편, 일본 저작권법 제29조 제1항은 "영화저작물의 저작권은 그 저작자가 영화제작자에 대하여 당해 영화저작물의 제작에 참가할 것을 약속하고 있는 경우에는 당해 영화제작자에게 귀속한다"고 규정하여 영화저작물의 저작재산권이 영화제작자에게 원시적으로 귀속되는 것으로 하고 있어서 영화저작물의 성립 당초부터 저작자와 저작권자를 분리하는 특이한 입법형식을 취하고 있다.[122] 즉, 법률에 의하여 저작재산권이 이전하는 법정양도 방식을 취하고 있다. 나아가 일본 저작권법 제29조 제2항은 방송사업자가 제작한 영화저작물의 저작권귀속에 관하여 특칙을 두고 있다. 즉 방송사업자가 제작하는 영화저작물의 저작권 중 그 저작물을 방송하는 권리 및 방송되는 그 저작물에 대하여 유선방송, 자동공중송신을 행하거나 또는 수신장치를 이용하여 공개적으로 전달하는 권리와 그 저작물을 복제하거나 또는 그 복제물에 의해 방송사업자에게 배포하는 권리는 영화제작자로서의 당해 방송사업자에게 귀속한다. 이 경우 방송사업자는 방송을 위한 기술적 수단만으로써 영화제작물을 제작하여야 한다.

본래 일본 저작권법 제15조의 표제는 '법인 등의 저작명의의 저작물의 저작자'이었는데, 1985년 법률 제62호로 저작권법이 일부 개정되면서 제15조에 제2항이 신설되어 컴퓨터프로그램 저작물에 관하여도 규정하게 되었다. 이때 컴퓨터프로그램 저작물의 경우에는, 법인 등이 저작자로 되는 요건 중에서 "법인 등이 자기의 저작명의로 공표하는 것"을 삭제하여 성립요건을 완화하였기 때문에 제15조의 표제는 '직무상 작성하는 저작물의 저작자'로 변경되었던 것이다.

사. 중국

중국은 대륙법계 국가이면서도 저작권법에 위탁저작물의 권리귀속에 대한 별도의 규정을 두고 있다. 중국 저작권법 제17조는 위탁저작물의 저작권은 계약으로 정하지 않는 경우 수탁자에게 귀속된다고 한다.[123] 중국 저작권법은 당사자의

122) 半田正夫(1980), 10면, 13~14면 각 참조.
123) 第十七條 受委托創作的作品，著作權的歸屬由委托人和受托人通過合同約定。合同未作明确約定

의사를 존중한다는 전제 하에 창작자인 수탁자의 권익보호에 중점을 두고 있으나[124] 위 법조에서 '계약으로 정하지 않는 경우'라는 단서를 규정하여 별도의 계약으로 정하는 경우에는 창작자주의의 예외가 인정되어 위탁저작물의 경우도 업무상 저작물과 동일한 법리가 적용된다고 볼 수 있으나 오히려 위탁저작물의 저작인격권은 업무상 저작물과는 달리 계약에 따라 아무런 제한 없이 위탁자에게 귀속된다고 해석한다.[125]

아. 소결

이상 살펴본 비교법적 검토를 정리하면, 먼저 업무상 저작물의 저작자에 관한 각국의 입법례 중 독일 저작권법처럼 피용자가 저작자로서 저작권을 원시적으로 취득하고, 고용자는 피용자와의 계약에 의해 해당 저작물을 이용할 수 있게 되는 경우가 있다. 이러한 법적 사고의 출발점은 창작행위는 자연인만이 할 수 있고, 당해 저작물을 실제로 창작한 자만이 저작권을 원시적으로 취득한다는 '창작자원칙'이다. 이와 대척점에 놓여 있는 것이 미국 저작권법상의 '업무상 저작물(work made for hire)'의 법리이다. 미국 저작권법은 업무상 저작물의 경우 법인 등 사용자를 당연히 저작자로서 취급하고 있다. 영국 저작권법도 이와 근접한 규정을 두고 있지만, 사용자에게 저작권이 원시적으로 귀속될 뿐이지 사용자가 저작자로 인정되는 것은 아니라는 점에서 미국 저작권법과는 차이가 있다. 업무상 저작물의 저작자에 관하여 독일 저작권법과 미국 저작권법이 각각 대륙법계와 영미법계의 이념형을 제시하고 있다면, 그 밖의 나라들은 그것의 변형된 입법 형태를 취하고 있다. 그런데 우리 저작권법과 일본 저작권법의 예에서 보는 바와 같이 두 법계 간의 본질적 차이점도 많이 엷어져 가고 있다. 이러한 현상은 결국 '업무상 저작'에 관한 입법이 해당 법계의 이념형에 영향을 받는다기보다 각국의 사법 정책적 고려에 좌우되는 측면이 많기 때문일 것이다.[126] 프랑스 저작권법의 집합저작물 제도는 '창작자원칙'이 적용되기 어려운 경우, 즉 여러 저작자의 창작

或者沒有訂立合同的，著作權屬于受托人。

124) 김정헌 · 한매화(2008), 133면.

125) 김정헌 · 한매화(2008), 133면. 이는 저작권법 제16조가 '법률 · 행정법규 또는 계약서의 약정에 따라' 사용자가 저작권을 갖는 업무상 저작물의 경우 저작자는 성명표시권만을 가지고, 이를 제외한 나머지 저작권은 법인 또는 기타 단체가 갖는다고 규정하고 있지만, 위탁저작물에 관한 저작권법 제17조는 이러한 제한을 두고 있지 않기 때문이다.

126) 박성호(1998a), 64~65면.

행위가 전체 저작물에 '흡수'되거나 '융합'되어 실제 창작자에게 각각 그 저작권을 귀속시키기 어려운 경우를 상정하여 이 경우에는 그 명의공표자인 법인 등 사용자를 저작자로 간주한다는 것이다. 특히 주목되는 것은 '업무상 저작' 내지 직무저작에 관한 우리 저작권법과 일본 저작권법의 규정이다. 대륙법계 전통을 따르는 법체계를 취하고 있음에도 불구하고 업무상 저작물에 관하여는 법인 등 사용자를 그 저작자로 본다고 규정함으로써 특이하게도 미국 저작권법의 업무상 저작물 규정과 유사한 조항을 두고 있는 것이다.[127]

그런데 업무상 저작물의 저작자에 관한 규정과는 달리 위탁저작물의 저작자를 결정하는 문제와 관련해서는, 미국 저작권법을 제외하고 영국은 물론 독일, 프랑스, 일본은 아무런 관련 규정을 두고 있지 않다. 다시 말해 미국 저작권법 제101조가 일정한 범주의 위탁저작물에 대해서 업무상 저작물, 즉 우리 저작권법의 업무상 저작물에 해당한다고 규정함으로써 위탁저작물에 대한 권리귀속 문제를 명시적으로 해결하고 있고, 중국 저작권법 제17조는 특약으로 위탁자에게 저작권을 귀속시킬 수 있도록 하고 있다. 결국 위탁저작물에 있어서 저작자의 결정이라는 쟁점과 관련하여 비교법적 고려대상으로 삼을 수 있는 것은 대체로 미국과 중국의 저작권법이라 할 수 있다. 아울러 위탁저작물에 관한 외국 저작권법의 입법 태도에 대한 앞서 살펴본 고찰로부터 우리가 일정한 시사점을 얻기 위해서는 현재 우리의 문제 상황과 비교해 보는 자세도 필요할 것이다. 이와 관련하여 이하에서는 업무상 저작물 또는 위탁저작물과 관련하여 제기된 국내 재판례를 중심으로 우리의 문제 상황을 살펴보고자 한다.

3. 우리 저작권법에 있어서 업무상 저작물과 위탁저작물

가. 의의

우리 저작권법 제9조는 창작자원칙의 예외인 업무상 저작물의 저작자에 관한 규정을 두고 있지만, 미국을 제외한 다른 여러 나라들의 저작권법과 마찬가지로 위탁저작물의 저작자가 누구인지를 결정하는 별도의 규정을 두고 있지 않다. 따라서 위탁저작물의 저작자가 누구인가 하는 문제는 창작자원칙이라는 일반원칙에 따라 정해져야 할 것이다. 창작위탁계약은 위임이나 도급계약에 의해 체결되는

127) 이에 관한 비교법적 상세는, 박성호(1998a), 65~66면, 106~107면.

경우가 대부분이다. 위임이나 도급계약에 있어서 수임인이나 수급인은 각각 위임인·도급인에 대하여 독립적인 지위에 놓여 있고 자기재량에 의해 활동하는 것이 원칙이므로 위임인·도급인은 저작권법 제9조에서 말하는 사용자에 포함되지 않는 경우가 많으며,[128] 또한 수임인·수급인은 '업무에 종사하는 자'에 해당하지 않는 경우가 많을 것이다.[129] 그러면 위임이나 도급계약에 의해 저작물이 작성되는 경우 그 저작물의 저작자는 누구인가? 이것이 바로 위탁저작물에 대한 저작권귀속의 문제이다.

참고로 우리나라 1957년 저작권법에는 ① "타인의 촉탁에 의하여 저작된 사진·초상의 저작권은 그 촉탁자에게 속한다"(제13조)고 규정하여 촉탁저작물 또는 위탁저작물의 일반에 대해서가 아닌 사진(寫眞)과 초상(肖像)의 경우에 한정하여 그 저작권은 촉탁자(=위탁자)에게 귀속한다는 것, ② 학문·예술저작물에 삽입할 목적으로 촬영된 사진저작권은 학문·예술저작물의 저작자에게 귀속하고 보호기간도 그 저작권과 동일하게 된다는 것(제36조)을 규정하는 특례 규정이 마련되어 있었다. ① 규정의 주된 목적은 초상본인(肖像本人)의 인격권 문제를 저작권귀속의 특례를 통하여 해결하고자 한 것이었다. 따라서 초상본인의 인격권 보호라고 하는 저작권과는 전혀 별도의 요청을 저작권귀속의 특례규정으로 해결하고자 하는 위 규정의 당초 목적은 입법기술상 문제점으로 지적되었다. ② 규정은 1957년 저작권법에서 사진저작권의 보호기간이 10년의 단기이므로 그 기간의 경과로 사진의 복제가 자유롭게 허용되면 이로 인해 학문·예술저작물의 가치가 감소되기 때문에 마련된 것이었다. ① 특례 규정은 1986년 저작권법이 제정되면서 삭제되었지만, 그 규정의 취지를 반영하여 1986년 저작권법 제32조 제4항에 "촉탁에 의한 초상화 또는 이와 유사한 사진저작물의 경우에는 촉탁자의 동의가 없는 때에는 이를 전시하거나 복제할 수 없다"는 규정을 신설함으로써 초상본인의 인격권을 보호하게 되었다. 그 후 2000년 저작권법에서 같은 항 후단의 "이를 전시하거나 복제할 수 없다"는 법문의 표현을 "이를 이용할 수 없다"로 변경하였고, 2006년 저작권법에서는 조문의 위치를 제35조 제4항으로 이동하는 한편으로 법문상의 '촉탁'과 '촉탁자'라는 용어가 국가와 사인 간의 계약을 의미하는 것으로 오해할 우려가 있다는 점을 고려하여 각 '위탁' 및 '위탁자'로 변경하였다.

128) 半田正夫(2003), 65면.
129) 황적인·최현호(1990), 55~56면.

한편, ② 특례 규정은 사진저작물의 보호기간이 다른 저작물의 보호기간과 동일하게 규정되었으므로 1986년 저작권법에서는 존속할 실익이 없어 폐지되었다. 다만, 1957년 저작권법에서 ①, ② 특례 규정에 의한 저작권귀속의 효력은 1986년 저작권법 아래에서도 여전히 유효하다는 점(부칙 제2조 제2항)에 유의하여야 한다.

요컨대, 우리 저작권법상 위탁저작물의 저작권귀속에 대해서는 '업무상 저작'에 관한 제9조가 적용되지 않는 한 위탁저작물의 저작자는 실제로 창작행위를 한 수탁자이고(제2조 제2호), 저작권은 저작자인 수탁자에게 원시적으로 귀속된다(제10조). 즉, '창작자원칙(Schöpferprinzip)'이라는 저작권법의 일반원칙이 적용되는 것이다. 이와 같이 위탁저작물의 저작권은 일반적으로 실제 창작한 자에게 속하기 때문에 위탁을 한 자(위임인이나 도급인)는 그 저작물을 이용할 수 있는 범위라든가 혹은 저작권이 위탁을 한 자에게 양도(이전)되는가의 여부를 미리 계약으로 명백하게 정해 둘 필요가 있다.[130]

나. 재판례

롯데월드의 상징물인 '롯티' 캐릭터의 제작과 관련하여 전개된 사례는 위탁저작물의 저작권귀속에 대한 대표적 사건으로서 주목된다. 이 사건의 개요 및 경과를 살펴보면 다음과 같다. 위탁자(롯데월드 측)는 수탁자(디자이너)에게 롯데월드의 상징물을 만들어 줄 것을 의뢰하였고, 수탁자는 너구리 도안을 창작하여 위탁자에게 인도하였다. 그 후 위탁자는 수탁자로부터 명시적인 허락을 얻지 않고서 임의로 해당 도안을 수정하여 그 도안을 최종 완성하였다. 이에 대해 수탁자는 자신의 저작인격권인 동일성유지권이 침해되었음을 이유로 저작물의 사용금지 가처분 신청을 하였다. 이 신청은 제1심에서는 기각되었으나, 제2심에서는 기본도안과 4가지 응용도안에 대해 가처분이 인용되었다.[131] 그러자 위탁자는 이것의 취

130) 참고로 과거 우리나라 일부 견해 중에는 구 컴퓨터프로그램보호법(1994. 1. 5. 법률 제4712호로 개정되기 전의 것) 제7조(법인 등 사용자 명의의 공표요건이 삭제되기 전의 것으로 저작권법 제9조와 동일)의 해석과 관련하여, ① 민법상 도급에 있어서는 수급인의 보수지급에 대해 민법상의 고용규정을 준용하고 있으므로(민법 제665조 제2항), 동조의 '업무에 종사하는 자'의 범위에 수급인이 포함되는 것으로 유추해석하여야 한다(송상현 · 김문환 · 양창수(1989), 128면)든가, 또는 ② 주문자가 모든 기획과 투자를 하고 개발자로부터 납품받아 주문자의 이름으로 공표한 경우에는 동조를 준용하여 주문자를 저작자로 볼 수 있다(임준호(1992), 489면)는 주장이 제기되었다. 그러나 전술한 대법원 1992. 12. 24. 선고 92다31309 판결이 법 제9조의 도급계약에의 유추 내지 확장해석을 부당하다고 판시한 바와 같이, 이러한 ① 또는 ②의 주장은 마찬가지 이유로 부당하다는 비판을 면하지 못한다고 할 것이다.

131) 서울고법 1990. 6. 25. 자 89라55 결정.

소를 구하는 가처분 이의신청을 하였다. 위 가처분 이의신청에 대하여 서울고법은 가처분 결정을 취소하고 신청을 기각하였다. ① 서울고법 판결은 그 이유에서 "이런 경우에는 캐릭터의 저작권이 제작자에게 귀속되었다가 도급인에게 양도되는 것이 아니라 처음부터 도급인에게 귀속된다고 보아야 할 것이다(저작권법 제9조 소정의 단체명의의 저작물에 있어서 법인 등이 그 저작자가 되는 경우도 이와 유사하다)."고 설시한 다음 "따라서 위 도안에 대한 저작인격권이 신청인에게 있음을 전제로 한 이 사건 가처분 신청은 … 이유 없다."고 판시하여 위탁자의 가처분 이의를 받아들였다.[132] 이에 대하여 ② 대법원 판결은 원심인 서울고법이 단체명의저작물의 법리, 즉 업무상 작성한 저작물의 법리를 확대·적용함으로써 저작권의 귀속에 관한 법리를 오해한 것은 잘못이라고 지적하면서도 이 사건에서는 수탁자가 도안의 수정에 대하여 묵시적으로 동의한 것으로 볼 수 있으므로 판결결과에는 영향이 없다고 하여 수탁자의 상고를 기각하였다.[133] 판결 이유를 보면 "저작권법은 저작물을 창작한 자를 저작자로 하고(제2조 제2호), 저작권은 저작한 때로부터 발생하며 어떠한 절차나 형식의 이행을 필요로 하지 아니하고(제10조 제2항), 저작인격권을 양도할 수 없는 일신전속적인 권리로(제14조 제1항) 규정하고 있는 바, 위 규정들은 당사자 사이의 약정에 의하여 변경할 수 없는 강행규정이라고 봄이 상당할 것이다. … 단체명의저작물의 저작권에 관한 저작권법 제9조를 해석함에 있어서도 위 규정이 예외규정인 만큼 이를 제한적으로 해석하여야 하지 확대 내지 유추 해석하여 저작물의 제작에 관한 도급계약에까지 적용할 수는 없다 할 것이다. 따라서 … 제작자가 롯데월드의 상징도형을 제작하는 목적과 소재 선정에 있어서 주문자의 요구사항을 따르기로 하고, 제작물에 관한 모든 권리를 주문자 측에 귀속시키며, 주문자 측에서 제작물에 대한 수정요구를 하면 제작자가 이에 응할 의무가 있다는 약정을 하였으나, 그 소재 선정이나 위 너구리 도안의 작성은 전적으로 제작자인 신청인의 재량과 예술적인 감각 및 기술에 의하였음을 인정할 수 있으므로 위 너구리 도안의 저작자는 제작자인 신청인이라 할 것이다"고 판시하였다.

하급심 재판례 중에는 피신청인 바둑신문의 대표이사가 '조훈현 바둑교실'이라는 제목의 비디오 교재의 대본을 작성한 다음 신청인과 비디오 교재 제작계약

132) 서울고법 1992. 6. 26. 선고 91카98 판결.
133) 대법원 1992. 12. 24. 선고 92다31309 판결.

을 체결한 사건에서, 위 계약을 도급계약이라 보고 소유권뿐만 아니라 저작권까지도 당연히 양도되는 것이라고 해석한 사례가 있다. 즉, ③ 서울고법은 "위 비디오 제작계약은 그 성질상 신청인이 비디오 제작을 완성하여 피신청인 바둑신문에게 인도함으로써 계약이 완결되는 도급계약으로 보여지고, 위와 같은 도급계약에 의한 영상저작물 제작에 있어서는 수급인이 그 저작물을 완성하며 도급인에게 이를 인도하였을 경우 특별한 사정이 없는 한 그 소유권과 아울러 그 지적재산권의 전부 또는 그 일부인 복제 및 배포권도 같이 양도하였다고 봄이 상당하다"[134]고 결정하였다.

또한, 광고물 사진제작 의뢰자가 광고사진 시안과 사진촬영에 필요한 햄 제품 및 그 배경 장식물의 대부분을 준비하고 광고물 제작자의 작업실에서 위 물건들을 이용하여 준비한 시안에 따라 피사체를 배치하였으며 광고물 제작자는 의뢰자가 배치한 촬영대상을 의뢰인이 요구하는 구도대로 촬영하여 사진원판을 제작·납품한 광고물 사진제작 의뢰계약과 관련한 사건에서, ④ 서울지법 남부지원 판결은 "광고물 사진제작에 있어서 광고물 제작자가 타인의 의뢰를 받아 광고물을 제작한 경우 그 광고물 제작 의뢰자가 그 제작과정을 실질적으로 통제하고 감독하면서 그 제작 과정에서 실질적인 역할을 하였다면 그 광고물의 저작권은 원시적으로 광고물 제작 의뢰자에게 귀속된다고 할 것이며, 가사 그 광고물의 저작권이 원시적으로 광고물 제작자에게 귀속된다고 하더라도 그 후 광고물 제작자가 별다른 약정 없이 광고물 제작 의뢰자에게 광고물인 사진원판을 양도하였다면 이는 그 광고물의 저작권 전부를 광고물 제작 의뢰자에게 양도한 것으로 봄이 상당하다"[135]고 판시하여 원고의 사진저작권 침해에 기한 손해배상청구를 기각하였다. 그러나 위 사건의 항소심인 ⑤ 서울고법은 "저작권은 특별한 사정이 없는 한 이 사건 이미지 사진을 촬영, 제작한 원고에게 귀속된다고 할 것이고, … 광고물로서 그 촬영, 제작을 광고대행업을 하는 피고 보조참가인이 의뢰하였다는 사실이나 피고 보조참가인이 그 제작과정에서 촬영대상물의 거의 대부분을 준비하고 촬영시안을 미리 작성하는 등의 주도적인 역할을 하였다는 사실만으로는, 당사자 사이에 이 점에 관한 특별한 약정이 있었다는 점을 인정할 만한 아무런 증거가 없는 이 사건에 있어 그 저작권이 피고 보조참가인에게 귀속한다고

---

134) 서울고법 1994. 12. 7. 자 94라175 결정.
135) 서울지법남부지원 1996. 8. 23. 선고 96가합2171 판결.

보기 어렵다."고 한 다음 "나아가 원고가 촬영한 이미지 사진의 원판을 피고 보조참가인을 통하여 피고회사에 양도"하였다는 주장에 대하여 "원래 저작물에 대한 소유권과 저작권은 별개의 개념으로 저작물의 소유자라 하여 그 저작권까지 이를 취득하는 것은 아니라 할 것임은 물론 저작물이 양도되었다 하여 그에 대한 저작권까지 양도된 것으로 보아야 하는 것은 아니라 할 것"이라고 판시하여 원고의 손해배상 청구를 일부 인용하였다.136) 이 사건의 상고심인 대법원 판결은 항소심의 사실인정이나 법리적용을 그대로 인정한 다음 이미지 사진의 저작물성을 인정하는 판시를 하였다.137)

한편, 위탁 개발된 프로그램의 저작권귀속과 관련된 사건에서 ⑥ 대법원은 "업무상 창작한 프로그램의 저작자에 관한 구 컴퓨터프로그램보호법(1994. 1. 5. 법률 제4712호로 개정되기 전의 것, 이하 '법'이라고만 한다) 제7조의 규정은 프로그램 제작에 관한 도급계약에는 적용되지 않는 것이 원칙이나, 주문자가 전적으로 프로그램에 대한 기획을 하고 자금을 투자하면서 개발업자의 인력만을 빌어 그에게 개발을 위탁하고 이를 위탁받은 개발업자는 당해 프로그램을 오로지 주문자만을 위해서 개발·납품하여 결국 주문자의 명의로 공표하는 것과 같은 예외적인 경우에는 법인 등의 업무에 종사하는 자가 업무상 창작한 프로그램에 준하는 것으로 보아 법 제7조를 준용하여 주문자를 프로그램 저작자로 볼 수 있다"고 판시한 바 있다.138)

다. 소결

(1) 재판례 검토

전술한 ② 의 대법원 판결 취지에 따르면, 프리랜서 디자이너가 창작한 저작물의 저작권이 디자이너에게는 발생하지 않고 막바로 발주자인 회사에게 원시적으로 저작권이 귀속한다는 취지의 계약서 조항을 만들어 놓더라도 이는 강행규정의 내용인 '창작자원칙'에 위반하는 것이 되므로 이러한 내용의 계약 조항은 무효가 된다고 할 것이다.139) 특히 ② 의 대법원 판결은 창작자원칙을 선언함과

136) 서울고법 1998. 7. 22. 선고 96나39570 판결.
137) 대법원 2001. 5. 8. 선고 98다43366 판결.
138) 대법원 2000. 11. 10. 선고 98다60590 판결.
139) 곽윤직 편집대표(1992), 266면 이하. 다만 창작자원칙이 강행규정인지 여부에 관하여는 반대의 견해가 있을 수 있다.

동시에 그 예외 규정인 저작권법 제9조의 한계를 명시하였다는 점에서 그 의의가 크다고 할 것이다.140) 또한 ⑤ 의 서울고법 판결은 ② 의 대법원 판결의 취지를 충실히 따른 판결로 평가할 수 있을 것이다.

이에 반하여 ① 의 서울고법 판결, ③ 의 서울고법 결정, ④ 의 서울지법 남부지원 판결, ⑥ 의 대법원 판결은 저작권법상의 기본법리인 창작자원칙과 관련하여 문제가 있다고 생각한다. 우선 ① 의 서울고법 판결은 당해 사건의 상고심인 ② 의 대법원 판결에 의해 그 법리 오해의 점이 지적되어 바로잡아졌다고 할 수 있다. 그러나 ③ 의 결정과 ④ 의 판결은 도급계약의 체결에 따라 작성된 위탁저작물을 수탁자가 그 대가를 수령하고 위탁자에게 인도하면 특별한 사정이 없는 한 저작재산권도 아울러 양도된다고 하였고, 특히 ④ 의 판결은 광고물 제작과정을 의뢰자가 실질적으로 통제·감독하였으므로 저작권법 제9조의 취지에 따라 의뢰자가 저작자가 된다고까지 판시하였는데, ③ 의 서울고법 결정은 "창작위탁계약을 체결하고 창작물에 대한 대가를 지급한 위탁자의 경우에도 저작권 양도에 관한 약정을 하지 않는 한 저작권을 당연히 취득하는 것이 아니다."고 하는 점에서 "그 타당성이 의문시된다."141) 또한, ④ 의 서울지법 남부지원 판결은 ⑤ 의 고등법원 판결에 의해 그 법리 오해의 점이 정정되었지만 ④ 의 판결이 "이용허락의 범위에 관한 분쟁을 사진에 관한 창작 및 저작자 개념의 무리한 해석에 의해서 해결하려고 한 점"142)에 근본적인 문제가 있으며 "창작위탁자가 창작과정을 통제하거나 기획한 경우에도 구체적인 창작적 표현에 기여했다면 공동저작으로 될 수 있음은 별론으로 하고 창작위탁자가 당연히 저작자로 된다고 단정하기는 어렵다."143)고 할 것이다. 또한, ⑥ 의 대법원 판결은 프로그램 제작에 관한 도급계약에서도 일정한 사유가 인정되는 예외적인 경우에는 법인 등의 업무에 종사하는 자가 업무상 창작한 프로그램에 준하는 것으로 보아 업무상 저작에 관한 규정을 준용하여 주문자를 프로그램 저작자로 볼 수 있다고 하였으나 이러한 판시는 ② 의 대법원 판결의 취지에 비추어 문제가 있다고 할 것이다. 즉, 업무상 저작의 요건은 "엄격하게 해석할 필요가 있는데다가 구체적인 사실관계에 비추어 또한 형평의 관점에서 주문자에게 저작권이 귀속된다고 판단된다면" 업무상

140) 박성호(2000), 46면.
141) 정상조(2004), 283면.
142) 정상조(2004), 283면.
143) 정상조(2004), 283면.

저작이 아니더라도 "주문자에게 저작재산권의 이전에 관한 합의가 있었는지 또는 주문자와 프로그램 개발업자가 공동저작을 한 것은 아닌지 등에 관한 검토를 했어야 할 것"[144]으로 생각된다. 그러한 점에서 ⑥의 대법원 판결은 보편적 규범을 제공하는 판결이라기보다는 해당 사례에 대해서만 적용되는 이른바 '사례판결'이라고 보는 것이 타당할 것이다. 최근 대법원 판결은 ⑥의 대법원 판결의 법명제를 반복하고는 있지만,[145] 그 해설에서는 이를 매우 한정적인 취지라고 설명하는 것도 '사례판결'이기 때문이 아닐까 생각한다. 즉, ⑥의 대법원 판결의 "사안이 주문자가 개발자에게 기존의 프로그램을 제공하고 그 내용 중 일부의 수정・보완만을 의뢰한 것이고, 이에 대하여 개발자도 불과 10여 일만에 수정・보완을 완료한 것이라는 점을 고려하면, 위 판결은 개발된 프로그램의 저작권을 원시적으로 주문자에게 귀속시키는 것이 타당하다고 평가되는 극히 예외적인 경우를 전제로 한 것"[146]이라고 해설하는 점에서 그러하다.

결론컨대, 전술한 재판례 중에서 ②의 대법원 판결과 ⑤의 서울고법 판결은 '창작자원칙'이라는 저작권법의 일반원칙과 저작권법 제9조의 '업무상 저작'에 대한 기본법리를 충실히 반영한 것으로서 타당하다고 생각된다. 저작권의 원시적 귀속에 관한 '창작자원칙'은 민법상의 가공이나 도급에 있어서 소유권의 귀속 문제와 차원을 달리하는 문제라는 점에 천착한다면 이는 당연한 결론이라 할 것이다. 민법상 도급계약에서는, 가령 도급인이 재료의 전부 또는 주요부분을 제공하는 경우 완성된 물건의 소유권은 원시적으로 도급인에게 귀속한다는 데에 판례와 학설은 일치하고 있다.[147] 이에 반하여 '창작자원칙'에 의하면 저작물의 창작에 대하여 도급인인 법인 등이 계획을 하고, 또 수급인이 도급인으로부터 자료를 제공받아 도급인의 지시 또는 주문사항을 작품 속에 나타냈다 하더라도 실제로 창작행위를 한 수급인이 저작자가 되는 것이며, 다만 도급인은 특약에 의해 수급인에게 발생한 저작재산권을 승계이전 받을 수 있을 뿐이다.[148] 물론 위탁자의

---

144) 정상조(2004), 283면.

145) 대법원 2013. 5. 9. 선고 2011다69725 판결.

146) 박태일(2013), 327면.

147) 곽윤직 편집대표(1997), 440면.

148) 전술한 ②의 대법원 판결도 "제작자가 롯데월드의 상징도형을 제작하는 목적과 소재 선정에 있어서 주문자의 요구사항을 따르기로 하고, 제작물에 관한 모든 권리를 주문자 측에 귀속시키며, 주문자 측에서 제작물에 대한 수정요구를 하면 제작자가 이에 응할 의무가 있다는 약정을 하였으나, 그 소재 선정이나 위 너구리 도안의 작성은 전적으로 제작자인 신청인의 재량과 예술적인 감각 및 기술에 의하였음을 인정할 수 있으므로 위 너구리 도안의 저작자는 제작자인 신청인이라 할 것이다"

창작적 기여가 인정되는 경우에는 위탁자와 수탁자가 당해 저작물의 공동저작자가 된다고 할 것이다.

(2) 관련문제 - 타인의 노무를 이용하는 계약형태의 다양성

오늘날에는 타인의 노무를 이용하는 계약형태가 다양화하고 있는 실태에 비추어 볼 때, 저작권법 제2조 제31호의 업무상 저작물의 정의규정에서 말하는 '업무에 종사하는 자'를 고용관계에 국한하는 것으로 해석할 필요는 없다. 따라서 고용계약이 없더라도 실질적으로 지휘·감독에 복종하는 지위에 놓여있다면 저작권법 제2조 제31호의 '업무에 종사하는 자'로서 제9조의 적용 대상이 된다고 할 수 있을 것이다.

앞서 본 바와 같이 일본 최고재판소는 "법인 등과 저작물을 작성한 자와의 관계를 실질적으로 볼 때에 법인 등의 지휘감독관계 아래에서 노무를 제공한다고 하는 실태(實態)에 있고, 법인 등이 그 자에 대하여 지급하는 금전이 노무제공의 대가라고 평가할 수 있는지 여부를 업무태양, 지휘감독의 유무, 대가액 및 지급방법에 관한 구체적 사정을 종합적으로 고려하여 판단해야 한다"고 판시하였다.[149] 요컨대, 위 판결은 '업무에 종사하는 자'의 판단기준으로서 ① 법인 등의 지휘감독 아래에서 노무를 제공한다는 실태에 있을 것, ② 법인 등이 그 자에 대하여 지급하는 금전이 노무제공의 대가라고 평가할 수 있을 것의 두 가지 요소를 들고 있는 점이 주목된다.[150]

이와 관련하여 가장 문제가 되는 것이 근로자파견제도에 따른 파견근로자의

고 판시하고 있다.

149) 最高裁 2003(平成15)年 4月 11日 判決(RGB 어드벤처 사건). 사건의 개요는 노무비자 없이 일본에서 생활하던 중국 국적의 디자이너 X가 Y법인 사무실에서 디자인 작성행위를 하면서 매월 기본급 명목으로 일정액의 금전을 급여명세서와 함께 수령하였고 Y법인이 기획한 애니메이션에 사용하기 위한 캐릭터 디자인을 작성한 사안에서 X가 Y를 상대로 애니메이션 작품의 반포 등의 금지 등을 청구한 사건이다. 이 사건에서 원심인 東京高裁 2000(平成12)年 11月 9日 판결은 X와 Y간에는 고용관계가 존재하지 않으므로 X는 Y의 '업무에 종사하는 자'에 해당하지 않는다고 하여 X의 청구를 일부 인용하였지만, 最高裁는 구체적 사정을 고려하여 X와 Y간에는 고용관계가 존재한다고 볼 수 있으므로 Y법인의 '업무에 종사하는 자'에 해당한다고 판시하면서 이를 부정한 원심판결을 파기하였다.

150) 다만, 위 最高裁 判決은 어디까지나 고용계약이 존재하면 법인 등의 '업무에 종사하는 자'에 해당한다는 것을 전제로 고용관계의 존부만이 쟁점이 된 사안에서 고용관계가 없으므로 일본 저작권법 제15조의 직무저작물이 아니라고 판시한 원심판결을 파기한 사건일 뿐이고, 고용계약을 맺지 않은 자가 법인 등의 '업무에 종사하는 자'에 해당하는지 여부를 직접적으로 판단한 사건이 아니라는 점에 유의해야 한다. 潮海久雄(2009), 68~69면.

경우이다.[151] 이에 대해서는, 피용자가 다른 회사에 파견되어 근무 중인 경우에는 고용관계는 아니라 하더라도 실제로 파견근무 중인 회사의 업무에 종사하고, 그 회사로부터 구체적인 지휘명령을 받고 있는 것이므로 피파견(被派遣)회사가 사용자로서의 지위를 갖는다고 설명하는 것이 일반적이다. 또한 어느 회사의 피용자가 다른 회사에 출장근무하게 된 경우에도 파견근무의 경우와 동일하다고 한다.

또한 형식적으로만 도급계약일 뿐이고 실제로는 고용관계에 준하는 법률관계가 인정된다면 실질적인 지휘·감독관계를 인정할 수 있을 것이다. 우리나라에서 근로자파견제도가 공식적으로 인정되기 전에는 '업무처리 노무도급'이라는 '위장' 도급의 형태를 띠고서 행하여지는 경우가 많았다.[152] 이러한 경우 전술한 바와 같이 수급인의 창작행위의 본질은 피파견회사로부터 지휘명령을 받으면서 그 업무에 종사하는 것이므로 저작권법 제2조 제31호 소정의 업무종사자에 해당한다고 볼 수 있을 것이다.

4. 외국 입법례의 고찰에 따른 시사점

가. 논의의 관점

텔레비전 드라마를 비롯한 방송프로그램에 대한 외주제작이 증가하면서 방송사업자와 독립제작사 간의 저작권귀속을 둘러싼 논란도 한층 심화되고 있다. 특히 우리나라의 경우는 ① '완전외주형', ② '공동제작형', ③ '위탁제작형'으로 대별되는 외주제작의 유형 가운데, 위탁제작형으로 드라마의 외주제작이 이루어지는 경우 그 계약체결 단계에서부터 저작권귀속을 둘러싼 논란이 많이 발생한다. 물론 전술한 ≪외주제작의 유형≫ 중 ③ '위탁제작형'의 하위범주인 ⓐ '하도급제작'에 해당하는 경우에서 볼 수 있듯이, 방송사업자가 드라마의 기획을 비롯한 실질적인 제작 업무를 지휘·감독하고, 독립제작사는 단지 엑스트라들의 배치와

---

151) 「직업안정법」제33조 제1항의 "누구든지 고용노동부장관의 허가를 받지 아니하고는 근로자공급사업을 하지 못한다"는 규정에 따라 허가 없이 행하는 근로자 파견제도는 금지된다. 「파견근로자 보호 등에 관한 법률」시행령 제2조 제1항은 '별표 1'(개정 2007. 6. 18.)에서 근로자 파견대상 업무를 열거하고 있는데, 이중 컴퓨터 전문가의 업무, 언어학자·번역가 및 통역가의 업무, 컴퓨터 보조원의 업무, 사진사 및 녹화·녹음장비조작원의 보조업무, 예술·연예 및 경기 준전문가의 업무 등은 저작권법 제9조와 관련이 있을 것으로 생각된다.

152) 김유성(1996), 65면 이하 참조.

관리, 야외촬영 장비의 섭외 등 단순한 노무 하도급만을 제공한 경우라면, 드라마는 방송사업자의 '업무상 저작물'에 해당하여 방송사업자가 드라마의 저작자로 인정될 것이다. 이때에는 저작권귀속을 둘러싸고 위탁제작계약 체결 단계에서는 물론 그 이후에도 별 다른 문제가 발생하지 않을 것이다. 그런데 예컨대 ③ '위탁제작형'의 하위범주인 ⓒ '자주적 제작'에 해당하는 경우에서 보듯이, 만일 독립제작사가 드라마를 기획하고 그 제작을 지휘・감독한 경우라면, 드라마는 독립제작사의 '업무상 저작물'에 해당하여 저작권법 제9조에 의해 독립제작사가 드라마의 저작자로 인정받게 될 것이다.[153] 문제는 이러한 사안에서 드라마에 대한 제작비의 상당 부분을 방송사업자가 지급하는 경우 드라마 위탁제작계약 체결 단계에서 독립제작사에게 그 드라마에 대한 저작권을 포괄적 양도할 것을 요구하는 경우가 많이 발생한다는 점이다. 이 경우 만일 그러한 계약 내용을 거절한다면 독립제작사가 기획한 드라마의 제작 자체가 무산되는 경우가 많을 것이고, 설령 계약이 체결되었더라도 그 계약 내용을 둘러싼 정당성 시비가 끊이지 않을 수도 있을 것이다.

결국 우리나라에서 드라마의 외주제작을 둘러싼 논란의 대부분은 제작된 드라마에 대한 저작권귀속의 행방에 관한 것이고, 그것과 관련하여 권리귀속의 행방을 결정지운 계약 내용의 시비에 관한 것이다. 그러한 점에서 위탁저작물의 저작권귀속에 관한 외국 입법례의 고찰로부터 얻을 수 있는 관점 중의 하나는, 만일 입법이라는 장치를 통하여 위탁제작된 드라마의 저작권귀속에 관한 쟁점의 상당 부분을 해결하는 것이 가능하다면, 위탁제작계약의 계약 체결 과정에서는 물론 그 계약 성립 이후에도 제기되는 드라마의 저작권귀속을 둘러싼 방송사업자와 독립제작사 간의 갈등을 해소할 수 있지 않을까 하는 일말의 기대감일 것이다.

나. 입법론 내지 해석론의 전개 방향

위탁저작물의 저작권귀속에 관한 외국 입법례를 보면 미국 저작권법 제101조가 일정한 범주의 위탁저작물에 대해서 업무상 저작물, 즉 우리 저작권법의 업무상 저작물에 해당한다고 규정함으로써 위탁저작물에 대한 권리귀속 문제를 해결

153) 이에 관해서는 'III. 외주제작 방송프로그램의 저작권귀속'의 '4. 방송사업자와 독립제작자 간의 권리귀속, 가. 외주제작의 유형에 따른 사례별 권리귀속 방안' 참조.

하고 있고 대륙법계 국가는 대체로 창작자원칙에 따르면서 영상저작물의 경우에는 예외를 인정하고 있으나 중국법은 특약으로 위탁자에게 저작권을 귀속시킬 수 있도록 하고 있다. 이와 관련하여 먼저 검토해 보아야 할 것은 우리 저작권법에서도 미국이나 중국의 저작권법과 유사한 입법을 할 수 있을 것인가 하는 점이다. 다음으로 우리 저작권법의 해석상 위탁저작물을 저작권법 제9조의 업무상 저작물에 해당한다고 해석할 수 있을 것인가 하는 점이다.

미국 저작권법 제101조는 업무상 저작물이란 ① 피용자가 그 고용의 범위 내에서 작성한 저작물이거나, ② 특별히 위탁이나 주문을 받은 것이라고 정의하고 있다. 업무상 저작물로서 인정되는 특별히 위탁 또는 주문된 저작물의 종류는 법조항에 따라 다음과 같이 제한된다. 즉, (a) 집합저작물에의 기여분, (b) 영화 또는 시청각저작물의 일부, (c) 번역, (d) 보조적 저작물(가령, 서문, 발문, 삽화), (e) 편집물, (f) 교과서, (g) 시험, (h) 시험의 해답자료, (i) 도표집이고, 아울러 "당사자들은 그 저작물을 업무상 저작물로 간주한다고 문서에 의해 명시적으로 합의하여야 한다"고 규정한다. 문제는 입법론으로서 미국 저작권법의 입법을 참조하여 우리 저작권법에도 일정 범주의 위탁저작물에 대하여 저작권법 제9조의 업무상 저작물로 취급하여 법인 등 사용자를 해당 위탁저작물의 저작자로 의제하는 규정을 입법할 수 있을 것인가 하는 점이다. 만일 이러한 입법이 가능하다면 위탁저작물의 저작권귀속을 둘러싼 문제는 위탁저작물의 저작자를 결정하는 문제에 흡수되어 일괄적으로 해결 가능하게 된다는 장점을 가지게 될 것이다. 그러나 저작권법 제9조는 창작자원칙의 유일한 예외규정으로서 그 규정이 의미하는 내용에 관해서도 제한적으로 해석되어 왔다는 점을 고려할 때, 입법론으로서 일정 범주의 위탁저작물에 대해서까지 저작권법 제9조에 포함되는 것으로 입법 방향을 정하는 것은 우리 저작권법의 근간이라 할 수 있는 창작자원칙을 과도하게 제약하는 것일 뿐 아니라 그 원칙 자체를 본질적으로 훼손할 가능성이 높기 때문에 바람직하지 않은 해결 방안이라고 생각한다. 오히려 이러한 입법론의 주장은 업무상 저작물(work made for hire)의 정의 속에 일정 범주의 위탁저작물이 포함되어 규정된다는 미국 저작권법 제101조 규정의 법문상의 표현에만 집중한 것일 뿐이고 그러한 입법을 가능하게 만든 미국 문화산업의 실태를 맥락적으로 이해하지 못하였기 때문이라는 비판으로부터 자유로울 수 없을 것이다. 미국에는 각종 문화산업 종사자들로 이루어진 다양한 조합들이 구성되어 있어서 개개 조합원들이 위탁저작물 관련 계약을 방송사업자를 비롯한 문화산업 관련 기업들과 체결하는 경우에 개개 문화산업 종사자들의 부족한 협상능력을 보완해주고 있을 뿐 아니라 노조 차원에서 그들의 이익을 대변하는 역할을 수행하고 있다는 점에도 주목할 필요가 있다.[154] 이러한 미국 문화산업의 배경에 대한 이해가 전제되어야 당사자들 간에 체결된 서면계약에 의해 위탁저작물이 업무상 저작물로 간주된다는 법 규정이 어떠한 의미를 가지고 작동하는지를 이해할 수 있게 된다.

한편, 일각에서는 우리 저작권법 제9조의 해석론을 통하여 일정한 위탁저작물을 업무상 저작물의 범주 속에 포함시키고자 하는 주장도 제기되고 있다. 그 견해에 따르면, 위탁저작물과 업무상 저작물 간에 엄격한 해석론을 유지하여 구별하는 것은 위탁저작물의 경우 위탁자에게 양도되는 것은 저작재산권 뿐이고 저작인격권은 수탁자에게 계속 잔존하게 되어 위탁자가 저작물을 활용할 때마다 저작인격권 침해 주장에 항상 노출될 수밖에 없는 결과가 초래된다고 한다. 그러므로 위탁저작물이 증가하고 있는 사회경제적 측면을 고려할 때 업무상 저작물이 인정되는 범위를 넓게 해석함으로써 위탁저작물의 활용을 촉진할 필요가 있다는 것이다.[155] 이 견해는 우리 저작권법 제9조의 입법 연혁을 고려할 때 일본 저작권법 제15조에 비교법적으로 영향을 받은 것이므로 그에 관한 일본 재판례를 참조하여 업무상 저작물의 성립 외연을 넓게 파악하자는 주장이다. 그러나 이미 전술한 것처럼 우리나라의 재판례[156]와 일본 재판례[157]를 비교해 보면 양자 간에 실제로 규범적으로 의미 있는 차이를 발견하기 어려우며 앞서 본 바와 같이 학설의 전개 또한 그러하다. 그러한 점에서 현재 우리 재판례의 업무상 저작물 인정범위를 확대하여 일정한 위탁저작물까지 포함하자는 논리는 실제상 그 필요성의 일부를 인정할 수 있으나 양 저작물의 경계를 허물어뜨림으로써 창작자원칙의 근간을 훼손할 수도 있다는 점에서 우려되는 바가 있다 할 것이다.

---

154) 미국 문화산업에서 그 종사자들을 위해 활동하는 각종 조합들이 문화산업기업과 그 종사자들 간에 체결되는 계약에서 수행하는 역할에 관해서는, Sherri L. Burr(2007), p.186, pp.206~207 참조.

155) 김경숙(2009), 579면.

156) 국내 재판례에 관해서는 'IV. 위탁저작물의 저작권귀속에 관한 외국 입법례와 그 시사점'의 '3. 우리 저작권법에 있어서 업무상 저작물과 위탁저작물, 나. 재판례, 다. 소결' 참조.

157) 일본 최고재 재판례에 관해서는 'IV. 위탁저작물의 저작권귀속에 관한 외국 입법례와 그 시사점'의 '3. 우리 저작권법에 있어서 업무상 저작물과 위탁저작물, 다. 소결' 참조.

다. 검토

결국 위탁저작물에 대해서는 미국 및 중국을 제외한 그 밖의 나라들, 즉 우리나라를 비롯한 일본, 독일, 프랑스 등이 비교법적으로 견지해 온 것은 창작자원칙에 따른 해결방안이라는 점을 확인할 수 있다. 이 글에서도 이러한 비교법적 검토 결과에 따라 창작자원칙에 입각하여 위탁저작물의 저작자를 결정하고 그 저작자에게 저작인격권과 저작재산권을 원시적으로 귀속시킨 다음 당사자 사이의 계약에 따라 저작재산권의 경제적 이용방향을 확립해나는 것이 바람직할 것이라고 생각한다. 이와 관련하여 2013년 7월 30일 방송프로그램 제작 표준계약서를 제정하여 발표한 바 있다. 외주제작 방송프로그램에 대한 저작권귀속을 결정하는 문제는 이해 당사자 간의 합의에 의해 해결 방안을 모색해 나가는 것이 필요하다는 점에서 볼 때, 이러한 표준계약서의 제정·발표는 합리적인 해결 방안을 모색하기 위한 의미 있는 '첫걸음'이라고 평가할 수 있을 것이다. 외주제작과 방송저작권을 둘러싼 문제에 관한 한 방송사업자와 독립제작사는 이 표준계약서를 더욱 보완·발전시켜 나갈 수 있도록 상호 협력하는 자세를 보여주어야 할 것이다. 나아가 만일 필요하다면 이 표준계약서를 대체하는 한층 합리적인 표준계약서를 제정할 수 있도록 외주제작업계의 실태를 종합적이고 체계적으로 파악하고자 하는 노력도 기울일 필요가 있을 것이다.

V 결 론

박근혜 정부가 표방하는 창조경제의 활성화를 도모하기 위해서는 무엇보다 콘텐츠산업의 활성화가 긴요하다. 특히 문화영상산업의 한 축을 차지하고 있는 텔레비전 드라마 제작과 관련해서는 외주제작 관련 산업의 성장과 확대가 필요하다고 생각한다. 외주제작 드라마의 대부분이 위탁제작형으로 제작되는 우리나라 방송산업의 현실을 감안할 때에 방송사업자와 독립제작사 간에 수행되는 위탁제작의 실질을 고려하여 드라마에 대한 저작권의 귀속 문제를 당사자들 간의 합리적인 내용의 계약 체결을 통해 해결해 나가는 것이 바람직할 것이라고 생각한다. 이러한 관점에서 우리 저작권법이 저작자의 권리와 이에 인접하는 권리를 보호하고 저작물의 공정한 이용을 도모함으로써 문화 및 관련 산업의 향상발전에 이바지함을 목적으로 함(동법 제1조 참조)에 유의하여 방송프로그램의 외주제작에 관련한 저작권의 귀속문제를 해결하고 나아가 방송저작물의 원활한 활용에 기여하는 해석론과 입법론이 전개되어야 할 것이다.

제 4 장

방송과 저작인접권

Ⅰ. 서　　론
Ⅱ. 실연자의 권리와 방송
Ⅲ. 음반제작자의 권리와 방송
Ⅳ. 방송사업자의 권리

제 4 장

방송과 저작인접권[1)]

필자 : 이해완

I 서　　론

1. 저작인접권의 의의

저작인접권이란 실연자, 음반제작자 및 방송사업자에게 부여되는 저작권에 인접한 권리를 말한다. 실연자, 음반제작자, 방송사업자는 저작물의 창작자는 아니지만 저작물의 해석자 내지 전달자로서 창작에 준하는 활동을 통해 저작자와 일반 공중 사이를 매개하여 저작물을 전달, 유통시키는 역할을 하므로 저작권법이 저작권에 인접하는 권리로서 보호하고 있는데 그것이 바로 저작인접권이다.

실연자, 음반제작자, 방송사업자 등에 대한 저작권법상의 정의는 다음과 같다.

(1) 실연자 : 저작물을 연기 · 무용 · 연주 · 가창 · 구연 · 낭독 그 밖의 예능적 방법으로 표현하거나 저작물이 아닌 것을 이와 유사한 방법으로 표현하는 실연을 하는 자를 말하며, 실연을 지휘, 연출 또는 감독하는 자를 포함한다(법 제2조 제4호).

(2) 음반제작자 : 음을 음반에 고정하는 데 있어 전체적으로 기획하고 책임을 지는 자를 말한다(법 제2조 제6호).

(3) 방송사업자 : 방송을 업으로 하는 자를 말한다(법 제2조 제9호).

---

1) 본장은 저작인접권에 관한 기본적인 설명을 기초로 하여 방송과의 관계에서 쟁점이 되는 이슈 등을 보다 구체적으로 자세히 분석하고 향후의 과제 등을 짚어보는 것을 그 내용으로 하는바, 논의의 기초가 되는 저작인접권에 대한 기본적 설명 부분에 있어서는 전체적으로, 이미 그러한 내용을 다룬 본 장 필자의 저서(이해완(2012a))를 필요한 범위에서 인용하면서 상당부분 수정, 보완하였음을 밝혀 둔다.

2. 저작인접권과 방송

저작인접권 중 '방송사업자의 권리'는 그 권리의 주체가 방송사업자라는 점에서 방송과 가장 직접적인 관계를 가지고 있는 저작인접권이라 할 수 있다. 실연자의 권리와 음반제작자의 권리는 그 권리주체가 방송사업자는 아니지만, 그 권리객체인 실연이나 음반이 방송에 사용되는 부분이 많아 역시 방송과 밀접한 관계를 가지고 있다.

이 장에서는 각각의 저작인접권이 방송과 어떤 관계를 가지고 있는지를 살펴보고, 그와 관련한 법해석 및 입법상의 쟁점들과 향후 과제를 짚어보기로 한다.

Ⅱ 실연자의 권리와 방송

1. 서 설

가. 실연 및 실연자의 의의

(1) 실연의 의의

저작권법상 '실연'이란 "저작물을 연기·무용·연주·가창·구연·낭독 그 밖의 예능적 방법으로 표현하거나 저작물이 아닌 것을 이와 유사한 방법으로 표현하는 것"을 말한다(법 제2조 제4호 참조). 이러한 실연의 개념은 저작권법상 '공연'의 개념과는 구별되어야 한다. 공연은 공중을 대상으로 한 공개를 요건으로 하나 실연은 공개를 요하지 아니하는 점, 공연에는 녹음·녹화물의 재생에 의한 것도 포함되지만 실연에는 그러한 것은 포함되지 않는 점, 공연은 저작물을 대상으로 한 것만 일컫는데 실연은 저작물이 아닌 것의 표현도 포함하는 것이라는 점 등에서 큰 차이가 있다.[2)]

실연의 개념에 해당하여 저작권법상 보호의 대상이 되는지 여부를 결정하는데 있어서 관건이 되는 것은 '예능적 방법으로 표현을 한 것인지' 여부에 있다. 위 조문에서 나열된 연기·무용·연주·가창·구연·낭독 등 외에도 예능적 방법에 의한 표현으로 인정되면 실연이라고 할 수 있다. 특히 저작물이 아닌 것의

2) 김정술(1992), 319면 참조.

표현이 실연이 될 수 있는 예로서는 쇼, 마술, 곡예, 요술, 복화술(腹話術), 흉내내기, 만담 등이 들어진다.[3] 프로야구 등의 스포츠는 일반적으로 그 성격상 실연에 해당하지 아니한다. 그러나 원래 스포츠 종목에 포함되는 것이라 하더라도 예능적인 성격을 가지는 리듬체조, 수중발레(싱크로나이즈드 스위밍), 피겨스케이팅 등의 경우 이를 스포츠의 일부로서가 아니라 일종의 '쇼'로서 수행할 경우에는 실연에 해당하는 것으로 볼 수 있다. 즉, 같은 행위라도 공연하는 자가 누구인지, 어떤 목적을 가지고 하는지에 따라서 실연으로 볼 수도 있고 그렇지 않을 수도 있다는 것이다. 체조의 마루운동과 같은 경우에도 그것을 체조경기에서 수행할 경우에는 실연이라 할 수 없지만, 비슷한 것을 '태양의 서커스단'과 같은 공연단의 일원으로서 애크러뱃 쇼(acrobat show)의 일부로 하면 실연이 되는 것이고, 피겨 스케이팅도 '아이스 쇼'로 하면 실연이 될 수 있다. 이와 같이 실연이 되려면 단순한 스포츠가 아니라 예술적이거나 아니면 오락적인 성격이 주가 되는 경우여야 한다고 할 수 있다.[4] 다만 같은 실연이라도 스포츠의 일부로 행해진 것인지 아닌지에 따라 실연에 해당하는지 여부를 달리 보는 위와 같은 견해에 찬성하지 않고 그러한 경우에도 그것이 실질적으로 예능적 방법에 의한 표현으로 인정되면 실연으로 보아야 할 것이라는 견해[5]도 있음을 유의할 필요가 있다.

실연이 독립적으로 이루어지는지 부수적으로 이루어지는지는 저작권법상의 실연으로 보호받는 데 아무런 관계가 없다.[6] 이와 관련하여, 노래방 기기에 사용되도록 할 목적으로 반주음악을 연주한 연주물이 기기 제조회사 측의 "지시에 따라 연주 또는 가창되었거나, 피고가 컴퓨터로 만든 전자음에 덧붙여져서 노래반주기 등에 수록되는 부가적인 연주물이라고 하더라도" 저작권법상의 실연으로 보호될 수 있다고 본 하급심 판결[7]이 있다.

(2) 실연자의 의의

실연자란 "실연을 하는 자를 말하며, 실연을 지휘, 연출 또는 감독하는 자를 포함한다"(법 제2조 제4호). 음반제작자나 방송사업자의 경우에는 법인이나 단체인

---

3) Id.
4) 김정술(1992), 320면; 加戸守行(2006), 24, 25면; 金井重彦 외(2000), 35면 등 참조.
5) 임원선(2012), 309면.
6) 이해완(2012a), §19-11.
7) 서울중앙지방법원 2010. 11. 3. 선고 2009가합112478 판결.

경우가 많으나 실연자는 자연인이다. 저작자의 경우에는 업무상 저작물에 관한 규정이 있으나, 실연자의 경우에는 업무상 실연에 관한 규정이 없으므로[8] 법인이 실연자의 지위를 원시적으로 갖는 경우는 없다. 실연자의 예로서는 배우, 가수, 연주자, 무용가, 마술사, 서커스단원 등을 들 수 있다. 물론 중요한 것은 그의 직업이 무엇인지가 아니라 그가 위에서 본 바와 같은 실연을 하였는지에 있고, 실연을 한 부분에 한하여만 실연자로서의 권리가 인정된다.

저작권법은 위와 같이 실연을 하는 자 외에도 실연을 지휘, 연출 또는 감독하는 자를 실연자의 범주에 포함시키고 있는데, 이들은 실연 그 자체를 행하는 것과 동일한 평가를 할 수 있는 자를 뜻한다. 오케스트라의 지휘자라든가 또는 무대의 연출가와 같이 실연자를 지도하여 스스로의 주체성 하에 실연을 행하게 하는 자, 요컨대 실연을 행하고 있는 것과 동일한 상태에 있는 자를 가리키는 것이다.[9] 영화 감독의 경우에는 영화의 전체적 형성에 창작적 기여를 한 경우 단순한 실연자가 아니라 '저작자'로 인정된다(다만 저작권법 제100조 제1항의 적용을 받아 특약이 없는 한 영상저작물의 이용에 필요한 저작재산권은 영상제작자에게 양도한 것으로 추정된다). 연극의 연출자는 일반적으로 실연자로 인정될 뿐이고 아직까지 우리나라 판례상 연극저작물의 저작자로 인정된 사례가 없지만[10], 무대 블로킹 등의 설정으로 출연자들의 '동작의 형'을 구성하는 데 창작적인 기여를 실질적으로 하여, 어문저작물로서의 희곡이나 각본에서 예정한 범위를 넘어서서 새로운 저작물을 작성한 것으로 사회통념상 인정될 수 있을 만한 예외적인 경우에는 연극저작물의 저작자로 인정될 수 있을 것이고, 그 경우 실연자의 지위와 저작자의 지위를 겸유하는 것으로 볼 수 있을 것이다.

또한 단순히 공연의 기획, 준비 활동을 하거나 공연의 진행을 맡은 데 불과한 사람의 경우에는 저작권법상 실연자로 인정되지 아니한다.[11] 음악공연의 해설자

8) 실연의 경우에도 권리관계의 명확화를 위해 업무상 실연에 관한 규정을 도입하는 것을 검토할 필요가 있으나 시청각적 실연에 있어서 그 권리의 귀속과도 관계된 것이므로 신중한 접근이 필요하다고 하는 견해가 있다(임원선(2012), 309-310면). 현재 자연인인 실연자의 권리를 중심으로 집중관리시스템이 구축되어 순기능적으로 운영되고 있는 부분이 있고, 업무상 실연에 대하여 사용자인 법인 등을 원시적 권리주체로 하는 입법례가 없으며, 그러한 입법이 실연자의 권익 보호에 반하는 결과를 초래할 수 있다는 점 등에 비추어, '업무상 실연'의 도입은 긍정적 검토대상이 아니라 생각된다.

9) 加戸守行(2006), 25면 참조.

10) 대법원 2005. 10. 4.자 2004마639 결정은 "뮤지컬 사랑은 비를 타고" 사건에서 "뮤지컬의 연기자, 연출자 등은 해당 뮤지컬에 관여한 실연자로서 그의 실연 자체에 대한 복제권 및 방송권 등 저작인접권을 가질 뿐이다"라고 판시한 바 있다.

11) 서울지방법원 2000. 12. 15. 선고 2000가합25823 판결 참조. 이해완(2012a), §19-14.

에 대하여는 학설의 다툼이 있으나, 저작물 등을 "예능적 방법으로 표현"한 것에 해당하지 아니하여 실연자에는 해당하지 않는 것으로 봄이 타당할 것으로 생각된다.[12)]

(3) 실연자 권리의 추정

실연자로서의 실명 또는 널리 알려진 이명이 일반적인 방법으로 표시된 자는 실연자로서 그 실연에 대하여 실연자의 권리를 가지는 것으로 추정된다(제64조의2). 한·EU FTA의 이행을 위한 2011. 6. 39. 개정 저작권법(2011. 7. 1. 시행)에 저작인접권자에 대한 권리추정규정(제64조의2)이 도입된 데 따른 것이다.

(4) 저작권법이 보호하는 실연

위와 같은 '실연' 중에서 저작권법이 보호하는 실연은 다음과 같다(법 제64조 제1호).

(가) 대한민국 국민(대한민국 법률에 따라 설립된 법인 및 대한민국 내에 주된 사무소가 있는 외국법인을 포함한다. 이하 같다)이 행하는 실연

(나) 대한민국이 가입 또는 체결한 조약에 따라 보호되는 실연

(다) 저작인접권의 보호를 받는 음반(제64조 제2호에 규정)에 고정된 실연

(라) 저작인접권의 보호를 받는 방송(제64조 제3호에 규정)에 의하여 송신되는 실연(송신 전에 녹음 또는 녹화되어 있는 실연을 제외한다)

위 (나)목의 규정은 우리나라가 실연의 보호에 관한 규정을 포함하는 WTO/TRIPs협정에 가입하게 됨에 따라 1995년 개정법에서부터 추가된 규정이다. 현재 우리나라가 가입한 실연 관련 다자간 국제조약은 로마협약(2009. 3. 18. 발효), WIPO 실연·음반 조약(2009. 3. 18. 발효), TRIPs(1995. 1. 1. 발효), 음반협약(1987. 10. 10. 발효) 등이다.

그리고 위 (라)목의 규정에서 '송신 전에 녹음 또는 녹화되어 있는 실연'을 제외하고 있음에 주의할 필요가 있다. 위 요건에 해당하는 한 외국인의 실연도 우리 저작권법에 의하여 보호되나, 뒤에서 보는 바와 같이 방송사업자에 대한 보상청구권 및 판매용 음반의 공연에 대한 보상청구권에 대하여는 상호주의를 규정하여 보호를 제한하고 있다.

---

12) 이해완(2012a), §19-14.

나. 청각실연과 시청각실연의 구분

실연은 그것이 오로지 청각적인 고정물(음반)로서 사용되는지(청각실연의 경우), 아니면 시청각적 고정물(영상물)로서 사용되는지(시청각실연의 경우)에 따라서 그 법적 취급에 큰 차이가 존재하고, 따라서 실연을 위의 기준에 따라 청각실연과 시청각실연으로 구분할 수 있다. 다만 이 구분은 실연이 어떤 형태의 고정물로서 사용되는지를 기준으로 하므로, 고정되기 전의 실연 단계에서 확정적으로 적용할 수 있는 개념 구분은 아니며, 다소간 유동적이고 실제적인 차원의 구분임을 유의할 필요가 있다.

나아가 그러한 의미의 청각실연의 주체를 청각실연자, 시청각실연의 주체를 시청각실연자로 구분할 때도 그 구분이 가지는 성격은 마찬가지이다. 즉 청각실연자와 시청각실연자는 그가 하는 실연이 청각적 고정물로 사용되는지 시청각적 고정물로 사용되는지 여부에 따라 구분될 뿐이므로, 가수라고 하여 청각실연자이기만 한 것은 아니고, 배우라고 하여 시청각실연자이기만 한 것도 아니다. 예컨대 가수가 노래하는 장면이 시청각적인 영상물로 고정되어 사용되게 되면, 그 영상물과의 관계에서 그 가수는 시청각실연자의 지위에 있다고 할 수 있고, 만약 그 노래가 동시에 청각적 고정물인 음반으로 고정되어 사용되기도 한다면, 동일한 가수가 그 음반에 대한 관계에서는 청각실연자의 지위에 있다고 할 수 있다.

본 장에서 위와 같은 이해를 전제로 하면서도 실연자를 청각실연자와 시청각실연자로 구분하여 살펴보고자 하는 것은 그것이 실연자의 권리와 방송의 관계를 실제적인 차원에서 정확히 이해하는 데 큰 도움을 준다고 보기 때문이다.

2. 청각실연자의 권리와 방송

가. 현행법상 청각실연자의 권리와 방송

(1) 청각실연자의 방송권

저작권법 제73조는 "실연자는 그의 실연을 방송할 권리를 가진다. 다만, 실연자의 허락을 받아 녹음된 실연에 대하여는 그러하지 아니하다"고 규정하고 있다. 청각실연자는 이 규정 중 단서 규정의 적용을 받아 자신의 허락 하에 녹음된 실연에 대하여는 배타적 권리로서의 방송권을 행사할 수 없다. 따라서 청각실연자가 배타적 권리로서 방송권을 행사할 수 있는 것은 녹음되지 않은 생실연의 방송 또는 자신의 허락 없이 녹음된 실연의 방송에 한정된다.

저작권법이 이와 같이 청각실연자의 배타적 권리로서의 방송권을 제한한 것은 저작인접권 제도에서 전통적으로 수용해 온 소위 '일회주의(one chance theory)'의 영향을 받은 것이라 할 수 있다. 여기에서 말하는 일회주의란 실연자가 음반 제작시에 한번 권리 행사의 기회를 부여받은 이상 그 때 이후의 모든 상황을 감안하여 대가를 지급받을 수 있으므로, 더 이상 배타적 권리행사를 인정하지 않아도 무방하다는 생각을 뜻한다. 다만, 우리 저작권법 제75조는 실연자가 실연이 녹음된 판매용 음반을 사용하여 방송하는 방송사업자로부터 상당한 보상금을 지급받을 권리를 가지는 것으로 규정하여, 위와 같은 일회주의를 보완하고 있다고 할 수 있다.

실연자의 생실연이나 실연자의 허락 없이 녹음된 실연에 대하여는 실연자가 배타적 권리로서의 방송권을 가지고 있으므로, 그 실연을 해당 실연자의 허락 없이 방송할 경우에는 방송권 침해가 성립하여 상응하는 민형사상의 책임을 지게 된다. 그 점에서 방송사업자가 사전 허락 없이 판매용 음반에 녹음된 실연을 방송에 사용하여도 실연자의 권리침해로서의 불법행위나 권리침해죄가 성립하지는 않고 단지 채권적 의무로서 보상금 지급의무를 부담할 뿐인 제75조의 경우와 구별된다.

배타적 권리로서의 방송권이 인정되는 두 가지의 경우를 좀 더 자세히 살펴보면 다음과 같다.

먼저 생실연을 녹음이나 녹화 없이 방송하는 것은 그것이 TV 방송이든 라디오 방송이든 불문하고 그 방송에 대한 허락이 없을 경우에는 해당 실연자의 방송권을 침해하는 것으로 보게 될 것이다(그 과정에서 수반되는 복제에 대하여는 복제권 침해도 성립한다).

실연을 녹화하여 영상저작물을 만든 다음 그것을 TV로 방송하는 것은 그 녹화(영상저작물의 제작)에 실연자가 동의한 경우에는 뒤에서 자세히 살펴볼 영상저작물 특례규정(제100조 제3항[13])에 따라 영상저작물의 이용과 관련된 방송권이 영

---

13) 저작권법 제100조 제3항 : 영상제작자와 영상저작물의 제작에 협력할 것을 약정한 실연자의 그 영상저작물의 이용에 관한 제69조의 규정에 따른 복제권, 제70조의 규정에 따른 배포권, 제73조의 규정에 따른 방송권 및 제74조의 규정에 따른 전송권은 특약이 없는 한 영상제작자가 이를 양도 받은 것으로 추정한다.

상제작자에게 양도된 것으로 추정되므로, 그 추정을 번복할 만한 반대사실을 실연자 측에서 주장·입증하지 못하는 이상, 해당 실연자가 방송권 침해를 주장할 수는 없는 것으로 보게 된다.

그런데 그 영상물에서 음원만을 사용하여 라디오 등으로 방송하는 경우에는 영상저작물의 이용과 관련된 것이 아니므로, 위 특례규정에도 불구하고 실연자의 별도 동의를 받지 않으면 그의 방송권을 침해하는 것으로 볼 수 있다. 영상저작물 특례규정에 따라 영상제작자에게 양도된 것으로 추정되는 방송권은 '그 영상저작물의 이용에 관한' 것에 한하고, 한편으로 실연자의 허락 하에 영상물로 녹화된 것만으로는 그의 허락 하에 '녹음'된 것으로 볼 수 없을 것이기 때문이다.

다음으로 실연자의 허락 없이 녹음된 음원을 이용하여 방송한 경우에도 그 방송에 대하여 해당 실연자의 허락이 없는 한 방송권의 침해가 성립한다(그 과정에서 복제가 수반될 경우에는 복제권침해도 성립한다). 그런데 어떤 음반(음원)이 실연자의 허락 없이 녹음된 것인지를 알기가 쉽지 않은 경우가 많을 것이다. 음악 CD나 디지털 싱글 앨범의 형태로 고정되어 시장에 나온 음반, 즉 판매용 음반의 경우에는 실연자의 허락 하에 녹음된 것으로 사실상 추정되는 것으로 볼 수 있겠지만, 그러한 판매용 음반이 아닌 경우에는 구체적인 상황에 따라 그것이 실연자의 허락 하에 녹음된 것인지 여부를 신중하게 확인해 볼 필요가 있는 경우도 있을 것이다. 그러한 구체적 상황 여하와 무관하게 실연자의 허락 없이 녹음된 것이 사실이기만 하면, 그 방송에 대한 허락을 받지 않고 방송하는 것이 방송권 침해에 해당할 것이지만, 구체적인 상황에 따라 방송사업자의 고의, 과실 유무에 대한 판단은 달라질 수 있을 것이다. 그러한 판단에 의하여 방송사업자의 과실 없이, 실연자의 허락 없이 녹음된 것임을 몰랐던 것으로 인정될 경우에는 방송권 침해에 따른 침해정지 청구 등의 대상이 될 수는 있으나, 손해배상책임은 인정되지 않을 것이다.

실연자의 허락 하에 녹음된 실연의 경우에는 방송권이 인정되지 않으므로, 그러한 실연을 방송한 경우에는 TV방송이든 라디오방송이든 방송의 형태를 불문하고 방송권의 침해가 성립하지는 않는다. 실연이 녹음된 판매용 음반을 사용하여 방송한 경우에 뒤에서 보는 바와 같은 보상청구권(제75조)이 인정될 뿐이다. 실연자의 허락 하에 녹음된 실연으로서 그 실연이 판매용 음반이 아닌 음반으로 녹음된 경우라면 그것을 방송사업자가 방송하여도 방송권 침해가 되지 않음은 물론 보상청구권의 대상이 되지도 않는다.

(2) 청각실연자의 방송사업자에 대한 보상청구권

실연자는 방송사업자가 실연이 녹음된 판매용 음반을 사용하여 방송하는 경우에 그에 대한 보상청구권을 가진다(법 제75조 제1항). 저작권법은 이를 실연자의 권리가 아니라 방송사업자의 보상금 지급의무를 규정하는 방식으로 규정하고 있지만, 이를 뒤집어 보면, 실연자의 방송사업자에 대한 보상청구권을 인정한 규정으로 볼 수 있다.

위에서 살펴본 바와 같이 실연자의 방송권에 관한 제73조 단서의 규정에 따라 실연자는 자신의 허락에 기한 녹음물의 방송에 관하여는 배타적인 방송권을 주장할 수 없다. 그것은 방송사업자가 실연이 녹음된 판매용 음반을 사용하여 방송하는 경우에도 마찬가지이다. 그러나 그러한 방송의 경우에 방송사업자는 음반의 사용만으로 많은 수익을 얻을 수 있지만 실연자는 그로 인한 공연기회의 축소 등으로 경제적 피해를 입게 될 가능성이 높다는 점에서, 실연자의 배타적 권리로서의 방송권은 인정하지 않더라도 방송사업자에 대한 채권적 성격의 보상청구권은 인정함으로써 실연자와 방송사업자 사이의 이해관계를 조정하고자 한 것이 위 규정의 취지라고 할 수 있다.

국제관례상 판매용 음반을 방송이나 기타 영리적인 접객업소에서 사용하는 것을 개인용이나 가정용으로 재생하여 사용하는 통상의 1차적 사용을 뛰어넘는 사용이라는 이유로 2차적 사용(secondary uses)이라고 하고 그에 대한 보상금을 2차적 사용료(secondary use fees)라고 한다. 따라서 이 규정에 의한 보상금 청구권을 통상적으로 2차적 사용료 청구권이라고 부르기도 한다.[14)]

원래 이에 해당하는 규정의 단서에는 “다만 실연자가 외국인인 경우에는 그러하지 아니하다”고 규정하고 있었는데(개정 전의 저작권법 제65조 제1항 단서), 2006년 개정법에서 이 부분도 개정하여 “다만, 실연자가 외국인인 경우에 그 외국에서 대한민국 국민인 실연자에게 이 항의 규정에 따른 보상금을 인정하지 아니하는 때에는 그러하지 아니하다”고 규정하고 있다(제75조 제1항 단서). 방송사업자에 대한 보상청구권은 WIPO실연·음반조약 가입시 유보할 수 있는 권리이나(같은 조약 제15조 제3항), 유보하지 아니하고[15)] 상호주의를 전제로 외국인 실연자

14) 김정술(1992), 323면 참조.

15) WIPO실연·음반조약 제15조 제1항은 방송만이 아니라 공연에 대한 보상청구권도 규정하고 있고,

에게도 이 권리를 인정할 근거를 마련한 것이다. 상호주의라는 지렛대를 통해 한국의 가수 등이 다른 나라(특히 일본, 중국, 동남아 각국 등 한류의 영향이 강한 나라들)에서 보상청구권을 행사할 수도 있으리라는 가능성을 염두에 둔 규정이다.[16]

위와 같은 방송사업자에 대한 보상청구권의 행사 요건을 정리해 보면 다음과 같다.

1) 방송사업자가 사용의 주체이다. 방송사업자에는 유선방송사업자와 무선방송사업자가 모두 포함된다.

2) 실연이 녹음된 판매용음반을 사용하는 경우여야 한다. 판매용음반에 해당하지 않는 음반의 경우에는 이 규정의 대상이 아니다. 판매용음반의 개념에 대하여는 최근 많은 논란이 있는데, 그에 대한 문제는 뒤에서 다시 자세히 짚어 보기로 한다. 음반의 개념에는 음이 영상과 함께 고정된 것은 제외되므로(제2조 제5호), 영상물에 함께 고정된 음원은 여기에 해당하지 않는다. 그러나 그렇다고 하여 음악유선방송이나 라디오방송에서의 경우에만 본조에 의한 보상청구권이 발생한다고 할 것은 아니고, TV 방송 등에서 판매용 음반을 사용하는 경우에도 보상청구권의 대상이 될 수 있다. 즉 판매용 음반을 사용한 영상저작물을 방송하는 경우라고 하여 본조의 적용을 부정할 이유는 없다.

3) 방송을 하는 경우여야 한다. 방송의 개념에 해당하지 않는 이용행위 중 디지털음성송신과 공연의 경우는 별도의 보상청구권 규정의 적용을 받게 되고, 전송의 경우는 배타적 권리로서의 전송권의 대상이 된다. 전송이나 디지털음성송신 또는 방송 중 어디에도 해당하지 않는 '기타의 공중송신'에 대하여는 현행법상 저작인접권자에게 아무런 권리도 인정되지 않는다.

이 규정에 의한 실연자의 보상청구권은 물권적인 것이 아니라 채권적인 성격을 가지고 있다. 따라서 디지털음성송신사업자의 입장에서 그 보상의무의 이행이 실연이 녹음된 음반의 이용을 적법하게 하는 요건은 아니다. 즉 실연자의 허락 없이 그 음반을 이용하여도 위법하지 않고, 그 이용행위에 의하여 구체적인 보상금지급의무가 발생하게 될 뿐이다. 따라서 보상금을 지급하지 않았다고 하여 실

우리나라는 2008년에 동 조약에 가입하면서 아직 공연에 대한 보상청구권 규정을 도입하기 전임을 감안하여 같은 조 제3항에 따라 "제15조 제3항에 따라 상업용 음반이 무선 및 유선방송을 통하여 이용되는 경우에 한하여" 제15조 제1항의 규정을 적용하는 것으로 부분적인 유보를 한 바 있다. 결국 방송에 대한 보상청구권에 관한 한 아무런 유보를 하지 않은 것으로 볼 수 있다.

16) 이해완(2012a), §19-38.

연자의 권리 침해가 성립하는 것은 아니다. 물론 보상금청구권을 민사소송의 방법으로 행사하여 판결을 받을 경우 민사상의 강제집행을 할 수는 있다. 그러나 법 제123조에 의한 침해정지청구 등을 할 수는 없다.[17] 한편 실연자의 보상금청구권 행사는 개별적으로 할 수 없고 문화체육관광부장관이 지정하는 권리자단체를 통해서만 할 수 있는 것으로 규정하고 있다(법 제75조 제2항에 의하여 준용되는 법 제25조 제5항). 방송의 성질상 방송사업자는 수많은 실연자의 실연을 방송하고 있으므로 그들 개개인과 상대하여 실연의 사용 및 그 보상금에 관한 교섭을 하게 되면 실연자와 방송사업자 쌍방이 현실적으로 대단한 불편을 겪게 될 것이고 또한 개개의 실연자들에 있어서는 실연사용료가 영세한 금액에 불과한 것이므로 방송사업자와 사이에 이에 관한 교섭을 할 수 있을 것으로 기대하기도 어려운 것이므로 위와 같이 문화체육관광부장관이 지정하는 실연자단체를 통해 일괄적으로만 행사할 수 있도록 제한한 것이다. 현재 음악실연 분야의 청각실연과 관련한 지정단체는 한국음악실연자연합회(이하 '음실련'이라 한다)이다. 따라서 청각실연과 관련하여 방송사업자에게 보상청구권을 행사할 권리는 지정단체인 음실련에게 귀속되고, 개별 실연자가 직접 방송사업자에게 보상청구권을 행사할 수는 없다.

다만 지정 단체는 그 구성원이 아니라도 보상권리자로부터 신청이 있을 때에는 그 자를 위하여 그 권리행사를 거부할 수 없다. 이 경우에 그 단체는 자기의 명의로 그 권리에 관한 재판상 또는 재판 외의 행위를 할 권한을 가진다(제75조 제2항, 제25조 제6항). 음실련의 회원이 아닌 실연자도 그 실연이 방송에 사용될 경우 보상권리자로서 음실련에게 자신의 권리를 행사해 줄 것을 청구할 수 있고, 음실련은 그 청구를 거부할 수 없다.

지금은 개별 실연자에게 보상금을 분배하는 시스템으로 변경되어 운영되고 있지만, 과거에 음실련의 전신인 한국예술실연자단체연합회에서는 보상금을 회원단체들에게 분배하여 그 회원단체들이 분배받은 보상금을 회원들을 위해 사용하도록 한 바 있었다. 그 때의 하급심판결 중에는 "방송사업자가 실연이 녹음된 판매용 음반을 사용하여 방송하는 경우 그 실연자에게 상당한 보상을 하여야 함은

17) 第123조 (침해의 정지 등 청구) ① 저작권 그 밖에 이 법에 따라 보호되는 권리(제25조·제31조·제75조·제76조·제76조의2·제82조·제83조 및 제83조의2의 규정에 따른 보상을 받을 권리를 제외한다. 이하 이 조에서 같다)를 가진 자는 그 권리를 침해하는 자에 대하여 침해의 정지를 청구할 수 있으며, 그 권리를 침해할 우려가 있는 자에 대하여 침해의 예방 또는 손해배상의 담보를 청구할 수 있다.

당연하나 방송사업자가 방송에 제공된 모든 곡의 실연자를 찾아 내어 보상을 해준다거나 반대로 실연자 개개인이 자신이 실연한 곡을 방송한 방송사업자 및 그 방송횟수를 추적하여 보상금을 청구한다는 것은 기술적·경제적으로 불가능하므로, 저작권법 제65조 제2항은 이러한 보상의 필요성과 보상 방법상의 문제점을 해결하기 위한 방안으로 보상청구권의 귀속 주체와 보상청구권의 행사자를 분리하고 있는바, 음악실연자가 같은 법조항에 따라 문화체육부장관이 보상청구권 행사자로 지정한 단체인 한국예술실연자단체연합회 소속 회원단체에 가입한 경우에는 연합회의 규약에 따라 직접 연합회를 상대로 개별적으로 보상금의 분배를 청구할 수는 없고 또한 이러한 연합회의 규정이 실연자의 보상청구권에 관한 저작권법의 취지에 반한다거나 사회질서에 위배되어 무효라고 볼 수는 없으며, 연합회 소속 단체에 가입하지 않은 실연자라고 하더라도 같은 법 제65조 제3항에 따라 연합회를 통하여 얼마든지 자신의 권리를 행사할 수 있으나 다만 방송에 관한 자료수집의 어려움, 보상의 성격 등을 감안할 때 사전에 권리 행사를 신청한 경우에 한한다고 해석해야 한다"고 판시한 사례가 있다.[18]

한편, 지정 단체는 보상금 분배 공고를 한 날부터 3년이 경과한 미분배 보상금에 대하여 문화체육관광부장관의 승인을 얻어 공익목적을 위하여 사용할 수 있다(제75조 제2항, 제25조 제8항). 이는 보상금이 권리자의 확인과 소재 파악의 어려움으로 인하여 상당부분 분배되지 아니하는 현실을 고려한 것으로서, 공탁이라는 번거로운 절차나 계속적인 보관보다는 공익목적으로 활용하는 것이 훨씬 더 바람직하다는 판단에 기한 것이다.

이 규정에 따른 지정단체가 보상권리자를 위하여 청구할 수 있는 보상금의 금액은 매년 그 단체와 방송사업자가 협의하여 정한다(법 제75조 제3항). 협의가 성립되지 아니하는 경우에 그 단체 또는 방송사업자는 대통령령이 정하는 바에 따라 한국저작권위원회에 조정을 신청할 수 있다(같은 조 제4항). 나아가 조정을 신청하여 진행하였으나 조정이 성립하지 않을 경우에 강제조정을 할 근거규정은 없으므로, 결국 그 경우에는 법원에서 보상금의 금액을 정해 줄 것을 청구할 수 밖에 없다. 이와 관련하여 서울지방법원 1999. 7. 30. 선고 97가합44527 판결[19]은 역시 음실련의 전신인 한국예술실연자단체연합회가 지정단체로 활동하던 시기

18) 서울지방법원 1997. 10. 15. 선고 95가단16616 판결.
19) 저작권심의조정위원회, 한국저작권판례집 [5], 497면 이하.

에 "원고들(사단법인 한국예술실연자단체연합회, 사단법인 영상음반협회)과 피고가 1990년경 이래로 수차례의 협의 등을 거쳐 결정하여 온 보상금 지급 수준은 향후 보상금의 수액을 결정함에 있어서 유력한 자료가 된다고 할 것인 바, 종래의 경과에 의하면 원고와 피고는 보상청구권이 인정되는 취지, 보상금액 산출의 현실적인 어려움, 피고에 의하여 1차 사용료[20]가 지급되는 한국음악저작권협회의 관리곡 중에서 국내곡이 차지하는 비율 및 국내곡 중에서 원고들의 관리곡이 차지하는 비율 등 제반 사정을 고려해야 한다는 공통의 이해하에 피고가 지급하여야 할 보상금을 1차 사용료의 70% 수준으로 정한다는 내용으로 협의가 이루어져 왔다고 봄이 상당하다"고 판시한 바 있다. 이 판결은 보상금 기준에 관하여 객관적인 기준을 마련할 만한 근거자료가 부족한 상태에서 법원이 어떤 판단요소들을 고려할지를 보여주는 하나의 사례라 할 것이나, 절대적인 기준을 제시한 것은 결코 아니며, 구체적인 사안마다 여러 가지 상황을 고려하여 보다 합리적인 기준을 모색하기 위한 노력이 기울어져야 할 것이다. 한편 위 판결은 "현행 저작권법의 규정형식에 비추어 볼 때 실연자의 보상청구권과 음반제작자의 보상청구권은 별개의 권리로서 존재하는 것으로 해석되어야 할 것이므로 이 사건 보상청구권에 관하여 단일한 보상이 이루어지고 이를 두 단체 간에 합리적으로 배분함으로써 충족될 수 있는 권리라는 피고의 주장은 받아들일 수 없다"고 판시하였는데, 그러한 판시도 우리 저작권법의 규정내용에 비추어 타당하다고 할 수 있다. 예컨대 독일 저작권법의 경우에는 실연자에게 방송사업자 등에 대한 보상청구권(독일 저작권법 제78조 제2항)을 인정하고, 음반제작자에게는 실연자에 대한 관계에서 분배청구권을 가지도록 하여(같은 법 제86조), 단일한 주체가 보상청구권을 행사하도록 규정하고 있지만, 우리 저작권법은 실연자와 음반제작자의 보상청구권을 별도로 규정하고 있으므로, 독일 저작권법의 규정내용 등과 동일한 결론을 해석론으로 인정할 수는 없다.

---

20) 이 판결에서는 피고 방송사에 의하여 한국음악저작권협회에 지급되는 음악저작물 사용료를 칭하는 말로 사용되고 있다.

판매용 음반 방송의 보상금

서울지법 동부지원 1997. 10. 15. 선고 95가단16616 판결

● 사실의 개요

피고 사단법인 한국예술실연자단체연합회는 저작권법 제65조 제2항에 의하여 실연이 녹음된 판매용 음반이 방송되는 경우 실연자들을 위하여 그 보상청구권을 행사할 수 있는 단체로 지정받았다. 피고는 방송사로부터 받은 판매용 음반의 방송사용에 대한 보상금의 일부를 연주, 가수 등 소속단체에 분배하였다. 원고는 사단법인 한국연예협회 연주분과위원회 회원들로서 피고가 방송사업자들로부터 수령한 보상금 중 연주단체에 할당한 금원은 실연자 개인에게 분배되어야 마땅한데 그 분배 방법은 모든 곡의 전체 방송횟수 중 원고가 실연한 곡의 방송횟수가 차지하는 비율에 따라야 한다고 주장하며, 그에 따른 금액의 지급을 요구하는 소를 제기했다.

● 판시사항

실연자에 대한 보상은 당연하나, 모든 곡의 실연자를 찾거나 실연자 개개인의 방송횟수를 추적하여 보상금을 청구하는 것은 기술적·경제적으로 불가능하다. 이에 저작권법 제65조 제2항은 보상청구권의 귀속 주체와 보상청구권의 행사자를 분리하는 방법을 통해 보상의 필요성과 보상 방법상의 문제를 해결한다. 위 규정에 따라 문화체육부장관이 보상청구권 행사자로 지정한 단체인 한국예술실연자단체연합회 소속 회원단체에 가입한 경우에는 연합회의 규약에 따라 직접 연합회를 상대로 개별적으로 보상금의 분배를 청구할 수는 없다. 또한, 연합회 소속 단체에 가입하지 않은 실연자라고 하더라도 같은 법 제65조 제3항에 따라 연합회를 통하여 얼마든지 자신의 권리를 행사할 수 있으나 다만 방송에 관한 자료수집의 어려움, 보상의 성격 등을 감안할 때 사전에 권리 행사를 신청한 경우에 한한다고 해석해야 한다.

● 평석

본 판결에서는 음악실연자가 판매용 음반 방송에 따른 보상금을 지급받기 위한 요건을 제시한 점에 의의가 있다. 음악실연자가 개별적으로 한국예술실연자단체연합회 소속 회원단체를 상대로 보상금의 분배를 청구하는 것은 허용되지 않는다. 1차적으로 법 소정의 단체를 조직하거나 또는 한국예술실연자단체연합회 소속 회원단체에 가입하여 보상금을 분배받아야 한다. 만약 단체에 가입하지 않았다면 사전에 보상청구권 행사자로 지정된 한국예술실연자단체연합회 소속 회원단체에 권리행사를 신청하여야 한다.

방송사용보상금 산정의 취지와 기준

서울서부지방법원 2012. 12. 14. 선고 2012가합3111 판결

● 사실의 개요

원고 한국음원제작자협회는 피고 CBS와 원음방송을 상대로 2007년분 방송 사용 보상금은 전년도인 2006년 매출액의 2% 상당이 되어야 한다고 주장하면서 서울중앙지방법원에 2007년분 방송 사용 보상금 청구의 소를 제기하였으나 법원은 0.23%가 상당하다고 판단하였고 항소심 법원인 서울고등법원이 항소를 기각하여 제1심 판결이 확정되었다. 이에 원고는 2008년분부터 2010년분 방송 사용 보상금은 위 확정판결에서 인정된 요율보다 보상금 요율이 상향 조정되어야 한다고 주장하였고, 반면 피고들은 종전 2007년분 보상금 요율에 따라야 한다고 주장하여 이 사건의 소가 진행되었다.

● 판시사항

판매용 음반을 방송에서 사용하는 것은 음반제작자로서 홍보·선전의 효과가 있지만, 방송사업자가 판매용 음반을 일반적 사용 범위를 초과하여 사용할 경우에는 오히려 음반 판매를 대체함으로써 음반 판매량에 따라 음반제작자의 경제적 이익을 해할 우려가 있다. 이에 저작권법은 음반제작자에게 실연자의 경우와 달리 배타적인 방송권을 인정하지 않는 대신 방송사업자의 판매용 음반 사용으로 인한 수익 일부에 관하여 채권적 보상금 청구권을 인정함으로써 음반제작자와 방송사업자 사이의 적절한 이익 균형을 도모하고 있다. 당사자간 협의가 성립되지 않거나 조정이 이루어지지 않아 부득이 법원이 '상당한' 보상금을 정함에 있어서는 보상금 청구권 제도의 취지, 해당 방송사업자의 판매용 음반의 사용 정도, 보상금의 지급액이 저작권자, 저작인접권자, 일반 대중 및 관련 산업에 미치는 영향 등 제반 사정을 종합적으로 고려하여 결정하여야 한다.

피고들이 원고에게 지급하여야 할 2008년분부터 2010년분까지의 방송 사용 보상금은 이 사건 선행 소송에서 결정된 요율에 따라 각 전년도 매출액의 0.23%로 적용하여 정함이 상당하다.

● 평석

본 판결은 음반의 방송 사용 보상금 산정 기준을 제시한 판결로서 의의가 있다. 2015년 현재 종교방송 4개 방송사업자의 경우 본 판결에 따라 매출액의 0.23%의 요율을 그대로 적용받고 있고 일반 방송사업자의 경우 관련 협회와 개별 협상을 하여 매출액이 아니라 음악저작권 사용료의 17-18%의 보상금을 받고 있다.

(3) 청각실연자의 디지털음성송신사업자에 대한 보상청구권

실연자는 디지털음성송신사업자가 실연이 녹음된 음반을 사용하여 송신하는 경우에는 그에 대하여 상당한 보상금을 청구할 수 있는 보상청구권을 가진다(저작권법 제76조 제1항). "디지털음성송신"은 공중송신 중 공중으로 하여금 동시에 수신하게 할 목적으로 공중의 구성원의 요청에 의하여 개시되는 디지털 방식의 음의 송신을 말하며, 전송을 제외한다(법 제2조 제11호). '음'만의 송신이 아니라 영상의 송신이 포함된 경우는 디지털음성송신에 해당하지 않고 그 외 방송이나 전송 개념에도 해당하지 않으므로 실연자의 권리 대상에서는 제외되는 것으로 보아야 할 것이다.

이러한 디지털음성송신은 2006년 개정법 이전의 저작권법에 의하면 송신의 동시성이 인정되는 점에서 '방송'에 해당하는 것으로 볼 수 있는 면이 있었으나, 그 법적 성격이 명확하게 규명되지는 않고 있었는데, 개정법에서 방송도 아니고 전송도 아닌 중간영역의 행위로 인정하여 특별한 취급을 하고 있다. 실연자의 권리를 규정함에 있어서는 위와 같이 보상청구권을 인정하는 면에서 방송과 똑같지는 않지만 약간 유사한 취급을 하고 있다. 방송의 경우와 다른 점은 방송의 경우는 실연이 녹음된 음반을 사용하여 방송하는 경우를 제외하고는 실연자의 배타적인 방송권의 대상이 되도록 규정하고 있음에 반하여 디지털음성송신에 대하여는 실연자의 배타적인 권리는 전혀 미치지 않도록 하고 있다는 점, 나아가 방송사업자에 대한 보상청구권이 성립하기 위하여는 반드시 실연이 녹음된 '판매용 음반'을 사용하여 방송하는 경우일 것을 요함에 반하여 디지털음성송신사업자에 대한 보상청구권의 경우는 널리 실연이 녹음된 음반을 사용하여 송신하면 요건을 충족하는 것으로 볼 수 있는 점 등에서 찾을 수 있다. 또한 방송사업자에 대한 보상청구권은 WIPO실연·음반조약상 유보대상이기 때문에 앞서 본 바와 같이 외국인 실연자에 대하여도 적용이 있는 것으로 규정을 하면서도 상호주의 원칙을 규정하였음에 반하여 디지털음성송신사업자에 대한 보상청구권에 대하여는 같은 조약상의 명백한 유보대상이 아니라는 것을 감안하여 외국인 실연자의 배제조항은 물론이고 상호주의 원칙도 규정하지 않고 있다. 따라서 조약 등에 의하여 우리 저작권법의 보호대상이 되는 외국인 실연자에 대하여는 내국민대우의 원칙에 따라, 그 본국에서 이와 같은 보상청구권 등을 인정하고 있는지 여부와 관계없이 보상청구권을 인정하여야 한다.

한편 실연자의 보상금 청구권 행사는 개별적으로 할 수 없고 문화체육관광부장관이 지정하는 권리자 단체를 통해서만 할 수 있는 것 등은 보상금에 관한 제반 규정은 방송사업자에 대한 보상청구권의 경우와 거의 같다(법 제76조 제2항, 제3항 및 같은 조 제2항에 의하여 준용되는 법 제25조 제5항 내지 9항 등 규정 참조). 다만 한 가지 차이점은 협의가 성립하지 않을 경우 한국저작권위원회에 조정신청을 할 수 있도록 규정하고 있을 뿐인 방송사업자에 대한 보상청구권의 경우와 달리, 디지털음성송신사업자에 대한 보상청구권의 경우에는 협의가 성립하지 아니한 경우 문화체육관광부장관이 정하여 고시하는 금액을 지급하도록 규정하여(법 제76조 제4항), 행정관청인 문화체육관광부에서 강제성을 띤 일종의 중재적인 역할을 수행할 수 있도록 규정한 점에 있다. 이것은 방송사업자의 경우에 비하여 계쟁금액이 크지 않을 것이라는 점을 감안하여 분쟁해결의 효율성을 높이기 위한 취지라고 여겨진다.

방송사업자의 경우에도 자사 웹사이트의 "On Air" 등의 메뉴를 통해 그 라디오 방송을 인터넷을 통해 실시간으로 청취할 수 있도록 음만을 제공하는 서비스를 제공하는 경우가 많은데, 그 경우 그 부분의 서비스는 방송이나 전송이 아니라 디지털음성송신의 법적 성격을 가지므로, 위 규정의 적용을 받는다는 점에 유의하여야 한다.

(4) 청각실연자의 기타권리와 방송

(가) 청각실연자의 성명표시권과 방송

2006년 개정 저작권법은 WIPO실연·음반조약 가입을 준비하는 뜻에서 처음으로 실연자의 인격권에 관한 규정을 도입하였다. 다만 실연자에게 공표권을 인정하는 것은 WIPO실연·음반조약의 의무사항이 아니라는 점과 현실적으로 그것을 인정할 필요성보다는 인정할 경우의 문제점(저작물의 이용을 지나치게 제약할 우려가 있음[21])이 조금이라도 더 클 수 있다는 것을 감안하여 공표권을 인정하는 규정은 두지 않고 성명표시권과 동일성유지권에 대한 규정만 두게 되었다.

저작권법 제66조는 "① 실연자는 그의 실연 또는 실연의 복제물에 그의 실명 또는 이명을 표시할 권리를 가진다. ② 실연을 이용하는 자는 그 실연자의 특별

21) 임원선(2012), 311면.

한 의사표시가 없는 때에는 실연자가 그의 실명 또는 이명을 표시한 바에 따라 이를 표시하여야 한다. 다만, 실연의 성질이나 그 이용의 목적 및 형태 등에 비추어 부득이하다고 인정되는 경우에는 그러하지 아니하다"고 규정하여 실연자의 '성명표시권'을 인정하고 있다.

성명표시권은 실연자가 자신이 실연자임을 주장할 수 있는 권리로서 이를 인정하는 것은 실연자의 명성이나 기타 인격적 이익에 도움이 되는 반면, 이를 인정한다고 하여 특별히 소비자의 실연에의 접근이나 감상이 위축되지 않을 뿐만 아니라 오히려 실연자의 성명을 사전에 확인할 수 있도록 함으로써 실연에의 접근이나 감상을 용이하게 하는 순기능이 있다는 것이 위 규정의 근저에 깔려 있는 생각이라고 할 수 있다.[22)]

위 규정의 문언에서 "그의 실연 또는 실연의 복제물에 … 표시할 권리"라고 한 것은 CD 등에의 복제를 수반하는 유형적인 전달뿐만 아니라 실연 자체의 방송 등 무형적인 전달도 포함하고자 한 취지이다. 따라서 방송사업자도 방송에 실연을 사용할 경우 실연자의 성명표시권을 존중하여야 한다.

제66조 제2항 본문에서 "실연을 이용하는 자는 그 실연자의 특별한 의사표시가 없는 때에는 실연자가 그의 실명 또는 이명을 표시한 바에 따라 이를 표시하여야 한다"고 규정하고 있으므로 실연자가 그의 실명 또는 이명을 표시한 바 있을 경우에는 일일이 실연자에게 확인을 구할 필요 없이 그 표시된 바에 따라 표시하여야 하고, 또 그렇게만 하면 성명표시권을 침해하지 않은 것으로 인정될 수 있다. 그 점에 있어서 저작자의 성명표시권에 대한 해석과 같다.

제2항 단서의 규정에 해당하는 경우도 저작자의 성명표시권이 제한되는 경우와 마찬가지이다. 예를 들어 백화점의 매장이나 호텔의 로비에서 분위기 조성을 위해 배경음악을 방송으로 내보내는 경우에도 일일이 곡마다 실연자의 성명을 방송해야 한다면 역시 매우 불편할 뿐만 아니라 분위기를 해치게 되는 면도 있고 또한 일일이 실연자명을 알리지 않는다고 하여 의도적으로 실연자명을 은닉하는 것으로 생각되지도 않을 것이기 때문에, 그와 같은 경우에는 성명표시권을 제한하여 실연자의 성명 표시를 생략할 수 있다고 보는 것이 바람직할 것이다.

청각실연(음반에 녹음된 실연)이 TV 방송에 이용되는 경우로는 배경음악, 드라

---

22) 이해완(2012a), §19-20.

마의 주제음악 등 여러 가지 경우가 있을 수 있는데, 이러한 경우에 방송사업자는 실연자의 성명표시권을 침해하지 않도록 유의하여야 한다. 해당 실연자의 특별한 의사표시가 없는 한 원래 CD나 디지털싱글앨범 등으로 처음 공표할 때 표시된 성명이나 이명(예명 등)을 TV화면의 오른쪽 하단 등에 자막으로 표시해 주면 될 것이다(드라마의 배경음악 등의 경우에는 엔딩 크레딧으로 표시하는 것도 가능할 것이다). 현재 주실연자로서의 가수 등의 정보는 상대적으로 보다 정확하게 DB화되어 있으나, 부실연자라고 할 수 있는 연주자 정보에 대한 DB는 매우 불완전하여, 이 부분의 정확한 표시가 어려운 점이 있는 것이 사실이다. 그리고 연주자 정보는 화면에 모두 표시하기가 어려울 정도로 참여인원수가 많은 경우들이 있을 수 있는데, 그러한 경우에 어떠한 요건 하에 그 표시의 누락 또는 생략이 제66조 제2항 단서의 규정에 해당할 것인지에 대하여는 이후의 실무동향을 지켜볼 필요가 있을 것이다.

아무튼 방송사업자의 입장에서는 실연자 정보가 확보되고 화면에 표시하는 것이 물리적으로 불가능하거나 사회통념상 부적절하다고 여겨지지 않는 한 최대한 그 표시를 화면 자막을 통해 하도록 노력할 필요가 있다. TV방송의 경우에는 화면의 자막을 활용할 수 있다는 점에서 뒤에서 보는 라디오방송의 경우와 근본적으로 구별되며, 그만큼 제66조 제2항 단서 규정이 적용되는 범위가 줄어들 수밖에 없는 면이 있음을 유의하여야 한다. '데스페라도 사건'에서 법원은 피고들이 이글스(Eagles)의 '데스페라도(Desperado)'라는 곡을 광고에 무단 사용한 사건과 관련하여 "피고들이 라디오에 이 사건 광고를 방송함에 있어서는, 배경음악으로 나오는 이 사건 음악저작물의 작사·작곡가의 성명을 적정한 방법으로 표시하기가 곤란하다는 점은 피고들이 지적한 바와 같으나, 한편 피고들이 텔레비전, 케이블 TV 등에 이 사건 광고를 방송함에 있어서는, 배경음악으로 나오는 이 사건 음악저작물의 작사·작곡가의 성명을 화면의 하단 부분에 자막처리로 표시하는 등 적정한 방법으로 이를 표시할 수 있다 할 것이다"라고 판시하여[23], TV방송의 매체적 특성을 성명표시권의 예외사유를 적용받고자 하는 이용자 측에 불리하게 파악한 바 있는데, 그것은 실연자의 성명표시권에 대한 관계에서도 마찬가지로 적용될 것이다.

---

23) 서울고등법원 2008. 9. 23. 선고 2007나127657 판결.

라디오방송의 경우에는 위 판결에서 보듯이 성명표시권의 예외사유로 인정받기가 상대적으로 용이한 면이 있다. 그러나 음악방송 등에서 DJ가 음성으로 실연자의 성명을 밝히는 것이 충분히 가능함에도 불구하고 밝히지 않는 경우에는 성명표시권 침해가 성립할 수 있음을 유의하여야 할 것이다. 관행상으로도 저작자의 경우에는 오히려 시청자의 편의를 위해 일일이 그 성명을 밝히지 않는 관행이 있는 것으로 보이나,[24] 주실연자의 경우에는 그러한 관행이 인정되지 않을 것이다. 다만, 연주자등 부실연자의 정보를 일일이 밝히지 않는 것에 대하여는 제68조 제2항 단서의 예외규정이 적용될 가능성이 많을 것이라 생각된다.

(나) 청각실연자의 동일성유지권과 방송

저작권법 제67조는 "실연자는 그의 실연의 내용과 형식의 동일성을 유지할 권리를 가진다. 다만, 실연의 성질이나 그 이용의 목적 및 형태 등에 비추어 부득이하다고 인정되는 경우에는 그러하지 아니한다."고 규정하여 실연자에게 동일성유지권을 인정하고 있다.

WIPO실연·음반조약나 일본 저작권법의 경우에는 저작자의 동일성유지권보다 요건을 엄격화하여 실연자의 명예 또는 성망을 해할 우려가 있을 것을 요건으로 하고 있는데, 우리 법은 그러한 요건을 규정하지 않아 보호범위가 보다 넓다고 할 수 있다.

따라서 예컨대 일본 저작권법의 해석론으로서는 "실연의 이용자가 예를 들어 배우의 얼굴의 표정, 크기 등을 변경하여 우스운 모습으로 하는 것, 댄서를 나체로 만든다거나 가수의 노래 소리를 오리 소리처럼 변조한다거나 하는 것 등 사회로부터 받는 실연자로서의 평가를 저하시키는 개변행위"가 동일성유지권의 침해행위라고 보고 있지만[25], 우리 법상으로는 그러한 경우에 한하지 않고 널리 실연의 내용과 형식을 함부로 개변하여 그 동일성을 해하는 모든 행위가 동일성유지권 침해로 인정될 수 있다.[26]

다만 예를 들어 공연(共演)한 사람의 실연의 개변, 연주자의 연주에 패러디 그림을 붙여서 방송하는 것, 실연자의 배경화면의 개변 등의 행위는 당해 실연

24) 최경수(2010), 318면. 그러나 그 관행이 법적으로 정당화될 수 있는지에 대하여는 신중한 판단을 요한다.

25) 加戸守行(2006), 485면 참조.

26) 이해완(2012a), §19-23.

자체에 개변을 가하는 것이라고 할 수 없기 때문에 당해 실연자의 동일성유지권이 미치지 아니한다.[27] 실연을 모방한 경우, 예컨대 모창 등의 경우에는 실연 자체를 이용한 경우가 아니므로, 역시 모방당한 실연자의 동일성유지권이 미치지 않는 것으로 보아야 할 것이다. 이에 대하여는 적어도 다른 사람이 보기에 누구의 실연인지 구별할 수 없을 정도의 완벽한 모사, 모창에 대해서는 그것이 명예를 훼손하는 방법으로 이용되는 경우 동일성유지권이 미치는 것으로 보아야 한다는 반대견해[28]가 있다. 그러나 그러한 경우에 실연자의 민법상 인격권이 침해된 것으로 볼 수는 있을지라도, 실연 자체를 개변한 것은 아니므로 실연에 대한 동일성유지권 침해는 아니라고 보아야 할 것이다. 위 견해는 실연이 무체물이라는 점에서 저작물과 다름이 없다는 것을 이유로 제시하고 있으나,[29] 실연과 저작물이 동일하게 무체물이라 하더라도, 저작물의 경우에는 유사범위에까지 저작자의 권리가 미치므로, 원래의 저작물과 실질적으로 유사한 작품을 만드는 것은 원저작물 자체를 개변한 것으로 볼 수 있는 반면, 실연의 경우에는 '모방'이 복제의 개념에 포함되지 않아 실연자의 통제범위 밖에 있으므로 유사하게 모방하더라도 실연 자체를 개변한 것으로 보기는 어렵다는 점에서 양자의 법적 성격은 구별되어야 할 것이다.

방송사업자의 경우에도 실연을 변형하여 이용하는 것에 대하여는 원칙적으로 당해 실연자의 동의를 받아야 할 것이다. 다만 부득이한 경우에 실연의 일부만을 방송하는 등의 행위는 동일성유지권의 예외로 허용될 수 있다.

제67조 단서 규정이 바로 그 근거규정으로서, 실연자의 동일성유지권이 실연의 성질이나 그 이용의 목적 및 형태 등에 비추어 부득이하다고 인정되는 경우에는 제한될 수 있음을 규정한 것이다. 실연은 여러 가지 목적으로 편집하여 이용하는 경우나 부분적으로 이용하는 경우가 많은데 그것이 사회통념상 수긍할 만한 합리적인 목적에 기한 것으로서 실연자의 인격적 이익을 저해할 우려가 적다면 단서규정을 적용하여 동일성유지권 침해의 책임을 면책시켜 주는 것이 바람직할 것이다. 기계, 기기 등의 기술적 문제로 인하여 원음이 그대로 전달되지 않는 경우도 단서규정에 의하여 면책될 수 있는 경우이다.[30]

---

27) 加戶守行(2006), 485-486면 참조.
28) 최경수(2010), 320면.
29) Id.
30) 이해완(2012a), §19-24.

(다) 청각실연자의 복제권과 방송

실연자는 그의 실연을 복제할 권리를 가진다(법 제69조). 1995년 개정 이전의 저작권법에서는 실연자에게 자신의 실연을 녹음·녹화하거나 또는 사진으로 촬영할 권리만을 인정함으로써 포괄적이고 온전한 복제권을 인정하지 않고 복제행위 중 일부에만 권리가 미치는 것으로 하였었는데, 1995년의 법개정을 통해 위와 같이 온전한 복제권을 인정하는 방향으로 개정되었다. 이에 따라 실연자는 실연의 고정물, 즉 녹음·녹화 및 촬영된 자신의 실연을 복제할 수 있는 권리도 가지고 있음이 보다 명백하게 되었다.

로마협약에서는 일회주의를 취하여 일단 허락을 하여 실연을 녹음·녹화하면 그 녹음·녹화물을 다시 복제하는 것에 대하여는 실연자의 권리가 미치지 않는 것으로 규정하고 있지만, 우리 법은 그렇지 않아, 그 점에서 우리 저작권법이 로마협약보다 실연자를 보다 두텁게 보호하는 규정을 두고 있다고 할 수 있다.

따라서 실연을 맨처음 녹음·녹화하는 것 외에 실연을 고정한 음반, 녹음테이프, 녹화테이프, 영화필름 등을 다시 복제하는 것도 본조의 복제에 포함되며, 실연의 고정물을 사용하여 하는 방송이나 공연을 테이프 등으로 녹음·녹화하는 것도 여기에 포함된다. 또한 CD나 DVD에 수록된 실연을 '리핑(ripping)'[31] 등의 방법으로 컴퓨터 파일로 변환하는 것 및 그로 인하여 만들어진 오디오 또는 동영상 파일을 온라인상으로 업로드하거나 다운로드 하는 것 또는 다른 폴더로 복사하는 것 등의 방법으로 복제하는 등의 '디지털 복제'도 이 권리의 내용에 포함된다.[32]

다만, 실제로 실연자가 행한 실연 자체를 복제하는 데에만 권리가 미치고, 그 실연과 유사한 다른 실연을 녹음·녹화하는 것에는 권리가 미치지 아니한다. 즉, 유명가수의 실연행위를 모창하는 행위에 대하여는 실연자의 권리가 미치지 아니한다. 이와 같이 '모방'이 복제에 해당하지 않는 것은 저작물의 경우와 구별되는 중요한 차이점이라고 할 수 있다. 이는 음반제작자의 복제권, 방송사업자의 복제권, 데이터베이스 제작자의 권리, 콘텐츠산업진흥법에 의한 콘텐츠사업자의 보호 등의 경우에도 마찬가지이다. 즉, 이들 경우에는 '복제'의 개념에 '모방'은 포함되지 않는다.[33]

---

31) 음악 CD 등에 기록되어 있는 디지털 형식의 음성 데이터를 추출하여 컴퓨터에서 처리할 수 있는 파일 형식으로 변환하여 보존하는 것을 말한다.

32) 이해완(2012a), §19-27.

방송사업자의 경우에도 방송을 하기 전에 실연을 복제하는 것에 대하여는 실연자의 복제권과의 관계가 문제될 수 있다. 물론 이 때의 복제는 최초의 녹음·녹화만이 아니라 위에서 본 바와 같이 기존의 녹음·녹화물을 복제하는 것도 포함되므로, 방송을 하면서 복제가 수반되지 않는 경우는 거의 없다고 해도 과언이 아닐 것이다. 예외적으로 복제가 수반되지 않는 경우로는 생실연 자체를 복제 없이 그대로 방송하는 경우와 다른 주체에 의하여 실연이 녹음·녹화되어 있는 것을 재생하는 것을 추가적인 복제 없이 그대로 방송하는 경우 등을 들수 있지만, 그러한 경우는 드물 것이다. 그렇다면, 방송사업자가 방송에 실연을 사용할 경우에는 거의 대부분의 경우 실연자의 복제권에 대한 권리처리를 사전적으로 하지 않으면 안 되는 것으로 보아야 할까?

그렇지는 않다. 저작재산권의 제한사유에 관한 규정 중 방송사업자의 일시적 녹음·녹화에 대한 규정(제34조)이 저작인접권의 경우에도 준용되므로(제87조 제1항), 방송사업자에 의한 복제가 제34조의 요건을 충족할 경우에는 저작인접권자의 복제권도 제한되는 것으로 보아야 할 것이기 때문이다.

저작권법 제34조 제1항은 "저작물을 방송할 권한을 가지는 방송사업자는 자신의 방송을 위하여 자체의 수단으로 저작물을 일시적으로 녹음하거나 녹화할 수 있다"고 규정하고 있다. 이것을 실연의 경우에 적용하면, "실연을 방송할 권한을 가지는 방송사업자는 자신의 방송을 위하여 자체의 수단으로 실연을 일시적으로 녹음하거나 녹화할 수 있다"고 규정된 것으로 볼 수 있다. 즉, 그러한 경우 실연을 녹음 또는 녹화하는 것이 복제에 해당하므로 이러한 규정이 없다면 복제권자인 실연자의 사전 허락을 받아야 할 것이지만, 위 규정에 따라 실연을 일시적으로 녹음 또는 녹화하는 것은 이른바 '자유이용' 또는 '공정이용'의 일환으로 허용되는 것이다. 이 규정의 적용요건을 구체적으로 살펴보면, 다음과 같다.[34]

첫째, 실연을 방송할 권한을 가지는 방송사업자가 일시적 녹음·녹화의 주체가 되어야 한다. 여기서 방송사업자란 방송을 업으로 하는 자를 말한다(법 제2조 제9호). 현행법상 전송에 해당하는 경우는 물론 디지털음성송신사업자를 포함한 비주문형의 웹캐스팅 사업자도 방송사업자에 포함되지 않는다.[35] 실연을 방송할

---

33) 임원선(2012), 313면 참조.
34) 이해완(2012a), §14-170～173.
35) 다만 디지털음성송신사업자를 위하여는 저작권법 제87조 제2항에서 "디지털음성송신사업자는 제76조 제1항 및 제83조 제1항에 따라 실연이 녹음된 음반을 사용하여 송신하는 경우에는 자체의 수단

권한을 가지는 방송사업자여야 하므로 방송을 하는 것 자체가 실연자의 방송권을 침해하는 경우라면 이 규정의 적용을 받을 수 없고 그러한 경우에는 복제권과 방송권을 동시에 침해하는 것이 될 것이다. 위에서 살펴본 바와 같이 방송사업자는 실연이 녹음된 판매용 음반을 사용하여 방송할 경우에 실연자에 대한 보상의무를 지게 되나, 그러한 보상의무의 존재만으로는 사전 허락을 받지 않았다고 하여 방송을 할 권한이 없게 되는 것은 아니므로, 여전히 '실연을 방송할 권한을 가지는 방송사업자'에 해당하는 것으로 보아야 할 것이다. 따라서 문제되는 것은 생실연을 방송사업자가 실연자의 허락 없이 녹음 또는 녹화하여 방송하는 경우 또는 타인이 실연자의 허락 없이 녹음 또는 녹화한 것을 다시 복제하여 사용하는 경우 등인데, 그러한 경우에는 법 제81조 제1항에 의하여 준용되는 법 제34조의 요건을 충족하지 못하므로, 실연자의 복제권에 대한 침해가 성립하는 것으로 보아야 한다. '녹음'이나 '녹화'라는 말을 사용하고 있지만, 실연의 녹음물(음반)이나 녹화물(영상물)을 복제하는 것도 포함하는 개념으로 보아야 할 것이고, 실연의 변형 없이 복제하는 이상 그 복제의 태양 여하를 불문하는 것으로 볼 것이다. 일본의 하급심 판결 중에 위탁방송사업자가 통신위성방송 서비스의 음악프로그램에서 음반을 공중에게 무선송신하기 위해 디지털 방식의 보유 서버에 수록한 행위가 일본 저작권법 제44조 제1항에서 말하는 방송사업자의 "일시적 녹음"에 해당한다는 이유로 복제권 침해를 부정한 사례가 있는데[36], 그러한 디지털 복제 행위에 대하여는 우리나라에서도 법 제34조와의 관계에서 동일한 판단을 받을 수 있을 것이다.

둘째, 자신의 방송을 위하여 하는 녹음·녹화여야 한다. 먼저 '방송'을 위하여 하는 것이어야 하므로 방송 이외의 다른 목적으로 하는 것은 본조의 요건을 충족하지 못한다. 나아가 '자신의' 방송을 위하여 하는 것이어야 하므로 다른 방송사 등의 방송을 위하여 하는 것도 본조의 요건에 해당하지 않는다.

셋째, 방송사업자가 자체의 수단으로 하는 것이어야 한다. 이는 방송사업자가 자체적으로 보유한 인적·물적 수단을 말하는 것으로서, 자신의 시설, 설비를 사용하여 자기직원에 의하여 녹음·녹화하는 경우를 말하는 것이다. 그러나 전체적으로 보아 자신이 보유한 시설, 설비를 이용하는 것이 중심이라면 일부 시설이나

으로 실연이 녹음된 음반을 일시적으로 복제할 수 있다. 이 경우 복제물의 보존기간에 관하여는 제34조 제2항을 준용한다."고 규정하고 있음을 유의하여야 한다.

36) 東京地裁 平成12年 5月 16日 事件番号 平10(ワ)17018号.

설비를 빌려서 이용하는 것이 있더라도 본조의 요건을 충족하는 것으로 볼 수 있을 것이다. 물론 외부 프로덕션 회사를 이용한 경우에는 여기에 해당하지 않는 것으로 본다.

넷째, 일시적 녹음·녹화에 해당하여야 한다. 그러나 '일시적'이라고 하여 녹음·녹화의 매체나 방법 등이 달라지는 것은 전혀 없다. 단지 방송사업자의 입장에서 방송을 위해 일시적으로 녹음·녹화하는 것이므로 특별한 사유 없이 방송을 위한 필요와 무관하게 계속 보관할 수 없는 것이라는 의식을 분명히 가지고 녹음·녹화할 것을 요구하는 데에 그 의미가 있다.

객관적으로 보다 중요한 의미를 가지는 것은 법이 허용한 보존기간이 어떻게 되는가 하는 것인데, 이에 대해 법 제34조 제2항은 "제1항의 규정에 따라 만들어진 녹음물 또는 녹화물은 녹음일 또는 녹화일로부터 1년을 초과하여 보존할 수 없다. 다만, 그 녹음물 또는 녹화물이 기록 자료로서 대통령령이 정하는 장소에 보존되는 경우에는 그러하지 아니하다"고 규정하고 있다. 그리고 저작권법 시행령 제16조는 위 규정상의 "대통령령이 정하는 장소"를 ① 기록의 보존을 목적으로 국가나 지방자치단체가 설치·운영하는 시설, ② 방송용으로 제공된 녹음물이나 녹화물을 기록 자료로 수집·보존하기 위하여 「방송법」 제2조 제3호에 따른 방송사업자[37]가 운영하거나 그의 위탁을 받아 녹음물 등을 보존하는 시설의 두 가지로 규정하고 있다. 저작권법상의 방송사업자, 즉 방송을 업으로 하는 자이기만 하면, 이 규정에 따라 1년을 초과하여 보존할 수 있는 것은 아니지만, 방송법상의 방송사업자에 포함되는 다섯 가지 유형의 사업자 중 하나에 해당하면 보존기간의 제한(1년)에서 벗어날 수 있도록 규정되어 있음을 알 수 있다. 그러한 방송사업자의 경우에 중요한 것은 그 보존의 목적이 기록자료로서의 보존이라고 하는 법령이 규정한 목적의 범위를 넘어서지 않아야 한다는 점이라 할 것이다. 그러한 보존 목적의 범위를 넘어서서 사용할 경우에는 위 규정의 적용이

---

37) 방송법상의 개념으로서 방송법에서 그 범주를 구체적으로 특정하고 있다는 점에서 저작권법상의 '방송사업자'와는 개념적으로 구별된다. 방송법상 방송사업자의 범위에는 ① 지상파방송사업자(지상파방송사업을 하기 위하여 방송법 제9조 제1항의 규정에 의하여 허가를 받은 자), ② 종합유선방송사업자(종합유선방송사업을 하기 위하여 방송법 제9조 제2항의 규정에 의하여 허가를 받은 자), ③ 위성방송사업자(위성방송사업을 하기 위하여 방송법 제9조 제2항에 따라 허가를 받은 자), ④ 방송채널사용사업자(방송채널사용사업을 하기 위하여 제9조 제5항의 규정에 의하여 등록을 하거나 승인을 얻은 자), ⑤ 공동체라디오방송사업자(공중선전력 10와트 이하로 공익목적으로 라디오방송을 하기 위하여 제9조 제11항의 규정에 의하여 허가를 받은 자)의 다섯 가지 유형의 사업자만 포함된다(방송법 제2조 제3호).

인정되지 않아, 실연자의 복제권에 대한 침해가 성립할 수 있다.

위와 같은 저작권법 제34조의 요건을 충족할 경우에는 방송사업자의 일시적 녹음·녹화 등에 대하여 실연자가 복제권 침해를 주장할 수 없게 된다.

실연자의 복제권도 영상저작물 특례규정의 적용을 받게 되나, 청각실연자의 경우에는 그 규정과는 무관하므로 여기서는 다루지 않고, 시청각실연자에 대한 부분에서 다루기로 한다.

(라) 청각실연자의 배포권과 방송

저작권법 제70조는 "실연자는 그의 실연의 복제물을 배포할 권리를 가진다. 다만, 실연의 복제물이 실연자의 허락을 받아 판매 등의 방법으로 거래에 제공된 경우에는 그러하지 아니하다"고 규정하여 실연자의 배포권을 인정함과 동시에 저작재산권 중 배포권의 경우와 마찬가지로 권리소진의 원칙(최초발행의 원칙)을 규정하고 있다. 여기서 '배포'란 실연의 복제물을 공중에게 대가를 받거나 받지 아니하고 양도 또는 대여하는 것을 말한다(법 제2조 제23호 참조).

WIPO실연·음반조약은 실연자의 권리 강화를 위하여 음반제작자와 마찬가지로 배포권을 인정하고 있다. 개정 전의 저작권법은 음반제작자에게만 배포권을 인정하고 있었으므로 WIPO실연·음반조약을 우리 저작권법에 수용하기 위해 2006년 개정법에서 위 규정을 신설한 것이다. 다만, 실연자의 배포권을 제한 없이 인정하게 되면 실연의 복제물의 유통에 대한 실연자의 통제권을 강화시켜 일반 이용자의 실연에 대한 접근 및 이용을 곤란하게 할 우려가 있다. 이러한 이유로 WIPO실연·음반조약도 각 체약국에게 배포권 소진의 인정 여부 및 소진될 조건을 결정할 자유를 인정하고 있다. 우리 저작권법은 이미 저작물의 원본 또는 복제물의 배포와 관련하여 권리 소진을 규정하는 한편 음반의 배포와 관련하여 이를 준용하고 있던 터였으므로 실연자의 배포권에 대하여도 위 단서규정과 같이 권리소진의 원칙을 규정하게 된 것이다.[38]

권리의 소진에 관한 위 단서규정은 강행규정이므로 양도 당사자 간의 특약 등에 의하여 배포권이 소진되지 않는 것으로 할 수 없다는 것, 소진의 여부는 거래의 대상이 된 유체물 하나하나에 대하여 판단되는 것이므로 어떤 복제물에 대하여 배포권이 소진되었다고 하더라도 아직 적법하게 판매 등의 방법으로 공중

38) 저작권심의조정위원회(2002), 210면 참조.

에게 제공되지 않은 복제물에 대하여는 자동적으로 배포권이 소진하는 것이 아닌 것 등에 주의할 필요가 있다.[39]

방송사업자가 실연이 녹음된 판매용 음반을 사용한 방송프로그램을 DVD 또는 CD 등의 유형적 매체에 복제하여 배포할 경우에는 실연자의 배포권이 복제권과 함께 문제될 수 있다. 그런 경우에 방송사업자로서는 방송에 대하여 사후적 보상의무만 진다는 이유로 그 배포를 자유롭게 할 수는 없고, 배포권자인 실연자의 사전 허락을 받아야 하며, 허락 없이 복제, 배포할 경우 실연자의 복제권과 배포권에 대한 침해가 성립할 수 있다.

방송프로그램의 제작에 협력하기로 하여 참여한 탤런트 등의 시청각 실연자는 뒤에서 보는 바와 같이 영상저작물 특례규정의 적용을 받아 원칙적으로 권리행사를 하기 어려울 수 있지만, 자신의 실연이 음반에 복제된 청각실연자의 경우에는 영상저작물의 제작에 협력한 실연자가 아니므로 영상저작물 특례규정의 적용을 받지 않고, 따라서 다른 특별한 사정이 없는 한 청각실연자의 복제권과 배포권에 대한 별도의 권리처리가 필요하다는 점에 유의하여야 한다. 또한 방송사업자가 방송프로그램에 포함된 음원을 추출하여 CD 등에 복제하여 배포할 경우에, 그것은 영상저작물의 이용에 관한 것이 아니므로 그에 대한 실연자의 복제권이나 배포권이 영상저작물 특례규정에 따라 영상제작자에게 양도된 것으로 추정되지는 않는 것으로 볼 것이므로, 그에 대하여도 실연자의 복제권 및 배포권이 미치게 된다.

(마) 청각실연자의 대여권과 방송

저작권법 제71조는 "실연자는 제70조의 단서의 규정에 불구하고 그의 실연이 녹음된 판매용 음반을 영리를 목적으로 대여할 권리를 가진다"고 규정하여 실연자에게 대여권을 인정하고 있다. 2006년의 개정 이전에도 실연자에게 대여허락권을 인정하긴 하였지만(제65조의2 제1항), 그것은 완전한 의미의 배타적 권리가 아니라 방송사업자에 대한 보상청구권과 마찬가지로 지정단체를 통해서만 행사할 수 있는 제한적인 권리였었는데, 2006년 개정법에서 완전한 의미의 배타적 대여권을 부여하는 방향으로 개정한 것이다.

이 규정은 위에서 본 배포권의 소진 규정(법 제70조 단서)에 대한 예외로서의

39) 加戸守行(2006), 533면.

성격을 가진다. 실연자의 위와 같은 대여권과 방송의 관계는 다음과 같이 설명할 수 있다.

첫째, 예컨대 가수가 TV에 출연하여 가창을 한 것을 방송사업자가 녹화와 동시에 녹음을 하여 그것을 판매용 음반으로 제작한 경우에 가수는 청각실연자로서 해당 음반에 대하여 대여권을 행사할 수 있다. 가수가 라디오프로그램에 출연하여 노래한 것을 방송사가 녹음하여 판매용 음반으로 제작한 경우도 마찬가지이다. 그러한 경우 방송사업자도 음반제작자로서 대여권을 행사할 수 있지만, 실연자의 대여권과 경합하는 지위를 가질 뿐, 실연자의 대여권을 배제하는 우월적 지위에 있는 것은 아니다.

둘째, 예컨대 가수가 TV에 출연하여 가창을 하는 장면을 방송사업자가 녹화한 영상을 DVD 등의 유형적 매체에 저장한 경우, 그 영상에 대하여는 현행법상 대여권이 인정되지 않는다. 따라서 그 영상물을 구입한 후 대여하는 것에 대하여는 실연자를 포함한 누구도 대여권을 행사할 수 없다. 그러나 그 영상물 DVD를 제작한 후 처음부터 공중을 대상으로 대여를 하는 것은 대여권이 아니라 배포권과 관련되므로, 영상저작물 특례규정이 적용되지 않는 경우로서 실연자의 허락을 받지 못한 경우라면, 그 대여가 영리적 목적에 기한 것인지 불문하고 실연자의 배포권을 침해한 것으로 보게 된다. 다만 실연자가 영상저작물의 제작에 협력하기로 약정한 경우(실연자가 어떤 방송프로그램에 그것이 녹화될 것을 알고 출연하였다면, 그러한 약정이 있는 것으로 볼 수 있을 것이다)에는 영상저작물 특례규정(제100조 제3항)이 적용되므로, 그 배포권은 특약의 체결 등 다른 반대사실의 입증이 없는 한 영상제작자에게 양도된 것으로 추정되므로 실연자의 배포권은 문제되지 않는다.

(바) 실연자의 공연권과 방송

저작권법 제72조는 “실연자는 그의 고정되지 아니한 실연을 공연할 권리를 가진다. 다만, 그 실연이 방송되는 실연인 경우에는 그러하지 아니하다”고 규정하고 있다. WIPO실연·음반조약 제6조에서 실연자에게 ‘고정되지 아니한 실연의 공중전달권’을 인정하고 있는 것을 감안하여 2006년 개정법에서 위 규정을 신설하였다. 위 조약상 ‘고정되지 않은 실연의 공중전달’이란 실연이 행해지고 있는 장소 이외의 곳에 있는 공중에게 무선방송 이외의 방법으로 이를 송신하는 것을 말한다.[40] 여기에는 유선방송과 함께 확성기나 대형화면을 통한 전달 등이 있는

데, 우리 법상 유선방송은 방송에 해당하므로 실연자에게 후자의 경우에 대한 통제권을 부여하기 위하여 그의 고정되지 않은 실연에 대하여 공연권을 부여한 것이다.[41] 위 조약 제6조 (i)에서 "실연이 이미 방송되는 실연인 경우"는 제외하도록 규정하고 있으므로 우리 저작권법 제72조 단서에서 그것을 받아 위와 같이 규정하고 있다.

요컨대 위 규정은 실연자에게 전면적인 공연권을 인정한 것이 아니라 위와 같이 ① 고정되지 아니한 실연일 것, ② 방송되는 실연이 아닐 것 등을 조건으로 하여 실연이 이루어지는 장소 이외의 장소에서 확성기나 대형화면 등을 통해 전달하는 방식의 공연에 대하여 거절하거나 허락할 권리를 인정한 것이라는 점에 유의할 필요가 있다.

실연자의 위와 같은 공연권은 방송권과 개념적으로 구별되며, 그 인정범위가 비교적 협소하여, 경제적 의의가 크지 않고, 방송과의 관계에서 특별한 이슈를 내포하고 있지도 않다.

(사) 청각실연자의 전송권과 방송

저작권법 제74조는 "실연자는 그의 실연을 전송할 권리를 가진다"고 규정하고 있다. 원래 2000년의 저작권법 개정법은 저작권자에게 전송권을 인정하면서도 저작인접권자인 실연자와 음반제작자에게 전송권을 인정하는 규정을 두지는 않았다. 그러나 그 후 인터넷 상의 불법 음악파일 유통이 만연하여 사회적인 문제로 대두하고 이에 따른 실연자 및 음반제작자 등의 법개정 요구가 높아짐에 따라 2004. 10. 16. 개정법에서부터 실연자와 음반제작자에게도 전송권을 인정하는 규정을 두게 되었다.

저작권법 제74조의 규정에 따라 실연자는 자신의 실연의 고정물인 음반, 영상 등을 타인이 온라인상에서 파일 형태로 업로드하거나 AOD 또는 VOD 방식으로 스트리밍 서비스를 하는 등의 전송행위를 하는 것을 허락하거나 금지할 수 있는 배타적 권리를 가진다. 위와 같은 법개정 이전에도 실연자의 허락 없이 음악 파일이 온라인상에 업로드되는 과정에 디지털 복제행위가 수반됨을 들어 복제권의 침해를 주장할 수는 있었으나, 2004년 개정법 이래의 전송권 신설로 업로드 등

40) 같은 조약 제6조 및 제2조 참조.
41) 임원선(2012), 316면.

전송행위 자체에 대하여 권리를 행사할 수 있게 되어 실연자의 온라인상의 권리가 보다 확고해졌다고 할 수 있다.

'인터넷 방송'이라는 이름으로 행해지는 것 중에서도 이용자가 개별적으로 선택한 시간과 장소에서 서비스를 이용할 수 있는, 즉 이시성(異時性)을 가진 이른바 On Demand 방식은 저작권법상 '방송'이 아니라 '전송'에 해당하므로 실연자의 배타적인 허가 또는 금지권이 미치게 된다. 그러나 같은 시간에는 같은 내용을 듣거나 볼 수밖에 없는 '동시적' 송신의 형태인 경우, 즉 비주문형의 웹캐스팅인 경우에는, 그것이 '영상'이 아닌 '음(音)'만의 송신인 경우에는 '디지털음성송신'에 해당하고 그렇지 않고 '영상'을 포함한 송신인 경우에는 '공중송신'의 개념에는 포함되지만 실연자의 물권적 또는 채권적 권리가 미치는 방송, 전송, 디지털음성송신 중의 어느 하나에도 해당하지 않는 것으로 본다.[42] 그 가운데 '디지털음성송신'으로 인정되는 경우에는, 실연자에게 배타적 권리를 부여하지 않고 앞서 본 바와 같이 디지털음성송신사업자에게 실연자에 대한 보상의무를 부과하는 방식을 취하고 있다.

이러한 전송은 위와 같이 방송과 개념적으로 구분되나, 이를 방송사업자와 무관한 영역의 문제라고 할 수는 없다. 오늘날 많은 방송사업자가 자사가 직접 운영하거나 자회사가 운영하는 웹사이트를 통해 이른바 '다시보기' 또는 '다시듣기' 등의 VOD 내지 AOD 서비스를 제공하고 있는데, 그러한 서비스 제공행위는 기본적으로 전송의 법적 성격을 가지는 것으로 볼 수 있기 때문이다. 이러한 경우에 방송사업자가 방송프로그램에 대하여 부대적으로 제공하는 서비스라는 이유만으로 이를 방송의 개념에 포괄되는 것으로 볼 수 있는 근거는 없다.

방송 프로그램의 인터넷 다시보기와 같은 전송 서비스는 실질적으로 무료로 서비스되고 있고, 집중관리단체에 신탁되지 않은 권리를 포함하여 전송권에 대한 완전한 권리처리를 하기는 현실적으로 어려운 면이 많으므로, 이용자 보호의 의미를 가진 확대된 집중관리제도의 도입을 비롯하여, 법제도적 대안 마련이 절실히 요망되고 있다.

실연자의 전송권도 영상저작물과의 관계에서는 특례규정의 적용을 받을 수 있지만, 그에 대하여 자세한 것은 시청각실연자에 대한 부분에서 살펴보기로 한다.

---

42) 이 부분에 대하여는 그것을 방송의 개념에 해당하는 것으로 보는 견해도 있다. 그에 대한 자세한 논의는 이해완(2012b), 391면 이하 참조.

(아) 판매용 음반의 공연에 대한 보상청구권과 방송

실연자는 실연이 녹음된 판매용 음반을 사용하여 공연을 하는 자에 대하여 보상청구권을 가진다(법 제76조의2 제1항 본문). 2009. 3. 25. 개정 저작권법은 음반을 사용하는 방송과 디지털음성송신에서와 같이 판매용 음반을 사용하여 공연을 하는 경우에도 실연자에게 보상금을 지급하도록 규정하였다. 실연자의 공연권에 관한 제72조의 규정은 '고정되지 않은 실연', 즉 생실연에 대하여만 적용되므로, 고정된 실연이 재생의 방법으로 공연에 이용되는 경우에는 실연자에게 배타적 권리가 인정되지 않을 뿐만 아니라 개정 전에는 보상청구권조차 인정되지 않아 경제적인 불이익을 입고 있었는데, 국제적인 보호수준에 맞춘 위와 같은 법개정을 통해 실연자들의 권익이 보다 두텁게 보호될 수 있게 되었다.

다만, 상호주의를 반영하여, 실연자가 외국인인 경우에 그 외국에서 대한민국 국민인 실연자에게 이 규정에 따른 보상금을 인정하지 아니하는 때에는 보상금 지급의무가 없는 것으로 규정하고 있다(제76조의2 제1항 단서).

제76조의2 제2항이 보상청구권의 행사 등에 관하여 디지털음성송신사업자에 대한 규정을 그대로 준용하도록 하는 취지로 규정하고 있으므로, 권리자단체를 통한 보상청구권의 행사 등에 대하여는 앞서 디지털음성송신과 관련하여 설명한 내용이 그대로 적용된다. 협의가 성립되지 아니한 경우에는 문화체육관광부장관이 정하여 고시하는 금액을 지급하도록 한 규정도 준용되므로 그 점에서 판매용 음반의 방송에 대한 보상청구권의 경우와 구별된다. 문화체육관광부장관이 당사자 사이에 보상금에 관한 협의가 성립한 것으로 보고 고시를 하지 않았는데 실제로 협의가 성립한 것으로 보기는 어렵다고 법원이 판단한 사건에서 문화체육관광부장관의 고시가 없다는 것이 보상금청구를 기각할 사유가 되는지 여부가 쟁점이 된 바 있는데, 이에 대하여 법원은 "저작권법 제125조 제2항에서 저작재산권자 등이 그 권리를 침해한 자에 대하여 그 침해행위에 의하여 자기가 받은 손해의 배상을 청구하는 경우에 그 권리의 행사로 통상 받을 수 있는 금액에 상당하는 액을 저작재산권자 등이 받은 손해의 액으로 하여 그 손해배상을 청구할 수 있도록 규정하고 있는데, 저작권법 제126조는 '법원은 손해가 발생한 사실은 인정되나 제125조의 규정에 따른 손해액을 산정하기 어려운 때에는 변론의 취지 및 증거조사의 결과를 참작하여 상당한 손해액을 인정할 수 있다.'라고 규정하고 있는 점,

저작권법에서 정한 공연보상금에 관한 문화체육관광부장관의 고시는 보상금지급 의무의 유무에 대한 것이 아니라 정당한 보상금 액수의 결정을 위한 것으로서 당사자 간에 협의가 성립하지 아니하는 경우 이를 갈음하는 조치로 보이는 점 등을 종합하면, 원고들이 저작권법에 따라 피고로부터 받아야 할 공연보상금의 액수에 관하여 피고와 협의가 이루어지지 아니하고 있고, 원고들의 요청에도 불구하고 문화체육관광부장관이 협의의 성립에 관한 견해를 달리하여 보상금 금액의 고시를 하지 아니할 뜻을 표명함으로써 그 액수의 결정이 불가능한 상황에 이른 이 사건의 경우, 원고들로서는 피고에 대하여 민사소송으로 직접 정당한 액수의 보상금 지급을 구할 수 있고, 법원은 제반 사정을 고려하여 그 정당한 보상금을 정할 수 있다고 볼 것이며, 반드시 그 고시에 관한 처분에 관하여 당사자가 행정소송을 제기하여 다투어야만 하는 것은 아니라고 할 것이다."라고 판시한 바 있다.[43]

이 규정과 관련하여서는 최근 판매용 음반의 개념과 관련하여 해석론 및 입법론 상으로 많은 논의가 있는데, 그 부분은 판매용 음반의 방송에 대한 보상청구권과도 관련된 면이 있으므로 뒤의 나. (1)에서 자세히 살펴보기로 한다.

판매용 음반의 공연에 대한 보상청구권 규정은 기본적으로 판매용 음반의 방송에 대한 보상청구권과 개념적으로 구분되고, 그 자체가 방송과 직접적 관계를 가지고 있는 것은 아니나, 다음과 같은 방송 관련 이슈가 있다.

즉, 백화점 등의 매장에서 판매용 음반을 사용한 방송을 틀어서 고객들에게 듣게 하는 것이 저작권법 제76조의2에서 말하는 판매용 음반을 사용한 공연에 해당하는지 여부가 문제될 수 있다. 이것은 여기서 말하는 '사용'의 개념에 음반의 직접적인 사용만 포함되는지 아니면 간접적인 사용도 포함되는지의 문제와 직결된다고 할 수 있는데, 우리나라가 가입한 WIPO 실연·음반조약에 규정된 해당 조항의 음반의 '사용'에는 직접적인 사용만이 아니라 간접적인 사용도 포함된다는 것이 명문으로 규정되어 있다는 점(같은 조약 제15조 제1항[44] 참조) 등에 비추어 볼 때, 우리 저작권법상의 '사용'에도 간접적인 사용이 포함되는 것으로 보는 것이 타당하고, 따라서 위와 같은 경우도 판매용 음반을 사용한 공연에 해당하는 것으로 보아야 할 것이다.

---

43) '현대백화점' 사건에 대한 서울고등법원 2013. 11. 28. 선고 2013나2007545 판결.

44) WIPO 실연·음반조약 제15조 제1항: 실연자와 음반제작자는 상업적인 목적으로 발행된 음반이 방송이나 공중전달에 직접적으로나 간접적으로 사용되는 경우에 공정한 단일 보상에 대한 권리를 향유한다.

나. 향후의 과제

(1) 음반 개념의 재정립

위에서 언급한 바와 같이 현재 판매용 음반의 공연에 대한 보상청구권 규정(제76조의2)과 관련하여 '판매용 음반'의 개념을 어떻게 해석할 것인지에 대한 혼란스러운 논의가 진행되고 있다. 이 문제는 '판매용 음반'을 사용한 방송에 대한 문제와도 긴밀한 관련을 맺고 있으므로, 여기서 그 논의상황을 간략하게나마 정리해 보고, 향후의 방향성에 대하여 논급하고자 한다.

'판매용 음반'의 개념에 대한 혼란은 '음반' 개념 자체에 대한 혼란에서 비롯된 면이 있다. 우리 저작권법상의 '음반' 개념이 음이 고정된 유형적 매체를 말하는 것인지 아니면 유형적 매체에 고정된 음원을 말하는 것인지에 대하여 학계 및 실무계에서 의견일치를 완전히 이루지 못한 부분이 있고, 그것이 판매용 음반의 개념 정립을 어렵게 하는 원인이 되고 있는 것이다. 예컨대, 이른바 '현대백화점 사건'에 대한 1심 판결은 "○○○뮤직은 음반제작자로부터 디지털 음원을 제공받아 이를 음원 데이터베이스(DB)에 저장, 관리하면서 필요할 때마다 음원을 추출하여 사용하는 사실, 피고는 ○○○뮤직으로부터 인증받은 컴퓨터에 소프트웨어를 다운로드한 후 ○○○뮤직이 제공한 웹페이지에 접속하여 아이디와 패스워드를 입력한 다음 ○○○뮤직이 전송하는 음악을 실시간으로 매장에 틀었을 뿐 위와 같이 전송받은 음악의 음원을 저장하거나 재전송하지는 아니한 사실을 인정할 수 있는바, ○○○뮤직이 음반제작자로부터 제공받은 디지털 음원을 저장한 장치는 저작권법에 규정된 음반의 정의에 비추어 음반의 일종으로 볼 여지는 있으나, 위 데이터베이스 저장장치 자체는 시중에 판매할 용도로 만들어진 것이 아니므로 '판매용'이라고 보기는 어렵고, 달리 피고가 ○○○뮤직으로부터 음악을 전송받아 매장에 트는 데 있어서 '판매용 음반'을 사용하였음을 인정할 증거가 없다. 따라서 원고의 위 주장은 더 나아가 살펴볼 필요 없이 이유 없다"고 판시한 바 있는데, 이 판결은 '디지털 음원'이 음반에 해당할 수 있다는 것에 대하여는 아예 언급도 하지 않고 '디지털 음원'을 저장한 데이터베이스 장치가 음반에 해당할 가능성만 가정적으로 언급한 후 그것이 '판매용'의 개념에 해당하는지 여부를 판단하고 있음을 알 수 있다.

위 판결은 이른바 '스타벅스 사건'에서 "이 사건 CD"에 고정된 음원이 아니라 편집음반으로서의 "이 사건 CD"가 판매용 음반인지 여부를 따졌던 대법원 판결[45]의 판시를 이어받은 측면이 있다. 그러나 이와 같이 유형물에 고정된 음원이 아니라 음원이 고정된 DB장치나 CD가 음반이라고 보는 것은 우리 저작권법상의 음반 개념에 대한 정확한 이해에 기반한 것으로 보기 어렵다. 무형물인 음원이 고정된 유형물로서의 CD 등이 아니라 CD나 DB장치 등에 고정된 무형물로서의 음원이 음반인 것으로 보아야 한다. 그 이유는 다음과 같다.

첫째, 그것이 저작권법의 문언에 부합한다. 저작권법 제2조 제5호는 "'음반'은 음(음성·음향을 말한다. 이하 같다)이 유형물에 고정된 것(음이 영상과 함께 고정된 것을 제외한다)을 말한다"고 규정하고 있다. 즉 음반을 정의하면서 "음이 유형물에 고정된 것"을 말한다고 규정하고 있을 뿐, "음이 고정된 유형물"을 말한다고 규정하고 있지 않다. 디지털 음원의 경우에도 유형물인 컴퓨터 하드디스크, 휴대용 메모리 등에 고정된 음(음원)이라는 점에서 저작권법상 음반의 정의에 그대로 부합함을 명확히 알 수 있다. "음의 유형물에의 고정"이 개념요소에 포함되므로 단순히 머리속으로 상상한 소리나 소설이나 수필에서의 소리에 대한 묘사 등은 물론 녹음되지 않은 연주 등도 음반이 될 수 없지만 유형물에 고정된 음이라면 바로 그 음 또는 음원이 음반인 것으로 보는 것이 저작권법의 문언에 부합하는 해석이다.

둘째, 그것이 세계 주요국가의 입법 및 그 해석과 일치하는 해석이다. 음반(phonogram)을 저작인접물로 보호하는 나라(독일, 프랑스, 일본 등의 대륙법계 국가들)이든, 음반(sound recording)을 저작물로 보호하는 나라이든 기본적으로 음반의 의미에 대하여 그 고정매체가 무엇인지와는 상관없이 그 매체에 고정된 음원을 뜻하는 개념으로 파악하는 점에서 기본적으로 일치하고 있다.

셋째, 저작권법은 음반제작자에게 음반에 대한 복제권을 인정하고 있는데, 음반의 '복제'라는 개념을 생각해 보면, 음이 고정된 유형물이 아니라 유형물에 고정된 음 자체 또는 음원을 뜻하는 말이 음반이라는 것이 명백해진다. 지금까지 많은 판례가 CD를 CD로 복제한 것만이 아니라 CD에서 MP3 파일을 추출하고 그 파일을 온라인에 업로드하거나 다운로드 하는 과정에서 수반되는 복제, 나아가 P2P 프로그램을 이용하여 파일을 교환하는 과정에서의 복제 등을 음반의 복

45) 대법원 2012. 5. 10. 선고 2010다87474 판결: "…이 사건 CD는 pn사의 스타벅스 본사에 대한 배경음악 서비스 제공의 일환으로 스타벅스 본사의 주문에 따라 피고 등 세계 각국의 스타벅스 지사에게만 공급하기 위하여 제작된 불대체물일 뿐 시중에 판매할 목적으로 제작된 것이 아니므로, 저작권법 제29조 제2항에서 정한 '판매용 음반'에 해당하지 않는다고 할 것이다."

제로 인정하였다. 예컨대 소리바다 5 사건에 대한 서울고등법원 2007. 10. 10. 자 2006라1245 결정은 "기초 사실에서 본 바와 같이 소리바다 서비스 이용자들이 다른 이용자의 컴퓨터에 접속하여 이 사건 각 음원 파일(mp3 파일)을 자신의 컴퓨터에 다운로드 받아 하드디스크 등에 저장하는 행위는, '음을 유형물에 고정하는 것'(저작권법 제2조 제22호 참조)이므로 음반제작자인 신청인들의 복제권을 침해하는 행위에 해당한다"고 판시함으로써, 고정매체의 복제가 아니라 음의 복제가 바로 음반의 복제이며, 유형물인 디지털 저장매체(컴퓨터 하드디스크)에 고정하는 것, 즉 디지털 음원의 디지털 복제도 음반의 복제임을 분명하게 인정하고 있으며, 이러한 판시취지는 소리바다 사건 등에 관한 대법원 판결에서도 당연한 것으로 승인되고 있다.

넷째, 저작권법은 음반제작자에게 음반에 대한 전송권을 인정하고 있는데, 음반의 '전송'이라는 개념을 생각해 보면, '음반'은 음이 고정된 유형물이 아니라 유형물에 고정된 음 또는 음원을 뜻하는 말임이 더욱 분명해진다. 즉 음반의 전송은 공중의 구성원이 개별적으로 선택한 시간과 장소에서 접근할 수 있도록 음반을 이용에 제공하는 것을 말하는데, 그 접근 및 이용의 대상은 어떤 유형적 장치가 아니라 무형물로서의 음원임이 명백하기 때문이다. 따라서 2004년에 저작권법 개정을 통해 음반제작자에게 전송권을 인정하는 규정을 둔 입법자는 음반의 개념을 유형물에 고정된 음원으로 보는 입장에 입각하였음이 분명하다.

다섯째, 이러한 해석이 무체재산권법의 일종으로서의 저작권법의 기본정신 및 취지 등에 모두 부합되는 해석이고 유형물이 음반이라고 하면, 음반제작자가 무형물로서의 콘텐츠가 아니라 유형물로서의 유체동산에 대한 권리를 가지는 것으로 보는 셈인데, 그것이 부당한 것임은 더 말할 나위가 없다.

우리나라에서의 통설[46]과 일본에서의 통설[47]도 음반의 개념에 대하여, 음이

---

46) 오승종(2013), 843면: "일반적으로 '음반'이라고 하면 디스크나 레코드 등을 의미하지만, 저작권법상 '음반'은 그러한 일반적인 의미를 포함하여 널리 유체물에 수록되어 있는 음의 존재 자체를 지칭하는 개념이다. 즉, 음이 고정되어 있는 매체인 유체물 그 자체가 아니라 그러한 유체물에 음이 고정되어 있는 추상적 존재가 저작권법에서 말하는 음반인 것이다."
최경수(2010), 296면: "음반은 저작권법상 보호대상으로서 음반이 있고 매체로서 음반이 있다. 일반적으로는 후자의 의미로 쓰이지만, 저작권법상 음반은 전자의 의미이다. 저작물이 무형의 것인 것처럼, 음반도 무형의 것이다. 이를 저작권법상의 권리에 대입하면 그 개념이 분명해진다. 예를 들어, 음반제작자에게 부여된 전송권은 무형물로서 음반을 공중에게 제공하는 데 대한 권리인 것이다. 저작물과 그 복제물(서적 등)이 구별되듯이 무형의 음반과 유형의 매체도 구별된다. 하나의 단어(음반)를 서로 다른 의미로 사용할 수밖에 없는 언어의 한계에서 비롯된 것이다."
이해완(2012), 652면: "저작권법상의 '음반' 개념은 일반적으로 사용되는 용어로서의 음반의 개념과

고정된 유형물이 아니라, 유형물에 고정된 음의 존재 그 자체를 의미하는 것으로 보고 있다.

그럼에도 불구하고 음반이란 말이 원래 레코드판이나 CD 등의 음원저장매체에 대하여 사용되어 온 말인 것 등의 여러 가지 이유로, 스타벅스 사건의 대법원 판결 및 현대백화점 사건의 1심판결과 같이 유형적 매체와의 구분이 명료하지 않음으로 인한 실무상의 혼란을 보이고 있는 것이다.

다행히 현대백화점 사건의 2심 판결[48]은 음반의 개념과 관련하여 통설의 입장을 취하여 "디지털 음원도 하드디스크와 같은 저장매체에 저장되는 방식으로 고정되면 저작권법상 음반(저작권법 제2조 제5호)이라고 볼 수 있는바, ○○○뮤직

는 다른 것으로서 이른바 디스크 형의 음반만이 아니라 녹음테이프 등 디스크 이외의 녹음매체도 포함하는 넓은 의미의 녹음매체에 고정되어 있는 음(음성과 음향을 포괄함)의 존재를 의미하는 개념이다. 아래 판례(서울고등법원 1996. 6. 27. 선고 95나30774 판결)에서 보듯이 가요반주기의 컴퓨터 칩에 내장되어 있는 음도 음반이라고 할 수 있다. 컴퓨터에서 인식할 수 있는 mp3 파일 등의 소리파일로 만들어져 컴퓨터 기타 유체물에 고정되어 있다면 그것도 음반이라고 할 수 있다. 유형적 녹음매체가 음반인 것이 아니라 유형적 매체에 고정되어 있는 무형물로서의 음의 존재가 음반인 것에 주의를 하여야 한다. 그 고정된 음은 음악에 한하지 아니하고 어문저작물, 자연음, 기계음이라도 상관없다."

임원선(2012a), 129면: "저작권법과 국제조약에 있어서 음반은 음의 고정물을 말하며, 이것은 그 고정물이 수록된 매체와는 다른 것이다."

47) 일본 저작권법은 음반에 대하여 제2조 5호에서 "축음기용 음반, 녹음테이프 기타의 물건에 음을 고정한 것(음을 오로지 영상과 함께 재생하는 것을 목적으로 하는 것을 제외한다)을 말한다"고 정의하고 있어 우리 저작권법과 유사하다고 할 수 있다. 이에 대하여 학설은 일관되게 우리나라의 통설과 동일한 입장을 표명하고 있다.

加戶守行(2013), 28면: "저작권법에서 말하는 음반(레코드)이라는 것은 일반의 사회상식과 조금 달라서 이른바 디스크 음반만이 아니라 녹음 테이프 등 디스크 이외의 녹음 유체물까지도 포함한 넓은 의미의 녹음물에 수록되어 있는 음의 존재라고 하는 개념입니다. 저작물의 경우와 같이 '것'(もの) 이라고 하는 표현이 사용되고 있는 것은 녹음물이라고 하는 유체물의 의미가 아니라 녹음물에 음이 고정되어 있는 추상적인 존재를 의미하기 때문이고, 따라서 '음반의 복제'라고 하는 경우에는 디스크, 테이프 등의 유체물의 복제라고 하는 의미는 아니고 디스크, 테이프 등에 수록되어 있는 음을 다른 유체물에 고정, 수록하는 것을 의미하는 것입니다. '축음기용 음반, 녹음테이프 기타의 물건'이라고 한 부분에서 말하는 '기타의 물건'의 예로서는 소노시트, 포노시트 또는 오르골, 나아가서는 음의 디지털 데이터를 수록한 ROM(읽기 전용장치), 휴대용 메모리 카드나 자기디스크와 같은 것이 있습니다. 요컨대 기계적으로 음을 재생하는 것이 가능한 물건, 기기를 조작하면 음이 거기서 나오는 물건이라고 하는 의미입니다."

半田正夫 외(2009), 87면: "일상용어로서는 디스크・레코드를 의미하지만, 본호에서 말하는 음반(레코드)이라고 함은 그러한 일상용어의 뜻을 포함하여 널리 유체물에 수록되어 있는 음의 존재라고 하는 개념이다. 즉 음이 고정된 매체인 유체물 그 자체가 아니라 유체물에 음이 고정되어 있다고 하는 추상적 존재를 가리키고 있다. 조문 상으로도 유체물을 가리키는 '物'이 아니라 'もの'라고 하는 용어가 사용되어 있다."

島並良 외(2009), 203면: "저작인접권의 객체가 되는 음반(레코드)이라고 함은, 물에 고정되어 있는 음원을 말한다(2조 1항 5호). 녹음매체는 무엇이어도 좋다."

48) 서울고등법원 2013. 11. 28. 선고 2013나2007545 판결.

이 음반제작자로부터 받은 디지털 음원은 데이터베이스(DB)에 저장되는 방식으로 고정되므로 저작권법상 '음반'에 해당한다"고 판시함으로써 이러한 혼란을 해소하는 데 일조하고 있으나, 대법원 판례에 의한 보다 명확한 정리를 기다려야 하는 상황이다.

한편으로 위와 같은 음반 개념에 대한 혼란은 '판매용 음반'의 개념에 대한 혼란으로 이어지고 있다. 스타벅스 사건에 대한 대법원 2012. 5. 10. 선고 2010다87474 판결은 스타벅스 매장에서 매장용으로 특별히 제작된 편집앨범 CD를 재생하여 고객들에게 들려 준 행위가 판매용 음반을 사용한 공연행위로서 저작권법 제29조의 공연권 제한 규정의 적용대상인지 여부가 문제된 사안에서 "저작권법 제29조 제2항은, 청중이나 관중으로부터 당해 공연에 대한 반대급부를 받지 않는 경우 '판매용 음반' 또는 '판매용 영상저작물'을 재생하여 공중에게 공연하는 행위가 저작권법시행령에서 정한 예외사유에 해당하지 않는 한 공연권 침해를 구성하지 않는다고 규정하고 있다. 그런데 위 규정은, 공연권의 제한에 관한 저작권법 제29조 제1항이 영리를 목적으로 하지 않고 청중이나 관중 또는 제3자로부터 어떤 명목으로든지 반대급부를 받지 않으며 또 실연자에게 통상의 보수를 지급하지 않는 경우에 한하여 공표된 저작물을 공연 또는 방송할 수 있도록 규정하고 있는 것과는 달리, 당해 공연에 대한 반대급부를 받지 않는 경우라면 비영리 목적을 요건으로 하지 않고 있어, 비록 공중이 저작물의 이용을 통해 문화적 혜택을 향수하도록 할 공공의 필요가 있는 경우라도 자칫 저작권자의 정당한 이익을 부당하게 해할 염려가 있으므로, 위 제2항의 규정에 따라 저작물의 자유이용이 허용되는 조건은 엄격하게 해석할 필요가 있다"고 전제한 다음 "한편, 저작권법 제29조 제2항이 위와 같이 '판매용 음반'을 재생하여 공중에게 공연하는 행위에 관하여 아무런 보상 없이 저작권자의 공연권을 제한하는 취지의 근저에는 음반의 재생에 의한 공연으로 그 음반이 시중의 소비자들에게 널리 알려짐으로써 당해 음반의 판매량이 증가하게 되고 그에 따라 음반제작자는 물론 음반의 복제·배포에 필연적으로 수반되는 당해 음반에 수록된 저작물의 이용을 허락할 권능을 가지는 저작권자 또한 간접적인 이익을 얻게 된다는 점도 고려되었을 것"이라는 것을 이유로 "이러한 규정의 내용과 취지 등에 비추어 보면 위 규정에서 말하는 '판매용 음반'이라 함은 그와 같이 시중에 판매할 목적으로 제작된 음반을 의미하는 것으로 제한하여 해석함이 상당하다"

고 판시하였다. 그리고 그것을 해당 사안에 적용하면서 먼저 원심판결이 인정한 사실관계를 “원심판결 이유에 의하면, 플레이네트워크사(playnetwork, inc, 이하 ‘pn사’라 한다)는 스타벅스 본사(starbucks coffee international, inc.)와 사이에 음악 서비스 계약(music service agreement)을 체결하고 세계 각국에 있는 스타벅스 커피숍 매장에 대한 배경음악 서비스를 제공하고 있는 사실, 스타벅스의 국내 지사인 피고는 스타벅스 본사와의 계약에 따라 pn사로부터 이 사건 제1, 제2 음악저작물을 포함한 배경음악이 담긴 CD(이하 ‘이 사건 CD’라 한다)를 장당 미화 30.79달러(운송료 3.79달러 포함)에 구매하여, 국내 각지에 있는 스타벅스 커피숍 매장에서 그 배경음악으로 pn사가 제공한 플레이어를 이용하여 재생시켜 공연한 사실, 그런데 이 사건 CD는 암호화되어 있어 pn사가 제공한 플레이어에서만 재생되고, 계약에서 정해진 기간이 만료되면 더 이상 재생되지 않으며, 피고는 이를 폐기하거나 반환할 의무를 부담하는 사실 등을 알 수 있다”고 요약, 정리한 후, “이러한 사실관계를 앞서 본 법리에 비추어 살펴보면, 이 사건 CD는 pn사의 스타벅스 본사에 대한 배경음악 서비스 제공의 일환으로 스타벅스 본사의 주문에 따라 피고 등 세계 각국의 스타벅스 지사에게만 공급하기 위하여 제작된 불대체물일 뿐 시중에 판매할 목적으로 제작된 것이 아니므로, 저작권법 제29조 제2항에서 정한 ‘판매용 음반’에 해당하지 않는다고 할 것이다”고 결론을 맺고 있다.

위 판결은 제29조 제2항에 대한 제한적 해석의 필요성과 그 규정이 공연으로 인한 시중 판매의 증가가능성을 고려한 면이 있다는 것을 이유로 하여 ‘판매용 음반’의 “판매용”을 “시판용”, 즉 “시중에 판매할 목적으로 제작된 음반”으로 보고 있다. 판례의 이러한 논리에 대하여도 여러 가지 서로 다른 의견이 있을 수 있겠지만, 문제는 이 판결이 구체적 사안에 대하여 위와 같은 논리를 적용한 부분에서 위에서 본 바와 같은 ‘음반’의 개념에 대한 혼란을 내포하고 있다는 점이다. ‘음반’은 음원이 저장된 유형물로서의 매체가 아니라 그 매체에 저장된 음원 자체를 뜻하는 것으로 보는 위와 같은 통설의 입장을 이 판례의 사안과 그 논리에 대입해 본다면, 편집앨범으로 CD에 복제된 음원을 기준으로 그 음원이 처음 음반으로 제작되어 공표된 것이 시중에 판매할 목적에 의한 것이었는지 여부를 기준으로 그것이 판매용 음반인지 여부를 판단하여야 할 것이고, 그렇다면, 비록 나중에 편집앨범 CD를 제작한 것은 시중에 판매할 목적이 아니라 특정 매장에 공급할 목적이라 하더라도 그 음원 자체를 기준으로 하면 시중에 판매할 목적으로 제작, 공표된 음반으로서 '판매용 음반'으로 인정하는 것이 타당한 사안이었던 것으로 생각된다. 그럼에도 불구하고 위 판결은 음반의 최초 제작 및 공표가 어떤 목적에 기한 것인지를 전혀 따지지 않고 음반을 사후적으로 복제하여 저장한 유형적 매체로서의 편집앨범 CD가 어떤 목적으로 제작되었는지를 기준으로 하여 그것이 '판매용 음반'에 해당하지 않는다는 판단을 하고 있는 것이다.

현대백화점 사건의 1심 판결은 디지털 음원을 스트리밍 방식으로 제공받아 매장 고객들에게 들려 준 것이 저작권법 제76조의2 및 제83조의2에서 말하는 "판매용 음반을 사용하여 공연"을 한 것에 해당하는지 여부를 판단함에 있어서 스타벅스 사건에 대한 위 판례를 적용하여 '판매용 음반'은 시중에 판매할 목적으로 제작된 음반을 말하는 것이라고 전제한 후 디지털 음원을 저장한 DB 장치 등이 시중에 판매할 목적으로 제작된 음반이라고 할 수 없다는 이유로 실연자 및 음반제작자 측의 보상금청구를 기각하였다. 이 판결은 음반 개념의 혼란을 내포하고 있는 스타벅스 사건 판례가 '판매용 음반'이라는 용어를 사용하고 있는 다른 규정들의 해석에 어떠한 영향을 미칠 수 있는지 보여주는 사례라고 할 수 있다.

이것은 디지털 음원의 이용이 보편화된 현 시점에 특히 저작인접권 분야에 엄청난 파장을 던져 주는 일이 아닐 수 없다. 위 1심판결의 논리가 그대로 관철될 경우 '판매용 음반'의 사용을 요건으로 하는 저작인접권자의 보상청구권 규정의 적용범위는 매우 협소해지게 된다. 심지어 방송사업자가 디지털음원을 이용하여 방송하는 것도 보상금지급의무에서 제외되어야 한다는 논리가 제기될 수 있게 된다. 이러한 상황은 입법자가 의도한 저작인접권 보호범위를 예기치 않은 해석상의 문제로 인해 대폭 후퇴시키는 결과를 빚는 것이라 할 수 있다.

현대백화점 사건의 2심 판결(서울고등법원 2013. 11. 28. 선고 2013나2007545 판결)은 1심판결이 내포한 그러한 문제점을 해결하기 위해 1심판결의 준거가 된 스타벅스 사건 대법원 판례의 논리를 정면으로 비판하고 극복하는 방향을 취하는 대신 스타벅스 사건의 해석대상이 된 저작권법 제29조 제2항과 현대백화점 사건의 해석대상이 된 같은 법 제76조의2 등에서 '판매용 음반'이라는 말을 동일하게 사용하고 있지만, 양규정의 '판매용 음반' 개념은 동일한 개념이 아니라고 보는 입장을 취하고 있다. 즉 위 2심 판결은 저작권법 제76조의2 등에서 말하는 '판매용 음반'의 개념은 저작권법 제29조 제2항의 그것과 달리 시중에 판매할 목적으로 제작된 음반에 한하지 않고 널리 상업적 목적으로 제작된 음반을 포함하는 개

념으로 보아야 한다는 취지로 판시하였다.49) 그러한 논리에 '음반'에는 디지털 음

49) 이 판결이 그러한 결론을 취하게 된 이유 내지 근거를 제시한 부분을 여기에 인용하면 다음과 같다.
"다음과 같은 이유로, 저작권법 제76조의2, 제82조의2가 규정하는 '판매용 음반'은 반드시 일반 공중을 대상으로 판매될 것을 예정한 '시판용 음반'에 국한된다고 할 수 없다. 따라서 특정 대상 또는 범위를 한정하여 판매된 음반을 비롯하여 어떠한 형태이든 판매를 통해 거래에 제공된 음반은 모두 이에 포함된다고 해석하는 것이 타당하고, 이를 반드시 저작권법 제29조 제2항의 '판매용 음반'과 동일한 개념으로 해석할 필요는 없다고 보아야 한다."
• 규정의 내용과 취지
저작권법 제29조 제2항에서 '판매용 음반'을 '시중에 판매할 목적으로 제작된 음반'(이하 '시판용 음반'이라 한다)을 의미하는 것으로 제한 해석하는 이유는, 비록 공중이 저작물의 이용을 통해 문화적 혜택을 누리도록 할 공공의 필요가 있는 경우라도 자칫 저작권자의 정당한 이익을 부당하게 해할 염려가 있으므로 이를 엄격하게 해석할 필요가 있고, 또 그 음반의 재생에 의한 공연으로 시중의 소비자들에게 널리 알려짐으로써 당해 음반의 판매량이 증가하게 되고 그에 따라 음반제작자는 물론 음반의 복제·배포에 필연적으로 수반되는 당해 음반에 수록된 저작물의 이용을 허락할 권능을 가지는 저작권자 또한 이로 인하여 간접적인 이익을 얻게 되는 점을 고려하였기 때문이다(대법원 2012. 5. 10. 선고 2010다87474 판결 참조).
그런데 저작권법 제76조의2와 제82조의2에서 실연자와 음반제작자에게 '판매용 음반'의 공연에 대한 보상청구권을 인정하는 것은, 판매된 음반이 통상적으로 예정하고 있는 사용 범위를 초과하여 공연에 사용되는 경우 그로 인하여 실연자의 실연 기회 및 음반제작자의 음반판매 기회가 부당하게 상실될 우려가 있으므로 그 부분을 보상해 주고자 하는 데에 그 목적이 있다고 보인다. 위 조항은 2009. 9. 26.부터 시행된 저작권법(2009. 3. 25. 법률 제9529호)에 의해 신설되었는데, 위 법의 개정 이유도 '판매용 음반을 이용하여 공연하는 경우에는 이로 인해 경제적 손실을 입게 되는 실연자와 음반제작자에게도 상당한 보상금을 지급하도록 하여 저작인접권자의 권리를 보호하려는 것임'이라고 되어 있어 이를 뒷받침한다.
만일 피고 주장처럼 저작권법 제29조 제2항과 저작권법 제76조의2, 제82조의2의 '판매용 음반'의 개념을 동일하게 '시판용 음반'으로 제한 해석한다면, 동일한 내용의 해석임에도 전자는 저작권자의 정당한 이익을 보장하기 위한 취지가 되는 반면, 후자는 저작인접권자가 경제적 손실을 보게 되는 경우에도 그 권리행사를 제한하는 결과가 되어 그 입법 의도에 어긋나게 된다(피고는 저작인접권자가 이미 시판용 음반에 대한 보상금만으로도 충분한 이익을 얻고 있고, 사용자가 불이익을 입게 된다는 등의 이유로 저작인접권자의 공연보상금 청구권이 제한되어야 한다는 취지로 주장하나, 이러한 주장은 앞서 본 입법 취지와 배치되는 것임이 분명하다).
이처럼 저작권법 제29조 제2항(1986. 12. 31. 법률 제3916호로 신설, 당시 제26조)과 제76조의2·제83조의2는 그 입법시기는 물론 목적과 취지도 달리하는 규정이므로, 해당 조항의 '판매용 음반'의 개념을 통일적으로 해석하여야 할 필연적인 이유가 있는 것은 아니다.
• 관련 국제조약의 규정 및 입법 경위
우리나라가 2008. 12. 18. 가입하여 2009. 3. 18. 효력이 발생한 조약인, 1996년 '세계지적재산권기구 실연·음반조약(WIPO Performances and Phonograms Treaty)' 제15조 제1항은 "실연자와 음반제작자는 상업적인 목적으로 발행된 음반이 방송이나 공중전달에 직접적으로나 간접적으로 이용되는 경우에 공정한 단일 보상에 대한 권리를 누린다(Performers and producers of phonograms shall enjoy the right to a single equitable remuneration for the direct or <u>indirect use</u> of phonograms <u>published for commercial purposes</u> for broadcasting or for any communication to the public, 밑줄은 편의상 덧붙임, 이하 같다)."라고 규정함으로써, 저작인접권자의 보상청구권 발생 대상을 '상업적인 목적으로 발행된 음반(phonograms published for commercial purposes)'으로 정하고 있을 뿐이고, 같은 조약 제15조 제4항은 "이 조의 목적상, 공중의 구성원이 개별적으로 선택한 장소와 시간에 접근할 수 있는 방법으로 유선이나 무선 수단에 의하여 공중이 이용할 수 있게 된 음반은 상업적인 목적으로 발행된 것으로 간주한다(For the purposes of this Article, phonograms made available to the public by wire or wireless means in such a way that members of the public may access them from a place and at a time <u>individually chosen by them</u> shall be considered as if they had been published for

원도 포함된다는 입장을 결합함으로써 결국 현대백화점 매장에서 사용한 디지털 음원도 판매용 음반에 해당한다고 본 것이다. 이러한 판시내용은 결론적으로 타당하다고 여겨지지만, 이 판결과 같이 스타벅스 사건의 대상이 된 저작권법 제29조 제2항과 같은 법 제76조의2 등의 규정을 구분하여 동일한 개념을 서로 다르게 해석하는 것이 궁극적으로 바람직한 방향인지에 대하여는 의문이 있을 수 있다.

저작권법 제29조 제2항의 해석과 관련하여, 스타벅스 사건 대법원 판례의 취지를 디지털 음원에 대하여 확대 적용할 경우에는 권리 보호의 축소가 아니라 확대의 방향이 되는 점에서 현대백화점 사건의 1심 판결과는 반대방향의 효과를 가지는 것이긴 하지만, 그로 인한 구체적인 결과가 과연 바람직한 것인지에 대하여는 보다 신중한 판단을 요한다.

저작권법 제29조 제2항의 권리제한 규정이 비록 지나치게 넓은 제한범위로 인한 비판적 논의의 대상이 되어 오긴 했지만, 이른바 국민들의 '민생'과 관련한 부담의 면에서 급진적 개혁보다는 점진적 개선이 바람직한 면이 있어 입법적으로 조율해 온 과정이 있는데, 갑자기 디지털 음원을 이용하는 모든 매장(소규모의 영세 매장 포함)에 대하여 제29조 제2항의 제한사유가 전적으로 무력하게 되는 것은 현실적으로 사회적 갈등을 지나치게 야기하거나 증폭시킬 우려가 있다는 면에서 바람직하지 못한 점이 있는 것이다. 그리고 스타벅스 판결의 이면에는 음반 개념에 대한 오해 내지 혼란이 내포되어 있어 새로운 대법원 판례에 의하여 보다 명확하게 정리될 필요성을 제기하는 면도 있다.

이러한 상황 속에서 국회에서 발의되어 심의 중인 저작권법 개정안이 이 문제에 대한 대안을 제시하고 있는 부분이 있는데, 그것은 문화체육관광부에서도 적극적인 지원을 하고 있는 이군현 의원 대표 발의법안이다. 그 내용은 다음과 같다.

---

commercial purposes)."라고 규정하고 있다.
이처럼 위 조약 규정은 저작인접권자의 보상청구권 발생 요건과 관련하여 '시판용 음반'으로 그 대상을 제한하고 있지 않고, 오히려 이보다 훨씬 넓은 개념으로 보이는 '개별적으로 선택한 장소와 시간에 접근할 수 있는 방법으로 유선이나 무선 수단에 의하여 공중이 이용할 수 있게 된', '상업적인 목적으로 발행된' 음반의 '직접 또는 간접 이용'(이 사건에서 피고의 이른바 스트리밍 방식에 의한 음원의 재생은 간접적인 방식에 따른 이용이라고 볼 여지도 있다)에 대하여 보상청구권을 인정하고 있다.
그런데 갑 제7호증의 기재에 변론 전체의 취지를 종합하면, 2009. 3. 25. 저작권법 제76조의2, 제82조의2가 신설된 취지는 위 실연·음반조약의 국내법 수용과 관련된 것으로 보이는바, 만일 '판매용 음반'의 개념을 '시판용 음반'으로 제한 해석한다면 이는 우리나라가 가입한 위 조약에서 보장하는 저작인접권자의 권리를 우리나라의 국내 입법이 합리적 이유 없이 축소하는 결과가 될 수 있다."

현행	개정안
제2조(정의) 이 법에서 사용하는 용어의 뜻은 다음과 같다.	제2조(정의) ----------------------------------.
5. "음반"은 음(음성 · 음향을 말한다. 이하 같다)이 유형물에 고정된 것(음이 영상과 함께 고정된 것을 제외한다)을 말한다.	5. ---------음(음성 · 음향을 말한다. 이하 같다)이 유형물에 고정된 것(음을 디지털화한 것을 포함한다)을 말한다. 다만, 음이 영상과 함께 고정된 것을 제외한다.
6. "음반제작자"는 음을 음반에 고정하는데 있어 전체적으로 기획하고 책임을 지는 자를 말한다.	6. ------------------ 음반을 최초로 제작하는 데 있어 -----------------------.
제75조(방송사업자의 실연자에 대한 보상) ① 방송사업자가 실연이 녹음된 판매용 음반을 사용하여 방송하는 경우에는 상당한 보상금을 그 실연자에게 지급하여야 한다. 다만, 실연자가 외국인인 경우에 그 외국에서 대한민국 국민인 실연자에게 이 항의 규정에 따른 보상금을 인정하지 아니하는 때에는 그러하지 아니하다.	제75조(방송사업자의 실연자에 대한 보상) ① ------------------ 실연이 녹음된 음반--.
제76조의2(판매용 음반을 사용하여 공연하는 자의 실연자에 대한 보상) ① 실연이 녹음된 판매용 음반을 사용하여 공연을 하는 자는 상당한 보상금을 해당 실연자에게 지급하여야 한다. 다만, 실연자가 외국인인 경우에 그 외국에서 대한민국 국민인 실연자에게 이 항의 규정에 따른 보상금을 인정하지 아니하는 때에는 그러하지 아니하다.	제76조의2(음반을 사용하여 공연하는 자의 실연자에 대한 보상) ① ---- 녹음된 음반--그--.
제82조(방송사업자의 음반제작자에 대한 보상) ① 방송사업자가 판매용 음반을 사용하여 방송하는 경우에는 상당한 보상금을 그 음반제작자에게 지급하여야 한다. 다만, 음반제작자가 외국인인 경우에 그 외국에서 대한민국 국민인 음반제작자에게 이 항의 규정에 따른 보상금을 인정하지 아니하는 때에는 그러하지 아니하다.	제82조(방송사업자의 음반제작자에 대한 보상) ① 방송사업자가 음반--.

제83조의2(판매용 음반을 사용하여 공연하는 자의 음반제작자에 대한 보상) ① 판매용 음반을 사용하여 공연을 하는 자는 상당한 보상금을 해당 음반제작자에게 지급하여야 한다. 다만, 음반제작자가 외국인인 경우에 그 외국에서 대한민국 국민인 음반제작자에게 이 항의 규정에 따른 보상금을 인정하지 아니하는 때에는 그러하지 아니하다.	제83조의2(음반을 사용하여 공연하는 자의 음반제작자에 대한 보상) ① 음반 ---.

위 개정안은 첫째, '음반'의 정의에 '음을 디지털화한 것'이 포함됨을 명시적으로 규정함으로써 음반의 개념이 CD 등 유형적 매체가 아니라 디지털 음원을 포함한 음원의 뜻으로 해석되도록 하고, 둘째, 저작권법상의 '판매용 음반'을 '음반'으로 모두 수정하여 '판매용 음반'이 일반인이 시중에서 구입하는 CD 등의 의미로 좁게 해석되는 오류를 방지하고자 하는 취지를 담은 것이다.[50] 위 개정안의 규정 중 제2조 제6호에 대한 개정안은 현행 규정이 음반제작자를 정의하면서 "음을 음반에 고정하는 데 있어 전체적으로 기획하고 책임을 지는 자를 말한다"고 하여 '음반'이 음을 고정하는 매체를 뜻하는 것으로 사용된 것처럼 보이는 면이 있고[51], 그것이 음반 개념의 혼란에 기여하는 면이 다소나마 있다고 보아 그것을 해소하기 위한 취지로 보인다. '판매용 음반'이라는 용어 사용을 폐지하고 '음반'으로 통일한 것은 '판매용'이라는 제한이 불필요한 혼란을 야기할 뿐 그러한 제한의 필요성이 사회경제적으로 뚜렷이 부각된 바 없음을 감안한 것으로 생각된다.

위와 같은 개정안이 국회를 통과하여 공포될 경우, 음반 개념을 둘러싼 혼란이 정리되고, '판매용 음반' 개념에 대한 해석상의 혼란도 정리될 수 있을 것으로 기대된다. 다만 이미 공연 등에 사용하여 저작인접권 단체 등에 보상금을 납부한 부분에 대한 문제를 말끔하게 해결하기 위해서는 대법원 판례에서 '판매용 음반'의 개념을 보다 명쾌하게 재정리할 필요가 있다.

(2) 보상금 결정 절차의 개선

현행 저작권법은 저작인접권자의 보상청구권과 관련한 규정에서 그 보상금의

50) 이군현 의원 발의법안 설명자료 참조.

51) 그에 따라 이 규정상의 '음반' 개념과 권리보호의 대상으로서의 '음반' 개념을 서로 다른 것으로 보아야 한다는 해석론이 제시된 바 있다. 김찬동(2013), 213면 참조.

기준을 어떻게 결정할 것인지에 대하여 크게 두 가지 유형으로 구분하여 서로 다른 절차를 규정하고 있다. 첫 번째 유형은 ① 당사자 간 협의 → (불성립시) ② 한국저작권위원회의 조정 → (불성립시) ③ 법원의 판결로 이어지는 절차를 취하고, 두 번째 유형은 ① 당사자 간 협의 → (불성립시) ② 문화체육관광부장관의 고시의 절차를 취한다. 두 번째 유형에 해당하는 것이 디지털음성송신 및 공연에 대한 보상청구권이고, 방송에 대한 보상청구권은 첫 번째 유형에 해당한다.

이 유형에 있어서, 당사자 간 협의가 성립하지 않을 경우의 대안으로 한국저작권위원회에 의한 조정과 법원에 의한 판결의 두 가지가 존재하나, 다음과 같은 문제가 있어 보다 나은 대안을 필요로 하는 면이 있다.

첫째, 조정은 무엇보다 강제성이 없으므로 당사자 간 이해관계의 대립이 클 경우에 실효적인 해결방법이 되지 못하는 문제가 있다. 한편으로, 조정위원들의 저작권 분야에 대한 전문성은 전반적으로 상당히 높은 편이나, 보상금의 산정에 관한 전문적이고 객관적인 의견을 제시하는 면에 있어서는 충분한 전문성이 있다고 보기 어려운 면이 없지 않다.

둘째, 법원의 재판은 저작권 분야에 대한 전문성의 면에서나 보상금 산정에 관한 기술적 문제의 전문성의 면에서 취약한 점이 있는 데다 3심제 하에서 어느 정도의 기간과 비용이 소요될지 알 수 없는 등의 면에서 다른 대안을 필요로 하는 면이 있다.

따라서 향후 이상의 문제들을 보완할 수 있는 보다 바람직한 대안을 신중하게 모색할 필요가 있다.

3. 시청각실연자의 권리와 방송

가. 시청각실연자의 복제권, 배포권, 방송권 및 전송권과 영상저작물 특례규정

저작권법 제73조는 "실연자는 그의 실연을 방송할 권리를 가진다. 다만, 실연자의 허락을 받아 녹음된 실연에 대하여는 그러하지 아니하다"고 규정하고 있다. 이 규정 중 단서 규정은 청각실연자와 관련된 것이라 할 수 있으므로 시청각실연자의 경우 녹화된 실연을 포함하여 모든 실연에 대하여 100% 배타적 권리로서 방송권을 향유하는 것으로 볼 수 있다.

그렇다면, 방송사업자가 배우, 탤런트, 개그맨 혹은 가수 등의 시청각 실연이 포함된 영상물을 방송할 때마다 모든 실연자의 사전 허락을 받아야 하고 그렇지 않으면 실연자의 방송권을 침해한 것으로 보아야 할까? 만약 이 질문에 대하여 "그렇다"가 답이라면, 방송사업자의 권리처리에 소요되는 시간이나 비용이 지나치게 큰 문제가 있을 것이다.

정답은 "그렇지 않다"인데, 그것은 바로 영상저작물의 유통에 따른 지나친 거래비용의 문제를 해결하고 그 이용을 원활히 하기 위해 저작권법이 영상저작물의 이용과 관련한 실연자의 주요 권리가 영상제작자에게 양도된 것으로 추정하는 규정을 두고 있기 때문이다.

영상저작물 특례 규정의 한 부분을 이루고 있는 저작권법 제100조 제3항은 "영상제작자와 영상저작물의 제작에 협력할 것을 약정한 실연자의 그 영상저작물의 이용에 관한 제69조의 규정에 따른 복제권, 제70조의 규정에 따른 배포권, 제73조의 규정에 따른 방송권 및 제74조의 규정에 따른 전송권은 특약이 없는 한 영상제작자가 이를 양도받은 것으로 추정한다"고 규정하고 있다.

여기서 주의할 점은, 그와 같이 양도한 것으로 추정되는 것은 '영상저작물의 이용에 관한' 복제권, 배포권, 방송권 및 전송권에 한한다는 것이다. 여기서 '영상저작물의 이용에 관한'이라는 말의 의미는 '영상저작물을 본래의 창작물로서 이용하는 데 필요한'이라는 의미로 해석된다.[52] 따라서 영상저작물을 본래의 창작물로서 이용하는 데 필요한 범위를 넘어서서 활용하는 것에 관한 권리는 여전히 실연자에게 남아 있는 것으로 보아야 한다. 예컨대 뮤지컬 영화의 주인공이 영화 속에서 부른 노래를 OST 음반으로 제작하여 판매하고자 한다면 거기에는 그 주인공 배우의 실연자로서의 복제권과 배포권이 미치게 되는 것이다. 대법원판례도 "영화상영을 목적으로 제작된 영상저작물 중에서 특정 배우들의 실연장면만을 모아 가라오케용 엘디(LD)음반을 제작하는 것은, 그 영상제작물을 본래의 창작물로서 이용하는 것이 아니라 별개의 새로운 영상저작물을 제작하는 데 이용하는 것에 해당하므로, 영화배우들의 실연을 이와 같은 방법으로 엘디음반에 녹화하는 권리는 (구저작권법) 제75조 제3항에 의하여 영상제작자에게 양도되는 권리의 범위에 속하지 아니한다 할 것이다."라고 판시한 바 있다.[53]

한편, 이 규정에 따라 영상저작물 제작에 협력한 실연자는 초상권 등 퍼블리

52) 이해완(2012a), §23-25.
53) 대법원 1997. 6. 10. 선고 96도2856 판결.

시티권도 주장할 수 없게 되는지 문제된다. 이에 대하여 하급심 판례는 일관되게 "영상저작물을 본래의 창작물로서 이용하는 경우에는 실연자가 일단 영상저작물의 제작에 협력할 것을 약정한 이상 실연자는 특약이 없는 한 영상화된 자신의 실연에 대하여 사실상 권리가 없다고 할 것이나(이는 영상저작물에 있어 실연자의 초상이나 실연은 공표되어 유통되는 것이라고 하는 영상저작물 자체의 특성, 영상저작물 출연계약시 실연자의 이익이 충분히 반영될 기회가 주어질 수 있다는 점, 영상제작자가 제작된 영상을 이용함에 있어 매번 모든 출연자들로부터 동의를 얻는 불편함을 덜어주고 영상제작자로 하여금 투하한 자본회수를 용이하게 하도록 하기 위한 것인 점 등에 근거한 것이다), 한편, 영상저작물은 물리적으로는 개개의 장면의 연속체로서 그 개개의 장면은 사진과 조금도 성질을 달리하지 않기 때문에 실연자인 배우도 해당 화면에 촬영된 자기의 초상에 대해서는 고유한 정신적, 재산적 이익을 보유하고 있다고 보아야 하므로, 영상제작자라고 하더라도 그러한 초상이 영상저작물의 배포, 통상의 홍보에 수반하는 필수적인 범위를 넘어서 실연자의 허락 없이 영상장면을 이용하여 일반광고에 사용하거나, 사진집, 브로마이드 사진, 상품 등에 임의로 이용하는 행위 등 별도의 상업적 목적으로 사용하는 경우까지 초상권 등 퍼블리시티권이 저작인접권에 흡수되었다거나 영상저작물 출연계약 자체에 의하여 배우가 퍼블리시티권을 행사하지 않기로 묵시적으로 합의하였다고 볼 수는 없고, 실연자인 배우는 초상권, 퍼블리시티권 등을 여전히 행사할 수 있다고 봄이 상당하다 할 것이다"라고 판시하고 있다.[54] 하급심 법원의 이러한 판결은 타당한 것으로 생각된다.[55]

그 밖에 실질적으로 양도되는 것으로 추정되는 권리의 범위에 대하여는 실무상 의견대립이 있고 학설상으로도 정확한 일치를 보지는 못하고 있다.[56]

위 규정은 원래 간주규정이었으나, 2003년 개정법에 의하여 추정규정으로 바뀌었다. 간주규정이었을 때에는 당사자 간 별도의 특약이 가능한지 여부 등을 둘러싸고 해석상의 논란이 분분하였으나, 2003년 개정법 이후 그러한 논란의 여지가 없게 되었다. 즉, 실연자의 권리가 양도된 것으로 법률상 의제되는 것이 아니라 추정될 뿐이므로 그와 다른 내용의 특약이 있음을 입증하거나 당사자 간에

54) 서울중앙지방법원 2007. 1. 31. 선고 2005가합51001 판결, 서울중앙지방법원 2007. 11. 14. 선고 2006가합106519 판결 등
55) 이해완(2012a), §23-26.
56) 최경수(2010), 571면 참조.

합치된 실질적인 의사가 그와 다르다는 것을 입증하는 경우에는 추정이 번복될 수 있는 것이다.

위 규정에 따라, 실연자가 영상저작물의 제작에 협력할 것을 약정한 경우에는, 특약이 없는 한 영상제작자가 실연자의 영상저작물의 이용에 관한 복제권, 배포권, 방송권 및 전송권을 양도받은 것으로 추정된다. 따라서 자신의 의사로 TV 프로그램이나 영화에 출연하기로 약정하여 출연하여 연기 등을 한 탤런트, 배우, 개그맨 등의 시청각 실연자들은 영상제작자와 사이에 특약을 하지 않은 이상 실질적으로 영상저작물의 이용에 필요한 범위 안에서 그 복제권, 배포권, 방송권 및 전송권 등의 권리를 행사할 수 없고, 영상제작자가 그 권리를 보유, 행사하게 된다. 만약 방송사가 영상제작자인 경우라면, 방송가가 시청각 실연자의 그러한 권리를 보유, 행사하게 되므로, 그 실연이 포함된 영상저작물의 복제, 배포, 방송, 전송 등을 자유롭게 할 수 있고, 다른 제3자가 영상제작자인 경우라면, 그 영상제작자로부터 실연의 복제, 배포, 방송, 전송 등 이용에 대한 허락만 받으면 아무 문제없이 이용할 수 있게 된다.

다만 위와 같은 특례규정은 실연자의 권리 자체를 부정하는 것이 아니고, 실연자들이 계약을 통해 정당한 보상을 받을 수 있을 것이라는 기대를 전제로 하면서 영상저작물 이용 원활화를 위해 추정규정을 도입한 것일 뿐이다. 나아가 위 규정 자체가 '특약' 체결의 가능성을 열어 두고 있다는 점에 근거하여 현재 방송실연자들의 권리를 신탁받아 행사하는 집중관리단체인 한국방송실연자협회(이하 '방실협'이라 한다)에서는 방송사들과 사이에 '특약'을 체결하기 위한 노력을 지속적으로 기울여 와, 주요 방송사들로부터 방송의 재방송 및 전송, 해외 판권 판매를 위한 복제 등의 부가시장에서의 이용행위에 대하여 보상을 받고 있는 상황이다.

위와 같은 특례규정의 존재로 인해, 방송사업자들은 집중관리단체인 방실협과 특약을 체결한 부분에 대하여 그 특약을 준수할 의무를 지는 것 외에, 방송프로그램이나 영화 등에 출연한 실연자들과는 개별적으로 협상하여 권리처리를 할 필요는 없이, 자사 제작 프로그램이 아닐 경우에도 그 제작자의 허락을 받기만 하면, 실연자들의 실연이 포함된 영상물을 방송에 이용하는 데 아무런 어려움을 겪지 않아도 된다.

다만 위 특례규정은 실연자가 영상저작물의 제작에 협력하기로 약정한 것을 전제로 하므로, 그러한 약정을 하지 않은 실연자, 즉 방송 프로그램에 출연하지 않고 연극 무대에서 연기를 하거나 다른 공연 무대에서 가창, 연주, 무용 등을 하는 실연자의 실연을 그 실연자의 허락 없이 촬영하여 방송하는 것은 영상저작물 특례규정과는 무관하고, 따라서 그 촬영을 통해 녹화하는 것은 해당 실연자의 복제권을, 그것을 방송하는 것은 그의 실연에 대한 방송권을, 그리고 그 영상을 웹사이트 등에 업로드하여 공중이 접근할 수 있도록 제공하는 것은 그의 실연에 대한 전송권을, 그리고 그것을 DVD 등으로 제작하여 배포하는 것은 그의 실연에 대한 복제권과 함께 배포권을 침해한 것으로 보게 된다.

나. 시청각실연자의 기타의 재산적 권리와 방송

(1) 대여권

실연자의 대여권과 관련하여 저작권법 제71조는 "실연자는 제70조의 단서의 규정에 불구하고 그의 실연이 녹음된 판매용 음반을 영리를 목적으로 대여할 권리를 가진다"고 규정하고 있다.

위와 같은 대여권은 판매용음반의 경우에만 적용되고, 우리 법상 영상저작물에 관하여는 저작자 및 실연자의 대여권을 인정하는 규정이 도입되지 않았으므로, 영상저작물에 대하여 실연자가 대여권을 행사할 수는 없다. 즉 이 규정은 기본적으로 청각실연자를 위한 규정이라 할 것이다. 다만, 영상저작물의 내용 중 음만을 별도로 추출하여 판매용 음반(OST 음반 등)을 만들었을 경우에는 그에 대하여 실연자도 위와 같은 대여권을 행사할 수 있다. 이러한 대여권의 경우는 영상저작물 특례규정이 적용되지 아니한다.

방송사업자 등이 영상물 DVD를 제작한 후 공중을 대상으로 양도하지 않고, 처음부터 공중을 대상으로 대여를 하는 경우라면, 배포권자의 권리가 소진된 바 없으므로, 대여권이 아니라 배포권 자체가 문제되며, 이 경우 실연자의 배포권에 대하여는 위 (1)의 설명이 적용된다. 즉 일정한 요건 하에 영상저작물 특례규정의 적용을 받는다.

(2) 공연권

저작권법 제72조는 "실연자는 그의 고정되지 아니한 실연을 공연할 권리를 가진다. 다만, 그 실연이 방송되는 실연인 경우에는 그러하지 아니하다"고 규정하고 있다. 이 규정은 고정되지 않은 실연을 대상으로 하므로, 청각실연과 시청각실연의 구별 이전의 상황에 대하여 실연자에게 그 공연에 관한 배타적 권리를 인정한 것인바, 그 자세한 내용은 앞서 살펴본 바와 같다.

이 권리는 '고정'을 요건으로 하는 영상저작물과는 관계가 없으므로 영상저작물 특례 규정의 적용대상이 되지 않는다.

(3) 세 가지 보상청구권의 경우

저작권법이 실연자에게 인정하고 있는 세 가지 보상청구권, 즉 판매용 음반의 방송사용에 대한 보상청구권(제75조), 음반의 디지털음성송신에 대한 보상청구권(제76조), 판매용 음반의 공연에 대한 보상청구권(제76조의2)은 모두 '음반'의 사용을 전제로 하므로, 청각실연자와의 관계에서만 문제되고, 시청각실연자의 권리와는 무관하다. 그 중 방송의 경우는 온전한 100%의 배타적 권리를 시청각실연자에게 인정하면서 영상저작물 특례규정(제100조 제3항)의 적용을 받게 하고 있고, 공연의 경우에는 생공연에 대하여 제한적으로 배타적 권리를 인정하는 것 외에 추가적 권리를 시청각실연자에게 부여하지 않고 있으며, 디지털음성송신은 그 자체가 청각실연을 전제로 한 것으로서 그에 상응한 디지털영상송신의 개념을 두지 않아 수신의 동시성과 매체적 쌍방향성을 가지면서 음만이 아니라 영상의 송신이 이루어지는 경우에 대하여는 시청각실연자에게 아무런 권리를 부여하지 않고 있다.[57)]

다. 시청각실연자의 인격권과 방송

앞서 살펴본 바와 같이 2006년 개정 저작권법은 제66조에서 실연자의 성명표시권을, 제67조에서 실연자의 동일성유지권을 각 인정하는 규정을 두고 있다.

먼저 실연자의 성명표시권에 관하여 저작권법 제66조는 "① 실연자는 그의 실연 또는 실연의 복제물에 그의 실명 또는 이명을 표시할 권리를 가진다. ② 실연을 이용하는 자는 그 실연자의 특별한 의사표시가 없는 때에는 실연자가 그의 실명 또는 이명을 표시한 바에 따라 이를 표시하여야 한다. 다만, 실연의 성

---

57) 다만 그러한 경우를 '방송'에 해당하는 것으로 보아 '방송권'의 대상으로 인정하는 견해도 있다. 한편 현행 저작권법이 그러한 디지털영상송신에 대하여 실연자등의 권리를 전혀 인정하지 않는 것으로 보는 해석론을 취하는 입장에서도 그것을 시정하여 디지털영상송신에 대한 권리를 신설하여야 한다는 제언을 하고 있다. 이에 대하여 자세한 것은 이해완(2012b), 391면 이하 참조.

질이나 그 이용의 목적 및 형태 등에 비추어 부득이하다고 인정되는 경우에는 그러하지 아니하다"고 규정하고 있다. 시청각 실연자의 경우영화 등의 엔딩 크레딧 화면에 배역과 성명을 표시했다면, 그 성명표시권을 존중한 것으로 평가될 수 있을 것이다.

또한 저작권법 제67조는 "실연자는 그의 실연의 내용과 형식의 동일성을 유지할 권리를 가진다. 다만, 실연의 성질이나 그 이용의 목적 및 형태 등에 비추어 부득이하다고 인정되는 경우에는 그러하지 아니한다"고 규정하여 실연자의 동일성유지권을 인정하고 있다. 방송프로그램의 특성상 상당한 편집이 예정되어 있을 경우에 실연자의 동일성유지권과의 관계에서 그 실연에 대한 편집이 어느 정도까지 허용될 것인지가 문제될 수 있는데, 그에 대하여는 실연자가 아닌 교수의 강연프로그램 출연의 경우에 대한 판례이긴 하지만, "방송출연계약의 당사자 쌍방은 계약의 원만한 이행을 위해 상호협력의무를 부담하게 되는데, 제작자인 방송법인은 제작하게 될 프로그램의 편성의도와 제작목적 및 주제, 출연계약의 상대방이 제작출연에 기여하게 될 형태(인터뷰 또는 토론)와 내용, 생방송되는가 또는 녹화방송되는가의 여부, 녹화방송시에는 프로그램의 편집 여부와 삭제와 수정이 필요한 경우에는 그 취지 및 정도, 프로그램 내에서 출연자의 순번, 비중, 주어질 질문의 내용, 범위 등을 소상히 설명하고 출연자로 하여금 예상하지 못한 취급으로 기만당하였다고 느끼게 하여서는 아니 될 신의칙상의 의무를 부담하며, 출연자로서는 제작자 측으로부터 방송내용에 관해 법적 책임이 발생할 부분이 있어 방송에 부적합한 내용의 삭제 또는 수정을 요청하는 경우에는 그에 응하여 수정편집에 협력하거나 의견을 제시할 신의칙상의 의무가 있다."고 판시한 하급심 판례[58]를 참고할 필요가 있을 것이다. 즉 통상적으로 예정된 편집행위가 아니라면 미리 실연자에게 그 편집방향에 대하여 설명해 주는 것이 동일성유지권 침해가능성을 더는 길이 될 것이다.

---

58) '한상진 교수' 사건에 대한 서울고등법원 1994. 9. 27. 선고 92나35846 판결.

'중민화의 길' 강연 편집방송 사건

서울고등법원 1994. 9. 27. 선고 92나35846 판결[59)]

사실의 개요

원고 한상진 교수가 피고 한국방송공사의 프로그램에 출연하여 60분짜리 강연을 하기로 하는 방송출연계약을 체결, 이에 따라 약 60분 동안 '중민화의 길'이란 제목으로 녹화강연을 하였다. 피고는 원고의 위 강연 중 20여분 분량에 해당하는 내용을 삭제하고 나머지 내용만을 40분에 걸쳐 방송하였다. 이에 원고는 피고에게 사실광고를 구하는 소를 제기하였다. [원심판결: 서울지방법원 남부지원 1992.5.14. 선고 90가합1404 판결]

판시사항

방송사업자는 위와 같은 편집 방송으로 강연자와의 그 출연계약을 적극적으로 침해함과 동시에 강연자의 저작인격권(동일성유지권)을 침해하여 고의에 의한 불완전이행과 불법행위를 한 것이다. 나아가 법원은 피고의 이 사건 제작된 프로그램의 성질, 이용의 목적 및 형태에 비추어 피고의 위 삭제변경행위가 부득이한 것이었고 삭제수정이 방송의 자유로서 편성권의 행사범위에 속하며 그 내용이 위법한 것이어서 삭제수정이 정당하다는 주장을 모두 배척하고 아래와 같은 사실광고를 명하였다.

피고는 이 판결을 송달받은 날로부터 15일 이내에 피고가 관리하는 제2텔레비전의 일요일 오후 10시 내지 11시 사이의 스테이션 브레이크에 다음 인용부 안에 기재된 내용을 구술로 방송하되, 그중 2개의 문단을 각 독립적인 프레임으로 하고 매 프레임을 각 30초 간으로 하여 1회 방송하라.

"본 방송국이 1989년 10월 29일 오후 7시 '21세기 강좌'에서 방송한 서울대학교 한상진 교수의 '중민화의 길'이라는 강의프로그램은 원래 60분간 방송할 예정으로 녹화되었으나 지나친 편집으로 20분 간의 강의내용이 삭제된 채 40분 내용만 실제로 방송되었습니다. 이로 인해 본 방송사는 법원으로부터 위 20분 간의 강의내용의 삭제로 말미암아 한상진 교수의 중민이론 중 21세기의 주역으로 등장하여야 한다고 주장하는 중민의 개념, 역할 등의 내용을 정확히 전달하지 못하게 되어 위 강연내용에 대한 한상진 교수의 저작인격권을 침해하였다는 내용의 패소판결을 선고받았으므로 위 판결에 의한 의무의 이행으로 위와 같이 고지합니다."

평석

본 판결은 방송사업자의 공정성원칙 준수에 따른 편성권의 한계를 명시한데 그 의의가 있는바 이 판결은 피고의 편성권 행사 주장에 대하여 방송사업자는 공정성원칙 등 방송법이 규정하는 여러 가지 편성규범에 구속되나 헌법상 의견표현의 자유를 보

59) 【원심판결】 서울지법남부지원 1992. 5. 14. 선고 90가합1404 판결.

호받는 원고 개인이 이를 지킬 의무는 없으므로 방송사업자가 개인강연프로그램을 일방적으로 수정 삭제할 수는 없다고 판시하였다. 방송물 저작자의 동일성유지권을 폭넓게 인정한 획기적인 판례라 할 것이다.

위와 같은 실연자의 인격권은 실연자 일신에 전속한다(법 제68조). 이에 따라 실연자의 인격권은 실연자 자신만이 행사할 수 있고 타에 양도할 수 없으며, 상속의 대상이 될 수도 없다. 양도가능성을 전제로 한 질권설정이나 압류 등도 허용되지 아니한다. 실연자의 인격권에 기한 구체적 권리의 대리 외에는 인격권의 포괄적 대리행사도 허용되지 아니한다.

따라서 영상저작물 특례규정의 한 부분인 제100조 제3항의 양도 추정 규정은 시청각 실연자의 인격권에 대하여는 적용되지 아니한다.

Ⅲ 음반제작자의 권리와 방송

1. 서 설

가. 음반 및 음반제작자의 의의

음반은 음(음성·음향을 말한다. 이하 같다)이 유형물에 고정된 것(음이 영상과 함께 고정된 것을 제외한다)을 말한다(법 제2조 제5호). 이러한 음반 개념에 대하여는 이미 위에서 자세히 살펴보았다. 저작권법상의 '음반' 개념에 대한 최근의 쟁점에 대하여는 위에서 자세히 살펴본 바와 같다.

저작권법상 음반으로 인정되기 위하여 음의 고정에 있어서 '창작성'을 요하는 것은 아니다. 단지 음이 고정되어 있으면 그것으로 족한 것이다. 이것은 저작권과 저작인접권의 근본적 차이에 따른 것이다.

그러나 위 규정에서 보듯이 음이 영상과 함께 고정된 것은 음반의 개념에서 제외된다. 예를 들어 영화필름의 사운드트랙에 고정된 배경음악, 비디오테이프의 음성부분 등은 영상저작물의 일부분이므로 음반의 개념에서는 제외된다.

음반제작자는 음을 음반에 고정하는데 있어 전체적으로 기획하고 책임을 지는 자를 말한다(제7조 제6호). 이는 2006년 개정법에서 수정된 정의로서, 개정 전의 법에서는 "음을 음반에 맨 처음 고정한 자를 말한다"고만 정의하고 있었다.

단지 '고정한 자'라고만 하면 물리적으로 고정작업을 한 자를 의미하는 것으로 오해될 여지가 있으므로 개정법에서 입법취지에 맞게 정의규정의 문언을 손질한 것이다. 개정 전 법에 대하여도 개정법의 법문과 유사한 취지의 해석을 하고 있었으므로[60] 개정에 의하여 큰 차이가 발생하는 것은 아니라고 할 수 있다. 그렇지만 법문의 차이에 따른 해석 및 적용상의 차이가 있을 가능성을 전혀 배제할 수 없다는 취지에서 개정법 부칙 제3조는 "종전의 규정에 따른 음반제작자는 이 법에 따른 음반제작자로 본다"고 하는 경과조치를 규정하고 있다. 아무튼 법 개정으로 인하여 단순히 음을 물리적, 기술적으로 음반에 고정하는 역할을 한 자가 아니라 그 과정을 전체적으로 기획하고 책임을 진 자가 음반제작자임이 보다 명료하게 되었다.

2006년 개정법상 음반제작자의 정의규정에는 '맨 처음'이라는 말을 뺐으나, 법 제86조 제1항에서 저작인접권의 발생시점에 관하여 규정하면서 그 제2호에서 "음반의 경우에는 그 음을 맨 처음 음반에 고정한 때"라고 규정함으로써 '맨 처음' 고정한 때에만 음반제작자로서의 저작인접권이 발생함을 분명히 하고 있다. 따라서 이미 고정되어 있는 음반을 복제한 자는 음반제작자가 아니라고 보아야 한다. 다만 음반의 '복제'에도 실연의 경우와 마찬가지로 '모방'의 개념은 포함되지 않는다. 즉, 유형물에 고정된 음 자체를 그대로 이용하여 다른 매체 등에 재고정하는 등의 행위만 복제에 해당하며 그렇지 않고 동일한 실연자와 동일한 연주자들을 조직하여 다시 음을 생성하여 고정한 경우에는 결과적으로 종전에 고정된 음과 매우 흡사하다고 할지라도 음반의 복제에는 해당하지 않는다. 따라서 그 경우에는 처음으로 그러한 고정을 함에 있어서 기획하고 책임을 진 자가 음반제작자로 인정될 수 있다.

음반제작자의 개념을 위와 같이 파악할 때, 그 음반을 CD 등으로 제작한 음반사가 본조에서 말하는 음반제작자인 것은 아니고 음을 최초로 고정한 원반(原盤)(마스터테이프 등)을 만들어 음반사에 제공한 자가 있으면 그를 본조에서 말하는 음반제작자로 보아야 한다.[61] 때로는 해당 음반에 녹음된 실연의 실연자인 가

60) 예컨대, 장인숙(1989), 186면은 "'고정한 자'란 물리적으로 고정작업(녹음장치의 조작)을 한 자를 의미하는 것이 아니라 고정행위의 법률적 주체를 가리키는 것으로서 레코드회사가 고정한 음반이라면 고정작업을 한 기술자가 아닌 그 회사 자체가 음반제작자로 되는 것이다"라고 해석하였다.

61) 加戶守行(2006), 544면.

수 등이 원반 제작을 책임지는 PD 역할을 수행하는 경우가 있는데 그 때는 그 가수 등이 실연자임과 동시에 해당 음반의 음반제작자로 인정된다. '가수 김광석 음반' 사건에서 법원은 "김광석은 이 사건 음반에 수록된 곡을 가창하는 외에도, 직접 이 사건 음반에 수록될 곡을 선정하여 그 작사자, 작곡자로부터 이용허락을 받고, 연주자와 작업실을 섭외하여 녹음 작업을 진행하며, 연주 악기별 연주와 자신의 가창을 트랙을 나누어 녹음한 멀티테이프를 제작하고, 위 멀티테이프에 녹음된 음원 중 일부를 골라 가창과 연주의 음의 강약이나 소리의 조화를 꾀하는 편집 과정을 통해 이 사건 음반의 마스터테이프를 제작하는 등 이 사건 음반의 음원을 유형물에 고정하는 주된 작업을 직접 담당하였던 점"과 그에 소요된 비용도 김광석이 지출한 사실 등을 인정한 다음, "이사건 음반의 음반제작자는 이 사건 음반에 대한 저작인접권을 자신에게 귀속시킬 의사로 스스로 비용을 지출하여 이 사건 음반에 수록된 각 곡의 음원을 직접 음반에 고정시킨 김광석이라고 할 것"이라고 판시하였는데,[62] 이것은 2006년 법 개정 이전의 저작권법 하에서의 판례이긴 하지만, 동일한 사실관계라면 현행법 하에서도 동일한 결론이 도출될 수 있을 것이다. '봄여름가을겨울' 사건에서 서울고등법원 2007. 12. 26. 선고 2007나52074 판결도 "원고들은 이 사건 각 음반을 제작함에 있어 대부분의 곡을 작사, 작곡하고 가창하는 이외에도, 음반에 수록할 곡의 선정, 스튜디오 대여, 연주자 섭외, 녹음, 편곡, 원반제작, 표지 디자인 등의 제반 업무를 직접 수행하고, 악기별 연주 및 자신의 가창을 트랙을 나누어 녹음한 멀티테이프를 제작한 후 그 음원 중 일부를 골라 가창과 연주의 음의 강약이나 소리의 조화를 꾀하는 편집과정을 통해 이 사건 각 음반의 원반을 제작한 사실이 인정된다"는 이유로 가수인 원고들을 음반제작자로 인정하였다. 물론 항상 가수 등이 음반제작자가 되는 것이 아니라 가수 등이 이른바 프로듀서(PD)의 역할을 위와 같이 수행한 경우에 한하여 위와 같은 결론이 내려지게 되고, 그렇지 않은 경우에는 음반제작을 기획하고 책임진 프로듀서(PD) 또는 음반기획사 등이 음반제작자로 인정되며, 자연인이 아닌 법인이 음반제작자로 인정되는 경우가 많을 것이다.

또한 위에서 본 바와 같이 음이 영상과 함께 고정되어 있는 것은 음반의 개념에서 제외되지만(제2조 제5호), 영상에서 음을 분리하여 이른바 OST음반을 만

62) 서울중앙지방법원 2006. 10. 10. 선고 2003가합66177 판결.

들어 음만 고정할 경우에는 그것은 저작권법상의 음반으로 보호될 수 있는바,[63] 그에 대한 음반제작자의 지위는 분리 이전의 영상물에 현실의 생음을 고정하는 과정을 기획하고 책임진 자에게 귀속되는 것으로 보아야 할 것이다.[64] 라디오 방송을 위해 최초로 음을 고정한 경우에도 그 고정된 음의 존재가 음반에 해당하므로 그것을 고정함에 있어서 기획하고 책임진 주체인 방송사업자를 본조의 음반제작자로 볼 수 있다.[65]

음반제작자가 누구인지는 음반 제작과 동시에 원시적으로 결정할 것으로서 당사자간의 계약에 의해 후발적으로 음반제작자를 변경하는 것은 허용되지 않는다. 실무상 후발적으로 원반제작비를 보상해 주는 대신 '음반제작자'가 된다고 하는 계약을 체결하는 경우가 있지만,이 경우에도 법률적으로는 역시 원반 제작자가 음반제작자이고 원반제작비를 보상한 자는 음반제작자의 권리를 양도받은 것으로 해석하여야 할 것이다.[66] 양도로 볼 경우에는 양립할 수 없는 지위를 가진 제3자와의 관계에서 등록이라고 하는 대항요건을 필요로 하는 점에서 처음부터 음반제작자인 경우와 법률적 취급을 달리하는 면이 있다.

나. 음반제작자 권리의 추정

음반제작자로서의 실명 또는 널리 알려진 이명이 일반적인 방법으로 표시된 자는 음반제작자로서 그 음반에 대하여 음반제작자의 권리를 가지는 것으로 추정된다(제64조의2). 한·EU FTA의 이행을 위한 2011. 6. 39. 개정 저작권법(2011. 7. 1. 시행)에 저작인접권자에 대한 권리추정규정(제64조의2)이 도입된 데 따른 것이다.

다. 저작권법이 보호하는 음반

위와 같은 '음반' 중에서 저작권법이 음반제작자의 권리의 대상으로 보호하는 음반은 다음과 같다(법 제64조 제2호).

(가) 대한민국 국민을 음반제작자로 하는 음반

---

63) 동지, 임원선(2012), 323면.
64) 장인숙(1989), 186면 참조.
65) 허희성(1988), 301면 참조.
66) 田村善之(2001), 531면.

(나) 음이 맨 처음 대한민국 내에서 고정된 음반
(다) 대한민국이 가입 또는 체결한 조약에 따라 보호되는 음반으로서 체약국 내에서 최초로 고정된 음반
(라) 대한민국이 가입 또는 체결한 조약에 따라 보호되는 음반으로서 체약국의 국민(당해 체약국의 법률에 따라 설립된 법인 및 당해 체약국 내에 주된 사무소가 있는 법인을 포함한다)을 음반제작자로 하는 음반

위 규정 중 (가)목은 국적주의의 원칙에 따라 우리나라 국민을 음반제작자로 하는 음반을 보호대상으로 한 것이고, (나)목은 보충적으로 '고정지주의'에 따라 음이 맨 처음 우리 나라 안에서 고정된 음반을 보호대상으로 한 것이다. (다)목과 (라)목은 국제조약에 따라 외국 음반을 보호하기 위한 규정인데, 그 중 (다)목은 고정지주의, (라)목은 국적주의에 따랐다. 원래 음반협약 가입국으로서의 의무이행을 위해 (다)목 규정을 두고 있었고, (라)목과 같은 규정은 없었는데, 2006년 개정법에서 추가하였다. (라)목을 추가한 이유는 종전의 음반협약과 달리, TRIPs와 WPPT에서 취하고 있는 내국민대우의 원칙[67]은 국적주의를 기본으로 하고 있으므로 이들 국제조약과의 정합성을 위하여는 국적주의에 따라 외국인이나 외국법인의 음반을 보호할 필요가 있다고 보았기 때문이다.[68]

라. 음반제작자의 권리 개관

현행법상 음반제작자의 권리는 위에서 본 청각실연자의 권리와 유사한 면이 많다. 청각실연자의 권리중 인격권과 배타적 권리로서의 방송권 및 공연권은 음반제작자의 권리에는 상응하는 권리가 없고 그 나머지 권리들은 거의 동일한 내용으로 상응하고 있으므로, 음반제작자의 권리가 청각실연자의 권리의 '부분집합'에 해당한다고 하여도 과언이 아니다. 음반제작자의 권리는 복제권, 배포권, 대여

---

67) WPPT 제4조 (내국민대우) (1) 각 체약 당사자는 제3조 제2항에서 규정한 바와 같이, 다른 체약 당사자의 국민에 대하여 이 조약에서 특별히 부여한 배타적인 권리 및 이 조약 제15조에서 규정한 정당한 보상청구권에 관하여 자국민에게 부여하는 대우를 부여하여야 한다.
TRIPs 제3조 (내국민대우) 1. 각 회원국은 파리협약(1967년), 베른협약(1971년), 로마협약 또는 집적회로에 관한 지적재산권 조약에 각각 이미 규정하고 있는 예외의 조건에 따라, 지적재산권 보호에 관하여 자기 나라 국민보다 불리한 대우를 다른 회원국의 국민에게 부여하여서는 아니 된다. 실연자, 음반제작자, 방송기관에 관하여는, 이러한 의무는 이 협정에 규정되어 있는 권리에 관해서만 적용된다. 베른협약(1971년)의 제6조 또는 로마협약의 제16조 제1항 나호에 규정된 가능성을 원용하고자 하는 회원국은 동 조항에 규정된 바에 따라 무역 관련 지적재산권위원회에 통보한다.
68) 이해완(2012a), §19-51.

권, 전송권, 방송사업자에 대한 보상청구권, 디지털음성송신사업자에 대한 보상청구권, 판매용 음반의 공연에 대한 보상청구권 등으로서 청각실연자에게도 그에 상응하는 권리들이 있다.

따라서 음반제작자의 권리와 방송의 관계는 청각실연자의 권리 중 위와 같이 음반제작자의 권리에 상응하는 부분의 권리에 대하여 설명한 것과 기본적으로 유사하다. 그러나 그 구체적인 내용이 모두 일치하는 것은 아니므로 일부 중복은 감수하면서 그 내용을 정리해 보기로 한다.

2. 음반제작자의 방송사업자에 대한 보상청구권

음반제작자는 방송사업자가 판매용 음반을 사용하여 방송하는 경우에는 그에 대하여 상당한 보상금을 청구할 수 있는 보상청구권을 가진다(법 제82조 제1항). 음반제작자의 경우에는 실연자의 경우와 달리 배타적인 방송권은 전혀 인정되지 않고, 채권적 권리로서 위와 같은 보상청구권만 인정된다. 판매용 음반의 사용에 의한 방송의 경우에만 보상청구권이 발생하고 판매용 음반이 아닌 경우에는 그러하지 아니한데, 판매용 음반의 개념과 관련하여 최근 많은 논의가 있음은 앞서 살펴본 바와 같다.

음반제작자의 보상금 청구권 행사도 개별적으로 할 수 없고 문화체육관광부장관이 지정하는 권리자 단체를 통해서만 할 수 있는 것으로 규정하고 있다(법 제82조 제2항에 의하여 준용되는 법 제25조 제5항). 이 규정에 의한 지정단체는 한국음반산업협회(이하 '음산협'이라 한다)이다.

지정 단체는 그 구성원이 아니라도 보상권리자로부터 신청이 있을 때에는 그 자를 위하여 그 권리행사를 거부할 수 없다. 이 경우에 그 단체는 자기의 명의로 그 권리에 관한 재판상 또는 재판 외의 행위를 할 권한을 가진다(제82조 제2항, 제25조 제6항).

한편, 지정 단체는 보상금 분배 공고를 한 날부터 3년이 경과한 미분배 보상금에 대하여 문화체육관광부장관의 승인을 얻어 공익목적을 위하여 사용할 수 있다(제82조 제2항, 제25조 제8항).

이 규정에 따른 지정단체가 보상권리자를 위하여 청구할 수 있는 보상금의 금액은 매년 그 단체와 방송사업자가 협의하여 정한다(제82조 제2항, 제75조 제3

항). 협의가 성립되지 아니하는 경우에 그 단체 또는 방송사업자는 대통령령이 정하는 바에 따라 저작권위원회에 조정을 신청할 수 있다(제82조 제2항, 75조 제4항). 조정이 성립하지 않을 경우 최종적으로 법원의 재판을 통해 그 금액을 정할 수밖에 없는 것도 청각실연자의 경우와 같다.

3. 음반제작자의 디지털음성송신사업자에 대한 보상청구권

음반제작자는 디지털음성송신사업자가 음반을 사용하여 송신하는 경우에는 그에 대하여 상당한 보상금을 청구할 수 있는 보상청구권을 가진다(법 제76조 제1항).

이러한 디지털음성송신은 2006년 개정법 이전의 저작권법에 의하면 송신의 동시성이 인정되는 점에서 '방송'에 해당하는 것으로 볼 수 있는 면이 있었으나, 그 법적 성격이 명확하게 규명되지는 않고 있었는데, 개정법에서 방송도 아니고 전송도 아닌 중간영역의 행위로 인정하여 특별한 취급을 하고 있다는 점, 방송사업자에 대한 보상청구권이 성립하기 위하여는 반드시 실연이 녹음된 '판매용 음반'을 사용하여 방송하는 경우일 것을 요함에 반하여 디지털음성송신사업자에 대한 보상청구권의 경우는 널리 실연이 녹음된 음반을 사용하여 송신하면 요건을 충족하는 것으로 볼 수 있다는 점, 방송사업자에 대한 보상청구권은 WIPO실연·음반조약상 유보대상이기 때문에 앞서 본 바와 같이 외국인 실연자에 대하여도 적용이 있는 것으로 규정을 하면서도 상호주의 원칙을 규정하였음에 반하여 디지털음성송신사업자에 대한 보상청구권에 대하여는 같은 조약상의 명백한 유보대상이 아니라는 것을 감안하여 외국인 실연자의 배제조항은 물론이고 상호주의 원칙도 규정하지 않고 있다는 점 등은 앞서 청각실연자의 권리에 대하여 살펴본 바와 같다.

한편 음반제작자의 보상금 청구권 행사는 개별적으로 할 수 없고 문화체육관광부장관이 지정하는 권리자 단체를 통해서만 할 수 있는 것 등은 보상금에 관한 제반 규정은 방송사업자에 대한 보상청구권의 경우와 거의 같다(법 제82조 제2항에 의하여 준용되는 법 제25조 제5항 내지 9항 등 규정 참조). 다만 한 가지 차이점은 협의가 성립하지 않을 경우 저작권위원회에 조정신청을 할 수 있도록 규정하고 있을 뿐인 방송사업자에 대한 보상청구권의 경우와 달리, 디지털음성송신사업자에 대한 보상청구권의 경우에는 협의가 성립하지 아니한 경우 문화관광부장관이 정하여 고시하는 금액을 지급하도록 규정하여(법 제82조 제2항에 의하여 준용되는 법 제76조 제4항), 행정관청인 문화체육관광부에서 강제성을 띤 일종의 중재적인 역할을 수행할 수 있도록 규정한 점에 있다. 이것도 실연자의 디지털음성송신사업자에 대한 보상청구권과 기본적으로 동일한데, 그 취지는, 청각실연자에 대한 부분에서 살펴본 바와 같이, 방송사업자의 경우에 비하여 계쟁금액이 크지 않을 것이라는 점을 감안하여 분쟁해결의 효율성을 높이기 위한 취지로 보인다.

방송사업자의 경우에도 자사 웹사이트의 "On Air" 등의 메뉴를 통해 그 라디오 방송을 인터넷을 통해 실시간으로 청취할 수 있도록 음만을 제공하는 서비스를 제공하는 경우가 많은데, 그 경우 그 부분의 서비스는 방송이나 전송이 아니라 디지털음성송신의 법적 성격을 가지므로, 위 규정의 적용을 받는 점에 유의하여야 할 것이라는 점은 청각실연자에 대한 부분에서 살펴본 바와 같다.

4. 음반제작자의 기타 권리와 방송

가. 음반제작자의 복제권과 방송

음반제작자는 그의 음반을 복제할 권리를 가진다(법 제78조). 음반의 개념은 위에서도 본 바와 같이 유체물로서의 매체를 의미하는 것이 아니라 그 매체에 수록되어 있는 무형적인 '음'의 존재를 의미하는 것이다. 따라서 '음반의 복제'도 CD, 테이프 등 유체물의 재제를 뜻하는 것이 아니라 그러한 CD나 테이프 또는 컴퓨터 하드디스크 등에 고정되어 있는 무형적인 음을 다른 녹음 매체 또는 저장공간에 고정, 수록하는 것을 뜻한다.[69]

음반의 복제에도 '모방'의 개념은 포함되지 않으므로 기존 음반의 음 자체를 이용하지 않고 새로 음을 생성한 경우에는 매우 흡사한 음반을 제작하더라도 음반의 복제에 해당하지 않는다는 것은 앞에서 이미 언급한 바와 같다. 그러나 그 음 자체를 유형물에 고정하여 이용하는 한 그 순서를 변경하거나 변형하여 이용하는 것에 대하여도 음반제작자의 복제권이 미치는 것으로 보아야 할 것이다.[70]

음반(예: CD)을 리핑(ripping)하여 곡 별로 디지털 음원파일로 만드는 행위도 음반의 복제에 해당하므로 사적 이용을 위한 복제의 요건을 갖추지 못하면 복제

69) 이해완(2012a), §19-52.
70) 동지, 임원선(2012), 325면.

권 침해가 성립한다. 그 파일을 인터넷에 업로드하는 행위는 공중이 개별적으로 선택한 시간과 장소에서 이용할 수 있도록 제공하는 점에서는 전송에 해당하나 그 과정에서 음이 다른 서버 컴퓨터의 하드디스크라는 유형물에 재고정되는 점에서는 음반의 '복제'에도 해당한다.

음반제작자의 권리로 전송권이 신설되기 전의 사건인 이른바 '벅스뮤직 사건'에 대하여 서울지방법원 2003. 9. 30. 자 2003카합2114 결정은 "이 사건 음반기획제작자들은 별지 목록 기재 각 음반에 대한 저작권법 제2조 제7호의 음반제작자에 해당하므로, 이 사건 음반기획제작자들과 이 사건 신탁관리 약정을 체결한 신청인은 저작권법 제67조, 제2조 제18호에 의하여 온라인을 이용한 매체와 관련하여 별지 목록 기재 각 음반에 대한 복제권을 가진다고 할 것이고, 한편, 음반을 컴퓨터압축파일로 변환하는 것은 변환 프로그램에 의하여 기계적으로 이루어지므로 창작성이 포함된다고 볼 여지가 없고, 변환된 컴퓨터압축파일이 컴퓨터의 보조기억장치에 저장되면 인위적인 삭제 등 특별한 사정이 없는 한 유형물에 고정되었다고 볼 만한 영속성을 지니게 되므로 이 사건 파일저장행위도 음반의 복제에 해당한다고 할 것이어서 피신청인은 신청인이 신탁관리하는 저작인접권인 복제권을 침해하였다 할 것이다."라고 판시한 바 있다.

또한 서울중앙지방법원 2006. 2. 15. 선고 2005노480 판결은 역시 '벅스뮤직' 사이트에서 스트리밍 방식 대신 HTTP 방식으로 음원파일을 제공한 것과 관련하여 "HTTP 방식에 의한 서비스의 경우 이용자들이 노래듣기를 선택하면 피고인 ○○○ 측의 서버에서 전송된 해당 곡의 컴퓨터압축파일(asf파일)이 이용자 컴퓨터의 하드디스크의 임시폴더에 다운로드되어 재생되는데, 이와 같이 임시폴더에 다운로드된 파일은 미리 설정된 위 임시폴더의 사용공간이 다 채워지기 전에는 삭제되지 않고 위 임시폴더에 저장된 상태로 계속 남아 있게 되는 사실"을 인정한 다음, "위 인정사실에 의하면, 피고인 ○○○, ○○○가 한 HTTP 방식에 의한 서비스의 경우에는 이용자가 별도로 복제행위를 하는지의 여부와 관계없이 위 피고인들의 위 HTTP 방식에 의한 서비스 자체만으로도 해당 곡의 음원파일에 대하여 저작권법 제2조 제14호 소정의 복제가 이루어졌다고 할 것 인정할 수 있다."고 판시하여 복제권 침해를 긍정한 바 있다. 스트리밍 서비스를 웹서버용 컴퓨터에 압축파일로 음원파일을 저장한 경우에도 음반제작자의 허락을 받지 않을 경우 복제권 침해로 인정될 수 있다.

이러한 경우 서비스 제공회사가 해당 음반을 전송한 것으로도 볼 수 있지만, 그에 수반하여 이루어지는 서버에의 복제 및 서비스 과정에서의 복제 등은 전송의 개념에 흡수되지 않고 별도로 복제권 침해를 구성할 수 있는 것으로 보게 된다.

P2P 프로그램을 이용할 경우 이용자가 자신의 공유폴더에 음원파일을 등록한 상태에서 프로그램을 이용하게 되면 다수의 이용자들에게 그 음원파일을 제공하는 것으로서 역시 전송에 해당할 수 있으나 이 경우에 그러한 전송을 위해 다운로드 받아 폴더에 저장하는 행위는 역시 음반의 복제에도 해당하게 된다. 또한 그 경우 공중이 이용할 수 있도록 제공하게 되는 점에서 사적 이용을 위한 복제라고 볼 수도 없다.

음반제작자의 복제권도 배타성을 가진 준물권적 권리이므로 누구든지 음반제작자의 허락 없이 그 음반을 복제하였을 때에는 복제권을 침해한 것이 되어 그에 따른 민·형사상의 책임을 져야 한다. 음반에 고정되어 있는 가사, 악곡 등의 음악저작물의 저작재산권자 및 실연자로부터 허락을 받았더라도 음반제작자의 허락을 별도로 받아야 한다.

방송사업자의 경우에도 방송을 하기 전에 음반을 복제하는 주체가 되는 경우에는 음반제작자의 복제권에 대한 권리처리를 필요로 한다. 물론 이 때의 복제는 최초의 녹음·녹화만이 아니라 위에서 본 바와 같이 기존의 녹음·녹화물을 복제하는 것도 포함되므로, 방송을 하면서 복제가 수반되지 않는 경우는 거의 없다고 해도 과언이 아닐 것이다. 예외적으로 복제가 수반되지 않는 경우로는 음반이 재생되는 것을 추가적인 복제 없이 그대로 방송하는 경우를 들 수 있지만, 그러한 경우는 드물 것이다.

그러나 그렇다고 해서 방송사업자가 방송에 음반을 사용할 경우에는 거의 언제나 음반제작자의 복제권에 대한 권리처리를 사전적으로 하지 않으면 안 되는 것은 아니다. 앞에서 청각실연자의 권리에 대한 부분에서 본 바와 같이, 저작재산권의 제한사유에 관한 규정 중 방송사업자의 일시적 녹음·녹화에 대한 규정(제34조)이 저작인접권의 경우에도 준용되므로(제87조 제1항), 방송사업자에 의한 복제가 제34조의 요건을 충족할 경우에는 저작인접권자의 복제권도 제한되는 것으로 보아야 할 것이기 때문이다. 제34조의 요건에 대하여는 청각실연자의 권리 중 복제권에 대한 부분에서 자세히 살펴본 바와 같다. 이 경우 "실연을 방송할 권한을 가지는 방송사업자"는 "음반을 방송할 권한을 가지는 방송사업자"로 고쳐서 해석하여야 할 것인바, 그와 관련하여 방송사업자는 판매용 음반을 사용하여 방송할 경우에 음반제작자에 대한 보상의무를 지게 되나, 그러한 보상의무의 존재만으로는 사전 허락을 받지 않았다고 하여 방송을 할 권한이 없게 되는 것은 아니므로, 여전히 '음반을 방송할 권한을 가지는 방송사업자'에 해당하는 것으로 보아야 할 것이다. 따라서 방송사업자가 방송을 위해 디지털 파일 형태로 된 판매용 음반을 복제하여 사용하는 것도 이 규정에 의한 방송사업자의 일시적 녹음·녹화에 해당하여 복제권 침해의 책임으로부터 자유로울 수 있는 것으로 볼 수 있다.

나. 음반제작자의 배포권과 방송

음반제작자는 그의 음반을 배포할 권리를 가진다(법 제79조 본문). 여기서 '배포'란 음반의 원본 또는 복제물을 공중에게 대가를 받거나 받지 아니하고 양도 또는 대여하는 것을 말한다(법 제2조 제23호 참조). 온라인상의 무형적인 배포도 배포권의 범주에 포함시키는 미국법과는 달리 우리 법상의 '배포'에는 유형적인 배포만 해당하므로 온라인상의 무형적 배포는 전송에 해당할 뿐 배포에는 해당하지 않는다.71) '벅스뮤직 사건'에 대한 서울지방법원 2003. 9. 30. 자 2003카합2114 결정은 "저작권법상 '배포'라 함은 '저작물의 원작품 또는 그 복제물을 일반공중에게 대가를 받거나 받지 아니하고 양도 또는 대여하는 것'을 뜻하는바(제2조 제15호), 위 인정 사실과 같이 이용자들이 선택한 곡에 해당하는 컴퓨터압축파일을 스트리밍 방식에 의하여 이용자의 컴퓨터에 전송하고 실시간으로 재생되도록 하는 것이 저작물의 원작품이나 그 복제물을 일반공중에게 양도 또는 대여하는 것에 해당한다고 볼 수 없고, 달리 피신청인이 배포권을 침해하였다고 소명할 만한 자료가 없"다는 이유로 음반제작자인 신청인 측의 배포권 침해 주장을 배척한 바 있다.

음반제작자의 배포권에 대하여도 실연자의 배포권 및 저작재산권 중의 배포권과 마찬가지로 거래의 편의와 안전을 위하여 권리소진의 원칙(최초 발행의 원칙)을 규정하고 있다(제79조 단서).

방송사업자가 판매용 음반을 사용한 방송프로그램을 DVD 또는 CD 등의 유

71) 이해완(2012a), §19-55.

형적 매체에 복제하여 배포할 경우에는 음반제작자의 배포권이 그 복제권과 함께 문제될 수 있다. 그런 경우에 방송사업자로서는 방송에 대하여는 사후적 보상의무만 있다 하더라도 복제와 배포에 대하여는 실연자의 사전 허락을 받아야 하며, 허락 없이 복제, 배포할 경우 실연자의 복제권과 배포권에 대한 침해가 성립할 수 있다.

다. 음반제작자의 대여권과 방송

음반제작자는 제79조의 단서의 규정(권리소진의 원칙)에도 불구하고 판매용 음반을 영리를 목적으로 대여할 권리를 가진다(법 제80조). 2006년의 개정 이전에도 음반제작자에게 대여허락권을 인정하긴 하였지만(제67조의2 제1항), 그것은 완전한 의미의 배타적 권리가 아니라 방송사업자에 대한 보상청구권과 마찬가지로 지정단체를 통해서만 행사할 수 있는 제한적인 권리였었는데, 2006년 개정법에서 완전한 의미의 배타적 대여권을 부여하는 방향으로 개정한 것이다. 배포권의 소진규정(법 제79조 단서)에 대한 예외로서의 성격을 가진다는 것 등 모든 면에서 실연자의 대여권과 같은 성격을 가진다.72)

음반제작자의 위와 같은 대여권과 방송의 관계를 설명하면, 다음과 같다. 첫째, 예컨대 가수가 TV에 출연하여 가창을 한 것을 방송사업자가 녹화와 동시에 녹음을 하여 그것을 판매용 음반으로 제작한 경우에 방송사업자가 해당 음반에 대하여 음반제작자로서의 권리를 가지고, 따라서 그에 대한 대여권도 방송사업자가 보유, 행사한다.

둘째, 예컨대 방송프로그램에서 판매용 음반을 사용한 경우 방송사업자가 그 프로그램을 영상물로 DVD 등의 유형적 매체에 저장한 경우, 그 영상물은 판매용 음반을 사용한 부분이 있을 뿐 그 자체가 판매용 음반인 것은 아니므로, 해당 음반의 음반제작자가 그에 대한 대여권을 행사할 수는 없는 것으로 보아야 할 것이다. 그러나 그 영상물 DVD를 제작한 후 처음부터 공중을 대상으로 대여를 하는 것은 대여권이 아니라 배포권과 관련되므로, 그 배포에 대하여 음반제작자의 허락을 받지 못한 경우라면 음반제작자의 배포권을 침해한 것으로 볼 수 있다.

---

72) 이해완(2012a), §19-57.

라. 음반제작자의 전송권과 방송

저작권법은 "음반제작자는 그의 음반을 전송할 권리를 가진다"고 규정하고 있다(동법 제81조). 원래 2000년의 저작권법 개정법은 저작권자에게 전송권을 인정하면서도 저작인접권자인 실연자와 음반제작자에게 전송권을 인정하는 규정을 두지는 않았다. 그러나 그 후 인터넷 상의 불법 음악파일 유통이 만연하여 사회적인 문제로 대두하고 이에 따른 실연자 및 음반제작자 등의 법개정 요구가 높아짐에 따라 2004. 10. 16. 개정법에서부터 실연자와 음반제작자에게도 전송권을 인정하는 규정을 두게 된 것은 앞서 살펴본 바와 같다.

음반제작자의 전송권이라 함은 음반제작자가 타인이 음반의 복제물을 온라인상에서 파일 형태로 업로드하거나 AOD 또는 VOD 방식으로 스트리밍 서비스를 하는 등의 전송행위를 하는 것을 허락하거나 금지할 수 있는 권리를 말한다. 이전에도 음반제작자의 허락 없이 음악 파일이 온라인상에 업로드되는 과정에 디지털 복제행위가 수반됨을 들어 복제권의 침해를 주장할 수는 있었으나(위에서 소개한 '벅스뮤직' 사건 판례 참조), 2004년 개정법의 전송권 신설 이후 전송행위 자체에 대하여 권리를 행사할 수 있게 되어 그 권리가 보다 확고해졌다고 볼 것이라는 점도 실연자의 전송권에 대하여 설명한 바와 같다.

'인터넷 방송'이라는 이름으로 행해지는 것 중에서도 이용자가 개별적으로 선택한 시간과 장소에서 서비스를 이용할 수 있는, 즉 이시성(異時性)을 가진 이른바 On Demand 방식의 경우는 저작권법상 '방송'이 아니라 '전송'에 해당하므로 음반제작자의 배타적인 허가 또는 금지권이 미치게 된다. 그러나 같은 시간에는 같은 내용을 듣거나 볼 수밖에 없는 '동시적' 송신의 형태인 경우, 즉 비주문형의 웹캐스팅으로서 음만의 송신에 해당하는 경우에는 '디지털음성송신'에 해당한다. 이 경우 음반제작자에게 배타적 권리를 부여하지 않고 앞서 본 바와 같이 디지털음성송신사업자에게 음반제작자에 대한 보상의무를 부과하는 방식을 취하고 있다.

이러한 전송권은 오늘날 방송사업자와의 관계에서도 중요한 의미를 갖고 있다. 앞에서도 언급한 바와 같이, 많은 방송사업자가 자사가 직접 운영하거나 자회사가 운영하는 웹사이트를 통해 이른바 '다시보기' 또는 '다시듣기' 등의 VOD 내지 AOD 서비스를 제공하고 있고 그 법적 성격은 기본적으로 전송에 해당하는 것으로 볼 수 있기 때문이다. 이러한 경우에 방송사업자가 방송프로그램에 대하여 부대적으로 제공하는 서비스라는 이유만으로 이를 방송의 개념에 포괄되는 것으로 볼 수 있는 근거가 없다는 점은 앞서 청각실연자의 권리에 대한 부분에서 살펴본 바와 같다.

방송 프로그램의 인터넷 다시보기와 같은 전송 서비스는 실질적으로 무료로 서비스되고 있고, 방송사는 음산협과 같은 신탁단체 외에 개별 저작권자와 전송 서비스를 위한 별도의 사용계약을 진행하기 어려운 현재와 같은 상황에서 전송권에 대한 완전한 권리처리를 하기는 현실적으로 어려운 면이 많으므로, 이에 대한 법제도적 대안을 마련하기 위해 노력할 필요가 있다.

마. 판매용 음반의 공연에 대한 보상청구권과 방송

음반제작자는 판매용 음반을 사용하여 공연을 하는 자에 대하여 보상청구권을 가진다(법 제83조의2 제1항 본문). 2009. 3. 25. 개정 저작권법은 음반을 사용하는 방송과 디지털음성송신에서와 같이 판매용 음반을 사용하여 공연을 하는 경우에도 음반제작자에게 보상금을 지급하도록 규정하였다. 개정 전에는 공연에 대한 보상청구권이 인정되지 않아 음반제작자들이 경제적인 불이익을 입고 있었는데, 국제적인 보호수준에 맞춘 위와 같은 법개정을 통해 음반제작자들의 권익이 보다 두텁게 보호될 수 있게 되었다.[73] 다만, 상호주의를 반영하여, 음반제작자가 외국인인 경우에 그 외국에서 대한민국 국민인 음반제작자에게 이 규정에 따른 보상금을 인정하지 아니하는 때에는 보상금지급의무가 없는 것으로 규정하고 있다(제83조의2 제1항 단서).

제83조의2 제2항이 보상청구권의 행사 등에 관하여 디지털음성송신사업자에 대한 규정을 그대로 준용하도록 하는 취지로 규정하고 있으므로, 권리자단체를 통한 보상청구권의 행사 등에 대하여는 디지털음성송신사업자에 대한 보상청구권과 관련하여 앞서 설명한 내용이 그대로 적용된다. 협의가 성립되지 아니한 경우에는 문화체육관광부장관이 정하여 고시하는 금액을 지급하도록 한 규정도 준용되므로 그 점에서 판매용 음반의 방송에 대한 보상청구권의 경우와 구별된다.

이 규정과 방송의 관계에 있어서는 백화점 등의 매장에서 판매용 음반을 사용한 방송을 틀어서 고객들에게 듣게 하는 것이 저작권법 제76조의2에서 말하는

73) 이해완(2012a), §19-61.

판매용 음반을 사용한 공연에 해당하는지 여부가 문제될 수 있으나, WIPO 실연·음반조약의 규정(제15조 제1항) 등에 비추어 그러한 경우도 판매용 음반을 간접적으로 사용한 공연에 해당하므로 이 규정에서 말하는 공연에 해당하는 것으로 봄이 타당하다.

5. 향후의 과제

음반제작자의 권리와 방송의 관계에 있어서는 앞서 청각실연자의 권리와 관련하여 살펴본 바와 같은 두 가지의 과제가 향후 정리되어야 할 문제라 할 수 있다. 그것은 첫째, 음반 개념의 재정립에 관한 것이고, 둘째, 음반의 방송사용에 따른 보상금기준의 결정 절차를 보다 합리화하는 문제인데, 이 두 가지 문제에 대하여는 앞서 청각실연자에 대한 부분에서 자세히 살펴보았으므로, 여기서는 생략하기로 한다.

Ⅳ 방송사업자의 권리

1. 방송사업자의 의의

방송사업자는 방송을 업으로 하는 자를 말한다(법 제2조 제9호). 그리고 방송은 공중송신 중 공중이 동시에 수신하게 할 목적으로 음·영상 또는 음과 영상 등을 송신하는 것을 말한다(법 제2조 제8호).

넓게 공중송신에 포함되는 개념 중 방송과 구별되는 개념으로 전송, 디지털음성송신이 있는데, 전송은 수신의 이시성(異時性)을 요건으로 하는 점에서 그 반대로 동시성(同時性)을 요건으로 하는 방송과 구별되고, 디지털음성송신은 공중의 구성원의 요청에 의하여 송신이 개시되는 특성(매체의 쌍방향성)을 가지고 있다는 점에서 방송과 구별되며, "음의 송신"에 한정된 개념이다. 위와 같은 의미에서의 '매체의 쌍방향성'이 있으면서 음만의 송신이 아니라 영상의 송신을 포함한 송신 혹은 영상만의 송신(IPTV에 의한 실시간 방송도 포함)이 저작권법상 방송의 개념에 해당하는지 아니면 '기타의 공중송신'에 해당하는지에 대하여는 학설의 대립이 있다.[74]

이른바 '인터넷방송'을 표방하면서 실제로는 '전송'에 해당하는 서비스를 제공하다가 음반제작자로부터 제소를 당한 피고가 "자사가 제공하는 서비스의 이용자가 많아 동시에 동일한 내용을 청취하는 경우가 있을 수 있으므로 '수신의 동시성' 요건을 충족하므로 자신을 방송사업자로 보아야 한다"는 취지로 주장한 사건에서, 법원은 "이 사건 음악청취 서비스는 개별적인 이용자들이 서로 다른 시간에 동일한 내용의 음악청취 서비스를 이용할 수 있음을 특징으로 하므로 설령 다수의 이용자가 같은 시간에 동일한 내용의 음악청취 서비스를 받을 가능성이 있다 하더라도 그 이유만으로 저작권법 제2조 제8호의 동시성의 요건을 충족하지는 못하여 방송에 해당한다고 볼 수 없고 … 피신청인과 같이 전송을 업으로 하는 자에게 함부로 방송사업자의 지위를 인정할 수는 없으며, 한편, 기록상 소명되는 바대로 피신청인은 애초부터 음반제작자들의 반대에도 불구하고 이 사건 음악청취 서비스를 무료로 제공하여 온 점 등에 비추어 보면 피신청인이 방송사업자라고 믿은 신뢰에 정당한 이유가 있다고 보이지도 않는다"고 판시한 바 있다.[75]

아무튼 저작권법상의 방송의 개념에 해당하는 행위를 '업'으로 하기만 하면 저작권법상 방송사업자에 해당하며, 이는 방송법상 보다 한정적으로 규정하고 있는 방송사업자의 개념[76]과는 구별된다. 즉 방송법상의 방송사업자의 유형에 해당하지 않거나 방송법상의 허가를 받지 못한 경우에도, 위와 같은 의미의 방송을 업으로 수행하고 있기만 하면 저작권법상의 방송사업자로서 저작인접권의 주체가 되는 것이다.

방송의 객체는 반드시 저작물일 필요가 없고 사실적인 정보도 포함된다. 법문상으로는 이용행위의 대상을 '방송'이라고만 말하고 있으나 엄격히 말해 '방송으

---

74) 제4장의 필자는 그것을 '기타의 공중송신'으로 보는 입장을 취하나, 그것을 '방송'으로 보는 견해도 있다. 자세한 것은 이해완(2012b), 391면 이하 참조.

75) 서울지방법원 2003. 9. 30. 자 2003카합2114 결정.

76) 앞에서도 본 바와 같이, 방송법상 방송사업자의 범위에는 ① 지상파방송사업자(지상파방송사업을 하기 위하여 방송법 제9조 제1항의 규정에 의하여 허가를 받은 자), ② 종합유선방송사업자(종합유선방송사업을 하기 위하여 방송법 제9조 제2항의 규정에 의하여 허가를 받은 자), ③ 위성방송사업자(위성방송사업을 하기 위하여 방송법 제9조 제2항에 따라 허가를 받은 자), ④ 방송채널사용사업자(방송채널사용사업을 하기 위하여 제9조제5항의 규정에 의하여 등록을 하거나 승인을 얻은 자), ⑤ 공동체라디오방송사업자(공중선전력 10와트 이하로 공익목적으로 라디오방송을 하기 위하여 제9조제11항의 규정에 의하여 허가를 받은 자)의 다섯 가지 유형의 사업자만 포함된다(방송법 제2조 제3호).

로 송신되는 음 또는 영상'이 방송사업자가 배타적으로 이용할 수 있는 대상이라 할 것이다.[77]

저작권법의 보호를 받는 방송은 (가) 대한민국 국민인 방송사업자의 방송, (나) 대한민국 내에 있는 방송설비로부터 행하여지는 방송, (다) 대한민국이 가입 또는 체결한 조약에 따라 보호되는 방송으로서 체약국의 국민인 방송사업자가 당해 체약국 내에 있는 방송설비로부터 행하는 방송 등이다(법 제64조 제3호). 그 중 (가)목은 국적주의, (나)목은 발신주의를 각 채택하고 있다. (나)목 규정에 해당하는 예로는 주한미군 방송인 AFN Korea방송을 들 수 있다. 원래 (다)목 규정은 없었는데 TRIPs 협정 가입에 따라 1995년 개정법에서부터 추가된 것으로서 이를 통해 외국 방송사업자의 권리도 보호될 수 있게 되었다.

2. 방송사업자의 저작인접권

가. 서 설

저작권법은 제84조에서 방송사업자의 복제권, 제85조에서 동시중계방송권을, 제85조의2에서 공연권을 각 인정하고 있다. 이러한 방송사업자의 권리는 방송사업자로서 방송을 하기만 하면 발생하는 것으로서 그 방송의 내용이 저작물인지, 비저작물인지를 불문하고 생방송인지 녹음 또는 녹화 방송인지도 묻지 아니한다. 방송내용이 다른 방송사업자가 방송한 것을 받아서 하는 것이라고 하여 그 권리가 부정되지도 아니한다. 예를 들어 MBC방송과 같은 네트워크 방송의 경우에는 비록 같은 내용의 방송을 소위 Key국과 Net국이 동시에 발송할 경우에도 각 방송사 별로 자신이 송출한 방송에 대하여 별도의 저작인접권(방송사업자의 권리)을 가진다. 실연자 및 음반제작자의 권리가 미치는 음반을 사용하여 방송하는 경우에도 별도로 방송사업자의 권리가 발생하는 것으로 본다. 따라서 예를 들어 A가 작사, 작곡한 음악저작물을 B라는 가수가 노래하고, 이를 C가 책임지고 음반으로 제작하였는데 그 음반을 D회사가 방송하여 이를 E가 누구의 허락도 받지 않고 녹음한 후 사적으로 이용하지 않고 공중에게 배포하였다고 가정하면, E는 음악저작물의 저작자인 A의 저작재산권과 실연자인 B와 음반제작자인 C의 저작인접권을 각 침해함과 동시에 D의 방송사업자로서의 권리(복제권)를 침해한 것이

77) 장인숙(1989), 190면; 이해완(2012a), §19-62 참조.

된다.[78]

방송사업자는 대개 자신이 방송하는 방송프로그램의 상당부분에 대하여 영상저작물 저작자로서의 지위를 가지고 있고, 그 저작권의 내용이 저작인접권으로서의 방송사업자의 권리보다 넓은 범위에 걸치고 보호의 정도가 강하므로 그러한 저작권에 의한 통제로 충분하지 않을까 하는 생각이 있을 수 있다(방송사업자의 권리를 별도로 인정하지 않고 있는 미국 저작권법은 입법적으로 그러한 입장을 채택한 것으로 볼 수 있다). 그러나 외부 프로덕션 회사 등이 제작한 프로그램으로서 방송사업자가 그 권리를 양도받지 않은 경우이거나 예외적으로 저작물성이 없는 부분 등 방송사업자가 저작권을 행사할 수 없는 부분이 있을 수 있으므로, 제3자가 자신의 방송프로그램을 포괄적으로 재송신 하는 등의 경우에도 그에 대하여 저작권에 기하여 전면적, 포괄적으로 정지청구를 하기는 어려운 반면, 방송사업자로서의 저작인접권에 기하여는 자신이 송출하는 방송의 음이나 영상이기만 하면 전면적, 포괄적으로 정지청구를 할 수 있다는 점[79] 등에 비추어 방송사업자에게 영상저작물 저작권자로서의 권리 외에 저작인접권을 인정함에 따른 실제적 의의가 상당히 있음을 알 수 있다.

나. 복제권

방송사업자는 그의 방송을 복제할 권리를 가진다(법 제84조). 방송되고 있는 음 또는 영상을 복제할 권리, 환언하면 일시적이며 무형적인 방송신호인 음 또는 영상을 유형물에 고정하는 것이 방송의 복제이며, 이러한 복제는 그 방송을 송출한 방송사업자의 배타적인 권리에 속하게 되므로 누구든지 이 복제행위를 할 때

---

78) 이해완(2012a), §19-66.

79) 예컨대, 서울중앙지방법원 2009. 12. 31. 선고 2009카합3358 판결은 "이 사건 방송 프로그램은 다양한 영상저작물로 구성되어 있고 그 중에는 앞에서 본 바와 같이 신청인들이 저작권을 보유하고 있는 저작물도 있을 것이다. 그러나 신청인들이 저작권 자체를 양수하지 못한 채 단순히 그 이용권만을 취득하여 방송하는 외주제작 프로그램, 광고주 또는 광고제작업체가 저작권을 보유하고 있는 방송광고 등 일정한 저작물에 대하여는 신청인들이 저작권자가 될 수 없으므로 동시중계방송권 등의 저작인접권을 행사할 수 있을 뿐 직접 저작권인 공중송신권을 행사할 수는 없다. 또한 각종 뉴스 프로그램도 저작권법 제7조 제5호의 '사실의 전달에 불과한 시사보도'에 해당하여 저작권법의 보호를 받을 수 없는 등 이 사건 방송 프로그램 중 일부는 처음부터 공중송신권의 대상이 되지 못한다."고 판시한 바 있다. 다만 그 판시 내용 중 뉴스 프로그램에 대하여 전체적으로 '사실의 전달에 불과한 시사보도'라는 이유로 저작물성을 부정한 것은 타당하지 못하다고 생각된다. 영상물로서의 뉴스보도는 촬영기자가 촬영에 있어서 발휘한 창작성 외에도 화면 전환에 대한 구성 등 편집에 있어서의 창작성이 인정되어 영상저작물로 보호될 수 있는 경우가 대부분일 것이다.

에는 방송사업자의 허락을 받아야 한다는 것이다. 방송의 복제란 최초의 고정만을 뜻하는 것이 아니므로 고정물에 의한 재고정(녹음 · 녹화물 또는 사진의 증제(增製))도 복제이며, 따라서 방송사업자의 권리가 여기에 미치게 된다. 또한 방송을 녹음 · 녹화, 촬영 등의 방법으로 직접적으로 고정하는 것뿐만 아니라 고정물에 의한 재방송 또는 방송을 수신하여 행하는 유선방송 등을 고정하는 간접적 고정도 여기서의 복제에 해당하게 된다. 예를 들어 A방송사의 방송을 B방송사가 녹음 · 녹화(즉 복제)해 두었다가 뒤에 재방송하였는데, 이 재방송을 C가 녹음 · 녹화하였다 할 때 C의 그 녹음 · 녹화는 B방송의 복제가 될 뿐 아니라 동시에 A방송도 복제한 것으로 된다. A방송사의 무선방송을 B방송사가 유선방송으로 동시중계하였는데, 이 동시중계방송을 C가 녹음 · 녹화하였다면 그것은 B의 유선방송을 복제한 것인 동시에 A의 무선방송도 복제한 것으로 된다는 뜻이다.[80]

이른바 UCC(User Created Contents)의 경우 실제로는 이용자가 스스로 작성한 콘텐츠가 아니라 방송내용 중 일부를 동영상 파일로 만든 경우가 많은데, 그것은 약관에 의한 승인 등의 특별한 사정이 없는 한 방송사업자의 복제권을 침해한 것이 될 가능성이 높다. 물론 영상저작물로서의 창작성을 가진 경우에는 방송사 또는 기타의 영상제작자가 가지는 저작재산권을 침해하는 행위가 될 수 있는데, 그 경우에도 방송된 내용을 복제한 경우라면 그 방송내용을 송출한 방송사업자의 저작인접권(복제권)을 동시에 침해한 것이 된다. 이처럼 동영상파일로 만들고 그것을 업로드 또는 다운로드 하는 등의 디지털 복제도 권리 제한사유에 해당하지 않는 한 방송사업자의 복제권에 저촉되는 행위가 됨에 주의를 기울일 필요가 있다.[81] 방송으로 송출된 영상 중 한 코마(Comma, Frame)만을 캡처하여 저장하는 것도 방송사업자의 복제권이 미치는 범위 내라고 보아야 할 것으로 생각된다.[82] 이러한 행위들은 방송되는 음이나 영상을 바로 이용하는 것이 아니라 방송사업자가 온라인 사이트에 '다시보기' 서비스 등의 이름으로 올려놓은 것을 이용하는 경우가 많은데, 그와 같이 방송한 내용을 고정한 후 이를 전송하는 것을 복제하는 간접적 복제에 대하여도 이용하여 복제한 것도 방송사업자의 복제권이 미치는 범위 내임은 위에서 본 법리상 당연한 것이다.[83]

---

80) 장인숙(1989), 190면 참조.
81) 이해완(2012a), §19-68.
82) 동지, 임원선(2006), 250면.
83) 이해완(2012a), §19-68.

한편, TV 방송내용을 녹화하거나 사진으로 촬영하는 경우 그 녹화자나 촬영자는 단지 기계적인 조작행위만을 한 것이고 창작행위를 한 것으로 볼 수 없기 때문에 독립된 영상저작물의 작성자나 사진저작물의 작성자로 될 수는 없다.[84] 다만 방송사업자에 의하여 복제된 바 없이 생방송으로 흘러나오는 음을 최초로 녹음하여 복제한 사람이 음을 맨처음 고정한 사람으로서 음반제작자의 지위를 가지는 일은 있을 수 있다. 그 경우에도 그것이 방송사업자의 허락을 받지 않은 것으로서 사적 이용을 위한 복제의 범위를 넘어 사용할 경우에는 방송사업자의 복제권을 침해한 것으로 인정됨은 물론이다.

우리 저작권법상 아래에서 보는 바와 같이 방송사업자의 동시중계방송권을 인정하면서 재방송권은 별도로 인정하고 있지 않은데, 실질적으로 본조에 의하여 재방송권이 담보됨을 전제로 한 것으로 볼 수 있다. 즉 재방송을 하려면 일단 방송되는 음 및 영상을 복제해 놓은 다음 그것을 방송하여야 하는데 그 복제에 대하여 방송사업자의 허락을 받아야 하므로 결국 방송사업자에게 재방송권이 있는 것과 결과에 있어서 큰 차이가 없다고 할 수 있다.[85]

다. 동시중계방송권

방송사업자는 그의 방송을 동시중계방송할 권리를 가진다(법 제85조). 동시중계방송(simultaneous broadcasting)이란 다른 방송사업자의 방송을 수신과 동시에 재방송하는 것을 말한다. 중계방송에 의하여 방송이 공급되는 영역에 관하여는 아무런 제한이 없다. 따라서 타인의 방송을 무단으로 그 방송의 공급영역 외의 수신인에게 광역케이블로 재송신하는 것도 본조의 침해가 된다.[86] 재방송에는 방송을 녹음·녹화에 의하여 고정하였다가 나중에 송신하는 이시적 재방송(deferred broadcasting)도 있으나, 이에 관하여는 위에서 본 바와 같이 복제권에 의하여 실질적으로 그 통제권이 담보될 수 있으므로 본조에서는 동시중계방송만 규정한 것이다.[87]

---

84) 김정술(1992), 329면 참조.
85) 加戶守行(2006), 561면 참조.
86) 김정술(1992), 329,330면 참조.
87) 장인숙(1989), 192면은 "제87조에 의하여 제34조(방송사업자의 일시적 녹음·녹화에 대한 저작재산권 제한 규정)가 저작인접물에 대하여도 준용되고 있으므로, 과연 방송사업자의 복제권만으로써 타 방송사업자가 하는 이시 재방송을 효과적으로 견제 내지 지배할 수 있을지 의문"이라는 취지의 언급을 하고 있다. 그러나 방송사업자의 저작물에 대한 방송을 위한 일시적 녹음·녹화의 경우에는

방송법 제78조 제1항은 "종합유선방송사업자 · 위성방송사업자(이동멀티미디어 방송을 행하는 위성방송사업자를 제외한다) 및 중계유선방송사업자는 한국방송공사 및「한국교육방송공사법」에 의한 한국교육방송공사가 행하는 지상파방송(라디오방송을 제외한다)을 수신하여 그 방송프로그램에 변경을 가하지 아니하고 그대로 동시에 재송신(이하 "동시재송신"이라 한다)하여야 한다. 다만, 지상파방송을 행하는 당해 방송사업자의 방송구역안에 당해 종합유선방송사업자 및 중계유선방송사업자의 방송구역이 포함되지 아니하는 경우에는 그러하지 아니하다."고 규정하고 있다. 이 규정은 KBS, EBS 등의 특정 지상파 공영방송에 대하여 종합유선방송사업자, 위성방송사업자 및 중계유선방송사업자가 의무적으로 동시재송신을 하도록 하는 규정인바, 같은 조 제3항은 "제1항의 규정에 의한 동시재송신의 경우에는「저작권법」 제85조의 동시중계방송권에 관한 규정은 이를 적용하지 아니한다"고 규정하여, 위와 같은 의무적 동시재송신에 대하여는 한국방송공사나 한국교육방송공사가 저작인접권으로서의 동시중계방송권을 행사할 수 없도록 하고 있다.

그러나 위와 같은 의무재송신의 경우를 제외하고는 종합유선방송사업자 등이 지상파방송을 재송신하는 것에 대하여 동시중계방송권에 대한 예외규정이 없는 상태인데, 그럼에도 불구하고 공중파 방송사업자의 허락 없이 종합유선방송사업자들에 의한 재송신이 이루어져 온 것과 관련하여 분쟁이 있어 왔다. 이와 관련하여 여러 가지 쟁점이 제기되었는데, 그에 대하여 법원은 다음과 같이 판단하여 종합유선방송사업자들이 기본적으로 공중파 방송사업자의 동시중계방송권을 침해한 것으로 인정하였다.

첫째, 종합유선방송사업자 측에서는 "방송법 제78조 제4항에 의하면 종합유선방송사업자는 지상파방송을 원래의 방송구역 외에서 동시재송신하고자 하는 경우에만 방송통신위원회의 승인을 받을 필요가 있으므로 방송구역 내의 동시재송신은 별다른 제약 없이 자유롭게 실시할 수 있다"는 취지로 주장하였다. 이에 대하여 법원은 "위 조항은 일정 지역 내에서만 방송사업을 할 수 있도록 허가받은 지상파방송사업자가 유선방송 등을 통해 우회적인 방법으로 그 방송권역을 확장하는 것을 방지하여 방송매체 간 균형발전을 도모하기 위한 목적으로 관련 행정

저작재산권자로부터 방송의 허락을 받았음을 전제로 하여 복제에 대한 별도 허락을 받을 필요는 없는 것이라는 취지로 규정한 것이므로 방송의 허락이 전제되지 않은 이와 같은 '이시적 재방송'의 경우에 준용될 수는 없는 규정이라고 봄이 상당하다고 생각된다. 이해완(2012a), §19-69.

절차를 정한 데 불과하고 동시재송신에 따른 민사상 법률관계에 관하여 지상파 방송사업자의 동의를 배제하는 특칙을 정한 것으로 볼 수는 없다"는 이유로 위 주장을 배척하였다.[88] 방송법 제78조 제3항의 규정에 따라 의무적 동시재송신에 대하여 방송사업자의 동시중계방송권을 제한한 것 외에는 해석상으로 그러한 제한사유를 인정할 근거는 없다고 본 것이다.

둘째, 종합유선방송사업자(피신청인) 측의 가장 중요한 항변 중 하나는 "피신청인이 이 사건 방송을 가입자에게 재전송하는 행위는 방송권역 내 거주자라면 누구나 무료로 시청이 가능한 지상파방송에 대하여 보다 편리한 시청이 이루어질 수 있도록 가입자의 방송 수신을 보조하는 행위에 불과하여 신청인들의 저작권법상 각종 권리에 대한 침해가 되지 않는다"는 것이었다.

이에 대하여 법원은 먼저 법규정의 해석과 관련하여 "피신청인은 종합유선방송사업자로서 방송법에 따라 의무적으로 동시재송신하여야 하는 특정 공영방송과 이 사건 방송을 동일한 방식을 이용하여 함께 재전송하고 있는 사실을 인정할 수 있으므로, 피신청인이 위 특정 공영방송을 재전송하는 방식이 방송법 제78조 제1항에 의한 '동시재송신'에 해당하는 이상, 이 사건 방송의 재전송의 법적 성격도 피신청인이 주장하는 '수신보조행위'가 아니라 '동시재송신'에 해당한다고 할 것"이라고 판단함과 동시에, ① 입주자 측이 수신설비의 관리주체이고 피신청인은 그에 대한 보조적 위치에 있는 것이 아니라, 피신청인이 수신설비의 독립적인 관리주체로 인정된다는 점, ② 피신청인이 "이 사건 방송을 송신된 상태 그대로 가입자에게 재전송하는 것이 아니라, 그 주파수를 변경하거나" "이 사건 방송과 다수의 유선방송 전용 채널을 묶어 하나의 상품으로 제공하기 위한 목적에서 그 방송신호를 가공하고 있는 사실"이 인정된다는 점, ③ 피신청인이 방송수신대가로 시청료를 받고 있다는 점 등의 특성에 비추어 볼 때, 피신청인의 재전송행위는 가입자가 디지털 지상파방송을 편리하게 수신할 수 있도록 보조하는 기능을 수행하는 정도를 넘어, "이 사건 방송신호를 자체 설비를 통해 수신, 가공하여 피신청인의 방송서비스에 포함시킨 후 독립한 사업자의 지위에서 이를 가입자에게 '동시재송신'하여 신청인들의 동시중계방송권을 침해하고 있는 것으로 봄이 상당하다"고 판단하였다.[89]

---

88) 서울중앙지방법원 2009. 12. 31. 선고 2009카합3358 판결.
89) Id.

셋째, 종합유선방송사업자 측의 또 다른 항변은 "유선방송사업자들은 이미 수십 년 전부터 난시청 해소 및 방송품질의 보장을 원하는 신청인들과의 묵시적 합의에 따라 지상파방송을 재전송하는 서비스를 제공해왔고, 신청인들도 최근까지 재전송에 대하여 이의를 제기하거나 대가의 지급을 요구한 적이 없으며 오히려 유선방송사업자들에게 재전송 권한이 있음을 전제로 지금까지 여러 차례 채널번호 변경이나 방송 품질과 관련한 협조 요청까지 한 적이 있으므로, 이 사건 신청과 같은 재전송 중단 요구는 위 묵시적 합의에 대한 위반으로 허용되지 아니한다"는 것이었다. 이에 대하여 법원은 "신청인들의 행위가 지상파방송 재송신을 묵인한 것으로 해석될 여지가 있다고 하더라도 그로써 장래 행사할 수 있는 권리를 포괄적으로 포기한 것으로까지 볼 수는 없다고 할 것이므로, 앞에서 본 바와 같이 신청인들이 2008.7.경 명시적으로 피신청인에게 재송신 중단을 요구하고 이를 강제하기 위해 이 사건 신청을 제기한 현 상황에서는 더 이상 묵시적 동의를 인정할 여지가 없다. 다만 신청인들이 단순히 피신청인의 재송신행위를 현황 그대로 묵인한 것을 넘어 장래의 특정 시점까지 또는 일정 기간 동안 계속하여 재송신을 허용할 것을 전제로 기대되는 행위나 의사표시를 하였다는 등의 특별한 사정이 있다면 피신청인이 신청인들의 현재의 명시적 반대에도 불구하고 당분간 재송신을 지속할 권리가 있다고 볼 여지가 있으나, 앞에서 본바와 같이 신청인들이 현실적으로 이루어지는 재송신행위를 묵인한 것만으로는 장래에도 재송신에 대하여 아무런 이의를 제기하지 않을 것을 약정하였다고 할 수 없다"고 판단하였다.[90]

넷째, "신청인들이 수십 년 동안 단 한 차례도 방송신호 사용료의 지급을 요구하는 등으로 자신의 권리를 행사한 적이 없고, 재전송 중단으로 신청인들이 별다른 이익을 얻을 수 있는 것도 아님에도 불구하고, 이제 와서 갑자기 재전송의 금지를 요구하는 것은 권리남용으로서 허용되지 아니한다"는 주장에 대하여는 법원이 여러 가지 사정을 종합하여, "이 사건 신청은 '오직 상대방에게 고통을 주고 손해를 입히려는 데 그 목적이 있을 뿐 행사하는 사람에게 아무런 이익이 없는 경우'에 성립하는 권리남용에 해당한다고 보기도 어렵다"고 판단하였다.[91]

다섯째, 종합유선방송사업자 측에서는 끝으로 "피신청인은 '공표된 저작물을

90) Id.
91) Id.

공익상 필요에 의하여 방송하고자 하는 방송사업자는 문화체육관광부장관의 승인을 얻은 후 소정의 보상금을 지급하고 이를 방송할 수 있다'는 내용의 저작권법 제51조에 의하여 이 사건 방송을 재전송할 수 있는 권한이 있다"고 항변하였다. 이와 관련하여, 저작권법 제89조에 의하여 저작인접권에 대하여도 준용되는 같은 법 제51조는 "공표된 저작물을 공익상 필요에 의하여 방송하고자 하는 방송사업자가 그 저작재산권자와 협의하였으나 협의가 성립되지 아니하는 경우에는 대통령령이 정하는 바에 따라 문화체육관광부장관의 승인을 얻은 후 문화체육관광부장관이 정하는 기준에 의한 보상금을 당해 저작재산권자에게 지급하거나 공탁하고 이를 방송할 수 있다"고 규정하고 있다. 이에 대하여 법원은 "저작권 또는 저작인접권에 대한 위와 같은 법정허락 제도는 규정의 문언 자체로 이미 '공표가 완료된' 저작물을 사후에 이용하는 경우에 적용된다고 할 것인데, 이 사건 방송의 재송신은 실질적으로 원래의 방송과 '동시에' 이를 이용하는 경우에 해당하므로 원칙적으로 법정허락 제도의 적용 대상이 되지 않는다"고 판시함과 동시에 "또한 기록상 피신청인이 이 사건 방송의 재송신에 대하여 문화체육부장관의 승인을 받았다거나 소정의 보상금을 지급하였다는 자료도 없으므로, 어느 모로 보나 피신청인의 재송신행위가 법정허락 제도에 의하여 정당화될 여지는 없다"고 판시하였다.[92]

여섯째, 저작권침해정지 등 청구의 본안사건에서 피고인 종합유선방송사업자 측은 원고 측의 권리는 '실효'되었다고 하면서 '실효의 법리'를 주장하였다. 이에 대하여 법원은 "권리자가 장기간에 걸쳐 그의 권리를 행사하지 아니하여 의무자인 상대방으로서도 이제는 권리자가 그 권리를 행사하지 아니할 것으로 믿을 만한 정당한 사유를 갖게 되거나 행사하지 아니할 것으로 추인하게 되고 새삼스럽게 그 권리를 행사하는 것이 신의성실의 원칙에 반하는 결과가 될 때에는 이른바 실효의 법리에 따라 그 권리행사가 허용되지 않는다(대법원 2005. 4. 15. 선고 2004다27150 판결 등 참조)"고 전제한 다음, "이 사건에서 보건대, 원고들이 상당기간 동안 유선방송사업자들의 재송신행위를 문제삼지 않은 것은 앞서 본 바와 같지만, 이는 앞서 살핀 바와 같이 자신의 이해관계뿐 아니라 지상파방송 재송신 제도의 공공성에 근거한 정부의 규제 등 외부적 요인에서도 일부 기인한 점 등

92) Id.

을 고려할 때, 피고들에게 원고들이 장래에 그 권리를 전혀 행사하지 아니할 것으로 믿을 만한 정당한 사유가 존재한다거나 원고들의 권리행사가 신의성실의 원칙에 반한다고 보기는 어렵다"고 판시하였다.[93]

라. 공연권

방송사업자는 공중의 접근이 가능한 장소에서 방송의 시청과 관련하여 입장료를 받는 경우에 그 방송을 공연할 권리를 가진다(법 제85조의2). 방송을 시청할 수 있는 시설에서 그 방송의 시청에 대한 입장료 등 직접적인 반대급부를 받는 경우에 방송사업자에게 그러한 방송의 공연에 대하여 배타적인 권리를 부여한 것으로서[94] 한·EU FTA 이행을 위한 2011. 6. 30. 개정법(2011. 7. 1. 시행)에서 새로 도입한 규정이다.

이 규정은 해당 시설에서 입장료 등 직접적인 반대급부를 받는 것을 요건으로 하므로, 그러한 영업사례가 거의 없는 현재의 상황에서는 큰 의미를 가지지는 못하는 규정이라 할 수 있다. 예컨대, 상영의 대가로 입장료를 받지 않고 일반 영업장(음식점, 술집 등)에서 방송프로그램을 상영하는 것에 대해서는 설사 간접적으로 방송 프로그램의 상영이 영리 목적의 달성에 도움이 된다 하더라도 직접적으로 방송시청의 대가를 받지 않는 이상 본조의 적용대상이 되지 않는다.[95] 다만 아직은 고객서비스 차원이지만 일부 영화관에서 축구 등 스포츠 경기를 관람하는 사례가 늘고 있으므로 이후에는 입장료를 받고 극장에서 스포츠 경기를 관람할 수 있도록 하는 방향으로 발전하여 이 규정이 실질적 의미를 갖게 될 수 있는 가능성이 점쳐진다는 견해가 있다.[96]

3. 방송사업자의 저작인접권의 제한

방송사업자의 권리를 포함한 저작인접권에 대하여는 저작재산권에 대한 규정들이 대부분 준용된다. 실연자의 인격권을 제외한 저작인접권에 대하여도 이용자의 공정한 이용을 보장할 필요성과 공익적 필요성을 감안하여 일정한 경우 자유

93) 서울고등법원 2011. 7. 20. 선고 2010나97688 판결(각공2011하, 1077)
94) 문화체육관광부 외(2011), 11면.
95) Id.
96) 임원선(2012), 335면 참조.

이용을 인정할 필요성이 있기 때문이다.

저작권법 제87조 제1항은 "저작인접권의 목적이 된 실연·음반 또는 방송의 이용에 관하여는 제23조·제24조·제25조 제1항 내지 제3항·제26조 내지 제32조·제33조 제2항·제34조·제35조의2·제35조의3·제36조 및 제37조를 준용한다"고 규정하고 있다. 저작재산권에 대한 제한사유 가운데 준용에서 빠진 것은 "공표된 저작물은 시각장애인 등을 위하여 점자로 복제·배포할 수 있다"고 규정한 제33조 제1항과 미술저작물 등의 전시 또는 복제에 관한 제36조뿐이다. 모두 성격상 저작인접권과는 무관한 규정이라는 것을 알 수 있다.

저작권법 제28조의 '공표된 저작물의 인용'에 관한 규정이 준용되는 것과 관련하여서는, 저작물을 인용하기 위해 그 저작물을 포함하는 실연, 음반 또는 방송을 인용할 수 있는 것은 아니고, 인용대상인 실연, 음반 또는 방송 그 자체를 인용할 필연성이 있는 경우에 한정된다는 것에 주의를 요한다. 예를 들면, 실연자의 연기력을 비평하는 방송프로그램에 인용하기 위해 그 실연의 일부를 사용하는 경우라거나 진기한 동물의 울음소리를 처음으로 녹음한 경험담을 보도하기 위해 그 울음소리가 녹음되어 있는 음반의 일부를 인용하는 경우 등이 그러한 예에 해당한다.[97]

한편, 저작권법 제87조 제2항은 "디지털음성송신사업자는 제76조 제1항 및 제83조 제1항에 따라 실연이 녹음된 음반을 사용하여 송신하는 경우에는 자체의 수단으로 실연이 녹음된 음반을 일시적으로 복제할 수 있다. 이 경우 복제물의 보존기간에 관하여는 제34조 제2항을 준용한다"고 규정하고 있다. 이 규정은 2009. 4. 22. 개정 저작권법에서 신설한 규정이다. 법 개정 전에는 방송사업자는 자신의 방송을 위하여 자체의 수단으로 실연·음반을 일시적으로 녹음·녹화할 수 있으나, 디지털음성송신사업자에게는 디지털음성 송신을 위한 준비행위인 실연이 녹음된 음반의 일시적 복제에 관한 면책 규정이 없었고 따라서 디지털음성 송신에 대하여 실연자 및 음반제작자의 배타적인 권리가 아니라 채권적인 보상청구권으로 규정한 의의를 살리기가 어려운 문제가 있었다. 이에, 개정법에서 제87조 제2항을 신설하여 위와 같은 규정을 두게 된 것이다.[98]

97) 加戶守行(2006), 587~588면 참조.
98) 문화체육관광부 외(2009), 41면 참조.

4. 향후의 과제

가. 방송권에 대한 문제

현행 저작권법상 방송사업자의 권리에는 위와 같이 복제권, 동시중계방송권, 공연권의 세 가지만 포함되는데, 그 중 공연권은 매우 제한적인 조건 하에서만 인정되는 권리로서 사회경제적인 의미는 미약함을 알 수 있었다. 위와 같은 상황은 다른 저작인접권에 비하여 상대적으로 방송사업자의 권리의 범위가 협소함을 보여 주는 것인바, 방송사업자의 권리에 대한 현행법과 같은 규정태도를 그대로 유지할 것인지에 대하여는 진지한 검토가 필요하다.

먼저 현행 저작권법은 방송사업자에게 방송권을 인정하는 대신 제한적인 의미의 동시중계방송권만 인정하고 있다. 이것은 재방송권을 그 범위에서 제외하는 취지인데, 재방송의 경우에는 복제권에 의하여 통제될 수 있다는 것을 감안한 것으로 볼 것임은 위에서 본 바와 같다. 그러나 예를 들어 실연자와 음반제작자의 권리로 전송권을 신설하기 전에도 그들의 복제권에 의하여 전송에 대한 통제가 가능하긴 하였지만 전송권을 신설함으로써 전송행위에 대한 직접적인 통제가 가능하도록 한 것이 결코 의미 없는 개정이 아니었던 입법사례에 비추어보면, 방송의 재방송에 대하여만 굳이 복제권에 의한 간접통제에 그치도록 해야 할 이유는 없지 않을까 생각된다. 그리고 그러한 간접적 통제가능성에 지나친 무게를 두지 않는다면, 방송사업자에게 자신의 방송을 허락 없이 제3자가 방송하는 것에 대하여 그것이 재방송이든 동시중계방송이든 통제할 수 있는 권리를 부여하는 것이 마땅할 것이다. 따라서 향후 법 개정 시에, 현행법에서 방송사업자에게 부여하고 있는 '동시중계방송권'을 '방송권'으로 수정하는 방안에 대하여 검토할 필요가 있을 것으로 생각된다.

이와 관련하여 주요국의 입법례를 살펴보면 다음과 같다.

1) 일본 저작권법은 제99조 제1항에서 "방송사업자는 그의 방송을 수신하여 이를 재방송 또는 유선방송하는 권리를 전유한다"고 규정하고, 제100조의3에서는 "유선방송사업자는 그의 유선방송을 수신하여 이를 방송 또는 재유선방송하는 권리를 전유한다"고 규정하고 있다. 이는 일본 저작권법이 방송을 무선방송의 개념으로 보아 유선방송과 구별하면서 방송사업자와 유선방송사업자에게 별도로 저작

인접권을 부여하고 있는 체계 하에서 실질적으로 우리 법상의 동시중계방송권만이 아니라 재방송권도 방송사업자에게 인정하는 입장을 취하고 있음을 보여준다. 일본법의 위 규정에서 말하는 '재방송'에는 복제권에 의한 통제가 불가능한 동시재송신만 포함된다고 보는 소수설[99]도 있지만, 법문에 부합되게 '이시재송신(異時再送信)'도 포함된다고 보는 것이 다수설[100]이다.

2) 독일 저작권법 제87조 제1항 제1호는 방송을 재방송할 배타적 권리를 방송사업자에게 부여하고 있다. 다만 재방송의 의미에 대한 해석론을 정확히 분석하지는 못했음을 밝혀 둔다.

3) 프랑스 저작권법 제216조의1 제1항도 방송사업자에게 방송에 대한 '방송권'을 부여하고 있다.

나. 전송권의 신설

현행법은 방송사업자의 권리에 전송권을 포함하지 않고 있는데, 이는 디지털 시대의 전반적 추세에 부합하지 않는 면이 있다. 실연자와 음반제작자에게 100%의 배타적 권리로서 전송권을 인정하고 있는 이유는 디지털 시대에 권리자가 가장 큰 이해관계를 느끼는 부분이 바로 전송이기 때문인데, 그것은 방송사업자의 경우에도 마찬가지일 것이다.

현재에도 전송에 수반되는 복제에 대하여 복제권을 행사함으로써 전송에 대한 통제가 가능하긴 하지만, 전송에 대하여 직접적 통제가 가능하도록 하는 것이 권리보호의 균형이라는 면에서 바람직하다고 생각된다. 한편으로 위에서 동시중계방송권을 방송권으로 개정하자고 주장한 것과 마찬가지로, 이 부분의 개정도 이미 '복제권'에 의하여 통제되고 있는 부분에 대하여 권리관계를 명확하게 하는 정도의 의미를 가지는 것일 뿐이므로, 다른 산업종사자들에게 추가적인 부담을 안기는 것이 아니라는 점도 어떤 면에서는 긍정적으로 고려될 수 있을 것이다.

이와 관련하여 주요국가의 입법례를 살펴보면, 다음과 같다.

1) 일본 저작권법은 방송사업자와 유선방송사업자에게 배타적 권리의 하나로 송신가능화권을 인정하고 있다(제99조의2 및 제100조의4).[101] 송신가능화권에서 말

99) 小倉秀夫 외(2013), 1315면 등

100) 加戶守行(2013), 645면; 作花文雄(2010), 510면 등

101) 방송사업자에게 송신가능화권을 인정한 것은 1998년의 개정, 유선방송사업자에게 그것을 인정한 것은 2002년의 개정에 의한 것이다.

하는 송신가능화 행위에는 우리 저작권법상의 전송만이 아니라 디지털음성송신의 경우와 같이 "공중의 구성원의 요청에 의하여 송신이 개시되는" 속성과 수신의 동시성을 동시에 가지는 송신의 전단계적 행위도 포함되는 것으로 해석된다.102)

102) 일본 저작권법 제2조 제1항 제9호의5는 '송신가능화'에 대하여 "다음 어느 것인가에 게시하는 행위에 의하여 자동공중송신할 수 있도록 하는 것을 말한다"고 규정하고 있다.
① 공중용으로 제공되고 있는 전기통신회선에 접속하고 있는 자동공중송신장치[공중용으로 제공하는 전기통신회선에 접속하는 것에 의하여, 그 기록매체 중 자동공중송신용으로 제공하는 부분(이하 이 호 및 제47조의5 제1항 제1호에서 「공중송신용 기록매체」라 한다)에 기록되거나 또는 당해 장치에 입력되는 정보를 자동공중송신하는 기능을 가지는 장치를 말한다. 이하 같다]의 공중송신용 기록매체에 정보를 기록하거나 정보가 기록된 기록매체를 당해 자동공중송신장치의 공중송신용 기록매체로서 추가하거나 혹은 정보가 기록된 기록매체를 당해 자동공중송신장치의 공중송신용 기록매체로 변환하거나 또는 당해 자동공중송신장치에 정보를 입력하는 것(같은 호 가목)
② 그 공중송신용 기록매체에 정보가 기록되거나 또는 당해 자동공중송신장치에 정보가 입력되고 있는 자동공중송신장치에 대하여, 공중용으로 제공되고 있는 전기통신회선에의 접속(배선, 자동공중송신장치의 시동, 송수신용 프로그램의 기동 기타 일련의 행위에 의하여 행해지는 경우에는 당해 일련의 행위 중 최후의 것을 말한다)을 행하는 것(같은 호 나목)
위 규정은 송신가능화의 유형을 모두 5 가지로 나누고 있는데, 그것은 다음과 같다.
i) 공중송신용 기록매체에 정보를 기록하는 것(위 ①의 첫 번째 경우)
이것은 자동공종송신에 제공할 정보를 서버 속의 하드디스크에 기록하는 것 등을 그 내용으로 한다(半田正夫 외(2009), 194면). 우리 저작권법상의 전송에 해당하는 전형적인 경우라 할 수 있다.
ii) 정보가 기록된 기록매체를 당해 자동공중송신장치의 공중송신용 기록매체로 추가하는 것(위 ①의 두 번째 경우)
자동공중송신에 제공할 정보가 기록되어 있는 외부 기록장치를 자동공중송신장치에 접속하는 것이나 당해 정보가 기록된 기록매체를 자동공중송신장치 속에 삽입하는 것을 송신가능화의 내용에 포함한 것이다(半田正夫 외(2009), 194면).
iii) 정보가 기록된 기록매체를 당해 자동공중송신장치의 공중송신용 기록매체로 변환하는 것(위 ①의 세 번째 경우)
예를 들어 이메일을 위한 용도로 사용되어 온 폴더를 그 이름을 변경하는 등으로 홈페이지용의 폴더로 변환하는 것 등을 그 내용으로 하는 것이다(半田正夫 외(2009), 194면).
iv) 자동공중송신장치에 정보를 입력하는 것(위 ①의 네 번째 경우)
이 경우에 있어서는 정보를 자공공중송신장치에 입력하면서 당해 장치 속에 고정하거나 저장하지 않고 그대로 자동공중송신 하는 것을 그 내용으로 하며, 그 구체적인 사례로서는 이른바 인터넷 방송이나 웹캐스팅이 생중계와 같은 형태로 행해지는 경우가 들어진다(加戶守行(2006), 42면). 이것은 우리 저작권법상 디지털음성송신의 경우와 같이 수신의 동시성을 갖추고 동시에 이용자의 요구에 의하여 자동적으로 송신이 개시되는 특성을 갖춘 경우가 일본 저작권법상 '송신가능화'의 개념에 포섭되고 있다는 것을 뚜렷이 보여주는 부분이라 할 수 있다. 즉, 일본법상 송신가능화는 매체의 쌍방향성은 요구하지만, 수신의 이시성을 요하지는 아니하는 개념으로 규정되어 있으므로 우리 법상의 전송 개념만이 아니라 디지털음성송신이나 기타 공중송신에 해당하는 경우도 포함하고 있음을 알 수 있다.
v) 그 공중송신용 기록매체에 정보가 기록되거나 또는 당해 자동공중송신장치에 정보가 입력되고 있는 자동공중송신장치에 대하여, 공중용으로 제공되고 있는 전기통신회선에의 접속(배선, 자동공중송신장치의 시동, 송수신용 프로그램의 기동 기타 일련의 행위에 의하여 행해지는 경우에는 당해 일련의 행위 중 최후의 것을 말한다)을 행하는 것(위 ②의 경우)
이것은 일본 저작권법 제2조 제1항 제9호의5 나목에 규정된 경우로서 그 중 전단의 내용은 자동공중송신에 제공되는 정보가 기록된 기록매체(자동공중송신장치와 별개인지 여부는 불문한다) 또는 자동공중송신장치 속에 그 장치에 고정, 저장되는 것 없이 정보가 입력되는 것을 그 내용으로 하고 있다. 다음으로 그 후단 부분은 전단에서 규정되어 있는 정보를 기록한 공중송신용 기록매체 또는 따라서 온라인 송신에 대한 배타적 권리를 우리 저작권법에서 규정하는 전송권보다 더욱 폭넓게 인정하고 있는 셈이다.

2) 독일 저작권법도 방송사업자에게 전송권을 인정하고 있다(제87조 제1항 제1호 후단).

3) 프랑스 저작권법은 방송사업자에게 복제권, 방송권 및 우리 현행법과 같은 제한적인 공연권 외에 판매, 대여, 교환에 의하여 공중에게 방송을 제공할 권리를 인정하고 있다(제216조의1 제1항).

자동공중송신장치에 입력되는 정보가 자동공중송신에 제공되도록 당해 자동공중송신장치가 공중용으로 제공되고 있는 전기통신회선에 접속시키는 것을 그 내용으로 하고 있다.
이 경우도 특수한 방식에 의한 것이지만, 우리 법상의 전송에 해당하는 것만이 아니라 디지털음성송신 또는 기타의 공중송신에 해당하는 것까지 포함하는 규정이라고 할 수 있다.
결국 일본 저작권법상은 '자동공중송신 및 송신가능화'와 '방송 및 유선방송'은 매체의 쌍방향성이 있는지 여부에 따라 명확히 구별되지만, 우리 법상의 '디지털음성송신'에 해당하는 것과 '전송'에 해당하는 것 사이의 개념 구별은 일본법상 명확히 행해지지 않고 있음을 알 수 있다. 즉 자동공중송신 및 송신가능화의 개념에는 우리 법상의 전송과 디지털음성송신 등의 개념이 모두 포함되어 있는 것이다. 이상 이해완 외(2012), 116면 이하 참조.

제 5 장

방송물의 유통과 저작권

Ⅰ. 개　　설
Ⅱ. 케이블방송, 위성방송의 저작권: 동시재
　　송신과 관련하여
Ⅲ. 방송저작물의 유통에 관련한 법적 문제
Ⅳ. 방송저작물의 2차적 저작물 작성
Ⅴ. 결　　론

제5장

방송물의 유통과 저작권

필자 : 오승종

I 개 설

방송물(방송저작물, 방송콘텐츠)의 유통의 활성화에 영향을 미치는 요소로서는 방송 산업의 구조, 디지털 방송 기술, 인터넷 통신을 비롯한 송신 기술 및 플랫폼의 발전 등 여러 가지 정치·사회·경제·문화적인 요인들을 생각할 수 있다. 그런데 이러한 요인들은 모두 저작권법과 긴밀하게 연관이 되어 있다. 방송물의 제작, 유통, 송신 및 재송신 등 방송물의 라이프 사이클 전체에 걸쳐 저작권은 영향을 미친다. 방송콘텐츠 유통을 활성화하고 전체 방송산업의 건전한 발전이 이루어지기 위해서는 방송에 관련된 사업들 사이의 공정한 경쟁이 이루어져야 하고, 방송콘텐츠 제작자의 경제적 권리가 확고하게 보호를 받음으로써 막대한 자본이 투자되어야 하는 방송 사업에 있어서 투하자본의 회수를 용이하게 하는 한편, 그러면서도 이용자들의 공정한 이용이 방해를 받지 않도록 배려하는 균형잡힌 환경이 조성되어야 한다. 그러한 환경 조성에 저작권법은 매우 중요한 역할을 하게 된다.

특히 방송물의 재송신과 관련된 문제는 디지털 기술의 발달과 네트워크 환경의 변화에 따라 새로운 매체가 등장할 때마다 반복되는 중요한 법적 쟁점이고 그 핵심에는 저작권의 문제가 자리를 잡고 있다. 아래에서는 우선 케이블방송 및 위성방송에 있어서의 지상파방송 동시재송신 문제를 법적인 관점, 그 중에서도 저작권적인 측면에서 살펴볼 것이다. 나아가 방송저작물의 유통에 관한 법적 문제를 주로 저작권법의 관점에서 검토하되, 창작자(제작자)와 유통사업자 사이에서 발생하는 다양한 법률적 쟁점들, 방송물의 2차 시장에서의 라이선스 계약과 관련하여 제기되는 문제점들, 방송저작물의 2차적 저작물 작성과 관련된 문제점 등을 중심으로 검토해 보기로 한다.

Ⅱ 케이블방송, 위성방송의 저작권: 동시재송신과 관련하여

1. 서론 - 문제의 제기

몇 년 전부터 우리나라 방송 시장에서 첨예한 이해갈등을 초래하고 있는 이슈 중 하나가 케이블방송 및 위성방송을 통한 지상파방송의 동시재송신의 문제이다. 1995년에 종합유선방송이 출범한 이후부터 이미 케이블방송의 지상파방송의 동시재송신 허용 여부가 방송 시장 전체에 영향을 미칠 수 있는 중요한 정책적, 법적 문제로 잠재되어 있었다. 그러던 중 2007년도에 새로이 등장한 IPTV의 지상파방송 재송신과 관련하여 논란이 제기되었고, 2008년에 지상파방송사와 IPTV 사업자 사이에 IPTV 가입자 당 280원의 과금을 하는 것으로 협상이 타결된 바 있다. 그러나 그 당시 지상파방송사와 케이블방송사 사이의 협상은 결렬되었다. 그 후 2009년 4월에 지상파방송사와 케이블방송사 사이에 지상파방송 동시재송신과 관련하여 다시 협상이 재개되었으나 이해관계의 첨예한 대립으로 말미암아 협상타결에 이르지 못하고, 마침내 같은 해 9월 지상파방송 3사(KBS2, MBC, SBS)가 CJ헬로비전 등 케이블방송사업자를 상대로 동시재송신 금지를 구하는 가처분 소송을 제기하였다. 그 가처분 소송에서는 기각결정이 내려졌지만, 그 결정문에서 케이블방송사의 동시재송신이 지상파방송사가 저작권법에 의하여 가지고 있는 동시중계방송권을 침해하고 있다는 취지의 판시이유가 나타나 있었고,[1] 그 후에 본안소송으로 제기된 사건에서 1심인 서울중앙지방법원은 2010. 9. 8. 지상파방송사의 동시중계방송권 침해를 인정하면서 일정한 조건 하에 동시재송신을 금지하는 판결을 선고하였다.[2] 이 판결에 대하여 지상파방송사와 케이블방송사가 각각 항소를 제기하는 한편, 방송통신위원회의 중재가 시작되었다. 그런 중에도 2011. 4. 19.에는 MBC와 KT스카이라이프 사이에 재송신료 협상이 타결되었다. 2011. 7. 20. 위 1심 판결의 항소심인 서울고등법원은 CJ헬로비전의 항

1) 즉, 피보전권리는 인정이 되지만 보전의 필요성이 없어 가처분을 기각한다는 취지였다.
2) 서울중앙지방법원 2010. 9. 8. 선고 2009가합132731 판결.

소를 기각하면서 CJ헬로비전의 신규 디지털 가입자에 대한 지상파 송출을 중단할 것을 명하는 판결을 선고하였으며,[3] 이어서 같은 해 2. 28.에는 CJ헬로비전에 대한 간접강제신청까지 인용하였다. 그 과정에서 소송과는 별도로 진행되어 온 방송통신위원회의 중재 노력에도 불구하고 케이블방송사들이 지상파방송의 동시재송신을 일시적으로 자체 중단하는 사태도 발생하였다.

지상파방송사는 저작권법에 규정되어 있는 동시중계방송권을 주장하고 있고, 반면에 케이블방송사는 지상파방송의 동시재송신은 난시청지역 해소 의무, 보편적 서비스의 실현, 지상파방송 수신영역의 확장 등에 기여하고 있는 공익적인 성격을 가지고 있는 것이므로 저작권침해의 책임을 져야 한다는 것은 부당하다고 주장한다. 이러한 지상파방송의 동시재송신의 문제는 정보통신 기술의 발달과 그에 따른 매체의 다양화에 따라 케이블방송이나 위성방송뿐만 아니라 향후 등장할 새로운 형태의 서비스로 말미암아 방송서비스의 영역이 확대됨에 따라 계속적으로 제기될 수 있는 성질의 문제이다.

이하에서는 지상파방송의 동시재송신에 관한 주요 법률적 쟁점을 고찰하고 그와 관련된 정책의 타당성을 검토해 보기로 한다. 이를 위하여 먼저 우리나라에 있어서 방송사업자의 유형과 그 각각의 성격 및 도입배경 등에 대하여 간략하게 살펴보는 것이 필요하다. 그 이후에 각 당사자들의 주장과 그 타당성을 해외 사례 등에 비추어 검토하고 그렇다면 이들 사이의 이해관계가 어떻게 조절되어야 하는 것이 바람직할 것인지 등 그 해결책을 모색해 보기로 한다. 논의순서는 방송사업자의 유형과 그 성격(2), 방송사업자의 권리와 의무재송신(3), 동시재송신과 관련된 해외 입법례(4), 동시재송신과 저작권(5)의 순서로 살펴보기로 한다.

2. 방송사업자의 유형과 그 성격

가. 지상파방송사업자

(1) 국영방송사, 공영방송사, 상업방송사

지상파방송은 일반적으로 국영방송, 공영방송 그리고 상업방송으로 나누는 것이 보통이다. 국영방송사는 국가의 한 부서나 소속기관의 성격을 갖는 방송사로서

3) 서울고등법원 2011. 7. 20. 선고 2010나97688 판결.

방송의 소유권과 통제권을 모두 국가가 갖는 구조이다. 이에 비하여 공영방송사는 그 용어에서 나타나는 바와 같이 공기업의 형태로 운영되는 방송사(PSB: Public Service Broadcasting)를 말하며, 일반적으로 수신료 및 기타 부대수입을 재정으로 하여 운영된다. 많은 국가에 있어서 기간방송은 대개 공영방송의 형태를 취하고 있으며, 영국의 BBC, 일본의 NHK, 미국의 PBS가 대표적이다. 공영방송사는 국가 권력이나 특정 이익집단에 의한 언론장악과 간섭을 막고 사회 각 계층을 대표할 수 있도록 편집 및 편성에 있어서의 자율성을 보장하고자 하는 데 그 취지가 있다. 우리나라의 KBS는 1947년 처음 출발할 당시 국영방송으로 시작하였으나 1973년에 한국방송공사로 체제를 전환하여 현재에 이르기까지 공영방송의 모습을 갖추고 있다.[4] EBS는 국민의 평생교육과 민주적 교육발전에 이바지함을 목적으로 하여 한국교육방송공사법에 의하여 설립된 방송사로서 자본금 전액을 대한민국 정부가 출연한 공영방송사이다. 방송발전기금 및 KBS로부터 지원받는 수신료 일부를 재원으로 하여 운영된다. 한편, 상업방송사는 영리를 추구하는 기업형태의 방송사로서 민영방송사 또는 민간방송사라고도 한다. 상업방송사는 광고수입을 재원으로 하여 운영되며 소유권 및 지배권이 사기업에게 있다. 우리나라에서는 SBS와 그 가맹국이 상업방송사에 해당한다.[5] MBC는 방송문화진흥법에 설립기반을 두고 있는 방송사업자로서 그 소유구조는 공영방송에 해당한다고 볼 수 있으나 재원 구조는 광고수입에 의존하는 상업방송의 형태를 취하고 있다.[6]

(2) 지역방송과 지역민영방송

지역방송은 국내 전역이 아닌 일부 제한된 지역을 가시청권으로 하는 방송을 말한다. KBS 계열의 KBS 지역방송총국, MBC의 지역별 계열회사, SBS와 네트워크 협정을 맺고 있는 가맹국 및 이들 지상파방송사와 독립된 상업방송인 지역민영방송(줄여서 '지역민방') 등이 행하는 방송이 이에 해당한다.[7] 이러한 지역방

---

4) KBS는 TV채널 2개, 위성방송채널 2개, 라디오채널 7개, 케이블채널 3개를 보유하고 있으며, 서울에 있는 본사와 전국 19개 도시에 있는 지역방송국으로 구성된다. KBS는 그 지분 전부를 대한민국 정부가 보유하고 있다. 방송법 제43조는 공정하고 건전한 방송문화를 정착시키고 국내외 방송을 효율적으로 실시하기 위하여 국가기간방송으로서 한국방송공사(KBS)를 설립한다고 규정하고 있다.

5) SBS는 TV채널 1개, 라디오채널 3개, 케이블채널 3개를 보유하고 있으며, 부산, 대구, 광주, 대전, 울산, 전주, 청주, 제주, 강원 등 9개의 가맹국을 두고 있다.

6) MBC는 TV채널 1개, 라디오채널 3개, 케이블채널 4개, 위성채널 4개를 각각 보유하고 있으며, 19개 지방계열사와 10개의 자회사로 구성되어 있다. MBC는 지분의 70%를 공공재단인 방송문화진흥회가 보유하고 있다.

송을 행하는 상업방송사업자를 지역민영방송사라고 한다. 1995년 케이블TV 출범과 함께 1차로 부산, 대전, 대구, 광주 지역에 지역민영방송이 허가되었고, 1997년에 울산, 청주, 전주, 인천 지역에 2차로 지역민방 4곳이 허가되어 설립되었다. 이 중에서 인천 지역 경인방송만이 독립방송국 체제였으나 2004. 12월 허가가 취소되었고, 나머지는 모두 SBS 가맹국의 형태를 취하고 있다. 1995년에는 부산의 민방인 KNN이, 2001년에는 강원지역과 제주 지역에 민방이 각각 설립되었다. 지역민방은 각 네트워크의 서울 본사에서 방송되는 프로그램을 동시에 재송신하여 각 권역별 지역에 송출하거나 자체 프로그램을 제작하여 송출한다. 지역민방은 자체 편성권을 가지는 독립국 형태로 허가가 되어 있으나 인천 지역을 제외하고는 모두 사실상 SBS의 가맹국 형태를 취하고 있다.

지역방송은 지역사회의 균형 있는 발전과 민족문화의 창달에 이바지하는 것을 그 존재의 목적으로 하고 있으며,[8] 지역민의 정보욕구를 충족시켜 주는 것을 취지로 하고 있다. 그러나 수도권과 지방 사이의 극심한 불균형 성장 및 자족형 지역사회의 미비 등으로 인하여 지역 중심의 프로그램 편성과 제작이 충분하게 이루어지지 못하고 있어 본래의 목적을 충족시키지 못하고 있다는 평가를 받고 있다.

나. 케이블방송사업자

(1) 케이블방송의 연혁

케이블방송은 미국에서 1949년 난시청 해소를 목적으로 시작된 CATV (Community Antenna Television)에서 발전한 것으로 공중파가 아닌 '케이블' 즉 유선을 통하여 이루어지는 방송을 말하며 '유선방송'이라고도 한다. 케이블방송은 법령상의 용어는 아니며 현재의 방송법 등에서는 '종합유선방송' 또는 '중계유선방송'이라는 용어가 사용된다.[9] 이하에서는 법령과 관련하여서는 원칙적으로 '유

7) 전국적 방송을 실시함에 있어서 필요한 방송사의 구조형태인 네트워크 체제는 '중앙국 중심의 전국방송형'과 '지역방송국 중심의 전국방송형'으로 나뉜다. KBS와 MBC는 지배 주주가 일원화되어 직할국 또는 계열사 형태의 네트워크 체제를 구축하고 있으며, SBS는 서울 본사가 소유권이 독립된 각 지역민영방송국과 협정을 맺어 프로그램을 송출하는 가맹국 형태의 네트워크 체제를 형성하고 있다. 이러한 네트워크 체제의 구조형태를 취하지 않는 이른바 '비네트워크' 형태의 방송국을 '독립방송국'(independent station)이라고 한다.

8) 방송법 제6조.

9) 방송법 제78조 참조.

선방송' 또는 '종합유선방송' 등의 용어를 사용하기로 하되, 인용하는 자료들에서 사용되고 있는 바에 따라 케이블방송 또는 케이블TV라는 용어도 혼용하기로 한다.

우리나라에서 케이블방송은 1995. 3월에 본격적인 서비스를 개시하였으며 유료방송 중 가장 많은 가입자를 확보하고 있는 방송산업 분야이다.[10] 케이블방송의 연역은 다음과 같다.[11] 우선 우리나라에서도 케이블방송(유선방송)은 지상파방송의 난시청지역을 해소하기 위하여 이를 중계하는 형태로 출발하였다. 이것이 현행 방송법상 '중계유선방송'이고, 1961. 8. 24. 라디오방송을 위한 '유선방송수신관리법'을 제정하여 유선방송수신사업을 처음으로 도입하였다가, 1960년대 TV의 보급확대에 따라 1969년에 TV 중계방송에 대한 사항을 규정하게 되었다. 1986. 12. 31.에 이르러 유선방송수신관리법은 '유선방송관리법'으로 대체되었다. 그 후 기술의 발달에 따라 단순한 중계방송이 아닌 자체적으로 제작한 프로그램이나 이미 제작된 프로그램을 구입하여 송출하거나 각 채널별로 프로그램공급자로부터 전문프로그램을 공급받아 송출하는 형태로 발전하여 왔다. 이것이 '케이블TV'라고 불린 '종합유선방송'이다. 종합유선방송은 기술의 발전에 힘입어 종래의 지역적 제한을 넘어 기존의 지상파방송을 능가하는 광범위한 방송형태로 발전하게 된다. 그리하여 1991. 12. 31. '종합유선방송법'이 제정되어 종합유선방송이 도입되었고, 1995. 3. 1.부터 12개 분야에서 20개 채널로 본격적인 서비스를 개시하게 되었다.

이와 같이 난시청지역의 해소를 위하여 기존의 지상파방송을 중계방송하는 '중계유선방송'과, 최고 150개에 이르는 다수의 채널을 운용하면서 보도, 스포츠, 교양 등의 전문분야에 대한 프로그램을 자체적으로 제작하거나 구입하여 편성 송신하는 '종합유선방송'은 서로 다른 것이다. 그러나 중계유선방송과 종합유선방송은 기술적으로는 같은 유형의 방송으로서 통합관리하는 것이 효율적이라는 고려에 따라 2000년 경에 이르러 새로운 위성방송 체계까지 포섭하고 기존의 방송법, 종합유선방송법, 유선방송관리법 및 한국방송공사법 등으로 분산된 방송법 관련 법체계를 통합하기 위하여 일련의 법률들이 모두 방송법(이른바 '통합방송법')으로 합쳐지게 되었다.

---

10) 2013년 11월 현재 전체 케이블방송 가입자는 14,899,619가구이며, 그 중 아날로그방송 가입자가 58.9%, 디지털방송 가입자가 41.1%로 구성되어 있다(한국케이블TV방송협회 홈페이지 참조).

11) 이하의 내용은 헌법재판소 1996. 3. 28. 92헌마200 전원재판부 결정문에 정리된 내용과 정상조 외(2009), 6면 이하에 정리된 내용을 인용하였다.

(2) 케이블방송사업자의 구조

케이블방송사업자는 방송법상 종합유선방송사업자, 방송채널사용사업자, 전송망사업자의 3분할 구조로 이루어진다.

종합유선방송사업자는 'SO'(Cable System Operator)라고 불리는 사업자로서 유선방송의 운영설비를 갖추고 프로그램을 편성한 후 해당 채널을 통하여 방송 신호를 송출하고 관리하는 사업자를 말한다. SO는 프로그램 편성권, 방송 송출권 및 가입자 관리권을 가지며, 지상파방송사업자와는 달리 제한된 지역 내에서 배타적 특약권을 갖는데 이를 '지역사업권'(franchise)이라고 한다.[12] 지역사업권은 해당 지역 단위 내에서 유선방송 시스템을 독점적으로 운영할 수 있는 권리를 말한다.[13]

방송채널사용사업자는 'PP'(Program Provider)라고 하며 프로그램 공급사업자로서 유선망이나 공중파를 통한 직접 방식으로 SO에게 프로그램을 공급하는 사업자를 말한다.[14] PP의 경우 선호도가 높은 채널이라고 하더라도 시청률이 1% 정도라고 하며, 시청률이 0.5% 정도만 되어도 상위 10위권에 속할 만큼 아직은 지상파방송에 비하여 시청률이 낮은 편이다.

방송채널사용사업자의 범위

대법원 2003. 10. 10. 선고 2003도3982 판결

● **사실의 개요**

피고는 방송위원회로부터 중계유선방송사업 승인을 받은 뒤 한빛위성방송으로부터 홈쇼핑광고를 받아 이를 채널 8번, 10번, 14번을 통하여 중계유선지역 10만 가입가구의 텔레비전 모니터에 유선으로 전송하였다. 위와 같은 행위가 방송채널사용사업을 한 것으로 보아 방송법 위반으로 제소되었다. 즉, 지상파방송사업자, 종합유선방송사업자 또는 위성방송사업자와 특정채널의 전부 또는 일부 시간에 대한 전용사용

---

12) 방송법 제12조 제1항. "미래창조과학부장관은 제9조 제2항(종합유선방송사업 및 중계유선방송사업의 허가)에 따라 종합유선방송사업 또는 중계유선방송사업을 허가할 때에는 일정한 방송구역 안에서 사업을 운영하는 권리(지역사업권)를 부여할 수 있다."

13) 여러 개의 SO를 가진 사업자를 복수종합유선방송사업자(MSO: Multiple System Operator)라고 부른다.

14) 여러 개의 PP를 가진 사업자를 MPP(Multiple Program Provider)라고 하며, 1999년 종합유선방송법의 개정에 의하여 MPP가 허용되면서 점차 늘어나고 있다.

계약을 체결하여 그 채널을 사용하는 사업자 중 과연 누가 방송위원회의 승인을 얻어야 하는지 문제가 된 사건이었다.

● **판시사항**

방송법 제2조 제2호 (라)목에서는 "지상파방송사업자·종합유선방송사업자 또는 위성방송사업자와 특정채널의 전부 또는 일부 시간에 대한 전용사용계약을 체결하여 그 채널을 사용하는 사업"을 방송채널사용사업이라고 정의하고, 같은 법 제9조 제5항에서는 방송채널사용사업을 하고자 하는 자는 방송위원회에 등록하도록 하되, 종합편성이나 보도 또는 상품소개와 판매에 관한 전문편성을 행하는 방송채널사용사업을 하고자 하는 자는 방송위원회의 승인을 얻어야 한다고 규정하고 있으므로 방송위원회의 승인을 얻어야 하는 방송채널사용사업자는 지상파방송사업자·종합유선방송사업자 또는 위성방송사업자의 특정채널을 사용하여 종합편성이나 보도 또는 상품소개와 판매에 관한 전문편성을 행하는 방송채널사용사업을 하고자 하는 자에 한정된다고 할 것이다.

피고는 중계유선방송사업자로서 주식회사 한빛위성방송을 비롯한 프로그램공급사업자들과 사이에 중계유선방송사업자가 보유한 특정 채널의 전부 또는 일부 시간에 대한 채널전용사용계약을 체결한 후 위 프로그램공급사업자들로 하여금 해당 채널을 사용하게 하였을 뿐 피고인들이 스스로 지상파방송사업자·종합유선방송사업자 또는 위성방송사업자의 특정채널을 사용하여 방송채널사용사업을 하였다고는 볼 수 없다.

● **평석**

본 판결은 방송법상 방송위원회의 승인을 얻어야 하는 방송채널사용사업자의 범위에 대한 기준을 제시하여 중계유선방송과 종합유선방송의 구분이 명확하지 않아 그동안 과연 어떤 사업자가 방송위원회의 승인을 받아야 하는가 하는 문제를 해결하였다. 본 판결은 프로그램공급사업자가 직접 제작한 홈쇼핑광고프로그램을 방송한 중계유선방송사업자는 방송위원회의 승인을 얻어야 하는 방송채널사업자가 아님을 명백히 하였다.

전송망사업자는 'CP'(Cable Operator) 또는 'NO'(Network Operator)라고 하며, 다중전송설비 및 망설비를 갖추고 유선방송프로그램을 전송하는 사업자를 말한다.

케이블방송사업자의 재정으로 가장 기본적인 것은 수신자(가입자)로부터 받는 수신료이다. SO와 PP, NO의 세 사업자가 가입자가 납부한 수신료를 일정한 원칙에 따라 배분하는 구조를 갖고 있다. 그러나 SO의 재정에는 가입자로부터 받는 수신료 외에 인터넷 접속사업, 홈쇼핑 송출, 광고료 등도 있다. 가입자로부터

SO가 받은 수신료는 SO, PP, NO 사이에 배분되며, PP들 사이에서는 시청률, 마케팅 기여도, 방송시간 등의 다양한 기준에 따라 다시 차등적으로 분배된다. SO는 수신료 총액 중에서 상당한 부분을 갖고, 나머지는 채널을 제공해 준 PP 단체인 PP협의회와 망사용에 대한 대가로서 NO에게 지급하는 구조로 되어 있다. PP의 수입원 중 가장 큰 비중을 차지하는 것은 홈쇼핑사업자의 매출인 상품판매 수수료와 광고수입이고, 그 밖에 SO로부터 분배받는 수신료 수익, 협찬수익, 프로그램 판매수익 등이 있다.

2000년 이후부터는 방송법의 개정에 의하여 하나의 방송사업자가 여러 개의 SO나 PP를 보유하는 MSO, MPP가 증가하고 있으며, SO와 PP를 동시에 소유하는 MSP도 등장하고 있다.

다. 위성방송과 IPTV

(1) 위성방송

위성방송은 인공위성을 매개로 하여 방송을 송수신하는 서비스를 말한다. 위성방송의 장점으로는 첫째, 위성으로부터 직접 전파를 송신하기 때문에 화질이 깨끗하다는 점을 들 수 있다. 둘째, 적도 상공에서 한반도를 향해 전파를 송신하기 때문에 제주도나 울릉도까지를 포함하는 전국 방송이 가능하며, 난시청 지역에도 선명한 영상을 제공할 수 있다. 셋째, PCM(펄스부호 변조) 장치를 사용하기 때문에 고음질의 방송이 가능하다. 넷째, 위성을 중계매체로 하여 방송을 하기 때문에 지구에서 발생하는 자연 또는 전쟁 등의 재해의 영향을 받지 않고 긴급시에도 전국에 일제히 방송서비스를 제공할 수 있다는 점 등을 들 수 있다. 위성방송사업은 인공위성을 관리하여 가입자 관리와 방송 송출을 행하는 플랫폼사업자와 프로그램을 공급하는 사업자로 구성되어 있다. 위성방송사업은 플랫폼사업자가 위성체를 관리운영 한다는 점이 케이블TV와 다르며, 방송채널사용사업자는 케이블TV와 거의 동일하다. 케이블TV에 채널을 공급하는 다수의 PP가 위성방송에도 채널을 공급하고 있다. 따라서 케이블TV와 위성방송에 서로 다른 프로그램 서비스를 할 수 있는 차별화된 프로그램 공급이 매우 중요하다고 한다. 그렇지 않으면 케이블TV와 위성방송에서 같은 내용의 프로그램이 중복 편성될 수 있기 때문이다.[15]

---

15) 정인숙(2012).

(2) IPTV

IPTV는 초고속인터넷망을 이용한 TV 방송서비스를 말한다. 인터넷에서 음성이나 동영상 등을 실시간으로 재생하는 기술인 스트리밍 방식의 인터넷 방송을 TV를 통해 시청하는 것으로 대표적인 방송통신융합서비스로 주목을 받고 있다. IPTV는 방송용 전파가 아닌 인터넷 프로토콜을 이용해 방송 프로그램을 시청하는 방식이다. IPTV가 웹TV와 다른 가장 큰 기술적 차이점은 IPTV 서비스망은 다른 망과 원칙적으로 접속하지 않는 IPTV만의 전용망이기 때문에 그 가입자만이 이용할 수 있다. 반면 웹TV는 개방형 네트워크를 이용하기 때문에 서비스 영역이 전 세계로 열려있다는 것이 특징이다. 또한 이용하는 단말기 차이도 있다. 웹TV는 컴퓨터 모니터를 이용해 동영상을 보지만 IPTV는 TV 수상기를 이용한다는 점이 다르다. 국내에서는 2005. 12. 27.부터 IPTV 시범서비스(실시간 방송제외)가 개시되었다. IPTV를 방송으로 볼 것인가 통신으로 볼 것인가에 대하여 결론을 내리지 못한 상황에서 상용화를 위한 관련법을 마련하지 못한 채 있다가 일단 KT가 시범 서비스를 시작한 것이다. 그 당시 IPTV에서 실시간 방송이 아닌 주문형 비디오(VOD) 위주로 방송을 내보낸 것을 본격적인 IPTV 이전 단계의 서비스라는 의미에서 Pre-IPTV라고도 하였다. 이후 본격적인 IPTV 서비스는 2009년부터 개시되었다. 2008. 9월 통신사업자인 KT, 하나로텔레콤, LG데이콤 등 세 사업자가 사업권을 획득하였다. 다음커뮤니케이션과 셀런(Celrun)이 합작한 오픈 IPTV 컨소시엄도 사업허가 신청을 하였으나 재정 항목에 의거 부적격 판정을 받아 사업권을 따내지 못했다. 사업권 허가를 받은 세 사업자는 각각 KT의 메가TV(나중에 올레TV로 명칭을 변경), SK브로드밴드의 브로드앤TV(SK텔레콤이 하나로텔레콤을 인수), LG데이콤의 마이엘지TV(나중에 LG U+TV로 명칭을 변경) 등의 이름으로 2009년부터 본격적인 상용 서비스를 시작하였다.16)

IPTV법 제20조 제1항에는 "인터넷멀티미디어 방송콘텐츠 사업자가 제공하는 방송프로그램은 다른 IPTV에도 공정하고 합리적인 가격으로 차별 없이 제공되어야 하며, 주요 방송 프로그램의 계약 행위 등에 있어 시청자 이익 및 공정거래 질서를 저해해서는 아니 된다"고 하여 이른바 '콘텐츠 동등 접근권'에 관한 규정을 두고 있다. 이는 콘텐츠 수급행위의 배타적 거래를 금지하기 위한 것이다. 그

16) Id.

러나 이러한 규정에도 불구하고 사업자들 간에는 갈등이 존재한다. 콘텐츠사업자와 플랫폼사업자의 갈등, 통신사업자와 지상파방송사, 케이블 PP, SO 등과의 갈등이다. 지상파방송과 케이블방송의 인기 채널을 확보해 실시간으로 전송할 수 있는가의 여부는 초기 IPTV의 안착에 결정적 변수가 되었다. 따라서 콘텐츠 동등접근권에 대한 찬성론자들은 지상파방송의 재송신이 IPTV 서비스 조기 정착의 필수조건이므로 사업자 간 동등한 조건으로 제공되어야 한다고 주장한다. 그러나 반대론자들은 사업자 간 자율계약을 최대한 보장하는 것이 바람직하며, 콘텐츠 동등 접근 규제는 특정 유료 플랫폼의 초기 시장 안정을 위한 특혜시비의 우려가 있다고 지적한다.[17]

3. 방송사업자의 권리와 의무재송신

가. 서

아래에서는 지상파방송의 동시재송신에 있어서 문제가 되고 있는 저작권법 및 방송법의 규정들을 살펴보고, 미국과 일본 등 다른 나라에 있어서의 지상파방송 재송신 이슈가 어떠한 과정을 통해 제기되고 현재에는 어떠한 모습에 이르고 있는지를 살펴보면서, 나아가 같은 맥락에서 우리나라에서 지상파방송 재송신 정책이 처음 도입되고 발전되어 온 과정과 이를 외국의 사례와 비교검토해 보기로 한다. 또한 그러한 과정을 통하여 현재 우리나라 지상파방송 재송신 정책의 위치를 진단하고 앞으로 나아갈 방향을 모색해 보고자 한다.

나. 저작권법상 방송사업자의 권리

방송은 공중송신 중 공중이 동시에 수신하게 할 목적으로 음・영상 또는 음과 영상 등을 송신하는 것을 말하고,[18] 방송사업자는 이러한 방송을 업으로서 하는 자를 말한다.[19] 방송의 객체는 반드시 저작물일 필요가 없으므로 예컨대 뉴스나 일기예보, 스포츠 중계 등도 방송에 포함된다. 방송사업자는 그의 방송을 복제할 권리와 동시중계방송 할 권리 및 제한된 범위 내에서의 공연권을 가진다.[20] 이러

---

17) Id.
18) 저작권법 제2조 제8호.
19) 저작권법 제2조 제9호.
20) 저작권법 제84조, 제85조, 제85조의2.

한 방송사업자의 권리는 방송사업자로서 방송을 하기만 하면 발생하는 것으로서 그 방송의 내용(콘텐츠)이 저작물이든 저작물이 아니든, 생방송이든 녹음 또는 녹화방송이든 묻지 아니한다. 또한 방송하는 내용이 다른 방송사업자가 방송한 것을 그대로 받아서 재송신하는 것이어도 방송사업자의 권리는 보호된다. 우리나라의 MBC 방송과 같이 네트워크에 의한 방송은 같은 내용의 방송을 본국과 네트워크 방송국이 동시에 송출하더라도 본국 방송사의 권리만이 보호되는 것이 아니라 같은 방송에 관하여 각 방송사마다 독립된 저작인접권을 갖는 것이라고 해석된다. 지상파방송의 동시재송신과 관련하여 핵심적인 쟁점이 되는 방송사업자의 권리는 동시중계방송권이다. 동시중계방송권은 방송사업자의 방송에 대한 무형적 이용형태에 관한 권리이며, 여기서 동시중계방송이라 함은 다른 방송사업자의 방송을 수신과 동시에 재송신하는 것을 말한다.[21] 한편, 지상파방송사업자가 해당 방송물(콘텐츠)을 직접 자체제작 하였거나, 또는 외주제작자로부터 해당 방송물에 대한 저작재산권을 양수한 경우에는 지상파방송사업자가 그 방송물의 동시재송신에 대하여 저작재산권, 그 중에서 특히 복제권 및 공중송신권(2006. 12. 28. 법률 제8101호로 개정되기 이전의 구 저작권법 상으로는 '방송권')까지 주장할 수 있게 된다.[22] 이때 종합유선방송사업자의 지상파 재송신 행위로 침해 여부가 문제로 될 수 있는 저작권법상의 권리는 지상파방송사업자가 가진 권리에만 한정되지 않으며, 해당 방송물에 등장하는 실연자, 음반제작자의 저작인접권이나 제3자인 저작자의 저작권 침해문제도 존재할 수 있다.[23] 일본의 경우 유선방송사업자가 해마다 저작권 관련 5개 단체(일본 음악저작권협회, 일본 각본가연맹, 일본 시나리오작가협회, 일본 문예저작권보호연맹, 일본 예능실연가단체협의회)와 포괄적으로 이용허락계약을 체결하고 있는데, 이를 이른바 '5단체 룰'이라고 부르기도 한다.[24]

---

21) 이러한 재송신 역시 방송의 한 종류이므로 '재방송'이라고 할 수 있으나, 사회통념상 흔히 사용되는 한 번 방송한 프로그램을 그 후에 다시 방송하는 '재방송' 용어와 혼동될 수 있으므로 그냥 '재송신'이라는 용어를 사용하기로 한다.

22) 정상조 외(2009), 6면.

23) 다만, 재송신에 관하여 실연자, 음반제작자는 보상청구권을 가질 뿐 재송신을 허락할 권한은 없다(저작권법 제73조 단서, 제75조, 제82조 참조). 아울러 제3자인 저작자가 방송대상인 영상저작물의 제작자가 아닌 경우에는 영상저작물제작자를 위한 저작권법 제100조 제1항의 특칙("영상제작자와 영상저작물의 제작에 협력할 것을 약정한 자가 그 영상저작물에 대하여 저작권을 취득한 경우 특약이 없는 한 그 영상저작물의 이용을 위하여 필요한 권리는 영상제작자가 이를 양도받은 것으로 추정한다")에 따라 영상저작물제작자인 방송사업자가 '영상저작물의 이용을 위하여 필요한 권리' 중 하나로 재송신에 관하여도 권리를 행사할 여지가 있어 제3자는 재송신에 관한 권리행사가 제한될 수 있다(정상조 외(2009), 6면).

다. 지상파방송의 의무재송신

한편 방송법 제78조 제1항은 "종합유선방송사업자 · 위성방송사업자(이동멀티미디어방송을 행하는 위성방송사업자를 제외한다) 및 중계유선방송사업자는 한국방송공사 및 「한국교육방송공사법」에 의한 한국교육방송공사가 행하는 지상파방송(라디오방송을 제외한다)을 수신하여 그 방송프로그램에 변경을 가하지 아니하고 그대로 동시에 재송신("동시재송신")하여야 한다. 다만, 지상파방송을 행하는 당해 방송사업자의 방송구역 안에 당해 종합유선방송사업자 및 중계유선방송사업자의 방송구역이 포함되지 아니하는 경우에는 그러하지 아니하다."고 규정하고 있다.

라. 의무재송신과 방송프로그램의 저작권

우리나라의 경우 방송법은 지상파방송의 의무재송신에 관하여 규정하면서 저작권법과의 충돌을 피하기 위하여 동시재송신의 경우에는 저작권법 제85조의 동시중계방송권에 관한 규정을 적용하지 아니한다고 규정하고 있다. 즉 방송법 제78조 제3항에서 "제1항의 규정에 의한 동시재송신의 경우에는 「저작권법」 제85조의 동시중계방송권에 관한 규정은 이를 적용하지 아니한다."고 규정하고 있다. 이와 같이 방송법 제78조 제1항에 의한 이른바 '의무재송신'의 경우에는 지상파방송사업자의 저작권이나 저작인접권이 미치지 않게 된다.

그러나 그 의무재송신의 대상에 관하여 KBS 1채널과 EBS 채널만으로 한정하고 있기 때문에 이에 대하여는 동시중계방송권의 침해문제가 발생할 여지가 없지만, 이에 해당하지 않는 이른바 '자발적 역외재송신'에 대하여는 방송통신위원회의 승인을 받아서 동시재송신 하도록 규정함으로써 저작권 문제의 처리가 불분명하게 되어 있다. 즉, 방송법 제78조 제4항의 '역외재송신'의 경우에는 사업자 간의 자율계약이 체결된 것을 사후에 방송통신위원회가 승인하는 방식을 취하고 있기 때문에 저작권 권리처리와 관련하여 분쟁의 소지가 있는 것이다. 그 결과 종합유선방송사업자 등이 동시재송신 의무가 없는 지상파방송사의 방송프로그램을 동시 또는 이시에 재송신하는 경우 저작권 또는 저작인접권의 문제는 피할 수 없게 된다.

그로 인하여 지상파방송사와 케이블방송사 사이에 저작권 및 저작인접권(동시

24) 정상조 외(2009), 7면.

중계방송권)을 둘러싼 갈등이 깊어져 결국 앞에서 본 바와 같이 소송이 제기되었고, 1심인 서울중앙지방법원은 2010. 9. 8. 지상파방송사의 동시중계방송권 침해를 인정하면서 일정한 조건 하에 동시재송신을 금지하는 판결을 선고하였고,[25] 2011. 7. 20. 항소심인 서울고등법원이 항소기각 판결을 선고하기에 이르렀다.[26]

종합유선방송사업자의 지상파재송신 사건 I

서울중앙지방법원 2013. 2. 15. 선고 2012카합2208 결정

● 사실의 개요

현대HCN서초, 티브로드강서방송의 종합유선방송사업자들이 디지털 지상파방송의 방송 신호를 자신들이 설치한 안테나로 수신한 후 실시간으로 그 방송 신호를 직접 또는 디지털 유선방송용 셋톱박스를 거쳐 가입자가 보유한 텔레비전에 재송신해 왔다. 이에 지상파방송사업자들이 디지털 방송 프로그램 저작권 침해를 이유로 가처분 신청서 송달일 이후 신규 가입 수신자들에 대한 지상파방송의 재전송 금지 가처분을 신청했다.

● 판시사항

종합유선방송사업자의 가입자들 상당수는 지상파방송을 시청하기 위해 불가피하게 지상파방송 채널 외에도 다른 유선방송 프로그램 채널이 포함된 종합유선방송 상품에 가입해 왔고, 종합유선방송사업자들이 가입자들에게 공시청 시설을 이용한 경우와 동일 또는 유사한 수준의 경제적 부담으로 지상파방송을 수신할 수 있는 기회를 제공하지 않았다. 지상파방송의 재송신이 종합유선방송사업자들의 영리 창출에 기여하는 정도가 가입자의 수신행위를 보조하는 정도를 넘으므로 종합유선방송사업자의 지상파방송 재송신 행위는 지상파방송에 관한 동시중계방송권 및 방송 프로그램에 관한 공중송신권을 침해한다.

● 평석

본판결에서는 지상파방송의 재송신이 수신행위보조를 넘어 지상파방송사의 동시중계방송권과 공중송신권을 침해한다고 판단하여 지상파방송의 손을 들어 주었는데, 이는 지상파방송과 유료 다채널 플랫폼 사업자가 동일한 시장에서 직접적인 경쟁을 하는 시장변화를 반영한 것이라 할 것이다.

---

25) 서울중앙지방법원 2010. 9. 8. 선고 2009가합132731 판결.
26) 서울고등법원 2011. 7. 20. 선고 2010나97688 판결. 이 판결은 2013. 4. 11. 상고취하로 확정되었다.

종합유선방송사업자의 지상파재송신 사건II

서울고등법원 2011. 6. 2. 자 2010라109 결정[27)]

● **사실의 개요**

피신청인 씨제이헬로비전은 다채널 유선방송사업을 통해 가입자에게 홈쇼핑 등 유선방송 전용 채널을 제공하고 있을 뿐만 아니라, 신청인들 지상파 3사가 지상의 송신탑 등을 통해 공중에 송출하는 디지털 지상파방송의 방송신호를 수신한 후 실시간으로 위 방송신호를 직접 또는 디지털 유선방송용 셋톱박스를 거쳐 가입자가 보유한 텔레비전에 재송신하고 있다. 이에 신청인들은 피신청인이 신청인들의 동의 없이 이 사건 방송을 동시재전송하는 행위는 신청인들의 권리에 대한 침해라며 소를 제기했다.

● **판시사항**

방송법 제78조의 의무재송신과 동시중계방송권 배제규정은 그 규정 문언의 의미 그대로 교육방송 등 특정 지상파방송에 대하여 방송사업자 등의 재송신 의무를 규정하고 있고, 그 특정 지상파방송을 의무재송신하는 경우에는 저작권법상의 동시중계방송권침해 책임을 면제한다는 내용으로 해석할 수 있을 뿐이다. 의무재송신의 대상이 아닌 나머지 지상파방송의 재송신 행위의 적법 여부 및 저작권 침해책임의 면제 여부에 대해서 방송법이 아무런 언급을 하고 있지 아니한 이상 방송법은 이에 대해 특별히 규율을 하지 않은 것으로 보아야 할 것이다. 따라서 종합유선방송사업자의 디지털 지상파방송 동시재송신은 금지된다고 보았다.

● **평석**

종합유선방송국의 지상파재전송이 난시청해소에 기여한 것은 사실이나 시대가 바뀌면서 종합유선방송사들의 성장으로 인하여 지상파방송사들이 저작권 행사에 나설 수밖에 없게 되었고, 법원이 이 사안에서 지상파방송사의 손을 들어 주었으나, IT의 발전으로 지상파방송사들과 관련 신규진입사들 간의 갈등은 재현될 수밖에 없을 것으로 보인다.

아래에서는 각국에 있어서의 의무재송신과 관련된 법제도의 연혁과 현황, 의무재송신과 저작권법 사이의 관계 등에 관하여 검토해 보기로 한다.

---

27) 【원심판결】 서울중앙지방법원 2009. 12. 31. 자 2009카합3358 결정.

4. 동시재송신과 관련된 해외 입법례

가. 미국

(1) 초기 제도

미국에 있어서 지상파 재송신 제도 및 정책은 지역주의의 원칙과 시장경쟁 원리를 조화시키고자 하는 방향에서 발전해 왔다. 케이블TV의 경우 시장경쟁의 원리에 따라 역외전송을 허용하되 역내 지역방송신호를 의무재송신하거나 지역 방송사에 재송신 동의를 얻도록 하는 두 가지 방법을 제시하고 있으며, 반면에 위성방송의 경우에는 모든 지역 방송을 재송신하는 경우에 한하여 지역 단위 지역방송의 재송신을 허용하고 있다. 미국에서는 1950년대 후반 무렵 케이블 채널 용량이 확대되면서 케이블TV 사업자들은 지역 내 지상파 신호 이외에 극초단파를 통해 중계된 원격방송신호를 재송신하게 되었다. 특히 케이블TV 사업자들이 선호하는 것은 영화나 스포츠 프로그램을 많이 담고 있는 뉴욕, 시카고 등 대도시 독립방송사 채널이었다. 이에 따라 일부 케이블TV 사업자들이 지역 내 인접 지역 신호를 도외시하고 극초단파로 중계된 멀리 떨어진 대도시의 인기 방송 채널들을 내보내는 일이 발생했고, 그 결과 지역 방송사들로부터 케이블TV가 타 지역 방송을 이용해 시청자들을 끌어감으로써 광고수입이 감소한다는 주장이 제기되기 시작하였다.[28)]

(2) 1984년 법

1960년대 미국은 지역주의(localism)를 구현한다는 명분으로 지역방송사를 보호하고 케이블TV의 성장을 억제하는 등 케이블TV에 대한 규제를 강화하였다. 이러한 규제정책에 대하여 케이블TV 방송사가 소송을 제기하기도 하였으나 법원은 그러한 규제정책의 타당성을 인정하였다.[29)] 그 후 1970년대에 들어와 미국

---

28) 윤석민 외(2005), 37면.

29) United States v. Southwestern Cable Co., 1968: 이 사건에서 San Diego에 있는 Midwest TV 방송사는 Southwestern Cable이 LA 지역의 방송전파를 San Diege 지역에 전송하는 것은 공익에 어긋나며, Midwest TV에도 해가 된다며 소송을 제기하였다. 이에 대해 FCC가 Southwestern Cable TV에 규제를 가하자 Southwestern 측에서는 1834년 통신법에 FCC의 케이블 규제권한이 명시되어 있지 않기 때문에 FCC가 케이블 채널 편성권을 제한할 권한이 없다고 주장하였다. 이 사건에서 미국 항소법원은 1934년 통신법에 의거하여 FCC에 규제권한이 없다고 하였으나, 연방대법원은 항소심 판결을 파기하고 FCC의 규제권한을 인정하였다. 연방대법원은 판결에서, 케이블TV의

정부는 케이블TV에 대한 규제를 다시 완화하여 다양한 프로그램 공급자들(PP)의 케이블 시장 진입, 역외재송신 규제 철폐 등을 통하여 영화, 스포츠 등 인기 있는 채널들과 원거리 지상파방송 채널을 포함하는 다양한 채널 패키지를 제공하도록 함으로써 전국적인 규모를 가지는 케이블 방송사업자들이 등장하게 된다. 그러나 이들은 필연적으로 지역방송사나 지역자치단체들과 마찰을 빚게 되고, 그러한 갈등을 해소하기 위하여 1984년 케이블TV에 대한 최초의 연방법률인 '케이블TV법'(Cable Communications Policy Act of 1984)이 제정되게 된다. 이 케이블TV법은 케이블TV와 관련된 상당수의 규제를 완화 또는 철폐하고 있으나 의무재송신 규칙만은 그대로 존속시키고 있다. 이에 따라 케이블TV 사업자들로부터 의무재송신 규칙은 사업자들이 송신하고자 하는 프로그램을 선택할 수 있는 권리인 채널 편성권을 침해하므로 언론의 자유를 보장하는 미국헌법 수정조항 제1조에 위배된다는 주장이 제기되었다. 그 결과 1985년 Quincy Cable TV 사건[30]과 1987년 Century Communication 사건에서 의무재송신 규칙이 언론의 자유를 침해하는 무리한 규제라는 판결이 내려진다. 이에 따라 의무재송신 규칙은 실질적으로 철폐되고 케이블TV 사업자들은 자유롭게 지상파방송사 신호를 선택하여 송신할 수 있게 되었지만, 미국 연방통신위원회(Federal Communication Committee: FCC)는 의무재송신 규칙의 강제성을 어느 정도 유지하면서도 케이블TV 사업자의 편성자율권을 아울러 보장할 수 있는 완화된 의무재송신 규칙 개정안(Must-Carry Rules Reconsideration)을 공표하였다.[31]

역외재송신에 따라 기존 방송사의 수입이 감소하고 시청자 분산으로 인하여 기존 방송사가 파산에 이를 수 있으므로, FCC가 지역방송 발전 차원에서 이를 규제할 수 있다고 판시하였다. 이 판례를 통해 FCC의 케이블 채널 편성권 규제에 대한 유효성이 인정된 것은 물론 FCC가 케이블TV의 채널 편성권을 제한할 수 있는 법적 근거가 마련되었다고 한다(윤석민 외(2005), 39면).

30) Quincy Cable TV v. FCC, 768 F2d. 292 (D.C. Cir. 1985): 이 사건은 워싱턴 주의 Quincy 시에서 지역방송사에 보내주는 전파를 송신하던 Quincy 케이블TV가 인근의 스포캔(Spokane) 시에 있는 3개의 상업방송국 전파를 전송하지 않은 것이 발단이 되었다. FCC는 이에 따라 Quincy 케이블TV사에 5,000달러의 과징금을 부과하였으며, 이에 대하여 Quincy 케이블TV사는 소송을 제기하였다. FCC는 의무재송신 규칙이 케이블TV 방송사들이 지역방송사의 전파를 송신하지 않음으로 인하여 생기는 지역방송사의 경제적 손실을 막기 위하여 반드시 필요하다고 주장하였으나 워싱턴 DC 항소법원은 이러한 FCC의 주장의 근거가 충분하지 않다고 보고 의무재송신 규칙이 케이블TV 방송사의 편성자율권을 침해하는 것으로 인정하여 위헌판결을 내렸다(윤석민 외(2005), 42면).

31) 윤석민 외(2005), 42면.

(3) 1992년 법 이후

이와 같이 케이블TV에 대한 규제가 강화와 완화 사이를 오락가락 하던 중 케이블TV 수신료의 급격한 상승에 따른 소비자들의 불만에 힘입어 1992년 미국 의회는 FCC에 대하여 케이블TV 수신료 결정권을 부여하고 케이블TV의 지상파 재송신을 의무화하는 등 케이블TV에 대한 강력한 규제조치를 담고 있는 '케이블TV 소비자보호 및 경쟁촉진법'(Cable Television Consumer Protection and Competition Act of 1992)을 제정하게 된다. 그러나 이 법은 케이블TV 사업자들의 거센 저항을 받게 되고 결국 위헌소송이 제기되기에 이른다. 흔히 Turner 판결이라고 부르는 그 위헌소송에서 미국 연방대법원은 의무재송신 규칙이 케이블TV 사업자의 채널 편성의 자유를 제약한다는 점은 인정되지만, 이는 미국 헌법 수정조항 제1조에서 금지한 특정 아이디어나 생각을 억압하는 행위가 아닌 '내용중립적'(content-neutral) 경제적 규제라고 판시하였다.[32] 그러나 연방대법원은 케이블TV로 인하여 지상파방송사의 경제적 입지가 실제로 위협을 받고 있는지, 의무재송신 규칙이 없다면 지상파방송사가 심각한 위협을 받게 될 것인지 등에 대한 구체적 입증자료가 부족하다는 이유로 의무재송신 규칙 자체의 합헌성을 명백히 선언하지는 않고 사건을 원심으로 돌려보냈다. 그 이후 연방대법원은 지상파방송사에 대한 케이블TV의 영향력에 대한 여러 가지 조사결과를 토대로 1992년 케이블TV법의 의무재송신 규칙이 합헌적 조치라는 최종판결을 내리게 된다.[33] 특히 이 판결에서 연방대법원은 시청자 수와 지상파방송사의 광고 수입이 높은 상관관계에 있으며 지상파방송사의 시청자 수는 케이블TV의 전송 여부에 큰 영향을 받는다는 의회의 조사결과와, 의무재송신 규칙이 무효화 된 1980년대 말 지상파방송사의 성장이 현저히 감소했다는 사실 및 케이블TV의 수직적, 수평

32) Turner Broadcasting System, Inc. v. FCC, 910 F.Supp. 734 (1994, Turner Ⅰ 판결). 특정 법률조항의 위헌성 여부를 판단함에 있어서 미국의 연방법원은 해당 조항의 성격에 따라 strict scrutiny test, intermediate test, rational basis test 등 서로 다른 수준의 심사기준을 적용하는데, 이 중에서 '중간등급의 기준'인 intermediate test는 해당 법률조항이 '중요한 정부의 이익'(important governmental interest)을 '실질적으로 그와 관련된 수단'(substantially related means)으로 추구하는 경우에는 합헌성을 인정하는 심사기준을 말한다. 이 판결에서 미국 연방대법원은 의무재송신 조항의 위헌성은 연방법률의 위헌성 심사의 위 3단계 기준 중 intermediate test를 적용하는 것이 타당하다고 하였다(정상조 외(2009), 15면).

33) Turner Broadcasting System, Inc. v. FCC, 520 U.S. 180, 117 S.Ct. 1174 (1997, Turner Ⅱ 판결). 이상 윤석민 외(2005), 43, 44면에서 재인용.

적 통합으로 인한 독점적 영향력 증가 등의 요인을 종합적으로 고려하여 의무재송신 규칙을 강제하지 않을 경우 케이블TV가 부당하게 지상파방송사들을 배제하게 될 것이라고 판단하였다.

미국에 있어서 지상파 재송신 정책의 변화를 표로 정리하면 다음과 같다.34)

	1965-1972	1972-1984	1984-1992	1992-1996	1996 이후
규제 양상	케이블TV 규제 도입	부분적인 탈규제 정책	탈규제 본격화	재규제	탈규제 (의무재송신 규칙 유지)
의무재송신 규칙	도입	규제 완화	존속 → 완화 → 실질적 폐지	부활	유지
역외재송신	조건부 허용	규제완화 (1972) 규제철폐 (1976)			
재송신 동의				도입	유지

(4) 현재 상황

위와 같은 경로를 거쳐 FCC는 현재 시청자들의 지상파방송 시청권 확보를 위해 종합유선방송사업자에게 의무재송신(Must-Carry)을 강제하고 있으며, 영리적(상업적) 지상파방송사업자들에게는 의무재송신의 혜택을 받을 것인지 아니면 재송신에 대한 동의권을 행사할 것인지를 선택할 수 있도록 하고 있다. 다만, 비영리(비상업적) 지역방송의 경우에는 재송신 동의를 선택할 수 없으며 따라서 의무재송신만이 적용된다. 즉, 영리적 지역 지상파방송사업자로 하여금 자신의 방송을 의무적으로 재송신 하도록 강제하는 방안 아니면 종합유선방송사업자와의 사이에 케이블 방송을 허락할 것인지에 대한 동의권을 행사하는 방안(재송신동의, Retransmission Consent) 중 선택권을 행사할 수 있도록 한 것이다. 이 선택권은 매 3년마다 행사할 수 있으며, 이 선택권을 행사하지 않는 경우에는 의무재송신을 선택한 것으로 본다. 의무재송신을 선택한 경우 종합유선방송사업자

34) 윤석민 외(2005), 44면.

는 무상으로 자신의 채널 중 하나를 통해 당해 지역방송사업자의 방송을 재송신할 의무가 있다. 통상 인기 없는 독립 지역방송사업자가 전자의 방안을 선택하고, 반대로 인기 많은 콘텐츠를 보유한 지역방송사업자이거나 ABC, CBS, NBC, FOX 등과 같은 전국 규모의 방송사업자들은 후자의 방안을 선택함으로써 자신들의 허락 없이 종합유선방송사업자가 재송신행위를 하지 못하도록 규제하고 있다고 한다.[35)]

한편, 재송신 동의를 선택한 지상파방송사업자는 SO와 협상을 통하여 그에 대한 대가를 산정하게 된다. 그 과정에서 FCC는 지상파방송사와 케이블 및 위성방송 등 지상파방송사 프로그램을 재송신하고자 하는 사업자들 사이의 재송신 협상이 공정하면서도 배타적 계약의 특성을 지니거나 '선의에 기초한 협상'에서 벗어나지 않도록 재송신 동의협상 과정에 개입할 수 있는 규칙(FCC 2000)을 제정하여 운용하고 있다.[36)] 이 규칙에 따라 FCC는 지역방송사업자가 동의권을 행사하는 방안을 선택하여 종합유선방송사업자와 협의를 진행함에 있어서 준수하여야 할 행동지침을 제시하는 한편, 이에 위반한 경우에는 종합유선방송사업자가 동 규칙의 준수를 구하는 신청을 FCC에 제기할 수 있고, 그에 따라 FCC는 지역방송사업자의 선의에 따른 협의 절차의 이행을 강제할 수 있다. 그러나 그 세부적인 내용을 보면 협상 과정에 있어서 규칙의 위반 여부를 판단하는 증명에 관한 입증책임을 케이블방송사업자(주로 다채널 방송사업자인 MVPD)측이 부담하고, 지상파방송사업자들이 재송신을 허용하지 않는 행위 자체는 선의에 기초한 협상을 위반하는 것으로 간주되지 않는 등 지상파방송사업자들의 주도 아래 재송신 등의 협상이 이루어질 수 있도록 되어 있다고 한다.[37)] 한편 미국은 1976년 저작권법 개정을 통하여 케이블TV에 대한 법정허락제도를 도입하였는데,[38)] 이 제도는 지상파 프로그램에 쓰인 저작물의 법정허락제도로서, 미국 방송법상 의무재송신/재송신 동의제도를 통한 지상파방송사의 권리보호와는 별도로 방송프로그램에 대한 저작권자에게 대가를 지급하도록 하는 것이다.

이상에서 본 바와 같이 미국의 경우 영리적 지상파방송사업자에게 선택권을

35) 정상조 외(2009), 16면.
36) '선의 및 독점재전송 동의 신청 관련 규칙'(Good Faith and Exclusive Retransmission Consent Complaints Rule) 47 C.F.R. sec. 76.65.
37) 윤석민 외(2005), 49면 참조.
38) 미국 저작권법 제111조.

부여하면서, 아울러 의무재송신을 선택하지 않은 경우라도 당사자 간의 협의라는 시장 원리에 맡기되, 지상파방송사업자의 무리한 요구에 의하여 협의가 이루어지지 않는 경우 등 협의 과정에서 당사자의 '선의'가 결여된 경우에는 FCC가 그 협의과정에 개입하여 규제를 가할 수 있도록 한 점에 특색이 있다. 현재 미국의 의무재송신은 방송시장에서 상대적으로 더 우월한 지위에 있는 종합유선방송사업자가 공익적 성격의 지상파방송들 중에서 임의로 취사선택하여 일부 방송만을 재송신하는 것을 못하도록 규제하는 데 중점이 있다. 이 점은 우리나라에서는 반대로 방송시장에서 상대적으로 우월한 지위에 있는 지상파방송사업자의 방송콘텐츠에 종합유선방송사업자가 방송법상 의무재송신 조항과 그 동안의 관례 등에 의지하여 재송신하는 방향으로 접근해 왔다는 점과 대비된다. 즉, 우리나라에서는 방송법상 의무재송신 조항을 지상파방송을 '의무'로서 재송신 한다는 점보다는 지상파방송사업자의 동의 없이 재송신할 수 있는 일종의 '권리' 차원에서 접근해 왔다는 것을 의미한다.[39)]

나. 일본

(1) 총설

일본에도 방송법이 존재하지만 입법기술상의 차이로 인하여 우리나라의 현행 법률과는 달리 방송법에서 방송을 "공중에 의하여 직접 수신되는 것을 목적으로 하는 무선통신의 송신"이라고 정의함으로써[40)] 그 개념이 유선방송까지 포괄하고 있지는 않다. 이러한 협의의 방송영역에 일본 방송법 제6조는 방송사업자는 다른 방송사업자 또는 전기통신서비스 이용 방송사업자의 동의가 없으면 그 방송 또는 전기통신서비스 이용 방송을 수신하여 재방송하여서는 아니 된다고 규정함으로써 '재방송'(재송신)에 대한 동의가 필요하다고 규정하고 있다. 다만, 유선텔레비전방송법 제13조에서 제한된 범위 내에서 의무재송신이 가능하도록 하고 있지만, 그 외에는 재송신에 있어서 상대방의 '동의'를 기본적으로 요구하고 있다. 그러나 동의 외에도 장관의 재정(裁定)에 의하여서도 재송신이 가능하도록 길을 열어두고 있다. 우리나라는 의무재송신에 관한 규정을 방송법에 두고 있지만, 일본의 경우 저작권법에서 의무재송신의 경우에는 방송사업자의 저작인접권 중 동시중계

39) 정상조 외(2009), 17면.
40) 일본 방송법 제2조 제1호.

방송권을 인정하지 않는 방법으로 규정하고 있다.41) 이하에서는 일본에 있어서 어떠한 경우에 의무재송신이 가능한지를 개괄적으로 살펴보기로 한다.

(2) 유선텔레비전방송법상 의무재송신

일본 유선텔레비전방송법 제13조 제1항에서는 유선텔레비전 방송사업자가 텔레비전 방송 또는 텔레비전 다중방송을 의무재송신하기 위한 요건으로서, ① 수신의 장애가 발생하거나 발생할 우려가 있는 것으로 총부장관이 지정한 구역에 한하여, ② 해당 구역 내 모든 방송사업자의 텔레비전 방송 또는 텔레비전 다중방송을 재송신할 것, ③ 방송프로그램에 변경을 가하지 않고 동시에 재송신할 것을 요구하고 있다.42) 이는 우리나라 방송법이 의무재송신을 하기 위한 요건으로서 ③의 요건만을 규정하고 있는 것과는 달리 상당히 엄격한 요건을 규정하고 있는 것으로 볼 수 있다.

(3) 방송사업자의 동의가 있는 경우

유선텔레비전방송법 제13조 제2항의 규정43)에 따라 위에서 본 의무재송신의 경우가 아니라면 '텔레비전 방송사업자' 또는 '텔레비전 다중방송사업자'가 동의한 경우에 지상파방송의 동시재송신이 가능하다. 이러한 동의 제도는 당시 '유선방송업무의 운영 규정에 관한 법률'(후에 '유선라디오방송업무의 운영규정에 관한 법률'로 개정됨)에 존재하던 동의제도를 그대로 도입한 것이라고 한다. 이에 따라 지상파방송사업자의 저작인접권에 기초한 권리행사가 이론상 가능하지만 일본에서 지상파방송사업자 측은 그 권리행사를 유보하고 있는데, 이는 방송서비스의 보급을

---

41) 일본 저작권법 제99조 "① 방송사업자는 그 방송을 수신하여 그것을 재방송하거나 또는 유선방송할 권리를 전유한다. ② 전항의 규정은 방송을 수신하거나 유선방송을 행한 자가 법령의 규정에 의하여 행하지 않으면 아니 되는 유선방송에 관하여는 적용하지 않는다."

42) 일본 유선텔레비전방송법 제13조 제1항. "유선텔레비전 방송시설자인 유선텔레비전 방송사업자는 제3조 제1항의 허가에 관계된 시설을 설치한 구역의 전부 또는 일부가 텔레비전 방송의 수신에 장애가 상당한 범위에 걸쳐 발생하거나 발생할 우려가 있다고 총무장관이 지정한 구역 내에 있는 때에는, 그 지정한 구역 내에서는 해당 시설을 설치한 구역이 속한 행정구역의 구역 내에 텔레비전 방송 또는 텔레비전 다중방송을 행한 방송국을 개설하고 있는 모든 방송사업자의 텔레비전 방송 또는 텔레비전 다중방송을 수신하여, 그 어떤 방송프로그램에도 변경을 가하지 않고 동시에 그것을 재송신하지 않으면 아니 된다. 다만, 총무성령으로 정하는 경우에는 그러하지 않다."

43) 일본 유선텔레비전방송법 제13조 제2항. "유선텔레비전 방송사업자는 방송사업자 또는 전기통신역무 이용 방송사업자의 동의를 받지 않는 한 그 텔레비전 방송 또는 텔레비전 다중방송 또는 전기통신역무 이용 방송을 수신하여 이를 재송신하여서는 아니 된다. 다만, 전항의 규정에 의하여 유선텔레비전 방송사업자가 텔레비전 방송 또는 텔레비전 다중방송을 재송신하는 경우에는 그러하지 아니하다."

확대함에 있어서 유선방송사업자 측 역시 지상파방송사업자와 더불어 자동차의 양 바퀴와 같은 역할을 하고 있음을 고려한 결과라고 한다.[44)]

(4) 재정(裁定)

재정에 앞서서 종합유선방송사업자는 우선 지상파방송사업자를 상대로 협의를 구하여야 하며, 그 협의가 이루어지지 않거나 협의를 할 수 없는 경우에 총무장관을 상대로 재정을 신청할 수 있다.[45)] 총무장관은 지상파방송사업자에게 의견진술의 기회를 부여한 다음 지상파방송사업자가 협의를 거부한 것에 '정당한 이유'가 있는 경우를 제외하고는 종합유선방송사업자가 구한 동의를 하여야 한다는 취지의 재정을 하며, 이와 같이 정해진 재정이 당사자에게 지체없이 통지된 때에 그에 따라 당사자 사이에 협의가 이루어진 것으로 본다.[46)] 다만, 다음 각 호의 1에 해당하는 경우에는 협의를 거부할 정당한 이유가 있는 것으로 본다. ① 방송프로그램이 방송사업자의 의사에 반하여 일부 삭제되어 방송되는 경우, ② 방송사업자의 의사에 반하여 이시(異時) 재송신되는 경우, ③ 방송시간의 시작 전 또는 종료 후에 그 채널에서 다른 프로그램의 유선방송을 행하여 방송사업자의 프로그램과 그 다른 프로그램 사이에 혼동이 생기는 경우, ④ 유선텔레비전 방송시설이 설치될 가능성이 없고 시설설치의 재정적 기초가 충분하지 않는 등 유선텔레비전 방송사업자로서 적격성에 문제가 있다고 보이는 경우, ⑤ 유선텔레비전 방송의 수신, 송신기술의 수준이 낮아 양질의 재송신을 기대하기 어려운 경우 등이다.

일본에서 실제로 재정이 활용된 사례는 5건 남짓이라고 한다. 사실 일본의 지상파방송사업자 측은 재정제도의 철폐를 요구해 왔다고 하는데, 재정 제도가 구역외 재송신에 대하여 여러 번 활용됨으로써 지역면허제도의 근간을 무너뜨리고 있음이 그 주된 이유라고 한다. 그러나 일본 총무성의 입장은 제정제도의 유지를 지지하고 있다고 하며, 아울러 유선방송에 의하여 지상파방송을 청취하고 있는 시청자가 전체 시청자의 60%를 초과하고 있는 일본의 현실을 고려할 때 지상파방송이 널리 보급되어야 한다는 공익적인 면에서 장차 수신장애 유무에 관계없는

44) 정상조 외(2009), 11면.
45) 일본 유선텔레비전방송법 제13조 제3항. "유선텔레비전 방송사업자는 방송사업자 또는 전기통신역무 이용 방송사업자에 대하여 전항 본문의 동의에 대하여 협의를 구하였으나 협의가 이루어지지 않거나 협의를 할 수 없는 때에는 총무장관에게 재정을 신청할 수 있다."
46) 위 같은 법 제13조 제5항 내지 제8항.

의무재송신 조항으로 변모시키는 것을 검토할 필요가 있다는 입장이라고 한다.[47]

다. 유럽연합

유럽연합의 경우에는 '보편적 서비스 지침'(Universal Service Directive)[48]을 통하여 의무적으로 종합유선방송사업자에게 지상파방송의 재송신을 강제하고 있지만, 그 보상체계는 회원국의 자율에 맡기고 있다. 독일이나 벨기에는 지상파방송사업자가 유선방송사업자에게 송신료를 지불하고 있으며, 프랑스나 영국에서는 지상파방송사업자가 재송신 비용을 받고 있다.[49] 위 지침에서 '보편적 서비스'란 전자통신 네트워크 혹은 서비스의 운영자로 하여금 최소한의 서비스를 자신이 속한 국경 내에서는 지리적 위치에 관계없이 모든 이용자들에게 합리적인 가격에 제공하도록 의무화한 것을 지칭한다. 위 지침 제31조에서는 회원국들로 하여금 합리적인 수준에서 의무재송신(must-carry) 제도를 도입할 것을 의무화하고 있다. 한편, 의무재송신을 도입하여야 하는 회원국들의 의무는 회원국들이 그와 별도로 적절한 보상을 결정할 권한에는 영향을 미치지 않는다. 의무재송신에 의한 전자통신 네트워크 제공행위가 서로 유사한 상황이라면 차별하지 않아야 하며, 이런 보상이 부여될 때에도 역시 비례적이고 명확하여야 한다.[50]

이처럼 유럽연합의 경우 보편적 서비스 지침을 통하여 의무재송신 도입을 회원국들의 의무로서 규정하되, 그와 관련된 보상 문제에 관하여는 회원국들의 자율에 맡기고 있다는 점에 특색이 있다.

5. 동시재송신과 저작권

가. 해석론

(1) 서

지상파방송사와 케이블TV(SO) 사이의 분쟁은 2008. 7월에 한국방송협회가 한국케이블TV방송협회에 지상파방송의 디지털 신호 재송신 중단을 요청하면서

47) 정상조 외(2009), 13면.
48) Directive 2002/22/EC of the European Parliament and of the Council of 7 March 2002 on Universal Service and User's Rights relating to Electronic Communications Networks and Services.
49) 김병일(2009), 158면.
50) 정상조 외(2009), 17, 18면.

본격화 되었다. 지상파방송사는 케이블TV가 지상파방송을 지상파방송사의 동의나 허락 없이 동시재송신 함으로써 저작재산권 중 복제권 및 전송권, 그리고 저작권법상 방송사업자에게 부여되는 저작인접권 중 하나인 동시중계방송권을 침해하고 있다고 문제를 제기하였고, 이에 대하여 한국케이블TV방송협회는 디지털 신호 재송신은 난시청 해소 의무, 보편적 방송서비스 실현, 지상파방송의 수신확장에 기여하고 있으며, 법률적으로도 케이블TV에 의한 지상파방송의 재송신은 적극적인 의미에서의 송신이라기보다는 수신자의 수신행위를 보조하는 소극적인 의미에서의 송신에 불과하므로 저작권이나 저작인접권의 침해로 볼 수 없다고 주장하였다.

이러한 사태가 본격적으로 벌어지기 이전에 우리나라의 지상파 재송신 정책은 일찍이 케이블을 통한 경인방송(iTV) 재송신이나 위성방송을 통한 MBC 및 SBS 재송신 등의 문제처럼 2000년 초기부터 방송산업계의 이해관계가 얽혀 첨예하게 대립함으로써 갈등의 근원이 되어 왔다.[51] 여기에 DMB, IPTV 등 새로운 송신 방식의 방송콘텐츠 제공 서비스 도입이 시작되면서 이들 신규 서비스들에 의한 지상파 재송신 문제가 더욱 쟁점이 되었다. 이러한 갈등은 네트워크 기술의 발달에 따른 다매체 다채널 상황 속에서 계속적으로 발생할 수밖에 없다는 점에서 지상파재송신의 문제는 방송정책에 있어서 핵심적인 쟁점이다.

(2) 수신의 보조행위 해석론

방송사업자는 저작인접권으로서 동시중계방송권을 가지고 있으며, 또 방송사업자가 직접 방송물을 제작하거나 그 방송물의 저작재산권을 취득한 경우에는 그 방송물에 대한 복제권, 배포권, 방송권 등의 저작재산권을 갖게 된다. 이 때 케이블방송의 동시재송신이 독립적인 동시중계방송이 아닌 지상파방송사의 동시중계 또는 복제, 배포, 방송권을 단순히 '실현'하는 것으로 보아 지상파방송사의 허락 없이도 가능한 것이 아닌가 하는 해석론이 있다. 즉, 지상파방송의 동시재송신은 지상파방송사업자가 자신의 방송물을 동시중계방송 내지 복제, 배포, 방송

51) 경인방송은 지상파방송이 허가구역 밖으로 케이블이나 중계유선을 통해 방송되는 것을 막는 방송위원회 정책에 대하여 SBS와의 형평성 문제를 들어 강력하게 반발한 바 있다. 경인방송은, 수도권으로 권역이 제한된 SBS는 지역민방을 통해 전국으로 방송서비스가 제공되고 있는데, 경인방송이 중계유선과 케이블방송을 통해 역외로 재송신이 되지 못한다면 형평성에 어긋나며, 방송권역이 경기와 인천 지역으로 묶여있어 누적적자를 감당할 수 없고 결국 방송사 유지 자체가 위태롭다고 주장하였다.

하는 것으로서 그 권리의 실현을 하는 것이어서 별도로 저작인접권 및 저작권자인 지상파방송사업자의 허락을 받을 필요가 없는 것으로 볼 수 있다는 것이다. 이는 케이블방송의 동시재송신을 시청자들의 지상파방송에 대한 수신장치의 확장 또는 시청자들의 지상파방송 수신의 '보조행위'에 불과한 것으로 보고, 독립적인 동시중계방송으로는 보지 않는 견해이다. 케이블TV의 동시재송신은 누구든지 전파 수신장치를 이용하여 접근할 수 있는 지상파방송에 아무런 변경을 가하지 않고 그대로 동시에 재송신하는 것이어서 실질적으로 지상파방송의 수신기능을 확장하는 역할을 하는 데 그친다고 보아 케이블TV는 지상파방송의 송신자가 아니라 수신자이고 일종의 안테나에 불과하다는 법리이다. 이 법리는 일찍이 미국의 Fortnight Corporation 사건 판결[52]에서 나온 이론이다.[53] 이 사건에서 미국 연방대법원은 케이블TV가 특정 지역에서 수신이 가능하도록 하는데 결정적인 역할을 하는 것은 사실이지만 이러한 역할은 개인이 설치한 안테나의 역할과 본질적으로 다르지 않다고 보았다. 즉, 개인이 아니라 기업이 안테나 역할을 하였다는 이유로 이를 다르게 취급할 필요가 없다고 본 것이다.[54]

우리나라에서도 이러한 법리를 지지하는 견해가 있는데, 종합유선방송사가 별도의 녹화 내지 녹음 또는 지상파방송의 변형 내지 편집이나 광고의 삽입 등을 하지 않는 한, 종합유선방송사에 의한 지상파재송신은 시청자의 수신행위의 연장선상의 행위에 더 가깝고 지상파방송사에 의한 방송 내지 중계방송과는 거리가 멀다고 본다. 즉, 아파트 등의 공동주택시설 대부분이 지상파방송 신호를 수신해서 증폭한 후 주민들에게 공급하는 것이 시청자의 수신행위의 연장선상에 있는 적법한 행위인 것처럼, 종합유선방송사업자가 사업지역 내의 지상파를 수신해서 재송신하는 행위도 지역 내 시청자들의 수신을 도와주는 것으로서 방송사업자의 권리를 침해하지 않는 것이라고 해석하는 것이다. 동시중계방송은 지상파가 전달

---

52) Fortnight Corp. v. United Artistss Television, Inc., 392 U.S. 390(1968). 이 사건에서 피고는 5곳의 TV 방송국의 방송신호를 수신하여 증폭, 변형한 다음 피고 자신의 가입자에게 전달하는 서비스를 제공하는 케이블TV를 운영하고 있었는데, 미국 연방대법원은 이론적으로 기술진보에 따라 새롭게 등장한 케이블방송이 미국 연방저작권법상 공연권의 대상에 해당된다고 볼 수 있음을 인정하면서도, 이 사건 피고 케이블TV는 단지 방송신호를 수신하는 시청자들의 능력을 증진시키는 기능을 하였을 뿐이라고 하여 지상파방송사업자의 공연권을 침해한 것이 아니라고 판단하였다.

53) 김병일(2009), 162, 163면.

54) 이 사건 후 몇 년 뒤에 연방대법원은 Teleprompter 판결에서 지역 외의 지상파까지 수신해서 재송신하더라도 지상파방송사의 저작권(공연권) 침해에 해당하지 않는다고 판시하였다. Telepromper Corp. v. Columbia Broadcasting, 415 U.S. 394(1974).

되는 지역적 범위를 확장시킴으로써 새로운 수익을 창출하는 행위를 뜻하는데, 애초에 지상파가 전달될 것으로 예상된 지역과 동일한 지역 내에서의 동일한 시청자를 대상으로 한 재송신행위는 동시중계방송에 해당된다고 보기 어렵다는 해석이다.[55)]

그러나 이러한 법리는 '방송'을 독립된 개념으로 규정하고 있는 우리나라 저작권법[56)]에서는 받아들이기 어렵고, 방송'에 해당하는 개념을 규정하고 있지 않은 미국 저작권법 하에서도 현재 케이블 등에 의한 송신이 공연에 해당한다고 규정하고 있고(제101조(2)), 케이블에 의한 재송신이 저작권을 침해하는 것을 전제로 일정한 경우 책임을 배제하고 있으므로(제111조 (a)) 현행 미국 저작권법 하에서도 적용될 수 없다 할 것이다. 우리나라에서도 법원은 이를 배척한 바 있다. 실제 위에서 본 서울중앙지방법원 2010. 9. 8. 선고 2009가합132731 판결과 그 항소심인 서울고등법원 2011. 7. 20. 선고 2010나97688 판결에서 케이블TV의 지상파방송 동시재송신이 시청자들의 수신행위의 연장에 불과하다는 주장을 배척한 바 있다.[57)] 즉 상당수의 수신자들은 수신을 도와주는 주체로서 종합유선방송사들을 선택하였다기보다는 지상파방송사들이 제공하는 방송을 시청하고자 별다른 선택의 여지가 없이 지상파방송 외에도 다수 구성된 채널이 포함된 상품의 구매를 통해 지상파방송을 시청하여 왔고, 종합유선방송사들이 수신자들에게 공시청 시설을 이용한 경우와 동일 또는 유사한 수준의 부담으로 지상파방송을 수신할 기회를 제공하였다고 보기 어려우며, 지상파방송의 동시재송신이 종합유선방송사들의 영리창출에 기여하고 있는 정도가 지상파방송의 동시재송신을 수신자들의 수신을 보조하는 것을 넘는다고 평가할 정도임을 알 수 있으므로, 종합유선방송사들의 지상파방송의 동시재송신이 지상파방송사들의 저작인접권을 침해하지

55) 정상조 외(2009), 20면 참조.

56) 저작권법 제2조 제8호.

57) 다만, 이에 대하여 미국 저작권법상 '방송'의 개념은 규정되어 있지 않지만 대신에 미국 저작권법상 '공연'은 매우 광범위하게 정의되어 있어 '공연'은 저작물을 처음 연기하는 것 등을 포함할 뿐만 아니라 그러한 연기 등을 일반 공중에게 전달하거나 통신하는 추가적인 연기 등을 포함하므로, 노래를 부르는 것이나 그 노래를 방송사가 동시 또는 녹음에 의하여 전달하는 것도 실연에 해당한다는 점 등에 비추어 보면, 케이블TV의 지상파재송신은 공중에 송출된 지상파 신호를 별도의 변조나 복조 없이 그대로 통과(by-pass)시켜 시청자에게 전달하는 것이므로 별도의 신호 컨버팅 및 서버 송출을 통해 제공되는 위성방송이나 IPTV 등에 의한 재송신과는 달리 위 Fortnight 판결에서의 '수신행위의 연장' 법리는 지상파재송신과 관련하여 우리나라에서도 적용될 수 있는 법리라는 주장이 있으나, 동 판결은 케이블의 재송신을 저작권의 범위에 포함시킨 1976년 미국 저작권법 개정 이래 적용될 수 없게 되었다. 우리나라 법원도 이를 배척하였다. 김병일(2009), 163, 164면 참조.

않는다고 평가할 정도로 사회통념상 단순히 수신의 영역에 머무르면서 가입자인 수신자의 수신을 보조하는 행위에 불과하다고 볼 수는 없다고 하여 동시재송신의 수신보조행위성을 부인하고 있다.[58]

(3) 묵시적 동의(묵시적 라이선스) 해석론

종합유선방송사업자에 의한 지상파재송신 행위가 동시중계방송에 해당한다고 하더라도 지난 40여년 동안 이루어져 온 재송신 관행에 비추어 보면, 이는 지상파방송사업자의 묵시적 허락 하에 재송신이 이루어진 것이기 때문에 지상파방송사업자의 권리침해는 성립하지 않는다는 해석론이다. 특히 지상파사업자가 케이블TV에 대하여 지상파방송채널과 동일한 지정 채널을 요구하면서 지상파 수신장애를 해소하기 위한 관련된 협조를 요청하는 관행은 지상파재송신에 관한 묵시적 허락이 있었다고 판단할 수 있게 해 준다는 것이다. 또한 방송통신위원회가 IPTV 도입 당시 지상파사업자와의 합의가 없음을 이유로 IPTV 사업자의 이용약관의 승인을 거부한 것과 대비해 보면, 케이블방송의 채널편성 및 이용요금 등이 포함된 이용약관에 대하여 방송통신위원회가 승인을 해 온 것도 종합유선방송사의 지상파재송신에 관한 묵시적 허락의 존재 내지 재송신 자체의 적법성을 전제로 한 것으로 해석된다고 주장한다.[59] 그러나 위 서울중앙지방법원과 서울고등법원의 판결에서는 이러한 묵시적 동의의 해석론에 따른 주장도 배척되었다.

(4) 권리남용 해석론

수신료를 지불하는 시청자의 무료 지상파 채널에 대한 접근권은 방송저작물의 공정한 이용을 도모하기 위하여 아날로그 및 디지털 방송 전환 이후에도 차질 없이 보장되어야 한다는 점, 케이블방송이 기본적으로 지상파 난시청 해소의 역무를 지니고 있다는 점, 지상파방송사들은 SO들의 성장세로 2002년 이후 지상파 광고수익이 감소했다고 주장하고 있지만, 2002년 이전에는 케이블방송 가입자 수 증가에 따라 PP 사업자의 시청률 증가와 인터넷 매체의 급성장 등 전체적인 미디어 환경 변화에 따라 나타난 현상이라는 점을 고려한다면, 지상파방송사들이 과도한 사용료 지급을 요구하면서 부당하게 저작물 이용허락을 거절하거나 또는

58) 서울고등법원 2011. 7. 20. 선고 2010나97688 판결 참조.
59) 정상조 외(2009), 21면; 김병일(2009), 164, 165면.

부당한 이용조건을 강요하는 경우에는 그들은 시장지배적 지위를 가지고 있는 것으로 추정되거나 저작권법이 추구하는 공공정책 위반에 해당되어 저작권 남용으로 판단될 수 있다는 것이다.[60)]

그러나 법원은 권리행사가 권리의 남용에 해당한다고 할 수 있으려면, 주관적으로 그 권리행사의 목적이 오직 상대방에게 고통을 주고 손해를 입히려는 데 있을 뿐 권리를 행사하는 사람에게 아무런 이익이 없는 경우이어야 하고, 객관적으로는 그 권리행사가 사회질서에 위반된다고 볼 수 있어야 하는 것이며, 이와 같은 경우에 해당되지 않는 한 비록 권리의 행사에 의하여 권리행사자가 얻는 이익보다 상대방이 잃을 손해가 현저히 크다 하여도 그러한 사정만으로는 이를 권리남용이라고 할 수 없다(대법원 2002. 9. 4. 선고 2002다22083, 22090 판결 등 참조)고 하면서, 종합유선방송사들의 지상파방송의 동시재송신으로 지상파방송사들의 방송에 관한 저작인접권의 침해가 지속되고 있는 상황에서 지상파방송사들은 종합유선방송사들로부터 지상파방송에 관한 동시재송신의 대가를 받지 못하는 손해를 입고 있다고 볼 수 있고, 여기에다가 한정된 광고시장에서 종합유선방송사들의 영업전략에 따라 광고주가 지상파방송사들의 방송 대신 종합유선방송사들의 유선방송을 광고방법으로 이용함에 따라 지상파방송사들의 광고 매출 손해가 예상됨에도 종합유선방송사들로부터 아무런 대가를 받지 못하는 것은 공평하지 않다는 점을 더하여 고려하면, 지상파방송사들이 지상파방송에 관하여 저작인접권을 주장하는 것이 아무런 이익이 없다고 단정할 수 없고, 그 권리행사가 사회질서에 위반된다고 볼 수도 없다고 하여 권리남용이라는 주장을 배척하였다.[61)]

(5) 법정이용허락에 따른 해석론

방송법상 동시재송신의 의무를 부담하지 않는 지상파방송들, 즉 KBS 2채널, MBC, SBS 등의 경우 동시중계방송권의 침해여부가 문제된다고 하더라도 그로 인한 모든 구제수단이 인정될 수 있을지는 의문이고, 저작권법 제51조는 공표된 방송의 공익상 필요에 의한 이용에 관하여 법정이용허락을 허용하고 있으며, 케이블방송이 난시청 지역해소 및 화질개선이라고 하는 공익상 필요에 의하여 이루어진 것이라고 본다면, 동시재송신의 의무가 없는 경우의 동시재송신은 저작권

---

60) 김병일(2009), 166면.
61) 서울고등법원 2011. 7. 20. 선고 2010나97688 판결 참조.

법 제51조에 의한 법정이용허락의 대상으로 될 수 있다는 해석론이다. 즉, 지상파 동시재송신에 관하여 지상파방송사업자와 케이블방송사업자 사이에 협의가 이루어지면 권리침해의 문제는 처음부터 없을 것이지만, 협의가 이루어지지 않으면 저작권법 제89조가 준용하고 있는 제51조의 규정에 따른 법정이용허락을 받아서 동시재송신이 이루어질 수 있기 때문에 금지청구 및 손해배상청구의 실익은 없다고 보는 것이다. 이 견해는 저작권법 제51조 및 제89조의 규정에 의하면 마치 법정이용허락이라고 하는 허락을 받은 이후에만 이용할 수 있는 것처럼 표현되어 있지만, 이 규정은 방송 또는 동시중계방송에 따른 거래비용(去來費用: transaction costs)을 저감케 하고 이용을 활성화하기 위한 취지에서 도입된 규정이라는 점을 근거로 한다. 즉, 법정이용허락에 관한 저작권법의 규정은 일정한 요건을 충족한 경우에 저작권자 및 저작인접권자의 허락 없이 저작물 내지 방송물을 이용하도록 하고 저작권자 및 저작인접권자에게는 법정 절차에 따라서 산정된 일정한 이용료 지급을 청구할 수 있는 청구권만을 부여하기 위한 규정이고, 그러한 규정의 취지에 비추어 볼 때 지상파 동시재송신의 경우에도 이 규정이 적용될 수 있다고 보는 것이다.[62]

나. 입법적 해결 모색

법정허락은 당사자 사이에서 자율적인 이용허락 계약을 체결하도록 기다리는 것이 아니라 강제적으로 이용허락을 간주(법정허락) 내지 유도(강제허락)하는 제도이다. 특히 저작물이 어떠한 이유에서인지 사용되고 있지 않다든가 저작권자와의 협의가 잘 성립되지 아니하여 허락을 받을 수 없는 경우에라도 그 저작물의 사회적 이용을 가능하게 함으로써 저작물의 문화적 가치를 일반 국민이 향유하도록 하는 것에 이 제도의 취지가 있다. 강학상으로는 법에서 정한 사유가 있으면 저작권자와의 협의를 거치지 아니하고 소정의 보상금을 지급 또는 공탁하고 허락을 받은 것으로 의제하여 그대로 이용할 수 있게 한 경우를 '법정허락'(statutory license)제도라고 하고, 저작권자에게 이용조건을 협상할 수 있도록 보장하고 그것이 잘 안 되는 경우에 소정의 금액을 지급 또는 공탁함을 조건으로 이용허락계약체결을 강제함으로써 저작물을 이용할 수 있도록 한 경우를 '강제허락'(compulsory license)제도라고 한다. 그러나 우리 저작권법은 이를 구별

62) 정상조 외(2009), 22면.

하지 아니하고 법정허락이라는 용어를 사용하고 있다.63)

종합유선방송사업자의 지상파방송 재송신과 관련된 저작권법적 문제는 이미 오래 전부터 제기되어 왔고 앞으로도 기술발달에 따른 다양한 전달매체의 출현에 의하여 언제든지 동일한 형태로 제기될 수 있는 쟁점이다. 방송은 이른바 '보편적 서비스'가 이루어져야 하는 분야이고 따라서 방송법과 저작권법은 모두 방송의 공익성을 추구하면서 방송에 대한 투자이익의 보호 및 기술과 관련 산업의 발전을 도모하기 위한 것이라는 점에 비추어 보면, 다른 일반 저작권 및 저작인접권과 같이 지상파에 대한 완전한 배타적 권리와 자유재량적 행사권을 지상파방송사에게 부여하는 것은 고려해 보아야 한다는 견해가 있다. 모든 시청자들에게 방송물을 전달할 의무를 부과한 방송법의 취지에 비추어 보거나, 저작권 거래비용을 줄이고 이용활성화를 위해서 법정이용허락 제도를 도입한 저작권법의 취지에 비추어 볼 때 입법론적으로는 지상파 동시재송신에 대하여 법정허락제도를 도입하여 지상파방송사가 배타적 권리가 아닌 일종의 보상청구권을 갖도록 하는 것이 바람직하다는 견해가 그렇다.64)

반면 지상파방송의 동시재송신에 대해 법정허락제도를 도입하여 보상청구권을 갖도록 하자는 것은, 1) 방송법이 지상파방송사에게 시청자에 대한 지상파방송의무를 부과할 뿐, 매체를 불문하고 방송물을 전달할 의무를 부과하고 있지 않은바, 이러한 방송법 취지에도 반할 뿐만 아니라 2) 저작권 거래비용 절감과 무관하고, 3) 이용활성화와 직접적인 관계가 없으며, 4) 다만 지상파콘텐츠를 이용하려는 유료매체에게 콘텐츠 수급에 있어 특혜를 주느냐의 문제일 뿐이라는 반론도 제기된다. 이러한 입장에서는 지상파방송의 동시재송신문제는 사적 계약으로 해결해야지 법정허락으로 갈 문제는 아니라는 견해를 고수하고 있다.

현 상황 하에서는 지상파방송 동시재송신의 법정허락에 관한 입법이 있기까지는 현행 관례에 충실하게 케이블TV사업자는 의무재송신에 해당되지 않는 한 지상파방송사업자의 이용허락을 받아 재송신을 하여야 할 것이다. 이 점은 케이블TV사업자들이 가입자들에 대하여 동시재송신은 물론 VOD서비스를 포함하는 이시재송신서비스를 동시에 제공하고 있다는 점에서 이시재송신 허락을 받을 때 동시재송신도 허락받을 수 있다는 점에서 그 타당성을 발견할 수 있다.

63) 송영식 외(2011), 190면.
64) 정[illegible] 외(2009), 26면; 김병일(2009), 173면.

Ⅲ 방송저작물의 유통에 관련한 법적 문제

1. 방송저작물 유통 환경의 변화

디지털 기술과 네트워크 환경의 발달에 따라 기존의 방송은 다양한 플랫폼, 다채널, 복합 및 융합미디어, 다매체를 통한 급속한 경쟁의 구조로 나아가고 있다. 기존의 지상파방송, 케이블TV, 위성방송에서 인터넷을 통한 방송, 이동통신망을 통한 방송으로 송신 서비스의 형태가 다양화됨에 따라 매체 및 관련 산업 사이의 경쟁이 치열해지고 있으며, 그로 인하여 그러한 각각의 플랫폼을 기반으로 하는 콘텐츠도 내용에 있어서는 물론이고 형식에 있어서도 변화를 거듭하고 있다. 그 과정에서 이른바 One Source Multi-Use의 시장 전략이 자리를 잡아가고 있으며, 이러한 환경적인 변화는 필연적으로 콘텐츠의 유통구조에도 많은 변화를 요구하게 되었다. 특히 매체 간 경쟁이 심화되고 문화를 향수하는 미디어 환경이 변화되면서 원래부터 종합적, 융합적 성질을 가지고 있던 방송콘텐츠의 중요성은 더욱 강조되고 있다. 그에 따라 영상저작물로 대표되는 방송콘텐츠는 그것이 가지고 있는 종합예술로서의 복합적인 성질로 인하여 권리관계가 더욱 복잡해질 수밖에 없고, 거기에 미디어 환경의 복잡, 다양화에 따른 유통구조의 변화로 인하여 콘텐츠의 창작과 유통, 소비 등 전 과정에 걸쳐 더욱 복잡한 법률적인 쟁점들을 야기하게 된다.

다양한 미디어 환경 속에서 경쟁에 있어서의 우위를 확보하기 위해서는 필수적인 인기 콘텐츠를 확보하여 플랫폼에서 제공하지 않으면 가입자나 시청자가 이탈하게 되며, 그로 인하여 매체들 사이, 사업자들 사이에 있어서 우수 콘텐츠 확보 경쟁은 더욱 치열해 질 수밖에 없다. 그런데 방송산업 분야는 규모의 경제가 존재하고 아울러 거대한 초기 투자를 요하는 분야이다. 따라서 플랫폼 사업자는 수평적 통합을 통해 대규모 투자 자본을 확보하기 위한 전략을 펴거나, 기존의 유력한 콘텐츠 사업자를 합병하여 수직적으로 통합함으로써 안정적인 콘텐츠를 확보하는 등의 전략을 구사하게 된다. 매체 간 경쟁 측면에서의 콘텐츠 확보 경쟁에서는 지상파 채널 및 지상파 계열 콘텐츠의 지배력의 문제와 그에 따른 타 플랫폼으로의 재송신 허용 여부의 문제, 종합유선방송사업자의 집단지배력의 행사로 인한 특정 채널의 위성 송신 거절 및 중단의 문제, 위성DMB에 대한 지상파 재송신 거절 문제 등 콘텐츠와 관련된 경쟁행위에 있어서의 공정성 문제, 시장봉쇄의 문제 등의 이슈는 이미 오래 전부터 제기되어온 쟁점이기도 하다.[65]

정보 미디어를 콘텐츠가 유통되는 '채널'이라고 부르고 있는 것에서 알 수 있는 것처럼, 이제는 정보 미디어 산업 전체가 콘텐츠 유통산업으로 변화하고 있고, 그 결과 콘텐츠 유통은 이제 정보 미디어 산업의 중요한 특성의 하나가 되었다. 그런데 이렇게 콘텐츠 유통이 활발해지는 데 비하여 한편에서는 콘텐츠의 부족에 따른 문제가 발생하고 있다. 특히 새로운 미디어의 등장과 확산에 필수적인 대중적인 킬러 콘텐츠가 적절하게 공급되거나 배분되지 못하고 특정 사업자에게 지배되거나 부족하게 되는 현상이 발생한다. 이러한 문제의 핵심에는 콘텐츠의 이용과 관련한 저작권 문제가 자리를 잡고 있다. 콘텐츠에 대한 저작권의 확립과 그에 따른 정당한 활용이 해당 콘텐츠의 유통을 원활히 하느냐 아니냐의 관건이 되는 것이다. 정보 기술이 발전하였음에도 불구하고 저작권 논의에는 여전히 두 가지 문제가 내재되어 있다. 하나는 누가 저작권을 보유하며 그 권리를 어떻게 또 얼마만큼 보호할 것인가 하는 것과, 다른 하나는 저작권을 통하여 어떻게 콘텐츠를 활성화시킬 것인가 하는 것이다. 이 두 가지 문제는 저작권이 근대 사회에서 탄생한 배경이기도 하지만, 정보 기술의 발전에도 불구하고 여전히 해결되기 어려운 문제이다.[66]

디지털・네트워크 환경의 발달이 콘텐츠의 유통구조에 근본적인 변화를 가져오게 된 원인은 다음과 같이 분석해 볼 수 있다. 우선 권리자에게 불안을 가져오는 요인으로는, (1) 복제에 소요되는 노력과 시간은 더 이상 대량복제를 방지하는 요인이 되지 못하게 되었고, (2) 복제를 거듭하여도 원본과 복제물의 질적 차이가 없으며, (3) 원본에 대한 조작이나 변경이 쉽고 그 흔적 또한 거의 남지 않으며, (4) 문자・음성・음향 및 영상 등 존재의 태양이 다른 여러 저작물이 하나의 매체에 상호 연결되어 이용될 수 있고, (5) 디지털화 된 저작물이 인터넷과 같은 통신망을 통하여 순식간에 전 세계에 송신될 수 있게 되었다는 점을 들 수 있다. 그러나 그 반대로 권리자에게 유리한 요인, 즉 디지털・네트워크 기술의 발달이 저작권 환경에 미치는 긍정적인 효과도 있다. 즉, (1) 디지털 콘텐츠의 표시 식별

65) 김대호(2007), 84면.
66) Id., 84, 85면.

화가 가능하게 되었고, (2) 표시와 콘텐츠 시장과의 연계가 보다 손쉽게 되었으며, (3) 네트워크 방식의 인증체계가 구축되고, (4) 권리의 다발인 저작권 이용허락을 얻기 위한 협상 채널로서의 저작권집중관리단체의 발달 및 온라인 시스템의 구축이 이루어지고 있으며, (5) 명확하고 정교한 정산시스템이 발달하고, (6) 저작권 등록 시스템과 메타데이터의 연계가 이루어지는 등 저작물의 권리관리가 용이해지고, 이용허락 역시 온라인 시스템을 통하여 손쉽게 받을 수 있는 환경이 도래하고 있다. 아날로그 환경에서는 저작권자들과 이용자들이 일일이 이용허락 계약을 체결하는 것이 현실적으로 어려웠지만, 디지털 · 네트워크 환경 아래에서는 손쉽게 개별적인 이용허락이 가능하게 된 것이다.[67]

2. 방송저작물 유통에 있어서 저작권의 역할

따라서 종래 아날로그 환경을 전제로 하여 형성된 유통질서와 그를 뒷받침하고 있는 저작권 법리는 그 근거에서부터 기본적인 변화가 나타났기 때문에, 저작권자 및 저작인접권자의 권리를 보호함으로써 창작에 대한 인센티브를 제공한다는 저작권법의 기본취지를 잃지 않는 범위 내에서 그 변화의 필요성이 계속하여 논의되어야 할 부분이라고 할 수 있다.

디지털화와 정보통신 및 방송기술의 비약적인 발전은 방송콘텐츠 제작과 유통에 큰 영향을 미친다. 이에 따라 매체가 증가하고 브로드밴드의 확산으로 새로운 서비스가 등장한다. 그 결과 다양한 형태의 VOD(주문형 비디오) 서비스, 특히 TV 기반의 VOD 서비스가 증가한다. 디지털화가 콘텐츠의 제작 및 유통에 가져오는 효과에 있어서는 복합적인 측면이 동시에 존재한다. 우선, 콘텐츠를 제작하고 송신하기 쉬워지면서 콘텐츠가 풍부해지는 반면에, 오히려 콘텐츠에 비해 시청자의 수가 상대적으로 적어져서 다수의 소비자들을 유인하기 위한 콘텐츠를 제작하는 것은 점점 어려워지며 시청자들은 개별적으로 자신의 특수한 기호에 맞는 콘텐츠를 찾게 된다는 것이다. 그러나 시청권역을 전세계로 하는 방송도 이루어질 수 있게 되면서 이러한 틈새 콘텐츠의 제작이 경제적으로 가능해지는 측면도 있다. 나아가 특정한 콘텐츠에 있어서는 방송권역의 확대와 디지털화가 그에 대한 수요를 감소시키기보다는 오히려 증가시키는 효과를 가져올 수 있다. 프

67) 오승종(2013), 685면.

리미어 리그의 2001-2004시즌 축구중계료가 1992-1997시즌 축구중계료의 약 10배에 달하게 된 것이 그 좋은 예라고 한다. 즉, 일부 특정한 인기 콘텐츠가 시장을 지배하는 경향이 나타나는 것이다. 이러한 여러 가지 측면이 현실적으로 각각 가능성을 가지고 있어서 복합적으로 나타날 수도 있다. 콘텐츠의 수가 증가하면서 다양성이 확보되는 반면에 특정 콘텐츠가 시청자를 집중적으로 점유하는 경향도 동시에 나타나는 것이다. 그 과정에서 디지털 유료방송의 활성화로 인하여 핵심 콘텐츠에 대한 수요가 증가하고, 따라서 이러한 콘텐츠의 가격이 급등하는 결과를 초래한다. 유료방송을 차별화하기 위해서는 배타적인 프리미엄 영화, 드라마나 스포츠 경기 중계가 필수적이며, 이러한 필수성으로 인해서 프리미엄 콘텐츠의 가격이 급등하고 있다는 것이다. 특히 방송콘텐츠의 가격 요인은 방송콘텐츠의 유통에서 가장 중요한 변수로 작용함으로써 방송콘텐츠 시장을 좌우하게 된다.[68]

우리나라의 방송저작물의 저작권 문제 역시 이러한 상황에서 벗어나 있지 않다. 한편으로는 다양한 뉴미디어의 등장으로 인하여 저작권침해의 문제가 심각해지는 반면에, 다른 한편으로는 외주 제작 방송저작물의 저작권귀속이라는 기본적인 문제도 여전히 남아 있다. 특히 외주 제작 방송저작물의 저작권 문제가 우리나라에서 많은 논쟁이 되는 것은 방송사와 독립제작사 사이의 전통적인 힘의 불균형 관계에 기인할 수도 있고, 또는 기형적 독립제작사, 즉 소수의 인원을 두고 방송사의 인력, 제작 시스템 등을 이용하는 제작사 자체의 문제에 기인할 수도 있다. 또한 DMB, IPTV, 와이브로 등 다양한 뉴미디어에서 방송영상저작물의 활용이 가능해지고, 스트리밍 등 새로운 기술을 통한 유통이 가능해짐에 따라 복제, 전송 등 기본 개념의 재조정이나 새로운 개념의 도입도 필요하게 되었다. 이에 따라 그 동안 저작권법이 매우 자주, 여러 차례에 걸쳐 개정되었다는 것은 주지의 사실이다. 이는 저작권귀속이나 보호의 문제가 그만큼 복잡해졌음을 의미한다. 그러나 저작권의 취지가 저작권자의 권리를 보호하면서도 동시에 사회적으로 저작물의 공정한 이용과 활용을 도모함으로써 궁극적으로는 문화 및 관련 산업의 발전을 목적으로 하고 있다는 점[69]에 비추어 볼 때, 저작물의 공정한 이용은 정보의 광범위한 확산, 창조적인 자기표현 등 표현의 자유를 증진하는 데 필요하다. 그리고 이를 위해서는 콘텐츠의

68) 김대호(2007), 87면.
69) 저작권법 제1조.

공정한 유통이 기반이 되지 않으면 안 된다. 그러므로 방송콘텐츠 산업에서 저작권의 역할은 다른 무엇보다도 중요하다고 할 수 있다.[70)]

특히 인터넷을 비롯한 네트워크의 발전이 저작권과 관련하여 방송저작물의 유통에 미치는 영향은 점점 증가하고 있다. 방송저작물을 손쉽게 복제, 배포할 수 있는 기술이 발달함에 따라 저작권자의 허락을 받지 않고 콘텐츠를 무단으로 복제하여 유통시킴으로써 상업적 이익을 취하는 행위들이 증가하고 있어서 기존의 콘텐츠 유통 질서를 어지럽히고 있다. 또한 참여, 공유, 개방을 특징으로 하는 웹2.0의 발달은 동영상 기반의 이용자 제작 콘텐츠(UCC: User Created Contents)를 활성화 시킨 바 있고, P2P, 토렌트(torrent), 웹하드 등의 저작물 공유서비스의 확산과 인터넷 포털을 통한 동영상 검색 서비스의 보편화는 불법적인 방송저작물 유통의 주요 요인이 되고 있다.[71)] 이런 상황에서 저작권은 방송저작물에 대한 저작권자의 권리 확보와 이용자들의 공정이용을 위한 핵심적인 키워드로 작용하게 된다.

디지털 기술의 발달 및 네트워크 환경의 변화가 기존의 콘텐츠 유통질서에 큰 변화를 가져온 것처럼, 방송저작물의 유통환경의 변화에 있어서 저작권도 양면적인 영향을 받게 된다. 즉, 한편으로는 콘텐츠 유통경로의 다양화가 저작권 침해의 가능성을 높이는 위협 요인이 되기도 하며, 다른 한편으로는 오히려 저작권의 보상을 증진하는 요인이 되기도 한다. 저작권을 통해 방송콘텐츠의 유통을 활성화시키기 위한 방안으로 저작권 집중관리제도의 활성화, 신디케이션 제도, 디지털 저작권 관리시스템(DRM: Digital Rights Management)의 도입 등이 논의되거나 이미 시행되고 있다. 저작권 집중관리제도는 저작권자가 그 관리에 대한 계약을 전문적인 저작권 위탁관리단체와 체결함으로써 직접 무수한 이용자들과 접촉하는 대신 그 단체로부터 사용료와 적정한 대가를 받을 수 있으며, 권리 분쟁이 있을 경우 그것을 전문적으로 신속하게 해결해 주기 때문에 방송콘텐츠와 같은 복잡한 권리관계를 일괄적으로 해결할 수 있다는 장점이 있다. 신디케이션 제도는 방송사에게는 콘텐츠를 구입하기 위해 제작사들과 일일이 연락하고 탐색하는 번거로움을 줄이고 필요한 콘텐츠를 쉽게 구입할 수 있게 하며, 제작사에게는 제작한 콘텐츠의 판로를 걱정하지 않아도 될 뿐만 아니라 해외에도 수출하여 콘텐츠의 유통을 활성화할 수 있는 단위로서의 역할을 하게 된다. 즉, 신디케이션

70) 김대호(2007), 85면.
71) Id., 88면.

은 방송콘텐츠의 저작권을 일괄적으로 관리함으로써 유통과 저작권의 전문성을 높일 수 있다는 장점이 있다. 한편, 온라인상에서의 콘텐츠 유통은 불법 복제의 가능성이 매우 크기 때문에, 제작 단계에서부터 콘텐츠별로 부호화하고 인증키를 발급하여 집중적으로 관리하는 시스템이 필요한데 이것이 DRM 시스템이다. 이 시스템을 통하여 콘텐츠를 체계적으로 관리함으로써 사용자, 구매자 등의 권리관계가 명확해지고 저작권 사용에 대한 대가를 적절하게 회수함으로써 콘텐츠 제작사업자들의 수익을 보장하고 유통을 활성화시킬 수 있게 된다. 콘텐츠 제작자로부터 최종 사용자(end user)까지는 물론이고 최종 사용자 상호간 및 단말기 간의 유통과정에 적용되는 접근통제기술, 복제관리기술, 워터마킹 기술, ID 관리기술, 콘텐츠 제공 기술, 과금 기술 등은 모두 일정한 범위 내에서 저작권을 보호하는 역할을 하게 되며, 이러한 저작권 보호기술의 발달은 디지털 플랫폼 상에서의 방송저작물의 적법한 유통을 위한 기반이 된다.[72)]

3. 방송저작물 유통의 유형

가. 당사자의 유형에 따른 분류

(1) 동일유형 방송사업자 사이의 방송저작물 유통

동일유형 방송사업자 사이의 방송저작물 유통의 예로서는 지상파방송사업자 사이에서의 방송저작물 유통이나 케이블방송사업자 사이에서의 방송저작물 유통 등을 생각해 볼 수 있을 것이다. 그러나 공중파면 공중파, 케이블이면 케이블과 같이 동일한 종류의 송신경로를 사용하면서 시장을 분할하고 있는 동일유형 방송사업자 사이에 일어나는 방송저작물 유통은 자유경쟁시장에서 경쟁사업자 사이의 유통의 문제로서 법률적인 쟁점이 될 부분이 그다지 많지는 않다. 지상파방송사업자인 MBC는 지배주주가 일원화 되어 계열사 형태의 네트워크 체제를 구축하고 있으며, SBS는 서울 본사가 소유자가 다른 각 지역 민영방송국과 협정을 맺어 프로그램을 송출하는 가맹국 형태의 네트워크 체제를 형성하고 있기 때문에 법률적 분쟁이 발생할 소지가 거의 없다.

오히려 동일유형 방송사업자 사이의 방송저작물 유통과 관련하여 검토해 보

72) 김대호(2007), 91면.

아야 할 부분으로서는 스포츠 경기 등의 중계방송과 관련하여 제기되는 보편적 시청권의 문제가 있다. 국민적 관심이 매우 높은 스포츠 경기 등의 중계방송에 있어서는 방송콘텐츠의 공급과 분배를 배타적 권리인 저작권법이나 계약자유의 원칙에 맡겨둘 것이 아니라 방송법상의 이념인 '보편적 시청권'과 조화를 이룰 수 있도록 아울러 해결하여야 할 필요가 있다. 실제로 수 년 전 특정 지상파방송사가 월드컵 중계에 대한 계약상의 내용에 기초한 배타적인 권리인 단독중계권을 근거로 다른 지상파방송사들에 대한 방송콘텐츠의 배급을 거부하고 독점중계를 고수하다가 국민적 권리로서의 보편적 시청권을 무시하는 행태라는 비판을 받고 사회적인 문제로 된 사례가 있다.

월드컵이나 올림픽과 같은 국가적인 대형행사를 중계하는 것은 방송사업자들로서는 반드시 제공하여야 하는 서비스이기 때문에 중계권을 둘러싼 경쟁은 더욱 치열해질 수밖에 없다. 특히 상업적 지상파방송사로서는 그러한 스포츠 경기의 중계방송을 통하여 수익창출과 함께 시청률 확보라는 두 마리 토끼를 잡을 수 있다는 매력 때문에 중계방송가격이 치솟더라도 그 기회를 쉽사리 포기할 수 없는 입장에 놓이게 된다. 이처럼 고액의 방송권료 경쟁에도 불구하고 대형 인기 스포츠의 중계방송이 황금알을 낳는 거위로 인식되자 동일한 유형의 방송사업자들 사이에서는 인기 스포츠의 중계방송권을 획득하려고 치열한 경쟁에 주저 없이 뛰어드는 현상이 발생하고 있다.[73] 이러한 현상 때문에 중계방송에 대한 권리로 저작권을 논함에 있어서는 그러한 중계방송이 가지는 보편성에 대한 이해가 전제되어야 한다. 즉, 대형 인기 스포츠의 중계방송의 경우 방송저작물로서의 저작권 적용에는 항상 상대적인 권리로서 방송법상 보편적 시청권의 문제가 함께 고려되어야 하는 것이다.[74]

여기서 '보편적 시청권'이라 함은 국민적 관심이 매우 큰 체육경기대회 그 밖의 주요 행사 등에 관한 방송을 일반 국민이 시청할 수 있는 권리를 말한다.[75]

---

73) Robert L. Saltzman, Television News Access to Exclusive Owned Sporting Event: A Compartive Study, Sports Lawyers Journal(2002). p.2. 우리나라의 특정 지상파방송사가 월드컵 독점중계방송권을 획득하기 위해 거액의 중계권료를 지불한 사례도 있지만, 관련 자료에 의하면 미국의 Fox 텔레비전 방송사도 지난 2000년 초반에 4년간 National Football Conference의 중계방송권을 16억 달러에 사들였으며, 2002년 올림픽 중계를 위해 NBC 방송사도 23억 달러를 지불하는 등 방송중계권료는 기하급수적으로 치솟고 있다고 한다(류종현(2013), 293면에서 재인용).

74) 류종현(2013), 292, 293면.

75) 방송법 제2조 제25호. "보편적 시청권"이라 함은 국민적 관심이 매우 큰 체육경기대회 그 밖의 주요행사 등에 관한 방송을 일반 국민이 시청할 수 있는 권리를 말한다.

방송통신위원회는 방송법의 규정에 따라 '보편적 시청권보장위원회'의 심의를 거쳐 국민적 관심이 매우 큰 체육경기대회 그 밖의 주요 행사를 고시하여야 하고, 이 경우 방송통신위원회는 문화체육관광부장관, 방송사업자 및 시청자의 의견을 들어야 한다.[76] 이러한 '보편적 서비스' 또는 '보편적 접근권'은 민주주의의 평등원칙에 이념적 기반을 두고 있다. 사회구성원들은 기본적으로 커뮤니케이션 채널에 접근할 수 있는 권한을 부여받는데, 이것은 모든 사회구성원들이 민주주의 제도 내에서 이성적이며 상식적인 정치적 판단을 내리기 위한 최소한의 기반으로 커뮤니케이션 할 수 있는 권리를 갖기 때문이다. 방송 영역에서의 '보편적 접근권'이란 기술적 환경이나 기타 여건에 의한 난시청 지역을 해소하여 모든 국민들이 기회균등 차원에서 방송 서비스에 접근할 수 있도록 하고(이를 '방송 신호 도달의 보편성'이라 한다), 서비스 제공 측면에서 누구나 적정한 비용에 접근이 가능하도록 하며(이를 '서비스 이용에 있어서의 보편성'이라 한다), 콘텐츠 내용 측면에서 방송 내용이 특정 계층의 취향만을 만족시키는 프로그램을 지양하고 방송에서 소외되는 계층이 없도록 다양한 프로그램을 전송하여야 한다(이를 '서비스 내용 차원의 보편성'이라 한다)는 것을 의미한다. 따라서 국민적 관심의 대상이 되는 스포츠 행사 등에 대하여는 대다수의 일반 국민이 이를 시청할 수 있도록 중계방송권을 다른 동일유형 방송사업자에게도 공정하고 합리적인 가격으로 차별 없이 제공하여야 할 필요성이 있다.[77]

이와 관련하여 방송통신위원회는 국민관심행사 등에 대한 보편적 시청권을 보장하고 중계방송권 확보에 따른 과도한 경쟁을 방지하기 위하여 중계방송권 계약에 있어서 방송사업자 또는 중계방송권자 등에게 공동계약을 권고할 수 있다. 또 중계방송권자로서 국민적 관심이 매우 큰 체육경기대회나 그 밖의 행사의

---

76) 방송법 제76조

② 방송통신위원회는 제76조의2의 규정에 따른 보편적시청권보장위원회의 심의를 거쳐 국민적 관심이 매우 큰 체육경기대회 그 밖의 주요 행사(이하 "국민관심행사등"이라고 한다)를 고시하여야 한다. 이 경우 방송통신위원회는 문화체육관광부장관, 방송사업자 및 시청자의 의견을 들어야 한다.

③ 국민관심행사등에 대한 중계방송권자 또는 그 대리인(이하 "중계방송권자등"이라 한다)은 일반국민이 이를 시청할 수 있도록 중계방송권을 다른 방송사업자에게도 공정하고 합리적인 가격으로 차별 없이 제공하여야 한다.

④ 방송사업자는 제1항 및 제3항의 규정을 위반하는 행위에 관하여 방송통신위원회에 서면으로 신고할 수 있다.

⑤ 방송통신위원회는 제4항의 규정에 따른 신고를 접수한 경우에는 제35조의3의 규정에 따른 방송분쟁조정위원회의 심의를 거쳐 60일 이내에 그 결과를 통보하여야 한다.

77) 류종현(2013), 294면.

종류 및 국민 관심도 등을 고려하여 국민 전체가구 수의 100분의 60 이상 100분의 75 이하의 범위에서 방송통신위원회가 고시하는 비율 이상(올림픽이나 국제축구연맹이 주관하는 월드컵의 경우에는 국민 전체가구 수의 100분의 90)의 가구가 시청할 수 있는 방송수단을 확보하지 아니하는 행위는 금지된다.[78]

(2) 타유형 방송사업자 사이의 방송저작물 유통

타유형 방송사업자 사이의 방송저작물 유통도 기본적으로 배타적 권리인 저작권에 기반을 둔 계약(사적자치)에 의하여 이루어질 것이지만, 이와 관련하여서는 우선 앞에서 상세히 살펴본 바와 같이 이른바 '킬러 콘텐츠'라고 할 수 있는 지상파방송의 동시재송신을 둘러싸고 그 공급자인 지상파방송사업자와 그 유통자인 케이블방송사업자 및 위성방송사업자 사이에 분쟁과 갈등이 있음을 유념할 필요가 있다.

또한 케이블방송사업자는 방송법상 종합유선방송사업자, 방송채널사용사업자, 전송망사업자의 3분할 체제로 이루어져 있음도 앞에서 본 바와 같다. 즉, 종합유선방송사업자란 케이블 시스템 오퍼레이터(Cable System Operator) 혹은 줄여서 SO라 불리는 사업자로서 유선방송의 운영 설비를 갖추고 편성한 후 해당 채널을 통해 송출하고 관리하는 사업자를 말한다. 종합유선방송사업자는 편성권과 송출권, 가입자 관리권을 가지고 있다. 지상파방송사업자와는 달리 종합유선방송사업자는 그 제한된 지역에서 배타적 특약권을 갖게 되는데, 이를 지역사업권(franchise)이라고 하며[79] 이는 지역 단위의 유선방송 시스템을 독점적으로 운영할 수 있는 권리를 말한다. 이에 비하여 프로그램 프로바이더(Program Provider) 또는 그냥 PP라고 불리는 방송채널사용사업자는 유선 배분망이나 공중파를 통한 직접 방식으로 시스템 운영자(SO)에게 프로그램을 공급한다. 네트워크 오퍼레이터(Network Operator) 혹은 그냥 줄여서 NO로도 불리는 전송망사업자는 다중전송 설비와 망 설비를 갖추고 유선방송 프로그램을 전송하는 역할을 한다. 이들 SO, PP, NO 사업자는 모두 케이블방송사업자이지만 그 역할이나 기능에 있어서 다르기 때문에 이들 사이에 발생하는 방송저작물의 유통은 사실상 타유형 방송사업자 사이의 방송저작물 유통이라고 보아야 할 것이다.

---

78) 방송법시행령 제60조의3 제1항 제1호.
79) 방송법 제12조(지역사업권).

타유형 방송사업자들 사이의 방송저작물 유통과 관련하여 발생하는 법적 쟁점은 지상파방송의 동시재송신 문제에서 본 것과 같이 주로 접근권 및 공정경쟁과 관련된 것이다. 이는 대부분의 방송사업자들이 시청률에 큰 영향을 미치는 주요 콘텐츠 확보에 어려움을 겪고 있다는 것을 반증한다. 그로 인한 문제는 주로 지상파방송의 방송저작물에 대한 접근과 주요 인기 PP 채널 접근을 둘러싸고 발생한다. 이들 문제는 앞에서 '보편적 시청권'과 관련하여 언급한 것과 유사한 쟁점을 제기한다. 유료방송 시장에서 방송저작물의 유통과 관련하여 주된 쟁점으로 되는 것은 일반적인 계약법이 아니라 배타적 권리인 저작권 등에 기초한 독점권의 행사 및 그로 인한 주요 방송저작물에 대한 접근 제한에 있어서의 공정경쟁의 법리 측면에서 다루어질 문제라고 하여, 일부에서는 우리나라의 유료방송 시장의 가장 근본적인 문제점을 '다(多) 플랫폼 소(少) 콘텐츠'와 그로부터 발생하는 사업자들 사이의 불균형이라고 보고 있다.[80] 또한 지상파방송사들이 방송콘텐츠 경쟁력을 바탕으로 이른바 '홀드백'을 통하여 사실상의 지배력을 행사하는 경우 즉, 지상파방송사업자가 자기 계열사의 PP들에 대하여 우선적으로 콘텐츠를 제공하고 비계열 PP에 대하여는 계열사 PP보다 상대적으로 많은 대가를 받고 일정 기간이 경과한 후에야 제공하는 경우도 있어, 뉴미디어에 대한 지상파방송 콘텐츠의 제공 거부는 통신시장에서 주로 언급되는 이른바 '필수설비의 원칙'(essential facility doctrine)을 적용하여야 하는 시장봉쇄 사례로 해석하여야 한다는 견해도 있다.[81] 그러나 현재 유료방송, 그 중에서도 케이블TV와 PP는 CJ, 현대백화점 등 5개의 대기업 자본이 시장의 62%를 점유하고 있고, 유료방송은 콘텐츠에 투자하지 않는 상황에서 지상파방송이 자신의 콘텐츠를 자기 계열의 PP에 우선 공급한다고 하여 '필수설비의 원칙'을 적용하는 것이 타당한지는 의문이라는 반대론도 설득력을 얻고 있다.

또한 다채널 유료방송 시장에서 종합유선방송이 높은 점유율을 차지하고 있어 SO의 협상력이 매우 강하다는 것이 PP 채널이나 방송저작물의 유통을 제한하는 요인이 되기도 한다. 오늘날 유선방송 가입자는 전체 시청자의 약 80%를 차지하고 있는데, 여기에 PP들이 2001년부터 등록제로 전환됨에 따라 등록 사업자 수가 대폭 증가하여 경쟁이 더욱 치열해졌고 그에 따라 채널 편성 권한을 가

80) 이수영(2005).
81) 이재영(2006); 김대호(2007), 94면에서 재인용.

진 SO의 협상력이 매우 높아진 것이다. 또한 1999년과 2001년 채널티어링[82] 및 개별계약제 실시 이후 수신료 배분비율이 낮아지면서 PP들은 대규모 시청자를 대상으로 하는 광고수입, 상품판매 수입 등에 의존하게 되고, 이는 가입자 기반이 높은 종합유선방송에 더욱 의존하는 결과를 가져왔다. 여기에서 MSO와 MPP가 결합된 MSP 사업자들이 자신들이 소유한 PP들의 경쟁력을 높이기 위해 자사의 채널을 우선적으로 편성하고 경쟁 PP를 배제하는 사례가 발생하였다. 또한 실질적으로 경쟁 관계에 있는 위성방송을 배제하고 SO에게만 독점적으로 콘텐츠를 제공하기 위한 대형 MPP들의 채널송신 계약 거부 또는 채널송신 중단 사례들이 이어져 왔다. 예컨대, 2003년에는 케이블TV MSP인 온미디어가 투니버스, Super Action, MTV의 위성방송 송출을 제한한 바 있다. 2004년 CJ는 XTM, Mnet 송출을 중단하였으며, 2006년 CJ는 다시 tvN 송출을 중단하고자 함으로써 논란을 불러 일으켰다. 이들 MPP들이 송신을 중단한 채널들이 상당한 시청 점유율을 갖는 인기 채널이라는 사실에서 주요 방송콘텐츠의 확보는 방송사업자들이 사활을 거는 대단히 중요한 요소임을 알 수 있다.[83]

또한 케이블 SO가 PP에게 거래상 우월적 지위를 남용함으로써 콘텐츠 유통을 저해하는 경우도 나타나고 있다. SO가 채널 편성을 임의로 변경하거나, 일방적으로 콘텐츠 송출을 중단하기도 하며, 채널 편성 대가로 경제적 대가를 요구하거나, 채널 번호 및 상품 구성을 일방적으로 변경하거나, 최혜 요건을 강요하기도 한다는 것이다. 그러므로 유료방송 시장에서의 불공정 경쟁 문제는 방송콘텐츠의 원활한 유통을 저해하는 요인으로서 매우 중요한 법률적 쟁점 중 하나이다. 우리나라의 방송콘텐츠 유통시장은 방송산업 구조적으로 불공정 경쟁이 일어나기 쉬운 구조로 되어 있으며, 이것이 저작권과 관련한 문제와 중첩되어 방송콘텐츠 유통의 활성화를 방해하는 요인으로 작용하기도 한다.[84]

---

82) '티어링'(tiering) 서비스는 가격 전략을 통해 동일한 종류의 서비스들을 특정 묶음으로 제공하는 방송 서비스를 말한다. 가입자가 무조건 일정한 시청료를 내고 모든 케이블TV방송을 볼 수 있는 제도와는 달리 적은 시청료를 내면서 보고 싶은 채널 일부의 묶음만 선택적으로 볼 수 있는 것이 특징이다. 전 채널을 3~4개 종류로 묶어서 지상파방송, 공공채널과 같은 무료전송 채널들과 거의 이용료를 받지 않는 홈쇼핑 채널을 기본으로 묶고, 여기에 소비자의 요구에 따라 오락 중심, 교양 중심, 전문성 중심 등으로 채널들을 추가해 묶는 방식 등으로 구성된다. 저가의 티어링은 소비자에게는 큰 혜택이지만 결과적으로 수신료 수입 저하로 유료방송 시장 전체의 서비스 저하로 이어질 가능성도 있다.

83) 김대호(2007), 95면.

84) 이상우(2006); 김대호(2007), 95면에서 재인용; 김혜미(2011), 76면.

물론 케이블 채널 시장이 재편되어 종합유선방송사업자들의 규모가 커짐에 따라 규모의 경제가 발휘되고 그로 인하여 과거에는 불가능하였던 대규모 투자가 이루어질 수 있는 환경이 조성되었다는 긍정적인 측면도 있다. 예를 들어 2009년 말 CJ 그룹이 온미디어 인수를 확정지으면서 종합오락채널 tvN 등 기존에 보유하고 있던 8개 채널에 OCN, 캐치온, 투니버스 등 10개 채널을 더해 지상파방송사업자의 규모에 버금가는 최대 채널사용사업자로 거듭나면서, '슈퍼스타 K'와 같이 각 시즌 당 40억 원 이상의 제작비가 소요되는 고투자, 고품질 콘텐츠가 케이블 방송시장에서도 거뜬하게 제작될 수 있는 발판이 마련되었다.[85]

방송시장에서의 콘텐츠 제작 및 유통의 문제는 이와 같이 시장 환경의 변화로 초래되는 긍정적인 측면과 부정적인 측면을 아울러 고려하고, 저작권 등 배타적 권리자의 이익을 보장하여 제작 단계에서 이루어진 투자의 회수를 용이하게 하는 한편, 유통에 있어서의 공정한 경쟁질서의 확립을 통하여 방송저작물의 공정한 이용을 도모함으로써 궁극적으로 문화 및 관련 산업의 발전에 이바지할 수 있도록 하는 것이 필요하다.

(3) 방송사업자와 인터넷사업자 사이의 방송저작물 유통

방송사업자와 인터넷사업자 사이의 방송저작물의 유통 역시 기본적으로는 계약관계에 의하여 이루어지게 된다. 그런데 우리나라 상업 지상파방송사들은 대부분 자회사 형태로 인터넷사업을 진행하고 있다. MBC의 경우 2000년 3월 iMBC라는 자회사를 설립하여 www.imbc.com 사이트를 통해 인터넷을 기반으로 하는 멀티미디어 포털 서비스를 운영하고 있다. 이 회사는 MBC 방송프로그램을 바탕으로 제작된 디지털콘텐츠를 이용하여 인터넷, 모바일, 이동방송, 해외 사업자에 대한 콘텐츠 제공 등의 사업을 수행한다. 또한 SBS의 경우에도 (주)SBS콘텐츠허브라는 회사를 설립하여 SBS 방송프로그램, 영화, 음악(영상), 온라인 게임 등의 콘텐츠를 유통하는 사업을 www.sbs.co.kr 사이트를 통해 운영하고 있다. 그럼에도 불구하고 현재 방송사업자와 인터넷사업자 사이의 유통계약은 매우 활발하게 이루어지고 있으며, 유통금액으로 보았을 때 SBS 홈페이지에서의 VOD 콘텐츠 유통보다 타 사업자에 의한 유통이 20배를 넘은 수준이라고 한다.

---

85) 김혜미(2011), 74, 75면.

나. 거래유형에 따른 분류

(1) 서설

다른 사람이 창작한 저작물을 이용하는 방법으로서는 크게 저작재산권을 양도받는 방법과 이용허락을 받는 방법의 두 가지가 있을 수 있다. 저작재산권의 양도는 당사자의 의사표시만으로 그 효력이 발생한다. 저작권법 제54조에서 저작재산권의 양도는 이를 등록하지 아니하면 제3자에게 대항할 수 없다고 규정하고 있으므로, 저작재산권 양도에 있어서 등록은 효력발생요건이 아니라 대항요건에 해당한다. 따라서 별도로 저작재산권 양도 사실을 등록하지 않는다 하더라도 양도의 효력은 발생하고, 다만 그 양도사실을 제3자에게 대항할 수 없을 뿐이다. 저작재산권을 양도하는 계약 등의 법률행위는 일반적으로 저작재산권의 이전을 직접적인 목적으로 하는 이른바 '준물권행위'(準物權行爲) 또는 '준물권계약'(準物權契約)으로서의 성질을 가진다.[86]

저작재산권자는 다른 사람에게 그 저작물의 이용을 허락할 수 있다(저작권법 제46조 제1항). 이 규정에 의하여 허락을 받은 자는 허락 받은 이용 방법 및 조건의 범위 안에서 그 저작물을 이용할 수 있다(같은 조 제2항).

저작물의 이용허락은 저작재산권을 행사하는 가장 기본적인 태양이라고 할 수 있다. 저작재산권자는 저작권법 제16조 내지 제22조의 권리를 가지며, 이들은 배타적 권리이다. 이는 저작재산권자가 그 권리의 내용이 되는 저작물의 이용행위를 할 수 있다는 적극적인 의미와, 다른 사람이 저작재산권자의 허락 없이 그러한 행위를 하는 것을 금지할 수 있다는 소극적인 의미를 갖는다. 그러나 대부분의 경우에 있어서 그러한 이용행위는 저작재산권자 스스로 행하기보다는 이용행위를 할 수 있는 인적·물적 설비를 갖추고 있는 제3자에 의하여 이루어지는 경우가 많다. 따라서 타인의 이용행위에 대하여 승인을 해 주는 행위를 '허락'이라고 하고, 이를 저작재산권자의 권능으로 정하고 있는 것이 저작권법 제46조 제1항의 취지라고 볼 수 있다.

여기서 '허락'은 저작재산권 양도의 경우와는 달리 저작재산권자가 자신의 저작재산권을 그대로 보유하면서, 단지 허락을 받은 타인이 그 저작물을 이용하는

86) 다만, 뒤에서 살펴보는 "장래 발생할 저작재산권을 양도하기로 하는 계약"은 채권적 계약으로 보아야 한다는 해석이 있다. 오승종 외(2005), 314면.

행위를 정당화시켜 주는 의사표시에 불과하다. 따라서 허락을 받은 이용자가 저작재산권자와의 이용허락계약에 의하여 취득하는 '이용권'은 준물권(準物權)으로서의 성질이 아니라, 저작재산권자에 대한 관계에서 자신의 저작물이용행위를 정당화할 수 있는 채권(債權)으로서의 성질을 가진다.[87]

(2) 방송저작물 양도계약

(가) 방송저작물 저작권의 일부양도

1) 지분권의 양도

방송저작물 양도계약 역시 일반 저작물의 양도계약과 크게 다를 것이 없다. 저작권법 제45조 제1항은 저작재산권은 그 '일부'를 양도할 수 있음을 규정하고 있다. 저작재산권은 저작물이 담고 있는 당해 저작물의 이용에 관한 각종의 권리를 포괄적으로 말하는 것이므로 그 전부를 양도할 수도 있지만, 그러한 포괄적인 저작재산권을 각각의 지분권으로 분리하여 양도하거나 또는 권리의 내용 및 이용태양에 따라 임의로 분할하여 양도하거나, 아니면 저작재산권을 행사할 지역이나 장소, 기한 등에 관하여 일정한 제한을 덧붙여 양도하는 것도 가능하다. 저작권법 제45조 제1항은 이를 명문으로 인정하고 있다. 따라서 방송저작물 양도계약 역시 복제권, 배포권, 공중송신권, 공연권 및 2차적 저작물 작성권 등 각각의 지분권으로 분리하여 양도하거나 또는 권리의 내용 및 이용태양에 따라 임의로 분할하여 양도하거나, 아니면 저작재산권을 행사할 지역이나 장소, 기한 등에 관하여 일정한 제한을 덧붙여 양도하는 것도 가능하다.

그런데 개별적인 지분권을 더 세분하여 양도하거나 이용의 태양을 더욱 세분하여 양도하는 것이 무한정 허용될 수 있는 것인지 여부에 대하여는 검토가 필요하다. 일응 독립된 경제적 효용을 기대할 수 있는 부분마다 그에 대한 권리를 나누어 양도할 수 있다고 볼 수 있을 것이다. 또한 개별적인 권리로서 구별될 수 있고 사회적으로도 그렇게 구별하여 취급할 필요성이 있는 경우라면 이를 분리하여 양도하는 것이 가능하다고 보아야 할 것이다. 예를 들면, 같은 공중송신권이라고 하더라도 인터넷을 기반으로 하는 전송권과 공중파나 케이블 또는 인공위성을 통한 방송권은 법리적으로나 실무적으로나 각각 분리독립된 사회적 기능을 수행한다. 또한 같은 전송이라고 하더라도 PC 환경에서 구현되는 전송과 스

87) 오승종 외(2005), 317면.

마트폰과 같은 이동통신 단말기 환경에서 구현되는 전송은 서로 독립된 시장을 형성하는 별개의 이용행태라고 볼 수 있다. 따라서 저작권 실무처리에서도 이들은 별개의 권리로 취급될 수 있다. 그렇다면 이러한 권리들은 각각 독립된 권리로서 구별될 수 있고 또한 사회적으로도 그렇게 구별하여야 할 필요성이 높은 권리라고 할 것이므로, 각각 분리하여 양도하는 것이 가능하다고 보아야 한다.[88]

마찬가지로 같은 2차적 저작물 작성권이라 하더라도 그 이용되는 태양이나 목적물에 따라서 완전히 독립된 기능을 수행하는 경우가 있다. 예를 들어, A라는 소설을 원저작물로 하여 B, C, D라는 별개의 드라마들이 만들어지는 경우를 들 수 있다. 이들 B 내지 D의 저작물들은 모두 A라는 소설을 원저작물로 하는 2차적 저작물이지만 경제적으로 각각 독립되어 거래의 대상이 될 수 있고 독자적인 역할을 수행한다. 그리고 그에 관한 저작권 실무처리에서도 별개의 권리로 취급되는 것이 보통이다.[89] 따라서 이 때 A 소설의 원저작자가 가지는 저작재산권 중 B 내지 D에 대한 각각의 2차적 저작물 작성권들은 개별적으로 구분되어야 할 필요성이 높으며, 각각의 분리양도 역시 가능하다고 보아야 할 것이다.

그런데 이와 같이 저작재산권의 분리양도가 가능하다고 하더라도 무한정 세분하여 양도하는 것을 모두 허용한다면 오히려 거래의 안전을 해하고 혼란을 가져올 우려가 있다. 저작권은 그 발생 및 이전에 있어서 어떠한 형식도 필요로 하지 아니할 뿐만 아니라, 지분권의 양수인은 양수한 범위 내에서 당해 저작물의 배타적인 이용을 할 수 있음과 동시에 타인에게 이용허락을 하는 것도 가능하다. 그러므로 지분권을 필요 이상으로 세분화하는 것을 인정하면, 원래의 저작권자와 위와 같이 세분화된 권리의 양수인이 각자 제3자에게 이용허락을 한 경우, 또는 위 권리자들과 침해자 사이에 손해배상청구소송이 제기된 경우 등에 있어서 상당한 혼란이 발생할 가능성이 있다. 따라서 분리양도의 세분화에는 어느 정도 한계가 있어야 할 것이다.[90] 방송저작물의 저작재산권을 어느 정도까지 세분하여 양도하는 것이 허용될 것인가는, 당해 저작물의 성질, 세분화된 권리의 이용태양, 세분화를 하여야 할 합리적 이유, 독립하여 취급하여야 할 사회적 필요성의 유무, 실무관행, 같은 목적을 달성하기 위한 다른 수단의 존재, 세분화된 양도를 인정

88) 加戶守行(2003), 362면.

89) 문예작품이나 학술논문과 같은 어문저작물의 번역에 있어서는 출판계의 실무상으로도 번역되는 언어마다 그 번역출판권이 구별되고 있다.

90) 오승종 외(2005), 315면; 足立謙三(1997), 268면; 加戶守行(2003), 363면.

할 경우 권리관계가 불명확하게 되거나 복잡하여짐으로써 발생하는 불이익 등의 제반사정을 종합적으로 고려하여 신중하게 판단하여야 할 것이다.[91]

2) 장소적 제한이 붙은 양도

다음으로는 저작재산권을 장소적으로 분할하거나 장소적 제한을 가하여 양도하는 것이 가능한지 여부이다. 통설은 이러한 양도를 인정한다. 특히 국가 단위로 제한하여 양도하는 것, 예를 들어 대한민국에서의 방송권과 미국에서의 방송권을 분리하여 양도하는 것이 가능하다고 보는 데에는 국내외의 학설이 대부분 일치하고 있다.[92] 그러나 여기서 더 세분하여 예를 들어, 대한민국 중에서도 서울에서만 방송할 권리, 미국 중에서도 뉴욕에서만 방송할 권리 등으로 나누어 저작재산권을 양도하는 것이 가능한지 여부에 대하여는 견해의 대립이 있을 수 있다. 이를 부정하는 견해에서는 그렇게 세분하여 양도할 경우 저작재산권이 하나의 독립적인 권리로서의 존재가치를 상실하게 된다는 점, 누가 권리자인지를 외부에서 쉽게 알 수 없게 되어 거래의 안전을 해할 우려가 있다는 점, 그리고 독점적 이용허락계약을 체결함으로써 그와 같이 세분하여 양도하는 것과 거의 동일한 목적을 달성할 수 있다는 점을 그 근거로 든다.[93] 실제로 저작재산권을 장소적으로 매우 협소하게 제한하여 양도하는 것을 인정할 경우 극단적인 예를 들면, A라는 방송저작물을 서울 내에서도 특정 구나 동에서 방송할 권리만을 양도하는 것도 가능하게 되고, 그렇게 되면 권리의 지나친 세분화가 이루어져 저작재산권의 재산권으로서의 독립적인 가치나 저작재산권자의 확정성이 흔들릴 위험성이 있다. 이 문제에 대하여도 획일적인 결론을 내리기보다는 지분권 세분화의 한계를 그을 때 고려해야 할 앞에서 든 제반 사정을 종합적으로 고려하여, 그와 같이 장소적으로 세분하여 양도하여야 할 사회적 타당성이 있는지 여부에 따라 그 한계를 결정하는 것이 타당하다고 생각한다.[94]

다만, 케이블방송의 경우 각 종합유선방송사업자들이 지역을 기반으로 하여 사실상 독점적인 서비스권(이른바 franchise)을 행사하고 있다는 점을 고려하면 그 독립된 서비스권역만에 대하여 방송권 등 지분권을 양도하는 것은 가능하다

91) 足立謙三(1997), 268면.
92) 허희성(1988), 175면, 內田 晉(2000), 291면; 足立謙三(1997), 269면; 加戸守行(2003), 364면; 송영식・이상정(2000), 180면 등.
93) 內田 晉(2000), 291면 참조.
94) 오승종 외(2005), 316면.

고 보아야 할 필요가 있다. 그러나 위성방송의 경우에는 그 서비스의 성질상 일정 구역 내로 한정한다는 것이 큰 의미가 없고 사실상 전국적 범위에서 서비스가 이루어지게 되므로 국내에서 특정 지역으로 한정하여 방송저작물을 양도한다는 것은 의미가 없을 것으로 생각된다.

3) 시간적 제한이 붙은 양도

다음으로는 저작재산권을 시간적으로 분할하거나 시간적 제한을 부가하여 양도하는 경우, 즉 기한을 정하여 양도하는 경우를 생각해 볼 수 있다. 이러한 양도도 유효하다고 보는 것이 통설이다.[95] 예를 들어, 특정 방송저작물에 대하여 2014. 3. 1.부터 향후 3년간 저작재산권을 양도하는 것과 같은 경우이다. 통설에 의하면 이 경우에는 저작재산권 양도의 효과는 완전히 발생하지만, 3년의 기간이 경과함과 동시에 저작재산권은 '자동적'으로 다시 원래의 권리자에게 환원된다고 한다. 따라서 실질적으로는 저작재산권의 양수인이 3년간 독점적 이용허락을 받는 것과 동일하지만, 그 기간 중에 제3자의 저작재산권 침해행위가 있을 경우에는 양도인(원래의 저작재산권자)이 아니라 양수인이 그 제3자에 대하여 직접 저작재산권의 침해를 주장할 수 있다는 점에서 큰 차이가 있다. 또한 기한을 정한 저작재산권의 양도는 그 기간이 경과하면 저작재산권이 원래의 권리자에게 환원된다는 점에서 환매특약부 양도계약의 성질과 유사하다고 한다.[96]

4) 2차적 저작물 작성권의 유보

저작권법은 저작재산권의 전부를 양도하는 경우에 특약이 없는 때에는 제22조의 규정에 의한 2차적 저작물을 작성하여 이용할 권리, 즉 원저작물을 기초로 번역 · 편곡 · 변형 · 각색 · 영상제작 그 밖의 방법으로 작성하여 이용할 권리는 포함되지 아니한 것으로 추정한다.[97]

---

95) 足立謙三(1997), 269면.

96) 加戸守行(2003), 363면. 그러나 기한을 정한 저작재산권의 양도를 유효하다고 하면서 그 기한이 도래하면 저작재산권은 원래의 양도인에게 자동적으로 환원된다고 보는 통설의 입장에는 의문스러운 점이 있다는 반대 견해가 있다(오승종(2013), 513면 이하). 우리 하급심 판결 중에는 시간적 제한이 붙은 양도계약을 그 계약서 제목 표시(저작권 양도계약)에도 불구하고 이용허락계약으로 해석한 사례가 있다. 서울고등법원 2007. 2. 7. 선고 2005나20837 판결(일명, '만화 그리스 · 로마 신화' 사건)은, 저작자와 체결한 저작권 양도계약서 제9조에 "본 계약의 유효기간은 10년으로 한다. 단, 계약종료 3개월 이전까지 서면상 해지통보가 없는 경우 3년씩 자동연장 되는 것으로 한다."라고 규정하고 있는 사건에서, 이러한 규정 내용에 비추어 보면 이 사건 양도계약은 문서의 제목이나 다른 조항에서 '저작권 양도'라고 표시하였다 하더라도 계약 당사자 간의 진실한 의사표시는 '저작권 이용'에 관한 계약이라고 봄이 타당하다고 하였다.

일본 저작권법도 동일한 규정을 두고 있다.[98] 일본에서 이러한 규정을 두게 된 원래의 취지는, 신문사 등이 주최하는 현상공모 또는 신춘문예작품 공모에 출품하는 작품에 대하여 아예 그 응모요강에 “당선된 작품에 대한 저작권은 신문사에게 귀속된다”고 하는 조항이 들어 있는 경우가 많은데, 이런 경우에 2차적 저작물에 대한 권리까지 신문사에게 귀속된다고 하면 당선작 저작자는 자신의 창작물을 영화화하거나 번역하는 것이 불가능해지기 때문에 약자의 지위에 있을 수밖에 없는 응모자들의 권리를 보호하기 위한 것이었다고 한다. 즉, 일방 당사자에 의하여 획일적으로 정해진 계약내용의 수용을 어쩔 수 없이 강제 당하는 상대방 당사자의 권리를 보호하기 위한 것이 본 규정의 취지라는 것이다.[99]

그러나 오늘날에 있어서 이 규정은 계약내용이 약관과 같이 미리 정형적으로 정해져 있는 경우뿐만 아니라, 당사자가 대등한 입장에서 자유로운 의사에 기한 쌍방 교섭에 의하여 체결되는 계약에 대하여도 적용된다는 점에서 입법 당시의 원래의 취지보다 그 의미가 더 커졌다고 할 수 있다. 저작권법이 저작재산권의 전부를 양도하는 경우에라도 특약이 없으면 2차적 저작물 작성권은 포함되지 않는 것으로 추정하는 규정을 두고 있는 것은, 저작자가 자신의 창작물에 대한 저작재산권을 양도한다 하더라도, 동일한 작품이 아니라 그 창작물을 변형하여 실질적으로 유사하지만 사실상 별개인 작품을 창작하는 것은 당사자 사이에 특별한 의사표시가 없는 한 저작자의 권리로 남겨두어야 할 필요가 있기 때문이다. 그렇게 하지 않을 경우 저작자의 창작의 자유 및 경제적 권리가 심하게 훼손되게 된다. 왜냐하면 대부분의 저작자들은 작품을 창작함에 있어서 일정한 작풍(作風)을 가지는 경향이 있고, 따라서 그들이 창작한 작품들은 일견 유사성을 가질 수도 있어서, 2차적 저작물 작성권까지 양도하게 되면 자신의 작풍을 유지하는데 곤란을 받을 가능성을 배제할 수 없기 때문이다.

또한 통상적으로 저작재산권을 양도하는 경우에 양도인의 의사는 자신의 저작물을 원작 그대로의 형태로 이용할 권리를 양도하는 것이고, 그 저작물이 향후 어떠한 형태로 변형이용되어 어떠한 부가가치(附加價値)를 가질 것인지에 대하여는 쉽게 예상하기 어려운 것이므로, 그러한 변형된 부가가치를 가지는 이용행위

---

97) 저작권법 제45조 제2항.
98) 일본 저작권법 제61조 제2항.
99) 加戶守行(2003), 365-366면.

에 대한 권리까지 양도하는 것으로 보기는 어렵다는 점도 본 항의 근거가 될 수 있다.

따라서 저작재산권의 양수인이 저작권법 제22조의 2차적 저작물 작성권까지 양도를 받기 위해서는 양도계약서에 그러한 점을 특약으로 분명히 해 둘 필요가 있다. 예를 들어, "번역권, 각색권, 영화화권 등 2차적 저작물 작성권을 포함하는 일체의 저작재산권"을 양도한다고 분명히 기재함으로써 본 항에 의한 추정의 효과가 발생하는 것을 막을 수 있을 것이다. 단순히 '모든 저작권' 또는 '저작재산권 일체'라고 하는 것만으로는 다른 사정이 없는 한 2차적 저작물 작성권까지 양도하는 특약을 한 것이라고 볼 수 없고, 따라서 그 경우에는 본 항의 적용을 막을 수 없다고 보아야 할 것이다.[100] 당연한 이야기이지만, 2차적 저작물 작성권까지 양도하기로 하는 특약의 존재에 의하여 본 항의 추정은 번복된다. 그리고 그러한 특약은 명시적 특약뿐만 아니라 묵시적 특약도 가능하다고 해석된다. 따라서 양도계약에 이르게 된 당사자의 의사와 양도 대가의 액수를 비롯한 계약 당시의 제반 상황을 종합적으로 고려하여 2차적 저작물 작성권까지 양도하기로 하는 특약이 있었는지 여부를 판단하여야 한다.

방송저작물의 양도계약과 관련하여 2차적 저작물 작성권의 유보 여부는 다음에서 보는 방송저작물의 2차 시장에서의 이용허락계약과도 밀접하게 관련되는 문제이므로, 그 부분에서 보다 상세하게 살펴보기로 한다.

5) 장래 발생할 저작재산권의 양도

장래 발생할 저작재산권을 양도하기로 하는 계약, 예를 들어 저작자가 아직 창작하지 아니하여 저작재산권이 발생하지 않은 저작물의 장래 발생할 저작재산권을 양도하기로 하는 계약상의 의무를 부담하고, 저작재산권이 발생함과 동시에 그 저작재산권을 양수인에게 이전하기로 하는 계약을 말한다. 이에 관하여 현행법은 명문의 규정을 두고 있지 않다. 그렇지만 계약자유의 원칙상 이러한 계약을 체결하는 것을 특별히 무효로 보아야 할 이유는 없을 것이다.[101] 장래 저작재산권이 발생하면 양수인에게 양도하기로 하는 채권계약은 물론이고, 장래 저작재산권이 발생함과 동시에 저작재산권이 양수인에게 이전되도록 하는 조건부 준물권계약도 유효한 것으로 해석된다.[102]

---

100) Id, 367면.
101) 足立謙三(1997), 265-266면.

다만, 저작자가 장차 저작할 모든 저작물의 장래 발생할 저작재산권을 일괄적으로 양도하는 것을 내용으로 하는 계약으로서 계약기간의 정함이 없고 저작자가 평생 그 계약에 구속되도록 하는 내용을 가지고 있는 경우라면, 민법상 일반원칙인 공서양속위반 금지에 반하므로 무효라고 보아야 할 경우가 있을 것이다.[103] 독일 저작권법은 장래 발생할 저작물의 저작재산권을 양도하는 계약의 효력을 일응 인정하지만, 계약 후 5년이 경과하면 당사자가 그 계약을 해지할 수 있도록 하는 등 일정한 제한을 가하고 있다.[104]

참고로 현재 우리나라에서 저작권위탁관리업무를 수행하고 있는 위탁관리단체의 상당수가 사용하고 있는 신탁약관에 의하면, 회원인 권리자는 자신이 창작한 모든 저작물은 물론이고 장차 창작할 저작물의 권리에 대해서도 신탁을 하는 것으로 규정하고 있다고 한다. 이를 이른바 '인별신탁'(人別信託)이라고 하는데, 이 제도가 공서양속에 위반하거나 신탁관리단체의 독점적 지위를 남용하는 것이라는 비판이 있다. 이러한 비판을 의식하여 최근에는 상당수의 신탁관리단체가 권리자의 선택에 의하여 자신의 창작물 중 일부분을 신탁관리 범위에서 제외시킬 수 있도록 약관을 개정하고 있다고 한다.

(3) 방송저작물 이용허락계약

(가) 이용 방법 및 조건

먼저 저작권법 제46조 제2항이 저작물의 이용허락을 받은 자는 그 허락받은 이용 방법 및 조건의 범위 안에서 그 저작물을 이용할 수 있다고 규정한 것은 어떤 의미인지 살펴볼 필요가 있다. 우선 허락을 받은 자는 그 허락된 저작물의 이용에 관하여 저작재산권자로부터 저작권으로써 대항을 받지 않을 채권적 권리를 갖는다는 것을 의미한다. "허락받은 이용 방법 및 조건"이라 함은 방송・전송・복제・배포 등 이용태양, 복제의 부수, 방송횟수, 방송시간과 같은 이용시간,

---

102) 足立謙三(1997), 265-266면; 오승종 외(2005), 316-317면.

103) 內田 晉(2000), 295면; 오승종 외(2005), 317면.

104) 독일 저작권법 제40조 ① 상세히 정해지지 아니하거나 오직 종류에 의하여 정해지는 장래의 저작물에 대하여 저작자가 용익권을 부여하도록 의무를 부담하는 계약은 서면에 의한 형식을 요한다. 위 계약은 계약 체결 후 5년이 지나면 양 당사자에 의해 해지될 수 있다. 위 해지의 고지기간은 더 짧은 기간이 합의되지 아니하는 한 6개월이다. ② 위 해지권은 사전에 포기될 수 없다. 기타 계약상 혹은 법률상의 해지권은 이로 인하여 영향을 받지 아니한다. 독일저작권법, 저작권심의조정위원회, 저작권관계자료집(45), 33면.

공연장에서 공연할 경우 그 이용장소를 비롯하여 기타 세부적인 이용방법에 대한 제한을 의미한다.

이처럼 이용허락을 받은 자는 그 허락받은 이용방법 및 조건의 범위 안에서 저작물을 이용할 수 있는데, 그렇다면 그러한 이용방법이나 조건에 위반하여 이용한 경우 저작권 침해가 되는지 여부를 살펴볼 필요가 있다. 이에 대하여는 그러한 이용방법이나 조건이 저작권의 본래적 내용에 관한 것인가 아니면 저작권의 행사와 관련하여 저작재산권자가 부가한 채권·채무관계에 불과한 것인가를 먼저 검토하여야 한다. 그리하여 전자의 이용방법이나 조건을 위반한 경우에는 저작권 침해가 되고, 후자의 것을 위반한 경우에는 단순한 채무불이행 책임만이 성립할 뿐, 따로 저작권 침해까지 성립하는 것은 아니라고 본다.105) 예를 들어, 방송저작물의 복제물, 예컨대 DVD나 비디오테이프 등의 판매 장소를 한정하여 이용허락을 해 주었는데, 그 한정된 장소를 위반하여 판매를 한 경우에는 특단의 사정이 없는 한 단순한 채무불이행에 불과하고 저작권 침해의 책임까지 물을 수 있는 것은 아니다. 또한 방송저작물을 전송할 수 있는 이용허락을 해 주면서 그 전송 횟수에 따른 사용료(로열티)를 지급받기로 하였음에도 사용료를 지급하지 않는 것 역시 단순한 채무불이행에 불과하다고 볼 것이다. 그러나 한정된 이용기한을 넘어서서 방송저작물을 이용하는 것은 단순한 채무불이행이 아니라 저작권 침해까지 성립한다고 볼 수 있을 것이다. 또한 DVD와 같은 방송저작물의 복제본을 허락된 복제부수를 초과하여 발행한 경우 그 초과된 부수에 대하여는 저작권 침해가 성립한다고 해석된다.106)

요컨대 허락받은 이용의 방법 및 조건 중에서 저작권의 본질적 내용에 관계되는 것, 즉 저작물의 이용을 적법하게 해 주는 방법 및 조건과, 기타 저작권의 비본질적 내용에 관계되는 방법 및 조건으로 나누어, 전자를 위반한 경우에는 채무불이행은 물론이고 저작권침해의 책임까지 부담하지만, 후자를 위반한 경우에는 단순한 채무불이행의 책임만을 질 뿐 저작권침해의 책임까지 지는 것은 아니

105) 加戶守行(2003), 376면, 作花文雄(2010), 415면도 같은 취지라고 보여진다. 다만, 加戶守行은 이용방법과 조건을 구분하여 이용방법을 위반한 경우에는 보통 저작권침해가 되지만, 조건을 위반한 경우에는 대부분 단순한 채무불이행에 그치는 경우가 많을 것이라고 한다. 그러나 이용방법과 조건을 명확하게 구분하는 것은 쉽지 않다고 생각되며, 특별한 실익이 있을지도 의문이다. 加戶守行의 견해에 따르더라도 이용기간이 이용방법과 이용조건 중 어느 것에 속하는지 불분명하고, 양쪽에서 혼용되고 있는 것을 볼 수 있다(加戶守行(2003), 376면 참조).

106) 作花文雄(2010), 414면.

라고 해석할 것이다. 그러나 이는 획일적인 기준은 아니고, 후자를 위반한 경우에도 그것이 다른 여러 가지 사정과 합쳐져서 저작권의 본질적 내용에 대한 위반으로 평가할 수 있을 정도가 된다면, 그 경우에는 저작권 침해의 책임까지도 물을 수 있다고 보아야 한다. 또한 후자의 이용방법 및 조건의 경우도 그것을 위반하였음을 이유로 하여 이용허락계약이 해제 또는 해지된다면, 해제 또는 해지의 효력이 생기는 때로부터 그 이용행위는 저작권 침해로 될 것이다.

(나) 이용허락권의 양도 등

허락에 의하여 방송저작물을 이용할 수 있는 권리는 그 방송저작물 저작재산권자의 동의 없이 제3자에게 이를 양도할 수 없다.[107] 여기서 '권리'라고 하고 있지만 이는 복제권이나 공연권 등 저작재산권의 지분권과 같이 준물권적 권리가 아니라, 단순히 저작물의 이용과 관련하여 저작재산권자로부터 대항을 받지 않을 채권적 권리 또는 지위라고 할 것이다.[108]

채권은 원칙적으로 양도성을 가지며 채무자에 대한 통지로써 그 양도사실을 채무자에게 대항할 수 있다.[109] 방송저작물의 이용허락에 따른 권리, 즉 이용권 역시 일종의 채권적 권리이므로 이용허락을 받은 자는 그 이용권을 제3자에게 양도할 수 있음은 당연하다. 그리고 이용허락에는 비독점적인 단순이용허락과 독점적 이용허락이 있는데, 이들 모두가 양도의 대상이 된다고 볼 것이다. 그러나 저작자(또는 저작재산권자)와 그 저작물을 이용하는 자 사이에는 특수한 신뢰관계가 바탕이 되는 경우가 많고, 저작물은 재산적 권리의 대상이 될 뿐만 아니라 인격적 권리의 대상이 되기도 하므로, 권리자의 입장에서는 자신의 저작물을 이용하는 자가 누구냐 하는 것에 대하여 특별한 이해관계를 가지지 않을 수 없다. 이러한 점을 고려하여 저작권법은 이용허락에 따른 이용권의 양도를 원칙적으로 인정하되, 그 양도에는 저작재산권자의 동의를 받도록 한 것이다. 따라서 일반적인 채권양도에서와 같이 단순히 채무자(저작재산권자)에게 통지하는 것만으로는 이용권을 제3자에게 양도할 수 없다.

이렇게 본다면 저작권법 제46조 제3항은 채무자에 대한 통지만으로 채무자에 대항할 수 있도록 한 민법상 채권양도 규정에 대한 특별규정이라고 볼 수 있을

107) 저작권법 제46조 제3항.
108) 加戸守行(2003), 377면.
109) 민법 제450조 제1항.

것이다. 그러나 이용권의 양도를 채권양도가 아닌 민법상 계약인수의 일종이라고 이해할 수도 있다.110) 계약인수는 원래의 계약 당사자와 인수인 사이의 3자 계약에 의하여 이루어진다. 따라서 이용권의 양도를 계약인수로 본다면 이용권의 양도는 원래의 당사자인 저작재산권자와 이용허락을 받은 자, 그리고 인수인 사이의 3자 계약에 의하여 이루어져야 하므로 그 경우 저작재산권자의 동의는 당연한 것이 되고, 그렇다면 저작권법 제46조 제3항은 그러한 당연한 사항을 명문화한 것이 된다.

이용권의 양도는 채권양도가 아니라 계약인수로 보는 것이 타당하다고 해석된다. 그 이유는 다음과 같다. 우선 이용권의 양도가 있게 되면 종전 이용권자는 계약관계에서 벗어나고 새로운 이용권자와 저작재산권자 사이에 이용허락관계가 계속된다고 보는 것이 합리적이다. 나아가 이용권의 양도를 민법상 채권양도의 성질을 가지는 것이라고 본다면, 저작재산권자가 이의를 보류하지 않고 이용권의 양도를 승낙(동의)한 경우에는 양도인(원래의 이용권자)에게 대항할 수 있었던 사유, 즉 각종 항변이나 이의할 수 있는 권리로써 양수인(새로운 이용권자)에게 대항할 수 없게 된다.111) 그런데 저작물의 이용허락과 관련하여서는 이용방법이나 조건 등에 있어서 각종 제한 등이 부가되는 경우가 많기 때문에 단순히 이의를 보류하지 않고 이용권 양도를 동의하였다고 하여 그러한 항변이나 이의할 수 있는 권리를 상실하게 된다는 것은 아무래도 적절치 않고, 더 나아가 당사자 사이의 법률관계를 복잡하게 만들 우려도 있다. 일본의 다수설도 저작권법 제46조 제3항에 의하여 저작물의 이용권이 제3자에게 양도되면 원래 이용허락계약에 존재하였던 이용허락의 방법 및 조건을 포함한 계약상의 지위가 그대로 양수인에게 이전한다고 해석한다.112) 또한 저작물 이용허락계약은 당사자 사이의 인적 신뢰관계가 기초로 된 계속적 법률관계이다.

---

110) 예를 들어 "임차인은 임대인의 동의 없이 그 권리(임차권)를 양도하지 못한다"고 규정한 민법 제629조 제1항의 임차권의 양도를 채권양도로 보는 것이 통설이기는 하지만, 이를 계약인수로 보는 견해도 유력하다(지원림(2009), 1147면 등).

111) 민법 제451조 제1항 본문.

112) 加戸守行(2003), 377면; 作花文雄(2010), 415면 각 참조. 일본에서도 이용권의 양도가 채권양도인지 계약인수인지를 직접적으로 논하고 있는 견해는 찾아보기 어렵다. 그러나 우리 저작권법 제46조 제3항에 해당하는 일본 저작권법 제63조 제3항 역시 '이용할 수 있는 권리'라고 되어 있지만, 일본 다수설은 '권리의 양도'라는 용어보다는 '지위의 이전' 또는 '지위의 양도'라는 용어를 사용하고 있다. 이는 이용권의 양도를 단순한 채권의 양도로는 볼 수 없다는 인식이 깔려 있는 것이 아닌가 생각된다.

이러한 점에 비추어 본다면 이용권의 양도는 당사자 일방이 계약관계로부터 탈퇴하고 대신 제3자가 계약관계의 당사자로 들어서는 계약인수로 보는 것이 타당하다. 따라서 탈퇴하는 당사자(원래의 이용권자)가 가지고 있던 계약상의 모든 권리·의무를 계약인수인(새로운 이용권자)이 인수하게 되며, 별도로 저작재산권자가 이의를 보류하지 아니하더라도 저작물 이용허락과 관련하여 부가된 이용 방법 및 조건 등은 당연히 새로운 이용권자에게도 구속력을 갖는다.

(다) 단순이용허락과 독점적 이용허락

이용허락에는 단순이용허락과 독점적 이용허락의 두 가지 종류가 있다.

단순이용허락의 경우 저작재산권자는 복수의 사람들에 대하여 중첩적으로 이용허락을 해 줄 수 있다. 따라서 단순이용허락계약에 의하여 이용허락을 받은 자는 그 저작물을 이용할 수 있음에 그치고, 독점적·배타적으로 이용할 수는 없으므로, 저작재산권자로부터 동일한 이용허락을 받은 제3자가 있어도 이를 배제할 어떠한 권리도 가지지 아니한다. 저작권법 제46조에서 규정하는 이용허락은 다른 특단의 사정이 없는 한 단순이용허락을 규정한 것이라고 해석된다.

이에 반하여 독점적 이용허락을 받은 자는 저작재산권자로부터 그 저작물을 독점적으로 이용할 수 있는 권리를 부여받게 된다. 독점적 이용허락은 이용자가 저작재산권자와의 사이에 일정한 범위 내에서 독점적인 이용을 인정하거나, 이용자 이외의 다른 사람에게는 이용허락을 하지 않기로 하는 특약을 체결한 경우이다. 그러나 이러한 독점적 이용허락도 채권적인 성질을 가지는 점에서는 단순이용허락과 차이가 없으므로(따라서 준물권계약으로서의 성질을 가지는 저작재산권 양도계약과는 다르다), 저작재산권자가 그 이용자 이외의 다른 사람으로 하여금 저작물을 이중으로 이용하게 한 경우에도 독점적 허락을 받은 이용자가 다른 이용자를 상대로 금지청구나 손해배상청구를 할 수는 없는 것이 원칙이다. 다만, 저작재산권자를 상대로 하여 채무불이행(독점적 이용허락계약 위반)을 이유로 한 손해배상청구를 할 수 있을 뿐이다. 즉, 독점적 이용허락에 의하여 부여되는 권리는 배타성이 없다.

영미법상 '배타적 이용허락'(exclusive license)의 경우에는 이용권자가 다른 제3자의 이용행위에 대하여 금지청구를 할 수 있는 등 배타적 권리를 가지게 되어 사실상 저작재산권자와 유사한 지위를 가진다. 이와 유사한 제도로서 우리 저작권법에는 다음에서 보는 바와 같이 배타적발행권이 명문으로 규정되어 있다.

한편, 저작재산권자 A로부터 B가 이용허락을 받았는데 제3자 C가 저작재산권자의 허락을 받지 아니하고 무단으로 그 이용허락계약의 내용으로 되어 있는 저작물 이용행위를 하는 경우에 B는 C에 대하여 어떠한 권리를 행사할 수 있을 것인지는 다소 검토를 요한다.

우선 B가 받은 이용허락이 단순이용허락인 경우에는 B는 단순히 저작재산권자 A에 대하여 자신의 이용행위를 용인하여 줄 것을 요구할 수 있는 권리만을 부여받고 있을 뿐이므로, 무단이용행위를 하는 제3자 C에 대하여 금지청구나 손해배상청구를 비롯한 어떠한 권리도 행사할 수 없다. 그러나 B가 받은 이용허락이 독점적 이용허락인 경우에는 민법 제404조의 채권자대위권 행사의 가능 여부를 둘러싸고 논의가 있다. 이와 관련하여 우리 대법원은 소리바다 관련 가처분이의 상고심 판결인 대법원 2007. 1. 25. 선고 2005다11626 판결에서, "저작권법은 특허법이 전용실시권제도를 둔 것과는 달리 침해정지청구권을 행사할 수 있는 이용권을 부여하는 제도를 마련하고 있지 아니하여, 이용허락계약의 당사자들이 독점적인 이용을 허락하는 계약을 체결한 경우라도 그 이용권자가 독자적으로 저작권법상의 침해정지청구권을 행사할 수는 없다. 따라서 이용허락의 목적이 된 저작권법이 보호하는 재산권의 침해가 발생하는 경우에 그 권리자가 스스로 침해정지청구권을 행사하지 아니하는 때에는 독점적인 이용권자로서는 이를 대위하여 행사하지 아니하면 달리 자신의 권리를 보전할 방법이 없을 뿐만 아니라, 저작권법이 보호하는 이용허락의 대상이 되는 권리들은 일신전속적인 권리도 아니므로 독점적인 이용권자는 자신의 권리를 보전하기 위하여 필요한 범위 내에서 권리자를 대위하여 저작권법 제91조에 기한 침해정지청구권을 행사할 수 있다"고 하여 독점적 이용권자의 침해정지청구권 대위행사를 인정하였다.

(4) 배타적발행권 설정계약

우리 민법상 재산권은 크게 대세적 효력(제3자적 효력) 및 배타성을 갖는 물권과 그러한 효력이 없는 비배타적인 성질을 가지는 채권으로 나누어진다. 저작권법에 있어서 배타적발행권이란 저작권이라는 기본적 준(準) 물권에 기하여 저작물 이용자에게 저작물을 배타적으로 사용·수익할 수 있는 권리로 설정해 준 '용익물권'과 유사한 권리라고 볼 수 있다. 배타적발행권은 배타적 성질, 즉 모든 제3자에 대하여 독점적 권리를 주장할 수 있다는 점에서 이용허락을 준 상대방에 대하여서만 독점적 권리를 주장할 수 있는 채권적 권리인 앞서 본 '독점적 이용허락권'(exclusive license)과 다르다. 배타적발행권을 갖게 되면 모든 제3자에 대하여 해당 저작물에 대한 배타적이고 독점적인 이용권리를 주장할 수 있다. 따라서 해당 저작물에 대한 제3자의 이용행위나 침해행위가 있을 경우 저작권자를 대위하지 않고도 직접 민사소송의 원고가 되거나 형사소송의 고소권을 행사하여 민・형사상 구제를 받을 수 있게 된다.

현행 저작권법은 한미 FTA 협정 발효에 따른 법개정을 통하여 배타적발행권 제도를 도입하였다. 먼저 제57조(배타적발행권의 설정) 제1항에서, "저작물을 발행하거나 복제・전송(이하 '발행 등'이라 한다)할 권리를 가진 자는 그 저작물을 발행 등에 이용하고자 하는 자에 대하여 배타적 권리('배타적발행권'이라 하며, 제63조에 따른 출판권은 제외한다)를 설정할 수 있다"고 규정하였다. 유사 권리인 종전 설정출판권과 내용적으로 가장 크게 달라진 부분이라고 한다면 종전 설정출판권에서 "저작물을 복제・배포할 권리"로 되어 있던 부분을 "저작물을 발행하거나 복제・전송할 권리"라고 함으로써, 유형물의 이용행위에 대하여만 적용되는 것으로 해석되던 기존의 설정출판권과 달리 복제・전송, 즉 디지털콘텐츠와 같은 무형적인 이용행위에 대하여서도 배타적발행권을 설정할 수 있는 것으로 하였다는 점이다.

또한 제57조의 제2항을 신설하여 "저작재산권자는 그 저작물에 대하여 발행 등의 방법 및 조건이 중첩되지 않는 범위 내에서 새로운 배타적발행권을 설정할 수 있다"는 점을 분명히 하였다. 제59조 제1항의 배타적발행권의 존속기간과 관련하여서는 기본적으로 종전 설정출판권의 경우와 같이 설정행위에 특약이 없는 때에는 맨 처음 발행 등을 한 날로부터 3년간 존속하는 것으로 하되, 다만, 저작물의 영상화를 위하여 배타적발행권을 설정하는 경우에는 그 존속기간을 5년으로 함으로써, 영상저작물에 관한 특례규정에서 영상화 허락 기간을 5년으로 정하고 있는 규정[113]과 균형을 맞추도록 하였다. 그 밖에 배타적발행권자의 의무(제58조), 저작물의 수정증감(제58조의2), 배타적발행권의 존속기간 등(제59조), 배타적발행권의 소멸통고(제60조), 배타적발행권 소멸 후의 복제물의 배포(제61조), 배타적발행권의 양도・제한(제62조) 등의 규정은 기존의 출판권의 내용을 거의 그대로 가져온 것이다.

---

113) 저작권법 제99조 제2항.

(5) 방송저작물 담보계약

(가) 질권

1) 의의

질권(質權)이란 채권자가 채무의 변제를 받을 때까지 그 채권의 담보로 채무자 또는 제3자(물상보증인)로부터 인도받은 물건 또는 재산권을 유치(留置)함으로써 채무의 변제를 간접적으로 강제하는 동시에, 변제가 없으면 그 매각대금으로부터 우선적으로 변제를 받을 수 있는 담보물권을 말한다.[114] 저작권법 제47조는 저작재산권을 목적으로 하는 질권의 행사방법에 관하여 규정하고 있다. 이는 저작재산권에 질권을 설정할 수 있음을 당연한 전제로 하고 있는 것이다. 민법 제345조는 "질권은 재산권을 그 목적으로 할 수 있다"라고 규정함으로써 이른바 '권리질권'을 인정하고 있는데, 여기서 권리질권은 동산 외에 재산권을 목적으로 하는 질권을 말한다. 유체물뿐만 아니라 현금화에 의하여 우선변제를 받을 수 있는 것이면 모두 질권의 목적으로 될 수 있고, 이러한 이유에서 법은 재산권에 관한 질권의 성립을 인정한다.

저작재산권을 목적으로 하는 질권 역시 권리질권으로 보는 것이 통설적인 견해이다.[115] 그러나 이에 대하여는 반대의 견해도 있다. 이 견해는 저작재산권의 경우에는 질권설정 이후에도 저작물의 이용은 기본적으로 저작권자가 한다는 점에서 권리질권과 다른 성격을 가지고 있으므로, 저작재산권에 대한 질권은 저당권과 유사한 '특수질권'이라고 해석한다.[116]

2) 질권의 설정과 등록

권리질권의 설정은 법률에 다른 규정이 없으면 그 권리의 양도에 관한 방법에 의하여야 하므로,[117] 저작재산권을 목적으로 하는 질권의 설정은 저작재산권 양도의 방법에 의하여야 할 것이다. 그런데 저작재산권의 양도는 저작재산권 양도계약에 의하여야 하므로, 결국 저작재산권을 목적으로 하는 질권의 설정은 당사자 사이의 질권설정계약에 의하여 성립한다고 볼 수 있다.

한편, 저작재산권을 목적으로 하는 질권의 경우도 따로 등록을 하여야만 성립

---

114) 민법 제329조, 제345조.

115) 오승종 외(2005), 324면; 송영식 외(2011), 182면; 지원림(2009), 593면; 加戶守行(2003), 388면 등.

116) 허희성(1988), 189면 참조.

117) 민법 제346조.

하는 것은 아니라는 점은 저작재산권 양도의 경우와 같다. 그러나 저작재산권을 목적으로 하는 질권의 설정·이전·변경·소멸 또는 처분제한은 이를 저작권등록부에 등록할 수 있으며, 등록을 하지 아니하면 제3자에게 대항할 수 없다.[118] 따라서 질권이 설정된 저작재산권을 저작재산권자로부터 양수한 양수인도 질권자가 대항요건을 갖추기 전에 먼저 대항요건을 갖추면 질권의 부담이 없는 완전한 저작재산권을 취득하게 된다. 그와 반대로 질권설정 이전에 저작재산권을 양수한 양수인이라도 그 후에 질권을 취득한 질권자가 먼저 대항요건을 갖춘 경우에는 그 질권자에게 대항할 수 없다.[119]

(나) 양도담보 등

저작재산권을 목적으로 하는 양도담보가 가능한지 여부에 관하여 저작권법은 명문의 규정을 두고 있지 않다. 그러나 이를 부정할 이유는 없다고 생각한다. 일본에서는 저작재산권을 목적으로 하는 양도담보가 실제 실무상으로도 행하여지고 있다고 하며, 그 형식은 저작재산권을 양도하는 방법 또는 피담보채권의 담보목적으로 양도하고 그 피담보채권의 변제가 있으면 원래의 권리자에게 저작재산권을 환원케 하는 계약을 체결하는 방법 등이 사용되고 있다고 한다.[120]

저작권을 비롯한 지적재산권은 담보로서 활용되는 경우가 그다지 많지 않았던 것이 종래의 현실이다. 그 주된 이유는 담보물인 지적재산권을 처분할 수 있는 시장이 활성화되어 있지 않았고, 그 교환가치의 평가도 곤란하였으며, 장래에 있어서의 가치의 변동을 예측하기 어렵다는 점 때문이었다. 그러나 최근 정보산업을 비롯한 벤처기업 등의 육성을 위하여 부동산이나 기타 자산을 담보로 제공하기 곤란한 경우에는 지적재산권을 담보로 하여 융자를 하여 주는 시스템을 확립하는 것이 산업정책상 중요한 과제로 되고 있으며, 지적재산권의 평가방법 개발도 이루어지고 있다. 특히 저작권 분야에서는 프로그램저작물과 관련하여 그 필요성이 높은 것으로 인식되고 있는데, 향후 영화나 드라마 등 영상저작물이나 게임저작물 등에 있어서도 그러할 것으로 예상된다. 앞으로 저작재산권을 목적으로 하는 담보방법에 관하여 많은 연구가 있어야 할 것이다.

---

118) 저작권법 제54조 제2호.
119) 오승종 외(2005), 325면.
120) 作花文雄(2010), 422면.

"만날 때까지" 영상물 양도담보사건

서울고등법원 2001. 11. 19. 선고 2001나309 판결

● **사실의 개요**

피고 영화진흥공사가 1년에 10편 이내의 극영화를 선정하여 향후 제작될 영화의 판권을 담보로 1편당 3억원 이내의 영화제작비를 무이자로 융자하는 프로그램을 1997년 이후 운영하였다. 이에 원고는 "만날 때까지"라는 영화로 응모하여 선정되었고 1998. 9. 14. 국내 비디오판권을 제외한 모든 판권을 피고에게 양도담보로 제공하고 3억원을 융자받되 최초 융자개시일로부터 1년 이내에 융자금을 상환하는 약정을 체결하였다. 원고는 융자금에 개인적으로 조달한 16억 3천만원을 투입하여 영화제작을 완료하였다. 그러나 IMF 외환위기로 흥행이 실패하였고 결국 원고 영화의 국내 비디오판권을 피고가 다른 융자지원작품과 합쳐 일괄양도하는 방안을 사실상 추진하였으나 그 계획도 다른 제작자들의 비협조로 실패하고 그냥 방치상태에 이르게 되자 원고가 피고를 상대로 비디오판권 중개약정 불이행을 이유로 영화제작비의 손해배상을 청구한 사례이다.

● **판시사항**

법원은 원고와 피고 간의 그러한 비디오판권 중개약정의 존재 자체를 인정하지 않았다.

● **평석**

본 사건은 영상물제작을 위하여 자금을 융자해주고 그 담보로 영상물에 대한 권리에 양도담보를 설정한 사건인바 법원은 원고와 피고 간의 그러한 비디오판권 중개약정의 존재 자체를 인정하지 않음으로써, 융자계약의 성격을 투자 또는 지원 또는 대여금으로 볼 지의 법적 판단이 존재할 여지가 없게 되었다. 이러한 논점에 대한 해석론 형성의 기회를 놓쳤다는 점에서 아쉬운 판결이라 할 것이다.[121]

(6) 기타 – 저작권 양도계약과 이용허락계약의 구별

앞서 본 바와 같이 저작권 양도계약은 배타성이 있는 준물권계약이고 저작물 이용허락 계약은 배타성이 없는 채권적 계약이다. 따라서 이용자의 입장에서 본다면 저작권 양도계약을 체결하는 것이 제3자에 대한 배타적 효력을 가질 수 있고 또 이용의 범위도 넓어서 저작물 이용허락 계약을 체결하는 경우보다 그 지위가

121) 자세한 내용은 손경한(2008a), 198-199면 참조.

강하다고 볼 수 있다. 그러나 그 반면에 저작권자의 입장은 그 만큼 약화되게 된다. 저작권과 관련된 계약이 체결되었는데 그것이 저작권 양도계약인지 이용허락 계약인지 불분명한 경우에 어떻게 해석할 것인지에 관하여 우리나라 판례는 기본적으로 민법상 일반 계약의 해석원리에 입각하고 있는 것으로 보인다. 그러나 대법원 1996. 7. 30. 선고 95다29130 판결은, "일반적으로 법률행위의 해석은 당사자가 그 표시행위에 부여한 객관적인 의미를 명백하게 확정하는 것으로서, 당사자가 표시한 문언에 의하여 그 객관적인 의미가 명확하게 드러나지 않는 경우에는 그 문언의 내용과 그 법률행위가 이루어진 동기 및 경위, 당사자가 그 법률행위에 의하여 달성하려고 하는 목적과 진정한 의사, 거래의 관행 등을 종합적으로 고찰하여 사회정의와 형평의 이념에 맞도록 논리와 경험의 법칙, 그리고 사회 일반의 상식과 거래의 통념에 따라 합리적으로 해석하여야 한다"고 하면서도, "저작권에 관한 계약을 해석함에 있어 과연 그것이 저작권 양도계약인지 이용허락 계약인지 명백하지 아니한 경우, 저작권 양도 또는 이용허락 되었음이 외부적으로 표현되지 아니한 경우에는 저작자에게 권리가 유보된 것으로 유리하게 추정함이 상당하며, 계약내용이 불분명한 경우 구체적인 의미를 해석함에 있어 거래관행이나 당사자의 지식, 행동 등을 종합하여 해석함이 상당하다"고 하고 있다. 이 판결은 저작자에게 유리한 추정의 원칙을 적용하고 있지만 전체적으로 볼 때에는 민법상의 일반 계약의 해석론과 거의 그 내용을 같이 하고 있다.[122)]

대법원 1985. 5. 28. 자 84다카2514 결정은 방송사인 피고가 방영이 끝난 TV 드라마의 녹화작품을 TV 방송이 아닌 VTR 테이프에 복사하여 판매한 것이 드라마 대본 작가들인 원고들의 극본사용승낙의 범위를 넘는 2차적 저작물 이용으로서 원고들의 저작권을 침해한 것인지 여부가 다투어진 사건에서, "원고들이 피고 방송사로부터 대가를 받고 그들이 저작한 극본을 피고에게 제공하였다 하더라도, 다른 특별한 사정이 없는 한 이는 저작권자인 원고들이 피고 방송사에게 저작물인 위 극본의 이용권을 설정해 준 데 불과할 뿐, 이로써 원고들의

122) 민법상의 일반 계약의 해석원리에 대하여 대법원 1992. 5. 26. 선고 91다35571 판결은, "법률행위의 해석은 당사자가 그 표시행위에 부여한 객관적인 의미를 명백하게 확정하는 것으로서 당사자가 표시한 문언에 의하여 그 객관적인 의미가 명확하게 드러나지 않는 경우에는 그 문언의 내용과 그 법률행위가 이루어진 동기 및 경위, 당사자가 그 법률행위에 의하여 달성하려고 하는 목적과 진정한 의사, 거래의 관행 등을 종합적으로 고찰하여 사회정의와 형평의 이념에 맞도록 논리와 경험의 법칙, 그리고 사회일반의 상식과 거래의 통념에 따라 합리적으로 해석하여야 한다"고 하고 있는바, 저작권에 관한 본문 대법원 판례와 그 내용이 거의 유사하다.

극본에 대한 저작권을 상실시키기로 한 것이라고는 볼 수 없으므로 위 극본 저작자인 원고들은 위 극본에 대한 저작권을 그대로 보유한다. 원고들과 피고 사이에 체결된 극본공급계약에는 원고들이 피고 방송사로 하여금 그 극본을 토대로 2차적 저작물인 TV 드라마 녹화작품을 제작하여 TV 방송을 통하여 방영하는 것(개작 및 방송)을 승낙하는 의사가 당연히 포함되어 있다고 할 것이나, 그렇다고 하여 원고들이 피고 방송사에게 원고들로부터 별도의 동의를 받지 않고 위 극본을 토대로 제작된 녹화작품을 VTR 테이프로 이용하는 것까지를 승낙하였다고 볼 수는 없다"고 하였다.

또한 서울지방법원 남부지원 1992. 6. 19. 판결은, "원고가 피고(한국교육개발원)에게 매절의 형식으로 TV 방송교재 원고 일부를 넘겨주었다고 하더라도 그 원고료 액수가 인세 상당액을 대폭 상회하는 등의 특별한 사정이 없고, TV 방송교재가 1989년도에 사용하기 위한 1회용 교재라는 점에 비추어 볼 때, 피고가 그 저작권까지 양도받을 필요는 없었다고 할 것이므로, 그 기간이 경과되면 위 교재에 관한 저작권 등 권리가 다시 원고에게 환원되었다고 보아야 한다."고 하였다.

4. 방송저작물의 2차 시장에서의 라이선스 계약

가. 방송저작물 이용허락계약의 해석

(1) 서언

일반 민법상의 해석론을 방송저작물 이용허락계약이나 저작재산권 양도계약 등 저작권관련 계약에 그대로 적용하게 되면 이용자 또는 양수인보다 저작자에게 불리한 결과로 나타날 가능성이 크다. 그 이유로서는 다음과 같은 것들을 들 수 있다.

첫째, 저작자와 저작물 이용자 사이에는 원초적으로 역학적·구조적인 불균형이 존재하는 경우가 많다. 방송저작물과 관련하여서도 방송저작물의 제작 단계 및 유통단계 등에서 거대 자본을 가진 사업자와 그렇지 못한 개인 또는 영세사업자, 지상파방송사와 그 지상파방송사의 콘텐츠를 이용하여 새로운 서비스를 제공하고자 하는 사업자 등 사이에 이른바 힘의 불균형이 존재하게 된다. 특히 외주제작사와 같은 영세한 저작자는 자신의 저작물을 자체적으로 활용할 수 있는 수단을 가지지 않는 경우가 대부분이고, 그래서 저작물을 활용할 자본과 설비,

인력, 유통망 등을 가지고 있는 방송사업자와의 사이에 이용허락계약을 체결하거나 저작재산권 양도계약을 체결할 수밖에 없는 구조이다. 그런데 그 저작물을 활용하기 위하여 들어가는 투하자본의 회수 여부는 불투명하고 그에 대한 위험은 대부분 저작물 이용자가 지게 되기 때문에, 자연히 투자 여부에 대한 결정권도 이용자가 가지게 된다. 이러한 구조로 인하여 저작물 이용자는 자신에게 일방적으로 유리한 계약을 체결하고자 하고, 저작자의 입장에서는 그러한 계약을 받아들일 수밖에 없게 되어 저작자와 이용자 사이에는 역학적 · 구조적 불균형이 존재하게 되는 것이다.

둘째, 저작물의 장래 이용상황 및 수익성에 관한 예측이 곤란하다는 점이 저작자에게 불리한 요소로 작용한다. 저작물은 무체물이기 때문에 과학기술과 매체의 발달, 소비자들의 그때그때의 취향, 사회적인 트랜드 등에 의하여 그 이용상황이나 이용방법이 달라질 수 있으며, 그에 따라 새로운 시장이 형성되고 나아가 추가적인 수익이 발생할 수도 있다. 방송저작물의 경우에 이러한 현상은 특히 현저하게 나타날 수 있다. 그런데 일반적으로 개인 및 영세사업자인 저작자(방송콘텐츠 제작자)들은 그러한 상황을 예측하기 어렵고, 또 설사 예측한다고 하더라도 저작물 이용자에 비하여 상대적으로 열등한 지위에 있는 관계상 그러한 장래 상황에 대하여 계약 당시부터 확실한 권리를 주장하기 어려운 면이 있다. 또한 저작물은 무체물이기 때문에 저작물관련 계약의 내용이 이용허락의 범위나 양도의 범위 등에 있어서 포괄적으로 규정되기 마련이다. 그리고 이와 같은 포괄적 규정의 특성에서 생기는 불이익은 저작자의 부담이 될 가능성이 높다. 뿐만 아니라 최초에 이용허락계약이나 양도계약을 체결할 당시의 기초적 사정이 변동한다든가, 계약 당시에는 예상하지 못하였던 상황이 계약기간 중에 발생할 수도 있다. 예를 들어, 어떤 드라마가 당초 예상을 훨씬 뛰어넘는 시청률을 기록하게 됨으로써 저작자와 이용자(방송사) 사이에 체결한 계약서의 사용료 약정이 현저하게 균형을 잃는 결과로 되는 경우를 생각해 볼 수 있다. 나아가 저작자의 입장에서는 이용자가 양적 또는 질적 측면에서 어느 정도의 규모로 자신의 저작물을 이용할 것인지를 알기 어렵고, 설사 그 부분을 예측한다고 하더라도 그러한 점을 반영한 계약을 체결하기가 쉽지 않다. 또 계약 이후의 상황변화에 따라 당초 예측하였던 이용규모가 훨씬 늘어나는 경우도 있다. 이러한 사정변경에 대하여 저작자는 자신의 권리를 주장하기 어려운 경우가 많다.

이와 같은 이유 때문에 다른 일반 저작물의 경우도 그러하지만 특히 방송저작물에 대한 저작권관련 계약을 해석함에 있어서는 민법상 일반계약의 해석론을 그대로 적용하는 것은 합리적이지 않다는 지적이 있음을 유의할 필요가 있다.

(2) 이용허락계약 해석의 일반원칙

(가) 해석이 필요한 경우

계약의 해석은 다음과 같은 경우에 필요하다.

첫째, 의사표시의 존부 자체가 문제로 되는 경우이다. 즉, 의사표시에 해당하는지 또는 일정한 의사표시가 존재하였는지 여부가 불분명한 경우이다. 저작권계약과 관련하여 예를 든다면, 과연 저작재산권 양도의 의사표시가 존재하였는지 여부가 불분명한 경우를 들 수 있을 것이다.

둘째, 표시행위가 다의적(多義的)인 경우이다. 외부적으로 나타난 의사표시의 내용이 여러 가지로 해석될 수 있는 경우를 말한다.

셋째, 의사와 표시가 불일치하는 경우이다. 예를 들어, 저작재산권 양도의 대가, 이용허락의 대가, 기간, 지역범위 등 계약 조건을 표시함에 있어서 당사자의 내심의 의사와 계약서에 표시된 내용 사이에 불일치가 있는 경우이다.

넷째, 숨은 불합의(不合意)가 있는 경우이다. 표의자가 표시행위에서 사용한 개념이 객관적으로 표의자가 부여하는 것과는 다른 의미가 있는 경우이다. 예를 들어, 일반적으로 저작재산권의 양도로 이해되는 '매절'(買切)이라는 용어의 의미를 저작자가 단순한 저작물 이용허락계약이라고 생각하고 매절계약을 한 경우를 들 수 있다.

다섯째, 약정의 간극(間隙, 틈)이 있는 경우로서, 표의자가 어떤 상황을 예측하지 못하여 중요한 사항에 관하여 의사표시를 명확히 하지 않은 경우이다. 기술의 발달을 예상하지 못하여 새로운 매체에 대한 이용허락 여부를 계약서에 명백히 표시하지 않은 경우를 예로 들 수 있다. 특히 약정의 간극이 있는 경우에는 다음에서 보는 보충적 해석이 중요한 역할을 하게 된다.

(나) 해석의 표준

계약(법률행위) 해석의 표준에 관한 명문의 규정은 없지만 학설은 일반적으로 민법 제106조를 근거로 하여, ① 당사자가 기도한 목적, ② (사실인) 관습, ③ 임의규정, ④ 신의성실의 원칙을 법률행위 해석의 표준으로 들고 있으며, 판례도 이와 비슷한 입장이다.[123] 이러한 표준들 중 임의규정은 법의 적용의 문제이지, 이를 해석의 표준으로 볼 수 없다는 견해도 있다.[124] 그래서 판례는 임의규정을 해석의 표준으로 열거하고 있지 않는 것으로 보인다.

우선, 당사자가 기도한 목적이 법률행위 해석의 중요한 기준이 된다. 당사자가 기도한 목적이라 함은 당사자가 그 법률행위에 의하여 달성하고자 하는 사실적·경제적 목적을 말한다. 당사자가 기도한 목적을 밝히기 위해서는 법률행위의 동기나 계약 당시에 존재하는 제반 사정 및 경위도 고려되어야 한다.

사실인 관습도 법률행위의 해석 기준이 된다. 법률행위는 그것이 행하여지는 장소와 시점에 있어서 존재하는 관습, 특히 거래관행에 따라 행하여지므로 당사자의 진의(眞意)가 명확하지 않은 경우에는 사실인 관습이 해석의 표준으로 되는 것이다. 사실인 관습이 법률행위의 내용을 확정하는 기준으로 되기 위해서는 강행규정에 위반되지 않는 관습이 존재하여야 하고, 당사자의 의사가 명확하지 않아야 하며, 선량한 풍속 기타 사회질서에 반하지 않아야 하는데, 계약에서는 당사자 전원에 공통되는 관습만이 해석의 표준으로 된다고 한다.[125]

신의성실의 원칙은 우리 민법상의 대원칙으로서 다음에서 보는 보충적 해석의 근거가 되며, 아울러 약관의 해석에 있어서 중요한 원칙이다.[126]

(다) 보충적 해석

보충적 해석이란 법률행위에 간극(틈)이 있는 경우에 이를 보충하는 해석방법을 말한다. 계약의 보충적 해석은 일단 계약의 성립이 인정된 경우에만 행하여질 수 있다. 당사자들이 일정한 사항을 알면서 계약에서 규정하지 않은 경우뿐만 아니라, 무의식적으로 간극이 발생한 경우에도 보충적 해석이 요구된다. 그리고 당사자가 법률행위 성립 당시 이미 존재하는 사정을 간과한 경우는 물론이고, 간극

---

123) 대법원 2001. 3. 23. 선고 2000다40858 판결: "법률행위의 해석은 당사자가 그 표시행위에 부여한 객관적인 의미를 명백하게 확정하는 것으로서, 사용된 문언에만 구애받는 것은 아니지만, 어디까지나 당사자의 내심의 의사가 어떤지에 관계없이 그 문언의 내용에 의하여 당사자가 그 표시행위에 부여한 객관적인 의미를 합리적으로 해석하여야 하는 것이고, 당사자가 표시한 문언에 의하여 그 객관적인 의미가 명확하게 드러나지 않는 경우에는 그 문언의 형식과 내용, 그 법률행위가 이루어진 동기 및 경위, 당사자가 그 법률행위에 의하여 달성하려는 목적과 진정한 의사, 거래의 관행 등을 종합적으로 고려하여 사회정의와 형평의 이념에 맞도록 논리와 경험의 법칙, 그리고 사회 일반의 상식과 거래의 통념에 따라 합리적으로 해석하여야 한다."

124) 지원림(2009), 169면.

125) Id, 170면.

126) 약관의규제에관한법률 제5조 제1항.

을 발생시키는 사정이 사후적으로 발생한 경우에도 역시 보충적 해석이 행하여져야 한다.[127]

법률행위에 간극이 존재하는 경우에는 법관이 그것을 보충하여야 한다. 법관은 계약 체결 당시 간과된 사정을 당사자들이 알았더라면 무엇을 의욕하였을 것인가를 신의성실의 원칙과 거래관행을 고려하여 탐구하여야 한다. 간극을 보충함에 있어서 법관이 평가를 어떻게 하여야 하는가는 개개의 사례에 따라 달라진다. 즉, 법률행위의 동기, 거래관행, 이익상황 등 모든 사정들이 고려되어야 하고, 경우에 따라서는 계약을 통하여 당사자들이 추구한 경제적 목적도 고려될 수 있다.[128]

그러나 보충적 해석에는 한계가 있다. 특히 계약이 원래부터 당사자 사이의 정당한 합의에 의하여 당사자 일방에게 의도적으로 불리하게 성립한 경우에, 이를 보충적 해석이라는 명목으로 그 당사자 일방에게 불리하지 않도록 해석하여서는 아니 된다. 이는 사적자치의 원칙상 당연한 한계라고 할 것이다.

나. 2차 시장에서의 라이선스 계약의 해석

(1) 각국의 해석론과 입법례

(가) 독일

독일 저작권법은 철저하게 저작자 보호 위주로 규정되어 있다. 유증(遺贈)이나 상속의 경우를 제외하고는 저작재산권의 양도는 아예 허용되지 아니하며, 저작자가 이용권을 부여한 경우에도 계약 당시 알려지지 아니한 방법에 의한 이용권의 부여는 무효이기 때문에, 예를 들어 새로운 매체를 통한 저작물 이용권은 언제나 저작자에게 유보되어 있다. 또한 저작물의 이용대가가 현저하게 불균형하게 된 때에는 저작자가 이용권자에게 계약변경을 요구할 권리가 있고, 이용권 부여계약의 해석에 관하여도 의심스러운 때에는 저작자에게 유리하게 해석하도록 하는 등의 여러 규정을 아예 저작권법에서 명문화하고 있다.[129]

독일에서는 저작권 관련 계약에 있어서 이른바 '목적양도론'(目的讓渡論)이라고 하는 독특한 해석론을 통하여 저작자의 지위를 보호하고 있다. 목적양도론은 독일에서 학설과 판례에 의하여 인정되어 온 이론으로서, 요컨대 저작물 이용허

---

127) 지원림(2009), 168-169면.
128) Id, 169면.
129) 이성호(1996), 52면; 서달주(2003) 참조.

락계약에 있어서 이용이 허락된 범위는 그 허락의 '목적'에 따라 제한되어 결정된다는 것이다. 즉, 저작물에 관한 권리를 취득한 이용자(사업자)는 자신의 목적수행을 위하여 필요한 한도 내에서 권리를 취득하며, 그러한 한도 내에서 저작자의 허락의사가 존재한다는 것이다. 결국 이러한 의사의 합치가 있는 한도 내에서 법률행위가 성립되는 것이고, 그것을 넘어서는 부분에 있어서는 계약이 성립하지 않는 것으로 본다. 목적양도론은 상당부분이 독일 저작권법에 명문화되었다.130)

(나) 프랑스

프랑스 저작권법은 저작권 양도 자체는 이를 인정하면서도 저작권 양도나 이용허락으로 인하여 저작자가 불이익을 당하지 않도록 하는 여러 가지 규정을 두고 있다. 먼저 저작자를 보호하기 위하여 저작권 관련 계약 체결에 있어서 원칙적으로 서면계약을 요구하고 있으며, 나아가 그 계약에서 일정사항을 규정하도록 요구하고 있다. 즉, 프랑스 저작권법 제131조의2 제1항은, "이 법 제3편에서 규정하고 있는 공연계약, 출판계약 및 시청각물 제작계약은 서면으로 작성되어야 한다. 무상으로 허락하는 경우에도 같다"고 규정하고 있다. 또한 장래의 저작물 전체를 양도하는 계약은 무효라고 규정하고 있으며,131) 저작권 양도계약의 해석과 관련하여, 양도되는 저작자의 권리의 범위를 되도록 제한하고 있다.132) 따라서 완전한 저작권 전체를 양도한다는 형태의 계약은 금지되고, 개개의 권리를 일일이 열거하여야 할 뿐 아니라, 그 이용영역이 범위, 목적, 장소, 기간의 4가지 관점에서 명확하게 규정되어야 한다. 예를 들면 음악출판의 경우 그 범위가 무성출판(無聲出版, 악보)에만 미치는 것인지 아니면 유성출판(有聲出版, 음반)도 포함하는지를 명확히 하여야 하고(범위), 음반으로 공중에게 직접 발표하는 권리는 특별한 허락이 없는 한 그것을 라디오로 방송하는 권리를 포함하지 않으며(목적), 장소도 프랑스에만 국한된 것인지 아니면 해외까지를 포함하는 것인지를 규정하여야 하고(장소), 마지막으로 저작자가 다시 그 권리를 되찾아 자유롭게 행사할 수 있는 기간이 확정되어 있어야 한다(기간).

또한 공연권의 양도는 복제권의 양도를 포함하지 않으며, 복제권의 양도는 공

130) 박범석(2000), 51면.
131) 프랑스 저작권법 제131조의1.
132) 프랑스 저작권법 제131조의3 제1항: "저작자의 권리의 이전은, 양도되는 개개의 권리가 양도증서에 분명하게 표시되어야 하며, 양도되는 권리의 이용영역은 그 범위, 목적, 장소와 기간에 의하여 한정되어야 한다."

연권의 양도를 포함하지 않는다고 명시하고 있다. 그리고 그 중의 어느 한 권리라도 완전히 양도하는 계약인 경우, 그 범위는 계약에 명시된 이용방법(mode d'exploitation)에 한정된다고 규정하고 있다.[133]

계약 당시 예견하지 못하였던 새로운 매체의 이용과 관련하여 저작자를 보호하는 규정도 두고 있다. 프랑스 저작권법 제131조의6은, 계약체결일에 예견할 수 없었거나 예견되지 못했던 형태로 저작물을 이용할 권리를 부여하는 조항은 이를 명시하여야 하며, 또한 그 이용으로 인한 이득을 분배받는 규정을 두어야 한다고 규정하고 있다. 즉, 장래에 저작물을 배포하는 새로운 수단(moyens nouveaux de diffusion de l'oeuvre)이 우연히 나타나거나 이미 존재하였으나 당사자들이 몰랐던 수단이 나타나는 것을 고려하여, 계약서 조항 자체의 효력을 부정하지는 않지만, 그 경우 저작자에게 매우 불리한 경우가 많기 때문에 명시적으로 위와 같은 일정한 사항을 규정할 것과 그로 인한 이득의 비율적인 보상에 관하여 규정할 것을 요구하고 있는 것이다.[134][135]

(다) 미국

1) 서언

미국 저작권 실무에서는 저작권 계약을 해석함에 있어서 독일에서와 같은 특수한 해석론을 적용하지는 않고, 기본적으로 일반 민법상의 계약해석과 동일한 원리에 입각하고 있는 것으로 보인다. 즉, 일반적인 계약해석의 방법론이 저작권 계약의 해석에도 동일하게 적용되고 있다고 할 수 있다. 그러나 아래에서 보는 바와 같이 특정한 이용방법이나 매체에 관하여 당사자들의 의사가 현저하게 불분명하여 아예 의사의 합치가 없는 것으로 보이는 경우에는 그러한 한도에서 이용허락이 없다고 보거나, 저작자에게 유리한 추정의 원칙 또는 계약문언 작성자에게 불리한 추정의 원칙 등을 적용하여 이용자가 주장하는 방법은 이용허락의 범위에 들어가지 않는 것으로 해석하는 등 나름대로 저작자를 보호하는 입장을 취하고 있다고 한다.[136]

---

133) 프랑스 저작권법 제122조의7 제2, 3, 4항.

134) 이상 프랑스에 있어서의 저작권 관련 계약의 해석에 관한 정리 및 소개는, 이재환(1997), 89-90면 참조.

135) 프랑스 저작권법에 관하여 상세한 내용은, 서달주(2004) 참조.

136) 박범석(2000), 45-46면.

2) 저작자에게 유리한 추정(presumption for author)의 원칙

양도 또는 이용허락 되었음이 외부적으로 표현되지 아니한 것은 저작자에게 그 권리가 유보된 것으로 추정하는 원칙이다. 그리하여 명시적으로 허용되지 않음으로써 분쟁의 대상이 되고 있는 권리는 저작자에게 유보된 것으로 해석한다. 저작자로부터 그의 노력의 산물을 이전받기 위해서는 그에 관한 분명한 언어가 필요하므로 "의심스러울 때에는 저작자에게 유리하게" 해석하여야 한다는 것이다.[137]

3) 계약문안 작성자에게 불리한 추정(presumption against drafter)의 원칙

저작권관련 계약서의 내용 중에 애매한 부분이 있을 경우 그 계약서 문안을 작성한 자에게 불리하게 추정한다는 것이다. 쌍방 당사자 중 계약서 문안을 직접 작성한 자가 자신의 의도를 가장 분명하게 표현할 수 있는 지위에 있는 것이므로, 문안에 분명하게 표현되지 아니한 것은 문안작성자에게 불리하게 추정하는 것이 타당하며, 저작권관련 계약에 있어서 일반적으로 문안을 작성하는 자가 그러한 계약과 관련하여 상대방보다 더 경험이 많거나 전문적 지식을 가진 당사자이므로 정확한 문안작성의 실패에 따른 부담도 그에게 지우는 것이 공평하다는 것을 그 논리적 근거로 한다.[138]

이러한 추정을 채택한 대표적인 판결로서 워너브라더스 영화사가 당사자인 이른바 'Maltese Falcon 판결'이 있다.[139] 이 판결은 'Maltese Falcon'이라는 유명한 탐정소설을 원작으로 하는 영화화 권리에 대한 양도계약을 체결하였는데, 그 양도된 권리 속에 그 원작 소설에 등장하는 캐릭터에 관한 권리까지 포함된 것인지 여부가 다투어진 사건에 관한 것이다. 이 사건에서 연방 제9항소법원은, 워너브라더스사와 같이 저작권을 전문으로 다루는 대형 영화사는 당연히 저작권 관련 계약 실무에 있어서도 상당한 전문성을 가지고 있다고 보아야 할 것인데, 그런 영화사가 원작 소설가로부터 원작에 대한 영화화 권리를 양도받으면서 작성한 계약서에 '캐릭터'에 관한 언급이 전혀 없다는 것은 캐릭터에 관한 권리는 양도되지 않았다고 추정하는 하나의 근거가 된다고 판시하였다.[140]

---

137) 이성호(1996), 54면.
138) 이성호(1996), 55면.
139) Warner Bros., Inc. v. Columbia Broadcasting System, 216 F.2d 945(9th Cir. 1954), cert. denied, 348 U.S. 971(1955).

4) 부수적 증거의 활용

계약에서 규정하고 있는 용어가 분명하지 아니하거나 개괄적인 내용일 경우에는 그 구체적 의미를 해석함에 있어서 산업상의 거래관행이나 용례, 계약 당시의 당사자의 지식, 계약 후의 당사자의 행동 등 부수적인 정황증거들이 활용된다. 예를 들어, '거래상의 관행 및 용례'(trade custom and usage)를 증거로 받아들인 사례로서, 저작자에게 지급하여야 할 이용료를 특별히 정하지 아니한 음반계약에 관하여, 원음반(master recording)을 제3자에게 이용허락 할 경우 저작자에게 순이익의 50%를 이용료로 지급하는 것이 거래상의 관행이라고 한 사례가 있다. 또한 '당사자의 지식'(parties' knowledge) 및 '당사자의 행동'(parties' conduct)을 증거자료로 채택한 사례로는 앞에서 본 'Maltese Falcon' 판결을 예로 들 수 있다. '당사자의 행동'이란 당사자의 일방이나 쌍방이 그 동안 문제가 된 계약조항을 어느 특정한 의미로 이해하고 이에 순응하여 행동하여 왔다는 점을 계약해석을 위한 일종의 정황증거로 채택하는 것을 말한다.[141)]

5) 판례 – Bartsch 판결

미국 연방법원의 판결 중에서 저작권 계약의 해석과 관련하여 가장 원론적인 해석론을 펼친 판결로서 Bartsch 판결[142)]을 들 수 있다. 이 판결은 극장에서 영화를 상영할 권리에는 TV를 통한 방영권까지 포함된다고 한 사례이다. 사건의 경위는 독일의 오페라 Wie Einst in Mai의 저작자들로부터 그 오페라를 "영화촬영 또는 그와 유사한 어느 방법"으로 제작하고, "그 영화에 대하여 전 세계적으로 저작권을 부여하고 판매, 이용허락, 상영할 수 있는" 배타적 권리를 부여받은 Hans Bartsch가 그 영화화권 및 배포권을 워너브라더스사에 이전하였고 워너브라더스사는 다시 그 권리를 피고 MGM사에 이전하여 MGM사가 이를 기초로 영화 Maytime을 제작 배포하여 흥행에 크게 성공하였는데, 그 후 MGM이 위 영화에 대한 TV방영을 타인에게 허락하자 Hans Bartsch의 상속인인 원고

140) 이 판결은 그 외에도, 당시 워너브라더스사가 원작 저작자에 대하여 영화화권 양수의 대가로 지급한 금액이 'Maltese Falcon'과 같이 유명한 작품의 캐릭터까지를 포함한 모든 권리의 양수대금으로서는 지나치게 적었다는 점, 양도계약 이후에도 원작 저작자가 'Maltese Falcon'에 등장하는 캐릭터를 사용하여 3개의 스토리를 저작하였지만, 이에 대하여 워너브라더스사가 아무런 이의도 제기하지 않았다는 점 등을 추정의 근거로 들고 있다.

141) 이성호(1996), 56면.

142) Bartsch v. Metro-Goldwin-Mayer Inc., 391 F.2d 150(2d Cir), cert. denied, 393 U.S. 826(1968).

가 저작권침해를 주장한 사안이다.

이 사건에서 미국 제2항소법원은, "계약서에 사용된 용어가 새로운 사용방법을 포함하는 것으로 볼 수 있을 만큼 광범위할 경우에는, 거기에 포함되지 않는 예외를 분명히 설정하여야 하는 부담은 이용을 허락하는 자가 지도록 하는 것이 보다 공평하다. 이 사건에서 원고측이 이용허락의 범위를 전통적인 극장 스크린을 통한 영화 상영만으로 제한하기를 원하였다면 그들은 그렇게 약정할 수 있었을 것인데도 그러한 명시적인 약정을 하지 아니하였다. 따라서 그로 인한 위험부담은 원고측에게 돌아가야 한다."라고 하였다.[143]

이 판결을 평가함에 있어서는 저작물의 이용을 허락한 자인 원고 Bartsch가 경험이 많은 사업가로서 계약상대방과 대등한 위치에서 계약서 문안을 작성하였다는 점이 결론에 영향을 미쳤음을 유의하여야 한다. 따라서 저작권 계약서에 포괄적인 이용허락의 문언을 사용한 경우라 하더라도, 쌍방이 대등한 지위에서 적정한 대가를 지급받기로 하고 계약을 체결한 것이 아니라, 저작자가 그 문언의 구체적 의미를 제대로 이해하지 못한 경우였다든가, 경제적 또는 사회적 약자로서 그와 같은 포괄적인 이용허락에 비해 현저하게 균형을 잃은 대가만을 지급받았다고 보이는 경우에는, 새로운 매체에 대한 예외조항을 명시하지 아니한 책임을 저작자의 부담으로 돌리는 것은 저작자의 보호와 공평의 원칙에 비추어 볼 때 바람직하지 않다. 그 경우에는 오히려 문안작성자에게 불리한 해석원칙을 적용하여 이용허락 여부가 불분명한 새로운 매체에 대하여는 원칙적으로 이용자인 상대방에게 불리하게, 즉 이용허락을 받지 않은 것으로 해석함이 옳다고 한다.[144]

(2) 방송저작물의 2차 시장 이용허락에 관한 우리나라의 해석론과 판례

(가) 서언

방송저작물은 기술친화적 요소가 강하기 때문에 미디어 기술의 발달에 따라 등장하는 새로운 매체와 관련하여 저작권 관련 계약의 해석이 문제로 되는 경우가 많이 발생할 수 있다. 즉, 저작물 이용허락을 체결하면서 그 계약의 대상으로 되는 매체의 범위에 관하여 특별한 약정을 하지 않은 경우에, 계약 당시에 존재하지 않았던 새로운 매체가 등장하였다면 그 이용허락된 매체의 범위에 새로운

143) 이상 Bartshc 판결에 대한 정리는, 지대운, 121-122면; 이성호(1996), 59-60면 참조.
144) 이성호(1996), 60-61면.

매체까지 포함되는 것으로 볼 것이냐 여부가 쟁점으로 되는 경우이다. 저작물은 무체물이라는 특성상 과학기술의 발달에 따라 그것을 이용하는 방법이 날로 다양해지는데, 이때 계약 당시에 당사자가 예정하지 않았던 방법에 의한 이용까지 허락한 것이라고 볼 것인지 문제로 된다.

(나) 판례

이와 관련하여서는 대법원 1996. 7. 30. 선고 95다29130 판결이 중요한 시사점을 제공하고 있다. 이 사건에서 음반회사인 피고는 원고들(작사·작곡자, 가수 등)과 1984. 4월 경 음반제작계약을 체결하고 원반을 제작하여 이를 LP 음반으로 복제·판매하였다. 그런데 그 후 CD라는 매체가 등장하였고, 이에 피고는 원고들로부터 별도의 허락을 받지 않고 1992년경부터 위 LP 음반에 수록된 원고들의 가요에다가 일부 다른 가요를 추가한 재편집한 원반을 제작한 다음 이를 CD로 복제하여 판매하였다. 원고들은 이 사건 계약이 피고로 하여금 원고들의 저작물에 대하여 1회에 한하여 재편집함이 없이 LP 음반으로 복제·판매하는 것만을 허용하는 것을 내용으로 하는 것이라고 주장하면서, 피고에 대하여 저작재산권과 동일성유지권 등 저작인격권 침해로 인한 손해배상 등을 청구하였다.

이에 대하여 대법원은 먼저 해석론으로서, "저작권에 관한 이용허락계약의 해석에 있어서 저작권 이용허락을 받은 매체의 범위를 결정하는 것은, 분쟁의 대상이 된 새로운 매체로부터 발생하는 이익을 누구에게 귀속시킬 것인가의 문제라고 할 것이므로, '녹음물 일체'에 관한 이용권을 허락하는 것으로 약정하였을 뿐 새로운 매체에 관한 이용허락에 대한 명시적인 약정이 없는 경우 과연 당사자 사이에 새로운 매체에 관하여도 이용을 허락한 것으로 볼 것인지에 관한 의사해석의 원칙은, ① 계약 당시 새로운 매체가 알려지지 아니한 경우인지 여부, 당사자가 계약의 구체적 의미를 제대로 이해한 경우인지 여부, 포괄적 이용허락에 비하여 현저히 균형을 잃은 대가만을 지급 받았다고 보여지는 경우로서 저작자의 보호와 공평의 견지에서 새로운 매체에 대한 예외조항을 명시하지 아니하였다고 하여 그 책임을 저작자에게 돌리는 것이 바람직하지 않은 경우인지 여부 등 당사자의 새로운 매체에 대한 지식, 경험, 경제적 지위, 진정한 의사, 관행 등을 고려하고, ② 이용허락계약 조건이 저작물 이용에 따른 수익과 비교하여 지나치게 적은 대가만을 지급하는 조건으로 되어 있어 중대한 불균형이 있는 경우인지 여부, 이용을 허락 받은 자는 계약서에서 기술하고 있는 매체의 범위 내에 들어간다고 봄이 합리적이라고 판단되는 어떠한 사용도 가능하다고 해석할 수 있는 경우인지 여부 등 사회일반의 상식과 거래의 통념에 따른 계약의 합리적이고 공평한 해석의 필요성을 참작하며, ③ 새로운 매체를 통한 저작물의 이용이 기존의 매체를 통한 저작물의 이용에 미치는 경제적 영향, 만일 계약 당시 당사자들이 새로운 매체의 등장을 알았더라면 당사자들이 다른 내용의 약정을 하였으리라고 예상되는 경우인지 여부, 새로운 매체가 기존의 매체와 사용, 소비방법에 있어 유사하여 기존 매체시장을 잠식, 대체하는 측면이 강한 경우이어서 이용자에게 새로운 매체에 대한 이용권이 허락된 것으로 볼 수 있는지 아니면 그와 달리 새로운 매체가 기술혁신을 통해 기존의 매체시장에 별다른 영향을 미치지 않으면서 새로운 시장을 창출하는 측면이 강한 경우이어서 새로운 매체에 대한 이용권이 저작자에게 유보된 것으로 볼 수 있는지 여부 등 새로운 매체로 인한 경제적 이익의 적절한 안배의 필요성 등을 종합적으로 고려하여 사회정의와 형평의 이념에 맞도록 해석하여야 한다."고 하였다.

위 대법원 판결은 이와 같은 해석론을 전개한 후에, "이 사건에 있어서 원고들이 경제적 지위에 있어서 현저히 약자적 입장에 있었고, 또한 원고들이 대편성 악단에 대한 비용, 음반업계의 관행상 무명가수인 경우 원고들이 부담하였을 음반 제작비용으로서 피고가 부담한 부분, 음반의 복제, 판매로 인한 원고들의 선전비용 상당의 대가만으로 과연 새로운 매체인 CD음반에 대한 이용허락까지도 한 것이라고 볼 수 있을 것인가 하는 점이 없지 아니 하나, 다른 한편, 원고들의 학력이나 경력에 비추어 이 사건 계약 당시 지식, 경험 등은 쌍방이 대체로 균등하다고 볼 수 있고 당시 CD음반이 오늘날과 같이 대중적이지는 아니하였어도 해외에서는 이미 상품화되고 있었던 점에서 새로운 매체에 대한 대체적인 지식도 어느 정도 구비되어 있었다고 보여지고, 이 사건 계약이 원고들의 요구에 의하여 이루어진 점, 피고 회사가 이 사건 계약 후 LP음반 및 테이프로 복제·판매한 대체적인 수량이 합계 1,002매 정도이고, CD음반을 복제·판매한 1991년 이후 1994년까지 CD음반의 판매 현황이 합계 4천여 매에 불과하여 위 LP음반 및 테이프의 판매수량이 많지 아니할 뿐 아니라 CD음반의 판매로 피고 회사가 얻은 이익도 400여 만 원에 지나지 아니하는 점에 비추어 비록 원고들이 위와 같이 적은 대가만을 받았다고 하더라도 그 포괄적 이용허락에 비하여 현저히 균형을 잃은 대가만을 지급 받았다거나 새로운 매체로 인한 경제적 이익 안배의 필요성이 현저한 경우에 해당한다고는 보여지지 아니하는 점, 당시 원고(가수)는 무명가수여서 피고 회사의 비용부담이라는 조건이라면 원고들이 이와 같이 CD 음반에 대한 이용허락을 포함하는 방법으로라도 이 사건 계약을 체결하였으리라고 보여지는 점, 음반업계의 관행에 비추어 이 사건 계약에 대한 위 대가가 유형적인 것은 아니라고 할지라도 그 가액이 상당한 정도에 달하는 점, CD음반이 LP음반과 소비, 사용기능에 있어 유사하여 LP음반 시장을 대체, 잠식하는 성격이 강한 점 등이 인정되고 이를 종합하면 앞서와 같은 대가를 받고 한 이 사건 계약에는 새로운 매체인 CD음반에 대한 이용허락까지도 포함되어 있는 것이라고 봄이 상당하다"고 판시하였다.

(다) 학설

이 판결의 결론에 대하여는 찬성론과 비판론이 모두 존재하는데, 비판하는 견해가 조금 더 많은 것 같다. 비판론 중에는, 피고가 음반제작계약이 체결된 날로부터 수년이 경과한 후에 원고들의 음악을 자유롭게 편집하여 CD음반이라고 하는 새로운 매체에 복제하여 판매할 수 있는 것인지 여부는 음반제작계약이라고 하는 음악저작물 이용허락계약의 해석에 따른 이용허락범위의 판단에 달려있는 것이고, 이용허락범위의 판단은 기본적으로 이용허락계약 당사자들의 진정한 의사가 무엇인가를 알아냄으로써 이루어지는 것이지만, 계약당사자들의 진정한 의사가 분명하지 아니한 경우에는 개별적인 저장매체·이용방법 또는 개별적인 권리(복제권, 편집권 등)가 구체적으로 열거되어 있지 않는 한 이용허락범위를 제한적으로 해석하는 것이 저작권보호의 취지에 부합하는 것이라고 하여 반대하는 취지의 견해가 있다.[145]

또한 위 대법원 판결이 결론을 도출함에 있어서 음반업계의 관행을 판단의 근거로 삼은 것과 관련하여, 저작권자나 저작인접권자에게 현실적으로 불리하게 형성되어 있는 관행을 저작자나 저작인접권자의 동의 여부에 관계없이 인정하는 것은 문제가 있다고 하여 역시 반대 입장을 보이는 견해도 있다.[146] 나아가 이 대법원 판결은 "극장에서 영화를 상영할 권리에는 TV를 통한 방영권까지 포함

145) 정상조(1997), 53면.
146) 박범석(2000), 29면.

된다"고 한 앞에서 본 미국 연방 제2항소법원의 Bartsch 판결을 참조한 것인데, Bartsch 판결은 1968년도에 나온 판결로서 오늘날과 같이 저작권의 중요성이 강조되고 있고 의심스러운 경우에는 저작자의 이익으로 해석하는 원칙이 널리 받아들여지고 있는 상황에서는 적합하지 않다고 하는 비판론이 있다.147)

(라) 소결

이상에서 본 대법원 판례에 대한 비판론에는 충분히 경청할 만한 가치가 있다. 그러나 결론의 타당성 여부를 떠나서 위 대법원 판결이 종래의 판결에서 찾기 어려웠던 요소들, 즉 위 판시 부분 중 "③ 새로운 매체를 통한 저작물의 이용이 기존의 매체를 통한 저작물의 이용에 미치는 경제적 영향, … 새로운 매체가 기존의 매체와 사용, 소비 방법에 있어 유사하여 기존 매체시장을 잠식, 대체하는 측면이 강한 경우인지 여부"를 판단의 요소로 삼고 있는 것은 일종의 '경제적 접근방법'에 의하여 정의와 형평의 이념에 부합하는 결론을 도출하고자 시도한 것이라는 점에서 평가받을 만하다고 생각된다.

영화방영권 무단 양수 후 케이블방송 사건

서울중앙지방법원 2011. 11. 22. 선고 2011가합776 판결

- **사실의 개요**

원고 A는 미국 저작권청에 이 영화의 저작권자로 등재되어 있는 바 aa 미디어에게 이 영화의 국제배급권을 부여하였다. aa 미디어는 다시 원고 B에게, 원고 B는 bb에게 순차적으로 배급권을 부여하는 계약을 하였다. 피고 1은 bb와 이 영화의 독점상영권을 허여받기로 하는 '국제 다중 영화 권리 배급 라이센스 계약'을 체결하였다. 피고 1은 원고나 그 대행사의 동의 없이 피고 2에게 이 영화의 TV독점방영권을 양도하였고 피고 2는 동 계약상 '기본 이용 TV방영권'에 기하여, 자신이 운영하는 OCN 채널과 Super Action 채널에서 이 영화를 총 30회 방영하였다. 원고들은 공중송신권 침해를 주장하는 소를 제기하였다.

- **판시사항**

누가 영화의 저작권자인가: 이 사건 영화의 배급권을 보유한 라이센서가 실제 누구인지에 관한 계약서상 혼란이 존재한다. 해외 저작권자의 경우 실제로는 저작물에

147) 이재환(1997), 92면.

관한 배급권 계약을 체결할 수 있는 대리권만을 수여하면서도 형식상으로는 절세 등의 목적을 위하여 저작재산권 자체를 부여하는 형태로 계약을 체결하여 그 계약을 체결한 상대방으로 하여금 개별 국가에서의 저작물 실시계약을 체결하게 하는 경우가 있다. 이에 비추어 보면, 이 사건 영화에 관하여 원고 A, aa미디어, 원고 B, bb 사이에 순차로 체결된 각 계약은 각 계약 일방이 타방에게 '이 영화에 관한 국제 배급계약을 체결할 권한'을 허여한 것에 불과할 뿐 이 영화에 관한 저작권 또는 저작재산권을 양도하는 계약이었다고 보기 어렵다. 따라서, 이 영화의 저작권자는 여전히 원고A이다.

피고의 저작권 침해 여부: 피고 1은 피고 2가 운영하는 무료 TV인 OCN에 이 사건 영화를 방송하도록 허락할 권리가 없고, 영화배급계약상 '라이센서'인 bb의 사전 동의가 없이는 피고 2에게 TV방영을 허락할 권리가 없음에도, 피고들은 TV방영권 양도계약 체결 및 TV방영행위를 함으로써 원고 A의 영화 저작물에 관한 공중송신권을 침해하였다.

● **평석**

본 판결의 쟁점은 국제 영화 배급 라이센스 계약상 배급권자가 저작권자 또는 라이센서의 사전동의 없이 제3자에게 영화 상영을 허락할 수 있는가 하는 문제이다. 이는 계약 해석의 문제이나 본 판결은 명시적인 수권이 없으면 제3자에게 배급권 또는 방영권을 양도 기타 부여할 수 없음을 명백히 하였다. 또한 배급권의 양도에도 불구하고 저작권은 여전히 배급권을 부여한 자에게 있음을 선언하였다. 본 판결은 저작권의 귀속이나 배급권자의 권리의 준거법을 먼저 밝히고 그 준거법에 따라 그에 관한 쟁점에 대하여 판단하여야 함에도 준거법에 관한 고려를 전혀 하지 않았음은 유감이다.

5. 방송저작권의 집중관리

가. 저작권 집중관리 제도의 의의와 효용

우리 저작권법은 제7장에서 저작권위탁관리업 제도에 관하여 규정하고 있다. 저작권위탁관리업이란 저작재산권, 배타적발행권, 출판권, 저작인접권, 데이터베이스제작자의 권리 등을 그 권리자를 위하여 신탁관리하거나 대리·중개하는 것을 업으로 하는 것을 말한다. 저작권위탁관리업은 저작권집중관리제도에 의하여 나타난 업무형태라고 할 수 있다. 저작권집중관리란 저작권자 등이 개별적으로 권리를 행사하는 것(이것을 '개별관리'라고 한다)에 갈음하여 저작권자 등으로부터 권리를 위탁받은 저작권관리단체가 집중적으로 저작권 등을 관리하는 것이다.[148] 저작권

집중관리제도 및 그에 따른 저작권위탁관리업은 다음과 같은 의의를 가진다.

첫째로 권리자 측면에서 보면, 오늘날 과학기술의 발달과 디지털화로 인하여 저작물과 저작인접물, 데이터베이스 등에 대한 복제수단이 극도로 다양화되고 광범위해졌다. 그리하여 권리자들로서는 자신의 저작물을 누가 언제 어디에서 어떠한 방법으로 이용하고 있는지를 파악하기 어렵게 되었고, 따라서 이를 감시하고 적절하게 관리하는 것도 사실상 거의 불가능하게 되었다. 뿐만 아니라 인터넷과 유통망의 발달에 따라 저작물의 이용이 매우 빈번하게 이루어지는 상황에서 모든 이용자와 개별적으로 이용허락 계약을 체결하고자 한다면 그것 역시 매우 불편한 일이다. 그러므로 저작권 등 권리에 대한 관리를 전문으로 하는 기관이나 단체에게 자신의 권리를 위탁하고, 저작물 이용에 따른 일정한 수익만 취하는 것이 위와 같은 불편을 제거하는 효과적인 방법이 된다. 저작권위탁관리단체나 기관을 통함으로써 권리자는 자신의 권리를 직접 관리하여야 하는 번거로운 일로부터 해방되어 창작활동에 전념할 수 있다. 또한 저작권의 이용과정에서 나타나는 복잡한 법률적 문제에 대하여 위탁관리단체의 전문지식을 활용함으로써 발생 가능한 각종 법률적 문제를 용이하게 해결할 수 있게 된다. 나아가 권리의 이용기회가 증대되며, 이용계약 체결에서 유리한 조건을 확보할 수 있는 가능성이 높아지고, 권리가 사장되는 것을 최소화하는 등 권리의 경제적 가치를 높일 수 있는 장점이 있다.149)

둘째로 저작물 이용자의 측면에서 본다면, 우선 저작권 등의 권리가 특정한 기관이나 단체에 집중이 되어 있어야 이용하고자 하는 저작물에 대한 정보를 손쉽게 찾을 수 있다. 따라서 저작권위탁관리업은 공중의 저작물 이용과 관련된 정보에 대한 접근성을 높여주는 역할을 한다. 이용자의 입장에서 저작물을 이용할 때마다 그 권리자를 찾아가서 개별적으로 계약을 체결하는 것보다 그러한 권리를 집중적으로 관리하고 있는 특정한 기관이나 단체만을 상대로 계속적인 계약을 하는 것이 훨씬 편리할 것임은 두말할 필요도 없다. 나아가 저작권위탁관리기관은 권리자의 창구를 단일화하여 권리자의 소재파악을 용이하게 하고, 표준계약서의 이용, 이용형태와 조건에 따른 사용료의 정형화를 통하여 누구라도 동일한 조건에서 원하는 권리를 이용할 수 있도록 함으로써 평등한 이용기회를 보장하

148) 이해완(2012), 748면.
149) 한국저작권법학회(2004), 7면.

는 등의 장점이 있다.150)

셋째로, 각국의 저작권 집중관리단체가 상호 관리계약을 체결함으로써 권리자들의 국제적 권리관리와 저작물의 국제적 이용이 편리하게 이루어질 수 있는 장점이 있다. 특히 디지털·네트워크화에 의한 이용형태의 급속한 발전에 따라 저작물이 국경과 관계없이 넘나들고, 그에 따라 권리처리의 합리성과 신속성이 한층 요구되는 오늘날에 있어서는 위탁관리제도를 확립하는 것이 저작권자를 비롯한 권리자의 보호와 문화의 향상 발전, 그리고 관련 산업의 발전을 위하여 매우 중요한 기본적 과제가 될 수밖에 없다.151)

최근 2014. 2. 11. 한국저작권위원회가 주관한 "창조경제시대 방송콘텐츠의 이용과 보호"에 관한 포럼에서 한국케이블TV방송협회 실무위원장이 발제한 '방송콘텐츠 유통의 선순환을 위한 저작권 관리 방안'에 의하면 동 협회도 저작권법상 저작권 신탁관리단체인 "케이블방송 저작권 신탁관리로서의 사업계획"을 수립하여 가까운 장래에 저작권 신탁관리 사업을 시행하기로 하였다고 한다. 그 사업의 내용은 인터넷, 모바일, OTT152) 등 다양한 매체의 등장으로 저작권 행사가 세분화 되는 환경변화 속에, ① 열악한 중소 PP 및 SO들의 저작권 통합관리 창구의 역할 수행, ② 신규 플랫폼 유통 활성화를 통한 새로운 수익 모델 창출, ③ 불법 콘텐츠 적발 및 단속 대응을 통한 건전한 콘텐츠 유통환경 조성 등이라고 한다.

나. 저작권위탁관리의 종류

저작권위탁관리업은 크게 저작권신탁관리업과 저작권대리중개업으로 나누어진다.153) 저작권신탁관리업은 저작재산권자, 배타적발행권자, 출판권자, 저작인접권자 또는 데이터베이스제작자의 권리를 가진 자를 위하여 그 권리를 신탁 받아 이를 지속적으로 관리하는 업을 말하며, 저작물 등의 이용과 관련하여 포괄적으로 대리하는 경우를 포함한다.154) 저작권대리중개업은, 저작재산권자, 배타적발행

150) 한국저작권법학회(2004), 7면.
151) 오승종 외(2005), 472면.
152) OTT: Over the Top. 기존의 통신 및 방송사업자와 더불어 제3의 사업자들이 인터넷을 통하여 드라마나 영화 등의 다양한 미디어 콘텐츠를 제공하는 서비스를 의미하며, 주로 동영상 등 디지털 콘텐츠를 자신이 원하는 시간과 장소에서 즐길 수 있는 것을 말한다.
153) 저작권법 제105조.
154) 저작권법 제2조 제26호.

권자, 출판권자, 저작인접권자 또는 데이터베이스제작자의 권리를 가진 자를 위하여 그 권리의 이용에 관한 대리 또는 중개행위를 하는 업을 말한다.155)

다. 각국의 저작권집중관리 제도

먼저 미국의 경우를 살펴보면 음악 분야 저작권 관리를 하는 복수의 관리단체가 있다. 공연권에 관한 집중관리단체로는 ASCAP(American Society of Composers, Authors and Publishers), BMI(Broadcast Music Inc.), SESAC (Society of European Stage Authors & Composers), APRS(Automatic Packet Reporting System), AMRA(American Mechanical Rights Agency) 등이 있고, 녹음권에 관한 집중관리단체로 Harry Fox, SESAC 등이 있다. 영상분야에는 MPAA(Motion Picture Association of America)가 있고, 어문저작물 분야에 CCC(Copyright Clearance Center)가 있다. 이 중 영상저작물 분야의 집중관리단체인 MPAA는 1922년 영상물 불법복제 등 단속업체를 메이저 TV, 케이블, 홈비디오 관련 엔터테인먼트 프로그램 프로듀서와 배급자를 대표하여 미국 영화, 비디오, 텔레비전 산업에 대한 미국 내 불법복제 등의 감시·감독을 담당하기 위해 설립되었다.

프랑스의 경우 SACEM(Société des Auteurs, Compositeurs et Editeurs de Musique)에서 공연권을 관리하고 있고, SDRM(Société pour l'administration du Droit de Reproduction Mécanique des Auteurs, Compositeurs et Editeurs)에서 녹음권을 관리하고 있었으나, 1974년 이후부터는 SACEM과 SDRM이 통합한 이래 사실상 단일 단체에서 저작권관리업무를 수행하고 있다고 한다. 연극분야는 SACD(Société des Auteurs et Compositeurs Dramatiques)가 극작가와 극작곡가의 권리를 집중관리하고 있고, 문학작품은 SGDL(Société des Gens de Lettres de France), 미술은 ADAGP(Société d'Auteurs Dans les Arts Graphicques et Plastiques)가 집중관리를 하고 있다. 그리고 ADAMI(Administration des droits des Artistes et Musiciens Interprètes)는 음악, 연극, 영상저작물을 종합적으로 관리하는 집중관리단체이다.

일본에서는 음악 분야에서 일본음악저작권협회(JASRAC: Japanese Society for Rights of Authors, Composers and Pulishers)가 집중관리를 하고 있다. 얼

155) 저작권법 제2조 제27호.

마 전 개정된 저작권관리사업법의 시행에 따라 복수의 관리단체가 등록되어 있으나 시장 점유율은 JASRAC이 압도적으로 높다고 한다.

우리나라의 경우 음악 분야에 한국음악저작권협회, 한국예술실연자단체연합회, 한국음반산업협회 등 3개 단체가 있으며, 어문 분야에 한국문예학술저작권협회, 한국방송작가협회, 한국시나리오작가협회, 한국복사전송권관리센터 등 4개 단체가 있다. 또한 영상 부분에 한국영화제작가협회와 한국영상산업협회 등 2개 단체가 있으며, 뉴스저작물을 관리하는 한국언론재단, 공공콘텐츠를 집중관리하는 한국문화콘텐츠진흥원 등 모두 12개의 집중관리단체가 있다.[156]

라. 확대된 저작권집중관리 제도

확대된 저작권집중관리(Extended Collective License: ECL) 제도는 저작권집중관리 시스템을 보다 확장한 제도로서 일정한 유형의 저작물은 모두 집중관리단체가 관리하는 저작물에 포함되도록 하여 관리하는 시스템이다. 주로 덴마크, 노르웨이 등 북유럽 국가에서 활성화 되어 있는 제도인데, 어떤 집중관리단체가 일정한 분야에서 그 권리의 관리가 필요할 것으로 예상되는 권리자의 '상당수'(substantial number)를 대표하는 경우에, 해당 권리의 특정한 영역에서 집중관리에 의한 이용허락계약에 법이 일정한 확대적인 효과를 부여하여 이용자들이 동일한 조건으로 사용할 수 있도록 하는 제도를 말한다. 즉, 일정한 유형의 저작물에 대한 상당수의 권리자들이 이 집중관리를 하는 것에 동의를 하는 것을 조건으로 그 집중관리단체가 동일 유형의 저작물에 대한 다른 권리자들, 예를 들어 집중관리에 대하여 명시적인 동의의사를 표명하지 않은 권리자들이나 해외의 권리자들, 그리고 사망한 권리자들의 저작권까지도 관리할 수 있도록 하는 시스템이다.

확대된 집중관리 제도는 집중관리단체에 의하여 관리되지 않고 있는 개별적인 권리자를 파악하거나 이용자가 이용하고자 하는 저작물이 집중관리단체에 의하여 관리되고 있는지 여부를 파악하는 소요되는 노력과 시간을 줄임으로써 거래비용을 감소 내지 제거하고, 특히 방송저작물이나 영상저작물과 같은 종합적 저작물에 있어서 이른바 '원스톱 서비스'(one stop service)를 가능하게 하는데 그

156) 최근 음악분야에서 복수 관리단체를 양성하고자 하는 문화체육관광부의 정책에 따라 음악저작권을 관리하는 새로운 집중관리단체가 설립된 바 있다.

의의가 있다. 예를 들어,현재의 저작권법 규정에 의하면 상당한 노력을 기울였어도 공표된 저작물의 저작재산권자나 그의 거소를 알 수 없어 그 저작물의 이용허락을 받을 수 없는 경우에는 그 저작물마다 일일이 법정허락제도에 따라 관련 절차를 거치고 의하여 일정한 보상금을 공탁한 후에야 이용할 수 있도록 되어 있는데, 확대된 집중관리제도를 이용할 경우 이러한 절차적 번거로움을 피할 수 있어서 상당히 효율적이라는 것이다.

현재 TV 및 라디오 방송저작물은 OSMU 활용에 따라 방송뿐 아니라 인터넷 전송 등에 활발히 사용되고 있고, 이는 영상제작자, 음악저작권자 등 저작권자와 사용자인 방송사업자에게 모두 바람직한 방향이다. 다른 집중관리단체의 상황을 보면, 예를 들어 음반산업협회 등 저작인접권 단체의 경우 방송 분야의 보상금 청구권만을 관리하고 있고 복제권, 전송권 분야는 음반사업자의 개별적인 동의를 필요로 한다. 또한 음반산업협회의 회원 가입률이 50%에도 미달되고 있어 라디오방송 등 방송물의 전송 이용에 큰 제약이 되고 있다. 따라서 확대된 저작권 집중관리 제도의 도입은 OSMU의 적극적인 활용을 통한 방송사와 저작권자의 공통의 이익증진을 위해 조속한 제도 도입이 필요한 분야라고 할 수 있다.

마. 저작권 통합관리 체계의 구축

우리나라는 복잡하게 분산된 저작권 정보에 대한 체계적이고 종합적인 관리와 운영을 위해 2007년부터 한국저작권위원회를 중심으로 통합 저작권 정보관리, 저작권 라이선스 통합관리(Copyright License Management System), 저작권 찾기 사이트 운영 등을 포함하여 저작권 통합관리 시스템을 구축하는 사업을 추진하고 있다. 2010년에는 체계적으로 저작권 정보를 수집하고 관리하기 위한 통합 저작권 정보 DB를 구축하고, 관리번호인 ICN을 부여하는 통합저작권 관리시스템을 확대 구축하였다. ICN(Integrated Copyright Number, 통합저작권관리번호)은 저작물 권리관리정보에 대한 식별체계로서 통합저작물관리번호와 통합저작자번호로 구성되며 저작물과 저작권자, 이용조건 등의 권리관계를 확인하기 위해 한국저작권위원회에서 운영하고 있다. 저작권라이선스관리시스템에서 통합저작물관리번호와 저작권자 번호를 통합한 통합저작권자번호를 부여하며, ICN이 포함된 저작권 정보는 서비스사업자와 권리자간 저작물 이용을 허락받을 수 있는 온라인 이용계약 체결과 저작물의 권리정보를 투명하게 함을 목적으로 한다.[157] ICN은 저작물의 권리관리정보[158]의 식별 및 확인을 위한 고유한 문자열 및 번호체계로 저작물의 생성, 유통, 소멸 등의 라이프사이클 전체를 통합적, 체계적으로 관리하는 것을 가능하게 한다. 저작물에 ICN이 부여되면 그 저작물은 인터넷, 방송, 노래방, 유흥주점, 불법저작물 유통 사이트 등 어느 장소에서 어떻게 이용되는지에 대한 모든 이력이 관리되고, 이러한 정보를 저작권 관리체계를 통하여 분배, 정산 시 이용하게 되며, 불법적으로 유통되고 있는 저작물에 대한 모니터링 및 필터링에 활용될 수 있게 된다.

방송저작물과 관련하여서는 2010년 현재 약 10,089건의 대본이 통합 저작권 메타 DB로 구축되어 ICN이 부여되어 있다.[159]

ICN을 포함하는 저작권 통합관리 체계를 수립하는 목적은 저작권 신탁관리단체와 개별 업체 등에 흩어진 장르별 저작권 정보를 중앙 통합시스템에서 제공하고 나아가 권리처리까지 원스톱으로 처리해주는 구체적인 실행계획을 마련하는 것에 있다. 이를 위하여 문화체육관광부는 2009년 저작권법 개정을 통하여 한국저작권위원회에 저작권 통합관리 체계 업무의 효율적인 수행을 위한 저작권정보센터를 두는 근거규정을 마련하였다.[160] 통합시스템이 구축되면 저작물을 이용하려는 사업자가 개별 권리자들과 일일이 접촉하지 않고도 통합시스템을 통해 간편하게 사용권리를 획득할 수 있어 시장 활성화에 획기적인 전기가 마련될 수 있을 것으로 기대된다. 또 저작권보호센터가 시스템에 등록된 저작물의 침해를 방지하는 다양한 사업을 펼칠 수 있어서 불법복제로 인한 관련 업계의 손해를 상당부분 줄여주는 효과를 볼 수 있다. 나아가 국내 모든 저작권 정보가 데이터베이스로 구축되고 해외 저작권 데이터베이스와 연계되면 교류 활성화로 방송저작물을 비롯한 우리 문화콘텐츠의 수출도 증가할 것으로 기대된다. 한국저작권위원회는 음악 분야의 3개 저작권(저작인접권) 집중관리단체와 저작권 정보를 통합관리하기 위한 세부방안을 수립하여 수행하고 있으며, 또한 영상저작물에 대한 저작권 신탁관리 단체인 한국영화제작가협회 및 한국영상산업협회와도 데이터 연계 작업을 수행하고 있다.

---

157) 위키백과에서 인용.
158) 저작권법 제2조 제29호.
159) 한국저작권위원회(2011), 153면.
160) 저작권법 제120조.

바. 디지털저작권거래소

디지털저작권거래소(Digital Copyright Exchange)란 저작물의 생성단계에서부터 제조, 유통, 소멸단계까지 저작물의 라이프사이클(life cycle) 전체를 통합적이고 체계적으로 관리함으로써 저작권 분쟁방지 및 창작물 투자, 유통활성화를 도모하고자 하는 시스템이다. 우리나라에서는 한국저작권위원회가 앞에서 본 저작권 통합관리체계의 수행기관으로서 디지털저작권거래소(Korea Digital Copyright Exchange: KDCE)를 설치하여 운영하고 있다. KDCE는 저작권 이용허락계약 서비스를 관리 운영하며 저작권관리번호 부여체계를 마련하고, 저작물 정보를 장르별로 통합 검색하여 운영・관리와 장르별 저작권이용허락계약의 통합창구 역할을 하고 있다. 여기서 '저작권 이용허락계약 서비스'(Copyright Service Use Agreement)라 함은 저작물 이용에 필요한 저작권정보를 체계적으로 통합 관리하고 권리자와 이용자 사이에 보다 편리한 저작물 이용계약체결을 제공하여 원 스톱 저작권 이용을 가능하게 하기 위한 시스템으로 현재로서는 음악, 어문, 뉴스 3가지 분야별로 시스템이 운영되고 있다.[161] 이 시스템을 통하여 체계적인 저작권 정보제공으로 저작물 등의 이용 활성화 기반을 제공하며, 온라인을 이용하여 음악, 어문, 방송저작물(특히 뉴스) 등의 저작권을 손쉽게 거래할 수 있고, 저작권 및 저작물에 대한 인증체계를 연계함으로써 저작권 및 저작물 이용자에 대한 거래안전과 신뢰보호를 도모할 수 있다는 점이 장점으로 제시되고 있다.

사. 저작권 인증제도

'인증'은 저작물 등의 이용허락 등을 위하여 정당한 권리자임을 증명하는 것을 말한다.[162] 문화체육관광부장관은 저작물 등의 거래의 안전과 신뢰보호를 위하여 인증기관을 지정할 수 있다.[163] 이 규정에 의한 인증기관의 지정과 지정취소 및 인증절차 등에 관하여 필요한 사항은 대통령령으로 정한다.[164] 이 규정에 따른 인증기관은 인증과 관련한 수수료를 받을 수 있으며 그 금액은 문화체육관광부장관이 정한다.[165]

---

161) 한국저작권위원회 디지털저작권거래소 홈페이지(www.kdce.or.kr) 참조.
162) 저작권법 제2조 제33호.
163) 저작권법 제56조 제1항.
164) 위 같은 조 제2항.

권리자 등의 인증제도는 2006년 개정 저작권법에서 신설된 제도이다. 한류 콘텐츠, 특히 한국 드라마의 수출과 관련하여 해외에서 우리 콘텐츠에 대한 불법 복제 방지 및 저작권보호를 위해 인증체계 마련이 필요하다는 국내 업계의 요구가 있어 왔다. 한류의 주 수출대상국인 중국의 경우 우리나라 영상물을 해당 국가에서 DVD로 발매할 때 발행이 가능하다는 인증번호를 발급하고 있으나 우리나라 영상물에 대한 진정한 권리관계 파악이 어려워 인증을 기피하는 사례가 있어 왔다. 일본의 경우에도 일본에 진출한 우리나라 음악콘텐츠에 대해 서로 권리를 주장하는 사람들이 많아 누구와 계약을 맺어야 할지 모르는 경우가 빈발함으로써 우리 음악의 성공적인 진출에 어려움이 있다고 한다. 이에 저작물 등의 거래의 안전과 신뢰보호를 위해 누가 진정한 권리자인지 여부에 대한 인증제도를 도입할 필요성이 제기되었다. 이에 2006년 개정 저작권법은 주무관청인 문화체육관광부장관으로 하여금 권리자 인증기관을 지정할 수 있도록 하고 인증절차 및 인증과 관련한 수수료를 징수할 수 있는 법적 근거를 새로이 마련한 것이다.[166]

Ⅳ 방송저작물의 2차적 저작물 작성

1. 방송저작물의 2차적 저작물의 개념 및 유형

2차적 저작물(secondary works, derivative works)이란 원저작물을 기초로 이를 변형하여 새로운 저작물이 창작된 경우에 그 새로운 저작물을 말한다. 우리 저작권법은 제5조 제1항에서 "원저작물을 번역·편곡·변형·각색·영상제작 그 밖의 방법으로 작성한 창작물은 독자적인 저작물로서 보호된다"라고 2차적 저작물을 규정하고 있다.[167] 2006년 개정되기 전 저작권법에서는 편집저작물도 2차

165) 위 같은 조 제3항.
166) 심동섭(2006), 54면.
167) 미국 저작권법 제101조는 2차적 저작물을 규정하면서 좀 더 상세한 예시를 들고 있는데, "2차적 저작물(derivative work)이란, 번역(translation), 편곡(musical arrangement), 극화물(dramatization), 소설화물(fictionalization), 영화화물(motion picture version), 녹음물(sound recording), 미술복제물(art reproduction), 축약물(abridgment), 요약물(condensation) 또는 기타 어느 저작물을 개작(recast), 변형(transform), 각색(adapt)한 형태와 같이 기존의 하나 이상의 저작물을 기초로 하여 작성된 저작물을 의미하며, 전체로서 원저작물을 나타내는 편집적 수정물(editorial revision), 주석물(annotation), 퇴고물(elaboration), 기타 수정물(other modification)로 구성된 저작물을 말한다."라고 규정하고 있다.

적 저작물의 한 유형으로 분류하고 있었으나, 2006년 개정 저작권법 이후 이를 2차적 저작물과 분리규정하고 있다. 2차적 저작물을 원저작물로 하여 다시 번역, 편곡 등을 한 경우에도 2차적 저작물이라고 부르며, 굳이 3차적 저작물이라고는 하지 않는다.

2차적 저작물이 되기 위해서는 원저작물을 기초로 하되 그 원저작물에 대하여 사소한 개변을 넘어서는 실질적인 개변이 이루어져야 하지만, 반면에 그러한 실질적인 개변에도 불구하고 원저작물의 표현상의 창작성을 차용하고 있어야 하고, 그러한 차용으로 인하여 그 저작물(2차적 저작물)로부터 원저작물의 표현상의 창작성을 직접 감득할 수 있어야 한다. 즉, 원저작물을 기초로 하여 그 표현상의 창작성을 이용하였으나, 그에 가하여진 개변이 일정한 정도를 넘어서서 원저작물의 표현상의 창작성을 감득할 수 없는 정도에 이른 경우에는 비록 원저작물에 기초한 것이라 하더라도 이는 2차적 저작물이 아니라 완전히 독립된 저작물로 된다. 어느 정도의 개변이 이루어지면 2차적 저작물을 넘어서는 완전한 독립 저작물로 되는 것인지 그 경계선을 획정하는 것은 매우 어려운 문제이다. 일반적으로 새로 만들어진 저작물로부터 원저작물의 표현상의 본질적인 특징을 직접 감득할 수 있는지 여부(직접감득성)를 기준으로 하여 직접 감득할 수 있으면 2차적 저작물로, 그렇지 않으면 완전히 독립된 저작물로 보는 방법이 있고, 원저작물과 새로 만들어진 저작물 사이에 실질적 유사성이 있는지 여부를 기준으로 하여, 실질적 유사성이 존재하면 2차적 저작물로, 실질적 유사성을 상실할 정도에 이르렀다면 완전히 독립된 저작물로 보는 방법 등 두 가지 접근방법이 있다. 우리 대법원 판례는 그 중 후자의 방법을 주로 취하고 있다.

원저작물 A에 개변을 가하여 B라는 2차적 저작물을 작성하고, 다시 그 B에 기하여 C, C에 기하여 D라는 2차적 저작물을 순차적으로 작성하였다고 할 때, C와 D로부터 A의 표현상의 창작적 특징을 직접 감득할 수 있다면, 즉 C 및 D와 A 사이에 아직도 실질적 유사성이 존재하고 있다면 그 C 및 D 역시 A의 2차적 저작물이라고 할 수 있다. 그러나 C 및 D로부터 A의 표현상의 창작적 특징을 직접 감득할 수 없고 C 및 D와 A 사이에 실질적 유사성이 상실되어 버렸다면 C, D는 비록 순차적으로 거슬러 올라가면 A에서 그 뿌리를 찾을 수 있는 것이기는 하지만 A의 2차적 저작물이 아니라 A와는 완전히 독립된 별개의 저작물이 된다. 다만, C 및 D에서 B의 표현상의 본질적인 특징을 직접 감득할 수 있고, 따라서 그들 사이에 실질적 유사성이 존재한다면 B의 2차적 저작물이 될 수 있을 뿐이다. 결국 어떤 저작물을 원저작물의 2차적 저작물로 볼 것이냐의 여부는 그 저작물로부터 원저작물의 표현상의 본질적인 특징을 직접 감득할 수 있느냐, 또는 실질적 유사성이 존재하느냐 여부에 달려 있다고 할 수 있다.

특별히 방송저작물을 원저작물로 하는 2차적 저작물의 유형으로서 생각해 볼 수 있는 것으로는 더빙 및 자막처리, 리메이크, 라디오방송물의 TV방송물화, 방송저작물의 게임화, 중계방송물의 편집, 요약, 슬로비디오 추가 등의 경우가 있다. 이하에서 이들에 관한 저작권 문제를 간략하게 살펴보기로 한다.

2. 2차적 저작물의 유형별 저작권 문제

가. 더빙 및 자막처리

'더빙'(dubbing)은 일반적으로 외국어로 녹음 또는 녹화된 영화나 드라마의 대사 부분을 우리말로 번역하여 새로 녹음 또는 녹화하는 것을 말한다. 더빙을 하게 되면 원래의 대사에 대한 번역이 이루어지고, 아울러 성우나 배우에 의하여 새로운 음성에 의한 대사 녹음 및 녹화가 이루어지기 때문에 그 결과 만들어진 더빙 처리된 영화나 드라마는 원래의 영화나 드라마에 대한 2차적 저작물이 된다.

더빙을 하지 않고 외국어를 우리말로 번역한 자막으로 처리하는 경우도 있는데, 그 때에도 원래의 대사에 대한 번역작업이 이루어지기 때문에 역시 원래의 영화나 드라마에 대한 2차적 저작물이 된다. 따라서 외국 영화나 드라마를 더빙 및 자막처리하기 위해서는 원저작물 저작재산권자의 동의를 받아야 하며, 동의 없이 더빙 또는 자막처리를 하는 경우 원래의 영화나 드라마 저작재산권자의 2차적 저작물 작성권을 침해하는 것이 된다.

나. 리메이크

'리메이크'(remake)란 종전에 있었던 영화나 드라마, 음악 따위를 새롭게 다시 제작하는 것을 말한다. 전체적인 줄거리나 제목 등은 종전의 작품의 것을 그대로 사용하는 경우가 많으며, 그렇기 때문에 종전 작품과 실질적 유사성을 가지고 있어서 종전 작품에 대한 2차적 저작물이 되는 경우가 많다. 우리나라 방송업계에서도 리메이크가 종종 이루어지고 있는데, 주로 일본 드라마를 리메이크한 드라

마가 제작되고 있는 것을 볼 수 있다.[168]

또한 흑백영화에 색깔을 입혀 컬러영화처럼 만드는 작업을 컬러화(colorization)라고 부르는데, 이러한 컬러화도 리메이크의 일종으로 볼 수 있다. 컬러화는 필름에 색을 칠하는 것이 아니라, 컴퓨터로 읽어 들인 각각의 정지화면(이를 프레임이라고 한다. 영화는 보통 1초에 24개의 정지화면, 즉 프레임을 연속적으로 지나가게 함으로써 시각적 잔상효과를 이용하여 움직이는 느낌의 영상을 만들어 낸다)에 전자적으로 색깔을 부여하는 과정을 거쳐 이루어진다. 이를 위해서는 우선 영화 한편을 구성하는 프레임들(상영시간이 90분인 장편영화의 경우 약 13만 프레임) 각각을 컴퓨터 화면으로 불러들여서 각 영역에 색깔을 지정해야만 한다. 예컨대 등장인물의 상의는 푸른색, 모자는 붉은색 하는 식으로 색깔을 부여하는 것이다. 그러나 이 때 부여하는 색깔이 원 영화를 찍었을 당시의 옷이나 모자의 색깔과 반드시 일치하는 것은 아니라고 한다. 즉, 컬러화의 과정은 복원과정이 아니라는 것이다. 그래서 종종 하나의 영화에 대하여 여러 가지의 서로 다른 컬러화 버전이 제작되기도 한다. 예를 들어 원래 흑백으로 찍힌 프랭크 카프라의 1946년 영화인 '멋진 인생'에는 5가지의 컬러화 버전이 존재한다고 한다.[169]

이러한 리메이크 역시 해당 영화나 드라마에 대한 2차적 저작물이 되므로 그러한 리메이크 작품을 제작함에 있어서는 원저작물인 영화나 드라마 저작권자의 동의를 받아야 함은 당연하다.

다. 라디오방송물의 TV방송물화

라디오방송물을 TV방송물화 하는 것도 생각해 볼 수 있는데, 이 경우에도 원칙론에 입각하여 양 저작물 사이에 실질적 유사성이 존재하는지 여부에 따라서 2차적 저작물 성립 여부가 달라질 것이다. 만약 양 저작물 사이에 실질적 유사성이 있어서 뒤의 방송물이 앞의 방숭물에 대한 2차적 저작물에 해당한다면

---

168) 최근 국내에서 인기를 끈 의학 드라마 '하얀 거탑'이나 '아름다운 그대에게', '직장의 신' 등이 일본 드라마를 리메이크한 드라마이다. 우리나라 드라마를 다시 우리나라에서 리메이크한 사례로서는 김수현 대본의 '청춘의 덫' 드라마를 들 수 있다.

169) 많은 영화 예술가들이나 비평가들은 이러한 컬러화 작업이 원래의 창작의도를 손상시켜 예술을 불구로 만드는 작업이라는 이유를 들어 '카사블랑카'나 '말타의 매' 등의 고전영화들을 컬러화하는 데 반대해 왔다고 한다. 그러나 판권을 가지고 있는 영화사 측은 관객들에게 다양한 선택의 폭을 제공한다는 명분으로 주요 고전영화들에 대한 컬러화 작업을 80년대 중반 이후로 계속하여 진행하고 있다고 한다(http://www2.dongailbo.co.kr/docs/magazine/science-donga/9805/).

원저작물 저작자의 동의를 받고 제작하여야 할 것이다. 다만, 라디오방송물에서는 그 성격상 무대장치, 의상, 조명, 소도구 등 시각적 요소가 존재할 수 없는데, 그러한 라디오방송물을 TV방송물로 제작하게 되면 새로운 시각적 요소들이 들어가게 된다. 따라서 TV방송물이 원저작물인 라디오방송물로부터 TV방송물로부터 차용하는 요소는 스토리와 대사 등 어문적 요소에 국한되고 그 밖의 시각적 요소들은 전부 새로운 창작에 의하여 제작되게 될 것이다. 그러나 시각적 요소들이 전부 새롭게 창작된다고 하더라도 라디오방송물의 스토리나 대사를 실질적 유사성이 있는 형태로 이용하는 한 그러한 스토리나 대사에 기초하여 만들어지는 TV방송물이 라디오방송물에 대한 2차적 저작물이 되는 것에는 변함이 없다. 이는 소설을 원작으로 하여 영화화 하는 경우 그 영화가 원작 소설에 대한 2차적 저작물이 되는 것과 마찬가지이다.

라. 라디오방송물의 효과음 등에 대한 2차적 활용

라디오방송물에서는 시각적 요소가 배제되고 청각적 요소만으로 방송물이 구성된다는 점에서 효과음이나 배경음 등의 역할이 TV에서보다 훨씬 중요하게 작용할 수 있다. 따라서 그러한 효과음이나 배경음을 직접 만들어 내거나 아니면 자연상태에서 또는 현장에서 녹음한 경우에 그러한 음을 다른 방송물이나 영상저작물 등에 활용하는 것이 법적인 문제는 없는지 검토해 볼 필요가 있다. 일정한 스토리와 같은 내용을 가지지 않은 음은 그것이 인위적으로 만들어 낸 것이든 자연음 또는 현장음을 녹음한 것이든 그 자체는 인간의 사상이나 감정을 표현한 창작물이라고 볼 수 없으므로 그러한 음은 저작물로 성립할 수 없다고 본다. 다만, 그러한 음을 녹음하게 되면 저작권법상 '음반'에는 해당할 수 있다.

저작권법 제2조 제5호는 '음반'을 "음(음성·음향을 말한다)이 유형물에 고정된 것(음이 영상과 함께 고정된 것을 제외한다)을 말한다."고 규정하고 있다. 여기서 유형물에 고정되는 음은 저작물인지 여부를 묻지 아니하므로 인위적으로 만들어 낸 음이든 자연음, 현장음이든 그러한 음이 녹음을 통하여 CD나 테이프, MP3 파일 등의 형태로 유형물에 고정되게 되면 음반이 될 수 있고, 이러한 음반을 제작한 자는 저작인접권자인 '음반제작자'로서 보호를 받게 된다.[170] 즉, 음반제작

170) 저작권법 제2조 제6호. "음반제작자는 음을 음반에 고정하는 데 있어 전체적으로 기획하고 책임을 지는 자를 말한다."

자에게는 저작권법 제78조에 의하여 '복제권'이 부여되므로 허락 없이 그러한 음반을 복제하여 사용하는 자에 대하여 음반제작자는 복제권 침해를 주장할 수 있을 것이다. 다만, 저작자와는 달리 음반제작자에게는 2차적 저작물 작성권이 부여되어 있지 않다. 따라서 타인이 음반 자체를 복제하지 않고 그 음반에 수록된 음을 모방한 음을 자체 녹음·제작하여 활용할 경우 원래의 음반에 수록된 음과 아무리 동일 또는 유사한 음을 사용하였다 하더라도 음반 자체가 다른 이상 저작인접권의 침해를 주장할 수는 없을 것이다.

마. 방송저작물의 게임화

방송저작물을 게임화 하거나 거꾸로 게임을 방송저작물로 제작하는 경우에도 2차적 저작물 성립요건에 있어서의 원칙에 따라 양 저작물 사이에 실질적 유사성이 있으면 2차적 저작물이 되고, 원저작물 저작재산권자의 동의를 요하게 된다. 방송물은 아니지만 미국의 경우를 보면 영화를 게임으로 제작하는 경우를 종종 볼 수 있는데, 인기를 끈 '라이온 킹'이나 '쥬라기 공원' 등이 비디오 게임의 형태로 만들어져 활용된 사례가 있다. 우리나라에서는 온라인 게임으로 많은 인기를 끈 '바람의 나라'라는 게임과 캐릭터 등이 유사한 TV드라마 '태왕사신기'가 제작, 방영된 바 있는데, 실제 소송은 '바람의 나라' 게임의 원작이 된 동명의 만화와 드라마 시놉시스 사이의 저작권 침해여부가 다투어졌다.171)

바. 중계방송물의 편집, 요약, 슬로 모션 추가 등

저작권으로 보호되는 저작물이 되기 위해서는 인간의 사상이나 감정을 창작적으로 표현한 것이어야 하므로 '창작성'(originality)을 성립요건으로 한다.172) 우리 판례에 의하면 창작성이라 함은 ① 남의 것을 베끼지 않았다는 것(독자적 작성)

171) 만화 '바람의 나라'에 대한 표절 문제로 법정공방에까지 이르렀던 드라마 '태왕사신기'의 시놉시스에 대하여, 서울중앙지방법원은 두 저작물에 청룡, 백호, 주작, 현무와 같은 '사신도'의 사신(四神)을 의인화한 캐릭터가 공통적으로 등장하지만, 그것만으로 양 저작물 사이에 원저작물과 2차적 저작물의 관계를 인정할 만한 실질적 유사성이 존재한다고 볼 수는 없다고 하여 저작권침해를 부정하였다. 나아가 원고와 피고의 저작물은 고구려라는 역사적 배경, 사신·부도·신시라는 신화적 소재, 영토 확장이나 국가적 이상의 추구라는 주제 등 아이디어의 영역에 속하는 요소를 공통으로 할 뿐, 그 등장인물이나 주변인물과의 관계설정, 사건전개 등 저작권에 의하여 보호받는 창작적인 표현형식에 있어서는 만화와 드라마 시놉시스에 내재하는 예술의 존재양식 및 표현기법의 차이를 감안하더라도 실질적으로 유사하지 않으므로 피고가 '바람의 나라'에 대한 저작권을 침해하였다고 볼 수 없다고 판시하였다(서울중앙지방법원 2007. 7. 13. 선고 2006나16757 판결).

172) 저작권법 제2조 제1호.

과 ② 최소한도의 창조적 개성(minimum creativity)이 있을 것의 두 가지 요소를 모두 갖추고 있음을 말한다.[173] 이 때 최소한도의 개성이 있다고 하는 것은 "누가 하더라도 같거나 비슷할 수밖에 없는 표현"이 아니라는 것을 의미한다. 따라서 아주 단순한 동작의 경기를 있는 그대로 기계적인 변환을 거쳐 영상으로 전달한다면 그런 중계방송은 최소한도의 창조적 개성이 없어 창작성이 부인되고 따라서 저작물로 성립하지 못할 수도 있을 것이다. 또한 스포츠경기 자체는 단순한 사실에 불과하므로 역시 저작물로 인정되기 어려울 것이다.[174] 그러나 스포츠경기를 중계방송하는 경우에는 단순히 경기 장면을 있는 그대로 기계적으로만 녹화하여 전달하는 것이 아니라 중계 프로듀서와 카메라맨이 자신들의 사상과 감정에 따라 현장의 피사체를 다양한 형태로 조합하거나 분할, 편집하여 표현하게 되므로 오히려 우리가 시청하는 일반적인 스포츠중계는 방송저작물로 인정되는 경우가 대부분이라고 보아야 할 것이다. 이는 여권사진이나 증명사진과 같이 피사체를 단순히 2차원적, 기계적인 방법으로 재현해 내는 것이 아닌 피사체의 선정, 구도의 설정, 빛의 방향과 양의 조절, 카메라 각도의 설정, 셔터의 속도, 셔터찬스의 포착, 기타 다양한 기법의 동원 등을 통하여 사진 촬영자의 창작성이 발현된 사진의 저작물성이 인정되는 것과 마찬가지이다.

또한 스포츠중계에서 저작권의 객체인 저작물은 선수의 경기 그 자체가 아니라 경기를 시청자들에게 전달하는 텔레비전 방송이므로 카메라맨과 중계 프로듀서 등의 연출에 따라 만들어지는 창의적인 영상 그 자체만으로도 저작물로 성립하기 위한 창작성을 갖추었다고 볼 것이며, 여기에 진행자와 해설자의 중계멘트와 해설이 곁들여지게 된다는 점에서 더욱 저작물로서 성립하기에 부족함이 없을 것이다. 그리고 스포츠경기를 중계방송하는 경우 하이라이트 장면이나 순간을 느린 동작(슬로 모션)으로 재연하거나, 다양한 위치와 각도에서 촬영된 것을 다시 편집하여 보여주는 등의 작업을 통하여서도 창작성이 발현될 수 있다. 따라서 스

173) 대법원 2005. 1. 27. 선고 2002도965 판결.

174) 스포츠경기는 인간의 사상이나 감정을 표현한 것이라기보다는 반복되지 않는 순간적인 요소에 의해 승패나 우열을 가르는 경쟁이며, 그런 순간적인 동작은 재연이 불가능할 뿐만 아니라 연극이나 영화, 무용처럼 동작의 기초가 되는 각본이나 무보(舞譜)도 없으므로 창작물이라고 보기 어려울 것이다. 그러나 스포츠경기 중에도 피겨스케이팅이나 수중발레, 리듬체조와 같은 율동적 경기는 사전에 창작된 안무에 따라 감정적 표현을 나타낸다는 점에서 인간의 사상이나 감정을 표현한 것으로서 저작물로 성립할 수 있을 것이라고 생각할 수 있는데, 학설이 명확한 것은 아니다. 박성호(2012), 200면 참조.

포츠경기 자체가 저작물로 성립하지 않으므로 그 스포츠경기에 대한 중계방송을 스포츠경기에 대한 2차적 저작물로 볼 수는 없다고 하더라도, 그 중계방송이 원저작물로서 성립하는 것에는 큰 문제가 없을 것이다.

그런데 스포츠경기 자체가 저작물로 성립한다고 보는 경우에는 문제가 있다. 예를 들어 피겨스케이팅이나 수중발레, 리듬체조 같은 경기에서 선수의 동작 자체가 일종의 무용저작물로 된다고 보는 입장에서는, 그러한 경기를 중계방송하는 경우 그 중계방송은 방송의 대상이 된 경기를 원저작물로 하는 복제물 또는 2차적 저작물이 되고, 따라서 그러한 중계방송을 함에 있어서는 원저작물 저작자인 안무(按舞) 창작자 및 경기자의 동의를 받아야 하는가 하는 주장이 나올 수 있다.[175] 아직 이 문제에 관한 깊은 논의나 분쟁이 있었던 사례는 없는 것 같으나, 바둑이나 장기 게임을 중계방송하는 경우 그 바둑 또는 장기의 기사들의 동의를 받아야 하는 것인지에 대하여는 논의가 있다. 동의를 받아야 한다고 주장하는 입장은 바둑이나 장기 게임은 그 한 판 한 판의 경기가 그 게임에서 승부를 겨루는 기사들의 사상이나 감정을 표현한 창작물이라고 보아야 하고 따라서 그 게임 자체가 해당 기사의 저작물로 성립한다는 것을 이유로 든다. 실제로 2007년에는 바둑 대국의 기록물인 기보는 대국자의 사상과 감정이 창작적으로 표현된 저작물에 해당하고, 프로기사의 기보는 가치있는 저작물로서 많은 대중이 연구하고 감상하는 저작물이라는 점, 케이블TV나 위성방송의 바둑 프로그램, 인터넷 등의 매체를 통하여 기보를 이용한 서비스의 상업적 이용이 증가하고 있으나 기보 이용에 관한 저작권이 확보되지 않아 저작자의 권리가 침해를 받고 있는 실정인 점, 특히 일부 인터넷 사업자는 기보가 대국자의 우발적 착수를 기록한 것에 불과하다는 것을 근거로 기보의 저작물성을 부인하면서 기보를 무단으로 이용하고 있는 점 등을 들어 저작권법상 저작물의 예시 조항인 제4조 제1항 제8호의 '도형저작물'의 종류에 '바둑 기보'를 추가하는 것을 내용으로 하는 저작권법 개정안이 국회에서 발의되기도 하였다.[176]

기보의 저작물성을 긍정하는 입장은 ① 바둑 기보에는 기사의 기풍이나 철학이 나타나 있다는 점에서 인간의 사상이나 감정을 표현이라 볼 수 있고, ② 저작

175) 안무의 창작자는 저작자로서 복제권(저작권법 제16조) 및 2차적 저작물 작성권(저작권법 제22조)을 가지게 되고, 경기자는 실연자로서 복제권(저작권법 제69조)을 가지게 된다.
176) 2007. 3. 26. 김기춘 의원 대표발의 저작권법 일부개정법률안.

자 스스로의 능력과 노력에 의해 만들어진 것이며 저작자의 고유한 개성이 녹아 있다는 점에서 창작물에 해당되므로 저작물의 정의에 부합한다고 주장한다. 반면에 기보의 저작물성을 부정하는 입장은 ① 바둑알의 위치선정은 각 기사들의 생각이 반영되어 있기는 하지만 이는 경기에서 승리하기 위한 과정에서 나타나는 전략적인 것이며 대국 상대방에 따라 그 표현이 수시로 바뀔 수 있는 우연적인 산물이고, ② 기사들은 승리를 위한 경기를 한 것일 뿐이지 자신만의 개성을 표현하기 위한 창작 활동을 했다고 보기는 어렵다는 점에서 저작물에 해당하지 않는다고 주장한다.[177)]

생각건대 한 판의 바둑 게임 자체가 대국자의 사상이나 감정을 표현한 것이므로 저작물로 성립할 수 있지 않겠는가 하는 논의도 있을 수 있으나, 대국자가 바둑 게임의 진행과정에 따라 결정하는 한 수 한 수는 각 기사들의 생각이 반영되어 있기는 하지만, 이는 그때그때의 대국상황에서 가장 유리한 착점(바둑알의 위치 선정)을 찾아가는 일종의 '해법풀이'(solution)로서 저작권의 보호를 받는 표현(expression)이라기보다는 보호를 받지 못하는 아이디어(idea)의 영역에 속하는 것[178)]으로 보아야 하고, 따라서 역시 저작물로 성립하기는 어려운 것이 아닌가 생각한다. 또한 설사 진행된 한 판의 바둑을 저작물이라고 본다고 하더라도, 그 기보는 한 판의 바둑의 진행과정을 그대로 기록한 것이므로 그 한 판의 바둑 게임에 대한 복제물이라고 볼 수는 있어도 기보 자체를 저작물로 보기는 어렵다고 할 것이다. 이는 악보 자체는 저작물이 아니라 그 악보에 수록된 음악저작물의 복제물로 보는 것과 마찬가지이다. 즉, 진행된 한 판의 바둑을 TV 영상으로 녹화를 하든 기보로 기록을 하든 그것들은 모두 그 진행된 바둑의 복제물이지 그 녹화물이나 기보가 바둑 자체, 즉 저작물이 되는 것은 아니다. 다만, 한 판의 바둑을 기록하면서도 진행된 수순 그대로 기계적으로 기록한 것이 아니라 다양한 기법을 동원하여 보통의 일반적인 기보와는 다른 창조적 개성을 가진 기보를 작성하였다면 그 기보는 바둑 게임과는 별도의 도형저작물로서 성립할 여지가 있을 수 있겠다. 그러나 현재 작성되고 있는 기보의 성질상 그러한 경우가 있을지

177) 긍정설 및 부정설에 대하여는 위 대표발의안 첨부 '검토보고서' 참조.

178) 순수한 아이디어의 영역에 속하지는 않고 다소 표현적인 요소가 있다고 하더라도, 바둑을 두는 기사가 그 승부를 자신에게 유리한 방향으로 이끌어 가기 위해서는 그 착점이나 수순에 있어서 선택의 여지가 거의 없다는 점에 비추어 볼 때, 아이디어와 표현이 합체(merger)된 경우, 또는 사실상의 표준이나 필수장면 등에 해당하여 역시 저작물로 보호받기는 어렵다고 생각된다.

의문이다. 또한 만약에 한 판의 바둑 게임 자체가 저작물로 성립한다는 입장을 취한다면 그 바둑 게임을 중계방송하는 것은 피겨스케이팅이나 리듬체조 경기를 중계방송하는 경우와 마찬가지로 저작물인 바둑 게임에 대한 복제 또는 2차적 저작물 작성이 되므로, 저작권자인 대국자의 허락을 받아야 한다는 문제가 생긴다. 다만 대부분의 스포츠경기 중계방송은 이른바 '보도'에 해당하므로, 저작권법 제28조의 공표된 저작물 인용 규정[179]이나 같은 법 제35조의3의 저작물의 공정한 이용 규정[180]에 의하여 저작권침해의 책임이 면제 수 있는 것 아닌가 하는 주장이 있을 수 있다. 그러나 저작권법 제28조가 적용되기 위해서는 그 인용이 "정당한 범위 안"에서 이루어져야 하고, 또 같은 법 제35조의3이 적용되기 위해서는 그 "이용된 부분이 저작물 전체에서 차지하는 비중과 그 중요성"을 고려하여 저작자의 정당한 이익을 부당하게 해치지 않는 범위에서 이루어져야 한다. 이러한 요건을 충족하기 위해서는 전체 저작물 중 보도를 위한 목적에 필요한 정도를 넘어서지 않는 범위 내에서 인용 또는 이용행위가 이루어져야 하며, 이는 그 인용 또는 이용된 부분이 전체 저작물에서 차지하는 질적·양적 비중을 따져서 판단하게 될 것이다. 그런데 스포츠경기를 중계방송하는 경우 양적인 면에서 경기의 진행 전체를 거의 전부분에 걸쳐 이용(중계)할 수밖에 없고 또 질적인 면에 있어서도 중요 장면을 빠짐없이 이용(중계)하여야 하므로, 그렇다면 대부분의 스포츠경기 중계방송은 저작권법 제28조나 제35조의3 규정의 요건을 충족하지 못하여 저작권침해 책임을 면제받을 수 없는 결과로 될 것이다.

참고적으로 우리나라에서는 2010년도에 온라인게임인 스타크래프트 게임에 대한 저작권을 가지고 있는 블리자드 엔터테인먼트사가 스타크래프트 프로리그 게임을 중계방송하고 있는 온게임넷과 MBC게임 방송사를 상대로 스타크래프트 저작물을 허락 없이 이용하여 방송 콘텐츠를 제작, 방송함으로써 저작권을 침해하였다는 이유로 소송을 제기한 바 있었으나, 블리자드와 게임방송사 간 합의에

179) 저작권법 제28조. "공표된 저작물은 보도·비평·교육·연구 등을 위하여는 정당한 범위 안에서 공정한 관행에 합치되게 이를 인용할 수 있다."

180) 저작권법 제35조의3. "① 제23조부터 제35조의2까지, 제101조의3부터 제101조의5까지의 경우 외에 저작물의 통상적인 이용 방법과 충돌하지 아니하고 저작자의 정당한 이익을 부당하게 해치지 아니하는 경우에는 보도·비평·교육·연구 등을 위하여 저작물을 이용할 수 있다. ② 저작물 이용 행위가 제1항에 해당하는지를 판단할 때에는 다음 각 호의 사항 등을 고려하여야 한다. 1. 영리성 또는 비영리성 등 이용의 목적 및 성격, 2. 저작물의 종류 및 용도, 3. 이용된 부분이 저작물 전체에서 차지하는 비중과 그 중요성, 4. 저작물의 이용이 그 저작물의 현재 시장 또는 가치나 잠재적인 시장 또는 가치에 미치는 영향."

따른 소취하로 일단락 된 사실이 있다. 그러나 이는 법원의 최종적인 판단을 거치지 않은 결말이기 때문에 유사한 분쟁의 가능성은 여전히 남아 있고 아직 법률적인 쟁점이 명확하게 정리되지 않아서 갈등의 불씨가 살아 있는 상황이다.

또한 방송업계에서 올림픽이나 월드컵과 같은 국제적인 대형 경기는 물론이고 국내 프로야구, 프로축구를 비롯한 각종 스포츠경기를 중계함에 있어서 '중계방송권'이라는 용어가 사용되고 있는데, '중계방송권'이라는 권리의 법적 성격이 무엇인지 생각해 볼 필요가 있다. '중계방송권'은 법률적인 용어는 아니고 해당 경기의 주최자, 경기에 참여하는 스포츠구단, 선수들 등의 계약관계에서 비롯되는 일종의 채권적 권리라고 보인다. 앞에서 본 바와 같이 올림픽이나 월드컵과 같은 국민적 관심이 높은 경기를 중계방송하기 위하여 고액의 중계권료를 지불하는 경우가 흔한데, 이는 '중계방송권'이라는 권리가 현실적으로 존재함을 의미한다. 방송 업계의 현실과 계약법의 법리를 종합해 보면, '중계방송권'이라는 것은 해당 스포츠경기의 주최자가 그 스포츠경기가 진행되는 경기장 관리자 및 경기에 참여하는 스포츠구단, 선수들과 사이에 계약을 체결함으로써 그 계약에 따라 발생하거나 위임받는 선수들의 초상 이용권 및 시설관리권[181]에 기초하여 발생하는 무형의 권리라고 보는 것이 타당할 것으로 해석된다.[182]

어쨌든 스포츠경기 자체의 저작물성 여부를 떠나서 위에서 본 바와 같이 스포츠중계 방송이 방송저작물로서 성립한다는 것에 대하여는 별다른 의문이 없을 것이다. 따라서 이러한 스포츠 경기를 보도하는 스포츠 뉴스에서 흔히 볼 수 있는 것과 같이 스포츠 중계방송물을 다시 편집하거나 요약하거나 일부 장면만을 추출해 내거나 새로운 슬로 모션 등을 추가하거나 하는 행위는 원저작물인 스포츠 중계방송물에 대한 복제물 또는 2차적 저작물이 된다고 할 것이고, 따라서 그러한 행위를 함에 있어서는 원저작물 저작권자의 허락을 받아야 할 것이다.

181) 스포츠경기 주최자가 갖게 되는 선수들의 초상이용권이나 시설관리권, 방송허가권 등은 그 주최자의 내부규정, 예를 들어 프로야구의 경우 한국야구위원회 규약과 그에 부속하는 규정, 대한축구협회의 경우 대한축구협회 마케팅 규정 등에 근거를 두고 있다.

182) 박성호(2012), 203면 참조.

3. 방송저작물의 2차적 저작물 작성과 저작권 침해

가. 방송드라마 스토리의 보호

(1) 서언

방송저작물의 2차적 저작물 작성과 관련하여 현재까지 주로 분쟁이 되어 온 것은 특정 방송드라마가 기존에 이미 방영되었던 다른 방송드라마와 실질적 유사성이 있는지 여부, 즉 기존 방송드라마의 2차적 저작물에 해당하는지 여부에 관한 것이다. 이때 주로 문제로 되는 것은 캐릭터 및 스토리 전개과정에 있어서의 유사성이다. 소설이나 드라마의 스토리는 문장표현 자체와는 별도의 독자적인 감상적 가치를 가지고 있다. 따라서 소설이나 드라마가 외국어로 번역되거나 영화화됨으로써 구체적인 표현형식에 실질적인 변경이 가해졌다고 하더라도 대부분의 경우 감상자들은 원래 소설이나 드라마가 가지고 있던 스토리의 창작성을 감득할 수 있다. 스토리는 특별히 문장이라고 하는 '그릇'이 아니라 하더라도, 만화나 영상 등 다른 '그릇'에 담길 수 있지만, 적어도 무엇인가의 구체적인 표현형식을 수반하지 않는 한 그 내용을 특정할 수 없고, 감상자들이 그 내용을 감득할 수도 없게 된다. 결국 스토리는 어디까지나 문장이나 영상 등의 구체적인 표현형식을 수반한 형태의 저작물로서 보호되는 것이고, 그러한 구체적인 표현형식을 떠나서 스토리라고 하는 정보 그 자체가 저작물로서 보호되는 것은 아니라고 볼 것이다.[183)]

(2) 침해를 부정한 사례

사건의 전개과정이나 스토리는 모두 저작권의 보호를 받는 것이 아니라, 그러한 전개과정이나 스토리가 저작자의 독자적인 정신활동이 발현되고 창조적인 개성이 드러나 있을 정도의 구체적인 표현으로 나타났을 때 비로소 저작권의 보호를 받는다. 특히 역사적 소재를 바탕으로 한 극적 저작물에 있어서 역사적 사실이 아닌 허구를 내용으로 하는 스토리 또는 사건전개라고 하더라도 그것이 구체적이고 세부적으로 표현되지 아니하거나, 구체적이고 세부적인 면에서 원고와 피고 저작물이 서로 다른 경우에는 저작권침해를 부정하여야 한다.

방송드라마와 관려하여 그렇게 판단한 사례를 우리 대법원이나 하급심 판례

---

183) 横山久芳(2012), 5면.

에서도 상당수 찾아볼 수 있다. 예를 들어, 앞에서 본 서울중앙지방법원 2007. 7. 13. 선고 2006나16757 판결(일명 '바람의 나라' 사건)에서는, "몰락한 가문 출신의 인물이 섬기는 왕 또는 가장 친한 친구 등이 권력싸움 등으로 희생을 당하고, 그것이 그 인물의 행동에 대한 모티브가 되는 것은 무협지나, 의(義), 충(忠)을 주제로 하는 많은 영웅담에서 전형적으로 나타나므로, 누구나 공유할 수 있는 아이디어에 해당한다고 할 것이고, 사신(四神) 중 하나가 오랜 잠에 빠진다는 특징은, 동물의 겨울잠 등으로부터 누구나 생각해 낼 수 있고, 이미 동화 '잠자는 숲 속의 미녀', 버지니아울프의 소설 '올란도' 등 많은 작품에서 망각, 죽음, 영원한 시간 등을 상징하는 소재로 쓰였으므로, 독창성, 구체성, 복잡성을 가졌다고 볼 수 없어 그 자체로는 아이디어에 해당하여 저작권의 보호대상이 되지 않는다."고 판시한 바 있다. 이 사건에서 원고와 피고의 저작물은 모두 고구려 사신도(四神圖) 벽화에 나온 사신들을 의인화하여 그 사신들이 주인공 또는 그 주변인물의 수호신의 역할을 하는 내용을 포함하고 있다. 위 판결은 그러한 내용이 역사적 사실과는 전혀 관계없는 작가의 허구적 창작이라는 점을 인정하면서도 사신 중 하나가 오랜 잠에 빠진다는 스토리는 저작권의 보호대상이 될 수 없다는 점을 판시하고 있다. 또한 이 판결에서는 원고와 피고 저작물에서 주인공이 심복을 얻는 과정 및 그 심복이 죽음에 이르는 과정이 실질적으로 유사한지에 관하여, "사건의 전개과정이 아이디어와 표현 중 어느 것에 해당하는가 하는 것은 그 전개과정이 얼마나 구체적으로 표현되어 있는가에 따라 결정되는바, 양 작품은 주인공이 낯선 장소에서 우연한 기회에 자신에게 거부감이나 적개심을 가진 자를 만나는데, 그가 곧 주인공의 심복이 되고, 심복은 전장에서 주인공을 구출하는 등으로 주인공보다 먼저 죽음에 이르게 되는 점은 유사하나, 이는 '아더왕 이야기'와 같은 영웅담이나 전쟁을 소재로 하는 작품들의 보편적인 사건 전개에 불과하다"고 하여 저작권의 보호를 부정하고 있다.

또한 대법원 2000. 10. 24. 선고 99다10813 판결184) 역시 일제 시대에 연해주로 이주한 한인들이 1937년 스탈린에 의하여 중앙아시아로 강제이주 된 사건을 배경으로 한 저작물과 관련하여 역사적 사실과는 관계없는 다수의 에피소드, 스토리 전개 등이 있음에도 불구하고, "(원고의) 소설 '텐산산맥'은 이야기의 구성이 단

184) 판례공보 2000하, 2381면.

조롭고 등장인물의 발굴과 성격도 비교적 단순한 데 반하여, (피고의) 드라마 '까레이스키'는 등장인물의 수나 성격이 훨씬 다양하고 사건의 전개방식도 더 복잡하며 이야기의 구성이나 인물의 심리묘사 등도 보다 치밀하고, 극 전체의 완성도, 분위기 및 기법 등에 상당한 차이가 있다"고 하여 '실질적 유사성'을 부정하였다.

드라마 '까레이스키' 사건

대법원 2000. 10. 24. 선고 99다10813 판결185)

- **사실의 개요**

원고 백한이는 1993. 7. 10. 러시아에 이주한 한인들의 삶에 관한 이야기를 다룬 '텐산산맥'이란 장편대하소설을 출간하였다. 피고 MBC는 1994. 12. 19.부터 1995. 3. 7.까지 22부작 텔레비젼 드라마 까레이스키를 방영하였다. 이 드라마의 소재 역시 소설 텐산산맥과 마찬가지로 러시아에 이주한 한인들의 삶에 관한 이야기였다. 원고는 피고의 드라마 까레이스키가 많은 부분에서 소설 텐산산맥을 표절하였다며, 그에 따른 손해배상을 구하는 소를 제기하였다.

- **판시사항**

두 저작물 사이에 실질적인 유사성을 판단할 때에는 창작적인 표현형식에 해당하는 것만을 가지고 대비하여한다. 소설 등에 있어서 추상적인 인물의 유형 혹은 어떤 주제를 다루는 데 있어 전형적으로 수반되는 사건이나 배경 등은 아이디어의 영역에 속하는 것들로서 저작권법에 의한 보호를 받을 수 없다. 두 저작물 모두 러시아의 변혁 과정에서 연해주와 중앙아시아에 사는 한인들이 어떠한 대우를 받았고 어떻게 적응하며 살아왔는지 그 실상을 파헤치고 있다는 점에서 유사한 면은 있지만, 이는 공통의 역사적 사실을 소재로 하고 있는 데서 오는 결과일 뿐이다. 이야기의 구성, 인물들의 심리묘사, 소설 출간 이전부터 예정된 줄거리라는 점 등 전체적으로 볼 때 드라마 '까레이스키'는 원고의 소설과는 완연히 그 예술성과 창작성을 달리 하는 별개의 작품이다.

- **평석**

본 판결에서는 소설과 드라마간의 실질적 유사성 판단이 문제된 사안에서 역사적 사실과는 관계없는 다수의 에피소드, 스토리 전개 등이 있음에도 불구하고 창작적인 표현형식에 해당하는 것만을 가지고 대비하여야 함을 확인했다.

---

185) 【원심판결】 서울남부지방법원 1996. 10. 16. 선고 95가합7674 판결 / 서울고등법원 1999. 1. 20. 선고 96나45391 판결.

또한 일명 '독도장군 안용복' 사건 판결[186]은, '안용복'이라는 역사적 인물을 소재로 한 소설과 EBS 특집드라마 사이의 저작권침해가 문제로 된 사건에 관한 것인데, 고기잡이를 하러 나갔던 조선인 어부가 왜구의 습격을 받아 팔이 잘린 채 구사일생으로 돌아오는 것을 보고 안용복이 일본에 대한 적개심을 품게 된다는 스토리(이 부분은 안용복에 관한 역사적 자료에서는 찾아볼 수 없는 허구의 창작이다)가 원고와 피고 저작물에서 공통적으로 나타남에도 불구하고, 이러한 스토리는 역사적 자료에 의하여 쉽게 그려낼 수 있는 장면이거나 저작권으로 보호받을 수 없는 아이디어에 불과하다고 하여 실질적 유사성을 인정하지 아니하였다. 나아가 안중근 의사가 1909. 10. 26. 하얼빈역에서 이토 히로부미를 암살한 역사적 사실에 대하여 그 결말이 역사적 사실과 달리 암살이 미수에 그쳤다고 가정하면서 그 후에 이토 히로부미의 생존으로 일본이 세계적인 강대국으로 성장하면서 한반도가 아직 일본의 식민지 상태라는 가공의 배경 하에서, 조선의 역사와 문화에 대하여 알지 못하던 주인공이 차츰 조선인으로서의 정체성을 찾아간다는 주제상의 유사점만으로는 실질적 유사성이 인정되지 않는다는 판례 등이 있다.[187][188]

---

186) 의정부지방법원 고양지원 2007. 2. 8. 선고 2005가단26942 판결.

187) 서울고등법원 2003. 12. 16. 선고 2003나6530 판결, 권영준(2007), 171면에서 재인용.

188) 이에 관한 미국의 판례들을 살펴보면, 장기를 필요로 하는 부유한 사람들에게 이를 팔기 위하여 젊고 건강한 사람들을 살해하는 범죄조직을 파헤치는 젊고 용감한 전문직 종사자의 이야기라는 공통점은 기본적인 아이디어나 일반적인 플롯에 불과하여 실질적 유사성을 인정할 수 없다는 Berkic v. Crichton, 761 F.2d 1289(9th Cir. 1985) 판결, 유럽에서 샌프란시스코로 이주하여 온 부유한 유대인들의 상호관계와 삶을 그린 작품이라는 공통점이 있다는 점 역시 실질적 유사성을 인정하기에 부족하다는 Narell v. Freeman, 872 F.2d 907(9th Cir. 1989) 판결, 종교적·인종적 배경이 다른 두 가정의 자녀들 사이의 결혼 및 이로 인한 두 가정의 반목과 화해라는 주제는 로미오와 줄리엣의 주제와 크게 다르지 않아 저작권법에 의하여 보호받는 표현에 포함되지 않는다고 하면서, 같은 주제를 공유하는 두 작품 사이의 실질적 유사성을 부정한 Nichols v. Universal Pictures, 45 F.2d 119(2d Cir. 1930) 판결, 엄마의 얼굴이 객관적으로는 아름답지 않아도 아이들에게는 가장 아름다운 것이라는 주제에 관한 텔레비전 촌극 "세상에서 가장 아름다운 여자(The Most Beautiful Woman in the World)"가 같은 주제에 관한 아이들의 동화책인 "내 엄마는 세상에서 가장 아름다운 여자랍니다(My Mother is the Most Beautiful Woman in the World)"의 저작권을 침해하지 않았다는 Reyher v. Children's Television Workshop, 533 F.2d 87(2d Cir. 1976) 판결을 비롯하여, 과거에 있었던 사건이 현재에 미치는 영향을 주제로 한 작품에 관한 Herzog v. Castle Rock Ent., 193 F.3d 1241(11th Cir. 1999) 판결, 남편의 재정적 능력이 없는 가운데 아내가 생계를 책임지는 상황이 정상적인 결혼 관계에 미치는 스트레스를 주제로 한 작품에 관한 Shipman v. R.K.O. Radio Pictures, Inc., 100 F.2d 533, 537(2d Cir. 1938) 판결, 베트남 전쟁의 상황 아래에서 3명의 연인들 사이에 존재하는 삼각관계의 사람을 주제로 한 작품에 관한 Davis v. United Artists, Inc., 547 F.Supp. 722(S.D.N.Y. 1982) 판결, 제2차 세계대전 도중에 행방불명된 잠수함이 30년 후에 불가사의한 방법으로 떠오르는 사건을 주제로 한 작품에 관한 O'Neill v. Dell Publishing Co., 630 F.2d 68(1st. Cir. 1980) 판결 등에서 작품의 주제는 저작권법의 의한 보호를 받지 못한다고 판시하고 있다(권영준(2007), 172면에서 재인용).

'두근두근체인지' 사건

서울고등법원 2005. 7. 27. 자 2005라194 결정[189)]

사실의 개요

채권자 이희정은 '내게 너무 사랑스러운 뚱땡이'라는 만화를 창작하였는데, 위 만화는 아직 완결되지는 않은 상태다. 드라마작가 신정구와 MBC 등 채무자들은 '두근두근체인지' 드라마를 매주 일요일 공중파를 통해 총 13회 방영하였고, 인터넷을 통한 '다시보기'와 재방송 서비스를 하였다.

채권자는 위 드라마가 자신이 창작한 만화와 실질적으로 유사함으로써 자신의 2차적 저작물 작성권을 침해하였다고 주장하였다. 이에 대해 채무자들은 위 만화를 전혀 보지 못한 상태에서 위 드라마를 제작하였을 뿐 아니라 드라마와 유사한 부분이 있다 하더라도 그 부분은 저작권의 보호대상이 되지 않는 영역에 속한다고 주장했다.

판시사항

만화와 드라마 사이의 공통적인 요소들은 못생긴 여자가 아름다운 외모로 변신하는 것을 소재로 한 데 따른 추상적인 인물의 유형과 관계에 해당하거나 전형적인 구성 혹은 통상적인 사건의 전개과정에 해당하는 것뿐이어서 이러한 유사점만으로는 창작적인 표현형식이 유사하다고 할 수 없다. 작품의 유형과 성격, 줄거리 및 사건의 전개, 등장인물 등을 살펴보면 만화와 드라마는 현저한 차이가 있고, 이러한 차이가 드라마의 창작적 표현형식에 해당함과 동시에 지배적인 특징을 이루고 있어 드라마로부터 만화의 본질적인 특징 자체를 감득할 수 없다.

평석

본 판결은 만화와 드라마의 실질적 유사성 여부를 판단하였는데, 원 저작물의 전형적인 부분이나 아이디어에 해당하는 부분은 유사하더라도 저작권 보호를 받지 못하기 때문에 표현 부분의 유사성이 요구됨을 확인하였다는 의미를 가진다.

사랑비 사건: 스토리의 보호

서울중앙지방법원 2012. 7. 20. 자 2012카합1315 결정

사실의 개요

신청인은 영상물 제작, 배급업체로서, 2002년경 제작비를 지원받아 영상저작물인

---

189) 원심판결 서울남부지방법원 2005. 2. 16. 결정, 2004카합2256. 저작권심의조정위원회(2006), 266-279면 참조.

영화 "클래식"을 제작하였다. 피신청인 1은 방송 프로그램 제작사로서 2012년경 영상저작물 드라마 "사랑비"를 제작하였고, 피신청인 2는 방송사업자로서 2012. 3. 26.부터 2012. 5. 29.까지 국내 공중파 TV를 통해 "사랑비"를 방영하였으며, 피신청인 3은 방송 콘텐츠 사업자로서 "사랑비"에 관한 유통 사업을 하고 있다.

신청인은 피신청인들이 제작, 방영한 드라마가 자신이 제작한 영화와 구체적 줄거리, 사건의 전개과정 등을 볼 때 영화와 '비문자적, 포괄적 유사성'을 가지고 있다고 보았다. 이에 신청인은 피신청인들이 드라마 제작・방영・판매를 통해 자신들의 영화에 관한 성명표시권, 동일성유지권과 같은 저작인격권과, 2차적 저작물 작성권과 같은 저작재산권을 침해하고 있으므로, 그 침해 중지를 구한다.

● **판시사항**

희곡이나 대본, 시나리오 등과 같이 배우의 실연을 전제로 하는 극저작물의 경우 그 작품에 내재되어 있는 주제나 플롯이 전형적으로 예정하고 있는 사건들이나 등장인물의 성격 등과 같은 요소는 설령 그것이 표현에 해당하는 것이라고 하더라도 저작권의 보호가 주어질 수 없고(이른바 표준적 삽화의 원칙), 구체적이고 개별적인 사건과 그러한 사건들의 연속과정, 극적인 전개, 등장인물의 구체적인 성격, 그들의 구체적 행위 등의 극적인 요소만이 극저작물에 있어 보호받는 표현이 존재하는 부분이다. 이 사건의 영화와 드라마의 경우, 개괄적인 줄거리와 주요 인물 유형이 서로 유사하지만 이러한 추상적인 줄거리나 인물유형은 저작권법에 의하여 보호되지 않는 추상적인 아이디어의 영역에 속할 뿐, 저작권의 보호 대상이 되는 표현형식에 해당한다고 볼 수 없다.

● **평석**

본 판결에서는 극저작물의 경우 표준적 삽화의 원칙을 들어 구체적이고 개별화되지 않는 추상적인 줄거리나 인물유형은 표현에 해당하는 경우에도 저작권 보호를 부인하였다.

태왕사신기 사건

서울중앙지법 2007. 7. 13. 선고 2006나16757 판결

● **사실의 개요**

원고는 김진이라는 필명의 만화작가로서 '바람의 나라'라는 만화를 저작, 출판하였다. 이 만화는 고구려 시대, 특히 제3대 대무신왕 시대를 배경으로 하며, 의인화된 사신수가 자신이 선택한 왕을 중심으로 부도를 지향한다는 내용이다. 피고는 '모래시계', '여명의 눈동자' 등을 쓴 드라마 작가로서, '태왕사신기'라는 제목의 드라마 시놉시스를 집필, 제작발표회를 하였다. '태왕사신기'는 고구려 제19대 광개토대왕시대를 배경으로, 주인공인 담덕이 사신의 도움을 받으면서, 단군의 나무를 찾아 그 땅에 도읍을 정하고 강한 나라를 만들기 위해 노력해 나가는 과정을 그린 작품이다.

원고는 피고가 집필한 '태왕사신기'가 '바람의 나라'의 캐릭터와 전개방식 및 에피소드를 차용하여 자신의 저작인격권 중 성명표시권 및 동일성유지권과 저작재산권인 2차적 저작물 작성권을 침해하였으므로, 피고는 원고에게 이에 대한 손해를 배상할 의무가 있다고 주장한다.

● **판시사항**

어문저작물에 있어서 양 저작물이 실질적으로 유사한지 보려면, 그 사상이나 주제의 유사성만으로는 부족하고, 나아가 그 사상이나 주제가 구체화되는 사건의 구성 및 전개과정과 등장인물의 교차 등에 공통점이 있어야 한다. 여기서 등장인물의 경우, 그 자체로는 저작권에 의하여 보호되는 표현에 해당한다고 볼 수 없으나, 구체성, 독창성, 복잡성을 가진 등장인물이거나, 다른 등장인물과의 상호과정을 통해 사건의 전개과정과 밀접한 관련을 가지면서 보호되는 표현에 해당할 수 있다. 또한 그 등장인물이 작품에서 차지하는 비중이 클수록 이를 차용하는 경우 실질적 유사성이 인정될 가능성이 높아진다.

이 사건의 만화 '바람의 나라'와 드라마 '태왕사신기'의 시놉시스를 살펴보면, 둘은 고구려라는 역사적 배경, 사신, 부도, 신시라는 신화적 소재, 영토 확장이나 국가적 이상의 추구라는 주제 등 아이디어의 영역에 속하는 요소를 공통으로 할 뿐, 그 등장인물이나 주변인물과의 관계 설정, 사건 전개 등 저작권에 의하여 보호받는 창작적인 표현형식에 있어서는 만화와 드라마 시놉시스 사이에 내재하는 예술의 존재양식 및 표현기법의 차이를 감안하더라도 실질적으로 유사하다고 볼 수 없다.

● **평석**

본 판례에서는 실질적 유사성은 창작적 표현에 해당하는 요소들만으로 판단하여야 한다고 하였는데, 역사 저작물의 범주에 속하는 만화와 드라마의 실질적 유사성 여부 판단에 있어서는 아이디어의 영역이 아니라 창작적 표현형식에 해당한다고 보아 창작성을 인정받을 범위가 아무래도 좁다고 할 것이다.

(3) 침해를 긍정한 사례

반면에 스토리의 유사성에 기초하여 드라마의 저작권침해를 긍정한 판례들도 있다. 예를 들어, 서울남부지방법원 2004. 3. 18. 선고 2002가합4017 판결(일명 '여우와 솜사탕' 사건)은 드라마 대본 사이의 저작권침해 여부가 다투어진 사건인데, 양 대본 사이에 등장하는 남녀 주인공, 남자주인공 부모, 여자주인공 부모들의 성격이 유사한 점이 인정되고, 이에 따라 양 대본 모두 남자주인공과 여자주인공의 갈등, 남녀 주인공의 어머니들의 갈등, … 여자주인공과 그 어머니의 갈등, 남자주인공 아버지와 어머니의 갈등의 구조가 서로 대응하며, 그 갈등의 내용 또한 구체적인 줄거리나 전개과정에 있어 서로 상당 부분 대응되는 공통점이 있다고 한 후,190) 원고 대본에 등장하는 각각의 어문적 캐릭터는 저작권법의 보호를 받기 어려우나, 사건의 전개는 등장인물들 각자의 캐릭터 상호간의 갈등의 표출과 그 해소과정이라고 볼 수 있다는 점에서 그러한 캐릭터들의 조합은 저작권의 보호대상이 된다고 판시한 바 있다.

'여우와 솜사탕' 사건

서울남부지방법원 2004. 3. 18. 선고 2002가합401 판결

● **사실의 개요**

수많은 인기드라마를 집필한 원고 김수현(필명)은 피고 MBC가 방송한 드라마 '여우와 솜사탕'이 자신이 과거에 집필하고 방영했던 '사랑이 뭐길래'라는 드라마의 등장인물, 갈등구조, 전체적인 줄거리를 표절하다며 저작권 침해를 주장하였다.

● **판시사항**

등장인물들 각자의 캐릭터는 저작권법의 보호대상에 해당한다고 보기 어려우나, 사건의 전개는 등장인물들 각자의 캐릭터 상호간의 갈등의 표출과 그 해소과정이라고 볼 수 있다는 점에서 등장인물들의 갈등의 구체적인 내용이나 그 조합은 저작권법의 보호대상이 된다. 주요 등장인물들 상호간의 갈등구조나 그 조합이 원고와 피고 두 드라마의 대본 및 드라마 사이에 상당할 정도로 동일하거나 유사하고 그 갈등의 내용이 구체적인 줄거리나 사건의 전개과정을 통하여 볼 때 양자가 상당 부분 대응된다는 점에서 이 부분에 있어 두 대본 및 드라마 사이의 비문자적, 포괄적 유사성을 인정할 수 있다.

---

190) 예를 들어, 양 드라마의 남자주인공의 아버지는 모두 "① 제왕적 가부장의 표상이며, 근검절약 정신이 투철하여 구두쇠로 불린다. ② 부인과 딸에게 엄격하고 구속적이지만 아들에게는 자유방임적이다. ③ 며느리를 위하는 마음이 각별하고, 극본의 후반부에 며느리의 영향으로 부인에게 친절해진다. ④ 중소기업의 사장으로서 겉보기보다 내실이 튼튼한 알부자이다."라는 공통점이 있고, 남자주인공은 모두 "① 어머니의 사랑을 많이 받고 자유인으로 살아가는 인생에 대한 동경이 있다. ② 욱하는 성질과 허풍이 심하며 능글맞은 점이 공통된다. ③ 외모가 준수해서 여자들로부터 인기가 좋고 결혼 전 여러 여자를 사귄다. ④ 여주인공과 결혼할 생각이 없었으나 결국 결혼하게 된다. ⑤ 아내에게 겉으로는 엄격하지만 실은 공처가로서 부드러운 면이 있다. ⑥ 부인이 계속 공부하는 것을 인정해주고 도와준다."는 공통점이 있다고 판시하고 있다.

● **평석**

본 판결에서는 대본에 등장하는 각각의 어문적 캐릭터는 저작권법의 보호를 받기 어려우나, 사건의 전개는 등장인물들 각자의 캐릭터 상호간의 갈등의 표출과 그 해소 과정이라고 볼 수 있다는 점에서 그러한 캐릭터들의 조합은 저작권의 보호대상이 된다고 하여, 양 드라마간의 주요 등장인물들 상호간의 갈등구조나 그 조합에 실질적 유사성을 인정한 보기 드문 사례이다.

드라마 선덕여왕 대본의 뮤지컬 대본 저작권 침해여부

대법원 2014. 7. 24. 선고 2013다8984 판결

● **사실의 개요**

원고 뮤지컬 작가 김지영은 2005년경 뮤지컬 대본인 'The Rose of Sharon, 무궁화의 여왕 선덕'을 창작하였고 피고 MBC는 2007. 3.경부터 선덕여왕에 관한 본건 드라마를 기획, 피고 김영현, 박상연(피고 작가)의 대본으로 제작하여 2009. 5.부터 2010. 12.까지 인기리에 62회를 방송하고 약 450억원의 광고료 수익을 얻었고 피고 작가에게는 14억원을 지급하였다. 원고는 피고들의 드라마 대본 작성, 드라마 제작 및 방송, 재방송 및 DVD 판매가 저작권을 침해한다고 주장하였다.

● **판시사항**

1심은 저작권 침해를 부정하였으나 항소심은 두 대본의 의거관계와 실질적 유사성을 인정하였다. 먼저 의거관계에 관하여는 피고들의 뮤지컬 대본에 대한 접근가능성이 인정되고, 본건 드라마는 모두 역사적 사실로부터는 유추하기 매우 어려운 원고의 독창적인 창작의 산물이라 할 수 있는 역사적 오류를 포함하고 있고 주제, 인물의 성격과 역할, 인물 사이의 관계, 줄거리, 구성 등에 유사성이 있어 의거관계가 성립하고 나아가 실질적 유사성에 관하여도 주제, 인물, 구성 및 사건의 전개가 조화를 이루는 구체적인 설정이 유사하므로, 양 저작물의 사이의 포괄적·비문언적 유사성이 인정되어 저작권 침해와 불법행위가 성립한다는 이유로 2억원의 손해배상을 명하였다(서울고등법원 2012. 12. 20. 선고 2012나17150 판결).

그러나 대법원은 종래의 판례에 따라 저작권 침해의 요건인 의거관계는 기존의 저작물에 대한 접근가능성, 대상 저작물과 기존의 저작물 사이의 유사성(이 유사성 판단에는 저작권법에 의하여 보호받지 못하는 표현 등이 유사한지 여부도 함께 참작될 수 있다는 점에서 실질적 유사성 판단과는 다르므로 학설은 이를 증명적 유사성이라 부른다)이 인정되면 추정할 수 있고, 특히 후행 저작물과 선행 저작물이 독립적으로 작성되어 같은 결과에 이르렀을 가능성을 배제할 수 있을 정도의 현저한 유사성이 인정되는 경우에는 의거관계를 추정할 수 있다는 법리를 설시한 다음 원심 인정사실들 만으로는 피고들이 뮤지컬 대본에 접근하였음을 보여주는 정황이 안된다고 하여 접근가능성을 부정하고, 본건 드라마와 뮤지컬 대본이 독립적으로 작성되어 같은 결과에 이르렀을 가능성을 배제할 수 있을 정도의 현저한 유사성이 인정되지도 아니하여 두 저작물 사이에 의거관계가 있다고 할 수 없다고 판시하였다.

● **평석**

사실판단인 의거관계 유무에 대법원이 관여하고자 하였다면 의거의 요건인 접근가능성과 증명적 유사성의 관계를 좀더 명확하게 설정하여야 하였고, 접근가능성 요건은 현실적인 접촉이 아니라 선행저작물에 접할 합리적 기회의 존부만으로 충족됨에도 선행저작물에 실제 접근하였는지 여부를 기준으로 판단한 것과 표현에 있어서의 유사성을 넘어선 다수의 역사적 오류의 공통성에도 불구하고 사실판단에 관여하여 원심이 인정한 현저한 유사성을 부인함으로써 증명적 유사성을 부정한 것은 부당하다 할 것이다.

(4) 소결

소설가는 구체적인 문장을 작성하는 단계에서 뿐만 아니라, 스토리를 구성하고 고안하는 단계에서도 독창적이고 창작적인 노력을 기울이게 된다. 즉, 스토리 구성에 있어서의 창작적 노력은 구체적인 문장표현에 있어서의 창작적 노력과는 별개의 것이라고 볼 수 있다. 따라서 소설과 같은 저작물에는 스토리의 창작성과 문장표현에 있어서의 창작성이 중첩적으로 나타나게 되며, 독자들이 그 소설을 읽을 때에는 스토리 면에서의 재미와 문장표현에 있어서의 재미를 개별적으로 느끼고 감상하게 된다. 이와 같이 스토리의 창작성과 문장표현의 창작성은 각각 별개의 독립된 감상적 가치를 가지는 정보라고 할 수 있는 것이다. 따라서 독자들은 소설의 세부적인 문장 표현 등 구체적 표현형식이 변경되어 달라진 경우에도 전체적인 스토리의 창작성에 있어서는 양 작품이 동일 또는 실질적으로 유사하다고 느끼는 경우가 얼마든지 있게 되는 것이다. 이처럼 문예적·픽션 어문저작물의 작가는 스토리를 구성하고 고안하는 단계와 구체적인 문장표현을 작성하는 단계에서 각각 다른 창작성을 발휘하게 된다. 또한 독자들의 입장에서도 그 작품을 읽는 것은 구체적인 문장표현을 즐기기 위한 것도 있지만, 그보다는 오히려 스토리를 즐기기 위한 경우가 더 많을 수 있다. 스토리의 창작성과 문장표현에 있어서의 창작성은 소설가의 각각 별개의 정신적 노력에 의하여 도출되는 것이고, 소설의 독자에게도 각각 다른 감상적 가치를 가져오는 것이므로, 저작권에

의한 보호에 있어서도 각각 별도로 보호될 필요가 있다.[191]

나. 방송드라마에 사용된 소품에 대한 보호

인기 드라마에 사용된 소품과 동일 유사한 상품을 만들어 판매하는 것이 그 드라마에 대한 저작권을 가지고 있는 방송사에 대한 권리침해가 되는지 여부에 대한 문제이다. 최근 대법원은 甲 주식회사가 자신이 운영하는 홈페이지에서 한국방송공사와 乙 방송사가 방영한 "겨울연가", "황진이", "대장금", "주몽" 등 제호하에 위 드라마가 연상되는 의상, 소품, 모습, 배경 등으로 꾸민 "hello kitty" 제품을 제조·판매한 사안에서, 甲 회사가 드라마를 이용한 상품화 사업 분야에서 경쟁자 관계에 있는 한국방송공사 등의 상당한 노력과 투자에 편승하여 각 드라마의 명성과 고객흡인력을 자신의 영업을 위하여 무단으로 이용하여 법률상 보호할 가치가 있는 한국방송공사 등의 해당 드라마에 관한 상품화 사업을 통한 영업상 이익을 침해하였다고 보아, 甲 회사의 제조·판매 행위는 부정한 경쟁행위로서 민법상 불법행위에 해당한다고 판시한 바 있다.[192] 이 사건에서 대법원은, 원고들이 방영한 각 드라마가 국내뿐 아니라 해외에서도 인기를 얻어 국내 수요자나 해외 관광객들 사이에서 이와 관련한 상품에 대한 수요가 커지자, 피고가 이들 드라마를 구축한 원고 한국방송공사, 문화방송으로부터 허락도 받지 아니한 채, 피고 제품을 접한 수요자들로 하여금 이 사건 각 드라마를 직접적으로 연상하도록 하고 그러한 연상으로부터 생겨나는 수요자들의 제품 구매 욕구에 편승하여 피고 제품을 제조·판매하였다는 점, 피고는 이 사건 각 드라마가 인기를 끌기 전까지는 피고 제품을 제조·판매한 적이 없었고, 또한 자신의 홈페이지에 "한류 열풍의 주역인 겨울연가, 대장금, 주몽 등 특별한 캐릭터들을 상품화시켜 이미지 변신을 꾀하고 있는데, 이런 멋진 상품들을 파는 매장들은 면세점이나 관광특구 지역에서 판매되고 있는데 남대문의 직영매장을 비롯한 명동, 인사동, 동대문에 가면 만날 수가 있습니다."라고 게시하여 피고 제품이 이 사건 각 드라마를 상품화한 것임을 명백히 한 점, 그리고 드라마 '겨울연가'와 관련하여 그 남녀 주인공들과 유사한 자세 및 그들이 착용하였던 것과 유사한 색깔, 스타일의 옷과 목도리, 겨울을 나타내는 눈과 앙상한 가지 등으로 꾸민 헬로키티 제품, 드

191) 橫山久芳(2012), 8면 참조.
192) 대법원 2012. 3. 29. 선고 2010다20044 판결.

라마 '황진이'와 관련하여 붉은색의 치마와 꽃무늬 저고리를 입고 어여머리를 올린 헬로키티 제품, 드라마 '대장금'과 관련하여 조선 시내 의녀의 복장을 하고 신선로를 들고 있는 헬로키티 제품, 드라마 '주몽'과 관련하여 갑옷을 입고 이마에 띠를 두른 다음 한 손에 칼을 들고 있거나 흰색 바탕에 분홍색의 점누의가 섞여 있고 손목 부위에 분홍색 띠가 있는 옷을 입고 있는 헬로키티 제품 등 그 수요자들로 하여금 이 사건 각 드라마를 떠올리도록 하기에 충분한 의상과 소품, 모습, 배경 등으로 꾸민 피고 제품을 제조·판매한 점, 또한 피고는 자신의 홈페이지에 게시한 피고 제품의 이름 앞에 '겨울연가', '황진이', '대장금', '주몽' 등 이 사건 각 드라마의 제호를 직접 기재하기까지 한 점 등의 사실을 인정한 후, 드라마 관련 상품화 사업을 추진하기 위해서는 그에 관한 권리자로부터 허락을 받는 것이 그 거래사회에서 일반적인 관행인 점 등을 고려할 때, 원고 한국방송공사와 원고 문화방송으로부터 허락을 받지 아니한 피고의 위와 같은 행위는 상도덕이나 공정한 경쟁질서에 반하는 것이고, 이러한 행위는 드라마를 이용한 상품화 사업 분야에서 서로 경쟁자의 관계에 있는 위 원고들의 상당한 노력과 투자에 편승하여 이 사건 각 드라마의 명성과 고객흡인력을 자신의 영업을 위하여 무단으로 이용하여, 법률상 보호할 가치가 있는 위 원고들의 각 해당 드라마에 관한 상품화 사업을 통한 영업상의 이익을 침해하는 것이기도 하므로, 피고의 위와 같은 피고 제품의 제조·판매 행위는 부정한 경쟁행위로서 민법상 불법행위에 해당한다고 판시하였다.

캐릭터의 저작권 침해 부정 사례

서울중앙지방법원 2012. 9. 5. 선고 2011가합70430 판결

● 사실의 개요

원고는 드라마에 관한 방송콘텐츠 사업화 사업을 하였다. 피고는 2005년경부터 2008년 말까지 원고 회사가 드라마에 관한 방송콘텐츠 사업화 사업으로 제조·판매하는 제품과 유사한 제품을 구입하여 자신들의 면세점 등에서 판매하였다. 이에 원고는 피고의 판매행위가 원고의 권리를 침해하였다며 저작권 침해 등의 소를 제기했다.

● 판시사항

영화나 드라마의 캐릭터는 자신만의 독특한 외양을 가진 배우의 실연에 의하여 표현되며, 등장인물의 용모, 행동거지, 명칭, 성격, 목소리, 말투, 상황이나 대사 등을 모두 합한 총체적인 아이덴티티(identity)를 말한다. 때문에, 시각적 요소가 모두 창작에 의하여 만들어지는 만화나 만화영화의 캐릭터보다는 소설, 희곡 등 어문저작물의 캐릭터에 가깝다. 따라서, 드라마의 등장인물로부터 위와 같은 속성을 배제한 채 그 명칭이나 복장, 사용하는 소품만을 따로 떼어 낸 캐릭터가 원래의 저작물로부터 독립하여 별도로 저작권에 의하여 보호되진 않는다.

● **평석**

본 판결은 드라마에 나오는 등장인물의 속성을 배제한 그 복장과 소품의 독자적 저작물성이 부정됨을 확인하였다는 의미를 가진다.

V 결 론

이상에서 살펴본 바와 같이 방송 산업의 구조, 디지털 방송 기술, 인터넷 등 송신플랫폼의 발전 등 방송물의 유통 활성화에 영향을 미치는 요소들은 모두 저작권법과 긴밀하게 연관되어 있다. 방송물의 제작, 유통, 송신 및 재송신 등 방송물의 라이프 사이클 전체에 걸쳐 저작권은 영향을 미친다.

본장에서는 방송 산업 전체에 걸쳐 중요한 역할을 하는 저작권을 방송물의 유통과 관련된 측면에서 검토해 보았으며, 특히 디지털 기술의 발달과 네트워크 환경의 변화에 따라 새로운 매체가 등장할 때마다 반복되는 중요한 법적 쟁점인 방송물의 재송신과 관련된 문제, 그리고 방송물 창작자(제작자)와 유통사업자 사이에서 발생하는 법률적 쟁점들, 방송물의 2차 시장에서의 라이선스 계약과 관련하여 제기되는 문제점들, 방송저작물의 2차적 저작물 작성과 관련된 문제점 등을 중심으로 분석해 보았다.

방송콘텐츠 유통을 활성화하고 전체 방송산업의 건전한 발전이 이루어지기 위해서는 저작권을 비롯한 권리가 확고하게 보호를 받을 수 있다는 것이 가장 기본적인 전제로 되어야 한다. 그러한 전제가 확보될 경우에 이용자들의 공정한 이용도 성립할 수 있으며, 나아가 방송물의 활발한 유통을 통하여 전체적인 사회적 후생을 증가시키는 한편, 저작권법이 궁극적으로 추구하고자하는 목적인 문화 및 관련 산업의 발전에도 이바지하게 될 것이다.

제 6 장

인터넷과 방송저작권

Ⅰ. 서　　론
Ⅱ. 저작권 관련 국제조약 및 제외국의 입법에서 인터넷과 방송에 대한 취급
Ⅲ. 한국 저작권법상의 인터넷과 방송에 대한 규정의 변천과 그 문제점
Ⅳ. 인터넷과 방송에 대한 저작권 관련 여타 쟁점들
Ⅴ. 결론 - 인터넷 방송과 저작권법이 나아갈 길

제 6 장

인터넷과 방송저작권

필자 : 박준석

I 서 론

1. 본 장의 논의범위 및 논의전개의 방식

앞서 본 바와 같이 방송저작권이라는 개념은 방송저작물(broadcast works)에 인정되는 저작권을 말하는 것으로서 '방송행위를 하는 주체에게 저작권법이 특별히 부여하는 권리 내지 지위'를 포함하여 '방송물에 부여되는 저작권 보호 일반'을 의미한다고 할 수 있다.

그런데 본 장에서 관심이 가는 것은 위와 같은 '방송저작권'의 의미 중에서 '방송행위를 하는 주체에게 저작권법이 특별히 부여하는 권리 내지 지위' 측면이다. 즉 인터넷이 그런 권리 내지 지위에 어떤 영향을 끼쳤느냐의 문제가 화두가 될 것이다. 왜냐하면 '방송물에 부여되는 저작권 보호 일반' 측면과 관련하여 인터넷이 미친 영향을 분석하는 것은 이미 한국에서도 벌써 20년에 가깝게 반복적으로 언급되고 있는 '인터넷 기술에 의한 저작권 침해' 혹은 '인터넷 시대의 저작권'이라는 거대한 담론(談論)을 상당부분 반복할 수밖에 없어 논의의 실익이 그다지 크지 않기 때문이다. 가령 인터넷 등장으로 드라마와 같은 영상저작물 등도 종전과 달리 인터넷 서비스를 통하여 공유됨으로써 침해가 폭증하였다는 점, 그런 침해에 대한 효율적 대처방법이 마땅하지는 않지만 저작권법상의 기술적 보호조치를 강구하거나 혹은 그 서비스제공자의 침해예방 및 저지 활동을 '온라인서비스제공자의 책임제한조항' 등을 통하여 기대해볼 수 있다는 점 등의 논의를 본 장에서 상세히 거론하는 것은 실질적으로는 MP3파일과 같은 음악저작물 등이 인터넷 상의 침해에 노출되었던 십여 년 전부터 이미 한국에서도 방대한 규모로 이루어진 기존의 논의를 되풀이하는 것일 수 있다.

다만 '방송물에 부여되는 저작권 보호 일반' 측면과 관련하여서도 본 장에서 언급하려는 이슈가 존재하기는 한다. 이른바 '인터넷 녹화서비스'(혹은 PVR 서비스)가 서비스 이용자 스스로에 의한 사적복제(私的複製)에 해당하여 서비스제공자에게 복제권 등의 침해책임이 존재하지 않는가의 문제가 그것이다.

한편, '방송행위를 하는 주체에게 저작권법이 특별히 부여하는 권리 내지 지위'에 인터넷이 어떤 영향을 끼쳤느냐의 문제를 분석함에 있어 다음과 같이 대략 3단계의 시기별로 나누어 본장에서의 논의를 전개하고자 한다. 위와 같이 3단계의 시기로 나누어 살펴보기에 적합하도록, '방송'의 개념에 관한 우리 저작권법의 태도가 변화하여 왔기 때문이다.

제1단계 시기는 인터넷 등장 이전의 시절이다. 이때는 통신과 방송이 서로 상이한 성격이 분명하였으므로 그것들을 각각 규율하는 법규의 원리나 구체적 내용도 역시 판이하였다. 아울러 통신기술의 제약이 심하여 방송저작물을 통신 네트워크를 통하여 전달하는 것이 지극히 곤란하여, 이 시기에는 통신이 방송 분야의 저작권 제도에 영향을 미칠 여지는 거의 없었다.

제2단계 시기는 드디어 인터넷이 처음 등장하여 점점 발달하던 시절이다. 그런 발달의 결과 사회구성원들을 위한 각종 정보의 전달수단으로 인터넷이 종전의 방송에 못지않게 중요성을 더해가던 시절이다. 인터넷 초기에는 용량이 비교적 작은 음악파일이나 어문저작물이 침해대상의 주류를 이루다가 한참 시간이 흐르자 인터넷을 통한 동영상 다운로드가 방송물의 저작권을 침해하는 주된 수단이 되었다.

제3단계 시기는 동영상 전송기술 등 인터넷 기술이 더욱 발달하여 이제는 인터넷이 그동안 독립된 영역이던 전통적인 방송 영역의 기능을 상당부분 갈음하거나 심지어 그 존립을 위협하는 수준에까지 이른 시기이다. 이것은 통신과 방송이 융합하는 시기와 일치한다. 이 시기에 인터넷 기술은 동영상에 관해서도 다운로드가 아니라 실시간 스트리밍으로 여러 다수인에게 동시 전달하는데 별다른 문제가 없는 수준까지 발돋움하였기에 '웹캐스팅' 및 'IPTV' 등의 예에서처럼 실질적으로 종전의 방송과 구별하기 어려운 역할을 수행하게 되었다. 앞서 제2단계의 시기에서는 침해적 고의를 가진 소수에 의해 방송저작물이 인터넷 상에 업로드되어 다수 이용자들이 다운로드하는 방식으로 방송사업자의 이익이 위협받았었지만, 제3단계 시기에 이르러서는 시청자 누구나 원하기만 하면 직접 인터넷녹화 서비스와 같은 새로운 인터넷기술의 도움을 받아 광고를 건너뛰고 방송저작물을 골라 시청할 수 있게 되었다.

2. 인터넷이 방송저작권에 미친 영향을 둘러싼 시기별 쟁점 도출

가. 제1단계 시기

인터넷 통신기술이 본격적으로 발달하기 직전까지는 방송과 통신이 비교적 쉽게 구별할 수 있는 본질적인 차이가 있었다. 즉 방송은 정보발신자로부터 수신자에 대한 일방적인 전달행위이자, 동시에 수많은 수신자를 상대하는 행위였다. 이렇게 방송이 일방향(一方向), 일대다(一對多)의 특징을 가졌다면, 인터넷 이전의 전통적인 통신은 가령 전화기를 이용한 개인 간의 통화에서처럼 쌍방향(雙方向)이자 일대일(一對一)의 속성이 있었다. 이렇게 서로 다른 속성은 저작권법에 있어서도 다음과 같은 방송과 통신에 대한 규정의 차이를 가져왔다.

TV, 라디오와 같은 전통적 개념의 방송은, 우선 수많은 대중에게 큰 영향을 미치는 선동효과가 존재할 뿐 아니라 희소한 주파수 자원을 배정받아야 가능하다는 특징이 있기 때문에 엄격한 허가주의(許可主義)에 따른 진입규제와 더불어 그렇게 진입한 방송사업자에 관해서도 (헌법이 금지하는 사전검열이 아닌 범위 내에서) 그 방송내용에 대한 사후통제가 무척 중요하였다. 다만 이런 진입규제나 사후통제는 모두 저작권법 차원이 아니라 방송법으로 대표되는 각종 공법(公法)을 통하여 이루어졌다.[1] 이런 공법의 중요한 역할에 불구하고 이것은 본 장에서 관심을 가진 저작권법적인 쟁점은 아니다.

하지만 방송의 위와 같은 성격 때문에 저작권법에서도 의미 있는 쟁점이 생긴다. 즉 위와 같이 진입규제를 통과하는 데 통상 막대한 설비투자가 사전에 필요하므로 그런 자본투자가 원활하게 이루어질 수 있도록 견고한 독점권으로 보호해줄 필요가 생긴다는 점, 수많은 대중이 방송을 통하여 원활하게 정보에 접근하는 것을 보장하려면 방송사업자의 방송행위가 타인의 저작권과 충돌된다는 이유로 자의적으로 중단되지 않도록 방송에 의한 정보전달을 통한 공익 달성을 보

1) 각종 방송사업자에 대한 허가주의를 취한 방송법 제2조 제3호 및 음란, 퇴폐 및 폭력 등 심의규정에 심히 위반된 방송행위에 과징금을 부과하도록 한 방송법 제100조 제3항 등 참조.

장하기 위해 저작권자의 권리주장을 한층 더 제한할 필요가 있다는 점 등이다. 우선 전자의 필요를 수용한 것이 우리 저작권법이 방송사업자를 저작인접권자의 하나로 인정한 것이다. 창작성을 가진 저작물을 만든 저작자에게 주어지는 저작권과 달리, 저작인접권은 통상 그런 저작물이나 그에 준하는 것을 대중에게 전달하는 데 있어 그 전달에 노력하였거나 자본을 투자한 자의 행위가 비록 창작성이 없더라도 저작권에 준하는 독점권으로 보호하는 제도라고 쉽게 설명할 수 있다. 그런 취지에서 저작권법은 방송사업자에게 복제권(법 제84조) 및 동시중계방송권(법 제85조)을 부여한 바 있다.[2] 다음으로 후자의 필요를 수용한 것으로는, 법정허락 제도[3] 및 몇 개의 공정이용 조항이다. 여기서의 공정이용 조항에는 시사보도를 위한 방송에서의 저작물 이용을 허용하거나(법 제26조) 비영리방송을 폭넓게 허용한 조항(법 제29조 제1항)들이 해당한다.

반면 전통적 개념의 통신에서는 공법적인 규제가 가해지기보다는 통신 당사자들의 프라이버시 보호가 관심의 초점이었을 뿐만 아니라, 당시 기술의 한계 상 통신의 방법으로 저작권이 침해될 가능성이 상대적으로 낮았으므로 저작권법과는 크게 관계가 없는 것으로 취급되었다. 이상과 같은 현실을 바탕으로 우리 저작권법은 2000년 이전까지는 오로지 '방송' 개념만을 규정하고 있었을 뿐 통신에 관하여는 별다른 규정을 두고 있지 않았다.

나. 제2단계 시기

인터넷은 종전 통신과 비교하기 어렵게 여러 가지 면에서 저작권법에 큰 영향을 주었다. 그 중에는 인터넷이 등장하자마자 인터넷을 통한 저작물 공유 사례가 폭증하여 저작권침해 사건수가 폭증한 사실도 포함된다. 그렇지만 인터넷 등장 이후 초창기에는 한동안 방송저작물, 즉 동영상과 같은 저작물은 침해대상이 아니었는데 이것은 인터넷 전송속도와 밀접한 관련이 있다. 그 용량에 있어 통상 어문저작물의 텍스트 파일은 수백 킬로바이트, 음악저작물의 MP3 파일은 곡당 3 내지 5메가바이트 내외에 불과하므로 90년대 후반부터 전 세계를 휩쓸었던 P2P

---

2) 나아가 비교적 근래인 2011. 6. 30. 개정을 통하여, 제한적인 경우(방송의 시청과 관련하여 입장료를 받는 경우)에만 인정되지만 공연권도 저작권법 제85조의2에서 부여되었다.

3) 저작권법 제51조는 공표된 저작물을 공익상 필요에 의하여 방송하고자 하는 방송사업자가 그 저작재산권자와 협의하였으나 협의가 성립되지 아니하는 경우에는 문화체육관광부장관의 승인을 얻은 후 보상금을 당해 저작재산권자에게 지급하거나 공탁하고 이를 방송할 수 있다고 규정하고 있다.

(peer to peer) 네트워크기술을 통해 손쉽게 공유의 대상이 되었고 이것은 바꾸어 말하면 저작권침해의 주된 대상이 되었다는 말이기도 하다. 하지만 방송저작물의 대표적 유형인 영상저작물의 경우는 영화 등을 그대로 복제한 파일이 통상 적어도 수백 메가바이트, 장편영화인 경우 2기가바이트에 가까운 파일 총용량을 가진 까닭에 이것이 파일공유의 대상이 되는 데는 다시 몇 년의 시간이 더 필요하였다. 그리고 영상저작물에 대해 이루어진 파일공유 내지 저작권침해의 구체적 양상은 다운로드(download) 방식이었는바, 아직 인터넷 네트워크의 전송속도가 실시간으로 동영상을 재생하는 것을 허락하지 않았기 때문이었다.

이런 제2단계에 있어 인터넷이 방송저작물에 끼친 영향은 엄밀히 보자면, 방송저작물에 국한된 특유한 법적 쟁점이라기보다 인터넷 기술을 통해 그 종류를 가리지 않고 침해대상이 되었던 저작물 일반에 공통된 저작권법 이슈에 가깝다.[4] 가령 미국의 경우, 종전까지는 주로 음반제작자 등 음악저작물 관련 권리자가 저작권침해소송의 원고로 나서던 흐름이 바뀌어 영상저작물 관련 권리자가[5] 비로소 원고로 등장한 주요사건이 2003년 1심 재판[6]이 내려졌었던 Grokster사건이었는바, 여기서 영상저작물 권리자가 내세운 주장 내지 관련 쟁점은 같은 사건의 공동원고였던 음반제작자의 그것과 공통된 것이었다. 마찬가지로 가령 한국의 특정 온라인서비스에 의해 방송사업자가 저작인접권을 가졌거나 혹은 직접 저작권을 가진 드라마 등 영상저작물이 공유되어 침해를 받고 있는 상황에서 당해 서비스제공자의 방조책임 성립 여부나 저작권법 제102조 이하의 책임제한 조항에 따른 면책 여부가 쟁점이 될 수 있겠지만,[7] 이런 쟁점들은 구체적인 논의대상만을 영상저작물로 바꾼 것일 뿐 이미 오래전부터 MP3파일과 같은 음악저작물과 관련되어 충분히 논의된 법적 검토의 논의결과가 거의 그대로 적용될 수 있다. 따라서 본 장의 이하 내용에서는 더 자세히 언급하지 않는다.

---

4) 한국의 기존논의의 예로, 가령 손경한(2004), 157면 이하에서는 디지털 시대를 맞아 저작권 있는 콘텐츠 전반에 관해 저작권에 의한 보호방법을 다루고 있다.

5) 다만 방송사업자가 아니라 미국 영화산업협회(Motion Picture Association of America, MPAA)가 영화저작물의 보호를 주장한 사건이었다.

6) Metro-Goldwyn-Mayer Studios, Inc. v. Grokster, Ltd, 259 F.Supp. 2d 1029 (April 25, 2003).

7) 그 밖에도 현재 한국에서 웹하드 서비스를 통하여 다수의 방송저작물이 공유되어 침해문제가 제기되고 있으나, 이 역시 거의 동일한 웹하드 서비스 하에서 이루어졌던 음악저작물의 공유 관련 판례나 논의를 참조하는 것만으로 방송저작물의 관련 논의나 판례 방향을 충분히 짐작할 수 있다.

다. 제3단계 시기

이후 인터넷기술을 축으로 한 미디어통신기술의 지속적인 발달에 따라 새로운 저작물 이용방법이 등장하였는데 이런 이용방법은 종전의 '공연'이나 '방송' 개념에 쉽게 포섭되지 않는 것이었다. 웹캐스팅(webcasting)[8]이 그 대표적인 경우로, 이것은 종전 방송에서만 볼 수 있던 일대다(一對多)의 특징, 그리고 통신에만 존재하였던 쌍방향(雙方向)의 특징을 동시에 가진 새로운 형태로 설명되고 있다. 여기서 웹캐스팅이란 일반적으로 인터넷을 통하여 음이나 영상을 스트리밍 기술 등에 의하여 일대다 방식으로 송출하는 것을 가리킨다.

스트리밍 기술이라는 특징 때문에, 화상이 웹캐스팅의 대상이 되기 이전에는 "최종 청취자의 컴퓨터에 노래의 영구복제본을 남기지 않고 음악을 송신하는 행위"라고 정의되기도 하지만,[9] 스트리밍 기술은 방송과 같은 일대다(一對多)의 특징을 가진 경우가 아니라도 전송과 같은 일대일(一對一)의 경우에서도 가능한 기술임을 고려할 때 스트리밍 기술에 의한다는 것이 웹캐스팅의 가장 중요한 특징이라고 보기는 어렵다. 가장 중요한 것은 역시 앞서 언급한 대로 인터넷 상에서 전통적인 방송에서와 흡사하게 일대다(一對多)의 특징을 가진 정보전달이 가능해졌다는 점일 것이다.

웹캐스팅을 넓게 이해하는 입장에 따르자면, 주문(On Demand)형과 실시간형으로 나누어 볼 수 있다.[10] 하지만 주문형의 경우는 아래에서 설명할 WIPO 방송사업자보호조약의 논의과정에서 그러하듯이 전송권의 영역으로 충분히 포섭할 수 있다. 이렇게 전송권을 둘러싼 논의는 실상은 이미 인터넷이 방송저작물의 주요 침해수단으로 기능한 제2단계의 시기에 이미 충분히 논의된 쟁점에 불과하다. 따라서 이 글 이하에서는 웹캐스팅을 협의(狹義)로 파악하여 '실시간형 웹캐스팅' 만을 논의의 초점으로 삼고자 한다. 웹캐스팅의 개념을 지극히 넓게 파악하여 다운로드 방식까지 포섭하는 견해[11]도 존재하지만, 이런 다운로드에 관한 논의 역

---

8) 이하 본 장의 웹캐스팅 관련설명 부분은 정상조・박준석(2007), 14면 이하에 기초하였음을 밝힌다.

9) Rose(2002), p.344.

10) 가령 지상파방송인 KBS나 MBC가 자사의 인터넷 홈을 통하여 제공하는 각종 드라마 VOD는 전자인 주문형 웹캐스팅에 해당하겠고, 반대로 위 홈에서 지상파방송과 동시에 진행하는 시청서비스는 후자인 실시간 형에 해당될 것이다.

11) 웹캐스팅의 용어는 Web과 Broadcasting의 결합으로서 역시 방송의 의미를 내포하고 있지만, 개념상으로는 전통적인 방송과 다른 특징을 갖는 주문형(on demand) 방식뿐만 아니라 다운로드방식의 서비스까지 포함할 수 있다고 지극히 최광의(最廣義)로 파악하는 견해로는 윤종수(2007), 65-66면.

시 이미 충분히 축적된 기존 논의를 참고하는 것으로 충분할 것이다.

다른 한편으로 웹캐스팅의 개념 파악에 있어, 기술적으로는 거의 구별되지 않을 만큼 흡사한 것이 이른바 IPTV(Internet Protocol Television)는 제외한다. 이것은 광대역 접속을 포함한 인터넷 네트워크 인프라 하에서 인터넷 프로토콜을 사용하여 디지털 TV 서비스가 전달되는 시스템이라고 정의할 수 있다. 그런데 적어도 한국에서는 방송인지 전송인지에 관한 지루한 논란 끝에 IPTV특별법이라 할 '인터넷 멀티미디어 방송사업법' 제2조의 정의조항에서 명시적으로 '방송'이라고 정의하고 있는 이상 위 특별법 제정까지의 논란에 대한 재검토가 있지 않는 한 IPTV의 법적성격을 다시 규명할 필요성은 시급하지 않다.12) 따라서 이 글 이하에서는 위와 같은 협의로 개념을 파악한 웹캐스팅이 우리 저작권법 상으로 '방송'이라고 볼 수 있는지 아니면 인터넷 상에서 이루어지는 이상 여전히 '전송'에 불과한지의 문제를 중심으로 고찰하려 한다. 한국에서 실제 웹캐스팅의 예를 들자면 주문형 비디오 서비스와 함께 웹캐스팅을 제공하는 '곰TV' 등이나13) 아예 사업의 주된 내용이 웹캐스팅인 '아프리카TV(www.afreeca.com)' 등을 꼽을 수 있을 것이다.14)

Ⅱ 저작권 관련 국제조약 및 제외국의 입법에서 인터넷과 방송에 대한 취급

1. 국제조약에서의 취급

가. 베른협약과 로마협약

(1) 베른협약 중 방송 관련 규정

베른협약(정식명칭은 '문학 및 예술 저작물 보호를 위한 베른협약'15))은 비록 1세

12) 이런 정의는 <http://en.wikipedia.org/wiki/IPTV>참조. 한편 IPTV의 개념에 대하여 IPTV특별법이라 할 '인터넷 멀티미디어 방송사업법' 제2조에서는 '인터넷 멀티미디어 방송'을 "광대역통합정보통신망 등…을 이용하여 양방향성을 가진 인터넷 프로토콜 방식으로 일정한 서비스 품질이 보장되는 가운데 텔레비전 수상기 등을 통하여 이용자에게 실시간 방송프로그램을 포함하여 데이터 · 영상 · 음성 · 음향 및 전자상거래 등의 콘텐츠를 복합적으로 제공하는 방송"이라고 정의하고 있다.

13) 지상파방송사가 자사의 홈페이지 등을 통하여 지상파방송에 부차적으로 시행하는 실시간 인터넷 TV 방송서비스도 웹캐스팅에 해당한다.

14) 그 외 한국에서 인기를 끄는 구글의 '유튜브' 등은 원칙적으로 주문형 VOD에 해당할 뿐이다.

기도 훨씬 전에 성립된 국제조약이지만, 오늘날까지도 저작권법 분야에서는 가장 중요한 국제규범으로 남아 있다. 동 조약은 제8조에서 문학 및 예술저작물(literary and artistic works)에 대한 번역권, 제9조에서 문학 및 예술저작물에 대한 복제권, 제11조에서 악극 및 음악저작물(dramatic and musical works)에 대한 공연권 및 실연의 공중전달권, 제11조의2에서 문학 및 예술저작물에 대한 방송 및 기타 유선송신, 유선이나 재송신에 의한 방송의 공중전달, 확성기 혹은 아날로그식 도구에 의한 방송의 공중전달권 등을 규정하고 있다.

특히 방송과 관련하여, 베른협약에서는 방송의 개념범위를 일단 무선(無線, wireless)에 국한하여 유선에 의한 송신과 구별하고 있다. 위 협약은 방송(broadcasting)을 유선에 의한 공중전달(communication to the public by wire)과 구별하고 있다.[16] 이렇게 무선 수단에 제한되는 방송뿐 아니라 유선송신까지 망라하여 '공중전달권'(right of communication to the public)을 부여한 제11조의2의 내용은 다음과 같다. 즉 제11조의2 제1항에서 '방송권 및 기타 권리'라는 제목 하에 "문학 · 예술 저작물의 저작자는 (i) 그 저작물을 방송하거나 또는 기타 일체의 무선송신의 방법으로 기호, 음 또는 영상을 공중에 전달할 권리, (ii) 원래의 방송사업자 아닌 다른 방송사업자에 의하여 유선이나 재방송의 방법으로 그 저작물의 방송물을 공중에게 전달할 권리, (iii) 확성기나 기타 유사한 송신장치에 의하여 저작물의 방송물을 기호 · 음 또는 영상으로 저작물의 방송물을 공중에게 전달할 권리를 독점적으로 가져야 한다"고 정하고 있다. 그 밖에도 제11조나 제14조[17]에서 "공중에 전달할 권리(right of communication to the public)"라는 표현을 사용하고 있다.

다만 베른협약이 상정한 공중전달의 방법은 디지털 도구까지 포섭한 것이 아니라 그 문구의 표현대로 실연 · 낭송 · 유선방송 · 재방송 등 무선송신 혹은 확성기 등 기타 아날로그적 도구 등에 대한 것이었다.[18] 이처럼 베른협약이 인정한 공중

---

15) Berne Convention for the Protection of Literary and Artistic Works. 그 전문은 <http://www.wipo.int/treaties/en/ip/berne/trtdocs_wo001.html#P212_41948>.

16) 동 협약 Article 3(3) & 10(1) 등 참조. 방송의 개념이 이처럼 한정되었던 까닭에 유선의 경우에 대한 권리적용은 베른협약에서 인정한 나머지 권리, 즉 제11조의 공연권에 의지할 수밖에 없었다. 이러한 설명은 방석호(2012), 22면 참조.

17) 문학 및 예술저작물에 대한 영화화 및 그 복제물을 공연하거나 유선으로 공중전달할 권리를 인정한 조항이다.

18) 이 점은 이대희(2006)에서의 지적 참조.

전달권은 컴퓨터 네트워크를 이용한 송신, 즉 전송은 포섭하지 아니하여, 아래의 WIPO 저작권조약이 인정하고 있는 공중전달권에 비하여 제한된 개념이었다.

(2) 로마협약 중 방송 관련 규정

'로마협약'(정식명칭은 실연자・음반제작자・방송사업자 보호를 위한 국제협약[19])은 실연자에게는 실제 실연(live performance)을 방송[20]하거나 공중에 전달하는 행위 등[21]을 허락하거나 금지할 권리를 부여하였다. 다만, 실연자가 방송에 동의한 경우, 재방송, 방송을 목적으로 한 고정(fixation) 및 방송을 목적으로 한 고정물을 복제하는 것에 대한 보호는, 체약국의 국내법에 맡겼다.

한편, 음반제작자에게는 제12조에서 '음반의 2차적 사용(Secondary Uses of Phonograms)'이라는 제목 하에, 상업적인 목적으로 발행된 특정음반이 어떤 형태로 방송 또는 공중에의 전달에 이용될 경우 정당한 보상을 받을 권리를 부여하고 있다.[22]

끝으로 방송사업자에게는 방송의 재방송, 방송의 고정, 그러한 고정의 복제, TV방송의 공중에의 전달이 입장료의 지불을 통해 공중이 접근 가능한 지역에서 이루어진다면 그러한 전달하는 행위를 허락하거나 금지할 수 있는 권리를 부여하였다.

(3) 베른협약 및 로마협약의 한계

베른협약은 1886년 성립된 이래 수차례 개정되어 왔지만, 그렇더라도 가장 최근의 보완이라고 해보아야 1971. 7. 24. 파리 개정협약 및 1979. 9. 28. 수정이었다. 이때까지도 전통적인 라디오・텔레비전 방송과 개인 사이 통신의 구분이

---

19) International Convention for the Protection of Performers, Producers of Phonograms and Broadcasting Organizations. 그 전문은 <www.wipo.int/treaties/en/ip/rome/pdf/trtdocs_wo024.pdf>.

20) Article 3 (f)에서 '방송'을 "음 혹은 영상・음을 공중이 수신하도록 무선으로 송신하는 것"이라고 정의하고 있다.

21) Article 7. 같은 조문에서는 이 외에도 그러한 실제 실연의 고정행위, 최초의 고정이 실연자의 동의 없이 이루어진 경우 또는 실연자가 동의한 목적과 다른 목적으로 복제가 이루어진 경우 또는 저작인접권 제한규정에 의하여 이루어졌으나 그 규정의 목적과 다른 목적으로 복제가 이루어진 경우 그러한 고정을 복제하는 행위에 대하여 허락하거나 금지할 권리를 부여하였지만, '공중송신'과는 관련이 없으므로 살피지 않는다.

22) 제10조에서 자신의 음반의 직・간접적 복제를 허락 또는 금지할 수 있는 권리를 부여하고 있지만, '공중송신'과는 관련이 없으므로 살피지 않는다.

비교적 명확한 시점이었다. 아날로그 시대의 한계를 가졌다는 점은 1961년 체결된 이른바 "실연자, 음반제작자, 방송사업자 보호를 위한 로마협약"도 마찬가지이다. 이처럼 두 협약 모두 아날로그 시절에 성립된 것이어서 디지털 시대에 등장한 새로운 저작권침해형태인 전송을 염두에 두지 않고 있다는 공통점이 있다.

따라서 베른협약이나 로마협약은 방송(放送)과 통신(通信)의 융합(融合) 문제, 디지털 형태로 저작물을 전송하는 새로운 형태의 저작물 이용이나 저작권침해문제 등, 주로 인터넷의 등장에 따라 새롭게 등장한 저작권 관련 문제에 관하여 적절한 지침을 주고 있지 못하다. 이러한 부족함을 메워 주는 것이 아래 WIPO의 조약들이다.

나. WIPO 저작권 조약 및 실연음반조약

(1) 개설

베른협약 등 과거 조약의 한계를 극복하고 방송뿐 아니라 새롭게 등장한 인터넷을 통한 통신까지 저작권의 규율대상으로 포섭한 국제규범은 WCT와 WPPT였다. 새로운 국제조약들은 인터넷을 통한 정보전달에 관해서도 전통적인 방송에서와 마찬가지로 저작권자나 저작인접권자가 독점권을 행사할 수 있도록 보장하고 있다.

세계지적재산권기구(World Intellectual Property Organization, WIPO)는 디지털 시대의 변화에 부응하려는 의도로 그 주도하에 세계지적재산권기구 저작권 조약(WIPO Copyright Treaty, WCT)[23]과 세계지적재산권기구 실연음반 조약(WIPO Performance and Phonogram Treaty, WPPT)[24]을 1996. 12. 20. 각각 채택하였다.

먼저, WIPO 저작권 조약은 베른협약 동맹국들로 하여금 협약상 보호되는 권리를 강화하거나 그 권리에 모순되지 않는 한 특별협약을 체결할 수 있다고 정한 베른협약 제20조에 근거하여 체결된 것임을 조약 제1조에서 명시하고 있다. 한편, WIPO 실연음반조약은 제1조에서 "이 협약은 기존 로마협약에 따라 부여

---

23) 그 전문은 <www.wipo.org/treaties/en/ip/wct/trtdocs_wo033.html>. 이 조약은 2002. 3. 6에 발효되었으며, 2014. 1. 27. 현재 91개국이 가입하고 있다.

24) 그 전문은 <www.wipo.int/treaties/en/ip/wppt/trtdocs_wo034.html>. WIPO 실연음반조약은 2002. 5. 20에 발효되었다. 2014. 1. 27. 현재 92개국이 가입하고 있으며, 우리나라는 아직 가입하지 않고 있다.

된 권리를 해치지 않는다"고 명시하고 있다. 로마협약에서 실연자·음반제작자와 더불어 보호하였던 방송사업자에 관하여는 아직 각국의 합의가 이루어지지 않아 현재까지 WIPO 실연음반조약과 같이 WIPO 주도의 방송조약이 논의 중이다.

(2) WIPO 저작권조약 중 방송과 인터넷 관련 규정

WIPO 저작권조약은 제8조에서 저작권자에게 공중전달권을 부여하고 있다. 공중송신과 관련하여 WIPO 저작권조약이 가지는 가장 큰 특징은 저작권자에게 종전의 베른협약보다 폭넓은 개념의 '공중전달권(right of communication to the public)'[25]을 부여하였다는 점이다. 위 조약 제8조에 따라, "베른협약 제11조 제1항 (ii),[26] 제11조의2 제1항 (i) 및 (ii),[27] 제11조의3 제1항[28] (ii), 제14조 제1항[29] (i) 그리고 제14조의2 제1항[30]의 규정에 영향을 미치지 아니하는 한", 저작권자는 "공중의 구성원이 개별적으로 선택한 장소와 시간에 저작물에 접근할 수 있는 방법으로 공중에게 이용제공하는 것을 포함하여, 유선 또는 무선의 수단에 의하여 저작물을 공중에 전달하는 것을 허락할 수 있는 배타적 권리"를 향유하게 되었다. 이미 공중에 전달할 권리를 언급하고 있던 베른협약보다 위 조약이 한발 더 나아간 점은 "공중의 구성원이 개별적으로 선택한 장소와 시간에 저작물에 접근할 수 있는 방법으로 공중에게 이용제공하는 것"을 새롭게 공중전달권의 개념에 포섭하였다는 점이다.[31] 이로써 공중이 이용가능하도록 인터넷 네트워

---

25) WCT Article 8.

26) Article 11 (1) "연극, 극음악 및 음악 저작물의 저작자는 다음과 같은 행위를 허락할 배타적 권리를 가진다. … (ii) 그 저작물의 공연을 공중에게 전달하는 것"

27) Article 11bis (1) "문학·예술 저작물의 저작자는 다음과 같은 행위를 허락할 배타적 권리를 가진다.
(i) 그 저작물을 방송하거나 또는 기타 무선송신의 방법으로 기호, 음 또는 영상을 공중에 전달하는 것,
(ii) 원 방송사업자 이외의 사업자가 유선이나 재방송에 의하여 저작물의 방송물을 공중에 전달하는 것"

28) Article 11ter (1) "문학 저작물의 저작자는 다음과 같은 행위를 허락할 배타적 권리를 가진다.
(i) 일체의 수단과 과정에 의한 공개 낭송을 포함하여, 그 저작물의 공개 낭송
(ii) 그 저작물의 낭송을 공중에 전달하는 것"

29) Article 14 (1) "문학·예술 저작물의 저작자는 행위를 허락할 배타적 권리를 가진다.
(i) 이 저작물의 영상적 각색 및 복제, 그 같이 각색되거나 복제된 저작물의 배포
(ii) 그처럼 각색되거나 복제된 저작물의 공연 및 유선에 의한 공중에의 전달"

30) Article 14bis (1) "각색되거나 복제된 저작물에 대한 저작권에 영향을 미치지 아니하고, 영상저작물은 원저작물로서 보호된다. 영상저작물의 저작권자는 전조에서 언급한 권리를 포함하여, 원저작물의 저작자와 동일한 권리를 향유한다."

31) 다만, WIPO 저작권조약에 부속된 합의록(Agreed Statement)에서는 제8조(공중전달권) 관련부분에서 "전달(communication)을 가능하게 하거나 구현한 단순한 물리적 설비의 제공은 그것만으로 본 조약이나 베른협약의 해석상 전달에는 해당하지 않는다"고 정하고 있다.

크를 통하여 음이나 영상을 업로드하는 행위가 저작권자의 공중전달권에 의하여 분명하게 저촉되는 행위가 되었다. 조약의 이런 규정을 수용하여 2000년 개정된 우리 저작권법에 새로 도입된 '전송권' 중 '전송'의 개념 안에도 공중에의 송신권과 이용제공권이라는 두 가지 개념이 포함되어 있었다.

(3) WIPO 실연음반조약 중 방송과 인터넷 관련 규정

WIPO 실연음반조약에서는 실연자에게 인격권(제5조), 고정되지 않은 실연에 대한 재산권(제6조), 복제권(제7조), 배포권(제8조), 대여권(제9조) 등과 더불어 제10조에서 '고정된 실연에 대한 이용제공권(right of making available of fixed performances)'을 부여하였고, 음반제작자에게는 복제권(제11조), 배포권(제12조), 대여권(제13조) 등과 더불어 제14조에서 '음반의 이용제공권(right of making available of phonograms)'을 부여하고 있다. 아울러 위 조약에서는 제2조의 정의 규정에서 '방송'의 개념을 정의하면서 무선 또는 위성의 방법에 국한하여 유선에 의한 경우는 제외하고 있다.[32]

위 조약의 내용 중 주목할 부분은 당연히 실연자와 음반제작자에게 각각 이용제공권을 인정하고 있는 대목이다. 이러한 이용제공권은 실연자와 음반제작자에게 공중의 구성원이 개별적으로 선택한 장소와 시간에 실연, 음반에 접근할 수 있는 방법으로 유선 또는 무선의 수단에 의하여 실연, 음반을 공중이 이용할 수 있도록 제공하는 것을 허락할 배타적 권리가 그 내용이다.[33]

(4) 공중전달권 및 이용제공권이 각각 방송을 포함하는지 여부

베른협약은 공중전달의 개념 안에 전통적 방송도 포함하고 있었는데, WIPO 저작권조약에서는 제8조에서 창설된 공중전달권의 영역에 방송(broadcasting)까지 포함되는지에 관하여 직접 규정하지 않고 있다. 그러나 WIPO 저작권조약이

32) Article 2.
(f) '방송'이란 공중이 수신하도록, 무선의 방법에 의하여 음, 영상 및 음 또는 그 표현을 송신하는 것을 말한다. 위성에 의한 송신도 또한 방송이다. 암호화된 신호의 송신은 해제를 위한 도구가 방송사업자에 의하여 또는 그의 동의하에 공중에게 제공된 경우에 방송이다.
(g) 실연이나 음반의 '공중전달'이란 방송 이외의 매체에 의하여, 실연의 음, 음반에 고정된 음 또는 그 표현을 공중에게 송신하는 것을 말한다. 제15조(방송과 공중전달에 대한 보상청구권 조항, 筆者註)에서의 '공중전달'은 음 또는 음반에 고정된 음의 표현을 공중이 청취할 수 있도록 제공하는 것을 포함한다.

33) 즉, 공중이 이용가능하도록 컴퓨터 네트워크를 통하여 음이나 영상을 업로드하는 행위가 이에 해당한다.

서두에서 베른협약의 권리를 강화하기 위하여 본 조약이 체결되는 것임을 명시하고 있다는 점, WIPO 저작권조약이 공중전달권을 정한 제8조에서 베른협약 중 '공연'에 관한 제11조 제1항 (i)[34]을 제외하고 있을 뿐인 점을 고려하면 위 조약에서 정한 공중전달권(公衆傳達權, right of communication to the public)은 저작물의 무형적(無形的) 이용, 즉 방송·전송·공연 등을 포괄한 영역에서 공연(public performance)만을 제외한 것이라는 해석이 가능하다.

반대로 WIPO 실연음반조약이 실연자·음반제작자에게 부여한 공중이용제공권(公衆利用提供權, right of making available)[35]은 그 개념 정의상, WIPO 저작권조약이 인정한 저작권자의 공중전달권과 달리, 방송 영역까지 포섭하지는 않는다.[36] 이 점은 제15조[37]에서 '방송'을 '공중이용제공' 개념과 별개로 파악하여 방송 등에 대하여는 권리(이용제공권)가 아닌 보상청구권만을 부여하고 있다는 사실을 볼 때도 그러하다.

다. 그 이후 새로운 국제조약 성립을 위한 노력 등

(1) WIPO 방송사업자보호조약 수립을 위한 노력

앞서 본대로 실연자·음반제작자·방송사업자 보호를 위한 1961년 로마협약에 보호되는 저작인접권자들 중 실연자 및 음반제작자에 대하여는 이후 1996년 WIPO 실연음반조약이 성립됨으로써 시대의 변화를 반영한 후속조치가 이루어졌다. 그러나 방송사업자에 대하여는 그 보호수준을 조정할 필요성이 마찬가지로 있음에 불구하고 2015년 10월 현재까지 이러한 후속 조약이 성립되지 못하고 있다.

원래 WIPO 산하 '저작권 및 인접권에 관한 상설위원회(Standing Committee

---

34) Article 11 (1) "연극, 극음악 및 음악 저작물의 저작자는 다음과 같은 행위에 대한 독점권을 가져야 한다 (i) 일체의 수단이나 과정을 통하여 그 저작물을 공연…"

35) WPPT Article 10 & Article 14.

36) WIPO 실연·음반조약에 앞서 본 로마협약은 방송 영역에 관한 실연자와 음반제작자의 권리에 관하여, 실연자의 경우 실제 실연에 관하여는 방송권을 주고, 실연자가 동의한 방송에 대한 보호는 체약국의 국내법에 맡기는 한편 음반제작자의 경우에는 정당한 보상을 받을 권리를 부여하고 있다.

37) 제15조(방송 및 공중전달에 대한 보상청구권, right to remuneration for broadcasting and communication to the public)에서 정한 내용은 다음과 같다. "(1) 실연자와 음반제작자는 상업용 목적으로 공표된 음반을 방송이나 공중전달을 위하여 직접적 혹은 간접적으로 이용하는 행위에 대하여 단일한 공정 보상(single equitable remuneration)의 권리를 향유한다. (2) 체약 당사자는 실연자나 음반제작자 또는 양자가 이용자에게 단일한 공정 보상을 행사하도록 국내법으로 정할 수 있다. 체약 당사자는 실연자와 음반제작자 사이에 협의가 없는 경우, 실연자와 음반제작자가 단일한 공정 보상을 분배하는 조건을 정하는 국내 입법을 할 수 있다. <이하 생략>"

on Copyright and Related Rights, SCCR)'[38]는 2003. 6. 제9차 회의 이래 가칭 '방송사업자보호조약'[39]의 타결을 계속 추진하여 왔지만 회원국들의 의견의 차이가 좁혀지지 않았던 것이다.[40]

(2) 웹캐스팅도 WIPO 방송사업자보호조약에 포함할지에 관한 논의

방송사업자보호조약 체결을 위한 논의과정에서 미국은 새로운 방송조약에서 '웹캐스팅'도 강력하게 보호할 것을 주장했다.[41] 그러나 브라질, 인도, 칠레 등의 개발도상국들은 웹캐스팅의 개념이나 보호의 필요성 등 웹캐스팅에 대한 충분한 연구가 안 된 상태에서 이를 전통적 방송사업자의 보호와 연관 짓는 것은 무리라고 주장하며 반대하였다. 한편 EU는 웹캐스팅 중 기존의 방송사업자가 주체가 되는 '동시 웹캐스팅(simulcasting)'은 전통적인 방송사업자의 보호와 상통하므로 이에 한하여 웹캐스팅을 보호하자는 절충적 입장을 취하였다.

그런데 2015년 10월 현재까지 무려 10년을 넘어 논의가 지속되어 왔지만 위와 같은 각국의 입장 차이가 여전히 좁혀지지 않았고, 결과적으로 WIPO에서 방송사업자보호조약이 언제 최종 타결될 수 있을지 전망하기가 어려운 상황이다. 과거 한 때 웹캐스팅의 보호는 별도로 논의하기로 하고 일단 방송사업자보호조약에서는 전통적인 의미의 방송사업자 보호에 국한하여 논의를 지속하기로 합의가 이루어지는 듯했지만, 현재는 WIPO 방송사업자보호조약의 가안(假案) 제5조에서 '방송(broadcast)'의 개념을 규정하려고 논의함에 있어 동 조문에 '컴퓨터 네트워크를 통해 일련의 신호를 송신하는 경우를 포함하는 것으로 해석되어서는 안 된다'는 단서를 추가할지에 관해 의견이 나뉘고 있는 상황이다.[42]

---

38) WIPO가 다른 지적재산권 분야의 상설위원회와 마찬가지로 새로운 환경에 대응한 조약의 수립을 위하여 운영하는 위원회로, 1998. 11. 제1차 회의를 개최한 이래 매년 1, 2회 개최하여 저작권 전반에 관하여 국제적 논의를 하여 왔고 2006. 9. 제15차 회의가 개최되었다. 이는 이 부분은 법원행정처 지적재산권 분야 국제규범 연구반(2006) 참조.

39) "WIPO Treaty on the Protection of broadcasting organization."

40) 이는 "Non-paper on the WIPO Treaty on the Protection of Broadcasting Organizations" (April 20, 2007), <http://www.wipo.int/edocs/mdocs/copyright/en/sccr_s2/sccr_s2_paper1.pdf>; 윤종수(2007), 72-74면 및 법원행정처 지적재산권 분야 국제규범 연구반(2006) 등 참조.

41) 당시 참관한 이(이성호(2003)의 관찰에 따르면 이 무렵 회의에서 미국은 방송, 유선방송 및 웹캐스팅 3가지를 모두 보호대상으로 규정한 자국의 수정제안서가 미국 특허청과 저작권청은 물론 실연가와 콘텐츠 보유자, 방송사업자, 유선방송사업자, 웹캐스터 등 이해 집단 간의 공동노력의 산물임을 밝히면서 전통적인 방송의 보호만으로는 불완전한 해결에 불과하므로 21세기의 새로운 조약에는 그 사용하고 있는 기술과 관계없이, 즉 기술중립적인 입장에서 새로운 기술인 웹캐스팅에 대한 보호도 포함되어야 한다고 주장하였다고 한다.

이처럼 웹캐스팅에 대한 조약을 성립시키는 데는 실패하였지만 WIPO의 위와 같은 논의는 그 과정에서 처음으로 웹캐스팅의 개념을 인터넷을 통하여 공중이 동시(over a computer network at substantially the same time)에 수신할 수 있도록 하는 송신을 의미하는 것으로 한정시킴으로써 주문형 웹캐스팅을 제외함을 명백히 하였다는 점, 웹캐스팅사업자에게 전통적인 방송사업자 보호에 상응하는 저작인접권자로서의 지위를 보장하기 위한 본격적인 논의가 진행되었다는 점에 나름의 의의가 있다.[43]

2. 제외국에서의 취급

가. 미국

(1) 방송과 인터넷에 대한 미국 저작권법의 대응

방송・전송의 영역에 대한 저작권법의 규율에 관하여 미국은 다소 독특한 입장을 취하고 있다. 즉 다른 국가들이 방송권이나 전송권을 새로 신설하는 방법으로 저작권자나 저작인접권자의 권리를 확장하여 왔다면, 미국은 종전부터 존재하던 공연권이나 배포권 규정의 포섭범위를 나중에 등장한 방송이나 전송의 영역까지 확장하여 적용하는 태도를 보이고 있다.

먼저, 방송의 경우 미국 저작권법 제106조[44]에 보장된 공연권(right to perform publicly)[45]에 의하여 음반제작자를 포함한[46] 각종 저작권자가 허락하거

42) 이 부분 진행상황은 WIPO SCCR의 제14차 보고서<www.twnside.org.sg/title2/intellectual_property/wipo_standing_14th/14th_SCCR%20reports.No1.doc>; WIPO SCCR, "Working Document for a Treaty on the Protection of Broadcasting Organizations"(24 session, March 6, 2013) 및 (26 session, Nov. 2013) 등 참조.

43) 이러한 평가는 윤종수(2007), 74면 참조.

44) 17 U.S.C. §106. (저작자의 배타적 권리) "저작권자는 이 장에 의하여 다음의 행위를 하거나 허락할 독점적 권리(exclusive rights to do and to authorize any of the following)를 갖는다: (1) 어문저작물이나 음반 저작물을 복제할 권리… (3) 어문저작물이나 음반저작물을 판매 기타 다른 양도방법으로 공중에게 배포하거나 임대 혹은 대여할 권리, (4) 어문, 음악, 연극 및 무용 저작물, 무언극, 그리고 영화 및 기타 시청각저작물의 경우에는 저작권으로 보호되는 저작물을 공연하는 행위, … 그리고 (6) 음반의 경우에는 디지털 오디오 송신에 의하여 저작권으로 보호되는 저작물을 공연하는 행위."

45) 어문・음악・연극과 같은 일반적 저작물의 경우에는 제106조 (4)에 의하여 보호되었다. 음반의 경우에는 1995년 특별수정입법인 '음반의 디지털 공연권 법률(The Digital Performance Right in Sound Recordings Act, DPRA)'에 의하여 기존 저작권법에 추가된 제106조 (6)이 정한 바에 따른다.

46) 미국에서는 이들 음반제작자의 권리를 저작권자와 구별되는 저작인접권자로 보호하는 것이 아니라

나 금지할 권리를 가진다. 특히 미국에서는 공연권에 터잡아 방송은 물론 '웹캐스팅'까지 규율할 수 있다고 해석된다고 한다.[47]

다음, 전송의 경우에도 전송권을 따로 규정하지 않고 제106조의 배포권(right to distribute)[48]의 범위를 확장하여 이를 포섭하고 있다. 즉 '전송에 의한 배포(distribution by transmission)'로 전송행위를 파악하고 있다. 이런 입장과 반대로 1995년 클린턴 행정부 정보인프라 실무단[49]은 최종보고서인 백서(White Paper)[50]에서 저작물이 전송에 의하여 일반 공중에 배포될 수 있으며, 미국 저작권법상 저작권자의 배포권 안에 이미 그러한 전송행위가 포함되어 있음을 분명히 하면서 다만 이를 명확히 입법할 것을 권고한 바 있었지만 받아들여지지 않았다.

결국, WIPO의 국제조약 등에서 인정하고 있는 '공중전달권'에 관하여 굳이 새로운 규정을 미국 저작권법에 추가하지 않더라도 개개 '공중전달행위'의 성격에 따라 기존에 보장된 배포권이나 공연권 등에 의하여 충분히 저작권자는 보호받게 된다.

(2) 인터넷을 통한 웹캐스팅에 대한 저작권법적 취급

1995년 연방의회는 기존 저작권법의 수정입법으로 이른바 "음반의 디지털 공연권 법(The Digital Performance Right in Sound Recordings Act, DPRA)"[51]을 통과시켰다. 이는 미국에서 음반의 디지털 송신을 규제하고자 한 최초의 입법적 산물이다. 위 법률에 의하여 기존 저작권법 제106조에 (6)항이 추가됨으로써,[52] 음반의 경우에는 '디지털 오디오 송신'의 방법으로 음을 청취하게 하는 것도 공연(公演, public performance)에 해당함이 분명해졌다. 아울러 위 법률은 기존 저작권법 제106조 이외에도 제114조(음반제작자의 배타적 권리)를 대폭 수정하

저작권의 일종으로 보호하고 있다. 즉 미국 저작권법 제102조(17 U.S.C. §102)는 (a)항에서 문예저작물, 음악저작물 등 각종 저작물을 나열하면서 (6)항에서 영화를, (7)항에서 음반을 저작물의 하나로 나열하여 동일하게 보호하고 있다.

47) Lackman(2003), p.1166.

48) 17 U.S.C. §106(3).

49) IITF, Information Infrastructure Task Force.

50) 위 보고서 p.213 'Recommendations 1. a. The Distribution Right' 부분, 보고서 전문은 미국 특허청 홈페이지에서 다운로드 가능 <www.uspto.gov/web/offices/com/doc/ipnii>.

51) Digital Performance Right in Sound Recordings Act of 1995, Pub. L. No. 104-39, 109 Stat. 336(1995). 그 전문은 <http://www.copyright.gov/legislation/pl104-39.html>.

52) 앞서 보았듯이 제106조에 나열된 배타적 권리 인정범위에 "(6) 음반의 경우에는 디지털 오디오 송신에 의하여 저작권으로 보호되는 저작물을 공연하는 행위"가 추가되었다.

도록 정하고 있다. 여기서 위 법률은 음반제작자의 권리가 미치는 범위를 정함에 있어 우선 쌍방향 송신과 비쌍방향 송신을 구별하고 있다. 특히 웹캐스터에 관하여도 위 법률이 적용되는 것으로 해석되고 있음이 주목할 만하다.

쌍방향서비스(interactive service)는 '공중의 구성원으로 하여금 그 요구에 따라 수신자가 또는 그를 위하여 선택된 특정 음악을 수신할 수 있도록 하는 서비스'를 가리킨다.[53] 이러한 쌍방향송신 서비스는 위 법률에 따라 반드시 음반제작자의 허락을 얻어야 한다.[54]

반면 비쌍방향 송신 서비스는 이용자가 특정 시간에 특정 음악을 요구할 수 없는 경우이다. 이는 다시 가입자(subscription)와 비가입자(nonsubscription) 서비스로 나뉜다. 가입자 서비스는 송신주체에 의해 통제되며 특정 수신자에 한정될 뿐 아니라 대가 징수가 이루어지는 경우이다.[55] 이런 비쌍방향 가입자 서비스는 반드시 음반제작자로부터 허락을 얻어야 한다. 다만, 이때 음반제작자의 허락은 일정한 요건을 갖춘 경우[56] 저작권청에 의한 강제허락으로 대신할 수 있도록 하고 있다. 강제허락을 얻으면 웹캐스터는 개개 음악에 대하여는 허락받지 않더라도 제한 없이 음악을 공연할 수 있다.[57]

비쌍방향 비가입자 송신에 관하여는 전통적 개념의 라디오방송국이 만일 지상파방송과 동시에 인터넷으로도 프로그램을 송출하는 경우뿐 아니라 '인터넷 라디오 방송' 등이 해당될 수 있다.[58] 이러한 형태의 음악 송신에 대하여는 적어도 위 법률 입법 당시에는, 이용자들이 어떤 음악을 들을지 전혀 영향력을 미치지

---

53) 17 U.S.C. §114(j)(7). "'쌍방향 서비스'란 공중의 구성원으로 하여금 그 수신자를 위하여 특별히 고안된 프로그램의 송신, 또는 요청에 응하여, 프로그램의 일부인지에 관계없이, 수신자가 선택하거나 또는 그를 위하여 선택된 특정한 녹음물의 송신을 수신할 수 있게 하는 것을 말한다. 특정한 녹음물을 공중 전체에 의한, 또는 가입자 서비스의 경우에는 서비스의 가입자 모두에 의한, 수신을 위하여 공연되도록 요청할 개인의 권한은, 서비스의 각 채널 상의 프로그램이 실질적으로 요청된 지 1시간 이내에 또는 송신자나 그러한 요청을 하는 개인에 의하여 지정된 시간에 공연되는 녹음물로 구성되어 있지 아니하다면, 그 서비스를 쌍방향으로 만들지 아니한다. 어떤 송신자가 쌍방향형과 비쌍방향형 서비스 모두를 (동시에 또는 다른 시간에) 제공하는 경우, 비쌍방형 부분은 쌍방형 서비스의 일부로 취급되지 아니한다."

54) 따라서 스트리밍 서비스 중 주문형 서비스는 쌍방향서비스에 해당하므로 음반제작자의 허락을 얻어야 한다. 실시간 스트리밍 서비스는 비쌍방향에 해당되며, 이하에서 설명하는 대로 현재 법정허락을 얻도록 되어 있다.

55) DPRA 109 Stat. at 336.

56) 17 U.S.C. §114(d)(2)(C) 등에서 정하고 있는 요건들이다.

57) 이는 Harwood(2004), pp.680-681 참조.

58) Delchin(2004), p.353.

못하므로 음반을 직접 구매할 동기를 감소시키지는 않는다고 보아, 음반저작자에게 큰 위협이 아니라는 입장이 지배적이었다. 그 결과 위 법률에 따라 저작권이 미치지 않아, 저작권자의 허락을 받을 필요가 없었다.[59]

그러나 1998년 디지털 밀레니엄 저작권법(Digital Millennium Copyright Act, DMCA)이 기존 저작권을 다시 한 번 수정하는 입법으로 등장하였을 때 이러한 입장은 뒤바뀌어,[60] 이후로는 비쌍방향 비가입자 송신 중 방송송신(nonsubscription broadcast transmission)[61]만이 여전히 면책을 받을 뿐 비쌍방향 비가입자 송신의 형태인 웹캐스팅에 관하여도 앞서 비쌍방향 가입자 송신과 마찬가지로 일정한 요건을 구비하여 법정허락을 받을 것을 요구받게 되었다.[62]

나. 유럽연합

유럽연합 차원에서 공중송신에 관하여 다룬 것은 디지털 시대의 저작권 문제에 대응하기 위해 성립된 2001년 '정보화 사회에서의 저작권 및 저작인접권의 특정분야를 통일하기 위한 지침',[63] 약칭으로 '정보화 사회 지침(Information Society Directive)'에서였다. 정보화 사회 지침은 유럽연합의 회원국들로 하여금 1996년 'WIPO 저작권조약' 및 'WIPO 실연음반조약'을 회원국들의 자국법으로 수용하게 하고, 그 과정에서 회원국 간의 법적 규제를 통일하기 위한 목적을 가졌으므로 당연히 위 조약들이 언급한 공중전달권 문제를 다루지 않을 수 없었다.

위 지침은 먼저 서문(序文)[64]에서 "이 지침은 저작자의 공중전달권(right of communication to the public)을 더욱 통일시켜야 한다. 이 권리는 전달이 처음

---

59) Id.

60) 면책대상으로 비쌍방향 송신 중 비가입자 방송송신(nonsubscription broadcast transmission)과 더불어 나열되었던 '재송신 이외의 비가입자 송신' 및 '다수 대중이 직접 수신하도록 이루어진 것이 아닌 송신을 나중에 혹은 동시에 다수 대중이 직접 수신하도록 이루어진 최초의 비가입자 재송신'은 모두 1998년 저작권법 개정시 삭제되었다.

61) 주의할 점은 강학상 '방송'에 해당하면 모두 면책대상이 되는 것이 아니라는 점이다. 17 U.S.C. §114(i)(3)에서 '방송'을 '연방통신위원회로부터 허가받은 지역방송국이 하는 송신'으로 정의하고 있으므로 이에 해당하여야 한다.

62) Harwood(2004), p.681.

63) Directive 2001/29/EC of the European Parliament and of the Council of 22 May 2001 on the harmonization of certain aspects of copyright and related rights in the information society. <http://europa.eu.int/eur-lex/pri/en/oj/dat/2001/l_167/l_16720010622en00100019.pdf>.

64) Information Society Directive whereas (23).

발생한 장소에 있지 아니한 다수 공중에게 전달하는 경우도 포함하는 넓은 의미로 이해되어야 한다. 이 권리는 방송(broadcasting)을 포함하여 유선 혹은 무선으로 공중에서 저작물을 송신(transmission)하거나 재송신하는 일체의 행위를 포함하여야 한다. 이 권리는 그 이외의 다른 행위를 포함하여서는 안 된다."고 명확하게 공중전달권의 개념을 정의하고 있다. 바로 이어[65] '공중이용제공권'에 관하여서도 "제3조 2항에서 지칭한, 일반 공중에게 특정 대상을 이용가능하게 제공할 권리란 이용제공이 처음 발생한 장소에 있지 아니한 다수 공중에게 그 대상을 이용가능하게 제공하는 일체의 행위를 포함하며, 다른 행위들은 포함하지 않는 것으로 해석되어야 한다."고 정하고 있다.[66] 나아가 상업용 음반에서 추출한 음악을 불가결한 요소로 삼은 자신의 라디오 혹은 텔레비전 프로그램을 주문형 서비스(on-demand services)로 이용제공하는 방송사업자의 행위에 대하여는, 관련 이해당사자간 공평을 꾀하기 위하여, 부과금 제도가 권장된다고 규정하였다.[67] 아울러 서문[68]의 다른 부분에서는 "이 지침은 복제권 및 공중전달권에 한정열거적인 예외와 제한을 규정한다."고 정하고 있다.

나아가 지침 제3조에서는 공중전달권과 공중이용제공권을 권리자에게 부여하도록 요구하고 있는데, 그 내용은 다음과 같다.

『제3조 저작물에 대한 공중전달권 및 기타 대상에 대한 공중이용제공권

1. 회원국은 저작자에게 그의 저작물을 유선 혹은 무선의 방법으로, 다수의 공중이 개별적으로 선택한 장소와 시간에서 접근할 수 있는 방법으로 공중에게 이용제공하는 것을 포함하여, 공중에게 전달하는 것을 허락하거나 금지할 배타적 권리를 부여하여야 한다.

2. 회원국은 (a) 실연자에게 자신의 실연고정에 관하여, (b) 음반제작자에게 자신의 음반에 관하여, (c) 영화를 최초로 고정한 제작자에게 그 원본 및 영화복제본에 관하여, (d) 방송사업자에게 케이블이나 위성을 포함하여 유선 혹은 지상파든지 전송방법을 가리지 않고 자신의 방송고정에 관하여, 유선 혹은 무선의 방법으로 다수의 공중이 개별적으로 선택한 장소와 시간에서 접근할 수 있는 방법

---

65) Information Society Directive whereas (24).
66) 앞서 공중전달권과 비교하면 무엇보다 '방송(broadcasting)을 포함하여'란 표현이 빠져있음을 알 수 있다.
67) Information Society Directive whereas (26).
68) Information Society Directive whereas (32).

으로 이용제공하는 것을 허락하거나 금지할 배타적 권리를 부여하여야 한다.』

다. 일본 등

(1) 개요

앞에서 살펴 본 미국, 유럽연합에서의 상황과 마찬가지로 다른 국가들에서도 자국의 저작권자 등에게 인터넷 상의 정보전달에 관한 새로운 독점권을 부여하는 저작권법 개정이 거의 예외 없이 이루어졌다. 이것은 인터넷 시대를 맞이하여 급변한 환경에 적응한다는 스스로의 필요성에 기인한 것이기도 하지만 미국에 의한 외적 압력이나 WIPO 저작권조약 등이 끼친 영향력이 작지 않았다고 할 수 있다.

일본 저작권법은 1997년 저작권법 개정을 통하여 저작권자(같은 법 제23조)에게 공중송신권을 부여하는 한편, 음반제작자(일본 저작권법 제96조의2)를 비롯한 저작인접권자에게는 이른바 송신가능화권을 부여하여 서로 구별하고 있다. 저작권자에게 부여되는 공중송신권에는 앞서 송신가능화권도 포함된다. 일본 저작권법상 공중송신권은 '공중에 의하여 직접 수신되는 것을 목적으로'(일본 저작권법 제2조 7의2호) 무선통신 또는 유선전기통신을 통하여 송신을 행하는 것을 규율하는 것이라면, 송신가능화권은 자동공중송신장치를 이용하여 타인에게 송신이 가능하게 한 상태[69]를 규율하는 것이다.

한편 호주의 경우도 디지털 기술과 컴퓨터 네트워크의 등장에 따라 대응한다는 취지로 1998년경부터 기존 저작권법을 대폭 손질하는 작업에 착수하여 디지털 저작권법(CADA)[70]이 2000. 8. 17. 상하 양원을 통과하여 2001. 3. 4.부터 발효되었다. 이 법에서도 새롭게 광의로 음반, 영화, 방송 등을 망라하여 기술 중립적인 공중전달권(Right of communication to the public)을 신설하고 있다.

바로 아래에서는 지면 제약상 일본의 상황만을 조금 더 자세히 살펴보고자 한다.

---

69) 일본 저작권법상 새로 신설된 '공중송신'은 방송·전송 영역을 포괄하고 있는 것인데, 방송의 경우에는 정보전달이 실제 이루어진 경우를 대상으로 하지만 전송의 경우에는 가령 P2P 네트워크에 업로드 하는 행위와 같이 정보가 타인에게 이용 가능하게 된 상태부터 실제 전달이 이루어졌는가는 관계없이 대상이 된다고 볼 수 있다. 우리의 경우 후술하는 바와 같이 구 저작권법의 '전송'에 대한 정의가 '송신하거나 이용에 제공하는 것'이었다가 현행 저작권법에서 '이용에 제공하는 것을 말하며, 그에 따라 이루어지는 송신을 포함'이라고 변경되어 이용에 제공하는 것이 전송의 본질임을 암시하고 있는 점과 일맥상통한다.

70) 정확한 명칭은 'Copyright Amendment (Digital Agenda) Act 2000'.

(2) 일본 저작권법 중 방송과 인터넷 관련 규정

한국의 현행 저작권법과 비교하여 일본 저작권법이 가진 특징은 '방송'의 범위를 국제조약에서의 태도와 마찬가지로 '무선 통신'[71]에 한정하여 전송에 대응한다고 할 '자동 공중송신'과 더 분명히 대비시키는 한편, 별도로 유선방송의 개념을 가지고 있다는 점이다. 1997년 저작권법 개정을 통하여 이루어진 변화는 이후 2013년 11월 개정된 최근의 일본 저작권법[72]에서도 거의 그대로 유지되고 있다.[73]

나아가 9의5 '송신가능화'를 정의함에 있어, '다음 어느 경우에 정한 행위에 의하여 자동공중송신이 이루어지도록 하는 것'을 말한다고 하면서, 그 중 이(イ)목에서 '공중용으로 제공되고 있는 전기통신 회선에 접속하고 있는 자동공중송신장치[공중용으로 제공한 전기통신 회선에 접속한 것에 의하여, 그 기록 매체 중 자동 공중송신용으로 제공한 부분(공중송신용 기록매체)에 기록되고, 또는 해당 장치에 입력된 정보를 자동 공중송신하는 기능을 갖는 장치를 말한다]의 공중송신용 기록매체에 정보를 기록하고, 정보가 기록된 기록 매체를 해당 자동 공중송신 장치의 공중송신용 기록매체로서 덧붙이고, 또는 정보가 기록된 기록 매체를 해당 자동 공중송신 장치의 공중송신용 기록매체에서 변환하고, 또는 해당 자동 공중송신 장치에 정보를 입력하는 것'이라고 정하고 있다. 다음 로(ロ)목에서는 '그 공중송신용 기록 매체에 정보가 기록되거나, 또는 당해 자동공중송신장치에 정

71) 이처럼 일본 저작권법상 표현은 '방송'을 정의함에 있어 'OO통신'이란 용어를 사용하고 있어, 통신과 방송의 대별을 전제로 한 다른 논의와 뒤섞일 경우 용어 개념의 혼란이 있을 수 있으므로 주의를 요한다.

72) 平成25年11月27日 法律第八十四号.

73) 「제2조(定義) 이 법에서, 다음 각호에 언급한 용어의 의의는, 당해 각호에 정한 바에 의한다.
7의2 '공중송신' 공중에 의하여 직접 수신되는 것을 목적으로, 무선통신 또는 유선전기통신의 송신[유선전기통신 설비에서, 그 일부분의 설치 장소가 다른 부분의 설치의 장소와 동일한 구내(그 구내가 2인 이상의 자의 점유에 속하고 있는 경우에는, 동일한 자의 점유에 속한 구역 내)에 있는 것에 의한 송신(컴퓨터프로그램저작물의 송신을 제외한다)을 제외한다]을 하는 것을 말한다.
8 '방송' 공중송신 중, 공중에 의하여 동일한 내용의 송신이 동시에 수신되는 것을 목적으로 한 무선 통신의 송신을 말한다.
9 '방송 사업자' 방송을 업으로서 하는 자를 말한다.
9의2 '유선 방송' 공중송신 중, 공중에 의하여 동일한 내용의 송신이 동시에 수신되는 것을 목적으로 한 유선 전기통신의 송신을 말한다.
9의3 '유선 방송 사업자' 유선 방송을 업으로서 한 자를 말한다. 9의4 '자동 공중송신' 공중송신 중, 공중으로부터의 요구에 따라 자동적으로 행해지는 것(방송 또는 유선 방송에 해당하는 것을 제외한다)을 말한다.」

보가 입력되고 있는 자동공중송신장치에 관하여, 공중용으로 제공되고 있는 전기통신회선에의 접속(배선, 자동 공중송신 장치의 시동, 송수신용 프로그램의 시동 그 밖의 일련의 행위에 의하여 행해지는 경우에는, 당해 일련의 행위 중 최후의 것을 말한다)을 하는 것'이라고 정하고 있다.

한편, 제23조 제1항에서는 저작자의 권리로 '공중송신권등'을 보장하면서, "저작자는, 그 저작물에 관하여, 공중송신(자동 공중송신의 경우에 있어서는, 송신 가능화를 포함한다)을 할 배타적 권리를 가진다"고 정하고, 제2항에서는 "저작자는, 공중송신된 그 저작물을 수신 장치를 이용하여 공공에 전달한 배타적 권리를 가진다"고 규정하고 있다. 마찬가지로 저작인접권자의 이용제공권에 관하여도 별도의 조항에서 실연자,[74] 음반제작자,[75] 방송사업자[76]에 관하여 보장하고 있다.

Ⅲ 한국 저작권법상의 인터넷과 방송에 대한 규정의 변천과 그 문제점

1. 한국 저작권법상의 관련 규정과 판례 변천

가. 서

이하에서 한국 저작권법상의 인터넷과 방송 관련규정들의 변천을 살펴봄에 있어, 시기적으로 이를 i) 저작권법상 방송 개념만이 존재하던 시기, ii) 인터넷 등장을 뒤늦게 반영하여 저작권법에 전송 개념이 등장한 시기, iii) 방통융합의 조류에 따라 방송과 전송을 통합한 현재의 시기 등 3단계로 나누어 설명하고자 한다. 이런 세 시기로의 구분은 앞서 이 글 서두에서 인터넷이 방송저작권에 미친 영향을 고찰함에 있어 언급한 1단계 내지 3단계의 각 시기와 흡사하다. 하지만 서두에 등장한 1단계 내지 3단계가 인터넷 및 방송 관련 기술환경의 변화에 따른 분류라면, 한국 저작권법의 관련규정 변화의 세 시기는 그런 기술 환경의 변화를 한국 저작권법이 비교적 늦게 차례로 수용하여 이루어진 저작권 제도상의 변화라는 점에서 일부 불일치하는 면이 있다.

---

74) 일본 저작권법 제92조의2.
75) 일본 저작권법 제96조의2.
76) 일본 저작권법 제99조의2.

나. 저작권법상 방송 개념만이 존재하던 시기

(1) 관련 저작권법 규정의 개요

1957년 최초 제정된 저작권법은 저작권자에게 방송권을 부여한다는 규정을 두었고, 나아가 1986년 전면개정된 저작권법[77]은 방송을 "일반공중으로 하여금 수신하게 할 목적으로 무선 또는 유선통신[78]의 방법에 의하여 음성음향 또는 영상 등을 송신하는 것(차단되지 아니한 동일구역 안에서 단순히 음을 증폭송신하는 것을 제외한다)"[79]이라고 처음으로 저작권법상 정의하였다. 각종 국제조약이 방송을 무선의 경우에 국한하는 태도를 보이고 있음에 반하여, 우리 저작권법은 당초부터 유선의 경우까지 포함하는 것으로 방송의 개념을 대단히 폭넓게 인정한 것이었다. 특히 당시 저작권법상 '방송' 개념은 일반공중의 수신행위가 동시(同時)인지 이시(異時)인지를 가리지 않고 있었다. 후술하듯이 2000년 이시(異時) 수신행위를 특징으로 한 '전송' 개념이 추가되자, '방송' 개념은 오직 동시적인 수신행위에 국한하는 것으로 축소 수정되었다.

(2) 관련 판례

무릇 법률이나 관련 제도는 그것들이 규율하는 대상에 생긴 큰 변화를 제때 반영하기보다 항상 늦게 대응하곤 한다. 이것은 법 제도의 속성상 불가피한 면이 있는 것이기는 하지만, 이 글에서 다루는 방송 관련 저작권법 제도와 인터넷 기술의 등장을 둘러싸고서도 비슷한 상황이 있었다. 즉 우리 저작권법이 아직 '방송' 개념만을 가지고 있던 1990년대 말에 인터넷을 통한 '전송'으로 저작권을 침해한 사안에 대하여 방송 개념만으로 그런 침해적 행위를 억제하고자 하였던 '지저스 크라이스트 슈퍼스타' 판결이 그런 상황을 잘 드러내고 있다.

이 사건 원고는 연극이나 뮤지컬 작품 등을 공연하는 극단으로 "지저스 크라이스트 슈퍼스타"라는 뮤지컬을 우리나라에서 공연하여 온 단체였고, 피고였던 주식회사 ○○○인터넷방송은 기독교 영상 선교사업 등을 행하던 중, 1997. 12.

---

77) 1986. 12. 31. 법률 제3916호로 전문개정된 것을 말한다.

78) 흔히 "통신과 방송의 융합"이라고 칭할 때 그 전제는 '통신'을 '방송'과 대별하는 것임에 비하여, 현행 저작권법 상의 표현은 이처럼 방송의 정의를 내리는 가운데 '통신'이라는 용어를 사용함으로써 보기에 따라서는 혼란을 초래할 수 있다. 이런 저작권법의 표현은 아래 설명할 일본 저작권법상의 표현과 동일한 것이다.

79) 1986년 전문개정 저작권법 제2항 제8호.

24. 원고의 허락 없이 이 사건 뮤지컬 전체(1시간 30분 분량)를 녹화한 뒤 그 녹화물을 14개의 부분으로 나누어 1997. 12. 29.부터 2000년경까지 피고의 인터넷 홈페이지를 통하여 그 방문자로 하여금 위 14개의 각 부분을 VOD(video on demand)방식으로 시청할 수 있도록 하였다. 다만, 이런 제공은 다운로드 방식이 아닌 스트리밍(streaming) 방식[80]으로 이루어졌다.

이 사건에서 피고는 자신의 행위가 방송에 해당하지 아니한다는 주장, 즉 2000년 개정 이후의 저작권법에서는 아래 설명하는 대로 '전송'을 규제하는 전송권이 도입되었지만, 자신의 침해행위에 적용될 구 저작권법 상으로는 저작권자에게 아직 전송권이 없었으므로 피고의 행위가 권리침해가 되지 아니한다는 요지로 주장하였다. 그러나 원고의 청구를 인정한 1심판결[81]을 지지한 항소심 법원[82]은, 피고의 위와 같은 행위가 (인터넷 등장 이후 전송 개념을 신설하는 내용으로 개정된) 새로운 저작권법상으로는 일반 공중이 "동시에" 수신하는 것이 아니어서 방송에 해당하지 아니하지만 이 사건에 적용될 당시의 구 저작권법 제2조 제8호에 정한 방송에는 해당한다는 요지로 판단하여 방송권 침해를 긍정하였고, 나아가 설령 방송행위이더라도 자신의 행위는 비영리방송에 해당한다는 피고주장 역시 배척하였다.[83] 이런 판단은 대법원[84]도 지지하였다. 한편, 위 사건의 형사사건도 대법원에 이르기까지 동일한 결론이 내려졌다.[85]

필자가 살피건대 위 사건에서 피고의 행위는 이용자들이 동시(同時)가 아니라

---

80) 같은 피고 측에 대한 형사사건인 서울중앙지방법원 2003. 7. 9. 선고 2002노11814 판결의 표현을 따르자면, 스트리밍에 관하여 "어떤 사운드나 비디오 파일을 하나의 형태가 아닌 여러 개의 파일로 나누어 물 흐르듯이 연이어 보내어 실시간으로 전송해 주는 것으로 선택된 해당 콘텐츠 파일을 다운로드(download)하는 방식과 달리 사용자의 네트워크 상황에 맞게끔 방송의 형식으로 실시간 시청 분량만큼을 조금씩 흘려주는 방식으로 인터넷에서 동영상을 실시간 전송, 구현할 수 있게 하는 기술"이라고 정의하고 있다.

81) 서울지방법원 2001. 11. 30. 선고 2000가합89551 판결.

82) 서울고등법원 2002. 10. 15. 선고 2002나986 판결.

83) 피고는, 자신이 영리를 목적으로 하지 아니하고 또한 시청자들 또는 제3자로부터 어떠한 대가도 받지 아니하였으므로, 피고는 구 저작권법 제26조에 의하여 원고의 뮤지컬을 방송할 권리가 있다고 주장하였다. 하지만, 항소법원은 위 제26조에 대한 학설의 주류적 해석에 따라, 직접적으로 영리를 목적으로 하는 경우는 물론 간접적으로라도 영리추구와 연결될 수 있는 경우에는 이를 비영리 목적의 방송이라 할 수 없는데 피고는 주식회사일 뿐만 아니라 피고의 홈페이지에 상업광고를 게재한 사실이 인정되므로 이 사건 뮤지컬에 대한 방송이 영리를 목적으로 하지 아니한 방송이라고 할 수 없다고 판단하여 배척하였다.

84) 대법원 2003. 3. 25. 선고 2002다66946 판결.

85) 서울남부지방법원 2002. 11. 12. 선고 2001고단1619 판결, 항소심인 서울중앙지방법원 2003. 7. 9. 선고 2002노11814 판결, 상고심은 대법원 2004. 4. 28. 자 2003도4534 판결.

이시간(異時間)에 저작물을 이용할 수 있게 한 것이어서 앞서 설명한 대로, 2000년 저작권법이나 이후 현재까지의 저작권법상의 개념으로는 '전송'에 해당함은 분명하다. 그러나 피고의 행위에 적용된 구 저작권법은 오로지 '방송'의 개념만이 정의되어 있었고, 이때의 방송은 현재와 달리 '동시성'을 요구하지 않았으므로 법원은 구 저작권법 규정의 해석론을 통하여 (현재의 '방송'개념이 포섭하는 범위와 비교하자면) 방송 개념을 확장함으로써 피고의 행위를 포섭할 수 있었다. 아직 인터넷 등장 이후의 기술환경 변화를 미처 반영하지 못한 2000년 개정 이전의 불완전한 구 저작권법을 가지고 인터넷 기술을 침해수단으로 사용한 새로운 침해에 대응한 판례라는 점에서는 긍정적이지만, 기본적으로는 판례의 논리를 그대로 따르게 되면 단순 전송행위자도 쉽게 '방송사업자'로 취급되어 구 저작권법 역시 이미 두텁게 보장하고 있던 방송사업자를 위한 다양한 특혜를 누릴 수 있다는 결론으로 연결된다는 점에서 문제가 있다. 즉 가정적인 사안이지만 위 사건의 피고 주식회사 ○○○인터넷방송이 위와 같이 인터넷 스트리밍을 함에 있어 원고의 허락이 없더라도 구 저작권법 제48조의 법정허락제도에 호소할 수도 있다거나 구 저작권법 제31조에 따라 스트리밍 서비스 과정에서 일시적인 녹화도 가능하다는 식의 논리로 나아갈 수 있는 여지가 없지 아니한 것이다. 이런 문제가 생긴 것은 판례의 논리 자체에 흠이 있어서가 아니라 구 저작권법의 관련 규정이 인터넷 시대에는 더 이상 맞지 않게 되었기 때문이다.

다. 인터넷 등장을 뒤늦게 반영하여 저작권법에 전송 개념이 등장한 시기

(1) 관련 저작권법 규정의 개요

본 장의 서두에 언급한 '2단계 시기'를 맞게 되었음에도 한동안 한국 저작권법은 개정되지 않았다. 아직 통신방법을 통한 저작권 침해를 전혀 염두에 두지 못한 구 저작권법 규정은 이런 변화에 여러모로 부적합한 것이었다.[86] 결국 2000. 1. 12. 법률 제6134호로 개정된 저작권법에서는 방송 정의규정에 바로 이어서 이른바 '전송(傳送)'의 정의를 "일반공중이 개별적으로 선택한 시간과 장소에서 수신하거나 이용할 수 있도록 저작물을 무선 또는 유선통신의 방법에 의하

86) 가령 인터넷상 침해 중 대표적이었던 P2P 파일교환행위에 관하여 소리바다 가처분이의사건에서 원고는 부득이 배포권 침해를 주장하기도 하였다. 그렇지만 이런 원고의 주장은 결국에는 항소심(서울고등법원 2005. 1. 12. 선고 2003나21140 판결)에서 배척되었고, 이런 항소심의 판단은 상고심에서도 지지되었다.

여 송신하거나 이용에 제공하는 것"이라고 새로 정하면서[87] 저작권자에게 '전송권'을 새로 부여[88]하였다. 새로운 전송 개념의 도입과 저작권자에 대한 전송권의 부여는 WIPO 저작권조약에 가입하기 위한 전제로 요구된 것이었다.[89] 이때 기존의 방송의 정의(定義)가 함께 개정되어 "일반공중으로 하여금 동시에 수신하게 할 목적으로 무선 또는 유선통신의 방법에 의하여 음성·음향 또는 영상 등을 송신하는 것"으로 축소되었다.[90] 당초의 방송개념은 일반공중의 수신행위가 동시(同時)인지 이시(異時)인지를 가리지 않고 있었고, 이는 새로운 전송 개념이 "일반공중이 개별적으로 선택한 시간과 장소"라고 정하여 이시(異時)의 수신행위를 다루고 있는 것과 충돌하였기 때문이다.

나아가 2004. 10. 16. 저작권법 개정에서는 실연자, 음반제작자에게도 전송권이 부여되었다. 이렇게 방송·전송에 관해 개정된 저작권법의 내용은 2006년 전면개정이 있기 전까지 그대로 이어졌다.

(2) 관련 판례의 늦은 등장

앞에서 보았듯이, 인터넷 등장을 뒤늦게 반영하여 저작권법에 전송 개념이 등장한 시기를 2단계 시기라고 할 때 이것은 시기적으로 대략 2000년대 초반부터의 일이다. 그런데 2000년대 초반 이후 몇 년 동안 다른 분야의 저작권 침해사례가 한국에서도 외국에서처럼 폭발적으로 증가한 것과 비교하여 보면, 같은 시기에 인터넷상 침해행위를 상대로 방송저작물의 전송권이 주장되거나 혹은 방송사업자들이 동시중계방송권 등 저작인접권 침해를 주장한 사안은 드문 편이다. 관련 사례를 찾더라도 엄밀히 위 시기에 해당한다기보다 비교적 나중에 발생한 분쟁들이다.[91]

---

87) 2000년 일부개정 저작권법 제2조 제9의2호.

88) 같은 법 제18조의2. 이후 2004. 10. 16. 개정된 저작권법은 저작인접권자 중 실연자 및 음반제작자에게도 저작권자와 마찬가지로 전송권을 부여하였다.

89) 한국이 실제로 WIPO 저작권조약에 가입한 것은 2004. 6.경이었다. 한편 저작인접권에 관하여서는, 로마협약이나 WIPO 실연음반조약에는 2008. 모두 가입하였으나 실연자와 음반제작자에게도 이미 2004. 10. 16. 저작권법 개정을 통하여 WIPO 실연음반조약상의 이용제공권에 대응할 수 있는 전송권을 저작인접권자들에게 부여한 바 있다.

90) 그러나 이렇게 입법이 됨으로써, 당초 외국과 달리 유선영역까지 포함하고 있던 '방송'이 유선영역에서 '전송'과 구별하기 어렵게 되었다는 비판적 견해로는 방석호(2004), 8면.

91) 인터넷상 침해행위를 상대로 방송저작물의 전송권이 주장된 드문 사례로 서울고등법원 2012. 6. 13. 선고 2011나52200 판결(모기 퇴치기를 판매하는 피고 홈페이지가 원고 MBC의 관련 뉴스 보도를 링크한 행위가 복제권, 공중송신권 등의 침해로 문제되었음), 아래에서 상세히 설명할 서울고등법원

그 이유에 관해서는 앞서, 2단계시기의 방송저작물 관련 저작권법 쟁점은 실상은 다른 저작물들의 경우와 구별하여 더 논의할 만한 특유한 것이 없음을 설명하는 가운데, 이미 살펴보았다. 나아가 2단계시기의 후반에 이르러 영상저작물이 침해대상이 되기 시작하였지만 여전히 다운로드 방식 위주였다는 점도 이미 진술하였는데 이때 다운로드로 공유된 영상저작물은 드라마와 같은 전형적인 방송저작물이 아니라 영화가 주류를 이루었다. 그 이유는 아직까지 인터넷 전송속도가 충분히 빠르지 않았던 까닭에 단편의 영화가 아니라 여러 편으로 이루어진 드라마 등을 인터넷으로 전달받으려면 여전히 만만치 않은 수고가 필요하였던 까닭이다.92)

요컨대, 인터넷이 보편화된 90년대나 혹은 이후 2000년대에 한국 사회에 쏟아진 여러 분쟁사례들은 본 장에서 집중하여 검토하고자 하는 방송저작물 관련 사례라고 보기에는 거리가 멀고, 인터넷 네트워크에서 드라마와 같은 영상까지도 그 일부가 아닌 전체를 전혀 부담 없이 스트리밍으로 전달할 수 있게 된 최근 몇 년에 이르러서야 한국에서도 비로소 방송저작권만의 진정한 쟁점을 담은 사례가 등장하게 된 것이다.

(3) 방통융합의 조류에 따라 방송과 전송을 통합한 현재의 시기

이른바 방통융합(放通融合)이라는 미디어통신 분야의 시대적 변화는 미디어통신기술과 불가분의 관계에 있는 저작권법에도 큰 영향을 미쳤고 이것은 2006. 12. 1. 전면 개정되어 2007. 6. 29.부터 시행된 저작권법에 고스란히 반영되어 있다.93) 즉 2006년 전면개정된 저작권법은 앞서 설명한 대로 종전 '방송'과 '전송'을 포괄하는 개념인 '공중송신'이라는 상위개념을 신설함94)과 동시에 공중송신에

2009. 4. 30. 선고 2008나86722 판결(원고 문화방송의 지상파 프로그램을 인터넷 설비로 녹화한 뒤 그것의 스트리밍 시청서비스를 이용자의 선택에 따라 제공한 피고 업자의 행위가 복제권 및 공중송신권 등의 침해로 문제되었음) 등을 찾을 수 있다. 한편 우리 방송사업자들이 저작인접권을 내세운 유명한 사례인 이른바 '지상파 재전송 사건'(서울고등법원 2011. 7. 20. 선고 2010나97688 판결 등)은 인터넷 상의 침해사례가 아니다.

92) 불과 몇 년 전까지 영상저작물의 인터넷 공유는 주로 다운로드 방식이 중심이었고 스트리밍 방식에 의하는 경우 유튜브(Youtube)의 사례에서처럼 비교적 단편(斷片)적인 영상에 국한되어 왔다.

93) 문화관광부(2005)(8-9면)에서도 "기술의 발달에 따라 방송과 통신이 융합되어가고 있고 이에 따라 새로운 저작물 이용형태가 등장하고 있으나 현행 저작권법은 송신 중 방송과 전송만을 포섭한 결과 새로운 형태의 저작물 이용방법에 대한 권리적용이 어려워지고 있음. 따라서 방송과 전송 그리고 디지털음성송신 등 송신행위를 포괄할 수 있는 최상위 개념으로 공중송신이라는 개념을 신설"한다고 주장하고 있다.

속하는 하위개념으로 기존의 방송·전송에 더하여 '디지털음성송신'이라는 개념을 새로 설정하고 있다. 즉 저작권법은 디지털음성송신의 개념을 "공중송신 중 공중으로 하여금 동시에 수신하게 할 목적으로 공중의 구성원의 요청에 의하여 개시되는 디지털 방식의 음의 송신을 말하며, 전송을 제외한다"고 정하고 있다(법 제2조 제11호). 나아가 저작권법은 이런 디지털음성송신을 업으로 하는 사업자, 즉 디지털음성송신사업자에게 실연이 녹음된 음반을 사용하여 송신하는 경우 상당한 보상금을 그 실연자에게 지급할 의무를 지우는 한편(법 제76조), 음반제작자에게도 마찬가지의 보상금 지급의무를 부담시키고 있다(법 제83조). 그렇게 전면 개정된 저작권법의 관련규정은 2014년 현재 시행되는 현행 저작권법에 이르기까지 그대로 유지되고 있다.

덧붙여 과거부터 존재하였던 '전송' 개념에 관해서도 주의할만한 변화가 있었다. 구 저작권법에서는 '전송'을 "송신하거나 이용에 제공하는 것"이라고 정의하여 이용에 제공하는 것[95]과 실제 이루어지는 송신[96]을 대등한 요소로 판단하고 있었음에 비하여 현행법은 "이용에 제공하는 것을 말하며, 그에 따라 이루어지는 송신을 포함"이라고 하여 이용에 제공하는 것이 전송의 본질임을 암시하고 있다는 점이다. 아래에서 설명할 WIPO 저작권조약의 취지로 보건대 전송의 본질을 네트워크상에서 타인이 이용 가능하도록 제공하는 행위로 파악하고 있는 태도는 타당하다.

2. 2006년 개정 저작권법상 관련 규정들의 문제점 분석 등

가. 저작권법 관련 규정들의 당시 개정 취지

'방송'과 '전송'의 각 개념에 '디지털음성송신'이라는 제3의 개념을 더하여 그것들을 '공중송신'이라는 상위개념 하에 통합한 2006년 저작권법의 개정 내용은 현행 저작권법에 이르기까지 변화하지 않고 있다. 그런 전면개정 당시의 입법취지를 그 입안주체의 설명에 따라 살펴보면[97] 다음과 같다.

94) 저작권법 제2조 정의조항 중 제7호 공중송신의 개념 참조.
95) 가령 P2P 네트워크상에 파일을 업로드만 해 놓은 상태가 이에 해당한다.
96) 가령 P2P 네트워크에서 송신자의 개인컴퓨터에 업로드되어 있던 특정파일이 수신자의 컴퓨터로 이전되는 것이 이에 해당한다.
97) 이는 문화관광부(2005), 8-10면 및 김문희(2006), 8면 이하 및 김문희(2005), 16면 이하, 아울러 심동섭(2006), 48면 이하 및 문화관광부(2007), 18-19면에 드러난 입장을 종합한 것이다.

첫째, 앞서 누누이 언급한 방통융합현상에 따라 종전의 방송인지, 전송인지 애매한 새로운 저작물 전달방법이 등장하는 것을 반영할 필요가 있다는 점이다.

둘째, 이러한 환경변화에 부응하기 위하여 개정 저작권법은 '방송'과 '전송' 그리고 '디지털음성송신' 등 송신행위를 포괄할 수 있는 최상위 개념으로 '공중송신'이라는 개념을 신설하고, 이러한 개념에 대응하는 공중송신권을 저작권자에게 부여함으로써 저작자로 하여금 앞으로 새로운 형태의 저작물 이용형태가 등장하더라도 보호받을 수 있도록 보장하고자 한다고 한다. 또한, 이러한 공중송신권의 부여는 국제조약[98]상의 의무를 이행하는 것이기도 하다는 주장이다.

셋째, 개정 저작권법은 구법과 달리 저작물의 무형적(無形的) 이용형태 3가지 중 방송과 전송을 엄격히 구별하고자 하는 입장이라고 한다. 즉 방송의 개념은 전통적인 의미의 방송 개념에 국한하여 지상파방송과 케이블 방송, 그리고 위성방송에 한정하고, 동시성(同時性)을 핵심적인 요소로 삼으며, 전송의 개념은 확장해석 내지 유추해석을 방지하기 위하여 1) 주문형, 2) 쌍방향성, 3) 이용제공 등 세 요소의 결합만이 전송에 포섭될 수 있도록 그 요건을 조금 더 엄격하게 하였다고 한다. 이러한 요건엄격화에 따라 소위 웹캐스팅과 같은 경우는 동시성을 띠면서 시간과 장소에 대한 이용자의 선택을 기다리지 않는다는 점에서 방송과 유사하지만, 기술적으로 쌍방향성을 가지고 있기 때문에 방송과는 구별되어 결국 방송이나 전송 어느 것에도 해당하지 않으므로 부득이 새로 '디지털음성송신'의 개념을 설정하게 되었다고 주장한다. 개정 저작권법의 입안주체 일부[99]의 설명에 따르면, 디지털음성송신 개념의 신설로 인터넷상의 '음악'의 캐스팅은 디지털음성송신규정에 의하여 보호받고, '영상물'을 포함하는 웹캐스팅은 기존과 같이 방송의 범주에 포함해 보호한다고 한다.[100]

넷째, 바로 위에서 본 이유로 국제조약 상의 의무와는 별개로, 실연자와 음반제작자에게 보상청구권을 인정하고자 한다고 한다. 그 근거로 디지털음성송신의 전형적인 예로서 웹캐스팅[101]은 기술적으로는 방송과 구별되지만 방송과 유사한

98) 문화관광부(2007), 19면의 그림을 참조하면, 한국이 이미 가입한 WIPO 저작권조약에서 공중전달권을 부여하고 있음을 지적하는 것으로 보인다.

99) 심동섭(2006), 49면.

100) 그러나 역시 다른 설명{문화관광부(2007), 19면에서 인용한 <공중송신 개념신설에 따른 각 권리자의 권리 내용 변화>도표}에 따르면 웹캐스팅 영역은 구법까지는 권리가 미치지 아니하다가 (음악 혹은 영상물의 구분 없이) 개정 저작권법으로 새롭게 음반제작자에게 보상청구권이 부여되었다는 취지여서 영상물 포함 웹캐스팅이 이미 방송에 의하여 보호된다는 위 설명과 다소 모순된다.

측면이 있고, 웹캐스팅을 하기 위해서는 기존 음반을 사용하게 되므로 실연자와 음반제작자의 경제적 이익을 해칠 우려가 현존하므로 이에 대해 보상청구권을 인정할 필요가 있으며, 다만 디지털음성송신은 인터넷이라는 매체의 특성상 국경의 구애를 받지 않고 세계 어느 곳에서든 누구나 청취가 가능하므로 이 점에서 방송권역의 제한을 받는 방송과는 차별할 필요가 있다고 한다. 특히 입안주체의 설명에 따르면 '디지털음성송신'에 속하는 것은 오직 '음'에 대한 웹캐스팅에 국한된다고 한다.[102]

나. 개정 저작권법 관련 규정들의 긍정적 측면

방통융합 현상의 조류를 반영한 점은 긍정적이다.

이제 세계는 인터넷을 필두로 한 통신기술의 급격한 진보에 따라 전송 내지 통신과 방송의 경계가 희미해지고 점점 허물어지는 현상(이른바 通放融合, Communication & Broadcasting Convergence)을 경험하고 있다. 각국은 그에 대처하여 자국의 통방 관련법령을 정비하는 과제에 몰두하고 있음은 물론이다. 이러한 법령정비의 기본방향은 아직 일부 논란의 여지가 있을지라도 대체로 통신(전송)·방송 등 개개 정보전달행위의 유형별로 규제를 달리하였던 기존태도를 버리고 정보주체의 기능별로 법적 규제를 나누거나 통합하는 방법이다. 즉 정보(저작권법에 있어서는 저작물)의 생산, 정보의 물리적 수송·전달, 정보의 판매·제공 서비스를 종전에는 하나의 주체가 담당하다가 현재 분화되었다는 데 착안하여 이른바 규제에 있어 종전의 수직적 규제(vertical regulation) 대신 새로운 수평적 규제(horizontal regulation)를 꾀하고 있다.[103]

가령 인터넷 포털사이트에서 판매하는 영화를 개인이 자신의 모니터로 관람하는 형태로 거래가 발생하는 예로 설명하면, 이러한 거래에 영화콘텐츠를 생산하는 영화사, 당해 콘텐츠가 담긴 파일을 포털사이트의 서버에서 개인컴퓨터로 전송하는 선로를 담당하는 인터넷접속서비스제공업체, 인터넷 영화구매자를 상대로 판매 등 각종 서비스를 제공하는 포털사이트업체 등 각 주체가 관여하게 되

101) 다만, 개정 저작권법 입안주체의 설명 역시, 실시간형 웹캐스팅과 달리 주문형 웹캐스팅은 전송으로 취급하고 있다.

102) 문화관광부(2005), 9면. 가령 'Winamp 방송'을 예로 들고 있다.

103) 이상의 설명은 <www2.warwick.ac.uk/fac/soc/law/elj/jilt/1997_3/marsden2/marsden2.doc> 등 자료 참조.

며, 각 주체의 기능별 특징대로[104] 규율도 달라진다. 특히, 동일한 기능을 하는 동일한 주체에 대하여는 개개 행위의 유형별로 규제가 달라지기보다 통일된 규제가 가해지게 된다.

이상과 같은 경향이나 그에 발맞춘 여러 국가의 저작권법의 개정방향을 볼 때 점차 구별이 어려워지고 있는 방송·전송을 여전히 엄격히 구별하려고 시도하기보다 차라리 포괄하는 방향으로 공중송신의 개념을 정립한 것은 일면 긍정적 의미가 있다.

그러나 앞서와 같은 통방융합 현상을 반영하여 기존의 방송·전송을 통합한 상위개념으로서의 '공중송신' 개념이라면 모르되, 개정 저작권법 입안주체의 기대처럼 아직은 실제로 등장하지 아니하였거나 심지어 개념조차 정립되지 않은 유·무선의 저작물이용행태까지 '기타' 영역으로 모두 포함한 개념으로서의 공중송신 개념을 설정한 것은, 기술의 변천이나 진보에 영향을 받지 아니한 채 저작권자의 이익만큼은 언제나 확보해두려는 점에서는 다소 무리라고 본다.

다. '디지털음성송신'을 '방송'과 구별한 개념 설계의 문제점

(1) 개설

방통융합(放通融合)이라는 미디어통신분야의 변화를 적극적으로 반영하여 저작권법에서 종전의 방송과 전송, 그리고 새롭게 인정된 제3의 개념인 '디지털음성송신'을 모두 합한 상위개념으로 공중송신이라는 구조를 설정한 것은 긍정적인 면도 있다.

그렇지만 새 규정의 적용에 있어 아직까지 논란이 끊이지 않는 부분은, 웹캐스팅, 특히 음성과 더불어 영상까지 함께 전달되는 형태의 웹캐스팅이 과연 위 방송, 전송, 디지털음성송신 중 어디에 속하느냐의 문제이다. 인터넷이 가장 발달한 곳 중 하나인 한국에서는 웹캐스팅을 통한 다양한 서비스가 활발하게 제공되고 있어 이런 웹캐스팅 서비스제공자의 행위가 과연 방송, 전송, 디지털음성송신 중 어디에 속하는지 명확히 판단할 필요가 있다.

'디지털음성송신'은 '방송'과 마찬가지로 동시성을 요건으로 하면서도 한편으로

---

104) 인터넷접속서비스는 점점 국가기간망과 같은 기능을 하므로 독점의 폐해가 나타나지 않도록 하는 규제중심의, 콘텐츠 생산자에 대하여는 창작을 장려하기 위하여 규제를 최소화하는 등의 차별적 정책방침이 정해진다.

송신이 '공중의 구성원의 요청에 의하여 개시'됨을 '방송'과의 차이점으로 삼고 있지만, 후자의 차이점은 저작권법이 방송을 특별하게 취급하게 된 이유를 고려할 때 저작권법 상으로 디지털음성송신을 방송과 구별할 유용한 근거가 되기 어렵다.

개정 저작권법이 굳이 '방송'으로부터 새로 '디지털음성송신'을 분리한 배경에는 실시간 웹캐스팅을 '방송'으로 볼 경우 구법의 규정에 의하면 방송사업자로서 특별한 지위 내지 권리를 가지게 되는 것을 막고자 한 것으로 보이지만, 이런 방지는 장차 '방송'과 '방송사업자'의 개념을 분리하는 방법으로 더 구체적이고 적절하게 달성될 수 있다고 사료된다.

'방송'과 '방송사업자'의 개념을 분리한 저작권법 하에서는 방송설비 등의 투자에 대한 보호가치, 다수인을 상대함으로써 공익적 언론으로 기능하는 정도 등 제반사정을 종합적으로 고려하여 저작권법이 부여하는 저작인접권이나 법정허락 등의 큰 혜택을 부여받을 만한 자만 '방송사업자'로서 보호될 것이다. 가령 현재 전통적인 방송사업자 스스로도 자신의 방송을 웹캐스팅 방식에 의해 서비스하고 있는데, 이런 경우라면 그렇게 보호될 여지가 상대적으로 더 클 것이다.

그런 방향으로 저작권법 개정이 이루어진 상황이라면 실시간 웹캐스팅을 '방송'으로 보아도 큰 무리가 없고, 그렇게 파악하는 것이 오히려 웹캐스팅의 본질에 더 부합한다고 본다.

(2) 디지털음성송신을 둘러싼 개정 저작권법의 개념 구조와 그 입법취지

(가) 개정 저작권법의 관련 개념구조

개정 저작권법은 방송·전송과 대등한 개념으로 설정된 디지털음성송신을 설계하고 있다. 즉 디지털음성송신에 관하여 "공중송신 중 공중으로 하여금 동시에 수신하게 할 목적으로 공중의 구성원의 요청에 의하여 개시되는 디지털 방식의 음의 송신을 말하며, 전송을 제외"라고 하여 상위개념인 공중송신에 속하며, 같은 처지인 방송·전송과 대등한 개념으로 설정하고 있다. 개정 저작권법 입안주체가 디지털음성송신을 방송이나 전송의 어느 것에도 속하지 않는 제3의 영역으로 본 명시적 이유는 "디지털음성송신은 소위 웹캐스팅을 포함하는 개념으로서, 동시성을 띠면서 이용자의 선택(시간과 장소에 대한)을 기다리지 않는다는 점에서 방송과 유사하지만, 기술적으로 쌍방향성을 가지고 있기 때문에 방송과는 구별되는 개념"[105]이라는 점이다.

아울러 새롭게 설정된 디지털음성송신에 관하여는 기존의 방송에 있어서와[106] 마찬가지로 실연자 및 음반제작자의 보상청구권 조항을 각각 신설하고 있다.[107] 그런데 보상청구권의 인정범위 및 구체적인 보상절차에는 상호 차이가 있다. 무엇보다 방송사업자에 대한 보상청구권은 청구권자가 외국인인 경우 상호주의에 따른 제한을 받지만, 디지털음성송신사업자에 대한 보상청구권은 이러한 제한이 없다.[108] 아울러 방송사업자에 대한 보상청구권 행사에서는 먼저 권리자단체와 방송사업자가 보상금액을 협의하는 절차를 거치고 그 협의가 이루어지지 않을 경우 저작권위원회에 조정을 신청할 수 있도록 하였지만, 디지털음성송신사업자에 대한 보상청구권 행사에서는 권리자단체와의 협의절차를 앞세우기는 하였으되 그 협의를 매년 1월 1일부터 6월 30일까지의 기간 안에[109] 마치도록 요구하고, 그것이 성사되지 않을 경우 곧바로 문화관광부장관이 정하여 고시하는 금액을 지급하도록 정하고 있다. 전반적으로 방송사업자보다 디지털음성송신사업자에 대한 보상청구권 행사가 권리자 처지에서 더 용이하도록 차별을 두고 있다고 할 수 있다.

(나) 디지털음성송신 관련조항을 별도로 고안한 배경 추론

개정 저작권법이 웹캐스팅을 기존규정인 방송으로 규율하려 하지 않고 새로 디지털음성송신이라는 개념을 고안하면서 보상청구권 조항으로 처리한 의도는 디지털음성송신사업자에게는 전통적인 방송사업자와 같은 특별한 지위나 권리를 인정하지 않으려는 취지에서 비롯된 것으로 보인다.[110] 앞서 설명하였듯이 (실시간) 웹캐스팅은 2000년 전송권의 등장 이래 정립된 저작권법의 개념체계에서 '이시성'을 충족하지 못하므로 도저히 전송으로 보기 어려운 것이었고 그렇다고 방송으로 파악할 경우 저작권자 처지에서 볼 때 다음과 같은 큰 난점이 있었다.

우리 저작권법은 방송을 업으로 하기만 하면 당연히 '방송사업자'가 되도록

105) 문화관광부(2005), 12면.

106) 제75조(방송사업자의 실연자에 대한 보상) 및 제82조(방송사업자의 음반제작자에 대한 보상).

107) 제76조(디지털음성송신사업자의 실연자에 대한 보상) 및 제83조(디지털음성송신사업자의 음반제작자에 대한 보상).

108) 이런 차이를 둔 이유에 관하여 개정 저작권법 입안주체{문화관광부(2005), 12-13면}는 디지털음성송신은 인터넷이라는 매체의 특성상 국경의 구애를 받지 않고 세계 어느 곳에서든 누구나 청취가 가능하므로 이 점에서 방송권역의 제한을 받는 방송과는 차별할 필요가 있음을 들고 있다.

109) 저작권법 제76조 제3항 및 저작권법 시행령 제39조.

110) 비슷한 맥락의 지적은 윤종수(2007), 80-81면. "음반에 대한 법정허락을 허용하면서도 방송사업자에게 적용되는 방송을 위한 일시적 녹음이나 녹화의 저작권제한과 같은 규정을 적용하지 않는 것도 특별한 근거를 찾기 어렵다."

정하고 있었으므로[111] 현실에서 실시간 웹캐스팅 서비스를 하는 자는 원칙적으로 '방송사업자'가 된다. 그런데 우리 저작권법은 우선 저작권법의 독립된 절(제4절 방송사업자의 권리)에서 실연자·음반제작자와 같은 저작인접권자의 하나로서 제84조(복제권)와 제85조(동시중계방송권)를 부여하고 있다. 그뿐만 아니라, '방송'이 아닌[112] '방송사업자'의 독특한 지위를 인정하여 여러 가지 혜택을 주고 있다. 저작물을 방송할 권한을 가지는 방송사업자는 자신의 방송을 위하여 자체의 수단으로 저작물을 일시적으로 녹음하거나 녹화할 수 있다고 정한 제34조(방송사업자의 일시적 녹음·녹화), 공표된 저작물을 공익상 필요에 의하여 방송하고자 하는 방송사업자가 그 저작재산권자와 협의하였으나 협의가 성립되지 아니하는 경우에는 소정의 보상금을 당해 저작재산권자에게 지급하거나 공탁하고 이를 방송할 수 있다고 정한 제51조(공표된 저작물의 방송), 그 외 제75조(방송사업자의 실연자에 대한 보상) 및 제82조(방송사업자의 음반제작자에 대한 보상)가 그것들이다.

우리 저작권법에서는 만일 실시간 웹캐스팅 사업자가 방송을 한다고 해석되면, 그는 이렇게 저작권법이 부여하는 특별한 혜택을 법체계 상 거의 자동적으로 모두 받을 수 있는 것이었다. 하지만, 종전의 라디오·TV방송사업자를 주로 염두에 두고 입법된 저작권법 규정을 실시간 웹캐스팅 사업자에게까지 적용하여야 하는지 문제에 관하여 논란이 있었고, 이러한 논란[113]에 대하여 저작권법 입안자는 결국 입법을 통하여 일률적으로 부정적 입장을 취한 것이다.

디지털음성송신에 관하여 방송과 분리하여 공중송신 개념 하에서 방송·전송과 대등한 개념으로 설정한 것은 논리적으로 무리이고, 따라서 이를 전제로 제83조에서 디지털음성송신사업자의 음반제작자에 대한 보상청구권을 규정한 것도 타

---

111) 제2조 9. "방송사업자"는 방송을 업으로 하는 자를 말한다.

112) 즉, 방송 자체의 특성을 고려한 규정은 비영리방송의 경우 공표된 저작물을 방송할 수 있도록 정한 제29조 등이 이에 해당할 뿐이다.

113) 가령 회의적 입장에서 방석호(2012), 25-26면에서는 "독립 인터넷 방송의 경우 법정 허락을 통해 영상물의 유통을 쉽게 하여 줄 필요가 있을까? 케이블 TV와 위성을 위한 강제허락제도가 정당화되는 중요한 이유는 무엇보다도 지상파방송이 갖는 전달 경로의 한계를 나름대로 투자를 통해 추가로 제시하였다는 점에 있다. 즉 지리와 공간의 한계를 극복, 영상 저작물이 전달될 수 있게끔 한 것에 대한 대가로서의 의미를 가지는 반면, 인터넷 방송은 이미 존재하고 있는 통신망을 사용한 것에 불과하다. 더욱이 기존의 지상파방송사업자 자신도 인터넷을 이용하여 영상 저작물을 스스로 잘 전달할 수 있기 때문에 별도의 대가를 독립 인터넷 방송사에게 지불하려 하지 않을 뿐 아니라 강제허락을 통해 저작물의 이용을 쉽게 하면 할수록 전 세계를 상대로 영상 저작물이 동시에 송신되는 인터넷의 구조상 저작자의 재산적 손실이 너무 클 뿐만 아니라 저작자의 공연권을 넘어 복제권까지도 침해될 수 있다는 점에서 강제허락의 확대적용에는 부정적 측면이 강하다"고 주장한다.

당하지 않다. 다만, 이러한 입법에서 굳이 긍정적 의미를 찾아보자면 다음과 같다.

실시간 웹캐스팅은 아주 최근에 등장한 저작물이용형태로서 그것이 전송인지 방송인지에 관하여 의견이 통일되어 있지 아니하였다. 그런데 실시간 웹캐스팅이 '전송'이라고 해석되면 음반제작자의 배타적 권리인 전송권이 미치게 되지만,[114] 반대로 '방송'이라고 해석되면 제82조가 정한 방송사업자의 보상청구권 조항이 적용될 뿐 아니라,[115] 나아가 방송사업자로서 저작권법이 정한 여러 가지 특별한 지위를 향유할 수 있게 되는데 아직 웹캐스팅사업주체가 과연 과거의 지상파방송사업자와 같은 수준의 보호를 받을 만한 대상인지에 관하여는 아직까지 의견이 분분한 상태이다. 개정 저작권법의 입안자는 이러한 양극단 사이에서 절충적으로 음반제작자의 전송권 행사를 배제하는 한편, 웹캐스팅사업주체가 방송사업자로서 특별한 지위를 누리는 것도 배제한 입법을 채택하였다고 선해(善解)하여 볼 수도 있다.

(3) 디지털음성송신을 둘러싼 개정 저작권법의 개념 구조의 여러 문제점들

(가) 디지털음성송신은 본질적으로 방송과 구별하기 어려움

방송과 전송의 구별기준은 동시에 동일한 내용을 수신하는지 여부여야지, '공중의 구성원의 요청에 의하여 개시'라는 차이는 방송과의 구별기준이 될 수 없다. 이를 상술하면 다음과 같다.

디지털음성송신과 방송·전송들과의 관계를 살피려면 먼저 방송과 전송의 경계가 무엇인지 먼저 알아야 한다. 일반공중의 수신행위가 동시(同時)인지 이시(異時)인지를 가리지 않고 있던 '방송'의 개념이, 2000년 저작권법 개정으로 "일반공중이 개별적으로 선택한 시간과 장소에서 수신하거나 이용할 수 있도록 저작물을 무선 또는 유선통신의 방법에 의하여 송신하거나 이용에 제공하는 것"이라고 하여 이시성(異時性)을 가진 '전송' 개념이 도입되자 그 개념충돌을 피하기 위하여 "일반공중으로 하여금 동시에 수신하게 할 목적으로 무선 또는 유선통신의 방법에 의하여 음성·음향 또는 영상 등을 송신하는 것"이라고 하여 '동시성(同時性)'을 갖춘 경우로 축소되었음은 앞에서 설명하였다. 여기서 동시성은 같은 시

114) 저작권법 제81조.

115) 다만, 이 부분은 새로운 제83조가 비록 세부절차는 차이가 있더라도 디지털음성송신의 경우에도 역시 보상청구권을 정하고 있으므로 큰 차이는 없다.

간에 같은 내용을 수신하는 것을 지칭하는 것이다. 가령 A, B, C가 특정한 실시간 스트리밍 서비스[116]에 각각 접속함에 있어 각자가 개별적으로 선택한 시간과 장소에서 위 서비스에 순차 접속하였다는 점만으로 바로 이시성(異時性)을 가지게 되는 것이 아니라, 동일한 시간을 기준으로 해당 서비스가 제공하는 내용이 동일하다면 동시성(同時性)을 갖춘 서비스에 해당한다. 즉 동시성은 동일한 내용을 같은 시점에 수신하는 것을 의미한다는 것이 지배적 해석이다.[117] 반대로 A, B, C가 주문형 스트리밍 서비스[118]에 특정시점에 모두 접속하고 있다고 하더라도 그것만으로 매순간 내용의 동일성이 만족되지 않으므로 동시성이 충족되었다고 할 수 없다. 결국, 한국 저작권법에서 지칭하는 동시성 서비스와 이시성 서비스의 구별기준은 미국 저작권 관계법률[119]에서 채택하였던 '쌍방향서비스(interactive service)'와 '비쌍방향서비스(non-interactive service)'와 표현만 다를 뿐 일치하는 개념이다.[120]

이와 달리 '동시성'과 '이시성'의 구별에 관하여, 지상파방송은 이미 수신자들을 향하여 방송국으로부터 전파가 모두 방출된 상태에서 개별수신자가 TV를 켜는 간단한 행위만으로 정보전달이 성사됨에 반하여 실시간 스트리밍 인터넷 방송에서는 수신자가 컴퓨터를 조작하여야 방송주체의 서버로부터 수신자의 컴퓨터로 정보전달이 비로소 이루어지는 차이점이 있음에 착안하여, 수신자들을 향하여 동시에 전파를 송신하느냐 여부에 따라 구분하고, 이 기준에 따라 실시간 스트리밍 인터넷 방송도 전송이라고 판단하는 입장도 일부 존재한다. 하지만, 두 사례 사이에 그러한 차이점이 비록 존재하더라도 그것이 방송·전송과 같이 이를 저작권법에서 구별하는 데 동원할 유용한 기준일지는 의문이다. 왜냐하면, 방송·전송을 구별하는 이유는 방송의 경우 전통적으로 다수공중을 동시에 상대하기 위해서는

---

116) 한국의 아프리카 TV에서의 방송시청이 좋은 예이다.

117) 오승종(2013), 473면.

118) 한국의 벅스뮤직 서비스가 그 예이다.

119) 1995년 음반의 디지털공연권 법률. 여기서는 앞서 보았듯이 쌍방향서비스를 '공중의 구성원으로 하여금 그 요구에 따라 수신자가 또는 그를 위하여 선택된 특정 음악을 수신할 수 있도록 하는 서비스'로 정의하고 있다.

120) 다만, 문화관광부(2007), 19면에서 인용한 <공중송신 개념신설에 따른 각 권리자의 권리 내용 변화> 도표에 딸린 '쌍방향성'의 정의와는 다소 상이하다. 위 도표에서는 쌍방향성을 "서버와 클라이언트간의 쌍방향성(서버는 성공적인 송신을 확인하기 위해 클라이언트와 항시 접속을 하고 있음)"이라고 정의한 WIPO 산하 '저작권 및 인접권에 관한 상설위원회'의 입장(WIPO Doc. SCCR/7/8, April 4, 2002)의 입장을 그대로 따르고 있다.

비교적 고가의 방송설비 등 투자가 필요한 점, 다수인에게 동시에 동일한 내용을 전달하는 방송의 기능은 언론의 기능을 하므로 표현의 자유와 결부되어 그와 충돌하는 저작권자의 권리 주장을 일정하게 제한할 필요가 강하다는 점(바꾸어 표현하면, 방송은 공익성과 더 쉽게 결부되는 점) 등으로 인하여, 전송과는 다르게 저작권 등의 효력을 제한함으로써, 방송을 보호하고자 하는 규정이 아직 저작권법 여러 곳에 있기 때문인데, 수신자들을 향하여 동시에 전파를 송출하느냐 여부는 위와 같은 보호의 차별을 인정할 만한 합리적 근거가 될 수 없기 때문이다.

한편, '디지털음성송신'은 방송과 마찬가지로 동시성을 요건으로 하면서도 한편으로 송신이 '공중의 구성원의 요청에 의하여 개시'됨을 방송과의 차이점으로 삼고 있다. 그러나 바로 위에서 본 바와 같이 송신자가 수신자들을 향하여 동시에 전파를 송신하느냐 아니면 수신자의 요청에 의하여 송신이 개시되느냐는 저작권법에서 방송·전송을 구별할 아무런 유용한 틀이 될 수 없으며, 이러한 사정은 디지털음성송신과 방송과의 사이에서도 마찬가지이다. 더 유용한 틀, 앞서 본 '동시에 동일한 내용을 수신하는지 여부'라는 기준에 의한다면 디지털음성송신은 본질적으로 방송에 해당한다고 판단함이 상당하다.[121] 오히려, 당장은 위 기준에 의하여 방송에 속하지만 장차 방송으로부터 분화할 수 있는 새로운 영역에 대한 구별기준을 꼽으라면, 다수인이 동시에 동일한 내용을 수신하더라도 개별 수신자가 실시간으로 송신자의 전달정보에 영향을 미칠 수 있느냐의 여부가 될 듯하다.[122]

(나) 비영리 웹캐스팅까지 불이익하게 규제되는 불합리가 생김

개정 저작권법의 개념 구조에 따라 당해 웹캐스팅 사업자 모두가 '방송사업

---

121) 비슷한 취지로는 윤종수(2007), 78면 참조. 여기서는 "우선 방송과의 구별기준으로 내세우고 있는 '공중의 구성원의 요청에 의하여 개시'라는 규정이 과연 방송과의 본질적인 차이를 의미하는지 여부이다. 디지털음성송신의 경우 이용자가 서버에 접속하여 이용을 개시하는 것이나 라디오 방송을 듣기 위해 이용자가 라디오를 켜는 행위는 모두 이용을 개시하기 위한 이용자의 행위에 해당한다고 할 것이고 방송에 있어서의 동시성은 송신이 아닌 수신의 동시성을 요구하고 있는 이상, 디지털음성송신의 경우에 이용자의 요청에 의하여 송신이 비로소 시작된다고 하더라도 결과적으로 접속한 사람이 모두 같은 음악을 듣는다는 의미의 수신의 동시성은 역시 마찬가지이기 때문이다."라고 지적하고 있다.

122) 이러한 영향력이 강할수록 대개는 사전에 정해진 공공적 메시지를 전달한다는 성격을 지닌 '방송'보다는, 점점 사적인 연락수단이자 상대적으로 가변적 성격을 가진 '통신' 내지는 그로부터 파생한 '전송'에 가깝게 될 것이다. 가령 '아프리카 TV'와 같은 실시간 웹캐스팅의 수신자가 전통적인 지상파방송의 수신자와 다른 점은 단순히 정보전달수단이 컴퓨터네트워크라는 점뿐만 아니라 실시간 요구(TV 화면창과 함께 열리는 채팅 창을 통한 송신자와의 실시간 대화 등)를 통하여 송신자의 전달정보 선택에 상당한 영향을 미친다는 점이다. 이러한 차이점은 웹캐스팅을 장차 방송으로 취급하느냐의 문제와 관련하여 충분히 검토해 볼 부분이다.

자'의 지위에서 배제되는데 그치지 아니하고, 더 가혹한 결과를 수반하게 된다. 즉, 우리 저작권법은 방송사업자로서의 특별한 지위를 인정하고 있을 뿐 아니라 '방송' 자체와 관련하여서도 특별히 취급하고 있는 부분이 있는데 이러한 조항에서까지 웹캐스팅 사업자 등은 적용대상이 아니게 된 것이다.

가령 제29조[123]에서 비영리방송의 경우 공표된 저작물을 방송할 수 있도록 정한 것이 그것인데, 개정 저작권법에 의하면 위 조항에서 정한 '비영리'의 요건에 완전히 일치하는 경우라도 디지털음성송신에 해당하는 웹캐스팅은 더 이상 '방송'이라고 주장할 수 없으므로 권리자에게 보상하지 아니하고는 서비스를 계속해 나갈 수가 없게 되었다. 비영리 웹캐스팅 운영자[124]가 보상금을 지불할 여력이 있는 경우란 현실에서는 거의 존재하지 않을 것이므로 이 부분에서 시민단체 등으로부터 심한 반대[125]가 있었다. 물론 개정 저작권법 입안주체로부터의 재반박으로 "제29조 제1항은 비영리 목적으로 특정 실황을 송신하는 생방송 또는 난시청 해소를 위한 지상파방송의 동시 중계방송 등을 염두에 둔 것으로 중간에 복제가 수반되지 않는 것을 특징으로 하고 있는 반면, 웹캐스팅은 실황 방송이나 생방송이 아니라 이미 고정된 음악 혹은 영상물을 실시간 송신하는 것"이므로 위 조항의 적용을 받지 못한다는 옹호[126]가 있었으나 이런 옹호는 수시로 변화하는 웹캐스팅의 현실을 제대로 파악하지 못한[127] 주장이라고 할 수 있다.

(다) 디지털음성송신이 영상을 제외하고 음성만을 따로 포섭한 것은 부당함

디지털영상송신(영상 웹캐스팅)에 관해 디지털음성송신 규정이 적용되는지 현재 혼란이 있다. 개정 저작권법의 입안주체 일부[128]의 설명에 따르면, 디지털음

---

123) 제29조(영리를 목적으로 하지 아니하는 공연·방송) ① 영리를 목적으로 하지 아니하고 청중이나 관중 또는 제3자로부터 어떤 명목으로든지 반대급부를 받지 아니하는 경우에는 공표된 저작물을 공연 또는 방송할 수 있다. 다만, 실연자에게 통상의 보수를 지급하는 경우에는 그러하지 아니하다.

124) 가령 영리업체인 '아프리카(Africa)'에 가입한 개별이용자가 자신은 비영리로 웹캐스팅을 하는 경우 이를 비영리방송이라고 볼 수 있는지가 다소 논란의 여지가 있다. 하지만, 인터넷상에서 복제행위자가 누구인지 결정하는 기준에 관하여 비록 서비스제공자가 복제에 큰 이바지를 하더라도 최후에 복제대상을 선택하여 저장하도록 명령을 내리는 개별이용자가 복제의 주체라는 미국의 Cartoon Network v. Cablevision Sys. 판결{536 F.3d 121 (Aug. 4 2008)}의 기준에 비추어보면 마찬가지로 방송행위에 있어서도 개별이용자가 방송의 주체가 된다고 볼 여지가 크다.

125) 문화연대, 정보공유연대(IPLeft) 등 시민단체(2005) 참조.

126) 김문희(2006), 10-11면.

127) 위 옹호론은 음반의 음이나 영화를 상영하던 웹캐스팅만을 염두에 둔 듯하지만, 현재 웹캐스팅의 내용은 더 다양화되어 있고, 특히 저작권자가 판촉을 위하여 그 이용을 묵시적으로 허락하였다고 볼 수 있는 '게임 중계'가 한국의 웹캐스팅에서 현재 상당부분을 차지하고 있는데, 이러한 게임중계는 대부분 개인이나 단체가 특정게임을 플레이하는 실황을 스스로 방송하는 형태이다.

성송신 개념의 신설로 인터넷상의 '음악'의 캐스팅은 디지털음성송신규정에 의하여 보호받고, '영상물'을 포함하는 웹 캐스팅은 기존과 같이 방송의 범주에 포함해 보호한다고 한다. 그러나 저작권법을 입안한 당사자 중 다른 설명[129]에 따르면 웹캐스팅 영역은 구법까지는 음반제작자 등의 권리가 미치지 아니하다가 (음악 혹은 영상물의 구분 없이) 개정 저작권법에서 새롭게 음반제작자에게 보상청구권이 부여되었다는 취지여서 영상물 포함 웹캐스팅이 이미 방송에 의하여 보호된다는 앞의 설명과 다소 모순된다. 이러한 혼란은 디지털음성송신 조항이 충분한 검토 없이 무리하게 입법되어 가져온 여러 문제점 중 하나일 뿐이다.[130]

근본적으로 음성송신만을 따로 규율한 현행법은 타당하지 않다. 우리 저작권법은 음(音)만으로 이루어진 것과 음·영상의 결합물을 서로 달리 취급하고 있고,[131] 특히 음에 관하여만 일정한 경우 방송사업자에 대한 보상청구권[132]을 규정하기도 하므로 새롭게 등장한 웹캐스팅에서도 영상이 아니라 음에 관해서만 해당 웹캐스팅사업자(저작법상의 표현을 차용하자면 '디지털음성송신사업자')에 대한 보상청구권을 부여한 것 자체가 그릇된 논리라고는 할 수 없다.[133] 아울러 미국의 현재 입법이 그 논리와 경위야 어찌되었든 방송 등을 통한 음반의 2차적 사용에 대하여 특별히 규제하여, 실시간 스트리밍으로 웹캐스팅하는 경우 법정허락을 얻도록 하고 있으므로 개정 저작권법은 적어도 법적 결과에서는 미국의 그것과 유사하다.[134]

---

128) 심동섭(2006), 49면.
129) 문화관광부(2007), 19면에서 인용한 <공중송신 개념신설에 따른 각 권리자의 권리 내용 변화>도표 참조.
130) 다소 설명의 방향은 다르지만 윤종수(2007), 80면에서도 "현행법 이전의 저작권법에서는 디지털음성송신에 해당하는 웹캐스팅을 포함하여 모든 웹캐스팅은 아무런 저작권법적인 보호나 적용을 받지 못했다는 것이 되어 이를 쉽게 받아들이기 어렵고, 만약 개전 정 법률에서 방송과 전송으로 포섭하고 있었던 모든 무형적 이용을 정확한 개념의 정립을 위하여 그중 일부만을 방송과 전송으로 다시 규율하고 나머지 부분을 공중송신으로 분류한 것으로 본다면, 예전에는 방송의 개념에 포섭되어 폭넓은 보호와 법적용 하에 있었던 웹캐스팅이 급격하게 축소된 범위의 보호와 법적용 밖에 받지 못하는 결과가 되는데 이 또한 입법자가 의도한 것인지 의문"이라고 비판한다.
131) 음에 관하여는 이를 유형물에 고정하는 기획, 책임을 부담한 자에게 저작인접권을, 음·영상 결합물의 경우 영상저작물로서 제5장에서 그 기획, 책임을 부담한 자에게 특별한 지위를 인정하고 있다.
132) 제82조(방송사업자의 음반제작자에 대한 보상).
133) 윤종수(2007), 79면의 취지는 분명치 아니하나, 만일 영상 웹캐스팅에 대하여도 디지털음성송신사업자에게 적용되는 법정허락의 적용을 마찬가지로 하는 것이 더 타당하였으리라는 취지라면, 위 본문에서 설명하였듯이 반드시 그러하지는 않았으리라 본다.
134) "개정안은 주문형에 해당하는 것을 전송이라 보고 주문형은 음반을 대체하는 효과가 있기 때문에 법정허락의 대상으로 허용하지 않고 있으며 비주문형에 해당하는 것을 디지털음성송신이라고 하고 음반대체효과가 없기 때문에 법정허락의 대상으로 하고 있는 셈"이라는 설명은 이대희(2006), 12면.

그러나 앞서 방송사업자에 대한 보상청구권의 입법은 방송사업자의 독특한 지위를 인정하여 여러 가지 특별취급을 하는 가운데 비교적 자연스럽게 동반된 것인데, 디지털음성송신사업자에 대한 보상청구권은 디지털음성사업자에게 저작권법상 위와 같은 특별한 취급 전혀 없이[135] 디지털음성사업자가 오로지 보상청구권의 당사자로만 위 저작권법에 등장하고 있어 균형이 맞지 않는다.

(4) 디지털음성송신을 둘러싼 저작권법 규정의 개선방향 제시

우리 저작권법이 방송사업자를 저작인접권자의 하나로 인정하는 국제규범의 추세에 따라 제84조(복제권)과 제85조(동시중계방송권)의 각 권리를 부여한 것까지는 아무런 오류가 없으나, 나아가 제34조, 제51조, 제75조, 제82조와 같은 경우까지 일률적으로 '방송'이 아닌 '방송사업자'의 지위에 따른 특별취급으로 처리하고 있는 것은 문제가 있다. 이런 구조는 일본 저작권법의 입법형식[136]을 그대로 따른 것으로 짐작된다. 하지만, 비록 우리가 이미 가입한 로마협약이나 WIPO 실연음반조약에서는 모두 '방송사업자(broadcasting organisations)'라는 용어를 '방송'과 함께 사용할 뿐 그에 관한 정의를 내리고 있지 아니하며,[137] 우리 저작권법 제75조(방송사업자의 실연자에 대한 보상) 및 제82조(방송사업자의 음반제작자에 대한 보상)와 같은 사안에 대하여는 실연자·음반제작자의 권리가 '방송사업자'에 대하여 제한되는 것이 아니라 '방송'영역에 대하여 제한되는 것으로 취급하고 있다. 결국 '방송'과 '방송사업자'의 개념을 분리하고 있다고 볼 수 있다.

한편, 우리의 현실로 돌아와 살펴 볼 때 실시간 웹캐스팅 사업자의 사업속성이 구 저작권법상 '방송'이었으므로 방송사업자로서의 지위를 박탈하여서는 안된다는 입장[138]에 굳이 서지 않더라도 위와 같이 논란이 있는 문제(실시간 웹캐스팅

135) 개정 저작권법 입안주체는 개정법 제83조 보상청구권조항에 관하여, 디지털음성송신은 실질적으로 방송과 구별하기 곤란하므로 디지털음성송신사업자가 음반의 실연자 및 음반제작자를 일일이 찾아다니며 계약을 맺도록 하는 것(배타적 권리)보다 방송과 마찬가지로 보상청구권을 부여함으로써 보다 편리하게 저작권을 처리할 수 있도록 하기위함이라고 옹호한다. 이는 심동섭(2006), 57면.

136) 가령 일본 저작권법은 제2조 9호에서 "방송사업자는 방송을 업으로서 하는 자를 말한다"라고 정의한 다음 제44조에서 "방송사업자 등에 의한 일시적 고정"을 인정하는 등 우리 저작권법과 동일한 구조를 취하고 있다.

137) 반면 '방송'에 관하여는 로마협약 제3조 (f)항에서 "음 혹은 영상·음을 공중이 수신하도록 무선으로 송신하는 것"으로, WIPO 실연음반조약 "(f) '방송'이란 공중이 수신하도록, 무선의 방법에 의하여 음, 영상 및 음 또는 그 표현을 송신하는 것을 말한다. 위성에 의한 송신도 또한 방송이다. 암호화된 신호의 송신은 해제를 위한 도구가 방송사업자에 의하여 또는 그의 동의하에 공중에게 제공된 경우에 방송이다"라고 정의하고 있다.

이 방송인지, 전송인지, 제3의 영역인지의 문제)는 함부로 속단할 성질이 아니다.[139] 앞서 보았듯이 WIPO에서 방송사업자보호조약을 성립시키고자 논의하는 과정에서 실시간 웹캐스팅 사업자를 방송사업자로 보호할지에 관하여 세계 각국의 의견 다툼이 치열하였던 사실에서도 이를 짐작할 수 있다.

한국에서도 웹캐스팅사업자 모두가 일률적으로 방송사업자의 특별한 지위를 누릴 만한지에 관한 현재의 사회적 합의가 없어 사업자마다 개별적으로 검토하는 것이 당장은 더 타당한 상황이라고 할 때, 더 합리적인 방식의 입법은 이러한 검토가 가능하도록 '방송'의 개념과 '방송사업자'의 인정요건을 분리하는 것일 것이다.[140] 즉 방송설비 등의 투자에 대한 보호가치, 아주 큰 다수인을 상대함으로써 언론의 일부로서 공익적 기능을 하는 정도 등 제반사정을 종합적으로 고려하여 저작권법이 부여하는 저작인접권이나 기타 혜택을 부여받을 만하다고 인정할 수 있는 '방송사업자'의 요건을 저작권법에서 따로 정할 필요가 있다.[141] 이러한 '방송사업자'에게는 위와 같은 권리뿐만 아니라 그에 상응하는 공적(公的) 규제가 아울러 수반될 필요가 있고 이러한 규제에 관하여는 주로 별개 법률인 방송법이 규정하고 있는바, 방송법 역시 '방송' 및 '방송사업자'의 개념[142]을 정하고 있으므

138) 윤종수(2007), 80면 참조.

139) 위 회의설을 취한 논자 역시 "향후 인터넷 방송의 보급 정도와 한국에서의 지상파방송사업자 위주의 시장구조를 종합적으로 고려, 독립 인터넷 방송사가 지상파방송 프로그램의 것을 재송신하고자 하는 것에 대해서만큼은 제한적이나마 강제 허락의 추가 규정을 입법적으로 검토할 수는 있을 것"이라고 논하고 있다.

140) 널리 이런 취지의 주장으로는 "'방송' 개념을 다시 확대하여 규정하고…저작인접권이라는 특수한 재산권을 행사하는 방송사업자는 저작권법에서 별도로 열거하는 방식이 바람직하다"라는 취지의 방석호(2004), 9-10면 및 방석호(2012), 26면 외에도 윤종수(2007), 80면 이하. 역시 마찬가지의 주장으로 박덕영 외(2010) 참조.

141) 다만, 이와 관련하여 제64조 제3호는 "이 법에 의한 보호"를 받는 방송의 범위를 정한다고 하면서 「가. 대한민국 국민인 방송사업자의 방송 나. 대한민국 내에 있는 방송설비로부터 행하여지는 방송 다. 대한민국이 가입 또는 체결한 조약에 따라 보호되는 방송으로서 체약국의 국민인 방송사업자가 당해 체약국 내에 있는 방송설비로부터 행하는 방송」이라고 정하고 있고 이를 '방송사업자'에 의하여 이루어진 방송만을 저작권법이 보호하는 것으로 선언한 규정이라고 본다면 역시 개정이 필요하겠지만, 제64조는 저작인접권을 정한 독립된 장에 속하여 저작인접권으로 보호되는 방송의 범위를 선언한 것에 불과하다고 보아 개정 없이 그대로 유지하여도 무방할 것이다.

142) 방송법 제2조에 관한 가장 최근의 개정은 2013. 3. 23. 법률 제11710호인바, 여기서는 '방송'의 개념을 다음과 같이 정하고 있다.

1. "방송"이라 함은 방송프로그램을 기획·편성 또는 제작하여 이를 공중(개별계약에 의한 수신자를 포함하며, 이하 "시청자"라 한다)에게 전기통신설비에 의하여 송신하는 것으로서 다음 각목의 것을 말한다.

가. 텔레비전방송: <중간생략>

나. 라디오방송: <중간생략>

다. 데이터방송: 방송사업자의 채널을 이용하여 데이터(문자·숫자·도형·도표·이미지 그 밖

로 이들 개념과 (반드시는 아니라도) 가급적 일치시킬 필요가 있다. 미국 저작권법에서 '방송'을 '연방통신위원회로부터 허가받은 지역방송국이 하는 송신'으로 정의하여[143] 이런 방송의 경우에만 음반제작자의 권리행사로부터 면책하고 있는 예에서 보듯이, 저작권법의 '방송'개념이 방송에 대한 공적규제를 정한 법률로부터 독립하여 있을 필요는 없고 오히려 저작권법에서는 방송사업자의 권리를, 의무나 규제는 위와 같은 별개 법률에 정함에 있어 서로 상응할 필요가 있다. 이런 태도가 궁극적으로는 통신과 방송의 융합 환경에 따른 '수평적 규제'로의 이행에 순응하는 태도일 것이다. 다만, 위 단락에서 언급한 대로 사회적 공감대가 형성되어 있지 아니하여 장기적인 검토 과정에서 수시로 '방송사업자'의 범위를 조정할 필요가 있으므로 구체적인 범위는 대통령령으로 정하도록 함이 합리적이다.

이렇게 함으로써 새로운 저작물이용행태에 대하여 기존의 방송개념을 확장하여 포섭할 수 있는 경우에는 적극적으로 포섭함으로써, 앞서 '공중송신'이라는 막연한 개념의 차용 없이도 그때그때 대응할 수 있도록 함과 동시에 '방송사업자'로서 일종의 특권을 인정할지는 그 사업체가 투자한 자본과 노력 및 저작권자나 이용자 등 관련 이해관계를 고려하여 신중하게 결정할 수 있게 된다. 이로써 저작권자를 옹호하는 입장에서는 실시간 웹캐스팅이 '방송'의 성격을 갖지 않는다고 하는 반면, 실시간 웹캐스팅 사업주체 측에서는 '방송'에 해당한다며 양쪽이 일률적으로 주장할 여지가 적어질 것이다.

의 정보체계를 말한다)를 위주로 하여 이에 따르는 영상·음성·음향 및 이들의 조합으로 이루어진 방송프로그램을 송신하는 방송(인터넷 등 통신망을 통하여 제공하거나 매개하는 경우를 제외한다. 이하 같다)

라. 이동멀티미디어방송: 이동중 수신을 주목적으로 다채널을 이용하여 텔레비전방송·라디오방송 및 데이터방송을 복합적으로 송신하는 방송

2. "방송사업"이라 함은 방송을 행하는 다음 각목의 사업을 말한다.

가. 지상파방송사업: 방송을 목적으로 하는 지상의 무선국을 관리·운영하며 이를 이용하여 방송을 행하는 사업

나. 종합유선방송사업: 종합유선방송국(다채널방송을 행하기 위한 유선방송국설비와 그 종사자의 총체를 말한다. 이하 같다)을 관리·운영하며 전송·선로설비를 이용하여 방송을 행하는 사업

다. 위성방송사업: 인공위성의 무선설비를 소유 또는 임차하여 무선국을 관리·운영하며 이를 이용하여 방송을 행하는 사업

라. 방송채널사용사업: 지상파방송사업자·종합유선방송사업자 또는 위성방송사업자와 특정채널의 전부 또는 일부 시간에 대한 전용사용계약을 체결하여 그 채널을 사용하는 사업

3. "방송사업자"라 함은 다음 각목의 자를 말한다. <지상파방송사업자, 종합유선방송사업자, 위성방송사업자, 방송채널사용사업자, 공동체라디오방송사업자를 열거하고 있음. 이하 생략>

143) 제114조 (i)(3)항.

나아가, 이렇게 방송과 방송사업자의 개념이 이원화되는 경우 현행 저작권법상 '방송사업자'를 별도취급하고 있는 여러 조항 중 제75조(방송사업자의 실연자에 대한 보상) 및 제82조(방송사업자의 음반제작자에 대한 보상)는 각각 '방송행위자의 실연자에 대한 보상' 및 '방송행위자의 음반제작자에 대한 보상'으로 각각 변경되어야 하는데 다음과 같은 두 가지 이유 때문이다.

첫째, 그렇지 아니하면 장차 개정될 저작권법상의 방송사업자(상당한 설비를 투자하여 일정 규모 이상의 일반공중을 상대로 한 방송을 업으로 하는 자)가 아닌 자에 의하여 방송이 이루어지는 경우에 대하여 실연자·음반제작자와 방송행위자 사이에 적용될 규정이 존재하지 않게 되기 때문이다.[144]

둘째, WIPO 실연음반조약에서,[145] '방송사업자'가 행하는 방송만에 국한하지 않고 널리 '방송'이기만 하면 실연자·음반제작자의 권리를 제한하여 보상청구권을 인정하도록 한 기준과 맞지 않기 때문이다.

라. 여타 쟁점-기존 방송·전송권 관련 규정과의 조화로운 해석 문제

(1) 총설

개정 저작권법은 공중송신의 개념이나 공중송신권을 도입하였지만, 저작권법의 나머지에는 여전히 방송과 전송의 구분을 전제한 규정들이 그대로 존치하고 있으므로 조화로운 해석이 문제된다. 주의할 점은 '공중송신'이라는 포괄개념을 저작권법상 앞으로 유지할지 폐지할지의 결론에는 관계없이, 방송과 전송 사이의 구분을 전제한 규정들 중 일부는 여전히 앞으로도 계속 유지됨이 정책적으로 타당할 것이라는 점이다.

(2) 실연자·음반제작자에 대한 방송권·전송권의 존치부분

먼저, 저작권자에게는 방송권과 전송권이 모두 삭제되고 포괄적인 공중전송권을 부여하였지만, 저작인접권자에 대하여는 아직 기존의 방송권·전송권[146]이 그

---

144) 언뜻 보아서는 실연자의 입장에서는 제한적 방송권을 부여한 제73조("실연자는 그의 실연을 방송할 권리를 가진다. 다만, 실연자의 허락을 받아 녹음된 실연에 대하여는 그러하지 아니하다.")가 이때 대신 적용될 듯 보이지만, 그렇지 아니하다. 왜냐하면 제75조(방송사업자의 실연자에 대한 보상)가 문제되는 경우란 "실연이 녹음된 판매용 음반을 사용하여 방송하는 경우"로서 다름 아니라 위 제73조 단서의 "실연자의 허락을 받아 녹음된 실연"에 해당하기 때문이다.

145) 로마협약에서도 앞서 보았듯이 일정하게 권리를 제한하고 있다.

146) 실연자에 관하여는 제73조(방송권) 및 제74조(전송권), 음반제작자에 관하여는 제81조(전송권) 등

대로 존치되고 있다. 저작권법의 개정과정에서 과거에도 일단 저작권자에게 부여한 권리가 시간이 흐른 뒤 저작인접권자에게 확대된 경우가 있었으므로[147] 위 '공중송신권'이 기존의 방송권·전송권을 아우른 것보다 더 큰 권리라고 전제하는 개정법 입안자들의 해석(물론 그 타당성은 논외로 함)에 따르자면 위의 경우와 같은 선례에 따라 저작인접권자에게 일단 기존의 방송권·전송권만을 인정한 태도에 크게 문제가 있다고는 할 수 없다.

(3) 방송과 전송의 구분을 요구하고 있는 현행 규정들

(가) 개요

그렇다고 저작권자의 권리행사와 관련하여 방송과 전송의 구별이 별다른 실익이 없어진 것은 아니다. 저작권법이 아직 많은 경우에서 '공중송신'이라는 표현 대신 '전송' 혹은 '방송'이라는 용어를 그때그때 구별하여 쓰고 있으므로 이때는 당해 저작물이용행위가 전송이냐 또는 방송이냐에 따라, 저작권의 효력이 달리 미치게 된다.

이는 다시 두 가지 경우로 나누어 볼 수 있다. 첫 번째는 저작권법이 사용하고 있는 '전송'이나 '방송' 등의 제한적 표현이 종전의 덜 발달된 기술수준을 전제로 입법될 당시에는 타당하였지만 현재에 와서는 더 광범위한 개념의 표현[148]으로 수정하는 것이 차라리 더 타당하게 된 경우이다. 두 번째는 기술이 발달하여 이른바 통방융합(通放融合)이 흐름이 된 현재까지도 방송과 전송을 가능한 구분하여 저작권자 등의 권리가 미치는 범위를 달리 정하는 데서 얻을 수 있는 이익이 구분곤란에서 오는 혼란이 주는 손해보다 더 크다고 볼 수 있는 경우이다. 방송은 공익성과 결부되므로 저작권자의 권리행사로부터 전송보다 더 보호받을 필요가 있다는 예전부터의 논리가 여전히 일정부분 작용하는 경우라고 설명할 수도 있겠다.

(나) 장차 더 광범위한 표현으로 대체할 수 있는 규정

가령 '공중송신'이란 상위개념이 등장한 이후에도 한동안 온라인서비스제공자

조항에 아무런 변화가 없다.

147) 대표적인 경우가 2000년 저작권법 개정시 '전송'개념이 새로 설정되었지만 즉시 전송권을 얻은 저작권자와 달리 실연자·음반제작자에게는 2004년 개정에 이르러서야 전송권이 부여된 것이 그 예이다.

148) 현행법이 쓰고 있는 '공중송신'이라는 표현을 존치한다면 '(공중)송신'이라는 표현을, '공중송신'이라는 표현을 폐지하게 된다면 '방송·전송'이라는 표현이 될 것이다.

의 책임 관련규정[149]에서 그 규정 적용대상을 '방송'이 아닌 '전송'과 관련한 서비스를 제공하는 자로 한정하였던 것이 대표적이다. 위 전송의 문구는 '송신(transmission)', 즉 우리 저작권법상 '방송 또는 전송'이라고 표현하여도 될 것을 '전송'이라고 입안하게 된 것으로 보인다.[150] 입안 당시에는 별다른 문제없는 타당한 입법이었지만 이후 변화된 상황[151]으로는 (컴퓨터 간의 송신은 모두 전송이며 어떠한 경우에도 방송은 이루어질 수 없다는 극단적 태도를 논외로 한다면) 전송에만 계속 한정할 이유는 없어졌고[152] 개정의 필요성이 지적되어 오다가 2011년에 이르러 '송신'이란 표현으로 개정되었다.

(다) 여전히 '방송'과 '전송'을 최대한 구분할 필요가 있는 규정들

이는 저작권법이 정한 일정한 교육기관이 수업목적상 필요하여 공표된 저작물의 일부분을 복제·공연·방송 또는 전송할 경우, 전송의 경우에만 복제방지조치 등 대통령령이 정하는 필요한 조치를 요구받는 점,[153] 영리를 목적으로 하지 아니하는 '방송'만 공표된 저작물을 이용할 수 있도록 한 점,[154] 일시적 녹음·

---

149) 구 저작권법 제2조 제30호: "온라인서비스제공자"는 다른 사람들이 정보통신망(「정보통신망이용촉진 및 정보보호 등에 관한 법률」 제2조 제1항 제1호의 정보통신망을 말한다. 이하 같다)을 통하여 저작물 등을 복제 또는 전송할 수 있도록 하는 서비스를 제공하는 자를 말한다.

150) 미국·유럽연합·일본의 책임제한 법령이 정한 온라인서비스제공자의 개념들에 비추어도 넓게 해석하여야 한다. 한국 저작권법의 온라인서비스제공자의 책임제한 조항은 미국 디지털 밀레니엄 저작권법의 일부를 도입한 것으로 보인다. 미국 디지털 밀레니엄 저작권법 제512조 (K)(1)에서는 서비스제공자를 "이용자가 선택한 자료를 송신, 수신시 그 자료에 수정을 가함이 없이, 이용자가 특정한 두 지점이나 여러 지점 사이의 전송(혹은 송신, 원문은 transmission), 라우팅을 제공하거나 혹은 디지털 온라인 통신을 위한 접속을 제공하는 자"라고 정의하고 있다.

151) 아직 구체적 분쟁으로 발전하지는 않았으나, '아프리카 TV' 등은 이미 한국의 주력 웹캐스팅으로서 그 네트워크를 통하여 광범위한 저작물이 전달되고 있다. 이는 전자신문 2006. 8. 29.자 "지상파방송 안부럽다"기사 등 참조<www.etnews.co.kr/news/detail.html?id=200608290144>. 물론 이러한 웹캐스팅이 방송인지, 전송인지는 2015년 현재까지도 확실히 의견이 통일된 상태가 아니다.

152) 구법 하에서는 만일 이런 온라인서비스 상에서 전송이 아니라 방송 서비스를 제공한다고 볼 수 있는 상황에 관해서는 온라인서비스제공자의 제102조 및 제103조의 책임제한규정들이 모두 적용되지 않게 된다. 이런 결과는 온라인서비스제공자나 저작권자 모두에게 불합리한 결과를 가져온다.

153) 제25조(학교교육 목적 등에의 이용)
② 특별법에 따라 설립되었거나 유아교육법, 초·중등교육법 또는 고등교육법에 따른 학교, 국가나 지방자치단체가 운영하는 교육기관 및 이들 교육기관의 수업을 지원하기 위하여 국가나 지방자치단체에 소속된 교육지원기관은 그 수업 또는 지원 목적상 필요하다고 인정되는 경우에는 공표된 저작물의 일부분을 복제·배포·공연·방송 또는 전송할 수 있다. <이하 생략>
⑩ 제2항의 규정에 따라 교육기관이 전송을 하는 경우에는 저작권 그 밖에 이 법에 의하여 보호되는 권리의 침해를 방지하기 위하여 복제방지조치 등 대통령령이 정하는 필요한 조치를 하여야 한다.

154) 제29조(영리를 목적으로 하지 아니하는 공연·방송)
① 영리를 목적으로 하지 아니하고 청중이나 관중 또는 제3자로부터 어떤 명목으로든지 반대급부를 받지 아니하는 경우에는 공표된 저작물을 공연 또는 방송할 수 있다. 다만, 실연자에게 통상의 보수를 지급하는 경우에는 그러하지 아니하다.

녹화를 하려면 당해 저작물을 '방송'할 권한을 가진 방송사업자라야 하는 점,[155] 공표된 저작물을 경우에 따라 보상금만 공탁하고 이용하려면 공익상 필요에 의하여 '방송'하고자 하는 방송사업자라야 하는 점,[156] 실연자의 배타적 권리가 전송에 비하여 방송에는 상대적으로 제한되는 점,[157] 음반제작자의 배타적 권리는 전송에만 미칠 뿐[158] 방송에 대하여는 보상금청구권만이 인정되는 점[159] 등이 그러하다.

Ⅳ 인터넷과 방송에 대한 저작권 관련 여타 쟁점들

1. 인터넷 녹화서비스의 개념과 관련 저작권 문제들

가. 배경설명

인터넷 기술이 극도로 발달하여 이제는 대용량의 동영상을 실시간으로 처리하는 데 아무런 문제가 없게 됨에 따라 드라마와 같은 방송저작물을 인터넷을 통하여 스트리밍 방식으로 감상하게 되면서 방송저작물의 저작권 보호에 있어 진정한 문제가 발생하였음은 앞에서 설명하였다. 이렇게 스트리밍 방식으로 개인이 방송저작물을 감상함에 있어 특정 서비스사업자가 직접 방송저작물의 디지털 전환 및 스트리밍 전달 등 일련의 과정을 주도하기보다 서비스이용자인 개개 (인터넷)시청자에게 그 주도적 역할을 맡기는 신종 서비스가 몇 년 전부터 미국 등에서 속속 등장하고 있으며 국내에서도 2014년 1월 스카이라이프가 'SOD(스카이

---

155) 제34조 (방송사업자의 일시적 녹음・녹화)
① 저작물을 방송할 권한을 가지는 방송사업자는 자신의 방송을 위하여 자체의 수단으로 저작물을 일시적으로 녹음하거나 녹화할 수 있다.

156) 제51조(공표된 저작물의 방송) 공표된 저작물을 공익상 필요에 의하여 방송하고자 하는 방송사업자가 그 저작재산권자와 협의하였으나 협의가 성립되지 아니하는 경우에는 대통령령이 정하는 바에 따라 문화체육관광부장관의 승인을 얻은 후 문화체육관광부장관이 정하는 기준에 의한 보상금을 당해 저작재산권자에게 지급하거나 공탁하고 이를 방송할 수 있다.

157) 실연자의 방송권(제73조) 조항은 아무런 제한이 없는 전송권(제74조) 조항과 달리 단서로 "실연자의 허락을 받아 녹음된 실연"에 대하여는 방송권을 인정하지 않고 아래 설명처럼 제75조(방송사업자의 실연자에 대한 보상)를 통하여 보상금청구권만 부여하고 있다. 아울러 실연자의 공연권(제72조) 조항에서도 "그 실연이 방송되는 실연인 경우"에는 공연권을 부여하지 않는다.

158) 제81조(음반제작자의 전송권 조항).

159) 제82조(방송사업자의 음반제작자에 대한 보상)
① 방송사업자가 판매용 음반을 사용하여 방송하는 경우에는 상당한 보상금을 그 음반제작자에게 지급하여야 한다. <이하생략>

라이프 온 디맨드)'라는 이름으로 이러한 서비스를 개시하였다. 이것의 구체적 기술원리는 서비스별로 다소간 차이가 있지만, 기본적으로 현실공간에서의 비디오테이프 레코더 역할을 수행하는 셈이므로 위와 같은 인터넷 녹화서비스를 인터넷 PVR(Personal Video Recorder) 서비스라고도 칭한다.

덧붙여 이상에서 설명한 인터넷 녹화서비스 혹은 인터넷 PVR 서비스는 클라우딩(clouding) 서비스 혹은 클라우드(cloud) 서비스와 밀접한 관련을 가지면서 이른바 '클라우드 PVR'의 형태로 진화하고 있다.160) 여기서 '클라우드'란 용어161)는, 원래 인터넷을 구성하는 여러 컴퓨터 자원의 총체를 '구름(cloud)'으로 묘사한 데서 비롯된 것이어서 인터넷 등장초기부터 존재하던 표현이지만, 근래에 주목받고 있는 클라우드 컴퓨팅은 단순히 인터넷망을 의미하는 것이 아니다. 그것은 엄밀히 동일한 위치에 존재하지 아니하는162) 컴퓨터 자원을 이른바 가상화(virtualization) 기술163)이나 대규모 분산처리 기술 등을 적용하여 마치 하나의 컴퓨터 자원처럼 활용하는 것으로서164) 현실에서는 클라우드 컴퓨팅 이용자가 그 서비스제공자로부터 소프트웨어, 서버, 네트워크, 스토리지(Storage, 저장) 등 각종 컴퓨터 자원을 필요한 만큼만 신축적으로165) 빌려서 사용하고 그렇게 사용한 양에 대하여만 비용을 지불하는 서비스로 정의내릴 수 있다.166) 세계적인 IT

---

160) 가령 한국에서도 2014년 현재 '스카이라이프'에서 클라우드 PVR서비스에 해당하는 SOD(SkyLife on Demand) 서비스를 시작하고 있어, 기존 방송업계가 저작권 침해 위험성을 제기하고 있다.

161) 클라우딩 혹은 클라우드 컴퓨팅에 관한 이하 설명은 박준석(2012), 155면 이하를 옮긴 것이다.

162) 흔히 클라우드 컴퓨팅을 모바일 컴퓨팅과 더불어 '위치로부터 독립된 컴퓨팅(location-independent computing)'의 기술 중 하나로 파악한다. 여기서의 '위치'란 단순히 물리적 위치를 의미하는 것이 아니라 하나의 운영체제(OS)에 용이하게 속할 수 있는지가 판단기준이 될 것으로 사료된다.

163) 가상화 기술은 서로 다른 위치의 컴퓨팅 자원을 통합하는 수단으로 쓰일 뿐만 아니라, 원래 하나의 운영체제에 속하여야 할 자원을 인위적으로 2개 이상으로 분할하는 수단이 되기도 한다. 가령 MS의 'Windows 7'은 가상 머신(VM, Virtual Machines)기술의 일종인 '윈도우 가상 PC(Windows Virtual PC)' 기능을 제공하고 있는데, 이것은 'Windows 7' 운영체제의 PC에서 'Window XP'운영체제를 별도로 구동할 수 있게 해준다.

164) 현재 한국에서 논의중인 가칭 '클라우드컴퓨팅 이용 활성화법' 입법 가안(假案)에서는 '클라우드컴퓨팅 기술'을 '가상화기술 · 분산컴퓨팅기술 등을 적용하여 정보통신자원을 활용하거나 정보를 처리 · 보관 · 관리하는 것을 말한다'고 정의하고 있다(안 제2조 제2호).

165) 영문으로 'scalability', 국문으로 '범위성(範圍性)' 혹은 확장성으로 지칭되는 성질을 가리킨다. 이것은 규모의 증가나 감소에 불구하고 일정한 안정성을 유지하는 것을 말한다(가령, 컴퓨터 애플리케이션이나 하드웨어 등에서 이용자의 요구에 맞추기 위해 그 크기나 용량을 변경해도 기능이 계속하여 잘 동작할 수 있는 능력이라고 정의한 <terms.co.kr/scalability.htm> 참조).

166) 이런 정의는 '미국 국립 표준 기술원(NIST)'의 정의에 논자들의 다양한 견해를 가미한 것이다.

분야 리서치 및 자문 회사인 미국의 가트너(Gartner)사에 의한 '클라우드 컴퓨팅' 정의도 NIST의 정의와 크게 다르지는 않다. 여기서는 클라우드 컴퓨팅을 "인터넷 기술을 활용하는 외부 이용자들에 대한 서비스로, 신축적(scalable)이면서도 탄력적(elastic)인 IT관련능력을 제공하는 컴퓨팅의 방법"이라고 정의한 다음, i) 서비스 기반일 것(service-based),[167] ii) 신축적이면서 탄력적일 것,[168] iii) 공유될 것(shared),[169] iv) 이용에 따라 계량될 것(metered by use),[170] v) 인터넷기술을 활용할 것(uses internet technologies) 등 5가지 특징을 지적하고 있다.

구체적인 모습이 단순한 PVR서비스이든, 아니면 클라우드와 결합한 클라우드 PVR이든지 간에, 이런 서비스들의 등장배경에는 만일 서비스제공자의 주도적 역할이 분명하게 포착될 경우 방송물에 관한 저작권법상 권리보유자로부터 복제권 침해 혹은 공중송신권 침해의 추궁을 면하기 어려울 것이라는 법적 판단 혹은 그것을 반영한 사업방식의 결정이 자리잡고 있다. 환언하여 각국 저작권법은 비록 그 구체적인 요건은 다소 상이할지라도 이용자 자신이 시청하기 위하여 드라마를 이용자 스스로 복제하는 경우 저작권의 침해책임에서 벗어날 수 있도록 이른바 사적복제라는 공정이용의 예외를 허용하고 있으므로 인터넷 녹화서비스사업자로서는 사업자가 아니라 그 이용자들이 스스로 드라마를 복제하는 역할을 수행하도록 하는 것이 사업자 자신이 저작권 침해책임을 모면하기 위해 반드시 필요한 것이다. 따라서 이하에서 설명할 각국의 관련 사례에서 법원들은 과연 드라마 등 방송저작물을 복제하고 송신한 주체가 누구인가를 찾는 데 사건해결의 노력을 집중하고 있다. 물론 그런 주체를 판가름하는 것은 당해 인터넷 녹화서비스의 기술적 구조 등이 가진 차이점까지 고려하여야 하는 등 제반사정을 고려한 판단이 이루어져야 하므로 결코 답이 사전에 명확하거나 쉽게 풀 수 있는 문제는 아닐 것이다.

---

167) 바로 이용할 수 있는 상태로 자동화되어 제공되며, 해당 서비스 인터페이스를 통해서 서비스제공자와 이용자의 합의가 성립되고 이용방법이 정의되는 것을 가리킨다.

168) 서비스가 이용자의 요구에 맞추어 신축적으로 당해 능력을 증감하여 제공할 수 있어야 하고, 관련 자원의 공유에 있어 탄력적인 운용을 할 수 있어야 한다.

169) 당해 서비스가 규모의 경제를 이룰 수 있도록 자원을 공유하여야 하고 그래서 IT자원이 최고의 효율을 달성할 수 있어야 한다.

170) 당해 서비스는 이용량에 따라 추적되고, 그 결과 다양한 형태의 과금(課金) 모델이 가능하여야 한다.

나. 인터넷 녹화서비스를 둘러싼 각국의 분쟁 사례

(1) 미국의 관련 판례

미국에서 그동안 내려진 관련 판결들 중 Cablevision 판결[171]이 기존 판례들 중에서도 주목할 만하다.[172] 미국에서의 Cablevision 사건에서 피고 측 Cablevision은 이른바 '인터넷상 원격저장 비디오 서비스(Remote Storage DVR[173])'를 제공하였다. 이것은 피고가 방송들의 콘텐츠를 직접 수신하여 버퍼링(buffering)한 뒤 피고 웹서비스의 이용자에게 실시간 방송으로 제공하면서, 그 과정에 특정 이용자가 특정 콘텐츠를 선택하면 그 콘텐츠는 피고의 서버 상에 바로 그 이용자만을 위한 개별공간에 저장한 뒤 나중에 해당 이용자가 요청한 때 마치 가정의 DVR와 같이 자유롭게 재시청할 수 있도록 스트리밍 방식으로 피고 서버로부터 제공하는 방식이다. 이런 사안에 있어 피고는 자신이 아니라 서비스이용자들이 복제행위의 주체일 뿐이라고 다투었다. 연방제2항소법원은, 인터넷상 비디오저장 서비스를 제공하는 피고 서비스제공자가 비록 복제를 통한 저장이 이루어지는 데 아주 큰 이바지를 한다는 점은 인정하면서도[174] 그럼에도 여전히 복제대상을 선택하여 저장하도록 명령을 내리는 이용자가 직접침해자(直接侵害者)이며 서비스제공자는 간접침해자(間接侵害者), 그러니까 타인의 직접침해를 돕는 자가 될 여지가 있을 뿐이라고 결론내리고 있다.

법원은 다음과 같은 취지의 판시를 통하여 굳이 비유를 하자면, Cablevision과 같은 서비스제공자는 타인의 복사의뢰를 받아 복사를 수행하는 복사집이 아니라, 자신의 복사기계를 타인(이용자)에게 빌려준 자에 해당할 뿐이라고 보았다.[175] "이 사건에서는 오직 2개의 행위만이 능동적(volitional) 행위가 될 수 있다. 오로지 복제물을 만들기 위해서 존재하는 Cablevision의 시스템의 고안·공급·유지 행위, 그리고 복제물을 생산하기 위해 그 시스템에 명령하는 이용자의 행위다. VCR의 경우에는 우리 법원이 아는 한, 그 기계를 제조·관리하고 소유하는 사람(작동자와 구별되는 자)이 아니라 실제로 녹화를 하기 위해 버튼을 누르

---

171) Cartoon Network, LLC v. CSC Holdings, Inc., 536 F.3d 121 (2d. Cir. 2008).
172) 이에 관해 더 자세히는 이숙연(2009), 205면 이하; 우성엽(2011), 3면 이하 각 참조.
173) Digital Video Recorder("DVR").
174) 536 F.3d at 133.
175) 536 F.3d at 131-132. 이하는 판결문의 해당 부분을 직역보다는 의역(意譯)한 것이다.

는 자인 VCR 작동자가 위 능동적 행위지배의 필수적 요소를 제공하는 것은 분명해 보인다. 우리 법원은 피고 RS-DVR 서비스이용자가 직접적 침해자로서 자동적으로 이용자의 명령에 의해 만들어지는 복사물에 대한 책임을 부과하는 데 있어 위 VCR 작동자와 거의 다름이 없다고 생각한다. 원심(原審)인 지방법원은 피고 RS-DVR 시스템 기능에서 복제는 우연이라기보다 의도적이라는 점을 강조했다. 그것은 피고의 RS-DVR을 VCR, 복사기, 심지어는 고전적인 복사가게와 구별하는 기준이 될 수 없다. 그리고 이 사건 당사자들은, 공공에게 이용가능한 복사기를 단순히 제조할 뿐인 회사의 경우 그 회사가 이러한 복사기를 타인이 사용해서 만들어진 복사물에 대해 저작권 침해에 대한 직접적인 책임이 없다는 점에는 공감하고 있다. 그들은 오직 피고 Cablevision이 위 소유자와 비슷한 지위에 있는지 여부만을 다투고 있다. 원심인 지방법원은 피고 Cablevision이 대학교수를 위한 교재집을 만드는 복사 가게와 비슷하다고 판단했다. 원심은 피고 Cablevision이 고객의 명령이긴 하지만 복사 가게처럼 직접 복사만을 한 것이라고 판결하였다. 그러나 능동적 행동이 직접적 침해를 인정하는데 결정적 요소임을 고려할 때 지방법원의 분석은 흠이 있다. 실제로 복사물을 만든 주체가 누구인지 결정함에 있어 복사기가 복사하도록 작동하는 직원에게 요청하는 것과 자동적으로 지시에 따를 뿐 어떤 능동적 행동도 개입되지 않는 기계 자체에 직접 지시를 내리는 것 사이에는 중요한 차이가 존재한다. 원고가 유리한 선례라고 본 Princeton University Press 사건에서는 그 피고가 복사기계를 작동시켰고 그것을 이용해서 만들어진 복제물을 팔았다. 이때라면 피고가 저작물을 복제하고 판 주체이다. 그러나 이 사건에서는 지시에 따라 자동적으로 복제물을 만드는 기계에 접근할 지위를 제공하였을 뿐인 Cablevision은 마치 자신의 복사가게에 있는 복사기를 이용하는 고객에게 비용을 징수할 뿐인 가게 주인과 더 비슷하다. 그리고 그 주인의 복사기가 실제로 그 고객에 의해 조작될 때라면 이때 주인이 복제물을 만들었다고 판단하는 것은 옳지 않다."라고 판시하고 있는 것이다.

요컨대 이 사건에서 피고의 서비스가 복제행위를 하는 것은 자유의사에 기한 주도적 행위(volitional act)가 아니라 인터넷서비스의 기계적인 결과일 뿐이라고 판시하면서, 그와 달리 원심이 피고가 복제행위의 주체라고 판단하였던 것을 파기한 것이다. 위와 같은 미국 법원의 판지에 의하면, 인터넷서비스 상에서 이루어지는 복제를 위하여 비록 서비스제공자가 그것을 위한 물적 설비 일체를 제공하였더라도 최종적으로 복제부분을 선정한 다음 서비스제공자의 서비스를 통해 자동적 복제가 이루어지도록 버튼을 직접 클릭하는 이용자를 서비스제공자 대신 복제행위의 주체로 인정할 수 있다.

그러나 2014년 미국 연방대법원은 Aereo 사건에서 앞서 설명한 Cablevision 사건의 하급심 판결을 누르고 최종적으로 가장 영향력 있는 새로운 기준을 제시하였다. 이 사건에서 피고 Aereo는 지상파 신호를 포착하여 디지털신호로 변환해주는 소형안테나 및 관련 기기를 각 서비스이용자별로 개별 할당하고 개개 이용자의 원격조정에 따라 오직 당해 개인을 위해서만 저장된 신호를 송출해주는 시스템을 일괄 관리하였다. 이 사건에서 1심은 저작권침해책임을 부정하였고, 연방제2항소법원의 판결[176]도 선례인 Cablevision의 기준에 따라 개별이용자의 조작에 의해 오직 당해 개인을 위해서만 신호가 변환되어 송출되는 것은 공연(public performance, 미국 저작권법상으로는 전송행위를 공연행위의 일부로 포섭함은 이미 설명하였음)이 아니어서 원고의 공연권 침해에 해당하지 않는다고 판단하였다.

연방대법원은 이 항소법원의 판결에 대한 상고를 허가하고[177] 이어 2014년 4월 22일 변론을 열어 이를 심리한 후 같은 해 6월 25일 서비스이용자에게 지상파방송프로그램과 거의 동시에 인터넷으로 동 TV프로그램을 시청하는 것을 가능하게 하는 Aereo의 서비스는 방송사 등의 공연권을 침해하는 것이라고 판결하였다.[178] 연방대법원은 Aereo는 저작권법이 규율하는 케이블사업자와 본질적으로 같다고 보았다. Aereo 서비스는 다수의 무관한 서비스이용자들인 공중에게 같은 프로그램을 전송함으로써 공연권을 침해하였다고 보았다. 이 판결에 앞서 미국 법무부와 미국 저작권청은 2014년 3월 연방대법원에 제출한 법무차관 명의의 법정조언자 의견서(Amicus brief)에서 'Aereo 서비스가 분명하게 저작권법을 위반한 행위'라고 주장한 바 있었다.

향후 이 판결의 파장이 문제된다. 연방대법원은 이 판시의 취지는 케이블사업자에 유사한 서비스를 제공하는 자에 한정된다고 판시하였다. 따라서 Cablevision 판결은 폐기되지 않고 유효한 판례로 살아남았다고 할 것이다. 단순히 이용자가 자신의 콘텐츠에 접근할 수 있는 클라우드 서비스제공자는 저작권 침해의 책임

176) WNET, Thirteen v. Aereo, Inc., 712 F.3d 676 (2nd Cir.(N.Y.) Apr. 1, 2013)

177) American Broadcasting Companies, Inc. v. Aereo, Inc., 2014 WL 92369 (U.S. Jan 10, 2014)

178) American Broadcasting Companies, Inc. et al. v. Aereo, Inc., 573 U.S. ____(2014).

을 지지 않을 것이나 이용자가 지시하는 바에 따라 콘텐츠를 원격 저장하는 서비스를 제공하는 클라우드 서비스가 콘텐츠의 재방송(rebroadcasting)에 해당하는지 여부는 여전히 문제될 것이므로 향후 판례의 발전이 주목되고 있다.

(2) 일본의 관련 판례

미국 Cablevision 사건에서처럼 인터넷상 녹화서비스제공자의 저작권 침해책임이 문제된 사건들로 일본에서는 '마네끼(まねき)TV' 판결[179]이나 로쿠라쿠(ロクラク) 판결[180]이 있다. 이들 사건에서는 서비스제공자가 직접 문제된 전송행위를 행한 주체라고 최종판단하여 미국법원과 반대 결론을 취하고 있다.[181]

당초 마네끼 사건에서, 피고 회사는 TV방송을 수신하여 디지털 신호로 바꾸어주는 개인용 기기인 '베이스 스테이션(base station)'을 각 기기의 개별 이용자들 대신 피고 회사 안에서 관리하였고 위 기기가 디지털 변환한 TV신호는 인터넷망을 통하여 당해 개별 이용자의 조작에 따라 원거리의 컴퓨터에 전달되게 되는 구조였다. 1심과 2심에서 모두 침해책임을 부정하면서, 그 근거로 베이스 스테이션의 녹화채널 선택이나 디지털 변환, 전송은 개별 이용자가 직접 자신의 베이스 스테이션에 접속한 뒤 조작으로 이루어지는 것이고 피고가 여기에 개입하지는 않는다는 사정을 들었다. 하지만 최고재판소에서는 이런 결론을 파기하면서, 이용자가 비록 베이스 스테이션의 소유자라고 하더라도 최초에 TV 안테나로 수신된 방송저작물의 내용이 각각의 베이스 스테이션에 입력될 수 있도록 설정하고 자신의 사무소 안에서 관리하고 있는 것은 피고라는 사정을 더 중시하고 있다.

살피건대 미국 Cablevision 사건과 일본의 마네끼TV 사건은 실제 사안의 사실관계가 조금 차이가 있었다는 점은 주의할 점이지만, '누가 인터넷상 복제·전송의 주체인가?'라는 법적 평가에 있어 특히 미국법원 및 일본 재판소의 최종적 결론이 서로 상이한 것은 구체적 사실의 차이라기보다 전자보다 후자 법원이 서비스제공자에게 가혹한 태도를 취한 결과로 볼 여지가 없지 아니하다.[182]

---

179) 最高裁 平成23年 1月 18日 判決 平成21(受)653号.

180) 最高裁 平成23年 1月 20日 判決 平成21(受)788号.

181) 이들 사건들에 관해 자세히는 최정열(2011), 132면 이하; 맹정환(2012), 69면 이하; 김병일(2012), 1면 이하를 각 참조.

182) 일본 재판소의 위 판례를 풀이하면서 클라우딩 컴퓨팅과 같은 상황에까지 서비스제공자의 주체성을 긍정하기는 어려울 것이라는 해석은 김병일(2012), 21면 이하 참조.

(3) 한국의 관련판례

한편 한국에서도 최근 스카이라이프에서 SOD(Skylife On Demand)라는 클라우드 PVR 서비스를 개시하여 그 저작권 침해여부가 현안으로 등장하였는바[183] PVR 서비스제공자가 복제행위 주체로 되는가에 관하여는 이미 그전에 다음과 같은 두 사례가 있었다.[184]

엔탈 사건

서울고등법원 2009. 4. 30. 선고 2008나86722 판결

● **사실의 개요**

甲은 지상파 텔레비전 방송프로그램 수신장치 및 데이터변환 장치와 서버 등 방송프로그램 수신, 전환 및 녹화시스템을 구축한 후 웹사이트를 개설하고 이용자를 가입 받아 유료로 서비스를 제공하기 시작하였는데, 이에 대하여 지상파방송사가 저작권 및 저작인접권 침해를 이유로 서비스 금지를 구하는 소송을 제기하였다.[185][186] 방송사는 피고 甲이 방송사의 저작권, 즉 복제권과 전송권 내지 저작인접권으로서의 복제권을 침해하고 있다고 주장하였고, 피고 甲은 이 사건에서 방송프로그램 복제행위의 주체는 개별 이용자들이며, 개별 이용자들의 행위는 저작권법 제30조의 사적 복제행위에 해당하므로 피고가 이들에게 녹화서비스를 제공하더라도 저작권 또는 저작인접권의 침해가 성립하지 않는다고 다투었다.

피고가 사용한 시스템은 30대의 개인용 컴퓨터, 약 30종의 소프트웨어로 구성되어 있고, 지상파방송신호를 수신하여 이를 Divx 코덱으로 인코딩된 컴퓨터압축파일(avi 파일 형식)의 형태로 변환한 후 서버에 10일간 저장한다. 녹화예약을 한 방송프로그램에 대한 녹화가 끝나 해당 프로그램이 압축파일 형태로 서버에 저장되면 이용자는

183) http://www.skylife.co.kr/center/notice/noticeView.do?pk_bbs=5616(2014.3.31. 방문)

184) 이하 사례에 대한 소개는 이숙연(2011), 128면 이하에서 정리한 것이다.

185) 이 사건은 서울중앙지방법원 2008. 7. 10. 선고 2008가합25126 판결로 원고(방송사)의 서비스금지 청구가 인용되었고, 서울고등법원 2009. 4. 30. 선고 2008나86722 판결로 피고의 항소기각 판결이, 대법원 2009. 9. 24. 선고 2009다39738 판결로 상고기각 판결이 선고되어 확정되었다.

186) 위 본안소송에 앞서 제기된 가처분 신청사건에서 법원은 "채무자는 채권자가 방송하는 프로그램을 채무자가 운영하는 웹사이트 서버에 컴퓨터 압축파일의 형태로 복제하여서는 아니 된다. 채무자가 운영하는 웹사이트 서버에서 채권자(방송사)가 방송하는 프로그램을 컴퓨터 압축파일 형태로 복제한 것을 이용하여 전송 등 일체의 서비스를 하여서는 아니 된다. 채무자가 위 명령을 위반하는 경우 위반행위 일마다 금 50만원씩을 지급하라."는 가처분 결정을 하였다. 한편, 위 웹사이트 운영자는 방송사들의 저작재산권을 침해하였다는 이유로 형사고소 되어 벌금 및 압수된 장비 등의 몰수를 명하는 약식명령을 받고 정식재판을 청구하였으나, 제1심과 항소심에서 같은 형을 선고받았고, 대법원에 상고하였으나 상고가 기각되었다.

해당 페이지를 클릭하여 다운로드 목록을 통해 녹화된 방송프로그램 파일을 확인하고 이를 전송받아 이용자의 개인 컴퓨터의 하드디스크 등에 저장하고서 통상의 동영상 파일을 재생하는 것과 같이 동영상 플레이어를 사용하여 재생할 수 있다.

● **판시사항**

항소심인 서울고등법원[187]은 원고의 청구를 받아들인 제1심 판결을 인용하면서, "① 이 사건 복제행위로 인한 저작재산권 내지 저작인접권의 침해 및 침해의 우려는 피고가 녹화 가능한 프로그램을 제시하고 이 사건 녹화프로그램을 통하여 이용자들의 각 프로그램에 대한 녹화 예약신청이 가능한 상태로 둠으로써 포괄적으로 인정될 수 있고, ② 피고는 이용자들로 하여금 쿠폰이나 포인트를 구입하여 서비스 이용료를 결제하게 하여 이득을 취득하고 있고, 위 서비스에 따른 이용요금을 받는 것을 그 영업의 목표이자 유일한 사업영역으로 하고 있어, 비록 피고의 주장과 같이 개별 프로그램에 대한 녹화 여부가 이용자들의 선택에 의하여 이루어지고 이용자들의 녹화 예약신청 내역이 암호화 되어 있다고 하더라도, 피고는 원고의 방송프로그램에 대한 이 사건 복제행위를 포괄적으로 의도하고 개별 프로그램에 대한 복제행위를 전체적으로 통제 및 관리하고 있다고 할 것이므로 이 사건에 있어서 복제행위의 주체는 피고"라고 판단하였다.

나아가 위 항소심 재판부는 가정적 판단으로, 이용자들이 이 사건 복제행위의 주체라 하더라도, 이용자들이 다운로드 받은 프로그램을 P2P사이트 등에 업로드하여 불특정 다수인이 저작재산권 등을 침해하거나 침해의 확산을 야기하는 등 불법적인 이용형태가 적지 아니하며, 피고가 제공하는 서비스에는 가입 자격에 제한이 없고 누구나 회원으로 가입하고 소정의 요금을 지급하면 방송프로그램의 녹화가 가능한 점, 방송프로그램에 대한 저작권 보호의 필요성, 피고의 서비스로 인한 원고의 손해 등을 고려하면, 이는 저작권법 제30조에서 저작재산권의 제한사유로 규정한 '사적 이용을 위한 복제'로 보기 어렵고, 오히려 같은 조 단서에서 정하고 있는 '공중의 사용에 제공하기 위하여 설치된 복사기기에 의한 복제'에 해당하므로 이용자들의 행위는 원고의 저작재산권 내지 저작인접권을 침해하는 행위이며, 피고는 그 침해행위를 방조한 것이라고 판단하였다.

또한 피고가 동일한 프로그램이라도 각 이용자별로 각기 별도의 복사본이 만들어져 송부되므로, 이는 '공중'의 이용에 제공하는 것이 아니어서 전송권 침해에 해당하지 않는다고 주장함에 대하여, 위 항소심 재판부는 "동일한 저작물을 공중에게 전송하였는지 여부는 원래의 저작물을 기준으로 하여야 할 것이므로, 특정한 저작물의 복제물을 여러 개 만들어 이를 각 사람에게 하나씩 제공하였다 하더라도 이는 '공중'에게 저작물 등의 이용을 제공한 것으로서 '전송'으로 보아야 한다고 판시하였다.

● **평석**

---

187) 서울고등법원 2009. 4. 30. 선고 2008나86722 판결.

법원은 개별 프로그램에 대한 녹화 여부가 이용자들의 선택에 의하여 이루어지고 이용자들의 녹화 예약신청 내역이 암호화 되어 있다고 하더라도, PVR서비스제공자는 저작권자의 방송프로그램에 대한 복제행위를 포괄적으로 의도하고 개별 프로그램에 대한 복제행위를 전체적으로 통제 및 관리하고 있다고 할 것이므로 이 사건에 있어서 복제행위의 주체가 된다고 판시하여 PVR서비스제공자의 저작권 침해책임을 인정하였다.

마이티비 사건

서울중앙지방법원 2010. 9. 28. 자 2009카합4625 결정

● 사실의 개요

지상파방송 3사는 인터넷 사이트 http://www.buymytv.tv를 개설하고 케이블방송사로부터 수신한 방송신호를 인터넷망에 적합한 컴퓨터 파일 형식으로 변환하여 전송하는 '실시간 재전송' 서비스와 '예약 녹화' 서비스를 유료로 제공하고 있는 피신청인 업체를 상대로 각 방송 프로그램의 방송, 전송 또는 복제 금지를 구하는 저작권 등 침해금지 가처분신청을 제기하였다. 방송사들은 자신들이 방송프로그램에 대한 저작권[188] 및 저작인접권을 보유하고 있고, 피신청인은 복제권, 공중송신권, 동시중계방송권을 침해하고 있다고 주장하며 서비스의 금지를 구하였고, 피신청인은 케이블방송사와 방송수신계약을 체결하여 방송신호를 수신하거나 방송프로그램을 복제하는 당사자는 개별 가입자이며, 피신청인은 이들의 방송프로그램 수신행위를 보조하는 지위를 가지는 것에 불과하고 이 사건 방송프로그램의 복제, 공중송신 또는 동시중계방송의 주체에 해당하지 않는다고 주장하였다.

피신청인 업체는 그 소유의 940여 대의 방송신호 전환장치(UTV Hubb) 및 여러 대의 PVR(Personal Video Recorder)를 설치하고, 수신한 케이블 방송신호를 컴퓨터 파일 형식으로 전환하여 이를 스트리밍 방식으로 인터넷 망을 통하여 실시간 재전송하거나, 수신된 방송 프로그램 중 예약녹화 대상이 되는 방송프로그램이 복제되어 PVR에 컴퓨터 파일로 저장되는 것과 동시에 위 파일이 가입자의 컴퓨터로 전송된다.

가입자들은 방송을 시청하고 싶은 장소에서 특별한 변환 없이 직접 컴퓨터 모니터를 통해 수신하거나 또는 컴퓨터 파일 형식의 신호를 다시 텔레비전에 적합한 형식으로 전환하는 UTV Receiver를 거쳐 텔레비전으로 수신한다. 가입자는 피신청인의 인터넷 웹페이지에서 바로 위 서비스를 이용하거나 '마이티비 서비스 플레이어'라는 전용 프로그램을 통해 이를 이용할 수 있으며, 가입자가 서비스에 접속할 때마다 유

188) 이 사건 방송프로그램을 직접 제작하거나 그 제작자로부터 저작재산권을 양수하였음을 이유로 하였다.

휴상태로 남아 있는 UTV Hubb 및 PVR들 중 1대를 임의로 배정하되 접속이 된 상태에서는 온전히 그 가입자만이 이용하게 된다. UTV Hubb에서 전송되는 방송프로그램 중 위 파일은 오직 위 전용 프로그램을 통해서만 그 내용을 확인할 수 있는 형식으로 되어 있다.

● 판시사항

이 사안에 대하여 법원은 아래와 같이 판결하였다.[189] 먼저 동시중계방송권 침해 쟁점과 관련하여 가처분 사건 재판부는, "피신청인이 미리 가입자를 위해 다수의 UTV Hubb를 구비해 두고 있기 때문에 이 사건 서비스 가입자는 개별적으로 방송신호 전환장치를 구입하거나 임차하거나 스스로 설치할 필요가 없으며, UTV Hubb의 설치 및 보관을 위한 공간도 피신청인에 의하여 마련되었고 그 유지 및 관리도 전적으로 피신청인에 의하여 이루어지고 있는바, 이 사건 서비스 실시 과정에서 피신청인과 가입자가 수행하는 역할 및 그 비중을 종합해 보면, 실질적으로 UTV Hubb를 이용하여 방송신호를 전환 및 전송하는 당사자(주체)는 가입자가 아니라 피신청인"이고, "사회 일반의 관념으로 볼 때 피신청인은 가입자와 독립한 지위에서 가입자의 영역으로 방송신호를 전송하고 있다고 평가할 수 있으므로, 위와 같은 피신청인의 행위는 수신보조행위가 아니라 송신행위에 해당한다."고 하였다. 이에 따라 방송사들의 각 방송프로그램에 대한 동시중계방송권에 기하여 피신청인을 상대로 실시간 재전송 서비스의 금지를 구할 피보전권리가 인정되고 보전의 필요성도 인정된다고 판단하였다.[190]

다음으로 복제권 침해 여부와 관련하여 재판부는 "PVR의 설치 및 보관을 위한 공간도 피신청인에 의하여 마련되었고 그 유지·관리도 전적으로 피신청인에 의하여 이루어지고 있어 방송프로그램 복제 과정에서 가입자의 역할은 복제 대상이 되는 방송프로그램을 지정하는 것 이외에는 없는 점 등 예약녹화 서비스 실시 과정에서 피신청인과 가입자가 수행하는 역할 및 그 비중을 종합해보면, 실질적으로 피신청인도 PVR을 이용하여 방송프로그램을 복제·저장하는 주체에 해당한다."고 판단하고, 방송사들의 각 방송프로그램에 대한 방송사업자로서의 복제권(저작권법 제84조)에 기하여 피신청인을 상대로 예약녹화 서비스의 금지를 구할 피보전권리가 인정되며,[191] 보전의 필요성도 인정된다고 하여 가처분 신청을 인용하였다.

● 평석

법원은 엔탈사건에서와 마찬가지로 모두 개별 프로그램에 대한 녹화 여부가 이용

---

189) 서울중앙지방법원 2010. 9. 28. 자 2009카합4625 결정.

190) 위 결정은 저작인접권인 동시중계방송권에 기한 피보전권리를 인정하는 이상 이와 별도로 공중송신권(저작권), 방송사업자의 복제권(저작인접권)에 기한 피보전권리가 인정되는지 여부는 판단하지 아니하였다.

191) 마찬가지로 저작인접권인 복제권에 기한 피보전권리를 인정하는 이상 이와 별도로 저작권인 복제권에 기한 피보전권리가 인정되는지 여부는 판단하지 아니하였다.

자들의 선택에 의하여 이루어지고 이용자들의 녹화 예약신청 내역이 암호화 되어 있다고 하더라도, PVR서비스제공자는 저작권자의 방송프로그램에 대한 복제행위를 포괄적으로 의도하고 개별 프로그램에 대한 복제행위를 전체적으로 통제 및 관리하고 있다고 할 것이므로 이 사건에 있어서 복제행위의 주체가 된다고 판시하여 PVR서비스제공자의 저작권 침해책임을 인정하였다. PVR서비스제공자의 복제행위 주체성을 인정하는 한 한국에서는 미국의 Cablevision사건 판결과 같은 결론은 나오기 어려울 것이다.

2. IPTV의 저작권 관련 세부쟁점[192)]

가. 서 설

다시 한번 강조하건대 융합, 즉 컨버전스(convergence)[193)]의 한 파생형태라 할 수 있는 "방송과 통신의 융합"은 현재 법학계는 물론이고, 언론학계에 걸쳐 심도 있게 연구되고 있는 가장 큰 논제의 하나이다. 그 중 방송이냐, 아니면 통신에 더 가까우냐에 논란은 있으나 "IPTV"의 법적 성격과 문제에 관한 논의는 일견 아직까지는 필자의 전공인 지적재산권법 문제보다는 망에 대한 동등한 접근을 보장한다는 독점규제법적 문제나 행정(규제)법적 문제에 관심의 촛점이 있다고 보인다.

그러나 IPTV는 단순한 방송의 한 형태가 아니라 본질적으로 통방융합의 산물이어서 통신적 속성을 일정부분 가지고 있고, 이러한 통신적 속성은 기술발전에 따라 더욱 확대될 것으로 보인다. 이는 통신(인터넷)적 성격에서 파생되는 종전의 법률문제, 바꾸어 말하면 인터넷이용자들이 쌍방향통신의 성격을 이용하여 전달정보를 저장(복제)한 다음 제3자에게 전달(전송)하는 침해의 문제를 빈발하게 할 것으로 예상되는 것이다. 가령 IPTV와 성질상 구별하기 힘든 웹캐스팅(가령, Africa)의 경우 이미 상용화되어 있는데 여기서는 이미 콘텐츠권리자(저작권자)의 전송·방송권의 침해문제가 대두된 적이 있음을 보아도 그러하다. 다만 본 장 '인터넷과 방송저작권'의 주된 고려대상은 전통적인 방송사업자임을 고려하여

192) 이 부분은 박준석(2009), 4면 이하의 일부를 보완한 것임.

193) MIT Media Lab의 Nicholas Negroponte가 1978년 컴퓨터, 출판, 방송·영화 등 3개의 원이 오버랩되는 모습으로 결합되는 것을 설명하며 처음 등장시킨 용어라고 함. 이는 <userpage.fu-berlin.de/~jmueller/its/conf/berlin04/Papers/1_LIND.doc>

이하의 내용은 위 고려와 관련하여 필요한 범위 내에서 비교적 간략히 전개하기로 한다.

나. IPTV의 개념과 구별할 유사개념 등

IPTV는 Internet Protocol Television의 약자로 광대역 접속을 포함한 인터넷 네트워크 인프라 하에서 인터넷 프로토콜을 사용하여 디지털 TV 서비스가 전달되는 시스템을 말한다.[194]

IPTV는 우선 주문형 비디오(Video on Demand, VOD) 서비스는 구별하여야 한다. IPTV의 실제 사업 속에는 주문형 비디오 서비스도 영업정책상 포함되는 것이 오히려 일반적이지만 기술적으로나 법률적으로 진정 의미 있는 변화는 한국에서는 앞으로 시작될 '실시간(realtime)' 방송부분이다. 여기서는 IPTV를 그러한 좁은 의미로 파악해둔다. 한편 주문형 비디오 서비스는 개인들이 TV나 컴퓨터 화면을 통해 공급회사의 중앙서버로부터 비디오를 선택해 볼 수 있도록 하는 서비스를 말한다.[195] 이는 1990년대부터 한국에서도 시작된 것으로 비교적 오래된 기술에 속하며, 나중에 등장한 IPTV와 차이가 있다. 인터넷회선을 통하여 이루어지는 VOD서비스의 경우 중앙서버로부터 공급되는 영상을 개별이용자가 시청하도록 한다는 측면에서는 IPTV와 그 기능이 유사하지만 그러나 이것은 콘텐츠의 내용이 지상파방송일 뿐 실시간(realtime)이 아닌 이미 과거에 중앙서버에 저장된 비디오 정보만을 전송하는 것을 전제로 한다는 점에서 협의(狹義)로 제한한 IPTV의 개념, 즉 실시간 인터넷 프로토콜 방송과는 기술적으로 구별된다.

한편, IPTV와 웹캐스팅도 서로 구분된다. 웹캐스팅은 사실 IPTV와 기술적으로는 거의 구별되지 않는(IPTV사업을 위하여는 추가로 화질구현을 위한 회선을 깔아야 한다는 차이가 있음) 가장 근접한 개념이다. 웹캐스팅 역시 인터넷을 통하여 음이나 영상을 일렬로 송출하는 방법에 의하며, 일대다 방식의 정보송출이 스트리밍 기술에 의하여 이루어진다. 쉽게 말하면, 초고속 인터넷망을 이용하여 제공되는 양방향성을 가진 텔레비전 서비스를 TV 수신기가 아닌 컴퓨터 모니터 상에 제공하는 서비스라고 말할 수 있다. 그렇지만 웹캐스팅과 IPTV의 첫 번째

194) <http://en.wikipedia.org/wiki/IPTV>. IPTV의 기술적 특성에 관해서는 이진태 외(2010)를 참조할 것.
195) <http://www.terms.co.kr/VoD.htm>.

차이점은 웹캐스팅은 앞서 '곰TV'나 '아프리카TV'의 예에서 보는 것처럼 무료개방형 서비스인 반면, IPTV는 유료가입자에게만 제공되는 폐쇄형 서비스라는 점이다. 유무료나 가입부분뿐만 아니라 이용자에 의한 콘텐츠의 가공가능성 등에서 일반적으로 개방성을 가진 웹캐스팅과 달리 IPTV는 폐쇄성을 가진다는 점을 차이점을 지적하는 견해도 있다. 두 번째 차이점으로, 기존의 인터넷TV와는 달리 화면의 디스플레이로 모니터가 아닌 TV를 이용한다는 점과, 화면조작 도구로 마우스나 키보드가 아닌 리모콘을 사용한다는 점이 차이라고 할 수 있다.[196] 웹캐스팅과 IPTV는 외견상 개별이용자가 영상정보를 수신하는 최종 기기가 TV수상기냐, 모니터냐의 차이가 있을 뿐이므로, 논자에 따라서는 웹캐스팅과 IPTV를 같은 종류로 분류하는 입장도 있다. 그러나 TV수상기와 셋업박스로 수신하는 이용자와 모니터와 키보드를 가진 이용자 사이에는 아직 현실적으로나[197] 법적으로[198] 큰 차이점이 존재한다. 그 점에서도 웹캐스팅과 IPTV를 구별할 실익은 아직 있다.[199]

---

196) <http://e-words.ne.kr/w/IPTV.html>.

197) "IPTV와 인터넷 동영상 서비스(곰TV)는 시청자의 '참여'라는 공통점에도 불구하고 큰 차이가 있습니다. IPTV는 거실에서 가족과 함께 커다란 TV를 통해 즐기는 '가족형' 미디어이고 '곰TV'는 자기 방에 앉아 개인 PC를 통해 즐기는 '개인형' 미디어라는 점입니다. 때문에 주요 타깃과 인기 콘텐츠 또한 차이를 보입니다. 거실형 미디어인 IPTV는 현재의 지상파 TV처럼 어린이부터 주부와 노인까지 폭넓은 층을 공략하지만, 개인형 미디어 PC를 이용하는 '곰TV'는 10대~30대를 주요 타깃으로 합니다. 실제 인기 콘텐츠에서도 두 서비스는 현격한 차이를 보이고 있습니다. 지난해 10월 '하나TV' 가입자(6만5000명)의 콘텐츠 히트수를 조사한 결과, 유아 및 어린이 콘텐츠가 28.69%를 기록해 1위에 올랐으며 MBC와 SBS 다시보기(25.3%), 영화(16.73%)가 뒤를 이었습니다. KT의 메가패스TV도 KBS · MBC · SBS 다시보기 서비스가 가장 많았고 그 뒤를 영화, 애니메이션이었습니다. 이에 반해 곰TV에서 가장 인기 있는 콘텐츠는 e스포츠 중계입니다. 임요환의 컴백 무대로 화제를 모았던 '슈퍼파이트 4회 경기는 온라인 중계 사상 최고 동시접속자수(24만명)를 기록했습니다. 국가대표 축구경기 생중계 때보다 높은 수치였답니다. 인터넷 세대들의 엔터테인먼트 이용경향을 알 수 있는 단적인 사례입니다." 이상은 디지털타임스 2007. 3. 22.자 "알아봅시다. 인터넷TV" 기사 참조.

198) 키보드와 하드저장장치를 포함한 컴퓨터를 가진 웹캐스팅 이용자는 전달되는 영상정보를 비교적 자유롭게 복제하거나 편집하는 등 행위할 수 있지만, 통상 복제방지등 기술적보호조치가 적용된 셋업박스를 통한 영상정보를 TV 수신기를 받는 IPTV이용자는 전달정보를 저장하는 등의 행위를 할 여지가 아직까지는 (기술적으로) 별로 존재하지 않는다. 요컨대, 웹캐스팅보다는 IPTV가 전달정보의 유통에 대하여 가지는 장악력이 현재는 압도적으로 크며, 그에 따라 저작권침해 여지도 작다.

199) 앞서 보았듯이 현행 저작권법에서는 공중송신권 조항이나 디지털음성송신조항의 도입을 웹캐스팅 등의 등장에 대비하기 위한 것이라고 설명하고 있는데, 입법의도에 IPTV는 명확히 언급되고 있지 않다.

다. IPTV 서비스이용자에 의한 저작권침해의 잠재적 가능성 등

고전적 TV의 경우 콘텐츠 전달이 일방적이어서 이용자가 수동적이었지만, 상대적으로 다양한 연령층이 쉽게 접근할 수 있었던 특징을 가졌다. 반면, 컴퓨터 통신은 쌍방향을 구현한 정보전달이라는 특징에 따라 단순한 시청뿐 아니라 물품구매 · 결제나 화상대화 등 다양한 형태의 서비스가 가능하지만, 상대적으로 이용가능한 연령층이 제한되었다는 특징을 가졌다고 할 수 있다. 그런데 IPTV는 이런 TV와 컴퓨터 통신의 각 특징 중 장점만을 아우르는 것을 목표로 한 매체이다. 그뿐 아니라 IPTV는 주파수 한계가 있는 기존 방송과 달리 인터넷망을 써서 채널수에 제한이 없으며, 지역이나 국경에 제한되지 않아 해외의 모든 IPTV 채널에 접속 가능하다는 등의 특징이 있다.[200]

그러나 기존 TV와 비교할 때 가장 본질적인 특징으로는 '쌍방향성'을 가진다는 점이다. 이 성격이 시장에서 가질 중요성은 쌍방향성 성질을 잘 활용한 각종 인터넷서비스업체의 급성장 추세에 비추어 누구나 쉽게 짐작할 수 있다. 가령, 강력한 흡입력을 가지게 될 '쌍방향 영화'[201]의 구현이 가능할 뿐 아니라, 시청하고 있는 방송의 흐름으로부터 이탈하지 않으면서도 수신자가 개별적으로 상세히 알고 싶은 정보의 추가송출이 가능해져서[202] 드라마를 보다가 주인공이 입고 있는 옷을 클릭해서 바로 구입하는 실시간 쇼핑과 같은 상술의 구사도 가능하다.[203] 나아가 특정 콘텐츠에 접근하는 시청자들만을 선별하여 맞춤형으로 광고함으로써, 광고주 입장에서는 광고효과를 극대화할 수도 있다.

---

200) 종전의 케이블 방송의 경우 SO가 케이블 안으로 동시에 송출할 수 있는 채널의 양은 한도가 있을 수밖에 없었지만, IPTV의 경우 개별 수신자가 선택한 채널만 IPTV 회선으로 송출하므로 채널의 제약에서 거의 자유롭다고 할 수 있다.

201) 쌍방향 영화란 이용자가 마우스를 클릭해 선택하는 방향에 따라 각기 전혀 다른 줄거리와 결말로 흘러가는 영화를 말한다. 이런 방식의 쌍방향영화는 이전부터 존재하였지만 영화진행 매순간에 몇 차례이든 실시간으로 투표진행이 가능한 IPTV의 능력과 결합하여 그 위력이 배가될 것임이 자명하다. 이는 전자신문 2008. 4. 24.자 "IPTV, 시청자가 참여해서 스토리 바뀌는 양방향 영화 나온다" 기사 및 머니투데이, 2008. 6. 9.자 "IPTV 전용 시트콤 9월 나온다" 기사 등 참조.

202) 주화면 속에 보조화면을 띄우는 방식, 즉 Picture in Picture(PiP) 기능은 IPTV 이전에도 존재하던 것이었지만 IPTV에서는 방송사업자가 미리 예정한 내용에 국한하지 않고 PIP기능의 구현이 이론상 가능하다.

203) 이때 기존의 방법으로는 적어도 카드번호를 입력하는 등 절차를 거쳐야 하지만, 가령 최근에 개발된 방식은 KT의 경우와 같이 IPTV용 IC카드를 발매하여 단순히 카드를 인식기에 꽂기만 하는 절차로 단순화되고 있다. 이는 디지털타임스, 2008. 6. 10.자 "KT, IPTV용 IC카드 이달말 출시" 기사 참조.

한마디로 IPTV이용자는 고전적 TV시청자와 달리 사업자의 의중에 따라 수동적으로만 끌려가는 게 아니라 콘텐츠의 내용과 전달에 일정부분 능동적으로 참여하는 주체가 된다. 이는 저작권법적 표현으로 바꾸자면, IPTV이용자는 고전적 TV시청자와 달리 콘텐츠 저작권을 적극적으로 침해할 수 있는 잠재적 가능성을 가졌다는 의미이다. 다만 TV수상기와 셋업박스로 수신하는 IPTV 이용자는 모니터와 키보드를 가진 웹캐스팅 이용자와 다르게 아직 현실적으로 저작권 침해에 대한 장벽이 존재한다. 그러나 이런 장벽은 인터넷서비스 일반이 시간이 지남에 따라 이용자의 자율을 더욱 폭넓게 보장하는 방향으로 변화하였다는 방향과 관련하여 점점 사라질 가능성이 있다고 본다.

라. IPTV사업자의 각 서비스와 저작권법 조항의 관련성

(1) 방송 및 전송 관련 저작권법 조항의 적용가능성

'인터넷 멀티미디어 방송사업법' 제2조는 '인터넷 멀티미디어 방송'의 개념에 관하여 "광대역통합정보통신망 등을 이용하여 양방향성을 가진 인터넷 프로토콜 방식으로 일정한 서비스 품질이 보장되는 가운데 텔레비전 수상기 등을 통하여 이용자에게 실시간 방송프로그램을 포함하여 데이터·영상·음성·음향 및 전자상거래 등의 콘텐츠를 복합적으로 제공하는 방송"이라고 규정함으로서 '실시간 방송프로그램'부분, 즉 IPTV의 기능 중 실시간 방송부분을 방송으로 파악하고자 것은 그 법문에 비추어 분명하다. 따라서 IPTV서비스 중 실시간 방송 부분에 대하여는 향후 저작권 침해문제가 제기될 경우 저작권법 중 '방송'에 관한 조항이 그대로 적용될 것이다.

하지만 IPTV의 나머지 부분인 주문형 비디오 서비스 부분까지 방송으로 일괄적으로 취급한 것인지는 해석상 분명하지 않다. 실시간이 아니라도 '영상·음성·음향… 의 콘텐츠를 복합적으로 제공'하는 것에 해당하므로 제2조에 따라 방송이라는 주장도 불가능한 것은 아니지만, ① 주문형 비디오 서비스 형태의 준(準)IPTV는 위 특별법의 제정 이전부터 이미 존재하여 왔으며 위 특별법은 주로 실시간 방송을 방송법 혹은 통신법 어느 방향으로 규율할 지에 따른 고려를 반영한 것에 불과하다는 점 등 제반 입법경위, ② 설령 그렇지 않더라도 저작권법 제2조에서 방송과 전송의 개념을 독자적으로 정의하고 있으므로 다른 법률의 상이한 정의조항보다 저작권법 내의 규정이 먼저 적용되어야 하는데, 저작권법

제2조에 의하면 IPTV의 주문형 비디오 서비스는 '공중송신 중 공중의 구성원이 개별적으로 선택한 시간과 장소에서 접근할 수 있도록 저작물등을 이용에 제공하는 것'에 속하므로 전송에 해당한다고 풀이되는 점에 비추어,[204] IPTV의 주문형 비디오 서비스 부분은 전송에 해당한다고 보아 저작권법 문제에 관하여는 전송 관련조항을 적용하는 것이 합리적이다.

그렇다면 동일한 사업주체(가령 KT)에 의하여 동일한 명칭(가령 '올레TV')으로 제공되는 서비스 안에서도 저작권법적 문제에 있어서는 그것이 실시간인지, 주문형 비디오인지를 달리하여 방송에 관한 저작권법조항이나 전송에 관한 저작권법조항이 적용될 것이다. 이러한 분리 적용이 타당한지 여부는 향후 검토되어야 할 문제이다.

(2) IPTV서비스와 디지털음성송신 조항과의 관련성

문제는 현행 저작권법이 방송과 전송 이외에도 그들과 병존하는 제3의 개념으로 이른바 '디지털음성송신'이라는 개념을 창설하고 있는데, 혹시 IPTV사업자의 행위가 이에 해당하는 경우는 없는가의 여부이다.

'공중송신 중 공중으로 하여금 동시에 수신하게 할 목적으로 공중의 구성원의 요청에 의하여 개시되는 디지털 방식의 음의 송신'이라고 정의된 디지털음성송신조항(저작권법 제2조 제11호)의 해석을 둘러싸고는 아직까지 분명한 해석이 존재하지 않는다. 다만 디지털음성송신은 공중으로 하여금 동시에 수신하게 할 목적을 가진다는 문구로 볼 때 방송과 마찬가지로 '동시성(同時性)'을 가지면서도, 방송과는 달리 '공중의 구성원의 요청에 의하여 개시'되는 경우라고 할 수 있다. 과연 어떤 경우가 이에 해당하는지에 관하여 저작권법 개정주체의 설명[205] 및 유력한 학설[206]에 따르자면, 웹캐스팅이 이에 해당한다고 한다. 그런데 이 글의 앞에서 보았듯이 IPTV의 실시간 방송은 웹캐스팅과 기술적으로 가장 근접한 형태인 데다가 저작권법의 디지털음성송신에 관한 위 조항은 사실 웹캐스팅과 IPTV의 차이점에 착안한 어떤 문구도 포함하고 있지 않으므로 이 점만 보아서는 웹캐스팅과 마찬가지로 IPTV도 디지털음성송신에 해당한다고 오해할 수 있는 여지가 있

204) 특별법 입법 이전의 해석으로서, 저작권법상 IPTV의 실시간 방송부분은 '방송'에, 주문형 비디오 서비스는 '전송'에 해당한다는 풀이로는 이대희(2006), 25면.
205) 문화관광부(2007), 19면의 도표 참조.
206) 송영식(2013), 617면(이대희 집필부분).

다. 그렇지만 디지털음성송신 조항은 그 입법의 타당성을 논외로 한다면 개정 저작권법의 입안주체가 종전의 방송사업자와 같은 보호를 부여하기가 부적당하다고 보이는 형태의 사업자(가령, 웹캐스팅)를 관련 저작권법 조항의 적용에서 배제하기 위하여 고안한 구별개념에 불과하다고 해석된다.[207] 즉 새롭게 등장한 웹캐스팅의 경우 그 성질상 인터넷상에서 그때까지 이루어지던 전송의 경우와는 달리 '동시성'을 가졌고 그에 따라 저작권법의 기존 규정을 그대로 적용할 경우 방송으로 취급되어 고전적 방송사업자와 같이 여러 가지 특별한 혜택을 받을 수 있다고 예상되었는데 입법자는 저작권법 개정을 통하여 웹캐스팅사업자에게 이런 혜택을 배제한 것이었다. 그와 달리 IPTV사업자는 종전의 지상파방송이나 케이블방송사업자와 마찬가지로 대규모의 설비투자를 요구받는 자이므로 그들과 마찬가지로 사업을 보호받을 가치가 높다는 점에 관하여 이론(異論)이 있기 어렵다.[208] 그러한 입법자의 판단에 따라 웹캐스팅과는 달리 '인터넷 멀티미디어 방송사업법'에서는 종전 방송사업자에 대한 방송법과 동등한 법리로 공익적인 견지에서 각종 규제를 가하는 한편으로는, 콘텐츠에의 동등한 접근권 등 보호를 부여하고 있는 것으로 보인다. 결국 웹캐스팅사업자와는 달리 IPTV사업자까지 디지털음성송신 조항의 적용을 받을 일은 없다고 해석된다.

3. 인터넷 링크와 방송저작권

인터넷에서 이용자들이 접속하고자 하는 웹페이지로의 이동을 쉽게 해주는 기술을 의미하는 인터넷 링크 가운데 이른바 심층링크(deep link) 또는 직접링크(direct link)는 웹사이트의 서버에 저장된 저작물의 인터넷 주소(URL)와 하이퍼텍스트 태그(tag) 정보를 복사하여 이용자가 이를 자신의 블로그 게시물 등에 붙여두고 여기를 클릭함으로써 위 웹사이트 서버에 저장된 저작물을 직접 보거나 들을 수 있게 하는 것으로서, 인터넷에서 링크하고자 하는 저작물의 웹 위치 정

207) 이런 입법동기 및 그에 관한 비평으로는 윤종수(2007), 79면 이하 등.

208) 가령 웹캐스팅사업자가 저작권법 제51조에 따라 방송사업자로서 법정허락제도를 이용할 수 있는지에 관하여 부정적으로 설명하면서 비슷한 근거를 제시하고 있는 견해로는 방석호(2012), 25-26면. 한편, IPTV의 서비스가 전송인지, 방송인지가 중요한 것이 아니라 방통융합 환경 하에서도 저작권자에게 적절한 인센티브를 제공하고 일반공중에게 저작물을 광범위하게 유포하려는 저작권법의 목적을 고려하여 저작권법 중 방송·전송 관련조항을 IPTV에 적용할 것이라고 하여 그 취지상 같은 맥락의 주장으로 파악할 수 있는 것으로는 이대희(2006), 21-22면 참조.

보 내지 경로를 나타낸 것에 불과하다. 따라서 이는 저작물을 "유형물에 고정하거나 유형물로 다시 제작하는 것"인 복제에 해당하지 아니하고, 저작물의 전송의뢰를 하는 지시 또는 의뢰의 준비행위로 볼 수 있을지 모르나 "송신하거나 이용에 제공하는 것"인 전송에는 해당하지도 아니한다. 그러므로 심층링크 내지 직접링크를 하는 행위는 저작권법이 규정하는 복제 및 전송에 해당하지 않는다.[209] 따라서 인터넷 링크로 방송저작물에 연결할 수 있도록 하더라도 이는 저작권 침해를 구성하지 않는다 할 것이다.

인터넷 링크의 저작권침해 여부

대법원 2015. 3. 12. 선고 2012도13748 판결

- **사실의 개요**

피고인 박모씨는 인터넷 사이트를 관리・운영하는 사람인데, 사이트의 일부 회원들이 그 사이트의 게시판에 외국 블로그에 연결되는 링크 글을 게재 하였는바, 그 외국 블로그에는 저작권자로부터 허락을 받지 아니한 일본 만화 등 디지털콘텐츠가 게시되어 있었다. 박씨는 만화를 무료로 볼 수 있는 인터넷 사이트에 곧바로 연결되도록 이 링크 글을 삭제하지 않고 방치하였으며 클릭 수에 따라 광고료를 받는 방법으로 수익을 올려왔다.

- **판시사항**

제1심 법원은 "박씨는 단순한 인터넷 링크(Internet link)를 올리는 것에 그치지 않고 적극적으로 일본 만화를 게시할 수 있는 공간인 사이트를 만들어 회원들이 링크를 게시할 수 있도록 해 저작권법 위반에 책임이 있다"며 징역 6월에 집행유예 2년을 선고하였다. 그러나 항소심 법원은 링크만으로는 저작물을 복제하거나 전송한 것으로 볼 수 없어 저작권 침해가 아니라며 박씨에게 무죄를 선고하였다.

이 사건 상고심에서 대법원은 인터넷 링크는 인터넷에서 링크하고자 하는 웹페이지나, 웹사이트 등의 서버에 저장된 개개의 저작물 등의 웹 위치 정보나 경로를 나타낸 것에 불과하여, 비록 인터넷 이용자가 링크 부분을 클릭함으로써 링크된 웹페이지나 개개의 저작물에 직접 연결된다 하더라도 위와 같은 링크를 하는 행위는 저작권법이 규정하는 복제 및 전송에 해당하지 아니하며, 이러한 링크 행위만으로는 저작재산권 침해행위의 방조행위에 해당한다고 볼 수 없다고 판시하였다.

---

209) 대법원 2009. 11. 26. 선고 2008다77405 판결; 대법원 2010. 3. 11. 선고 2009다80637 판결 등.

● **평석**

대법원은 종래 확립된 대법원 판례의 태도에 따라 인터넷 링크를 게재하는 행위 또는 링크가 게재된 것을 방치하는 행위는 링크하고자 하는 웹페이지 운영자 등이 저작재산권 침해행위를 하고 있다 하여도 그러한 침해행위의 방조에 해당하지 아니함을 명백히 하였다. 죄형법정주의 원칙에 따라 형법상의 방조행위의 범위를 제한적으로 해석한 결과라 할 것이다.

V 결론 – 인터넷 방송과 저작권법이 나아갈 길

인터넷 등장에 따라 방송시장도 점차 큰 영향을 받아 급변하고 있고 방송시장의 적절한 보호에 저작권법이 요긴함은 두말할 나위가 없다. 다만 '인터넷과 방송저작권'이란 이슈를 논의함에 있어 이미 한국에서도 음악저작물 등 여타 저작물을 대상으로 그동안 수많은 학설과 판례가 등장하고 집적된 '인터넷과 저작권'이란 주제를 단지 그 구체적인 대상만 영상물과 같은 방송저작물로 치환하여 검토하는 것은 큰 의미가 없다고 본다. '인터넷과 방송저작권'이란 주제로 논의할 의미 있는 쟁점들 중 무엇보다 융합시대를 맞아 인터넷 상에서 전통적인 방송과 다를 바 없는 동시성 있는 정보전달수단으로 등장한 웹캐스팅을 우리 저작권법에서 어떻게 이해할 것이냐의 문제가 중요하다. 이에 관하여 이상의 고찰을 종합하여 보자면, 장차 우리 저작권법상 '방송'과 '방송사업자'의 개념을 분리하여 저작인접권이나 법정허락 등의 큰 혜택을 부여받을 만한 자만 '방송사업자'로서 보호하는 것을 전제로, 웹캐스팅을 일단 '방송'으로 보는 것이 논리적으로나 현실적인 면에서 더 합리적이라고 사료된다. 이와 관련하여 현재 전통적인 방송사업자 스스로도 자신의 방송을 웹캐스팅 방식에 의해 서비스하는 방식을 병행하고 있고 이런 서비스의 잠재력 역시 작지 아니하다는 사정을 고려할 때, 전통적인 방송사업자와 웹캐스팅 사업자가 서로 시장을 분할하거나 대립하는 주체라고 속단하고 웹캐스팅사업자의 지위를 저작권법에서 적절히 확보해주는 것이 방송사업자 입장에서 불리한 일이라고만 할 것은 아닐 것이다.

한편으로 인터넷 기술의 발달에 따라 방송을 굳이 시청하지 않고도 해당 영상을 인터넷을 통하여 원하는 시간에 편하게 시청할 수 있도록 하는 서비스로 기존의 주문형 VOD 서비스와는 구별되게 시청자 스스로 인터넷 기술을 활용해 녹화를 한다고 볼 수 있는 이른바 '인터넷녹화서비스'의 저작권 침해문제가 화두가 되고 있다. 이점에 관하여 미국의 판례의 추이는 하급심이긴 하나 강력한 선례인 Cablevision의 입장이 Aereo 사건의 향방에도 영향을 미치고 있어 Aereo 사건에 관한 연방대법원의 판결이 어떠한 입장을 취할 지에 관심이 모아졌는데, 결국 Aereo의 서비스는 방송사 등의 공연권을 침해하는 것이라는 판결이 내려졌다. 향후 이 판결의 파장이 주목된다.

본 장에서는 덧붙여 전통적인 방송사업자의 강력한 경쟁자로까지 성장하고 있는 IPTV 방송사업자와 관련하여 IPTV에 대한 저작권법의 관계를 고찰하였는바, 우선 IPTV 서비스 중 실시간 방송부분은 웹캐스팅과는 달리 현행 저작권법상 소위 디지털음성송신이 아니라 방송에 해당하고, 주문형 비디오 서비스부분은 저작권법상 전송에 해당함을 밝히고, 따라서 방송이나 전송에 관한 저작권법규정이 각각의 서비스부분에 나누어서 제대로 적용되어야 함을 살펴보았다. 그러나 이러한 입장이 향후 방송과 통신의 결합과 관련한 기술의 발전에 따라 변화되어야 할 가능성은 배제할 수 없다.

제 7 장

국제방송저작권법

Ⅰ. 서　　론
Ⅱ. 방송저작권 관련 국제규범의 발전
Ⅲ. 국제규범 상 방송의 개념
Ⅳ. 21세기 국제 방송저작권 규범의 변화
Ⅴ. 국제 방송저작권 규범에의 대응
Ⅵ. 결　　론

제 7 장

국제방송저작권법

필자 : 손경한 · 박진아

I 서 론

원래 방송은 국내적(local)이었다. 방송 전파는 원칙적으로 특정국내에서만 수신되고 방송 언어는 특정국어를 사용하여 왔기 때문이다. 과거에는 국제적 방송저작권 문제라고 해 보아야 전파월경(spill over)[1] 문제나 외국 방송저작물의 수입 · 방송 정도에 그쳤다. 그러나 오늘 날에 와서는 방송은 국제화 되었을 뿐 아니라 세계화, 글로벌화 되었다고 할 수 있다.

인터넷의 등장과 방송의 디지털화는 더욱 많은 국제적인 문제를 발생시키고 있다. 방송은 방송으로 끝나는 것이 아니라 인터넷 전송을 포함한 공중송신으로 확대되어 가고 있다. 이제는 방송이 거의 실시간에 인터넷을 통하여 국제적으로 전송되는 시대가 되었다.[2] 정보화의 진전으로 가속화되고 있는 방송의 글로벌화는 다른 한편 방송저작권의 침해의 글로벌화를 가져오고 있다. 드라마의 불법 다운로드나 스트리밍 서비스는 일상화 되고 외국의 전파 가로채기도 빈번하게 발생하고 있다. 외국의 음악저작물도 불법적으로 방송에 사용되는 경우가 부지기수이다.

또한 방송 · 통신기술혁신의 가속화로 인한 다매체 다채널 시대의 도래, 유비

---

1) 한 국가영토 내에서 자국민을 대상으로 한 방송전파가 국경을 넘어서 인접한 다른 국가영토에까지 가시청권을 미치게 하는 현상이다. 이러한 현상은 비록 의도적인 것이 아니더라도 결과적으로 인접국가에 대해 정치적 · 문화적 침해를 줄 가능성을 내포하기 때문에 당사국간에 예민한 문제이며[네이버 지식백과(두산백과)] 국제저작권법의 문제를 일으킨다.

2) 2014년 초 우리나라의 TV드라마 "별에서 온 그대"가 중국에서 '아이치이'라는 인터넷 영상 공급 사이트를 통해 공급되었는데, 중국인들이 이를 '본방사수'하듯 바로 보기 위해서 휴가까지 내기도 하는 등 엄청난 인기를 구가하였다. 중국의 '아이치이'는 우리나라에서 방영된 지 2시간 뒤에 중국어 자막을 붙여 중국에 공급하였다.

쿼터스화의 진전, 이용자 요구의 다양화, 개인에 의한 콘텐츠 창작 및 송신 등 방송산업을 둘러싼 환경이 극적으로 변화하고 있다. 무엇보다도 큰 변화는 방송과 통신의 융합으로 통신이 방송을 점령하는 상황으로까지 발전하고 있다는 것이며 이에 따라 방송 개념이 확장되고, 더 나아가 방송 개념이 공중전달에 포섭되어 글로벌화 하는 상황으로 나아가고 있다.[3)]

그럼에도 불구하고 저작권제도는 아직도 국내적(local)이다. 저작권은 속지주의[4)]의 틀을 벗어나지 못하고 있어 저작권의 국제적 나아가 세계적인 보호에 미치지 못하고 있다. 아래에서 살펴볼 국제규범 중 대표적인 베른협약도 속지주의를 기반으로 내국민 대우와 최소보호기준을 정하고 있을 뿐이다.[5)] 시대의 변화에 따라 저작권에 관한 국제규범이 발전하고 있으나 족탈불급의 느낌을 금할 수 없다.

이하에서는 이러한 방송저작권에 적용되는 국제 규범의 현황을 살펴보고 그 규범이 방송의 개념 확대와 방송저작물의 저작자와 방송사업자의 권리 확대에 어떠한 역할을 하고 있는지를 고찰한 다음 그 국제규범의 개선방향과 우리 저작권 제도의 개선에 던지는 과제를 논의하고자 한다. 이를 위하여 본장에서는 먼저 방송저작권관련 국제규범의 발전(Ⅱ)과 방송의 개념에 관한 국제규범의 동향(Ⅲ)을 살펴본 후, 방송저작권관련 국제규범의 동향(Ⅳ)을 검토하고 이를 기초로 방송저작권관련 국제규범의 시사점(Ⅴ)의 순서로 살펴보고자 한다.

Ⅱ 방송저작권 관련 국제 규범의 발전

1. 방송저작권의 개념과 국제규범

가. 방송저작권의 개념

방송저작권이라 함은 방송저작물에 인정된 저작권을 말하는바 좁게는 방송사

3) 이러한 변화의 상세에 관하여는 본서 제1장 참조.
4) 지적재산권에 있어서 속지주의라 함은 지적재산권의 성립·소멸과 그 내용은 그 지적재산권을 부여한 국가의 법률에 의하여서만 결정되고 그 지적재산권의 효력은 이를 부여한 국가의 영토주권이 미치는 범위 내에서만 인정된다는 원칙을 말한다. 이러한 실질법적 속지주의는 저촉법적 속지주의로 연결되어 국제사법상 여러 가지 제약을 초래하고 있다. 저촉법적 속지주의의 국제재판관할에 관련한 문제에 관하여는 손경한(2003), 491면 이하 참조.
5) Paul Goldstein & P. Bernt Hugenholtz(2013), at 10.

업자에게 인정된 저작권[6]을 말하고 넓게는 방송에 관련한 저작권까지를 포함한다. 방송사업자도 저작자가 되는 범위 내에서는 저작인격권을 가진다.[7] 저작인접권[8]은 저작권과 별개의 권리이나 편의상 방송사업자에게 인정된 저작인접권도 포함하여 방송저작권이라 부르기로 한다.

나. 방송저작권에 관한 국제규범과 방송저작권의 개념

방송저작권에 관련한 국제규범으로는 후술하는 바와 같이 베른협약, 로마협약, 브뤼셀위성협약, 무역관련지적재산권협정, WIPO[9]저작권조약, WIPO 실연·음반조약, 베이징시청각실연조약 등이 있고 양자간 자유무역협정에서도 방송저작권 문제를 다루기도 한다. 그 외 WIPO에서 성안중인 방송사업자보호조약이 있다. 방송저작권의 개념과 관련하여 먼저 방송의 개념은 1961년 로마협약에서 정의되었다. 즉 방송이라 함은 공중이 수신하도록 무선의 수단에 의하여 소리 또는 영상과 소리를 송신하는 것을 말한다. 나아가 방송저작물(broadcast works)의 개념은 베른협약에서 발견된다.[10] 그러나 동 협약은 방송저작물의 개념을 정의하고 있지는 않다.

후술하는 바와 같이 방송사업자보호조약(안)은 방송의 개념을 확장하고 있다. 즉 방송이란 "공중에 의하여 수신되는 것을 목적으로 하는 무선에 의한 음 및 영상(음 또는 영상을 포함한다) 또는 이것을 표현하는 것의 송신을 말하며 위성에 의한 이러한 송신과 암호화된 신호의 무선송신은 암호해제의 수단이 방송사업자에 의하여 또는 그 동의를 얻어 공중에 제공되는 경우를 포함한다."[11] 어떻든

---

6) 저작권은 시, 소설, 음악, 미술, 영화, 연극, 컴퓨터프로그램 등과 같은 '저작물'에 대하여 창작자가 가지는 권리를 말하며 크게 저작재산권과 저작인격권으로 나누어지는바 저작재산권에는 복제권, 배포권, 방송권, 전송권, 전시권, 공연권, 2차적 저작물 작성권 등이 있고 저작인격권에는 공표권, 성명표시권, 동일성유지권, 추급권, 철회권 등의 권리가 있다.

7) Paul Goldstein & P. Bernt Hugenholtz(2013), at 358~367.; Paul Goldstein(2008), at 336-346; Gerald Dworkin(1981); Gerald Dworkin(1994), 5-36; Adolf Dietz(1995). 우리저작권법은 제11조 내지 제13조에서 저작인격권으로 공표권, 성명표시권, 동일성유지권만을 규정하고 추급권과 철회권은 인정하지 않는다.

8) 저작인접권은 저작자는 아니지만 저작물의 전달에 중요한 역할을 하는 실연자, 음반 제작자, 방송사업자 등에 인정된 권리이다. 실연자에게는 실연의 고정, 방송과 통신에 대한 권리가 인정되고, 음반제작자에게는 음반에 대한 복제, 상업대여, 배포, 공중이용제공에 관한 권리가 인정된다.

9) 유엔 산하기구인 세계지식재산권기구 즉 World Intellectual Property Organization을 말한다.

10) 동 협약 제10조의2 제1항 등.

11) Ref. Alternative B(a) for Article 5 of the Draft Treaty. 그러나 컴퓨터 네트워크상의 송신은 방송에 포함되지 않는다고 하고 있다.

동 조약(안)은 방송신호(broadcast signals)만을 보호대상으로 할 뿐이므로 방송저작물에 대한 정의를 하고 있지 않다.[12] 방송 개념의 확장에 따라 방송저작권의 개념도 확대되고 있다고 할 수 있다.

2. 전통적 저작권 및 저작인접권 보호조약상의 규정

가. 베른협약

주지하는 바와 같이 베른협약[13]은 저작권 보호를 위한 대표적인 조약이다.[14] 베른협약은 저작권자에게 방송권과 공중전달권을 인정하고 있고(제11조의2)[15] 음악저작물의 녹음권과 방송권에 관한 강제실시제도를 두고 있으며(제13조, 제11조의2(2)) 영상저작물에 대한 저작권의 원시취득의 준거법에 관하여 보호국법주의를 취한 것으로 이해되는 특칙을 두고 있다(제14조의2(2)(a)).[16] 베른협약은 라디오, 텔레비전 등 저작물을 국경을 넘어 전달하는 신매체와 기술의 발전으로 인하여 이를 반영하는 개정을 지속적으로 하여 왔다.[17] 우리나라는 1996년 5월 21일에 베른협약에 가입하여 1996년 8월 21일에 발효하였다.

나. 로마협약

방송사업자의 저작인접권 보호에 관한 국제규범으로는 1961년 실연자, 음반제작자 및 방송사업자의 보호에 관한 국제 협약(Rome Convention for the Protection of Performers, Producers of Phonograms and Broadcasting Organizations) 즉 로마 협약이 있다. 로마협약은 방송사업자의 저작인접권[18]을

---

12) Ref. Alternative A & Alternative B for Article 6 Scope of Application of the Draft Treaty.

13) 정식명칭은 문화·예술 저작물의 보호를 위한 베른협약(Berne Convention for the Protection of Literary and Artistic Works)이다.

14) 베른협약의 제정 연혁에 대하여는 Eugen Ulmer(1986); WIPO(1978); Ricketson & Jane C. Ginsburg(2006); Paul Goldstein & P. Bernt Hugenholtz(2013), at 34~38 등 참조.

15) 1928년 Rome Act에서 방송권이 추가되었으며, 1948년 Brussels Act에서 방송권을 확장하여 TV를 포함하도록 하였다. Paul Goldstein & P. Bernt Hugenholtz(2013), at 37. 여기서 인정되는 공중전달권은 유선과 확성기 등에 의한 공중전달에 한정되었다.

16) Article 14bis (2)(a) Ownership of copyright in a cinematographic work shall be a matter for legislation in the country where protection is claimed.

17) Paul Goldstein & P. Bernt Hugenholtz(2013), at 10, 48-54. 1896년(파리), 1908년(베를린), 1914년(베른), 1928년(로마), 1948년(브랏셀), 1967년(스톡홀름), 1971년(파리) 개정되었으며, 우리나라를 비롯하여 1971년 이후에 가입한 나라는 1971년 베른협약 파리 본(Paris Text)에 가입한 것이다.

비롯하여 저작물의 실연자 및 음반제작자의 권리를 보호하는 조약이다.[19] 그러나 이 협약의 보호 대상인 실연은 주로 음악연주 등의 청각적 실연뿐이며, 영화에 있어서 배우 등의 시청각적 실연에 대하여는 한정적인 보호 밖에 주어지지 않았다. 이 협약의 주된 내용은 내국민대우원칙인바 방송사업자의 경우 그 주된 사무소가 체약국에 있거나 체약국에 소재하는 송신기로부터 송신되어야 내국민대우를 받을 수 있다(제6조). 로마협약은 소급보호를 부인한다(제20조). 우리나라는 2008년 12월 18일 로마협약에 가입하여 2009년 3월 18일 발효하였다.[20]

다. 브뤼셀위성협약

1974년 브뤼셀위성협약(위성에 의하여 송신되는 프로그램 전달신호의 배포에 관한 협약, Convention relating to the Distribution of Programme-Carrying Signals Transmitted by Satellite)의 주요 내용은 체약국에게 위성을 통하여 송출되는 프로그램 전달신호가 의도하지 않은 수신자에게 배포되는 것을 방지하기 위한 적절한 조치(adequate measures)를 강구할 의무를 지우고(제2조 제1항) 체약국 영토 내에서 뿐만 아니라 체약국 영토로부터 다른 국가의 영토로 송출되는 불법적 신호의 배포를 막는 것이다.[21] 신호 보호를 위한 적절한 조치에는 저작권이나 저작인접권 부여 외에 형사처벌이나 행정규제도 포함될 수 있다.[22] 이 협약은 신호의 내용이 저작권이나 저작인접권으로 보호되지 않더라도 신호 그 자체를 보호하는 국제법적인 접근을 하였다. 일반공중에 의한 직접수신은 협약의 적용범위에서 제외하였으며(제3조). 시사보도, 인용, 교육, 연구를 위한 이용 등 공정이용에 해당하는 프로그램 일부의 이용에 대한 예외를 인정하였다(제4조).[23] 동 협약은 1974년 5월 21일 브뤼셀에서 채택되었으며 우리나라는 한미자유무역협정[24]에 따라 2011년 12월19일 이 협약에 가입하여 2012년 3월 19일 발효하였다.

---

18) 동 협약 제13조 참조. Paul Goldstein & P. Bernt Hugenholtz(2013), at 348~353. 우리 저작권법은 방송사업자에게 자기 방송에 대한 복제권, 동시중계 방송권 및 공연권을 인정한다.
19) 이에 대하여 Claude Masouyé(1981); Arpad Bogsch(1968) 등 참조.
20) 그러나 후술하는 바와 같이 무역관련지적재산권협정의 이행을 위해 개정된 저작권법에 따라 1996년 7월 1일 이후부터는 외국의 실연, 음반, 방송이 소급적으로 보호되고 있다.
21) Robert Dittrich(1974), 60-64.
22) Report of General Rapporteur(1977).
23) Goldstein, Paul & Bernt Hugenholtz(2013), at 62-64.
24) 한미자유무역협정 제18.1조 제3항(d) 참조.

3. 무역관련지적재산권협정상의 규정

가. 일반

무역관련지적재산권협정(Agreement on Trade-Related Aspects of Intellectual Property Rights)의 취지는 세계무역기구(WTO)가 범세계적 차원에서 무역과 관련한 지적재산권보호의 통일된 기준을 정하여 규율하고자 하는 것이며, 저작권과 관련해서는 원칙적으로 베른협약 수준의 저작권 보호기준을 적용하도록 하고 있다.[25] 동협정은 1994년 4월 15일 체결되었으며 1995년 1월 1일 발효하였으나 우리나라는 개발도상국으로 분류되어 발효일로부터 5년간인 2000년 1월 1일까지 동 협정의 이행에 관한 유예기간을 얻었다. 방송저작권과 관련하여서는 무역관련지적재산권(TRIPS)협정의 내국민대우, 방송사업자의 권리에 관한 조항 등이 관련된다. 그 내용을 이하에서 간략히 살펴보기로 한다.

나. 내국민대우의 원칙

무역관련지적재산권협정은 내국민대우의무를 부과하고 있다(제3조). 각 회원국은 1971년 베른협약, 로마협약에 규정하고 있는 예외의 조건에 따라, 지적재산권 보호에 관하여 다른 회원국의 국민에게 자기 나라 국민과 동일한 대우를 부여하도록 규정하고 있다. 그러나 실연자, 음반제작자, 방송사업자에 관하여는 동 협정에 규정되어 있는 권리에 관해서만 내국민대우의무를 진다(동조 제1항).

다. 베른협약과의 관계

무역관련지적재산권협정은 베른협약과의 관계를 규정하는데, 회원국에게 1971년 베른협약(제1조에서 제21조까지)과 그 부속서를 준수하도록 요구하고 있다(제9조 제1항 본문). 따라서 무역관련지적재산권협정 회원국은 방송 관련 저작권에 관한 베른협약의 규정을 준수할 의무를 진다.

라. 방송사업자의 권리에 관한 규정

무역관련지적재산권협정은 방송사업자의 권리에 대하여 규정을 두고 있는바

---

25) 이에 관하여 Carlos Correa(2007); 박덕영 · 이일호(2009), 254면 이하 참조.

로마협약과 마찬가지로 방송사업자는 방송의 고정, 고정물의 복제, 무선 재방송과 그것의 텔레비전 방송을 통한 공중전달에 대한 배타적인 권리를 가진다. 회원국은 방송사업자에게 그러한 권리를 부여하지 아니할 경우, 베른협약에 따라 방송의 대상인 저작물의 권리자에게 금지청구권을 부여하여야 한다(제14조 제3항). 즉 회원국은 방송사업자의 권리를 저작권 또는 저작인접권으로 보호할 의무를 진다. 방송사업자에 대한 보호기간은 방송된 다음 해부터 20년간이다(제14조 제5항). 무역관련지적재산권협정 상 방송사업자의 권리 등 저작인접권은 소급적으로 보호된다(제16조 제6항 제2문).

4. 1996년 WIPO조약 상 방송저작권 규정

가. 1996년 WIPO저작권조약 상 방송저작권 규정

1996년 세계지적재산권기구 저작권조약(WIPO Copyright Treaty)은 디지털화, 네트워크화에 대응하여 저작권자를 보호하는 조약이다.[26] 이는 저작권의 보호대상과 지분권의 내용을 확대하는 등 베른협약에 디지털화를 반영하도록 하고 있다. 방송저작권과 관련하여 주요내용은 일시적 저장, 배포권, 대여권, 공중전달권, 저작재산권의 제한 및 예외, 기술적 보호조치에 관한 보호의무, 권리관리정보에 관한 의무 등이다. 우리나라는 2004년 3월24일 WIPO 저작권조약에 가입하여 2004년 6월24일에 효력이 발생하였다.

나. 1996년 WIPO실연·음반조약 상 방송저작권 규정

디지털화, 네트워크화 등의 정보통신기술의 발달에 대응한 1996년 세계지적재산권기구 실연·음반조약(WIPO Performances and Phonograms Treaty)이 있는바 동 조약은 실연자와 음반제작자를 보호한다.[27] 그 주요내용은 내국민대우의 원칙, 실연자와 음반제작자의 권리, 무방식주의, 소급보호, 50년 보호기간, 권리제한의 예외적 허용 등이다. 그러나 시청각적 실연은 보호대상에서 제외되었다. 실연은 그 수록매체 또는 전달방법에 의해 인위적으로 청각적 실연(소리의 실연, 예를 들어, 음악 CD 등)과 시청각적 실연(영상실연, 예를 들어, 영화나 DVD 등)으로 분

---

26) 이에 관하여 R.V. Vaidyanatha Ayyar(1998); Mihály Ficsor(2002) 참조.
27) 이에 관하여 Mihály Ficsor(2003) 참조.

류할 수 있지만 연기하는 측에서 보면 이것은 결국 장비 및 매체 등을 통해 시청이나 이용하는 측의 사정이고, 생실연을 그 자리에서 감상하는 경우에는 본래 이러한 구별은 불필요하며 자연인인 실연자와 그 개성의 발로인 연기가 혼연일체가 되는 것이 실연이다. 그러나 조약상으로는 차별적 취급을 받아 청각적 실연만 보호되었다. 우리나라는 2008년 12월 18일 WIPO 실연·음반조약에 가입하여 2009년 3월 18일 효력이 발생하였다.

5. 방송저작권에 관련한 유럽연합 규범의 발전

가. 1989년 국경 없는 TV 지침

1989년 10월 3일의 유럽위원회에서 제정된 국경 없는 TV 지침(Television without Frontier[TVWF] Directive)[28]은 유럽 내에서 재작된 TV 프로그램의 의무적 방송, 광고와 후원의 증진, 미성년자의 보호 및 답변권에 관한 규정을 두고 있다. 이 지침은 기술 및 시장의 발전을 반영하기 위해 1997년에 일부 개정[29]되었는데 그 주요 내용은 회원국의 방송사업자 규제에 관한 송신국 관할의 원칙, 광고/협찬/텔레쇼핑 등의 조건, 포르노 프로그램과 폭력적 프로그램에 대한 청소년 보호 강화, 그리고 스포츠 프로그램이나 중요 관심 행사에 대한 보편적 접근권에 관한 것이었다.

나. 1992년 대여권 지침

1992년 유럽연합은 지적재산권 권리행사와 관련하여 역내시장의 통합에 장애를 제거하고 공정한 경쟁을 제공하기 위하여 대여권 및 대출권 그리고 지적재산권분야 중 저작권관련 권리에 관한 1992년 유럽공동체지침(Council Directive 92/100/EEC of 19 November 1992 on Rental and Lending Right and on Certain Rights related to Copyright in the field of Intellectual Property)을 제정하였다.[30]

---

28) 89/552/EEC.
29) 97/36/EC.
30) 동지침은 Directive 2006/115/EC of the European Parliament and of the Council of 12 December 2006 on rental right and lending right and on certain rights related to copyright in the field of intellectual property(OJ No. L 376/28, December 27, 2006)에 의하여 대체되었다.

동 지침은 고정권(fixation right)에 대하여 다음과 같이 규정한다.[31] 회원국은 실연자에게는 그들의 실연의 고정을 허여하거나 금지할 배타적 권리를 부여하고(제6조 제1항), 방송사업자에게는 그 방송의 고정을 허락하거나 금지할 배타적 권리를 부여한다(동조 제2항). 이 경우 방송은 케이블방송 및 위성방송을 포함하여 유무선 송신을 모두 말한다. 그러나 유선방송사업자(cable distributor)가 단지 방송사업자의 방송을 유선으로 재송신하는 경우에는 방송의 고정에 관한 권리를 보유하지 못한다(동조 제3항). 또한 방송사업자에게는 방송의 고정의 복제권,[32] 공중재방송과 공중전달권,[33] 공중배포권[34]을 부여한다.

다. 1993년 위성 및 케이블 방송저작권 지침

1993년 9월 27일 유럽위원회에서 EC의 위성방송과 케이블재송신에 적용되는 저작권 및 저작인접권에 관한 특정규정의 조정에 관한 지침[35]이 제정되었는데, 국경없는 텔레비전 방송에 관한 지침과 마찬가지로 방송을 서비스 제공의 자유라는 관점, 즉 경제적 관점, 산업적 관점, 나아가 역내 시장통합이라는 관점에서 접근하고 있다. 동 지침의 주요 내용은 다음과 같다. 저작자는 저작물의 위성에 의한 공중전달을 허락할 배타적 권리를 가지고(제2조), 특정범주의 저작물에 관하여 집중관리단체와 방송사업자간에 체결하는 단체협약은 집중관리단체가 대리하지 않는 같은 범주의 저작물의 권리자에게까지 확대 적용될 수 있다. 다만 이 경우 위성에 의한 공중전달이 동 방송사업자에 의해 지상파방송으로 이루어져야 하고, 권리를 위탁하지 않은 저작권자는 언제든지 그의 저작물에 대한 단체협약의 확대적용을 배제하여 권리를 개별적으로 혹은 집단적으로 행사할 수 있어야 한다(제3조 제2항). 이는 영화저작물 및 영화와 유사한 제작과정을 거쳐 제작된 저작물에는 적용되지 않는다(제3조 제3항). 또한 이 지침에 의하여 방송사업자의 권리는 보호된다(제4조 제1항).

---

31) E.C. Rental Right Directive Art.6.
32) E.C. Rental Right Directive Art.7(1).
33) E.C. Rental Right Directive Art.8(3).
34) E.C. Rental Right Directive Art.9(1)(d).
35) COUNCIL DIRECTIVE 93/83/EEC of 27 September 1993 on the coordination of certain rules concerning copyright and rights related to copyright applicable to satellite broadcasting and cable retransmission.

라. 2001년 정보사회저작권 지침

유럽연합은 정보사회의 도래에 대응하여 2001년 정보사회 저작권 지침(Directive on the harmonisation of certain aspects of copyright and related rights in the information society, 2001/29/EC, 22 May 2001)을 제정하였다.[36)] 동 지침은 방송사업자에게 부여되는 방송고정물의 복제권에 임시적 디지털 복제를 포함하도록 확장하고 온라인으로 이용가능하게 할 권리를 도입하였다.[37)] 또한 회원국에 관련자가 알면서 행하거나 알만한 합리적인 이유를 가지고 행하는 효과적인 기술조치를 우회하지 못하도록 적절한 법률적 보호를 하는 기술조치에 관한 의무(Obligations as to technological measures) 규정[38)]과 저작권과 저작인접권 등의 권리관리정보에 관한 의무(Obligations concerning rights-management information)에 관한 규정[39)]을 두고 있다.

마. 2007년 시청각미디어서비스 지침

유럽연합은 2007년 12월 EU역내의 콘텐츠 규제의 공통기준을 정한 시청각미디어 서비스 지침(Audiovisual Media Service[AVMS] Directive. 2007/65/EC)을 제정하였는바 동 지침은 통신·방송 융합의 진전 속에서 질과 양적으로 공히 급속히 확대되어가는 인터넷 콘텐츠를 규율하기 위한 것이다. 미디어의 다양성확보 및 청소년보호, 유럽산 콘텐츠진흥 등을 비롯한 1989년 국경 없는 TV지침의 이념 강화 및 실효화를 축으로 그 대상범위를 인터넷상의 각종 매체 서비스 등으로 확대하고 광고규제를 완화하는 개정을 하였다. 회원국은 2009년 말까지 이 지침을 국내법화할 의무가 있었으나 5개국만 이를 이행할 정도로 부진하였다.[40)]

시청각미디어서비스지침에서는 규제의 대상이 되는 시청각 미디어 서비스를

---

36) 2001년 정보사회저작권 지침 전문 (23) 이 지침은 저작자의 공중전달권을 다시 조정하여야 한다. 이 권리는 전달이 이루어지는 장소에 없는 공중에게 행해지는 모든 전달을 포함하는 넓은 의미로 본다. 이 권리는 방송을 포함하여 무선 또는 유선의 방법에 의한 저작물의 그와 같은 모든 송신 또는 재송신을 포함하여야 한다.

37) 2001년 정보사회저작권 지침 제2조(e) 및 제3조(2).

38) 2001년 정보사회저작권 지침 제6조.

39) 2001년 정보사회저작권 지침 제7조.

40) 2009년 12월 시점에서 지침전체의 국내 입법화를 완료한 나라는 오스트리아, 독일, 덴마크, 아일랜드, 네덜란드 등 5개국뿐이며, 많은 국가는 퍼블릭 코멘트 또는 의회에서 법안심의단계인 바, 이 지침의 국내 입법화의 어려움을 보여주고 있다고 할 수 있다. http://europa.eu/rapid/pressReleasesAction.do?reference=IP/09/1983&format=HTML&aged=0&language=EN&guiLanguage=en

정의하여 서비스제공자의 편집책임(editorial responsibility)이 미치고, 공중의 상당수(significant proportion of the general public)에 의해 수신되는 것을 의도하고 그들에게 강한 영향력이 있는 동영상 서비스라고 규정하고 있다.41) 여기서 시청각 미디어 서비스의 정의에서 결정적 요소가 되는 편집책임의 개념은 TV방송서비스이면 일정표에 있어서 프로그램의 선택과 프로그램의 구성, 요청에 의한 시청각미디어서비스이면 카탈로그상 프로그램의 선택과 구성에 대한 효과적인 통제능력의 행사라고 정의하고, 콘텐츠 또는 그 서비스에 대해 서비스 공급자가 부담하는 각종 법적 책임을 포함하는 것은 아니라고 명시하고 있다.42) 서비스제공자의 편집 책임이 미치지 않고 사적인 통신으로 간주되는 일반 인터넷 서비스는 지침의 규제대상에서 제외되는바, 예컨대 이메일과 같은 사적 통신이나 동영상의 제공이 주목적이 아닌 부수적으로 사용되는 서비스(동영상을 포함한 웹 사이트 뉴스 기사와 온라인 게임, 검색 엔진 등),43) 전자신문 또는 전자 잡지 등44)이 그 제외 대상이다.

동 지침은 시청각 미디어 서비스를 텔레비전 방송(television broadcasting 또는 linear audiovisual media services)과 요청에 의한(이하에는 이를 응청(應請)이라 부르기로 한다) 미디어서비스(on-demand visual media services 또는 non-linear audiovisual media services)의 두 가지로 분류한다. 텔레비전 방송은 프로그램 편성을 토대로 프로그램 동시시청을 위하여 미디어서비스 공급자가 공급하는 시청각미디어서비스를 말하며,45) 응청(應請) 미디어서비스는 VOD와 같이 서비스 공급자가 제공한 프로그램 카탈로그 중에서 시청자의 요청에 따라 프로그램을 제공하는 서비스를 말한다.46)

콘텐츠규제에 있어서 텔레비전방송서비스에 대해서는 기존의 방송규제와 동일

41) 이는 인터넷 방송 유사 서비스 전반에 대한 규제의 강화를 의도한 것으로서 통신과 방송의 경계가 모호해지는 가운데, 종래와 같은 통신 및 방송이라는 전송매체의 기술적 특성에 의한 획일적 구분에 의한 규제를 하는 것이 아니라 어떠한 매체를 통해 제공되더라도 동등의 사회적 영향력을 가지는 콘텐츠에 대해서는 전면적인 규제를 부과하려는 "미디어의 기술적 중립성(technological neutrality)"을 기도한 것이다. 텍스트 및 사진만의 콘텐츠는 포함되지 않는다. 시청각미디어서비스지침 제1조, 전문 제16항 참조.
42) 시청각미디어서비스지침 전문 25, 제1조(c).
43) 시청각미디어서비스지침 전문 제18항.
44) 시청각미디어서비스지침 전문 제21항.
45) 시청각미디어서비스지침 제1조(e).
46) 시청각미디어서비스지침 제1조(g).

한 수준의 강한 규제가 부과되는 반면, 응청 시청각미디어서비스에 대해서는 상대적으로 가벼운 기준만 부과한다. 그 내용은 다음과 같다.

TV방송과 응청(應請) 시청각미디어서비스 쌍방에 부과되는 공통 기준: 편집권이 있는 서비스제공자정보의 공개(제3조a), 인종・성별・종교・국적 등에 관한 차별조장의 금지(제3조b), 시청각 장애인에 대한 단계적인 대응(제3조c), 영상저작물의 합의한 기간이외의 전송금지(제3조d), 상업통신이 지켜야 할 요건(제3조e), 협찬을 받은 시청각미디어서비스가 지켜야 할 요건(제3조f), 간접광고(Product placement)(제3조g).

응청(應請) 시청각미디어서비스에 부과되는 요건: 청소년 등에 대한 일반적인 배려(제3조h), 유럽산 콘텐츠 진흥(제3조i).

TV방송 서비스에만 부과되는 추가적 요건: 텔레비전 방송의 주요행사에 대한 독점방영권 제한(제3조j), 단신보도에 관한 규정(제3조k), 텔레비전광고와 텔레쇼핑(제10조, 제11조, 제18조, 제18조a, 제19조), 방송시간대의 제한이나 경고 등을 통한 청소년 등의 배려(제22조), 보도 등에 의한 권리 침해에 대한 반론권에 대한 대응(제23조).

이러한 기준은 모두 EU 회원국이 따라야 할 최소한의 기준이며, 회원국에서 보다 강력한 규제를 하는 것을 막는 것은 아니다. 규제의 관할에 대하여는 국경없는 TV 지침의 송신국주의 원칙(country of origin principle)이 시청각미디어서비스지침에서도 유지되고 있고, EU역내의 모든 국가에서 해당 시청각 미디어 서비스가 시청되었을지라도, 부과되는 규제는 송신된 장소의 국내법에 따르게 된다.

바. 2010년 유럽저작권법전

유럽저작권법전(European Copyright Code)은 유럽저작권법의 발전에 관심을 가지는 유럽제국 학자들의 공동연구를 위하여 2002년 발족한 Wittem프로젝트의 성과로서 2010년 4월 26일 공표되었다.[47] 이 법전의 목적은 유럽저작권법의 투명성과 일관성을 높이는 것이다. 동 법전은 저작권의 객체(제1장), 저작자와 권리귀속(제2장), 저작인격권(제3장), 저작재산권(제4장) 그리고 권리제한(제5장)의 5개장 28개조로 구성되어 있다. 그러나 저작인접권은 포함하지 않았다. 동 법전은 베른협약과 무역관련지적재산협정의 실질적 규범과 아울러 1991년 이후 유럽 입

47) http://www.copyrightcode.eu/index.php?websiteid=3

법기관의 저작권 관련 7개 지침을 고려하여 제정되었다. 동 법전은 유럽연합 회원국들에게 구속력이 있는 규범은 아니나 향후 입법과 해석에 큰 영향을 미칠 것으로 전망된다.

동 법전에서는 저작물을 공중에게 전달할 권리인 공중전달권을 규정한다(제4.5조). 공중전달권은 크게 저작물의 (i) 공연(public performance), (ii) 방송 및 (iii) 전송, 즉 공중 구성원이 개별적으로 선택한 장소 및 시간에 저작물에 접근할 수 있도록 하는 방법으로 하는 공중에 대한 전달이 포함된다(제1항).[48] 여기서 말하는 방송에는 무선과 유선수단에 의한 재방송(rebroadcasting)과 재송신(retransmitting)이 포함된다. 저작물을 복수의 사람에게 전달할 의도를 가진 경우는 공중에 대한 것으로 간주하나 다만 그 복수의 사람들 간에 인적 결합관계가 있는 경우는 제외된다(제2항).[49]

사. 2011년 시청각저작물 온라인배포 녹서

유럽연합 2011년 시청각저작물 온라인배포 녹서[50]는 시청각 영역이 기술발전과 소비자의 기대에 호응하여 변화해 나가는 방식을 검토한다. 동 녹서는 EU 내의 법적 규제 구조가 시청각미디어서비스제공자의 온라인서비스에 대한 국제적 경쟁력을 저해하지 않도록 하는 데에 초점을 맞춘다. 녹서는 특히 저작권 라이선스 구조에 집중하고 라이선스에 대한 수많은 규제적 접근을 논의한다. 덧붙여 저작자와 실연자의 저작물과 저작인접물에 대한 온라인 이용에 대한 보상을 검토한다.[51]

또한 동 녹서는 시청각미디어서비스의 온라인 배포를 위한 권리 처리를 논의한다. 이 영역의 문제의 정도, 그러한 문제의 구체적 성질, 고려되어야 할 정책옵션에 대한 평가가 필요함을 논한다. 또한 동 녹서는 저작자와 실연자에게 저작물과 저작인접물의 온라인 이용에 대한 적절한 보상을 해주기 위하여 유럽연합

---

48) ECC Art. 4.5(1).

49) ECC Art. 4.5(2).

50) Green Paper on the online distribution of audiovisual works in the European Union: opportunities and challenges towards a digital single market, Brussels, 13. 7. 2011 COM (2011) 427 final.

51) 또한 동 녹서는 시청각 분야가 인터넷 혁명의 일환으로 겪고 있는 변화의 속도를 평가하고, EU디지털 단일 시장이 제작자, 산업 및 소비자에게 새로운 비즈니스 모델, 더 많은 온라인 서비스와 권리자에 대한 더 나은 보상과 같은 것을 제공할 기회를 포착하는 최선의 방법뿐만 아니라 이러한 도전을 해결해 나가는 최선의 방법을 제공하고 있다.

차원에서 추가적인 조치가 필요한지 여부를 검토한다. 또한 시청각저작물에 있어서 영화유관기관의 공공정책적 사명과 사회적 약자를 위한 이용 허용 등의 특별한 이용 문제도 다룬다.

아. 2014년 저작권집중관리 지침

2014년 2월 4일 유럽의회는 저작권집중관리 지침[52]을 통과시켰다. 이 지침의 주된 목적은 음악저작물의 저작권집중관리기구에게 온라인상 이용가능한 다국적 이용허락을 할 수 있도록 하기 위한 것이다. 동 지침은 저작권자 보호를 위하여 저작권집중관리기구에 대하여 엄격한 규제를 가하고 있는바 예컨대 동 지침은 저작권집중관리기구에게 회계연도 종료후 9개월 내에 이용료를 배분할 의무를 부과한다. 이 지침이 공포된 2014년 현재 유럽에는 250여개의 음악관련 저작권 집중관리기구가 난립하고 있는바 이 지침으로 인하여 전 유럽에서의 이용을 허락할 수 있는 6개 내지 8개의 기구로 통합될 것으로 전망되고 있으며[53] 지침의 실시방안에 관한 논의가 이루어지고 있다.[54]

6. 21세기의 방송저작권 관련 조약

가. 일 반

1996년 WIPO 실연·음반조약의 성립, 발효에도 불구하고 동 조약에는 두 가지 결함이 있었다. 하나는 보호되는 실연자의 권리 중에 영상 실연이 배제되어 있고 방송사업자의 저작인접권을 포함하지 못한 것이었다. 이러한 결함을 보완하기 위하여 세계저작권기구가 노력하여 2012년 베이징시청각실연조약의 성립을 보게 되었으며 나아가 방송사업자보호조약의 체결에 진력하고 있다. 이하에서는 이 두 조약에 관하여 살펴본다.

52) Directive of the European Parliament and of the Council on collective management of copyright and related rights and multi-territorial licensing of rights in musical works for online uses in the internal market. (COM(2012)0372 - C7-0183/2012 - 2012/0180(COD)).

53) Monika Ermert(2014). http://www.ip-watch.org/2014/02/04/eu-parliament-passes-directive-on-collective-rights-management-pan-eu-licences/

54) 예컨대 동 지침에 대한 영국 지식재산권청의 실시방안에 관하여는 https://www.gov.uk/government/uploads/system/uploads/attachment_data/file/401225/collective_rights.pdf 참조.

나. 베이징시청각실연조약

종래의 저작인접권 조약에서 그 보호가 배제되었던 시청각적 실연의 보호를 위하여 2012년 6월, 베이징에서 개최된 외교 회의에서 시청각실연조약(Beijing Treaty on Audiovisual Performances)이 채택되었다.[55] 2000년 12월 제네바에서 이 조약의 채택을 위한 1차 외교 회의가 열렸으나 실연자에 인격권 및 배타적 권리 및 보상청구권 등 경제적 제 권리에 관하여는 폭넓은 합의가 이루어졌음에도 불구하고 실연자의 제 권리를 영화제작자로 이전하는 것을 조약상의 의무로 할지 여부에 관한 의견이 대립하여 조약의 채택이 보류되었던 바, 2009년 이후 영화제작자가 강한 영향력을 가진 미국이 실연자에의 권리부여에 유연한 자세를 보이면서 실연자의 권리를 영화제작자에게 이전할 것인지 여부를 체약국에 맡기도록 하여 조약의 성립을 보게 되었다. 이 조약은 기존의 저작인접권보호조약에 영향을 미치지 않는다.[56]

동 조약상 보호를 받는 대상은 원칙적으로 체약국의 국민인 실연자이나 체약국 내에 상거소를 두고 있는 자에게까지 확장된다.[57] 동 조약은 내국민대우의 원칙을 밝히고 있다. 즉 체약국은 동 조약에서 특별히 규정하는 배타적 권리 및 공평한 보상을 청구할 권리(right to equitable remuneration)[58]에 관하여 자국민에게 부여하는 대우를 다른 체약국의 국민에게 제공해야 한다(제4조 제1항). 그러나 내국민대우의 원칙은 상호주의에 의하여 제한될 수 있다는 점에 유의하여야 한다.[59]

이 조약에 가입할 수 있는 주체는 WIPO의 회원국과 유럽연합 등 인정된 정부간기구인바 30개국이 가입한 날로부터 3개월 후에 발효한다.[60] 이 조약이 발효되면 시청각 실연도 국제적으로 저작물이나 음반 등 그 밖의 저작인접물에 대

55) 당초의 조약의 명칭은 WCT와 WPPT의 선례에 따라 시청각적 실연에 관한 세계지적재산권기구조약(WIPO Audiovisual Performances Treaty)이었다.
56) Article 1 & Agreed statement concerning Article 1.
57) Article 3(1)&(2) of Beijing Treaty.
58) 동 협약 제11조에서 규정하는 권리이다.
59) 체약국은 이 조약 제11조에서 부여한 권리에 관하여 다른 체약국의 국민에게 주어지는 보호의 정도 및 기간을 자국민이 다른 체약국에서 향유하는 권리로 제한할 수 있다(제4조 제2항). 내국민대우의무는 다른 체약국이 이 조약의 제11조 제3항에 의하여 허용되는 유보를 이용하는 경우에는 그 한도 내에서 적용하지 않고, 또한 체약국이 그러한 유보를 하는 경우에도 그 한도 내에서 적용하지 않는다(제4조 제3항).
60) 2015년 10월 현재 보츠와나와 시리아, 중국, 일본 등 10개국이 가입하였다.

한 보호에 상응하는 보호를 받을 수 있게 된다. 우리나라는 2015년 현재 아직 이 조약에 가입하고 있지 않고 있다.

다. 방송사업자보호조약(안)

WIPO실연음반조약에서 방송사업자의 권리가 대상이 되지 않았기 때문에, 각국의 방송사업자와 그 단체의 요청에 따라 1998년 11월 이후 WIPO에서 방송사업자의 보호에 관한 새로운 조약인 방송사업자보호조약[61]의 검토가 시작되었다. 주요 논점으로는 (i) 방송사업자, 유선방송사업자 외 웹 캐스팅 사업자의 포함 여부 (ii) 고정후의 권리(복제권, 공중전달권 등), (iii) 인터넷상의 송신에 대한 보호(재송신권, 공중전달권), (iv) 방송전신호의 보호, 즉 중계 장소에서 방송국의 송신 등 방송에 앞서 송신되는 방송전 신호를 가로채어 인터넷 등에 송신하는 문제에 대한 대처 여부, (v) 암호해제, 즉 방송사업자의 프로그램 복제 방지용 스크램블을 임의로 해제하는 행위에 대한 조치 여부, (vi) 보호기간 등이 있다.[62]

방송사업자보호조약(안)에서는 동 조약상 보호의 향유자에 관하여 체약국은 다른 체약국의 국민인 방송사업자에 대하여 본 조약에 규정되는 보호를 부여하도록 규정하고 있다. 여기서 다른 체약국의 국민이란 (i) 방송사업자의 주된 사무소가 다른 체약국에 있는 경우 또는 (ii) 방송신호가 다른 체약국에 위치한 송신기에서 송신된 경우의 그 방송사업자를 말하는 것으로 해석한다. 위성방송의 경우 송신지점과 관련하여 두가지 선택안이 제안되었다(동 조약안 제7조 참조).[63] 또한 다른 체약국의 방송사업자에 대하여도 내국민대우원칙을 취하여 자국의 방송사업자보다 불리한 취급을 하지 않도록 규정하고 있다(동 조약안 제8조 참조).[64] 2007년 조약채택을 위한 외교회의가 개최되었으나 합의에 이르지 못하였고[65]

---

61) Treaty on the Protection of Broadcasting Organizations.

62) http://www.wipo.int/pressroom/en/briefs/broadcasting.html

63) 즉 위성에 의한 방송신호의 경우 송신기는 위성으로의 송신 그리고 위성에서 지상을 향한 단절 없는 일련의 전달과정으로서 지상에서 위성으로의 데이터송신이 행해지고 있는 체약국내에 놓여진다고 해석된다고 규정하는 선택안과 위성방송의 경우 해당하는 장소는 공중에 의한 직접 수신을 목적으로 한 프로그램을 운반하는 신호가 방송사업자의 관리 및 책임 하에서 위성으로의 송신 그리고 위성에서 지상을 향한 단절없는 일련의 전달이 개시되는 지점으로 한다고 규정하는 선택안이 있다.

64) Alternative A & B for Article 8.

65) WIPO, 24 September 2007- 3 October 2007, WIPO General Assembly, Thirty-Fourth (18th Ordinary) Session, WO/GA/34/16, Report adopted by the Assembly. The General Assembly decision, which framed WIPO's future work on the protection of broadcasting organizations, can be found on page 58 of the document (WO/GA/34/16).

2015년 10월 현재까지 논의를 계속하고 있다.[66]

7. 자유무역협정과 방송저작권 보호

가. 한미자유무역협정상 방송저작권 보호

(1) 방송사업자의 권리 보호 제외

한미자유무역협정은 저작권과 저작인접권에 대하여 원칙적으로 강력한 보호를 규정하였다. 저작인접권에 관련하여 동 협정상 실연자 및 음반제작자는 고정되지 아니한 실연(이미 방송된 실연은 제외)을 방송하고 공중에 전달하며, 실연 또는 음반을 유선 또는 무선의 수단에 의하여 방송하고 공중에게 전달(공중의 구성원이 개별적으로 선택한 장소와 시간에 실연 및 음반에 접근할 수 있는 방법으로 공중이 이용가능하게 하는 것 포함)할 배타적 권리를 가진다(제18.6조 제2항, 제3항). 그러나 동 협정이 저작인접권 중 방송사업자의 권리에 관하여는 규정하고 있지 않음에 유의하여야 한다.[67]

(2) 방송사업자의 음반의 2차적 이용에 대한 보상의무 면제

동 협정은 내국민 대우원칙을 천명하면서도 "다만 아날로그 통신, 아날로그 무료 공중파 라디오방송, 그리고 아날로그 무료 공중파 텔레비전 방송의 수단에 의한 음반의 이차적인 이용에 대하여는, 당사국은 다른 쪽 당사국의 실연자와 음반제작자의 권리를 다른 쪽 당사국의 영역에서 자국의 자에게 부여되는 권리로 제한할 수 있다"고 규정하여(제18.1조 제6항), 한국 방송사업자가 미국 음반의 2차적 이용에 대한 보상금지급의무를 면할 수 있는 근거를 제공하였다.[68]

---

66) 본 조약의 내용에 관하여는 후술하며 본 조약안의 조문은 본서의 부록 참조.

67) 그 이유는 미국 저작권법은 방송사업자의 저작인접권을 보호하지 않기 때문이다.

68) 이에 따라 우리 저작권법은 아래와 같이 규정한다.
제75조(방송사업자의 실연자에 대한 보상) ① 방송사업자가 실연이 녹음된 판매용 음반을 사용하여 방송하는 경우에는 상당한 보상금을 그 실연자에게 지급하여야 한다. 다만, 실연자가 외국인인 경우에 그 외국에서 대한민국 국민인 실연자에게 이 항의 규정에 따른 보상금을 인정하지 아니하는 때에는 그러하지 아니하다.
제82조(방송사업자의 음반제작자에 대한 보상) ① 방송사업자가 판매용 음반을 사용하여 방송하는 경우에는 상당한 보상금을 그 음반제작자에게 지급하여야 한다. 다만, 음반제작자가 외국인인 경우에 그 외국에서 대한민국 국민인 음반제작자에게 이 항의 규정에 따른 보상금을 인정하지 아니하는 때에는 그러하지 아니하다.

(3) 방송의 전송 금지

동 협정은 방송과 관련하여 지상파, 케이블 또는 위성 방송을 불문하고 텔레비전 신호의 내용에 대한 권리자(신호 그 자체에 대하여 권리자가 있는 경우 그 권리자)의 허락 없이 이를 인터넷상에서 재송신하는 것을 금지함을 명문화하였다(제18.4 (10)(나)).

(4) 암호화된 방송신호의 보호

동 협정은 프로그램을 전달하는 위성 신호 및 케이블 신호 중 암호화된 신호의 보호를 위하여 형사적 제재와 민사적 구제를 모두 인정하였다. 이는 기술적 조치에 대한 보호의 한 유형으로도 이해될 수 있다. 즉 고의 과실로 암호화된 프로그램 전달 위성 또는 케이블 신호를 임의로 해독할 수 있는 유형 또는 무형의 장치 또는 시스템을 제조 · 조립 · 변경 · 수입 · 수출 · 판매 · 리스 또는 배포하는 것은 형사 범죄가 된다. 무단 해독된 암호화된 프로그램 전달 위성 또는 케이블 신호를 고의로 수신하여 사용 또는 재배포하는 행위나, 적법한 신호 배포자의 허락을 얻어 신호가 해독되었다 하더라도 상업적 이익을 목적으로 그 신호를 고의로[69] 재배포하는 행위도 마찬가지이다.[70] 또한 형사 범죄로 되는 위 행위로 인하여 피해를 입은 자[71]는 손해배상 기타 민사적 구제를 청구할 수 있다(제18.7조). 암호화되지 않은 신호는 동 협정의 적용대상이 아니다.[72]

---

69) 신호가 암호화된 프로그램 전달 신호로 고안되었다는 것과 적법한 신호 배포자의 재배포 허락이 없었다는 것에 대한 고의를 말한다.

70) 이는 미국 1996년 통신법에 기초한 것이며 1994. 1. 1. 발효된 NAFTA 제1707조(Protection of Encrypted Program Carrying Satellite Signals)에도 위성신호에 관하여 유사한 규정이 이미 있었다.

71) 암호화된 프로그램 신호 또는 그 내용에 권익을 가진 자를 포함한다.

72) 이에 따라 2011. 12. 2. 우리나라 저작권법에는 암호화된 방송 신호의 무력화 등의 금지를 위하여 제104조의4가 신설되었다. 이에 대한 소개로 김찬동(2012) 참조.
제2조 8의2. "암호화된 방송 신호"란 방송사업자나 방송사업자의 동의를 받은 자가 정당한 권한 없이 방송(유선 및 위성 통신의 방법에 의한 방송에 한한다)을 수신하는 것을 방지하거나 억제하기 위하여 전자적으로 암호화한 방송 신호를 말한다.
제104조의4 누구든지 다음 각 호의 어느 하나에 해당하는 행위를 하여서는 아니 된다.
1. 암호화된 방송 신호를 방송사업자의 허락 없이 복호화하는 데에 주로 사용될 것을 알거나 과실로 알지 못하고, 그러한 목적을 가진 장치 · 제품 · 주요부품 또는 프로그램 등 유 · 무형의 조치를 제조 · 조립 · 변경 · 수입 · 수출 · 판매 · 임대하거나 그 밖의 방법으로 전달하는 행위. 다만, 제104조의2 제1항 제1호 · 제2호 또는 제4호에 해당하는 경우에는 그러하지 아니하다.
2. 암호화된 방송 신호가 정당한 권한에 의하여 복호화된 경우 그 사실을 알고 그 신호를 방송사업자의 허락 없이 영리를 목적으로 다른 사람에게 공중송신하는 행위

나. 한・EU자유무역협정상 방송저작권 보호

(1) 방송사업자의 권리의 보호

한・EU자유무역협정에는 방송사업자의 권리에 관한 규정이 존재한다. 즉 양 당사자는 앞서 본 로마협약 제1조부터 제22조까지의 규정을 준수할 의무를 진다(제10.5조(가)). 방송사업자의 권리의 내용에 관하여 텔레비전 신호(지상파, 케이블 또는 위성 불문)를 신호의 내용과 신호 그 자체에 대한 권리자의 허락 없이 인터넷상에서 재송신하는 것을 금지한다(제10.7조(2)).[73] 방송사업자의 권리는 방송의 최초 송신 시로부터 50년 후에 만료하는 것으로 되어 있는바 그 방송이 유선 또는 지상파에 의해 송신되는지를 불문하고 케이블 또는 위성에 의한 것을 포함한다(제10.7조(1)).

(2) 실연자 및 음반제작자의 보상청구권

실연자는 실연 그 자체가 이미 방송된 실연이거나 고정된 것으로부터 이루어지는 경우를 제외하고는 자신의 실연을 무선으로 방송하고 공중전달할 배타적 권리를 가진다(제10.9조(2)). 실연자 및 음반제작자는 상업적 목적으로 발행된 음반 또는 그 복제물이 무선으로 방송 또는 공중전달을 위하여 이용되는 경우 단일의 공평한 보상을 청구할 권리를 가진다(제10.9조(3)). 실연자와 음반제작자가 단일의 공평한 보상을 나누는 조건에 관하여 실연자와 음반제작자 간의 합의가 없는 경우에는 이를 법령으로 정한다(제10.9조(4)).

(3) 방송사업자의 제한적 공연권 인정

방송사업자는 방송의 재방송, 방송의 고정 그리고 텔레비전 방송의 공중전달이 입장료를 받고 공중에게 접근 가능한 장소에서 이루어지는 경우 그러한 공연을 허락하거나 금지할 수 있는 배타적 권리를 가진다(제10.9조(5)). 이 방송사업자의 권리가 행사될 수 있는 조건은 그 보호가 주장되는 국가의 국내법에 의한다.[74]

---

3. 암호화된 방송 신호가 방송사업자의 허락없이 복호화된 것임을 알면서 그러한 신호를 수신하여 청취 또는 시청하거나 다른 사람에게 공중송신하는 행위

73) 당사자의 영역 밖으로부터 접근 불가능한 폐쇄적이고 한정된 가입자망을 통한 그 당사자 영역 내에서의 재송신은 인터넷상의 재송신에 해당하지 아니한다.

74) 이 협정의 규정에 따라 우리 저작권법 제85조의2에 방송사업자의 공연권에 관한 규정이 신설되었다.

(4) 소결

한·EU자유무역협정은 기본적으로 방송사업자의 저작인접권을 인정하고 방송 신호와 방송콘텐츠 모두를 보호대상으로 하며 인터넷상으로 방송을 재송신하는 것도 보호의 대상으로 함을 특징으로 하고 있다.

Ⅲ 국제규범 상 방송의 개념

1. 일 반

정보사회의 진전에 따른 방송과 통신의 융합으로 방송 개념이 확장되고, 더 나아가 방송과 전송의 구별이 점점 더 어려워져 방송과 전송을 준별하기 보다는 공중전달이라는 하나의 개념에 포섭하려는 방향으로 나아가고 있는바, 이러한 경향은 국제규범에도 반영되고 있다. 그러나 방송의 공익성을 고려한 예외를 인정할 필요가 있다는 점에서 아직 방송 개념의 존재의의가 인정되고 있다. 이하에서는 이러한 방송의 개념에 관한 국제규범의 동향을 전통적 국제규범에서의 방송의 개념과 새로이 체결되는 국제조약에서의 방송개념의 변화 과정을 통하여 고찰해 보고자 한다.

2. 전통적 방송의 개념

가. 베른협약과 로마협약상 방송의 개념

베른협약은 저작자의 배타적인 권리로서 방송권을 규정하고 있으나 방송에 대한 정의는 하고 있지 않으며 다만 "저작물을 방송하거나 또는 기타 무선 송신의 방법으로 기호, 소리 또는 영상을 공중에 전달하는 것"을 허락할 수 있는 권리라고 규정하여 간접적으로 방송의 개념을 알 수 있도록 하고 있다(제11조의2 제1항).[75] 로마협약 상 방송은 무선에 의해 방송신호를 공중에 전달하는 것을 말한다(제3조(f)).[76] 베른협약이나 로마협약은 방송에 관하여 일반 공중이 수신할 수

75) Paul Goldstein & P. Bernt Hugenholtz(2013), at 329~332.

76) 로마협약에 의하여 주어지는 법적 보호의 대상은 방송신호에 한한다. Paul Goldstein & P. Bernt Hugenholtz(2013), at 240; 로마협약 상 재방송(rebroadcasting)의 개념은 어느 방송사업자가 다

있도록 의도된 송신인 점과 무선송신인 점을 그 개념적 특징으로 하고 있다고 할 수 있다.

나. WIPO 저작권조약 및 WIPO 실연 및 음반조약 상 방송의 개념

WIPO 저작권조약은 방송을 정의하는 대신 그 보다 훨씬 넓은 개념인 공중전달권(right of communication to the public)의 개념을 창설하였다.[77] 공중전달권 상의 공중전달에는 유, 무선을 가리지 아니하고 전송까지도 포함된다. WIPO 실연 및 음반조약에서는 로마협약 상의 방송에 관한 정의를 유지하되 위성에 의한 송신과 공중에게 해제방법이 제공된 상태 하의 암호화된 신호의 송신을 방송의 개념에 추가하여 방송의 개념을 확장하였다(제2조(f)). 방송과 별도로 공중전달 개념을 정의(제2조(g), 제15조 제1항)하는 데에 WIPO 저작권조약과 다른 특징을 발견할 수 있다.[78]

다. 유럽연합 정보사회저작권 지침 상의 방송의 개념

2001년 유럽연합 정보사회저작권 지침은 대체로 WIPO저작권조약과 WIPO 실연음반조약에 따라 저작자에게는 공중전달권(right of communication to the public of works, 공중이용제공권(right of making available to the public of works) 포함)을 부여하고[79] 저작인접권자[80]에게는 공중이용제공권(right of making available to the public)을 부여한다.[81] 저작권 보호의 제한에 관련하여서도 동 지침은 방송과 유선에 의한 공중에의 전달이라는 표현을 사용하지 않고 단순히 공중에의 전달 또는 이용제공(communication to the public or making available of published articles)이라는 표현을 쓰고 있다.[82] 이 지침상 공중전달권은 방송은 물론 케이블방송, 케이블 재송신 및 웹캐스팅을 모두 포함하는 것으로 이해되고

른 방송사업자의 방송을 동시에 방송하는 것으로(제3조(g)) 같은 방송사업자가 여러 번 방송하는 반복방송과는 다른 개념임에 유의하여야 한다.

77) Article 8.

78) 따라서 유선방송은 방송이 아니라 공중전달에 해당한다.

79) Article 3(1).

80) 이 저작인접권자에는 실연자, 음반제작자, 방송사업자 외에 영화제작자가 포함된다.

81) Article 3(2).

82) 2001년 정보사회저작권지침 제5조 제3항(c) 참조. 이는 베른협약은 저작권 보호의 제한과 관련하여 방송저작물을 비롯한 시사적인 저작물의 방송과 병렬적으로 유선에 의한 공중에의 전달(broadcasting or communication to the public by wire)을 규정하고 있는 것(제2조의2 제2항, 제10조의2 제1항 및 제2항 참조)과 대조된다.

있다.[83] 따라서 WIPO실연음반조약과는 달리 방송의 개념을 별도로 정의하지 않았다.

라. 자유무역협정상 방송의 개념

한미자유무역협정은 WIPO실연음반조약을 답습하여 방송과 공중전달을 별도로 정의하고 있다. 먼저 방송을 무선 또는 위성에 의하여 음성/음성 및 영상, 또는 그 표현물을 공중에게 송신하는 것이라 정의하며, 암호화된 신호의 무선송신도 방송사업자가 복호화 수단을 공중에게 제공한 경우에는 포함되나, 컴퓨터 네트워크를 통한 송신 또는 공중의 구성원이 수신의 시간과 장소를 개별적으로 선택할 수 있는 송신은 포함되지 않는다(제18.6조 제5항). 공중전달권에 관하여는 공중의 구성원이 개별적으로 선택한 장소와 시간에 저작물에 접근할 수 있는 방법으로 그 저작물을 공중이 이용가능하게 하는 것을 포함하여, 저작자에게 그의 저작물을 유선 또는 무선의 수단에 의하여 공중에게 전달하는 것을 허락하거나 금지할 수 있는 배타적 권리라고 규정하고 있다(제18.5조).[84] 동협정 상 방송은 유선이든 무선이든 저작물이 공중에 전달되는 유선방송, 무선방송, 유・무선에 의한 재방송과 협의의 웹캐스팅을 포함하고 공중의 구성원이 원하는 시간과 장소에 저작물에 접근, 이용할 수 있도록 하는 이용제공은 포함하지 않는 것으로 해석된다.[85]

한・EU자유무역협정은 방송을 "소리 또는 이미지와 소리 또는 그 표현물을 공중의 수신을 위해 무선수단에 의해 송신하는 것으로 정의하고 위성에 의한 그러한 송신과 복호화 수단이 방송사업자에 의해 또는 방송사업자의 동의를 받아 공중에 제공되는 경우에 암호화된 신호의 송신도 방송에 포함한다."(제10.9조 (1)(가)). 또한 공중전달을 "실연의 소리 또는 음반에 고정된 소리나 소리의 표현물을 방송 외의 모든 매체에 의해 공중에게 송신하는 것을 말한다고 정의하고, 이에는 음반에 고정된 소리 또는 소리의 표현물을 공중이 청취할 수 있도록 하는 것을 포함한다."(제10.9조 (1)(나)). 한・EU자유무역협정도 WIPO실연 및 음반조

83) Goldstein & Hugenholtz(2013), at 330.

84) 베른협약 제11조제1항2호(연극・악극 및 음악저작물의 저작자가 자신의 저작물의 공연을 공중에 전달할 권리), 제11조의2제1항1호 및 2호(저작물을 방송하거나 재방송할 권리), 제11조의3제1항2호(문학저작물의 저작자가 자신의 저작물에 대한 낭송을 공중에 전달할 권리), 제14조제1항2호(영상화된 저작물에 대한 원저작자의 공연 및 유선에 의한 공중전달권), 그리고 제14조의2(영상저작물의 저작자의 권리)에는 영향이 없다.

85) 박덕영・이일호(2009), 382면 참조.

약과 같이 방송과 공중전달을 분리하고 있다.

마. 베이징시청각실연조약상 방송의 개념

베이징시청각실연조약상 방송의 개념은 1996년 WIPO 실연및음반조약과 그 궤를 같이 한다. 즉 방송은 영상 또는 음의 표현물을 공중에 수신토록 하기 위해 무선방식으로 송신하는 것을 말하며 위성에 의한 송신과 암호화된 신호의 송신(방송사업자 등이 암호해제수단을 공중에 제공하는 경우)도 방송으로 보고(제2조(c))[86] 공중전달은 방송이외의 모든 매체에 의하여 실연(고정여부 불문)을 공중에게 송신하는 것이라고 정의하여 방송과 그 개념을 구분한다(제2조(d)).[87]

바. 소결

이상 살펴 본바와 같이 아날로그 시대의 산물이었던 로마협약 상 방송은 무선에 의해 방송신호를 공중에 전달하는 것에 한정되었으나 정보사회의 진전에 따라 1996년 WIPO저작권조약과 2001년 정보사회저작권지침은 방송이라는 개념을 버리고 공중전달권의 개념 속에 방송을 포함시켰고 유럽연합 2007년 시청각미디어서비스 지침에 있어서도 텔레비전 방송과 응청(應請)미디어서비스를 포괄하는 시청각미디어서비스의 개념을 창설하여 방송과 전송을 통합하고 있다. 그러나 저작인접권의 영역에서는 아직 방송이 공중전달의 개념에 포섭되지 못하고 있다.

3. 방송개념의 변화

가. 일반

위에서 살펴 본바와 같이 권리로서의 방송권은 공중전달권에 포섭되고 있으나 방송사업자와 관련한 방송의 개념 자체에 관하여는 국제적인 합의가 이루어지지 않고 있다. 이점은 저작인접권인 방송사업자의 권리를 다루는 조약에 있어서 방송개념의 확대가 난항을 겪고 있는 점에서 잘 알 수 있다. 이를 아래에서 좀 더 자세히 살펴보기로 한다.

---

86) Article 2(c) of the Draft Treaty.

87) Article 2(d) of the Draft Treaty. 나아가 동조는 실연자가 가지는 방송권과 공중전달권 상 공중전달은 시청각적 고정물에 고정된 실연을 공중에게 청취, 관람 또는 시청을 가능하게 하는 것을 포함한다고 규정한다.

나. 방송사업자 보호조약(안) 상 방송의 개념에 관한 논의

방송사업자 보호조약(안) 상 방송의 개념에는 전통적인 방송과 유선방송 및 위성방송이 포함된다. 그러나 방송사업자의 컴퓨터 네트워크를 통한 송신을 비롯한 인터넷방송을 포함할 것인가에 대하여는 아직 합의가 이루어지지 않고 있다.[88] 이 점은 동 조약의 보호범위와 밀접한 관련을 가진다.[89]

컴퓨터 네트워크를 통한 송신과 관련하여 미국, 유럽 및 일본은 웹캐스팅도 동 조약의 규정범위에 포함시켜야 한다는 입장을 견지하고 있다. 미국은 해적행위 대책의 필요성에서 웹캐스팅을 행하는 자에게 방송조약주체의 지위를 부여해

---

88) 여기의 방송에는 컴퓨터 네트워크를 통한 일련의 신호의 송신을 포함하는 것으로 해석될 수 있을 것이다. 방송의 정의와 관련하여 방송사업자보호조약안 제5조는 두 가지 안을 제시하고 있다. 먼저 대안 A는 방송에 유선방송, 위성방송을 포함하여 규정하고 있다. 즉 방송을 "공중에게 수신하도록 하기 위하여 방송사업자가 또는 그를 위하여 신호[여기서 신호란 "암호화 되어 있는지 여부에 상관없이 음과 영상(음 또는 영상을 포함한다) 또는 그 표현물로 구성되는 전기적으로 생성된 전달물(carrier)(제5조의 대안A(a))" 또는 "방송 또는 유선방송을 송신할 수 있는 전기적으로 생성된 전달물(carrier)"을 말한다(제5조의 대안A(a)에 대한 대안)]를 송신하는 것"으로 정의하고 있다(제5조의 대안A(b)). 이 대안에 대하여는 "공중에 수신하도록 하기 위하여 무선으로 특별한 프로그램을 운반하는 전자적으로 생성된 일련의 신호를 송신하는 것"으로 정의하자는 또 다른 대안이 제시되어 있다(제5조의 대안A(b)에 대한 대안). 대안 B는 방송과 유선방송을 분리하고 위성방송은 방송에 포함하고 있다. 즉 방송이란 "공중에 의하여 수신되는 것을 목적으로 하는 무선에 의한 음 및 영상(음 또는 영상을 포함한다) 또는 이것을 표현하는 것의 송신을 말한다. 방송에는 위성에 의한 송신, 암호화된 신호의 무선송신으로서 방송사업자등이 암호해제의 수단을 공중에게 제공하는 경우를 포함하나 컴퓨터 네트워크상의 송신을 포함하지 않는다(제5조 대안B(a)). 유선방송이란 "공중에 의하여 수신되는 것을 목적으로 하는 유선에 의한 영상 및 음 또는 이들을 표현하는 것의 송신"을 말하고 유선방송에는 암호화된 신호의 유선송신이 암호해제의 수단이 유선방송사업자에 의하여 또는 그 동의를 얻어 공중에 제공되는 경우에는 포함되나, 컴퓨터 네트워크상의 송신을 포함하지 아니한다(제5조 대안B(b)).

89) 방송사업자보호조약(안)은 동 조약의 보호범위와 관련하여 두 가지 안을 제안하고 있다. 선택안 A에서는 본 조약에서 인정되고 있는 보호는 방송사업자의 송신을 위하여 사용되는 방송신호에만 미치고 이러한 신호로부터 전달되는 저작물 또는 다른 보호되는 내용물에 미치지 아니하는 것으로 하거나(제6조의 대안A 제1항), 아니면 조약의 규정은 방송사업자가 보유하거나 저작권자 또는 저작인접권자로부터 취득한 범위내의 권리를 향수할 수 있도록 전통적인 방송과 유선방송매체에 의한 방송에 대한 보호를 부여하는 것이어야 한다고 규정한다(제6조의 대안A 제1항의 대안). 체약국은 본 조약에 기하여 보호되는 기타 수단에 의하여 송신된 방송사업자 자신의 방송에 의한 [동시 그리고 동일한] 송신에 관하여 본조약에 기한 컴퓨터 네트워크상의 방송을 제한하는 선언을 WIPO 사무국장에게 기탁할 수 있다. 다만 관련 유보는 본조약이 발효한 날로부터 3년을 초과하지 않는 기간에서만 효력을 가진다(제6조의 대안A 제3항). 선택안 B도 본 조약의 보호를 방송사업자가 송신을 위하여 사용하는 방송신호에만 미치고 이러한 신호로부터 전달되는 저작물 또는 다른 보호되는 내용물에 미치지 아니하는 것으로 하고 전통적인 방송사업자와 유선방송사업자에 의한 방송에 대한 보호를 부여하도록 하면서(제6조의 대안B 제1항 내지 제3항), 송신의 시간 및 수신의 장소를 공중의 구성원이 개별적으로 선택하는 모든 송신에 대하여 보호를 부여하지 않는다는 내용을 추가로 규정하고 있다(제6조의 대안B 제4항(ii)). 두 안 모두 단순한 재송신은 보호하지 않는다(제6조의 대안A 제2항, 제6조의 대안B 제4항(i)).

야 한다고 주장하고 있으며 또한 유럽은 방송사업자가 방송과 동시에 네트워크 상에서 웹캐스팅을 행하는 경우에는 조약의 보호대상으로 해야 한다는 입장을 취하였다. 여기에 대하여 대부분의 개발도상 국가는 현재 웹캐스팅의 실태와 사업형태가 아직 명확하지 않으므로 본 조약의 대상으로 하는 것은 시기상조라는 입장이다.[90] 일본이 웹캐스팅을 제외하는 소극적 입장에서 이를 포함하는 적극적 입장으로 선회한 것이 주목된다.[91]

방송사업자보호조약(안) 제6조의2에서는 유럽의 입장에 따라 방송사업자와 유선방송사업자의 컴퓨터 네트워크를 통한 송신신호를 보호하되 요구에 의한 송신 내지 방송과 동시 변환되지 않은 송신신호를 제외한다. 이러한 보호는 방송사업자와 유선방송사업자가 속해 있는 체약국의 입법이 허용하는 경우에 한해서 나아가 그 보호가 주장되는 체약국이 허용하는 범위 내에서의 보호의 정도와 특별한 조치를 취할 수 있다.[92] 결국, 전통적인 방송, 유선방송, 위성방송은 협약에 의하여 보호되고 방송사업자의 컴퓨터 네트워크에 의한 방송은 국내법에 의한 보호를 허용하나 요구에 의한 송신, 방송과 동시 변환되지 않은 송신신호의 경우는 보호에서 제외하고 있다고 할 것이다.

다. 소결

오늘날 국제규범의 입장은 방송의 개념이 전통적인 무선에 의한 방송 외에 유선방송, 위성방송에까지 확장되는 것에는 대체적인 합의가 있다고 볼 수 있고 방송사업자의 컴퓨터 네트워크에 의한 방송까지에는 제한적으로나마 보호가 확장되나 웹캐스팅까지를 포함할 것인가에 관하여는 아직 합의가 이루어 지지 않고 있다. 방송사업자의 다시보기 서비스가 일반화되어 있는 한국의 입장에서는 동시수신 여부를 불문하고 방송사업자가 행하는 송신은 모두 방송으로 보아 동 조약

90) 이러한 대립의 해결방안으로 2005. 4. 의장이 제시한 작업문서에서는 (i) 웹캐스팅을 일단 조약의 보호대상으로 하면서도 보호 의무에 대하여는 조약비준 시에 체약국이 상호주의원칙에 기초하여 통고 또는 유보선언을 통하여 일부 또는 전부를 보호하거나 전혀 보호하지 않는 것을 선택할 수 있는 방법과 (ii) 웹캐스팅을 조약의 보호대상에서 배제하는 대신 조약에 부수하는 법적 구속력 있는 의정서에 규정하면서 의정서의 비준여부를 체약국에게 맡기는 방법을 제안하였다.

91) 조약(안)은 웹캐스팅을 컴퓨터 네트워크상에서 실질적으로 동시에 공중이 접근가능하게 하는 것이라고 규정한바 있었다. 종래 일본은 저작권법에서 저작인접권을 동시송신의 방송, 유선방송에 대하여만 부여하고 있기 때문에 시청자의 접근에 응하여 개별적으로 송신하는 웹캐스팅을 조약의 보호대상으로 하는 것에 신중한 입장을 취하였으나 2013년 제안에서 컴퓨터 네트워크 상의 송신도 포함하는 것으로 입장을 변경하였다. SCCR/26/6, November 28, 2013.

92) Article 6 bis of the Draft Treaty.

의 보호범위 내에 포함시키는 방안이 타당하다고 할 것이다.

Ⅳ 21세기 국제 방송저작권 규범의 변화

1. 서

20세기 후반 정보사회의 진전에 따라 저작권은 새로운 유형의 권리를 탄생시켰고 그 보호의 범위도 넓어지고 있다. 이와 아울러 저작권 보호의 예외를 인정하는 국제규범도 늘어가고 있다.

한편 저작권의 역사는 저작인접권 보호 확대의 역사라는 말이 있을 정도로 저작인접권에 대한 보호는 강화되어왔다. 20세기 후반 방송의 디지털화를 포함한 정보사회의 진전에 따라 실연자 및 음반제작자를 디지털 방송을 비롯한 공중송신으로부터 보호할 필요가 커지고 또한 방송사업자의 저작인접권 역시 그 보호의 범위를 넓힐 필요가 있다. 이와 아울러 저작권에서와 마찬가지로 저작인접권 보호의 예외를 인정하는 국제규범도 늘어가고 있다. 이하에서는 방송사업자의 권리를 포함하여 실연자 및 음반제작자의 권리 보호에 관한 국제규범의 동향을 살펴보기로 한다. 실연자 및 음반제작자의 권리 보호의 확대는 그들의 저작인접물을 이용하여야 하는 방송사업자에게 지대한 영향을 미치기 때문이다.

이하에서는 정보 저작권을 비롯한 저작권 보호에 관한 20세기 후반 이후의 국제규범의 동향을 저작권 보호의 확대, 방송사업자의 권리의 확대, 실연자 및 음반제작자의 권리의 확대, 공익을 위한 저작권 보호의 제한, 저작물의 유통촉진과 이용료 확보, 방송저작권 보호의 준거법에 관한 국제규범을 중심으로 살펴보기로 한다.

2. 저작권 보호의 확대

가. 보호되는 저작물

방송저작물의 대종을 이루고 있는 음악저작물이나 영상저작물은 일찍이 베른협약의 적용범위에 포함되었다.[93] 따라서 최근의 국제조약에 의하여 방송과 관련

93) 베른협약에서는 '문학적 · 예술적 저작물'이란 그 표현의 형태나 방식이 어떠하든 간에 문학 · 학술

하여 저작물의 보호 범위가 확대된 것은 없다. 그러나 저작물은 아니나 방송저작물과 밀접한 관련이 있는 방송포맷의 국제적 보호가 사실상 진척되고 있으므로 이에 관하여는 항을 바꾸어 살펴본다.

나. 방송포맷의 국제적 보호

방송포맷의 보호에 관한 국제규범은 아직 없으나 포맷인증보호협회(Format Recognition and Protection Association, FRAPA)는 사실상의 국제규범을 창설하는 역할을 하여 왔다. 동 협회는 세계각국의 포맷 제작자, 창작자 및 배포자를 위하여 정보와 보호를 제공함으로써 국제적 포맷 비즈니스의 베이스캠프가 되고 있다.[94] 포맷인증보호협회는 2000년 설립 이래 회원의 이익을 보호하고 대표함에 의하여 포맷산업을 오늘날의 수준으로 이끄는 것을 도와왔다.

포맷인지보호협회의 방송포맷 등록인증제도(FRAPA Format Register)는 방송포맷을 보호할 수 있는 실질적인 역할을 하고 있다고 할 것이다.[95] 또한 방송포맷의 거래 활성화를 위하여 포맷가치계산기(FRAPA Format Price Calculator)[96]와 포맷계약발전기(FRAPA Contract Generator Tool)[97]가 큰 역할을 하고 있다. 아울러 포맷인증등록협회는 포맷에 관한 분쟁의 조정제도를 운영하여 왔는데, 2000년부터 2002년까지 8~10건의 분쟁, 2003년도에는 18건 분쟁, 2008년에는 44건의 분쟁 해결에 관여하였으며 분쟁해결 성공률은 80%에 이르렀다.[98]

다. 저작 지분권의 보호 강화

(1) 복제권의 범위 확대

일시적 저장도 복제로 인정됨으로 인하여 복제권의 보호범위가 확대되었다. WIPO저작권조약에서는 일시적 저장을 복제로 인정할 것인가가 문제되었으나 합

및 예술의 범위에 속하는 모든 제작물을 말한다고 하면서 구체적으로 적시하고 있는 저작물의 유형 중에 영화저작물이 있는바 영화저작물이라 함은 영화와 유사한 과정에 의하여 표현된 저작물을 포함하고 있다(베른협약 제2조 제1항).

94) FRATA(2011) at 68.

95) Id at 70.

96) Id at 69.

97) Id at 70.

98) 2009. 12. 이후에는 포맷인정등록협회의 조정서비스는 WIPO로 이관되어 위 영화 및 미디어를 위한 조정과 신속중재규칙에 의하여 행해지고 있다. http://www.frapa.org/services/dispute-resolution-wipo/

의가 되지 않아 조약내에 규정되지 못하였다. 그러나 일시적 복제에 베른협약 제9조의 복제권 규정이 적용되는지 여부와 관련하여 WIPO저작권조약의 합의성명(Agreed Statements concerning the WIPO Copyright Treaty)에서 복제권의 개념이 디지털 저작물 이용에도 그대로 적용됨을 밝히고 있다.[99] 합의성명이 WIPO저작권조약의 일부를 구성하는가에 관하여는 국가 간에 견해가 일치하지 않는다.[100] 한미자유무역협정에서는 각 당사국이 저작자・실연자 및 음반제작자가 어떠한 방식이나 형태로, 영구적 또는 일시적으로, 그의 저작물・실연 및 음반의 모든 복제를 허락하거나 금지할 권리를 가지도록 하여 전자적 형태의 일시적 저장을 복제권의 보호대상으로 하고 있다. 주목한 점은 일시적 복제권자의 범위를 저작자뿐 아니라 저작인접권자에게 까지 확대하고 있는 점이다.[101]

(2) 포괄적 공중전달권의 인정

방송저작물에 대하여는 방송권 등의 좁은 저작 지분권을 넘어 포괄적인 공중전달권(right of communication to the public)이 인정되었다. 즉 WIPO저작권조약에서는 "문학적・예술적 저작물의 저작자는 유선 또는 무선의 수단에 의하여 자신의 저작물을 공중에 전달할 수 있도록 허가할 배타적 권리를 향유" 하며 이 공중전달에는 공중의 구성원이 개별적으로 선택한 장소와 시간에 이러한 저작물에 접근할 수 있게 하는 것이 포함된다(동 조약 제8조).[102] 앞서 살펴본 바와 같이 한미자유무역협정 제18.5조에도 같은 규정을 두고 있다. 이는 정보통신의 발전에 따라 베른협약상의 공중전달권의 개념을 대폭 확대한 것이다.

(3) 대여권 인정

종래의 배포권을 넘어 영상저작물을 비롯하여 컴퓨터프로그램 및 음반에 수록된 저작물[103]의 저작자에게는 저작물(그 복제물 포함)의 공중에 대한 상업적 대여를 허락할 배타적 권리를 부여하였다(동 조약 제7조 제1항). 이러한 국제규범의

---

99) http://www.wipo.int/treaties/en/text.jsp?file_id=295456

100) 한국은 이 합의성명에 반대하였으므로 그 구속력을 부인하나 국제법상 그 효력을 부인하기는 힘들 것이다. 박덕영・이일호(2009) 217, 192-193면 참조.

101) 동 협정 제18.4조 제1항 참조.

102) 동 조약 제8조 참조. 동조는 베른협약 제11조 제1항 (ii)호, 제11조의2 제1항 (i)호 및 (ii)호, 제11조의3 제1항 (ii)호, 제14조 제1항 (ii)호 그리고 제14조의2 제1항의 규정에 영향을 미치지 아니함으로 전제하고 있다.

103) 음반수록저작물 여부는 체약국의 국내법에 따라 정한다.

변화에도 불구하고 우리 저작권법은 영상저작물 저작자의 배포권을 인정하지 않고 있다.[104]

(4) 사진저작물의 보호기간 연장

WIPO저작권조약은 사진저작물의 보호기간을 종래의 25년이상[105]에서 50년 이상으로 연장하였다.[106] 사진저작물을 많이 보유하고 있는 방송사업자에게는 도움이 되는 규범이나 반대로 타인의 사진저작물을 이용하는 경우에는 장기간 그 대가를 지급하여야 하는 불이익도 병존한다.

3. 방송사업자의 권리의 확대

가. 일반

정보사회의 진전으로 인한 방송 개념의 확대에 따른 방송사업자의 개념 확대와 아울러 방송사업자의 권리 확대가 논의되고 있다. 이 점에 관하여 로마협약 이후 관련 조약이 변화하는 동향을 살펴보고 나아가 외국방송사업자의 권리 보호, 보호기간 연장 논의 등을 중심으로 살펴보기로 한다.

나. 국제규범상 방송사업자의 권리의 확대

방송사업자의 권리에 관하여 1991년 유럽연합 대여권 지침은 유무선 방송의 고정권, 재방송권, 배포권 및 공중전달권을 부여하였다.[107] 이어 1994년 무역관련지적재산권협정이 방송사업자에게 고정권, 고정물의 복제권, 방송의 무선 재방송권, 텔레비전방송의 공중전달권을 부여하였다.[108] 2001년 유럽연합 정보사회

---

104) 저작권법 제21조는 저작물의 원본이나 그 복제물이 해당 저작재산권자의 허락을 받아 판매 등의 방법으로 거래에 제공된 경우에도 저작자는 "판매용 음반"이나 "판매용 프로그램"을 영리를 목적으로 대여할 권리를 가진다고 규정한다. 영상저작물을 제외한 것은 이른바 잠식테스트(impairment test)에 따라 복제권을 실질적으로 침해하지 아니하는 경우(동 조약 제7조 제2항, TRIPs협정 제11조 참조)에 해당하기 때문이라고 하나, 영상저작물을 음반과 구별할 합리적인 이유를 발견하기 어렵고 오히려 오늘날 음반보다 DVD와 같은 영상저작물의 복제본의 대여가 잔존하고 있으므로 영상저작물을 제외한 동 규정은 국제규범에 반한다 할 것이다.

105) 베른협약 제7조 제4항은 25년이상의 보호기간을 두었었다.

106) 동 협약 제9조 참조. 응용미술저작물에 대하여는 동조약이 아무런 규정을 두고 있지 않으므로 25년 이상 보호하도록 하는 베른협약의 규정이 아직 유효하다.

107) 대여권지침 제7조 제2항, 제8조 제3항 및 제8조 제1항(d) 참조.

108) TRIPs협정 제14조 제3항.

저작권지침은 방송사업자의 권리로서 일시적 디지털 복제본의 복제권과 온라인 공중이용제공권(우리 법상 전송권에 해당)을 도입하였다.[109)]

방송사업자보호조약(안)은 방송사업자에게 최소한 방송신호의 재송신권과 공연권 및 방송전 신호의 사용권을 부여한다. 이를 상설하면 (i) 모든 수단에 의한 방송신호의 공중에 대한 재송신(retransmission), (ii) 상업목적 또는 대형 스크린을 사용하여 공중이 이용가능한 장소에서 하는 방송신호의 공연(performance of their broadcast signal) 및 (iii) 방송사업자를 위하여 사용되는 방송전 신호의 사용(use of a pre-broadcast signal)을 허락할 배타적 권리를 부여한다(제9조의 대안A 제1항).[110)]

방송사업자보호조약(안) 중에는 이보다 훨씬 넓은 범위의 권리를 방송사업자에게 부여하고자 하는 입장도 있다.[111)] 즉 방송의 고정권, 복제권, 재송신권, 공중전달권, 공중이용제공권, 송신권 및 양도권을 인정한다. 상설하면 (i) 그 방송을 고정할 권리(fixation of broadcasts), (ii) 그 방송의 모든 방법 또는 형식에 의한 직접적 또는 간접적인 복제(reproduction of fixations), (iii) 재방송, 유선재송신, 컴퓨터 네트워크를 통한 재송신을 포함하는 모든 방법에 의한 방송의 재송신(retransmission of broadcasts), (iv) 그 방송의 공중에 대한 전달(communication to the public), (v) 그 방송의 고정물 및 그 복제물을 공중의 각자가 선택하는 장소 및 시기에 이용이 가능하게 되는 상태에 두는 것(making available to the public), (vi) 그 방송의 고정물에 의하여 모든 방법으로 그 방송을 공중에게 수신하도록 하기 위한 송신(transmission of broadcasts for the reception by the public), (vii) 판매 기타 소유권 이전(sale or other transfer of ownership)을 통하여 그 방송의 고정물 및 그 복제물을 공중에 이용가능하게 하는 것을 허락할 배타적 권리를 부여하고자 한다(제9조의 대안B 제1항).[112)]

---

109) 동 지침 제2조(e) 및 제3조 제2항 참조.

110) 이 중 방송신호의 공연권과 방송전 신호사용권을 행사하는 조건은 체약국의 법령으로 규정할 수 있으나 그 보호가 적절하고 효과적이어야 한다. 이러한 권리 보호의 준거법은 그 권리의 보호가 요구되는 국가 즉 보호국법이 된다(제9조의 대안A 제2항).

111) 위에서 본 대안A에 대해 이를 대안B라 한다.

112) 방송의 복제와 재송신 행위에 관하여는 그 보호가 적절하고 효과적인 한 그 권리보호를 행사하는 조건은 그 권리의 보호가 요구되는 체약국의 법령이 정하는 바에 의한다(제9조의 대안B 제2항). 방송전 신호도 보호되는바 그 보호를 행사하는 조건을 그 권리의 보호가 요구되는 체약국의 법령이 정할 수 있도록 하고 있는 점은 대안A와 같다(제9조의 대안B 제4항). 또한 체약국은 가입서 기탁시 WIPO사무국장에게 하는 통고로써 복제권, 공중전달권, 및 공중이용제공권, 공중송신권을 배

동 조약(안)에 의하면 최소한 방송사업자의 권리에 방송전 신호에 대한 보호,[113] 유료방송, 컴퓨터 네트워크를 통한 재송신을 포함하는 방송의 재송신의 보호, 즉 전송행위에 대한 보호도 포함하고 있다. 이처럼 유럽연합 대여권 지침, 무역관련지적재산권협정, 유럽연합 정보사회 저작권지침 등의 규정을 보면 방송사업자의 권리를 확대하고 있음을 알 수 있다.

다. 방송사업자의 권리에 대한 보호기간의 연장 논의

로마협약 상 방송은 방송이 행해진 해 연도말로부터 최소한 20년간 보호되었으며[114] 방송사업자보호조약(안)에서도 개발도상국은 방송된 해의 말로부터 20년간을 주장하고 있다. 그러나 이는 후술하는 바와 같이 실연자 및 음반제작자의 권리를 이미 20년에서 50년으로 연장한 것과 균형이 맞지 않고 우리나라를 비롯한 다수의 국가에서 실연자 및 음반제작자의 권리를 70년간 보호하고 있으므로 방송사업자의 권리도 최소한 50년간으로 연장하는 것이 타당할 것이다.

4. 실연자 및 음반제작자의 권리의 확대

가. 일반

위에서 살펴본 바와 같이 국제규범의 관점에서 보면 로마협약 이래 방송사업자의 권리는 정체상태에 있는 반면 실연자와 음반제작가의 권리는 많이 신장되었으므로 방송사업자에게는 실연자 및 음반사업자에게 지급하여야 하는 이용 대가의 대폭적인 증가를 가져오고 있다. 로마협약은 실연자에게는 녹음·녹화권, 방송권, 2차적 이용료 청구권 및 공연권을, 음반제작자에게는 복제권, 배포권 및 2차적 이용료 청구권만을 부여하였으나 위에서 본바와 같이 WIPO 실연및음반조약은 청각실연자의 인터넷 등을 활용한 실연의 이용에 대한 통제권을 강화하였으며, 베이징시청각실연조약은 그 보호범위를 시청각실연자에게 까지 확장하고 있다.

타적 허락권(exclusive right of authorizing)으로 하지 않고 금지권(right to prohibit)으로 할 것임을 선언할 수 있다(제9조의 대안B 제3항).

113) 우리저작권법은 2011. 12. 2.에 제104조의7을 신설하여 방송전 신호를 보호하고 있다.

114) TRIPS협정에서도 방송한 다음해부터 20년간 보호하는 것으로 하여(제14조 제5항) 보호기간에 변화가 없었던바 이는 방송사업자의 권리를 부인하는 영미법계 국가들 및 방송에 대해 특별한 공공성을 부여하는 국가들의 입장에 따른 것으로 보인다.

나. 실연자의 저작인격권 보호

1996년 WIPO 실연·음반조약에서 청각적 실연자에게 자신의 청각적 생실연 또는 음반에 고정된 실연에 대하여 성명표시권, 동일성유지권 등 저작인격권을 인정하였고 베이징시청각실연조약은 시청각 실연자에게도 같은 저작인격권을 부여하고 있다.[115] 이와 같이 실연자의 권리는 실연자의 사후에도 적어도 재산적 권리가 소멸되기 전까지 존속하고, 보호가 요구되는 체약국의 법령 상 자격이 있는 개인 또는 단체가 이를 행사한다.[116] 동일성유지권을 침해하기 위하여는 실연의 개변이 있어야 한다.[117]

다. 생실연의 보호-고정요건의 철폐

1996년 WIPO 실연·음반조약은 생실연(live performance)을 보호하고 있으며(제6조), 베이징시청각실연조약도 고정된 실연뿐 아니라 고정되지 않은 실연에 대해서도 복제권과 배포권 등의 권리를 부여하고 있으며[118] 나아가 실연자는 그 실연에 대해 (i) 이미 방송된 실연을 제외하고 고정되지 않은 실연을 방송하거나 공중에 전달하는 것과 (ii) 고정되지 않은 실연을 고정하는 것을 허락할 배타적 권리를 향유한다(동 조약 제6조).

---

115) 즉 실연자는 그 재산적 권리와는 별도로, 그 권리를 이전한 후에도 생실연 및 시청각적 고정물에 고정된 실연에 대해 다음과 같은 권리를 보유한다. (i) 실연의 이용형태에 따라 생략하는 것이 부득이한 경우를 제외하고는 그 실연의 실연자임을 주장할 권리 (ii) 시청각적 고정물의 특성을 충분히 감안하여, 실연의 변경, 제거 또는 기타 개변으로 자기의 명성을 해칠 우려가 있는 경우 이의를 제기할 권리(제5조 제1항).

116) 무엇보다도, 이 조약의 비준 또는 이 조약에 가입시 효력을 가지는 법령에서위의 인정된 권리 전부에 대하여 실연자의 사후 보호를 보장하는 것을 규정하지 아니한 체약국은 그 권리 중 일부 권리가 실연자의 사후에는 존속하지 않을 것을 규정할 권리를 가진다(제5조 제2항). 위의 인정된 권리를 보전하기 위한 구제방법은 보호가 요구되는 체약국의 법령이 정하는 바에 의한다(제5조 제3항).

117) 시청각적 고정물의 특성 및 그 제작 및 유통을 고려한 편집, 요약, 더빙 또는 포매팅이며, 기존의 또는 새로운 매체 또는 형식으로 행해지는 실연의 통상이용과정에서 행해진 실연의 개변으로서, 실연자에 의해 허락된 사용과정에서 행해진 것은 그 자체로는 제5조(1)(ii)의 의미에서 개변으로는 되지 않는다고 해석한다. 제5조(1)(ii)의 권리는 실연자의 명성을 상당정도 객관적인 견지에서 해치는 개변에만 관계한다. 또한 새로운 또는 변경된 기술 또는 매체의 단순한 사용은 그 자체가 제5조(1)(ii)의 의미에서 개변으로는 되지 않는다고 해석한다(제5조에 관한 합의성명).

118) 동 조약상 "실연자"에는 배우, 가수, 연주가, 무용가 기타 문학 또는 예술 저작물 또는 민간전승의 표현을 상연하고 가창, 구연하고 낭송하고, 연주하고 연출하거나 기타의 방법으로 실연하는 자 뿐 아니라(제2조(a)), 실연의 과정에서 창작된 또는 최초로 고정된 문학적 또는 예술적 저작물을 실연하는 자도 포함한다고 해석된다(제2조(a)에 관한 합의성명).

라. 실연자의 권리의 확대

1996년 WIPO 실연·음반조약은 음성실연자에게 생실연의 고정권·방송권·공중전달권(제6조), 복제권(제7조), 배포권(제8조), 대여권(제9조), 이용제공권(제10조)을 부여함으로써 실연자의 배타적 권리를 확대하고 있다. 이에서 더 나아가 베이징시청각실연조약은 음성실연자를 넘어 시청각실연자에게 시청각적 고정물에 고정된 실연의 복제권(제7조), 시청각적 고정물에 고정된 실연의 원작품 및 복제물의 양도권(제8조), 상업적 대여권(제9조), 고정된 실연의 이용제공권(제10조), 방송권 및 공중전달권(제11조)를 부여한다.

베이징시청각실연조약상 시청각실연자는 복제권을 가진다. 즉 실연자는 시청각적 고정물에 고정된 실연에 대하여 모든 방법과 형식에 의해 직접 또는 간접적인 복제를 허락할 배타적 권리를 향유한다(제7조).119) 베이징시청각실연조약상 시청각적 고정물이라 함은 동영상(음 또는 음의 표현물의 수반여부를 불문한다)의 수록물 중 장치를 이용하여 인식되고 복제되거나 전달될 수 있는 것을 말한다(제2조(b)에 관한 합의성명).120) 여기서 이용제공권이란 시청각적 고정물에 고정된 실연을 공중의 구성원이 개별적으로 선택한 장소와 시간에 접근할 수 있도록 유선 또는 무선의 방법으로 공중이 이용 가능한 상태로 하는 배타적 권리를 말한다(제10조).

방송권 및 공중전달권과 관련하여, 1996년 WIPO 실연·음반조약은 실연자가 자신의 실연이 방송이나 공중전달에 이용되는데 대해 배타적 권리가 아닌 일종의 보상청구권을 가진다고 규정한다.121) 우리나라는 공중송신에 대한 보상청구

119) 제7조에 규정되고 그리고 제13조에서 예외가 인정되는 복제권은 디지털 환경, 특히 디지털 형식의 실연의 이용에 대해서도 그대로 적용된다. 보호를 받는 실연을 디지털형식에 의하여 전자적 매체에 축적하는 것은 제7조가 의미하는 복제에 해당한다고 해석한다(제7조에 관한 합의성명).

120) "시청각적 고정물"의 정의는 WPPT 제2조(b)를 해하지 않는 것을 확인한다(제 2 조(b)에 관한 합의성명).

121) 실연자와 음반제작자는 상업적인 목적으로 발행된 음반이 방송이나 공중전달에 직접적으로나 간접적으로 이용되는 경우에 공정한 단일 보상에 대한 권리를 누린다고 규정함으로써(제15조 제1항), 저작인접권자의 보상청구권 발생 대상을 상업적인 목적으로 발행된 음반(phonograms published for commercial purposes)으로 정하고 있을 뿐이고, 같은 조약 제15조 제4항은 이 조의 목적상, 공중의 구성원이 개별적으로 선택한 장소와 시간에 접근할 수 있는 방법으로 유선이나 무선 수단에 의하여 공중이 이용할 수 있게 된 음반은 상업적인 목적으로 발행된 것으로 간주한다고 규정하고 있다. 이처럼 위 조약 규정은 저작인접권자의 보상청구권 발생 요건과 관련하여 시판용 음반으로 그 대상을 제한하고 있지 않고, 오히려 이보다 훨씬 넓은 개념으로 보이는 개별적으로 선택한 장소와 시간에 접근할 수 있는 방법으로 유선이나 무선 수단에 의하여 공중이 이용할 수 있게 된, 상업적인 목적으로 발행된 음반의 직접 또는 간접 이용에 대하여 보상청구권을 인정하고 있다.

권에 관하여 유보를 하였지만 방송에 대한 보상청구권에 관한 한 아무런 유보를 하지 않았는바, 방송에 대한 보상청구권은 우리나라에도 그대로 적용된다. 반면 베이징시청각실연조약은 한걸음 더 나아가 방송 및 공중에의 전달에 관한 배타적 권리를 규정하고, 체약국에게 보상청구권제도를 선택하거나 하지 않을 자유를 부여한다. 즉 실연자는 시청각적 고정물에 고정된 실연을 방송하거나 공중에 전달하는 것을 허락할 배타적 권리를 향유하나(제11조 제1항) 체약국은 이에 관하여 일정한 유보선언을 할 수 있다.[122)]

마. 음반제작자의 권리 보호의 강화

WIPO 실연·음반조약은 음반제작자에게도 실연자와 마찬가지로 자신의 음반에 대한 복제권(제11조), 배포권(제12조), 대여권(제13조), 이용제공권(제14조), 2차적 이용에 대한 보상청구권(제15조) 등의 권리를 부여함으로써 음반제작자의 권리를 강화한바 있다.

바. 저작인접권 보호기간의 연장

로마협약상 실연자 및 음반제작자의 권리는 실연을 한 해 또는 음반에 고정된 해의 연도말로부터 20년간 보호되었을 뿐이었다(동 협약 제14조). 그러나 WIPO 실연·음반조약과 베이징시청각실연조약은 실연과 음반에 대한 보호기간을 50년이상으로 연장하였다.[123)]

사. 기술적 조치의 광범한 보호

1996년 WIPO 실연·음반조약은 기술적 조치의 광범한 보호를 규정한다.[124)]

---

122) 체약국은 WIPO 사무총장에게 기탁하는 통고에서 동조 제1항에 규정된 허락권을 대신하여 시청각적 고정물에 고정된 실연의 방송 또는 공중에의 전달을 위한 직접적 또는 간접적 사용에 대한 공평한 보상을 청구할 권리를 창설하는 것과 공평한 보상을 청구할 권리의 행사에 관한 조건을 그 법령에서 설정하는 것을 선언할 수 있다(제11조 제2항). 또한 체약국은 동조 제1항 또는 제2항의 규정의 적용에 관하여 이를 특정한 사용에만 적용하는 것 또는 그 적용을 다른 방법으로 제한하는 것 또는 제1항과 제2항의 규정을 적용하지 않을 것을 선언할 수 있다(제11조 제3항).

123) 실연이 고정된 연도의 말부터 또는 음반 등이 발행된 연도의 말부터 기산하여 적어도 50년의 기간이 종료할 때까지, 또는 그 음반 등의 고정으로부터 50년 내에 발행이 행하여지지 아니하였을 경우에는 그 고정이 이루어진 연도의 말부터 50년간으로 연장하였다(WIPO 실연·음반조약 제17조, 베이징시청각실연조약 제14조).

124) 동 조약 제 18조는 “체약국은 실연자 또는 음반제작자가 이 조약상의 권리 행사와 관련하여 사용하고, 그의 실연 및 음반과 관련하여 실연자 또는 음반제작자에게 허락받지 아니하거나 법에서 허용하지 아니하는 행위를 제한하는 효과적인 기술 조치의 우회에 대하여 충분한 법적 보호와 효과

베이징시청각실연조약에도 기술조치의 무력화행위에 대하여 법적 보호를 부여하는 규정을 두고 있는바,[125] 실연자가 사용하는 기술적 조치라는 표현은 WIPO 실연·음반조약에 관한 경우와 마찬가지로 넓게 해석된다.[126]

아. 실연자 권리의 영상제작자에의 이전 문제

실연자의 권리가 영상제작자인 방송사업자에게 이전되는가 하는 문제는 중요하다. 이 점에 관하여 베이징시청각실연조약은 명시적인 규정을 두지 않고 체약국에 재량권을 부여하여 실연자의 권리의 영상제작자에의 이전 문제를 그 국내법에 맡기고 있다.[127]

5. 공익을 위한 저작권 보호의 제한

가. 서

시청각저작물과 관련하여 공공의 이익을 위하여 저작권 보호가 제한되는 경우가 있는데 사회적 약자를 위한 이용을 허용하는 규정을 두고 있는 경우와 영

적인 법적 구제를 제공한다"고 규정한다.

125) 동 조약 제15조는 체약국은 실연자에 의해 허락되지 않고, 한편 법에서 허용되지 않는 행위가 그 실연에 대하여 실행되는 것을 억제하기 위한 효과적인 기술적 조치로서, 동 조약에 따른 권리의 행사와 관련하여 당해 실연자가 사용하는 기술적 조치의 회피를 막기 위한 적절한 법적 보호와 효과적인 법적 구제를 규정한다. 나아가 제13조에 관련하는 제15조에 관한 합의성명에 의하면 동 조약의 어떠한 규정도 수익자가 당사국의 국내법에 따른 권리제한과 예외의 향수를 가능하게 하는 실연에 관하여 권리자의 적절하고 효과적인 조치가 강구되지 않은 상황에서 기술적 조치가 시청각적 실연에 적용되고 수익자가 적법하게 그 실연에 접근할 수 있는 경우에, 수익자가 제13조에 따른 그 체약국의 국내법에서 정한 권리 제한과 예외의 향수를 가능하게 하도록 보장하는 적절한 조치를 체약국이 도입하는 것을 방해하는 것은 아니라고 해석한다. 실연이 고정된 시청각적 저작물의 법적 보호를 저해함 없이, 제15조에 따른 의무는 동 조약을 실시하기 위한 국내법에 따라 보호되지 않거나 또는 더 이상 보호되지 않은 실연에 적용되지 않는 것으로 해석한다.

126) 실연자에는 실연자를 위하여 행위하는 자로서 실연자의 대리인, 라이센시 또는 양수인을 포함하며 거기에는 제작자, 서비스제공자 및 정당한 허락에 따라 실연을 이용하는 전달 또는 방송에 종사하는 자를 포함한다(제15조에 관한 합의성명).

127) 즉 체약국은 국내법에 규정된 바에 따라 체결된 실연자 및 당해 시청각적 고정물의 제작자간 계약에 다른 규정이 없는 한 일단 실연자가 자신의 실연을 시청각적 고정물에 고정하는 것에 동의한 경우에는 동 조약 제7조 내지 제11조에 규정하는 배타적 허락권은 당해 시청각적 고정물의 제작자가 보유하거나 또는 행사하거나 또는 당해 제작자에게 양도하는 것으로 하는 것을 국내법에서 규정할 수 있다. 체약국은 자신의 국내법에 따라 제작된 시청각적 고정물에 관련하여 그러한 동의나 계약은 서면으로 하고 계약의 당사자 또는 적정한 대리인에 의해 서명되는 것을 요건으로 할 수 있다. 위의 배타적 허락권의 이전과는 관계없이 국내법 또는 개별적, 단체적 또는 기타 계약 등에 의하여, 제10조 및 제11조를 포함한 동 조약이 규정하는 실연의 어떠한 사용에 대해서도 로열티 또는 동등한 보수를 받을 권리를 실연자에게 제공하는 것을 결정할 수 있다(제12조).

상저작물의 공공이용확대를 위하여 특별히 규정을 두는 경우가 이 경우에 해당한다. 전자의 경우로는 시청각미디어서비스지침과 방송사업자보호조약이 있고, 후자의 경우로는 방송사업자보호조약이 있는바 이하에서는 해당 조약의 규정을 살펴보기로 한다.

나. 사회적 약자를 위한 이용 허용

시청각미디어서비스지침에서는 시청각 장애인에 대한 단계적인 대응에 관한 규정을 두고 있는데, 회원국이 관할내의 미디어서비스제공자에게 그들의 서비스가 시각 또는 청각 장애인에게 점차적으로 접근할 수 있도록 보장하는 것을 장려하도록 규정하고 있다((제3c조). 방송사업자보호조약(안)에서는 체약국이 국내법령으로 시청각장애자, 학습장애자, 기타 특별한 용도에 이용하는 것을 증진하는 목적을 위하여 동 조약에서 보장된 저작물의 보호에 관한 예외를 규정할 수 있으며 이러한 이용은 당해 저작물의 통상의 이용을 방해하지 않고 권리자의 정당한 이익을 부당하게 해하지 않는 특별한 경우라고 간주한다고 규정함으로써(제10조의 대안C 제2항(e)), 사회적 약자를 위한 저작물의 이용을 허용하고 있다.

다. 영상저작물의 공공 이용 확대

방송사업자보호조약(안)은 방송영상저작물의 공공 이용 확대를 위하여 방송신호의 통상이용을 방해하지 않고 방송사업자의 정당한 이익을 부당하게 해하지 않는 한도 내에서 동 조약이 보장하는 보호의 제한과 예외를 규정하는 세 가지 대안을 제시하고 있다(제10조).[128] [129]

---

128) 대안A에서는 체약국은 국내법령에 의하여 사적사용, 시사보도와의 관계에서 이용되는 짧은 이용, 교육 및 학술목적 만의 이용, 방송사용자가 자기의 방송을 위하여 자기 수단에 의하여 행하는 일시적 고정 행위에 대하여는 본 조약이 보장하는 보호의 예외를 규정할 수 있다(제1항). 본조 제1항의 규정에도 불구하고 체약국은 그 국내법령에서 저작권에 의하여 보호되는 저작물에 관하여 적용되고 있는 것과 동일 또는 다른 제한과 예외를 규정할 수 있다. 단 그러한 제한과 예외는 방송신호의 통상이용을 방해하지 않고 방송사업자의 정당한 이익을 부당하게 해하지 않는 특별한 경우로 한정된다(제2항). 대안 B에서는 체약국은 방송사업자의 보호에 관하여 문학적 및 예술적 저작물의 저작권의 보호 및 이에 관련하는 권리의 보호에 대하여 국내법령에 규정하는 것과 동일한 종류의 제한 또는 예외를 국내법령에서 규정할 수 있다(제1항). 체약국은 본조약에서 규정하는 권리의 제한 또는 예외를 방송의 통상이용을 방해하지 않고 방송사업자의 정당한 이익을 부당하게 해하지 않는 특별한 경우에 한정한다(제2항). 대안 C에서는 체약국은 방송사업자의 보호에 관하여 문학적 및 예술적 저작물의 저작권의 보호 및 이에 관한 권리의 보호에 대하여 국내법령에 규정하는 것과 동일한 종류의 제한 또는 예외를 국내법령에서 규정할 수 있다(제1항). 체약국은 국내법령에서 본 조약에서 보장되는 보호에 대하여 특히 (a) 사적사용, (b) 시사보도와의 관계에서의 인용이용, (c) 방송사업자가 자기의 방송을 위하여 자기의 수단에 의하여 행하는 일시고정, (d) 교육 또는 과학조사

6. 저작물의 유통 촉진과 이용료 확보

가. 서

EU시청각저작물 온라인배포녹서 등에서 시청각저작물의 온라인 유통을 보장하고 저작권자와 저작인접권자에게 이에 대한 보상권을 인정하는 방식으로 정책방향을 제시하고 있는 바와 같이 정보화시대에 있어서는 저작물의 유통을 촉진하고 이용료를 확보하기 위한 방안을 마련하는 중요하다. 이하에서는 이러한 필요성에 입각하여 영상저작물의 전송서비스를 위한 권리 처리 시스템 도입과 영상저작물의 전송 이용 대가의 확보, 방송저작권 보호의 준거법에 관한 국제규범 문제를 중심으로 살펴보기로 한다.

나. 영상저작물의 전송서비스를 위한 권리처리시스템 도입

영상저작물의 전송서비스를 위한 권리처리시스템 도입을 위한 전제로서 권리관리정보에 대한 보호가 필요하다 할 것이며, 이러한 과정의 일환으로서 이미 WIPO저작권조약에서 권리관리정보를 보호하고 있으며 영상저작물관련 저작인접권의 보호를 위하여 WIPO실연·음반조약, 베이징시청각실연조약에서 권리관리

목적만의 이용, (f) 도서관, 문서관, 교육시설이 보존, 교육 및 또는 조사목적을 위하여 방송사업자의 여하한 배타적 허락권에 의하여 보호되는 당해 저작물에 공공의 용도로 제공하기 위한 이용 (g) 송신되는 프로그램 또는 그 일부가 저작권과 저작인접권으로 보호되지 않는 방송의 전부 또는 여하한 부분이고 그 방송의 여하한 방법, 형식으로의 이용의 예외를 규정할 수 있다. 이러한 이용은 당해 저작물의 통상의 이용을 방해하지 않고 권리자의 정당한 이익을 부당하게 해하지 않는 특별한 경우라고 간주한다(제2항). 제2항에도 불구하고 체약국은 제3자의 정당한 이익을 고려하여 방송의 통상이용을 부당하게 방해하지 않고 권리자의 정당한 이익을 부당하게 해하는 것이 아니라면 본조약에서 부여되는 배타적 허락권에 대하여 추가적인 예외를 규정할 수 있다(제3항).

129) 베이징시청각실연조약에서도 영상저작물의 공공이용을 확대하기 위하여 시청각실연자의 저작인접권의 제한과 예외에 관한 규정을 두고 있다. 즉 체약국은 국내 법령에 따라 (시청각)실연자의 보호에 관하여 문학 및 예술저작물의 저작권 보호에 관하여 국내 법령에서 정하는 것과 동일한 종류의 제한 또는 예외를 정할 수 있다(제13조 제1항). 체약국은 이 조약에 규정된 권리에 대한 어떠한 제한이나 예외도 실연의 통상적 이용을 방해하지 않고, 또한 실연자의 정당한 이익을 부당하게 해치지 아니하는 특별한 경우에 한정하여야 한다(제13조 제2항); WIPO 저작권조약 제10조(제한과 예외)에 관한 합의성명은 본 [조약] 제13조(제한과 예외)에 대해서도 준용된다. [WCT 제10조에 관한 합의성명의 내용은 다음과 같다. 제10조의 규정은 국내법의 제한 및 예외로서 베른협약에 따라 인정된다고 해석되어 온 것을 체약국이 디지털 환경에도 적용하고 그리고 디지털 환경에 적절하게 확대하는 것을 용인하는 것으로 해석한다. 마찬가지로, 이러한 규정은 체약국이 디지털 네트워크 환경에서 적절한 새로운 제한 및 예외 규정을 허용하는 것으로 이해되어야 한다. 또한, 제10조(2)의 규정은 베른협약에 의해 인정되고 있는 제한 및 예외의 적용범위를 좁히는 것도 아니고, 확대하는 것도 아니라고 해석한다(제13조에 관한 합의성명).]

정보를 보호하고 있다.

즉 1996년 WIPO 저작권조약은 "체약국은 이 조약 또는 베른 협약상의 권리의 침해를 유도 · 방조 · 조장 또는 은닉할 것이라는 사실을 알면서 또는 민사 구제와 관련하여 이러한 사실을 알았을 합리적 근거가 있음에도 (i) 전자적 권리관리정보를 권한 없이 제거 · 변경하는 행위 또는 (ii) 전자적 권리관리정보가 권한 없이 제거 · 변경된 것을 알면서 저작물 또는 복제물을 권한 없이 배포하거나 배포하기 위하여 수입하거나 방송 또는 공중에 전달하는 행위를 한 자에 대한 충분하고 효과적인 법적 조치에 대하여 규정하여야 한다"고 하고 있다(제12조 제1항).130)

다. 영상저작물의 전송 이용 대가의 확보

영상저작물의 유통활성화를 위해서는 무엇보다도 영상저작물의 온라인 유통을 보장하고 저작권자와 저작인접권자에 대한 전송이용대가를 보상하도록 하는 것이 중요한바 앞서 살펴본바와 같이 EU시청각저작물 온라인배포녹서에서도 그 필요성을 언급하고 있다. 따라서 이러한 내용을 구체적으로 국제규범에서 규정하여야 할 것이다.

---

130) 1996년 WIPO 실연 · 음반조약은 "체약국은 (i) 전자적인 권리관리정보를 권한 없이 제거하거나 변경하는 것, (ii) 전자적인 권리관리정보가 권한 없이 제거되었거나 변경되었다는 것을 알면서 실연, 고정된 실연의 복제물 또는 음반을 권한 없이 배포, 배포를 위하여 수입, 방송하거나 공중이 이용가능하게 하는 것이 이 조약상의 권리의 침해를 유인 · 가능 · 용이 또는 은폐할 것을 알면서, 또는 민사구제에 대하여는 이를 알만한 합리적인 근거가 있음에도 이를 고의로 행하는 자에 대하여 충분하고 효과적인 법적 구제를 제공한다"고 규정한다(제19조 제1항). 아울러 베이징시청각실연조약도 권리관리정보 침해 행위에 대한 법적 보호 부여 규정이 포함되어 있다(제16조 제1항). 즉 베이징시청각실연조약 체약국은 이 조약의 대상이 되는 권리의 침해를 조장하고 가능하게 하고 용이하게 하거나 은닉하는 결과가 되는 것을 알면서(민사상의 구제에 대하여는 그러한 결과가 되는 것을 알 수 있는 합리적인 이유를 가지면서) 다음 각 호의 행위를 고의로 하는 자가 있는 경우에 관하여 적절하고 효과적인 법적 구제에 대하여 규정한다. (i) 전자적인 권리관리정보를 권한없이 제거하거나 변경하는 행위 (ii) 전자적인 권리관리정보를 권한없이 제거되거나 변경된 것을 알면서, 실연 또는 시청각적 고정물에 고정된 실연의 복제물을 권한없이 배포 및 배포를 위해 수입, 방송하고 공중에 전달 또는 이용 가능하게 하는 행위. 동조에서 권리관리정보는 실연자, 실연자의 실연 또는 실연에 관한 권리를 가진 자 또는 실연의 이용조건에 관한 정보를 특정하는 정보 및 그 정보를 표시하는 숫자 또는 부호를 말한다. 그러나 이러한 항목의 정보를 시청각적 고정물에 고정된 실연에 붙이는 경우에 한한다(제16조 제2항). WIPO저작권조약 제12조(권리관리정보에 관한 의무)에 관한 합의성명은 본 [조약] 제16조 (권리관리정보에 관한 의무)에 대해서도 준용된다. [WCT 제12조에 관한 합의성명의 내용은 다음과 같다. 이 조약 또는 베른협약의 대상이 되는 권리의 침해는 배타적 권리와 보상청구권 모두를 대상에 포함한다고 해석한다. 또한 베른협약 및 본 조약이 인정하지 않는 방식의 이행을 부과하는 효과를 가지는 권리관리정보시스템을 기획 · 실시하는 것에 의하여 물자의 자유로운 유통을 저해하거나 본 조약에 따른 권리의 향유를 방해하는 것에 대하여 체약국은 이 조의 규정을 원용하지 않는다고 해석한다(제16조에 관한 합의성명).]

Ⅴ 국제 방송저작권 규범에의 대응

1. 공중송신권 개념의 재정립

앞서 본바와 같이 방송 개념에 관한 오늘날 국제규범의 대세는 방송 개념의 확장 나아가 방송 개념의 공중전달에의 포섭이라고 할 수 있다. 21세기 정보사회에 있어서 통신(communication) 내지는 전달(transmission)의 개념과 유형을 정확히 이해하는 것은 그에 대한 법적 규율을 적절히 하는데 매우 긴요하다. 정보사회의 통신에 있어서는 1대1통신, 1대 다(多) 통신, 다(多) 대 다(多) 통신으로 나누어 보는 것이 유익하다. 종래의 방송은 1대 다(多) 통신의 범주에 속한다고 할 수 있다. 그러나 정보사회에 있어서 통신의 특징은 쌍방향이다. 따라서 방송을 공중전달로 그 개념을 확장할 뿐 아니라 쌍방향 공중전달 즉 수신자의 요청에 의하여 전달되는 것도 공중전달의 개념에 포함시켜야 할 것이다.

이러한 관점에서 우리 저작권법이 2006년 공중송신의 개념을 방송 개념의 상위개념으로 도입한 것은 매우 적절하였다고 할 수 있다.[131] 그러나 우리 저작권법상 공중송신권 도입은 미완의 것이다. 왜냐하면 저작자에게는 전면적인 공중송신권을 부여하면서도(제18조) 실연자에게는 방송권과 전송권만을,[132] 음반제작자에게는 전송권만을[133] 각 인정하고 있기 때문이다. 저작인접권자에게도 공중송신권을 전면적으로 인정하되 후술하는 바와 같이 공중전달자들이 대가를 지급하고 실연, 음반 및 방송을 자유로이 이용할 수 있는 시스템을 도입하는 방향으로 나아가야 할 것이다.

---

131) "공중송신"은 저작물, 실연·음반·방송 또는 데이터베이스(이하 "저작물등"이라 한다)를 공중이 수신하거나 접근하게 할 목적으로 무선 또는 유선통신의 방법에 의하여 송신하거나 이용에 제공하는 것을 말한다고 하고 공중송신 중 "방송"은 공중이 동시에 수신하게 할 목적으로 음·영상 또는 음과 영상 등을 송신하는 것이고 "전송"은 공중의 구성원이 개별적으로 선택한 시간과 장소에서 접근할 수 있도록 저작물등을 이용에 제공하는 것을 말하며, 그에 따라 이루어지는 송신을 포함한다고 정의한다(동법 제2조 제7호, 제8호 및 제10호).

132) 제73조 및 제74조 참조. 나아가 제75조는 실연자에게 그의 실연이 녹음된 판매용 음반을 사용하여 방송된 경우에는 상당한 보상금을 그 방송사업자에게 청구할 권리를 부여한다.

133) 제81조 참조. 방송에 관련하여서는 음반제작자에게 판매용 음반을 사용하여 방송한 방송사업자에 대하여 상당한 보상금을 청구할 권리를 부여한다(제82조).

2. 방송제작자와 방송사업자 권리의 보호

방송사업자의 저작인접권에 관하여도 앞서 본바와 같이 유럽연합 대여권지침, 무역관련지적재산권협정, 유럽연합 정보사회 저작권지침 및 방송사업자보호조약(안)은 그 권리의 범위를 확대하여 왔다. 그러나 우리 저작권법은 방송사업자에게 복제권, 동시중계방송권 및 제한된 범위의 공연권만 인정하고 있을 뿐이므로[134] 방송사업자의 보호 강화를 위하여 방송사업자보호조약(안)[135]에 미치지 못하더라도 적어도 유럽연합과 같이 전송권을 포함하는 공중송신권을 보장하는 수준까지는 나아가는 것이 타당할 것이다. 다만 공익을 위한 저작인접권 보호의 예외는 인정되어야 할 것이다.

이에서 더 나아가 방송제작자의 권리보호의 강화도 검토할 필요가 있다. 베이징시청각실연조약에서 영상제작자에의 권리이전과 관련하여 체약국의 재량권을 인정하면서 영상제작자에게 당해 시청각적 고정물의 저작권을 부여하도록 국내법에서 규정할 수 있도록 하고 있는 점은 영미법계 국가의 방송저작권 보호 제도를 고려한 것이나 향후 방송사업자에 대한 저작권적 보호를 하는 입법을 하는 경우 참조가 된다(제12조). 영국 저작권법은 방송을 저작물의 한 유형으로 보고 방송에 대한 창작적 기여를 따지지 않고 방송을 제작하는 자(the person making the broadcast) 즉 방송제작자를 저작자라고 규정하고 있다.[136] 따라서 방송제작자에게 방송프로그램에 대한 저작권이 인정된다. 미국에서는 음성녹음(sound recording)과 방송을 포함한 고정된 실연은 저작인접권이 아니라 저작권으로 보호된다. 우리나라에서는 영상제작자에게 영상저작물 이용권이 있으므로 그 범위 내에서 방송영상제작자가 보호되나 그것만으로는 불충분하다. 따라서 방송제작자에게 저작권 인정이 어렵다면 저작인접권의 형태로 보호를 강화하는 방안을 강구하여야 할 것이다.

---

134) 동법 제84조, 제85조 및 제85조의2 참조.

135) 고정권, 복제권, 재송신권, 공중전달권, 전송권, 방송송신권 및 배포권을 부여하는 앞서 본 대안 B를 말한다.

136) 동법 제9조(2)(b). 다른 방송을 중계 방송하는 경우에는 그 중계방송을 제작하는 자(in the case of a broadcast which relays another broadcast by reception and immediate re-transmission, the person making that other broadcast)가 저작자로 된다. 이는 "저작물을 창작한 자"가 저작자가 된다는 창작자원칙(제9조(1))의 예외이다.

3. 방송저작물 유통 법제의 정립

방송저작물의 원활한 유통을 보장하기 위하여는 권리관리정보의 보호를 넘어 다양한 법제가 준비되어야 한다. 국가적 레벨에서의 유통 시스템은 비교적 쉽게 마련할 수 있으나 국제적인 레벨의 유통 시스템의 정립은 용이하지 않다. 유럽에서는 이 문제가 권리집중관리(Collective Right Management, CRM)와 관련하여 오랫동안 다루어져 왔다.

먼저 1993년 위성 및 케이블 방송저작권 지침은 프로그램의 유선재송신하는 경우의 저작권 및 저작인접권 보호에 관하여 그와 같은 재송신이 저작권자, 저작인접권자 및 유선방송국 간의 개별약정 혹은 단체약정에 기초하여 이루어지도록 하고(제8조 제1항), 강제적 권리집중관리제도를 도입하여 유선 재송신에 관한 저작권 또는 저작인접권을 집중관리단체를 통해서만 유선방송국에 행사할 수 있도록 하였다(제9조 제1항). 그 취지는 유선방송사업자가 자신이 원하는 권리를 집중관리기구 비가입자로부터도 허여받을 수 있도록 하는데 있다.[137]

한편 2001년 추급권 지침[138]은 추급권을 행사하여 받는 이용료를 회원국의 선택에 따라 임의적 또는 강제적 집중관리를 하도록 하였다.[139] 이 이용료에는 자국 국민이 받을 이용료 뿐 아니라 다른 회원국 국민이 받을 이용료도 포함된다.[140] 나아가 2014년 저작권집중관리 지침은 다국간 이용허락을 가능하게 함으로써 향후 방송저작물을 비롯한 여러 종류의 저작물 유통 법제의 정립에 지대한 영향을 미칠 것이 예상된다. 우리 법제도 다국간 이용허락을 할 수 있는 저작권 집중관리기구를 육성하여야 할 것이다.

4. 브뤼셀위성협약 가입 후의 후속 조치 및 직접위성방송의 보호

앞서 본바와 같이 브뤼셀위성협약이 2012년 초 우리나라에서 발효하였는바, 이에 대하여는 한미자유무역협정에 따라 2011. 12. 2. 저작권법 제104조의4를 신

137) Walter, Michael M., & von Lewinski, Silke(2010), at 1165.

138) Directive 2001/84/EC of the European Parliament and of the Council of 27 September 2001 on the resale right for the benefit of the author of an original work of art.

139) 동지침 제6조 제2항(Member States may provide for compulsory or optional collective management of the royalty).

140) Walter, Michael M., & von Lewinski, Silke(2010), at 1166.

설한 것을 제외하고는 후속조치가 없는 것으로 보인다. 인접국 중 일본과 중국이 아직 가입하지 않고 있어 인접국에서의 위성방송신호보호에는 도움이 되지 않으나 러시아가 가입하고 있으므로 러시아와의 관계에서 동 조약에 따라 우리 방송신호를 보호 받을 가능성이 있다. 또한 오늘날 통신위성은 전 세계에서 수신이 가능하므로 미국, 독일 등의 가입국에서 우리나라의 방송신호가 실질적으로 보호받을 수 있는 후속조치를 강구할 필요가 있다. 먼저 국내에서 저작권법을 개정하여 보호 입법을 한 뒤 동 협약이 규정하는 바에 따라 그 보호기간을 유엔사무총장에게 통지하여야 할 것이다.141) 또한 동 협약은 직접위성방송에는 적용되지 않으므로 직접위성방송에 있어서 방송저작물의 보호와 방송사업자의 권리 보호를 위한 국제규범과 국내법의 정비 또한 필요할 것이다.

5. 자유무역협정을 통한 방송저작권 보호

한국 정부는 다수의 국가와 적극적으로 자유무역협정을 추진하여 왔다. 최근에는 중국과 자유무역협정을 체결하였고 환태평양경제동반자협정(Trans-Pacific Strategic Economic Partnership, TPP)142)에도 참여의사를 표명하고 있다. 우리는 이제 제 외국과 자유무역협정을 체결함에 있어 종래의 소극적 태도를 벗어나 적극적으로 우리의 저작권을 보호하는 방향으로 나가야 할 것이다. 중국과의 자유무역협정에 있어서 협정 내용에 우리나라가 경쟁력을 가지는 방송산업과 관련하여 브뤼셀위성협약 가입을 비롯한 방송저작권의 충분한 보호에 관한 규정이 추가되지 못한 것은 유감이다.143) 환태평양경제동반자협정에 있어서도 미국이 한미자유무역협정 수준의 TRIPs plus정책을 취하고 있으므로144) 미국과 보조를 맞추어 한미자유무역협정 수준의 방송저작권 보호를 받도록 하여야 할 것이다. 재개될 한일자유무역협정에 있어서도 브뤼셀위성협약 가입 등 한미자유무역협정 수준의 방송저작권 보호를 추구하여야 할 것이다.

---

141) 동 협약 제2조 제2항 참조.

142) 동협정은 2015. 10. 5. 참여 12개국 간에 협상 타결되어 협정체결이 진행되고 있다.

143) 동 협정 제15.7조 참조.

144) The Trans-Pacific Partnership (TPP) Negotiations and Issues for Congress, 2013. 12. 13., https://www.fas.org/sgp/crs/row/R42694.pdf

Ⅵ 결 론

방송통신기술이 급속하게 변화하는 시대에 대응하여 방송저작물도 다른 영상저작물과 마찬가지로 기존 방송에 국한되지 않고 방송과 통신이 융합된 새로운 공중전달방식에 의하여 전달될 수밖에 없는바, 방송사업자는 방송저작물의 멀티유즈, 즉 2차적 이용의 활성화를 위한 새로운 비즈니스 모델을 개발해 나가고 있다.

이러한 상황변화는 저작권제도의 재편요구를 증대시키고 있다. 이에 오늘날 방송저작권과 관련하여 국제규범은 방송 개념을 확장함과 아울러 방송저작물의 2차적 이용의 활성화를 위하여 방송제작자의 권리 강화와 권리처리시스템 도입과 방송저작물의 저작권자와 저작인접권자에 대한 적절한 보상을 보장하는 방향으로 나아가고 있다.

위에서 살펴본 바와 같이 방송통신기술의 급격한 변화, 발전에 대응해 나가는 방송저작권과 관련한 국제적 규범의 대세는 방송개념의 확장이다. 이는 방송을 공중전달로 그 개념을 확장할 뿐 아니라 쌍방향 공중전달도 공중전달의 개념에 포함시키는 신방송의 개념으로 정리할 수 있다. 이러한 신방송의 개념을 우리법에 수용함과 아울러 저작인접권자에게도 공중송신권을 전면적으로 인정하되 공중전달자들이 대가를 지급하고 실연, 음반 및 방송을 자유로이 이용할 수 있는 시스템을 도입하는 방향으로 나아가야 할 것이다. 한편 방송저작물의 다국간 이용허락을 할 수 있는 저작권집중관리기구를 육성하고 유통법제의 정비가 필요하다 할 것이다. 이와 아울러 현재 추진 중인 중국과 일본과의 자유무역협정에서 우리나라의 방송저작권이 충분히 보호될 수 있도록 브뤼셀위성협약 가입등 한미자유무역협정 수준의 방송저작권 보호를 추구하여야 할 것이다.

제 8 장

국제 방송저작물 거래와 분쟁 해결

Ⅰ. 서 론
Ⅱ. 방송저작물의 국제적 거래
Ⅲ. 국제 방송저작권소송의 국제재판관할
Ⅳ. 방송저작권의 준거법
Ⅴ. 방송저작권의 국제사법적 쟁점의 해결
Ⅵ. 국제 방송저작권분쟁의 ADR에 의한 해결
Ⅶ. 결 론

제 8 장

국제 방송저작물 거래와 분쟁 해결

필자: 손경한 · 박진아

Ⅰ 서　론

한류의 영향으로 방송 드라마, 방송 포맷의 판매, 외국과의 공동제작의 경우 등 방송저작물에 관한 국제적 거래가 늘어나고 있다. 이와 아울러 방송저작권에 대한 국제적 침해 또한 급증하고 있다. 과거 서구에서는 오래전부터 전파의 월경 문제로 인한 문화적 침투 분쟁과 아울러 저작권 침해의 문제가 논의되었다. 그러나 오늘날은 방송의 세계화와 정보화의 진전으로 방송저작권의 침해의 글로벌화를 가져오고 있다. 드라마의 불법 다운로드나 스트리밍 서비스는 일상화 되고 외국의 전파 가로채기도 빈번하게 발생하고 있다. 외국의 음악저작물도 불법적으로 방송에 사용되는 경우가 부지기수이다. 저작권에 관한 국제적 분쟁의 효율적인 해결을 위하여 아래에서 살펴보는 바와 같이 최근 각국에서는 비상한 노력을 경주하여 왔다. 그러나 방송저작권에 관한 국제적 분쟁해결에 착목한 연구성과는 아직 없어 보인다.

이에 본 장에서는 증가하고 있는 국제방송저작물거래의 유형과 그 권리의무를 살펴봄과 아울러 점증하고 있는 국제적 방송저작권 분쟁에 대처하기 위하여 방송저작권에 특유한 국제사법적 문제를 살펴보고자 한다. 이하에서는 국제방송저작물 거래와 분쟁해결이라는 주제 하에서 먼저 방송저작물의 국제적 거래에 대하여 살펴보고(Ⅱ), 방송저작권소송의 국제재판관할(Ⅲ)과 방송저작권의 준거법(Ⅳ)을 고찰한 다음, 방송저작권의 국제사법적 쟁점의 해결 부분을 다루고(Ⅴ), 국제 방송저작권분쟁의 ADR에 의한 해결(Ⅵ)을 검토하는 순서로 고찰하기로 한다.

Ⅱ 방송저작물의 국제적 거래

1. 일 반

오늘날 방송저작물에 관련한 국제적인 거래가 급격히 증가하고 있다. 과거에는 외국 방송저작물을 수입하여 방송하는 정도에 그쳤으나 오늘날에 와서는 한국의 방송산업도 국제화를 넘어 세계화, 글로벌화 되고 있다. 한국의 드라마나 다큐멘터리 등 방송저작물이 해외 시장에서 인기 있는 품목의 하나가 되고 심지어는 앞서 본바와 같이 한국의 방송 포맷이 외국에 판매되고 있다. 방송저작물의 제작을 위한 해외로케나 외국과의 공동제작도 빈번해졌다. 외국에 시나리오의 작성을 의뢰하거나 외국의 드라마를 리메이크하는 경우도 늘고 있다. 물론 그 반대의 경우는 말할 것도 없다. 외주제작의 증가로 드라마 등 제작자들은 협소한 한국 방송시장을 넘어 해외 방송시장을 개척하고 있다. 또한 애니메이션 방송에 대한 정책적 지원의 결과 제작된 애니메이션도 해외에 진출하고 있다. 또한 한국의 방송저작물은 인터넷을 통하여 제공되고 있다.[1)]

이러한 방송저작물의 국제적 거래는 견본시장을 통하여 이루어져 왔다. 대표적인 방송저작물 견본시장으로는 NATPE(National Association of Television Program Executives),[2)] MIP-TV(Marché International des Programmes de Télévision),[3)] MIP-COM[4)]을 들 수 있으며 이곳에 방송저작물을 판매하고 구매하려는 제작사, 방송사업자, 그리고 투자자를 모으려는 사업자들이 모여 다양한 방송저작물을 비롯한 영상물의 거래가 이루어지고 있다.

---

1) MBC · SBS · KBS의 지상파방송사업자도 방송저작물을 유튜브에 공급하고 있으며 2014년 초 한국에서 방송된 SBS TV드라마 "별에서 온 그대"를 중국의 인터넷 영상 제공 사이트 '아이치이'가 한국에서 방송된 지 2시간 뒤에 중국어 자막을 붙여 제공하였던바 중국인들은 이를 바로 보기 위해서 휴가까지 낼 정도로 엄청난 인기를 구가하였다(SBS뉴스 월드리포트, 2014. 02. 28. 기사참조).

2) NATPE는 1963년 설립되어 텔레비전 방송사업자 뿐 아니라 Hulu, Netflix, Google 등의 인터넷 프랜차이즈나 온라인 채널도 가입한 단체이다. 2014. 1.에는 미국 마이애미에서 견본시장이 개최된 바 있다.

3) MIPTV는 매년 프랑스 칸느에서 개최되며 1만명 이상이 참가하고 있다. MIPTV는 2010년부터 포맷거래시장을 위한 MIPFormats와 다큐멘타리 거래시장을 위한 MIPDoc을 운영하고 있다.

4) MIPCOM은 풍류물(entertainment content) 전반을 거래하는 견본시장으로 매년 10월 칸느에서 개최되며 이 시장에 즈음하여 온라인 장터인 MIPWORLD가 개설된다. 한국SK의 유현오박사도 이 회의에서 기조연설을 한바 있다.

위와 같이 방송저작물의 수출입 거래 뿐 아니라 방송저작물의 국제적 공동제작도 급속도로 늘어나고 있으며[5] 방송저작물의 개별적 해외 진출은 물론 방송 자체가 해외에서 방송되고 있다.[6]

2. 국제 방송저작물 거래의 유형

국제 방송저작물거래는 기본적으로 국내 방송저작물거래의 개념과 차이가 없다. 즉 방송저작물의 창작 및 유통에 관한 거래라고 할 수 있다.[7] 다만 국제 방송저작물거래는 국경을 넘어 방송저작물의 거래가 이루어진다는 점에서 차이가 있을 뿐이다. 국제 방송저작물 거래는 크게 국제 방송저작물제작관련계약과 국제 방송저작물 유통관련계약으로 분류할 수 있다. 국제 방송물제작관련계약은 다시 국제 방송물창작위탁계약, 국제 PD계약, 국제 실연자출연계약, 국제 방송물공동제작계약, 국제 방송물외주제작계약, 국제 방송물제작투자계약, 국제 방송물제작금융계약으로 나눌 수 있다. 국제 방송저작물담보제공계약은 방송물제작과 별도로 이루어지는 경우도 있으나 대체로 방송물제작에 즈음하여 금융을 얻을 목적으로 이미 창작되었거나 장래 창작될 방송저작물을 담보제공하는 경우가 대부분이므로 국제 방송물제작금융계약과 함께 논의되고 있다.

한편 국제 방송저작물 유통관련계약은 국제 방송저작권양도계약, 국제 방송저작물이용허락계약, 국제 방송저작물거래중개계약으로 나눌 수 있다. 국제 방송저작권양도계약의 대부분은 방송저작권매매로서 방송물에 대한 저작권의 일부 또는 전부를 대가를 받고 양도하는 것이다. 방송저작권 양도를 제3자에 대항하기 위해서는 반드시 저작권등록부에 양도 등록을 하여야 함에 유의하여야 한다. 그러나 현행 제도상으로는 국제적인 저작권양도를 일괄적으로 등록하는 방법은 없고 저작권이 보호되는 국가별로 양도 등록을 하여야 한다. 그 등록비용이 적지 않으므

---

5) 예컨대 영국의 제작사인 OSF(Oxford Scientific Films)와 한국의 채널A · 판미디어홀딩스는 다큐멘터리 'Richard Hammond's Big Weather'를 공동제작하여 2014. 10. BBC1에 방영하며, 목포 MBC의 'Korean Food Made Simple'도 국제공동제작되었다. 또한 드라마에 있어서도 CJ E&M은 중국 드라마 제작자 탄루루와 제작사 쥐허미디어와 손잡고 2014년부터 한 · 중 드라마 '남인방2'를 공동제작하여 중국 절강위성방송에서 방송하며 2014. 4.부터 베트남 국영 방송사인 VTV와 드라마를 공동제작하였다.

6) 아리랑TV와 KBS World가 세계 각국에서 방송되고 있으며 특히 2014. 2. 20.부터 아리랑TV가 미국 디렉TV에서 1100만 가구를 대상으로 방송되고 있다(국민일보, 2015. 3. 9. 기사참조).

7) 방송저작물의 국내 유통을 위한 거래에 관하여는 본서 제5장 참조.

로 다수의 방송저작물을 일괄하여 양수하고자 하는 경우에는 저작권자를 인수합병(M&A)하는 방법이 국제적으로 널리 활용되고 있다.

국제 방송저작물이용허락계약은 다시 온라인 이용허락계약과 오프라인 이용허락계약으로 분류할 수 있다. 국제 온라인 방송물이용허락계약은 국제 방송물 이용허락을 인터넷, 모바일 등의 매체를 이용하여 온라인상에서 하는 것이다. 과거에는 방송저작물을 CD 등에 담아 오프라인에서 거래하는 경우가 있었으나 오늘날은 거의 모두 온라인으로 거래되고 있다. 국제 온라인 이용허락계약은 다시 외국방송사업자 등에게 온라인으로 방송물의 이용을 라이선스하는 경우[8]와 일반 이용자에게 스트리밍방식으로 드라마 시청, 음악 청취 등을 하게 하거나 서비스 제공자의 사이트에 접속하여 방송에 참여하게 하는 것으로 나눌 수 있다. 견해에 따라서는 전자는 방송저작권 라이선스계약 내지 실용허락계약[9], 후자는 단순이용계약으로 부르기도 한다.[10]

이하에서는 다양한 국제방송저작물거래 중 국제방송저작물제작거래와 온라인 방송물이용허락거래를 중심으로 국제방송저작물거래의 권리의무를 살펴보기로 한다.

3. 국제 방송저작물제작거래상의 권리의무

가. 개 설

국제적 드라마제작계약 등 국제방송제작거래는 매우 복잡한 양상을 띠고 있다. 하나의 방송저작물을 제작하는 데에는 많은 개인과 법인 간의 협동 작업이 필요하지만, 그 각각의 협력과정에서 필요로 하는 창작의 수준은 다양하고 각 과정에서의 각 작업의 국면에서 창작성의 유무 등을 판단하여 개별적으로 권리 처리를 하는 것은 너무나 번잡하므로 실제 국제적으로는 이러한 방식을 채택하고

---

8) 실용허락계약 일반론에 관하여는 지식재산네트워크(2007), 248-260면 참조.

9) 라이선스는 자신이 보유 또는 관리하는 콘텐츠를 타인에게 실시, 사용 또는 이용을 허락하는 것으로서 본고에서는 실시, 사용, 이용의 개념을 통합하여 실용(實用)이라 부르고 이를 허락하는 것을 실용허락이라 통칭하기로 한다(손경한(2004), 5면 참조).

10) 단순이용거래는 콘텐츠이용자가 그 제공자의 사이트에 접속하여 이를 이용할 수 있을 뿐이고 이를 제3자에게 이용하게 하거나 양도할 수 있는 권리를 부여받지 않는다는 점에서 라이선스 내지 실용허락과 다르다. 라이선스거래와 단순이용거래의 차이는 이용자에게 해당 방송물에 대한 복제권이 주어지는지 여부이다. 이에 대하여는 오병철(2005), 352면 참조.

있지 않다. 계약에 따라 영상저작물에 관한 저작권의 귀속에 관한 권리의 처리를 하고 있고 보충적으로 준거법에 따라 법인 내부, 법인 대 개인, 법인 대 법인의 관계에서 일괄적으로 처리하고 있다. 국제방송영상유통계약은 국제방송영상제작계약 보다는 덜 복잡하나 역시 특별한 고려를 요한다.

나. 국제 방송물제작계약

(1) 국제 방송물창작위탁계약

(가) 개념과 법적 성격

방송영상제작자가 외국인 방송작가에게 대본창작위탁계약을 체결하는 경우이다. 방송영상제작자와 방송작가와의 계약은 방송영상제작자가 방송작가에게 대본 등의 창작을 위탁하는 경우와 방송작가가 독립적으로 대본을 창작하여 제작자에게 이를 이용할 수 있는 권리를 양도하는 경우로 나뉜다. 전자의 경우에는 위탁계약의 성격을 가지고 후자의 경우에는 이용허락계약의 성질을 가진다.

전자의 경우가 방송영상제작 실태에 있어서 일반적이라 할 것인바, 위탁계약의 경우를 상정해서 보면, 먼저 제작자가 방송작가를 지시, 감독할 수 있는 권한이 있는지 문제되는데 실무상으로는 제작자가 TV프로그램의 시청률 제고를 위하여 작가에게 대본의 변경을 요구하고 있다. 방송영상저작물의 제작이 시작된 단계에서 제작자나 감독이 선임한 작가의 지위는 방송 대본을 미리 저작한 방송작가와는 구별되어야 할 것이다. 대체로 국제적인 방송영상제작자와 방송작가간의 대본 창작위탁계약의 형태를 가질 것이다.

(나) 저작권의 귀속

따라서 방송작가는 대본에 대한 저작권을 그 준거법에 따라 취득 주장할 수 있을 것이다. 예외적으로 방송영상저작물의 제작이 시작된 단계에서 제작자나 감독의 요청에 따라 작가가 창작한 방송 대본은 '영상저작물의 제작에 사용되는' 각본에 해당하지 아니하여(저작권법 제100조 제2항 참조) 앞서 본바와 같은 영상저작물의 권리귀속에 관한 특례가 적용될 수 있어 국제적으로 복잡한 문제를 발생시킬 수 있으므로 계약에 권리귀속관계를 명확히 규정하여야 할 것이다. 영상저작물의 국내 지상파방송등 1차적 이용 후에도 2차적 이용과 관련하여 재방송, 위성, 케이블, 지상파 DMB, 위성 DMB, IPTV 방송권, 해외지역 방송권, 인터넷,

PC통신, 휴대폰용 콘텐츠 등 전송권, 디지털음원송신권, 국내외 비디오, CD-ROM, DVD 등 복제・배포권, 공연권, 2차적 저작물 등의 작성권 등의 권리에 관하여 어느 나라 법에 의하여 어떤 보상을 할 것인지를 계약상 명확히 하여야 한다. 국제적으로는 나라마다 방송작가조합(Writers Guild)이 결성되어 방송작가들의 저작권을 위임받아 신탁 관리하거나 대리하고 있으므로 방송사업자가 방송각본을 방송에 재사용하거나 다른 방송사업자에게 제공 또는 국내외에서 복제 배포하는 경우 방송사업자는 그 단체 협약이나 약관이 정하는 바에 따라 각본의 재사용료를 지급하고 영상저작물의 2차적 이용에 대한 보상을 하여야 함에 유의하여야 한다.[11)]

(다) 저작재산권의 처리

영상저작물은 소설, 만화 등의 원작에 대한 2차적 저작물(한국의 경우 저작권법 제5조 제1항)에 해당한다. 원저작자의 권리를 출판사가 관리하고 있는 경우가 많기 때문에 출판사가 원저작자를 대리하여 원저작물의 영상화허락계약을 체결한다. 우리나라나 미국의 경우에는 일반적으로 원저작자는 2차적 저작물인 영상저작물 자체에 대하여 권리를 가지지 않아 영상화허락만이 계약의 내용이 되나, 일본의 경우에는 원저작자는 2차적 저작물에 대한 권리를 영상제작자와 공유하기 때문에 영상저작물에 대한 저작권 행사와 관련하여 좀 더 주의 깊게 권리처리 문제를 다루게 된다.[12)]

(라) 저작인격권의 처리

미국 저작권법상으로는 저작인격권이 인정되지 않으나 인격권이 주법의 보호를 받을 수 있으므로 영미법, 대륙법을 가리지 않고 원저작자와 이용계약체결 시 저작인격권에 대한 권리처리가 필요하다. 소설을 원작으로 영상저작물을 제작하는 경우에 원 저작물과는 다른 캐릭터를 등장시키거나 에피소드의 순서를 바꿔 넣거나 또는 결말을 배드 엔딩에서 해피엔딩으로 변경하는 등이 발생할 수 있기

11) 한국의 경우 한국방송작가협회가 MBC, KBS 및 SBS와 저작물 사용에 관한 단체협약 체결하고 있고 EBS와도 저작물사용계약을 맺고 있으며 영상저작물의 2차적 이용에 대한 보상에 관하여 문화부의 승인을 얻어 저작물이용허락규정을 시행하고 있다. 예컨대 TV 또는 라디오 등의 프로그램을 최초 1회 방송 후 재방송하는 경우 사용료는 저작물 사용 1건 1회당 방송사의 '방송제작비 지급규정'으로 정한 '기본극본료'에 한국방송공사(KBS) 및 (주)문화방송(MBC)의 경우 30%를 곱한 금액으로 책정되어 있다. 한국방송작가협회 저작물이용허락규정 제5조 참조.

12) 일본저작권법 제28조.

때문에, 영상제작자는 원저작자와의 관계에서 동일성유지권(한국의 경우 저작권법 제13조)의 불행사계약의 특약을 체결해야 할 필요가 있다.[13)]

한편, 애니메이션과 같은 방송영상저작물에 있어서는 방송사가 나아가 외국의 캐릭터를 상품화하는 경우가 있는데 이 때 그 캐릭터의 동일성에 변화를 가하여야 할 경우도 있으므로 캐릭터의 저작자가 저작인격권인 동일성유지권을 행사할 수 있어, 이 부분의 권리처리에도 신경을 써야 할 것이다. 일반적으로 애니메이션 제작회사가 제품 내용의 확인을 강제하거나 사용할 수 있는 도안을 제공하는 등의 계약을 체결함으로써 이 문제를 해결하여야 할 것이다.[14)]

(2) 외국 PD와의 계약

방송제작자와 PD의 국적이 다른 경우이다. 최근 중국의 방송영상제작자가 한국인 PD에게 방송저작물의 제작을 맡기는 경우가 생겨나고 있다. 국제적인 PD 계약은 대체로 방송저작물의 PD가 방송저작물 제작회사 외부에 있는 자로서 제작회사와 PD간에 방송저작물 제작에 관하여 개별적으로 체결하게 될 것이다. 그 법적 성격은 일의 완성을 목적으로 하는 도급계약의 성질이 강하다. 이 경우 PD는 방송저작물에 대하여 전체적인 창작적 기여를 하므로 해당 방송저작물의 저작자가 되어 원칙적으로는 저작권을 취득할 것이므로 PD계약에 있어서 PD가 저작자로서 나중에 취득하게 될 저작권에 대하여 방송저작물의 이용을 위한 저작재산권양도와 저작인격권에 관한 권리처리를 포함하여야 할 것이다.[15)] 그러나 준거법에 따라서는 업무상 저작물로 보아 방송제작자에게 저작권이 원시적으로 귀속될 수도 있음에 유의하여야 할 것이다. 전체적 차원에서 창작적 기여가 없는

---

13) 판례는 시나리오 작가의 동의를 받지 않고 다른 사람을 시켜 시나리오의 일부를 개변하여 이를 각본으로 한 영화를 제작, 상영하였다면 시나리오 작가가 가지고 있는 저작인격권의 하나인 동일성유지권을 침해한 것이라고 보았다. 서울고등법원 1999. 11. 16. 선고 99나14749 판결; 서울지방법원 1995. 10. 24. 선고 95카합3860 판결 참조.

14) 이러한 계약을 상품화허락계약이라 하며, 이는 방송영상저작물의 캐릭터 등에 대해 권리를 가지는 자가 상대방에게 이를 이용하여 상품을 제조, 판매할 것을 허락하고 그 상대방과 그 권리자에 대하여 사용료를 지급할 것을 약정하는 계약을 의미한다. 계약의 내용에는 대상 상품의 특정, 허락지역, 허락기간, 상품품질유지, 저작권표시, 제조물책임 등이 포함된다. 이에 대하여 손경한(2008a), 161면 참조.

15) 국내 사건으로서 서울지방법원 2002. 7. 9. 선고 2001가단1247 판결은 영화제작자가 영화의 비디오테이프 출시본을 제작하는 과정에서 저작자인 영화감독의 동의없이 영화의 내용을 전개하는데 의미있는 일부 장면을 삭제하고 그 대신 정사장면을 추가로 삽입하는 등의 행위를 한 것은 영화감독의 저작물인 영화를 임의로 편집하여 그 동일성을 훼손함으로써 영화에 대한 영화감독의 동일성유지권을 침해한 것이라 보았다.

PD는 준거법에 따라 실연자로서의 보호만을 받을 수 있을 것이다. 한편 방송저작물 제작회사가 PD를 고용하는 경우에는 고용계약의 준거법에 따라 그 권리의무가 정해지고 방송저작물도 업무상 저작물로서 그 저작권이 방송저작물 제작회사에 원시적으로 귀속하게 될 것이다.

(3) 외국 실연자와의 출연계약

방송제작자가 외국인 실연자를 출연시키는 경우이다. 통상 국제 출연계약은 방송제작자와 가수, 탤런트 등의 실연자가 속한 연예기획사를 상대방으로 하여 체결되며 실연자가 연예기획사에 속하지 않은 경우에는 본인 자신이나 본인의 에이전트나 매니저를 통하여 체결된다.[16] 출연계약에 따라 실연자는 방송제작자가 제작하는 국가로 가서 그 방송프로그램에 출연하여 방송에서 연기, 가무 등의 실연을 할 의무를 지고 방송제작자는 그에 대하여 출연료를 지급할 의무를 진다. 그 법적 성질은 실연자 및 스탭 등과의 계약으로 위임계약의 성격을 가지는 경우도 있으나 일의 완성을 목적으로 한다는 점에서 도급계약의 성격이 강하며, 스탭계약은 고용계약의 성격을 가지기도 한다. 구체적인 권리의무는 실연계약에서 정해 질 것이나 각국의 실연자의 방송사업자에 대한 저작인접권에 관한 입법 태도가 천차만별이므로 그 권리 처리에 관한 합의도 계약에 반드시 포함되어야 한다. 한국의 경우 문화체육관광부가 배우와 가수의 방송출연 표준계약서를 제정하여 그 사용을 권장하고 있으므로[17] 국제적으로도 이 표준계약을 이용할 수 있다.

국제 실연계약에 있어서도 실연자의 품위유지의무가 문제되는데, 계약상에 품위유지조항[18]이 없는 경우에도 준거법상의 신의칙 또는 묵시적 조건(implied terms)에 따른 의무를 진다고 할 것이다.[19] 한편 실연자의 성명, 초상, 목소리, 사진 등을 본래의 방송영상저작물을 통한 상업적 목적범위를 벗어나 사용하는

16) 이에 대하여 손경한(2008a), 154~155면 참조.
17) 대중문화예술인(가수, 배우) 방송출연 표준계약서(2013.8.1. 제정) 참조.
18) 대중문화예술인(가수, 배우) 방송출연 표준계약서 제5조 제3항은 "제작에 참여하는 자는 본 프로그램의 제작 방영과 관련하여 사회적 물의(약물, 도박 등 법령위반과 이에 준하는 물의)를 일으키거나 대중문화예술인으로서의 품위를 손상시키는 행위를 하지 않아야 한다"고 규정한다.
19) 국내사건으로 가수 IVY의 광고출연 계약위반 사건에서 서울중앙지방법원 2008. 7. 18. 판결은 여가수 IVY를 화장품 "미샤"의 광고에 출연시켰던 (주)에이블 씨엔씨가 IVY가 옛남자친구로부터 동영상을 공개하겠다는 협박을 받아 이미지가 추락하는 바람에 손해를 보았다며 그 소속사 팬텀 엔터테인먼트 그룹을 상대로 위약금 5억원을 청구한 사건에서 법원은 그 책임을 인정하고 다만 계약기간 중 7개월은 광고목적을 이미 달성하였음을 이유로 1억 5천만원의 지급만을 명하였다.

경우 퍼블리시티권 침해 문제가 발생할 수 있는바 각국의 퍼블리시티권 보호 법제는 매우 다양하므로[20] 계약으로 이 부분을 명확히 할 필요가 필요하다.

(4) 국제적 타 저작물이용허락계약

(가) 타 저작물의 이용

방송영상저작물을 제작함에 있어서는 타인의 영상저작물, 사진저작물, 무용저작물, 음악저작물을 이용할 필요성이 있다.

(나) 음악저작물의 실용허락계약

외국의 음악도 방송저작물에 많이 사용하고 있는바, 방송저작물의 제작자는 그 음악저작물의 저작권자로부터 실용허락을 받아야 한다. 특히 방송저작물에 음반실연 뿐만 아니라 음반을 이용하고 있는 경우, 그 방송저작물의 방송(라디오방송·유선방송 포함)에 의한 이용에 관해서는 음반제작자는 방송사업자에 의한 판매용음반의 이용에 대해서 보상금청구권을 가진다(한국의 경우 저작권법 제82조). 동조의 해석을 놓고 방송영상저작물의 방송의 경우에도 보상청구권의 대상이 될 수 있는지에 대하여 판매용음반을 직접 이용한 방송이 아니기 때문에 보상금청구권은 미치지 않는다는 견해와 보상청구권이 미친다는 견해의 대립이 있으나 후자와 같이 해석하는 것이 실무관행에 부합한다고 할 것이다. 또한, 방송영상저작물의 방송이용 시 복제를 수반하는 경우에는 음반제작자의 복제권(제78조)이 미치는지와 관련하여 방송사는 음반의 방송영상물에의 복제 사용(소위 씽크권)은 음악저작권자단체와의 협약에는 명시적으로 반영되어 있고, TV부문의 매출이 음반제작사의 판매용음반 보상금 지급대상에 포함되어 있는 점 및 복제 허락 없이는 판매용음반의 TV방송사용이 불가능하다는 점에서 TV영상저작물에 판매용음반의 부수적 복제 사용은 음악저작인접권자의 방송보상금에 포함된 것으로 볼 수 있다는 입장을 취하는데 반하여, 음악저작인접권자단체는 음반제작자의 복제권(제78조)이 미치는 것으로 해석할 여지가 있지만, 실무상으로는 권리가 행사되

---

20) 일본의 경우 만화영상저작물의 실연자로서 성우는 보통 음향회사가 성우와 계약을 맺고, 만화제작회사는 해당 음향회사에서 권리를 매입하는 형태로 만화가 제작되는 경우가 많다. 일본의 경우 방송마다 성우에게 로열티를 지불해야 한다는 주장도 있지만, 현실화되고 있지는 않고 다만, 비디오나 DVD화할 경우, 성우에 대한 로열티 지불과 관련한 판례가 나와 있기 때문에, 관련단체 간의 협정에 따라 성우에 대하여 일정한 로열티가 지불되고 있다. 이른바 음성사용료사건(聲の使用料事件)에 관한 일본 最高裁判所 2005. 6. 28. H16(オ)1773 판결. 宮下佳之(2005) 참조.

지 않고 있다고 주장한다. 한편 그 방송영상저작물의 "인터넷전송"의 이용에 관해서는 해당 음반의 음반제작자의 전송권(제81조)이, 비디오・DVD화에 관해서는 복제권(제78조) 및 배포권(제79조)이 각각 미친다고 해석된다.

음반제작자가 외국인인 경우 상호주의에 따라 그 외국에서 대한민국 국민인 음반제작자에게 이 규정에 따른 보상금을 인정하지 아니하는 때에는 보상금지급의무가 없으므로(제83조의2 제1항 단서) 음반제작자의 본국이 한국의 음반제작자를 보호하는지 여부를 검토한 후 보상금 지급을 결정하여야 할 것이다. 음반제작자의 보상금 청구권 행사는 개별적으로 할 수 없고 저작권관리단체를 통해서만 할 수 있다(법 제82조 제2항에 의하여 준용되는 법 제25조 제5항). 따라서 외국의 저작권관리단체로부터 보상금청구가 있는 경우 비로소 협의를 시작하면 족하다.

결국 일반적으로 말하여 외국의 작곡가・작사자 등은 저작권신탁관리단체[21]에 자신의 저작물을 신탁하고 있기 때문에, 국내의 방송사업자로서는 그 저작권관리단체와 협의하여 보상금을 지급하게 된다. 방송사업자가 방송영상저작물을 DVD로 판매할 계획이 있는 경우 방송영상저작물의 제작만 아니라, DVD 판매 등의 2차이용에 대비하여 저작권관리단체와 방송영상저작물에 이용되는 음악에 관한 계약을 명확하게 해 두어야 한다.

마. 국제 공동제작계약

오늘날 방송드라마 등을 국제적으로 공동제작하는 경우가 늘고 있다. 양국의 방송사업자 또는 방송제작자가 공동으로 인력과 자금을 출자하여 조합을 구성하고 그 조합이 방송물을 제작하는 것이다. 당사자 일방이 자금을 제공하고 주로 타방이 방송물을 제작하는 경우도 있으나 이것은 후술하는 국제외주제작계약이나 국제방송제작투자계약에 가깝고 공동제작계약이라고는 할 수 없다. 국제 공동제작계약에서 가장 중요한 것은 제작된 방송물의 권리귀속의 문제이다. 당사자의 합의로 권리귀속의 준거법을 정하고 나아가 권리귀속에 합의하더라도 각국의 저작권법은 방송저작물을 둘러싼 이해관계 때문에 그 권리귀속에 관한 규정을 강행규정으로 하고 있는 경우가 적지 않다. 즉 당사자의 합의로 당사자일방에게 전

---

21) 한국의 음악저작권신탁관리단체로는 한국음악저작권협회(KOMCA)와 대한음악저작인연합회가 있는 바 이 단체들이 외국의 음악저작권관리단체와 협약을 맺어 외국 음악저작물도 관리하고 있으므로 이들 단체를 통하여 이용허락을 받는 경우가 많다.

적인 권리를 귀속시키거나 작가나 PD, 실연자 등의 방송저작물에 대한 권리를 배제하더라도 그러한 합의를 전부 또는 일부 무효로 해석하기도 한다. 따라서 공동제작자 소속국의 저작권법을 면밀히 검토하여 저작권귀속에 관한 합의가 무효가 되지 않도록 하고 합의한 바에 따라 권리를 귀속시키는 방안을 강구하여야 할 것이다. 권리귀속에 관한 합의의 효력을 인정하지 않는 경우에는 저작권을 양수하는 방법을 취하여야 할 것이다. 복잡한 법률관계에 빠지는 것을 방지하기 위하여 저작권을 공동으로 귀속시키는 것은 가급적 피하고 국가별로 권리를 분유하는 방법을 택하여야 할 것이다.[22]

바. 국제 외주제작계약

국제외주제작계약에는 한국의 방송사업자가 외국의 독립제작사에 방송물의 제작을 위탁하는 경우와 역으로 외국의 방송사업자가 한국의 독립제작사에 방송물의 제작을 위탁하는 경우가 있다. 한국의 방송사업자가 외국의 독립제작사에 방송물의 제작을 위탁하는 것에 의하여 방송법상의 외주제작의무를 이행하는 것은 아니다. 왜냐하면 의무외주제작은 반드시 국내 독립제작사에게 위탁하여야 하기 때문이다.[23] 외국에도 의무외주제작이 이루어지고 있다. 예컨대 1989년 EU의 국경없는 TV지침[24]에 의하면 유럽 내 독립제작사의 제작프로그램을 10% 이상 방송할 의무를 지우고 있고, 영국의 경우 방송법에 의거 25% 이상 독립제작사에서 제작한 방송저작물을 사용해야 할 의무를 지우면서 계약에 의하여 방송국이 저작권이나 2차 이용권을 획득하는 경우 2차이용에 의한 수익의 15%를 외주독립제작사에 환원하도록 하고 있다. 그러나 2003년 방송통신법의 Ofcom Guideline에 의거 저작권과 2차이용에 관한 권리를 독립제작사가 보유하도록 하고, 방송국은 1차이용이 아닌 2차이용에 대하여는 수익의 15%를 수취할 권리와 인터넷상

22) 한국저작권법상 공동저작물에 대한 권리의 행사의 복잡성에 관하여는 저작권법 제15조 및 제48조 참조.

23) 방송법 제72조(외주제작 방송프로그램의 편성) ① 방송사업자는 당해 채널의 전체 방송프로그램 중 국내에서 당해 방송사업자가 아닌 자가 제작한 방송프로그램(이하 "외주제작 방송프로그램"이라 한다)을 대통령령이 정하는 바에 따라 일정한 비율 이상 편성하여야 한다.
방송법시행령 제58조(외주제작 방송프로그램의 편성) ① 지상파방송사업자 및 지상파방송채널사용사업자는 법 제72조 제1항의 규정에 의하여 국내에서 당해 방송사업자가 아닌 자가 제작한 텔레비전방송프로그램(영화를 제외하며, 이하 "외주제작 방송프로그램"이라 한다)을 당해 채널의 매반기 전체 텔레비전방송시간의 100분의 40 이내에서 방송통신위원회가 고시하는 비율 이상 편성하여야 한다.

24) 본 지침에 관하여는 본서 제7장 참조.

의 VOD 송신인 catch up TV의 30일간 권리만 부여받고 있다.[25] 이와 같은 외국의 외주제작의무제도를 이용하기 위해서는 당해 국내에 독립제작사를 설립하거나 외국 독립제작사에 투자하는 방식을 취하여야 한다는 점에 유의할 필요가 있다.

한국의 방송사업자가 외국의 독립제작사에 방송물의 제작을 위탁하는 경우이든 그 역의 경우이든 방송물제작(위탁)계약이 체결될 것이고 이 계약의 법적 성질은 도급계약의 성질을 띠게 될 것이다. 방송물에 대한 저작권은 원시적으로 방송사업자에게 귀속하든가 독립제작사가 저작권을 취득하여 방송사업자에게 이전하도록 계약에서 정하게 될 것이다.[26] 방송사업자의 2차이용에 따른 독립제작사에 대한 추가보상에 관하여는 방송사업자가 저작권관리단체와의 협정에 따라 지급하는 것이 일반적이다. 또한 방송사업자가 2차이용에 의하여 얻은 수입에 대하여는 협의에 의해 독립제작사에게도 추가 보상을 지급하기도 한다. 방송사업자가 제작비를 전액 부담할 수없는 경우에는 해외 판매권 등 2차이용권의 일부에 대하여 한정적으로 독립제작사로 하여금 보유하게 하는 경우도 있다.

사. 국제 방송제작투자계약

국제 방송제작투자계약이란 국적을 달리하는 방송제작자와 투자자간에 투자자가 방송제작자금을 투자하고 흥행성과에 따라 배당을 받기로 정하는 계약을 말한다. 본서에서는 한국의 방송물제작자가 외국의 투자자로부터 투자를 유치하는 방송제작투자계약에 관하여만 살펴보기로 한다. 방송제작투자계약의 경우에는 영

---

25) 한편 프랑스는 정령에 의거 방송국은 독립제작사가 제작한 프랑스어 방송권의 16%를 구입할 의무를 지며, 방송국이 구입하는 방송권은 18개월 방송기간에 한정하고, 최근에는 인터넷상의 VOD인 캐취업 TV 1주일 권리를 인정받고 있다. 그러나 방송국이 기타 2차 이용권을 얻은 경우는 16%에 포함하여 계산되지 않고 있다. 방송국이 구입의무를 지는 외주제작 프로그램은 드라마와 다큐멘터리에 한정되고 버라이어티 등의 오락프로그램과 스포츠 프로그램은 포함하지 않는다.

26) 한국 저작권법에 따르면 방송물에 관해서는, 방송사업자의 외부 독립제작사 등이 방송영상저작물을 제작한 경우에는 그에 대한 저작권은 일단 이를 제작한 독립제작사에 귀속되지만, 그 저작권 등은 계약에 의해 그 발주자인 방송사업자에게 양도되게 될 것이다. 최근에는 방송프로그램 제작비의 상승으로 인해 이를 방송국이 제작비 전액 부담하는 경우와 방송국이 제작비 전액부담하지 않는 경우로 나누어 살펴보면 다음과 같다. 전자의 경우에는 계약에 의하여 방송국이 저작권을 보유하고 2차이용에 대해 외주제작사에 협의에 의하여 추가보수를 지급하고 2차이용에 대해 관리단체와의 협정에 기초해서 추가보수를 지급한다(한국방송작가협회, KOMCA, 한국방송실연자협회). 후자의 경우에는 제작비 보전명목으로 외주제작사에 일부 해외판매권 등 일부판권을 부여하여 독자적으로 2차이용을 하도록 하는 경우도 있고 외주제작사에의 저작권단독귀속 또는 양자가 공유하는 경우도 있는데 이때에는 방송국이 2차이용에 대해 수익분배를 요구할 수 있다.

화제작투자계약과는 달리 순수투자계약인 경우가 많으나 예외적으로 외국의 투자자가 방송저작물의 외국에서의 방송 기타 공중송신권을 부여 받는 경우도 있다. 방송영상제작투자계약의 법률관계는 영화제작투자계약과 마찬가지로 민법상의 조합 또는 상법상 익명조합[27]의 성질을 가지며[28] 조합 또는 익명조합의 준거법에 따라 그 권리의무를 정하여야 할 것이다.

방송영상제작자와 투자자간의 권리의무는 영상제작투자계약에 의하여 결정된다. 완성된 영상저작물의 방송 및 2차이용 등의 사업 전개는 제작을 맡는 영화제작 회사가 아닌 투자회사가 행한다. 이 경우 투자자는 영상저작물의 저작권자로부터 영상저작물을 외국에서 이용할 수 있는 권리를 부여 받는다. 배급권은 극장에서의 상영권을 기본으로 하고 나아가 방송, 인터넷 방송, 비디오화 등 작품으로 완성된 영상저작물을 그대로의 형태로 이용·판매하는 권리를 포함하기도 한다. 배급권의 보유자는 그 범위 내에서 일체의 권리처리를 하지 않고 영상저작물을 멀티이용할 수 있도록 약정하는 경우가 많다. 경우에 따라서는 제3자에 대한 서브 라이선스 권리도 포함되지만, 2차적 저작물 작성이나 영상저작물을 부분 이용할 권리는 포함하지 않는 것이 보통이다.

해당 영상저작물의 비디오화, 케이블 방송, 인터넷 방송 등 해당 영상저작물 그대로의 형태로 2차이용하는 것에 대하여, 제작시의 계약을 통해 원저작자 등의 권리자로부터 제3자에 대한 서브 라이선스권도 포함하여 그 이용에 관한 허가를 미리 받아 둔다. 투자회사는 공개에 따른 인쇄비나 광고비를 포함하여 영상저작물의 제작자금을 부담하는 것으로, 영상물제작회사로부터 영상저작물의 판권을 얻는다. 또한 영상 자체의 저작권은 영상저작물제작회사에 남는 경우가 많은데, 계약에 의해 투자회사와 공유하거나 투자회사 측이 양수하는 경우도 있다.

아. 국제 방송제작금융계약

국제 방송제작금융계약은 국적을 달리 하는 방송제작자와 금융기관 사이에 방송제작을 위한 자금을 차입하기로 하는 계약이다. 통상 방송제작자가 완성할 방송저작물을 이용허락 등을 하고 받을 금전 기타 대가와 방송저작권을 담보로 제공하는 담보설정계약이 부수한다. 이 담보설정을 제3자에 대항하기 위해서는

27) 상법 제78조 참조.
28) 동지, 손경한(2008a), 193~197면 참조.

대항요건을 갖추어야 한다. 일반적으로 질권설정의 방식에 의하나 양도담보를 설정하기도 한다. 우리나라에서는 동산·채권등의 담보에 관한 법률에 따라 담보를 설정할 수도 있다. 미국의 경우 등록저작권은 연방저작권청에, 미등록저작권은 각 주의 통일상법전 제9편에 따른 상업등기부에 각 담보 설정할 수 있다.[29] 방송저작물 제작과 무관하게 방송저작권을 담보 제공하는 경우에도 그 절차는 마찬가지이다.

방송제작자는 차용금 변제를 하지 못하여 자신의 재산에 채권이 행사되는 것을 막기 위하여 특수목적회사(Special Purpose Company: SPC)를 설립하고 나아가 그 특수목적회사가 주식을 발행하여 이를 유동화하는 이른바 저작권유동화를 하기도 한다. 우리 법상 방송저작권의 유동화가 가능한지에 관하여는 의문이 있을 수 있다. 자산유동화법은 자산유동화의 대상을 세분하지 않고 단순화하여 그 대상이 될 수 있는 기초자산으로서 채권, 부동산 기타의 재산권으로 규정하고 있을 뿐이기 때문이다(동법 제2조 제3호). 그러나 방송저작물의 저작권도 자산유동화법상 유동화의 대상이 되는 "기타의 재산권"에 포함될 수 있으므로 방송저작권도 그 유동화를 위한 요건을 갖춘다면 유동화대상이 된다고 할 것이다. 방송저작물이 유동화적격성을 갖추려면 첫째, 최소한 양도 내지 신탁이 가능하여야 하는데 우리 저작권법은 명문으로 저작재산권의 양도가능성을 규정하고 있어(저작권법 제45조 제1항) 이 양도성 요건을 갖춘다고 할 것이다. 다음 신탁가능성과 관련하여 신탁법에 의하면 환금성, 적극재산성, 위탁자로부터의 위탁가능성, 특정현존성을 갖추어야 하는데 방송저작물의 저작권은 이러한 4가지 요건을 충족시키므로 유동화의 대상재산이 될 수 있다고 할 것이다.

방송저작권을 유동화하기 위해서는 그 자산 가치를 객관적으로 평가할 수 있어야 하는데, 현재 자산의 가치평가의 방법으로 수익접근법, 시장접근법, 비용접근법이 있는데, 방송저작물의 저작권과 관련해서는 수익접근법이 원용 가능할 것이다.[30] 방송저작권을 기초로 하여 유동화증권을 발행하기 위해서는 신용평가기관이 기초자산의 가치를 평가하여 등급을 부여하는 절차가 필요하다. 그러나 일정기간동안 안정적인 현금흐름을 발생시키는 경우를 제외하고는 일반적으로 방송

29) Scott J. Lebson, Security Interests in Intellectual Property in the United States: Are They Really Secure? http://ladas.com/security-interests-intellectual-property-united-states/

30) 이에 대하여는 권재열(2014), 73면 참조.

저작권을 포함하여 지적재산권의 가치를 제대로 평가하기 어려운 것이 현실이다. 나아가 자산보유자의 재무상태로부터 영향을 받지 않아야 하므로 자산보유자의 파산시 파산재단에서 분리하여야 한다. 외국의 사례를 살펴보면 음악이나 영화 관련 저작권 등의 유동화 사례가 다수 있어 저작권이 현재 안정적인 현금흐름을 창출하거나 장래 안정적인 현금흐름을 확보할 수 있음을 보여주고 있다.[31)]

자. 국제 방송제작지원계약 – PPL계약과 저작권

국제 방송영상제작지원계약이란 방송사업자가 외국의 광고주와 체결하는 간접광고계약 즉 PPL(product placement)계약을 말한다. 방송제작지원계약은 계약에서 정하고 있는 정도의 노출이나 에피소드 삽입 등을 통하여 회사의 이미지 제고를 위한 PPL 광고를 하는 것에 그치는 것이지 그러한 제작지원을 통하여 제작되는 드라마 등 방송영상저작물의 저작권 양수 등을 계약의 내용으로 하는 것은 아니다. 주지하는 바와 같이 영화에서 먼저 활용되어 성공을 거둔 PPL은 TV방송드라마로도 확대되고 있다.[32)]

PPL에 대한 국제적 규범으로서 EU의 국경없는 TV지침(Television without Frontiers[TVWF] Directive)을 확대, 개편한 시청각 미디어 서비스 지침(Directive on Audiovisual Media Services[AVMS])이 있다. 따라서 한국의 기업이 유럽방송국에서 방송되는 영상저작물에 간접광고를 하는 경우 이 시청각 미디어 서비스 지침의 규정에 따라야 한다. 동 지침에서는 PPL에 대한 정의규정을 두고 있는데, 금전이나 유사한 고려를 대가로 하여 방송프로그램 내에 특징적인 상품, 서비스 또는 상표를 포함하거나 언급하는 시청각 상업통신의 형태를 의미

---

31) 권재열(2014)은 87면에서 방송사가 방송저작물의 저작권을 유동화하는 데 있어서 자산유동화법의 개선이 필요하다고 하면서 다음의 점을 들고 있다. 첫째, 자산유동화법상 자산보유자의 범위를 넓혀서 신용도가 우량하지 않더라도 미래의 현금흐름이 양호한 방송저작권을 가지고 있다면 유동화를 할 수 있는 길을 열어놓아야 한다. 둘째, 자산유동화법에 따르면 이미 발생한 저작권을 유동화하는 것은 논란의 여지가 없으나, 제작단계에 있는 방송드라마를 유동화의 대상자산으로 하기 위한 자산유동화법의 개선이 필요하다. 셋째, 도산격리를 위해서는 자산보유자가 SPV에게 방송저작권을 진정양도하여야 하는데 자산유동화법에 이에 대한 규정이 미비하다. 넷째, 자산유동화법상 유동화전문회사가 등록할 수 있는 자산유동화계획의 수를 1개로 제한하고 있는바 복수의 유동화계획을 가능하게 하는 개선이 필요하다. 다섯째, 유동화의 대상자산인 방송저작권을 자산보유자가 SPV에 양도한 후 자신이 보유하였던 방송저작권을 침해하는 행위에 대하여 어느 정도 감시의무를 지워야 할지에 대하여 이를 명확하게 하는 개선이 필요하다.

32) SBS 드라마 "파리의 연인"에서 자동차, 휴대폰, 패션업체 등이 PPL의 주요 광고주로서 제작을 후원하였고, 불새에서는 의상 및 촬영장소, 옥탑방 고양이에서는 의류 협찬, 그 여자네집에서는 슈페리어 세트 협찬 등을 하였다. 이에 대하여 손경한(2008a), 295면 참조.

한다고 규정한다.[33] 동 시청각 미디어 서비스 지침은 원칙적으로 PPL을 금지하고 예외적으로 회원국들이 각자의 사정에 의하여 PPL을 허용할 수 있는 경우를 제한적으로 규정한다. 영상물, 영화, 영상 시리즈물, 스포츠 프로그램, 가벼운 오락프로그램과 같은 특정한 프로그램의 경우나 또는 무료로 제공되는 소품이나 경품 등의 경우에만 허용되나 어린이를 대상으로 하는 프로그램에는 전혀 적용할 수 없다. 아울러 뉴스 및 시사프로그램, 다큐멘터리, 상담 프로그램 등에서는 금지된다.

동 지침상 허용되는 PPL에서도 (a) 방송사업자의 책임과 편집권의 독립성 등에 영향을 미칠 정도로 프로그램 내용이나 편성순서에 영향을 미쳐서는 안되고, (b) 특별히 판촉을 위한 언급을 하는 등의 방법으로 상품의 판매 등을 직접적으로 촉진해서는 안되고 (c) 부당하게 해당 제품을 부각시켜서도 안되며 (d) 시청자들이 PPL의 존재를 명확히 인식할 수 있도록 프로그램의 시작과 끝, 그리고 중간의 광고방송이 끝나고 다시 프로그램을 시작할 때에 각각 밝혀서 시청자들의 혼동을 방지하도록 하여야 한다. 다만 마지막 (d)의 요건은 방송사업자가 직접 제작한 프로그램이 아닌 경우 등에 한하여 회원국들이 채택하지 않을 수 있게 하였다. 그러나 어떠한 경우에도 PPL은 담배 또는 의사의 처방이 필요한 특정 의료품이나 의료처치 등에는 허용될 수 없다.[34]

반대로 한국의 방송제작사가 외국 기업으로부터 간접광고를 유치하는 경우에는 우리나라의 방송법[35], 방송법 시행령[36], 방송심의에 관한 규정[37] 및 협찬고

---

33) Directive 2007/65/EC of the European Parliament and of the Council of 11 December 2007 amending Council Directive 89/552/EEC on the coordination of certain provisions laid down by law, regulation or administrative action in Member States concerning the pursuit of television broadcasting activities. Article1(m) "product placement" means any form of audiovisual commercial communication consisting of the inclusion of or reference to a product, a service or the trade mark thereof so that it is featured within a programme, in return for payment or for similar consideration.

34) Directive 2007/65/EC of the European Parliament and of the Council of 11 December 2007 amending Council Directive 89/552/EEC on the coordination of certain provisions laid down by law, regulation or administrative action in Member States concerning the pursuit of television broadcasting activities.

35) 방송법 제74조는 방송사업자는 대통령령이 정하는 범위안에서 협찬고지를 할 수 있다고 하고 협찬고지의 세부기준 및 방법등에 관하여 필요한 사항은 방송통신위원회규칙으로 정한다고 규정한다.

36) 방송법 시행령 제60조는 방송사업자가 협찬고지를 할 수 있는 경우와 할 수 없는 경우를 열거하고 있다.

37) 2014. 1. 9. 개정된 방송심의에 관한 규정 제46조(광고효과), 제46조의2(방송광고와의 구별), 제46조의3(안내・고지 자막) 등에 따라 광고를 규제하고 있다.

지에 관한 규칙[38]에 따른 PPL 규제에 복종하여야 한다.[39]

4. 국제 방송물실용허락거래상의 권리의무

가. 일반

국제 방송물이용거래는 앞서 본 바와 같이 그 이용허락을 받는 자가 단순이용에 그치는 경우와 방송물에 관한 권리를 부여 받아 이를 자신의 업무에 활용하는 라이선스 거래 내지 실용허락거래가 있으나 법적으로 복잡한 문제를 내포하고 있는 것은 실용허락거래이므로 본서에서는 실용허락거래를 중심으로 살펴본다. 또 방송물이용거래에는 방송물의 온라인거래 뿐 아니라 오프라인거래도 포함하는 것이나 앞에서 살펴본 바와 같이 오늘날의 국제 방송물이용거래는 거의 온라인으로 이루어지므로 온라인 실용허락거래를 중심으로 살펴보기로 한다. 방송물 실용허락거래에서는 방송물의 실용을 허락 받은 실용자는 이를 자신의 사업을 위하여 이용하거나 가공하기도 하고 나아가 제3자에게 재차 실용허락 또는 이용하게 한다. 특히 실용허락자(licensor)가 실용자(licensee)에게 방송물의 디지

---

38) 협찬고지에 관한 규칙에 의하면 "협찬고지"는 방송사업자가 협찬주로부터 방송프로그램의 제작에 직·간접적으로 필요한 경비·물품·용역·인력 또는 장소 등을 제공받고 그 협찬주의 명칭 또는 상호 등을 고지하는 것을 말하는바(제2조 제3호 참조), 협찬고지는 동 규칙 제5조(광고효과의 제한), 제6조(협찬주명의 프로그램제목 사용 금지), 제7조(방송의 공정성 및 공공성 유지) 등의 규정에 따라 제한된다.

39) 제작지원계약에 관한 판례로는 대법원 2007. 9. 6. 선고 2007다38489 판결 참조. 이 사건에서 원고는 2004. 3. 13.부터 2004. 5. 30.까지 SBS를 통하여 방송된 기업 멜로드라마 "폭풍속으로"를 제작하면서 피고와 사이에 협찬계약(제작지원계약)을 체결하고 피고는 2004. 3. 31. 제작지원금으로 계약금액의 25%, 수퍼자막비용 일부를 지급하였다. 원고는 드라마가 종영하였으나 피고가 1차로 지급한 25% 이외에 나머지 75%에 해당하는 협찬대금을 지급하지 않고 있다면서 이를 청구하는 소송을 제기하였다. 피고는 원고가 약속한 노출을 제대로 이행하지 못하였으므로 2004. 5. 14. 위 계약을 해지하였고 계약내용이 방송심의위원회의 규정에서 금지되는 간접광고에 해당하여 결국 광고효과를 볼 수 없게 되었으므로 원고의 기망 또는 동기의 착오를 이유로 위 계약을 취소한다고 주장하였다. 제1심 판결에서는 드라마 18회분 방송분까지 피고회사 관련 이미지 및 게임관련 노출은 피고회사의 이미지 제고를 위한 PPL 광고의 목적을 달성할 수 없을 정도에 이르렀다고 보이므로 제작지원계약 중 PPL 광고부분은 2004. 5. 14.경 원고의 채무불이행을 사유로 한 피고의 해지의사표시로 적법하게 해지되었다고 판단하였다. 동사건의 항소심에서는 법원은 1심과는 다르게 판단하였는데, 간접광고와 관련한 방송법이나 방송심의규정이 이 사건 제작지원계약에서 정하고 있는 정도의 노출이나 에피소드 삽입 등을 일체 금지하는 취지는 아니라고 하고, 드라마 등 제작지원계약의 법적 성격을 제작물공급계약으로 보고 그 공급의 목적물이 특정의 주문자의 수요를 만족시키기 위한 비대체물이라는 점에서 도급의 성질을 가지고 있다고 보면서, 제작지원계약에서 규정한 바와 같이 노출이나 에피소드의 횟수에 근거하여 계약의 적법한 이행 여부를 판단할 수 있을 뿐이지 노출 등의 결과로 광고주의 인지도나 회사 이미지가 현실적으로 향상됨으로써 그로 인한 구체적인 광고효과가 발생하는 것까지를 계약내용으로 하지 않는다고 판시하였다. 이에 대하여는 손경한(2008b), 305~314면 참조.

털파일을 제공한다는 방송물 실용허락거래의 특수성에 기인하여 실용허락을 함에 있어서 실용허락자가 자신의 방송저작물에 대하여 어떠한 종류의 보호를 요구하는지, 그러한 보호가 사전 또는 사후 보증되어야 하는지, 디지털파일에 대한 기술적 보호조치 등 어떤 종류의 저작권보호를 요구할 수 있는지, 배타적 실용허락인지, 2차 시장에서의 이용과 관련하여 제3자에게 재차 실용허락을 할 수 있는지 여부 등을 분명하게 할 필요가 있다.[40] 특히 실용자의 국가의 법에 따라 실용허락자가 어떤 보호를 받을 수 있는지를 숙지하고 실용허락계약을 하여야 할 것이다. 방송물의 국제적인 실용허락계약을 체결하는데 참고할 수 있도록 본서 부록으로 국제방송저작물이용허락계약의 샘플을 게재하였다.

한편 국제적 방송물 실용허락자가 일방적으로 작성한 거래조건에 따라 비대면, 비교섭, 약관에 의한 거래를 하는 특성상 불공정한 거래를 통제하는 실용자국 법령이 있을 수 있으므로 그에 대비하여야 할 것이다. 이러한 문제인식 하에서 이하에서는 국제적인 방송물 실용허락거래에 있어서 당사자간의 권리의무 문제를 고찰해 보고자 한다.

나. 방송물 실용허락과 디지털파일등의 제공

방송물 실용허락자는 실용자가 방송물을 자신의 사업에 이용할 수 있도록 기실용권을 부여하여야 한다. 실용허락자는 전송권을 부여여부 등 2차 사용에 관한 실용허락의 범위를 정하여야 한다. 즉 DVD제작은 물론 VOD서비스 등 실용자가 할 수 있는 행위의 범위를 명확히 하여야 한다. 실용자는 실용허락지역 외부에 소재하는 이용자에게, 또는 실용허락지역 외부에서 인터넷 주소를 가지거나 이용되는 컴퓨터나 휴대기기에 방송저작물 사본을 스트리밍 또는 다운로드하지 못하도록 제한할 필요가 있다.

이어 실용허락자는 실용자가 실행할 수 있도록 방송물의 복제본을 디지털파일 등의 형태로 제공하여야 한다.[41] 실용자가 실용허락자의 서버에 접속하여 방송저작물을 스트리밍 또는 다운로드할 수 있는 링크를 제공할 수도 있다. 이 경우 실용자의 요청이 있으면 실용허락자는 그 접속, 스트리밍 또는 다운로딩을 위

40) 이와 관련해서는 Independent Film&Television Alliance가 제안한 initial model license agreement in the form of a rider for use in exploiting motion pictures over the Internet를 중심으로 분석한 Howard M, Frumes, Susan Cleary, Lorin Brennan, at 288.

41) §6.1.1 of IFTA® Internet and Wireless Rider Standard Terms.

한 링크가 실용자의 웹사이트에서 나타날 수 있도록 해줄 의무가 있다.[42] 이러한 실용허락에 따라 실용자는 방송저작물의 디지털 사본을 만들거나 인터넷 또는 무선으로 이용할 수 있도록 자신의 웹서버에 저장할 수 있다.

다. 방송저작물 개변권의 제한

실용자는 자국 내에서의 실용을 위하여 방송저작물을 더빙하거나 자막을 붙이거나 기타 편집을 하여야 할 경우가 있는 바 실용허락자로서는 실용자가 할 수 있는 개변의 범위를 명확히 하고 그 개변에 대하여 실용전에 실용허락자의 승인을 받도록 할 필요가 있다.[43] 특히 그 개변을 실용자 자신이 하지 않고 제3자에게 위탁하는 경우에는 제3자가 방송물에 대한 권리를 침해하지 않도록 조치할 필요가 있다. 특히 이용자가 스스로 제작한 방송저작물을 서비스제공자에게 공급하는 이른바 이용자제작콘텐츠(UCC)의 실용허락 등과 관련하여서는 실용자가 이용자제작콘텐츠를 수정할 필요가 있으므로 어느 정도까지 수정할 수 있는지를 명확히 하여야 할 것이다. 나아가 개변된 방송저작물 기타 2차적 저작물의 권리귀속을 명확히 할 필요가 있다. 적어도 실용허락자는 그 개변된 방송저작물에 대한 이용권을 확보하여야 할 것이다.

라. 지식재산권의 보호

실용허락자는 실용국에서 자신의 방송저작물이 법적 보호를 받을 수 있는 조치를 강구하여야 한다. 먼저 저작물을 등록하고 실용자가 자신의 명의로 제3자의 지식재산권 침해에 조치를 취할 수 있는 권리를 부여하여야 한다. 실용국내에서 방송저작물을 이용함에 따른 실용국 내의 제3의 권리자의 권리 침해에 관하여도 면밀히 대처하여야 한다. 우선 음악저작물등 방송물에 이용된 실용국내 저작물의 이용에 관한 권리를 확보하여야 하며 그 권리확보 책임을 현지 사정에 밝은 실용자에게 부과하는 것이 바람직할 것이다. 실용자로 하여금 제3자의 방송저작물에 대한 침해행위를 감시하고 실용허락자와 공동대처할 수 있도록 하는 것도

---

42) §6.1.3 of IFTA® Internet and Wireless Rider Standard Terms.

43) 예컨대 다음과 같은 조항이 포함되는 경우가 많다. Licensee shall not edit, modify or revise the Licensor Content in any manner whatsoever without first obtaining Licensor's prior written consent thereto, which may be granted or withheld in Licensor's sole discretion(4.2 of Content License Agreement). Kenneth M. Kaufman, at 311.

긴요하다.

통상 실용자는 실용허락자에 대하여 제공되는 방송저작물이 타인의 지식재산권을 침해하지 않으며 하자가 없다는 표시 및 보증(representation & warranty) 하도록 요구하는데 실용허락자로서는 그 여부를 확인할 수 없는 경우가 많으므로 이 표시 및 보증은 가급적 피하여야 할 것이다. 다만 현지 법률에 따라 이러한 표시와 보증을 부인하거나 실용허락자의 책임을 감경 또한 면제하는 계약 규정은 무효로 해석될 수 있는 점에 유의하여야 할 것이다.[44] 표시 및 보증이 불가피한 경우 방송저작물의 인터넷 또는 무선으로 이용할 권리에도 적용되는지 여부를 명확히 하여야 한다.[45]

마. 기술적 보호조치의 침해금지와 보안의 유지

방송물 실용허락자는 통상 실용자에 대하여 방송저작물 사본의 DRM 보안, 권리관리정보 프로그램의 보호와 기술적 보호조치에 대한 우회금지의무를 지운다.[46] 이 금지에는 콘텐츠 또는 그 사본의 무단 복제, 스트리밍 또는 다운로드 등의 전송의 금지가 포함된다. 또한 실용허락자는 대가지급처리시스템 등을 해킹 또는 사기로부터 보호하기 위하여 적절한 기술적 보안방법을 사용할 의무[47] 등 일정한 보안유지의무를 부담한다.[48] 특히 실용자에게 접속보안으로서 실용허락 방송저작물이 실용기간동안 절도, 침해 및 무단 복제, 접속, 스트리밍 또는 다운로드 되는 것을 막기 위하여 자신의 웹사이트 또는 무선 시스템을 합리적으로 관리할 의무를 부과한다.

---

44) 면책조항의 한계로서 예컨대 우리 민법 제584조에서는 매도인은 제15조에 의한 담보책임을 면하는 특약을 한 경우에도 매도인이 알고 고지하지 아니한 사실 및 제3자에게 권리를 설정 또는 양도한 행위에 대하여 책임을 면하지 못한다고 규정한다. 또한 약관규제법을 가지고 있는 국가의 경우 이러한 책임제한 조항이 포함된 방송저작물실용허락약관이 무효로 될 수 있다.

45) 매도인의 담보책임(민법 제570조 - 제584조)과 관련하여 담보책임의 유형을 라이선스권한의 보증, 라이선스대상의 유효성의 보증, 비침해보증 등으로 나누어 볼 수 있다. 이에 대한 일반론으로는 野口良光(1990), 164-167면; 한국과학기술연구원(1999), 112-123면 참조.

46) 한편 실용허락자는 계약에 해당 웹사이트 또는 무선시스템에 적용한 DRM 기술 등의 오류와 관련하여 자신을 면책시키는 조항을 포함시킨다.

47) §2.1 of IFTA® Internet and Wireless Rider Standard Terms.

48) Exhibit A: Distributor's Disclosure of Internet and Wireless Security Requirements of IFTA® Internet and Wireless Rider Standard Terms.

바. 실용료의 지급

실용자는 약정된 방식에 따라 계산한 실용료(royalty)를 실용허락자에게 지급하여야 한다. 실용료의 지급방법에는 정액방식, 경상 실용료 방식, 계약금과 경상 실용료 병행 방식 등이 있다. 정액방식을 제외하고는 실용허락자는 실용자에게 실용료 산정의 기초가 된 실용의 내역을 보고할 의무를 부과하여야 한다. 실용자로 하여금 이용자의 방송저작물 이용료의 계산 및 징수 내역을 실용허락자에게 보고할 의무를 부과할 필요가 있다. 그 보고에는 실용허락자에게 수입 배분이 정확하게 계산되고 지급되었는지를 판단함에 필요한 회계자료를 첨부할 의무를 부과하여야 하고 또한 실용허락자는 실용자의 보고가 성실한지 여부에 대하여 검사할 수 있는 권리를 확보할 필요가 있다.[49] 이와 관련하여 회계감사비용의 부담에 관한 약정도 필요하다.

실용자가 제3의 이용자들에게 온라인 이용허락을 하는 경우 (i) 이용자가 이용하려는 웹사이트 또는 무선시스템에 대하여 접속시도("raw hits")한 총 횟수, (ii) 웹사이트 또는 무선시스템에 매월 또는 매일 접속하는 평균적 회원수, (iii) 매월 접속하고 다운로드한 방송저작물 총수, (iv) 총 거래회수와 청구, 거래취소(chargeback), 환불(return and refund) 총액을 포함한 청구 및 징수 금액, (v) 방송저작물 접근에의 평균 소요시간과 바이트수, (vi) 이용자가 지급한 가입료 총액(콘텐츠에 대한 이용료를 배분하는 방법 포함), (vii) 전체 광고수입에 관한 정보(이용료수입을 할당하는 방법과 원천 포함)를 보고 사항에 포함시키는 것이 바람직할 것이다. 실용허락자는 접속, 신용카드에 의한 대금징수, 환급 및 관련 광고수입의 정도를 반영하기 위하여 인터넷과 무선이용의 성질에 따른 추가적인 보고의무를 실용자에게 부과할 수도 있다.

사. 방송저작물의 광고

방송물 실용허락자는 실용자에게 방송저작물의 광고의무를 부과하기도 한다. 실용허락자는 실용자에게 일정한 조건하에서 실용기간동안 방송물을 방송하거나 서비스하는 웹사이트에서 방송물의 광고와 흥행을 위하여 방송물의 제목, 로고, 예고자료 및 광고자료에 접속, 스트리밍 또는 다운로드 할 수 있는 권리를 부여

49) Id. 301.

하기도 한다.[50] 이 경우 실용자에게 자신의 방송이나 웹사이트에 해당 방송저작물을 광고, 패키징 또는 배치(placement)를 함에 있어 실용허락자의 조건에 따를 의무를 지우고 나아가 실용자는 방송저작물 또는 실용허락자의 평판에 부정적으로 영향을 미칠 수 있는 광고를 하지 아니할 의무를 부과하여야 할 것이다.

아. 이용자 정보의 제공

예외적이기는 하나 실용허락자는 온라인 서비스를 제공하는 실용자에게 이용자 정보를 제공하게 할 의무를 부과하기도 한다. 즉 실용자로 하여금 (i) 실용허락 방송물에 접속, 스트리밍 또는 다운로드를 하는 이용자의 성명, 패스워드, 신용카드정보, e메일주소 기타 관련 고객정보에 관한 데이터베이스를 유지하고, (ii) 비밀유지의무(confidentiality)와 개인정보보호의무(privacy protection)를 위반하지 않는 범위 내에서 실용허락자에게 그 데이터베이스를 제공할 의무를 지우며 (iii) 실용허락자가 그러한 데이터베이스를 이용할 권리를 보유하도록 하는 의무를 지우는 경우가 있다.[51] 이 경우 통상 실용허락자는 전세계적이고 영구적이며 양도 가능하고 무상인 이용자정보 사용권을 확보할 수 있으나 이와 같은 정보제공의무는 각국의 개인정보보호법에 위반되어 무효로 되는 경우가 있음에 유의하여야 할 것이다.[52]

자. 소결

국제적 방송물 실용허락에 있어서 이제는 실용의 방법, 회수, 기간 등에 있어 다양한 형태의 제한이 가능해지고 그만큼 실용허락자가 실용자를 통제할 수 있게 되어가고 있다. 가격책정(pricing)의 방법에 있어서도 다양한 선택(option)이 가능하게 되었다. 따라서 실용허락자로서는 다양한 상품을 만들어 실용자가 선택할 기회를 넓히는 한편 고객별 개별화(customization)를 함으로써 실용자의 요구에 부응하면서 대가를 극대화할 수 있는 실용허락형태를 마련하여야 할 것이다. 방송저작물의 저작권자를 위하여도 방송저작물거래를 활성화하기 위하여도 실용허락거래에 있어서 실용허락자는 실용자를 적절히 통제함과 아울러 허용 가능한

---

50) §5.1 of IFTA® Internet and Wireless Rider Standard Terms.
51) §6.4 of IFTA® Internet and Wireless Rider Standard Terms.
52) 한국의 경우 개인정보보호법이나 정보통신망이용촉진 및 개인정보 보호에 관한 법률에 위반될 수 있다.

범위 내에서 일정한 자유를 부여하는 것이 유익할 수 있다. 이렇게 함으로써 실용허락자와 실용자가 상생하는(win-win) 결과를 가져 올 수 있을 것이다.

5. 방송저작물거래에 대한 국제적 과세

가. 개설

국제 방송저작물거래와 관련한 국제조세문제는 외국의 사업자가 국내에 고정사업장(Permanent Establishment, 통상 PE라 약칭한다)이 있는 경우와 없는 경우로 나누어 살펴 보아야 한다. 국내에 고정사업장이 있으면 그 고정사업장에 국내에서 발생한 모든 소득에 대하여 종합 과세된다. 국내에 고정사업장이 없으면 그 소득의 성격에 따라 아래와 같이 분리 과세된다. 단순이용거래를 하고 이용자로부터 받는 대가도 원칙적으로는 실용허락거래와 다를 바 없다. 그러나 단순이용거래에 있어서는 국내에 고정사업장이 없는 경우에는 이용자가 대가를 지급함에 있어 원천징수 할 수 있는 제도가 만들어져 있지 않으므로 사실상 과세가 되지 않고 있다. EU에서는 사업장을 신고하게 하는 제도를 도입하고 있다.

나. 실용료 소득에 대한 과세

외국의 방송저작물공급자가 국내의 실용자로부터 지급받는 실용료(royalty)는 세법상의 사용료소득에 해당된다. 외국의 방송저작물을 국내에서 상영, 시청, 청취 등을 하고 그 실용료를 지급하는 경우 2중과세방지 협정에 따라 대체로 지급대가의 10% 내외를 소득세로 원천징수한다(특히 미국·일본의 경우 10%이다). 방송사업자가 외국에 지급하는 중계권료도 사용료소득에 해당하나 실용료와는 별도의 규정에 의하여 과세된다. 역으로 한국의 방송저작물공급자가 외국의 실용자로부터 지급받는 실용료에 대하여도 같은 법리가 적용된다.

다시 말하여 우리나라 소득세법과 법인세법은 사용료소득을 학술 또는 예술상의 저작물(영화필름을 포함한다) 등 콘텐츠에 관한 저작권·특허권·상표권·디자인·모형·도면이나 비밀의 공식 또는 공정·라디오·텔레비전방송용 필름 및 테이프 기타 이와 유사한 자산이나 권리 또는 산업상·상업상 또는 과학상의 지식·경험에 관한 정보 또는 노하우에 해당하는 자산·정보 또는 권리를 국내에서 사용하거나 그 대가를 국내에서 지급하는 경우의 당해 대가 및 그 자산·정보 또는 권리의 양도로 인하여 발생하는 소득으로 정의하고 있다. 그러나 소득에 관한 이중과세방지협약에서 실용지를 기준으로 하여 당해 소득의 국내원천소득여부를 규정하고 있는 경우에는 국외에서 사용된 자산·정보 또는 권리에 대한 대가는 국내에서의 지급여부에 불구하고 이를 국내원천소득에서 제외하고 있다.[53]

OECD 모델 협약에서는 '사용료'를 영화필름을 포함한 문학·예술 또는 학술작품의 저작권, 특허권, 상표권, 의장이나 신안, 도면, 비밀공식이나 비밀공정의 사용 및 사용권, 또는 산업적·상업적 및 학술적 경험에 관한 정보의 대가로서 받는 모든 종류의 지급금을 의미한다고 정의하고(동협약 제12조 제2항),[54] 실용지 기준으로 과세를 하도록 하고 있다.

따라서 비거주자 또는 외국법인의 국내원천 사용료소득이 국내사업장에 귀속되지 않거나 국내사업장이 없는 경우에는 분리과세하게 되는데, 이 경우 조세조약이 체결되어 있으면 조세조약상의 제한세율을 적용하고, 조세조약이 체결되어 있지 않으면 25%[55]의 세율을 적용하여 원천징수한다. 우리나라가 다른 나라와 체결한 조세조약에서는 이상의 내용을 원칙으로 하고 체약국에 따라 내용에 약간의 차이가 있다.

문제는 외국의 방송저작물을 온라인실용허락을 받아 실용하고 실용료를 지급하는 경우이다.[56] 해당 방송저작물의 사용료가 국내에서 원천징수되기 위해서는 국내에서 실용되어야 하므로 방송저작물의 실용지가 어디인가가 문제된다. 앞서 본 바와 같이 인터넷은 장소적 개념이 없거나 희박하므로 결국 온라인실용자 소재지국에서 실용된다고 볼 수밖에 없을 것이다. 따라서 온라인실용자 소재지국에서 소득세를 원천징수하고 나머지 사용료를 온라인공급자에게 지급하여야 할 것이다.[57]

---

53) 소득세법 제119조 제11호, 법인세법 제93조 제9호.

54) Article 12. 【Royalties】 [2003. 01. 28.]
1. Royalties arising in a Contracting State and beneficially owned by a resident of the other Contracting State shall be taxable only in that other State.
2. The term "royalties" as used in this Article means payments of any kind received as a consideration for the use of, or the right to use, any copyright of literary, artistic or scientific work including cinematograph films, any patent, trade mark, design or model, plan, secret formula or process, or for information concerning industrial, commercial or scientific experience.

55) 소득세법 제156조 제1항 제3호, 법인세법 제98조 제1항 제3호.

56) 이에 대하여는 안경봉(2002), 585-608면 참조.

57) 박진아(2008), 27면.

다. 배당소득에 대한 과세

투자에 대하여 지급되는 배당금 내지 분배금은 그 투자의 형식에 따라 그 취급이 달라진다. 한국기업이 외국의 방송저작물제작, 공급 기업에 투자하고 완성된 방송저작물에 대한 실용허락을 받아 국내에서 사업을 하고 실용료를 수입에서 배분, 지급하는 형식을 취하게 될 것이다. 조세 부담을 줄이기 위해서는 투자금을 대여금 형식으로 하여 그 대여금을 전액 회수할 때까지는 지급할 약정 실용료에서 대여금을 공제하고 투자금이 전액 회수된 뒤에 비로소 약정 실용료를 지급하는 방식을 취하는 경우가 많을 것이다. 이 경우 대여금의 회수에 대하여는 이는 이전적 지출이므로 과세되지 아니하고 그 후 지급하는 실용료에 대한 과세는 위에서 본 바와 같다.

역으로 외국인이 외국인투자촉진법에 따라 한국의 방송저작물 제작 또는 실용 법인에 투자하고 그 주식이나 지분에 대한 배당금을 받는 경우에는 세법상의 배당소득에 해당된다.[58] 외국인이나 외국기업에 대한 배당금은 2중과세방지협정에 따라 대체로 지급되는 배당금의 10%-15%를 소득세 등으로 원천지국에서 과세하게 되므로 지급하는 자가 세액을 원천징수하고 송금한다.[59]

Ⅲ 국제 방송저작권소송의 국제재판관할

1. 개 설

가. 방송저작권분쟁과 국제재판관할의 개념

한류의 해외 확산으로 우리나라에서도 국제 방송저작권분쟁이 증가일로에 있다. 국제 방송저작권분쟁이 발생하면 먼저 그 사건에 대한 국제재판관할법원을 결정하여야 하며 나아가 국제재판관할을 가지는 국가의 국제사법에 따라 그 사건에 적용될 준거법을 지정하게 된다. 일단 판결이 내려지면 이를 외국에 가서 승인받거나 집행하여야 하는 문제도 생긴다. 국제방송저작권분쟁을 소송외의 방법으로 해결하는 방안도 많이 활용되고 있다.

---

58) 소득세법 제119조, 법인세법 제93조.
59) 예컨대 한미조세조약의 경우 동 조약 제12조 참조.

여기에서는 국제 방송저작권분쟁의 국제재판관할과 외국 판결의 승인과 집행과 관련한 내용을 중심으로 살펴보기로 한다. 특히 저작권분쟁의 국제재판관할에 관한 일반론적인 관점에서 국제 방송저작권분쟁의 국제재판관할 결정 기준을 검토를 해 보고자 한다. 국제재판관할이라 함은 당해 분쟁이 어느 나라의 재판관할권에 복종하는가, 바꾸어 말하면 당사자는 어느 나라 법원에 소를 제기할 수 있는가 하는 문제를 말한다. 방송저작권분쟁의 국제재판관할에 관하여 일반원칙으로서 속지주의와 영미법계 국가의 사물관할(subject matter jurisdiction)이 문제되므로 이를 먼저 살펴보고 저작권분쟁의 국제재판관할에 관한 미국, 유럽, 일본 및 우리나라의 상황을 검토한 후, 저작권귀속·유효성분쟁, 저작권거래분쟁 및 저작권침해분쟁의 각 유형별로 그 국제재판관할 결정기준을 고찰하기로 한다.

나. 저작권의 속지주의와 국제재판관할

(1) 저작권에 있어서의 속지주의

전통적인 속지주의의 원칙을 저작권에 적용하면 저작권의 효력은 이를 부여한 국가의 통치권, 즉 영토주권이 미치는 영역 안으로만 한정되고 그 저작권의 성립, 변동, 소멸 및 그 내용은 그 저작권을 권리로서 인정하고 이를 부여한 당해 국가의 법률에 의하여서만 결정된다고 할 것이나 저작권의 경우에는 특허권과는 달리 그 속지성이 강하지 않으며 특히 인터넷상 저작권분쟁의 경우에 현저하다.[60]. 따라서 이러한 속지주의의 원칙이 보호요건으로서 등록을 요구하지 않는 저작권의 경우에도 그대로 적용되는 것은 아니나 아직도 속지주의의 전통이 완전히 사라진 것은 아니라고 할 수 있다.

(2) 영미법계국가의 사물관할(subject matter jurisdiction)

영미법계국가에 있어서는 피고에 대한 인적관할 외에 저작권분쟁에 대해 당해국의 사물관할이 인정되어야 한다.

(가) 미국에 있어서의 저작권 분쟁의 사물관할

미국의 경우 외국저작권관계소송에 있어서 일반적으로 외국저작권의 침해여부를 판단하는 것은 외국정부기관의 행위의 효과를 판단하는 것은 아니므로 외국저

60) 이규호(2005), 8면.

작권 침해소송에 대한 미국 법원의 사물관할을 긍정한다. 미국 저작권 침해와 아울러 외국 저작권 침해를 주장하는 경우는 물론 외국 저작권 침해에 대한 구제만 청구하는 경우에도 미국법원에 사물관할이 있다고 보고 있다. 예컨대 London Film Production Ltd. v. Intercontinental Communications, Inc. 사건[61]에서 영국 저작권자가 뉴욕 라이선시를 상대로 6개 라틴 아메리카 국가에서의 저작권 침해를 이유로 제소하였는데, 미국법원은 이동(transitory) 소송원인을 근거로 미국의 사물관할을 인정하였다.[62] 미국이 송신지국인 경우는 물론 외국에서 송수신되어 미국 저작권이 침해되지 않는 경우에도 미국법원에 관할이 인정될 수 있다. 그러나 예외적이기는 하나 해당 국가의 국가적 관심사인 것을 이유로 미국법원의 관할을 부정하는 경우도 존재한다.

미국의 경우 저작권사건은 연방법원의 관할에 속한다. 따라서 외국적 요소를 가진 저작권 사건이 미국 내의 침해행위와 관련되는 한 그 사건에 관한 미국 연방법원에 국제재판관할권을 부여한다.[63] 또한 미국 연방법원은 국내적 요소 없이 외국적 요소만을 가지는 저작권 사건에 대하여 소위 이주(異州)관할권(diversity jurisdiction)을 행사할 수 있다.

(나) 영국에 있어서의 저작권 분쟁의 사물관할

영국법원은 대체로 역사적으로 영국 국경 외에서 일어난 저작권침해에 관하여 재판관할권을 제한하기 위하여 속지주의원칙(territoriality principle)을 엄격하게 적용하여 왔다. Tyburn Production Ltd. v. Conan Doyle 사건[64]에서는 저작권침해는 이동(transitory) 소송원인이기 보다는 부동산불법침입(trespass to land)과 같이 지역적이고 결국 미국에서 발생한 것으로서 영국에 재판관할권이 없다고 판단하였다. 반면 2011년 Lucasfilm Ltd. v. Ainsworth 사건[65]에서 영국대법원은 영국에 거주하는 자가 유럽연합 역외 국가의 저작권을 유럽연합 역외에서 침해한 행위를 다투는 저작권침해소송에서 관할권을 행사할 수 있는지 여부에 관하여 항소법원의 결정을 뒤집고 영국법원의 재판관할을 긍정하였다.

---

61) 580 F. Supp. 47(1984).
62) 동지 CARELL v. SHUBERT ORGANIZATION, INC., 104 F.Supp.2d 236(2000).
63) 28 U.S.C. §1338(a).
64) 1 All E. R. 909(1990).
65) [2011] U.K.S.C. 39(Trinity Term).

다. 각국의 저작권분쟁에 관한 국제재판관할의 일반 원칙

(1) 미국에 있어서 저작권분쟁의 인적 재판관할

영미법에 있어서는 사물관할요건 외에 피고에 대한 인적 관할(personal jurisdiction)요건도 갖추어야 한다. 주지하는 바와 같이 미국 판례는 일찍이 당해 사건과 법정지 간의 최소한의 접촉(minimum contacts)을 요구하였으며[66] Calder 사건[67]에서는 대인관할권이 긍정되려면 1) 의도적인 행위가 존재하고 2) 그것이 법정지로 향해지고 있으며, 3) 그것이 법정지에 손해를 입히고 있을 것이 필요하다는 효과테스트기준을 제시하였다. 인터넷 상 지재권 침해사건에서는 일반적으로 Zippo기준이 적용되고 있다.[68] 한편 ALI/UNIDROIT 국제민사소송원칙[69]은 실질적 관련성을 국제적 재판관할의 기준으로 제시하면서 실질적 관련성이 인정될 수 있는 경우를 예시하고 있다. 이 재판관할결정기준은 저작권분쟁에 있어서도 그대로 타당하다고 할 것이다.

(2) 유럽에서의 저작권분쟁의 국제재판관할

유럽에서 국제재판관할과 외국재판의 승인・집행에 적용되는 규범은 2002년 3월에 발효된 유럽연합 이사회규정(Council Regulation)인 브뤼셀 I 규정(Brussels I Regulation)이다.[70] 브뤼셀 규정은 별도로 법률관계의 성질에 따라 개별적으로 관할원인을 규정하는 방식을 취하고 있으며 불법행위의 경우 가해적 사실이 발

---

66) International Shoe Co. v. Washington, 326 U.S. 310, 316(1945); Decker Coal Co. v. Commonwealth Edison Co., 805 F.2d 834, 839 (9th Cir. 1986). CLIP 원칙은 가해행위지국의 법원은 물론 유비쿼터스적 침해가 발생한 모든 국가의 법원에 외국에서 발생한 손해에 대해서도 국제재판관할을 인정한다(2:203조(2)).

67) Calder v. Jones, 465 US783(1984).

68) Zippo Manufacturing Co. v. Zippo Dot Com, Inc. 952 F. Supp. 1119(WD Pa 1997). 동 사건에서는 대인관할권의 행사의 기초가 되는 피고의 행위는 다음 세 단계로 나뉜다고 하여 1) 피고가 인터넷에서 사업을 하고 있는 경우는 대인관할권은 긍정되고 2) 피고가 단지 정보를 업로드했을 뿐인 경우에는 수동적인 웹 사이트에 불과해 대인관할권은 부정되어야 하며 3) 1)과 2)의 중간에 위치하는 경우, 즉 대화형 웹사이트에서 사용자가 정보를 교환하는 경우에는 "쌍방향"의 정도와 교환되는 정보의 상업적인 성격에 따라 대인관할권을 긍정해야하는지 여부를 결정한다고 하는 3단계 접근법을 취하고 있다.

69) ALI/UNIDROIT Principles of Transnational Civil Procedure was adopted by the American Law Institute (ALI) in May 2004 and by the International Institute for the Unification of Private Law (UNIDROIT) in April 2004 제2.1조 참조.

70) 브뤼셀 I 규정의 적용대상국에 규정 제정 당시 적용을 거부하였던 덴마크가 2007년 7월부터 추가되었다.

생국에 국제재판관할을 인정하고 있다. 지식재산권 중 특허, 상표, 디자인 등 등록에 의하여 권리가 발생하는 지식재산권에 관하여는 등록국에 전속관할을 규정하고 있으나[71] 저작권분쟁의 국제재판관할에 관하여는 별도의 규정이 없다. 따라서 저작권 침해 분쟁의 국제재판관할은 일반관할 또는 특별관할 규정에 따른다.

(3) 한국에서의 저작권분쟁의 국제재판관할-실질적 관련의 원칙

한국 국제사법은 당사자 또는 분쟁이 된 사안이 대한민국과 실질적 관련이 있는 경우에 대한민국 법원에 재판관할이 있다고 규정하므로 방송저작권 분쟁이 한국과 실질적 관련(substantial connection)이 있어야 국제재판관할이 인정된다.[72]

다. 지식재산권분쟁의 국제재판관할에 관한 제 원칙

빈발하는 국제지식재산권분쟁의 국제재판관할, 준거법 및 외국판결승인 · 집행에 관한 국제규범을 통일하기 위하여 선진 각국은 소프트로(soft law)로서 지식재산분쟁에 관한 국제사법원칙(principle)을 제정하는 작업을 하여 왔다. 미국법률협회(ALI)의 2007년 국제지적재산소송원칙(Intellectual Property: Principles, Governing Jurisdiction, Choice of Law and Judgments in Transnational Disputes. 이하 "ALI원칙"), 독일의 막스플랑크연구소를 중심으로 한 유럽에서의 2012년 지식재산에 관한 저촉법원칙(Principles on Conflict of Laws in Intellectual Property, 이하 'CLIP원칙'이라고 한다), 한국국제사법학회의 2010년 국제지적재산소송원칙이 그 예이다.

라. 방송저작권 분쟁에 관한 재판관할합의[73]

(1) 당사자자치의 인정 여부

국제방송저작권분쟁의 국제재판관할에 관하여 당사자들이 자유로이 합의를 할 수 있가 하는 문제이다. 즉 국제재판관할법원의 선택에 있어 당사자 자치가 인정되는지를 먼저 살펴본다.[74] 2015. 10. 1. 발효된 헤이그관할합의협약도 저작권분

---

71) 유럽사법재판소는 등록 또는 유효한 특허의 관한 분쟁은 그 등록권리에 대한 무효소송을 포함하여 권리를 부여한 국가에 전속관할이 있다고 판시하였다(KG (GAT) v. Lamellen und Kupplungsbau Beteiligungs KG (LuK) (C4/03)).

72) 헤이그예비초안 제18조에서도 소극적이지만 실질적 관련의 원칙을 규정한 바 있었다.

73) 재판관할합의에 관한 일반론으로는 손경한(2013), 417-479면 참조.

74) 저작권을 지적재산권에 관한 재판관할합의에 관한 논의로는 손경한 · 박진아(2004), 210면 이하 참조.

쟁의 경우 그것이 저작권의 유효성에 관한 것이든 저작권침해에 관한 것이든 묻지 않고 그에 관한 재판관할합의의 유효성을 인정하고 있다.[75] 일반적으로 국제규범은 특정국의 법원이 전속적으로 국제재판관할을 가지는 것으로 하는 당사자 간의 합의를 유효하다고 보고 있다.[76] 미국에서는 일찍이 연방대법원의 Zapata 판결로 재판관할합의의 유효성이 확립되었으며[77] ALI 국제지적재산소송에 관한 원칙에서도 지재권에 관한 재판관할합의의 유효성을 원칙적으로 인정하고 있다.[78] 유럽의 브뤼셀규정[79] 및 일본 민사소송법[80]도 마찬가지의 규정을 두고 있다. 우리나라에서도 국제재판관할합의는 원칙적으로 유효한 것으로 인정되고 있다.[81]

(2) 재판관할합의의 유효요건

우리 대법원은 전속적 국제재판관할합의의 유효요건으로 ① 당해사건이 한국법원의 전속관할에 속하지 아니할 것, ② 지정된 외국법원이 그 외국법상 당해사건에 대하여 관할권을 가질 것, ③ 당해사건이 그 외국법원에 대하여 합리적인 관련성을 가질 것, ④ 그 관할합의가 현저하게 불합리하고 불공정하지 않을 것의 네 가지를 요구하고 있다.[82] 뒤에서 상술하는 바와 같이 특허 등 등록에 의하여 비로소 그 권리가 발생하는 지식재산권의 유효성분쟁에 관하여는 전속관할로 인정하는 입법례가 많으나 저작권과 같이 그 권리의 발생에 등록을 요하지 않는

---

75) 동 협약의 적용에서 제외되는 지재권 분쟁은 n) the validity of intellectual property rights other than copyright and related rights; o) infringement of intellectual property rights other than copyright and related rights이다(제2조(2) 참조). 어느 경우이든 저작권분쟁은 동 협약의 적용대상이 된다.

76) 헤이그관할합의협약 제3조 d항과 제5조 1항 및 1999년도 헤이그예비초안 제4조 1항 참조.

77) Bremen v. Zapata Off-Shore Co., 407 U.S. 1, 92 S.Ct. 1907, 32 L.Ed.2d 513 (1972). The Restatement (Second) of Conflicts of Law §80. 1999년 통일컴퓨터정보거래법(Uniform Computer Information Act, UCITA)에서도 공서양속에 반하거나, 비양심적(unconscionable) 또는 불합리하고 부당한(unreasonable and unjust)하지 않는 한 전속적 재판관할합의의 효력을 인정하였다. UCITA §§105(b), 110(a), 111(a).

78) ALI원칙 제202조 제1항. 이에 대한 소개로 Rochelle Dreyfuss(2004-2005).

79) COUNCIL REGULATION (EC) No 44/2001 of 22 December 2000 on jurisdiction and the recognition and enforcement of judgments in civil and commercial matters 제23조 참조.

80) 제3조의7 제1항 내지 제5항 참조.

81) 다만 우리 국제사법은 근로계약과 소비자계약상 국제재판관할합의는 사후적 합의나 부가적 재판관할합의만을 유효로 한다(동법 제27조 제6항, 제28조 제5항 참조).

82) 대법원 1997. 9. 9. 선고 96다20093 판결, 대법원 2004. 3. 25. 선고 2001다53349 판결, 대법원 2011. 4. 28. 선고 2009다19093 판결 등. 다만 세 번째 요건인 내국관련성 요건과 관련하여서는 부당하다는 비판을 받고 있다.

경우에는 그 유효성분쟁이라 하더라도 특정국의 전속관할에 속하지 않는다고 이해되고 있다. 일반적으로 재판관할합의는 서면으로 작성되어야 한다. 재판관할합의약관의 유효성에 관하여는 논란이 있다.[83] 국제재판관할합의가 약관에 의한 때에 ALI원칙을 참조하여 계약의 내용을 작성하지 아니한 당사자의 소재지와 이해관계, 숙련도 및 분쟁 관련 당사자와 관련된 국가의 이해관계를 고려하여 합리적인 경우에 한하여 그 효력을 인정하여야 할 것이다.

(3) 방송저작권에 관한 국제재판관할합의의 방법

결론적으로 방송저작권과 관련한 분쟁을 특정국의 법원에서의 재판에 의하여 해결하기로 하는 합의는 그 합의가 현저하게 불공정하지 않는 한 그 효력이 인정된다 할 것이므로 방송저작권에 관한 국제계약을 체결하는 당사자는 이 당사자자치의 원칙을 잘 활용하여 판결의 집행에 문제가 없는 한 가급적 자국의 법원을 전속적 재판관할법원으로 하는 합의를 하도록 하여야 할 것이다. 국제재판관할합의에 별도의 명시적 규정이 없는 한 재판관할합의는 전속적인 것으로 이해되고 있다. 자국의 법원을 전속적 재판관할법원으로 하는 합의에 상대방이 응하지 않는 경우에는 ADR에 의한 분쟁해결방법을 강구하여야 할 것이다.

2. 방송저작물 권리귀속과 유효성사건의 국제재판관할

가. 방송저작권의 귀속 · 유효성 분쟁의 개념

방송저작권의 귀속에 관한 분쟁이라 함은 방송저작권이 원시적으로 누구에게 귀속하는가 하는 문제에 관한 분쟁을 말한다. 전술한 바와 같이 방송저작물은 공동저작물이거나 업무상 저작물이 되는 경우가 많으므로 그 권리의 귀속에 관하여 분쟁이 발생할 여지가 많다. 방송저작권의 유효성에 관한 분쟁이라 함은 방송저작권이 유효하게 성립하였는지 또는 소멸하였는지 여부에 관한 분쟁을 말한다. 방송저작권에 관한 거래나 침해의 선결문제로 다투어 지는 경우가 많다.

---

83) 한국약관규제법 제14조는 고객에게 부당하게 불리한 재판관할합의약관을 무효로 하나 미국 Carnival Cruise Lines v. Shute, 499 U.S. 585(1991)은 크루즈약관상 재판관할조항의 유효성을 긍정하였다. 동 사건은 캘리포니아를 출발하는 크루즈에 워싱턴주에 거주하는 승객이 탑승한 경우인데 승선표의 이면약관에는 크루즈회사의 본사소재지인 플로리다주에서 재판하는 것으로 하는 전속적 재판관할합의의 조항이 포함되어 있었던바 그 관할합의조항의 합리성을 인정하여 유효하다고 판시하였다.

나. 방송저작권의 귀속 · 유효성 분쟁의 전속관할 여부

방송저작권의 귀속 또는 유효성에 관한 분쟁이 전속관할에 속하는지가 문제된다. 방송저작권분쟁은 그 성립과 유무효의 판단을 해당 등록국의 전속관할로 하는 (특허권 등의) 국가기관에 의한 등록을 요하는 지적재산권분쟁의 경우와 달리 저작권침해에 관한 소송뿐만 아니라 저작권의 귀속 · 유효성에 관한 소송에 대해서도 전속관할을 인정하지 않는 입장이 주류이다.

영국에는 법원에 외국의 토지에 대한 권리의 소재나 권리의 침해에 대한 배상분쟁을 심리할 관할이 없다는 "Moalcambique Rule"을 저작권분쟁에 적용한 예와 부정한 예가 모두 존재한다. Conan Doyle의 저작권 상속인이 미국 저작권 등을 가지지 않는다는 확인소송을 영국법원에 제기한 사건에서 법원은 외국의 지적재산권은 해당 국가의 주권행사라는 등의 이유를 들어 Moalcambique Rule을 적용하여 미국저작권분쟁에 대한 미국법원의 전속관할을 인정하고 영국법원의 관할을 부인한바 있다.[84] 그러나 그 후 판결에서 Moalcabique Rule은 등록을 요하지 않는 지적재산권에 타당하지 않으므로 외국저작권침해에 관하여 관할을 인정하기도 하였다.[85]

ALI원칙에 의하면 방송저작권의 경우 등록에 의해 발생하는 권리가 아니므로 귀속이나 유효성에 관한 분쟁에 전속관할이 인정되지 않고 미국 법원의 국제재판관할이 긍정될 수 있다. 독일의 판례와 학설에 따르면 방송저작권의 침해소송에 대하여 전속관할을 인정하지 않고 외국저작권 침해 등을 이유로 하는 소송에 독일법원의 국제재판관할권을 긍정하고 있다.[86] CLIP원칙[87]은 등록에 의해 발생하는 권리의 유효성 등을 대상으로 하는 분쟁은 등록국의 전속관할로 하고 있으므로(2:401조(1)), 방송저작권의 경우 등록에 의해 발생하는 권리가 아니므로 성립, 귀속, 유효성에 관한 분쟁에 전속관할이 인정되지 않고 독일법원에 국제재판관할권인정이 가능하다.

84) Tyburn Productions Ltd. v. Conan Doyle [1991] Ch75.

85) 예컨대 [2011] U.K.S.C. 39(Trinity Term) 참조.

86) OLG München 10. 1. 2002, ZUM 2003, 141 [Spielbankaffaire]; Ulmer(1980) S.82; Troller(1952) S.261ff./271f.

87) Principles on Conflict of Laws in Intellectual Property, Final Text European Mac Planck Group on Conflict of Law in Intellectual Property(CLIP), 1 December 2011.

일본의 현행법은 방송저작권의 귀속・유효성에 관한 소송을 전속관할로 할지 여부에 대한 규정은 없다. 판례는 대체로 일반적인 국제재판관할규칙에 의해 판단하고 있다.

한국지적재산국제소송원칙은 등록에 의해 발생하는 권리인지 아닌지를 불문하고 모든 지적재산권의 침해소송 등에 대해 원칙적으로 비전속관할을 제안하고 있다.[88] 그러나 등록에 의해 발생하는 권리의 유효성 등을 대상으로 하는 분쟁은 등록국의 전속관할로 한다.[89] 따라서 방송저작권의 성립・유효성 분쟁에 대하여는 전속관할이 인정되지 않는다고 할 것이므로 당사자는 자유로이 국제재판관할 합의를 할 수 있다.

다. 방송저작권 등록분쟁의 국제재판관할

방송저작권등록에 관한 소를 등록국의 전속관할로 할지가 문제된다. ALI 원칙은 등록에 의하여 발생하는 권리인지 여부를 불문하고 모든 지적재산권의 등록에 관한 소송에 대하여 전속 관할로 하고 있지는 않다. CLIP 원칙은 등록에 의해 발생하는 권리에 대하여는 등록에 관한 소에 전속관할을 인정하지만,[90] 저작권의 등록에 관한 소송에 대하여는 전속관할로 하고 있지 않다. 일본의 경우 현행법에는 저작권등록에 관한 소송에 대해 전속관할로 할지 여부에 대한 규정은 없다. 한국지적재산국제소송원칙은 등록에 의해 발생하는 권리에 대하여는 등록에 관한 소에 전속관할을 인정하지만[91] 저작권등록에 관한 소송은 전속관할로 하고 있지 않다. 한국 법원은 한걸음 더 나아가 등록에 의하여 권리가 발생하는 특허권의 양도 등록에 관한 소의 전속관할을 부인하였다.[92] 따라서 방송저작권등록에 관한 소는 등록국의 전속관할에 속하지 않는다 할 것이다.

---

88) 동원칙 제11조.
89) 동원칙 제10조.
90) CLIP원칙 2:401조(1).
91) 동원칙 제10조.
92) LG디스플레이사건에 관한 대법원 2011. 4. 28. 선고 2009다19093 판결은 권리의 발생에 등록을 요하는 특허권의 성립, 유효・무효 또는 취소 소송은 등록국 또는 등록 피청구국 법원의 전속관할로 볼 수 있지만, 특허권 등 양도계약의 이행을 요구하는 소송은 등록국 및 등록 피청구국 법원의 전속관할로 볼 수 없으므로 그 분쟁에 관한 국제재판관할합의를 할 수 있다고 판시하였다.

라. 방송저작권의 귀속·유효성 분쟁의 국제재판관할

방송저작권의 귀속·유효성 분쟁이 전속관할에 속하지 않는다면 저작권분쟁에 관한 국제재판관할 일반론에 따라 국제재판관할이 결정될 것이다. 저작권의 본원국에 관할이 인정됨에는 의문이 없고 본원국이 아니라 하더라도 당사자나 당해 분쟁과 합리적인 관련이 있는 국가에 국제재판관할이 인정될 것이다.

3. 방송저작물 거래사건의 국제재판관할

가. 당사자 간의 국제재판관할합의가 있는 경우

방송저작물의 제작계약이나 유통계약시 국제재판관할합의를 할 수 있으므로 그러한 합의가 있는 경우에는 그 합의된 국가의 법원이 재판관할을 가지게 될 것이다. 방송저작물유통계약에 있어서는 다수국에서 또는 유비쿼터스적으로 방송 또는 유통되는 경우가 많으므로 일의적인 분쟁해결을 위한 재판관할합의가 필수적이다.

나. 당사자 간의 국제재판관할합의가 없는 경우

당사자들간에 재판관할에 관한 합의가 없는 경우에는 이른바 객관적 연결에 의한 국제재판관할을 결정하는 규칙[93]이 필요하다. 미국에서는 앞서본 바와 같이 최소관련(minimum contacts)의 원칙이 적용된다. 유럽의 브뤼셀규정에서는 계약에 관한 사건의 국제재판관할은 문제가 된 채무의 이행지의 법원에 인정하며,[94] CLIP원칙에서도 계약분쟁의 국제재판관할은 해당 의무가 이행되어야 할 국가의 법원에 인정되므로(2:201(1)) 유럽에서는 방송저작권 계약분쟁의 국제재판관할은 의무이행지관할에 의한다고 할 것이다.

우리나라에서는 앞서 본 실질적 관련원칙이 계약분쟁의 국제재판관할을 정함에 있어서도 적용된다. 지재권양도사건에서 한국의 법원은 실질적 관련의 원칙을 적용하여 한국의 국제재판관할을 인정하였다.[95] 한국지적재산국제소송원칙은 지

93) 이러한 규칙에 의하여 긍정되는 재판관할을 '피고의 주소지가 속한 국가의 법원'에 인정되는 일반관할에 대하여 이른바 특별관할이라 한다.

94) 브뤼셀규정 제5조 제1항.

95) 한국 국제사법 제2조 제1항 참조. LG디스플레이사건에서 법원은 일본국 등 외국에서 등록된 특허

적재산권의 양도, 담보제공, 사용허락 기타 처분 계약에 관한 분쟁은 그 지적재산권이 이용되거나 행사될 국가의 법원이 재판관할을 가진다고 규정한다(제12조 제1항). 이 경우 복수의 국가에서 이용되거나 행사될 지적재산권에 관한 계약인 경우에 그 중 1국가의 법원은 그 국가에서 이용되거나 행사될 지적재산권에 관한 계약의 분쟁에 대하여서만 재판관할을 가진다(동조 제2항). 방송저작권 계약분쟁의 국제재판관할도 이와 같이 이해할 수 있을 것이다

4. 방송저작권 침해사건의 국제재판관할

가. 개설

위성방송과 인터넷방송 등 국경을 넘은 방송에 있어서 저작권침해와 관련하여, 국제재판관할의 결정기준을 실질적 관련 여부에 의하거나 방송저작권침해를 불법행위로 보고 불법행위에 관한 국제재판관할 결정기준을 적용하는 입법례 모두 방송의 송신지국의 국제재판관할을 인정하며 그 관할의 범위는 송신지국 내에서의 침해 뿐 아니라 수신지국 내에서의 침해에도 미치는 것으로 이해되고 있다. 그러나 후술하는 바와 같이 원송신지국에 국제재판관할이 인정되는지 여부에 관하여는 그 결론에 차이가 있다.

나. 미국법상 저작권 침해사건의 국제재판관할

ALI원칙은 등록에 의해 발생하는 권리인지 아닌지를 불문하고 모든 지적재산권의 침해소송 등에 대해 비전속관할권을 제안하고 있다(제202조 제1항, 제212조 제3항). 나아가 ALI원칙에는 직접적으로 실질적 관련원칙을 규정하지는 않으나 불충분한 관할원인을 규정하면서 간접적으로 실질적 관련성을 요구하고 있다(제207조).[96] 나아가 ALI원칙은 가해행위지국의 법원에 모든 손해에 대한 재판관할

권의 이전등록이나 특허출원에 관한 출원인명의변경절차의 이행을 구한 사안에서 특허권 양도계약에서 준거법을 대한민국 법으로 합의하고 있는 점, 원고가 이 사건 특허권의 기초가 된 발명들은 모두 피고가 대한민국의 회사에 근무할 당시 이루어진 것이라고 주장하고 있어 이 사건 양도계약의 효력을 판단하기 위해서는 피고가 위 회사에 근무할 당시의 상황 및 업무 내용에 대한 증거조사도 필요할 것으로 보이는 점, 원고는 대한민국 법인이고 피고 역시 현재 대한민국에 거주하고 있는 것으로 보이는 점 등을 종합하여 보면, 이 사건 소송의 당사자와 분쟁은 대한민국과 실질적 관련이 있다고 판시하였다. 서울고등법원 2009. 1. 21. 선고 2007나96470 판결.

96) 미국 법상 법원이 피고에 대해 인적 관할권을 행사할 수 있는가 하는 문제는 (1) 제정법상의 당해법원이 피고에 대한 관할권을 행사하는 권한이 있는지, (2) 제정법상 그러한 권한이 있는 경우 피고에

권을 인정하면서(제204조 제1항) 그러나 가해행위지국이 WTO회원국이 아닌 경우에는 손해발생지국의 법원에 모든 손해에 대한 재판관할을 인정한다(동 제3항).[97] 또한 ALI원칙은 침해자가 손해발생국을 지향한 침해행위가 있는 경우에는 당해 손해발생국의 법원에 관할을 인정하지만 그 관할권의 범위를 해당 국가에서의 손해로 제한한다.[98] 그러나 동 원칙은 유비쿼터스 침해에 대한 특칙을 규정하고 있지는 않다.

다. 유럽법상 저작권침해사건의 국제재판관할

유럽에서는 불법행위지의 국제재판관할이 인정되고 불법행위지에는 가해행위지(원인사실지)외에 손해발생지(결과발생지)도 포함된다.[99] CLIP원칙에서는 실질적 관련의 원칙을 채택하지 않고 피고주소지의 일반관할[100]과 계약에 관한 문제, 침해, 권리귀속 등에 관한 특별관할[101]을 규정하고 있다. CLIP원칙은 가해행위지국(원인사실지) 법원이 외국에서 발생한 저작권 침해에 대하여도 국제재판관할을 가진다.[102] 나아가 손해발생국에 중대한 영향을 미치는 경우 또는 침해자가 손해발생국을 향한 침해행위의 경우에는 당해 손해발생국의 법원에 재판관할권을 인정하는데,[103] 그 범위는 당해국에서 발생한 손해에 한정된다.[104] 따라서 유럽에서는 방송의 재송신지국 법원은 저작권침해의 원인사실지국 법원으로서 모든 수신지국에서 발생한 침해에 대하여 국제재판관할을 가지는 결과가 된다. 방송의

대한 인적 관할 행사가 미국 헌법에 반하는지의 여부에 관련된다. 첫 번째 요건은 long-arm statute와 최소한의 접촉(minimum contact)이론에 따라 결정된다. 최소한의 접촉(minimum contacts)의 기준을 요약하면, 1) 피고가 법정지에서 행위하는 이익을 의도적으로 이용하는 것(purposeful availment), 2) 원고가 피고의 법정지와의 접촉이 계속적이고 체계적이거나 소가 그러한 접촉으로 제기되거나 관련된 것을 입증하는 것, 3) 피고의 행위와 법정지와의 연결에 의해 그가 합리적으로 법정지 관할권에 따를 것이 기대되는 것, 4) 인적 관할권의 행사가 합리적인 것 등이 있다.

97) ALI원칙 제204조는 지적재산권침해소송의 재판관할에 대하여 법정지에 주소를 가지고 있지 않은 피고의 침해행위에 대한 관할규정이고 피고가 문제로 된 침해를 개시하거나 진행하기 위하여 실질적으로 행위하거나 실질적인 준비행위를 한 국가의 법원에는 전면적인 관할권을 부여하여 그 피해가 어디에서 일어나는지를 불문하고 문제로 된 침해에 관한 그 국가 내에서의 행위에 의하여 발생한 모든 피해에 관한 청구에 관할이 미친다고 한다.

98) ALI원칙 제204조 제2항.

99) 브뤼셀규정 제5조 제3항 참조.

100) CLIP Art.2:101.

101) CLIP Arts.2:202 & 2:205.

102) CLIP Art.2:203(2).

103) CLIP Art.2:202.

104) CLIP Art.2:203(1).

원송신지국이 외국에서의 방송저작권 침해에 대하여 국제재판관할을 가지는 지는 명확하지 않다.

라. 일본법상 저작권침해사건의 국제재판관할

일본도 유럽과 같이 실질적 관련의 원칙을 채택하지 않는다.[105] 반면 지식재산권의 침해에 있어 금지청구는 물권의 효력문제로 손해배상청구는 불법행위로 성질 결정하여 각 국제재판관할 원칙을 적용한다. 일본 민사소송법은 불법행위에 관한 소에 관하여 불법행위가 있은 장소가 일본국내에 있는 경우 국제재판관할을 가진다고 규정한다.[106] 불법행위가 일어난 곳은 불법행위를 구성하는 요건사실 중 하나가 발생한 곳을 말하며, 가해행위지와 결과(권리침해결과)발생지와 손해(2차적・파생적 손해)발생지가 다른 격지적 불법행위의 경우 결과발생지도 불법행위가 일어난 곳이 된다고 보는 것이 통설・판례이다.[107] 다만 외국에서 행해진 가해행위의 결과가 일본국내에서 발생한 경우에, 일본국내에서 그 결과의 발생이 통상 예견할 수 없었던 경우에는 일본 법원의 국제재판관할을 부인하고 있다.[108] 방송저작권침해의 경우에도 마찬가지로 이해되므로 일본법 하에서 송신지는 불법행위가 있은 장소로서 송신지국 법원은 방송저작권침해에 대하여 국제재판관할을 가진다. 송신지국 법원은 수신지국에서 발생한 침해행위의 결과발생을 통상 예견할 수 있는 경우에 수신지국에서 발생한 침해에 대하여도 관할이 인정된다. 다만 방송사업자 등의 원송신지국은 불법행위지가 아니므로 재판관할이 없다.

105) 일본의 경우 민사소송법이 개정되어 국제재판관할에 관한 명문규정이 존재한다. 재판실무는 판례(最判 昭和56年10月16日 民集35卷7号 1224頁[マレーシア航空事件] 및 最判 平成9年11月11日 民集51卷10号 4055頁[ファミリー事件])에 따라 일본민사소송법이 정하는 재판적이 내국에 있는 경우에는 원칙적으로 국제재판관할도 일본에 있는 것으로 해석하면서 예외적으로 그 결과가 재판의 적정, 공평, 신속 등 소송법의 기본 이념에 반하는 사정이 있는 경우에는 국제재판관할을 부정한다. 즉 일본에 있어서 국제재판관할은 원칙적으로 민사소송법 제4조 이하의 규정에 따라 피고의 주소지에 근거한 관할(제4조), 불법행위지에 근거한 관할(제5조 제9호), 병합관할(제7조), 합의관할(제11조) 등이 인정되지만, 조리에 반하는 예외적인 경우에는 관할이 부정되게 된다.

106) 일본 개정 민사소송법 제3조의 3 제8호 본문 참조. 일본 개정 민사소송법의 번역문은 국제사법연구 제18권 참조.

107) 東京地判 昭和59年3月27日 判時1113号 26頁[航空自衛隊ヘリコプター事件]、最判 平成13年6月8日 民集55卷4号 727頁[円谷プロ事件].

108) 일본 개정 민사소송법 제3조의 3 제8호 단서 참조.

마. 한국법상 저작권침해사건의 국제재판관할

한국 국제사법상으로는 지식재산권침해의 국제재판관할에 관하여는 명문의 규정이 없고 실질적 관련의 원칙을 선언한 동법 제2조에 의거하여 국제재판관할을 결정하고 있다.

한국 법원은 한국인의 외국에서의 저작권 침해사건은 물론 외국인의 외국에서의 저작권 침해금지 및 손해배상 청구 사건에서도 한국 법원의 국제재판관할을 인정하였다.[109] 즉 외국에서의 저작권 침해에 관한 청구부분은 피고 드림웍스의 피소 예견가능성, 한국영화시장의 규모, 피고가 대한민국에서 응소하더라도 베른협약이 공통적으로 적용되므로 불리한 것이 없는 점, 국내 저작권 침해에 관한 청구부분과 외국에서의 저작권침해에 관한 청구 부분은 기초가 된 사실관계 및 쟁점이 동일하여 대한민국에서 위 두 청구부분 모두에 대하여 재판을 함이 바람직하다는 점 등을 종합하여 대한민국과 실질적 관련성이 있다고 판단하고 외국에서의 저작권침해에 관한 청구부분에 대하여도 대한민국에 국제재판관할이 인정된다고 판시하였다. 본건에서 외국에서의 저작권 침해에 관한 청구와 국내에서의 저작권침해에 관한 청구 부분과 기초가 된 사실관계 및 쟁점이 동일하다는 점에서 소의 객관적 병합의 요건을 충족시켰으므로 외국에서의 저작권침해에 대한 한국법원의 국제재판관할을 인정한 이 판결은 그 결론에 있어서는 정당하나 그 점이 바로 외국에서의 침해와 대한민국간의 실질적 관련을 인정하는 근거로는 될 수 없는 점에서는 비판의 여지가 있다 할 것이다.[110]

한국국제지재소송원칙은 지적재산권에 대한 주된 침해행위가 있은 국가의 법원은 그 침해행위로 인하여 외국에서 발생한 피해에 관한 소에 대하여도 재판관할을 가진다고 규정한다.[111] 방송에 있어서는 송신지에서 지적재산권에 대한 주된 침해행위가 발생한다 할 것이므로 송신지국 법원은 수신지국에서 발생한 피해에 대하여도 재판관할을 가지는 결과가 될 것이다. 이 경우 저작권을 가지는 방송사업자의 원송신지도 방송저작권 침해와 실질적 관련이 있으므로 재판관할이 인정됨은 앞서본 바와 같다. 나아가 지적재산권 침해행위가 피해발생국을 지향하

---

109) 이른바 더 링 사건에 관한 서울중앙지방법원 2005. 6. 22. 선고 2003가합87723 판결 참조.
110) 손경한(2005).
111) 동 원칙 제11조 제1항 참조.

여 행하여진 때에는 피해발생국의 법원은 당해국 내에서 발생한 피해에 대하여 재판관할을 가지므로[112] 방송저작권침해행위가 수신지국을 지향하여 행하여진 때에는 수신지국 법원에 자국내에서 발생한 피해에 대한 재판관할이 있다.[113]

5. 방송저작권에 관한 외국 판결의 승인과 집행

방송저작권 분쟁에 관하여 승인·집행의 대상인 외국판결의 범위에는 판결뿐 아니라 결정명령, 가처분 등의 보전 처분 등도 포함함과 아울러 종국재판이 아닌 중간재판이나 가집행 선고부 미확정 판결도 포함한다고 할 것이다.

외국판결이 승인되기 위한 요건은 다음과 같다. (i) 승인국의 법령 또는 조약에 따른 국제재판관할의 원칙상 그 외국법원에 국제재판관할이 인정될 것. (ii) 패소한 피고가 소장 또는 이에 준하는 서면 및 기일통지서나 명령을 적법한 방식에 따라 필요한 시간적 여유를 두고 송달받았거나(공시송달이나 이와 비슷한 송달에 의한 경우를 제외한다) 송달받지 아니하였더라도 소송에 응하였을 것. (iii) 그 재판의 내용 및 절차에 비추어 보아 그 재판의 승인이 승인국의 선량한 풍속이나 그 밖의 사회질서에 위반되지 아니할 것. (iv) 외국재판이 원칙적으로 확정되었을 것.

승인요건을 갖춘 외국재판에 대하여 승인국에서 인정될 수 있는 재판의 효력은 지적재산권의 성립·유효성 분쟁과 소멸 또는 침해에 관한 분쟁에 관한 재판은 승인국에서 동일한 상황 하에서 비슷한 법적 구제수단을 명할 수 있는 범위 내에서 승인 또는 집행될 수 있을 것이다. 다른 국가에서 등록된 지적재산권을 무효라고 한 외국재판은 소송당사자 사이에서만 승인 또는 집행을 인정할 수 있을 것이다. 외국재판의 승인 및 집행은 원칙적으로 승인국 또는 집행국의 법에 따라야 할 것이다. 다만 방송저작권에 관하여는 권리귀속과 관련하여 특유한 문제가 있는데, 예컨대, 미국 업무상 저작물 규정(work made for hire rule)과 같은 법규정을 가지지 않은 외국의 법원에서 미국 업무상 저작물규정을 적용하여 판단한 판결을 집행하는 것이 가능할 것인지 하는 문제가 있다. 미국 저작권법상 업무상 저작물 규정을 적용하여 위촉자에게 저작권을 귀속시켰다 하더라도 이것

112) 동원칙 제11조 제2항 참조.
113) 이 경우 피고는 방송언어가 수신지국의 언어가 아니라는 등의 이유로 방송저작권침해행위가 수신지국을 지향하지 않았음을 항변할 수 있을 것이다.

이 우리나라의 공서에 반한다고 할 수는 없을 것이므로 이를 이유로 외국재판의 승인을 거부할 수는 없을 것이다. 공서위반을 이유로 외국재판의 승인이 거부되는 경우 새로운 소송을 국내 또는 제3국에서 제기할 수 있을 것이다.[114]

Ⅳ 방송저작권의 준거법

1. 개 설

가. 보호국법주의와 본원국법주의

속지주의원칙 하에서 저작권과 같은 비등록지적재산권에 있어서 준거법 지정에 관하여는 그의 영토에 대하여 저작권의 보호가 요청되고 있는 국가, 즉 권리가 이용되거나 제3자에 대하여 방어하고자 하는 국가의 법에 의거하는 보호국법주의와 권리의 최초발생지국법에 의거하는 본원국법주의로 나뉜다. 일반적으로 각국 입법은 저작권 침해와 더불어, 성립·유효성, 권리의 내용, 소멸, 양도가능성 및 양도의 제3자에 대한 효력 등에는 보호국법을 적용하고 최초귀속에 대하여는 본원국법을 적용하는 입법례와 모든 경우에 보호국법을 적용하는 입법례가 있다. 또한 보호국법주의를 취하면서도 원칙적으로 최밀관련국법을 적용하는 입법례도 있다.

나. 준거법에 관한 베른협약의 해석

베른협약 제5조 제2항 제2문은 '저작자의 권리에 대한 보호의 범위와 이를 보호하기 위하여 주어지는 구제의 수단은 오로지 보호가 요구된 국가의 법률에 의해 규율된다.'라고 규정한다.[115] 이 규정에 관련하여 한국의 법원은 '보호가 요구된 국가(the country where protection is claimed)'라 함은 '그 영토 내에서의 보호가 요구되고 있는 국가', 즉 '보호국'을 의미하며, 특히 저작재산권의 침해 문제에 관련해서는 '그 영토 내에서의 침해행위에 대하여 보호가 요구되고 있는 국가', 즉 '침해지국'을 의미하는바(국제사법 제24조도 같음), 자신의 저작재산권에 대

114) François Dessemontet(2003), at 3.; R. Hilty & A. Penkert(2002), at 660.

115) "The extent of protection, as well as the means of redress afforded to the author to protect his rights, shall be governed exclusively by the laws of the country where protection is claimed."

한 침해행위가 대한민국 영토 내에서 발생하였음을 원고가 주장하며 이에 대한 보호를 요구하고 있으므로, 결국 대한민국 법률이 보호국법이자 침해지국법으로서 이 사건에 적용될 준거법이 된다고 해석하였다.[116]

그러나 이러한 해석에 대하여는 유력한 반대설이 있다. 즉 '보호가 요구되는 국가의 법'의 영문인 "laws of the country where protection is claimed"를 "law of the country for which protection is claimed"라고 해석하는 것이 협약의 연혁과 자료로 볼 때 정당화되지 않고 오히려 법정지법으로 해석하는 것이 타당하다는 것이다.[117] 이 같은 해석은 베른협약을 성안하였던 당시의 상황은 보호국이라 하면 보통 침해지국 즉 법정지국이었으므로 국제사법적 문제는 거의 발생하지 않았기 때문에 외인법의 규정에 머물러 있다고 보는 것이 협약의 제정 당시의 상황에 부합한다고 해석이라고 한다.[118][119] 뿐만 아니라 베른협약 제5조 제2항이 보호국법주의를 취한 것으로 해석하는 경우 "본국에서의 보호는 국내법에 의해 지배된다"라고 규정한 동 협약 제5조 제3항[120]과 상충되며, 저작물의 최초 귀속에 보호국법주의를 적용하면 동일한 저작물이 국가에 따라 그 저작권자가 상이하게 될 수 있어 저작물의 국제거래를 해치고 그 국제적 전파의 촉진을 저해하게 된다고 한다.[121] 어떻든 한국의 판례는 베른협약 제5조 제2항의 '보호가 요구되는 국가의 법' 규정 때문에 베른협약이 준거법에 관하여 보호국법주의 원칙을 표방하고 있다고 해석하고 있다.

---

116) 서울고등법원 2013. 1. 23. 선고 2012나24622 판결.

117) 베른 협약이 규정하는 '보호의 범위(the extent of protection)'는 저작권의 존재와 그 특정의 내용으로 해석할 것이 아니라 저작물에 대하여 민·형사법상의 보호가 보장되는지 여부에 관한 일반적인 문제를 말하는 것이고 '구제방법(the means of redress)'도 저작권 침해에 대한 적절한 해결을 의미하는 것에 지나지 않는다고 본다.

118) 손경한(2004b), 171면.

119) 동 협약 제14조의2 제1항(가)는 "영상저작물의 저작권자의 결정은 보호가 요구되는 국가의 입법에 맡긴다."고 규정한다. 동항 (다) 제2문은 영상저작물의 제작에 기여하기로 하는 "약정을 서면 합의로 하는지 또는 같은 효과를 가지는 문서로 하는지를 정하는 것은 보호가 요구되는 동맹국의 입법에 맡긴다."는 규정도 본원국법주의를 원칙으로 하되 이 규정에 따른 예외를 인정한 것이라고 보는 견해가 있다.

120) "Protection in the country of origin is governed by domestic law. However, when the author is not a national of the country of origin of the work for which he is protected under this Convention, he shall enjoy in that country the same rights as national authors."

121) 석광현(2012), 114면.

다. 저작권의 준거법에 관한 각국의 일반원칙

(1) 미국의 준거법 결정원칙

앞서 본 바와 같이 미국은 전통적으로 지식재산권에 대하여는 엄격한 속지주의 원칙을 적용하여 미국 내에서의 지식재산침해행위에 한하여 법정지법인 미국법을 준거법으로 하여 왔다. 대체로 미국의 국제사법은 준거법결정의 기본원칙으로 최밀접관련국법주의를 취하고 있다고 할 수 있다.[122] 법원은 어떤 국가가 가장 밀접한 관련이 있는지를 결정하는데 있어서 계약체결지, 계약의 교섭지, 이행지, 계약 목적물의 소재지, 당사자의 주소지, 거소지, 국적, 법인의 본점 또는 영업소 소재지 등의 요소를 고려하여 결정한다고 규정하고 있다. 그리고 분쟁의 법적성질을 금지청구나 손해배상청구로 나누어 그 준거법을 달리하지는 않았다.[123]

(2) 유럽에서의 저작권의 준거법

계약상 채무의 준거법에 관한 로마Ⅰ규정(Rome I Regulation)에 따르면[124] 계약의 특징적 이행(characteristic performance)을 하여야 하는 당사자의 상거소가 있는 국가의 법을 적용하며 그 외의 경우에는 최밀접관련국법원칙을 적용한다.[125] 불법행위 등 계약외채무의 준거법에 관한 로마Ⅱ규정(RomeⅡ Regulation)[126]은 일반 원칙으로 계약외채무의 준거법에 관하여 결과발생지법주의[127]를 채택하고 있으나 지식재산권의 침해에 대하여는 불법행위 준거법의 특칙으로 그 지식재산권의 보호가 청구되는 국가의 법을 준거법으로 규정하여 보호국법주의를 채택하였다.[128]

---

122) Restatement of the Law Conflict of Laws 2d s 188. (1) The rights and duties of the parties with respect to an issue in contract are determined by the local law of the state which, with respect to that issue, has the most significant relationship to the transaction and the parties under the principles stated in s 6.

123) 손경한(2004), 661면.

124) 동 규정은 2009년 12월 17일 발효하였다.

125) 동 규정 제4조 참조.

126) 동 규정은 2007년 7월에 제정되어 2009년 1월에 덴마크를 제외한 전 EU에서 발효하였다.

127) 동 규정 제4조 1항 참조.

128) 동 규정 제8조 제1항 참조.

(3) 한국법상 저작권의 준거법

한국 국제사법은 기본적으로 준거법지정원칙으로 최밀관련국법원칙을 채택하고 있다. 즉 국제사법에 의하여 지정된 준거법이 해당 법률관계와 근소한 관련이 있을 뿐이고, 그 법률관계와 가장 밀접한 관련이 있는 다른 국가의 법이 명백히 존재하는 경우에는 그 다른 국가의 법에 의하도록 하고 있다.[129] 계약의 준거법과 관련하여 그 계약과 가장 밀접한 관련이 있는 국가의 법에 의하도록 하고 있으며,[130] 기타 사무관리, 부당이득, 불법행위에 있어서도 당사자간의 법률관계에 기초해서 준거법을 정하도록 하여 최밀관련국법원칙을 견지하고 있다.[131] 지식재산권의 준거법에 관하여는 국제사법 제24조는 지식재산권의 보호라는 표제 하에 "지식재산권의 보호는 그 침해지법에 의한다."고 규정한다. 이 규정은 저작권의 준거법 지정에도 적용되나 그 해석에 관하여는 견해가 나누어지고 있다.

라. 방송저작권에 관한 준거법합의

(1) 준거법합의에 관한 당사자 자치의 인정 여부

방송저작권분쟁의 준거법 선택에 있어서도 재판관할합의와 마찬가지로 당사자 자치의 원칙이 일반적으로 인정된다.[132] 한국 국제사법 제25조 본문은 '당사자자치의 원칙'을 채택하여 당사자가 선택한 법(주관적 준거법)에 관해서 명시적인 선택뿐 아니라 묵시적인 선택도 허용하고 있다. 단지 묵시적 선택이 부당하게 확대되는 것을 방지하기 위하여 묵시적 선택은 계약 내용 그 외에 모든 사정으로부터 합리적으로 인정될 수 있는 경우로 제한하고 있다.[133] 또한 한국국제사법은 준거법 선택에 관한 당사자의 합의(준거법지정계약, choice of law agreement)의 성립과 유효성에 관한 준거법에 대해서도 당사자자치의 원칙이 적용되는 것을 명시하고 있다. 다만, 소비자와 근로자 보호를 위한 특칙이 존재한다.[134]

---

129) 한국국제사법 제8조 제1항.
130) 한국국제사법 제26조 제1항.
131) 한국국제사법 제30조 제1항 단서, 제31조 단서, 제32조 제3항.
132) 미국 국제사법 제2차 리스테이트먼트는 준거법 선택에 관해서 당사자자치의 원칙을 채택하고 있다. 다만 더 중대한 이해관계를 가지는 국가가 있다든가 국가의 '근본 질서'를 저해하는 경우 등은 예외가 인정된다. ALI원칙 제302조도 당사자자치의 원칙을 채택하고 있다. 마찬가지로 UCITA 제109조(a)도 준거법합의의 유효성을 규정하고 있다. CLIP원칙도 당사자의 준거법 합의를 인정한다(3:605조)
133) 한국국제사법 제25조 단서.

(2) 방송저작권에 관한 준거법합의의 효력

방송저작권분쟁에 있어서 준거법합의의 효력은 일반적으로 인정된다고 할 것이다. 방송저작권거래에 있어서의 준거법합의는 물론 방송저작권의 귀속이나 유효성의 준거법에 관한 합의나 저작권 침해시의 준거법에 관한 합의도 유효하게 할 수 있다고 할 것이다. 한국 지적재산국제소송원칙은 지적재산권의 성립 · 유효성 분쟁 등에 관한 당사자 간의 준거법합의도 가능하게 하면서 다만 그 효력은 당사자 간에만 미치는 것으로 하였다.[135] 저작권침해를 불법행위로 성질 결정하는 견해에 따르면 국제사법 제 33조의 규정[136]에 따라 사후적인 준거법합의만을 할 수 있다고 할지 모르나 저작권 침해를 예상하여 준거법합의를 해 두어야 할 현실적 필요성은 유비쿼터스적 저작권 침해가 일반화 되고 있는 현금에 있어서는 더욱 현저해졌으므로 분쟁이 발생하기 전에 한 사전적 준거법합의도 그 유효성을 긍정하여야 할 것이다. 약관에 의한 준거법합의에 관하여도 준거법합의에 관한 당사자 자치의 원칙상 허용하여도 무방할 것이다.[137]

(3) 준거법합의의 효력의 한계

준거법합의는 각국의 저작권법에 강행규정이 있는 경우 그 한계를 가진다. 예컨대, 독일저작권법에 의하면 상당한 보수(제32조)와 저작자의 계속된 관여(제32조a)는 준거법을 정하지 않은 용익계약에 독일법이 적용될 수 있거나 계약의 대상이 동 저작권법의 지역적 적용범위 내에서 기준이 되는 이용행위인 경우 강행규정으로 하고 있다.[138] 또한, 프랑스 지재권법은 다소 보호적 규정을 가지고 있는데, 장래의 저작물에 대한 저작권의 포괄적 양도는 무효이다. 저작권의 양도는

134) 한국국제사법 제27조, 제28조. ALI원칙은 당사자자치의 원칙의 예외로서 등록된 권리의 효력과 유지에 관한 준거법, 등록 여부에 관계없이 권리의 존부, 특성, 양도 가능성, 존속기간에 관한 준거법, 그리고 양도와 라이선스의 등록을 공식적으로 요구하는 준거법의 지정은 배제하고 있다. 대량시장거래계약의 경우에는 합리적으로 계약이 성립된 당시 계약서를 작성하지 않는 당사자가 즉시 참조 가능했고, 그 이후에도 당사자가 계속 참조가능한 것일 때에 한정해 효력을 가진다고 규정하고 있다.

135) 동 원칙 제20조 제1항.

136) 동조는 준거법에 관한 사후적 합의라는 표제 하에 당사자는 사무관리 · 부당이득 · 불법행위가 발생한 후 합의에 의하여 대한민국 법을 그 준거법으로 선택할 수 있으되 그로 인하여 제3자의 권리에 영향을 미치지 아니한다고 규정한다.

137) 한국에서는 재판관할약관 등에 관한 약관규제법제14조가 준거법약관에도 유추적용되는가의 문제로 다루어지고 있다.

138) 독일 저작권법 제32조b.

양도되는 권리를 개별적으로 양도계약에 명시할 것을 조건으로 하며, 양도되는 권리의 이용범위는 범위, 목적, 기간, 장소에 따라 제한될 것을 조건으로 하므로, 양도되는 권리, 지역적 범위, 이용유형, 양도기간을 정하지 않은 권리의 양도에 관한 행위는 무효이다.139) 또 다른 법정 규칙은 강박의 경우의 계약금액의 변경에 관계되는 것이다. 이용권 양도의 경우에, 저작자가 불공정 계약 또는 저작물의 수익에 대한 예측의 잘못으로 인하여 7/12 이상의 손해를 입은 경우에는 저작자는 계약의 가격조건의 수정을 요구할 수 있다.140)

2. 방송저작물 권리귀속과 유효성의 준거법

가. 방송저작물 권리귀속의 준거법

(1) 본원국법주의

미국은 저작권의 최초 귀속의 준거법에 관하여는 본원국법주의를 취하고 있다. Itar-Tass 사건141)에서 원고 러시아의 통신사 Itar-Tass Russian News Agency는 미국 뉴욕지역에 소재한 러시아 주간 신문사인 피고가 러시아에서 발행된 원고의 뉴스기사 등의 무단 복제를 주장하는 저작권 침해 소송을 제기하였다. 미 연방 제2항소법원은 저작물에 관한 저작권의 최초권리귀속을 결정하기 위해서는 그 저작물과 가장 밀접한 관련이 있는 나라의 법을 적용해야 하는데, 그에 해당하는 나라는 그 저작물이 최초로 공표된 본원국이라고 판시하였다.

미국의 ALI 원칙에서는 저작권의 최초귀속에 관한 준거법을 본국법주의에 따라 창작자의 거주지법으로 하고 있다.142) (a) 창작자가 1명인 경우, 보호객체의 창작시 창작자의 거주지법에 의하고 (b) 창작자가 2명 이상인 경우 i) 창작자의 거주지 중 창작자 간의 계약에서 정한 한 국가의 법 또는 ii) i)이 적용되지 않을 경우 보호객체의 창작시 다수의 창작자의 거주지법에 의하고 iii) i), ii)가 적용되

139) L. 131-1, 131-3(1) of the French Intellectual Property Code.
140) L. 131-5 of the French Intellectual Property Code.
141) Itar-Tass Russian News Agency v. Russian Kurier, Inc., 1997 WL 10948.
142) 동 원칙 제313조. 최초권리귀속에 대하여는 ALI원칙은 등록지적재산권의 경우 등록국법주의를 취하고(제311조), 비등록지적재산권의 경우 미등록상표 및 트레이드 드레스는 상품 및 서비스에 관한 식별력을 갖추게 된 국가의 법(제312조), 그 밖의 비등록지적재산권, 즉 저작권과 같이 등록과 무관계하게 발생할 권리는 창작 당시 창작자의 거소지국법 또는 계쟁물이 고용계약에 의한 경우에는 그 근로관계를 규율하는 국가의 법(제313조)이 적용된다고 규정한다.

지 않을 경우 보호객체의 최초의 이용에 가장 밀접한 관련을 가지는 국가의 법에 의한다. (c) 직무저작의 경우 고용계약에 적용되는 준거법에 의한다. 이상에 의해 적용되는 법률이 당해 보호객체를 보호하지 않으면 보호국법에 의한다.

프랑스 역시 저작권의 최초귀속의 준거법에 관하여 본원국법주의를 취하고 있다.[143] 한국지적재산국제소송원칙은 저작권의 최초귀속에 관한 준거법은 저작물의 본국법에 의한다고 규정한다.[144] 직무저작 등에 있어서의 최초권리귀속과 승계에 관하여는 법률관계의 통일을 위하여 사용자의 상거소지국법을 준거법으로 삼았다.[145]

(2) 보호국법주의

저작권의 최초귀속에 관한 준거법결정규칙과 관련하여 베른협약은 영화저작물의 경우 특별히 규정을 두어, 영화의 저작물에 대하여 저작권을 가지는 자를 결정하는 것은 보호가 요구되는 동맹국의 법이 정하는 바에 의한다고 규정하여[146] 보호국법주의에 의하고 있다. 앞서 본 바와 같이 로마II규정은 등록지적재산권과 비등록지적재산권을 구분하지 아니하고 보호국법주의를 취하고 있어 저작권에 관한 준거법도 보호국법이 된다.[147] 독일에서는 판례[148]나 지배적인 학설[149]이 저작권의 최초귀속과 저작권침해의 준거법 모두 보호국법을 취하고 있다. CLIP원칙도 저작권의 최초귀속과 저작권침해에 관한 준거법 모두를 보호국법으로 하고 있다.[150] 일본에서는 저작권의 최초귀속에 관하여 보호국법을 준거법으로 보는 견해가 다수설이다.[151] 그러나 보호국법설의 문제점은 동일한 저작물에 있어서도 각국마다 최초귀속자가 달라지게 된다는 점이다.

---

143) Eckart Gottschalk(2007), at 191.

144) 동원칙 제24조.

145) 동원칙 제25조 제2항.

146) 베른협약 제14조의2 제2항(a).

147) 로마II규정 제8조 제1항.

148) 2002년 11월 7일 연방통상법원의 판결은 보호국법이 적용되는 근거로 어떤 범위에서 보호를 받을 수 있는지를 결정하는 것은 저작권에 관한 행위에 대해 보호를 부여하는 국가의 소임임을 들고 있다. Sender Felsberg(GRUR Int.2004, 470.)

149) E. Ulmer(1978), at 10~11; A. Troller(1952) S.64~65.

150) CLIP원칙 3:201조(1), 3:601조.

151) 文化審議會 著作權分科會國際小委員會(2010) 21면. 다만 직무저작의 경우 저작권의 귀속에 관하여는 고용계약의 준거법국에 있어서의 저작권법에 의한다고 한 사례가 있다. 東京高判 平成13年 5月 30日 判時 1797号 131면 [キューピーII].

나. 방송저작권의 유효성 및 등록의 준거법

미국은 방송저작권의 성립과 유효성 등에 관하여 보호국법주의를 취하고 있다. ALI원칙은 지적재산권의 성립, 유효성 등의 문제도 보호가 요청되는 국가의 법에 따르도록 하고 있다.[152] CLIP원칙에 의하면 지적재산권의 성립, 유효성, 등록, 범위와 보호기간에 적용되는 법은 보호국법이다.[153] 한국의 판례도 같은 입장을 취하고 있는데, 본 더치상표사건 또는 플라잉 아이볼사건에서는 저작권자의 결정이나 권리의 성립, 소멸, 양도성 등 지적재산권에 관한 일체의 문제를 보호국법에 따라 결정함이 타당하며 한국 국제사법 제24조가 지적재산권에 관한 모든 분야에 관하여 보호국법주의를 명시하는 대신 지적재산권의 침해의 경우만을 규정하는 방식을 취하고 있다고 하더라도 이를 넓게 해석하여 지적재산권의 성립, 이전 등 전반에 관하여 보호국법주의 원칙을 채택한 것으로 해석하여야 한다고 판시하였다.[154]

3. 방송저작물 거래의 준거법

가. 문제의 소재

방송저작권계약에 있어서 저작권의 양도가능성이나 대항요건 등 물권적 측면과 양도 등의 원인관계인 계약의 채권행위의 준거법을 분리하여 판단하여야 할지가 문제된다. 또한 분리하여 판단할 경우 준거법결정 원칙이 어떻게 되는지 역시 문제된다. 이에 대하여 각국의 입법과 판례를 분설하여 살펴보기로 한다.

나. 저작권의 양도가능성 - 보호국법주의

저작권의 양도가능성이나 대항요건 등은 물권적 측면에 대해서는 보호국법이 준거법이 된다. 미국의 경우 브라질 작곡가와 브라질 음악출판사 간의 미국 저작권양도계약이 문제가 된 Corcovado Music 사건[155]에서 제2순회항소법원은 채권적 측면인 계약해석에 대해서는 브라질법을 준거법으로 하지만, 물권적 측면인

---

152) ALI 원칙 제301조(1)(b).
153) 동 원칙 3:102조.
154) 서울고등법원 2008. 7. 8. 선고 2007나80093 판결.
155) Corcovado Music v. Hollis Music, 981 F.2d 679(2d Cir 1993).

갱신기간의 저작권에 대한 양도의 효과에 관하여는 브라질법에 의한다는 당사자 간의 합의를 배척하고, 권리가 양도되는 국가인 미국저작권법에 따라 판단해야 한다고 판결을 내렸다. ALI 원칙은 권리의 양도가능성의 준거법은 권리가 양도되는 국가의 법이라고 규정하고 있다.[156]

독일에서는 저작권을 양도할 수 있는지 여부에 대해서 보호국법이 적용된다고 하고,[157] CLIP원칙에서도 권리의 양도가능성의 준거법은 보호국법이다.[158] 마찬가지로 일본에서도 저작권의 양도성과 대항요건 등은 보호국법에 의한다. 한국 지적재산국제소송원칙상 권리의 양도가능성의 준거법은 보호국법이다.[159]

다. 저작권계약 당사자의 법률관계의 준거법 – 계약준거법주의

미국의 경우에 앞서본 바와 같이 국제사법 리스테이트먼트 제188조에 의거 당사자가 준거법을 지정하지 않는 경우에는 거래 및 당사자와 가장 밀접한 관련이 있는 국가의 법이 적용된다. ALI 원칙상은 계약당사자의 법률관계의 준거법은 당사자 간의 명확한 준거법합의가 없는 경우 최밀관련국법 즉 계약체결 시점에서의 양도인, 허락자의 주소지법이 된다.[160]

독일을 비롯한 유럽에서는 앞서본 바와 같이 계약준거법의 결정은 당사자 간에 명시적인 합의가 없는 경우 가장 밀접한 관련을 가지는 법의 결정에 있어서 특징적인 급부가 무엇인지를 개별 계약별로 판단한다. 예를 들어 양도계약과 라이선스계약에는 원칙적으로 권리자의 상거소지법이, 상연·상영을 위한 계약의 경우에는 이용자의 상거소지법이 준거법이 된다.[161] CLIP원칙상 당사자 간의 명확한 준거법합의가 없는 경우의 준거법은 최밀관련지법이다.[162] 계약의 다양성을 이유로 특징적 급부이론을 채용하지 않고 최밀관련법을 결정할 때의 고려요소만 열거하고 있다.

일본의 법의 적용에 관한 통칙법(法の適用に關する通則法)에서는 양도의 원인관계인 계약 등의 채권행위의 경우 준거법선택에 관하여 당사자의 의사가 분명

---

156) ALI원칙 제314조.
157) 1997년 10월 2일 연방법원 판결 [Spielbankaffaire].
158) CLIP원칙 3:301조.
159) 동원칙 제19조.
160) ALI원칙 제315조.
161) Rainer Hausmann(1988), at 55~56.
162) CLIP원칙 3:502조 제1항.

하지 아니한 경우에는 계약체결 당시 당해 계약에 가장 밀접한 관련이 있는 장소의 법에 의한다고 하고,[163] 가장 밀접한 관련지법을 특징적 급부를 하는 당사자의 상거소지법으로 하는 추정규정을 두고 있다.[164] 특징적인 급부란 당해 계약을 특징짓는 급부를 말하며, 편무계약의 경우에는 유일한 의무를 지는 자의 급무가, 쌍무계약의 경우에는 금전급부가 아닌 급부(예를 들어, 매매계약에서는 목적물의 인도, 용역제공계약에서는 용역의 제공)를 가리킨다.

한국의 경우 방송저작권계약관련 분쟁의 준거법 지정에는 베른협약이 적용되지 않으므로 계약 준거법에 관한 국제사법 규정이 적용된다.[165] 양도계약의 경우에는 양도인의 이행, 이용계약의 경우에는 이용허락자의 이행, 위임 · 도급계약 및 이와 유사한 용역제공계약의 경우에는 용역의 이행을 행하여야 하는 경우에는 계약체결 당시 그의 상거소가 있는 국가의 법(당사자가 법인 또는 단체인 경우에는 주된 사무소가 있는 국가의 법)이 가장 밀접한 관련이 있는 것으로 추정한다. 다만, 계약이 당사자의 직업 또는 영업활동으로 체결된 경우에는 당사자의 영업소가 있는 국가의 법이 가장 밀접한 관련이 있는 것으로 추정한다).[166] 한국 지적재산국제소송원칙에서는 당사자 간의 명확한 준거법합의가 없는 경우의 준거법은 가장 밀접한 관련을 가지는 국가의 법 즉 양도인 또는 허락자의 상거소지법이 된다.[167]

4. 방송저작권 침해의 준거법

가. 개설

저작권 침해에 대하여는 일반적으로 보호국법주의가 적용되고 있다. 그러나 방송저작권과 같이 다수국에서 침해가 발생하는 경우 보호국법주의만으로는 문제를 해결할 수 없으므로 새로운 접근이 요구된다.

나. 보호국법주의

미국은 저작권 침해의 준거법에 관하여 침해지법을 적용한다. 이를 명확히 한

163) 法の適用に關する通則法 제8조 제1항.
164) 동조 제2항.
165) 동법 제25조 내지 제29조.
166) 동법 제26조.
167) 동 원칙 제23조.

판례는 I Crave TV사건이다.[168] 이 사건의 피고 iCraveTV는 캐나다의 TV 스트리밍 서비스를 제공하는 웹사이트로 캐나다의 본사에서 캐나다 및 미국의 TV 방송을 수신하여 이를 비디오 스트리밍형식으로 변환한 후 웹사이트에 올려 캐나다와 미국에서 접속할 수 있도록 하였다. 이에 원고가 피고에 대하여 원고 저작물의 무단 복제, 공연(public performance)을 주장, 제소하자 미국 법원은 미국 거주자가 피고의 웹사이트에서 저작물을 수신하여 보도록 하는 것은 미국에서 저작물을 공연을 한 것으로 미국 내에서의 침해를 근거로 미국 저작권법을 적용하여 미국 TV프로그램의 송신 중지를 명령하였다. ALI원칙도 저작권 침해의 준거법은 보호국법으로 하고 있다.[169]

유럽의 경우 저작권 침해를 포함한 지식재산권 침해 일반에 대하여 보호국법주의를 취하고 있음은 위에서 본 바와 같다.

다. 금지청구와 손해배상청구의 준거법 구별

일본에서는 방송저작권 침해의 준거법에 관하여 금지청구와 손해배상청구를 나누어 그 준거법을 달리한다. 일본에서는 위에서 본 저작권침해에 대한 베른협약 제5조 제2항 3문이 말하는 구제방법에 금지청구권이나 사죄광고청구권(원상회복조치청구권)만 포함되고 손해배상은 포함되지 않는다고 하면서 전자의 경우 준거법은 보호국법이 되고 후자의 경우 준거법은 결과발생지법이 된다고 보는 것이 판례의 대체적인 입장이다.[170] TV 드라마 "苦菜花"사건은 중국에서 등록한 TV 드라마의 저작권이 일본 국내에서 침해된 것을 이유로 저작권의 양수인인 중국법인 X가 일본법인 2사(Y1, Y2)를 상대로 손해배상청구 및 드라마의 방송금지를 청구한 사건인데,[171] 본 사건에서 법원은 손해배상청구에 대하여는 그 법률관계의 성질을 불법행위라고 해석하므로 개정전 법례 제11조에 의하여 그 준거

---

168) Twentieth Century Fox Film Corp. v. I Crave TV, 2000 WL 255989 W.D.Pa.

169) ALI원칙 제301조. ALI원칙은 등록지적재산권과 비등록지적재산권을 구분하여 등록지적재산권의 준거법은 등록국법, 비등록지적재산권의 준거법은 침해의 경우 보호국법으로 하고 있다.

170) 일본 카드판독기사건의 최고재판소판결은 특허침해사건이지만, 금지청구권에 관하여는 그 법률관계의 성질을 특허권의 효력으로 결정하여 등록국법이 그 준거법이며, 손해배상청구권은 그 법률관계의 성질을 불법행위로 결정하여 그 준거법을 결과발생지법이라고 판시했다. 法の適用に關する通則法 제17조 본문. 最判 平成14年 9月 26日 民集56巻7号 1551頁.

171) 東京地裁 平成21年 4月 30日 判決 (平成20年 (ワ) 第3036号) 判例時報 2061号 83頁. 그 외 東京地判 平成16年 5月 31日 判決 [中國の詩], 東京地判 平成19年 8月 29日 判決[チャップリンDVD], 知財高判 平成20年 2月 28日 判決[チャップリンDVD] 등 참조.

법은 일본법이 된다고 하고 X의 청구를 일부 인용하고 금지청구에 대하여 보호가 요구되는 동맹국의 법이 규정하는 바에 따르는 것으로 하여 일본의 저작권법을 적용, X의 청구를 인용하였다. 우리나라에서도 아이비뮤직비디오 사건에서 저작권의 침해에 대한 금지청구와 손해배상청구를 나누어 양자의 성질결정을 달리 함으로써 준거법도 달리 정한 사례가 있었으나[172] 국제사법 제24조를 무시하였다는 많은 비판을 받았다.

라. 본원국법주의

저작권 침해의 준거법으로서 저작물의 본국법을 일반적으로 적용하는 입법례는 보이지 않는다. 그러나 후술하는 바와 같이 유비쿼터스적 침해를 비롯한 다수국에서의 저작권 침해에 대하여는 준거법의 획일적 지정을 위하여 본원국법이 준거법이 될 여지는 있다.

마. 저작권침해의 준거법에 관한 한국의 판례

우리나라 국제사법은 지적재산권의 침해에 대하여는 침해지법을 적용한다고 규정하고 있다(동법 제24조). 일생에 해야 할 99가지 일 사건에서는 저작권에 기한 침해정지 및 손해배상청구는 모두 지적재산권의 보호에 관한 법률관계로서 원칙적으로 국제사법 제24조에 의해 그 준거법을 침해지법으로 정하여야 한다고 하였다.[173]

---

172) 서울중앙지방법원 2008. 3. 13. 선고 2007가합53681 판결. 이에 대한 비판으로 석광현(2008) 참조.

173) 서울중앙지방법원 2008. 6. 20. 선고 2007가합43936 판결. 서울고법 2013. 1. 23. 선고 2012나24622 판결에서는 대한민국과 중국은 모두 베른협약의 가입국이고, 이 사건 중문 서적은 베른협약 제1조, 제2조 제1항의 '문학적 · 예술적 저작물(literary and artistic works)'에 해당하며, 베른조약 제5조 제2항 제2문은 '저작자의 권리에 대한 보호의 범위와 이를 보호하기 위하여 주어지는 구제의 수단은 오로지 보호가 요구된 국가의 법률에 의해 규율된다.'라고 하여, 저작재산권의 보호의 준거법에 관해 규정하고 있으므로, 저작재산권의 보호에 관해서는 베른협약 제5조 제2항에 의하여 준거법이 결정된다. 한편, 베른협약 제5조 제2항에 규정된 '보호가 요구된 국가(the country where protection is claimed)'라 함은 '그 영토 내에서의 보호가 요구되고 있는 국가', 즉 '보호국'을 의미하며, 특히 저작재산권의 침해 문제에 관련해서는 '그 영토 내에서의 침해행위에 대하여 보호가 요구되고 있는 국가', 즉 '침해지국'을 의미하는바, 이 사건에서 원고는 자신의 저작재산권에 대한 침해행위가 대한민국 영토 내에서 발생하였음을 주장하며 이에 대한 보호를 요구하고 있으므로, 결국 대한민국 법률이 보호국법이자 침해지국법으로서 이 사건에 적용될 준거법이 된다고 판시하였다.

"살아 있는 동안 꼭 해야 할 49가지" 서적 사건

서울고등법원 2013. 1. 23. 선고 2012나24622 판결

● 사실의 개요

(1) 중국인인 소외 1과 소외 2는 일상생활에서 잔잔한 감동을 주는 이야기 99가지(그 중 상당수는 기존의 미담 등 소재를 소외 1, 2가 정리한 것이고, 일부 이야기는 소외 1이 스스로 창작한 것이다)를 모은 후, 이야기별로 서두에 간단한 서문과 말미에 평가글을 추가하여, 2003년경 '일생요주적99건사'(일생에 해야 할 99가지 일)이라는 제목의 중문 서적(이하 '이 사건 중문 서적'이라 한다)을 저술하였다. 소외 1과 소외 2는 2003. 5. 20.경 원고 [썬양왠류쑤칸파싱 요우시엔꽁쓰]와 사이에 이 사건 중문 서적에 관한 자신들의 복제권, 발행권, 번역권 기타 저작재산권에 관하여 아래와 같은 내용의 계약을 체결하였다. 원고는 2003. 7.경 중국 북경에 있는 북경공업대학출판사(이하 '북경출판사'라 한다)와 이 사건 중문 서적에 관하여 출판계약을 체결하였다. 북경출판사는 2003. 8.경 소외 1과 소외 2를 편저자로, 자신을 출판자, 발행자로 하여 이 사건 중문 서적 제1판을 중국에서 발행하였으며, 이후 이 사건 중문 서적은 소외 2를 제외하고 소외 1만을 편저자로 수정한 채 현재에 이르기까지 계속하여 중국 내에서 발행·판매되고 있다.

(2) 피고 [위즈덤에프에이치]는 2003. 11. 13. 북경출판사와 이 사건 중문 서적에 관하여 '판권 사용허가 계약'을 체결하였다. 피고는 ① 이 사건 중문 서적에 실려 있는 99가지의 이야기(서문과 제언 포함, 이하 같다) 중 45가지를 선별하여 소외 3을 통해 번역하고, ② 이 사건 중문 서적에 실려 있지 않은 4가지 이야기를(19, 20, 28, 35번째 이야기) 추가하고, ③ 이야기별로 말미에 짧은 감상을 덧붙이고 삽화를 넣어 책을 완성한 후, 2004. 12. 20. "살아 있는 동안 꼭 해야 할 49가지"라는 제목으로 초판을 발행하였고(이하 '이 사건 번역 서적'이라 한다), 환송 전 당심 피고였던 주식회사 교보문고, 예스이십사 주식회사, 주식회사 알라딘커뮤니케이션, 대교베텔스만 주식회사, 주식회사 리브로, 주식회사 서울문고, 주식회사 인터파크, 하늘빛세상 주식회사(이하 '판매회사들'이라 한다)는 피고로부터 이 사건 번역 서적을 공급받아 서점, 인터넷 등을 통하여 일반 독자들에게 판매하였다. 이 사건 번역 서적이 출판되자 독자들로부터 큰 호응을 얻어 www.yes24.com 등에서 '2005 네티즌 선정 올해의 책'으로 선정되었고, 2007. 2. 20.에는 이 사건 번역 서적의 2판 36쇄가 발행되는 등 현재까지 100만 권 이상 판매되었다.

한편, 이 사건 번역 서적에 대한 독자들의 반응에 고무된 피고는 대한민국 외에 아시아의 다른 지역에서도 이 사건 중문 서적을 번역·출판할 계획을 세우고 2005. 2. 15. 북경출판사와 이 사건 중문 서적에 대하여 '저작권 사용허락 계약'을 체결하였

다(그 구체적인 내용은 2003. 11.경 체결한 '판권 사용허가 계약'과 거의 같다).

이 사건은 중국에서 설립된 법인인 원고가 대한민국에서 설립된 법인을 피고로 하여 중국 어문저작물에 관한 저작재산권에 기초하여 손해배상을 청구하였다.

● **판시사항**

(1) 원고는 자신의 저작재산권이 침해됨을 원인으로 한 손해배상을 구하고 있다. ① 지적재산권의 침해는 일반 불법행위와는 다른 특수한 성격이 있음을 고려하여 국제사법이 불법행위에 관한 준거법 규정(제32조) 이외에 '지적재산권의 보호'에 관한 법률관계에 적용될 준거법 규정(제24조)을 별도로 두고 있고, ② 손해배상 청구 역시 지적재산권의 침해행위에 대하여 저작재산권자의 권리를 보호하기 위한 구제수단이므로 지적재산권의 침해를 원인으로 한 손해배상 청구는 '지적재산권의 보호'에 관한 법률관계로서 원칙적으로 국제사법 제24조에 의해 그 준거법을 '침해지법'으로 정함이 상당하다(대법원 2004. 7. 22. 선고 2003다62910 판결 참조).

(2) 다만 국제사법 제24조는 지적재산권에 관한 국제조약에 준거법에 관한 규정이 없는 경우를 대비한 보충적 성격의 규정이므로, 국제조약에 이 사건에서 문제된 법률관계에 적용될 준거법에 관한 규정이 있는 경우에는 그에 따라 준거법을 결정하여야 할 것이다. 그런데 대한민국과 중국은 모두 베른협약의 가입국이고, 이 사건 중문 서적은 베른협약 제1조, 제2조 제1항의 '문학적 · 예술적 저작물(literary and artistic works)'에 해당하며, 베른조약 제5조 제2항 제2문은 '저작자의 권리에 대한 보호의 범위와 이를 보호하기 위하여 주어지는 구제의 수단은 오로지 보호가 요구된 국가의 법률에 의해 규율된다.'라고 하여, 저작재산권의 보호의 준거법에 관해 규정하고 있으므로, 저작재산권의 보호에 관해서는 베른협약 제5조 제2항에 의하여 준거법이 결정된다.

(3) 한편, 베른협약 제5조 제2항에 규정된 '보호가 요구된 국가(the country where protection is claimed)'라 함은 '그 영토 내에서의 보호가 요구되고 있는 국가', 즉 '보호국'을 의미하며, 특히 저작재산권의 침해 문제에 관련해서는 '그 영토 내에서의 침해행위에 대하여 보호가 요구되고 있는 국가', 즉 '침해지국'을 의미하는바(국제사법 제24조도 같음), 이 사건에서 원고는 자신의 저작재산권에 대한 침해행위가 대한민국 영토 내에서 발생하였음을 주장하며 이에 대한 보호를 요구하고 있으므로, 결국 대한민국 법률이 보호국법이자 침해지국법으로서 이 사건에 적용될 준거법이 된다.

● **평석**

동 사건에서는 저작권에 기한 침해정지 및 손해배상청구는 모두 지적재산권의 보호에 관한 법률관계로서 원칙적으로 그 준거법을 침해지법으로 정하여야 한다고 한 점을 확인한 점에서 그 의의가 있다.

바. 다수국에서의 저작권 침해와 준거법

보호국법주의에 의하여서는 유비쿼터스적 침해를 비롯한 다수국에서의 저작권 침해의 준거법을 통일적으로 정할 수 없기 때문에 새로운 접근이 시도되고 있다. 특히 저작권 침해의 법적 성질을 불법행위로 보는 경우 해결할 수 없는 난관에 봉착하기 때문이다. 불법행위는 그 행위가 행하여진 곳의 법에 의하므로 불법행위지법이 준거법이 된다.[174] 우리나라 판례에서는 불법행위지를 행동지와 결과발생지로 나누어 양자 모두 연결점이 될 수 있다고 본다.[175] 그런데 인터넷상 행하여진 불법행위의 준거법을 정함에 있어서 행동지가 행위지로 됨에는 의문이 없으나 모든 결과발생지를 행위지로 보게 되면 많은 문제를 야기하게 된다. 인터넷상에서는 국가의 개념이 존재하지 않기 때문에 인터넷에 접속할 수 있는 세계 어느 국가에서도 손해발생이 가능하므로 손해발생지가 피해자의 이익이 존재하는 모든 국가가 될 수 있다는 문제가 발생한다.

ALI 원칙은 다수 국가 내 지적재산침해분쟁의 준거법에 대하여는 특정할 수 없거나 특정하기 어려운 다수 국가에서 지적재산권 침해가 발생했을 경우 그 침해에 대하여 가장 밀접한 관련을 가지는 국가의 법을 준거법으로 하고 있다.[176] CLIP원칙은 다수국에서의 침해의 경우 피고가 보호국에서 중요한 행위 등을 한 경우 또는 피의침해행위가 보호국 내에서 행해지거나 보호국에 향해지는 경우에 한하여 법원은 침해를 인정할 것을 규정한다.[177] 나아가 CLIP원칙은 유비쿼터스 침해에 관한 준거법과 관련하여 침해가 수신가능한 모든 나라에서 행해질 경우에 법원에 최밀관련국법의 적용을 인정한다.[178] 이는 소위 모자이크 방식을 통해

174) 한국 국제사법 제32조 제1항 등 참조.

175) 피해자에게 행동지법과 결과발생지법의 선택권이 있다는 것인지, 법원이 선택의무를 진다는 것인지 아니면 행동지와 결과발생지 중 어느 하나가 우리나라인 경우에는 우리나라법이 준거법이 된다는 것인지 학설상 다툼이 있다. 석광현(2001), 232면; 행동지나 결과발생지 모두 준거법이 될 수 있다고 해석된다는 견해로는 노태악(2003), 175면 참조.

176) ALI원칙 제321조, CLIP원칙 3:603조; ALI원칙에서는 유비쿼터스 침해에 관한 준거법으로 (a) 당사자의 거주지 (b) 당사자와 관계가 있는 경우에는 그 중심이 어디에 놓여 있는지 (c) 활동의 정도와 당사자의 투자 (d) 당사자가 활동을 향하고 있는 주요 시장을 고려하여 분쟁에 밀접한 관련을 갖는 단일 국가의 법을 적용한다. 복수국가가 관여되는 저작권 문제를 해결함에 있어서 단일 국가의 법이 적용되는 경우 특정국가와의 관계에서 구제가 현저하게 합리성을 결여하게 되면 이를 조정하는 규정이 있다(제321조).

177) CLIP원칙 3:602조.

178) CLIP원칙 3:603조. CLIP원칙은 보호국의 개념 또는 결정기준에 대하여 시장영향원칙(market impact rule)을 명시하고 있다.

침해가 다수의 국가에서 발생한 경우를 염두에 두고, 법원의 부담 경감을 고려한 것이다. 그러나 인터넷 분쟁의 경우에는 이러한 현실공간의 연결점이 가장 밀접한 관련을 가진다고 보기 어렵기 때문에 이러한 접근으로 본질적인 해결이 되지 못한다.[179)][180)]

한국 지적재산국제소송원칙은 유비쿼터스 침해, 즉 특정할 수 없거나 특정하기 어려운 다수국가에서 지적재산권 침해가 발생한 경우 그 침해에 대하여서 뿐 아니라 그에 부수하여 함께 문제된 지적재산권의 성립·유효성, 권리의 내용, 소멸, 양도가능성 등에 대하여도 침해 전체에 대하여 가장 밀접한 관련을 가지는 국가의 법을 준거법으로 하였다.[181)] 최밀관련국법을 결정함에 있어서는 (a) 침해자의 상거소·영업 중심부, (b) 침해를 일으키는 활동이 주로 행하여지거나 지향된 국가, (c) 권리자의 활동 및 투자의 정도를 고려한다. 법원이 준거법을 결정할 수 없는 경우에는 (d) 침해자의 상거소가 있는 국가의 법이 된다. 이는 인터넷상의 저작권침해는 동시에 불특정 다수국가에서 침해가 행해지고 특별한 시설을 필요로 하지 않음으로써 행동지나 결과발생지를 쉽게 변경할 수 있기 때문에 최밀관련국법에 관한 특별규정을 두는 것이 지적재산권의 실효적 행사를 확보할 수 있기 때문이다. 저작권 침해의 결과발생지를 기준으로 하는 경우 주된 피해가 발생한 곳만을 결과발생지로 보고 피해자소재지법을 기준으로 하여 준거법을 정하고 피해자에게 가해자소재지국법과 자신의 소재지법 중 선택할 수 있도록 하자는 주장이 제기되고 있다.

---

179) 인터넷에서 개별구체적인 사안마다 가장 밀접하게 관련된 국가 또는 국가의 법을 적용하는 것에 대하여는 개별사안에 대한 적절한 판단이 내려지는 것을 담보할 수 있으나 실제 당사자의 예측가능성을 해치고 법적 안정성을 손상시킬 가능성이 있다는 비판이 있다. 中山眞里(2008).

180) 비계약적 채무의 준거법에 관한 로마 II규정 상 불법행위의 준거법은 손해발생지법인바 이를 사이버불법행위에 적용하면, 사이버불법행위는 손해발생이 전 세계에서 생기므로 전세계법을 적용해야 한다는 결과가 된다. Shevil 판결에서 피고소재지국가가 일반관할을 가지고 손해발생지국이 그 국가 내에서의 손해에 대하여 관할을 가진다고 판결하였던 것을 사이버세계에 적용해 보면 준거법은 가해자소재지국법이 되고 개별국가가 그 국가에서 발생한 손해에 관하여 준거법이 된다. Shevil 판결에 의하면 결과발생지인 모든 나라의 법을 다 적용해야 한다는 결론에 이르게 되므로 부당하다.

181) 제21조, 제22조. 불특정다수국가에서의 지적재산권 침해에 관한 특칙 규정에 있어서는 CLIP원칙 Art.2:203과 ALI원칙 제321조를 참조하였다.

V 방송저작권의 국제사법적 쟁점의 해결

1. 개 설

이상 살펴본 저작권분쟁의 국제재판관할과 준거법 결정을 위한 일반 국제사법이론은 정보사회의 저작권 이용 실태를 반영하고 있지 못하다 할 것이다. 특히 방송저작권의 국제사법적 문제에 있어서는 저작권일반에 적용되는 국제사법이론으로는 적절한 해결을 할 수 없고 방송의 특수성을 고려한 이론을 정립할 필요가 있다 할 것이다. 이러한 이유로 본서에서는 종래 방송에 대한 관할권에 관하여 송신지국주의가 일반적으로 승인되어 왔음에 주목하여 방송저작권의 국제사법적 문제를 송신지국주의의 입장에서 해결해 보고자 한다. 이하에서는 이 송신지국주의를 수신지국주의와 대비함으로써 방송저작권의 성립, 내용, 귀속, 양도, 존속기간 및 효과, 방송저작권 거래, 그리고 방송저작권의 침해전반의 국제재판관할과 준거법 결정에 유용할 수 있는지를 검토해 본다.

2. 송신국법주의

가. 송신지국주의를 취한 입법례

전통적으로 국제적 방송 내지 월경방송에 있어서는 공법적 규제에 있어서나 사법상의 규율에 있어서 송신지국주의를 채택하여 왔다. 송신지국주의라 함은 방송의 국제적인 문제는 송신지국이 관할하고 송신지국법에 따라 처리하여야 한다는 원칙을 말한다. 먼저 1993년 EU 위성방송 및 케이블 재전송에 관한 지침은 위성방송허가에 있어 송신지국주의를 채택하였다. 즉 방송사업자가 업링크(uplink)[182]를 하는 국가에서 허가권을 얻으면 전 유럽에 방송을 할 수 있도록 허용되었다. 즉 위성방송에 있어서의 송신지의 개념은 위성방송이 행해진 장소 또는 위성을 위한 프로그램을 담은 신호가 송출되는 지상방송국이 위치하는 장소 또는 방송사업자가 영업소를 가지는 장소의 국가를 의미한다. 위성방송도 전

182) 업링크라 함은 공중에 전달하기 위하여 프로그램신호를 위성으로 송신하는 것(which sends the programme signal to the satellite for its communication to the public)을 말한다.

통적 의미의 방송과 다를 바가 없기 때문에 위성방송의 경우에도 전통적 원칙인 속지주의에 따라 송출국 또는 방송사업자의 주사무소가 소재하는 국가의 지배를 받게 된다는 것이다.[183] 케이블방송에 있어서의 송신지의 개념도 마찬가지로 볼 수 있을 것이다. 전송개념을 포섭하도록 방송개념이 확장되는 경우 공중의 구성원이 개별적으로 선택한 시간과 장소에서 접근할 수 있도록 방송물을 이용에 제공하는 국가도 송신지국의 범위에 포함될 수 있다.

나아가 1997년 개정된 EU 국경 없는 TV 지침도 회원국의 방송사업자 규제법에 관련하여 송신지국원칙을 취하였다. 이 국경 없는 TV 지침의 송신지국 규칙이 IPTV나 웹캐스팅에도 확대 적용될 수 있는지가 문제된다. 이와 관련하여 동 지침은 TV방송을 "프로그램 스케줄에 기초해서 프로그램을 동시에 볼 수 있도록 하는 시청각미디어서비스(제1조 (c)항)"라고 정의하고 있는바, 이 정의에 의하면 동시시청성을 만족시키는 IPTV나 웹캐스팅은 방송에 포함된다고 보아 송신지국원칙을 적용할 수 있을 것이다.[184]

이어 1998년 9월 서울에서 개최된 제3차 아시아태평양지역 방송규제기관 라운드테이블회의[185]에서 타결된 "국제위성TV방송에 관한 원칙"에서는 송신지국주의를 원칙으로 하였다. 다만 수신지국이 국제 위성TV방송의 수신을 포함한 국내법과 규정을 제정할 권리를 인정하는 수신지국 주권에 복종하도록 하는 제한을 두는 것으로 이 문제를 해결하고 있다.[186] 영국, 프랑스 등에서 송신지국주의를 취하고 있는 것으로 알려지고 있다.[187]

---

183) 김문환(1996), 565면 참조.

184) 우리나라 IPTV법에 의하면 IPTV는 "광대역통합정보통신망등(자가 소유 또는 임차 여부를 불문하고 전파법 제10조 제1항 제1호에 따라 기간통신사업을 영위하기 위하여 할당받은 주파수를 이용하는 서비스에 사용되는 전기통신회선설비는 제외한다)을 이용하여 양방향성을 가진 인터넷 프로토콜방식으로 일정한 서비스 품질이 보장되는 가운데 텔레비전 수상기 등을 통하여 이용자에게 실시간 방송프로그램을 포함하여 데이터, 영상, 음성, 음향 및 전자상거래 등의 콘텐츠를 복합적으로 제공하는 방송"을 말한다고 정의하고 있어(제2조 제1호), 그 성질을 기본적으로 방송으로 보고 있다. 이에 대하여는 전송으로 본 것이라는 주장도 일부 존재한다.

185) "아시아-태평양 규제기관 라운드테이블"은 급변하는 방송환경하에서 주체적인 방송 및 뉴미디어 체계를 구축하고, 공동대응이 필요한 사항에 대해 상호협력관계를 마련하기 위하여 1996년 발족한 아-태 지역 방송규제기구간 협의체이다.

186) 자세한 설명은 김문환(1996), 553~573면 참조.

187) 김문환(1996), 565~567면 참조.

나. 송신지국주의를 취한 판례

(1) 영국의 Red Hot Television 사건[188]

이 사건에서는 영국인이 경영하고 영국인이 주로 시청하는 Red Hot Television 채널에서 위성방송에의 업링크를 최초에는 네덜란드에서 하다가 네덜란드 정부가 방송국 허가를 거부하자 덴마크로 옮겨 업링크하였다. 이 사건에서는 영국법원이 이 Red Hot Television채널에 대한 국제재판관할을 가지고 있는가가 문제되었는데 영국은 송신국법주의를 취하기 때문에 이 위성 채널에 대한 재판관할권이 없다고 판단하였다. 즉 업링크되는 장소에만 집중하는 경우 Red Hot Television 사건과 같이 방송사에 유리한 장소에서 업링크함으로써 실질적인 국제재판관할을 회피 가능하게 한다.

(2) 독일의 Sender Felsberg사건[189]

이 사건에서 프랑스 모회사는 자신이 전적으로 콘텐츠를 제작한 뒤 기술적인 이유로 독일에 지상 송신기(terrestrial transmitter)를 설치하고 먼저 독일 자회사에게 위성으로 송신한 뒤 프랑스 국경지역으로 프랑스로 재송신하게 하였다. 동 라디오 방송은 프랑스어로 행해졌으며 오로지 프랑스로 지향하였고 독일인 청중은 가상적으로 존재하지 않았다. 또한 프랑스 모회사는 프랑스에 위치한 송신기(transmitter)로도 동일한 프로그램을 송신하였다는 이유로 프랑스 저작권집중관리기구로부터 로열티 청구를 받았었다. 이 송신에 대하여 독일 저작권집중관리기구(GVL)는 독일 자회사를 피고로 하여 정당한 보상을 청구하였다.

이러한 청구에 대하여 독일법원은 이 사건에 대한 독일의 국제재판관할을 인정하였다. 다만 보상금액에 있어서 이중청구를 막기 위한 공제를 함으로써 송신지국법원은 송신지국 내의 손해에 대하여만 국제재판관할을 가지고 수신지국 내에서 발생한 손해에 대하여는 재판관할을 부정하는 취지를 보였다. 나아가 준거법에 있어서도 독일 법원은 독일 저작권법(UrhG.) 제20조가 규정하는 바의 송신지국법으로서 독일 저작권법을 적용하면서 독일저작권관리법(Urheberrechtswahrnehmungsgesetz)

---

188) R v Sec. St. for National Heritage ex pl Continental Television BVio [1989] OJL298/23. 자세한 내용은 김문환(1996), 555~556면 참조.

189) BGH, Nov. 7, 2002, 152 Entscheidungen des Bundesgerichtshofes in Zivilsachen [BGHZ] 317 -- SenderFelsberg.

제13조 제3항을 적용하였다. 이 판결은 사건의 경제적 상황을 고려하지 않았다는 비판을 받았다.

(3) 미국의 National Football League v. PrimeTime 24 Joint Venture 사건[190)]

미국의 위성 캐리어인 PrimeTime은 미국의 공중파방송을 제대로 수신하지 못하는 미국 가입자에게 위성송신을 할 수 있는 법정 면허(statutorily granted license)를 보유하고 있었던 바 미국에서 서비스를 받지 못하는 가정에 대한 재송신에 그치지 않고 미국 미식축구연맹(NFL)의 허락 없이 축구방송을 캐나다에 있는 가입자에게 2차적으로 송신하였다. 미식축구연맹이 PrimeTime을 제소한 이 사건에서는 저작물의 위성으로의 업링크가 미국 저작권법 상 저작물의 공연과 전시에 해당하는지 여부가 쟁점이 되었다. 이 사건에서 미국 제2항소법원은 송신지국주의를 채택하여 미국 저작권법을 작용하였다. 즉 동 법원은 공연 또는 전시는 보호받는 저작물이 청중에게 도달하는 과정의 각 단계를 포함한다고 보면서 미국에서 포착된 PrimeTime의 신호를 업링크 송신하는 것은 NFL의 보호받는 저작물이 청중에게 도달하는 과정의 한 단계에 해당하므로 피고는 캐나다 위성가입자에게 유료TV 서비스를 하면서 미국에서 보호받는 저작물을 방송함으로써 NFL의 저작권을 침해하였다고 판시하였다. 이러한 송신은 캐나다법 상 합법적이었으나 동 법원은 외국에서의 공연 또는 전시에 대하여도 미국 저작권법을 역외적(extraterritorial)으로 적용하였다. 이 판결에 대하여는 결과적으로 캐나다 시청자의 이익에 반하여 미국인 원고의 권리를 지나치게 보호하는 편파적인 법적용이라는 비판이 있었다.

다. 국제사법상의 송신국주의

위성방송과 인터넷방송 등 국경을 넘은 방송에 있어서 저작권침해와 관련하여, 국제재판관할의 결정기준을 실질적 관련 여부에 의하거나 방송저작권침해를 불법행위로 보고 불법행위에 관한 국제재판관할과 준거법 결정기준을 적용하는 입법례 모두 방송의 송신지국의 국제재판관할과 준거법을 인정하며 그 관할의 범위는 송신지국 내에서의 침해 뿐 아니라 수신지국 내에서의 침해에도 미치는

190) National Football League v. PrimeTime 24 Joint Venture, 211 F.3d 10, 13 (2d Cir. 2000).

것으로 이해되고 있다. 나아가 방송저작권 침해 문제 뿐 아니라 방송저작권의 귀속이나 거래 등에도 송신지국주의를 적용할 수 있다.

3. 수신지국주의

가. 개설

방송저작권침해사건의 국제재판관할과 준거법은 해당 방송저작물이 수신되는 장소가 속하는 국가의 법원과 법이 된다는 입장이다. 발신보다는 전파가 도달하는 공중의 범위를 기준으로 저작권법을 적용해야 한다고 한다. 방송저작권침해를 불법행위의 일종으로 성질 결정하는 입장에서는 수신지국주의에 용이하게 동의할 수 있다.

나. 각국의 판례와 입법례

유럽에서는 앞서본 바와 같이 손해발생지의 국제재판관할이 긍정되는 경우, 그 범위는 당해 법정지에서 발생한 손해에 한정된다(소위 "모자이크 이론"). 일본에서는 방송저작권 침해의 국제재판관할과 관련하여 수신지국법원은 수신지국내에서 방송저작권침해의 결과 발생을 통상 예견할 수 있었던 경우에 한하여 방송저작권침해사건에 대한 국제재판관할을 가지고 준거법도 수신지국법이 될 수 있다.[191)]

방송저작권의 침해에 관한 국제재판관할의 결정기준을 실질적 관련 여부에 의하거나 방송저작권침해를 불법행위로 보고 불법행위에 관한 국제재판관할 결정기준을 적용하는 입법례 모두 결과발생지인 수신지국에 국재재판관할이 인정될 수 있다.[192)] 우리나라와 같이 실질적 관련의 원칙을 취하는 입법례에서는 수신지국이 방송저작권침해지로서 실질적 관련이 있다고 할 수 있으므로 당해 수신지국에서 발생한 손해는 물론 송신지국이나 다른 수신지국에서 발생한 손해에 대

191) 한일공동연구팀의 제안은 피고의 주소지(피고가 법인인 경우 등록된 본점의 소재지 또는 피고의 영업의 사실상 본사가 소재하는 국가) (제6조) 및 그 영역에서 해당 지적재산권이 보호되고 있는 국가의 법원에 재판관할을 인정한다(제8조 제2항). 또한, 위성방송이나 인터넷 등에 의한 침해사건에 있어서는 주로 침해의 대상이 된 지적재산권이 속하는 국가의 법원에 관할을 집중할 수 있다(제11조).

192) 수신지국에 국제재판관할이 있다하여 가해행위지국인 송신지국의 국제재판관할이 부정되는 것은 아니다.

하여도 병합적 국제재판관할이 인정되며 각 수신지국에서 발생한 손해에 대하여는 각 수신지국법을 적용할 수 있다.

4. 중첩적용주의

중첩적용주의는 단일한 송신국법 만에 의할 것이 아니라 송신국법에 중첩하여 각 수신국에서는 그 각 수신국법을 적용하자는 입장이다. 보슈이론(Bogsch Theory)이 이러한 입장이다.[193] 송신지국주의가 위성을 향해 송출되는 업링크만을 저작권법상 방송으로 보는데 비해 중복주의는 업링크 뿐만 아니라 다운링크까지도 방송으로 보므로 위성방송이 수신되는 모든 국가에 국제재판관할이 인정되고 수신지국법이 준거법으로 인정된다. 판례 중에는 보슈이론을 따르는 것이 있는바 프랑스와 오스트리아 법원은 저작권 있는 프로그램을 외국에서 방송하였는데 피고인 방송사가 방송에서의 저작권은 송신지국법이 적용된다고 주장한 것에 대하여 수신국의 법도 준수하여야 한다고 판시하였다.[194] 중첩적용주의 하에서 국제재판관할문제가 어떻게 되는가는 명확하지 않으나 송신지국과 수신지국 모두에 국제재판관할이 있다고 할 수 있을 것이다.

5. 소 결

가. 각 견해에 대한 비판적 검토

수신지국주의는 저작권자의 보호에는 충실하지만 방송사업자의 입장에서는 법적 안정성이 확보되지 못하는 문제가 있다.[195] 또한 전송개념을 포섭하도록 방송개념이 확장되는 경우 공중의 구성원이 개별적으로 선택한 장소에서 접근하여 방송물을 이용하는 장소의 국가가 수신국이 되므로 동시다발적으로 접근하여 이용이 있게 되면 전 세계의 모든 국가의 법이 준거법이 될 수도 있다는 문제가 있다. 이점은 수신지국의 관할과 법적용을 인정하는 중첩적용주의에서도 마찬가

193) 송신지국의 저작권법만 적용할 경우에는 수신지국의 저작권법을 해칠 우려가 있음을 배려한 것으로 일반적으로 원발신국의 법을 준거법으로 적용하면서도 발신지국법이 수신지국법에 비해 권리자를 보호하지 않거나 덜 보호하는 경우에는 후자인 수신지국법이 적용되어야 한다고 한다. 김문환(1996), 568면 참조.

194) 파리고등법원 1989년 12월 19일 판결, 오스트리아고등법원 1991년 5월 28일 판결 참조. [김문환(1996), 568~570면에서 재인용].

195) 김문환(1996), 567~568면.

지이다.

한편 송신지국주의는 법적용의 확실성이 보장되어 법적 안정성이 높아지고 나아가 방송사업자를 보호하는데 유리하다는 장점이 있다. 그러나 침해자가 저작권 보호가 미약한 제3국에서 방송을 수신하여 재송신하는 경우 송신국인 제3국법을 적용하는 경우 저작권 침해책임에서 벗어날 수 있다는 결론에 이를 수 있다. 또한 방송통신기술의 급속한 발전으로 인하여 방송과 통신이 융합되고 이에 따라 방송과 전송을 포함하는 광의의 신방송의 개념이 나오게 되는바, 이러한 신방송의 개념에 따르는 경우 서버 소재가 송신자의 소재지가 아닌 저작권보호수준이 낮거나 저작권이 보호되지 않는 국가에 두거나 서버 소재지를 조작하는 경우 단일의 송신 장소가 존재하는 위성전송의 경우와는 달리 인터넷상에서는 동시에 여러 송신 장소 내지 서버가 존재할 수 있고 송신지국법에 따르면 저작권자를 충분히 보호하지 못하는 문제가 있다. 중첩적용주의 하에서도 방송개념에 전송이 포함되는 신방송의 개념 하에서는 송신국법주의에서 발생하는 문제가 여전히 존재한다.

나. 사견

결론적으로 원칙적으로는 송신지국주의를 취하되 수신지국주의를 보충적으로 원용할 수 있도록 하여야 할 것이다. 이러한 견해는 송신지국법과 수신지국법 중 어느 하나가 적용되고 양국의 법이 모두 적용되는 일은 없다는 점에서 송신지국법을 주로 적용하되 수신지국법을 중첩적으로 적용하는 중첩적용주의와는 구별되어야 한다. 여기에서 송신지국은 방송물이 송신국에서 인공위성으로 최초 업링크(송신)되는 나라 즉 방송에 있어 본원국(country of origin)이라 할 수 있는 원송신지국이 원칙적인 송신지국이 될 것이나 제3국에서 무단으로 수신하여 재방송(송신)하는 경우에도 송신이 있으므로 후자의 경우에도 송신지국에 해당한다고 해석할 수 있을 것이다.

방송저작권침해의 국제재판관할에 있어 본원국 관할 내지 보호국 관할196)을 인정하거나 사안과의 실질적 관련 관할을 인정하는 입장에서, 또 준거법 결정에 있어서도 본원국법주의나 보호국법주의를 취하는 입장에서는 최초 송신국의 국제

196) 보호국관할이나 보호국법주의에서 말하는 보호국은 보호가 요청된 국가를 말하고 저작권이 침해된 국가를 말하는 것이 아님에 유의할 필요가 있다.

재판관할 인정과 송신국법 적용에 별다른 문제가 없을 것이다. 다만 방송저작권 침해를 불법행위로 보고 불법행위에 관한 국제재판관할 결정기준과 준거법 결정 기준을 적용하는 입법례의 경우에는 수신지국과 재송신지국의 관할과 그 국가의 법 적용에는 문제가 없으나 원송신지국은 불법행위지가 될 수 없으므로 그 국가의 국제재판관할이나 준거법을 인정할 수 없게 된다.197)

최초 송신지국에 국제재판관할이 인정된다면 송신지국 법원은 송신지국에서 발생한 피해는 물론 수신지국에서 발생한 피해에 대하여도 판단할 수 있다 할 것이다. 수신지국의 국제재판관할도 부정할 이유는 없으나 이 경우 수신지국에서 발생한 침해에 대하여만 국제재판관할을 가진다고 할 것이다. 이 경우 수신지국에서 현실적인 피해가 발생하지 않더라도 저작권침해행위가 수신지국을 지향하여 행하여진 때에는 수신지국법원에 자국 내에서 발생한 피해에 대한 재판관할이 있다고 보아야 할 것이다.

준거법 지정에 있어서 송신지국법이 적용되는 경우 원칙적으로 저작권자 또는 법원의 선택에 따라 최초로 업링크 또는 전송되는 원송신지국법을 원칙적으로 적용하되 당사자의 선택에 따라 재송신지국법의 적용도 가능하다고 할 것이다. 송신지국법은 전 세계에서 발생한 모든 저작권침해 또는 거래에 일률적으로 적용될 수 있어 수신지국 내지 침해국 별로 준거법을 적용하는 경우에 비하여 간명하게 법률관계를 처리할 수 있을 것이다. 다만 최초 업링크되는 송신지가 수신대상과 전혀 상관없이 기술적인 이유로 정해지는 경우에는 예외적으로 수신대상으로 된 수신지국법이 적용될 수 있을 것이며 또한 수신지국에서 또는 수신지국을 향하여 발생한 피해에 대한 준거법은 수신지국법이 될 수 있을 것이다.

다. 오버더톱(OTT)을 이용한 국제적 방송 수신에의 적용

앞에서 살펴본 바와 같이 최근 일본 오버더톱(OTT) 업체가 우리나라 지상파 방송물을 무단으로 수신·제공하는 동글형 OTT를 유통하는 등 우리나라 지상파방송물을 제3국에서 무단으로 수신하여 일본 등지에 제공하는 해외 OTT 사업자 문제가 생겨나고 있다. 이러한 사건에 대하여 우리나라에 국제재판관할이 인정되는가, 나아가 우리나라법이 적용될 수 있는가가 문제되는바 위와 같은 법

197) 이 점에서 보아도 방송저작권침해를 불법행위로 성질 결정하는 것은 저작권 나아가서는 지식재산권 일반의 침해의 특수성을 무시하는 것임을 알 수 있다.

리를 인정한다면 제3국에서 수신하여 재송신하는 경우의 국제재판관할과 준거법의 문제가 용이하게 해결될 수 있다.

송신지국주의에 따르면 앞서 살펴본 바와 같이 우리나라 지상파방송이 최초 업링크되는 우리나라는 방송저작물의 최초 송신지국으로서 우리 법원에도 국제재판관할이 인정될 수 있고 따라서 우리나라에서 발생한 손해는 물론 재송신되는 제3국과 수신지인 일본에서의 손해에 대하여도 판단할 수 있을 것이다. 준거법에 있어서도 송신지국주의에 따르면 송신지국법인 한국법이 전세계에서 발생한 모든 방송저작권 침해에 적용될 수 있을 것이다. 수신지국주의에 따르면 1차 수신지국인 제3국과 재수신지국인 일본에 국제재판관할이 있고 제3국법과 일본법이 각각 준거법이 될 것이다. 중첩적용주의에 따르면 재판관할은 한국, 제3국 및 일본 모두에 인정될 수 있을 것이나 준거법은 원송신지국법인 한국법, 1차 수신지법이자 재송신지국법인 제3국법 그리고 2차 수신지국법인 일본법이 중첩적으로 적용되어야 할 것이다. 이 사례에서 보아도 중첩적용주의가 부당하며 수신지국주의도 저작권자의 보호에 매우 미흡함을 알 수 있다 할 것이다.

Ⅵ 국제 방송저작권분쟁의 ADR에 의한 해결

1. ADR에 의한 분쟁해결 방법

방송저작권분쟁의 경우에는 산업과 시장의 노하우뿐 아니라 특별한 법적 전문성이 요구되는 특수성에 기인하여 전문적 배경지식을 요하는 경우가 많고 다수국에 방송되는 경우 재판관할과 준거법 결정의 어려움이 있으므로 ADR에 의한 분쟁해결방법이 보다 적합할 수 있다. 이하에서는 방송저작권분쟁을 조정, 중재 등 ADR에 의하여 해결하는 방법을 검토해 보기로 한다.

2. 조정에 의한 국제방송저작권분쟁의 해결

가. 국제조정제도

(1) WIPO 영화 및 미디어를 위한 조정과 신속중재규칙의 의한 ADR

세계지적재산권기구 중재조정센터(WIPO Arbitration and Mediation Center)

는 2009년 일반WIPO 중재 외에도 영화와 미디어 분야에 있어서 제작, 배급, 판매 등에 이르기까지 국제적으로 발생할 수 있는 분쟁의 중재와 조정에 의한 신속한 해결을 위하여 'WIPO 영화 및 미디어를 위한 조정과 신속중재규칙(WIPO Mediation and Expedited Arbitration Rules for Film and Media)'을 제정하고 여러 국가의 높은 자격수준을 갖춘 인정받는 엔터테인먼트법 조정인 및 중재인의 특별 명부를 제공하고 있다.

(2) 포맷인정등록협회에서의 조정

2000년에 독일에서 설립된 포맷인정등록협회(Format Recognition and Protection Association, FRAPA)에서는 그 설립 이래 조정서비스를 행하여 왔는데, 2000년부터 2002년까지 8~10건의 분쟁, 2003년도에는 18건 분쟁, 2008년에는 44건의 분쟁 해결에 관여하였으며 분쟁해결 성공률은 80%에 이르렀다. 2009.12. 이후에는 포맷인정등록협회의 조정서비스는 WIPO로 이관되어 위 영화 및 미디어를 위한 조정과 신속중재규칙에 의하여 행해지고 있다.[198]

(3) 미국 ADR기관의 저작권분쟁 해결

미국에서 저작권 등 지적재산분쟁에 특화되어 ADR 서비스를 제공하는 기구로는 AIPLA(American Intellectual Property Law Association, 미국지식재산권협회)가 있고, CPR(International Institute for Conflict Prevention & Resolution)이나 AAA(American Arbitration Association, 미국중재협회)는 지적재산분쟁에 한하지 않고 모든 분쟁영역에 걸쳐서 중재와 조정서비스를 제공한다. 또한 IFTA (Independent Film & Television Alliance)도 조정 중재서비스를 하고 있다. 미국은 1988년 대체적분쟁해결법(Alternative Dispute Resolution Act of 1988)의 제정으로 법원연계 ADR도 활성화되어 있는데, 특히 ADR제도는 복잡한 기술적인 분쟁과 같은 지식재산분쟁에 많이 활용되고 있다.[199]

(4) 대한상사중재원에서의 국제적 저작권 등 엔터테인먼트 분쟁의 ADR

대한상사중재원에서도 국내외 엔터테인먼트 분쟁의 조정과 중재를 하고 있으므로 국제적인 방송저작권분쟁을 당사자간의 합의로 대한상사중재원에서 해결할

198) http://www.frapa.org/services/dispute-resolution-wipo/
199) Scott H. Blackman(1988).

수 있을 것이다. 사단법인 방송협회 등 유관기관에 조정중재원을 설치하여 국내외 방송저작권분쟁을 비롯한 방송 관련 분쟁을 조정 또는 중재로 해결하는 것도 장기적으로는 검토해 볼만한 방안이다.

(5) 한국저작권위원회에서의 국제저작권분쟁의 조정

한국저작권위원회는 저작권법에 근거하여 저작권관련 분쟁을 법원을 통하지 않고도 전문가의 개입으로 신속, 저렴한 비용에 해결할 수 있는 조정과 알선제도를 운영하고 있는데,[200] 3인 합의부 7개와 단독조정부 4개, 총 11개의 조정부로 구성된다. 한국저작권위원회에 신청한 조정건수는 2009년부터 2014년까지 508건으로 매년 평균 80-90건에 달하여 매우 활성화되어 있는 편이다.[201]

한국저작권위원회에서도 저작인접물, 영상저작물 관련 분쟁조정도 하고 있으므로 국제적인 방송저작권분쟁을 당사자간의 합의로 한국저작권위원회에서 해결할 수 있을 것이다.

나. 국제조정절차

국제 저작권분쟁의 조정절차는 조정신청서의 제출, 답변서의 제출, 조정인 선정, 절차 기일 및 향후 조정절차 일정의 확정, 서면과 증거의 제출, 조정심리기일, 정리 서면의 제출, 조정조서의 순서로 이루어지는바 WIPO조정절차를 중심으로 살펴본다. WIPO중재조정센터를 이용하기 위해서는, 현재 또는 장래의 분쟁에 대한 WIPO중재조정센터의 이용에 관한 당사자들의 합의가 필요하다. 당사자들은 WIPO조정규칙을 조정합의의 일부로 채택하게 되는데, WIPO조정규칙은 조정절차에 관한 최소한의 체계 확립을 위해 조정의 개시 및 절차를 정하는 방법(제3조, 제4조, 제12조), 조정인의 선정(제6조), 절차 자체 및 절차진행 중 공개된 내용에 관한 비밀유지(제14조-제17조) 등을 정하고 있다. 그러나 조정의 특성상 분쟁당사자들은 조정절차에 대한 결정권을 가지므로, 필요한 경우에는 합의로 WIPO조정규칙를 변경할 수도 있다.

일단 조정이 개시되면, WIPO조정규칙에 따라 조정인을 선정한다. 구체적으로는 조정인은 당사자 또는 당사자와의 협의를 통해 WIPO센터가 선정하며(제6

---

200) http://adr.copyright.or.kr/main/index.do
201) http://www.copyright.or.kr/information-materials/statistics/mediation/index.do

조), 공정성과 독립성이 담보되어야 한다(제7조). 조정인 선정이 끝나면 준비회의를 통하여 조정일정, 제출서류, 조정회의 참석자, 대리인 등을 협의하며, 그 후 본격적으로 조정에 들어간다. 조정인은 일정을 진행하는 등 원활한 분쟁해결결과를 도출하는 역할을 맡을 뿐 비밀유지, 편견배제 및 분쟁의 종결 등에 관한 사항은 전적으로 당사자에게 달려있다. 이렇듯 조정인의 역할에 관해서는 두 유형으로 나눌 수 있는데, '촉진형 조정(facilitative mediation)'의 경우 당사자간의 의사소통을 촉진시켜주거나, 상호간의 시각차를 줄여주는 역할의 조정인이며, '평가형 조정(evaluative mediation)'은 '촉진형 조정'에 비해 좀 더 적극적인 개입을 통해 조정안을 직접 평가하거나 제시하여 당사자들로 하여금 조정안을 선택 또는 거부하게 할 수 있다. 그러나, 어떠한 조정방식을 택하든, 조정안에 대한 선택여부는 구속적이지 않으며 당사자들에 의사에 달려있다.

다. 조정의 효력

어떠한 조정방식을 택하든, 조정안에 대한 선택여부는 구속적이지 않으며 당사자들에 의사에 달려있다. 조정이 성립하더라도 그 이행은 당사자가 자발적으로 하여야 하며 법원에 그 강제를 구할 수는 없다. 다만 많은 조정기구가 조정의 결과를 화해중재판정의 형식으로 내리는 제도를 갖추고 있다.

3. 중재에 의한 국제방송저작권분쟁의 해결

가. 국제중재제도

국제중재는 당사자간의 합의로 사법상의 분쟁을 법원의 재판에 의하지 아니하고 중재인의 판정에 의하여 해결하는 절차[202]에 있어서 당사자 또는 분쟁의 대상에 있어서 국제적인 요소들이 있는 사건을 말한다. 국제분쟁의 해결에 있어 중재의 유용성은 중재판정승인집행에 관한 UN협약(뉴욕협약이라 약칭한다)의 성공이 단적으로 말해주는 바와 같이 이미 입증되었다고 할 것이다.

한국 지적재산국제소송원칙에서는 다른 입법례에 유례가 없는 중재에 관한 별도의 편(제5편)을 두고 5개장, 17개조항(제33조 내지 제49조)을 마련하였다. 총칙, 지적재산분쟁의 중재적격성, 국제지적재산분쟁의 중재합의, 국제지적재산분쟁의

---

202) 한국중재법 제3조 제1호.

중재절차, 중재판정의 승인·집행에 대하여 자세한 규정을 두고 있는데, 국제방송저작권분쟁의 중재에 관한 입법을 마련하는 경우 매우 모범적인 모델이 되고 있다.[203]

나. 국제중재신청

방송저작권분쟁을 국제중재에 의하여 해결하기 위해서는 당사자 간에 중재합의가 먼저 필요하다. 당사자간의 중재합의를 전제로 당사자 일방의 국제중재신청으로 중재절차가 개시된다. 중재합의가 포함된 본계약의 유효성과 별도로 중재합의의 유효성을 결정하기 위하여 중재합의의 준거법이 문제되는데, 포럼쇼핑을 방지한다는 관점에서 중재적격성의 준거법과 마찬가지로 중재합의의 성립·유효성의 문제도 중재지법을 그 준거법으로 함이 타당할 것이다. 한국 대법원은 중재합의가 유효한가의 여부나 그 효력은 중재가 행해지는 국가의 법이나 중재조항상의 준거법에 따라 판단되어야 한다고 판시하였다.[204] ALI원칙은 재판관할합의에 관하여 그 방식 뿐 아니라 내용의 준거법도 합의관할법원 소재지국법으로 규정하고 있다(ALI원칙 제202조(2)(a)).

중재합의의 효력이 문제되는 것도 중재합의의 승인단계, 판정취소단계, 승인·집행단계로 나누어 볼 수 있을 것인바, 판정취소단계에서는 중재지국법이 준거법이 되고 승인·집행단계에서도 뉴욕협약의 입장은 중재지국법을 준거법으로 한다는 전제에 서 있다고 할 수 있으며 중재합의승인단계에 있어서도 중재합의와 가장 밀접한 관련을 가진 곳은 중재지라 할 것이므로 중재지국법을 준거법으로 함이 타당할 것이다. 다만 이 경우에도 당사자자치의 취지상 중재합의의 준거법에 관한 합의가 있는 경우에는 이를 존중하여야 할 것이다.

국제방송저작권분쟁도 당사자자치원칙상 중재에 의하여 해결가능한 바, 당사자에게 중재지 지정의 자유를 인정하고 나아가 중재지가 없음에도 합의가능하며, 중재지에 관한 당사자 간에 합의가 없는 경우에는 중재인이 당사자의 편의와 당해 저작권분쟁의 제반정황을 고려하여 이를 정할 수 있을 것이다.[205][206] 중재인

---

203) 국제사법연구 제16호, 2010, 372~376면 참조.
204) 대법원 1990. 2. 13. 선고 88다카23735 판결.
205) 지적재산국제소송원칙 제34조 참조. 모델중재법 제20조(1). 한국중재법 제21조.
206) 한국지적재산국제소송원칙상 중재에 대하여는 국제지적재산소송원칙 해설, 국제사법연구 제16호 (2012), 414면 이하 참조.

또는 중재의 허부를 결정하는 법원은 당해 저작권분쟁이 중재에 의하여 해결될 수 있는 사항인지의 여부 또는 중재합의의 유효여부가 문제된 때에는 중재지법에 의하여 판단할 수 있을 것이다. [207] 중재적격성 판단[208]과 중재합의의 유효성 판단의 준거법은 중재지법으로 하고 중재지가 없는 경우에는 중재합의의 준거법에 의할 수 있을 것이다.[209] 방송저작권분쟁에 관하여 중재합의가 있음에도 소가 제기된 경우 그 소를 각하할 수 있을 것이다.[210] 중재에 있어 청구의 병합을 널리 인정할 수 있을 것이다.

다. 국제중재절차

국제방송저작권분쟁의 중재절차는 중재신청서의 제출, 답변서의 제출, 중재판정부의 구성, 절차 기일 및 향후 중재절차 일정의 확정, 서면과 증거의 제출, 중재 심리기일, 정리 서면의 제출, 중재판정문의 순서로 이루어진다. 방송저작권분쟁에 대하여 온라인중재도 물론 가능할 것이다. 당사자가 온라인 중재에 합의한 때에는 중재인은 중재절차를 온라인으로 진행하도록 하고, 온라인 중재절차에서 중재인이 작성하는 문서와 당사자가 제출하는 문서는 전자서명을 첨부하도록 하며 중재판정에는 서면판정문 외에 별도로 전자서명을 첨부한 온라인 판정문을 작성하도록 할 수 있을 것이다.[211]

---

207) 모델중재법 제34조. 미국연방중재법에 의하면 중재적격성에 제한은 없다. 특허법, 독점규제법, 증권법 등을 둘러싼 분쟁 등 전통적으로 중재적격성이 부정되는 영역이 존재하였으나 최근에는 이러한 영역도 중재적격성이 확대되어 인정되는 경향이다. 미국특허법 35 U.S.C. 294.

208) 이러한 입장은 집행국법을 준거법으로 규정하는 뉴욕협약에 반한다는 문제가 발생하나 중재인 또는 법원이 중재적격성 판단을 함에 있어서 당해 중재판정이 가능한 한 승인 · 집행될 수 있도록 중재판정의 승인 · 집행이 문제될 가능성이 높은 국가의 법이 당해 지적재산분쟁의 중재적격성을 인정하는 지 여부를 고려함으로써 그 중재판정의 승인 · 집행가능성을 제고하는 방식을 통하여 실무적으로 그 문제를 해결할 수 있을 것이다.

209) 지적재산국제소송원칙 제38조, 제39조 참조. ALI원칙 제202조(2)(a). 한국대법원은 중재합의가 유효한가의 여부나 그 효력은 중재가 행해지는 국가의 법이나 중재조항상의 준거법에 따라 판단되어져야 한다고 판시하고 있다. 법정낚시(forum shopping)를 방지한다는 관점에서 중재적격성의 준거법과 마찬가지로 중재합의의 유효성의 문제도 중재지법을 그 준거법으로 함이 타당할 것이다. 다만 중재지가 존재하지 아니하는 경우에는 중재합의의 준거법에 의할 수 있을 것이다. 한편 중재합의의 취소 · 해제 및 철회의 효력도 중재합의의 해석에 관한 것이므로 그 준거법도 중재의 유효성의 준거법에 의할 수 있을 것이다.

210) 지적재산국제소송원칙 제40조 참조. 지적재산분쟁에 대한 중재합의도 당해 분쟁이 중재적격성이 없거나 그 중재합의가 무효가 아닌 한 존중하여야 할 것이다. 따라서 지적재산분쟁에 관하여 소가 제기된 경우에 법원은 당해 분쟁이 중재적격성이 있거나 그 중재합의가 무효가 아닌 경우에는 그 소를 각하하여야 할 것이다. 다만 대세적 효력을 가지는 등록지적재산권의 무효심판청구나 무효소송에 는 그러하지 않다고 할 것이다. 한편 중재인은 소제기에 의한 절차가 계속 중인 경우에도 중재절차를 개시할 수 있다고 하여야 할 것이다.

라. 중재판정의 효력

중재판정문은 일단 고지되고 나면 이를 다시 중재절차에서 다투는 것은 불가능하다. 우리나라 중재법 제35조는 "중재판정은 당사자간에 있어서 법원의 확정판결과 동일한 효력을 가진다"고 하여 중재판정의 기판력은 인정하고 있다. 그러나 동법 제37조 제1항은 "중재판정의 승인 또는 집행은 법원의 승인 또는 집행판결에 의한다"고 하여 법원의 별도의 집행판결을 거치도록 하고 있어 중재판정에 집행력은 인정되지 아니하도록 규정하고 있다. 또한, 법원에서 이루어지는 중재판정의 취소절차 또는 중재판정의 집행절차에서 중재절차에 흠결이 있었는지 또는 중재판정문 자체가 중재지 또는 집행지의 공서양속에 반하는지에 대한 판단이 이루어질 수 있다.

4. 저작권에 관한 외국 중재판정의 승인과 집행

가. 개설

한국 정부는 1966년 중재법을 독립 단행법으로 제정하였으며, 1973년 「외국중재판정의 승인 및 집행에 관한 협약」(이하 '뉴욕협약'이라 한다)에 가입하였다. 우리 정부는 뉴욕협약 가입시 상사유보선언과 상호주의 유보선언을 하였다. 중재법 제정 직후에는 우리 법원은 중재에 적대적이었으나 점차 중재제도의 장점을 이해하고 특히 국제상사중재제도의 중요성을 인식하여 1990년 이후에는 pro-arbitration의 태도를 확립하였다.[212] 이후 한국의 중재제도를 글로벌 스탠다드에 맞추어야 한다는 요구에 부응하여 한국정부는 1999년 UNCITRAL모델법에 따라 중재법을 전면 개정하였으며 2006년 UNCITRAL모델법의 개정사항을 반영하는 입법을 하고 있다.

21세기에 접어들어 한국의 중재는 더욱 국제화되었다. 한국의 변호사들이 국제중재사건을 대리하고 대한상사중재원(KCAB)중재는 물론 ICC중재, LCIA중재,

---

211) 지적재산국제소송원칙 제46조 참조. 국제인터넷주소관리기구(ICANN)의 도메인네임 분쟁해결절차는 온라인분쟁해결절차로 각광받는 가장 성공적으로 진행되고 있는 ADR의 예이며, 우리나라 전자거래기본법에 의거하여 설립된 전자거래분쟁조정위원회에서도 사이버조정을 원칙으로 하고 있다.

212) 기념비적인 사건이 대법원 1990. 4. 10. 판결이다.

ICDR중재 등에도 진출하였다. 한국의 법원은 일련의 판결을 통하여 국제중재에 대하여 개방적인 태도를 강화하여 외국의 중재판정을 용이하게 승인·집행할 수 있도록 하고 있으며 이는 외국판결의 승인과 집행을 용이하게 하는 법원의 태도와 그 궤를 함께 하는 것이다. 이하 외국중재판정 승인의 요건과 외국중재판정의 승인·집행 절차에 대하여 간략히 살펴보고자 한다.

나. 외국중재판정 승인의 요건

(1) 개설

외국중재판정의 승인(recognition)이라 함은 외국 중재판정이 국내 중재판정과 동일한 효력이 있음을 인정하는 것이다.[213] 외국중재판정의 승인은 기판력의 항변과 같이 방어적인 목적으로 많이 원용된다. 외국중재판정은 승인의 요건을 갖추면 바로 그 효력이 인정되고 별도의 판결이나 확인절차를 필요로 하는 것은 아니다. 의문이 있는 경우에는 법원에 외국중재판정 승인 확인의 소를 제기할 수 있으나 이는 외국중재판정에 대한 집행판결청구의 소와는 달리 확인의 소의 하나에 불과하다. 승인의 대상은 외국중재판정이다. 국내중재판정은 중재법에 따라 그 효력이 인정되고 있으므로 별도의 승인이 필요하지 않다.

(2) 중재판정일 것

승인의 대상이 될 수 있는 것은 중재인이 내린 중재판정(arbitral award)이다.[214] 중간판정이든 종국판정이든 불문한다.[215] 그런데 중재인의 임시적 처분(interim measure)이 승인대상인지 여부가 문제된다. 임시적 처분도 승인대상이 된다는 견해가 있으나 임시적 처분은 상대방 당사자에게 방어의 기회를 부여함이 없이 내려지는 경우가 많고 또 뉴욕협약이나 국내 중재법이 승인 대상을 명문으로 중재판정에 한정하고 있으므로 임시적 처분은 승인의 대상이 되지 못한

---

213) 일반적으로 승인은 특정 법률관계 또는 사항에 대하여 일정한 권한에 기하여 그 존부나 정부(正否)를 확인하는 것을 말한다. 채무의 승인, 주주총회의 승인, 국가의 승인 등이 그 예이다.

214) 뉴욕협약의 해석과 관련하여 중재판정 여부를 협약자체의 해석에 의할 것인지 국제사법에 따른 준거법에 의할 것인지에 관하여는 견해의 대립이 있고 후자의 경우 다시 법정지법(lex fori)설과 중재준거법(lex arbitri)설로 나뉜다(ICCA's Guide(2012), pp.18-19). 협약의 통일적인 적용을 위해서는 협약 자체의 해석이 따르는 것이 타당할 것이다.

215) 그 외에도 일부판정, 비용에 관한 판정, 화해판정등이 포함된다. ICCA's Guide(2012), pp.17-18 참조.

다고 하여야 할 것이다. 다만 임시적 처분도 외국에서 그 효력을 인정받아야 할 경우가 많을 것이므로 입법론적으로는 임시적 처분도 법원의 집행판결 또는 집행결정의 대상으로 하고[216] 나아가 승인의 대상으로도 할 현실적인 필요가 있다고 할 것이다. 그러한 입법이 있기 전에도 중재인은 임시적 처분을 중간판정의 형식으로 함으로써 승인의 대상으로서의 적격을 갖추게 할 수 있을 것이다.[217]

(3) 외국 중재판정일 것

외국중재판정 여부에 관하여는 중재절차 및 판정이 이루어진 곳을 기준으로 하는 판정지기준설과 중재절차의 준거법을 기준으로 하는 준거법기준설이 대립하고 있다. 뉴욕 협약은 원칙적으로 판정지기준설을 택하면서 승인국법상 국내판정이 아닌 판정에도 협약을 적용함으로써 준거법기준설을 보충적으로 채택하고 있다.[218]

(4) 상사중재판정일 것

앞서본 바와 같이 한국은 뉴욕협약 가입시 상사 유보선언을 하였으므로 뉴욕협약이 적용되는 외국중재판정의 범위는 상사중재판정에 한정된다. 그러나 상사중재판정이 아니거나 기타 뉴욕협약의 적용을 받지 않는 판정도 중재법의 규정에 따라 승인될 수 있다.

다. 외국중재판정의 승인 · 집행 절차

(1) 외국중재판정 승인의 개념

외국중재판정의 승인이란 한국 법원이 외국에서 내려진 중재판정의 효력을 인정하는 것 구체적으로는 외국중재판정이 가지는 기판력(res judicata)을 인정하는 것이다. 이는 외국판결의 승인이 그 판결의 기판력을 국내에서 인정하는 것과 같은 취지이다. 따라서 외국중재판정이 있은 후 국내에서 동일한 분쟁을 대상으

216) 독일 민사소송법 제1041조 제2항은 '당사자의 신청이 있으면 법원은 중재판정부가 행한 임시적 처분에 대해 재량에 따라 결정으로 집행을 명할 수 있다'고 규정하고 있다. 반면 한국 중재법 제18조는 중재인에 임시적 처분 권한을 주면서도 중재법 제37조는 중재판정만을 집행판결의 대상으로 하고 있어서 임시적 처분에 대해서는 집행판결을 할 수 없게 되어 있다.

217) ICCA's Guide(2012)는 preliminary awards도 뉴욕협약의 적용을 받는 중재판정으로 보고 있다. p.18 참조.

218) 뉴욕협약 제1조 참조.

로 소가 제기되거나 중재가 신청된 경우 이는 기존의 외국중재판정의 기판력에 저촉되므로 그 소나 중재신청은 각하될 것이다. 한국중재법은 중재판정은 법원의 확정판결과 동일한 효력을 가진다고 규정하므로[219] 승인요건을 갖춘 외국 중재판정은 중재법에 따라 확정판결과 같은 효력을 가지는 결과가 된다.[220] 이는 외국중재판정의 효력은 승인국인 대한민국법에 따라야 하기 때문이다.[221]

(2) 외국중재판정 승인의 절차

한국 중재법은 중재판정의 승인 또는 집행은 법원의 승인 또는 집행판결에 따라 한다고 규정하고 있어 중재판정의 승인에도 승인판결이 필요한 것인지 의문이 생긴다.[222] 그러나 외국법원의 판결을 승인함에 있어 승인판결이 필요 없듯이 외국중재판정의 승인에도 승인판결은 불필요하다고 해석하여야 할 것이다.[223] 대법원도 외국 중재판정은 승인판결 없이도 기판력을 가진다고 판시하고 있다.[224] 따라서 위 중재법의 규정은 당사자가 원하는 경우에는 승인판결을 구할 수 있다는 취지로 해석하여야 할 것이다.[225] 외국 중재판정의 승인을 신청하는 당사자는 (i) 중재판정의 정본 또는 정당하게 인증된 그 등본 및 (ii) 중재합의의 원본 또는 정당하게 인증된 그 등본과 정당하게 인증된 한국어 번역문을 첨부하여 법원에 제출하여야 한다.[226] 이상의 모든 절차는 국제방송저작권분쟁에 대하여 내려진 중재판정에 그대로 적용될 수 있다.

Ⅶ 결 론

이상에서는 국제방송저작물거래와 분쟁해결이라는 제하에서 국제방송저작물 거래의 유형과 그 권리의무에 대하여 살펴보고, 지적재산관련 국제사법에 관한

---

219) 중재법 제35조.
220) 목영준(2000), 240면. 다만 석광현(2010), 160면은 외국중재판정의 효력이 우리나라에 확장되는 것일 뿐이므로 한국의 확정판결과 동일하여야 한다는 근거는 없다고 한다.
221) 그 외 외국중재판정의 효력의 준거법은 중재지국법이라거나 중재지국법을 원칙으로 하되 승인국 법의 제한에 따른다는 견해가 있다.
222) 동법 제37조 제1항 참조.
223) 동지, 석광현(2010), 151이하.
224) 대법원 2009. 5. 28. 선고 2006다20290 판결.
225) 동지, 목영준(2000), 240면, 이호원(2005), 265면.
226) 중재법 제37조 제2항.

국제규범에 의거하여 방송저작권분쟁의 국제재판관할과 준거법의 문제를 살펴보고, 대안적으로 방송저작권분쟁의 재판외분쟁해결(Alternative Dispute Resolution, ADR)에 관하여 검토하였다.

방송저작권을 좁게 이해할 경우 국제적 방송저작권분쟁이라 함은 전파월경에 의하여 저작인접권으로서의 방송사업자의 방송권을 국경을 넘어 침해하는 경우로 한정되고 실제로 우리 인접국으로서 중국이나 일본 정도로 침해가 일어날 수 있는 지역범위가 한정되게 된다. 그러나 방송저작권을 광의로 이해하여 방송물과 관련한 저작(인접)권으로 보게 되면, 국제적 방송저작권분쟁에는 실연자와 음반제작자의 방송권, 방송물 제작에 있어서 저작권최초귀속과 등록 문제, 방송물의 인터넷 전송과 웹캐스팅 등도 포괄하게 된다.

ICT기술의 발전으로 방송의 개념이 확대되어 가고 있고 방송수요가 국내적이었던 과거와 달리 국제화되고 있다. 이러한 방송의 신개념 하에서 방송저작권에 관한 국제적 분쟁도 늘어날 수밖에 없는 상황이다.

이러한 추세 하에서 방송저작권침해의 경우 연결점을 확정지우기 어려운 점 때문에 발신국, 수신국주의 모두 적절한 해결책을 제시해 주고 있지 못하다. 방송저작권의 권리귀속, 성립, 유효성, 등록, 계약을 둘러싼 분쟁에 있어서 재판관할과 준거법의 확정문제도 용이하지 않다. 따라서 방송저작권에 한하여서는 종래 논의하여온 송신지국주의를 정치하게 이론화 하여 국제방송저작권분쟁의 국제재판관할과 준거법 지정 문제에 대처하여야 할 것이다. 나아가 국제재판관할과 준거법에 관한 당사자의 합의를 더욱 존중하고 ADR의 활용을 권장하여야 것이며, 이와 관련한 입법에 있어서는 위에서 언급한 한국 지적재산국제소송원칙의 중재편이 많은 도움이 될 수 있으리라 본다.

제 9 장

결 론

1. 방송저작권의 특징
2. 방송저작물의 권리귀속
3. 외주제작의 권리 관계
4. 방송과 관련한 저작인접권
5. 일시적 녹음 · 녹화물의 보존과 이용
6. 지상파방송의 동시재송신 허락의 필요성
7. 클라우드 PVR 방송 서비스와 저작권 침해 여부
8. 방송의 미래와 저작권
9. 국제 방송저작물 거래와 분쟁해결

제 9 장

결　론

필자 : 손경한

본서에서 다룬 주요 쟁점을 중심으로 정리하면 다음과 같다.

1. 방송저작권의 특징

방송저작물의 제작에는 어문저작물, 미술저작물, 음악저작물 등 다양한 저작물이 이용되고, 피디(PD), 텔런트, 촬영기사, 조명기사, 세트디자이너, 소품 요원 등 다양한 사람들이 참여한다. 또한 영상저작물의 제작에는 거액의 자금이 들어가는 것이 보통이다. 이처럼 다수의 저작물이 이용되고 다수가 관여하며 거액의 자금이 투여되는 영상저작물은 종합저작물이자 이차적 저작물이면서 공동저작물이라는 법적 성격을 가진다.

이와 같이 방송저작물 특히 방송영상저작물은 저작권관계의 복잡성, 방송제작자의 존재의 중요성, 제작자금의 거액성과 회수의 필요성, 활용을 통한 수익의 적절한 배분의 필요성, 일품다용(OSMU)의 증가, 창작성이 미약한 방송저작물의 존재, 저작과 제작의 동시성 등 다른 영상저작물과 구별되는 특성을 가지고 있다. 특히 OSMU의 원천이자 OSMU의 이용자라는 특성으로 방송과 관련한 각 시장의 실정과 규제법령 등에 맞추어 방송저작물을 수정, 가공하여야 하는 등으로 복제권, 개작권, 이차적 저작물 작성권 등에 있어 새로운 해석이 요구되는 등 법적 문제가 생겨나고 있다. 아울러 방송은 시사보도를 위하여 이용하거나 종합저작물을 위하여 이용하는 경우 등 타인의 저작물을 이용할 필요성이 크다는 특징이 있다.

이러한 법적 성격과 특징을 가지는 방송저작물의 권리관계는 아주 복잡하며,

영상저작물의 저작자 나아가 저작권자를 누구로 하느냐 하는 것은 그 관여자들에게는 매우 중요한 문제이며 여러 가지 정책적 고려를 필요로 한다. 방송콘텐츠의 주요 공급자로서의 방송사가 공익적 성격을 가지는 점도 무시할 수는 없으나 방송제작에 거액의 제작비를 투입하여 기업 활동으로 방송콘텐츠를 제작하고 공표한다는 점이나 한류의 세계화라는 차원에서도 우리나라의 장래가 달려있는 유망한 산업분야라는 상업성 또한 고려하여야 할 것이다. 한편 저작자의 지위에 서 있는 다수의 참여자가 존재하며 그러한 모든 저작권 행사를 인정하면 영상저작물의 원활한 시장 유통을 저해하게 되는 점 등의 이유에서 특히 방송영상저작물에 대하여는 영상저작물의 제작자에게 저작권귀속을 일원화시킬 필요성이 큰 특수한 성격의 저작물이라는 점도 고려에 넣어야 할 것이다. 또한 현재 영상저작물의 이용에 관해서는 영상제작자와 저작자 사이의 계약에 따라 영상 제작자에게 권리행사가 맡겨져 있는 실태에 있는 점도 고려해야 할 것이다(제1장 참조).

2. 방송저작물의 권리귀속

먼저 방송사업자가 직접 제작하는 방송저작물은 이른바 업무상 저작물로서 그 저작자는 방송사업자 자신이 되어 그 방송저작물에 대한 저작권은 방송사업자에게 귀속된다는 점이다. 즉 방송사업자가 자신의 기획 하에 그 방송 업무에 종사하는 자가 업무상 작성하는 저작물이 방송사업자의 명의로 공표되면 그 저작물의 저작자는 원칙적으로 방송사업자가 된다. 다만 방송에 종사하는 자와의 계약 또는 근무규칙 등에 권리귀속에 관하여 다른 정함이 있는 경우에는 그 특약에 따라 권리자가 결정된다. 이 업무상 저작물의 법리는 방송사업자가 직접 제작하는 방송저작물에 한하지 아니하고 일정부분 외주제작에도 적용할 수 있는바 그에 관하여는 아래 외주제작의 권리귀속에 관한 부분에서 언급한다.

또 한 가지 방송사업자에게 방송영상저작물에 대한 권리가 인정되는 경우는 방송사업자 자신이 영상제작자가 되는 경우이다. 영상저작물과 관련하여 우리나라 저작권법에서는 영상제작자에게 완성된 영상저작물을 보다 용이하게 이용할 수 있도록 특례규정을 두고 있기 때문이다. 영상제작자의 영상저작물이용권을 좀 더 자세히 살펴보면 아래와 같다.

영상저작물의 권리귀속과 관련해서는 영상저작물의 작성에는 많은 사람들이 참여하게 되는데, 저작권법의 관점에서 크게 고전적 저작자, 근대적 저작자, 실연자로 구분가능하다. 우리나라는 법제도와 실무 양면에서 영상저작물의 이용과 관련하여 저작권 등의 권리를 영상제작자에게 집중하는 방안이 채택되고 있다. 특히, 우리나라 저작권법상 영상 저작물에 관한 특례에서 영상저작물에 대해 감독, 실연자, 원저작자 등과 영상제작자인 영상제작자와의 관계에 특별한 규정을 두고 있다. 영상저작물의 특례규정은 저작물의 영상화(법 제99조), 영상저작물에 대한 권리(법 제100조) 및 영상제작자의 권리(법 제101조)를 규정하고 있다.

우리 저작권법은 저작권자가 저작물의 영상화를 허락한 경우에 특약이 없는 때에는 (i) 영상저작물을 제작하기 위하여 저작물을 각색하는 것, (ii) 공개상영을 목적으로 한 영상저작물을 공개상영하는 것, (iii) 방송을 목적으로 한 영상저작물을 방송하는 것, (iv) 전송을 목적으로 한 영상저작물을 전송하는 것, (v) 영상저작물을 그 본래의 목적으로 복제·배포하는 것, (vi) 영상저작물의 번역물을 그 영상저작물과 같은 방법으로 이용하는 것을 포함하여 허락한 것으로 추정하고 있다(제99조 제1항).

우리 저작권법은 영상저작물에 대한 권리를 규정하면서 영상저작물의 제작에 협력할 것을 약정한 자가 그 영상저작물에 대하여 저작권을 취득할 수 있음을 전제하고 있으므로(제100조 제1항) 영상저작물의 제작에 협력할 것을 약정한 자가 영상저작물의 저작자 내지 저작권자가 될 수 있다 할 것인바 실연자는 저작인접권자로서 보호되므로 실연자를 제외한다면 영상저작물에 수록되는 소설, 각본, 음악, 미술 등 원저작물의 저작자 즉 고전적 저작자와 영상저작물의 제작, 감독, 연출, 촬영, 미술, 녹음, 편집 등을 담당하여 영상저작물의 전체적 형성에 창작적으로 기여한 근대적 저작자가 관련된다. 영상제작자도 영상저작물의 전체적 형성에 창작적으로 기여하는 한 저작자가 될 수 있다. 영상저작물의 저작자가 누구인가에 관하여는 견해가 나뉘고 있다. 다만 어느 견해를 취하든 영상저작물의 저작자가 그 저작권자로 된다고 하는 점에서는 차이가 없다.

생각건대 먼저 특히 문제가 되는 것은 영상저작물 저작에 이미 존재하는 소설, 각본, 음악, 그림, 사진 등의 저작물이 이용되는 경우에는 그 저작물의 저작권자의 이용허락을 받아 이용하는 것이고 그 저작권자가 영상저작물의 저작자가 되지 않는 것은 명확하다 할 것이다. 그러나 영상저작물의 저작과정에서 각색자, 음악가, 미술가 등이 참여하는 경우는 별도로 고찰하여야 할 것이다. 영상저작물의 제작, 감독, 연출, 촬영, 미술, 녹음, 편집 등을 담당하여 영상저작물의 전체적 형성에 공동하여 창작적으로 기여하였고 그 기여한 부분을 분리하여 이용할 수 없는 경우에 영상저작물의 저작자가 된다고 보아야 할 것이다. 따라서 시나리오 작가, 음악, 미술 담당자 등은 영상저작물의 창작에 공동으로 기여하였다 하더라도 그 기여한 부분을 분리하여 이용할 수 있으므로 영상저작물의 저작자로는 되지 아니한다 할 것이다. 다만 그들이 자신이 기여한 부분의 분리이용을 포기하는 약정을 한 때에는 영상저작물의 저작자에 준하여 취급하여야 할 것이다.

방송사업자가 영상제작자가 되면 저작권법의 규정에 따라 그 "영상저작물의 이용을 위하여 필요한 권리"를 보유하게 된다. 방송사업자가 영상 제작자가 되기 위하여는 영상저작물의 제작에 있어 그 전체를 기획하고 책임을 지는 자여야 한다. 직접 영상을 제작하거나 창작적 기여를 할 필요는 없다. 피디나 감독 등이 방송사업자의 업무에 종사하는 자가 아니라 하더라도 영상저작물의 저작자로서 방송사업자의 영상저작물 제작에 협력할 것을 약정하였으면 그 영상저작물의 이용을 위하여 필요한 권리는 영상제작자인 방송사업자가 양도받은 것으로 추정된다(저작권법 제100조 제1항). 영상제작자가 영상제작물의 제작에 협력할 것을 약정한 자로부터 양도 받는 영상저작물의 이용을 위하여 필요한 권리의 구체적 내용은 영상저작물을 복제·배포·공개상영·방송·전송 그 밖의 방법으로 이용할 권리이다(저작권법 제101조 제1항). 영상제작자가 양도받는 "영상저작물의 이용을 위하여 필요한 권리"의 의미에 관하여는 앞서 살펴본바와 같이 견해의 대립이 심하나 그 영상저작물의 이용에 관한 일체의 저작재산권으로 해석하는 것이 일의적인 권리처리를 위하여 타당할 것이다.

방송출연자 등과의 관계에 있어서도 마찬가지이다, 영상 실연에 관하여 방송사업자 등 영상제작자와 영상저작물의 제작에 협력할 것을 약정한 실연자의 경우 실연자가 가지는 그 영상저작물의 이용에 관한 권리는 특약이 없는 한 영상제작자가 이를 양도받는 것으로 추정된다(저작권법 제100조 제3항). 이 저작물의 이용에 관한 권리에는 복제권, 배포권, 방송권 및 전송권이 포함된다. 영상제작자에게 양도되는 권리는 영상저작물을 본래의 창작물로서 이용하는 권리에 한정됨은 영상저작물의 저작권자의 권리 양도와 같다.

방송사업자가 영상제작자로서 영상저작물을 이용할 권리와 방송사업자로서 가지는 저작인접권간의 관계에 관하여는 방송사업자의 저작인접권과 영상제작자로서 저작물을 이용할 수 있는 권리는 그 대상과 범위를 달리하는 것이라 할 것이다. 방송사업자의 저작인접권은 방송프로그램 뿐 아니라 방송신호에도 미치고 그 권리의 범위는 복제권, 중계방송권, 공연권에 한정되는 반면 영상제작자의 저작물 이용권은 방송영상프로그램만을 대상으로 하는 것이고 그 권리의 범위는 영상저작물을 복제·배포·공개상영·방송·전송 그 밖의 방법으로 이용할 권리 전반에 미친다고 해석되므로 양자는 별개로 존재하여야 할 필요가 있다. 따라서 방송사업자가 영상제작자로서 영상저작물을 이용할 권리를 취득하더라도 방송사업자로서 가지는 저작인접권은 소멸하거나 불필요해 지지 않고 양 권리는 병존한다는 견해가 타당하다 할 것이다.

방송사업자가 영상제작자가 된다 하더라도 방송저작물에 대한 모든 권리를 취득하는 것은 아니며 방송저작물의 권리귀속에 있어서는 위에서 살펴 본 바와 같이 일의적으로 처리되는 것이 아니므로 방송사업자로서는 일괄적인 권리 처리가 가능하도록 계약서를 정비하여 두어야 하고 권리귀속에 관하여 상대방과 협의가 잘 이루어 지지 아니하는 경우에는 전문가를 활용하여 방송저작물의 2차적 이용에 차질이 없도록 계약 관계를 잘 정리할 필요가 있다.

방송영상저작물의 권리 처리를 간편하게 하고 방송영상제작자의 권리를 강화하며 방송영상저작물 제작에의 참여자에 대한 적절한 보상을 하기 위하여 입법론적 개선방안으로서 방송영상저작물의 저작자에 대한 특례를 인정하는 방안, 방송영상저작물의 저작권귀속에 특례를 인정하는 방안, 영상저작물 저작권 양도의 추정에서 간주로 전환하는 방안, 영상저작물의 저작자의 보호를 위하여 수익분배청구권 내지 보상청구권을 행사할 수 있도록 하는 방안, 저작인접권자 보호 방안, 업무상 저작물의 저작에 관여한 업무종사자의 보호 방안 등이 참고가 될 것이다. 방송사업자로서는 영국, 일본 등 외국의 입법례를 본받아 방송사업자에게 방송저작물에 대한 권리를 귀속시키는 방안을 입법으로 추진하여야 할 것이다(제2장 참조).

3. 외주제작의 권리 관계

아울러 콘텐츠 제작 및 유통과 직결된 '외주제도'를 법제 및 실무 관행 등에 비추어 집중 점검하고, 지상파방송사가 새롭게 제기할 수 있는 법리는 무엇인지 고민해 보았다. 먼저 외주제도에 대하여 위탁저작물의 저작권귀속에 관한 외국 입법례와 그 시사점을 요약하면 다음과 같다. 위탁저작물의 저작자를 결정하는 문제와 관련해서는, 미국 저작권법을 제외하고 영국은 물론 독일, 프랑스, 일본은 아무런 관련 규정을 두고 있지 않다. 미국 저작권법 제101조만이 일정한 범주의 위탁저작물에 대해서 업무상 저작물(work made for hire)에 해당한다고 규정함으로써 위탁저작물에 대한 권리귀속 문제를 해결하고 있을 뿐이다. 미국 저작권법 상 업무상 저작물에는 피용자가 그 고용의 범위 내에서 작성한 저작물뿐 아니라 특별히 위탁이나 주문을 받은 것도 포함한다는 점에서 우리 법제와 다르다. 업무상 저작물로서 인정되는 특별히 위탁 또는 주문된 저작물의 종류는 법조항에 따라 다음과 같이 제한된다. 즉, (a) 집합저작물에의 기여분, (b) 영화 또는 시청각저작물의 일부, (c) 번역, (d) 보조적 저작물(가령, 서문, 발문, 삽화), (e) 편집물, (f) 교과서, (g) 시험, (h) 시험의 해답자료, (i) 도표집이고, 아울러 "당사자들은 그 저작물을 업무상 저작물로 간주한다고 문서에 의해 명시적으로 합의하여야 한다"고 규정한다. 일본과 한국이 업무상 저작물에 관한 규정을 입법함에 있어서는 미국 저작권법의 업무상 저작물에 관한 규정을 참조하였던 것이므로 우리 저작권법의 해석에 있어서도 일정 범주의 위탁저작물에 대하여 저작권법 제9조의 업무상 저작물로 취급하여 법인 등 사용자를 해당 위탁저작물의 저작자로 의제하는 규정을 적용할 수 있을 것인가 하는 점이 문제된다. 위탁저작물에 대해서는 미국을 제외한 그 밖의 나라들, 즉 우리나라를 비롯한 일본, 독일, 프랑스, 영국 등이 비교법적으로 견지해온 것은 창작자원칙에 따른 해결방안이라는 점에서, 창작자원칙에 입각하여 위탁저작물의 저작자를 결정하고 그 저작자에게 저작인격권과 저작재산권을 원시적으로 귀속시킨 다음 당사자 사이의 계약에 따라 저작재산권의 경제적 이용방향을 확립해나는 것이 바람직할 것이나 (제3장 참조) 위에서 본 미국 저작권법처럼 영상저작물의 경우에는 특히 간명한 권리처리가 필요하므로 업무상 저작물의 법리를 확장하여 위탁저작물인 경우에도 위탁자와 수탁자간에 지휘감독관계에 있는 한 위탁자가 저작자로 될 수 있다고 할 것이다.

영상저작물의 다양한 2차이용에 관한 권리 확보 등 저작권과 관련 지식재산권을 획득하는 방안과 관련하여, 방송사업자가 직접 영상저작물을 제작하는 경우에는 업무상 저작물로 되어 직접 저작권자가 되는 경우가 많고, 다만 실연자와의 2차이용을 둘러싼 권리처리만이 문제로 된다. 이와 달리 방송사업자가 영상저작물을 외주제작하는 경우에는 독립제작사와 권리귀속관계를 둘러싼 문제가 생기게 된다. 외주제작 중에서 '공동제작형'의 경우로서 드라마의 기획에서 제작까지 방송사업자와 독립제작사 간에 공동 작업이 이루어지고 그 제작비용의 상당 부분을 방송사업자가 제공한 경우 또는 '위탁제작형'의 하위범주인 '자주적 제작'으로 드라마 제작이 진행되었지만 방송사업자가 그 제작비용의 전액 또는 상당 부분을 제공한 경우에는 실연자와의 권리처리만이 아니라 독립제작사와의 간에 2차 이용을 포함한 권리처리도 문제된다. 교양프로그램 등 기획에 있어 방송사업자가 관여하고 제작비의 전액을 제공하는 경우에는 방송사업자에게 영상제작자의 지위를 인정할 수 있고 나아가 당사자간의 약정에 의하여 당해 프로그램에 대한 저작권을 방송사업자에게 귀속시키거나 방송사업자가 양도하는 것을 인정할 수 있을 것이다.

한편 드라마 등 외주제작자가 기획하고 방송사업자로부터 제작비의 일부를 지원받는 경우에 있어서는 방송사업자와 독립제작사가 드라마의 모든 저작권을 공유하거나, 아니면 그 저작권을 지분권 별로 분리하여 보유하는 방안도 제안되고 있으나 지분권보다 약한 일본 텔레비전 방송업계에서 사용되는 '창구권'만을 방송사업자가 보유하는 방안도 적극 고려해 보아야 할 것이다. 창구권은 외주제작된 방송프로그램 저작물의 저작권이 독립제작자에게 유보되는 것을 인정한 다음에, 방송사업자 측이 특정한 권리에 대하여 일정 기간에 걸쳐 독점적으로 이용 및 이용허락을 하는 권한을 보유하도록 하는 것이다. 다시 말해 방송사업자가 외주제작된 드라마에 대한 저작권을 양도하도록 요구하는 대신에 이른바 '독점적 창구권'이라는 채권적 성격의 권리를 취득하여 이 창구권을 가지고 외주제작된 드라마를 관리·통제하는 것이다. 이는 외주제작된 드라마에 대한 독립제작자 측의 저작권 보유 주장에 대하여 방송사업자 측이 타협적으로 제시할 수 있는 방안이라 생각된다(제3장 참조).

4. 방송과 관련한 저작인접권

또한 방송과 관련한 저작인접권을 검토하였다. 여기서는 영상제작에 참여하는 저작인접권자 및 저작권자의 권리가 어디까지 보호되어야 하는지, 일정 수준에서 제한될 필요는 없는지가 문제된다. 예를 들어 저작권법상 음반제작자 및 음악실연자의 전송권이 규정되어 있기는 하나, 이를 이미 보상금을 통해 방송에 대한 권리처리를 한 방송사가 프로그램을 전송한다 해서 다시 배타적권리인 전송권 처리를 해야 하는가 등의 문제이다.

판매용 음반을 사용한 방송프로그램을 웹사이트 등을 통해 전송할 경우에는 그에 대하여는 사후적 보상의무만 지는 것이 아니라 사전적인 권리처리를 하지 않으면 전송권 침해의 민형사상 책임을 물게 되므로 별도로 계약에 의하여 전송권 처리를 할 필요가 있음에 유의하여야 한다.

음반의 경우와 달리 영상저작물의 경우에는 영상저작물의 특례규정에 의하여 실연자가 영상저작물의 제작에 협력할 것을 약정한 경우에는, 특약이 없는 한 영상제작자가 실연자의 영상저작물의 이용에 관한 복제권, 배포권, 방송권 및 전송권을 양도받은 것으로 추정된다. 따라서 자신의 의사로 TV 프로그램이나 영화에 출연하기로 약정하여 출연하여 연기 등을 한 탤런트, 배우, 개그맨 등의 시청각 실연자들은 영상제작자와 사이에 특약을 하지 않은 이상 실질적으로 영상저작물의 이용에 필요한 범위 안에서 그 복제권, 배포권, 방송권 및 전송권 등의 권리를 행사할 수 없고, 영상제작자가 그 권리를 보유, 행사하게 된다. 만약 방송사가 영상제작자라면, 방송사업자가 시청각 실연자의 그러한 권리를 보유, 행사하게 되므로, 그 실연이 포함된 영상저작물의 복제, 배포, 방송, 전송 등을 자유롭게 할 수 있고, 다른 제3자가 영상제작자인 경우라면, 그 영상제작자로부터 실연의 복제, 배포, 방송, 전송 등 이용에 대한 허락만 받으면 그 영상저작물을 이용할 수 있게 된다. 다만 위와 같은 특례규정은 실연자의 권리 자체를 부정하는 것이 아니고, 실연자들이 계약을 통해 정당한 보상을 받을 수 있을 것이라는 기대를 전제로 하면서 영상저작물 이용 원활화를 위해 추정규정을 도입한 것일 뿐이다. 나아가 위 규정 자체가 '특약' 체결의 가능성을 열어 두고 있다는 점에 근거하여 현재 방송실연자들의 권리를 신탁받아 행사하는 집중관리단체인 방실협에서는 방송사들과 사이에 '특약'을 체결하기 위한 노력을 지속적으로 기울여 와, 주요 방송사들로부터 방송의 재방송 및 전송, 해외 판권 판매를 위한 복제 등의 부가시장에서의 이용행위에 대하여 보상을 받고 있는 상황이다. 아무튼 위와 같은 특례규정의 존재로 인해, 방송사업자들은 집중관리단체인 방실협과 특약을 체결한 부분에 대하여 그 특약을 준수할 의무를 지는 것 외에, 방송프로그램이나 영화 등에 출연한 실연자들과는 개별적으로 협상하여 권리처리를 할 필요는 없이, 자사

제작 프로그램이 아닐 경우에도 그 제작자의 허락을 받기만 하면, 실연자들의 실연이 포함된 영상물을 방송에 이용하는 데 어려움을 겪지 않아도 되나 특약이 없는 한 영상제작자가 영상저작물의 제작에 협력할 것을 약정한 실연자 등으로부터 취득하는 권리는 그 영상저작물의 이용을 위하여 필요한 권리에 한정되므로 실연자의 권리의 이용범위에 관하여는 다툼을 피하기 위하여는 계약 체결 시 실연자의 권리의 이용범위를 명확히 하여야 할 것이다.

5. 일시적 녹음 · 녹화물의 보존과 이용

방송사업자의 일시적 녹음·녹화권도 검토를 요한다. 저작권법 제34조 제1항은 "저작물을 방송할 권한을 가지는 방송사업자는 자신의 방송을 위하여 자체의 수단으로 저작물을 일시적으로 녹음하거나 녹화할 수 있다"고 규정하고 동조 제2항은 그 녹음물 또는 녹화물은 녹음일 또는 녹화일로부터 1년을 초과하여 보존할 수 없으나 기록의 자료로서 일정 장소에 보존되는 경우에는 영구히 보존할 수 있다고 규정한다. 영구보존이 가능한 장소로는 ① 기록의 보존을 목적으로 국가나 지방자치단체가 설치·운영하는 시설, ② 방송용으로 제공된 녹음물이나 녹화물을 기록 자료로 수집·보존하기 위하여 방송법에 따른 방송사업자(지상파방송사업자, 종합유선방송사업자, 위성방송사업자, 방송채널사용사업자, 공동체라디오방송사업자)가 운영하거나 그의 위탁을 받아 녹음물 등을 보존하는 시설의 두 가지가 있다(동법 시행령 제16조). 이 방송사업자의 일시적 녹음·녹화권에 관한 규정(제34조)은 저작인접권의 경우에도 준용된다(제87조 제1항).

일본의 하급심 판결 중에는 위탁방송사업자가 통신위성방송 서비스의 음악프로그램에서 음반을 공중에게 무선송신하기 위해 디지털 방식의 보유 서버에 수록한 행위가 일본 저작권법 제44조 제1항(우리 저작권법 제34조 제1항에 해당)에서 말하는 방송사업자의 "일시적 녹음"에 해당한다는 이유로 복제권 침해를 부정한 사례가 있는데(東京地裁 平成12年 5月 16日 事件番号 平10(ワ)17018号), 우리 저작권법 하에서도 그러한 디지털 복제 행위에 대하여는 같은 결론이 될 것이다. 이 경우는 방송을 위해 일시적으로 녹음·녹화하는 것이므로 특별한 사유 없이 방송을 위한 필요와 무관하게 계속 보관할 수 없는 것이라는 의식을 가지고 녹음·녹화할 것을 요건으로 한다고 할 것이다. 그러나 한걸음 더 나아가 이를 기록의 자료로서 보존하는 것은 저작권 침해를 구성하지 않을 수 있다.

즉 오늘날 방송사업자들은 제작 시스템이 디지털화되어 음반을 제작시스템에 일단 저장한 다음 이를 불러와서 이용하고 있는 상황이다. 즉 방송사업자가 디지털화된 제작 시스템을 이용하여 저작물을 녹음·녹화하여 이를 보존하여 두고 필요에 따라 이용하게 된다. 그런데 이에 대해 최근 음반제작자들이 아카이브 복제에 대한 저작권료를 요구하고 있으므로 그 당부가 문제되며 특히 방송사업자가 녹음·녹화물을 1년이상 보존하는 경우가 문제 된다. 이 경우 방송사업자의 저작물 녹음·녹화에는 보존과 이용이라는 이중적인 목적이 있다고 볼 수 있다. 그 녹음·녹화물의 제작에 보존의 목적이 있고 그 보존 장소가 방송사업자가 자신 또는 제3자가 운영하는 데이터센터 등이라면 그 제작 보관에 대하여 복제권 침해의 책임을 지우거나 저작권료의 지급을 요구할 수는 없다 할 것이다. 다만 그로부터 한걸음 더 나아가 그 아카이브로부터 녹음·녹화물을 꺼내어 이용하는 경우에는 저작권자의 공중송신권 등이나 실연자의 방송권 또는 전송권 등의 침해가 될 것이므로 따로 저작권료를 지급하여야 할 것이다.

입법론적으로는 저작권법 제34조의 취지가 방송사업자의 제작을 원활하게 하기 위한 것이라면, 오늘날과 같이 영구보존이 가능한 디지털 녹음·녹화에 있어서는 1년이라는 시한을 규정할 것이 아니라 방송사업자의 직접적인 영리활동이 없을 경우에는 최종결과물을 만들기 위한 "수단적" 녹음·녹화권을 영구히 보장하는 것이 타당할 것이다. 왜냐하면 저작권법의 위 규정을 문언 해석하면 기록자료로서의 보존 목적이 아니라 사용을 위하여 1년 이상 보관하는 것은 저작권 침해가 될 위험이 있기 때문이다. 따라서 최종결과물을 만들기 위한 "수단적" 녹음·녹화로서 직접적인 영리활동이 없을 경우에는 방송사업자에게 녹음·녹화권을 인정하는 저작권법의 개정이 필요하다 할 것이다(제4장 참조).

6. 지상파방송의 동시재송신 허락의 필요성

또한 재송신제도의 법제 및 실무 관행 등에 대하여도 집중 검토하였다. 방송사업자는 그의 방송을 동시중계방송할 권리를 가지는바(법 제85조), 타인의 방송을 무단으로 그 방송의 공급영역 외의 수신인에게 광역케이블로 재송신하는 것도 동시중계방송권의 침해가 된다. 방송법은 지상파방송의 의무재송신에 관하여

“종합유선방송사업자 · 위성방송사업자(이동멀티미디어방송을 행하는 위성방송사업자를 제외한다) 및 중계유선방송사업자는 한국방송공사 및 한국교육방송공사법에 의한 한국교육방송공사가 행하는 지상파방송(라디오방송을 제외한다)을 수신하여 그 방송프로그램에 변경을 가하지 아니하고 그대로 동시에 재송신(이하 “동시재송신”이라 한다)하여야 한다. 다만, 지상파방송을 행하는 당해 방송사업자의 방송구역안에 당해 종합유선방송사업자 및 중계유선방송사업자의 방송구역이 포함되지 아니하는 경우에는 그러하지 아니하다.”고 규정하고 있다(동법 제78조 제1항). 이 규정은 KBS, EBS 등의 특정 지상파 공영방송에 대하여 종합유선방송사업자, 위성방송사업자 및 중계유선방송사업자가 의무적으로 동시재송신을 하도록 하는 규정인바, 이러한 의무적인 동시재송신의 경우에는 저작권법 상 동시중계방송권에 관한 규정은 적용되지 아니하여 한국방송공사나 한국교육방송공사가 저작인접권으로서의 동시중계방송권을 행사할 수 없도록 하고 있다. 그러나 그 의무재송신의 대상에 관하여 KBS 1채널과 EBS 채널만으로 한정하고 있기 때문에 이에 대하여는 동시중계방송권의 침해문제가 발생할 여지가 없지만, 이에 해당하지 않는 이른바 ‘자발적 역외재송신’에 대하여는 방송통신위원회의 승인을 받아서 동시재송신 하도록 규정함으로써 저작권 문제의 처리가 불분명하게 되어 있었다. 그 결과 종합유선방송사업자 등이 동시재송신 의무가 없는 지상파방송사의 방송프로그램을 동시 또는 이시에 재송신하는 경우 저작권 또는 저작인접권의 문제는 피할 수 없게 되었다.

이와 관련하여 외국의 입법례로서, 미국의 경우 의무재송신은 방송시장에서 상대적으로 더 우월한 지위에 있는 종합유선방송사업자가 공익적 성격의 지상파방송들 중에서 임의로 취사선택하여 일부 방송만을 재송신하는 것을 못하도록 규제하는 데 중점이 있다. 일본의 경우 방송법에서 ‘재방송’(재송신)에 대한 동의를 요구하나(제6조), 유선텔레비전방송법에서 제한된 범위에서 의무재송신을 가능하게 하고 있으며(제13조), 동의 외에도 장관의 재정에 의한 재송신이 가능하다. 유럽연합의 경우에는 ‘보편적 서비스 지침’(Universal Service Directive)을 통하여 의무적으로 종합유선방송사업자에게 지상파방송의 재송신을 강제하고 있지만, 그 보상체계는 회원국의 자율에 맡기고 있다(제31조).

우리 법제 하에서 의무재송신의 경우를 제외하고는 종합유선방송사업자 등이 지상파방송을 재송신하는 것에 대하여 동시중계방송권에 대한 예외규정이 없는 상태인데, 그럼에도 불구하고 지상파방송사업자의 허락 없이 종합유선방송사업자들에 의한 재송신이 이루어져 분쟁이 있어 왔다. 분쟁에서는 여러 가지 쟁점이 제기되었는데, 법원은 종합유선방송사업자들이 기본적으로 공중파 방송사업자의 동시중계방송권을 침해한 것으로 인정하였다. 즉 지상파 동시재송신에 관하여 이를 합법화 또는 합리화하기 위하여 수신의 보조행위 해석론, 묵시적 동의(묵시적 라이선스) 해석론, 권리남용 해석론, 법정이용허락에 따른 해석론과 같은 이론들이 제기되었으나, 우리 법원은 이러한 주장이나 법리를 모두 배척한 바 있고, 그 판결은 상고취하로 그대로 확정되었다.

모든 시청자들에게 방송물을 전달할 의무를 부과한 방송법의 취지에 비추어 보거나, 저작권 거래비용을 줄이고 이용활성화를 위해서 법정이용허락 제도를 도입한 저작권법의 취지에 비추어 볼 때 입법론적으로는 지상파 동시재송신에 대하여 법정허락제도를 도입하여 지상파방송사가 일종의 보상청구권을 갖도록 하는 것을 고려할 수 있으나, 현행 입법과 판례 하에서는 케이블TV사업자는 의무재송신에 해당되지 않는 한 지상파방송사업자의 이용허락을 받아 재송신을 하여야 할 것이다. 이 점은 케이블TV사업자들이 가입자들에 대하여 동시재송신은 물론 VOD서비스를 포함하는 이시(異時) 재송신서비스도 동시에 제공하고 있다는 점에서 이시재송신 허락을 받을 때 동시재송신도 허락받을 수 있다는 점에서 그 타당성을 발견할 수 있다(제5장 참조).

7. 클라우드 PVR 방송 서비스와 저작권 침해 여부

클라우드 방송 서비스와 저작권관련 논점도 짚고 넘어갈 필요가 있다. 현재 미국 연방대법원 판결을 목전에 두고 있는 에어리오 사건과 관련해 국내에서도 클라우드 PVR 방송 서비스가 이슈화됨에 따라, 저작권 침해를 인정할지 아니면 개인차원의 TV프로그램 녹화 재생 행위로서 저작권법상 사적 복제에 해당하여 저작권 침해에 해당하지 않는지가 문제된다.

이에 대하여 국내의 엔탈사건[1]과 마이티비 사건에서는 PVR 방송 서비스제공자에 대하여 저작권침해를 인정하였으며 일본도 '마네끼(まねき)TV' 판결[2]이

1) 서울고등법원 2009. 4. 30. 선고 2008나86722 판결(대법원 2009다39738호로 진행 중 심리불속행 기각).
2) 最高裁 平成23年 1月 18日 判決 平成21(受)653号.

나 로쿠라쿠(ロクラク) 판결[3]의 1, 2심에서 권리침해를 부인하였으나, 최고재판소에서 파기환송되어 권리침해를 인정하였다[4]. 한편 미국의 Cablevision 판결[5] 항소심에서는 피고의 서비스가 복제행위를 하는 것은 자유의사에 기한 주도적 행위(volitional act)가 아니라 인터넷서비스의 기계적인 결과일 뿐이라고 하여 저작권침해를 부인하였다. 또한 에어리오 판결에서도 연방제2항소법원의 판결[6]은 선례인 Cablevision의 기준에 따라 개별이용자의 조작에 의해 오직 당해 개인을 위해서만 신호가 변환되어 송출되는 것은 공연(미국 저작권법상으로 전송행위를 공연행위의 일부로 포섭)에 해당하지 아니하여 공연권 침해를 구성하지 않는다고 판단하여 저작권의 침해를 부인하는 Cablevision 판결과 같은 입장을 취하였다. 그러나 연방대법원은 에어리오의 서비스는 케이블TV서비스와 유사하여 공연권을 침해하는 것이라고 판결하여 Cablevision 판결의 적용범위를 대폭 제한하였다.[7]

각국의 관련 사례에서 법원들은 과연 드라마 등 방송저작물을 복제하고 송신한 주체가 누구인가를 찾는데 사건해결의 노력을 집중하고 있다. 물론 그런 주체를 판가름하는 것은 당해 인터넷 녹화서비스의 기술적 구조 등이 가진 차이점까지 고려하여야 하는 등 제반사정을 고려한 판단이 이루어져야 하므로 결코 그 결론이 명확한 문제는 아닐 것이다. 살피건대 미국 Cablevision 사건과 일본의 마네끼TV 사건 및 Aereo사건은 실제 사안의 사실관계가 차이가 있었다는 점은 주의할 점이지만, '누가 인터넷상 복제·전송의 주체인가?'라는 법적 평가에 있어 특히 미국 및 일본 법원의 결론이 일부에 있어 서로 상이하였던 것은 구체적 사실에 있어서의 차이에 기인할 뿐 아니라 그러한 종류의 서비스를 사회적으로 용인할 것인가 하는 정책적 문제에 있어서 그 결론을 달리하였기 때문이다. 따라서 우리나라에서도 엔탈사건과 마이티비사건 및 Aereo사건의 결론을 그대로 유지하는 한 클라우드 PVR 방송 서비스는 저작권 침해를 면하기 어렵다 할 것이다(제6장 참조).

---

3) 最高裁 平成23年 1月 20日 判決 平成21(受)788号.
4) 知財高, 平成23年 1月 31日, まねきTV事件 및 동일자, ロクラクII 事件.
5) Cartoon Network, LLC v. CSC Holdings, Inc., 536 F. 3d 121 (2d. Cir. 2008).
6) WNET, Thirteen v. Aereo, Inc., 712 F.3d 676 (2nd Cir.(N.Y.) Apr 1, 2013)
7) American Broadcasting Companies, Inc. v. Aereo, Inc.,____U.S.____(2014)

8. 방송의 미래와 저작권

국내적(local)이었던 방송이 오늘 날에 와서는 국제화 되었을 뿐 아니라 세계화, 글로벌화 되고 있는 바, 한국의 드라마나 다큐멘터리 등 방송프로그램이 해외 시장에서 인기 있는 품목의 하나가 되고 심지어는 한국의 방송 포맷까지 외국에 판매되고 있다. 방송프로그램 제작을 위한 해외로케나 외국과의 공동제작도 빈번해졌다. 외국에 시나리오의 작성을 의뢰하거나 외국의 드라마를 리메이크하는 경우도 늘고 있다. 물론 그 반대의 경우는 말할 것도 없다. 더욱이 인터넷의 등장과 방송의 디지털화는 더욱 많은 국제적인 문제를 발생시키고 있다. 이제는 방송이 거의 실시간에 인터넷을 통하여 국제적으로 전송되는 시대가 되었다. 방송의 글로벌화는 방송저작권의 침해의 글로벌화를 가져오고 있다. 또한 방송・통신기술혁신의 가속화로 인한 다매체 다채널 시대의 도래, 유비쿼터스화의 진전, 이용자 요구의 다양화, 개인에 의한 콘텐츠 창작 및 송신 등 방송산업을 둘러싼 환경이 극적으로 변화하고 있다. 무엇보다도 큰 변화는 방송과 통신의 융합으로 통신이 방송을 점령하는 상황으로까지 발전하고 있다는 것이며 이에 따라 방송 개념이 확장되고, 더 나아가 방송 개념이 공중전달에 포섭되어 글로벌화 하는 상황으로 나아가고 있다. 앞서본 클라우드 PVR 방송 서비스의 문제는 이러한 통신에 의한 방송의 점령이라는 사회현상의 한 단면에 불과하다고 볼 수도 있다. 이러한 방송통신기술이 급속하게 변화하는 시대에 대응하여 방송저작물도 다른 영상저작물과 마찬가지로 기존 방송에 국한되지 않고 방송과 통신이 융합된 새로운 공중전달방식에 의하여 전달될 수밖에 없는바, 방송사업자는 방송저작물의 멀티 유즈, 즉 2차적 이용의 활성화를 위한 새로운 비즈니스 모델을 개발해 나가고 있다. 이러한 상황변화는 저작권제도의 재편요구를 증대시키고 있다.

본서에서 살펴본 방송저작권에 관련한 국제규범으로서 베른협약, 로마협약, 브뤼셀위성협약, 무역관련지적재산권협정, WIPO 저작권조약, WIPO 실연・음반조약, 베이징시청각실연조약, WIPO에서 성안중인 방송사업자보호조약 등과 아울러 방송저작권에 관련한 유럽연합 규범, 그리고 양자간 자유무역협정에 있어서의 방송저작권과 관련한 국제규범의 입장은 방송을 공중전달로 그 개념을 확장할 뿐 아니라 쌍방향 공중전달도 공중전달의 개념에 포함시키는 신방송의 개념으로 정리할 수 있다. 이와 같이 방송 개념을 확장함과 아울러 방송저작물의 2차적 이용의 활성화를 위하여 방송제작자의 권리 강화와 권리처리시스템 도입과 방송저작물의 저작권자와 저작인접권자에 대한 적절한 보상을 보장하는 방향으로 나아가고 있다.

이러한 신방송의 개념을 우리 법에 수용함과 아울러 저작인접권자에게도 공중송신권을 전면적으로 인정하되 공중전달자들이 대가를 지급하고 실연, 음반 및 방송을 자유로이 이용할 수 있는 시스템을 도입하는 방향으로 나아가야 할 것이다. 한편 방송저작물의 다국간 이용허락을 할 수 있는 저작권집중관리기구를 육성하고 유통법제의 정비 또한 필요하다 할 것이다. 이와 아울러 현재 추진 중인 중국과 일본과의 자유무역협정에서 우리나라의 방송저작권이 충분히 보호될 수 있도록 브뤼셀위성협약 가입 등 한미자유무역협정 수준의 방송저작권 보호를 추구하여야 할 것이다(제7장 참조).

9. 국제 방송저작물 거래와 분쟁해결

방송저작권을 좁게 이해할 경우 국제적 방송저작권분쟁이라 함은 전파월경에 의하여 저작인접권으로서의 방송사업자의 방송권을 국경을 넘어 침해하는 경우로 한정되고 실제로 우리 인접국으로서 중국이나 일본 정도로 침해가 일어날 수 있는 지역범위가 한정되게 된다. 그러나 방송저작권을 광의로 이해하여 방송물과 관련한 저작(인접)권으로 보게 되면, 국제적 방송저작권분쟁에는 실연자와 음반제작자의 방송권, 방송물 제작에 있어서 저작권최초귀속과 등록 문제, 방송물의 인터넷 전송과 웹캐스팅 등도 포괄하게 되어 대상분쟁의 범위가 넓어진다.

ICT기술의 발전으로 방송의 개념이 확대되어 가고 있고 방송수요가 국내적이었던 과거와 달리 국제화되고 있다. 이러한 방송의 신개념 하에서 방송저작권에 관한 국제적 분쟁도 늘어날 수밖에 없는 상황이다.

제8장에서는 국제적 방송저작권 분쟁에 대처하기 위하여 방송저작권에 특유한 국제사법적 문제를 국제방송저작물 거래와 분쟁해결이라는 주제 하에서 방송저작권의 재판관할과 준거법, 국제 방송저작권분쟁의 ADR에 의한 해결을 중심으로 살펴보았다. 방송저작권침해의 경우 연결점을 확정지우기 어려운 점 때문에 발신국, 수신국주의 모두 적절한 해결책을 제시해 주고 있지 못하다. 방송저작권

의 권리귀속, 성립, 유효성, 등록, 계약을 둘러싼 분쟁에 있어서 재판관할과 준거법의 확정문제도 용이하지 않다.

해결방안으로서 재판관할과 준거법의 합의와 ADR의 활용을 늘리는 것이 바람직한 방안으로서 제안될 수 있을 것이며, 이와 관련한 입법에 있어서는 위에서 언급한 한국지적재산국제소송원칙의 중재 편이 크게 도움이 될 수 있을 것이다.

이상과 같이 본서에서는 방송산업의 발전과 관련 당사자의 상생의 관점에서 방송사업자가 저작자로 되거나 영상저작물의 저작권을 방송사업자에게 귀속시킬 수 있는 방안을 검토하였다. 나아가 종합유선방송사업자의 지상파방송 동시재전송에 대하여 방송사업자에게 저작인접권이 있음을 확인하고 그에 관한 거래 실무를 정립하며 영상저작물의 다양한 2차이용에 관한 권리 확보 등 저작권과 관련 지식재산권을 획득하여 디지털시대에 방송사업자의 장기적인 수입원 확보를 가능하게 하는 방안을 연구하였다. 이를 위하여 본 서에서는 현행 저작권법상의 방송저작권에 관한 합리적인 해석론과 함께 방송저작권의 권리처리에 관한 입법론적 해결방안을 제시하고자 노력하였다. 향후 방송사업자들은 이러한 시대적 변화에 대응하여 관련 저작권 거래의 관행을 선도하는 이론적 배경 구축과 입법적 노력을 경주하여야 할 것이다.

참고문헌

제 1 장 방송과 저작권 총론

[국내문헌]

김광호(2012). 미디어융합과 방송의 미래, 진한엠앤비, 2012.

김명중 외(2012). 방송포맷의 권리보호에 관한 연구, 한국콘텐츠진흥원, 2012. http://www.kocca.kr/knowledge/research/__icsFiles/afieldfile/2013/03/07/49rSh0rwbSV5.pdf

류종현(2013). 방송과 저작권: 뉴스 영화 드라마 생방송 광고, 커뮤니케이션북스, 2013.

박성호(2009). 바둑 기보의 저작물성 판단에 관한 연구, 한국저작권위원회, 2009.

방석호(2007). 디지털 시대의 미디어와 저작권, 2007.

손경한(2008b). 엔터테인먼트법(하), 진원사, 2008.

손경한외(2006). 게임기업 경영법률 가이드북, 한국게임산업개발원, 2006.

이봉림(2009). 스포츠 방송 중계영상과 저작권, 비교사법 제16권 제4호, 한국비교사법학회, 2009.

이상현(2011). 스포츠 경기와 그 중계방송에 관한 저작권법적 쟁점, Law & Technology 제7권 제6호, 서울대학교 기술과법센터, 2011.

최경진(2008). 뉴스(News) 와 저작권, 성균관법학 제20권 제3호, 법학연구소, 2008.

한국콘텐츠진흥원(2011). 2011년 방송콘텐츠 포맷산업 실태조사, 2011.

허희성(1996). 방송프로그램과 저작권, 한국방송협회 1996. 2.

홍순철외(2008). 디지털미디어콘텐츠 포맷 산업 전망에 관한 연구. 한국예술종합학교 DMCF R&D 사업팀, 2008.

[국외문헌]

志村潔著・北村行夫監修(2008)「こんな時、どうする?「廣告の著作權」實用ハンドブック」(2008).

日本映畵監督協會(1998). 「監督は映畵の著作權者である」~法改正に向けての監督協會の主張~, 1998. 8. http://www.dgj.or.jp/director_copyright_g/index_5.html

Adolf Dietz(1995). The Moral Right of the Author: Moral Rights and the Civil Law Countries, 19 Colimbia-V.L.A. Journal of Law and the Arts 1999,

1995.

Bergman, Jessica.(2011). No More Format Dispute: Are Reality Television Formats the Proper Subject of Federal Copyright Protection? The Journal of Business, Entrepreneurship & Law, 4(2), http://digitalcomms.pepperdine.edu/jbel/vol4/iss2/1

Coad, J.(2011). Italian legal position on copyright protection of TV Formats. http://www.ifla.tv/italytvformat.html

Covell, Wayne.(2007). Television Format Law In Australia, http://www.ifla.tv/Televisionformatlawinaustralia2007.pdf

Edward Humphreys(2008), International Copyright and the TV format industry, JIBS Research Report Series No. 2008-2 (2008)

FRAPA Report(2011). Protecting Format Rights, 2011.

Gerald Dworkin(1981). The Moral Right and English Copyright Law, 12 I.I.C. 476, 1981.

Gerald Dworkin(1994). Moral Rights and the Common Law Countries, Australian Intell. Prop. J. 5, 1994.

Gottlieb, N.(2010). Free to Air? Legal Protection of TV Formats The Intellectual Property Law Review. http://law.unh.edu/assets/images/uploads/publications/idea-vol51-no2-gottlieb.pdf

Hill, Annette(2005). Reality TV: Audiences and Popular Factual Television, Routledge, 2005.

Hintion, Charlotte(2006). Can I Protect My TV Format, Enterainment Law Review, Sweet &Maxwell Limited and Contributors, Iss. 17(3).

Humphreys, Edward(2007). International Copyright and TV format industry in International Copyright and Intellectual Property Law. http://www.google.com/url?sa=t&rct=j&q=&esrc=s&frm=1&source=web&cd=1&ved=0CCwQFjAA&url=http%3A%2F%2Fhj.diva-portal.org%2Fsmash%2Fget%2Fdiva2%3A133632%2FFULLTEXT01&ei=vbO0UKDnGOXUigev3oCABA&usg=AFQjCNHoECo1-AmnZlGslJOFLWbE5TUPIA

Kent R. Raygor and Edwin Komen, LIMITATIONS ON COPYRIGHT PROTECTION FOR FORMAT IDEAS IN REALITY TELEVISION PROGRAMMING www.sheppardmullin.com/.../806_Reality%20Format%20Paper.pdf.

Lane, Shelley(1992). Format Rights In Television Shows: Law and The Legislative Process, Statute Law Rev, 13(1), pp. 24-49.

Lee, Yong-Shik, Jaemin Lee & Kyung Han Sohn(2011), The United States - Korea Free Trade Agreement: Path to Common Economic Prosperity or

False Promise? 7 U. OF PENNSYLVANIA EAST ASIA LAW REVIEW 111(2011)

Mark G. Tratos. The Impact of the Internet & Digital Media on the Entertainment Industry, 896 PLI/Pat 133.

Paul Ang. ABC News, Attack of the Digital Movie, Movie Industry Struggles with Digital Projection Technology, available at <http:// abcnews.go.com/ sections/scitech/DailyNews/digitalcinema020509.html>.

Paul Goldstein & P. Bernt Hugenholtz(2013). International Copyright: Principles, Law and Practice 3rd ed., New York: Oxford University Press, 2013.

Paul Goldstein(2008). International Intellectual Property Law, Second Edition, 2008

Rose, David(2009). Format Right: a Never-Ending Drama (Or Not), Entertainment Law Review, Sweet&Maxwell Limited and Contributors, Iss 10(6).

Siocum, Charles B.(2012). The Real History of Reality TV. 28 April 2012.

제2장 방송영상저작물의 저작권

[국내문헌]

권재열(2014). 방송저작권의 유동화 활성화를 위한 자산유동화법의 개선방안, 건국대 법전원 국내학술대회 - 신탁법제와 유동화법제 관련 최근 쟁점, (2014. 2.).

김경제(1997). TV방송프로그램의 저작권, 부산대법학연구(통권 46호), 1997.

김상중(1995). 영상저작물의 감독에 대한 저작권과 저작인접권의 이중적 보호의 인정 여부, 계간 저작권(1995년 겨울호), 1995.

김수일(1989). 저작권법상의 영상저작물에 관한 연구, 서울대학교 대학원, 1989. 2.

김정헌・한매화(2008). 중국 저작권법(상), 법영사, 2008.

류종현(2013). 방송과 저작권, 커뮤니케이션북스, 2013

문남숙(1996). 영상저작물에 관한 저작권법상의 고찰, 강원대학교 대학원, 1996. 2.

박성호(1991). 현행 저작권법상 영상저작물, 계간 저작권(1991년 겨울호), 1991.

박성호(1992). 영상저작물에 관한 특례규정의 해석상 몇 가지 문제점, 계간저작권(1992년 가을호), 1992.

박성호(2006). "영화와 저작권법 제9조", 「Law & Technology」제2권 제5호, 서울대학교 법학연구소, 2006.

박성호(2006). 저작권법의 이론과 현실, 현암사, 2006.

방석호(1995). 미디어법학, 법문사, 1995.
방석호(2004). 영상저작물과 방송, 계간저작권 2004년 겨울호 통권 68권.
방석호(2012). 디지털시대의 미디어와 저작권, 2012.
손경한(2008a). 엔터테인먼트법(상), 진원사, 2008.
손경한(2008b). 엔터테인먼트법(하), 진원사, 2008.
송영식외(2013). 지적소유권법(하), 육법사, 2013.
오승종(2013). 저작권법, 박영사, 2013.
원세환(2014). 지식재산 권리귀속의 법리에 관한 연구, 성균관대학교 박사학위 논문, 2014.
윤경(2005). 저작권법, 육법사, 2005.
이숙연(2009). 영상저작물에 대한 저작재산권의 귀속 및 저작권의 공동보유, Law & Technology 제5권 제3호, 서울대 기술과 법센터, 2009 5월.
이해완(2011). 영상저작물에 관한 특례규정에 대한 입법론적 검토, 차세대 콘텐츠 재산학회 2011.
이해완(2012). 저작권법, 박영사, 2012.
임상혁(2004). 영화와 저작권 세창출판사, 2004.
장인숙(1996). 저작권법원론 보진재, 1996.
정상조 편(2007). 저작권법 주해, 박영사, 2007.
최현호(1992a). 영상저작물에 대한 특례, 한국저작권논문선집(I), 저작권심의조정위원회, 1992.
최현호(1992b). 영상저작물의 특례(상, 하), 계간 저작권(1992년 봄·여름호), 1992.
허희성(2000). 2000저작권법축조개설(하), 저작권아카데미.
홍준규(2002). 저작권법상 영상저작물의 특례조항에 관한 고찰, 경희대 석사논문, 2002.

[영미문헌]

F. Jay Dougherty(2001). Not a Spike Lee Joint? Issues in the Authorship of Motion Pictures Under U.S. Copyright Law, 49 UCLA L. REV. 225, 228 (2001).
Jane C. Ginsburg(2003). The Concept of Authorship in Comparative Copyright Law, 52 DEPAUL L. REV. 1063, 1090 (2003).
John L. Schwab(2012). Audiovisual Works and the Work for Hire Doctrine in the Internet Age, 2012.
Judith Beth Prowda, Work for Hire, Freedom of Contract, and the "Creative Genius" After the Martha Graham Case, 53 J. COPYRIGHT SOC'Y U.S.A. 645, 672.
Marjut Salokannel(1997). Ownership of Rights in Audiovisual Productions: A

Comparative Study, Kluwer Law International, 1997.
Mark G. Tratos. The Impact of the Internet & Digital Media on the Entertainment Industry, 896 PLI/Pat 133, 208-210.
Mark H. Jaffe(2006). Defusing the Time Bomb Once Again - Determining Authorship in a Sound Recording, 53 J. COPYRIGHT SOC'Y U.S.A. 139, 188 (2006).
Parul P. Desai(2010). The Emerging Online Video Market, 993 Patents, Copyrights, Trademarks, and Literary Property Course Handbook Series, Cable & Broadband Industry Law 2010, PLI Order No. 22634 287, 291-92 (Practising Law Institute, Jan. - March 2010).
Paul Ang. ABC News, Attack of the Digital Movie, Movie Industry Struggles with Digital Projection Technology, available at <http://abcnews.go.com/sections/scitech/DailyNews/digitalcinema020509.html>.
Rochelle Cooper Dreyfuss(1987). The Creative Employee and the Copyright Act of 1976, 54 U. CHI. L. REV. 590, 600 (1987).
S. L. Sherri & W. D. Burr(2004). Entertainment Law: Cases and Material on Film, Television, and Music, a Thomson Business (2004).
Vincent Nelson LL. B(1997). The law of Entertainment and Broadcasting(2nd ed.), Sweet & Maxwell (1997).
W. Cornish, D. Llewelyn, & T. Aplin(2013). Intellectual Property: Patents, Copyrights, Trade Marks and Allied Rights(8th ed.), (Sweet & Maxwell, 2013).

[일본문헌]

經濟産業省(2010). コンテンツ産業の成長戰略に關する研究會 報告書, 2010.
古城ゆかり(2010). ヨーロッパの放送事業者が求める著作權處理の近代化 —EBU『著作權白書』公表—, 月刊コピライト 2010. 10.
久保利英明・內田晴康(1999). 著作權 ビジネス最前線, [7訂版], 中央經濟社, 1999.
宮下佳之,(2005). 判例紹介：テレビ放送用アニメのビデオ化で聲優に使用料が認められた事件, コピライトNo.535(2005年11月号).
半田正夫(2005). 著作權法槪說(第12版), 法學書院, 2005.
小倉秀夫/金井重彦(2013). 著作權法 コンメンタール, LexisNexis, 2013.
映像コンテンツ大國を實現するための檢討委員會. 映像コンテンツ大國の實現に向けて, 2007.2.22. http://www.keidanren.or.jp/japanese/policy/2007/016/honbun.html
日本映畵監督協會(1998). 「監督は映畵の著作權者である」～法改正に向けての監督協會の主張～, 1998. 8. http://www.dgj.or.jp/director_copyright_g/index_5.html

日本映畵監督協會. 映畵から見た著作權法 (改訂版) http://www.dgj.or.jp/director_copyright_g/index_6.html
作花文雄(2007).『詳解著作權法(第3版)』, ぎょうせい, 2007.
作花文雄(2010). 旧法映畵をめぐる裁判例の蓄積と規律の不安定性 —保護範囲を畵する規準の不明性と過失の檢証—, 月刊コピライト, 2010. 11.
作花文雄(2010). 旧法下で創作された映畵の著作物の著作者及び保護期間に關する考察 -旧法映畵をめぐる二つの最高裁判決 (「チャップリン」·「シェーン」) が殘した制度の不安定性と規律の歪み-, 月刊コピライト, 2010. 4.
著作權情報センター附屬著作權硏究所(2009). 映像コンテンツに係る諸外國の契約實態調査等に關する委員會報告書, 2009. 3.
田村善之(2001). 著作權法概説 第2版. 有斐閣, 2001.
潮海久雄(2005). 職務著作制度の基礎理論, 東京大學出版會, 2005.
竹內冬郎(2012). 放送番組の流通 身のまわりの難題から, 月刊コピライト, 2012.11.
中山信弘(2007). 著作權法, 有斐閣, 2007.
中川裕幸, 粕川敏夫, 菅野好章, 花村太, 佐川愼悟, 松波祥文, 野田薫央, 山口康明, 木村達矢, 關昌充(2008). アニメの著作權, パテント Vol. 61 No. 8, 2008.
總務省(2009). 放送コンテンツの製作取引適正化に關するガイドライン【第2版】, 2009. 7.

제3장 외주제작과 방송저작권

[국내문헌]

강현두 · 원용진 · 전규찬(1998).「현대 대중문화의 형성」, 서울대출판부, 1998.
곽윤직 편집대표(1992).「민법주해[Ⅱ]—총칙(2)」, 박영사, 1992.
곽윤직 편집대표(1997).「민법주해[XV]—채권(8)」, 박영사, 1997.
권경성(2008). "드라마 외주사, '저작권 없는 하청 신세'",「미디어오늘」, 2008년 2월 15일자.
김경숙(2009). "위탁저작물의 업무상저작물성", 재산법연구, 제25권 제3호, 한국재산법학회, 2009.
김경제(1997). "TV 방송프로그램의 저작권",「법학연구」(제38권 제1호), 부산대, 1997. 12.
김병희(2011). "간접광고, 약(藥)으로 쓰는 해독(解毒)처치법",「방송작가」, 한국방송작가협회, 2011. 10.
김우룡 · 김영석(1992).「방송과 독립프로덕션」, 나남, 1992.
김유성(1996). "근로자파견의 의의와 근로자파견법(안)의 검토",「법학」제37권 제2호, 서울대법학연구소, 1996.
김정헌 · 한매화(2008). 중국 저작권법(상), 법영사, 2008.
나낙균 편저(2010). 「방송영상 저작권」, 인제대학교 출판부, 2010.
문화공보부 편(1989). 「저작권해설」, 1989.
박성호(1990). “저작물의 성립요건 및 보호범위”, 「국제법률경영」, 1990, 가을호.
박성호(1992). “‘영상저작물에 관한 특례규정’의 해석상 몇 가지 문제점”, 「계간 저작권」, 저작권심의조정위원회, 1992년 가을호.
박성호(1998a). “업무상 작성한 저작물의 저작자 지위에 관한 연구”, 서울대학교 대학원 법학석사논문, 1998.
박성호(1998b). “저작권법 제9조의 ‘업무상 저작’의 요건”, 「계간 저작권」, 1998년 여름호.
박성호(2000). “지적재산권법 판례 20선”, 「인권과 정의」, 대한변호사협회, 2000.
박성호(2006). “영화와 저작권법 제9조”, Law & Technology, 제2권 제5호, 서울대 기술과법센터, 2006.
박성호(2006). 「저작권법의 이론과 현실」, 현암사, 2006.
박성호(2012). 「문화산업법」, 한양대출판부, 2012.
박성호(2014). 「저작권법」, 박영사, 2014.
박태일(2013). “위탁 개발된 프로그램저작권의 귀속에 직무저작 프로그램 규정을 적용할 수 있는지 여부”, 「대법원 판례해설」 제96호, 법원도서관, 2013.
방석호(2004). “영상저작물과 방송”, 「계간 저작권」, 저작권심의조정위원회, 2004년 겨울호.
방석호(2007). 「디지털시대의 미디어와 저작권」, 커뮤니케이션북스, 2007.
백승권(1997). “독립을 세일합니다—독립프로덕션 정체성 위기”, 「미디어오늘」, 1997년 3월 10일자.
서달주(2007). 「한국저작권법」, 박문각, 2007.
송상현 · 김문환 · 양창수(1989). 「컴퓨터프로그램보호법 축조연구」, 서울대출판부, 1989
송영식 · 이상정(2003). 저작권법개설, 제3판, 세창출판사, 2003.
오승종 · 이해완(2005). 저작권법, 제4판, 박영사, 2005.
우석훈(2011). 「문화로 먹고살기—경제학자 우석훈의 한국 문화산업 대해부」, 반비, 2011.
유재혁(2010). “지상파 간접광고 독식 논란”, 「한국경제」, 2010. 3. 31.자.
이재희 · 이미혜(1998). 「예술과 경제」, 경성대출판부, 1998.
이해완(2007). 「저작권법」, 박영사.
임준호(1992). “컴퓨터프로그램의 법적보호”, 「지적소유권에 관한 제문제(하)」, 법원행정처, 1992.
임홍근 · 이태희(2007). 「법률영어사전」, 법문사, 2007.
장인숙(1996). 「저작권법원론(개정판)」, 보진재, 1996.

저작권심의조정위원회 편(1988). 저작권용어해설, 1988.
정상조 편(2007a). 「저작권법 주해」, 박영사, 2007.
정상조 편(2007b). 「Entertainment Law」, 박영사, 2007.
정상조(1996). "창작위탁계약의 해석", 민사판례연구 XVIII, 박영사, 1996.
정상조(2004). 「지적재산권법」, 홍문사, 2004.
정윤경(2005). 「저작권과 방송콘텐츠 유통」, 커뮤니케이션북스, 2005.
최성민(1993). "역할커진 방송프로덕션 미국압력으로 위축우려—방송사와 불리한 계약관계도 한몫", 「한겨레신문」, 1993년 3월 22일자.
최양수・조항제(1994). 「TV제작산업 분석과 독립제작사 육성방안」, 한국방송개발원, 1994.
한승헌(1992). 「정보화시대의 저작권」, 나남, 1992.
허희성(2007). 「2007 신저작권법 축조개설 하」, 명문프리컴, 2007.
홍승기(2004). "독립제작사의 저작권", 「법률신문」, 2004년 3월 18일자.
황적인・정순희・최현호(1988). 「저작권법」, 법문사, 1988.
황적인・최현호(1990). 「저작물과 출판권」, 한국문예학술저작권협회, 1990.

[국외문헌]

宮澤溥明 譯(1990). 著作權と隣接權, 第一書房, 1990.
內藤篤(2004). 「エンタテインメント契約法」, 商事法務, 2004.
島並良 외 2인(2009). 著作權法入門, 有斐閣, 2009.
道垣內正人・森下哲郎 編著(2011), 「エンタテインメント法への招待」, ミネルヴァ書房, 2011.
半田正夫(1980). 著作權法の現代的 課題, 一粒社, 1980.
半田正夫(2003). 著作權法概說, 第11版, 法學書院.
半田正夫(2007). 著作權法概說, 第13版, 法學書院, 2007.
福井健策 編著(2003). 「エンタテインメントの罠(新編)」, すばる舍, 2003.
長塚眞琴(1995). "フランスにおける集合著作物制度", 著作權硏究 第22号, 著作權法學會, 1995.
田中英夫 編集代表(1991). 「英米法辭典」, 東京大出版會, 1991.
田村善之(2004). 著作權法概說, 第2版, 有斐閣, 2004.
齊藤博(2007). 著作權法, 第3版, 有斐閣, 2007.
潮海久雄(2005), 職務著作制度の基礎理論, 東京大出版會, 2005.
潮海久雄(2009). "職務著作(1)—業務に從事する者", 「著作權判例百選」, 第4版, 有斐閣, 2009.

中山信弘(2014). 著作權法, 第2版, 有斐閣, 2014.
淸水幸雄 編(1992).「著作權實務百科」, 學陽書房, 1992.

A.R. Miller · M.H. Davis(1990). Intellectual Property: Patents, Trademarks, and Copyright, 2nd ed., West Publishing Co., 1990.
Daniel Royot(1992). Hollywood, Presses Universitaires de France, 1992, 다니엘 로요 지음, 유지나 옮김,「할리우드」, 한길사, 2000.
Helmut Haberstumpf(1996). Handbuch des Urheberrechts, Luchterhand, 1996.
J.A.L. Sterling(2003). World Copyright Law, Sweet&Maxwell, 2003.
K. Fromm · W. Nordemann(1994). Urheberrecht, 8. Aufl., Kohlmammer, 1994.
M. Rehbinder(1996). Urheberrecht, 9. Aufl., C.H. Beck, 1996.
M. Spencer(1996). "Moral rights for the United States 'Takes a Hit' in the Second Circuit", Entertainment Law Review, Vol. 7. July/August, 1996.
R.A. Gorman · J.C. Ginsburg(1993). Copyright for the Nineties, 4th ed., the Michie Company, 1993.
Sherri L. Burr(2007). Entertainment Law, 2nd ed., Thomson/West, 2007.
W.R. Cornish(1996). Intellectual Property: patents, copyright, trade marks and allied rights, 3rd ed., Sweet & Maxwell, 1996.
W.R. Cornish · D. Llewelyn(2003). Intellectual Property: Patents, Copyright, Trade Marks and Allied Rights, 5th ed., Sweet & Maxwell, 2003.

제 4 장 방송과 저작인접권

[국내문헌]

김정술(1992). "저작권과 저작인접권의 내용",「지적재산권에 관한 제문제(하)-재판자료」 제57집, 법원행정처, 1992.
김찬동(2013). "저작권법상 '음반', '판매용 음반'의 의미와 해석, 그 적용", 계간 저작권 2013 여름호(통권 102호).
오승종(2013).「저작권법」, 제3판, 박영사, 2013.
이해완(2011a). "시청각 실연자의 권리 보장을 위한 제도 개선 방안에 관한 연구", 사단법인 한국방송실연자협회, 2011.
이해완(2011b). "영상저작물에 관한 특례규정에 대한 입법론적 검토", 차세대 콘텐츠 재산학회, 2011.
이해완(2012a).「저작권법」, 박영사, 제2판, 2012.

이해완(2012b). “저작권법상 공중송신의 유형 및 그 법적 취급에 관한 연구”, 「성균관법학」, 제24권 제4호, 2012.
임원선(2012). 「실무가를 위한 저작권법」(개정판), 한국저작권위원회, 2012.
장인숙(1989). 「저작권법원론」, 보진재출판사, 1989.
저작권심의조정위원회(2002). 「저작권법 전면 개정을 위한 조사연구 보고서(1)」, 2002.
최경수(2010). 「영화상영관 등에서의 사용료 징수를 위한 법적 타당성 연구」, 한국음악저작권협회 2010.
허희성(1988). 「저작권법 축조개설」, 범우사, 1988.

[국외문헌]

加戶守行(2003). 「著作權法逐條講義」, 4訂新版, 東京: 著作權情報センタ-, 2003.
金井重彦 外(2000). 「著作權法コンメタ—ル . 上卷 , 1條~74條」, 東京布井出版, 2000.
島並良 外(2009). 「著作權法入門」, 有斐閣, 2009.
半田正夫 外(2009). 「著作權法コンメンタール. 3, 91條-124條・附則」, 勁草書房, 2009.
小倉秀夫 外(2013). 「著作權法: コンメンタ—ル」, レクシスネクシス・ジャパン, 2013.
作花文雄(2010). 「詳解 著作權法」, ぎょうせい, 2010.
田村善之(2001). 「著作權法概說」, 有斐閣, 2001.

제 5 장 방송물의 유통과 저작권

[국내문헌]

권영준(2007). 저작권침해판단론, 박영사, 2007.
김대호(2007). “방송 콘텐츠 유통과 저작권”, 「방송통신연구」, 제65호, 한국방송학회, 2007.
김병일(2009). “종합유선방송사업자의 지상파재송신과 저작권 쟁점에 관한 연구”, 「창작과 권리」, 제57호, 세창출판사, 2009.
김혜미(2011). “방송콘텐츠 시장 현황과 문제점 - 유통구조의 문제점과 저작권 중심으로”, 전파방송통신저널, 2011.
류종현(2013). 「방송과 저작권」, 커뮤니케이션북스, 2013.
박범석(2000). “저작권계약의 해석방법론에 관한 연구－저작자와 저작권이용자 사이의 계약 해석에 있어서－”, 서울대학교 법학석사 논문, 2000. 8.
박성호(2012). 「문화산업법」, 한양대학교 출판부, 2012.
서달주(2003). “2002 독일 개정저작권법과 저작자의 지위 강화”, 저작권심의조정위원회,

2003.
서달주(2004). 프랑스 저작권 이용계약법, 저작권심의조정위원회, 2004 서달주, 프랑스 저작권 이용계약법, 저작권심의조정위원회, 2004.
손경한(2008a). 엔터테인먼트법(上), 진원사, 2008.
송영식 외(2011). 「지적재산법」, 11정판, 세창출판사, 2011.
송영식 · 이상정(2000). 「저작권법개설」, 전정판, 세창출판사, 2000.
심동섭(2006). "개정 저작권법 해설", 「계간 저작권 2006년 겨울호」, 저작권심의조정위원회, 2006.
오승종(2013). 「저작권법」, 제3판, 박영사, 2013.
오승종 외(2005). 「저작권법」, 박영사, 2005.
윤석민 · 김수정(2005). "지상파TV 재전송정책의 도입과 발전 - 미국과 우리나라의 사례 비교", 「방송과 커뮤니케이션」, 한국정보법학회, 2005.
이상우(2006). "다채널 방송시장에서의 프로그램 접근에 관한 연구", 정보통신정책연구원 연구보고서, 2006.
이성호(1996). "저작물 이용허락의 범위와 새로운 매체－미국 저작권법을 중심으로", 「판례월보」, 311호, 1996.
이수영(2005). "다매체 TV 간 공정경쟁 방안에 관한 연구: 프로그램 접근을 중심으로, 한국방송학회 2005년 세미나 발표, 2005.
이재영(2006). "미디어산업의 수직 결합과 기업전략" - 다채널 방송을 중심으로, 정보통신정책연구원 연구보고서, 2006.
이재환(1997). "저작권의 양도 및 이용허락에 관한 프랑스법의 태도와 본 주제에 관한 사견", 「판례실무연구」, 박영사, 1997.
저작권심의조정위원회(2006). 한국 저작권 판례집[10], 2006. 12. 26.
정상조 외(2009). "종합유선방송사업자의 지상파 재송신에 대한 저작권 쟁점연구", 「계간 저작권」, 제88호, 한국저작권위원회, 2009.
정상조(1997). "저작물 이용허락의 범위", 「판례실무연구(Ⅰ)」, 비교법실무연구회, 1997.
정인숙(2012). 「방송산업의 구조」, 커뮤니케이션북스, 2012.
지대운, 저작권에 관한 계약이 저작권양도계약인지 이용허락계약인지의 구별기준, 저작권 이용허락계약 시 매체의 범위에 대한 명시적 약정이 없는 경우 새로운 매체에 관한 이용을 허락한 것으로 볼 것인지 여부, 判例實務硏究(I), 비교법실무연구회.
지원림(2009). 「민법강의」, 제2판, 홍문사, 2009.
한국저작권법학회(2004). 「저작권위탁관리제도 개선방안 연구」, 문화관광부, 2004.
한국저작권위원회(2011). 「2010 저작권백서」, 한국저작권위원회, 2011.
허희성(1988). 「신저작권법 축조해설」, 범우사, 1988.

[국외문헌]

Saltzman(2002). Robert L., Television News Access to Exclusively Owned Sporting Event: A Compartive Study, Sports Lawyers Journal, 2002.

加戸守行(2003).「著作權法」, 逐條講義四訂新版, 社團法人 著作權情報センター, 2003.

內田 晉(2000).「問答式 入門 著作權法」, 新日本法規出版 株式會社, 2000.

作花文雄(2010).「詳解 著作權法」, ぎょうせい, 2010.

足立謙三(1997). "著作權の移轉と登錄", 裁判實務大系: 知的財産關係訴訟法, 靑林書院, 1997.

橫山久芳(2012). "翻案權侵害の判斷基準の檢討", コピライト 609號, 2012.

제6장 인터넷과 방송저작권

[국내문헌]

김문희(2005). "저작권법 전부개정법률안(이광철의원 대표발의) 및 저작권법 일부개정법률안(우상호의원 대표발의) 검토보고서," 2005. 11.

김문희(2006). "저작권법 전부개정법률안 심사보고서" 2006. 12.

김병일(2012). "인터넷 기반 송신서비스의 저작권 문제 －일본 최고재의 마네키 TV 사건 및 로꾸라꾸 Ⅱ사건을 중심으로－",「정보법학」제15권 제3호, 정보법학회(2012).

맹정환(2012). "인터넷 TV 프로그램 녹화 및 송신 서비스와 관련된 저작권법상 문제점에 대한 연구 -일본 최고재판소의 마네키 TV 및 로쿠라쿠 Ⅱ 사건 판결에 대한 검토를 포함하여-", Law&Technology(서울대 기술과법센터, 2012).

문화관광부(2005). 저작권법 전문개정 공청회 자료집(2005. 3. 8.).

문화관광부(2007). 개정 저작권법 해설, 2007.

문화연대, 정보공유연대(IPLeft) 등 시민단체(2005). "열린우리당 이광철, 정청래, 윤원호 의원의 저작권법 전문개정안에 대한 시민사회공동의견서," 2005. 4. 26.

박덕영, 김승민(2010). "웹캐스팅(Webcasting)의 저작권법 상의 지위와 국제동향 및 디지털융합(Digital Convergence)시대의 법적 대응", 정보법학(한국정보법학회, 2010).

박준석(2009). "이용자의 저작권 침해행위에 따른 IPTV 사업자의 법적책임", 계간 저작권 통권 제85호(저작권위원회, 2009. 3.).

방석호(2000). "한국에서의 인터넷 방송을 둘러싼 주요 법률적 쟁점들," 한일법학연구 19집 (LEC 출판사, 2000. 12).

방석호(2004). "영상저작물과 방송," 계간 저작권 2004년 겨울호(68호), 저작권심의조정위원회, 2004. 12.
법원행정처 지적재산권 분야 국제규범 연구반(2006). “지적재산권에 관한 국제규범 논의동향,” 법원 코트넷 게시문(미공간), 2006. 12.
손경한(2004). 사이버 지적재산권법, 법영사, 2004.
송영식(2013). 지적소유권법 하, 육법사, 2013.
심동섭(2006). “개정 저작권법 해설,” 계간 저작권 2006년 겨울호, 저작권심의조정위원회.
오승종(2013). 저작권법 제3판, 박영사, 2013.
우성엽(2011). “원격 디지털녹화시스템 서비스의 저작권 침해 여부”, Law&Technology 제7권 제1호, 서울대 기술과법센터(2011. 1.).
윤종수(2007). “저작권법상 방송 및 웹캐스팅의 지위에 관한 고찰”, 정보법학 제11권 제1호(한국정보법학회, 2007).
이대희(2006). “방송통신융합에 따른 저작권법 제도의 개선방향”, 방송통신융합과 디지털 콘텐츠의 효율적 유통 및 보호 (2006. 8. 24. 저작권심의조정위원회 주최 세미나).
이대희(2007). “전송권과 공중송신권,” 서울대 기술과법센터 2006년 창립기념 워크숍「저작권법: 법원행정처 지적재산권 분야 국제규범 연구반, “지적재산권에 관한 국제규범 논의동향,” 법 Non-paper on the WIPO Treaty on the Protection of Broadcasting Organizations” (April 20, 2007), <http://www.wipo.int/edocs/mdocs/copyright/en/sccr_s2/sccr_s2_paper1.pdf>.
이성호(2003). “WIPO 국제회의 참가기,” 2003. 7. 28.자 법률신문 WIPO SCCR의 제14차 보고서<www.twnside.org.sg/title2/intellectual_property/wipo_standing_14th/14th_SCCR%20reports.No1.doc>.
이숙연(2009). “원격 방송프로그램 녹화서비스의 저작권침해여부에 관한 사례연구”,「정보법학」제13권 제2호, 정보법학회(2009).
이숙연(2011). 새로운 형태의 방송프로그램 관련 서비스에 대한 저작권 및 저작권법 분쟁에 관한 연구, 연세 의료·과학기술과 법, 제2권 제2호, 2011.
정상조·박준석(2007). FTA협상타결에 따른 저작권법 개정 관련제안, 서울대 기술과법센터 Working Paper, 2007.
최정열(2011). “지상파 방송의 원격송신과 공중송신권 침해여부에 관한 사례연구”, 정보법학 제15권 제1호(2011).

[국외문헌]

Eleanor M. Lackman(2003). “Slowing down The Speed of Sound: A Transatlantic race to head off Digital Copyright Infringement,” 13 Fordham Intellectual Property, Media and Entertainment Law Journal 1161, 1166 (Summer, 2003).

Emily D. Harwood(2004). “Staying Afloat in the Internet Stream: How to Keep Web Radio from Drowning in Digital Copyright Royalties”, 56 FED. COMM. L.J. 673 (2004). pp. 680-681.

Lee Gesmer(2013). “Aereo, Antenna Farms and Copyright Law: Creative Destruction Comes to Broadcast TV”, 18 No. 7 Cyberspace Lawyer 16 (August, 2013).

Richard D. Rose(2002). “Connecting the Dots: Navigating the Laws and Licensing Requirements of the Internet Music Revolution,” 42 IDEA 313, 344 (2002).

Robert J. Delchin(2004). “Musical Copyright Law: Past, Present and Future of Online Music Distribution, 22 CARDOZO ARTS & ENT. L.J. 343, 353 (2004).

WIPO SCCR(2013). “Working Document for a Treaty on the Protection of Broadcasting Organizations”(24 session, March 6, 2013) and (26 session, Nov. 2013).

제 7 장 국제방송저작권

[국내문헌]

김찬동(2012). 암호화된 방송신호의 보호에 관한 연구, 한국저작권위원회, 2012.

김현철(2007). 한미 FTA 이행을 위한 저작권법 개정방안 연구, 저작권심의조정위원회, 2007.

김현철・박덕영(2005). FTA 체결시 저작권 분야 대응방안 연구, 저작권심의조정위원회, 2005.

박덕영, 이일호(2009). 국제저작권과 통상문제, 세창출판사, 2009.

석광현(2001). 국제사법해설, 지산, 2001.

손경한(2003). 국제지적재산권침해소송의 국제재판관할, 국제사법연구, 제8호, 2003.

손경한(2008). 엔터테인먼트법, 진원사, 2008.

손경한・박진아(2008). 사이버엔터테인먼트의 법적 문제, 산업재산권 제26호, 2008.

오승종(2012). 저작권법, 박영사, 2012.

[영미문헌]

A. Kaminstein(1972). The Phonograms Convention, 19 BULL. COPR. SOC'Y 175(1972).

Adolf Dietz(1995). The Moral Right of the Author: Moral Rights and the Civil Law Countries, 19 Colimbia-V.L.A. Journal of Law and the Arts 1999 (1995).

Arpad Bogsch(1968). The Law of Copyright Under the Universal Convention, 3d rev. ed. 1968.

Carlos Correa(2007). Trade Related Aspects of Intellectual Property Rights: A Commentary on the TRIPS Agreement, Oxford University Press, 2007.

Claude Masouyé(1981). Guide to the Rome Convention and to the Phonograms Convention, Geneva: WIPO, 1981.

Eugen Ulmer(1972). The Convention for the Protection of Producers of Phonograms against Unauthorized Duplication of Their Phonograms, 3 I.I.C. 317(1972).

Eugen Ulmer(1986). One Hundred Years of the Berne Convention, 17 I.I.C. 707 (1986)

Gerald Dworkin(1981). The Moral Right and English Copyright Law, 12 I.I.C. 476(1981).

Gerald Dworkin(1994). Moral Rights and the Common Law Countries, Australian Intell. Prop. J. 5, 5-36 (1994).

Graeme W. Austin(1999). Domestic Laws and Foreign Rights: Choice of Law in Transnational Copyright Infringement Litigation, 23 Colum.-VLA J.L. & Arts 1, 1999.

Jan Ginsburg(1990). A Tale of Two Copyrights: Literary Property in Revolutionary France and America, 64 Tulane L. Rev. 991 (1990).

Mark G. Tratos(2007). The Impact of The Internet & Digital Media on the Entertainment Industry, 896 PLI/Pat 133 (March, 2007).

Mihály Ficsor(2002). The Law of Copyright and the Internet: The 1996 WIPO Treaties, their Interpretation, and Implementation, Oxford University Press, 2002.

Mihály Ficsor(2003). Guide to the Copyright and Related Rights Treaties Administered by WIPO and Glossary of Copyright and Related Rights Terms, WIPO, 2003.

Paul Goldstein and P. Bernt Hugenholtz(2013). International Copyright: Principles, Law and Practice 3rd ed., New York: Oxford University Press, 2013.

Paul Goldstein(2008). International Intellectual Property Law, Second Edition, 2008

Paul Goldstein(2013). Goldstein On Copyright, 3rd ed., New York: Aspen, 2013.

R.V. Vaidyanatha Ayyar(1998). Interest or Right? The Process and Politics of a Diplomatic Conference on Copyright, 1 J. World Intellectual Prop.3 (1998).

Report of General Rapporteur(1977). International Conference of States on the Distribution of Programme-carrying Signals Transmitted by Satellite, in Records of the International Conference of States on the Distribution of Programme-Carrying Signals Transmitted by Satellite (1977).

Ricketson & Jane C. Ginsburg(2006). International Copyright and Neigbouring Rights: The Berne Convention and Beyond, 2d ed. 2006.

Robert Dittrich(1974). The Brussels Satellite Convention, E.B.U. Rev.25(1974) 60-64

Rochelle Dreyfuss(2004-2005). The ALI Principles on Transnational Intellectual Property Disputes: Why Invite Conflicts?, 30 Brook. J. Int'l L. 819 (2004-2005).

Somnath De(2013). Convention Relating to the Distribution of Programme: Carrying Signals Transmitted by Satellite (Brussels Satellite Convention - 1974) Symbiosis Law School, Forthcoming (February 22, 2013).

Stephen Ladas(1975). The International Protection of Literary and Artistic Property, 1975.

Walter, Michael M, & von Lewinski, Silke(2010). European Copyright Law A Commentary, Oxford, 2010.

William Patry(2000). Choice of Law and International Copyright, 48 Am. J. Comp. L. 383, 2000.

WIPO(1978). Guide to the Berne Convention for the Protection of Literary and Artistic Works (Paris Act, 1971) Geneva: WIPO, 1978.

제 8 장 국제 방송저작물 거래와 분쟁해결

[국내문헌]

국제사법학회(2010). 국제지적재산소송원칙 해설, 국제사법연구 제16호(2010).

권재열(2014). 방송저작권의 유동화 활성화를 위한 자산유동화법의 개선방안, 건국대 법전원 국내학술대회- 신탁법제와 유동화법제 관련 최근 쟁점, (2014.2).

김문환(1996). 위성방송과 국제사법, 국제사법연구, 1996.

노태악(2003). 사이버불법행위의 재판관할과 준거법, 국제사법연구, 제8호, 2003.

목영준(2000). 상사중재법론, 2000.

박진아(2008). 사이버엔터테인먼트의 국제적 문제, 국제사법학회세미나 발표원고, 2008. 11.

석광현(2001). 국제사법해설, 지산, 2001.
석광현(2008). 국제지적재산권법에 관한 소고, 법률신문 제3656호(2008).
석광현(2010). 외국중재판정의 승인·집행제도의 개선방안, 국제사법연구 제16호, 2010.12.
손경한(2004a). 사이버지적재산권법, 법영사, 2004.
손경한(2004b). 지적재산분쟁의 준거법, 저스티스, 통권 제78호, 한국법학원, 2004.
손경한(2005). 판례평석, 국제 저작권 분쟁의 국제재판관할-서울지방법원 2005. 6. 22. 선고 2003가합87723 판결-, 법률신문, 2005.
손경한(2008a). 엔터테인먼트법(상), 진원사, 2008.
손경한(2008b). 엔터테인먼트법(하), 진원사, 2008.
손경한(2013). 국제재판관할합의에 대한 새로운 이해, 국제사법연구 제19권제1호(2013).
손경한·박진아(2004). 지적재산의 국제적 분쟁해결합의, 중재연구 제14권 제2호(2004).
안경봉(2002). 인터넷과 조세, 인터넷과 법률(남효순, 정상조 공편), 법문사, 2002.
오병철(2005). 디지털정보계약법, 법문사, 2005.
이규호(2005). 인터넷상 저작권 침해에 관한 소송의 국제재판관할권, 연세대학교 법학연구, 연세대학교 법학연구원, 2005.
이영록(2013). 저작권 분쟁조정제도 운영현황과 문제점 및 개선방안, 지식재산정책 IP Policy, Vol. 14 (2013. 3).
이호원(2005). 중재판정의 집행판결절차, 민사소송 제9권 제1권, 2005.
지식재산네트워크(2007). 지적재산전략교본(Ⅱ), 파마코리아나사, 2007.
한국과학기술연구원(1999). 기술실시계약의 이론과 실제, 1999.

[영미문헌]

A. Troller(1952). Das internationale Private- und Zivilprozeβrecht im Gewerblichen Rechtsschutz und Urheberrecht, 1952, S.64~65.
Eckart Gottschalk(2007). The Law Applicable to Intellectual Property Rights- Is the Lex Loci Protectionis a Pertinent Choice-of-Law Approach? [Eckart Gottschalk, Ralf Michaels, Giesela Rühl & Jan von Hein, Conflict of Laws in a Globalized World, Cambridge, 2007] at 191.
François Dessemontet(2003). Copyright Contracts and Choice of Law, Mélanges Nordemann (04/04/2003 -- FD/AR/cw) at 3.
Howard M, Frumes, Susan Cleary, Lorin Brennan, Developing an Internet and wireless license agreement for motion pictures and television programming. 1 J. Int'l Media & Ent. L. 283-319 (2007).
ICCA's Guide(2012). ICCA's Guide to Interpretation of 1958 New York

Convention, 2012.

Kenneth M. Kaufman, Content and Entertainment License Agreements, 891 PLI/Pat 299, 311.

Paul Goldstein & P. Bernt Hugenholtz(2013). International Copyright, 2013 at 10.

R. Hilty & A. Penkert(2002). Das neue Urhebervertragsrecht im internationalen Kontext, GRUR Int 2002, at 660.

Rainer Hausmann(1988). "Möglichkeiten und Grenzen der Rechtwahl in internationalen Urheberrechtsverträgen", in FS Schwarz, 1988, 47, at 55~56.

Rochelle Dreyfuss(2004-2005). The ALI Principles on Transnational Intellectual Property Disputes: Why Invite Conflicts?, 30 Brook. J. Int'l L. 819 (2004-2005).

Scott H. Blackman(1988). Alternative Dispute Resolution In Commercial Intellectual Property Disputes, 47 The American University Law Review 1709(1988).

Ulmer(1978). Intellectual Property Rights and the Conflict of Laws, 1978, at 10~11.

Ulmer(1980). Urheber und Verlagsrecht, 3 Aufl. 1980.

[일본문헌]

宮下佳之(2005). 判例紹介：テレビ放送用アニメのビデオ化で聲優に使用料が認められた事件, コピライトNo.535(2005年11月号).

文化審議會 著作權分科會國際小委員會(2010). 國際裁判管轄・準據法 ワーキングチーム報告書 平成 22年 1月.

野口良光(1990). 國內實施契約の實務, 發明協會, 1990.

中山眞里(2008). インターネットにおけるビジネスモデル特許及びデジタルコンテンツ利用に伴う國際私法上の問題, 2008. 12. 20.

부록

1. 저작권법[발췌]
2. 방송법 및 IPTV법[발췌]
3. 베이징 시청각실연조약[국 · 영문]
4. 방송사업자 보호조약(초안)[영문]
5. 국제지식재산소송원칙
6. 국제방송저작물이용허락계약[국문]

1. 저작권법[발췌]

저작권법

[시행 2014.7.1.] [법률 제12137호, 2013.12.30., 일부개정]

제1장 총 칙

제1조(목적) 이 법은 저작자의 권리와 이에 인접하는 권리를 보호하고 저작물의 공정한 이용을 도모함으로써 문화 및 관련 산업의 향상발전에 이바지함을 목적으로 한다.

제2조(정의) 이 법에서 사용하는 용어의 뜻은 다음과 같다. <개정 2011.12.2.>

1. "저작물"은 인간의 사상 또는 감정을 표현한 창작물을 말한다.
2. "저작자"는 저작물을 창작한 자를 말한다.
3. "공연"은 저작물 또는 실연·음반·방송을 상연·연주·가창·구연·낭독·상영·재생 그 밖의 방법으로 공중에게 공개하는 것을 말하며, 동일인의 점유에 속하는 연결된 장소 안에서 이루어지는 송신(전송을 제외한다)을 포함한다.
4. "실연자"는 저작물을 연기·무용·연주·가창·구연·낭독 그 밖의 예능적 방법으로 표현하거나 저작물이 아닌 것을 이와 유사한 방법으로 표현하는 실연을 하는 자를 말하며, 실연을 지휘, 연출 또는 감독하는 자를 포함한다.
5. "음반"은 음(음성·음향을 말한다. 이하 같다)이 유형물에 고정된 것(음이 영상과 함께 고정된 것을 제외한다)을 말한다.
6. "음반제작자"는 음을 음반에 고정하는데 있어 전체적으로 기획하고 책임을 지는 자를 말한다.
7. "공중송신"은 저작물, 실연·음반·방송 또는 데이터베이스(이하 "저작물등"이라 한다)를 공중이 수신하거나 접근하게 할 목적으로 무선 또는 유선통신의 방법에 의하여 송신하거나 이용에 제공하는 것을 말한다.
8. "방송"은 공중송신 중 공중이 동시에 수신하게 할 목적으로 음·영상 또는 음과 영상 등을 송신하는 것을 말한다.

8의2. "암호화된 방송 신호"란 방송사업자나 방송사업자의 동의를 받은 자가 정당한 권한 없이 방송(유선 및 위성 통신의 방법에 의한 방송에 한한다)을 수신하는 것을 방지하거나 억제하기 위하여 전자적으로 암호화한 방송 신호를 말한다.

9. "방송사업자"는 방송을 업으로 하는 자를 말한다.
10. "전송(傳送)"은 공중송신 중 공중의 구성원이 개별적으로 선택한 시간과 장소에서 접근할 수 있도록 저작물등을 이용에 제공하는 것을 말하며, 그에 따라 이루어지는 송신을 포함한다.
11. "디지털음성송신"은 공중송신 중 공중으로 하여금 동시에 수신하게 할 목적으로

공중의 구성원의 요청에 의하여 개시되는 디지털 방식의 음의 송신을 말하며, 전송을 제외한다.
12. "디지털음성송신사업자"는 디지털음성송신을 업으로 하는 자를 말한다.
13. "영상저작물"은 연속적인 영상(음의 수반여부는 가리지 아니한다)이 수록된 창작물로서 그 영상을 기계 또는 전자장치에 의하여 재생하여 볼 수 있거나 보고 들을 수 있는 것을 말한다.
14. "영상제작자"는 영상저작물의 제작에 있어 그 전체를 기획하고 책임을 지는 자를 말한다.
15. "응용미술저작물"은 물품에 동일한 형상으로 복제될 수 있는 미술저작물로서 그 이용된 물품과 구분되어 독자성을 인정할 수 있는 것을 말하며, 디자인 등을 포함한다.
16. "컴퓨터프로그램저작물"은 특정한 결과를 얻기 위하여 컴퓨터 등 정보처리능력을 가진 장치(이하 "컴퓨터"라 한다) 내에서 직접 또는 간접으로 사용되는 일련의 지시·명령으로 표현된 창작물을 말한다.
17. "편집물"은 저작물이나 부호·문자·음·영상 그 밖의 형태의 자료(이하 "소재"라 한다)의 집합물을 말하며, 데이터베이스를 포함한다.
18. "편집저작물"은 편집물로서 그 소재의 선택·배열 또는 구성에 창작성이 있는 것을 말한다.
19. "데이터베이스"는 소재를 체계적으로 배열 또는 구성한 편집물로서 개별적으로 그 소재에 접근하거나 그 소재를 검색할 수 있도록 한 것을 말한다.
20. "데이터베이스제작자"는 데이터베이스의 제작 또는 그 소재의 갱신·검증 또는 보충(이하 "갱신등"이라 한다)에 인적 또는 물적으로 상당한 투자를 한 자를 말한다.
21. "공동저작물"은 2인 이상이 공동으로 창작한 저작물로서 각자의 이바지한 부분을 분리하여 이용할 수 없는 것을 말한다.
22. "복제"는 인쇄·사진촬영·복사·녹음·녹화 그 밖의 방법으로 일시적 또는 영구적으로 유형물에 고정하거나 다시 제작하는 것을 말하며, 건축물의 경우에는 그 건축을 위한 모형 또는 설계도서에 따라 이를 시공하는 것을 포함한다.
23. "배포"는 저작물등의 원본 또는 그 복제물을 공중에게 대가를 받거나 받지 아니하고 양도 또는 대여하는 것을 말한다.
24. "발행"은 저작물 또는 음반을 공중의 수요를 충족시키기 위하여 복제·배포하는 것을 말한다.
25. "공표"는 저작물을 공연, 공중송신 또는 전시 그 밖의 방법으로 공중에게 공개하는 경우와 저작물을 발행하는 경우를 말한다.
26. "저작권신탁관리업"은 저작재산권자, 배타적발행권자, 출판권자, 저작인접권자 또는 데이터베이스제작자의 권리를 가진 자를 위하여 그 권리를 신탁받아 이를 지속적으로 관리하는 업을 말하며, 저작물등의 이용과 관련하여 포괄적으로 대리하는 경

우를 포함한다.

27. "저작권대리중개업"은 저작재산권자, 배타적발행권자, 출판권자, 저작인접권자 또는 데이터베이스제작자의 권리를 가진 자를 위하여 그 권리의 이용에 관한 대리 또는 중개행위를 하는 업을 말한다.

28. "기술적 보호조치"란 다음 각 목의 어느 하나에 해당하는 조치를 말한다.

가. 저작권, 그 밖에 이 법에 따라 보호되는 권리의 행사와 관련하여 이 법에 따라 보호되는 저작물등에 대한 접근을 효과적으로 방지하거나 억제하기 위하여 그 권리자나 권리자의 동의를 받은 자가 적용하는 기술적 조치

나. 저작권, 그 밖에 이 법에 따라 보호되는 권리에 대한 침해 행위를 효과적으로 방지하거나 억제하기 위하여 그 권리자나 권리자의 동의를 받은 자가 적용하는 기술적 조치

29. "권리관리정보"는 다음 각 목의 어느 하나에 해당하는 정보나 그 정보를 나타내는 숫자 또는 부호로서 각 정보가 저작권, 그 밖에 이 법에 따라 보호되는 권리에 의하여 보호되는 저작물등의 원본이나 그 복제물에 부착되거나 그 공연·실행 또는 공중송신에 수반되는 것을 말한다.

가. 저작물등을 식별하기 위한 정보

나. 저작권, 그 밖에 이 법에 따라 보호되는 권리를 가진 자를 식별하기 위한 정보

다. 저작물등의 이용 방법 및 조건에 관한 정보

30. "온라인서비스제공자"란 다음 각 목의 어느 하나에 해당하는 자를 말한다.

가. 이용자가 선택한 저작물등을 그 내용의 수정 없이 이용자가 지정한 지점 사이에서 정보통신망(「정보통신망 이용촉진 및 정보보호 등에 관한 법률」 제2조제1항제1호의 정보통신망을 말한다. 이하 같다)을 통하여 전달하기 위하여 송신하거나 경로를 지정하거나 연결을 제공하는 자

나. 이용자들이 정보통신망에 접속하거나 정보통신망을 통하여 저작물등을 복제·전송할 수 있도록 서비스를 제공하거나 그를 위한 설비를 제공 또는 운영하는 자

31. "업무상저작물"은 법인·단체 그 밖의 사용자(이하 "법인등"이라 한다)의 기획하에 법인등의 업무에 종사하는 자가 업무상 작성하는 저작물을 말한다.

32. "공중"은 불특정 다수인(특정 다수인을 포함한다)을 말한다.

33. "인증"은 저작물등의 이용허락 등을 위하여 정당한 권리자임을 증명하는 것을 말한다.

34. "프로그램코드역분석"은 독립적으로 창작된 컴퓨터프로그램저작물과 다른 컴퓨터프로그램과의 호환에 필요한 정보를 얻기 위하여 컴퓨터프로그램저작물코드를 복제 또는 변환하는 것을 말한다.

35. "라벨"이란 그 복제물이 정당한 권한에 따라 제작된 것임을 나타내기 위하여 저작물등의 유형적 복제물·포장 또는 문서에 부착·동봉 또는 첨부되거나 그러한 목

적으로 고안된 표지를 말한다.

36. “영화상영관등”이란 영화상영관, 시사회장, 그 밖에 공중에게 영상저작물을 상영하는 장소로서 상영자에 의하여 입장이 통제되는 장소를 말한다.

제3조(외국인의 저작물) ① 외국인의 저작물은 대한민국이 가입 또는 체결한 조약에 따라 보호된다.

② 대한민국 내에 상시 거주하는 외국인(무국적자 및 대한민국 내에 주된 사무소가 있는 외국법인을 포함한다)의 저작물과 맨 처음 대한민국 내에서 공표된 외국인의 저작물(외국에서 공표된 날로부터 30일 이내에 대한민국 내에서 공표된 저작물을 포함한다)은 이 법에 따라 보호된다.

③ 제1항 및 제2항에 따라 보호되는 외국인(대한민국 내에 상시 거주하는 외국인 및 무국적자는 제외한다. 이하 이 조에서 같다)의 저작물이라도 그 외국에서 대한민국 국민의 저작물을 보호하지 아니하는 경우에는 그에 상응하게 조약 및 이 법에 따른 보호를 제한할 수 있다.

④ 제1항 및 제2항에 따라 보호되는 외국인의 저작물이라도 그 외국에서 보호기간이 만료된 경우에는 이 법에 따른 보호기간을 인정하지 아니한다. <신설 2011.6.30.>

제 2 장 저작권

제 1 절 저작물

제4조(저작물의 예시 등) ① 이 법에서 말하는 저작물을 예시하면 다음과 같다.

1. 소설・시・논문・강연・연설・각본 그 밖의 어문저작물
2. 음악저작물
3. 연극 및 무용・무언극 그 밖의 연극저작물
4. 회화・서예・조각・판화・공예・응용미술저작물 그 밖의 미술저작물
5. 건축물・건축을 위한 모형 및 설계도서 그 밖의 건축저작물
6. 사진저작물(이와 유사한 방법으로 제작된 것을 포함한다)
7. 영상저작물
8. 지도・도표・설계도・약도・모형 그 밖의 도형저작물
9. 컴퓨터프로그램저작물

② 삭제 <2009.4.22.>

제5조(2차적저작물) ① 원저작물을 번역・편곡・변형・각색・영상제작 그 밖의 방법으로 작성한 창작물(이하 “2차적저작물”이라 한다)은 독자적인 저작물로서 보호된다.

② 2차적저작물의 보호는 그 원저작물의 저작자의 권리에 영향을 미치지 아니한다.

제6조(편집저작물) ① 편집저작물은 독자적인 저작물로서 보호된다.

② 편집저작물의 보호는 그 편집저작물의 구성부분이 되는 소재의 저작권 그 밖에 이 법에 따라 보호되는 권리에 영향을 미치지 아니한다.

제7조(보호받지 못하는 저작물) 다음 각 호의 어느 하나에 해당하는 것은 이 법에 의한 보호를 받지 못한다.

1. 헌법・법률・조약・명령・조례 및 규칙
2. 국가 또는 지방자치단체의 고시・공고・훈령 그 밖에 이와 유사한 것
3. 법원의 판결・결정・명령 및 심판이나 행정심판절차 그 밖에 이와 유사한 절차에 의한 의결・결정 등
4. 국가 또는 지방자치단체가 작성한 것으로서 제1호 내지 제3호에 규정된 것의 편집물 또는 번역물
5. 사실의 전달에 불과한 시사보도

제 2 절 저작자

제8조(저작자 등의 추정) ① 다음 각 호의 어느 하나에 해당하는 자는 저작자로서 그 저작물에 대한 저작권을 가지는 것으로 추정한다. <개정 2011.6.30.>

1. 저작물의 원본이나 그 복제물에 저작자로서의 실명 또는 이명(예명・아호・약칭 등을 말한다. 이하 같다)으로서 널리 알려진 것이 일반적인 방법으로 표시된 자
2. 저작물을 공연 또는 공중송신하는 경우에 저작자로서의 실명 또는 저작자의 널리 알려진 이명으로서 표시된 자

② 제1항 각 호의 어느 하나에 해당하는 저작자의 표시가 없는 저작물의 경우에는 발행자・공연자 또는 공표자로 표시된 자가 저작권을 가지는 것으로 추정한다. <개정 2009.4.22.>

제9조(업무상저작물의 저작자) 법인등의 명의로 공표되는 업무상저작물의 저작자는 계약 또는 근무규칙 등에 다른 정함이 없는 때에는 그 법인등이 된다. 다만, 컴퓨터프로그램저작물(이하 "프로그램"이라 한다)의 경우 공표될 것을 요하지 아니한다. <개정 2009.4.22.>

제10조(저작권) ① 저작자는 제11조 내지 제13조의 규정에 따른 권리(이하 "저작인격권"이라 한다)와 제16조 내지 제22조의 규정에 따른 권리(이하 "저작재산권"이라 한다)를 가진다.

② 저작권은 저작물을 창작한 때부터 발생하며 어떠한 절차나 형식의 이행을 필요로 하지 아니한다.

제 3 절 저작인격권

제11조(공표권) ① 저작자는 그의 저작물을 공표하거나 공표하지 아니할 것을 결정할 권리를 가진다.

② 저작자가 공표되지 아니한 저작물의 저작재산권을 제45조에 따른 양도, 제46조에 따른 이용허락, 제57조에 따른 배타적발행권의 설정 또는 제63조에 따른 출판권의 설정을 한 경우에는 그 상대방에게 저작물의 공표를 동의한 것으로 추정한다. <개정 2009.4.22., 2011.12.2.>

③ 저작자가 공표되지 아니한 미술저작물·건축저작물 또는 사진저작물(이하 "미술저작물등"이라 한다)의 원본을 양도한 경우에는 그 상대방에게 저작물의 원본의 전시방식에 의한 공표를 동의한 것으로 추정한다.

④ 원저작자의 동의를 얻어 작성된 2차적저작물 또는 편집저작물이 공표된 경우에는 그 원저작물도 공표된 것으로 본다.

⑤ 공표하지 아니한 저작물을 저작자가 제31조의 도서관등에 기증한 경우 별도의 의사를 표시하지 않는 한 기증한 때에 공표에 동의한 것으로 추정한다. <신설 2011.12.2.>

제12조(성명표시권) ① 저작자는 저작물의 원본이나 그 복제물에 또는 저작물의 공표 매체에 그의 실명 또는 이명을 표시할 권리를 가진다.

② 저작물을 이용하는 자는 그 저작자의 특별한 의사표시가 없는 때에는 저작자가 그의 실명 또는 이명을 표시한 바에 따라 이를 표시하여야 한다. 다만, 저작물의 성질이나 그 이용의 목적 및 형태 등에 비추어 부득이하다고 인정되는 경우에는 그러하지 아니하다.

제13조(동일성유지권) ① 저작자는 그의 저작물의 내용·형식 및 제호의 동일성을 유지할 권리를 가진다.

② 저작자는 다음 각 호의 어느 하나에 해당하는 변경에 대하여는 이의(異議)할 수 없다. 다만, 본질적인 내용의 변경은 그러하지 아니하다. <개정 2009.4.22.>

1. 제25조의 규정에 따라 저작물을 이용하는 경우에 학교교육 목적상 부득이하다고 인정되는 범위 안에서의 표현의 변경
2. 건축물의 증축·개축 그 밖의 변형
3. 특정한 컴퓨터 외에는 이용할 수 없는 프로그램을 다른 컴퓨터에 이용할 수 있도록 하기 위하여 필요한 범위에서의 변경
4. 프로그램을 특정한 컴퓨터에 보다 효과적으로 이용할 수 있도록 하기 위하여 필요한 범위에서의 변경
5. 그 밖에 저작물의 성질이나 그 이용의 목적 및 형태 등에 비추어 부득이하다고 인정되는 범위 안에서의 변경

제14조(저작인격권의 일신전속성) ① 저작인격권은 저작자 일신에 전속한다.

② 저작자의 사망 후에 그의 저작물을 이용하는 자는 저작자가 생존하였더라면 그 저작인격권의 침해가 될 행위를 하여서는 아니 된다. 다만, 그 행위의 성질 및 정도에 비추어 사회통념상 그 저작자의 명예를 훼손하는 것이 아니라고 인정되는 경우에

는 그러하지 아니하다.

제15조(공동저작물의 저작인격권) ① 공동저작물의 저작인격권은 저작자 전원의 합의에 의하지 아니하고는 이를 행사할 수 없다. 이 경우 각 저작자는 신의에 반하여 합의의 성립을 방해할 수 없다.

② 공동저작물의 저작자는 그들 중에서 저작인격권을 대표하여 행사할 수 있는 자를 정할 수 있다.

③ 제2항의 규정에 따라 권리를 대표하여 행사하는 자의 대표권에 가하여진 제한이 있을 때에 그 제한은 선의의 제3자에게 대항할 수 없다.

제 4 절 저작재산권

제 1 관 저작재산권의 종류

제16조(복제권) 저작자는 그의 저작물을 복제할 권리를 가진다.

제17조(공연권) 저작자는 그의 저작물을 공연할 권리를 가진다.

제18조(공중송신권) 저작자는 그의 저작물을 공중송신할 권리를 가진다.

제19조(전시권) 저작자는 미술저작물등의 원본이나 그 복제물을 전시할 권리를 가진다.

제20조(배포권) 저작자는 저작물의 원본이나 그 복제물을 배포할 권리를 가진다. 다만, 저작물의 원본이나 그 복제물이 해당 저작재산권자의 허락을 받아 판매 등의 방법으로 거래에 제공된 경우에는 그러하지 아니하다. <개정 2009.4.22.>

제21조(대여권) 제20조 단서에도 불구하고 저작자는 판매용 음반이나 판매용 프로그램을 영리를 목적으로 대여할 권리를 가진다. <개정 2009.4.22.>

제22조(2차적저작물작성권) 저작자는 그의 저작물을 원저작물로 하는 2차적저작물을 작성하여 이용할 권리를 가진다.

제 2 관 저작재산권의 제한

제23조(재판절차 등에서의 복제) 재판절차를 위하여 필요한 경우이거나 입법·행정의 목적을 위한 내부자료로서 필요한 경우에는 그 한도 안에서 저작물을 복제할 수 있다. 다만, 그 저작물의 종류와 복제의 부수 및 형태 등에 비추어 당해 저작재산권자의 이익을 부당하게 침해하는 경우에는 그러하지 아니하다.

제24조(정치적 연설 등의 이용) 공개적으로 행한 정치적 연설 및 법정·국회 또는 지방의회에서 공개적으로 행한 진술은 어떠한 방법으로도 이용할 수 있다. 다만, 동일한 저작자의 연설이나 진술을 편집하여 이용하는 경우에는 그러하지 아니하다.

제24조의2(공공저작물의 자유이용) ① 국가 또는 지방자치단체가 업무상 작성하여 공표한 저작물이나 계약에 따라 저작재산권의 전부를 보유한 저작물은 허락 없이 이용할 수 있다. 다만, 저작물이 다음 각 호의 어느 하나에 해당하는 경우에는 그러하지 아니하다.

1. 국가안전보장에 관련되는 정보를 포함하는 경우
2. 개인의 사생활 또는 사업상 비밀에 해당하는 경우
3. 다른 법률에 따라 공개가 제한되는 정보를 포함하는 경우
4. 제112조에 따른 한국저작권위원회에 등록된 저작물로서 「국유재산법」에 따른 국유재산 또는 「공유재산 및 물품 관리법」에 따른 공유재산으로 관리되는 경우

② 국가는 「공공기관의 운영에 관한 법률」 제4조에 따른 공공기관이 업무상 작성하여 공표한 저작물이나 계약에 따라 저작재산권의 전부를 보유한 저작물의 이용을 활성화하기 위하여 대통령령으로 정하는 바에 따라 공공저작물 이용활성화 시책을 수립·시행할 수 있다.

③ 국가 또는 지방자치단체는 제1항제4호의 공공저작물 중 자유로운 이용을 위하여 필요하다고 인정하는 경우 「국유재산법」 또는 「공유재산 및 물품 관리법」에도 불구하고 대통령령으로 정하는 바에 따라 사용하게 할 수 있다. [본조신설 2013.12.30.]

제25조(학교교육 목적 등에의 이용) ① 고등학교 및 이에 준하는 학교 이하의 학교의 교육 목적상 필요한 교과용도서에는 공표된 저작물을 게재할 수 있다.

② 특별법에 따라 설립되었거나 「유아교육법」, 「초·중등교육법」 또는 「고등교육법」에 따른 학교, 국가나 지방자치단체가 운영하는 교육기관 및 이들 교육기관의 수업을 지원하기 위하여 국가나 지방자치단체에 소속된 교육지원기관은 그 수업 또는 지원 목적상 필요하다고 인정되는 경우에는 공표된 저작물의 일부분을 복제·배포·공연·전시 또는 공중송신할 수 있다. 다만, 저작물의 성질이나 그 이용의 목적 및 형태 등에 비추어 저작물의 전부를 이용하는 것이 부득이한 경우에는 전부를 이용할 수 있다. <개정 2009.4.22., 2013.12.30.>

③ 제2항의 규정에 따른 교육기관에서 교육을 받는 자는 수업목적상 필요하다고 인정되는 경우에는 제2항의 범위 내에서 공표된 저작물을 복제하거나 전송할 수 있다.

④ 제1항 및 제2항에 따라 저작물을 이용하려는 자는 문화체육관광부장관이 정하여 고시하는 기준에 따른 보상금을 해당 저작재산권자에게 지급하여야 한다. 다만, 고등학교 및 이에 준하는 학교 이하의 학교에서 제2항에 따른 복제·배포·공연·방송 또는 전송을 하는 경우에는 보상금을 지급하지 아니한다. <개정 2008.2.29., 2009.4. 22.>

⑤ 제4항의 규정에 따른 보상을 받을 권리는 다음 각 호의 요건을 갖춘 단체로서 문화체육관광부장관이 지정하는 단체를 통하여 행사되어야 한다. 문화체육관광부장관이 그 단체를 지정할 때에는 미리 그 단체의 동의를 얻어야 한다. <개정 2008.2.29.>

1. 대한민국 내에서 보상을 받을 권리를 가진 자(이하 “보상권리자”라 한다)로 구성된 단체
2. 영리를 목적으로 하지 아니할 것
3. 보상금의 징수 및 분배 등의 업무를 수행하기에 충분한 능력이 있을 것

제26조(시사보도를 위한 이용) 방송·신문 그 밖의 방법에 의하여 시사보도를 하는 경

우에 그 과정에서 보이거나 들리는 저작물은 보도를 위한 정당한 범위 안에서 복제·배포·공연 또는 공중송신할 수 있다.

제27조(시사적인 기사 및 논설의 복제 등) 정치·경제·사회·문화·종교에 관하여 「신문 등의 진흥에 관한 법률」 제2조의 규정에 따른 신문 및 인터넷신문 또는 「뉴스통신진흥에 관한 법률」 제2조의 규정에 따른 뉴스통신에 게재된 시사적인 기사나 논설은 다른 언론기관이 복제·배포 또는 방송할 수 있다. 다만, 이용을 금지하는 표시가 있는 경우에는 그러하지 아니하다. <개정 2009.7.31.>

제28조(공표된 저작물의 인용) 공표된 저작물은 보도·비평·교육·연구 등을 위하여는 정당한 범위 안에서 공정한 관행에 합치되게 이를 인용할 수 있다.

제29조(영리를 목적으로 하지 아니하는 공연·방송) ① 영리를 목적으로 하지 아니하고 청중이나 관중 또는 제3자로부터 어떤 명목으로든지 반대급부를 받지 아니하는 경우에는 공표된 저작물을 공연 또는 방송할 수 있다. 다만, 실연자에게 통상의 보수를 지급하는 경우에는 그러하지 아니하다.

② 청중이나 관중으로부터 당해 공연에 대한 반대급부를 받지 아니하는 경우에는 판매용 음반 또는 판매용 영상저작물을 재생하여 공중에게 공연할 수 있다. 다만, 대통령령이 정하는 경우에는 그러하지 아니하다.

제30조(사적이용을 위한 복제) 공표된 저작물을 영리를 목적으로 하지 아니하고 개인적으로 이용하거나 가정 및 이에 준하는 한정된 범위 안에서 이용하는 경우에는 그 이용자는 이를 복제할 수 있다. 다만, 공중의 사용에 제공하기 위하여 설치된 복사기기에 의한 복제는 그러하지 아니하다.

제34조(방송사업자의 일시적 녹음·녹화) ① 저작물을 방송할 권한을 가지는 방송사업자는 자신의 방송을 위하여 자체의 수단으로 저작물을 일시적으로 녹음하거나 녹화할 수 있다.

② 제1항의 규정에 따라 만들어진 녹음물 또는 녹화물은 녹음일 또는 녹화일로부터 1년을 초과하여 보존할 수 없다. 다만, 그 녹음물 또는 녹화물이 기록의 자료로서 대통령령이 정하는 장소에 보존되는 경우에는 그러하지 아니하다.

제35조의2(저작물 이용과정에서의 일시적 복제) 컴퓨터에서 저작물을 이용하는 경우에는 원활하고 효율적인 정보처리를 위하여 필요하다고 인정되는 범위 안에서 그 저작물을 그 컴퓨터에 일시적으로 복제할 수 있다. 다만, 그 저작물의 이용이 저작권을 침해하는 경우에는 그러하지 아니하다. [본조신설 2011.12.2.]

제35조의3(저작물의 공정한 이용) ① 제23조부터 제35조의2까지, 제101조의3부터 제101조의5까지의 경우 외에 저작물의 통상적인 이용 방법과 충돌하지 아니하고 저작자의 정당한 이익을 부당하게 해치지 아니하는 경우에는 보도·비평·교육·연구 등을 위하여 저작물을 이용할 수 있다.

② 저작물 이용 행위가 제1항에 해당하는지를 판단할 때에는 다음 각 호의 사항등을

고려하여야 한다.

1. 영리성 또는 비영리성 등 이용의 목적 및 성격
2. 저작물의 종류 및 용도
3. 이용된 부분이 저작물 전체에서 차지하는 비중과 그 중요성
4. 저작물의 이용이 그 저작물의 현재 시장 또는 가치나 잠재적인 시장 또는 가치에 미치는 영향 [본조신설 2011.12.2.]

제37조(출처의 명시) ① 이 관에 따라 저작물을 이용하는 자는 그 출처를 명시하여야 한다. 다만, 제26조, 제29조부터 제32조까지, 제34조 및 제35조의2의 경우에는 그러하지 아니하다.

② 출처의 명시는 저작물의 이용 상황에 따라 합리적이라고 인정되는 방법으로 하여야 하며, 저작자의 실명 또는 이명이 표시된 저작물인 경우에는 그 실명 또는 이명을 명시하여야 한다.

제38조(저작인격권과의 관계) 이 관 각 조의 규정은 저작인격권에 영향을 미치는 것으로 해석되어서는 아니 된다.

제 3 관 저작재산권의 보호기간

제39조(보호기간의 원칙) ① 저작재산권은 이 관에 특별한 규정이 있는 경우를 제외하고는 저작자가 생존하는 동안과 사망한 후 70년간 존속한다. <개정 2011.6.30.>

② 공동저작물의 저작재산권은 맨 마지막으로 사망한 저작자가 사망한 후 70년간 존속한다.

제40조(무명 또는 이명 저작물의 보호기간) ① 무명 또는 널리 알려지지 아니한 이명이 표시된 저작물의 저작재산권은 공표된 때부터 70년간 존속한다. 다만, 이 기간 내에 저작자가 사망한지 70년이 지났다고 인정할만한 정당한 사유가 발생한 경우에는 그 저작재산권은 저작자가 사망한 후 70년이 지났다고 인정되는 때에 소멸한 것으로 본다. <개정 2011.6.30.>

② 다음 각 호의 어느 하나에 해당하는 경우에는 제1항의 규정은 이를 적용하지 아니한다.

1. 제1항의 기간 이내에 저작자의 실명 또는 널리 알려진 이명이 밝혀진 경우
2. 제1항의 기간 이내에 제53조제1항의 규정에 따른 저작자의 실명등록이 있는 경우

제41조(업무상저작물의 보호기간) 업무상저작물의 저작재산권은 공표한 때부터 70년간 존속한다. 다만, 창작한 때부터 50년 이내에 공표되지 아니한 경우에는 창작한 때부터 70년간 존속한다. <개정 2011.6.30.>

제42조(영상저작물의 보호기간) 영상저작물의 저작재산권은 제39조 및 제40조에도 불구하고 공표한 때부터 70년간 존속한다. 다만, 창작한 때부터 50년 이내에 공표되지 아니한 경우에는 창작한 때부터 70년간 존속한다. <개정 2011.6.30.> [제목개정

2011.6.30.]

제44조(보호기간의 기산) 이 관에 규정된 저작재산권의 보호기간을 계산하는 경우에는 저작자가 사망하거나 저작물을 창작 또는 공표한 다음 해부터 기산한다.

제4관 저작재산권의 양도·행사·소멸

제45조(저작재산권의 양도) ① 저작재산권은 전부 또는 일부를 양도할 수 있다.

② 저작재산권의 전부를 양도하는 경우에 특약이 없는 때에는 제22조에 따른 2차적 저작물을 작성하여 이용할 권리는 포함되지 아니한 것으로 추정한다. 다만, 프로그램의 경우 특약이 없는 한 2차적저작물작성권도 함께 양도된 것으로 추정한다. <개정 2009.4.22.>

제46조(저작물의 이용허락) ① 저작재산권자는 다른 사람에게 그 저작물의 이용을 허락할 수 있다.

② 제1항의 규정에 따라 허락을 받은 자는 허락받은 이용 방법 및 조건의 범위 안에서 그 저작물을 이용할 수 있다.

③ 제1항의 규정에 따른 허락에 의하여 저작물을 이용할 수 있는 권리는 저작재산권자의 동의 없이 제3자에게 이를 양도할 수 없다.

제47조(저작재산권을 목적으로 하는 질권의 행사 등) ① 저작재산권을 목적으로 하는 질권은 그 저작재산권의 양도 또는 그 저작물의 이용에 따라 저작재산권자가 받을 금전 그 밖의 물건(제57조에 따른 배타적발행권 및 제63조에 따른 출판권 설정의 대가를 포함한다)에 대하여도 행사할 수 있다. 다만, 이들의 지급 또는 인도 전에 이를 압류하여야 한다.

② 질권의 목적으로 된 저작재산권은 설정행위에 특약이 없는 한 저작재산권자가 이를 행사한다. <신설 2009.4.22.> [제목개정 2009.4.22.]

제48조(공동저작물의 저작재산권의 행사) ① 공동저작물의 저작재산권은 그 저작재산권자 전원의 합의에 의하지 아니하고는 이를 행사할 수 없으며, 다른 저작재산권자의 동의가 없으면 그 지분을 양도하거나 질권의 목적으로 할 수 없다. 이 경우 각 저작재산권자는 신의에 반하여 합의의 성립을 방해하거나 동의를 거부할 수 없다.

② 공동저작물의 이용에 따른 이익은 공동저작자 간에 특약이 없는 때에는 그 저작물의 창작에 이바지한 정도에 따라 각자에게 배분된다. 이 경우 각자의 이바지한 정도가 명확하지 아니한 때에는 균등한 것으로 추정한다.

③ 공동저작물의 저작재산권자는 그 공동저작물에 대한 자신의 지분을 포기할 수 있으며, 포기하거나 상속인 없이 사망한 경우에 그 지분은 다른 저작재산권자에게 그 지분의 비율에 따라 배분된다.

④ 제15조제2항 및 제3항의 규정은 공동저작물의 저작재산권의 행사에 관하여 준용한다.

제49조(저작재산권의 소멸) 저작재산권이 다음 각 호의 어느 하나에 해당하는 경우에는 소멸한다.

1. 저작재산권자가 상속인 없이 사망한 경우에 그 권리가 「민법」 그 밖의 법률의 규정에 따라 국가에 귀속되는 경우
2. 저작재산권자인 법인 또는 단체가 해산되어 그 권리가 「민법」 그 밖의 법률의 규정에 따라 국가에 귀속되는 경우

제 5 절 저작물 이용의 법정허락

제51조(공표된 저작물의 방송) 공표된 저작물을 공익상 필요에 의하여 방송하고자 하는 방송사업자가 그 저작재산권자와 협의하였으나 협의가 성립되지 아니하는 경우에는 대통령령이 정하는 바에 따라 문화체육관광부장관의 승인을 얻은 후 문화체육관광부장관이 정하는 기준에 의한 보상금을 당해 저작재산권자에게 지급하거나 공탁하고 이를 방송할 수 있다.

제 6 절 등록 및 인증

제53조(저작권의 등록) ① 저작자는 다음 각 호의 사항을 등록할 수 있다.

1. 저작자의 실명·이명(공표 당시에 이명을 사용한 경우에 한한다)·국적·주소 또는 거소
2. 저작물의 제호·종류·창작연월일
3. 공표의 여부 및 맨 처음 공표된 국가·공표연월일
4. 그 밖에 대통령령으로 정하는 사항

② 저작자가 사망한 경우 저작자의 특별한 의사표시가 없는 때에는 그의 유언으로 지정한 자 또는 상속인이 제1항 각 호의 규정에 따른 등록을 할 수 있다.

③ 제1항 및 제2항에 따라 저작자로 실명이 등록된 자는 그 등록저작물의 저작자로, 창작연월일 또는 맨 처음의 공표연월일이 등록된 저작물은 등록된 연월일에 창작 또는 맨 처음 공표된 것으로 추정한다. 다만, 저작물을 창작한 때부터 1년이 경과한 후에 창작연월일을 등록한 경우에는 등록된 연월일에 창작된 것으로 추정하지 아니한다. <개정 2009.4.22.>

제54조(권리변동 등의 등록·효력) 다음 각 호의 사항은 이를 등록할 수 있으며, 등록하지 아니하면 제3자에게 대항할 수 없다. <개정 2011.12.2.>

1. 저작재산권의 양도(상속 그 밖의 일반승계의 경우를 제외한다) 또는 처분제한
2. 제57조에 따른 배타적발행권 또는 제63조에 따른 출판권의 설정·이전·변경·소멸 또는 처분제한
3. 저작재산권, 제57조에 따른 배타적발행권 및 제63조에 따른 출판권을 목적으로 하는 질권의 설정·이전·변경·소멸 또는 처분제한

제7절 배타적발행권 〈개정 2011.12.2.〉

제57조(배타적발행권의 설정) ① 저작물을 발행하거나 복제·전송(이하 "발행등"이라 한다)할 권리를 가진 자는 그 저작물을 발행등에 이용하고자 하는 자에 대하여 배타적 권리(이하 "배타적발행권"이라 하며, 제63조에 따른 출판권은 제외한다. 이하 같다)를 설정할 수 있다.

② 저작재산권자는 그 저작물에 대하여 발행등의 방법 및 조건이 중첩되지 않는 범위 내에서 새로운 배타적발행권을 설정할 수 있다. <신설 2011.12.2.>

③ 제1항에 따라 배타적발행권을 설정받은 자(이하 "배타적발행권자"라 한다)는 그 설정행위에서 정하는 바에 따라 그 배타적발행권의 목적인 저작물을 발행등의 방법으로 이용할 권리를 가진다. <개정 2011.12.2.>

④ 저작재산권자는 그 저작물의 복제권·배포권·전송권을 목적으로 하는 질권이 설정되어 있는 경우에는 그 질권자의 허락이 있어야 배타적발행권을 설정할 수 있다.

제58조(배타적발행권자의 의무) ① 배타적발행권자는 그 설정행위에 특약이 없는 때에는 배타적발행권의 목적인 저작물을 복제하기 위하여 필요한 원고 또는 이에 상당하는 물건을 받은 날부터 9월 이내에 이를 발행등의 방법으로 이용하여야 한다. <개정 2011.12.2.>

② 배타적발행권자는 그 설정행위에 특약이 없는 때에는 관행에 따라 그 저작물을 계속하여 발행등의 방법으로 이용하여야 한다. <개정 2011.12.2.>

③ 배타적발행권자는 특약이 없는 때에는 각 복제물에 대통령령이 정하는 바에 따라 저작재산권자의 표지를 하여야 한다. <개정 2011.12.2.> [제목개정 2011.12.2.]

제58조의2(저작물의 수정증감) ① 배타적발행권자가 배타적발행권의 목적인 저작물을 발행등의 방법으로 다시 이용하는 경우에 저작자는 정당한 범위 안에서 그 저작물의 내용을 수정하거나 증감할 수 있다. <개정 2011.12.2.>

② 배타적발행권자는 배타적발행권의 목적인 저작물을 발행등의 방법으로 다시 이용하고자 하는 경우에 특약이 없는 때에는 그때마다 미리 저작자에게 그 사실을 알려야 한다.

제59조(배타적발행권의 존속기간 등) ① 배타적발행권은 그 설정행위에 특약이 없는 때에는 맨 처음 발행등을 한 날로부터 3년간 존속한다. 다만, 저작물의 영상화를 위하여 배타적발행권을 설정하는 경우에는 5년으로 한다. <개정 2011.12.2.>

② 저작재산권자는 배타적발행권 존속기간 중 그 배타적발행권의 목적인 저작물의 저작자가 사망한 때에는 제1항에도 불구하고 저작자를 위하여 저작물을 전집 그 밖의 편집물에 수록하거나 전집 그 밖의 편집물의 일부인 저작물을 분리하여 이를 따로 발행등의 방법으로 이용할 수 있다. <개정 2011.12.2.>

제60조(배타적발행권의 소멸통고) ① 저작재산권자는 배타적발행권자가 제58조제1항

또는 제2항을 위반한 경우에는 6월 이상의 기간을 정하여 그 이행을 최고하고 그 기간 내에 이행하지 아니하는 때에는 배타적발행권의 소멸을 통고할 수 있다. <개정 2011.12.2.>

② 저작재산권자는 배타적발행권자가 그 저작물을 발행등의 방법으로 이용하는 것이 불가능하거나 이용할 의사가 없음이 명백한 경우에는 제1항에도 불구하고 즉시 배타적발행권의 소멸을 통고할 수 있다. <개정 2011.12.2.>

③ 제1항 또는 제2항에 따라 배타적발행권의 소멸을 통고한 경우에는 배타적발행권자가 통고를 받은 때에 배타적발행권이 소멸한 것으로 본다. <개정 2011.12.2.>

④ 제3항의 경우에 저작재산권자는 배타적발행권자에 대하여 언제든지 원상회복을 청구하거나 발행등을 중지함으로 인한 손해의 배상을 청구할 수 있다. <개정 2011.12.2.>

제61조(배타적발행권 소멸 후의 복제물의 배포) 배타적발행권이 그 존속기간의 만료 그 밖의 사유로 소멸된 경우에는 그 배타적발행권을 가지고 있던 자는 다음 각 호의 어느 하나에 해당하는 경우를 제외하고는 그 배타적발행권의 존속기간 중 만들어진 복제물을 배포할 수 없다. <개정 2011.12.2.>

1. 배타적발행권 설정행위에 특약이 있는 경우
2. 배타적발행권의 존속기간 중 저작재산권자에게 그 저작물의 발행에 따른 대가를 지급하고 그 대가에 상응하는 부수의 복제물을 배포하는 경우

제62조(배타적발행권의 양도 · 제한 등) ① 배타적발행권자는 저작재산권자의 동의 없이 배타적발행권을 양도하거나 또는 질권의 목적으로 할 수 없다.

② 배타적발행권의 목적으로 되어 있는 저작물의 복제 등에 관하여는 제23조, 제24조, 제25조 제1항부터 제3항까지, 제26조부터 제28조까지, 제30조부터 제33조까지, 제35조 제2항 및 제3항, 제35조의2, 제35조의3, 제36조 및 제37조를 준용한다. [전문개정 2011.12.2.]

제 3 장 저작인접권

제 1 절 통칙

제64조(보호받는 실연 · 음반 · 방송) ① 다음 각 호 각 목의 어느 하나에 해당하는 실연 · 음반 및 방송은 이 법에 의한 보호를 받는다. <개정 2011.12.2.>

1. 실연
   가. 대한민국 국민(대한민국 법률에 따라 설립된 법인 및 대한민국 내에 주된 사무소가 있는 외국법인을 포함한다. 이하 같다)이 행하는 실연
   나. 대한민국이 가입 또는 체결한 조약에 따라 보호되는 실연

다. 제2호 각 목의 음반에 고정된 실연
라. 제3호 각 목의 방송에 의하여 송신되는 실연(송신 전에 녹음 또는 녹화되어 있는 실연을 제외한다)
2. 음반
가. 대한민국 국민을 음반제작자로 하는 음반
나. 음이 맨 처음 대한민국 내에서 고정된 음반
다. 대한민국이 가입 또는 체결한 조약에 따라 보호되는 음반으로서 체약국 내에서 최초로 고정된 음반
라. 대한민국이 가입 또는 체결한 조약에 따라 보호되는 음반으로서 체약국의 국민(당해 체약국의 법률에 따라 설립된 법인 및 당해 체약국 내에 주된 사무소가 있는 법인을 포함한다)을 음반제작자로 하는 음반
3. 방송
가. 대한민국 국민인 방송사업자의 방송
나. 대한민국 내에 있는 방송설비로부터 행하여지는 방송
다. 대한민국이 가입 또는 체결한 조약에 따라 보호되는 방송으로서 체약국의 국민인 방송사업자가 당해 체약국 내에 있는 방송설비로부터 행하는 방송
② 제1항에 따라 보호되는 외국인의 실연·음반 및 방송이라도 그 외국에서 보호기간이 만료된 경우에는 이 법에 따른 보호기간을 인정하지 아니한다. <신설 2011. 12.2.>

제64조의2(실연자 등의 추정) 이 법에 따라 보호되는 실연·음반·방송과 관련하여 실연자, 음반제작자 또는 방송사업자로서의 실명 또는 널리 알려진 이명이 일반적인 방법으로 표시된 자는 실연자, 음반제작자 또는 방송사업자로서 그 실연·음반·방송에 대하여 각각 실연자의 권리, 음반제작자의 권리 또는 방송사업자의 권리를 가지는 것으로 추정한다.

제65조(저작권과의 관계) 이 장 각 조의 규정은 저작권에 영향을 미치는 것으로 해석되어서는 아니 된다.

제 2 절 실연자의 권리

제66조(성명표시권) ① 실연자는 그의 실연 또는 실연의 복제물에 그의 실명 또는 이명을 표시할 권리를 가진다.
② 실연을 이용하는 자는 그 실연자의 특별한 의사표시가 없는 때에는 실연자가 그의 실명 또는 이명을 표시한 바에 따라 이를 표시하여야 한다. 다만, 실연의 성질이나 그 이용의 목적 및 형태 등에 비추어 부득이하다고 인정되는 경우에는 그러하지 아니하다.

제67조(동일성유지권) 실연자는 그의 실연의 내용과 형식의 동일성을 유지할 권리를 가

진다. 다만, 실연의 성질이나 그 이용의 목적 및 형태 등에 비추어 부득이하다고 인정되는 경우에는 그러하지 아니한다.

제68조(실연자의 인격권의 일신전속성) 제66조 및 제67조에 규정된 권리(이하 "실연자의 인격권"이라 한다)는 실연자 일신에 전속한다.

제69조(복제권) 실연자는 그의 실연을 복제할 권리를 가진다.

제70조(배포권) 실연자는 그의 실연의 복제물을 배포할 권리를 가진다. 다만, 실연의 복제물이 실연자의 허락을 받아 판매 등의 방법으로 거래에 제공된 경우에는 그러하지 아니하다.

제71조(대여권) 실연자는 제70조의 단서의 규정에 불구하고 그의 실연이 녹음된 판매용 음반을 영리를 목적으로 대여할 권리를 가진다.

제72조(공연권) 실연자는 그의 고정되지 아니한 실연을 공연할 권리를 가진다. 다만, 그 실연이 방송되는 실연인 경우에는 그러하지 아니하다.

제73조(방송권) 실연자는 그의 실연을 방송할 권리를 가진다. 다만, 실연자의 허락을 받아 녹음된 실연에 대하여는 그러하지 아니하다.

제74조(전송권) 실연자는 그의 실연을 전송할 권리를 가진다.

제75조(방송사업자의 실연자에 대한 보상) ① 방송사업자가 실연이 녹음된 판매용 음반을 사용하여 방송하는 경우에는 상당한 보상금을 그 실연자에게 지급하여야 한다. 다만, 실연자가 외국인인 경우에 그 외국에서 대한민국 국민인 실연자에게 이 항의 규정에 따른 보상금을 인정하지 아니하는 때에는 그러하지 아니하다.

② 제25조 제5항 내지 제9항의 규정은 제1항의 규정에 따른 보상금의 지급 등에 관하여 준용한다.

③ 제2항의 규정에 따른 단체가 보상권리자를 위하여 청구할 수 있는 보상금의 금액은 매년 그 단체와 방송사업자가 협의하여 정한다.

④ 제3항에 따른 협의가 성립되지 아니하는 경우에 그 단체 또는 방송사업자는 대통령령으로 정하는 바에 따라 제112조에 따른 한국저작권위원회에 조정을 신청할 수 있다.

제76조(디지털음성송신사업자의 실연자에 대한 보상) ① 디지털음성송신사업자가 실연이 녹음된 음반을 사용하여 송신하는 경우에는 상당한 보상금을 그 실연자에게 지급하여야 한다.

② 제25조 제5항 내지 제9항의 규정은 제1항의 규정에 따른 보상금의 지급 등에 관하여 준용한다.

③ 제2항의 규정에 따른 단체가 보상권리자를 위하여 청구할 수 있는 보상금의 금액은 매년 그 단체와 디지털음성송신사업자가 대통령령이 정하는 기간 내에 협의하여 정한다.

④ 제3항의 규정에 따른 협의가 성립되지 아니한 경우에는 문화체육관광부장관이 정

하여 고시하는 금액을 지급한다. <개정 2008.2.29.>

제76조의2(판매용 음반을 사용하여 공연하는 자의 실연자에 대한 보상) ① 실연이 녹음된 판매용 음반을 사용하여 공연을 하는 자는 상당한 보상금을 해당 실연자에게 지급하여야 한다. 다만, 실연자가 외국인인 경우에 그 외국에서 대한민국 국민인 실연자에게 이 항의 규정에 따른 보상금을 인정하지 아니하는 때에는 그러하지 아니하다.

② 제25조제5항부터 제9항까지 및 제76조 제3항·제4항은 제1항에 따른 보상금의 지급 및 금액 등에 관하여 준용한다. [본조신설 2009.3.25.]

제77조(공동실연자) ① 2인 이상이 공동으로 합창·합주 또는 연극등을 실연하는 경우에 이 절에 규정된 실연자의 권리(실연자의 인격권은 제외한다)는 공동으로 실연하는 자가 선출하는 대표자가 이를 행사한다. 다만, 대표자의 선출이 없는 경우에는 지휘자 또는 연출자 등이 이를 행사한다.

② 제1항의 규정에 따라 실연자의 권리를 행사하는 경우에 독창 또는 독주가 함께 실연된 때에는 독창자 또는 독주자의 동의를 얻어야 한다.

③ 제15조의 규정은 공동실연자의 인격권 행사에 관하여 준용한다.

제 3 절 음반제작자의 권리

제78조(복제권) 음반제작자는 그의 음반을 복제할 권리를 가진다.

제79조(배포권) 음반제작자는 그의 음반을 배포할 권리를 가진다. 다만, 음반의 복제물이 음반제작자의 허락을 받아 판매 등의 방법으로 거래에 제공된 경우에는 그러하지 아니하다.

제80조(대여권) 음반제작자는 제79조의 단서의 규정에 불구하고 판매용 음반을 영리를 목적으로 대여할 권리를 가진다.

제81조(전송권) 음반제작자는 그의 음반을 전송할 권리를 가진다.

제82조(방송사업자의 음반제작자에 대한 보상) ① 방송사업자가 판매용 음반을 사용하여 방송하는 경우에는 상당한 보상금을 그 음반제작자에게 지급하여야 한다. 다만, 음반제작자가 외국인인 경우에 그 외국에서 대한민국 국민인 음반제작자에게 이 항의 규정에 따른 보상금을 인정하지 아니하는 때에는 그러하지 아니하다.

② 제25조 제5항 내지 제9항 및 제75조 제3항·제4항의 규정은 제1항의 규정에 따른 보상금의 지급 및 금액 등에 관하여 준용한다.

제83조(디지털음성송신사업자의 음반제작자에 대한 보상) ① 디지털음성송신사업자가 음반을 사용하여 송신하는 경우에는 상당한 보상금을 그 음반제작자에게 지급하여야 한다.

② 제25조 제5항 내지 제9항 및 제76조 제3항·제4항의 규정은 제1항의 규정에 따른 보상금의 지급 및 금액 등에 관하여 준용한다.

제83조의2(판매용 음반을 사용하여 공연하는 자의 음반제작자에 대한 보상) ① 판매용

음반을 사용하여 공연을 하는 자는 상당한 보상금을 해당 음반제작자에게 지급하여야 한다. 다만, 음반제작자가 외국인인 경우에 그 외국에서 대한민국 국민인 음반제작자에게 이 항의 규정에 따른 보상금을 인정하지 아니하는 때에는 그러하지 아니하다.

② 제25조 제5항부터 제9항까지 및 제76조 제3항·제4항은 제1항에 따른 보상금의 지급 및 금액 등에 관하여 준용한다. [본조신설 2009.3.25.]

제 4 절 방송사업자의 권리

第84조(복제권) 방송사업자는 그의 방송을 복제할 권리를 가진다.

第85조(동시중계방송권) 방송사업자는 그의 방송을 동시중계방송할 권리를 가진다.

第85조의2(공연권) 방송사업자는 공중의 접근이 가능한 장소에서 방송의 시청과 관련하여 입장료를 받는 경우에 그 방송을 공연할 권리를 가진다. [본조신설 2011.6.30.]

제 5 절 저작인접권의 보호기간

第86조(보호기간) ① 저작인접권은 다음 각 호의 어느 하나에 해당하는 때부터 발생하며, 어떠한 절차나 형식의 이행을 필요로 하지 아니한다. <개정 2011.12.2.>

1. 실연의 경우에는 그 실연을 한 때
2. 음반의 경우에는 그 음을 맨 처음 음반에 고정한 때
3. 방송의 경우에는 그 방송을 한 때

② 저작인접권(실연자의 인격권은 제외한다. 이하 같다)은 다음 각 호의 어느 하나에 해당하는 때의 다음 해부터 기산하여 70년(방송의 경우에는 50년)간 존속한다. <개정 2011.12.2.>

1. 실연의 경우에는 그 실연을 한 때. 다만, 실연을 한 때부터 50년 이내에 실연이 고정된 음반이 발행된 경우에는 음반을 발행한 때
2. 음반의 경우에는 그 음반을 발행한 때. 다만, 음을 음반에 맨 처음 고정한 때의 다음 해부터 기산하여 50년이 경과한 때까지 음반을 발행하지 아니한 경우에는 음을 음반에 맨 처음 고정한 때
3. 방송의 경우에는 그 방송을 한 때

제 6 절 저작인접권의 제한·양도·행사 등

第87조(저작인접권의 제한) ① 저작인접권의 목적이 된 실연·음반 또는 방송의 이용에 관하여는 제23조, 제24조, 제25조 제1항부터 제3항까지, 제26조부터 제32조까지, 제33조 제2항, 제34조, 제35조의2, 제35조의3, 제36조 및 제37조를 준용한다. <개정 2011.12.2.>

② 디지털음성송신사업자는 제76조 제1항 및 제83조 제1항에 따라 실연이 녹음된 음반을 사용하여 송신하는 경우에는 자체의 수단으로 실연이 녹음된 음반을 일시적으

로 복제할 수 있다. 이 경우 복제물의 보존기간에 관하여는 제34조 제2항을 준용한다. <신설 2009.4.22.>

제88조(저작인접권의 양도 · 행사 등) 저작인접권의 양도에 관하여는 제45조제1항을, 실연 · 음반 또는 방송의 이용허락에 관하여는 제46조를, 저작인접권을 목적으로 하는 질권의 행사에 관하여는 제47조를, 저작인접권의 소멸에 관하여는 제49조를, 실연 · 음반 또는 방송의 배타적발행권의 설정 등에 관하여는 제57조부터 제62조까지의 규정을 각각 준용한다.

제89조(실연 · 음반 및 방송이용의 법정허락) 제50조 내지 제52조의 규정은 실연 · 음반 및 방송의 이용에 관하여 준용한다.

제90조(저작인접권의 등록) 제53조부터 제55조까지 및 제55조의2의 규정은 저작인접권 또는 저작인접권의 배타적발행권의 등록에 관하여 준용한다. 이 경우 제55조 중 "저작권등록부"는 "저작인접권등록부"로 본다. <개정 2009.4.22., 2011.12.2.>

제 4 장 데이터베이스제작자의 보호

제 5 장 영상저작물에 관한 특례

제99조(저작물의 영상화) ① 저작재산권자가 저작물의 영상화를 다른 사람에게 허락한 경우에 특약이 없는 때에는 다음 각 호의 권리를 포함하여 허락한 것으로 추정한다.

1. 영상저작물을 제작하기 위하여 저작물을 각색하는 것
2. 공개상영을 목적으로 한 영상저작물을 공개상영하는 것
3. 방송을 목적으로 한 영상저작물을 방송하는 것
4. 전송을 목적으로 한 영상저작물을 전송하는 것
5. 영상저작물을 그 본래의 목적으로 복제 · 배포하는 것
6. 영상저작물의 번역물을 그 영상저작물과 같은 방법으로 이용하는 것

② 저작재산권자는 그 저작물의 영상화를 허락한 경우에 특약이 없는 때에는 허락한 날부터 5년이 경과한 때에 그 저작물을 다른 영상저작물로 영상화하는 것을 허락할 수 있다.

제100조(영상저작물에 대한 권리) ① 영상제작자와 영상저작물의 제작에 협력할 것을 약정한 자가 그 영상저작물에 대하여 저작권을 취득한 경우 특약이 없는 한 그 영상저작물의 이용을 위하여 필요한 권리는 영상제작자가 이를 양도 받은 것으로 추정한다.

② 영상저작물의 제작에 사용되는 소설 · 각본 · 미술저작물 또는 음악저작물 등의 저작재산권은 제1항의 규정으로 인하여 영향을 받지 아니한다.

③ 영상제작자와 영상저작물의 제작에 협력할 것을 약정한 실연자의 그 영상저작물의 이용에 관한 제69조의 규정에 따른 복제권, 제70조의 규정에 따른 배포권, 제73조

의 규정에 따른 방송권 및 제74조의 규정에 따른 전송권은 특약이 없는 한 영상제작자가 이를 양도 받은 것으로 추정한다.

제101조(영상제작자의 권리) ① 영상제작물의 제작에 협력할 것을 약정한 자로부터 영상제작자가 양도 받는 영상저작물의 이용을 위하여 필요한 권리는 영상저작물을 복제·배포·공개상영·방송·전송 그 밖의 방법으로 이용할 권리로 하며, 이를 양도하거나 질권의 목적으로 할 수 있다.

② 실연자로부터 영상제작자가 양도 받는 권리는 그 영상저작물을 복제·배포·방송 또는 전송할 권리로 하며, 이를 양도하거나 질권의 목적으로 할 수 있다.

제5장의2 프로그램에 관한 특례 〈신설 2009.4.22.〉

제 6 장 온라인서비스제공자의 책임 제한

제102조(온라인서비스제공자의 책임 제한) ① 온라인서비스제공자는 다음 각 호의 행위와 관련하여 저작권, 그 밖에 이 법에 따라 보호되는 권리가 침해되더라도 그 호의 분류에 따라 각 목의 요건을 모두 갖춘 경우에는 그 침해에 대하여 책임을 지지 아니한다. <개정 2011.12.2.>

1. 내용의 수정 없이 저작물등을 송신하거나 경로를 지정하거나 연결을 제공하는 행위 또는 그 과정에서 저작물등을 그 송신을 위하여 합리적으로 필요한 기간 내에서 자동적·중개적·일시적으로 저장하는 행위

   가. 온라인서비스제공자가 저작물등의 송신을 시작하지 아니한 경우

   나. 온라인서비스제공자가 저작물등이나 그 수신자를 선택하지 아니한 경우

   다. 저작권, 그 밖에 이 법에 따라 보호되는 권리를 반복적으로 침해하는 자의 계정(온라인서비스제공자가 이용자를 식별·관리하기 위하여 사용하는 이용권한 계좌를 말한다. 이하 이 조, 제103조의2, 제133조의2 및 제133조의3에서 같다)을 해지하는 방침을 채택하고 이를 합리적으로 이행한 경우

   라. 저작물등을 식별하고 보호하기 위한 기술조치로서 대통령령으로 정하는 조건을 충족하는 표준적인 기술조치를 권리자가 이용한 때에는 이를 수용하고 방해하지 아니한 경우

2. 서비스이용자의 요청에 따라 송신된 저작물등을 후속 이용자들이 효율적으로 접근하거나 수신할 수 있게 할 목적으로 그 저작물등을 자동적·중개적·일시적으로 저장하는 행위

   가. 제1호 각 목의 요건을 모두 갖춘 경우

   나. 온라인서비스제공자가 그 저작물등을 수정하지 아니한 경우

   다. 제공되는 저작물등에 접근하기 위한 조건이 있는 경우에는 그 조건을 지킨 이

용자에게만 임시저장된 저작물등의 접근을 허용한 경우
라. 저작물등을 복제·전송하는 자(이하 "복제·전송자"라 한다)가 명시한, 컴퓨터나 정보통신망에 대하여 그 업계에서 일반적으로 인정되는 데이터통신규약에 따른 저작물등의 현행화에 관한 규칙을 지킨 경우. 다만, 복제·전송자가 그러한 저장을 불합리하게 제한할 목적으로 현행화에 관한 규칙을 정한 경우에는 그러하지 아니한다.
마. 저작물등이 있는 본래의 사이트에서 그 저작물등의 이용에 관한 정보를 얻기 위하여 적용한, 그 업계에서 일반적으로 인정되는 기술의 사용을 방해하지 아니한 경우
바. 제103조 제1항에 따른 복제·전송의 중단요구를 받은 경우, 본래의 사이트에서 그 저작물등이 삭제되었거나 접근할 수 없게 된 경우, 또는 법원, 관계 중앙행정기관의 장이 그 저작물등을 삭제하거나 접근할 수 없게 하도록 명령을 내린 사실을 실제로 알게 된 경우에 그 저작물등을 즉시 삭제하거나 접근할 수 없게 한 경우
3. 복제·전송자의 요청에 따라 저작물등을 온라인서비스제공자의 컴퓨터에 저장하는 행위
가. 제1호 각 목의 요건을 모두 갖춘 경우
나. 온라인서비스제공자가 침해행위를 통제할 권한과 능력이 있을 때에는 그 침해행위로부터 직접적인 금전적 이익을 얻지 아니한 경우
다. 온라인서비스제공자가 침해를 실제로 알게 되거나 제103조제1항에 따른 복제·전송의 중단요구 등을 통하여 침해가 명백하다는 사실 또는 정황을 알게 된 때에 즉시 그 저작물등의 복제·전송을 중단시킨 경우
라. 제103조제4항에 따라 복제·전송의 중단요구 등을 받을 자를 지정하여 공지한 경우
4. 정보검색도구를 통하여 이용자에게 정보통신망상 저작물등의 위치를 알 수 있게 하거나 연결하는 행위
가. 제1호 가목의 요건을 갖춘 경우
나. 제3호 나목부터 라목까지의 요건을 갖춘 경우
② 제1항에도 불구하고 온라인서비스제공자가 제1항에 따른 조치를 취하는 것이 기술적으로 불가능한 경우에는 다른 사람에 의한 저작물등의 복제·전송으로 인한 저작권, 그 밖에 이 법에 따라 보호되는 권리의 침해에 대하여 책임을 지지 아니한다. <개정 2011.6.30.>
③ 제1항에 따른 책임 제한과 관련하여 온라인서비스제공자는 자신의 서비스 안에서 침해행위가 일어나는지를 모니터링하거나 그 침해행위에 관하여 적극적으로 조사할 의무를 지지 아니한다. <신설 2011.6.30.>

제103조(복제 · 전송의 중단) ① 온라인서비스제공자(제102조제1항제1호의 경우는 제외한다. 이하 이 조에서 같다)의 서비스를 이용한 저작물등의 복제 · 전송에 따라 저작권, 그 밖에 이 법에 따라 보호되는 자신의 권리가 침해됨을 주장하는 자(이하 이 조에서 "권리주장자"라 한다)는 그 사실을 소명하여 온라인서비스제공자에게 그 저작물등의 복제 · 전송을 중단시킬 것을 요구할 수 있다. <개정 2011.6.30.>

② 온라인서비스제공자는 제1항에 따른 복제 · 전송의 중단요구를 받은 경우에는 즉시 그 저작물등의 복제 · 전송을 중단시키고 권리주장자에게 그 사실을 통보하여야 한다. 다만, 제102조 제1항 제3호 및 제4호의 온라인서비스제공자는 그 저작물등의 복제 · 전송자에게도 이를 통보하여야 한다. <개정 2011.6.30.>

③ 제2항에 따른 통보를 받은 복제 · 전송자가 자신의 복제 · 전송이 정당한 권리에 의한 것임을 소명하여 그 복제 · 전송의 재개를 요구하는 경우 온라인서비스제공자는 재개요구사실 및 재개예정일을 권리주장자에게 지체 없이 통보하고 그 예정일에 복제 · 전송을 재개시켜야 한다. 다만, 권리주장자가 복제 · 전송자의 침해행위에 대하여 소를 제기한 사실을 재개예정일 전에 온라인서비스제공자에게 통보한 경우에는 그러하지 아니하다. <개정 2011.12.2.>

④ 온라인서비스제공자는 제1항 및 제3항의 규정에 따른 복제 · 전송의 중단 및 그 재개의 요구를 받을 자(이하 이 조에서 "수령인"이라 한다)를 지정하여 자신의 설비 또는 서비스를 이용하는 자들이 쉽게 알 수 있도록 공지하여야 한다.

⑤ 온라인서비스제공자가 제4항에 따른 공지를 하고 제2항과 제3항에 따라 그 저작물등의 복제 · 전송을 중단시키거나 재개시킨 경우에는 다른 사람에 의한 저작권 그 밖에 이 법에 따라 보호되는 권리의 침해에 대한 온라인서비스제공자의 책임 및 복제 · 전송자에게 발생하는 손해에 대한 온라인서비스제공자의 책임을 면제한다. 다만, 이 항의 규정은 온라인서비스제공자가 다른 사람에 의한 저작물등의 복제 · 전송으로 인하여 그 저작권 그 밖에 이 법에 따라 보호되는 권리가 침해된다는 사실을 안 때부터 제1항에 따른 중단을 요구받기 전까지 발생한 책임에는 적용하지 아니한다. <개정 2011.6.30., 2011.12.2.>

⑥ 정당한 권리 없이 제1항 및 제3항의 규정에 따른 그 저작물등의 복제 · 전송의 중단이나 재개를 요구하는 자는 그로 인하여 발생하는 손해를 배상하여야 한다.

⑦ 제1항부터 제4항까지의 규정에 따른 소명, 중단, 통보, 복제 · 전송의 재개, 수령인의 지정 및 공지 등에 관하여 필요한 사항은 대통령령으로 정한다. 이 경우 문화체육관광부장관은 관계중앙행정기관의 장과 미리 협의하여야 한다. <개정 2008.2.29., 2011.6.30.>

제103조의2(온라인서비스제공자에 대한 법원 명령의 범위) ① 법원은 제102조 제1항 제1호에 따른 요건을 충족한 온라인서비스제공자에게 제123조 제3항에 따라 필요한 조치를 명하는 경우에는 다음 각 호의 조치만을 명할 수 있다.

1. 특정 계정의 해지
2. 특정 해외 인터넷 사이트에 대한 접근을 막기 위한 합리적 조치

② 법원은 제102조 제1항 제2호부터 제4호까지의 요건을 충족한 온라인서비스제공자에게 제123조 제3항에 따라 필요한 조치를 명하는 경우에는 다음 각 호의 조치만을 명할 수 있다.

1. 불법복제물의 삭제
2. 불법복제물에 대한 접근을 막기 위한 조치
3. 특정 계정의 해지
4. 그 밖에 온라인서비스제공자에게 최소한의 부담이 되는 범위에서 법원이 필요하다고 판단하는 조치 [본조신설 2011.12.2.]

제103조의3(복제 · 전송자에 관한 정보 제공의 청구) ① 권리주장자가 민사상의 소제기 및 형사상의 고소를 위하여 해당 온라인서비스제공자에게 그 온라인서비스제공자가 가지고 있는 해당 복제 · 전송자의 성명과 주소 등 필요한 최소한의 정보 제공을 요청하였으나 온라인서비스제공자가 이를 거절한 경우 권리주장자는 문화체육관광부장관에게 해당 온라인서비스제공자에 대하여 그 정보의 제공을 명령하여 줄 것을 청구할 수 있다.

② 문화체육관광부장관은 제1항에 따른 청구가 있으면 제112조에 따른 한국저작권위원회의 심의를 거쳐 온라인서비스제공자에게 해당 복제 · 전송자의 정보를 제출하도록 명할 수 있다.

③ 온라인서비스제공자는 제2항의 명령을 받은 날부터 7일 이내에 그 정보를 문화체육관광부장관에게 제출하여야 하며, 문화체육관광부장관은 그 정보를 제1항에 따른 청구를 한 자에게 지체 없이 제공하여야 한다.

④ 제3항에 따라 해당 복제 · 전송자의 정보를 제공받은 자는 해당 정보를 제1항의 청구 목적 외의 용도로 사용하여서는 아니 된다.

⑤ 그 밖에 복제 · 전송자에 관한 정보의 제공에 필요한 사항은 대통령령으로 정한다.

제104조(특수한 유형의 온라인 서비스제공자의 의무 등) ① 다른 사람들 상호 간에 컴퓨터를 이용하여 저작물등을 전송하도록 하는 것을 주된 목적으로 하는 온라인서비스제공자(이하 "특수한 유형의 온라인서비스제공자"라 한다)는 권리자의 요청이 있는 경우 해당 저작물등의 불법적인 전송을 차단하는 기술적인 조치 등 필요한 조치를 하여야 한다. 이 경우 권리자의 요청 및 필요한 조치에 관한 사항은 대통령령으로 정한다. <개정 2009.4.22.>

② 문화체육관광부장관은 제1항의 규정에 따른 특수한 유형의 온라인서비스제공자의 범위를 정하여 고시할 수 있다. <개정 2008.2.29.>

제6장의2 기술적 보호조치의 무력화 금지 등 〈신설 2011.6.30.〉

제104조의2(기술적 보호조치의 무력화 금지) ① 누구든지 정당한 권한 없이 고의 또는 과실로 제2조제28호가목의 기술적 보호조치를 제거·변경하거나 우회하는 등의 방법으로 무력화하여서는 아니 된다. 다만, 다음 각 호의 어느 하나에 해당하는 경우에는 그러하지 아니하다.

1. 암호 분야의 연구에 종사하는 자가 저작물등의 복제물을 정당하게 취득하여 저작물등에 적용된 암호 기술의 결함이나 취약점을 연구하기 위하여 필요한 범위에서 행하는 경우. 다만, 권리자로부터 연구에 필요한 이용을 허락받기 위하여 상당한 노력을 하였으나 허락을 받지 못한 경우에 한한다.
2. 미성년자에게 유해한 온라인상의 저작물등에 미성년자가 접근하는 것을 방지하기 위하여 기술·제품·서비스 또는 장치에 기술적 보호조치를 무력화하는 구성요소나 부품을 포함하는 경우. 다만, 제2항에 따라 금지되지 아니하는 경우에 한한다.
3. 개인의 온라인상의 행위를 파악할 수 있는 개인 식별 정보를 비공개적으로 수집·유포하는 기능을 확인하고, 이를 무력화하기 위하여 필요한 경우. 다만, 다른 사람들이 저작물등에 접근하는 것에 영향을 미치는 경우는 제외한다.
4. 국가의 법집행, 합법적인 정보수집 또는 안전보장 등을 위하여 필요한 경우
5. 제25조제2항에 따른 교육기관·교육지원기관, 제31조제1항에 따른 도서관(비영리인 경우로 한정한다) 또는 「공공기록물 관리에 관한 법률」에 따른 기록물관리기관이 저작물등의 구입 여부를 결정하기 위하여 필요한 경우. 다만, 기술적 보호조치를 무력화하지 아니하고는 접근할 수 없는 경우에 한한다.
6. 정당한 권한을 가지고 프로그램을 사용하는 자가 다른 프로그램과의 호환을 위하여 필요한 범위에서 프로그램코드역분석을 하는 경우
7. 정당한 권한을 가진 자가 오로지 컴퓨터 또는 정보통신망의 보안성을 검사·조사 또는 보정하기 위하여 필요한 경우
8. 기술적 보호조치의 무력화 금지에 의하여 특정 종류의 저작물등을 정당하게 이용하는 것이 불합리하게 영향을 받거나 받을 가능성이 있다고 인정되어 대통령령으로 정하는 절차에 따라 문화체육관광부장관이 정하여 고시하는 경우. 이 경우 그 예외의 효력은 3년으로 한다.

② 누구든지 정당한 권한 없이 다음과 같은 장치, 제품 또는 부품을 제조, 수입, 배포, 전송, 판매, 대여, 공중에 대한 청약, 판매나 대여를 위한 광고, 또는 유통을 목적으로 보관 또는 소지하거나, 서비스를 제공하여서는 아니 된다.

1. 기술적 보호조치의 무력화를 목적으로 홍보, 광고 또는 판촉되는 것

2. 기술적 보호조치를 무력화하는 것 외에는 제한적으로 상업적인 목적 또는 용도만 있는 것
3. 기술적 보호조치를 무력화하는 것을 가능하게 하거나 용이하게 하는 것을 주된 목적으로 고안, 제작, 개조되거나 기능하는 것

③ 제2항에도 불구하고 다음 각 호의 어느 하나에 해당하는 경우에는 그러하지 아니하다.

1. 제2조제28호가목의 기술적 보호조치와 관련하여 제1항제1호 · 제2호 · 제4호 · 제6호 및 제7호에 해당하는 경우
2. 제2조제28호나목의 기술적 보호조치와 관련하여 제1항제4호 및 제6호에 해당하는 경우

제104조의4(암호화된 방송 신호의 무력화 등의 금지) 누구든지 다음 각 호의 어느 하나에 해당하는 행위를 하여서는 아니 된다.

1. 암호화된 방송 신호를 방송사업자의 허락 없이 복호화(復號化)하는 데에 주로 사용될 것을 알거나 과실로 알지 못하고, 그러한 목적을 가진 장치 · 제품 · 주요부품 또는 프로그램 등 유 · 무형의 조치를 제조 · 조립 · 변경 · 수입 · 수출 · 판매 · 임대하거나 그 밖의 방법으로 전달하는 행위. 다만, 제104조의2제1항제1호 · 제2호 또는 제4호에 해당하는 경우에는 그러하지 아니하다.
2. 암호화된 방송 신호가 정당한 권한에 의하여 복호화된 경우 그 사실을 알고 그 신호를 방송사업자의 허락 없이 영리를 목적으로 다른 사람에게 공중송신하는 행위
3. 암호화된 방송 신호가 방송사업자의 허락없이 복호화된 것임을 알면서 그러한 신호를 수신하여 청취 또는 시청하거나 다른 사람에게 공중송신하는 행위 [본조신설 2011.12.2.]

제104조의6(영상저작물 녹화 등의 금지) 누구든지 저작권으로 보호되는 영상저작물을 상영 중인 영화상영관등에서 저작재산권자의 허락 없이 녹화기기를 이용하여 녹화하거나 공중송신하여서는 아니 된다. [본조신설 2011.12.2.]

제104조의7(방송전 신호의 송신 금지) 누구든지 정당한 권한 없이 방송사업자에게로 송신되는 신호(공중이 직접 수신하도록 할 목적의 경우에는 제외한다)를 제3자에게 송신하여서는 아니된다. [본조신설 2011.12.2.]

제104조의8(침해의 정지 · 예방 청구 등) 저작권, 그 밖에 이 법에 따라 보호되는 권리를 가진 자는 제104조의2부터 제104조의4까지의 규정을 위반한 자에 대하여 침해의 정지 · 예방, 손해배상의 담보 또는 손해배상이나 이를 갈음하는 법정손해배상의 청구를 할 수 있으며, 고의 또는 과실 없이 제104조의2제1항의 행위를 한 자에 대하여는 침해의 정지 · 예방을 청구할 수 있다. 이 경우 제123조, 제125조, 제125조의2, 제126조 및 제129조를 준용한다.

제 7 장　저작권위탁관리업

제 8 장　한국저작권위원회 〈개정 2009.4.22.〉

제112조(한국저작권위원회의 설립) ① 저작권과 그 밖에 이 법에 따라 보호되는 권리(이하 이 장에서 "저작권"이라 한다)에 관한 사항을 심의하고 저작권에 관한 분쟁(이하 "분쟁"이라 한다)을 알선·조정하며, 저작권의 보호 및 공정한 이용에 필요한 사업을 수행하기 위하여 한국저작권위원회(이하 "위원회"라 한다)를 둔다.

② 위원회는 법인으로 한다.

③ 위원회에 관하여 이 법에서 정하지 아니한 사항에 대하여는 「민법」의 재단법인에 관한 규정을 준용한다. 이 경우 위원회의 위원은 이사로 본다.

④ 위원회가 아닌 자는 한국저작권위원회의 명칭을 사용하지 못한다. [전문개정 2009.4.22.]

제113조(업무) 위원회는 다음 각 호의 업무를 행한다. <개정 2008.2.29., 2009.4.22.>

1. 분쟁의 알선·조정
2. 제105조제6항의 규정에 따른 저작권위탁관리업자의 수수료 및 사용료의 요율 또는 금액에 관한 사항 및 문화체육관광부장관 또는 위원 3인 이상이 공동으로 부의하는 사항의 심의
3. 저작물등의 이용질서 확립 및 저작물의 공정한 이용 도모를 위한 사업
4. 저작권 보호를 위한 국제협력
5. 저작권 연구·교육 및 홍보
6. 저작권 정책의 수립 지원
7. 기술적보호조치 및 권리관리정보에 관한 정책 수립 지원
8. 저작권 정보 제공을 위한 정보관리 시스템 구축 및 운영
9. 저작권의 침해 등에 관한 감정
10. 제133조의3에 따른 온라인서비스제공자에 대한 시정권고 및 문화체육관광부장관에 대한 시정명령 요청
11. 법령에 따라 위원회의 업무로 정하거나 위탁하는 업무
12. 그 밖에 문화체육관광부장관이 위탁하는 업무

제113조의2(알선) ① 분쟁에 관한 알선을 받으려는 자는 알선신청서를 위원회에 제출하여 알선을 신청할 수 있다.

② 위원회가 제1항에 따라 알선의 신청을 받은 때에는 위원장이 위원 중에서 알선위원을 지명하여 알선을 하게 하여야 한다.

③ 알선위원은 알선으로는 분쟁해결의 가능성이 없다고 인정되는 경우에 알선을 중

단할 수 있다.

④ 알선 중인 분쟁에 대하여 이 법에 따른 조정의 신청이 있는 때에는 해당 알선은 중단된 것으로 본다.

⑤ 알선이 성립한 때에 알선위원은 알선서를 작성하여 관계 당사자와 함께 기명날인하여야 한다.

⑥ 알선의 신청 및 절차에 관하여 필요한 사항은 대통령령으로 정한다. [본조신설 2009.4.22.]

제114조(조정부) ① 위원회의 분쟁조정업무를 효율적으로 수행하기 위하여 위원회에 1인 또는 3인 이상의 위원으로 구성된 조정부를 두되, 그 중 1인은 변호사의 자격이 있는 자이어야 한다.

② 제1항의 규정에 따른 조정부의 구성 및 운영 등에 관하여 필요한 사항은 대통령령으로 정한다.

제114조의2(조정의 신청 등) ① 분쟁의 조정을 받으려는 자는 신청취지와 원인을 기재한 조정신청서를 위원회에 제출하여 그 분쟁의 조정을 신청할 수 있다.

② 제1항에 따른 분쟁의 조정은 제114조에 따른 조정부가 행한다. [본조신설 2009.4.22.]

제115조(비공개) 조정절차는 비공개를 원칙으로 한다. 다만, 조정부장은 당사자의 동의를 얻어 적당하다고 인정하는 자에게 방청을 허가할 수 있다.

제116조(진술의 원용 제한) 조정절차에서 당사자 또는 이해관계인이 한 진술은 소송 또는 중재절차에서 원용하지 못한다.

제117조(조정의 성립) ① 조정은 당사자 간에 합의된 사항을 조서에 기재함으로써 성립된다.

② 제1항의 규정에 따른 조서는 재판상의 화해와 동일한 효력이 있다. 다만, 당사자가 임의로 처분할 수 없는 사항에 관한 것은 그러하지 아니하다.

제118조(조정비용 등) ① 조정비용은 신청인이 부담한다. 다만, 조정이 성립된 경우로서 특약이 없는 때에는 당사자 각자가 균등하게 부담한다.

② 조정의 신청 및 절차, 조정비용의 납부방법에 관하여 필요한 사항은 대통령령으로 정한다. <신설 2009.4.22.>

③ 제1항의 조정비용의 금액은 위원회가 정한다. <개정 2009.4.22.> [제목개정 2009.4.22.]

제119조(감정) ① 위원회는 다음 각 호의 어느 하나에 해당하는 경우에는 감정을 실시할 수 있다. <개정 2009.4.22.>

1. 법원 또는 수사기관 등으로부터 재판 또는 수사를 위하여 저작권의 침해 등에 관한 감정을 요청받은 경우
2. 제114조의2에 따른 분쟁조정을 위하여 분쟁조정의 양 당사자로부터 프로그램

및 프로그램과 관련된 전자적 정보 등에 관한 감정을 요청받은 경우
② 제1항의 규정에 따른 감정절차 및 방법 등에 관하여 필요한 사항은 대통령령으로 정한다.
③ 위원회는 제1항의 규정에 따른 감정을 실시한 때에는 감정 수수료를 받을 수 있으며, 그 금액은 위원회가 정한다.

제 9 장 권리의 침해에 대한 구제

제123조(침해의 정지 등 청구) ① 저작권 그 밖에 이 법에 따라 보호되는 권리(제25조 · 제31조 · 제75조 · 제76조 · 제76조의2 · 제82조 · 제83조 및 제83조의2의 규정에 따른 보상을 받을 권리를 제외한다. 이하 이 조에서 같다)를 가진 자는 그 권리를 침해하는 자에 대하여 침해의 정지를 청구할 수 있으며, 그 권리를 침해할 우려가 있는 자에 대하여 침해의 예방 또는 손해배상의 담보를 청구할 수 있다. <개정 2009.3.25.>
② 저작권 그 밖에 이 법에 따라 보호되는 권리를 가진 자는 제1항의 규정에 따른 청구를 하는 경우에 침해행위에 의하여 만들어진 물건의 폐기나 그 밖의 필요한 조치를 청구할 수 있다.
③ 제1항 및 제2항의 경우 또는 이 법에 따른 형사의 기소가 있는 때에는 법원은 원고 또는 고소인의 신청에 따라 담보를 제공하거나 제공하지 아니하게 하고, 임시로 침해행위의 정지 또는 침해행위로 말미암아 만들어진 물건의 압류 그 밖의 필요한 조치를 명할 수 있다.
④ 제3항의 경우에 저작권 그 밖에 이 법에 따라 보호되는 권리의 침해가 없다는 뜻의 판결이 확정된 때에는 신청자는 그 신청으로 인하여 발생한 손해를 배상하여야 한다.

제124조(침해로 보는 행위) ① 다음 각 호의 어느 하나에 해당하는 행위는 저작권 그 밖에 이 법에 따라 보호되는 권리의 침해로 본다. <개정 2009.4.22.>

1. 수입 시에 대한민국 내에서 만들어졌더라면 저작권 그 밖에 이 법에 따라 보호되는 권리의 침해로 될 물건을 대한민국 내에서 배포할 목적으로 수입하는 행위
2. 저작권 그 밖에 이 법에 따라 보호되는 권리를 침해하는 행위에 의하여 만들어진 물건(제1호의 수입물건을 포함한다)을 그 사실을 알고 배포할 목적으로 소지하는 행위
3. 프로그램의 저작권을 침해하여 만들어진 프로그램의 복제물(제1호에 따른 수입물건을 포함한다)을 그 사실을 알면서 취득한 자가 이를 업무상 이용하는 행위

② 저작자의 명예를 훼손하는 방법으로 저작물을 이용하는 행위는 저작인격권의 침해로 본다.

③ 삭제 <2011.6.30.>

第125条(손해배상의 청구) ① 저작재산권 그 밖에 이 법에 따라 보호되는 권리(저작인격권 및 실연자의 인격권을 제외한다)를 가진 자(이하 "저작재산권자등"이라 한다)가 고의 또는 과실로 권리를 침해한 자에 대하여 그 침해행위에 의하여 자기가 받은 손해의 배상을 청구하는 경우에 그 권리를 침해한 자가 그 침해행위에 의하여 이익을 받은 때에는 그 이익의 액을 저작재산권자등이 받은 손해의 액으로 추정한다.

② 저작재산권자등이 고의 또는 과실로 그 권리를 침해한 자에 대하여 그 침해행위에 의하여 자기가 받은 손해의 배상을 청구하는 경우에 그 권리의 행사로 통상 받을 수 있는 금액에 상당하는 액을 저작재산권자등이 받은 손해의 액으로 하여 그 손해배상을 청구할 수 있다.

③ 제2항의 규정에 불구하고 저작재산권자등이 받은 손해의 액이 제2항의 규정에 따른 금액을 초과하는 경우에는 그 초과액에 대하여도 손해배상을 청구할 수 있다.

④ 등록되어 있는 저작권, 배타적발행권(제88조 및 제96조에 따라 준용되는 경우를 포함한다), 출판권, 저작인접권 또는 데이터베이스제작자의 권리를 침해한 자는 그 침해행위에 과실이 있는 것으로 추정한다. <개정 2009.4.22., 2011.12.2.>

第125条의2(법정손해배상의 청구) ① 저작재산권자등은 고의 또는 과실로 권리를 침해한 자에 대하여 사실심(事實審)의 변론이 종결되기 전에는 실제 손해액이나 제125조 또는 제126조에 따라 정하여지는 손해액을 갈음하여 침해된 각 저작물등마다 1천만원(영리를 목적으로 고의로 권리를 침해한 경우에는 5천만원) 이하의 범위에서 상당한 금액의 배상을 청구할 수 있다.

② 둘 이상의 저작물을 소재로 하는 편집저작물과 2차적저작물은 제1항을 적용하는 경우에는 하나의 저작물로 본다.

③ 저작재산권자등이 제1항에 따른 청구를 하기 위해서는 침해행위가 일어나기 전에 제53조부터 제55조까지의 규정(제90조 및 제98조에 따라 준용되는 경우를 포함한다)에 따라 그 저작물등이 등록되어 있어야 한다.

④ 법원은 제1항의 청구가 있는 경우에 변론의 취지와 증거조사의 결과를 고려하여 제1항의 범위에서 상당한 손해액을 인정할 수 있다. [본조신설 2011.12.2.]

第126条(손해액의 인정) 법원은 손해가 발생한 사실은 인정되나 제125조의 규정에 따른 손해액을 산정하기 어려운 때에는 변론의 취지 및 증거조사의 결과를 참작하여 상당한 손해액을 인정할 수 있다

第127条(명예회복 등의 청구) 저작자 또는 실연자는 고의 또는 과실로 저작인격권 또는 실연자의 인격권을 침해한 자에 대하여 손해배상에 갈음하거나 손해배상과 함께 명예회복을 위하여 필요한 조치를 청구할 수 있다.

第128条(저작자의 사망 후 인격적 이익의 보호) 저작자가 사망한 후에 그 유족(사망한 저작자의 배우자・자・부모・손・조부모 또는 형제자매를 말한다)이나 유언집행자

는 당해 저작물에 대하여 제14조제2항의 규정을 위반하거나 위반할 우려가 있는 자에 대하여는 제123조의 규정에 따른 청구를 할 수 있으며, 고의 또는 과실로 저작인격권을 침해하거나 제14조제2항의 규정을 위반한 자에 대하여는 제127조의 규정에 따른 명예회복 등의 청구를 할 수 있다.

제129조(공동저작물의 권리침해) 공동저작물의 각 저작자 또는 각 저작재산권자는 다른 저작자 또는 다른 저작재산권자의 동의 없이 제123조의 규정에 따른 청구를 할 수 있으며 그 저작재산권의 침해에 관하여 자신의 지분에 관한 제125조의 규정에 따른 손해배상의 청구를 할 수 있다.

제129조의2(정보의 제공) ① 법원은 저작권, 그 밖에 이 법에 따라 보호되는 권리의 침해에 관한 소송에서 당사자의 신청에 따라 증거를 수집하기 위하여 필요하다고 인정되는 경우에는 다른 당사자에 대하여 그가 보유하고 있거나 알고 있는 다음 각 호의 정보를 제공하도록 명할 수 있다.

1. 침해 행위나 불법복제물의 생산 및 유통에 관련된 자를 특정할 수 있는 정보
2. 불법복제물의 생산 및 유통 경로에 관한 정보

② 제1항에도 불구하고 다른 당사자는 다음 각 호의 어느 하나에 해당하는 경우에는 정보의 제공을 거부할 수 있다.

1. 다음 각 목의 어느 하나에 해당하는 자가 공소 제기되거나 유죄판결을 받을 우려가 있는 경우
   가. 다른 당사자
   나. 다른 당사자의 친족이거나 친족 관계가 있었던 자
   다. 다른 당사자의 후견인
2. 영업비밀(「부정경쟁방지 및 영업비밀 보호에 관한 법률」 제2조제2호의 영업비밀을 말한다. 이하 같다) 또는 사생활을 보호하기 위한 경우이거나 그 밖에 정보의 제공을 거부할 수 있는 정당한 사유가 있는 경우

③ 다른 당사자가 정당한 이유 없이 정보제공 명령에 따르지 아니한 경우에는 법원은 정보에 관한 당사자의 주장을 진실한 것으로 인정할 수 있다.

④ 법원은 제2항제2호에 규정된 정당한 사유가 있는지를 판단하기 위하여 필요하다고 인정되는 경우에는 다른 당사자에게 정보를 제공하도록 요구할 수 있다. 이 경우 정당한 사유가 있는지를 판단하기 위하여 정보제공을 신청한 당사자 또는 그의 대리인의 의견을 특별히 들을 필요가 있는 경우 외에는 누구에게도 그 제공된 정보를 공개하여서는 아니 된다.

제129조의3(비밀유지명령) ① 법원은 저작권, 그 밖에 이 법에 따라 보호되는 권리(제25조, 제31조, 제75조, 제76조, 제76조의2, 제82조, 제83조, 제83조의2 및 제101조의3에 따른 보상을 받을 권리는 제외한다. 이하 이 조에서 같다)의 침해에 관한 소송에서 그 당사자가 보유한 영업비밀에 대하여 다음 각 호의 사유를 모두 소명한 경우에

는 그 당사자의 신청에 따라 결정으로 다른 당사자, 당사자를 위하여 소송을 대리하는 자, 그 밖에 해당 소송으로 인하여 영업비밀을 알게 된 자에게 해당 영업비밀을 해당 소송의 계속적인 수행 외의 목적으로 사용하거나 해당 영업비밀에 관계된 이 항에 따른 명령을 받은 자 외의 자에게 공개하지 아니할 것을 명할 수 있다. 다만, 그 신청 시까지 다른 당사자, 당사자를 위하여 소송을 대리하는 자, 그 밖에 해당 소송으로 인하여 영업비밀을 알게 된 자가 제1호에 따른 준비서면의 열람 및 증거조사 외의 방법으로 해당 영업비밀을 이미 취득한 경우에는 그러하지 아니하다.

1. 이미 제출하였거나 제출하여야 할 준비서면 또는 이미 조사하였거나 조사하여야 할 증거(제129조의2제4항에 따라 제공된 정보를 포함한다)에 영업비밀이 포함되어 있다는 것
2. 제1호의 영업비밀이 해당 소송수행 외의 목적으로 사용되거나 공개되면 당사자의 영업에 지장을 줄 우려가 있어 이를 방지하기 위하여 영업비밀의 사용 또는 공개를 제한할 필요가 있다는 것

② 제1항에 따른 명령(이하 "비밀유지명령"이라 한다)의 신청은 다음 각 호의 사항을 적은 서면으로 하여야 한다.

1. 비밀유지명령을 받을 자
2. 비밀유지명령의 대상이 될 영업비밀을 특정하기에 충분한 사실
3. 제1항 각 호의 사유에 해당하는 사실

③ 비밀유지명령이 결정된 경우에는 그 결정서를 비밀유지명령을 받은 자에게 송달하여야 한다.

④ 비밀유지명령은 제3항의 결정서가 비밀유지명령을 받은 자에게 송달된 때부터 효력이 발생한다.

⑤ 비밀유지명령의 신청을 기각하거나 각하한 재판에 대하여는 즉시항고를 할 수 있다.

제129조의4(비밀유지명령의 취소) ① 비밀유지명령을 신청한 자나 비밀유지명령을 받은 자는 제129조의3제1항에서 규정한 요건을 갖추지 못하였거나 갖추지 못하게 된 경우 소송기록을 보관하고 있는 법원(소송기록을 보관하고 있는 법원이 없는 경우에는 비밀유지명령을 내린 법원을 말한다)에 취소를 신청할 수 있다.

② 비밀유지명령의 취소신청에 대한 재판이 있는 경우에는 그 결정서를 그 신청인과 상대방에게 송달하여야 한다.

③ 비밀유지명령의 취소신청에 대한 재판에 대하여는 즉시항고를 할 수 있다.

④ 비밀유지명령을 취소하는 재판은 확정되어야 그 효력이 발생한다.

⑤ 비밀유지명령을 취소하는 재판을 한 법원은 비밀유지명령의 취소신청을 한 자와 상대방 외에 해당 영업비밀에 관한 비밀유지명령을 받은 자가 있는 경우에는 그 자에게 즉시 비밀유지명령의 취소재판을 한 취지를 통지하여야 한다.[본조신설 2011.12.2.]

第129조의5(소송기록 열람 등 신청의 통지 등) ① 비밀유지명령이 내려진 소송(비밀유지명령이 모두 취소된 소송은 제외한다)에 관한 소송기록에 대하여 「민사소송법」 제163조제1항의 결정이 있었던 경우, 당사자가 같은 항에 규정하는 비밀 기재 부분의 열람 등을 해당 소송에서 비밀유지명령을 받지 아니한 자를 통하여 신청한 경우에는 법원서기관·법원사무관·법원주사 또는 법원주사보(이하 이 조에서 "법원사무관등"이라 한다)는 「민사소송법」 제163조제1항의 신청을 한 당사자(그 열람 등의 신청을 한 자는 제외한다)에게 그 열람 등의 신청 직후에 그 신청이 있었던 취지를 통지하여야 한다.

② 제1항의 경우 법원사무관등은 제1항의 신청이 있었던 날부터 2주일이 지날 때까지(그 신청 절차를 행한 자에 대한 비밀유지명령 신청이 그 기간 내에 행하여진 경우에 대하여는 그 신청에 대한 재판이 확정되는 시점까지를 말한다) 그 신청 절차를 행한 자에게 제1항의 비밀 기재 부분의 열람 등을 하게 하여서는 아니 된다.

③ 제2항은 제1항의 열람 등의 신청을 한 자에게 제1항의 비밀 기재 부분의 열람 등을 하게 하는 것에 대하여 「민사소송법」 제163조제1항의 신청을 한 당사자 모두의 동의가 있는 경우에는 적용하지 아니한다. [본조신설 2011.12.2.]

제 10 장 보 칙

第133조(불법 복제물의 수거·폐기 및 삭제) ① 문화체육관광부장관, 특별시장·광역시장·도지사·특별자치도지사 또는 시장·군수·구청장(자치구의 구청장을 말한다)은 저작권 그 밖에 이 법에 따라 보호되는 권리를 침해하는 복제물(정보통신망을 통하여 전송되는 복제물은 제외한다) 또는 저작물등의 기술적 보호조치를 무력하게 하기 위하여 제작된 기기·장치·정보 및 프로그램을 발견한 때에는 대통령령으로 정한 절차 및 방법에 따라 관계공무원으로 하여금 이를 수거·폐기 또는 삭제하게 할 수 있다. <개정 2008.2.29., 2009.4.22.>

② 문화체육관광부장관은 제1항의 규정에 따른 업무를 대통령령이 정한 단체에 위탁할 수 있다. 이 경우 이에 종사하는 자는 공무원으로 본다. <개정 2008.2.29.>

③ 문화체육관광부장관은 제1항 및 제2항에 따라 관계 공무원 등이 수거·폐기 또는 삭제를 하는 경우 필요한 때에는 관련 단체에 협조를 요청할 수 있다. <개정 2008.2.29., 2009.4.22.>

④ 삭제 <2009.4.22.>

⑤ 문화체육관광부장관은 제1항에 따른 업무를 위하여 필요한 기구를 설치·운영할 수 있다.

⑥ 제1항부터 제3항까지의 규정이 다른 법률의 규정과 경합하는 경우에는 이 법을 우선하여 적용한다. <개정 2009.4.22.>

제133조의2(정보통신망을 통한 불법복제물등의 삭제명령 등) ① 문화체육관광부장관은 정보통신망을 통하여 저작권이나 그 밖에 이 법에 따라 보호되는 권리를 침해하는 복제물 또는 정보, 기술적 보호조치를 무력하게 하는 프로그램 또는 정보(이하 "불법복제물등"이라 한다)가 전송되는 경우에 위원회의 심의를 거쳐 대통령령으로 정하는 바에 따라 온라인서비스제공자에게 다음 각 호의 조치를 할 것을 명할 수 있다.

1. 불법복제물등의 복제·전송자에 대한 경고
2. 불법복제물등의 삭제 또는 전송 중단

② 문화체육관광부장관은 제1항제1호에 따른 경고를 3회 이상 받은 복제·전송자가 불법복제물등을 전송한 경우에는 위원회의 심의를 거쳐 대통령령으로 정하는 바에 따라 온라인서비스제공자에게 6개월 이내의 기간을 정하여 해당 복제·전송자의 계정(이메일 전용 계정은 제외하며, 해당 온라인서비스제공자가 부여한 다른 계정을 포함한다. 이하 같다)을 정지할 것을 명할 수 있다. <개정 2011.12.2.>

③ 제2항에 따른 명령을 받은 온라인서비스제공자는 해당 복제·전송자의 계정을 정지하기 7일 전에 대통령령으로 정하는 바에 따라 해당 계정이 정지된다는 사실을 해당 복제·전송자에게 통지하여야 한다.

④ 문화체육관광부장관은 온라인서비스제공자의 정보통신망에 개설된 게시판(「정보통신망 이용촉진 및 정보보호 등에 관한 법률」 제2조제1항제9호의 게시판 중 상업적 이익 또는 이용 편의를 제공하는 게시판을 말한다. 이하 같다) 중 제1항제2호에 따른 명령이 3회 이상 내려진 게시판으로서 해당 게시판의 형태, 게시되는 복제물의 양이나 성격 등에 비추어 해당 게시판이 저작권 등의 이용질서를 심각하게 훼손한다고 판단되는 경우에는 위원회의 심의를 거쳐 대통령령으로 정하는 바에 따라 온라인서비스제공자에게 6개월 이내의 기간을 정하여 해당 게시판 서비스의 전부 또는 일부의 정지를 명할 수 있다.

⑤ 제4항에 따른 명령을 받은 온라인서비스제공자는 해당 게시판의 서비스를 정지하기 10일 전부터 대통령령으로 정하는 바에 따라 해당 게시판의 서비스가 정지된다는 사실을 해당 온라인서비스제공자의 인터넷 홈페이지 및 해당 게시판에 게시하여야 한다.

⑥ 온라인서비스제공자는 제1항에 따른 명령을 받은 경우에는 명령을 받은 날부터 5일 이내에, 제2항에 따른 명령을 받은 경우에는 명령을 받은 날부터 10일 이내에, 제4항에 따른 명령을 받은 경우에는 명령을 받은 날부터 15일 이내에 그 조치결과를 대통령령으로 정하는 바에 따라 문화체육관광부장관에게 통보하여야 한다.

⑦ 문화체육관광부장관은 제1항, 제2항 및 제4항의 명령의 대상이 되는 온라인서비스제공자와 제2항에 따른 명령과 직접적인 이해관계가 있는 복제·전송자 및 제4항에 따른 게시판의 운영자에게 사전에 의견제출의 기회를 주어야 한다. 이 경우 「행정절차법」 제22조제4항부터 제6항까지 및 제27조를 의견제출에 관하여 준용한다.

⑧ 문화체육관광부장관은 제1항, 제2항 및 제4항에 따른 업무를 수행하기 위하여 필요한 기구를 설치·운영할 수 있다.[본조신설 2009.4.22.]

제133조의3(시정권고 등) ① 위원회는 온라인서비스제공자의 정보통신망을 조사하여 불법복제물등이 전송된 사실을 발견한 경우에는 이를 심의하여 온라인서비스제공자에 대하여 다음 각 호에 해당하는 시정 조치를 권고할 수 있다.

1. 불법복제물등의 복제·전송자에 대한 경고
2. 불법복제물등의 삭제 또는 전송 중단
3. 반복적으로 불법복제물등을 전송한 복제·전송자의 계정 정지

② 온라인서비스제공자는 제1항제1호 및 제2호에 따른 권고를 받은 경우에는 권고를 받은 날부터 5일 이내에, 제1항제3호의 권고를 받은 경우에는 권고를 받은 날부터 10일 이내에 그 조치결과를 위원회에 통보하여야 한다.

③ 위원회는 온라인서비스제공자가 제1항에 따른 권고에 따르지 아니하는 경우에는 문화체육관광부장관에게 제133조의2제1항 및 제2항에 따른 명령을 하여 줄 것을 요청할 수 있다.

④ 제3항에 따라 문화체육관광부장관이 제133조의2제1항 및 제2항에 따른 명령을 하는 경우에는 위원회의 심의를 요하지 아니한다.[본조신설 2009.4.22.]

제 11 장 벌 칙

제136조(벌칙) ① 다음 각 호의 어느 하나에 해당하는 자는 5년 이하의 징역 또는 5천만원 이하의 벌금에 처하거나 이를 병과할 수 있다. <개정 2011.12.2.>

1. 저작재산권, 그 밖에 이 법에 따라 보호되는 재산적 권리(제93조에 따른 권리는 제외한다)를 복제, 공연, 공중송신, 전시, 배포, 대여, 2차적저작물 작성의 방법으로 침해한 자
2. 제129조의3제1항에 따른 법원의 명령을 정당한 이유 없이 위반한 자

② 다음 각 호의 어느 하나에 해당하는 자는 3년 이하의 징역 또는 3천만원 이하의 벌금에 처하거나 이를 병과할 수 있다. <개정 2009.4.22., 2011.6.30., 2011.12.2.>

1. 저작인격권 또는 실연자의 인격권을 침해하여 저작자 또는 실연자의 명예를 훼손한 자
2. 제53조 및 제54조(제90조 및 제98조에 따라 준용되는 경우를 포함한다)에 따른 등록을 거짓으로 한 자
3. 제93조에 따라 보호되는 데이터베이스제작자의 권리를 복제·배포·방송 또는 전송의 방법으로 침해한 자

3의2. 제103조의3제4항을 위반한 자

3의3. 업으로 또는 영리를 목적으로 제104조의2제1항 또는 제2항을 위반한 자

3의4. 업으로 또는 영리를 목적으로 제104조의3제1항을 위반한 자. 다만, 과실로 저작권 또는 이 법에 따라 보호되는 권리 침해를 유발 또는 은닉한다는 사실을 알지 못한 자는 제외한다.

3의5. 제104조의4제1호 또는 제2호에 해당하는 행위를 한 자

3의6. 제104조의5를 위반한 자

3의7. 제104조의7을 위반한 자

4. 제124조제1항에 따른 침해행위로 보는 행위를 한 자

5. 삭제 <2011.6.30.>

6. 삭제 <2011.6.30.> [제목개정 2011.12.2.]

제137조(벌칙) ① 다음 각 호의 어느 하나에 해당하는 자는 1년 이하의 징역 또는 1천만원 이하의 벌금에 처한다. <개정 2009.4.22., 2011.12.2.>

1. 저작자 아닌 자를 저작자로 하여 실명·이명을 표시하여 저작물을 공표한 자

2. 실연자 아닌 자를 실연자로 하여 실명·이명을 표시하여 실연을 공연 또는 공중송신하거나 복제물을 배포한 자

3. 제14조제2항을 위반한 자

3의2. 제104조의4제3호에 해당하는 행위를 한 자

3의3. 제104조의6을 위반한 자

4. 제105조제1항에 따른 허가를 받지 아니하고 저작권신탁관리업을 한 자

5. 제124조제2항에 따라 침해행위로 보는 행위를 한 자

6. 자신에게 정당한 권리가 없음을 알면서 고의로 제103조제1항 또는 제3항에 따른 복제·전송의 중단 또는 재개요구를 하여 온라인서비스제공자의 업무를 방해한 자

7. 제55조의2(제90조 및 제98조에 따라 준용되는 경우를 포함한다)를 위반한 자

② 제1항제3호의3의 미수범은 처벌한다. <신설 2011.12.2.> [제목개정 2011.12.2.]

제138조(벌칙) 다음 각 호의 어느 하나에 해당하는 자는 500만원 이하의 벌금에 처한다.

1. 제35조 제4항을 위반한 자

2. 제37조(제87조 및 제94조에 따라 준용되는 경우를 포함한다)를 위반하여 출처를 명시하지 아니한 자

3. 제58조 제3항(제63조의2, 제88조 및 제96조에 따라 준용되는 경우를 포함한다)을 위반하여 저작재산권자의 표지를 하지 아니한 자

4. 제58조의2 제2항(제63조의2, 제88조 및 제96조에 따라 준용되는 경우를 포함한다)을 위반하여 저작자에게 알리지 아니한 자

5. 제105조제1항에 따른 신고를 하지 아니하고 저작권대리중개업을 하거나, 제109조제2항에 따른 영업의 폐쇄명령을 받고 계속 그 영업을 한 자[제목개정 2011.12.2.]

제139조(몰수) 저작권, 그 밖에 이 법에 따라 보호되는 권리를 침해하여 만들어진 복제물과 그 복제물의 제작에 주로 사용된 도구나 재료 중 그 침해자·인쇄자·배포자

또는 공연자의 소유에 속하는 것은 몰수한다. <개정 2011.12.2.> [전문개정 2011.6.30.]

제140조(고소) 이 장의 죄에 대한 공소는 고소가 있어야 한다. 다만, 다음 각 호의 어느 하나에 해당하는 경우에는 그러하지 아니하다. <개정 2009.4.22., 2011.12.2.>

1. 영리를 목적으로 또는 상습적으로 제136조제1항제1호, 제136조제2항제3호 및 제4호(제124조제1항제3호의 경우에는 피해자의 명시적 의사에 반하여 처벌하지 못한다)에 해당하는 행위를 한 경우
2. 제136조제2항제2호 및 제3호의2부터 제3호의7까지, 제137조제1항제1호부터 제4호까지, 제6호 및 제7호와 제138조제5호의 경우
3. 삭제 <2011.12.2.>

제141조(양벌규정) 법인의 대표자나 법인 또는 개인의 대리인·사용인 그 밖의 종업원이 그 법인 또는 개인의 업무에 관하여 이 장의 죄를 범한 때에는 행위자를 벌하는 외에 그 법인 또는 개인에 대하여도 각 해당조의 벌금형을 과한다. 다만, 법인 또는 개인이 그 위반행위를 방지하기 위하여 해당 업무에 관하여 상당한 주의와 감독을 게을리하지 아니한 경우에는 그러하지 아니하다. <개정 2009.4.22.>

부칙 〈제12137호, 2013.12.30.〉

이 법은 공포 후 6개월이 경과한 날부터 시행한다.

2. 방송법 및 IPTV법[발췌]

방송법
[시행 2015.3.15.] [법률 제13220호, 2015.3.13., 일부개정]

제1장 총 칙

제1조(목적) 이 법은 방송의 자유와 독립을 보장하고 방송의 공적 책임을 높임으로써 시청자의 권익보호와 민주적 여론형성 및 국민문화의 향상을 도모하고 방송의 발전과 공공복리의 증진에 이바지함을 목적으로 한다.

제2조(용어의 정의) 이 법에서 사용하는 용어의 정의는 다음과 같다. <최종개정 2015.3.13.>

1. "방송"이라 함은 방송프로그램을 기획·편성 또는 제작하여 이를 공중(개별계약에 의한 수신자를 포함하며, 이하 "시청자"라 한다)에게 전기통신설비에 의하여 송신하는 것으로서 다음 각목의 것을 말한다.
   가. 텔레비전방송: 정지 또는 이동하는 사물의 순간적 영상과 이에 따르는 음성·음향 등으로 이루어진 방송프로그램을 송신하는 방송
   나. 라디오방송: 음성·음향 등으로 이루어진 방송프로그램을 송신하는 방송
   다. 데이터방송: 방송사업자의 채널을 이용하여 데이터(문자·숫자·도형·도표·이미지 그 밖의 정보체계를 말한다)를 위주로 하여 이에 따르는 영상·음성·음향 및 이들의 조합으로 이루어진 방송프로그램을 송신하는 방송(인터넷 등 통신망을 통하여 제공하거나 매개하는 경우를 제외한다. 이하 같다)
   라. 이동멀티미디어방송: 이동중 수신을 주목적으로 다채널을 이용하여 텔레비전방송·라디오방송 및 데이터방송을 복합적으로 송신하는 방송
2. "방송사업"이라 함은 방송을 행하는 다음 각목의 사업을 말한다.
   가. 지상파방송사업: 방송을 목적으로 하는 지상의 무선국을 관리·운영하며 이를 이용하여 방송을 행하는 사업
   나. 종합유선방송사업: 종합유선방송국(다채널방송을 행하기 위한 유선방송국설비와 그 종사자의 총체를 말한다. 이하 같다)을 관리·운영하며 전송·선로설비를 이용하여 방송을 행하는 사업
   다. 위성방송사업: 인공위성의 무선설비를 소유 또는 임차하여 무선국을 관리·운영하며 이를 이용하여 방송을 행하는 사업
   라. 방송채널사용사업: 지상파방송사업자·종합유선방송사업자 또는 위성방송사업자와 특정채널의 전부 또는 일부 시간에 대한 전용사용계약을 체결하여 그 채널을 사용하는 사업

3. "방송사업자"라 함은 다음 각목의 자를 말한다.

가. 지상파방송사업자: 지상파방송사업을 하기 위하여 제9조제1항의 규정에 의하여 허가를 받은 자

나. 종합유선방송사업자: 종합유선방송사업을 하기 위하여 제9조제2항의 규정에 의하여 허가를 받은 자

다. 위성방송사업자: 위성방송사업을 하기 위하여 제9조제2항에 따라 허가를 받은 자

라. 방송채널사용사업자: 방송채널사용사업을 하기 위하여 제9조제5항의 규정에 의하여 등록을 하거나 승인을 얻은 자

마. 공동체라디오방송사업자: 공중선전력 10와트 이하로 공익목적으로 라디오방송을 하기 위하여 제9조제11항의 규정에 의하여 허가를 받은 자

4. "중계유선방송"이란 지상파방송(방송을 목적으로 하는 지상의 무선국을 이용하여 하는 방송을 말한다. 이하 같다) 등을 수신하여 중계송신(방송편성을 변경하지 아니하는 녹음・녹화를 포함한다. 이하 같다)하는 것을 말한다. [시행일: 2015.9.14.]

5. "중계유선방송사업"이라 함은 중계유선방송을 행하는 사업을 말한다.

6. "중계유선방송사업자"라 함은 중계유선방송사업을 하기 위하여 제9조제2항의 규정에 의하여 허가를 받은 자를 말한다.

7. "음악유선방송"이라 함은 「음악산업진흥에 관한 법률」에 따라 판매・배포되는 음반에 수록된 음악을 송신하는 것을 말한다.

8. "음악유선방송사업"이라 함은 음악유선방송을 행하는 사업을 말한다.

9. "음악유선방송사업자"라 함은 음악유선방송사업을 하기 위하여 제9조제5항의 규정에 의하여 등록을 한 자를 말한다.

10. "전광판방송"이라 함은 상시 또는 일정기간 계속하여 전광판에 보도를 포함하는 방송프로그램을 표출하는 것을 말한다.

11. "전광판방송사업"이라 함은 전광판방송을 행하는 사업을 말한다.

12. "전광판방송사업자"라 함은 전광판방송사업을 하기 위하여 제9조제5항의 규정에 의하여 등록을 한 자를 말한다.

13. "전송망사업"이라 함은 방송프로그램을 종합유선방송국으로부터 시청자에게 전송하기 위하여 유・무선 전송・선로설비를 설치・운영하는 사업을 말한다.

14. "전송망사업자"라 함은 전송망사업을 하기 위하여 제9조제10항의 규정에 의하여 등록을 한 자를 말한다.

15. "방송편성"이라 함은 방송되는 사항의 종류・내용・분량・시각・배열을 정하는 것을 말한다.

16. "방송분야"라 함은 보도・교양・오락등으로 방송프로그램의 영역을 분류한 것을 말한다.

17. “방송프로그램”이라 함은 방송편성의 단위가 되는 방송내용물을 말한다.
18. “종합편성”이라 함은 보도・교양・오락등 다양한 방송분야 상호간에 조화를 이루도록 방송프로그램을 편성하는 것을 말한다.
19. “전문편성”이라 함은 특정 방송분야의 방송프로그램을 전문적으로 편성하는 것을 말한다.
20. “유료방송”이라 함은 시청자와의 계약에 의하여 수개의 채널단위・채널별 또는 방송프로그램별로 대가를 받고 제공하는 방송을 말한다.
20의2. “채널”이라 함은 동일한 주파수 대역을 통해서 연속적인 흐름 또는 정보체계의 형태로 제공되어지는 텔레비전방송, 라디오방송 또는 데이터방송의 단위를 말한다.
21. “방송광고”라 함은 광고를 목적으로 하는 방송내용물을 말한다.
22. “협찬고지”라 함은 타인으로부터 방송프로그램의 제작에 직접적・간접적으로 필요한 경비・물품・용역・인력 또는 장소등을 제공받고 그 타인의 명칭 또는 상호등을 고지하는 것을 말한다.
23. “방송편성책임자”라 함은 방송편성에 대하여 결정을 하고 책임을 지는 자를 말한다.
24. “보도”라 함은 국내외 정치・경제・사회・문화 등의 전반에 관하여 시사적인 취재보도・논평・해설 등의 방송프로그램을 편성하는 것을 말한다.
25. “보편적 시청권”이라 함은 국민적 관심이 매우 큰 체육경기대회 그 밖의 주요행사 등에 관한 방송을 일반 국민이 시청할 수 있는 권리를 말한다.

제3조(시청자의 권익보호) 방송사업자는 시청자가 방송프로그램의 기획・편성 또는 제작에 관한 의사결정에 참여할 수 있도록 하여야 하고, 방송의 결과가 시청자의 이익에 합치하도록 하여야 한다.

제4조(방송편성의 자유와 독립) ① 방송편성의 자유와 독립은 보장된다.
② 누구든지 방송편성에 관하여 이 법 또는 다른 법률에 의하지 아니하고는 어떠한 규제나 간섭도 할 수 없다.
③ 방송사업자는 방송편성책임자를 선임하고, 그 성명을 방송시간내에 매일 1회 이상 공표하여야 하며, 방송편성책임자의 자율적인 방송편성을 보장하여야 한다.
④ 종합편성 또는 보도에 관한 전문편성을 행하는 방송사업자는 방송프로그램제작의 자율성을 보장하기 위하여 취재 및 제작 종사자의 의견을 들어 방송편성규약을 제정하고 이를 공표하여야 한다.

제5조(방송의 공적 책임) ① 방송은 인간의 존엄과 가치 및 민주적 기본질서를 존중하여야 한다.
② 방송은 국민의 화합과 조화로운 국가의 발전 및 민주적 여론형성에 이바지하여야 하며 지역간・세대간・계층간・성별간의 갈등을 조장하여서는 아니된다.
③ 방송은 타인의 명예를 훼손하거나 권리를 침해하여서는 아니된다.

④ 방송은 범죄 및 부도덕한 행위나 사행심을 조장하여서는 아니된다.
⑤ 방송은 건전한 가정생활과 아동 및 청소년의 선도에 나쁜 영향을 끼치는 음란·퇴폐 또는 폭력을 조장하여서는 아니된다.

제6조(방송의 공정성과 공익성) ① 방송에 의한 보도는 공정하고 객관적이어야 한다.
② 방송은 성별·연령·직업·종교·신념·계층·지역·인종등을 이유로 방송편성에 차별을 두어서는 아니 된다. 다만, 종교의 선교에 관한 전문편성을 행하는 방송사업자가 그 방송분야의 범위 안에서 방송을 하는 경우에는 그러하지 아니하다.
③ 방송은 국민의 윤리적·정서적 감정을 존중하여야 하며, 국민의 기본권 옹호 및 국제친선의 증진에 이바지하여야 한다.
④ 방송은 국민의 알권리와 표현의 자유를 보호·신장하여야 한다.
⑤ 방송은 상대적으로 소수이거나 이익추구의 실현에 불리한 집단이나 계층의 이익을 충실하게 반영하도록 노력하여야 한다.
⑥ 방송은 지역사회의 균형 있는 발전과 민족문화의 창달에 이바지하여야 한다.
⑦ 방송은 사회교육기능을 신장하고, 유익한 생활정보를 확산·보급하며, 국민의 문화생활의 질적 향상에 이바지하여야 한다.
⑧ 방송은 표준말의 보급에 이바지하여야 하며 언어순화에 힘써야 한다.
⑨ 방송은 정부 또는 특정 집단의 정책등을 공표함에 있어 의견이 다른 집단에게 균등한 기회가 제공되도록 노력하여야 하고, 또한 각 정치적 이해 당사자에 관한 방송프로그램을 편성함에 있어서도 균형성이 유지되도록 하여야 한다.

제7조(적용범위) 방송에 관하여는 다른 법률에 특별한 규정이 있는 경우를 제외하고는 이 법이 정하는 바에 의한다.

제 2 장 방송사업자등

제8조(소유제한등) ① 방송사업자가 주식을 발행하는 경우에는 기명식으로 하여야 한다.
② 누구든지 대통령령이 정하는 특수한 관계에 있는 자(이하 “특수관계자”라 한다)가 소유하는 주식 또는 지분을 포함하여 지상파방송사업자 및 종합편성 또는 보도에 관한 전문편성을 행하는 방송채널사용사업자의 주식 또는 지분 총수의 100분의 40을 초과하여 소유할 수 없다. 다만, 다음 각호의 1에 해당하는 경우에는 그러하지 아니하다. <최종개정 2009.7.31.>

1. 국가 또는 지방자치단체가 방송사업자의 주식 또는 지분을 소유하는 경우
2. 「방송문화진흥회법」에 의하여 설립된 방송문화진흥회가 방송사업자의 주식 또는 지분을 소유하는 경우
3. 종교의 선교를 목적으로 하는 방송사업자에 출자하는 경우

③ 제2항의 규정에 불구하고 독점규제및공정거래에관한법률 제2조제2호의 규정에

의한 기업집단중 자산총액 등 대통령령이 정하는 기준에 해당하는 기업집단에 속하는 회사(이하 "대기업"이라 한다)와 그 계열회사(특수관계자를 포함한다) 또는 정기간행물의등록등에관한법률에 의한 일간신문이나 뉴스통신진흥에관한법률의 규정에 의한 뉴스통신(이하 "뉴스통신"이라 한다)을 경영하는 법인(특수관계자를 포함한다)은 지상파방송사업자의 주식 또는 지분 총수의 100분의 10을 초과하여 소유할 수 없으며, 종합편성 또는 보도에 관한 전문편성을 행하는 방송채널사용사업자의 주식 또는 지분 총수의 100분의 30을 초과하여 소유할 수 없다.

④ 지상파방송사업자, 종합편성 또는 보도에 관한 전문편성을 행하는 방송채널사용사업자의 주식 또는 지분을 소유하고자 하는 일간신문을 경영하는 법인(특수관계자를 포함한다)은 경영의 투명성을 위하여 대통령령으로 정하는 바에 따라 전체 발행부수, 유가 판매부수 등의 자료를 방송통신위원회에 제출하여 공개하여야 하며, 제3항에도 불구하고 일간신문의 구독률(대통령령으로 정하는 바에 따라 전체 가구 중 일정 기간 동안 특정 일간신문을 유료로 구독하는 가구가 차지하는 비율을 말한다. 이하 같다)이 100분의 20 이상인 경우에는 지상파방송사업 및 종합편성 또는 보도에 관한 전문편성을 행하는 방송채널사용사업을 겸영하거나 주식 또는 지분을 소유할 수 없다. <신설 2009.7.31.>

⑤ 「신문 등의 진흥에 관한 법률」에 따른 일간신문이나 뉴스통신을 경영하는 법인(각 특수관계자를 포함한다)은 종합유선방송사업자 및 위성방송사업자의 주식 또는 지분 총수의 100분의 49를 초과하여 소유할 수 없다. <개정 2007.1.26. 2009.7.31.>

⑥ 지상파방송사업자·종합유선방송사업자 및 위성방송사업자는 시장점유율 또는 사업자수등을 고려하여 대통령령이 정하는 범위를 초과하여 상호 겸영하거나 그 주식 또는 지분을 소유할 수 없다. <개정 2009.7.31.>

⑦ 지상파방송사업자·종합유선방송사업자·위성방송사업자·방송채널사용사업자 및 전송망사업자는 시장점유율, 방송분야 또는 사업자수등을 고려하여 대통령령이 정하는 범위를 초과하여 상호 겸영하거나 그 주식 또는 지분을 소유할 수 없다. <최종개정 2009.7.31.>

⑧ 지상파방송사업자·종합유선방송사업자 또는 위성방송사업자는 시장점유율 또는 사업자수 등을 고려하여 대통령령이 정하는 범위를 초과하여 지상파방송사업자는 다른 지상파방송사업, 종합유선방송사업자는 다른 종합유선방송사업, 위성방송사업자는 다른 위성방송사업을 겸영하거나 그 주식 또는 지분을 소유할 수 없다. 다만,「방송문화진흥회법」에 따라 설립된 방송문화진흥회가 최다출자자인 지상파방송사업자가 이 법 시행 당시 계열회사 관계에 있는 다른 지상파방송사업자의 주식 또는 지분을 소유하는 경우에는 그러하지 아니하다.

⑨ 방송채널사용사업자는 시장점유율 또는 사업자수등을 고려하여 대통령령이 정하는 범위를 초과하여 다른 방송채널사용사업을 겸영하거나 그 주식 또는 지분을 소유

할 수 없다.
⑩정당은 방송사업자의 주식 또는 지분을 소유할 수 없다. <개정 2004.3.12., 2009.7.31.>
⑪제6항부터 제9항까지의 규정에 의한 겸영금지 및 소유제한 대상자에는 그의 특수관계자를 포함한다. <개정 2009.7.31.>
⑫제2항 내지 제10항의 규정을 위반하여 주식 또는 지분을 소유한 자는 그 소유분 또는 초과분에 대한 의결권을 행사할 수 없다. <개정 2009.7.31.>
⑬ 미래창조과학부장관 또는 방송통신위원회는 다음 각 호의 구분에 따라 해당 규정을 위반한 자에게 6개월 이내의 기간을 정하여 위반 사항을 시정할 것을 명할 수 있다.

1. 미래창조과학부장관
   가. 제5항을 위반한 자
   나. 제6항부터 제9항까지의 규정을 위반한 자(제14조제6항제2호에 해당하는 방송사업자 외의 방송사업자와 전송망사업자로 한정한다)
2. 방송통신위원회
   가. 제2항부터 제4항까지의 규정, 제10항, 제14항 및 제15항을 위반한 자
   나. 제6항부터 제9항까지의 규정을 위반한 자(제14조제6항제2호에 해당하는 방송사업자로 한정한다)

⑭ 다음 각 호의 어느 하나에 해당하는 자는 공동체라디오방송사업자가 될 수 없다. <신설>

1. 대한민국 정부
2. 지방자치단체
3. 종교단체
4. 정당
5. 영리를 목적으로 공동체라디오방송사업을 영위하려는 자

⑮ 공동체라디오방송사업자는 1개를 초과하여 방송국을 소유할 수 없다. <신설 2009.7.31.>
⑯ 특정 종합유선방송사업자는 해당 사업자와 특수관계자인 다음 각 호의 방송사업자를 합산하여 종합유선방송, 위성방송, 「인터넷 멀티미디어 방송사업법」 제2조제1호에 따른 인터넷 멀티미디어 방송을 포함한 전체 유료방송사업 가입자 수의 3분의 1을 초과하여 서비스를 제공할 수 없다.

1. 종합유선방송사업자
2. 위성방송사업자
3. 「인터넷 멀티미디어 방송사업법」 제2조제5호가목에 따른 인터넷 멀티미디어 방송 제공사업자 [2015.6.22.자 부칙제2조에 의하여 제16항제2호및제3호, 제17항은

2018. 6. 27.까지 유효]

⑰ 특정 위성방송사업자는 해당 사업자와 특수관계자인 다음 각 호의 방송사업자를 합산하여 종합유선방송, 위성방송, 「인터넷 멀티미디어 방송사업법」 제2조제1호에 따른 인터넷 멀티미디어 방송을 포함한 전체 유료방송사업 가입자 수의 3분의 1을 초과하여 서비스를 제공할 수 없다. <신설 2015.6.22.>

1. 종합유선방송사업자
2. 위성방송사업자
3. 「인터넷 멀티미디어 방송사업법」 제2조제5호에 따른 인터넷 멀티미디어 방송사업자

⑱ 미래창조과학부장관은 도서산간 등 위성방송 수신만 가능한 지역은 제16항 및 제17항에 따른 가입자 수 산정에서 배제할 수 있는 예외지역으로 지정할 수 있다. <신설>

⑲ 제16항 및 제17항에 따른 가입자 수의 산정 및 검증 등에 필요한 사항은 대통령령으로 정한다. <신설 2015.6.22.> [시행일: 2015.9.23.] 제8조

제9조(허가 · 승인 · 등록 등) ① 지상파방송사업을 하고자 하는 자는 방송통신위원회의 허가를 받아야 한다. 이 경우 방송통신위원회는 미래창조과학부장관에게 「전파법」에 따른 무선국 개설과 관련된 기술적 심사를 의뢰하고, 미래창조과학부장관으로부터 송부 받은 심사 결과를 허가에 반영하여야 한다. <개정 2013.3.23.>

② 위성방송사업을 하고자 하는 자는「전파법」으로 정하는 바에 따라 미래창조과학부장관의 방송국 허가를 받아야 하고, 종합유선방송사업 또는 중계유선방송사업을 하고자 하는 자는 대통령령으로 정하는 기준에 적합하게 시설과 기술을 갖추어 미래창조과학부장관의 허가를 받아야 한다. 이 경우 미래창조과학부장관은 미리 방송통신위원회의 동의를 받아야 한다.

③ 제2항의 규정에 불구하고 대통령령이 정하는 기준에 해당하는 중계유선방송사업자가 종합유선방송사업을 하고자 할 경우에는 미래창조과학부장관의 승인을 얻어야 한다.

④ 제3항의 규정에 의하여 승인을 얻은 자는 승인을 얻은 때부터 제2조제3호 나목의 규정에 의한 종합유선방송사업자로 허가를 받은 것으로 본다.

⑤ 방송채널사용사업 · 전광판방송사업 또는 음악유선방송사업을 하고자 하는 자는 미래창조과학부장관에게 등록하여야 한다. 다만, 종합편성이나 보도에 관한 전문편성을 행하는 방송채널사용사업을 하려는 자는 방송통신위원회의 승인을 받아야 하고, 상품소개와 판매에 관한 전문편성을 행하는 방송채널사용사업을 하려는 자는 미래창조과학부장관의 승인을 받아야 한다. 이 경우 데이터방송을 하기 위하여 등록을 하거나 승인을 얻은 자는 등록을 하거나 승인을 얻은 날부터 7일 이내에 「전기통신사업법」 제22조의 규정에 의한 부가통신사업의 신고를 하여야 한다. <개정 2004.3.

22., 2008.2.29., 2010.3.22., 2013.3.23.>

⑥ 외국 인공위성의 무선설비(국내에서 수신될 수 있는 것에 한한다)를 이용하여 위성방송을 행하는 사업을 하고자 하는 자는 미래창조과학부장관의 승인을 얻어야 한다. <개정2013.3.23.>

⑦ 제6항의 규정에 의하여 승인을 얻은 자에 대하여는 제2조제3호다목의 위성방송사업자에 대하여 적용되는 규정을 준용한다.

⑧ 외국 인공위성의 무선국(국내에서 수신될 수 있는 것에 한한다)의 특정 채널의 전부 또는 일부 시간에 대한 전용사용계약을 체결하여 그 채널을 사용하고자 하는 자는 미래창조과학부장관의 승인을 얻어야 한다. <개정 2008.2.29., 2013.3.23.>

⑨ 제8항의 규정에 의하여 승인을 얻은 자에 대하여는 제2조제3호라목의 방송채널사용사업자에 대하여 적용되는 규정을 준용한다.

⑩ 전송망사업을 하려는 자는 미래창조과학부장관에게 등록하여야 한다. 이 경우 미래창조과학부장관은 등록 신청이 다음 각 호의 어느 하나에 해당하는 경우를 제외하고는 등록을 거부하지 못한다. <개정 2015.3.13.>

1. 재정능력 및 기술인력 등 대통령령으로 정하는 등록요건을 갖추지 못한 경우
2. 등록을 신청한 자가 제13조제1항에 위반되는 경우
3. 등록을 신청한 법인의 대표자가 제13조제3항제1호부터 제6호까지의 어느 하나에 해당하는 경우
4. 그 밖에 이 법 또는 다른 법령에 따른 제한에 위반되는 경우

⑪ 공동체라디오방송사업을 하고자 하는 자는 방송통신위원회의 허가를 받아야 한다. 이 경우 방송통신위원회는 미래창조과학부장관에게 「전파법」에 따른 무선국 개설과 관련된 기술적 심사를 의뢰하고, 미래창조과학부장관으로부터 송부 받은 심사결과를 허가에 반영하여야 한다. 이 외의 공동체라디오방송사업자의 편성, 재원 등 운영에 필요한 세부사항은 대통령령으로 정한다. <개정 2013.3.23.>

⑫ 제1항 내지 제11항의 규정에 의한 허가·승인 및 등록의 절차 등에 관하여 필요한 사항은 대통령령으로 정한다. <개정 2006.10.27., 2007.7.27., 2008.2.29.>

제9조의2(방송채널사용사업의 등록요건) ① 제9조제5항 본문에 따라 방송채널사용사업의 등록을 하려는 자는 다음 각 호의 요건을 갖추어야 한다.

1. 납입자본금과 실질자본금(해당 방송채널사용사업만을 위한 자본금을 말한다)이 각각 5억원 이상일 것. 이 경우 "자본금"은 주식회사 외의 법인의 경우에는 "출자금"으로 본다.
2. 주조정실(방송프로그램의 편성 및 송출 등을 종합조정하는 장소를 말한다), 부조정실(개별 방송프로그램의 제작을 조정하는 장소를 말한다), 종합편집실(음성·영상·음향 등을 편집하여 개별 방송프로그램을 완성하는 장소를 말한다) 및 송출시설을 갖출 것

3. 해당 방송채널사용사업을 영위할 수 있는 사무실을 보유할 것
4. 방송사업자가 사용하고 있는 다른 채널명과 동일한 채널명 또는 시청자가 동일한 채널로 오인할 수 있는 채널명을 사용하지 아니할 것

② 동일인이 여러 개의 방송채널사용사업을 겸영(兼營)하는 경우에 제1항제1호에 따른 자본금 요건의 적용 기준 등에 관하여 필요한 사항은 대통령령으로 정한다.[신설 2007.7.27.]

제10조(심사기준 · 절차) ① 미래창조과학부장관 또는 방송통신위원회는 제9조제1항, 제2항 및 제11항에 따른 허가, 같은 조 제3항, 제5항, 제6항 및 제8항에 따른 승인을 할 때에는 다음 각호의 사항을 심사하여 그 결과를 공표하여야 한다. <개정 2008.2.29., 2013.3.23.>

1. 방송의 공적 책임 · 공정성 · 공익성의 실현 가능성
2. 방송프로그램의 기획 · 편성 및 제작계획의 적절성
3. 지역적 · 사회적 · 문화적 필요성과 타당성
4. 조직 및 인력운영등 경영계획의 적정성
5. 재정 및 기술적 능력
6. 방송발전을 위한 지원계획
7. 기타 사업수행에 필요한 사항

② 미래창조과학부장관 또는 방송통신위원회는 제1항의 규정에 의한 심사를 할 때에는 시청자의 의견을 공개적으로 청취하고, 그 의견의 반영 여부를 공표하여야 한다. <개정>

③ 미래창조과학부장관은 종합유선방송사업을 하고자 하는 자를 허가할 때에는 특별시장 · 광역시장 또는 도지사(이하 "시 · 도지사"라 한다)의 의견을 들어야 한다. <개정 2013.3.23.>

제11조(방송분야등의 고시) 미래창조과학부장관은 방송프로그램의 전문성과 채널의 다양성이 구현될 수 있도록 하기 위하여 전문편성의 방송분야와 방송프로그램의 종류에 따른 편성비율등을 고시할 수 있다. <개정 2008.2.29., 2013.3.23.>

제12조(지역사업권) ① 미래창조과학부장관은 제9조제2항에 따라 종합유선방송사업 또는 중계유선방송사업을 허가할 때에는 일정한 방송구역안에서 사업을 운영하는 권리(이하 "지역사업권"이라 한다)를 부여할 수 있다. 제9조제3항의 규정에 의하여 종합유선방송사업을 승인할 때에도 또한 같다. <개정 2008.2.29., 2013.3.23.>

② 제1항의 규정에 의한 방송구역과 음악유선방송의 사업구역은 행정구역을 중심으로 지역주민의 생활권 및 지리적 여건과 전기통신설비등을 참작하여 관계중앙행정기관의 장 및 시 · 도지사와 협의하여 미래창조과학부장관이 고시한다. <개정 2008.2.29., 2013.3.23.>

③ 삭제 <2005.5.18.>

제13조(결격사유) ① 국가・지방자치단체 또는 법인이 아닌 자는 방송사업 또는 전송망사업을 할 수 없다. 제18조의 규정에 의하여 허가・승인 또는 등록이 취소된 후 3년이 경과되지 아니한 자의 경우에도 또한 같다.

② 다음 각호의 1에 해당하는 자는 중계유선방송사업・음악유선방송사업을 할 수 없다.

1. 외국인 또는 외국의 정부나 단체
2. 미성년자 또는 한정치산자
3. 파산선고를 받은 자로서 복권되지 아니한 자
4. 이 법을 위반하여 벌금 이상의 형을 선고받고 그 집행이 종료되거나 그 집행을 받지 아니하기로 확정된 후 3년이 경과되지 아니한 자 또는 그 집행유예기간중에 있는 자
5. 제18조의 규정에 의하여 중계유선방송사업・음악유선방송사업의 허가 또는 등록이 취소된 후 2년이 경과되지 아니한 자

③ 다음 각호의 1에 해당하는 자는 제9조제1항・제2항・제3항・제5항・제6항・제8항 및 제10항의 규정에 의하여 허가 또는 승인을 받거나 등록을 한 법인의 대표자 또는 방송편성책임자가 될 수 없다. <개정 2005.8.4.>

1. 대한민국의 국적을 가지지 아니한 자
2. 미성년자 또는 한정치산자
3. 파산선고를 받은 자로서 복권되지 아니한 자
4. 이 법을 위반하여 벌금 이상의 형을 선고받고 그 집행이 종료되거나 그 집행을 받지 아니하기로 확정된 후 3년이 경과되지 아니한 자 또는 그 집행유예기간중에 있는 자
5. 형법 제87조 내지 제90조, 제92조, 제101조, 군형법 제5조 내지 제8조, 제9조제2항, 제11조 내지 제16조 또는 국가보안법 제3조 내지 제9조의 죄를 범하여 금고 이상의 실형의 선고를 받고 그 형의 집행이 종료되지 아니 하거나 집행을 받지 아니하기로 확정되지 아니한 자 또는 집행유예기간중에 있는 자
6. 「보안관찰법」에 의한 보안관찰처분, 「사회보호법」에 의한 보호감호 또는 「치료감호법」에 의한 치료감호의 집행 중에 있는 자
7. 외국의 법인 또는 단체의 대표자(전송망사업의 경우는 제외한다)

제14조(외국자본의 출자 및 출연) ① 지상파방송사업자 또는 공동체라디오방송사업자는 다음 각호에 해당하는 자로부터 재산상의 출자 또는 출연을 받을 수 없다. 다만, 방송통신위원회의 승인을 얻은 경우에는 교육・체육・종교・자선 기타 국제적 친선을 목적으로 하는 외국의 단체로부터 재산상의 출연을 받을 수 있다. <개정 2008.2.29., 2009.7.31., 2013.3.23.>

1. 외국의 정부나 단체

2. 외국인
3. 외국의 정부나 단체 또는 외국인이 대통령령이 정하는 비율을 초과하여 주식 또는 지분을 소유하고 있는 법인

② 종합편성을 행하는 방송채널사용사업자 또는 중계유선방송사업자는 해당 법인의 주식 또는 지분 총수의 100분의 20을, 보도에 관한 전문편성을 행하는 방송채널사용사업자는 해당 법인의 주식 또는 지분 총수의 100분의 10을 초과하여 제1항 각 호에 해당하는 자로부터 재산상의 출자 또는 출연을 받을 수 없다. <개정 2009.7.31.>

③ 종합유선방송사업자 · 위성방송사업자 · 방송채널사용사업자(종합편성 또는 보도에 관한 전문편성을 하는 자를 제외한다) 또는 전송망사업자는 당해 법인의 주식 또는 지분 총수의 100분의 49를 초과하여 제1항 각호에 해당하는 자로부터 재산상의 출자 또는 출연을 받을 수 없다. 다만, 방송채널사용사업자(종합편성이나 보도에 관한 전문편성 또는 상품소개와 판매에 관한 전문편성을 하는 자는 제외한다)의 경우 대한민국이 외국과 양자간(兩者間) 또는 다자간(多者間)으로 체결하여 발효된 자유무역협정 중 미래창조과학부장관이 정하여 고시하는 자유무역협정 체결 상대국의 정부나 단체 또는 외국인이 주식 또는 지분을 소유하고 있는 법인은 제1항제3호의 요건을 갖춘 경우에도 같은 호에 해당하는 자로 보지 아니한다.

④ 제2항 및 제3항의 규정을 적용함에 있어서는 제1항 각호에 해당하는 자가 소유하고 있는 주식 또는 지분을 합산한다. <신설 2004.3.22.>

⑤ 방송사업자 · 중계유선방송사업자 또는 전송망사업자가 제1항 내지 제3항의 규정을 위반하게 된 경우에 위반의 원인을 제공한 주식 또는 지분의 소유자는 그 소유분 또는 초과분에 대한 의결권을 행사할 수 없다. <신설 2004.3.22.>

⑥ 미래창조과학부장관 또는 방송통신위원회는 방송사업자 · 중계유선방송사업자 또는 전송망사업자가 제1항부터 제3항까지의 규정을 위반하게 된 경우에는 다음 각 호의 구분에 따른 자에게 6개월 이내의 기간을 정하여 해당 사항을 시정할 것을 명할 수 있다. <개정>

1. 미래창조과학부장관: 제2호에 해당하는 방송사업자 외의 방송사업자, 중계유선방송사업자 또는 전송망사업자나 위반의 원인을 제공한 주식 · 지분의 소유자
2. 방송통신위원회: 지상파방송사업자, 공동체라디오방송사업자 또는 종합편성이나 보도에 관한 전문편성을 행하는 방송채널사용사업자나 위반의 원인을 제공한 주식 · 지분의 소유자

제15조(변경허가 등) ① 방송사업자 · 중계유선방송사업자 · 음악유선방송사업자 및 전광판방송사업자는 다음 각호의 사항을 변경하고자 하는 때에는 미래창조과학부장관 또는 방송통신위원회로부터 변경허가 또는 변경승인을 얻거나 변경등록을 하여야 한다. 이 경우 그 절차는 제9조제1항, 제2항, 제3항, 제5항, 제6항, 제8항, 제10항 및 제11항을 준용한다. <개정>

1. 당해 법인의 합병 및 분할
2. 개인이 영위하는 사업의 법인사업으로의 전환
3. 삭제 <2006.10.27.>
4. 개인이 영위하는 사업의 양도
5. 방송분야의 변경
6. 방송구역의 변경
7. 기타 대통령령이 정하는 중요한 시설의 변경

② 지상파방송사업자 또는 공동체라디오방송사업자가 다음 각호의 사항을 변경한 때에는 이를 지체없이 방송통신위원회에 신고하여야 한다. <개정 2002.12.18., 2008.2.29., 2013.3.23.>

1. 대표자
2. 방송편성책임자
3. 법인명 또는 상호
4. 주된 사무소의 소재지

③ 방송사업자(지상파방송사업자 및 공동체라디오방송사업자를 제외한다)·중계유선방송사업자·음악유선방송사업자 또는 전광판방송사업자가 다음 각호의 사항을 변경한 때에는 이를 지체없이 미래창조과학부장관에게 신고하여야 한다. 다만, 종합편성이나 보도에 관한 전문편성을 행하는 방송채널사용사업자는 방송통신위원회에 신고하여야 한다. <개정 22013.3.23.>

1. 대표자
2. 방송편성책임자(방송사업자에 한정한다)
3. 법인명 또는 상호
4. 주된 사무소의 소재지

제15조의2(최다액출자자 등 변경승인) ① 방송사업자 또는 중계유선방송사업자의 주식 또는 지분의 취득 등을 통하여 당해 사업자의 최다액출자자(당해 사업자의 출자자 본인과 그의 특수관계자의 주식 또는 지분을 합하여 의결권이 있는 주식 또는 지분의 비율이 가장 많은 자를 말한다. 이하 같다)가 되고자 하는 자와 경영권을 실질적으로 지배하고자 하는 자는 다음 각 호의 구분에 따라 미래창조과학부장관 또는 방송통신위원회의 승인을 얻어야 한다. 다만, 제9조제5항 본문의 규정에 의하여 등록을 한 방송채널사용사업자의 최다액출자자가 되고자 하는 자와 경영권을 실질적으로 지배하고자 하는 자는 이를 미래창조과학부장관에게 신고하여야 한다. <개정 2008.2.29., 2013.3.23.>

1. 제14조제6항제1호에 해당하는 방송사업자와 중계유선방송사업자의 최다액 출자자가 되려는 자와 경영권을 실질적으로 지배하려는 자: 미래창조과학부장관
2. 제14조제6항제2호에 해당하는 방송사업자의 최다액 출자자가 되려는 자와 경영

권을 실질적으로 지배하려는 자: 방송통신위원회

② 미래창조과학부장관 또는 방송통신위원회는 제1항 본문의 규정에 의한 승인을 하고자 할 때에는 다음 각 호의 사항을 심사하여야 한다. <개정 2008.2.29., 2013.3.23.>

1. 방송의 공적 책임·공정성 및 공익성의 실현가능성
2. 사회적 신용 및 재정적 능력
3. 시청자의 권익보호
4. 그 밖에 사업수행에 필요한 사항

③ 제1항 본문의 규정에 의한 승인을 얻지 아니하고 최다액출자자가 되거나 경영권을 실질적으로 지배하게 된 자는 승인을 얻지 아니하고 취득한 주식 또는 지분에 대한 의결권을 행사할 수 없으며, 미래창조과학부장관 또는 방송통신위원회는 6개월 이내의 기간을 정하여 당해 주식 또는 지분을 취득한 자에 대하여 주식 또는 지분의 처분 등 시정에 필요한 명령을 할 수 있다. <개정 2008.2.29., 2013.3.23.>

④ 제1항 및 제3항의 규정에 의한 경영권을 실질적으로 지배하는 자에 해당하는 경우와 승인 및 신고의 절차 등에 관하여 필요한 사항은 대통령령으로 정한다. [본조신설 2006.10.27.]

제16조(허가 및 승인 유효기간) 제9조제2항의 규정에 따라 허가받은 종합유선방송사업 및 중계유선방송사업과 제9조제5항 단서의 규정에 따라 승인을 얻은 방송채널사용사업, 제9조제11항의 규정에 따라 허가받은 공동체라디오방송사업의 허가 또는 승인의 유효기간은 7년을 초과하지 아니하는 범위 내에서 대통령령으로 정한다. <개정 2009.7.31.>

제17조(재허가 등) ① 방송사업자(방송채널사용사업자는 제외한다) 및 중계유선방송사업자가 허가유효기간의 만료 후 계속 방송을 행하고자 하는 때에는 미래창조과학부장관 또는 방송통신위원회의 재허가를 받아야 한다. 이 경우 제9조 제1항, 제2항 및 제11항을 준용한다.

② 제9조 제5항 단서의 규정에 의하여 승인을 얻은 방송채널사용사업자가 승인유효기간 만료 후 계속 방송을 행하고자 하는 때에는 미래창조과학부장관 또는 방송통신위원회의 재승인을 얻어야 한다. <개정 2008.2.29., 2013.3.23.>

③ 미래창조과학부장관 또는 방송통신위원회가 제1항 및 제2항의 규정에 의하여 재허가 또는 재승인을 할 때에는 제10조 제1항 각호 및 다음 각호의 사항을 심사하고 그 결과를 공표하여야 한다. <개정 2008.2.29., 2012.2.22., 2013.3.23.>

1. 제31조 제1항에 따른 방송평가
2. 이 법에 따른 시정명령의 횟수와 시정명령에 대한 불이행 사례
3. 시청자위원회의 방송프로그램 평가
4. 지역사회발전에 이바지한 정도

5. 방송발전을 위한 지원계획의 이행 여부

5의2. 「방송광고판매대행 등에 관한 법률」 제20조 제2항에 따른 네트워크 지역지상파방송사업자와 중소지상파방송사업자에 대한 방송광고 판매 지원 이행 정도

6. 기타 허가 또는 승인 당시의 방송사업자 준수사항 이행 여부

④ 제10조 제2항 및 제3항의 규정은 제1항의 재허가 또는 제2항의 규정에 의한 재승인의 경우에 이를 준용한다. <개정 2008.2.29.>

제18조(허가 · 승인 · 등록의 취소 등) ① 방송사업자 · 중계유선방송사업자 · 음악유선방송사업자 · 전광판방송사업자 또는 전송망사업자가 다음 각 호의 어느 하나에 해당하는 때에는 미래창조과학부장관 또는 방송통신위원회가 소관 업무에 따라 허가 · 승인 또는 등록을 취소하거나 6월 이내의 기간을 정하여 그 업무의 전부 또는 일부를 정지하거나 광고의 중단 또는 제16조에 따른 허가 · 승인의 유효기간 단축을 명할 수 있다. 다만, 제13조제3항의 각 호의 어느 하나에 해당하는 자가 법인의 대표자 또는 방송편성책임자가 된 경우로서 3월 이내에 그 임원을 변경하는 때에는 그러하지 아니하다. <최종개정 2015.3.13.>

1. 허위 기타 부정한 방법으로 허가 · 변경허가 · 재허가를 받거나 승인 · 변경승인 · 재승인을 얻거나 등록 · 변경등록을 한 때
2. 제8조의 규정에 위반하여 주식 또는 지분을 소유한 때
3. 제13조의 결격사유에 해당하게 된 때
4. 제14조의 규정에 위반하여 재산상의 출자 또는 출연을 받은 때
5. 이 법에 의한 허가를 받거나 승인을 얻거나 등록한 날부터 2년 이내에 방송 또는 사업을 개시하지 아니한 때
6. 제15조 제1항을 위반하여 변경허가 또는 변경승인을 받지 아니하거나 변경등록을 하지 아니한 때
7. 제77조 제3항에 따른 약관변경명령 또는 재통지명령 등을 이행하지 아니한 때
8. 제81조에 따른 시설의 보수 · 개수 · 이전 명령 등을 이행하지 아니한 때
9. 제99조 제1항에 따른 시정명령을 이행하지 아니하거나 같은 조 제2항에 따른 시설개선명령을 이행하지 아니한 때
10. 제100조 제1항에 따른 제재조치명령을 이행하지 아니한 때
11. 제69조의2 제5항에 따른 명령을 이행하지 아니한 때
12. 방송사업자가 내부 · 외부의 부당한 간섭으로 불공정하게 채널을 구성한 때
13. 미래창조과학부장관이 제85조의2 제2항 후단에 따라 방송통신위원회로부터 통보받은 때

② 삭제 <2008.2.29.>

③ 제1항에 따른 명령의 기준 · 절차 등에 필요한 사항은 대통령령으로 정한다. <개정>

④ 미래창조과학부장관 또는 방송통신위원회는 제1항에 따라 허가・승인 또는 등록을 취소하는 경우 대통령령으로 정하는 바에 따라 해당 사업자에 대하여 그 사업을 승계하는 자가 방송을 개시할 때까지 12개월의 범위 내에서 기간을 정하여 방송을 계속하도록 할 수 있다.

제19조(과징금 처분) ① 미래창조과학부장관 또는 방송통신위원회는 방송사업자・중계유선방송사업자・음악유선방송사업자・전광판방송사업자 또는 전송망사업자가 제18조제1항 각호의 1에 해당하여 업무정지처분을 하여야 할 경우로서 그 업무정지처분이 시청자에게 심한 불편을 주거나 기타 공익을 해할 우려가 있는 때에는 그 업무정지처분에 갈음하여 1억원 이하의 과징금을 부과할 수 있다. <개정 2008.2.29., 2013.3.23.>

제 3 장 소속위원회 등 〈개정 2008.2.29., 2013.3.23.〉

제31조(방송평가위원회) ① 방송통신위원회는 방송사업자의 방송프로그램 내용 및 편성과 운영등에 관하여 종합적으로 평가할 수 있다. <개정 2008.2.29.>

② 방송통신위원회는 제1항의 평가업무를 효율적으로 수행하기 위하여 방송평가위원회를 둘 수 있다. <개정 2008.2.29.>

③ 방송평가위원회 위원은 방송통신위원회 위원장이 방송통신위원회의 동의를 얻어 위촉하며, 구성과 운영에 관하여 필요한 사항은 방송통신위원회규칙으로 정한다. <개정 2008.2.29.>

제32조(방송의 공정성 및 공공성 심의) 방송통신심의위원회는 방송・중계유선방송 및 전광판방송의 내용과 기타 전기통신회선을 통하여 공개를 목적으로 유통되는 정보중 방송과 유사한 것으로서 대통령령이 정하는 정보의 내용이 공정성과 공공성을 유지하고 있는지의 여부와 공적 책임을 준수하고 있는지의 여부를 방송 또는 유통된 후 심의・의결한다. 이 경우 매체별・채널별 특성을 고려하여야 한다. <개정 2008.2.29., 2009.7.31.>

제33조(심의규정) ① 방송통신심의위원회는 방송의 공정성 및 공공성을 심의하기 위하여 방송심의에 관한 규정(이하 "심의규정"이라 한다)을 제정・공표하여야 한다. <개정 2008.2.29.>

② 제1항의 심의규정에는 다음 각호의 사항이 포함되어야 한다. <최종개정 2014.5.28.>

1. 헌법의 민주적 기본질서의 유지와 인권존중에 관한 사항
2. 건전한 가정생활 보호에 관한 사항
3. 아동 및 청소년의 보호와 건전한 인격형성에 관한 사항
4. 공중도덕과 사회윤리에 관한 사항

5. 양성평등에 관한 사항
6. 국제적 우의 증진에 관한 사항
7. 장애인등 방송소외계층의 권익증진에 관한 사항
8. 인종, 민족, 지역, 종교 등을 이유로 한 차별 금지에 관한 사항
9. 민족문화의 창달과 민족의 주체성 함양에 관한 사항
10. 보도 · 논평의 공정성 · 공공성에 관한 사항
11. 언어순화에 관한 사항
12. 자연환경 보호에 관한 사항
13. 건전한 소비생활 및 시청자의 권익보호에 관한 사항
14. 법령에 따라 방송광고가 금지되는 품목이나 내용에 관한 사항
15. 방송광고 내용의 공정성 · 공익성에 관한 사항
16. 기타 이 법의 규정에 의한 방송통신심의위원회의 심의업무에 관한 사항

③ 방송사업자는 아동과 청소년을 보호하기 위하여 방송프로그램의 폭력성 및 음란성등의 유해정도, 시청자의 연령등을 감안하여 방송프로그램의 등급을 분류하고 이를 방송중에 표시하여야 한다.

④ 방송통신심의위원회는 제3항의 방송프로그램 등급분류와 관련하여 분류기준 등 필요한 사항을 방송통신심의위원회규칙으로 정하여 공표하여야 한다. 이 경우 분류기준은 방송매체와 방송분야별 특성등을 고려하여 차등을 둘 수 있다. <개정 2008.2.29.>

⑤ 방송통신심의위원회는 제3항의 규정에 의하여 방송사업자가 자율적으로 부여한 방송프로그램의 등급에 대하여 적절하지 아니하다고 판단되는 경우 해당방송사업자에게 당해 방송프로그램의 등급분류를 조정하도록 요구할 수 있다. <신설 2006.10.27., 2008.2.29.>

제35조의3(방송분쟁조정위원회) ① 방송통신위원회는 방송사업자 · 중계유선방송사업자 · 음악유선방송사업자 · 전광판방송사업자 · 전송망사업자 · 「인터넷 멀티미디어 방송사업법」 제2조 제5호에 따른 인터넷 멀티미디어 방송사업자(이하 "인터넷 멀티미디어 방송사업자"라 한다) 및 「전기통신사업법」 제2조 제8호에 따른 전기통신사업자 상호간에 발생한 방송에 관한 분쟁을 효율적으로 조정하기 위하여 방송분쟁조정위원회를 둘 수 있다. <개정 2011.7.14.>

② 방송분쟁조정위원회 위원은 방송통신위원회 위원장이 방송통신위원회의 동의를 얻어 위촉한다. <개정 2008.2.29.>

③ 분쟁의 조정은 분쟁당사자 일방 또는 쌍방의 신청에 의하여 개시되며 조정의 성립은 재판상 화해와 같은 효력을 갖는다.

④ 방송분쟁조정위원회의 구성과 운영, 분쟁의 조정 등에 관하여 필요한 사항은 대통령령으로 정한다. [본조신설 2006.10.27.]

제35조의4(미디어다양성위원회) ① 방송통신위원회는 방송의 여론 다양성을 보장하기 위하여 미디어다양성위원회를 둔다.

② 미디어다양성위원회위원은 방송통신위원회위원장이 방송통신위원회의 의결을 거쳐 위촉한다.

③ 미디어다양성위원회의 직무는 다음 각 호와 같다.

1. 제69조의2에 따른 방송사업자의 시청점유율 조사 및 산정
2. 매체간 합산 영향력지수 개발
3. 여론 다양성 증진을 위한 조사 · 연구
4. 그 밖에 여론 다양성 보장을 위하여 필요한 사항으로서 대통령령으로 정하는 사항

④ 제3항 제2호의 매체간 합산 영향력지수는 2012년 12월 31일까지 개발을 완료한다.

⑤ 미디어다양성위원회의 구성과 운영 등에 필요한 사항은 대통령령으로 정한다.

제35조의5(방송시장경쟁상황평가위원회) ① 방송통신위원회는 방송시장(인터넷 멀티미디어 방송을 포함한다)의 효율적인 경쟁체제 구축과 공정한 경쟁 환경을 조성하기 위하여 방송시장경쟁상황평가위원회를 둔다.

② 방송시장경쟁상황평가위원회의 위원은 9명으로 하며, 방송통신위원회 위원장이 방송통신위원회의 동의를 받아 위촉한다.

③ 방송시장경쟁상황평가위원회는 방송사업자 및 인터넷 멀티미디어 방송사업자에 대하여 제1항에 따른 경쟁상황 평가를 위하여 필요한 자료의 제출을 요청할 수 있다.

④ 방송통신위원회는 매년 방송시장의 경쟁상황 평가를 실시하고 평가가 종료된 후 3개월 이내에 국회에 보고하여야 한다.

⑤ 경쟁상황 평가를 위한 구체적인 평가기준 · 절차 · 방법, 방송시장경쟁상황평가위원의 구성 및 운영 등에 관하여 필요한 사항은 대통령령으로 정한다. [본조신설 2011.7.14.]

제 4 장 한국방송공사

제 5 장 방송사업의 운영등

제69조(방송프로그램의 편성등) ① 방송사업자는 방송프로그램을 편성함에 있어 공정성 · 공공성 · 다양성 · 균형성 · 사실성등에 적합하도록 하여야 한다.

② 종합편성을 행하는 방송사업자는 정치 · 경제 · 사회 · 문화 등 각 분야의 사항이 균형있게 표현될 수 있도록 하여야 한다.

③ 종합편성을 행하는 방송사업자는 방송프로그램의 편성에 있어서 대통령령이 정하는 기준에 따라 보도 · 교양 및 오락에 관한 방송프로그램을 포함하여야 하고, 그 방송프로그램 상호간에 조화를 이루도록 편성하여야 한다. 이 경우 대통령령이 정하는

주시청시간대(이하 "주시청시간대"라 한다)에는 특정 방송분야의 방송프로그램이 편중되어서는 아니된다.

④ 전문편성을 행하는 방송사업자는 허가를 받거나 승인을 얻거나 등록을 한 주된 방송분야가 충분히 반영될 수 있도록 대통령령이 정하는 기준에 따라 방송프로그램을 편성하여야 한다.

⑤ 전문편성을 행하는 방송사업자가 허가를 받거나 승인을 얻거나 등록을 한 주된 방송분야 이외에 부수적으로 편성할 수 있는 방송프로그램의 범위와 종류는 대통령령으로 정한다.

⑥ 한국방송공사 및 특별법에 의한 방송사업자, 방송문화진흥회법에 의한 방송문화진흥회가 출자한 방송사업자 및 그 방송사업자가 출자한 방송사업자를 제외한 지상파방송사업자는 다른 한 방송사업자의 제작물을 대통령령이 정하는 비율 이상 편성하여서는 아니된다. <개정>

⑦ 한국방송공사는 대통령령이 정하는 바에 의하여 시청자가 직접 제작한 시청자 참여프로그램을 편성하여야 한다. <개정 2006.10.27.>

⑧ 방송사업자는 장애인의 시청을 도울 수 있도록 수화·폐쇄자막·화면해설 등을 이용한 방송(이하 "장애인방송"이라 한다)을 하여야 한다. 이 경우 방송통신위원회는 방송사업자가 장애인방송을 하는 데 필요한 경비 및 장애인방송을 시청하기 위한 수신기의 보급에 필요한 경비의 전부 또는 일부를 「방송통신발전 기본법」 제24조에 따른 방송통신발전기금에서 지원할 수 있다. <개정 2011.7.14., 2013.3.23., 2014.5.28.>

⑨ 제8항에 따라 장애인방송을 하여야 하는 방송사업자의 범위, 장애인방송의 대상이 되는 방송프로그램의 종류와 그 이행에 필요한 사항은 대통령령으로 정한다. <신설 2011.7.14.>

⑩ 공동체라디오방송사업자는 청취자 참여프로그램을 매월 전체 방송시간의 100분의 50범위 안에서 대통령령이 정하는 비율 이상 편성하여야 한다. <신설 2006.10.27., 2011.7.14.>

제69조의2(시청점유율 제한) ① 방송사업자의 시청점유율(전체 텔레비전 방송에 대한 시청자의 총 시청시간 중 특정 방송채널에 대한 시청시간이 차지하는 비율을 말한다. 이하 같다)은 100분의 30을 초과할 수 없다. 다만, 정부 또는 지방자치단체가 전액 출자한 경우에는 그러하지 아니하다.

② 제1항에 따른 방송사업자의 시청점유율은 해당 방송사업자의 시청점유율에 특수관계자 등의 시청점유율(해당 방송사업자의 특수관계자의 시청점유율 및 해당 방송사업자가 주식 또는 지분을 소유하고 있는 다른 방송사업자의 시청점유율을 말한다. 이하 같다)을 합산하여 산정한다. 이 경우 특수관계자 등의 시청점유율은 가중치를 다르게 부여하여 산정할 수 있고, 일간신문을 경영하는 법인(특수관계자를 포함한다)이 방송사업을 겸영하거나 주식 또는 지분을 소유하는 경우에는 그 일간신문의 구독

률을 대통령령으로 정하는 바에 따라 일정한 비율의 시청점유율로 환산하여 해당 방송사업자의 시청점유율에 합산한다.

③ 제1항 및 제2항에 따른 시청점유율 산정의 구체적인 기준·방법 등 필요한 사항은 대통령령으로 정하는 바에 따라 미디어다양성위원회의 심의를 거쳐 방송통신위원회가 고시로 정한다.

④ 미래창조과학부장관 또는 방송통신위원회는 제2항에 따라 산정한 시청점유율을 제9조에 따른 허가·승인, 제15조의2에 따른 변경승인, 제17조에 따른 재허가 등의 심사에 반영하여야 한다. <개정 2013.3.23.>

⑤ 방송통신위원회는 제1항에 따른 시청점유율을 초과하는 사업자에 대하여는 방송사업 소유제한, 방송광고시간 제한, 방송시간의 일부양도 등 필요한 조치를 명할 수 있다. 이 경우 필요한 조치의 구체적인 내용은 대통령령으로 정한다.[본조신설 2009.7.31.]

제70조(채널의 구성과 운용) ① 이동멀티미디어방송을 행하는 지상파방송사업자·종합유선방송사업자 및 위성방송사업자는 특정 방송분야에 편중되지 아니하고 다양성이 구현되도록 대통령령이 정하는 바에 의하여 채널을 구성·운용하여야 한다. <개정 2004.3.22.>

② 이동멀티미디어방송을 행하는 지상파방송사업자·종합유선방송사업자 및 위성방송사업자는 대통령령이 정하는 범위를 초과하여 방송채널을 직접 사용하거나 당해 방송사업자의 특수관계자 또는 특정 방송채널사용사업자에게 채널을 임대하여서는 아니된다. <개정>

③ 종합유선방송사업자 및 위성방송사업자(이동멀티미디어방송을 행하는 위성방송사업자를 제외한다)는 대통령령이 정하는 바에 의하여 국가가 공공의 목적으로 이용할 수 있는 채널(이하 "공공채널"이라 한다), 종교의 선교목적을 지닌 채널 및 장애인의 복지를 위한 채널을 두어야 한다. <개정 2004.3.22., 2012.1.17.>

④ 종합유선방송사업자는 대통령령이 정하는 바에 의하여 지역정보 및 방송프로그램 안내와 공지사항등을 제작·편성 및 송신하는 지역채널을 운용하여야 한다. 다만, 지역채널에서는 지역보도 이외의 보도, 특정 사안에 대한 해설·논평은 금지한다. <개정 2013.3.23.>

⑤ 중계유선방송사업자는 미래창조과학부령으로 정하는 바에 의하여 방송프로그램 안내와 공지사항등을 제작·편성 및 송신하는 공지채널을 운용할 수 있다. 다만, 공지채널의 경우에는 보도·논평 또는 광고에 관한 사항은 송출할 수 없다. <개정 2008.2.29., 2013.3.23.>

⑥ 중계유선방송사업자가 운용할 수 있는 채널은 다음 각 호의 방송을 중계송신하는 채널로 한정한다. 다만, 하나의 중계유선방송사업자가 운용하는 전체 채널은 31개를 초과할 수 없으며, 녹음·녹화채널은 전체 운용채널의 5분의 1을 초과할 수 없다.

<신설 2015.3.13.>

1. 지상파방송(텔레비전방송만 해당한다)
2. 공공채널에서 하는 방송
3. 종교의 선교목적을 지닌 채널에서 하는 방송
4. 장애인의 복지를 위한 채널에서 하는 방송
5. 제8항에 따른 공익채널에서 하는 방송
6. 국가기관·공익법인 또는 비영리법인이 하는 방송으로서 해당 방송분야의 공익성 및 사회적 필요성을 고려하여 미래창조과학부장관이 방송통신위원회와 협의하여 고시하는 채널에서 하는 방송 [시행일: 2015.9.14.]

⑦ 종합유선방송사업자 및 위성방송사업자는 미래창조과학부령으로 정하는 바에 의하여 시청자가 자체 제작한 방송프로그램의 방송을 요청하는 경우에는 특별한 사유가 없는 한 이를 방송하여야 한다. <개정 2008.2.29., 2011.7.14., 2013.3.23.>

⑧ 종합유선방송사업자, 위성방송사업자(이동멀티미디어방송을 행하는 위성방송사업자는 제외한다)는 당해 방송분야의 공익성 및 사회적 필요성을 고려하여 방송통신위원회가 고시한 방송분야에 속하는 채널(이하 "공익채널"이라 한다)을 운용하여야 한다. 이 경우 공익채널의 선정절차, 선정기준, 운용범위 그 밖의 필요한 사항은 대통령령으로 정한다. <신설>

제71조(국내 방송프로그램의 편성) ① 방송사업자는 당해 채널의 전체 프로그램중 국내에서 제작된 방송프로그램을 대통령령이 정하는 바에 따라 일정한 비율 이상 편성하여야 한다.

② 방송사업자는 연간 방송되는 영화·애니메이션 및 대중음악중 국내에서 제작된 영화·애니메이션 및 대중음악을 대통령령이 정하는 바에 따라 일정한 비율 이상 편성하여야 한다.

③ 지상파방송사업자·종합편성을 행하는 방송채널사용사업자 및 연간 전체 방송시간 중 대통령령으로 정하는 비율 이상 애니메이션을 편성하는 방송채널사용사업자는 해당 채널에서 연간 방송되는 전체 프로그램 중 국내에서 제작된 애니메이션을 시청률, 매출액 등을 고려하여 대통령령으로 정하는 바에 따라 일정한 비율 이상 신규로 편성하여야 한다. 다만, 대통령령으로 정하는 지역을 방송구역으로 하는 지상파방송사업자는 제외한다. <신설>

④ 방송사업자는 다양한 국제문화 수용을 보장하기 위하여 연간 방송되는 외국 수입영화·애니메이션 및 대중음악중 한 국가에서 제작한 영화·애니메이션 및 대중음악이 대통령령이 정하는 바에 따라 일정한 비율 이상을 초과하지 아니하도록 편성하여야 한다. <개정>

⑤ 방송사업자가 국내에서 제작된 애니메이션을 주시청시간대에 편성한 경우 제2항에 따른 편성비율을 산정할 때 대통령령으로 정하는 바에 따라 가중치를 둘 수 있다.

<신설>

⑥ 제1항부터 제4항까지의 규정에 따른 국내에서 제작된 방송프로그램 등의 구별기준은 대통령령으로 정하고, 편성비율은 방송매체와 방송분야별 특성 등을 고려하여 차등을 둘 수 있다. <개정 2012.1.17.>

第72조(순수외주제작 방송프로그램의 편성) ① 방송사업자는 당해 채널의 전체 방송프로그램중 국내에서 당해 방송사업자나 그 특수관계자가 아닌 자가 제작한 방송프로그램(이하 "순수외주제작 방송프로그램"이라 한다)을 대통령령이 정하는 바에 따라 일정한 비율 이상 편성하여야 한다. <개정 2015.6.22.>

② 삭제 <2015.6.22.>

③ 종합편성을 행하는 방송사업자는 순수외주제작 방송프로그램을 주시청시간대에 대통령령이 정하는 바에 따라 일정한 비율 이상 편성하여야 한다. <개정 2015.6.22.>

④ 제1항의 규정에 의한 순수외주제작 방송프로그램의 편성비율은 방송매체와 방송분야별 특성등을 고려하여 차등을 둘 수 있다. [제목개정 2015.6.22.] [시행일: 2016.3.23.]

第73조(방송광고 등) ① 방송사업자는 방송광고와 방송프로그램이 혼동되지 아니하도록 명확하게 구분하여야 하며, 어린이를 주 시청대상으로 하는 방송프로그램의 방송광고시간 및 전후 토막광고시간에는 대통령령이 정하는 바에 따라 반드시 광고임을 밝히는 자막을 표기하여 어린이가 방송프로그램과 방송광고를 구분할 수 있도록 하여야 한다. <개정 2006.10.27.>

② 방송광고의 종류는 다음 각 호와 같고, 방송광고의 허용범위 · 시간 · 횟수 또는 방법 등에 관하여 필요한 사항은 대통령령으로 정한다. <개정 2005.5.18., 2009.7. 31.>

1. 방송프로그램광고: 방송프로그램의 전후(방송프로그램 시작타이틀 고지 후부터 본방송프로그램 시작 전까지 및 본방송프로그램 종료 후부터 방송프로그램 종료타이틀 고지 전까지를 말한다)에 편성되는 광고
2. 중간광고: 1개의 동일한 방송프로그램이 시작한 후부터 종료되기 전까지 사이에 그 방송프로그램을 중단하고 편성되는 광고
3. 토막광고: 방송프로그램과 방송프로그램 사이에 편성되는 광고
4. 자막광고: 방송프로그램과 관계없이 문자 또는 그림으로 나타내는 광고
5. 시보광고: 현재시간 고지 시 함께 방송되는 광고
6. 가상광고: 방송프로그램에 컴퓨터 그래픽을 이용하여 만든 가상의 이미지를 삽입하는 형태의 광고
7. 간접광고: 방송프로그램 안에서 상품을 소품으로 활용하여 그 상품을 노출시키는 형태의 광고

③ 상품소개 및 판매에 관한 전문편성을 행하는 방송의 경우에는 당해 상품소개 및 판매에 관한 방송내용물은 이를 방송광고로 보지 아니한다.

④ 방송사업자 및 전광판방송사업자는 공공의 이익을 증진시킬 목적으로 제작된 비상업적 공익광고를 대통령령이 정하는 비율 이상 편성하여야 한다.

⑤ 삭제 [2012.2.22. 법률제11373호는 2008.11.27. 헌법재판소에서 헌법 불합치된 제5항을 삭제함.]

제74조(협찬고지) ① 방송사업자는 대통령령이 정하는 범위안에서 협찬고지를 할 수 있다.

② 협찬고지의 세부기준 및 방법등에 관하여 필요한 사항은 방송통신위원회규칙으로 정한다. 제76조(방송프로그램의 공급 및 보편적 시청권 등) ① 방송사업자는 다른 방송사업자에게 방송프로그램을 공급할 때에는 공정하고 합리적인 시장가격으로 차별 없이 제공하여야 한다.

② 방송통신위원회는 제76조의2의 규정에 따른 보편적시청권보장위원회의 심의를 거쳐 국민적 관심이 매우 큰 체육경기대회 그 밖의 주요 행사(이하 "국민관심행사등"이라고 한다)를 고시하여야 한다. 이 경우 방송통신위원회는 문화체육관광부장관, 방송사업자 및 시청자의 의견을 들어야 한다. <신설 2007.1.26., 2008.2.29.>

③ 국민관심행사등에 대한 중계방송권자 또는 그 대리인(이하 "중계방송권자등"이라 한다)은 일반국민이 이를 시청할 수 있도록 중계방송권을 다른 방송사업자에게도 공정하고 합리적인 가격으로 차별 없이 제공하여야 한다. <신설 2007.1.26.>

④ 방송사업자는 제1항 및 제3항의 규정을 위반하는 행위에 관하여 방송통신위원회에 서면으로 신고할 수 있다. <신설 2007.1.26., 2008.2.29.>

⑤ 방송통신위원회는 제4항의 규정에 따른 신고를 접수한 경우에는 제35조의3의 규정에 따른 방송분쟁조정위원회의 심의를 거쳐 60일 이내에 그 결과를 통보하여야 한다. <신설>

제76조의2(보편적시청권보장위원회) ① 제76조제2항의 규정에 따른 국민관심행사등의 고시 등에 관한 업무의 원활한 수행을 위하여 방송통신위원회에 보편적시청권보장위원회를 둔다.

② 보편적시청권보장위원회 위원은 방송통신위원회 위원장이 방송통신위원회의 동의를 얻어 7인 이내로 위촉한다. <개정 2008.2.29.>

③ 보편적시청권보장위원회의 구성과 운영에 관하여 필요한 사항은 방송통신위원회 규칙으로 정한다. <개정 2008.2.29.>

제76조의3(보편적 시청권 보장을 위한 조치 등) ① 방송사업자 및 중계방송권자등은 제76조제3항의 규정에 따른 일반국민의 보편적 시청권을 보장하기 위하여 대통령령에서 정하는 금지행위 등 준수사항을 이행하여야 한다.

② 방송통신위원회는 제1항의 규정에 따른 금지사항을 위반한 방송사업자 및 중계방송권자등에 대하여 금지행위의 중지 등 필요한 시정조치를 명할 수 있다. 이 경우 방송통신위원회는 시정조치를 명하기 전에 당사자에게 기간을 정하여 의견진술의 기회

를 주어야 한다. 다만, 당사자가 정당한 사유 없이 이에 응하지 아니하는 때에는 그러하지 아니한다. <개정>

③ 방송통신위원회는 제1항의 규정에 따른 금지사항의 위반 여부에 대한 사실관계의 조사를 위하여 필요한 경우 대통령령이 정하는 바에 따라 방송사업자 및 중계방송권자등에게 자료제출을 요청할 수 있고, 소속 공무원으로 하여금 방송사업자 및 중계방송권자등의 사무소 또는 사업장에 출입하여 조사를 하게 할 수 있다. <개정 2008.2.29., 2013.3.23.>

④ 방송통신위원회는 방송사업자 및 중계방송권자등이 정당한 사유 없이 제2항의 규정에 따른 시정조치를 이행하지 아니하는 때에는 당해 중계방송권의 총계약금액에 100분의 5를 곱한 금액을 초과하지 아니하는 범위 안에서 과징금을 부과할 수 있다. <개정 2008.2.29.>

⑤ 제3항의 규정에 따라 조사를 하는 공무원은 그 권한을 표시하는 증표를 지니고 이를 관계인에게 내보여야 한다. <개정 2013.3.23.>[본조신설 2007.1.26.]

第76조의4(중계방송권의 공동계약 권고) 방송통신위원회는 국민관심행사등에 대한 보편적 시청권을 보장하고 중계방송권 확보에 따른 과도한 경쟁을 방지하기 위하여 중계방송권 계약에 있어서 방송사업자 또는 중계방송권자등에게 공동계약을 권고할 수 있다. <개정 2008.2.>

第76조의5(중계방송의 순차편성 권고 등) ① 방송사업자는 국민관심행사등에 대한 중계방송권을 사용함에 있어서 과다한 중복편성으로 인하여 시청자의 권익을 침해하지 아니하도록 하여야 하며, 채널별·매체별로 순차적으로 편성하기 위하여 노력하여야 한다.

② 방송통신위원회는 제1항의 채널별·매체별 순차편성이 효율적으로 이루어질 수 있도록 방송사업자에 대하여 권고할 수 있다. <개정 2008.2.29.>

第77조(유료방송의 약관 승인) ① 유료방송을 행하고자 하는 방송사업자·중계유선방송사업자 및 음악유선방송사업자는 이용요금 및 기타 조건에 관한 약관을 정하여 미래창조과학부장관에게 신고하여야 하며, 이용요금에 대하여는 미래창조과학부장관의 승인을 얻어야 한다. 신고한 약관이나 승인을 얻은 이용요금을 변경하고자 하는 경우에도 또한 같다. <개정 2013.3.>

② 유료방송을 행하는 방송사업자·중계유선방송사업자 및 음악유선방송사업자가 제1항에 따라 약관을 변경한 경우에는 대통령령으로 정하는 바에 따라 이를 이용자에게 통지하여야 한다. <신설 2014.5.28.>

③ 미래창조과학부장관은 제1항의 규정에 의한 약관이 현저히 부당하거나 제2항에 따른 약관 변경에 관한 통지를 소홀히 하여 시청자의 이익을 저해한다고 판단하는 때에는 유료방송을 행하는 방송사업자·중계유선방송사업자 및 음악유선방송사업자에게 상당한 기간을 정하여 그 약관의 변경 또는 재통지 등을 명할 수 있다. <개정

2008.2.29., 2013.3.23., 2014.5.28.>

제78조(재송신) ① 종합유선방송사업자·위성방송사업자(이동멀티미디어방송을 행하는 위성방송사업자를 제외한다) 및 중계유선방송사업자는 한국방송공사 및 「한국교육방송공사법」에 의한 한국교육방송공사가 행하는 지상파방송(라디오방송을 제외한다)을 수신하여 그 방송프로그램에 변경을 가하지 아니하고 그대로 동시에 재송신(이하 "동시재송신"이라 한다)하여야 한다. 다만, 지상파방송을 행하는 당해 방송사업자의 방송구역안에 당해 종합유선방송사업자 및 중계유선방송사업자의 방송구역이 포함되지 아니하는 경우에는 그러하지 아니하다.

② 제1항의 규정에 의한 지상파방송사업자가 수개의 지상파방송 채널을 운용하는 경우, 제1항 본문의 규정에 불구하고 동시재송신하여야 하는 지상파방송은 미래창조과학부장관이 지상파방송사업자별로 방송편성 내용 등을 고려하여 지정·고시하는 1개의 지상파방송 채널에 한한다. <신설 2002.4.20., 2008.2.29., 2013.3.23.>

③ 제1항의 규정에 의한 동시재송신의 경우에는 「저작권법」 제85조의 동시중계방송권에관한규정은 이를 적용하지 아니한다. <개정 2006.12.28.>

④ 종합유선방송사업자, 중계유선방송사업자 및 위성방송사업자는 다음 각 호의 구분에 따른 지상파방송 동시재송신을 하려면 미래창조과학부장관의 승인을 받아야 한다. <개정 2015.3.13.>

1. 종합유선방송사업자 및 중계유선방송사업자: 해당 방송구역 외에서 허가받은 지상파방송사업자의 지상파방송 동시재송신
2. 위성방송사업자: 지상파방송의 방송구역 외에서의 해당 지상파방송 동시재전송(제1항 및 제2항에 따른 동시재송신은 제외한다)

⑤ 삭제 <2007.7.27.>

⑥ 제4항에 따른 재송신의 유형 및 승인의 요건·절차·유효기간등에 관하여 필요한 사항은 대통령령으로 정한다. <개정 2002.4.20., 2006.10.27., 2007.7.27.>

⑦ 공동체라디오방송사업자의 경우 다른 공동체라디오방송사업자의 방송프로그램을 대통령령이 정하는 범위 안에서 재송신할 수 있다. <신설 2006.10.27.>

제78조의2(외국방송사업자의 국내 재송신 승인 등) ① 외국방송사업자(외국에 설치된 방송 송출설비 또는 외국 인공위성의 무선설비를 이용하여 국내에서 수신되는 방송을 행하는 외국인을 말하며, 조약에 따라 이 법에 따른 방송을 할 수 있는 외국인을 포함한다. 이하 같다)가 그가 행하는 방송을 국내에서 방송사업자를 통하여 재송신하려면 미래창조과학부장관의 승인을 받아야 한다. 이 경우 특정 방송프로그램을 일시적으로 중계 송신하는 등 대통령령으로 정하는 기준에 해당하는 경우에는 재송신으로 보지 아니한다. <개정 2013.3.23.>

② 미래창조과학부장관은 제1항에 따라 외국방송사업자의 승인 신청을 받은 경우에는 다음 각 호의 사항을 종합적으로 심사하여야 한다. <개정 2008.2.29., 2013.3.23.>

1. 방송의 공정성·공익성의 실현 가능성
2. 국내 방송 및 영상산업에 미치는 영향
3. 국내 방송 및 영상산업 발전에 대한 기여 정도
4. 문화적 다양성 및 사회적 필요성
5. 국내 지사, 국내 사무소 또는 국내 대리인이 있는지 여부 및 그 국내 지사 등이 외국방송사업자로부터 재송신에 관하여 위임받은 권리와 의무에 관한 사항
6. 국제친선과 상호 이해 증진에 대한 기여 정도
7. 방송 내용이 제33조에 따른 심의규정, 그 밖에 「형법」, 「저작권법」 등 다른 법률의 규정에 위반될 가능성

③ 제1항에 따라 승인받은 외국방송사업자는 재송신하는 방송의 내용이 제33조에 따른 심의규정에 적합하게 하여야 한다.

④ 미래창조과학부장관은 직무수행을 위하여 필요하면 외국방송사업자(국내 지사, 국내 사무소 및 국내 대리인을 포함한다)에게 관련 자료의 제출을 요구할 수 있다. <개정>

⑤ 미래창조과학부장관은 제1항에 따라 승인을 받은 외국방송사업자가 다음 각 호의 어느 하나에 해당하면 제1항에 따른 승인을 취소할 수 있다. <개정 2008.2.29., 2013.3.23.>

1. 방송 내용이 제3항에 위반되는 때
2. 승인조건을 이행하지 아니한 때
3. 방송 내용이 「형법」, 「저작권법」 등 다른 법률의 규정에 위반되는 때

⑥ 제1항에 따라 승인받은 외국방송사업자의 방송을 재송신하는 방송사업자를 제외하고는 누구든지 외국방송사업자의 방송을 재송신하여서는 아니 된다.

⑦ 방송사업자가 제1항에 따라 승인을 받은 외국방송사업자의 방송을 재송신할 수 있는 범위와 기준은 대통령령으로 정한다.

⑧ 제1항 및 제5항에 따른 승인과 승인 취소의 절차 등에 관하여 필요한 사항은 대통령령으로 정한다. [본조신설 2007.7.27.]

第82조(전송·선로설비의 이용) 전송망사업자는 대통령령이 정하는 바에 의하여 전송·선로설비이용료 기타 이용조건에 관한 약관을 정하여 미래창조과학부장관에게 신고하여야 한다. 이를 변경하고자 하는 때에도 또한 같다. <개정 2008.2.29., 2013.3.23.>

第83조(방송내용의 기록·보존) ① 방송사업자·중계유선방송사업자·전광판방송사업자 및 음악유선방송사업자는 방송일지에 방송내용(방송프로그램 및 방송광고를 포함한다)을 기록하여 비치하여야 하며, 특별한 사유가 없는 한 방송 실시결과를 방송후 1월 이내에 다음 각 호의 구분에 따라 미래창조과학부장관 또는 방송통신위원회에 제출하여야 한다. <개정 2013.3.23.>

1. 제14조 제6항 제1호에 해당하는 방송사업자·중계유선방송사업자·전광판방송사업자 및 음악유선방송사업자: 미래창조과학부장관
2. 제14조 제6항 제2호에 해당하는 방송사업자: 방송통신위원회

② 방송사업자는 방송(재송신을 제외한다)된 방송프로그램(예고방송을 포함한다. 이하 같다) 및 방송광고의 원본 또는 사본을 방송후 6월간 보존하여야 한다. <개정 2006.10.27., 2009.7.31.>

③ 제1항의 규정에 의한 방송일지의 기록 및 방송실시결과의 제출시기등과 제2항의 규정에 의한 사업자별 방송프로그램 및 방송광고의 원본 또는 사본의 보존등에 관하여 필요한 사항은 소관 업무에 따라 미래창조과학부령 또는 방송통신위원회규칙으로 정한다. <개정>

第85조(방송프로그램별 유료방송등의 적용배제) 방송프로그램별 유료방송을 행하는 방송사업자에 대하여는 제71조부터 제74조까지의 규정을 적용하지 아니한다. <개정 2010.3.22.>

제85조의2(금지행위) ① 방송사업자·중계유선방송사업자·음악유선방송사업자·전광판방송사업자·전송망사업자(이하 "방송사업자등"이라 한다)는 사업자 간의 공정한 경쟁 또는 시청자의 이익을 저해하거나 저해할 우려가 있는 다음 각 호의 어느 하나에 해당하는 행위(이하 "금지행위"라 한다)를 하거나 제3자로 하여금 이를 하게 하여서는 아니 된다. <개정 2015.3.13.>

1. 정당한 사유 없이 채널·프로그램의 제공 또는 다른 방송사업자등의 서비스 제공에 필수적인 설비에 대한 접근을 거부·중단·제한하거나 채널 편성을 변경하는 행위
2. 다른 방송사업자등에게 적정한 수익배분을 거부·지연·제한하는 행위
3. 부당하게 다른 방송사업자등의 방송시청을 방해하거나 서비스 제공계약의 체결을 방해하는 행위
4. 부당하게 시청자를 차별하여 현저하게 유리하거나 불리한 요금 또는 이용조건으로 방송 서비스를 제공하는 행위
5. 이용약관을 위반하여 방송서비스를 제공하거나 이용계약과 다른 내용으로 이용요금을 청구하는 행위
6. 방송서비스의 제공 과정에서 알게 된 시청자의 정보를 부당하게 유용하는 행위
7. 상품소개와 판매에 관한 전문편성을 하는 방송채널사용사업자가 납품업자에 대하여 방송편성을 조건으로 상품판매방송의 일자, 시각, 분량 및 제작비용을 불공정하게 결정·취소 또는 변경하는 행위

② 방송통신위원회는 방송사업자등이 금지행위를 한 경우 해당 사업자에게 금지행위의 중지, 계약조항의 삭제 또는 변경, 금지행위로 인하여 시정조치를 명령받은 사실의 공표 등 필요한 시정조치를 명할 수 있다. 이 경우 제1항제7호에 해당하는 때에는

미래창조과학부장관에게 그 사실을 통보하여야 한다. <개정 2015.3.13.>

③ 방송통신위원회는 공정거래위원회와 협의하여 방송사업자등이 금지행위를 한 경우 해당 사업자에게 대통령령으로 정하는 매출액에 100분의 2를 곱한 금액을 초과하지 아니하는 범위에서 과징금을 부과할 수 있다. 다만, 사업의 미개시나 사업 중단 등으로 인하여 매출액이 없거나 매출액 산정이 어려운 경우로서 대통령령으로 정하는 경우에는 5억원 이하의 금액을 과징금으로 부과할 수 있다.

④ 방송통신위원회는 금지행위의 위반 여부에 관한 사실관계의 조사를 위하여 필요한 경우 대통령령으로 정하는 바에 따라 방송사업자등에게 자료의 제출을 요청할 수 있다.

⑤ 금지행위의 세부적인 유형 및 기준에 필요한 사항은 대통령령으로 정한다.

⑥ 제1항을 위반한 방송사업자등의 행위에 대하여 방송통신위원회가 제2항에 따라 시정조치를 명하였거나 제3항에 따라 과징금을 부과한 경우에는 그 방송사업자등의 동일한 행위에 대하여 동일한 사유로 「독점규제 및 공정거래에 관한 법률」 및 「대규모유통업에서의 거래 공정화에 관한 법률」에 따른 시정조치를 명하거나 과징금을 부과할 수 없다. <개정>

제 6 장　시청자의 권익보호

제86조(자체심의) ① 방송사업자는 자체적으로 방송프로그램을 심의할 수 있는 기구를 두고, 방송프로그램(보도에 관한 방송프로그램을 제외한다)이 방송되기 전에 이를 심의하여야 한다. 다만, 공동체라디오방송사업자의 경우에는 방송권역 청취자가 참여하는 방송평가회를 연 1회 이상 실시하여야 한다. <개정 2009.7.31.>

② 방송사업자는 허위, 과장 등 시청자가 오인할 수 있는 내용이 담긴 방송광고를 방송하여서는 아니 된다. <신설 2009.7.31.>

③ 방송사업자는 방송광고가 방송되기 전에 자체적으로 심의하거나 방송통신위원회에 신고한 방송 관련 기관 또는 단체에 위탁하여 심의할 수 있다. <신설 2009.7.31.>

제87조(시청자위원회) ① 종합편성 또는 보도전문편성을 행하는 방송사업자는 시청자의 권익을 보호하기 위하여 시청자위원회를 두어야 한다.

② 제1항의 규정에 의한 방송사업자는 각계의 시청자를 대표할 수 있는 자중에서 방송통신위원회규칙이 정하는 단체의 추천을 받아 시청자위원회의 위원을 위촉한다. <개정 2008.2.29.>

③ 시청자위원회의 구성 및 운영에 관하여 필요한 사항은 대통령령으로 정한다.

제88조(시청자위원회의 권한과 직무) ① 시청자위원회의 권한과 직무는 다음과 같다.

1. 방송편성에 관한 의견제시 또는 시정요구
2. 방송사업자의 자체심의규정 및 방송프로그램 내용에 관한 의견제시 또는 시정

요구

3. 시청자평가원의 선임

4. 기타 시청자의 권익보호와 침해구제에 관한 업무

② 시청자위원회의 대표자는 방송통신위원회에 출석하여 의견을 진술할 수 있다. <개정 2008>

제89조(시청자 평가프로그램) ① 종합편성 또는 보도전문편성을 행하는 방송사업자는 당해 방송사업자의 방송운영과 방송프로그램에 관한 시청자의 의견을 수렴하여 주당 60분 이상의 시청자 평가프로그램을 편성하여야 한다.

② 시청자 평가프로그램에는 시청자위원회가 선임하는 1인의 시청자평가원이 직접 출연하여 의견을 진술할 수 있다.

③ 정부는 시청자평가원의 원활한 업무수행을 위하여 「방송통신발전 기본법」 제24조에 따른 방송통신발전기금에서 경비를 지원할 수 있다. <개정 2008.2.29., 2010.3.22., 2013.3.23.>

제90조(방송사업자의 의무) ① 종합편성 또는 보도전문편성을 행하는 방송사업자는 제88조제1항제1호 및 제2호의 규정에 의한 시청자위원회의 의견제시 또는 시정요구를 받은 경우에는 특별한 사유가 없는 한 이를 수용하여야 한다.

② 시청자위원회는 방송사업자가 시청자위원회의 의견제시 또는 시정요구의 수용을 부당하게 거부하는 경우에는 방송통신위원회에 시청자불만처리를 요청할 수 있다. <개정 2008.2.29.>

③ 종합편성 또는 보도전문편성을 행하는 방송사업자는 시청자위원회가 제88조제1항각호의 규정에 의한 직무를 수행하기 위하여 필요한 자료의 제출 또는 관계자의 출석·답변을 요청하는 경우에는 특별한 사유가 없는 한 이에 응하여야 한다.

④ 종합편성 또는 보도전문편성을 행하는 방송사업자는 시청자위원회의 심의결과 및 그 처리에 관한 사항을 방송통신위원회에 보고하여야 한다. <개정 2008.2.29.>

⑤ 종합편성 또는 보도전문편성을 행하는 방송사업자는 대통령령이 정하는 바에 의하여 시청자가 요구하는 방송사업에 관한 정보를 공개하여야 한다.

제 7 장 방송발전의 지원

제92조(방송발전의 지원) ① 정부는 국민이 다양한 방송을 균등하게 향유할 수 있도록 하고, 방송문화의 발전 및 진흥을 위하여 노력하여야 한다.

② 문화체육관광부장관은 방송영상산업의 진흥을 위하여 필요한 정책을 수립·시행하여야한다. <개정 2008.2.29.>

③ 미래창조과학부장관은 방송기술 및 시설에 관하여 필요한 정책을 수립·시행하여야한다.

제92조의2(애니메이션 제작 세제지원) 정부는 방송사업자가 애니메이션 방송프로그램을 제작하는 경우에는 「조세특례제한법」 등 조세 관계 법률에서 정하는 바에 따라 조세를 감면할 수 있다. [본조신설 2012.1.17.]

제93조(방송프로그램의 보관 및 활용) 방송사업자는 방송프로그램의 효율적인 수집·보관·유통 및 활용등을 위하여 방송프로그램보관소를 공동으로 설립·운영할 수 있다.

제94조(방송전문인력의 양성등) 정부는 방송전문인력을 양성하기 위하여 전문교육기관 및 방송관련학과등에 대한 지원등에 필요한 시책을 수립할 수 있다.

제95조(방송제작단지 조성·지원) ① 정부는 방송사업자가 공동으로 방송제작단지를 조성하는 때에는 필요한 지원을 할 수 있다.

② 정부는 제1항의 규정에 의한 방송제작단지가 정보통신단지 또는 영상제작단지등과 연계·운영되도록 할 수 있다.

제96조(방송프로그램 유통등 지원) ① 문화체육관광부장관은 영상·비디오 등 영상물이 방송프로그램으로 제작되어 방송매체별로 다단계로 유통·활용 또는 수출될 수 있도록 지원할 수 있다. <개정 2008.2.29.>

② 미래창조과학부장관은 방송기술 및 시설의 개발·활용 및 수출이 촉진될 수 있도록 지원할 수 있다. <개정 2008.2.29., 2013.3.23.>

제97조(방송의 국제협력) 정부 또는 방송통신위원회는 외국의 방송관련기관·단체와의 국제교류, 방송프로그램의 공동제작, 방송전문인력의 상호교류 및 방송기술의 공동개발등 국제협력을 촉진할 수 있는 사업을 지원할 수 있다. <개정 2008.2.29.>

제 8 장 보 칙

제98조(자료제출) ① 정부 또는 방송통신위원회는 직무수행을 위하여 필요한 경우에는 방송사업자·중계유선방송사업자·전광판방송사업자·음악유선방송사업자 또는 전송망사업자에게 관련자료의 제출을 요구할 수 있다. <개정 2008.2.29.>

② 방송사업자는 매년말 당해 법인의 재산상황을 방송통신위원회에 제출하여야 하며 방송통신위원회는 이를 공표하여야 한다. <개정 2008.2.29.>

③ 방송통신위원회는 시청률, 시청점유율 등의 조사 및 산정에 필요한 자료를 해당 개인, 법인·단체 또는 기관에 요청할 수 있다. <신설 2009.7.31.>

제99조(시정명령등) ① 미래창조과학부장관 또는 방송통신위원회는 소관 업무에 따라 방송사업자·중계유선방송사업자·전광판방송사업자 또는 음악유선방송사업자가 다음 각 호의 어느 하나에 해당하는 때에는 시정을 명할 수 있다. <개정 2007.7.27., 2008.2.29., 2013.3.23.>

1. 정당한 사유 없이 방송을 중단하는 등 시청자의 이익을 현저히 저해하고 있다고

인정될 때

2. 이 법 또는 허가조건·승인조건·등록요건을 위반하고 있다고 인정될 때

② 미래창조과학부장관은 방송사업자(방송채널사용사업자를 제외한다)·전송망사업자·중계유선방송사업자 또는 음악유선방송사업자가 설치한 시설이 이 법 또는 허가조건·등록요건을 위반하고 있다고 인정될 때에는 그 시설의 개선을 명할 수 있다. <개정 2008.2.29., 2013.3.23.>

제100조(제재조치등) ① 방송통신위원회는 방송사업자·중계유선방송사업자 또는 전광판방송사업자가 제33조의 심의규정 및 제74조제2항에 의한 협찬고지 규칙을 위반한 경우에는 5천만원 이하의 과징금을 부과하거나 다음 각호의 제재조치를 명할 수 있다. 제35조에 따른 시청자불만처리의 결과에 따라 제재를 할 필요가 있다고 인정되는 경우에도 또한 같다. 다만, 방송통신심의위원회는 심의규정 등의 위반정도가 경미하여 제재조치를 명할 정도에 이르지 아니한 경우에는 해당 사업자·해당 방송프로그램 또는 해당 방송광고의 책임자나 관계자에 대하여 권고를 하거나 의견을 제시할 수 있다. <개정 2006.10.27., 2008.2.29., 2009.7.31.>

1. 삭제 <2013.3.23.>
2. 해당 방송프로그램 또는 해당 방송광고의 정정·수정 또는 중지
3. 방송편성책임자·해당 방송프로그램 또는 해당 방송광고의 관계자에 대한 징계
4. 주의 또는 경고

② 제1항의 규정에 의한 제재조치가 해당방송프로그램의 출연자로 인하여 이루어진 경우 해당방송사업자는 방송출연자에 대하여 경고, 출연제한 등의 적절한 조치를 취하여야 한다. <신설 2006.10.27.>

③ 제1항의 규정에 불구하고 위반의 정도가 중대하다고 인정되는 다음 각 호의 경우에 한하여 방송통신위원회는 1억원 이하의 과징금을 부과할 수 있다. <신설 2006.10.27., 2008.2.29.>

1. 음란, 퇴폐 및 폭력 등에 관한 심의규정을 위반하는 경우
2. 「마약류관리에 관한 법률」 제2조제1호의 규정에 의한 마약류 복용·투약·흡입 및 음주 후 방송출연 등으로 인한 심의규정을 위반하는 경우
3. 제1항제1호 내지 제3호의 제재조치를 받았음에도 불구하고 대통령령으로 정하는 바에 따라 동일한 사유로 반복적으로 심의규정을 위반하는 경우

④ 방송사업자·중계유선방송사업자 및 전광판방송사업자는 제1항 및 제3항에 따른 과징금처분 또는 제재조치명령을 받은 경우 지체 없이 그에 관한 방송통신위원회의 결정사항전문을 방송하고, 제재조치명령은 이를 받은 날부터 7일 이내에 이행하여야 하며, 그 이행결과를 방송통신위원회에 보고하여야 한다. <개정 2006.10.27., 2008.2.29., 2009.7.31.>

⑤ 방송통신위원회는 제1항 및 제3항에 따라 과징금처분 또는 제재조치명령을 하는

경우 미리 당사자 또는 그 대리인에게 의견을 진술할 기회를 주어야 한다. 다만, 당사자 또는 그 대리인이 정당한 사유없이 이에 응하지 아니한 때에는 그러하지 아니하다. <개정 2009.7.31.>

⑥ 제1항 및 제3항에 따른 과징금처분 또는 제재조치명령에 이의가 있는 자는 당해 제재조치명령을 받은 날부터 30일 이내에 방송통신위원회에 재심을 청구할 수 있다. <개정 >

⑦ 방송통신위원회는 제6항의 규정에 의한 방송통신위원회의 재심결과를 당사자 또는 그 대리인에게 통지하여야 한다. <개정 2008.2.29.> [2012.8.3. 위헌 결정된 제100조제1항제1호 삭제]

제101조(청문) 미래창조과학부장관 또는 방송통신위원회는 다음 각 호의 어느 하나에 해당하는 경우에는 청문을 실시하여야 한다. <개정 2007.7.27., 2008.2.29., 2013.3.23.>

1. 제17조의 규정에 의한 재허가 또는 재승인을 거부하는 경우
2. 제18조의 규정에 의한 허가·승인 또는 등록을 취소하는 경우
3. 제78조의2제5항에 따라 승인을 취소하는 경우

제102조(수수료) 이 법에 의한 허가·승인·등록, 변경허가·변경승인·변경등록,재허가·재승인 신청을 하는 자와 유선방송국설비 및 전송·선로설비의 준공검사를 받고자 하는 자는 대통령령이 정하는 바에 의하여 수수료를 납부하여야 한다.

제103조(권한의 위임·위탁) ① 이 법에 따른 미래창조과학부장관의 권한은 그 일부를 대통령령으로 정하는 바에 따라 시·도지사 및 소속기관의 장에게 위임하거나 「전파법」에 따른 한국방송통신전파진흥원에 위탁할 수 있다. <개정 2013.3.23.>

② 이 법에 따른 방송통신위원회의 권한은 그 일부를 대통령령으로 정하는 바에 따라 시·도지사에게 위임하거나 미래창조과학부 소속기관의 장 또는 「전파법」에 따른 한국방송통신전파진흥원에 위탁할 수 있다. <신설 2013.3.23.>

제104조(벌칙적용에 있어서의 공무원의 의제) 제103조에 따라 권한을 위탁받은 사무에 종사하는 자는 형법이나 그 밖의 법률에 따른 벌칙의 적용에 있어서 이를 공무원으로 본다.

제 9 장 벌　　칙

제105조(벌칙) 다음 각호의 1에 해당하는 자는 2년이하의 징역 또는 3천만원이하의 벌금에 처한다. <개정 2014.5.28.>

1. 제4조제2항의 규정에 위반하여 방송편성에 관하여 규제나 간섭을 한 자
2. 허위 기타 부정한 방법으로 제9조 또는 제17조의 규정에 의한 허가 또는 재허가를 받거나 승인 또는 재승인을 얻거나 등록을 하여 방송사업·중계유선방송사업·음악

유선방송사업 · 전광판방송사업 또는 전송망사업을 한 자

3. 제9조 또는 제17조의 규정에 의한 허가 또는 재허가를 받지 아니하거나 승인 또는 재승인을 얻지 아니하거나 등록을 하지 아니하고 방송사업 · 중계유선방송사업 · 음악유선방송사업 · 전광판방송사업 또는 전송망사업을 한 자

4. 제53조 제3항을 위반하여 직무상 알게 된 공사의 비밀을 누설하거나 도용한 자

제106조(벌칙) ① 다음 각호의 1에 해당하는 자는 1년 이하의 징역 또는 3천만원이하의 벌금에 처한다. <개정 2004.3.22., 2006.10.27., 2009.7.31.>

1. 제4조제4항의 규정에 위반하여 방송편성규약을 제정하지 아니하거나 공표하지 아니한 자
2. 제8조제13항의 규정에 의한 시정명령을 위반한 자
3. 제14조제6항의 규정에 의한 시정명령을 위반한 자
4. 허위 기타 부정한 방법으로 제15조제1항의 규정에 의한 변경허가를 받거나 변경승인을 얻거나 변경등록을 한 자
5. 제15조제1항의 규정에 의한 변경허가를 받지 아니하거나 변경승인을 얻지 아니하거나 변경등록을 하지 아니한 자
6. 제15조의2제3항의 규정에 따른 시정명령을 위반한 자

② 다음 각호의 1에 해당하는 자는 3천만원 이하의 벌금에 처한다. <개정 2008.2.29.>

1. 삭제 <2014.5.28.>
2. 제100조제1항의 규정에 의한 방송통신위원회의 제재조치명령을 이행하지 아니한 자

제107조(양벌규정) 법인의 대표자나 법인 또는 개인의 대리인, 사용인, 그 밖의 종업원이 그 법인 또는 개인의 업무에 관하여 제105조 또는 제106조의 위반행위를 하면 그 행위자를 벌하는 외에 그 법인 또는 개인에게도 해당 조문의 벌금형을 과(科)한다. 다만, 법인 또는 개인이 그 위반행위를 방지하기 위하여 해당 업무에 관하여 상당한 주의와 감독을 게을리하지 아니한 경우에는 그러하지 아니하다. [전문개정 2010.6.8.]

부칙 〈제13220호, 2015.3.13.〉

이 법은 공포한 날부터 시행한다. 다만, 제14조제3항의 개정규정은 2015년 3월 15일부터 시행하고, 제2조제4호, 제70조제6항 및 제108조제1항제6호의 개정규정은 공포 후 6개월이 경과한 날부터 시행하며, 법률 제12677호 방송법 일부개정법률 제108조제1항제7호의2 및 제7호의3의 개정규정은 2016년 5월 29일부터 시행한다.

인터넷 멀티미디어 방송사업법
[시행 2015.6.28.] [법률 제13232호, 2015.3.27., 일부개정]

제1장 총 칙

제1조(목적) 이 법은 방송과 통신이 융합되어 가는 환경에서 인터넷 멀티미디어 등을 이용한 방송사업의 운영을 적정하게 함으로써 이용자의 권익보호, 관련 기술과 산업의 발전, 방송의 공익성 보호 및 국민문화의 향상을 기하고 나아가 국가경제의 발전과 공공복리의 증진에 이바지하는 것을 목적으로 한다.

제2조(정의) 이 법에서 사용하는 용어의 뜻은 다음과 같다. <개정 2010.3.22., 2014.12.30.>

1. "인터넷 멀티미디어 방송"이란 광대역통합정보통신망등(자가 소유 또는 임차 여부를 불문하고,「전파법」제10조 제1항 제1호에 따라 기간통신사업을 영위하기 위하여 할당받은 주파수를 이용하는 서비스에 사용되는 전기통신회선설비는 제외한다)을 이용하여 양방향성을 가진 인터넷 프로토콜 방식으로 일정한 서비스 품질이 보장되는 가운데 텔레비전 수상기 등을 통하여 이용자에게 실시간 방송프로그램을 포함하여 데이터·영상·음성·음향 및 전자상거래 등의 콘텐츠를 복합적으로 제공하는 방송을 말한다.
2. "광대역통합정보통신망등"이란「국가정보화 기본법」제3조 제14호에 따른 광대역통합정보통신망과「전기통신사업법」제2조 제3호에 따른 전기통신회선설비를 말한다.
3. "실시간 방송프로그램"이란 인터넷 멀티미디어 방송 콘텐츠사업자 또는「방송법」제2조 제3호에 따른 방송사업자가 편성하여 송신 또는 제공하는 방송프로그램으로서 그 내용과 편성에 변경을 가하지 아니하고 동시에 제공하는 것을 말한다.
4. "인터넷 멀티미디어 방송사업"이란 다음 각 목의 사업을 말한다.
   가. 인터넷 멀티미디어 방송 제공사업: 인터넷 멀티미디어 방송에 제공하기 위하여 제18조제1항에 따라 콘텐츠를 공급받은 인터넷 멀티미디어 방송 제공사업자가 해당 콘텐츠를 이용자에게 제공하는 사업
   나. 인터넷 멀티미디어 방송 콘텐츠사업: 인터넷 멀티미디어 방송 제공사업자에게 인터넷 멀티미디어 콘텐츠를 공급하는 사업
5. "인터넷 멀티미디어 방송사업자"란 다음 각 목의 사업자를 말한다.
   가. 인터넷 멀티미디어 방송 제공사업자: 인터넷 멀티미디어 방송 제공사업을 하기 위하여 제4조제1항에 따른 허가를 받은 자
   나. 인터넷 멀티미디어 방송 콘텐츠사업자: 인터넷 멀티미디어 방송 콘텐츠사업을 하기 위하여 제18조제2항에 따라 신고·등록하거나 승인을 받은 자

제3조(다른 법률과의 관계) 인터넷 멀티미디어 방송사업에 대하여는 다른 법률에 우선

하여 이 법을 적용한다.

제 2 장 사업의 허가

제4조(인터넷 멀티미디어 방송 제공사업의 허가 등) ① 인터넷 멀티미디어 방송 제공사업을 하고자 하는 자는 미래창조과학부장관의 허가를 받아야 한다. <개정 2008.2.29., 2013.3.23.>

② 제1항에 따른 허가 대상자는 법인에 한한다.

③ 제1항에 따른 허가를 받고자 하는 자는 다음 사항을 포함한 허가 신청서를 미래창조과학부장관에게 제출하여야 한다. <개정 2008.2.29., 2013.3.23.>

1. 법인명, 주소 및 대표자의 성명
2. 콘텐츠 수급계획을 포함한 사업계획서
3. 재정 및 기술능력을 입증하는 서류
4. 시설계획서(주요 시설의 임차 시는 임차계획을 포함한다)
5. 그 밖에 대통령령으로 정하는 사항

④ 미래창조과학부장관은 인터넷 멀티미디어 방송 제공사업을 허가함에 있어서 다음 각 호의 사항을 심사하여 그 결과를 공표하여야 한다. <개정 2008.2.29., 2013.3.23.>

1. 방송의 공적 책임·공정성·공익성의 실현 가능성
2. 콘텐츠 수급계획의 적절성 및 방송영상 산업 발전에 대한 기여도
3. 유료 방송시장에서의 공정경쟁 확보 계획의 적정성
4. 조직 및 인력운영 등 경영계획의 적정성
5. 재정 및 기술능력
6. 신청인이 설립 중인 법인인 경우에는 해당 법인의 설립이 확실한지 여부
7. 시설계획이 적정한지 여부
8. 그 밖에 사업 수행에 필요한 사항

⑤ 삭제 <2008.2.29.>

⑥ 미래창조과학부장관은 허가를 함에 있어서 특별한 결격사유가 없는 한 3개월 이내에 하여야 한다. <개정 2008.2.29., 2013.3.23.>

⑦ 제1항에 따른 인터넷 멀티미디어 방송 제공사업의 허가에 필요한 절차, 심사기준에 대한 배점, 그 밖에 필요한 사항은 대통령령으로 정한다. <개정 2008.2.29.>

제5조(허가의 유효기간) 제4조제1항에 따른 인터넷 멀티미디어 방송 제공사업 허가의 유효기간은 7년의 범위에서 대통령령으로 정한다. <개정 2014.12.30.> [전문개정 2009.5.21.]

제5조의2(재허가) ① 인터넷 멀티미디어 방송 제공사업자가 허가 유효기간의 만료 후 계속 인터넷 멀티미디어 방송 제공사업을 하고자 하는 경우 미래창조과학부장관의

재허가를 받아야 한다. <개정 2013.3.23.>

② 미래창조과학부장관이 제1항에 따라 재허가를 할 때에는 제4조제4항 각 호 및 다음 각 호의 사항을 심사하고 그 결과를 공표하여야 한다. <개정 2013.3.23.>

1. 이전(以前) 허가 당시의 사업계획, 허가조건 및 그 밖의 준수사항의 이행 여부
2. 방송통신위원회 또는 미래창조과학부장관의 시정명령, 과징금·과태료 부과처분의 내용·횟수와 그 이행 여부

③ 제1항의 재허가에 관하여는 제4조제2항·제3항·제6항 및 제7항을 준용한다.

제6조(사업권역) ① 인터넷 멀티미디어 방송 제공사업은 전국을 하나의 사업권역으로 한다. 다만, 제4조제1항에 따른 사업허가 시 「중소기업기본법」제2조제1항에 따른 중소기업자의 요청이 있고 미래창조과학부장관이 특별히 필요하다고 인정하는 때에는 그러하지 아니하다.

② 「전기통신사업법」 제39조제3항제1호 및 제2호에 따른 기간통신사업자가 제4조제1항에 따른 허가를 받은 경우에는 허가를 받은 날부터 대통령령으로 정하는 기간 이내에 「방송법」 제12조제2항에 따라 미래창조과학부장관이 고시한 모든 방송구역에서 서비스를 개시하여야 한다. 다만, 천재지변이나 그 밖의 부득이한 사유로 인하여 본문의 기간 이내에 서비스를 시작할 수 없을 때에는 미래창조과학부장관은 대통령령으로 정하는 기간 내에서 한 차례에 한하여 본문의 기간을 연장할 수 있다. <개정 2008.2.29., 2009.5.21., 2010.3.22., 2013.3.23.>

제7조(결격사유) ① 다음 각 호의 어느 하나에 해당하는 자는 제4조제1항에 따른 인터넷 멀티미디어 방송 제공사업을 할 수 없다.

1. 국가 또는 지방자치단체
2. 제8조 및 제9조에 따른 주식 또는 지분의 소유 제한을 초과한 법인
3. 제24조제1항에 따라 허가가 취소된 후 3년이 경과되지 아니한 자

② 다음 각 호의 어느 하나에 해당하는 자는 제4조제1항에 따라 허가를 받은 법인의 임원이 될 수 없다. <개정 2014.6.3.>

1. 미성년자·피성년후견인 또는 피한정후견인
2. 파산선고를 받고 복권되지 아니한 자
3. 이 법, 「방송법」, 「전기통신기본법」, 「전기통신사업법」 및 「정보통신망 이용촉진 및 정보보호 등에 관한 법률」을 위반하여 벌금 이상의 형을 선고받고 그 집행이 종료(집행이 종료된 것으로 보는 경우를 포함한다)되거나 그 집행이 면제된 날부터 3년이 경과되지 아니한 자
4. 「형법」 제87조부터 제90조까지, 제92조, 제101조, 「군형법」 제5조부터 제8조까지, 제9조제2항, 제11조부터 제16조까지 또는 「국가보안법」 제3조부터 제9조까지의 규정에 따른 죄를 범하여 금고 이상의 실형을 선고받고 그 형의 집행이 종료되지 아니 하거나 집행을 받지 아니하기로 확정되지 아니한 자 또는 집행 유예기간

중에 있는 자

5. 「보안관찰법」에 따른 보안관찰처분이나 「치료감호법」에 따른 치료감호의 집행 중에 있는 자

③ 외국인이나 외국의 법인 또는 단체의 대표자는 제4조제1항에 따라 허가를 받은 법인의 대표자가 될 수 없다.

제8조(겸영금지 등) ① 인터넷 멀티미디어 방송 제공사업자가 주식을 발행하는 경우에는 기명식으로 하여야 한다.

② 「신문 등의 진흥에 관한 법률」에 따른 신문 또는 「뉴스통신진흥에 관한 법률」에 따른 뉴스통신을 경영하는 법인(대통령령으로 정하는 특수관계자를 포함한다)은 인터넷 멀티미디어 방송 제공사업자의 주식 또는 지분 총수의 100분의 49를 초과하여 소유할 수 없다.

③ 「독점규제 및 공정거래에 관한 법률」 제2조제2호에 따른 기업집단 중 자산총액 등 대통령령으로 정하는 기준에 해당하는 기업집단에 속하는 회사와 그 계열회사(대통령령으로 정하는 특수관계자를 포함한다) 또는 「신문 등의 진흥에 관한 법률」에 따른 신문이나 「뉴스통신진흥에 관한 법률」에 따른 뉴스통신을 경영하는 법인(대통령령으로 정하는 특수관계자를 포함한다)은 종합편성 또는 보도에 관한 전문편성을 행하는 인터넷 멀티미디어 방송 콘텐츠사업자의 주식 또는 지분 총수의 100분의 49를 초과하여 소유할 수 없다.

④ 인터넷 멀티미디어 방송 제공사업자는 「방송법」 제2조 및 같은 법 시행령 제1조의2에 따른 텔레비전방송채널사용사업·라디오방송채널사용사업 및 데이터방송채널사용사업별로 각각 전체 사업자수의 5분의 1을 초과하여 방송채널사용사업을 경영(겸영하거나 주식 또는 지분 총수의 100분의 5 이상을 소유하는 경우를 말한다)할 수 없다.

제9조(외국인의 주식소유 제한 등) ① 다음 각 호의 어느 하나에 해당하는 자는 다른 하나에 해당하는 자와 합산하여 인터넷 멀티미디어 방송 제공사업자의 주식(의결권 있는 주식에 한하며 주식예탁증서 등 의결권을 가진 주식의 등가물 및 출자지분을 포함한다. 이하 같다) 또는 지분을 총 발행주식 또는 지분의 100분의 49를 초과하여 소유하지 못한다. <개정 2014>

1. 외국의 정부나 단체
2. 외국인
3. 외국의 정부나 단체 또는 외국인(「자본시장과 금융투자업에 관한 법률」 제9조제1항제1호에 따른 특수관계인을 포함한다. 이하 이 호 및 제2항제3호에서 같다)이 최대주주인 법인으로서 발행주식 총수의 100분의 15 이상을 그 외국정부나 단체 또는 외국인이 소유하고 있는 법인(해당 인터넷 멀티미디어 방송 제공사업자의 발행주식 또는 지분 총수의 100분의 1 미만을 소유한 법인은 제외한다)

② 다음 각 호의 어느 하나에 해당하는 자는 다른 하나에 해당하는 자와 합산하여 인터넷 멀티미디어 방송 콘텐츠사업자(종합편성이나 보도에 관한 전문편성을 하는 인터넷 멀티미디어 방송 콘텐츠사업자는 제외한다)의 주식 또는 지분을 총 발행주식 또는 지분의 100분의 49를 초과하여 소유하지 못한다. 다만, 인터넷 멀티미디어 방송 콘텐츠사업자(종합편성이나 보도에 관한 전문편성 또는 상품소개와 판매에 관한 전문편성을 하는 인터넷 멀티미디어 방송 콘텐츠사업자는 제외한다)의 경우 대한민국이 외국과 양자간(兩者間) 또는 다자간(多者間)으로 체결하여 발효된 자유무역협정 중 미래창조과학부장관이 정하여 고시하는 자유무역협정 체결 상대국의 정부나 단체 또는 외국인이 주식 또는 지분을 소유하고 있는 법인은 제3호의 요건을 갖춘 경우에도 같은 호에 해당하는 자로 보지 아니한다. <신설 2014.12.30.>

1. 외국의 정부나 단체
2. 외국인
3. 외국의 정부나 단체 또는 외국인이 소유하고 있는 해당 법인의 주식 또는 지분의 합이 해당 법인의 주식 또는 지분 총수의 100분의 50을 초과하는 법인(외국의 정부나 단체 또는 외국인이 최다액출자자인 경우를 포함한다)

③ 제2항 각 호의 어느 하나에 해당하는 자는 종합편성 또는 보도에 관한 전문편성을 행하는 인터넷 멀티미디어 방송 콘텐츠사업자의 주식 또는 지분 총수의 100분의 20을 초과하여 소유할 수 없다. <개정 2009.7.31., 2014.12.30.>

제10조(초과소유 주주 등에 관한 제한 등) ① 제8조 또는 제9조를 위반한 경우 위반의 원인을 제공한 주식 또는 지분을 소유한 자는 그 소유분 또는 초과분에 대한 의결권을 행사할 수 없다.

② 미래창조과학부장관은 제8조 또는 제9조를 위반한 자나 그 위반의 원인을 제공한 주식 또는 지분의 소유자에 대하여 6개월 이내의 기간을 정하여 해당 사항을 시정할 것을 명할 수 있다. <개정 2008.2.29., 2013.3.23.>

③ 제2항에 따라 시정명령을 받은 자는 그 기간 이내에 해당 사항을 시정하여야 한다.

제11조(변경허가) ① 제4조 제1항에 따라 인터넷 멀티미디어 방송 제공사업의 허가를 받은 자가 허가사항 중 다음 각 호의 어느 하나에 해당하는 사항을 변경하고자 하는 때에는 변경허가를 받아야 한다. <개정 2014.6.3.>

1. 인터넷 멀티미디어 방송 제공사업자의 합병 및 분할
2. 인터넷 멀티미디어 방송 제공사업의 전부 또는 일부의 양도. 이 경우 그 사업의 양수자는 제4조에 따른 인터넷 멀티미디어 방송 제공사업의 허가를 함께 받아야 한다.
3. 사업권역의 변경

② 변경허가의 절차 및 심사 내용 등에 대하여는 제4조를 준용한다.

③ 제4조제1항에 따라 인터넷 멀티미디어 방송 제공사업의 허가를 받은 자가 다음

각 호의 사항을 변경한 때에는 이를 지체 없이 미래창조과학부장관에게 신고하여야 한다. <신설>

1. 대표자
2. 방송편성책임자
3. 법인명 또는 상호
4. 주된 사무소의 소재지 [제목개정 2014.6.3.]

제 3 장 공정경쟁의 보장 및 촉진

제12조(공정경쟁의 촉진) ① 정부는 인터넷 멀티미디어 방송 제공사업의 효율적인 경쟁체제 구축과 공정한 경쟁 환경 조성을 위하여 노력하여야 하고 다른 사업에서의 지배력이 인터넷 멀티미디어 방송 제공사업으로 부당하게 전이되지 아니하도록 하여야 한다.

② 제1항에 따른 효율적인 경쟁체제 구축과 공정한 경쟁 환경의 조성을 위한 경쟁정책 수립을 위하여 인터넷 멀티미디어 방송 제공사업에 대한 경쟁상황 평가를 실시하여야 한다.

③ 제2항에 따른 경쟁상황 평가는 「방송법」 제35조의5제1항에 따른 방송시장경쟁상황평가위원회가 실시한다. <개정 2011.7.14.>

④ 다른 사업에서의 지배력이 인터넷 멀티미디어 방송 제공사업으로 부당하게 전이되지 아니하도록 하기 위한 구체적인 방법 등에 대하여는 대통령령으로 정한다. <개정 2011.7.14.>

⑤ 삭제 <2011.7.14.>

제13조(시장점유율 제한 등) ① 특정 인터넷 멀티미디어 방송 제공사업자는 해당 사업자와 특수관계자인 다음 각 호의 방송사업자를 합산하여 인터넷 멀티미디어 방송, 종합유선방송, 위성방송을 포함한 전체 유료방송사업 가입자 수의 3분의 1을 초과하여 서비스를 제공할 수 없다. <개정 2008.2.29., 2013.3.23., 2015.3.27.>

1. 인터넷 멀티미디어 방송 제공사업자
2. 「방송법」 제2조제3호나목에 따른 종합유선방송사업자 [2018년 6월 27일까지 유효함]
3. 「방송법」 제2조제3호다목에 따른 위성방송사업자 [2018년 6월 27일까지 유효함]

② 미래창조과학부장관은 인터넷 멀티미디어 방송 제공사업자가 제1항을 위반하게 된 경우에 해당 사업자에 대하여 6개월 이내의 기간을 정하여 해당 사항을 시정할 것을 명할 수 있다. <개정 2008.2.29., 2013.3.23.>

③ 제2항에 따라 시정명령을 받은 사업자는 그 기간 이내에 해당 사항을 시정하여야

한다.

④ 미래창조과학부장관은 도서산간 등 위성방송 수신만 가능한 지역은 제1항에 따른 가입자 수 산정에서 배제할 수 있는 예외지역으로 지정할 수 있다. <신설 2015.3.27.>

⑤ 제1항에 따른 가입자 수의 산정 및 검증 등에 필요한 사항은 대통령령으로 정한다.

제14조(전기통신설비의 동등제공) ① 인터넷 멀티미디어 방송 제공사업자는 인터넷 멀티미디어 방송 제공사업을 하고자 하는 자로부터 해당 서비스의 제공에 필수적인 전기통신설비에의 접근 및 이용에 관한 요청이 있는 경우 자기 보유설비의 부족, 영업비밀의 보호 등 합리적이고 정당한 사유 없이 이를 거절하지 못한다.

② 인터넷 멀티미디어 방송 제공사업자는 합리적이고 정당한 사유 없이 다른 인터넷 멀티미디어 방송 제공사업자가 사용 중인 자기 보유설비의 사용 등을 중단하거나 제한하지 못한다.

③ 인터넷 멀티미디어 방송 제공사업자는 자기 보유설비를 다른 인터넷 멀티미디어 방송 제공사업자에게 부당하게 차별적인 대가와 조건으로 제공하여서는 아니 된다.

④ 제1항부터 제3항까지의 규정에 따른 전기통신설비의 범위, 설비제공의 거절·중단·제한 사유, 설비제공의 방법·절차 및 설비 이용대가의 산정원칙 등에 관하여 필요한 사항은 대통령령으로 정한다.

제14조의2(기술기준의 고시) 미래창조과학부장관은 인터넷 멀티미디어 방송 제공사업자의 방송국 설비의 설치 및 유지에 관한 사항과 전송·선로설비 등에 관한 기술기준을 정하여 고시하여야 한다. [본조신설 2014.6.3.]

제15조(이용약관의 신고 등) ① 인터넷 멀티미디어 방송 제공사업자는 그가 제공하고자 하는 서비스에 관하여 요금 및 이용조건(이하 "이용약관"이라 한다)을 정하여 미래창조과학부장관에게 신고(변경신고를 포함한다)하여야 하고, 이용요금에 대하여는 미래창조과학부장관의 승인(변경승인을 포함한다)을 받아야 한다. <개정 2008.2.29., 2013.3.23.>

② 제1항에 따라 서비스에 관한 이용요금의 승인(변경승인을 포함한다)을 받고자 하는 자는 가입비, 기본료, 사용료, 부가서비스료, 실비 등을 포함한 요금산정의 근거자료(변경할 경우에는 신·구 내용 대비표를 포함한다)를 미래창조과학부장관에게 제출하여야 한다.

제16조(이용자 보호) ① 인터넷 멀티미디어 방송 제공사업자는 자신이 제공하는 서비스에 관하여 이용자로부터 제기되는 정당한 의견이나 불만을 즉시 처리하여야 한다.

② 인터넷 멀티미디어 방송 제공사업자는 서비스나 전기통신설비의 제공 과정에서 취득한 개별 이용자에 관한 정보를 보호하기 위한 조치를 취하여야 하며, 취득한 개인 정보를 공개하여서는 아니 된다. 다만, 본인의 동의가 있거나 다른 법률의 규정에 따른 적법한 절차에 따른 경우에는 그러하지 아니하다.

③ 인터넷 멀티미디어 방송 제공사업자는 제2항에 따른 개별 이용자 정보의 부당한 제공으로 이용자에게 손해를 입힌 경우에는 정당한 배상을 하여야 한다.

제17조(금지행위) ① 인터넷 멀티미디어 방송 제공사업자는 사업자 간의 공정한 경쟁 또는 이용자의 이익을 저해하거나 저해할 우려가 있는 다음 각 호의 어느 하나에 해당하는 행위를 하거나 제3자로 하여금 이를 행하도록 하여서는 아니 된다.

1. 정당한 사유 없이 인터넷 멀티미디어 방송 서비스의 제공을 거부하는 행위
2. 이용약관의 내용과 다르게 인터넷 멀티미디어 방송 서비스를 제공하거나 이용계약과 다른 내용으로 이용요금을 청구하는 행위
3. 인터넷 멀티미디어 방송 서비스의 제공 과정에서 알게 된 이용자의 정보를 부당하게 유용하는 행위
4. 부당하게 이용자를 차별하여 현저하게 유리하거나 불리한 이용요금 또는 이용조건으로 인터넷 멀티미디어 방송 서비스를 제공하는 행위
5. 우월적 지위를 이용하여 인터넷 멀티미디어 방송 콘텐츠사업자에게 부당한 계약을 강요하거나 적정한 수익 배분을 거부하는 행위
6. 다른 방송사업자의 방송 시청을 부당하게 방해하거나 서비스제공계약의 체결을 방해하는 행위
7. 정당한 사유 없이 다른 방송사업자의 서비스 제공에 필수적인 전주, 관로, 통신구 등 전기통신설비의 사용 또는 접근을 거절·중단하거나 제한하는 행위

② 방송통신위원회는 공정거래위원회와 협의하여 인터넷 멀티미디어 방송 제공사업자가 제1항 각 호의 어느 하나에 해당하는 행위를 하는 경우에는 해당 인터넷 멀티미디어 방송 제공사업자에게 위반행위의 내용 및 정도, 위반행위의 기간 및 횟수, 위반행위로 인하여 취득한 이익의 규모 등을 고려하여 매출액 100분의 2 이하에서 대통령령으로 정하는 과징금을 부과할 수 있다. 다만, 매출액이 없거나 매출액의 산정이 곤란한 경우로서 대통령령으로 정하는 때에는 5억원 이하의 과징금을 부과할 수 있다. <개정 2008.2.29.>

③ 방송통신위원회는 제2항에 따라 과징금 부과 처분을 받은 자가 납부기한 이내에 과징금을 납부하지 아니한 때에는 국세 체납처분의 예에 따라 징수한다. <개정 2008.2.29.>

④ 제1항 각 호에 따른 행위의 세부적인 유형 및 기준에 필요한 사항은 대통령령으로 정한다.

제 4 장 인터넷 멀티미디어 방송 콘텐츠

제18조(콘텐츠의 공급 등) ① 「방송법」 제2조제3호에 따른 방송사업자, 「전기통신사업법」 제22조에 따른 부가통신사업자, 다른 법률의 규정에 따라 콘텐츠를 제작·공급

하는 사업을 하는 자 및 콘텐츠를 제작·공급하는 자는 누구든지 인터넷 멀티미디어 방송용 콘텐츠를 인터넷 멀티미디어 방송 제공사업자에게 공급할 수 있다. <개정 2010.3.22., 2014.6.3.>

② 제1항에 따라 콘텐츠를 공급하고자 하는 자는 미래창조과학부장관에게 신고 또는 등록하여야 한다. 다만, 인터넷 멀티미디어 방송 제공사업자에게 보도를 전문으로 하거나 보도·교양·오락 등 다양한 분야를 종합적으로 편성한 콘텐츠를 제공하고자 하는 자는 방송통신위원회의 승인을 받아야 하며, 상품 소개와 판매를 전문으로 하는 콘텐츠를 제공하고자 하는 자는 미래창조과학부장관의 승인을 받아야 한다. <개정 2008.2.29., 2013.3.23.>

③ 다음 각 호에 해당하는 자는 제2항에 따른 신고·등록을 하거나 승인을 받은 것으로 본다. <신설 2014.6.3.>

1. 「방송법」 제2조제3호에 따른 방송사업자(종합유선방송사업자와 위성방송사업자의 경우에는 직접사용채널을 통하여 공급하는 콘텐츠에 한정한다)
2. 「전기통신사업법」 제22조에 따른 부가통신사업자

④ 제2항의 신고, 등록 및 승인에 필요한 구체적인 절차 및 방법에 관한 사항은 대통령령으로 정한다. <개정 2014.6.3.>

제18조의2(등록요건) 제18조제2항 본문에 따라 인터넷 멀티미디어 방송 콘텐츠사업자로 등록하고자 하는 자의 등록요건에 관하여는 「방송법」 제9조의2를 준용한다. 이 경우 "방송채널사용사업"은 "인터넷 멀티미디어 방송 콘텐츠사업"으로 본다. [본조신설 2014.6.3.]

제19조(콘텐츠사업 발전시책 등) 정부는 다른 법률에서 따로 정하고 있는 경우를 제외하고는 인터넷 멀티미디어 방송 제공사업자에게 공급되는 콘텐츠 간의 공정경쟁과 관련 산업의 진흥을 위하여 필요한 재원의 마련 등 콘텐츠사업 발전을 위한 시책을 별도로 수립·시행하여야 한다.

제20조(콘텐츠 동등접근) ① 제18조제2항에 따라 신고·등록하거나 승인을 받은 인터넷 멀티미디어 방송 콘텐츠사업자가 제공하는 방송프로그램을 미래창조과학부장관이 대통령령으로 정하는 기준에 따라 고시한 경우(이하 "주요방송프로그램"이라 한다) 일반 국민이 이를 시청할 수 있도록 다른 인터넷 멀티미디어 방송 제공사업자에게도 공정하고 합리적인 가격으로 차별 없이 제공하여야 하며 주요방송프로그램의 계약 행위 등에 있어 시청자의 이익 및 공정거래질서를 저해하여서는 아니 된다. <개정 2008.2.29., 2013.3.23.>

② 미래창조과학부장관은 제1항의 주요방송프로그램을 고시함에 있어서 문화체육관광부장관, 방송통신위원회, 방송사업자 및 시청자의 의견을 들어야 한다. <개정 2008.2.29., 2013.3.23.>

③ 미래창조과학부장관은 제1항을 위반한 인터넷 멀티미디어 방송 콘텐츠사업자에

대하여 금지행위의 중지 등 필요한 시정조치를 명할 수 있다. 이 경우 미래창조과학부장관은 시정조치를 명하기 전에 당사자에게 기간을 정하여 의견진술의 기회를 주어야 한다. 다만, 당사자가 정당한 사유 없이 이에 응하지 아니하는 때에는 그러하지 아니한다. <개정 2013.3.23.>

제21조(방송프로그램의 구성과 운용) ① 인터넷 멀티미디어 방송 제공사업자는 직접사용채널을 운용할 수 없다.

② 인터넷 멀티미디어 방송 콘텐츠사업자가 제공하는 실시간 방송프로그램의 내용심의에 대하여는「방송법」제32조, 제33조 및 제100조를 준용한다.

③ 인터넷 멀티미디어 방송 제공사업자가 제공하는 실시간 방송프로그램에 관하여는「방송법」제70조제1항부터 제3항까지 및 제8항의 규정을 준용한다. 이 경우 "종합유선방송사업자"는 "인터넷 멀티미디어 방송 제공사업자"로, "채널"은 "인터넷 멀티미디어 방송 제공사업자가 제공하는 실시간 방송프로그램의 단위"로 본다. <개정 2014.12.30.>

④「방송법」제69조, 제71조부터 제74조까지, 제76조, 제76조의3, 제76조의5, 제78조제1항부터 제4항까지, 제78조의2 및 제83조는 콘텐츠사업자의 프로그램 편성, 국내방송프로그램의 편성, 외주 제작 방송프로그램의 편성, 광고, 협찬고지, 프로그램의 공급, 보편적 시청권 보장을 위한 조치, 중계방송의 순차편성 권고, 재송신, 방송내용의 기록 및 보존에 관하여 이를 준용한다. 이 경우 "방송사업자"는 "인터넷 멀티미디어 방송 제공사업자 또는 인터넷 멀티미디어 방송 콘텐츠사업자"로 본다. <개정 2014.12.30.>

⑤ 제4항 전단에 따라 준용되는「방송법」제83조제1항에 따른 방송 실시결과의 제출은 미래창조과학부장관에게 하여야 한다. <신설 2014.12.30.>

⑥ 재난방송에 대하여는「방송통신발전 기본법」제40조를 준용한다. <최종개정 2014.12.30.>

제 5 장 보 칙

제22조(사업의 휴지 또는 폐지) ① 인터넷 멀티미디어 방송 제공사업자가 그 사업의 전부 또는 일부를 휴지 또는 폐지하고자 하는 때에는 그 휴지 또는 폐지 예정일 30일 전까지 그 내용을 해당 서비스 이용자에게 통보하고 미래창조과학부장관에게 신고하여야 한다.

② 인터넷 멀티미디어 방송 콘텐츠사업자가 그 사업의 전부 또는 일부를 휴지 또는 폐지하고자 할 때에는 그 내용을 미래창조과학부장관 또는 방송통신위원회에 신고하여야 한다.

제23조 삭제 <2010.3.22.>

제24조(허가취소 및 사업정지) ① 미래창조과학부장관은 인터넷 멀티미디어 방송 제공사업자가 다음 각 호의 어느 하나에 해당하는 때에는 이 법에 따른 해당 사업의 허가를 취소하거나 1년 이내의 기간을 정하여 사업의 정지를 명할 수 있다. 다만, 제1호에 해당하는 때에는 그 허가를 취소하여야 한다. <개정 2008.2.29., 2013.3.23.>

1. 거짓이나 그 밖의 부정한 방법으로 제4조제1항에 따른 허가를 받은 때
2. 제4조제1항에 따른 허가를 받은 날부터 1년 이내에 사업을 개시하지 아니하거나 1년 이상 계속하여 휴업한 때
3. 제10조 제2항 및 제13조 제2항에 따른 명령을 이행하지 아니한 때

② 제1항에 따른 처분의 기준, 절차, 그 밖에 필요한 사항은 대통령령으로 정한다.

제24조의2(청문) 미래창조과학부장관은 제24조제1항에 따라 인터넷 멀티미디어 방송 제공사업의 허가를 취소하려는 경우에는 청문을 실시하여야 한다. <개정 2013.3.23.> [본조신설 2009.5.21.]

제25조(과징금) ① 미래창조과학부장관은 인터넷 멀티미디어 방송 제공사업자가 제24조제1항 각 호의 어느 하나에 해당하는 때로서 그 허가의 취소나 사업의 정지가 해당 사업의 이용자 등에게 심한 불편을 주거나 그 밖에 공익을 해할 우려가 있는 경우에는 그 사업의 정지 또는 허가의 취소 처분에 갈음하여 인터넷 멀티미디어 방송 제공사업 매출액의 100분의 3 이하에 해당하는 금액의 범위 내에서 그 사업의 정지나 허가의 취소 사유 및 위반행위로 인하여 취득한 이익의 규모 등을 고려하여 과징금을 부과할 수 있다. <개정 2008.2.29., 2013.3.23.>

② 미래창조과학부장관은 제1항에 따라 과징금 부과 처분을 받은 자가 납부기한 이내에 과징금을 납부하지 아니한 때에는 국세 체납처분의 예에 따라 징수한다. <최종개정 2013.3.23.>

③ 제1항에 따라 과징금을 부과하는 위반행위의 종별과 과징금의 금액, 그 밖에 필요한 사항은 대통령령으로 정한다.

제26조(시정명령 등) ① 미래창조과학부장관 또는 방송통신위원회는 각각 소관 업무에 따라 인터넷 멀티미디어 방송사업자가 다음 각 호의 어느 하나에 해당하는 때에는 그 시정을 명하여야 한다. 다만, 제17조 제1항을 위반한 경우는 제외한다. <최종개정 2014.12.30.>

1. 업무처리절차가 현저히 이용자의 이익을 저해한다고 인정되는 때
2. 사고 등에 의하여 인터넷 멀티미디어 방송 제공에 지장이 발생한 경우에 필요한 조치를 신속하게 실시하지 아니하는 때
3. 그 밖에 이 법 또는 이 법에 따른 명령을 위반한 때

② 미래창조과학부장관은 제4조제1항에 따른 허가를 받지 아니하고 인터넷 멀티미디어 방송 제공사업을 경영한 자에게 해당 서비스 제공의 중지를 명할 수 있다. <최종개정 2013.3.23.>

③ 미래창조과학부장관 또는 방송통신위원회는 각각 소관 업무에 따라 제18조제2항에 따른 신고 또는 등록을 하지 아니하거나 승인을 받지 아니하고 인터넷 멀티미디어 방송 콘텐츠사업을 한 자에게 해당 서비스 제공의 중지를 명할 수 있다. <개정 2008.2.29., 2013.3.23.>

④ 방송통신위원회는 제17조제1항을 위반하는 행위가 있을 때에는 해당 사업자에게 위반행위의 중지, 이용약관의 변경, 계약조항의 삭제 등 시정에 필요한 조치를 명할 수 있다.

제26조의2(권한의 위임) 이 법에 따른 미래창조과학부장관의 권한은 그 일부를 대통령령으로 정하는 바에 따라 소속 기관의 장에게 위임할 수 있다. [본조신설 2014.6.3.]

제 6 장 벌 칙

제27조(벌칙) ① 다음 각 호의 어느 하나에 해당하는 자는 2년 이하의 징역 또는 3천만원 이하의 벌금에 처한다.

1. 제4조 제1항에 따른 허가(변경허가를 포함한다)를 받지 아니하고 인터넷 멀티미디어 방송 제공사업을 경영한 자
2. 제14조 제1항을 위반하여 필수적인 전기통신설비에의 접근 및 이용에 관한 요청을 합리적이고 정당한 사유 없이 거절한 자
3. 제14조 제2항을 위반하여 다른 인터넷 멀티미디어 방송 제공사업자가 사용 중인 자기 보유설비의 사용 등을 합리적이고 정당한 사유 없이 중단하거나 제한한 자
4. 제14조 제3항을 위반하여 자기 보유설비를 다른 인터넷 멀티미디어 방송 제공사업자에게 부당하게 차별적인 대가와 조건으로 제공한 자
5. 제16조 제2항을 위반하여 정보를 공개한 자
6. 제24조 제1항에 따른 사업정지명령을 위반한 자

② 법인의 대표자, 법인 또는 개인의 대리인·사용인 및 그 밖의 종업원이 그 법인 또는 개인의 업무에 관하여 제1항제2호부터 제4호까지의 위반행위를 한 때에는 행위자를 벌하는 외에 그 법인 또는 개인에 대하여도 각 해당 호의 벌금형을 과(科)한다. 다만, 법인 또는 개인이 그 위반행위를 방지하기 위하여 해당 업무에 관하여 상당한 주의와 감독을 게을리하지 아니한 때에는 그러하지 아니하다.

제28조(과태료) ① 다음 각 호의 어느 하나에 해당하는 자에게는 1천만원 이하의 과태료를 부과한다.

1. 제12조 제4항에 따른 자료를 제출하지 아니한 자
2. 제15조 제1항에 따른 이용약관의 신고를 하지 아니하거나 이용요금 승인을 받지 아니하고 인터넷 멀티미디어 방송 제공사업을 한 자
3. 제15조 제2항에 따른 자료를 제출하지 아니한 자

4. 제16조 제2항에 따른 이용자에 관한 정보 보호를 위한 조치를 취하지 아니한 자
5. 제22조에 따른 신고를 하지 아니한 자
6. 제26조에 따른 시정명령 등을 이행하지 아니한 자

② 제1항에 따른 과태료는 대통령령으로 정하는 바에 따라 미래창조과학부장관 또는 방송통신위원회(이하 "부과권자"라 한다)가 각각 소관 업무에 따라 부과·징수한다.

③ 제2항에 따른 과태료 처분에 불복하는 자는 그 처분을 고지받은 날부터 30일 이내에 부과권자에게 이의를 제기할 수 있다.

④ 제2항에 따른 과태료 처분을 받은 자가 제3항에 따라 이의를 제기한 때에는 부과권자는 지체 없이 관할 법원에 그 사실을 통보하여야 하며, 그 통보를 받은 관할 법원은 「비송사건절차법」에 따른 과태료 재판을 한다.

⑤ 제4항에 따른 기간 이내에 이의를 제기하지 아니하고 과태료를 납부하지 아니한 때에는 국세 체납처분의 예에 따라 징수한다.

부칙 〈제13232호, 2015.3.27.〉

제1조(시행일) 이 법은 공포 후 3개월이 경과한 날부터 시행한다.

제2조(유효기간) 제13조제1항제2호 및 제3호는 이 법 시행일부터 3년간 효력을 가진다.

3. 베이징 시청각실연조약[국 · 영문]

시청각 실연에 관한 베이징 조약 비공식 번역본[1)]

전 문

체약 당사자는,

실연자의 시청각 실연에 대한 그들의 권리 보호를 가능한 효과적이고 일관된 방식으로 신장하고 유지하기를 희망하고,

경제, 사회, 문화 및 기술의 발전에 의하여 제기된 문제에 대한 충분한 해결책을 제시하기 위하여 새로운 국제적 규칙을 도입해야 할 필요성을 인식하며,

정보통신기술의 발전 및 융합이 시청각 실연의 산출과 이용에 미치는 지대한 파급효과를 인식하고,

실연자의 시청각 실연에 대한 그들의 권리와 더 큰 공익, 특히 교육, 연구 및 정보 접근과의 균형을 유지할 필요성을 인식하며,

1996년 12월 20일 제네바에서 채택된 세계지식재산기구(WIPO) 실연 · 음반조약의 보호가 시청각 고정물에 고정된 실연과 관련하여 그 실연자들에게 미치지 않음을 인식하고,

1996년 12월 20일 특정 저작권 및 저작인접권 문제에 관한 외교회의에서 채택한 '시청각 실연에 관한 결의안'을 참조하면서,

다음과 같이 합의하였다.

제1조 (다른 협약 및 조약과의 관계)

(1) 이 조약상의 어떤 규정도 WIPO 실연, 음반조약 또는 1961년 10월 26일 로마에서 채택된 실연자, 음반제작자 및 방송사업자의 보호를 위한 국제협약에 따라 체약 당사자가 상호간에 부담하는 기존 의무를 손상시키지 아니한다.

(2) 이 조약상의 보호는 문학 · 예술 저작물에 대한 저작권 보호에 변경을 가하지 아니하며, 어떤 경우에도 영향을 미치지 아니한다. 따라서 이 조약상의 어떤 규정도 그러한 보호를 저해하는 것으로 해석될 수 없다.

(3) 이 조약은 WIPO 실연, 음반조약 이외의 조약과는 아무런 관련이 없으며, 다른 조약상의 권리와 의무를 저해하지 아니한다.

제2조 (정의)

이 조약의 적용상,

(a) "실연자"란 문학 · 예술 저작물이나 민간전승물의 표현을 연기, 가창, 구연, 낭독, 연

---

1) 문화체육관광부 2012년 6월 25일 보도자료.

주, 연출하거나 그 밖의 방식으로 실연하는 배우, 가수, 연주자, 무용가 및 그 밖의 사람을 말한다.

(b) "시청각 고정물"이란 소리 또는 소리의 표현이 수반되는가에 관계없이 움직이는 이미지들의 수록물로서 그로부터 어떤 장치를 통하여 인지, 복제 또는 전달될 수 있는 할 수 있는 것을 말한다.

(c) "방송"이란 공중이 수신하도록 소리, 영상, 소리와 영상 또는 그 것의 표현을 무선의 수단으로 송신하는 것을 말한다. 위성에 의한 그러한 송신도 또한 "방송"이다. 암호화된 신호의 송신은 복호화 수단이 방송사업자에 의하여 또는 그의 동의를 얻어 공중에게 제공되는 경우에 "방송"이다.

(d) 실연의 "공중전달"이란 고정되지 아니한 실연 또는 시청각 고정물에 고정된 실연을 방송 이외의 매체에 의하여 공중에게 송신하는 것을 말한다. 제11조에서의 "공중전달"은 시청각 고정물에 고정된 실연을 공중이 듣거나, 보거나, 또는 보고 들을 수 있게 제공하는 것을 포함한다.

제3조 (조약의 보호 대상)

(1) 체약 당사자는 다른 체약 당사자의 국민인 실연자에게 이 조약에서 규정한 보호를 부여하여야 한다.

(2) 어느 체약 당사자의 국민이 아닌 실연자로서 어느 한 체약 당사자에 상시거소를 가지고 있는 사람은 이 조약의 목적상 그 체약 당사자의 국민으로 간주되어야 한다.

제4조 (내국민대우)

(1) 각 체약 당사자는 다른 체약 당사자의 국민에게 이 조약에서 특별히 부여한 배타적 권리 및 이 조약 제11조에서 규정한 정당한 보상청구권과 관련하여 자국민에게 부여하는 대우를 부여하여야 한다.

(2) 체약 당사자는 제1항에 따라, 이 조약 제11조제1항 및 제2항에 따라 부여되는 권리와 관련하여 다른 체약 당사자의 국민에게 부여하는 보호의 범위와 기간을 자국민이 그 체약 당사자에서 향유하는 권리들로 제한할 수 있다.

(3) 제1항에 규정된 의무는 다른 체약 당사자가 이 조약 제11조제3항에서 허용한 유보를 활용하거나, 체약당사자가 그러한 유보를 하는 범위 내에서 그 체약당사자에게는 적용되지 아니한다.

제5조 (인격권)

(1) 실연자는 자신의 재산권과 독립하여 그리고 그 재산권의 이전 후에도, 자신의 생(生) 실연 또는 시청각 고정물에 고정된 실연과 관련하여 다음 각 호의 권리를 가진다.

(i) 실연의 이용 방법상 생략이 요구되는 경우를 제외하고는, 그의 실연의 실연자

로 표시될 것을 주장할 권리

(ii) 시청각 고정물의 성격을 정당하게 고려하여, 자신의 명성을 해칠 수 있는, 실연의 왜곡, 훼손, 그 밖의 변경에 대하여 반대할 권리

(2) 제1항에 따라 실연자에게 부여되는 권리는 그의 사망 후, 적어도 재산권이 종료할 때까지 존속하고, 보호가 주장되는 체약당사자의 입법에 의하여 권한을 부여받은 사람이나 단체에 의하여 행사될 수 있어야 있다. 다만, 체약당사자가 이 조약을 비준하거나 이 조약에 가입할 당시에 전 항에서 규정한 모든 권리를 실연자의 사망 후에는 보호하지 않는 경우, 그 체약당사자는 이러한 권리 중 일부가 그의 사망 후에는 존속하지 아니한다고 규정할 수 있다.

(3) 이 조에서 부여한 권리를 보장하기 위한 구제 방법은 보호가 주장되는 체약당사자의 입법에 따른다.

제6조 (고정되지 아니한 실연에 대한 실연자의 재산권)

실연자는 자신의 실연에 관하여 다음 각 호를 허락할 배타적인 권리를 향유한다.

(i) 실연이 이미 방송 실연인 경우를 제외하고, 고정되지 아니한 실연을 방송하고 공중에게 전달하는 것

(ii) 자신의 고정되지 아니한 실연을 고정하는 것

제7조 (복제권)

실연자는 어떠한 방법이나 형태로든 시청각 고정물에 고정된 실연의 직접적이거나 간접적인 복제를 허락할 배타적인 권리를 향유한다.

제8조 (배포권)

(1) 실연자는 시청각 고정물에 고정된 실연의 원본이나 복제물을 판매 또는 그 밖에 소유의 이전을 통하여 공중의 이용에 제공하는 것을 허락할 배타적인 권리를 향유한다.

(2) 이 조약의 어떠한 규정도 체약당사자가 고정된 실연의 원본이나 그 복제물이 실연자의 허락 하에 최초 판매되거나 또는 그 밖에 소유가 이전된 후에 제1항의 권리의 소진이 적용되는 조건을 두는 경우에 이를 결정할 자유에 영향을 미치지 아니한다.

제9조 (대여권)

(1) 실연자는 시청각 고정물에 고정된 실연의 원본이나 복제물이 그의 허락을 받아 또는 그의 허락에 따라 배포된 후에도, 체약당사자의 국내법에서 정한 바에 따라 그 원본이나 복제물을 공중에게 상업적으로 대여하는 것을 허락할 배타적인 권리를 향유한다.

(2) 체약당사자는 그 상업적 대여가 실연자의 배타적인 복제권을 중대하게 침해하는, 그 복제물의 광범위한 복제를 초래하지 아니하는 한, 제1항의 의무로부터 면제된다.

제10조 (고정된 실연에 대한 이용제공권)

실연자는 시청각 고정물에 고정된 그의 실연을 공중의 구성원이 개별적으로 선택한 장소와 시간에 그에 접근할 수 있는 방식으로, 유선 또는 무선의 수단에 의하여 공중의 이용에 제공하는 것을 허락할 배타적인 권리를 향유한다.

제11조 (방송권과 공중전달권)

(1) 실연자는 시청각 고정물에 고정된 그의 실연을 방송하고 공중에 전달하는 것을 허락할 배타적인 권리를 향유한다.

(2) 체약당사자는 WIPO 사무총장에게 기탁하는 통고로, 제1항에 규정된 허락할 권리 대신에 방송 또는 공중전달을 위한 시청각 고정물에 고정된 실연의 직접적 또는 간접적 이용에 대하여 정당한 보상에 대한 권리를 부여할 것이라고 선언할 수 있다. 체약당사자는 또한 정당한 보상에 대한 권리의 행사에 대하여 입법을 통해 조건을 정한다고 선언할 수 있다.

(3) 체약당사자는 제1항 또는 제2항의 규정을 특정한 이용에 대해서만 적용한다거나, 또는 그 적용을 다른 방식으로 제한한다거나, 또는 제1항과 제2항의 규정을 전혀 적용하지 아니한다고 선언할 수 있다.

제12조 권리 이전

(1) 체약당사자는 실연자가 일단 자신의 실연을 시청각 고정물에 고정하는 것에 동의한 경우, 이 조약 제7조부터 제11조에 규정된 권리들을 허락할 배타적인 권리를 실연자와 국내법으로 정해지는 시청각 고정물의 제작자 사이의 계약에 따라 시청각 고정물의 제작자가 보유하거나, 행사하거나, 또는 그에게 양도되도록 국내법으로 규정할 수 있다.

(2) 체약국은 국내법에 따라 제작되는 시청각 고정물과 관련하여 그러한 동의나 계약이 서면으로 이루어지고 계약의 양 당사자나 권한을 부여받은 그들의 대리인에 의하여 서명될 것을 요구할 수 있다.

(3) 위에 언급된 배타적인 권리의 이전과 독립적으로, 국내법 또는 개별적, 단체적 또는 그 밖의 합의로 실연자에게 제10조 및 제11조에 관한 것을 포함하여 이 조약에 따라 규정된 대로 실연의 어떠한 이용에 대해서도 사용료 또는 정당한 보상금을 받을 권리를 부여할 수 있다.

제13조 (제한과 예외)

(1) 체약당사자는 실연자의 보호와 관련하여, 문학·예술 저작물에 대한 저작권 보호와 관련하여 국내법으로 규정한 바와 같은 종류의 제한이나 예외를 국내법으로 규정할 수 있다.

(2) 체약당사자는 이 조약에서 규정한 권리에 대한 제한이나 예외를 실연의 통상적인 이용과 충돌하지 아니하고 실연자의 합법적인 이익을 부당하게 저해하지 아니하는 특별한 경우로 한정하여야 한다.

제14조 (보호 기간)

이 조약에 따라 실연자에게 부여되는 보호 기간은 실연이 고정된 연도의 말로부터 기산하여 적어도 50년이 되는 해의 말까지 존속하여야 한다.

제15조 (기술조치에 관한 의무)

체약당사자는 이 조약 상의 자신의 권리의 행사와 관련하여 실연자가 이용하는 기술조치로서 그의 실연과 관련하여 실연자가 허락하지 아니하거나 법에서 허용하지 아니하는 행위를 제한하는, 효과적인 기술조치를 우회하는 것에 대하여 충분한 법적 보호와 효과적인 법적 구제에 관하여 규정하여야 한다.

제16조 (권리관리정보에 관한 의무)

(1) 체약당사자는 다음의 행위가 이 조약에 따른 권리의 침해를 유인, 허용, 조장 또는 은닉할 것을 알거나, 또는 민사 구제에 관하여는 이를 알만한 상당한 이유가 있는 경우에 고의로 다음의 행위를 행하는 자에 대하여 충분하고 효과적인 법적 구제 조치를 규정하여야 한다.

(ⅰ) 전자적 권리관리정보를 권한없이 제거하거나 변경하는 것

(ⅱ) 전자적 권리관리정보가 권한없이 제거되거나 변경된 것을 알면서 실연 또는 시청각 고정물에 고정된 실연의 복제물을 권한없이 배포, 배포할 목적으로 수입, 방송, 공중에게 전달 또는 공중의 이용에 제공하는 것

(2) 이 조에서 "권리관리정보"란 실연자, 실연자의 실연 또는 실연에 대한 권리자를 식별하는 정보 또는 실연의 이용 조건에 관한 정보 및 그러한 정보를 나타내는 숫자나 부호로서, 이들 정보 항목의 어느 것이 시청각 고정물에 고정된 실연에 부착되어 있는 것을 말한다.

제17조 (방식)

이 조약에서 규정한 권리의 향유와 행사는 어떠한 방식에도 따를 것을 조건으로 하지 아니한다.

제18조 (유보와 통고)

(1) 제11조제3항의 규정에 따른 것을 제외하고는, 이 조약에 대한 유보는 허용되지 아니한다.

(2) 제11조제2항 또는 제19조제2항에 따른 통고는 비준서 또는 가입서를 통하여 할 수 있으며, 선언의 효력 발생일은 해당 선언을 하는 국가 또는 정부간 기구와 관련하여

이 조약의 효력 발생일과 같은 날이 된다. 통고는 이후에도 할 수 있으며, 이 경우 해당 통고는 WIPO 사무총장이 수신한 날로부터 3개월 후 또는 해당 통고에서 정한 그 이후의 날에 효력이 발생한다.

제19조 (시간적 적용)

(1) 체약당사자는 각각의 체약당사자에 대하여 이 조약의 효력이 발생할 당시 존재하는 고정된 실연 및 이 조약의 효력 발생일 후에 발생하는 모든 실연에 대하여 이 조약에 따라 부여된 보호를 부여하여야 한다.

(2) 제1항의 규정에도 불구하고, 체약당사자는 WIPO 사무총장에게 기탁하는 통고로, 각각의 체약당사자에 대하여 이 조약의 효력이 발생할 당시 존재하는 고정된 실연에 이 조약 제7조부터 제11조까지의 규정 또는 그 중 하나나 그 이상을 적용하지 아니한다고 선언할 수 있다. 그러한 체약당사자와 관련하여, 다른 체약당사자는 해당 체약당사자에 대하여 이 조약의 효력이 발생한 후에 발생하는 실연으로 해당 규정의 적용을 제한할 수 있다.

(3) 이 조약에서 규정하는 보호는 각각의 체약당사자에 대하여 이 조약의 효력이 발생하기 전에 행하여진 행위, 체결된 합의 또는 취득한 권리를 해치지 아니한다.

(4) 체약당사자는 어떤 실연과 관련하여 이 조약의 발효 이전에 합법적 행위를 한 자는, 그 체약당사자에 대하여 이 조약의 효력이 발생한 이후에 동일한 실연과 관련하여 제5조 및 제7조부터 제11조까지 규정된 권리 범위 내에서의 행위를 할 수 있다고 입법을 통해 경과 규정을 둘 수 있다.

제20조 (권리의 시행에 관한 규정)

(1) 체약당사자는 자신의 법제에 따라 이 조약의 적용을 보장하기 위하여 필요한 조치를 채택할 것을 약속한다.

(2) 체약당사자는 침해를 예방할 수 있는 신속한 구제 조치와 추후의 침해를 억제할 수 있는 구제 조치를 포함하여, 이 조약에 따른 권리의 침해 행위에 효과적으로 대응할 수 있도록 자신의 법률에 따른 시행 절차를 보장하여야 한다.

제21조 (총 회)

(1) (a) 체약 당사자는 총회를 둔다.

(b) 각 체약 당사자는 1인의 대표에 의하여 대표되고, 그 대표는 교체대표, 고문 및 전문가에 의하여 보좌될 수 있다.

(c) 각 대표단의 경비는 그 대표단을 임명한 체약 당사자가 부담한다. 총회는 국제연합 총회의 확립된 관행에 따라 개발도상국으로 간주되는 체약 당사자 또는 시장경제로 전환 중인 국가인 체약 당사자의 대표의 참여를 조장하기 위하여 재정적 후원을 하도록 세계지식재산기구에 요청할 수 있다.

(2) (a) 총회는 이 조약의 유지와 발전 및 이 조약의 적용과 운영에 관한 문제를 다룬다.
(b) 총회는 특정 정부간 기구가 이 조약의 당사자가 되는 것을 승인하는 것과 관련하여 제23조 제2항에 따라 자신에게 부여된 기능을 행사한다.
(c) 총회는 이 조약의 개정을 위한 외교회의의 소집을 결정하고, 그러한 외교회의의 준비에 관하여 세계지식재산기구 사무총장에게 필요한 지침을 준다.
(3) (a) 국가인 체약 당사자는 각각 1표의 투표권을 가지며, 자국의 이름으로 투표한다.
(b) 정부간 기구인 체약 당사자는 자신의 회원국을 대신하여, 이 조약의 당사국인 회원국의 수에 해당하는 투표권을 가지고 투표에 참여할 수 있다. 정부간 기구는 자신의 어느 회원국이 투표권을 행사할 경우에는 투표에 참여할 수 없으며, 그 반대의 경우도 그러하다.
(4) 총회는 예외적인 경우를 제외하고, 사무총장의 소집에 따라, WIPO 총회와 같은 기간 동안 같은 장소에서 회합한다.
(5) 총회는 합의에 따라 결정을 채택하도록 노력하며, 임시회의의 소집, 정족수의 요건 및 이 조약 규정에 따를 것을 조건으로 한, 각종의 결정에 있어서의 다수결의 요건을 포함하여, 자체의 의사 규칙을 채택한다.

Article 22 (국제사무국)
세계지식재산기구 국제사무국은 이 조약에 관한 행정적인 임무를 수행한다.

Article 23 (조약 당사자 적격)
(1) 세계지식재산기구의 회원국은 이 조약의 당사자가 될 수 있다.
(2) 총회는 이 조약이 적용되는 사항에 관하여 권한이 있고, 자신의 회원국을 구속하는 고유의 입법을 가지고 있으며, 이에 관하여 자신의 내부 절차에 따라 정당하게 수권을 받았다고 선언하는 정부간 기구를 이 조약 당사자로 인정하는 것에 관하여 결정할 수 있다.
(3) 이 조약을 채택한 외교회의에서 전 항에서 규정한 선언을 한 유럽연합은 이 조약의 당사자가 될 수 있다.

Article 24 (조약상의 권리와 의무)
이 조약에서 달리 특별히 규정하는 경우를 제외하고, 각 체약 당사자는 이 조약상의 모든 권리를 향유하고 모든 의무를 부담한다.

Article 25 (조약에의 서명)
이 조약은 당사자 적격이 있는 국가가 WIPO 본부에서 서명할 수 있도록 채택 이후 1년 간 개방된다.

Article 26 (조약의 효력 발생)

이 조약의 효력은 제23조 상 적격이 있는 30개 당사자들이 비준서나 가입서를 세계지식재산기구 사무총장에게 기탁한 때로부터 3개월 후에 발생한다.

Article 27 (조약 당사자에 대한 효력 발생일)

이 조약은 다음을 구속한다.

(i) 제26조에서 규정한 적격이 있는 30개 당사자의 경우, 이 조약의 효력 발생일 이후

(ii) 제23조에서 규정한 적격이 있는 당사자 상호간의 경우, 그 국가가 세계지식재산기구 사무총장에게 비준서나 가입서를 기탁한 때로부터 3개월이 만료한 이후

Article 28 (조약의 폐기)

어느 체약 당사자든지 세계지식재산기구 사무총장에게 송부한 통고로, 이 조약을 폐기할 수 있다. 조약의 폐기는 세계지식재산기구 사무총장이 통고를 접수한 날로부터 1년 이후에 효력을 발생한다.

Article 29 (조약의 언어)

(1) 이 조약은 동등하게 정본인 영어, 아랍어, 중국어, 프랑스어, 러시아어 및 스페인어로 된 1부의 원본에 서명된다.

(2) 제1항에 규정되지 아니한 언어로 된 공식문은 이해당사자의 요청에 의하여 모든 이해당사자와의 협의를 거친 후에 세계지식재산기구 사무총장이 작성한다. 이 항의 목적상 '이해당사자'란 그의 공용어나 공용어 중의 하나가 관련이 있는 세계지식재산기구 회원국, 그리고 그의 공용어 중에 하나가 관련이 있는 유럽연합과 조약의 당사자가 될 수 있는 기타 정부간 기구를 의미한다.

Article 30 (기 탁)

세계지식재산기구 사무총장은 이 조약의 수탁자이다.

Beijing Treaty on Audiovisual Performance

Preamble

The Contracting Parties,

Desiring to develop and maintain the protection of the rights of performers in their audiovisual performances in a manner as effective and uniform as possible,

Recalling the importance of the Development Agenda recommendations, adopted in 2007 by the General Assembly of the Convention Establishing the World Intellectual Property Organization (WIPO), which aim to ensure that development considerations form an integral part of the Organization's work,

Recognizing the need to introduce new international rules in order to provide adequate solutions to the questions raised by economic, social, cultural and technological developments,

Recognizing the profound impact of the development and convergence of information and communication technologies on the production and use of audiovisual performances,

Recognizing the need to maintain a balance between the rights of performers in their audiovisual performances and the larger public interest, particularly education, research and access to information,

Recognizing that the WIPO Performances and Phonograms Treaty (WPPT) done in Geneva on December 20, 1996, does not extend protection to performers in respect of their performances fixed in audiovisual fixations,

Referring to the Resolution concerning Audiovisual Performances adopted by the Diplomatic Conference on Certain Copyright and Neighboring Rights Questions on December 20, 1996,

Have agreed as follows:

Article 1 Relation to Other Conventions and Treaties

(1) Nothing in this Treaty shall derogate from existing obligations that Contracting Parties have to each other under the WPPT or the International Convention for the Protection of Performers, Producers of Phonograms and Broadcasting Organizations done in Rome, October 26, 1961.

(2) Protection granted under this Treaty shall leave intact and shall in no way affect the protection of copyright in literary and artistic works. Consequently, no provision of this Treaty may be interpreted as prejudicing such protection.

(3) This Treaty shall not have any connection with treaties other than the WPPT, nor shall it prejudice any rights and obligations under any other treaties.

Article 2 Definitions

For the purposes of this Treaty:

(a) "performers" are actors, singers, musicians, dancers, and other persons who act, sing, deliver, declaim, play in, interpret, or otherwise perform literary or artistic works or expressions of folklore;

(b) "audiovisual fixation" means the embodiment of moving images, whether or not accompanied by sounds or by the representations thereof, from which they can be perceived, reproduced or communicated through a device;

(c) "broadcasting" means the transmission by wireless means for public reception of sounds or of images or of images and sounds or of the representations there of; such transmission by satellite is also "broadcasting"; transmission of encrypted signals is "broadcasting" where the means for decrypting are provided to the public by the broadcasting organization or with its consent;

(d) "communication to the public" of a performance means the transmission to the public by any medium, otherwise than by broadcasting, of an unfixed performance, or of a performance fixed in an audiovisual fixation. For the purposes of Article 11, "communication to the public" includes making a performance fixed in an audiovisual fixation audible or visible or audible and visible to the public.

Article 3 Beneficiaries of Protection

(1) Contracting Parties shall accord the protection granted under this Treaty to performers who are nationals of other Contracting Parties.

(2) Performers who are not nationals of one of the Contracting Parties but who have their habitual residence in one of them shall, for the purposes of this Treaty, be assimilated to nationals of that Contracting Party.

Article 4 National Treatment

(1) Each Contracting Party shall accord to nationals of other Contracting Parties the treatment it accords to its own nationals with regard to the exclusive rights specifically granted in this Treaty and the right to equitable remuneration provided for in Article 11 of this Treaty.

(2) A Contracting Party shall be entitled to limit the extent and term of the protection accorded to nationals of another Contracting Party under paragraph (1), with respect to the rights granted in Article 11(1) and 11(2) of this Treaty, to those rights that its own nationals enjoy in that other Contracting Party.

(3) The obligation provided for in paragraph (1) does not apply to a Contracting Party to the extent that another Contracting Party makes use of the reservations permitted by Article 11(3) of this Treaty, nor does it apply to a Contracting Party, to the extent that it has made such reservation.

Article 5 Moral Rights

(1) Independently of a performer's economic rights, and even after the transfer of those rights, the performer shall, as regards his live performances or performances fixed in audiovisual fixations, have the right
(i) to claim to be identified as the performer of his performances, except where omission is dictated by the manner of the use of the performance; and
(ii) to object to any distortion, mutilation or other modification of his performances that would be prejudicial to his reputation, taking due account of the nature of audiovisual fixations.
(2) The rights granted to a performer in accordance with paragraph (1) shall, after his death, be maintained, at least until the expiry of the economic rights, and shall be exercisable by the persons or institutions authorized by the legislation of the Contracting Party where protection is claimed. However, those Contracting Parties whose legislation, at the moment of their ratification of or accession to this Treaty, does not provide for protection after the death of the performer of all rights set out in the preceding paragraph may provide that some of these rights will, after his death, cease to be maintained.
(3) The means of redress for safeguarding the rights granted under this Article shall be governed by the legislation of the Contracting Party where protection is claimed.

Article 6 Economic Rights of Performers in their Unfixed Performances

Performers shall enjoy the exclusive right of authorizing, as regards their performances:
(i) the broadcasting and communication to the public of their unfixed performances except where the performance is already a broadcast performance; and
(ii) the fixation of their unfixed performances.

Article 7 Right of Reproduction

Performers shall enjoy the exclusive right of authorizing the direct or indirect reproduction of their performances fixed in audiovisual fixations, in any manner or form.

Article 8 Right of Distribution

(1) Performers shall enjoy the exclusive right of authorizing the making available to the public of the original and copies of their performances fixed in audiovisual fixations through sale or other transfer of ownership.
(2) Nothing in this Treaty shall affect the freedom of Contracting Parties to determine the conditions, if any, under which the exhaustion of the right in paragraph (1) applies after the first sale or other transfer of ownership of the original or a copy of the fixed performance with the authorization of the performer.

Article 9 Right of Rental

(1) Performers shall enjoy the exclusive right of authorizing the commercial rental to the public of the original and copies of their performances fixed in audiovisual fixations as determined in the national law of Contracting Parties, even after distribution of them by, or pursuant to, authorization by the performer.
(2) Contracting Parties are exempt from the obligation of paragraph (1) unless the commercial rental has led to widespread copying of such fixations materially impairing the exclusive right of reproduction of performers.

Article 10 Right of Making Available of Fixed Performances

Performers shall enjoy the exclusive right of authorizing the making available to the public of their performances fixed in audiovisual fixations, by wire or wireless means, in such a way that members of the public may access them from a place and at a time individually chosen by them.

Article 11 Right of Broadcasting and Communication to the Public

(1) Performers shall enjoy the exclusive right of authorizing the broadcasting and communication to the public of their performances fixed in audiovisual fixations.
(2) Contracting Parties may in a notification deposited with the Director General of WIPO declare that, instead of the right of authorization provided for in paragraph (1), they will establish a right to equitable remuneration for the direct or indirect use of performances fixed in audiovisual fixations for broadcasting or for communication to the public. Contracting Parties may also declare that they set conditions in their legislation for the exercise of the right to equitable remuneration.

(3) Any Contracting Party may declare that it will apply the provisions of paragraphs (1) or (2) only in respect of certain uses, or that it will limit their application in some other way, or that it will not apply the provisions of paragraphs (1) and (2) at all.

Article 12 Transfer of rights

(1) A Contracting Party may provide in its national law that once a performer has consented to fixation of his or her performance in an audiovisual fixation, the exclusive rights of authorization provided for in Articles 7 to 11 of this Treaty shall be owned or exercised by or transferred to the producer of such audiovisual fixation subject to any contract to the contrary between the performer and the producer of the audiovisual fixation as determined by the national law.
(2) A Contracting Party may require with respect to audiovisual fixations produced under its national law that such consent or contract be in writing and signed by both parties to the contract or by their duly authorized representatives.
(3) Independent of the transfer of exclusive rights described above, national laws or individual, collective or other agreements may provide the performer with the right to receive royalties or equitable remuneration for any use of the performance, as provided for under this Treaty including as regards Articles 10 and 11.

Article 13 Limitations and Exceptions

(1) Contracting Parties may, in their national legislation, provide for the same kinds of limitations or exceptions with regard to the protection of performers as they provide for, in their national legislation, in connection with the protection of copyright in literary and artistic works.
(2) Contracting Parties shall confine any limitations of or exceptions to rights provided for in this Treaty to certain special cases which do not conflict with a normal exploitation of the performance and do not unreasonably prejudice the legitimate interests of the performer.

Article 14 Term of Protection

The term of protection to be granted to performers under this Treaty shall last, at least, until the end of a period of 50 years computed from the end of the year in which the performance was fixed.
Article 15 Obligations concerning Technological Measures

Contracting Parties shall provide adequate legal protection and effective legal remedies against the circumvention of effective technological measures that are used by performers in connection with the exercise of their rights under this Treaty and that restrict acts, in respect of their performances, which are not authorized by the performers concerned or permitted by law.

Article 16 Obligations concerning Rights Management Information

(1) Contracting Parties shall provide adequate and effective legal remedies against any person knowingly performing any of the following acts knowing, or with respect to civil remedies having reasonable grounds to know, that it will induce, enable, facilitate, or conceal an infringement of any right covered by this Treaty:

(i) to remove or alter any electronic rights management information without authority;

(ii) to distribute, import for distribution, broadcast, communicate or make available to the public, without authority, performances or copies of performances fixed in audiovisual fixations knowing that electronic rights management information has been removed or altered without authority.

(2) As used in this Article, "rights management information" means information which identifies the performer, the performance of the performer, or the owner of any right in the performance, or information about the terms and conditions of use of the performance, and any numbers or codes that represent such information, when any of these items of information is attached to a performance fixed in an audiovisual fixation.

Article 17 Formalities

The enjoyment and exercise of the rights provided for in this Treaty shall not be subject to any formality.

Article 18 Reservations and Notifications

(1) Subject to provisions of Article 11(3), no reservations to this Treaty shall be permitted.

(2) Any declaration under Article 11(2) or 19(2) may be made in the instruments of ratification or accession, and the effective date of the declaration shall be the same as the date of entry into force of this Treaty with respect to the Contracting Party having made the notification. Any such declaration may also be made later, in which case the declaration shall have effect three months after its receipt by the Director General of WIPO or at any later date indicated in the notification.

Article 19 Application in Time

(1) Contracting Parties shall accord the protection granted under this Treaty to fixed performances that exist at the moment of the entry into force of this Treaty and to all performances that occur after the entry into force of this Treaty for each Contracting Party.
(2) Notwithstanding the provisions of paragraph (1), a Contracting Party may declare in a notification deposited with the Director General of WIPO that it will not apply the provisions of Articles 7 to 11 of this Treaty, or any one or more of those, to fixed performances that existed at the moment of the entry into force of this Treaty for each Contracting Party. In respect of such Contracting Party, other Contracting Parties may limit the application of the said Articles to performances that occurred after the entry into force of this Treaty for that Contracting Party.
(3) The protection provided for in this Treaty shall be without prejudice to any acts committed, agreements concluded or rights acquired before the entry into force of this Treaty for each Contracting Party.
(4) Contracting Parties may in their legislation establish transitional provisions under which any person who, prior to the entry into force of this Treaty, engaged in lawful acts with respect to a performance, may undertake with respect to the same performance acts within the scope of the rights provided for in Articles 5 and 7 to 11 after the entry into force of this Treaty for the respective Contracting Parties.

Article 20 Provisions on Enforcement of Rights

(1) Contracting Parties undertake to adopt, in accordance with their legal systems, the measures necessary to ensure the application of this Treaty.
(2) Contracting Parties shall ensure that enforcement procedures are available under their law so as to permit effective action against any act of infringement of rights covered by this Treaty, including expeditious remedies to prevent infringements and remedies which constitute a deterrent to further infringements.

Article 21 Assembly

(1) (a) The Contracting Parties shall have an Assembly.
(b) Each Contracting Party shall be represented in the Assembly by one delegate who may be assisted by alternate delegates, advisors and experts.
(c) The expenses of each delegation shall be borne by the Contracting Party

that has appointed the delegation. The Assembly may ask WIPO to grant financial assistance to facilitate the participation of delegations of Contracting Parties that are regarded as developing countries in conformity with the established practice of the General Assembly of the United Nations or that are countries in transition to a market economy.

(2) (a) The Assembly shall deal with matters concerning the maintenance and development of this Treaty and the application and operation of this Treaty.

(b) The Assembly shall perform the function allocated to it under Article 23(2) in respect of the admission of certain intergovernmental organizations to become party to this Treaty.

(c) The Assembly shall decide the convocation of any diplomatic conference for the revision of this Treaty and give the necessary instructions to the Director General of WIPO for the preparation of such diplomatic conference.

(3) (a) Each Contracting Party that is a State shall have one vote and shall vote only in its own name.

(b) Any Contracting Party that is an intergovernmental organization may participate in the vote, in place of its Member States, with a number of votes equal to the number of its Member States which are party to this Treaty. No such intergovernmental organization shall participate in the vote if any one of its Member States exercises its right to vote and vice versa.

(4) The Assembly shall meet upon convocation by the Director General and, in the absence of exceptional circumstances, during the same period and at the same place as the General Assembly of WIPO.

(5) The Assembly shall endeavor to take its decisions by consensus and shall establish its own rules of procedure, including the convocation of extraordinary sessions, the requirements of a quorum and, subject to the provisions of this Treaty, the required majority for various kinds of decisions.

Article 22 International Bureau

The International Bureau of WIPO shall perform the administrative tasks concerning the Treaty.

Article 23 Eligibility for Becoming Party to the Treaty

(1) Any Member State of WIPO may become party to this Treaty.

(2) The Assembly may decide to admit any intergovernmental organization to become party to this Treaty which declares that it is competent in respect of, and has its own legislation binding on all its Member States on, matters covered by this Treaty and that it has been duly authorized, in accordance with

its internal procedures, to become party to this Treaty.
(3) The European Union, having made the declaration referred to in the preceding paragraph in the Diplomatic Conference that has adopted this Treaty, may become party to this Treaty.

Article 24 Rights and Obligations under the Treaty

Subject to any specific provisions to the contrary in this Treaty, each Contracting Party shall enjoy all of the rights and assume all of the obligations under this Treaty.
Article 25 Signature of the Treaty
This Treaty shall be open for signature at the headquarters of WIPO by any eligible party for one year after its adoption.
Article 26 Entry into Force of the Treaty
This Treaty shall enter into force three months after 30 eligible parties referred to in Article 23 have deposited their instruments of ratification or accession.
Article 27 Effective Date of Becoming Party to the Treaty
This Treaty shall bind:
(i) the 30 eligible parties referred to in Article 26, from the date on which this Treaty has entered into force;
(ii) each other eligible party referred to in Article 23, from the expiration of three months from the date on which the State has deposited its instrument of ratification or accession with the Director General of WIPO;

Article 28 Denunciation of the Treaty

This Treaty may be denounced by any Contracting Party by notification addressed to the Director General of WIPO. Any denunciation shall take effect one year from the date on which the Director General of WIPO received the notification.

Article 29 Languages of the Treaty

(1) This Treaty is signed in a single original in English, Arabic, Chinese, French, Russian and Spanish languages, the versions in all these languages being equally authentic.
(2) An official text in any language other than those referred to in paragraph (1) shall be established by the Director General of WIPO on the request of an interested party, after consultation with all the interested parties. For the purposes of this paragraph, "interested party" means any Member State of WIPO whose official language, or one of whose official languages, is involved

and the European Union, and any other intergovernmental organization that may become party to this Treaty, if one of its official languages is involved.

Article 30 Depositary

The Director General of WIPO is the depositary of this Treaty.
[End of document]

4. 방송사업자 보호조약(초안)[영문]

SCCR/27/2REV
March 25, 2014
Standing Committee on Copyright and Related Rights
Twenty seventh Session
Geneva, April 28 to May 2, 2014

Working Document for a Treaty on the PROTECTION OF BROADCASTING ORGANIZATIONS

prepared by the Secretariat
Preamble
[…]

Article 1 Relation to Other Conventions and Treaties

(1) Nothing in this Treaty shall derogate from existing obligations that Contracting Parties have to each other under any copyright or related rights international, regional or bilateral treaties.
(2) Protection granted under this Treaty shall leave intact and shall in no way affect the protection of copyright or related rights in subject matter carried by broadcast signals. Consequently, no provision of this Treaty shall be interpreted as prejudicing such protection.
(3) This Treaty shall not have any connection with, nor shall it prejudice any rights and obligations under, any other treaties.

Article 2 General Principles

Nothing in this Treaty shall limit the freedom of a Contracting Party to promote access to knowledge and information and national educational and scientific objectives, to curb anti-competitive practices or to take any action it deems necessary to promote the public interest in sectors of vital importance to its socio-economic, scientific and technological development.

Article 3 The Protection and Promotion of Cultural Diversity

Nothing in this Treaty shall limit or constrain the freedom of a Contracting Party to protect and promote cultural diversity. To this effect:
(a) In modifying their domestic laws and regulations, Contracting Parties will ensure that any measures adopted pursuant to this Treaty are fully consistent

with the UNESCO Convention on the Protection and Promotion of the Diversity of Cultural Expressions.
(b) Contracting Parties also undertake to cooperate so as to ensure that any new exclusive rights conferred by this Treaty are applied in a manner supportive of and that does not run counter to the promotion and protection of cultural diversity.

Article 4 Defense of Competition

(1) The Contracting Parties shall take adequate measures, especially when formulating or amending their laws and regulations, to prevent the abuse of intellectual property rights or the recourse to practices which unreasonably restrain trade or adversely affect the international transfer and dissemination of technology.
(2) Nothing in this Treaty shall prevent the Contracting Parties from specifying in their legislation licensing practices or conditions that may in particular cases constitute an abuse of intellectual property rights having an adverse effect on competition in the relevant market.
(3) Each Contracting Party may take appropriate measures consistent with the Agreement on Trade-Related Aspects of Intellectual Property Rights to prevent or control such practices.

Article 5 Definitions

Alternative A for Article 5 [definitions (a) to (h)]

For the purposes of this Treaty:
"signal" means an electronically generated carrier consisting of sounds or images, or sounds and images, or representations thereof, whether encrypted or not.

Alternative to (a)

(a) "signal" means an electronically generated carrier capable of transmitting a broadcast or cablecast.
(b) "broadcast" means the transmission of a signal by, or on behalf of, a broadcasting organization for reception by the public.
Alternative to (b)
(b) "broadcast" means the transmission of a set of electronically generated signals by wireless and carrying a specific program for reception by the general public. "Broadcast" shall not be understood as including transmission of such a set of signals over computer networks.

(c) "broadcasting organization" means the legal entity that takes the initiative for packaging, assembling and scheduling program content for which it has, where necessary, been authorized by rights holders, and takes the legal and editorial responsibilityforthecommunication to the public of everything which is included in its broadcast signal.

(d) "retransmission" means the transmission by any means by any person other than the original broadcasting organization for reception by the public, whether simultaneous or delayed.

Alternative to (d)

(d) "rebroadcast" means the simultaneous transmission for the reception by the public of a broadcast or a cablecast by any other person than the original broadcasting organization; simultaneous transmission of a rebroadcast shall be understood as well to be a rebroadcast.

(e) "fixation" means the embodiment of sounds or images, or sounds and images, or representations thereof, from which they can be perceived, reproduced or communicated through a device.

(f) "communication to the public" means any transmission or retransmission to the public of a broadcast signal, or a fixation thereof, by any medium or platform.

(g) "pre-broadcast signal"means a transmission prior to broadcast that a broadcasting organization intends to include in its program schedule, which is not intended for direct reception by the public.

(h) "rights management information" means information that identifies the broadcasting organization, the broadcast, the owner of any right in the broadcast, or information about the terms and conditions of use of the broadcast, and any numbers or codes that represent such information, when any of these items of information is attached to or associated with the broadcast or the pre-broadcast signal or its use in accordance with Article 6.

(i) "transmission" means the sending, for reception by the public, of visual images, sounds or representations thereof by way of an electronic carrier.

(j) [other]

Alternative to (j)

(j) "program" means a discreet package of one or more works protected by copyright or related rights, in the form of live or recorded material consisting of images, sounds or both.

(k) "cablecast" means the same as "broadcast" when the transmission is by wire and excluding transmission by satellite or over computer networks.

Alternative B for Article 5 [definitions (a) to (f)]

For the purposes of this Treaty,
(a) "broadcasting" means the transmission by wireless means for the reception by the public of sounds or of images or of images and sounds or of the representations thereof; such transmission by satellite is also "broadcasting". Wireless transmission of encrypted signals is "broadcasting" where the means for decrypting are provided to the public by the broadcasting organization or with its consent. "Broadcasting" shall not be understood as including transmissions over computer networks;
(b) "cablecasting" means the transmission by wire for the reception by the public of sounds or of images or of images and sounds or of the representations thereof. Transmission by wire of encrypted signals is "cablecasting" where the means for decrypting are provided to the public by the cablecasting organization or with its consent. "Cablecasting" shall not be understood as including transmissions over computer networks;
(c) "broadcasting organization"and"cablecasting organization"mean the legal entity that takes the initiative and has the responsibility for the transmission to the public of sounds or of images or of images and sounds or of the representations thereof, and the assembly and scheduling of the content of the transmission;
(d)"retransmission" means the simultaneous transmission for the reception by the public by any means of a transmission referred to in provisions (a) or (b) of this Article by any other person than the original broadcasting or cablecasting organization; simultaneous transmission of a retransmission shall be understood as well to be a retransmission;
(e) "communication to the public" means making the transmissions referred to in provisions (a), (b) or (d) of this Article audible or visible, or audible and visible, in places accessible to the public;
(f) "fixation" means the embodiment of sounds or of images or of images and sounds or of the representations thereof, from which they can be perceived, reproduced or communicated through a device.

Article 6 Scope of Application

Alternative A for Article 6 [paragraphs (1) to (4)]

(1) The protection granted under this Treaty extends only to broadcast signals used for transmission by a broadcasting organization, and not to works or other protected subject matter carried by such signals.

Alternative to (1)

(1) The provisions of this Treaty shall provide protection to the broadcasting organizations for their broadcasts on traditional broadcasting and cablecasting media to enable them to enjoy the rights to the extent owned or acquired by them from the owners of copyrights or related rights.

(2) The provisions of this Treaty shall not provide any protection in respect of mere retransmissions by any means.

(3) Any Contracting Party may deposit with the Director General of WIPO a declaration that it will limit the protection provided under this Treaty in respect of broadcasts over computer networks to the [simultaneous and unchanged] transmission by a broadcasting organization of its own broadcasts transmitted by other means, provided that such reservation shall only have effect for a period not exceeding three years from the date of entry into force of this Treaty.

(4) To the extent that a Contracting Party to this Treaty makes use of the reservation permitted under the preceding paragraph, the obligation of other Contracting Parties provided for in Article 8 does not apply.

Alternative B for Article 6 [paragraphs (1) to (4)]

(1) The protection granted under this Treaty extends only to signals used for the transmissions by the beneficiaries of the protection of this Treaty, and not to works and other protected subject matter carried by such signals.

(2) The provisions of this Treaty shall apply to the protection of broadcasting organizations in respect of their broadcasts.

(3) The provisions of this Treaty shall apply mutatis mutandis to the protection of cablecasting organizations in respect of their cablecasts.

(4) The provisions of this Treaty shall not provide any protection in respect of:

(i) mere retransmissions by any means of transmissions referred to in Article 5 (a), (b) and (d);

(ii) any transmissions where the time of the transmission and the place of its reception may be individually chosen by members of the public.

Article 7 Beneficiaries of Protection

(1) Contracting Parties shall accord the protection provided under this Treaty to broadcasting organizations that are nationals of other Contracting Parties.

(2) Nationals of other Contracting Parties shall be understood to be those broadcasting organizations that meet either of the following conditions:

(i) the headquarters of the broadcasting organization is situated in another

Contracting Party, or

(ii) the broadcast signal was transmitted from a transmitter situated in another Contracting Party.

Alternative A for paragraph (3)

(3) In the case of a broadcast signal by satellite the transmitter shall be understood to be situated in the Contracting Party from which the uplink to the satellite is sent in an uninterrupted chain of communication leading to the satellite and down towards the earth.

Alternative B for paragraphs (3) and (4)

(3) In the case of satellite broadcasts, the relevant place shall be the point at which, under the control and responsibility of the broadcasting organization, the program-carrying signals intended for direct reception by the public are introduced into an uninterrupted chain of communication leading to the satellite and down towards the earth.

(4) By means of a notification deposited with the Director General of the World Intellectual Property Organization (WIPO), any Contracting Party may declare that it will protect broadcasts only if the headquarters of the broadcasting organization is situated in another Contracting Party and the broadcasts are transmitted from a transmitter situated in the same Contracting Party. Such notification may be deposited at the time of ratification, acceptance or accession, or at any time thereafter; in the last case, it shall become effective six months after it has been deposited.

Article 8 National Treatment

Alternative A for Article 8 [single paragraph]

Each Contracting Party shall accord to the [national] broadcasting organizations of other Contracting Parties treatment no less favorable than it accords to its own broadcasting organizations in respect of the application of the rights recognized expressly under this Treaty.

Alternative to Article 8 [single paragraph]

Each Contracting Party shall accord to the [national] broadcasting organizations of other Contracting Parties the treatment it accords to its own broadcasting organizations in respect of the application of the rights recognized expressly under this Treaty.

Alternative B for the addition of a paragraph (2)

(2) The obligation provided for in paragraph (1) does not apply to the extent

that another Contracting Party makes use of the provisions of Article 9 B(1)iv and (3).

Article 9 Protection for Broadcasting Organizations

Alternative A for Article 9 [paragraphs (1) and (2)]

Broadcasting organizations shall enjoy the exclusive right to authorize:
the retransmission of their broadcast signals to the public, by any means;
performance of their broadcast signal in places accessible to the public, for commercial advantage or using very large screens;
the use of a pre-broadcast signal intended for them.
(2) With respect to the acts under subparagraphs (1)(ii) and (iii), in this article, it shall be a matter for domestic law of the Contracting Party where protection of this right is claimed to determine the conditions under which it may be exercised, provided that such protection is adequate and effective.

Alternative B for Article 9 [paragraphs (1) to (4)]

(1) Broadcasting organizations shall enjoy the exclusive right to authorize:

(i) the right of fixation of their broadcasts;

(ii) the direct or indirect reproduction, in any manner or form, of fixations of their broadcasts;

(iii) the retransmission of their broadcasts by any means, including rebroadcasting, retransmission by wire, and retransmission over computer networks;

(iv) the communication to the public of their broadcasts;

(v) the making available to the public of the original and copies of fixations of their broadcasts in such a way that members of the public may access them from a place and at a time individually chosen by them;

(vi) the transmission by any means for the reception by the public of their broadcasts following fixation of such broadcasts;

(vii) the making available to the public of the original and copies of fixations of their broadcasts, through sale or other transfer of ownership.

(2) With respect to the acts under subparagraphs (1)(ii) and (iii), in this article, it shall be a matter for domestic law of the Contracting Party where protection of this right is claimed to determine the conditions under which it may be exercised, provided that such protection is adequate and effective.
(3) Any Contracting Party may, in a notification deposited with the Director General of WIPO, declare that it will establish protection for broadcasting organizations, instead of the exclusive right of authorizing provided for in subparagraphs (1) (ii), (iv), (v), (vi), and (vii), by providing a right to prohibit.

(4) Contracting Parties shall provide adequate and effective legal protection in relation to their signals prior to broadcasting. The means of the protection granted by this paragraph shall be governed by the legislation of the country where protection is claimed.

Article 10 Limitations and Exceptions

Alternative A for Article 10 [paragraphs (1) and (2)]

(1) Any Contracting State may, in its domestic laws and regulations, provide for exceptions to the protection guaranteed by this Treaty as regards:

(i) private use;

(ii) use of short excerpts in connection with the reporting of current events;

(iii) use solely for the purposes of education and scientific research; and

(iv) ephemeral fixation by a broadcasting organization by means of its own facilities and for its own broadcasts.

(2) Notwithstanding the contents of paragraph (1) of this Article, any Contracting State may, in its domestic laws and regulations, provide for the same or other limitations or exceptions as are applied in connection with works protected by copyright to the extent such exceptions and limitations are confined to special cases that do not conflict with the normal exploitation of the broadcast signal and do not unreasonably prejudice the legitimate interests of the broadcasting organization.

Alternative B for Article 10 [paragraphs (1) and (2)]

(1) Contracting Parties may, in their national legislation, provide for the same kinds of limitations or exceptions with regard to the protection of broadcasting organizations as they provide for, in their national legislation, in connection with the protection of copyright in literary and artistic works, and the protection of related rights.

(2) Contracting Parties shall confine any limitations of or exceptions to rights provided for in this Treaty to certain special cases which do not conflict with a normal exploitation of the broadcast and do not unreasonably prejudice the legitimate interests of the broadcasting organization.

Alternative C for Article 10 [paragraphs (1) to (3)]

(1) Contracting Parties may, in their national legislation, provide for the same kinds of limitations and exceptions with regard to the protection of broadcasting organizations as they provide for, in their national legislation, in connection with the protection of copyright in literary and artistic works, and the protection of related rights.

(2) Contracting Parties may, in their domestic laws and regulations, provide, inter alia, the exceptions listed below to the protection guaranteed by this Convention. It is presumed that these uses constitute special cases that do not conflict with the normal exploitation of the work and do not unreasonably prejudice the legitimate interests of the right holder:

(a) private use

(b) the use of excerpts in connection with the reporting of current events;

(c) ephemeral fixation by a broadcasting organization by means of its own facilities and for its own broadcasts;

(d) use solely for the purposes of teaching or scientific research;

(e) the use of works specifically to promote access by persons with impaired sight or hearing, learning disabilities, or other special needs;

(f) the use by libraries, archivists or educational institutions, to make publicly accessible copies of works that are protected by any exclusive rights of the broadcasting organization, for purposes of preservation, education and/or research;

(g) any use of any kind in any manner or form of any part of a broadcast where the program, or any part of it, which is the subject of the transmission is not protected by copyright or any related right thereto.

(3) Irrespective of Paragraph 2 above, Contracting Parties may provide additional exceptions to the exclusive rights conferred by this Treaty, provided that such exceptions do not unreasonably conflict with a normal exploitation of the broadcast and do not unreasonably prejudice the legitimate interests of the right holder, taking account of the legitimate interests of third parties.

Article 11 Term of Protection

Alternative A for Article 11 [single paragraph]

The term of protection to be granted to Broadcasting Organizations under this Treaty shall last for a minimum period of [20/50] years computed from the end of the year in which the broadcast signal was broadcast.

Alternative B for Article 11 [paragraphs (1) and (2)]

(1) Contracting Parties may provide in their national laws the term of protection to be granted to the beneficiaries under this treaty.

(2) Notwithstanding the contents of paragraph (1), such a term of protection shall not be in conflict with the normal exploitation of the broadcast signal and shall not unreasonably prejudice the legitimate rights of the broadcasting organizations nor the rights holders.

Alternative C
No such provision.

Article 12

Alternative A 1: Protection of Encryption and Rights Management Information

Contracting Parties shall provide adequate and effective legal protection against unauthorized:

decryption of an encrypted broadcast, or circumvention of any technological protection measure having the same effect as encryption;

(b) manufacture, importation, sale or any other act that makes available a device or system capable of decrypting an encrypted broadcast; and

(c) removal or alteration of any electronic rights management information used for the application of the protection of the broadcasting organizations.

Alternative A 2: Protection of Encryption and Information Relevant for Protection

Contracting Parties shall provide adequate and effective legal protection against:

(a) unauthorized decryption of an encrypted broadcast;

(b) removal or alteration of any electronic information relevant for the application of the protection of the broadcasting organizations.

Alternative B 1: Obligations Concerning Technological Measures

Contracting Parties shall provide adequate legal protection and effective legal remedies against the circumvention of effective technological measures that are used by broadcasting organizations in connection with the exercise of their rights under this Treaty and that restrict acts, in respect of their broadcast[s] [signals], that are not authorized by the broadcasting organizations concerned or are not permitted by law.

Alternative B 2: Obligations Concerning Technological Measures

(1) Contracting Parties shall provide adequate legal protection and effective legal remedies against the circumvention of effective technological measures that are used by broadcasting organizations in connection with the exercise of their rights under this Treaty and that restrict acts, in respect of their broadcasts, that are not authorized by the broadcasting organizations concerned or are not permitted by law.

Without limiting the foregoing, Contracting Parties shall provide adequate and effective legal protection against:

(i) unauthorized decryption of an encrypted broadcast signal;

(ii) removal or alteration of any electronic information relevant for the application of the protection of the broadcasting organizations.

Article 13 [related to alternatives B of Article 12; delete if alternatives A of Article 12 retained] Obligations Concerning Rights Management Information

(1) Contracting Parties shall provide adequate and effective legal remedies against any person knowingly performing any of the following acts knowing, or with respect to civil remedies having reasonable grounds to know, that it will induce, enable, facilitate or conceal an infringement of any right covered by this Treaty:

to remove or alter any electronic rights management information without authority;

to distribute or import for distribution fixations of broadcasts, to retransmit or communicate to the public broadcasts, or to transmit or make available to the public fixed broadcasts, without authority, knowing that electronic rights management information has been without authority removed from or altered in the broadcast or the signal prior to broadcast.

(2) As used in this Article, "rights management information" means information which identifies the broadcasting organization, the broadcast, the owner of any right in the broadcast, or information about the terms and conditions of use of the broadcast, and any numbers or codes that represent such information, when any of these items of information is attached to or associated with 1) the broadcast or the signal prior to broadcast, 2) the retransmission, 3) transmission following fixation of the broadcast, 4) the making available of a fixed broadcast, or 5) a copy of a fixed broadcast.

Article 14 Provisions on Enforcement of Rights

(1) Contracting Parties undertake to adopt, in accordance with their legal systems, the measures necessary to ensure the application of this Treaty.

(2) Contracting Parties shall ensure that enforcement procedures are available under their law so as to permit effective action against any act of infringement of rights or violation of any prohibition covered by this Treaty, including expeditious remedies to prevent infringements and remedies which constitute a deterrent to further infringements.

Article 15 Formalities

The enjoyment and exercise of the rights provided for in this Treaty shall not be subject to any formality.

Article 16 Application in Time

(1) Contracting Parties shall accord the protection granted under this Treaty "to fixed broadcasts that exist" at the moment of the entry into force of this Treaty and to all broadcasts that occur after the entry into force of this Treaty for each Contracting Party.
(2) Notwithstanding the provisions of paragraph (1), a Contracting Party may declare in a notification deposited with the Director General of WIPO that it will not apply the provisions of Article 9 of this Treaty, or any one or more of those, to fixed broadcasts that existed at the moment of the entry in to force of this Treaty for each Contracting Party. In respect of such Contracting Party, other Contracting Parties may limit the application of the said Articles to broadcasting that occurred after the entry into force of this Treaty for that Contracting Party.
Final Provisions
[…]

[Annex follows]

ANNEX

Article 5 Definitions

Proposal by the Government of India

Alternative A for Article 5 [definitions (a) to (h)]

New Alternative to (a)

(a) "signal" means an electronically generated carrier consisting of a specific program, whether encrypted or not.
(b) "broadcast" means the transmission of a set of electronically generated signals by wireless and carrying a specific program for reception by the general public. "Broadcast" shall not be understood as including transmission of such a set of signals over computer networks.
(c) "broadcasting organization" means the legal entity that takes the initiative for packaging, assembling and scheduling of the program and converting it to signals, with the authorization of the owner of copyright or related rights, for broadcast for the reception of public.

Alternative to(d)

(d) "rebroadcast" means the simultaneous transmission for the reception by the public of a broadcast or a cablecast by any other person than the original broadcasting organization; simultaneous transmission of a rebroadcast shall be understood as well to be a rebroadcast.

(e) "fixation" means the embodiment of a signal on a physical support from which the programs can be perceived, reproduced and communicated through a device.

(f) "communication to the public" means any broadcast or rebroadcast to the public of the program in the medium or platform other than through computer network for which the broadcasting organization have obtained authorization from the owner of copyright and related rights.

(g) "pre - broadcast signal" means the transmission of signals before broadcast.

(h) "rights management information" means information that identifies the broadcasting organization, the owner of any right in the signal, or information about the terms and conditions of use of the signal, and any numbers or codes that represent such information, when any of these items of information is attached to or associated with the broadcast or cablecast or the pre-broadcast signal.

(i) "transmission" means sending signals for reception by public

Alternative to (j)

(j) "program" means a discreet package of one or more works protected by copyright or related rights, in the form of live or recorded material consisting of images, sounds or both.

(k) "cablecast" means the same as "broadcast" when the transmission is by wire and excluding transmission by satellite or over computer networks.

US proposal for discussion purposes

(Note: These definitions are related to the US proposal for discussion purposes on Article 9, Protection for Broadcasting Organizations, Annex p. 4)

"near-simultaneous" retransmission is one that is delayed only to the extent necessary to accommodate time differences or to facilitate the technical transmission of the signal.

(b) A "pre-broadcast signal" is a signal transmitted to the broadcasting organization for the purpose of subsequent transmission to the public.

Article 6 Scope of Application

Proposal by the Government of India

(Alternative to)

Alternative A

The provisions of this Treaty shall provide protection to the broadcasting organizations for their signals on traditional broadcasting and cablecasting media to enable them to enjoy the rights to the extent owned or acquired by them from the owners of copyrights or related rights.
The provisions of this Treaty shall not provide any protection in respect of mere retransmissions by any means.
and (4) Delete

Alternative B

(Alternative)

The protection granted under this Treaty extends only to signals used for the transmissions by the beneficiaries of the protection of this Treaty, and not to the programs contained therein, and only to the extent of rights acquired or owned by them from the owners of copyrights or related rights.
(2) The provisions of this Treaty shall apply to the protection of broadcasting organizations in respect of their broadcasts and only on traditional broadcasting media.
(3) The provisions of this Treaty shall apply mutatis mutandis to the protection of cablecasting organizations in respect of their cablecasts and only on traditional cablecasting media.
(4) The provisions of this Treaty shall not provide any protection in respect of:

(i) mere retransmissions ;

(ii) any transmissions where the time of the transmission and the place of its reception may be
individually chosen by members of the public; or

(iii) any transmission, including any rebroadcast or recablecast, over computer networks subject to the extent of rights acquired or owned by the broadcasting organizations.

Article 6bis Protection of signals transmitted over computer networks

Proposal for the Government of Japan

(1) Broadcasting organizations and cablecasting organizations shall enjoy protection for [their transmission signals excluding on-demand transmission signals /simultaneous and unchanged transmission signals of their broadcast] over computer networks.
(2) The protection provided for in paragraph (1) may be claimed in a Contracting Party only if legislation in the Contracting Party to which the

broadcasting organizations and cablecasting organizations belongs so permits, and to the extent permitted by the Contracting Party where this protection is claimed.
The extent and specific measures of the protection granted in paragraph (1) shall be governed by the legislation of the Contracting Party where protection is claimed.

Article 7 Beneficiaries of Protection

Proposal by the Government of India
(Alternative)
Contracting Parties shall accord the protection provided under this Treaty to broadcasting/cablecasting organizations that are nationals of other Contracting Parties.
(2) Nationals of other Contracting Parties shall be understood to be those broadcasting/cablecasting organizations that meet the following conditions:

(i) the headquarters of the broadcasting/ cablecasting organization is situated in another Contracting Party, and

(ii) the signal was transmitted from a transmitter situated in another Contracting Party.

Alternative A for paragraph (3)
In the case of a broadcast by satellite the transmitter shall be understood to be situated in the Contracting Party from which, under the control and responsibility of the broadcasting organization, the signals intended for direct reception by the public are introduced into an uninterrupted chain of communication leading to the satellite and down towards the earth.

Alternative B for paragraphs (3) and (4) Delete (Because India does not advocate for reservations in this Treaty).

Article 9 Protection for Broadcasting Organizations

Proposal by the Government of India
(Alternative)
(1) Broadcasting organizations shall enjoy the right to prohibit, if done without authorization:

(i) the rebroadcast of their signal through traditional broadcasting means,

(ii) causing the broadcast to be seen or heard in public on payment of any charge and iii. make a fixation of signal for the purpose of rebroadcast.

Notwithstanding anything contained in paragraph 1, the rights therein shall be subject to the extent of rights acquired or owned by the broadcasting organization form the owners of copyrights and related rights.

This provision shall apply mutatis mutandis to the protection of cablecasting organizations in respect of their cablecasts on traditional media.

The broadcasting organizations shall have a right to prohibit anyone from broadcast of their pre - broadcast signals.

The broadcasting organizations shall have a further right to prohibit, subject to the extent of rights acquired or owned by them, unauthorized broadcasting or rebroadcasting of pre - broadcast signals or signals over computer networks or by any other means.

US proposal for discussion purposes

(Note: This provision is related to the US proposal for discussion purposes on Article 5, Definitions, Annex p. 2)

Broadcasting organizations shall have the right to authorize the simultaneous or near-simultaneous retransmission of their broadcast or pre-broadcast signal over any medium.

Article 12 Protection of Encryption and Rights Management Information

Proposal by the Government of India

(Alternative)

Contracting Parties shall provide adequate and effective legal protection against unauthorized:

decryption of an encrypted signal; and

removal or alteration of any electronic rights management information used for the application of the protection of the broadcasting/ cablecasting organizations

Proposal by the Government of Brazil

No such provision.

[End of Annex and of document]

Nothing in this Draft Treaty shall derogate from the obligations that Contracting Parties have to each other under any other treaties addressing copyright or related rights. (Senegal).

Protection granted under this Treaty shall leave intact and shall in no way affect the protection of copyright or related rights in program material incorporated in broadcasts. (Japan).

"signal" means the conveyance of broadcast programs via electronic means.

(Senegal).
“broadcast” means the process whereby the output signal of a broadcasting organization is taken from its point of origin, this being the point where such a signal is made available in its content format, and is conveyed to any broadcast target area by means of electronic communications. (Senegal).
“broadcasting organization” means the legal entity that takes the responsibility and initiative for assembling programs, and arranges the transmission of programs (in encrypted or unencrypted format) in accordance with a broadcasting schedule, and which takes on editing responsibilities. All content protection is excluded. (Senegal).
Reference to “audiovisual media services” and “content editors“ to be added. (Monaco).
“retransmission” means simultaneous transmission for the reception by the public, via any method, of a wireless transmission of sound or images, or images and sounds, or representations thereof, for reception by the public. (Senegal).
“pre-broadcast signal” means a private transmission of content to a broadcasting organization which that broadcasting organization intends to include in its program schedule. (SouthAfrica).

[See Article 5, Alternative B]

Broadcasting organizations whose headquarters are situated in a Contracting Party, or Broadcasting organizations whose broadcasts are transmitted by a device located in the territory of another Contracting Party; Broadcasting organizations broadcasting via satellite from the place at which, under the control and responsibility of the broadcasting organization, the program-carrying signals intended for direct reception by the public are introduced into an uninterrupted chain of communication leading to the satellite and down towards the earth. (Senegal).
Each Contracting Party shall accord to broadcasting organizations that are nationals of other Contracting Parties the protection of the rights that their respective laws do now or may hereafter grant to their nationals, in respect of broadcasts for which such nationals are protected, as well as the rights specifically recognized in this Draft Treaty. (Senegal).
Recommendation that Contracting Parties which did not give broadcasters a right to authorize simultaneous retransmission of unencrypted wireless transmissions immediately prior to joining the treaty be allowed to opt out of the simultaneous retransmission right with respect to unencrypted broadcasts.

(Canada).
Provision must be made for limitations and exceptions that respond to the legitimate needs of visually impaired persons, as well as to the needs of archive services and libraries, provided that these limitations and exceptions do not conflict with the normal exploitation of broadcasts, or unjustifiably prejudice the legitimate interests of broadcasting organizations. To the same end, the need to protect the interests of content owners must be taken into account. (Senegal).
If a Contracting Party provides a term longer than that required under this treaty either in general or for a particular type of broadcast or cablecast, it shall be entitled to grant a shorter term to a broadcast or cablecast originating in another Contracting Party with a shorter term. Such term shall be no less than the term for that type of broadcast or cablecast in that Contracting Party in which the broadcast or cablecast originated. (Canada).

[See Article 9, Alternative B].

5. 국제지식재산소송원칙

국제지적재산소송 원칙
[2009. 3. 26. 한국국제사법학회 승인]

[목 차]

제1편 일반규정
제2편 국제재판관할
  제1장 총 칙
  제2장 국제재판 합의관할 및 변론관할
  제3장 소의 병합
  제4장 국제적 소송경합
  제5장 임시적 처분의 국제재판관할
제3편 준거법
  제1장 총 칙
  제2장 준거법의 합의
  제3장 다수 국가에서의 지적재산분쟁의 준거법
  제4장 지적재산권계약의 준거법
  제5장 지적재산권의 최초귀속의 준거법
제4편 외국재판의 승인과 집행
  제1장 외국재판의 승인
  제2장 외국재판 승인 · 집행의 범위
  제3장 외국재판 승인 · 집행의 절차
제5편 중 재
  제1장 총 칙
  제2장 지적재산분쟁의 중재적격성
  제3장 국제지적재산분쟁의 중재합의
  제4장 국제지적재산분쟁의 중재절차
  제5장 중재판정의 승인 · 집행

제 1 편 일반규정

제1조 (목적)
본 원칙은 국제적 지적재산분쟁의 국제재판관할, 준거법, 외국재판의 승인 및 집행 그리고 중재에 관한 원칙을 정함을 목적으로 한다.

제2조 (정의)

1. "지적재산"이라 함은 발명, 디자인, 저작(인접)물, 영업비밀, 상표등 인간의 지적인 창작, 고안 또는 사용으로 발생한 무형재산을 말한다.
2. "지적재산권"이라 함은 지적재산에 부여된 권리를 말한다.
3. "등록지적재산권"이라 함은 특허등 등록 또는 기탁에 의하여 비로소 그 권리가 창설되는 지적재산권을 말한다. 그 이외의 지적재산권을 비등록지적재산권이라 한다.
4. "국가" 또는 "국"이라 함은 독립된 입법기관과 사법기관을 가진 지역 또는 영역 을 말한다.
5. "등록국"이라 함은 지적재산권이 등록되거나 기탁된 국가 또는 조약의 규정에 의하여 등록이나 기탁되었다고 보는 국가를 말한다.
6. "보호국"이라 함은 그 영역에 있어서 지적재산권의 보호를 부여하거나 보호가 요구되는 국가를 말한다. 지적재산권 침해에 있어서는 그 권리의 등록여부에 상관없이 그 침해지국을 말한다. 이 경우 침해지가 되기 위하여는 그 국가의 시장이 침해로 인하여 실질적 영향을 받아야 한다. 다만 저작인격권 침해의 경우는 그 국가 내에서 권리가 영향을 받아야 한다.
7. "상거소지"라 함은 당사자의 주된 사무소 또는 영업소를 포함하여 당사자가 상시 거주하고 있는 곳을 말한다. 법인등 단체의 본점소재지 또는 설립준거법지를 포함한다.
8. "국제적 지적재산분쟁"이라 함은 상거소지국을 달리하는 당사자 간의 지적재산분쟁을 말하며 외국에서 등록되거나 보호되는 지적재산권과 관련되는 분쟁과 지적재산과 관련한 외국에서의 활동으로 인하여 발생하는 분쟁을 포함한다.
9. 지적재산권의 "성립·유효성 분쟁"이라 함은 지적재산에 대한 권리의 부여, 등록, 유효성, 포기 또는 취소에 관한 분쟁을 말한다.
10. "비교섭계약"이라 함은 일방당사자가 반복적 사용을 위하여 일정한 형식에 의하여 미리 작성한 계약의 내용에 따라 체결된 계약을 말한다.
11. "임시적 처분"이라 함은 본안에 대한 종국적인 재판이나 중재판정을 하기에 앞서 일방 당사자의 신청에 의하여 타방 당사자에게 명하는 가압류, 가처분 그 밖에 일체의 잠정적 처분을 말한다.
12. "재판"이라 함은 법원이 내린 판결, 결정, 명령 등을 말하며, 임시적 처분과 행정기관이 특허무효 등 사인간의 분쟁에 대하여 내린 심결 그 밖의 결정을 포함한다.
13. "선결문제"라 함은 재판에 이르기 위한 전제로서 그 문제에 관한 판단이 불가피하나 법원 등이 당해 재판의 주문에서 명시적으로 판단할 필요가 없는 문제를 말한다.
14. "외국재판 또는 외국중재판정"이라 함은 집행국법상 내국재판 또는 내국중재판정으로 인정되지 아니하는 재판 또는 판정을 말한다.
15. "승인국 또는 집행국"이라 함은 외국재판 또는 외국중재판정을 승인 또는 집행하는

국가, 혹은 승인 또는 집행을 요청받은 국가를 말한다.

제3조 (적용범위)

본 원칙은 지적재산에 관한 민·상사분쟁(지적재산권의 성립·유효성 분쟁을 포함한다)에 적용한다.

제4조 (분쟁해결합의의 방식)

① 국제재판관할합의 또는 중재합의는 서면에 의하여 증명되어야 한다.

② 제1항에서 규정하는 서면에 의한다 함은 다음 각호 중 어느 하나에 해당하는 경우를 말한다.

1. 서면에 의한 경우. 합의를 지속적으로 기록할 수 있는 전자적 수단에 의한 통신을 포함한다.
2. 추후 참조할 수 있는 기타 통신수단에 의한 경우
3. 당사자들 간에 이전의 계약에서 준수되어온 관행에 의한 경우
4. 당사자들이 알고 있었거나 알고 있었어야 하는 관행에 부합하고, 관련된 특정 상거래 분야에서 당해 유형의 계약의 당사자들이 통상 준수하는 관행에 따른 경우

제5조 (분쟁해결합의의 체결능력)

국제재판관할합의, 중재합의 및 준거법합의를 할 행위능력은 각 당사자의 본국법에 의한다.

제6조 (비교섭계약에 있어서의 분쟁해결합의)

국제재판관할합의, 중재합의 및 준거법합의가 비교섭계약에 의한 때에는 계약의 내용을 작성하지 아니한 당사자의 소재지와 이해관계, 숙련도 및 분쟁 관련 당사자와 관련된 국가의 이해관계를 고려하여 합리적인 경우에 한하여 그 효력이 있다.

제7조 (외국법의 조사와 적용)

① 법원 또는 중재인은 분쟁에 적용할 외국법의 내용을 직권으로 조사·적용하여야 하며, 이를 위하여 당사자에게 그에 대한 협력을 요구할 수 있다.

② 외국법의 조사에 장애가 있어 절차가 상당기간 지연된 경우에는 법원 또는 중재인은 법정지국법을 적용할 수 있다.

제 2 편 국제재판관할

제 1 장 총 칙

제8조(실질적 관련의 요건)

① 당사자 또는 분쟁이 된 사안과 실질적 관련이 없는 국가는 재판관할권을 가지지 아

니한다.

② 다음에서 열거하는 관할원인 중 어느 하나 또는 그 이상에 근거하여 실질적 관련이 있는 것으로 인정하여서는 아니된다.

1. 원고의 국적 또는 상거소
2. 피고의 국적
3. 피고의 유형 재산의 소재
4. 법정지국법에 의거한 피고의 지적재산권의 소재
5. 피고의 상업적 또는 비상업적 활동의 수행
6. 피고의 일시적 거소나 단순한 현존 또는 피고에 대한 출석요구서의 송달
7. 분쟁의 대상인 계약을 체결하기 위한 방식의 이행

③ 제2항 제3호 내지 제5호에 있어서 당해 분쟁이 그 재산, 권리 또는 활동에 직접적으로 관련되는 경우에는 제2항을 적용하지 아니한다.

제9조 (피고의 상거소지국의 재판관할)

제10조의 경우를 제외하고, 피고의 상거소지 국가의 법원은 당해 피고에 대한 일체의 지적재산 관련 소송에 대하여 재판관할을 가진다.

제10조 (등록지적재산권의 성립 · 유효성분쟁의 전속관할)

① 등록지적재산권의 성립 · 유효성분쟁은 그 지적재산권이 등록된 국가의 법원이 전속재판관할을 가진다.

② 제1항의 규정은 등록지적재산권의 성립 · 유효성분쟁이 선결문제로서 제기된 경우에는 적용하지 아니하며 그에 관한 판단은 후소에서 법적 구속력을 가지지 아니한다.

제11조 (지적재산권 침해 분쟁의 재판관할)

① 피고가 특정 지적재산권에 대한 주된 침해행위를 한 국가의 법원은 그 지적재산권의 침해소송에 관하여 재판관할을 가진다. 이 경우 그 법원의 재판관할은 피해가 어느 국가 내에서 발생하였는지 관계없이 피고의 침해행위로 인한 모든 피해에 관한 청구에 미친다.

② 피고의 행위가 피해발생국을 지향하여 행하여진 때에는 그 국가의 법원은 그 국가 내에서 발생한 지적재산권침해로 인한 피해에 관한 청구에 대하여 재판관할을 가진다.

제12조 (지적재산권 계약 분쟁의 재판관할)

① 지적재산권의 양도, 담보제공 사용허락 기타 처분 계약에 관한 분쟁은 그 지적재산권이 이용되거나 행사될 국가의 법원이 재판관할을 가진다.

② 제1항에 있어서 복수의 국가에서 이용되거나 행사될 지적재산권에 관한 계약인 경우에 그 중 1국가의 법원은 그 국가에서 이용되거나 행사될 지적재산권에 관한 계약

의 분쟁에 대하여서만 재판관할을 가진다.

제 2 장 국제재판 합의관할 및 변론관할

제13조(합의관할)

① 당사자들이 특정한 법률관계와 관련하여 발생하였거나 발생할 분쟁에 관하여 특정한 국가의 법원이 재판하도록 합의한 때에는 그 국가의 법원이 재판관할을 가진다.

② 제1항의 재판관할은 당사자가 달리 합의하지 않는 한 전속적인 것으로 본다.

③ 제1항의 합의는 분쟁이 계속 중인 법정지국 및 합의에 의하여 지정된 국가의 법에 따라 유효한 경우에 한하여 그 효력이 있다.

④ 본조는 등록지적재산권의 성립·유효성 분쟁에는 적용하지 아니한다. 다만, 그 분쟁이 선결문제로서 제기되거나 그 분쟁에 관한 재판이 당사자간에만 효력을 미치기로 합의한 때에는 그러하지 아니하다.

제14조(변론관할)

① 피고가 본 원칙에 따른 재판관할을 가지지 아니한 국가의 법원에 임의로 출석하여 관할위반을 주장하지 아니한 채 본안에 관한 변론을 한 때에는 그 법원은 재판관할을 가진다. 피고는 본안에 관하여 최초로 진술이나 답변을 하는 시점까지 관할위반의 항변을 할 수 있다.

② 제13조 제4항의 규정은 제1항의 경우에 준용한다.

제 3 장 소의 병합

제15조(객관적 병합)

① 하나의 청구에 대하여 재판관할을 가지는 법원은 동일한 당사자 간에 그 청구와 동일 또는 일련의 거래 내지 침해행위로부터 비롯된 관련 청구에 대하여도 그 거래 내지 침해의 장소에 관계없이 재판관할을 가진다. 다만 제11조 제2항의 규정에 의하여 재판관할을 가지는 경우에는 그 국가 내에의 발생한 거래 내지 침해행위에 관련한 청구에 한한다.

② 제1항의 규정은 등록지적재산권의 성립·유효성 분쟁에 관한 소에는 적용하지 아니한다.

③ 병합에 관한 주장은 본안에 관하여 최초로 진술이나 답변을 하는 시점까지 제기할 수 있다.

④ 병합결정에 대한 불복은 이를 할 수 있는 최초의 기회에 하여야 한다.

제16조(주관적 병합)

① 공동 피고 중 1인의 피고의 상거소지국의 법원은 그 피고에 대한 청구와 다른 공동피고에 대한 청구 사이에 밀접한 관련이 있어서 모순된 재판의 위험을 회피할 필요가 있고 법정지의 지적재산권과 그 다른 공동피고 사이에 실질적이고 직접적이며 예

측가능한 관련이 있는 때에는 그 국가에 상거소가 없는 공동피고에 대하여도 재판관할을 가진다.

② 제1항의 규정은 원고와 전속적 관할합의를 한 공동피고에 대하여는 적용하지 아니한다.

③ 제1항의 규정에 따라 어느 국가의 법원에 소가 제기된 경우, 그 국가의 법원은 모순된 재판의 위험을 초래하는 행위로부터 발생한 모든 피해로 인한 청구에 대하여 그 발생지에 관계없이 재판관할을 가진다.

제 4 장 국제적 소송경합

제17조(국제적 소송경합)

① 동일한 당사자간에서 서로 다른 국가의 법원에 소송이 계속되고, 그 소송이 청구된 구제수단과 관계없이 동일 또는 일련의 거래 내지 침해행위로부터 비롯된 관련 청구일 때에는 제1 수소법원이 우선적으로 관할권을 행사한다.

② 제1 수소법원이 당해사건에 대하여 재판관할을 가지고 있고 또 제2 수소법원에 계속된 청구에 대하여도 병합심리 등에 의하여 제2 수소법원 국가에서 승인될 수 있는 재판을 내릴 것으로 예상되는 때에는 제2 수소법원은 소송을 중지하여야 한다. 다만, 제2 수소법원 국가가 재판관할합의나 전속관할 규정에 따른 전속재판관할국가인 때에는 그러하지 아니하다.

③ 제2 수소법원은 승인요건을 충족하는 제1 수소법원의 재판이 제출되면 즉시 소를 각하하여야 한다.

④ 제1 수소법원의 원고가 본안재판에 이르기 위해 필요한 절차를 취하지 않거나 제1 수소법원이 본안재판을 합리적인 기간 내에 하지 아니할 때에는, 당사자의 신청에 의하여 제2 수소법원은 소송을 진행할 수 있다.

⑤ 제1 수소법원에 제기된 소가 의무부존재확인의 소로서 피고가 본안에 관한 최초의 진술 또는 답변을 하기 전에 이행의 소가 제2 수소법원에 제기된 때에는 제1 수소법원의 우선적 관할권은 부인되며, 오히려 제2수소법원이 재판관할을 가지고 제1 수소법원 국가에서 승인되는 재판을 내릴 것으로 예상될 때에는 제1 수소법원은 소송을 중지하여야 한다.

⑥ 본조를 적용함에 있어 다음의 시기에 법원에 소송이 계속된 것으로 본다.

1. 절차를 개시하는 서면 또는 그에 상당하는 서면이 법원에 제출된 때. 다만 원고가 그 후 서류를 피고에게 송달하기 위한 조치를 하지 아니한 경우에는 그러하지 아니하다.
2. 전호의 서류가 법원에 제출되기 전에 송달되어야 하는 경우에는 서류가 송달 담당기관에 접수된 때. 다만 원고가 그 후 서류를 법원에 제출하기 위한 조치를 하지 아니한 경우에는 그러하지 아니하다.

제 5 장 임시적 처분의 국제재판관할

제18조 (임시적 처분)

① 제8조 내지 제16조의 규정에 의한 본안의 재판관할법원은 당해 본안에 관한 임시적 처분을 할 수 있다.

② 지적재산권 등록국 또는 유체재산 소재지국 법원은 당해 지적재산권 또는 유체재산에 관하여 당해 영토에 한하여 효력을 미치는 임시적 처분을 할 수 있다.

제 3 편 준거법

제 1 장 총 칙

제19조 (준거법에 관한 일반원칙)

본 원칙에 별단의 규정이 있는 경우를 제외하고는, 지적재산권의 성립・유효성분쟁, 권리의 내용, 소멸, 침해, 양도가능성 및 양도의 제3자에 대한 효력은 등록지적재산권에 있어서는 등록국법에 따르고, 비등록지적재산권에 있어서는 보호국법에 따른다.

제 2 장 준거법의 합의

제20조 (준거법의 합의)

① 당사자는 언제든지 분쟁 발생의 전후를 묻지 않고 분쟁의 전부 또는 일부에 대하여 준거법에 관한 합의를 할 수 있다. 다만 지적재산권의 성립・유효성, 권리의 내용, 소멸, 등록지적재산권의 등록, 양도가능성 및 양도의 제3자에 대한 효력에 관한 준거법의 합의는 당사자간에만 그 효력을 미친다.

② 당사자간 준거법의 합의는 그 합의 이전에 발생한 제3자의 권리에 영향을 미치지 아니한다.

③ 준거법 합의의 성립과 유효성은 합의에 의하여 지정된 준거법에 따른다.

제 3 장 다수 국가에서의 지적재산분쟁의 준거법

제21조 (다수 국가에서의 지적재산권 침해)

① 특정할 수 없거나 특정하기 어려운 다수의 국가에서 지적재산권의 침해가 발생하거나 발생할 우려가 있는 경우에는 침해 전체에 대하여 가장 밀접한 관련을 가지는 국가의 법에 따른다.

② 법원은 가장 밀접한 관련을 가지는 국가를 결정함에 있어서 특히 다음에 기재한 제 요소를 고려하여야 한다.

1. 피고의 상거소. 다만 특정 영업소의 활동으로 침해가 일어난 경우에는 해당 영업소를

상거소로 본다.
2. 침해를 일으키는 활동이 주로 행하여지거나 지향된 국가
3. 권리자의 활동 및 투자의 정도

③ 제2항에 따라 가장 밀접한 관련을 가진 국가를 결정할 수 없는 경우에는 제2항 제1호에서 정한 피고의 상거소가 있는 국가가 가장 밀접한 관련을 가진 것으로 본다.

④ 본 조에 의하여 지적재산권의 침해 전체에 대하여 가장 밀접한 관련을 가지는 국가의 법을 적용하는 경우, 피고는 침해를 일으킨 활동이 영향을 미친 다른 국가의 법에 의하면 그 행위가 허용됨을 주장할 수 있다. 그러한 주장이 타당한 경우 법원은 그 다른 국가에서의 행위를 금지하거나 제한할 수 없다. 다만 지적재산권이 침해된 자의 정당한 권리를 보호하기 위하여 그러한 금지 또는 제한이 불가피한 경우에는 그러하지 아니하다.

제22조 (지적재산권침해분쟁에 부수한 분쟁)

제21조에 있어서 지적재산침해분쟁에 부수하여 지적재산권의 성립・유효성, 권리의 내용, 소멸, 양도가능성 및 양도의 제3자에 대한 효력이 함께 문제된 경우에는 제21조에서 정한 준거법지정원칙에 따른다.

제 4 장 지적재산권계약의 준거법

제23조 (지적재산권의 양도, 담보제공, 사용허락계약의 준거법)

① 지적재산권의 양도, 담보제공, 사용허락계약의 준거법에 관한 합의가 없는 경우에는 가장 밀접한 관련이 있는 국가의 법에 따른다. 이때 양수인, 담보권자 또는 사용권자의 상거소지법이 가장 밀접한 관련이 있는 국가의 법으로 추정한다.

② 지적재산권의 양도, 담보제공, 사용허락의 계약관계가 불법행위에 의하여 침해되는 경우에도 그 계약관계의 준거법에 따른다.

제 5 장 지적재산권의 최초귀속의 준거법

제24조 (최초권리귀속의 준거법)

① 등록지적재산권의 최초귀속은 각 등록국의 법에 따른다.

② 비등록지적재산권의 최초귀속은 창작 또는 고안을 한 자의 당시 상거소지국 등 그 지적재산이 최초로 창작 또는 고안된 국가의 법에 따른다.

③ 제2항에 있어서 창작 또는 고안에 관여한 자가 복수인 때에는 당사자간에 다른 합의가 없는 한 그 창작 또는 고안 및 최초의 공표에 가장 밀접하게 관련된 국가의 법에 따른다.

④ 제2항 및 제3항에 의한 준거법이 지적재산권을 인정하지 않는 경우에는 그 권리가

최초로 이용된 보호국법에 따른다.

第25조 (당사자간에 관계가 있는 경우)

① 제24조에 있어서 지적재산이 계약 그 밖에 당사자간에 미리 존재하는 관계로부터 발생하는 경우에는 그 계약 또는 관계의 준거법에 따른다.

② 제1항에 불구하고 직무발명, 직무저작 또는 이와 유사한 관계에 의하여 발생한 지적재산에 관한 최초권리의 귀속 또는 승계는 당사자간에 다른 합의가 없는 한 사용자의 상거소지국법에 따른다.

제 4 편 외국재판의 승인과 집행

제 1 장 외국재판의 승인

第26조 (외국재판의 승인)

① 확정된 외국재판은 다음 각호의 요건을 모두 갖추어야 승인된다.

1. 승인국의 법령 또는 조약에 따른 국제재판관할의 원칙상 그 외국법원에 국제재판관할이 인정될 것. 다만 본 원칙에 따라 국제재판관할이 인정되는 경우에는 이 요건을 충족한 것으로 본다.
2. 패소한 피고가 소장 또는 이에 준하는 서면 및 기일통지서나 명령을 적법한 방식에 따라 필요한 시간적 여유를 두고 송달받았거나(공시송달 이나 이와 비슷한 송달에 의한 경우를 제외한다) 송달받지 아니하였더라도 소송에 응하였을 것.
3. 그 재판의 내용 및 절차에 비추어 보아 그 재판의 승인이 승인국의 선량한 풍속이나 그 밖의 사회질서에 위반되지 아니할 것.

② 변론 또는 그에 상당하는 절차를 거쳐 내려진 외국재판이 제1항 각호의 요건을 모두 갖춘 경우에는 승인국의 법원은 그 재판의 확정 전에라도 미리 이를 승인할 수 있다. 다만 승인국의 법원은 정당한 사유가 있는 때에는 그 재판이 확정될 때까지 그 승인 또는 집행을 보류할 수 있다.

第27조 (외국재판과 동일한 효력이 있는 경우)

재판상 화해, 청구의 포기, 청구의 인낙 등 재판국법상 재판과 동일한 효력이 인정되는 것의 승인 및 집행에 대하여는 본편의 규정을 적용한다.

第28조 (손해배상에 관한 재판의 승인 · 집행)

① 승인국의 법원은 외국재판이 당사자에게 징벌적 손해배상 등 실제로 입은 손실 또는 손해를 전보하는 것이 아니거나 과도한 손해배상을 명한 경우에는 그 범위 내에서 재판의 승인 또는 집행을 허락하지 아니할 수 있다.

② 제1항에 있어서 승인국의 법원은 외국재판이 명한 손해배상이 소송과 관련한 비용의 전보를 포함하는 것인지 여부를 고려하여야 하며 외국재판이 상환을 명한 변호사 보수 기타 소송 관련 비용 등이 과도한 경우에는 그 범위 내에서 재판의 승인 또는 집행을 허락하지 아니할 수 있다.

제 2 장 외국재판 승인 · 집행의 범위

제29조 (승인 · 집행의 범위)

① 승인국에서 인정될 수 있는 외국재판의 효력은 재판국에서 인정한 한도에 그친다.
② 지적재산권의 성립 · 유효성 분쟁과 소멸 또는 침해에 관한 분쟁에 관한 외국재판은 승인 또는 집행국에서 동일한 상황 하에서 비슷한 법적 구제수단을 명할 수 있는 범위 내에서 승인 또는 집행된다.
③ 다른 국가에서 등록된 지적재산권을 무효라고 한 재판은 소송당사자 사이에서만 승인 또는 집행될 수 있다.

제30조 (재판 일부의 승인 · 집행)

외국재판의 가분적인 일부에 대한 승인 또는 집행의 신청이 있는 경우 또는 이 원칙에 따라 재판의 일부만이 승인 또는 집행될 수 있는 경우에 그 일부에 대하여 승인 또는 집행할 수 있다.

제 3 장 외국재판 승인 · 집행의 절차

제31조 (승인 · 집행의 절차)

① 외국재판의 승인 또는 집행은 본 원칙에 별단의 규정이 있는 경우를 제외하고는, 승인국 또는 집행국의 법에 따른다.
② 외국재판을 승인 · 집행하는 법원은 그 절차를 신속히 진행하여야 한다.

제32조 (지적재산권 침해금지재판의 집행)

지적재산권 침해의 금지를 명한 외국재판(침해물 또는 그 물건의 제조 또는 복제수단의 압류 및 폐기 등의 명령을 포함한다)은 집행국법의 절차에 따라, 그리고 집행국에서 동일한 상황하에서 비슷한 구제수단을 명할 수 있는 범위 내에서 이를 집행할 수 있다.

제 5 편 중 재

제 1 장 총 칙

제33조 (당사자 자치)

중재인과 법원은 중재합의의 유효여부 또는 중재합의의 대상인 사건을 심리판단함에 있어 중재제도의 취지에 따라 당사자자치의 원칙을 최대한 존중하여야한다.

제34조 (중재지)

① 당사자는 중재지를 자유로이 정할 수 있으며 나아가 중재지가 없음에 합의할 수 있다.

② 당사자간에 중재지에 관한 합의가 없는 경우에는 중재인이 당사자의 편의와 당해 지적재산분쟁의 제반 정황을 고려하여 이를 정한다.

제35조 (일반원칙)

본편에 특별히 규정되지 아니한 사항은 유엔국제거래법위원회(UNCITRAL)의 모델국제상사중재법(Model Law on International Commercial Arbitration, 2006년 개정법을 포함한다)에 의한다.

제36조 (다른 편과의 관계)

제2편 및 제3편의 규정은 본편에 별단의 규정이 없거나 중재제도의 취지에 반하지 않는 범위 내에서 본편에 준용한다.

제 2 장 지적재산분쟁의 중재적격성

제37조 (등록지적재산권의 성립 · 유효성분쟁의 중재적격성)

① 등록지적재산권의 성립 · 유효성분쟁 및 그에 관한 무효의 항변도 중재의 대상으로 할 수 있다. 다만 지적재산권의 성립 · 유효성분쟁에 대한 판정의 효력은 당사자간에만 미친다.

② 등록지적재산권에 관한 권리자 기타 이해관계인은 당사자의 동의를 얻어 당해 중재절차에 참가하여 그 성립 · 유효성분쟁에 관한 주장 · 입증을 할 수 있다.

제38조 (중재적격성 판단의 준거법)

① 제37조의 경우 외에 당해 지적재산분쟁이 중재에 의하여 해결될 수 있는 사항인지의 여부는 중재지법에 의하여 판단한다.

② 제1항의 경우에 중재지가 존재하지 아니하는 경우에는 중재합의의 준거법에 의하여 판단한다.

③ 중재인 또는 법원은 제1항의 판단을 함에 있어 피고의 상거소지국, 그 재산소재지국 기타 중재판정의 승인 · 집행이 문제될 수 있는 국가의 법이 당해 지적재산분쟁의 중재적격성을 인정하는지 여부를 고려하여야 한다.

제 3 장 국제지적재산분쟁의 중재합의

제39조 (중재합의의 유효성)

① 중재합의의 유효여부는 당사자간에 다른 합의가 없는 한 중재지법에 의한다.

② 제1항의 경우에 중재지가 존재하지 아니하는 경우에는 중재합의의 준거법에 의한다.

③ 중재합의의 취소·해제 및 철회의 효력에 관하여도 전 2항에 따른다.

제40조 (중재합의의 효력)

① 중재합의의 대상인 지적재산분쟁에 관하여 소가 제기된 경우에 법원은 당해 분쟁에 중재적격성이 있거나 그 중재합의가 무효가 아닌 경우에는 그 소를 각하하여야 한다.

② 제1항의 규정은 대세적 효력을 가지는 등록지적재산권의 무효를 구하는 심판청구나 소에 대하여는 적용하지 아니한다.

③ 중재인은 제1항 또는 제2항에 규정한 절차가 계속 중인 경우에도 중재절차를 개시하거나 속행할 수 있다.

제 4 장 국제지적재산분쟁의 중재절차

제41조 (중재절차의 진행)

① 중재절차는 당사자가 합의한 바에 따라 진행한다.

② 중재절차에 관하여 당사자간에 합의가 없는 때에는 중재인은 중재지법을 고려하여 자신이 적절하다고 판단하는 바에 따라 중재절차를 진행할 수 있다.

제42조 (지적재산침해금지 등 임시적 처분)

① 중재인은 긴급한 필요가 있다고 인정하는 때에는 당사자의 신청에 의하여 심문을 거치거나, 거치지 아니하고 지적재산침해의 중지를 명하는 등 임시적 처분을 할 수 있다.

② 중재인이 임시적 처분을 할 때에는 신청인에게 적절한 담보를 제공할 것을 명할 수 있다.

③ 중재당사자가 제1항의 임시적 처분에 복종하지 아니하는 때에는 상대방은 관계법령에 따라 관할법원에 임시적 처분의 집행을 신청할 수 있다.

④ 제3항의 신청을 받은 법원은 관계법령에 따라 임시적 처분이 신속하게 집행될 수 있도록 하여야 한다.

⑤ 본조의 규정은 법정지국의 민사소송절차에 따른 임시적처분에 영향을 미치지 아니한다.

제43조 (객관적 병합)

① 중재인은 분쟁의 일의적 해결과 절차적 경제 등의 사정을 고려하여 당사자 일방의 신청이 있는 때에는 중재의 대상인 분쟁과 관련된 분쟁을 병합하여 중재절차를 진행할 수 있다. 다만 상대방이 그 병합에 대하여 이의를 제기한 때에는 그러하지 아니하다.

② 제1항의 이의는 이를 할 수 있는 최초의 기회에 제기하여야 한다.

제44조 (주관적 병합)

① 중재인은 중재합의 당사자 이외의 제3자가 중재대상인 분쟁과 밀접한 관련을 가지

고 있고 또 중재당사자 일방의 신청이 있는 때에는 그 제3자를 중재절차에 참가시켜 절차를 진행할 수 있다. 다만 상대방 또는 그 제3자가 그 제3자의 중재절차의 참가에 대하여 이의를 제기하거나 중재절차에 참가하지 아니한 때에는 그러하지 아니한다.

② 제1항의 이의는 이를 할 수 있는 최초의 기회에 제기하여야 한다.

제45조 (재판절차와의 관계)

① 중재대상분쟁에 직접 관련된 지적재산권의 성립・유효성분쟁에 관하여 대세적 효력이 인정되는 재판을 위한 절차가 계속된 경우에는 중재인은 당사자의 신청에 의하여 그 재판이 있을 때까지 중재절차를 중지할 수 있다. 그러나 당사자 일방이 이에 이의하거나 중재절차가 현저히 지연될 우려가 있는 경우에는 그러하지 아니하다.

② 제1항 단서에 의하여 중재절차를 진행하여 중재판정을 하였으나 제1항 본문이 규정하는 대세적 효력을 가진 재판이 확정된 때에는 그로부터 1년 내에 중재인은 당사자 일방의 신청에 의하여 중재절차를 재개하여 위 재판에 따라 종전의 중재판정을 취소하고 새로이 중재판정을 할 수 있다.

③ 중재대상분쟁과 관련된 분쟁이 수 개국에 걸쳐 발생하였고 그에 관한 소송절차가 2국가 이상에 계속된 때에는 당해 소의 수소법원은 중재판정이 있을 때까지 그 소송절차를 중지 할 수 있다.

제46조 (온라인 중재절차)

① 당사자가 온라인 중재에 합의한 때에는 중재인은 중재절차를 온라인으로 진행하여야 한다.

② 중재인은 중재절차의 진행상 필요하다고 판단하는 때에는 온라인에 의한 화상신문을 할 수 있다.

③ 온라인 중재절차에서 중재인이 작성하는 문서와 당사자가 제출하는 문서는 전자서명을 첨부하여야 한다.

④ 온라인중재절차에서 중재판정을 하는 경우에는 전자서명을 첨부한 온라인 판정문을 작성하는 것과 별도로 종이서면으로 판정문을 작성하여야 한다.

제47조 (중재판정결과의 공시)

① 중재인이 분쟁에 관련한 지적재산권을 불성립, 무효 또는 소멸한 것으로 판단한 때에는 당해 지적재산권의 등록사무를 관장하는 기관에 중재판정문을 붙여 이를 통지하여야 한다.

② 제1항의 통지를 받은 기관은 그 취지를 관계 공부에 기재하고 이를 공시하여야 한다. 다만 중재판정문은 이를 공개하지 아니한다.

제48조 (중재판정의 취소)

① 제45조 제2항의 규정에 의하여 당사자가 중재인에게 중재절차의 재개를 신청하였으

나 중재인이 이에 응하지 아니하거나 대세적 효력을 가진 재판에 반하는 판정을 한 때에는 당사자 일방은 관할법원에 중재판정취소의 소를 제기할 수 있다.

② 제1항의 소는 중재지국법원뿐 아니라 대세적 효력 있는 재판을 한 국가의 법원에도 제기할 수 있다.

③ 제1항의 소는 중재인이 중재절차재개여부에 관한 결정을 하지 아니한 채 중재절차 재개신청일로부터 3월이 경과한 때에는 그날로부터, 제1항에 규정한 판정이 있은 때에는 그 판정일로부터 3월내에 제기하여야 한다.

제 5 장 중재판정의 승인 · 집행

제49조 (외국중재판정의 승인 · 집행)

① 외국중재판정의 승인 또는 집행은 그 판정이 1958년 외국중재판정의 승인 및 집행에 관한 유엔협약(the UN Convention on the Recognition and Enforcement of Foreign Arbitral Awards, 1958)의 적용을 받는지 여부를 불문하고 동협약에 의한다.

② 외국중재판정을 승인 또는 집행함에 있어서 승인국 또는 집행국의 법원은 본 원칙을 충분히 고려하여야 한다.

6. 국제방송저작물이용허락계약[국문][2)]

갑 : 회사
주소 :
을 : 회사
주소 :

○○國법인 회사(이하 「갑」이라 한다)와, ○○國법인 회사(이하 「을」이라 한다)는 갑이 저작권 등을 가지고 있는 별지 기재된 시청각 작품을 을의 허가지역에서 방송하는 것에 대하여 아래와 같이 영상 콘텐츠 라이선스 계약(이하 「본 계약」이라 한다)을 체결한다.

제1조(정의) 본 계약에는 아래의 정의규정이 적용된다.
(1) 본건 프로그램: 본 계약의 규정에 따라 갑이 을에 대하여 허가지역 내에서 방송하는 것을 허락한 별지 제1항에 기재된 시청각 작품을 말한다.
(2) 방송: 을이 허가지역 안에서 행한 지상파에 의한 텔레비전 방송을 말하며, 동시재송신에 의한 유선 텔레비전의 방송을 포함한다. 다만 그 외의 전송 및 인터넷 그 밖의 네트워크에 의한 송신은 포함되지 않는다.
(3) 허가지역: ○○國국내를 말한다.
(4) 프로그램 테이프: 갑을이 별도 합의한 프로그램 수록 매체를 말한다.
(5) 정책: ○○국의 중앙정부, 지방 정부가 공포한 문서를 말하며, 비공개의 통지는 포함되지 않는다.

제2조(허락 범위)
1. 갑은 을에 대하여 본 계약기간 중 허가지역 내에서 아래의 권리를 독점적으로 허락한다. 을은 갑의 사전의 서면에 의한 승낙이 없는 한 해당 권리를 제3자에 양도하거나 재허락할 수 없다.
(1) 본건 프로그램을 별지 제2항에 기재된 조건에 따라 방송할 권리. 을은 갑의 사전에 서면에 의한 허락범위 내에서 본건 프로그램의 음성을 ○○국 표준어로 바꾸거나 ○○어 자막을 ○○어에서 정식으로 쓰는 문자로 번역할 수 있다.
(2) 갑의 사전의 서면에 의한 허락의 범위 내에서 본건 프로그램의 일부를 광고 선전에 사용할 권리
2. ○○국의 법률, 관련 규정에 의하여 본 계약의 신고 등이 필요한 경우, 을은 본 계약 체결 후 10일 이내에 관련 부문에 있어 본 계약의 신고 등을 하여야 하며, 갑은 해당 절

---

2) 한국콘텐츠진흥원(2010), 콘텐츠 해외수출지원 계약매뉴얼에서 인용한 것임. 일부 번역투 문장과 오탈자를 수정하였다. 본 샘플은 한국의 권리자가 외국인에게 방송물의 이용허락을 하는데 참고로 제공하기 위한 것이다.

차에 협력한다. 제15조에 의하여 본 계약이 갱신된 경우도 마찬가지이다.
3. ○○국의 법률, 관련 규정에 의하여 본건 프로그램 중에 포함된 음악 등의 콘텐츠에 관하여, 별도 허락을 얻을 필요가 있는 경우 을이 필요한 절차를 진행한다.
4. 본조에 정해진 이외의 본건 프로그램에 관한 권리(아래의 권리를 포함하며, 이에 한정되지 않는다)는 갑에게 유보되며, 을은 갑으로부터 별도 서면에 의한 승낙을 받지 않으면 해당 권리를 사용할 수 없다.
(1) 본건 프로그램을 비디오, VCD, DVD, ROM 등에 수록하여 판매할 권리
(2) 본건 프로그램에 관한 제목, 음성, 음악, 스토리, 등장 인물의 명칭・형상, 일러스트, 사진 등을 각종 상품 또는 서비스 등에 사용할 권리
(3) 본건 프로그램에 관한 제목, 스토리, 캐릭터의 명칭・형상등을 원안으로서 영화, 비디오, VCD, DVD, CD-ROM 등의 영상을 제작한 권리
(4) 본건 프로그램의 2차 이용을 제3자에 허락하고, 2차 이용료를 징수할 권리

제3조(재위탁의 조건)

1. 본건 프로그램의 음성을 본건 프로그램의 음성을 ○○국 표준어로 바꾸거나 ○○어 자막을 ○○어에서 정식으로 쓰는 문자로 번역하는 등의 개변에 관하여, 을이 제3자에 대하여 위탁하는 경우(이하 해당 제3자를 「위탁처」라고 한다), 을은 갑의 사전 서면에 의한 동의를 얻는다.
2. 갑의 동의를 얻는데 있어서, 을이 선임하려고 하는 위탁처의 후보자의 명칭, 조직 구성, 재무 정보, 업무 내용, 거래처, 을이 해당 후보자를 위탁처의 후보자로서 선택한 이유, 기타 갑이 요구한 정보를 갑에게 제공하여야 한다.
3. 을은 위탁처에 의한 본 계약각 조항의 준수를 갑에 대하여 보증하여야 한다.
만일, 을이 갑으로부터 교부 혹은 대여를 받은 원 소프트웨어, 본건 콘텐츠 및 자료 등이 위탁처에 의하여 누설되거나 위탁처가 그 밖의 언동 등을 하여 갑에게 손해가 발생하는 경우에는 이를 배상한다.
4. 을은 본조의 허락을 얻은 후라고 할지라도 본 계약상의 일체의 의무를 면한 것이 아니다.

제4조(프로그램 테이프, 자료 등의 제공)

1. 갑은 을에 대하여, 갑과 을간에 별도로 협의한 후 정한 자세한 내용의 스케줄 및 방법에 따라, 프로그램 테이프를 제공한다. 을이 프로그램 테이프 수령 후에 프로그램 테이프의 편집, 심사등의 업무가 발생한 경우 갑과 을은 협의한 후 갑은 합리적인 시기에 프로그램 테이프를 송부할 수 있도록 노력한다. 또한 갑은 프로그램 테이프의 공급 불능, 곤란(납기 지연을 포함)으로 된 사태에 빠질 우려가 있는 경우 곧바로 을에게 통지한다.
2. 갑이 을의 업무의 수행에 필요하다고 인정한 경우, 갑은 본건 프로그램에 관한 자료

등(이하 「자료등」이라 한다)을 을에 무상으로 대여한 것으로 한다.
3. 프로그램 테이프 및 자료등의 인도에 관련된 비용은 갑이 부담한다.
4. 을이 제1항 및 제2항의 규정에 의하여 갑으로부터 프로그램 테이프, 자료 등(이하 「납입품」이라 한다)의 인도를 받은 경우, 을은 즉시 납입품을 검사하고, 갑에 대하여 영수증을 발행한다. 을의 제품 검사에 의하여 납입품에 결함 그 밖의 하자가 있다고 판단되는 경우, 인도 후 3일 이내에 갑에게 보고하며, 납입품에 하자가 있다고 갑이 합리적으로 판단한 경우에는 갑은 즉시 무상으로 납입품의 개변・보완을 하여 다시 제공한다.
5. 을은 갑을 위해 선량한 관리자의 주의로써 갑으로부터 수령한 납입품을 그 반환의 때까지 보관하여야한다. 을의 책임으로 하는 것이 당연한 사유에 의하여, 납입품에 파손・손상・분실 등의 사정이 발생한 경우에는 을이 모든 책임을 부담하며, 갑에 대하여 손해를 배상한다.
6. 을은 갑의 사전의 서면에 의한 허락을 얻지 않고 납입품을 본 계약의 목적 이외에 복제・전용하거나 제3자에 제시 또는 개시해서는 안된다.
7. 을은 본조의 규정에 의하여 수령한 납입품에 관하여, 물리적으로 반환이 가능한 것에 대해서는 갑이 지정한 기한까지 반환하여야 한다. 본 계약이 만료하거나 해제된 경우에 대해서도 마찬가지이다.

제5조(저작권 표시 등)

1. 을은 본건 프로그램에 갑이 별도 지정한 내용의 저작권 표시를 명기하여야 한다.
2. 을은 본건 프로그램에 대하여 ○○國의 법령상 필요한 내용을 첫회 방송시작 전에 서면으로 갑에게 통지한다. 또한, 을은 상기 이외에 본건 프로그램의 방송 등에 관하여 본 계약당사자가 준수해야 할 법령, 규제(장래 성립하거나 변경되는 것을 포함한다)가 있는 경우에는 이것을 미리 (새롭게 제정되거나 변경된 경우에는 공포 후 즉시) 갑에게 서면으로 통지한다.
3. 을은 제1항의 표시를 제외하고, 본건 프로그램에는 그 밖의 방송기관의 어떠한 텔레비전 방송국 마크 또는 표지도 포함되지 않으며, 갑에 의한 사전의 서면에 의한 승낙이 없는 한, 어떠한 표지도 포함되지 않는 것을 보증한다. 다만 법률 등에 의하여 요구되는 것은 그렇지 아니하다.
4. 을은 본건 프로그램 중에 광고 및 광고의 성질을 갖는 어떠한 내용도 포함되지 않는 것을 보증한다. 단, 본건 프로그램에 관하여 스폰서가 있는 경우 갑에 의한 사전의 서면에 의한 승낙을 얻어 본건 프로그램 중에 해당 스폰서의 명칭을 표시할 수 있다.

☞ 전용이용계약의 경우

제6조(방송허락료의 지불)

1. 을은 갑에 대하여 제2조에 정한 독점적 방송권의 허락의 대가로서 본건 프로그램의

회수에 따라 다음의 금액을 지급한다.
1회당 $
합계 금액 $
2. 을은 전항의 금액을 본 계약체결 후, __일 이내에 갑이 지정한 계좌에 지급한다.
3. 본조에 정한 허락료의 지급이 기일까지 행해지지 않는 경우, 을은 갑에 대하여, 1일당 ○○%의 이율로 계산한 지연 손해금을 지급한다.
4. 본 계약에 근거하여 을로부터 갑에게 지급된 허락료 및 그 밖의 금액에 대하여, ○○國에서 갑에게 부과한 소득세는 을이 갑을 대신하여 세무 당국에 지급한다.
을은 본 계약에 근거하여 갑에 대하여 행한 모든 지불의 ○○%를 원천징수세로서 공제할 수 있다. 을은 갑에게 해당 세금을 납부한 것을 증명한 ○○國세무 당국발행의 증명서를 갑 또는 갑이 지정한 수신인에게 신속히 송부한다.
5. 허락료에는 본건 콘텐츠에 관련하여 갑이 제3자에 대하여 권리처리를 위해 지급한 비용이 포함된다. 단, 본건 프로그램에 수록된 음악사용을 위한 비용등(해당 음악저작권 사용료를 포함한다)은 전부 을의 부담으로 하며, 을이 허가지역의 음악저작권협회 등의 관리 단체 그 밖의 자연인 또는 법인에게 지급하여야 한다.

☞ 일반이용허락계약의 경우

제6조(방송허락료의 지불)

1. 을은 갑에 대하여 제2조에 정한 독점적 방송권의 허락의 대가로 본건 프로그램의 편수 및 방송 회수에 따라, 이하의 금액(이하「로열티」라고 한다)을 지급한다.
1회~ _회 1편 당 $
_회~ _회 1편 당 $
2. 전항에 정한 로열티는 본건 프로그램이 방송된 시점으로부터 발생하며, 을이 연간 반기(즉, 매년의 1~6월, 7~12월을 지칭한다)를 일기간(이하「보고기간」이라 한다)으로 하며, 매 보고기간 종료 후 다음달 15일까지 아래의 모든 내용을 기재한 보고서를 을에게 제출하여야 한다.
(1) 해당 보고기간중 본건 프로그램의 방송 회수(프로그램의 품목이 여러 개 있는 경우 품목마다의 자세한 내용을 붙일 것)
(2) 해당 보고기간중의 로열티의 금액
(3) 그 밖에 을이 구한 정보
을은 해당 보고기간 종료후 익월 말일까지 해당보고서에 근거하여 계산된 로열티를 갑이 지정한 은행계좌에 지급한다.
3. 을은 갑에 대하여 반환이 불가능한 최저보증금으로서 계약 연도마다 이하의 금액을 각 연도가 시작된1개월전까지 갑이 지정한 은행 계좌에 지급한다. 본 최저보증금은 제1항에 규정한 로열티의 지불에 충당되며, 로열티의 금액이 최저보증금에 미치지 못하는

경우 어떠한 이유에 의해서도 반환되지 않는다. 최저보증금이 지급기한까지 지급되지 않고, 30일의 기간을 정하고 지급을 재촉했음에도 불구하고 을이 동 기간 내에 지급하지 않는 경우 갑은 을에 대한 서면에 의한 통지로써 본 계약을 해제할 수 있다.

계약년도 최저 보증금

20 년 $

20 년 $

20 년 $

4. 전항의 계약연도는 연단위를 사용하며, 매년 1월 1일부터 12월 31일까지를 1계약 연도로 한다. 첫해에는 계약체결일부터 1개월 이내에 최저보증금을 지급한다.

5. 본조에 정한 로열티의 지급이 기일까지 행해지지 않는 경우, 을은 갑에게1일당 0.1%의 이율로 계산한 지연손해금을 지급하여야한다.

6. 본 계약에 근거하여 을로부터 갑에게 지불된 최저보증금, 로열티 및 그 밖의 금액에 대하여 ○○國에서 갑에게 부과한 소득세는 을이 갑에 대신하여 세무 당국에 지급한다. 을은 본 계약에 근거하여 갑에 대하여 행한 모든 지불의 ○○%를 원천징수로 공제할 수 있다. 을은 갑이 ○○國에서 걸리는 조세의 환부를 받을 수 있도록, 갑에 대하여 신속하게 해당 세금의 납부를 증명한 ○○國세무 당국 발행증명서를 갑 또는 갑이 지정한 수신인에게 송부한다. 만일 세율이 변경된 경우에는 갑과 을은 그 요율에 따른다.

7. 로열티는 본건 콘텐츠와 관련하여 갑이 제3자에 대하여 권리처리를 위하여 지급한 비용이 포함된다. 다만 본건 콘텐츠에 수록된 음악 사용을 위한 비용 등(해당 음악저작권 사용료를 포함하다)은 전부 을의 부담으로 하며, 을이 해당국에 있어서 음악저작권협회 등의 관리단체 그 밖에 적절한 자연인 또는 법인에 지급하여야 한다.

제7조(보고 의무, 감사)

1. 을은 서면으로 미리 본건 프로그램의 첫회 방송의 20영업일 전까지 갑에 대하여 정확하고 자세한 방송 스케줄을 제공한다.

2. 갑이 요구한 경우 을은 즉시 본건 프로그램의 방송지역, 방송일시, 방송회수 및 본 계약의 이행에 관하여 갑이 요구한 그 밖의 사항에 관하여 서면으로 보고한다.

3. 본 계약기간 중 그리고 본 계약 종료 후 3년간 갑이 필요하다고 인정하거나 사전에 통지한 경우, 을은 갑 또는 갑이 지정한 자가 그 영업소 등의 장소에 출입하여 전항에 열거한 보고사항을 확인하기 위한 기록 및 장부 등을 열람한 것을 허가하며, 또한 갑 또는 갑이 지정한 자가 그 소유 또는 점유한 복사기를 무상으로 사용하여 상기의 기록 및 장부 등을 복사할 수 있음을 인정한다.

4. 전항에 의한 장부 열람의 결과 을이 본 계약의 허락 범위를 초과한 경우 (여기에는 정해진 방송회수를 초과한 것, 제3자에의 방송의 허락 등을 포함하며, 이에 한정되지 않음), 을은 이에 의하여 갑이 입은 손해를 배상함과 동시에 갑이 조사를 위해 필요로 한

비용(공인회계사 등의 비용을 포함)을 지급하여야 한다.

제8조(품질유지)

1. 을은 본건 프로그램을 자국어로 녹음, 자막번역 등의 개변을 하는 경우 본건 프로그램(○○어판)에 준거하고, 그 품위, 품질, 이미지를 지지하면서 충실하게 ○○어로 녹음, 번역하여야 한다. 또한 을은 번역 등과 관련하여 갑의 지시에 따른다. 을은 번역등의 확인을 위해 사전에 갑에게 번역 데이터를 제출하여야 한다.
2. 을은 사전에 갑의 서면에 의한 허락을 얻은 다음 ○○국의 상황에 적합한 범위에서 본건 프로그램을 수정할 수 있다.

을은 본조에 근거하여 수정·삭제를 희망하는 경우 갑에 대하여 서면으로 수정 부분 및 수정 내용을 통지하여야 한다. 갑은 해당 통지 수령 후 10영업일 이내에 을의 수정요구를 허락여부에 대하여 답신한다. 갑이 수정 지시를 하는 경우 을은 해당 지시에 따른다. 또한, 갑이 10 영업일 이내에 회답하지 않았던 경우 해당 수정요구에 관하여 허락하지 않는 것으로 간주한다.

제9조(표명 및 보증)

1. 각 당사자의 상대방에 대한 표명 및 보증
   (1) 당사자는 본 계약에 서명하고, 본 계약을 집행 및 교부함과 동시에 본 계약에 정해진 거래를 이행할 모든 권리를 갖는다.
   (2) 당사자는 그 회사 립지 또는 조직지의 법률에 근거하여 정식으로 설립 또는 조직된 것이다.
   (3) 당사자가 본 계약을 체결하여, 본 계약상의 의무를 이행한 것에 대해 이미 당사자는, 사내에 있어서 필요한 전부 절차를 거쳐, 정식으로 비준·수권을 얻고 있다.
   (4) 당사자가 본 계약을 체결하여, 본 계약상의 의무를 이행함에 있어,
      ① 해당 당사자의 조직 또는 회사의 관리 문서의 어떠한 규정에도 위반하지 않는다.
      ② 해당 당사자에 대하여 구속력이 걷든지 된 법률, 법규, 계약 또는 판결에도 저촉되지 않는다.
2. 갑의 표명 및 보증
   (1) 갑은 본 계약에 근거하여 본건 프로그램을 을에 대하여 허락할 권리를 갖는다.
   (2) 갑은 허가지역 안에 있어 스스로 본건 프로그램을 방송하지 않으며, 제3자에 대하여 본건 프로그램의 방송에 관하여 허락을 하지 않는다.
3. 을의 표명 및 보증
   (1) 을은 라디오·텔레비전 프로그램을 제작 및 경영할 자격 및 능력(관련 정부기관의 허가를 취득하고 있는 것을 포함하며, 이에 한정되지 않음)을 가진다.
   (2) 을은 본 계약의 허락 범위 내에서 프로그램을 사용하는 것에 관한 모든 관련정부

허가를 받는다.

(3) 본건 프로그램의 내용은 ○○國의 법률, 법규, 규칙 제도 및 정책에 위반하지 않는다.

제10조(침해방지의무)

1. 본건 프로그램에 대하여 갑의 상표·저작권 등의 지적재산권이 허가지역 내에서 침해를 받은 경우 갑과 을은 협력하여 이를 방지 및 금지하도록 노력한다. 이 경우의 비용은 을의 부담으로 한다.
2. 각 당사자는 전항의 권리침해를 발견한 경우 곧 상대방에 통지하여 대책에 관하여 협의 한다.

제11조(판촉 활동)

1. 을은 본건 프로그램에 대하여, 갑의 사전의 허락을 얻어, 갑의 품위, 품질, 이미지를 손상시키지 않는 범위에서의 광고를 게재할 수 있다. 단, 광고에 대하여, 갑의 지시가 있는 경우에는 해당 지시에 따른다.
2. 갑의 서면에 의한 사전의 승낙을 얻은 경우 을은 본건 프로그램의 프로모션을 위해 갑의 상표를 사용한 권리를 갖는다.
3. 을이 광고와 관련하여 본건 프로그램의 일부를 광고 선전에 사용한 경우, 사전에 갑에 대하여 해당 판촉물의 체재, 디자인, 수량 등을 제시함과 동시에, 해당 판촉물의 견본을 제출하여, 갑의 서면에 의한 허락을 얻어야 한다.

갑은 해당 판촉물의 견본을 수령 후 10영업일 이내에 허락여부를 회답한다. 을은 갑이 수정 지시를 행한 경우, 해당 지시에 따른다.

또한, 갑이 10영업일 이내에 회답하지 않았던 경우 해당 판촉물에 관하여 허락하지 않는 것으로 간주한다.

제12조(권리귀속)

1. 본건 프로그램 및 그 ○○어판에 관련되어 발생한 파생물(주제가, 삽입음악, ○○어판의 프로그램 타이틀·부제, 가사 등을 포함하며, 이에 한정되지 않는다)의 저작권 및 모든 지적재산권을 포함한 일체의 재산권은 전부 갑에게 귀속한다. 그러한 권리의 전부 또는 일부가 갑에게 원시적으로 귀속하지 않는 경우, 을은 그러한 권리를 필요한 경우에는 을의 종업원이나 재위탁처 등으로부터 권리를 매입하는 등 갑에게 무상으로 양도한다. 을은 스스로 본건 프로그램에 관한 저작자인격권을 갑에 대하여 주장하지 않으며, 을의 종업원 및 재위탁처에게 이와 같은 주장을 시키지 않을 것을 보증한다.
2. 본 계약에 근거한 을에 의한 본건 콘텐츠의 사용이 제3자의 저작권(그 밖의 지적재산권은 포함하지 않는다)을 침해하여, 을이 제3자로부터 청구, 소송 등을 받은 경우, 갑은 다음 조건을 만족하는 한 자기의 책임과 비용으로 해당 청구, 소송 등을 해결한다. 갑과 을은 이러한 분쟁이 생길 우려를 안 때는 신속하게 상대방에 통지한다.

(1) 제3자로부터 상기의 청구, 소송의 제기 등을 받은 경우, 을이 10영업일 이내에 그 내용을 갑에게 서면에 의하여 통지할 것

(2) 을이 제3자와의 교섭 또는 소송의 수행에 관하여, 갑에게 구체적인 참가의 기회를 줄 것

(3) 을이 갑의 서면에 의한 사전의 동의 없이 재판상・재판외의 화해를 하지 않을 것

제13조(비밀유지)

1. 을은, 본 계약에 근거하여 갑이 을에게 제공한 본건 프로그램, 자료 등 및 그 내용, 갑의 경영에 관한 정보(이하 「비밀 정보」라 한다)를 본 계약을 이행하기 위해서만 사용하기로 하며, 갑의 서면에 의한 사전의 허락 없이, 비밀 정보를 알 필요가 있는 을의 종업원, 위탁처 및 대행징수업자 이외의 제3자에 대하여 공개 또는 개시해서는 안된다.

2. 을은 아래에 해당하는 비밀정보에 대해서는 본조에 정한 비밀유지의무를 지지 않는다.

(1) 을이 입수할 때에 이미 공지인 비밀 정보

(2) 을이 입수한 후에 자기의 책임에 의하지 않고 공지된 비밀 정보

(3) 을이 입수할 때에 이미 자기가 보유하고 있던 비밀 정보

3. 을은 비밀정보를 알 필요가 있는 을의 종업원 및 위탁처와의 계약에 있어, 본 계약에 근거하여 을이 지는 비밀유지 의무와 동등한 비밀유지 의무를 지게 한다.

제14조(해제)

1. 갑 및 을은, 어떠한 당사자가 본 계약에서 정한 사항에 위반하고, 30일의 기간을 정하고 그 개선 조치를 강구하도록 권고했음에도 불구하고, 을이 개선 조치를 강구하지 않았던 경우, 을에 대한 서면에 의한 통지로써 본 계약해제를 할 수가 있다.

2. 갑은 을이 다음 각호의 어느 하나에 해당할 때는, 최고 그 밖의 절차를 필요로 하지 않고, 즉시 본 계약을 해제 할 수 있다. 을은 다음 각호에 해당한 경우 또는 그 우려가 있는 경우에는 즉시 갑에 대해 그 내용을 통지한다. 본조의 해제는 각 당사자의 상대방에 대한 기한이익을 상실시키는 것으로 한다.

(1) 강제집행, 집행보전 처분 또는 경매의 신청이 있는 경우

(2) 을에게 채무초과, 지급불능, 파산, 해산 또는 이에 유사한 사태가 발생하여 본 계약의 이행이 곤란해질 때

(3) 조세를 체납하고 재촉을 받은 때 또는 보전압류를 받은 경우

(4) 본 계약상의 중대한 채무불이행 또는 위반이 있는 경우

(5) 갑의 서면에 의한 사전동의 없이, 본 계약상의 권리・의무의 전부 또는 일부를 양도하는 경우

(6) 감독관청으로 부터 영업허가 취소, 영업정지처분을 받거나 기타 본 계약이행에 필요한 인・허가가 취소되는 경우

(7) 재해, 노동쟁의, 기타 부득이한 사유에 의하여본 계약이행이 곤란하다고 갑이 인

정하는 경우
(8) 타사와 합병될 때 또는 을의 지배주주가 변경될 때
3. 갑과 을은 을의 합리적인 노력에도 불구하고, ○○법상 본 계약의 업무에 필요한 내용의 수입 허가 그 밖의 허가를 얻을 수 없는 경우, 또는 ○○國의 정책의 변경, 프로그램의 수출입에 관한 규정, 프로그램의 내용을 이유로 하여 본건 프로그램의 방송이 금지된 경우, 상대방에 대한 서면에 의한 통지로써 본 계약을 해제할 수 있다. 다만 본항에 근거하여 본 계약이 해제된 경우 갑이 이미 수령한 '허락료'는 반환되지 않는다.
4. 본조의 해제는 손해배상청구권의 행사를 방해하지 않는다.

제15조(계약의 유효 기한)

본 계약은 계약체결일부터 20__년 12월 31일까지 유효하게 존속한다. 20__년 12월 31일까지 본 계약에 관한 조항의 갱신 또는 연장이 본 계약의 양 당사자에 의하여 서면으로 합의되지 않는 경우 본 계약은 20__년 12월 31일에 자동적으로 종료한다.

제16조(계약 종료후의 조치)

1. 기간 만료 계약해지 등의 계약 종료 원인에 관계없이 본 계약 종료 후 을은 본건 프로그램 방송을 정지시킨다.
2. 을은, 본 계약 종료후 즉시, 프로그램 테이프 및 자료등(이들을 복제한 것을 포함한다)을 갑에게 반환한다. 물리적으로 반환할 수 없는 경우에는 갑의 지시에 따라 파기하며, 파기한 것을 증명한 을의 대표자가 서명한 증명서를 제출하여야 한다.
3. 제3조 제3항, 제4조제5항, 제7조, 제9조, 제12조, 제13조, 제14조, 본조, 제20조 및 제21조의 규정은 본 계약 종료 후에도 유효하다.

제17조(불가항력)

1. 어느 당사자도 지진, 태풍, 수해, 화재, 노동쟁의, 전쟁 및 그 밖의 예측불능으로 그 발생 및 결과를 방지 또는 회피할 수 없는 불가항력에 의하여, 본 계약의 의무의 이행불능 또는 이행지체가 발생하여도 이에 대한 위약책임은 지지 않는다.
어느 쪽이든 일방의 당사자는 이러한 불가항력에 의하여, 본 계약의 이행불능 또는 이행지체에 빠진 경우, 그 취지를 지체 없이 상대방에 통지한다. 당사자 쌍방은 본 계약의 원활한 이행을 확보하기 위해, 필요에 따라 사후처리를 협의한다. 불가항력에 의하여 본 계약의 의무의 이행 불능 또는 이행지체가 발생하고, 90일을 초과한 기간동안 계속된 경우, 어느 당사자도 상대방에 대한 서면에 의한 통지에 의하여, 불가항력에 의하여 생긴 손해를 배상하는 일 없이 본 계약을 해제할 수 있다.
2. 불가항력을 이유로 하여 본 계약이 해제된 경우, 그때까지 갑이 수령한 허락료는 반환되지 않는다.

제18조(계약의 변경, 추가, 삭제 및 협의)

갑과 을은 본 계약 사항의 변경, 추가, 삭제의 필요가 생긴 경우 및 계약에 정함이 없는 사항에 관해서는 협의한 후에 결정한다. 단, 해당 협의 결정 사항은 양 당사자가 서명한 서면에 의하지 않으면 법적구속력을 갖지 않는다.

제19조(제출 서류의 언어)

1. 본 계약에 근거하여 을이 갑에게 제출한 서면은 전부 ○○어로 작성된다. 원문이 ○○어 외의 언어로 기재되어 있는 경우, 을은 ○○어의 번역을 제출하여야 한다.
2. 을은 전항에 근거하여 작성된 ○○어의 번역이 원문을 정확하게 번역하고 있다는 것을 보증한다.

제20조(준거법)

본 계약의 체결, 효력, 해석, 이행 및 분쟁의 해결은 전부 ○○國의 법률에 의한다.

제21조(분쟁해결)

1. 본 계약이행에 의하여 생기거나, 본 계약에 관한 모든 분쟁은 해당 분쟁의 당사자 사이에 있어서 우호적인 협의에 의하여 해결하도록 한다. 협의에 의해서도 해결할 수 없는 경우, 대한민국 서울에서, 대한상사중재원이 정한 중재규칙에 따라 중재한다. 중재의 비용(합리적인 변호사의 비용을 포함한다)은 패소 당사자가 부담한다.
2. 분쟁이 발생한 기간 및 협의, 중재의 기간에 있어서는, 분쟁에 관계된 문제를 제외하여, 갑을의 모두, 본 계약에 정해진 각자가 져야 할 책임 및 의무를 계속해서 이행한다.

제22조(사무 담당자)

갑과 을은 서로 사무 담당자명의 등록에 동의하고, 변경이 있는 경우에는 신속하게 통지한다

갑: (직책), (성명)

을: (직책), (성명)

제23조(통지)

1. 본 계약에 관련하여 각 당사자가 행한 통지는 우편, 팩스, 이메일로 하며, 상대방의 아래 주소에 한다.

갑 :

주소 :

FAX :

이메일 :

을 :

주소 :

FAX :

이메일 :

2. 각 당사자는 다른 당사자에 대한 서면에 의한 통지에 의하여 전항의 주소를 변경할 수 있다.

본 계약은 20__년 __월 __일에, 갑 및 을의 정식 대리인이 서명하여 갑과 을이 각 한부씩 보유한다.

갑

을

판례색인

[대 법 원]

대법원 1985. 5. 28. 자 84다카2514 결정 ········ 39, 343
대법원 1990. 2. 13. 선고 88다카23735 판결 ········ 574
대법원 1992. 5. 26. 선고 91다35571 판결 ········ 343
대법원 1992. 12. 24. 선고 92다31309 판결 ········ 159, 167, 184, 185
대법원 1996. 6. 11. 선고 95다49639 판결 ········ 25
대법원 1996. 7. 30. 선고 95다29130 판결 ········ 343, 354
대법원 1997. 6. 10. 선고 96도2856 판결 ········ 123, 124, 243
대법원 1997. 9. 9. 선고 96다20093 판결 ········ 536
대법원 2000. 10. 24. 선고 99다10813 판결 ········ 378, 379
대법원 2000. 11. 10. 선고 98다60590 판결 ········ 187
대법원 2001. 3. 23. 선고 2000다40858 판결 ········ 347
대법원 2001. 5. 8. 선고 98다43366 판결 ········ 44, 187
대법원 2002. 3. 15. 선고 2001다72272 판결 ········ 122
대법원 2002. 9. 4. 선고 2002다22083, 22090 판결 ········ 311
대법원 2003. 3. 25. 선고 2002다66946 판결 ········ 6, 7, 416
대법원 2003. 10. 10. 선고 2003도3982 판결 ········ 289
대법원 2004. 3. 25. 선고 2001다53349 판결 ········ 536
대법원 2004. 4. 28. 자 2003도4534 판결 ········ 416
대법원 2005. 1. 27. 선고 2002도965 판결 ········ 372
대법원 2005. 4. 15. 선고 2004다27150 판결 ········ 273
대법원 2005. 10. 4. 자 2004마639 결정 ········ 202
대법원 2006. 12. 8. 선고 2005도3130 판결 ········ 44
대법원 2007. 1. 25. 선고 2005다11626 판결 ········ 338
대법원 2007. 9. 6. 선고 2007다38489 판결 ········ 523
대법원 2009. 5. 28. 선고 2006다20290 판결 ········ 579
대법원 2009. 5. 28. 선고 2007다354 판결 ········ 12, 15
대법원 2009. 9. 24. 선고 2009다39738 판결 ········ 445
대법원 2009. 10. 29. 선고 2007도10735 판결 ········ 29
대법원 2009. 12. 10. 선고 2007도7181 판결 ········ 167
대법원 2010. 8. 25. 선고 2008마1541 판결 ········ 32
대법원 2010. 12. 23. 선고 2008다44542 판결 ········ 44, 45

대법원 2011. 4. 28. 선고 2009다19093 판결 ······ 536
대법원 2012. 3. 29. 선고 2010다20044 판결 ······ 32, 387
대법원 2012. 5. 10. 선고 2010다87474 판결 ······ 232, 235, 238
대법원 2013. 5. 9. 선고 2011다69725 판결 ······ 189
대법원 2014. 7. 24. 선고 2013다8984 판결 ······ 385
대법원 2015. 3. 12. 선고 2012도13748 판결 ······ 456

[하 급 심]

서울고등법원 1984. 11. 28. 선고 83나4449 판결 ······ 35, 39, 95, 119
서울고등법원 1990. 6. 25. 자 89라55 결정 ······ 184
서울고등법원 1992. 6. 26. 선고 91카98 판결 ······ 185
서울고등법원 1994. 9. 27. 선고 92나35846 판결 ······ 248, 249
서울고등법원 1994. 12. 7. 자 94라175 결정 ······ 186
서울고등법원 1996. 6. 27. 선고 95나30774 판결 ······ 234
서울고등법원 1998. 7. 15. 선고 95나32756 판결 ······ 88
서울고등법원 1998. 7. 22. 선고 96나39570 판결 ······ 187
서울고등법원 1999. 10. 12. 고지 99라130 결정 ······ 119
서울고등법원 2000. 9. 26. 자 99라319 결정 ······ 41, 113, 114, 150
서울고등법원 2001. 10. 11. 선고 2000나36738 판결 ······ 122
서울고등법원 2001. 11. 19. 선고 2001나309 판결 ······ 342
서울고등법원 2002. 10. 15. 선고 2002나986 판결 ······ 7, 416
서울고등법원 2003. 12. 16. 선고 2003나6530 판결 ······ 380
서울고등법원 2005. 1. 12. 선고 2003나21140 판결 ······ 417
서울고등법원 2005. 7. 27. 자 2005라194 결정 ······ 381
서울고등법원 2006. 11. 29. 선고 2006나2355 판결 ······ 12
서울고등법원 2007. 2. 7. 선고 2005나20837 판결 ······ 330
서울고등법원 2007. 10. 10. 자 2006라1245 결정 ······ 233
서울고등법원 2007. 12. 26. 선고 2007나52074 판결 ······ 252
서울고등법원 2008. 7. 8. 선고 2007나80093 판결 ······ 553
서울고등법원 2008. 9. 23. 선고 2007나127657판결 ······ 217
서울고등법원 2009. 1. 21. 선고 2007나96470 판결 ······ 541
서울고등법원 2009. 4. 30. 선고 2008나86722 판결 ······ 418, 445, 446
서울고등법원 2011. 6. 2. 자 2010라109 결정 ······ 297
서울고등법원 2011. 7. 20. 선고 2010나97688 판결 ······ 274, 285, 296, 309, 310, 419
서울고등법원 2012. 6. 13. 선고 2011나52200 판결 ······ 43, 418

서울고등법원 2012. 12. 20. 선고 2012나17150 판결 ······ 32, 385
서울고등법원 2013. 1. 23. 선고 2012나24622 판결 ······ 557, 558
서울고등법원 2013. 11. 28. 선고 2013나2007545 판결 ······ 230, 234, 237

서울지방법원 1995. 7. 14. 선고 93가합52650 판결 ······ 88
서울지방법원 1996. 10. 9. 선고 96노2800 판결 ······ 123, 124
서울지방법원 2000. 6. 13. 선고 98가합86092 판결 ······ 122
서울지방법원 2000. 12. 15. 선고 2000가합25823 판결 ······ 202
서울지방법원 2001. 11. 30. 선고 2000가합89551 판결 ······ 416
서울지방법원 2002. 7. 9. 선고 2001가단1247 판결 ······ 121, 511
서울지방법원 2003. 7. 11. 선고 2001가합40881 판결 ······ 150
서울지방법원 2003. 9. 30. 자 2003카합2114 결정 ······ 8, 258, 260, 265

서울지방법원 남부지원 1983. 10. 21. 선고 83가합7 판결 ······ 39
서울지방법원 남부지원 1992. 5. 14. 선고 90가합1404 판결 ······ 249
서울지방법원 남부지원 1992. 6. 19. 선고 90가합4007 판결 ······ 344
서울지방법원 남부지원 1996. 8. 23. 선고 96가합2171 판결 ······ 186
서울지방법원 남부지원 1997. 8. 7. 선고 97가합8022 판결 ······ 54
서울지방법원 동부지원 1997. 10. 15. 선고 95가단16616 판결 ······ 210, 212

서울중앙지방법원 2003. 7. 9. 선고 2002노11814 판결 ······ 416
서울중앙지방법원 2004. 3. 18. 자 2004카합344 결정 ······ 15
서울중앙지방법원 2005. 6. 22. 선고 2003가합87723 판결 ······ 544
서울중앙지방법원 2006. 11. 29. 선고 2006가합36290 판결 ······ 32
서울중앙지방법원 2006. 2. 15. 선고 2005노480 판결 ······ 258
서울중앙지방법원 2007. 1. 31. 선고 2005가합51001 판결 ······ 244
서울중앙지방법원 2007. 11. 14. 선고 2006가합106519 판결 ······ 244
서울중앙지방법원 2007. 11. 22. 선고 2007노73 판결 ······ 29
서울중앙지방법원 2007. 5. 17. 선고 2006가합104292 판결 ······ 48
서울중앙지방법원 2007. 7. 13. 선고 2006나16757 판결 ······ 371, 378, 382, 383
서울중앙지방법원 2008. 3. 13. 선고 2007가합53681 판결 ······ 557
서울중앙지방법원 2008. 6. 20. 선고 2007가합43936 판결 ······ 557
서울중앙지방법원 2008. 7. 10. 선고 2008가합25126 판결 ······ 445
서울중앙지방법원 2009. 12. 31. 선고 2009카합3358 판결 ······ 271
서울중앙지방법원 2009. 12. 31. 자 2009카합3358 결정 ······ 297

서울중앙지방법원 2010. 9. 28. 자 2009카합4625 결정 ······ 447, 448
서울중앙지방법원 2010. 9. 8. 선고 2009가합132731 판결 ······ 284, 296, 309
서울중앙지방법원 2010. 11. 3. 선고 2009가합112478 판결 ······ 201
서울중앙지방법원 2011. 11. 22. 선고 2011가합776 판결 ······ 357
서울중앙지방법원 2012. 7. 20. 자 2012카합1315 결정 ······ 381
서울중앙지방법원 2012. 9. 5. 선고 2011가합70430 판결 ······ 388
서울중앙지방법원 2013. 2. 15. 자 2012카합2208 결정 ······ 296
서울중앙지방법원 2014. 3. 27. 선고 2013가합527718 판결 ······ 44, 46

서울남부지방법원 1996. 10. 16. 선고 95가합7674 판결 ······ 379
서울남부지방법원 2002. 11. 12. 선고 2001고단1619 판결 ······ 416
서울남부지방법원 2004. 3. 18. 선고 2002가합401 판결 ······ 384
서울남부지방법원 2004. 5. 21. 선고 2003가합8504 판결 ······ 119
서울남부지방법원 2005. 2. 16. 자 2004카합2256 결정 ······ 381
서울남부지방법원 2008. 6. 5. 선고 2007가합18479 판결 ······ 16
서울서부지방법원 2012. 12. 14. 선고 2012가합3111 판결 ······ 213

부산지방법원 2005. 4. 12. 고지 2005카합77 결정 ······ 117

의정부지방법원 고양지원 2007. 2. 8. 선고 2005가단26942 판결 ······ 380

공정거래위원회 2008. 8. 21. 자 결정 ······ 163

사항색인

[ㄱ]
간접광고 49
간접광고계약 521
강제실시제도 464
강제허락 312
결과발생지 560
계약인수 336
고전적 저작자 120
고정(fixation) 24
고정권(fixation right) 469
고정지주의 254
공공성 9
공동저작물 40, 95
공동제작계약 516
공동제작저작물 93
공동체라디오방송사업자 36
공연 237
공연권 31, 327, 407
공정거래법 163
공정경쟁 323
공중송신 5, 264, 419
공중송신권 327, 412, 436, 499
공중이용제공권 405
공중전달권 400, 481
공중전송권 435
광고저작물 47
국적주의 254
국제위성TV방송에 관한 원칙 563
국제재판관할 532
국제적 과세 529
권리관리정보 497
권리귀속 분쟁 163
권리남용 310
권리소진의 원칙 224
권리질권 340
권리집중관리(Collective Right Management, CRM) 501
권리처리시스템 4, 497
근대적 저작자(modern author) 94, 119
기보 373
기보의 저작물성 55
기술적 조치 494
기술조치의 무력화행위 495

[ㄴ]
내국민대우원칙 465
내국민대우의 원칙 214
녹음된 실연 205
뉴스의 저작물성 12
뉴욕협약 576

[ㄷ]
다운로드 394
다채널화 4
단순이용허락 337
당사자자치의 원칙 549
대규모 제작 63
대담 방송의 저작권 60
대여권 246
대한상사중재원 571
대항요건 341
더 링 사건 544

더빙 368
도급계약 189
도급인 189
독립제작사 140
독일 저작권법 100
독점규제 및 공정거래에 관한 법률 163
독점적 이용허락 337
동시 웹캐스팅(simulcasting) 406
동시재송신 270
동시적 수신(simultaneous reception) 4
동시중계방송 294
동시중계방송권 30, 269
동영상 전송기술 394
동일성유지권 215
드라마의 연주장면 촬영사건 32
등록 341
디지털 복제 233
디지털 오디오 송신 408
디지털 음원 233
디지털음성송신 6, 214, 420, 423
디지털음성송신사업자 214
디지털저작권거래소(Digital Copyright Exchange) 365
디지털 저작권 관리시스템(DRM : Digital Rights Management) 318
디지털콘텐츠 325

[ㄹ]
러브레터 사건 15
로마협약 203, 220, 401, 464
리메이크 368
리얼리티쇼의 저작권 53

[ㅁ]
마이클 케나 솔섬 사진저작물 사건 46
만화 그리스·로마 신화 사건 330
매절계약 346
멀티 유즈 503
멀티 플랫폼 방송 18
모기와의 전쟁 뉴스 사건 43
모바일TV 18
목적양도론 348
무역관련지적재산권협정 466
묵시적 동의 310
묵시적 라이선스 310
묵시적 허락 310
뮤지컬 인터넷방송 사건 7
미국중재협회 571
미국지식재산권협회 571
미디어랩 22
미술저작물 112

[ㅂ]
바둑 기보 373
방송 5, 415, 461
방송권 242, 415, 435
방송대본의 저작권 50
방송드라마 스토리 377
방송물 393
방송물의 유통 63, 283
방송물의 저작권 51
방송법 5
방송사업자 23, 199, 264, 500
방송사업자보호조약 398
방송사업자에 대한 보상청구권 207
방송사업자의 권리 200, 293
방송사업자의 일시적 녹음·녹화 224
방송사진 44

방송산업 3
방송신호(broadcast signals) 464
방송실연자 245
방송심의에 관한 규정 522
방송영상저작물 88
방송영상제작자 500
방송영상제작지원계약 521
방송유관사업자 36
방송의 국제화 64
방송작가 37
방송작가의 저작권과 방송사업자의 방송외 이용 39
방송저작권 393, 462
방송저작물 24
방송저작물 견본시장 508
방송저작물 담보계약 340
방송저작물 유통 314
방송저작물 이용허락계약 344
방송저작인접권 28
방송제작 18
방송제작금융계약 519
방송제작자 500
방송제작투자계약 518
방송채널사용사업자 36, 289
방송콘텐츠 131, 283, 314
방송콘텐츠 제작자 283
방송포맷 487
방송포맷의 저작권 58
방송프로그램 91, 143
방송프로그램 제작 표준 195
방통융합 422
배타적발행권 설정계약 338
배타적발행권 338
배타적 이용허락 337
배포권 243, 327, 408
법의 적용에 관한 통칙법 554
법인 등 단체 159
법정이용허락 311
법정허락 312
베른협약 96, 399, 464
베른협약 및 TRIPs협정 가입국 방송 보호 사건 29
베이징시청각실연조약 474
보상금 241
보상청구권 479
보충적 해석 347
보편적 서비스 지침 306
보편적 시청권 320
보편적 접근권 4
보호국법주의 464, 546
복제권 30, 243, 327
본원국법주의 546
분배금 531
불법행위지 560
브뤼셀위성협약 465
비쌍방향 송신 서비스 409

[ㅅ]
사물관할(subject matter jurisdiction) 532
사용료소득 529
상업성 9
상호주의 원칙 214
생실연 205
성명표시권 215
소품 387
속지주의 462
송신가능화권 277, 412
송신국주의 원칙(country of origin principle) 472

수술등 의료사진의 사진저작물성 45
수신보조행위 271
수신의 보조행위 307
수익배분 94
스마트TV 18
스탭계약 514
스트리밍 방식 237
스포츠 중계방송 56, 376
시사보도 12
시청각 미디어 서비스 지침(Directive on Audiovisual Media Services[AVMS]) 521
시청각실연 204
시청각실연자 204, 242
시청각저작물 92, 103
신디케이션 제도 318
신탁 245
신탁관리단체 333
신탁약관 333
실시간 방송프로그램 453
실시간 스트리밍 394
실연 200
실연 관련 다자간 국제조약 203
실연자 199, 494
실연자의 인격권 215
실용료 529
쌍방향서비스 409
쌍방향성 17
씽크권 515

[ㅇ]
양도 243
양도담보 341
어문저작물 112
업무상 저작물의 저작자 158
업무상저작물 98, 158, 169, 192
엔터테인먼트 9
영국 저작권법 104
영상저작물 88
영상저작물의 특례규정 127
영상화 117
영상화 허락 117
영화 92
영화저작물 92
오락프로그램에서의 영화장면 방영사건 16
오프라인 이용허락계약 510
온라인 이용허락계약 510
완전외주형 152
외국 중재판정의 승인 및 집행에 관한 협약 576
외국인 실연자 214
외국재판의 승인 및 집행 545
외주제작 140
외주제작 드라마 139
원반 251
원시적 귀속 167
원저작물 117
웹캐스팅 6, 394, 406
웹캐스팅사업자 457
위성방송 284, 291
위성방송사업자 36
위성방송신호 502
위탁관리단체 333
위탁저작물 115, 166, 192
위탁제작계약 139
위탁제작저작물 93
유럽연합 2001년 저작권지침 99
유비쿼터스 침해 542
음반 231

음반의 디지털 공연권 법 408
음반의 디지털음성송신에 대한 보상청구권 247
음반제작자 23, 199, 250, 494
음악유선방송사업자 36
음악저작물 112
음원 231
응청(應請) 471
응청 시청각미디어서비스 472
의무적 동시재송신 270
이시재송신 277
이용허락계약 333
인별신탁 333
인증제도 366
인터넷 64
인터넷 녹화서비스 439
인터넷 라디오 방송 409
인터넷 멀티미디어 방송 453
인터넷 멀티미디어 방송사업법 399, 453
인터넷 멀티미디어방송사업자 36
인터넷방송 4
인터넷음악 스트리밍 서비스의 방송해당성 8
인터넷TV 451
인터넷 PVR(Personal Video Recorder) 서비스 439
일방향성 5
일본음악저작권협회(JASRAC: Japanese Society for Rights of Authors, Composers and Pulishers) 361
일본 저작권법 106
일시적 녹음·녹화 223
일품다용(一品多用: One Source Multi Use, OSMU) 20
일회주의 205

[ㅈ]

자막처리 368
자체제작저작물 93
재방송 277, 473
재송신(retransmitting) 473
재판외분쟁해결 580
저작권 귀속 63
저작권대리중개업 360
저작권등록부 341
저작권법 5
저작권신탁관리업 360
저작권위탁관리업 358
저작권 인증 365
저작권집중관리 358
저작권집중관리기구 502
저작권 집중관리제도 318
저작인접권 199
저작인접권자 4, 435
저작인접권자에 대한 권리추정 253
저작인접권자의 보상청구권 241
저작인접물 150
저작재산권 양도계약 344
저작재산권의 양도 326
적절한 보상 503
전광판방송사업자 36
전송(傳送) 6
전송권 243, 404, 435
전송망사업자 36, 290
전송에 의한 배포 408
전파월경(spill over) 461
접근권 323
정보화 사회 지침(Information Society Directive) 410
제작위원회 방식 165
제작자금의 거액성 94

종합유선방송사업자 36, 271, 289
종합저작물 95
주문형(on demand)서비스 6
주파수 9
중계방송권 376
중계방송물 371
중계유선방송사업자 36
중국 저작권법 110
중재적격성 575
중재합의 574
지상파 방송사업자 139
지상파방송사업자 35, 285
지상파방송의 동시재송신 284
지상파방송의 의무재송신 295
지상파 재송신 행위 294
지정단체 255
직무저작물 110
질권 340

[ㅊ]
창구권 165
창작자원칙 148, 157
철회권 23
청각실연 204
청각실연자 204
청각실연자의 전송권 227
초상권 243
최밀관련국법원칙 547
최초권리귀속 97
최초발행의 원칙 224
추급권 23
추정 243
친고죄 25
침해정지청구권 338

[ㅋ]
컴퓨터게임기록화일 55
케이블방송 284
케이블방송사업자 287
콘텐츠 87
클라우드 PVR 439

[ㅌ]
통합방송법 288
특수질권 340

[ㅍ]
파견근로자 190
판매용 음반 222
판매용 음반의 공연에 대한 보상청구권 230, 247
판매용 음반의 방송사용에 대한 보상청구권 247
판매용 음반의 방송에 대한 보상청구권 230
퍼블리시티권 243
포괄적 양도 164, 192
포맷인정등록협회 571
품위유지조항 514
프랑스저작권법 103
피디(PD)의 저작권 50
피파견회사 191
필수설비의 원칙 323

[ㅎ]
하얀나라 까만나라 사건 25
한국문예학술저작권협회 362
한국문화콘텐츠진흥원 362
한국방송실연자협회 245
한국방송작가협회 362

한국복사전송권관리센터 362
한국시나리오작가협회 362
한국언론재단 362
한국영상산업협회 362
한국영화제작가협회 362
한국예술실연자단체연합회 210, 362
한국음반산업협회 255, 362
한국음악저작권협회 362
한국저작권위원회 572
한미자유무역협정 476
행동지 560
협찬고지에 관한 규칙 522
홀드백 323
확대된 저작권집중관리(Extended Collective License: ECL) 362
환태평양경제동반자협정 502

[기타]

2차 시장 20
2차적 저작물 34, 95, 366
2차적 저작물 작성권 327
1989년 국경 없는 TV 지침 468
1992년 대여권 지침 468
1993년 위성 및 케이블 방송 저작권 지침 469
1998년 디지털 밀레니엄 저작권법 410
2001년 정보사회 저작권 지침 470
2007년 시청각미디어서비스 지침 470
2010년 유럽저작권법전 472
2011년 시청각저작물 온라인배포 녹서 473
2014년 저작권집중관리 지침 474
ADAGP(Société d'Auteurs Dans les Arts Graphicques et Plastiques) 361
ADAMI(Administration des droits des Artistes et Musiciens Interprètes) 361
ADR 570
ALI원칙 535
AMRA(American Mechanical Rights Agency) 361
APRS(Automatic Packet Reporting System) 361
ASCAP(American Society of Composers, Authors and Publishers) 361
Bartsch v. Metro-Goldwin-Mayer Inc. 352
BMI(Broadcast Music Inc.) 361
CCC(Copyright Clearance Center) 361
CLIP원칙 535
DRM 시스템 319
Harry Fox 361
IPTV 4, 284, 292, 451
IPTV사업자 455
MBC 시가매거진 2580 신입생 환영회 영상보도사건 54
MMS방송 19
MPAA(Motion Picture Association of America) 361
N-스크린 서비스 19
PPL(product placement) 49
PPL(product placement)계약 521
SACD(Société des Auteurs et Compositeurs Dramatiques) 361
SACEM(Société des Auteurs, Compositeurs et Editeurs de Musique) 361
SDRM(Société pour l'administration du Droit de Reproduction Mécanique des

Auteurs, Compositeurs et Editeurs) 361
SESAC(Society of European Stage Authors & Composers) 361
SESAC 361
SGDL(Société des Gens de Lettres de France) 361
TRIPs plus 502
TRIPs 203
TV 생방송 146
UCC(User Created Contents) 268
Warner Bros., Inc. v. Columbia Broadcasting System 351
WIPO 방송사업자보호조약 405
WIPO 실연·음반 조약 203, 467
WIPO 실연음반조약 402
WIPO 영화 및 미디어를 위한 조정과 신속중재 571
WIPO 저작권 조약 402, 467
WIPO실연·음반조약 214
WIPO 중재조정센터 572

참여저자 약력

■ **편저자**(대표저자)

손경한 제1장, 제2장, 제7장, 제8장, 제9장 집필

現 성균관대학교 법학전문대학원 교수・변호사
서울대학교 법과대학 졸업(법학사)
서울대학교 법과대학 대학원 졸업(법학석사)
미국 University of Pennsylvania LL.M., SJD수료
일본 오사카대학교 대학원 졸업(법학박사)
사법연수원 수료(9기), 변호사, 미국뉴욕주 변호사
법무법인 태평양 구성원 변호사
법무법인 아람 대표변호사
건국대학교 법과대학 교수

• 주요저서: 〈엔터테인먼트법〉, 〈사이버지적재산권법〉, 〈과학기술법〉 등

■ **집필자**(가나다 순)

박성호 제3장 집필

現 한양대학교 법학전문대학원 교수・변호사
한양대학교 법과대학 졸업(법학사)
서울대학교 법과대학 대학원 졸업(법학박사)
사법연수원 수료(15기), 변호사

• 주요저서: 〈저작권법〉, 〈저작권법의 이론과 현실〉, 〈캐릭터 상품화의 법적 보호〉, 〈문화산업법〉 등

박진아 제2장, 제7장, 제8장 집필

現 동아대 국제전문대학원 연구교수
이화여자대학교 법과대학 졸업(법학사)
이화여자대학교 법과대학 대학원 졸업(법학박사)
미국 Temple University School of Law LL.M., SJD
이화여자대학교 법학전문대학원 전임강사
(사)기술과 법 연구소 부소장

• 주요논문: 〈디지털네트워크환경과 저작권의 국제사법적 문제 연구〉, 〈온라인콘텐츠거래의 새로운 법적 전개〉, 〈사이버엔터테인먼트의 국제적 문제〉 등

박준석 제6장 집필

現 서울대학교 법학전문대학원 교수 · 변호사
서울대학교 법과대학 사법학과 졸업(법학사)
서울대학교 법과대학 대학원 졸업(법학박사)
미국 U.C. Berkeley LL.M.
사법연수원 수료(25기)
육군법무관, 서울서부지방법원판사 등
변호사, 미국뉴욕주 변호사

• 주요저서: 〈인터넷과 법률〉, 〈Entertainment Law〉, 〈저작권법 주해〉, 〈지적재산권법〉 등

오승종 제5장 집필

現 저작권위원회 위원장
홍익대학교 법과대학 교수 · 변호사
서울대학교 법과대학 졸업(법학사)
미국 Columbia Law School LL.M.
서강대학교 법과대학 대학원 졸업(법학박사)
사법연수원 수료(16기)
서울형사지방법원, 서울지방법원 동부지원 등 판사
사법연수원 교수, 변호사
성균관대학교 법과대학 교수

• 주요저서: 〈저작권법〉, 〈시각 · 영상 디지털 콘텐츠와 법〉, 〈저작권침해소송론〉 등

이해완 제4장 집필

現 성균관대학교 법학전문대학원 교수 · 변호사
서울대학교 법과대학 공법학과 졸업(법학사)
사법연수원 수료(17기)
인천지방법원 판사, 서울고등법원 등 판사
사법연수원 교수
법무법인 태평양 변호사
(주)로앤비 창립 대표이사

• 주요저서: 〈저작권법〉, 〈인터넷과 법률〉 등

방송저작권

2016년 1월 25일 초판 인쇄
2016년 1월 30일 초판 1쇄 발행

편저자 손 경 한

발행인 배 효 선

발행처 도서출판 法 文 社

주 소 10881 경기도 파주시 회동길 37-29
등 록 1957년 12월 12일/제2-76호(윤)
전 화 (031)955-6500~6 FAX (031)955-6525
E-mail (영업) bms@bobmunsa.co.kr
(편집) edit66@bobmunsa.co.kr
홈페이지 http://www.bobmunsa.co.kr

조 판 법 문 사 전 산 실

정가 43,000원 ISBN 978-89-18-09012-2